Radiologische Skizzen und Tabellen

Schädel – Gehirn
Wirbelsäule – Rückenmark

Radiologische Skizzen und Tabellen

Herausgegeben von
Friedrich H. W. Heuck
Brigitte R. G. Bast

Schädel – Gehirn
Wirbelsäule – Rückenmark

Anatomie – Embryologie · Schnittbildanatomie · Wachstum · Normvarianten – Mißbildungen · Kraniometrie – Morphometrie · Maße – Winkel · Krankheiten

Frank Hentschel, Friedrich H. W. Heuck
Karsten Voigt, Brigitte R. G. Bast

768 Abbildungen, 297 Tabellen

1999
Georg Thieme Verlag Stuttgart · New York

Anschriften:

Heuck, Friedrich H. W., Prof. Dr. med.
ehemaliger ärztlicher Direktor
des Radiologischen Instituts –
Zentrum Radiologie im Katharinen-Hospital
Stuttgart (Lehrkrankenhaus der Univ. Tübingen)

Bast, Brigitte R. G.,
medizinisch-technische Assistentin
Radiologisches Institut –
Zentrum Radiologie im Katharinen-Hospital
Stuttgart (Lehrkrankenhaus der Univ. Tübingen)

Hentschel, Frank, Prof. Dr. med.
Leiter der Abt. Neuroradiologie am Zentralinstitut
für Seelische Gesundheit
Mannheim

Voigt, Karsten, Prof. Dr. med.
Direktor der Abt. Neuroradiologie
Radiologische Univ.-Klinik
Tübingen

Die Deutsche Bibliothek – CIP-Einheitsaufnahme

Schädel – Gehirn – Wirbelsäule – Rückenmark : Anatomie, Embryologie, Schnittbildanatomie, Wachstum, Normvarianten, Mißbildungen, Kraniometrie, Morphometrie, Maße, Winkel, Krankheiten ; 297 Tabellen / Frank Hentschel ... – Stuttgart ; New York : Thieme, 1999
(Radiologische Skizzen und Tabellen)

Satz: Buch- und Offsetdruckerei Sommer GmbH, Feuchtwangen

Druck: Gutmann, Talheim

ISBN 3-13-643201-0 1 2 3 4 5 6

Wichtiger Hinweis:

Wie jede Wissenschaft ist die Medizin ständigen Entwicklungen unterworfen. Forschung und klinische Erfahrung erweitern unsere Erkenntnisse, insbesondere was Behandlung und medikamentöse Therapie anbelangt. Soweit in diesem Werk eine Dosierung oder Applikation erwähnt wird, darf der Leser zwar darauf vertrauen, daß Autoren, Herausgeber und Verlag große Sorgfalt darauf verwandt haben, daß diese Angabe dem Wissensstand bei Fertigstellung des Werkes entspricht.

Für Angaben über Dosierungsanweisungen und Applikationsformen kann vom Verlag jedoch keine Gewähr übernommen werden. Jeder Benutzer ist angehalten, durch sorgfältige Prüfung der Beipackzettel der verwendeten Präparate und gegebenenfalls nach Konsultation eines Spezialisten festzustellen, ob die dort gegebene Empfehlung für Dosierungen oder die Beachtung von Kontraindikationen gegenüber der Angabe in diesem Buch abweicht. Eine solche Prüfung ist besonders wichtig bei selten verwendeten Präparaten oder solchen, die neu auf den Markt gebracht worden sind. Jede Dosierung oder Applikation erfolgt auf eigene Gefahr des Benutzers. Autoren und Verlag appellieren an jeden Benutzer, ihm etwa auffallende Ungenauigkeiten dem Verlag mitzuteilen.

Geleitwort der Reihenherausgeber

In dem vorliegenden 2. Band der „Radiologischen Skizzen und Tabellen" sind neben dem Stammskelett – also Schädel und Wirbelsäule – auch die wesentlichen Strukturen des Zentralnervensystems – Gehirn und Rückenmark – erfaßt worden. Dem großen Zuwachs an Wissen durch die neuen Schnittbildverfahren der CT und der MRT konnte dadurch die gebührende Beachtung gegeben werden, daß mit den Profs. Dr. med. Karsten Voigt und Dr. med. Frank Hentschel interessierte Neuroradiologen zur Mitarbeit gewonnen wurden.

Die Auswahl der Skizzen und Tabellen aus dem Gebiet der Neuroradiologie war bei der Fülle neuer Erkenntnisse nicht immer einfach. Es mußte nach einer sinnvollen Struktur für alle Benutzer des Buches aus den verschiedenen Fachgebieten der Medizin gesucht werden. In Herrn Manfred Datz vom Georg Thieme Verlag fanden wir auch für diesen Band einen verständnisvollen Mitarbeiter, der mit bewundernswerter Geduld Probleme zu lösen wußte. Dafür sei ihm herzlich gedankt.

Zur leichteren Orientierung für den Benutzer werden auch diesem Band Hinweise über die Struktur des Buches vorangestellt. Jeder Abschnitt läßt einen Schwerpunkt erkennen, in dem sich spezielle Themen für einzelne Fachgebiete der Medizin finden lassen. Eine Vertiefung und ein ergänzendes Studium der Thematik der „Skizzen und Tabellen" wird durch Literaturhinweise erleichtert. Ausdrücklich sei daran erinnert, daß es sich um eine lexikalische Sammlung aus bereits publizierter Literatur und damit um ein „Handwerkszeug" zur Hilfe für die Alltagsarbeit und nicht um ein wissenschaftliches Werk handelt. Die Benutzer des Buches werden gebeten, Anregungen, Hinweise und Hilfen zu geben. Sowohl Herausgeber als auch Verlag sind dankbar dafür, denn konstruktive Kritik zur Gestaltung können derartige Bücher verbessern und die weitere Arbeit erleichtern.

Friedrich Heuck
Brigitte Bast

Vorwort der Autoren

Der Band „Schädel, Gehirn, Wirbelsäule und Rückenmark" der Reihe „Radiologische Skizzen und Tabellen" wurde im Gegensatz zu anderen Büchern nicht geschrieben, sondern aus vorhandenem Material zusammengestellt. Das Buch ist ganz auf die praktischen Belange ausgerichtet und will als ein Nachschlagewerk für Zahlen und orientierende Übersichten zur Beurteilung von Röntgenbildern und der Interpretation von radiologischen Untersuchungsergebnissen verstanden werden.

In das Buch gingen die Erfahrungen der Autoren ein, die als Neuroradiologen und Nervenärzte bzw. als Radiologen für die praktische Tätigkeit und für Unterricht bei Studenten didaktisch gute Skizzen und Tabellen gesammelt und zum Teil umgestaltet haben. Anliegen war es, auch älteres, scheinbar verlorengegangenes Material zu aktualisieren und interessante Details, die von osteuropäischen Autoren publiziert wurden, zugängig zu machen.

Mit den „Skizzen und Tabellen" wird Material zur schnellen Übersicht vorgelegt und versucht, bei didaktischer Gliederung der Morphologie die funktionelle Einheit sowohl von Gehirn und Schädelknochen bzw. Rückenmark und Wirbelsäule und auch als Ganzes zu wahren. Die Auswahl von Inhalten, z.B. der Kiefer- und Gesichtschirurgie, der Zahnmedizin, der Otolaryngologie und Ophthalmologie bzw. auch der Orthopädie ist vom Umfang des Buches vorgegeben. Wir hoffen aber, daß auch die Kollegen dieser Fächer Antworten auf ihre (neuro-)radiologischen Fragen in diesem Buch finden. Darüber hinaus wünschen wir uns, daß sich die Kollegen der klinischen Fächer der Neurologie, der Neurochirurgie, die Psychiater, die Pädiater ebenso wie die Kinder- und Jugendpsychiater für das Buch interessieren. Ihnen wie auch den Kollegen in den Grundlagenfächern, insbesondere den (Neuro-)Anatomen wünschen wir, daß sie sich von dem vorgelegten Material angesprochen fühlen und Hinweise zum Verständnis von (neuro-)radiologischen Befunden und deren Interpretation finden.

Das vorgelegte Material kann und soll nicht Fach- und Sachbücher ersetzen. Der ausführliche Quellennachweis soll eine rasche Orientierung hin zu detaillierten Erörterungen in der Originalliteratur erleichtern. Daher wurden Quellennachweise auch dann angeführt, wenn die Tabellen oder Skizzen von uns verändert, komprimiert und aktualisiert wurden. Daß dabei nicht jeder Autor zum Thema genannt werden konnte, liegt in der Vielzahl der häufig ähnlichen Zusammenstellungen begründet.

Die Autoren danken den Kolleginnen und Kollegen, insbesondere Frau Dr. Gustorff-Aeckerle, Stuttgart und Herrn Prof. Dr. Rudolf Bergleiter, die mit Rat und Tat, mit Material und Kritik bei der Zusammenstellung hilfreich waren. Besonderer Dank gilt dem Verlag Georg Thieme, Stuttgart, *in der Person von Herrn Dr. med. h.c. Günter Hauff* und seinen Mitarbeitern, Herrn Dr. Th. Scherb und Herrn Manfred Datz, für die redaktionelle Durchsicht, sowie Herrn Herbert Krieg, für die technische Aufbereitung, die unsere mehrjährige Vorarbeit mit Geduld betreut und die vielgestaltigen Wünsche mit Sachkenntnis verständnisvoll in die vorliegende Form umgesetzt haben.

Herbst 1998

Frank Hentschel, Friedrich Heuck,
Karsten Voigt, Brigitte Bast

Inhaltsverzeichnis

Gehirn 157

Trauma Schädel – Gehirn 321

Hinweise für die Benutzer des Bandes

In dem Aufbau des vorliegenden zweiten Bandes der „Skizzen und Tabellen" wurde bewußt den funktionellen Einheiten von „Schädel – Gehirn" sowie von „Wirbelsäule – Rückenmark" Rechnung getragen, um das Gewicht der Diagnostik als Voraussetzung für Entscheidungen zur Therapie sinnvoll darlegen zu können.

Jede radiologische Bildanalyse als Voraussetzung zur Befunderhebung erfordert fundierte Kenntnisse der Anatomie, der Pathomorphologie und der Funktion des Zentralnervensystems, mit seinen knöchernen sowie bindegewebigen Hüllen. Wenn die Diagnose erarbeitet worden ist, sind nicht selten differentialdiagnostische Überlegungen notwendig. Erfahrungsgemäß können detaillierte Kenntnisse der Normvarianten, Fehlbildungen und strukturelle Veränderungen von Krankheitsherden nicht immer im Routinebetrieb gegenwärtig sein. Als „Handwerkszeug" soll dieses Buch dann eine Hilfe in der Alltagsarbeit geben, wenn bekannte, aber nicht immer parate Meßwerte, Normvarianten oder pathologische Befunde zu differenzieren sind. Meist ist ein zeitraubendes Literaturstudium nicht sofort möglich.

Zur Früherkennung von Befunden oder zur Objektivierung gradueller Unterschiede von Erkrankungen können ergänzende Messungen hilfreich sein. Moderne digitale bildgebende Verfahren fordern heute stärker als die Versuche der Vergangenheit dazu heraus, morphologische und funktionelle radiologische Befunde meßtechnisch durch Angaben von Strecken, Winkeln, Dichtewerten und Relaxationszeiten zu erfassen und damit die Bildanalyse zu objektivieren. Eine sinnvolle Zuordnung der Meßmethoden war nicht immer leicht, so daß diese entweder in geeigneten Themenabschnitten oder zusammengefaßt als Spezialkapitel eingefügt wurden. In einigen Abschnitten wurden unterschiedliche Meßmethoden aufgenommen, um deren Vielfalt und den historischen Entwicklungen Rechnung zu tragen. Differenzen der Meßergebnisse lassen sich mit Unterschieden der angegebenen Technik oder mit dem untersuchten Patientengut erklären. Bisher erarbeitete Resultate wurden in tabellarischen Übersichten zusammengestellt. Die Quellenangaben gestatten es, die übernommenen Ergebnisse ergänzend zu studieren.

Wir haben uns um eine durchgehende Gliederung über alle Teilgebiete bemüht. Der normalen Anatomie folgen die Abschnitte Wachstum und Reifung, mit einigen Angaben zur Embryologie, die Normvarianten und Mißbildungen besser verstehen lassen sollen. Diesen folgen die pathologischen Befunde. Den aufgenommenen radiologischen Skizzen aus der Zahnmedizin wurden Meßmethoden und deren Ergebnisse unmittelbar zugeordnet. Zweckmäßig erschien es, den Abhandlungen der Etagen des Achsenorganes „Wirbelsäule" die sinnvollen Meßmethoden und deren Meßergebnisse zusammengefaßt anzuschließen. Aus praktischen Gründen wurde eine teilweise Wiederholung der Morphometrie aus dem Bereich des kraniozervikalen Überganges akzeptiert. Die Terminologie der Fachbegriffe konnte in Anbetracht der Vielzahl der aufgenommenen Ergebnisse und des umfaßten Zeitraumes der verwendeten Publikationen nicht homogen sein. Eine Vereinheitlichung erschien in diesem besonderen Buch jedoch nicht sinnvoll. Der Inhalt der einzelnen Kapitel soll kurz zusammengefaßt erläutert werden.

Schädel

Im ersten Abschnitt über den knöchernen Schädel, seine Anatomie, die Normvarianten und Fehlbildungen sind Hinweise zum normalen Wachstum des Hirn- und Gesichtsschädels zu finden. Dabei sind die besonderen anatomischen Strukturen des *Neurokraniums* wie die Sellaregion, die Felsenbeine und die Orbita als eigene Kapitel berücksichtigt worden.

Wegen der anatomischen Nähe des Viszerokraniums und seiner pathologischen Befunde für Fragestellungen zu Schädel und Gehirn wurden die Zahnheilkunde, Kiefer- und Gesichtschirurgie, Ophthalmologie und Hals-Nasen-Ohren-Heilkunde berücksichtigt und die Grundlagen ihrer speziellen Röntgendiagnostik sowie deren Ergebnisse mit aufgenommen. Wichtige pathomorphologische Veränderungen der Schädelkalotte, der Schädelbasis, der Sella, der Nebenhöhlen, der Kiefer und der Zähne sind nach pathogenetischen Gesichtspunkten geordnet zusammengestellt worden. Auf eine Auswahl spezifischer Befunde, einschließlich der verschiedenen Tumoren, wurde Wert gelegt. In einem Kapitel zur Differentialdiagnose wurden pathomorphologische Befunde des Hirn- und Gesichtsschädels tabellarisch erfaßt.

Gehirn

Das Kapitel über die Bildanalysen des Gehirns wurde unter Berücksichtigung der Embryologie, der Phasen des Wachstums und funktioneller Gesichtspunkte geordnet. Zum leichteren Verständnis der Schnittbildmethoden sind die Grundlagen der normalen Anatomie eingefügt worden. Im Anschluß an die Abhandlungen zur Embryologie und Anatomie erschien es sinnvoll, die Normvarianten und Mißbildungen aufzunehmen, um Krankheiten besser abgrenzen zu können. Die Meßverfahren an Strukturen des Gehirns wurden erläutert.

Das *Gefäßsystem* hat ein eigenes Kapitel erfordert. Neben Übersichten zu der arteriellen und venösen Strombahn des Hirns sind die speziellen Gefäßstrukturen der Orbita aufgenommen worden. Zum Verständnis der Abweichungen von der Norm wurden Meßverfahren eingefügt. Anastomosen des Gefäßsystems erlauben es, die Gefäßversorgung der Hirnareale auch bei Zirkulationsstörungen verstehen zu können. Es folgen Kapitel über die Ischämie, den Infarkt sowie über Stenosen und Blutungen. Hierbei sind Mißbildungen des Gefäßsystems sowie Aneurysmalokalisationen von Bedeutung. Die mit der MRT mögliche Beurteilung der Stadien der Resorption von Blutungsfolgen und deren Charakteristika sind aufgenommen worden.

Unter den *Erkrankungen des Gehirns* nehmen die Tumoren einen breiten Raum ein. Angefügt wurden Tumoren der Orbita. Eine Differentialdiagnostik der Tumoren unter morphologischen und topographischen Gesichtspunkten soll einen raschen Überblick geben.

Die entzündlichen Erkrankungen wurden einschließlich ihrer anatomisch-funktionellen Besonderheiten zusammengestellt. Das *Trauma* der Einheit *„Schädel – Hirn"* ist zusammengefaßt dargestellt worden, Verletzungen des Gesichtsschädels wurden berücksichtigt. Die Diagnose und Differentialdiagnose von Hämatomen mit Hilfe der CT und MRT sind hier zu finden. Die *Differentialdiagnostik* der Befunde von Schädel und Gehirn schließen diesen Teil des Bandes ab.

Wirbelsäule

Im zweiten Teil des Buches wurden Wirbelsäule und Rükkenmark in gleicher Wertung geordnet zusammengestellt. Nach der normalen Anatomie der Knochen und des Bandapparates, unter Berücksichtigung von Rippen und Sternum als Teil des Stammskelettes, folgen Kapitel über Wachstum und Reifung, so daß Entwicklungsstörungen und Fehlformen besser verstanden werden können. Daraus resultierende Verkrümmungen und Fehlformen der Wirbelsäule wurden gemeinsam mit Meßmethoden und deren Ergebnissen aufgenommen.

Neben den Mißbildungen der Wirbelkörper wurden die Entwicklungsstörungen der Gelenkfortsätze, Querfortsätze und Dornfortsätze mit einbezogen. Die Veränderungen der Bandscheiben und deren Folgen wurden berücksichtigt. Das *Wirbelsäulentrauma* mit seinen Folgen und die wichtigen Krankheiten des Stammskelettes wurden zusammenfassend dargelegt, die Differentialdiagnostik angeschlossen.

Rückenmark

Entwicklung und Anatomie des Rückenmarkes finden Beachtung, und die Fehlformen wurden berücksichtigt. Es folgt ein Kapitel über die spinalen Gefäße sowie deren Fehlformen und Anastomosen.

Zur Erleichterung des Studiums der *Funktion* der Wirbelsäule sind deren Bewegungsmöglichkeiten unter normalen Bedingungen erläutert sowie Störungen bei Skoliosen und Kyphosen besprochen worden. Die hierbei sinnvollen Meßverfahren zur Objektivierung von Befunden wurden eingefügt.

Nach einem Kapitel über *Traumafolgen* finden sich Hinweise zur Diagnostik von spinalen Blutungen und deren Ursachen.

Eine Abhandlung der spinalen *Tumoren des Rückenmarks und Wirbelkanals* erfolgte unter Einbeziehung der Befunde in Myelographie und Magnetresonanztomographie, deren Aussagekraft erläutert wird.

Knochenkrankheiten des Stammskelettes

Zur Vereinfachung einer zusammenfassenden Darstellung sind *Knochenkrankheiten* des Stammskelettes – also des Schädels, der Wirbelsäule und ihrer Anhänge wie Rippen und Sternum – in *einer* Übersicht geordnet und eingefügt worden. Eine Zusammenstellung der Differentialdiagnose von Tumoren, Entzündungen und rheumatischen Erkrankungen wurde angeschlossen, Methoden der Morphometrie und Densitometrie für das Stammskelett aufgeführt.

Anhang

Als Orientierungshilfe für Pädiater und Jugendpsychiater findet sich hier ein kurzes Kapitel über die Entwicklung und das Wachstum des Gesamtskelettes, aus dem Informationen über das Skelettalter entnommen werden können.

Im letzten Abschnitt des Buches sind Tabellen zum Strahlenschutz und zur Patientensicherheit zu finden, um dem Radiologen und Neuroradiologen für manche Fragen in der Alltagsarbeit, insbesondere bei der Aufklärung von Patienten eine Hilfe zu geben.

Schädel

Normale Anatomie

Hirnschädel

Schädel posterior-anterior

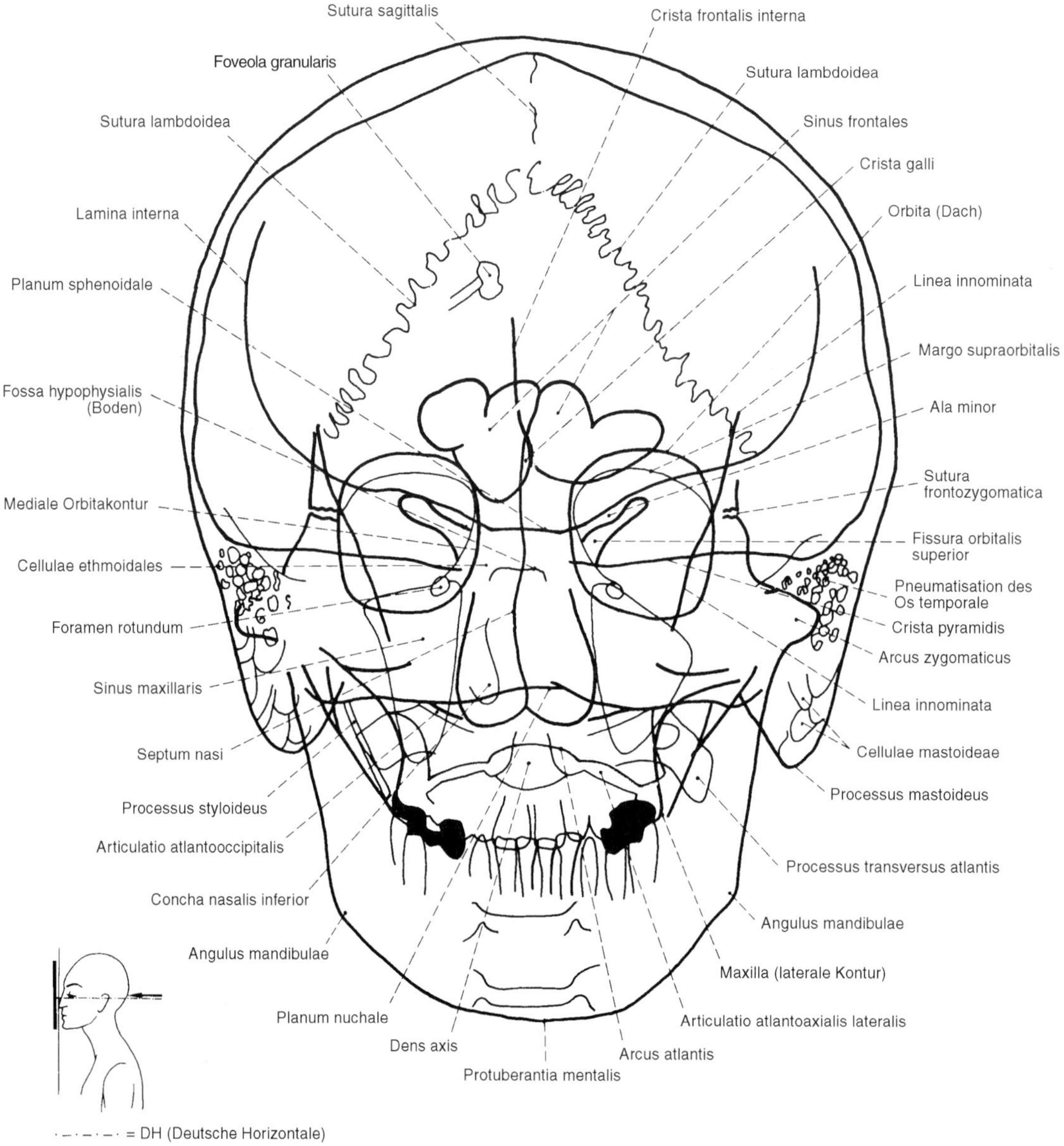

Wicke, L.:
Atlas der Röntgenanatomie. Urban & Schwarzenberg, München 1980

Schädel seitlich

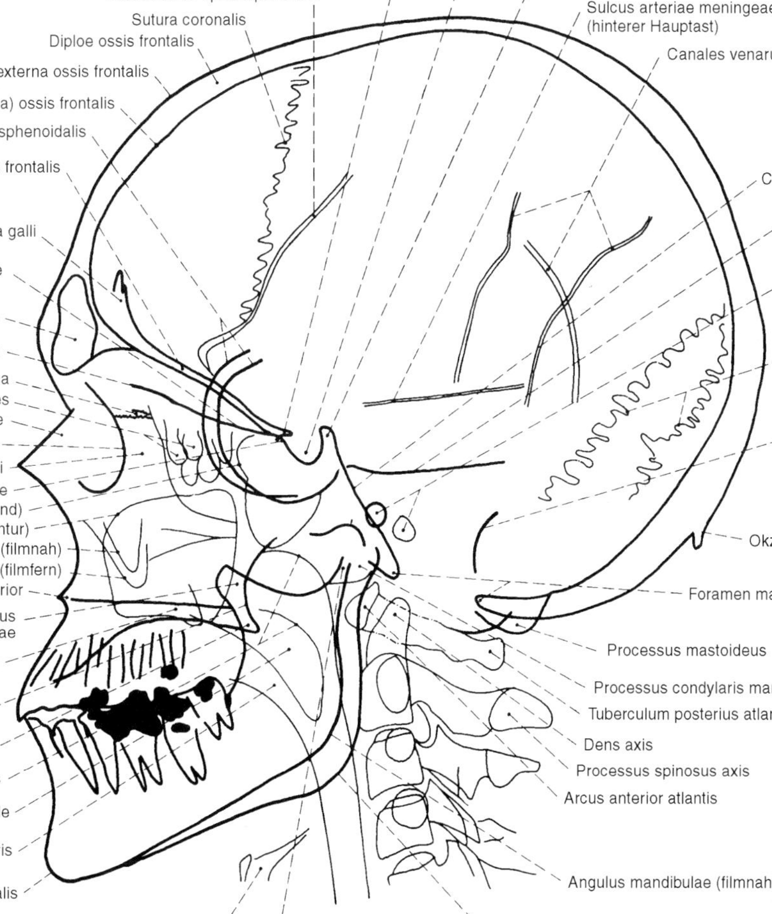

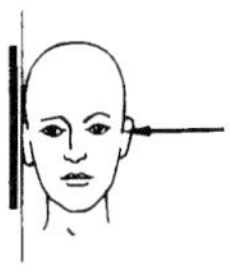

Wicke, L.:
Atlas der Röntgenanatomie. Urban & Schwarzenberg, München 1980

Schädelbasis

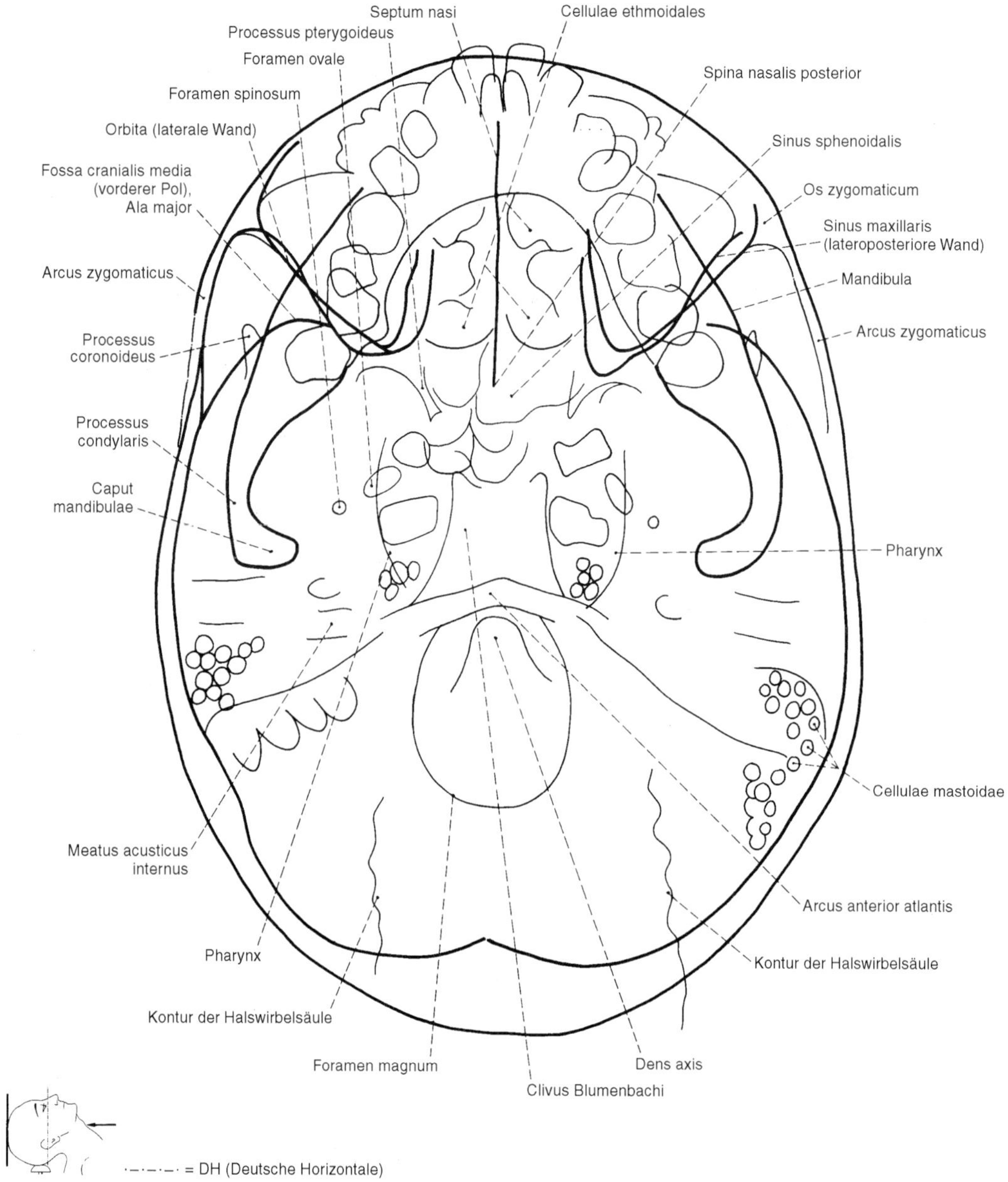

Wicke, L.:
Atlas der Röntgenanatomie. Urban & Schwarzenberg, München 1980

Foramina und anatomische Strukturen

Nach Chusid, J. G.:
Funktionelle Neurologie.
Springer, Berlin 1978

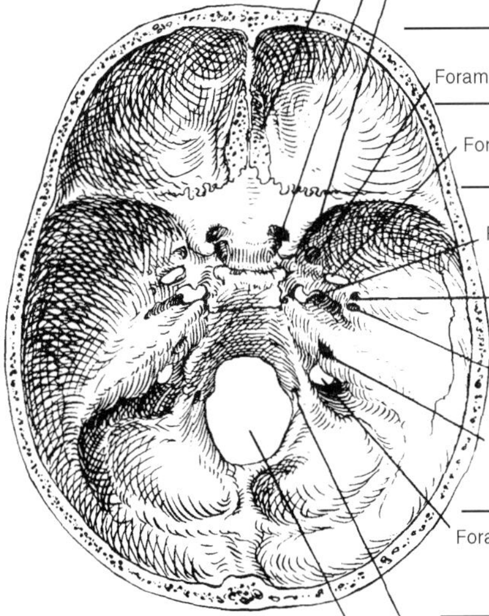

Foramina	Strukturen
Lamina cribrosa (os ethmoidale)	Nn. olfactorii
Canalis opticus	N. opticus, A. ophthalmica
Fissura orbitalis superior	N. oculomotorius, N. trochlearis, N. abducens, R. ophthalmicus nervi V
Foramen rotundum	R. maxillaris nervi V
Foramen ovale	R. mandibularis nervi V
Foramen lacerum	N. sympathicus
Foramen spinosum	A. meningea media, V. meningea media
Hiatus canalis n. petrosi minoris	N. petrosus superficialis minor
Meatus acusticus internus	N. facialis u. N. vestibulocochlearis, A. labyrinthi
Foramen jugulare	N. glossopharyngeus, N. vagus, N. accessorius spinalis, Sinus transversus
Canalis hypoglossi	N. hypoglossus
Foramen magnum	Medulla u. Meningen, N. accessorius spinalis, Aa. vertebrales, A. spinalis anterior, A. spinalis posterior

Hinterhauptsbein

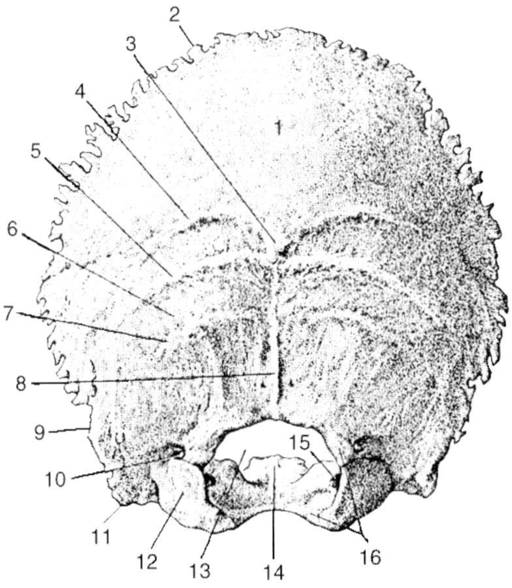

Ansicht von hinten und unten

1 Squama occipitalis
2 Margo lambdoideus
3 Protuberantia occipitalis externa
4 Linea nuchae suprema
5 Linea nuchea superior
6 »Planum nuchale«
7 Linea nuchea inferior
8 Crista occipitalis externa
9 Margo mastoideus
10 Fossa condylaris und Canalis condylaris
11 Proc. jugularis
12 Condylus occipitalis
13 Foramen magnum
14 Pars basilaris
15 Canalis hypoglossalis
16 Pars lateralis

Nach Frick, H., H. Leonhardt, D. Starck:
Spezielle Anatomie, Bd. 1, 4. Aufl. Thieme, Stuttgart 1992

Normaler Neugeborenenschädel

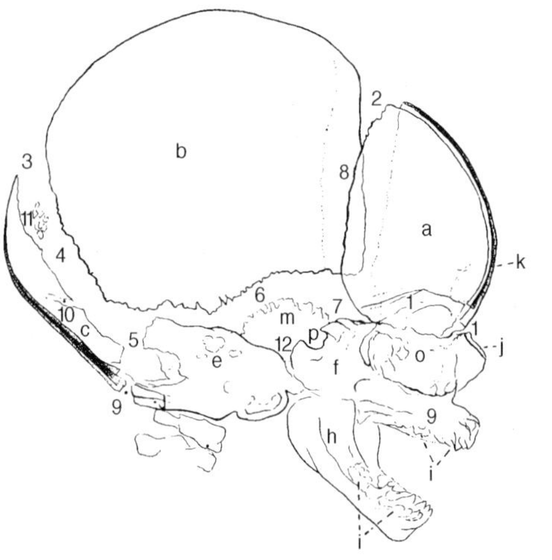

A. (a) Os frontale, (b) Os parietale, (c) squamöser Anteil des Os occipitale, (d) exokzipitaler Anteil des Os occipitale, (e) überlagerte Felsenbeinpyramiden des Os temporale, (f) Keilbeinkörper, (g) Maxilla, (h) Mandibula, (i) teilweise mineralisierte Milchzähne und Dentalkrypten, (j) Os nasale, (k) squamöser Anteil des Os frontale, (l) horizontale Platten des Os frontale, (m) squamöser Anteil des Os temporale, (o) Orbita, (p) Fossa hypophysialis; (1) Sutura frontonasalis, (2) vordere Fontanelle, (3) hintere Fontanelle, (4) Lambdanaht, (5) posterolaterale Fontanelle, (6) Sutura squamosa, (7) anterolaterale Fontanelle, (8) Sutura coronaria, (9) Synchondrose zwischen exokzipitalen und supraokzipitalen Anteilen des Os occipitale, (10) Sutura mendosa, (11) multiple Ossifikationszentren (Nahtknochen) in der Lambdanaht, (12) okzipitosphenoidale Synchondrose (nach Caffey, J.: Pediatric X-ray Diagnosis. 6th ed. Chicago, Yearbook Medical Publishers, 1972).

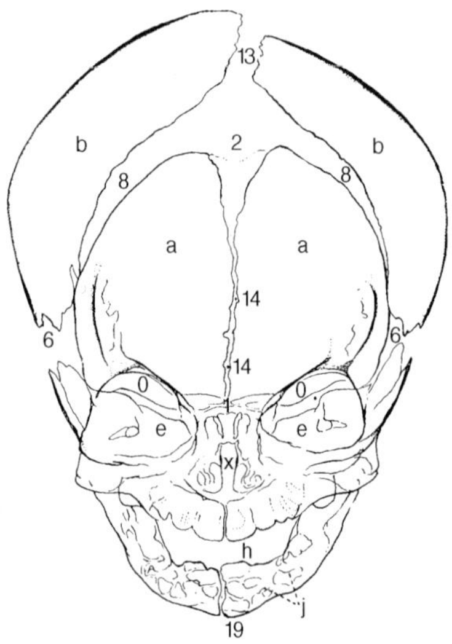

B. (a) Os frontale, (b) Os parietale, (e) überlagerte Felsenbeinpyramiden des Os temporale, (h) Mandibula, (i) teilweise mineralisierte Milchzähne und Dentalkrypten, (0) Orbita, (x) Nasenseptum, (2) vordere Fontanelle, (6) Sutura squamosa, (8) Sutura coronaria, (13) Sutura sagittalis, (14) metopische Naht, die die beiden Frontalknochen trennt (Sutura frontalis), (19) Symphyse der Mandibula (nach Caffey, J.: Pediatric X-ray Diagnosis. 6th ed. Chicago, Yearbook Medical Publishers, 1972).

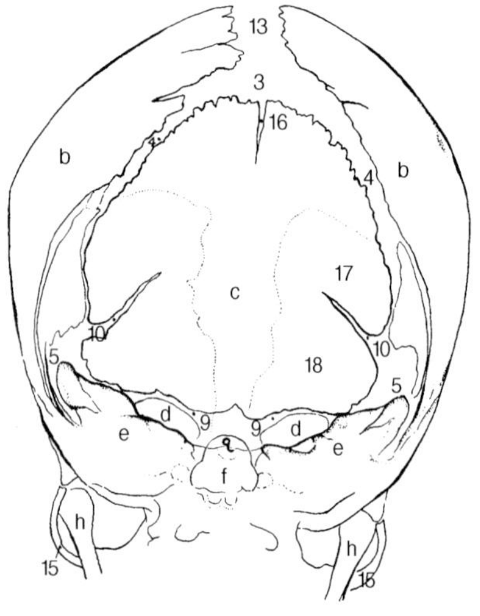

C. (b) Os parietale, (c) squamöser Anteil des Os occipitale, (d) exokzipitaler Anteil des Os occipitale, (e) überlagerte Felsenbeinpyramiden des Os temporale, (f) Keilbeinkörper, (h) Mandibula, (q) basi-okzipitaler Anteil des Os occipitale, (3) hintere Fontanelle, (4) Lambdanaht, (5) posterolaterale Fontanelle, (9) Synchondrose zwischen exokzipitalen und supraokzipitalen Anteilen des Os occipitale, (10) Sutura mendosa, (13) Sutura sagittalis, (15) Jochbogen, (16) obere mediane Fissur des Os occipitale, (17) interparietaler Anteil des Os occipitale, (18) supraokzipitaler Anteil des Os occipitale (nach Caffey, J.: Pediatric X-ray Diagnosis. 6th ed. Chicago, Yearbook Medical Publishers, 1972).

Nach Meschan, I., R.M. Farrer-Meschan:
Diagnostik mit bildgebenden Verfahren, Bd. III. Enke, Stuttgart 1991

Schädelnähte

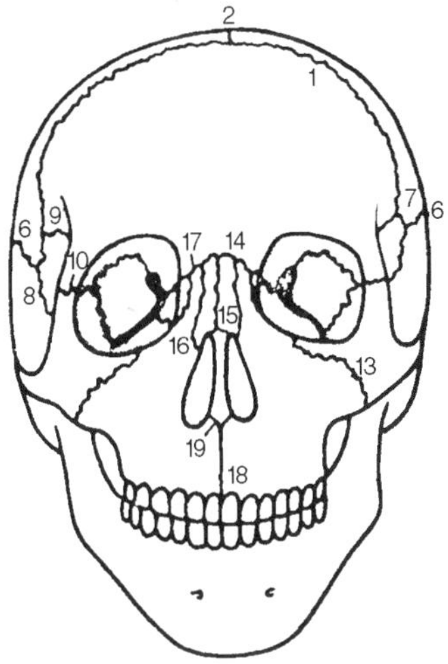

1. Sutura coronaria
2. Sutura sagittalis
3. Sutura lambdoidea
4. Sutura occipito mastoidea
5. Sutura parieto mastoidea
6. Sutura parieto temporalis
7. Sutura spheno parietalis
8. Sutura spheno squamosa
9. Sutura spheno frontalis
10. Sutura zygomatico frontalis
11. Sutura spheno zygomatica
12. Sutura zygomatico temporalis
13. Sutura zygomatico maxillaris
14. Sutura naso frontalis
15. Sutura internasalis
16. Sutura naso maxillaris
17. Sutura fronto maxillaris
18. Sutura intermaxillaris
19. Sutura vomero maxillaris

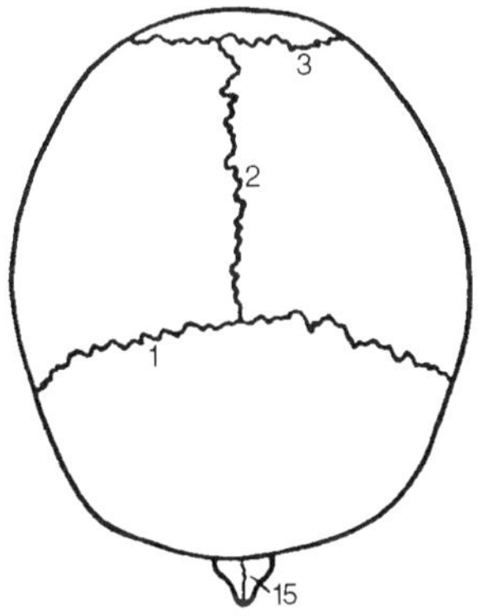

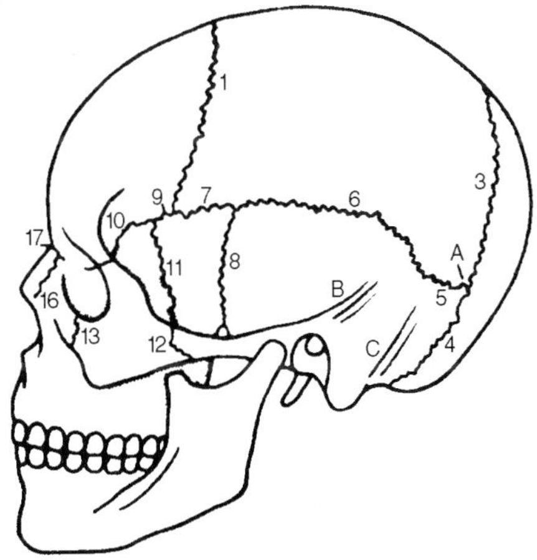

A = „Asterion" (Treffpunkt der Nähte 3–5)
B = Linea temporalis
C = Mastoidleiste

Nach Groskopff, K.W., R. Teschendorf:
Das normale menschliche Skelett in Röntgenskizzen. Thieme, Leipzig 1953

Anatomie im digitalen Schnittbild

Knöcherner Schädel, CT-Anatomie, koronar

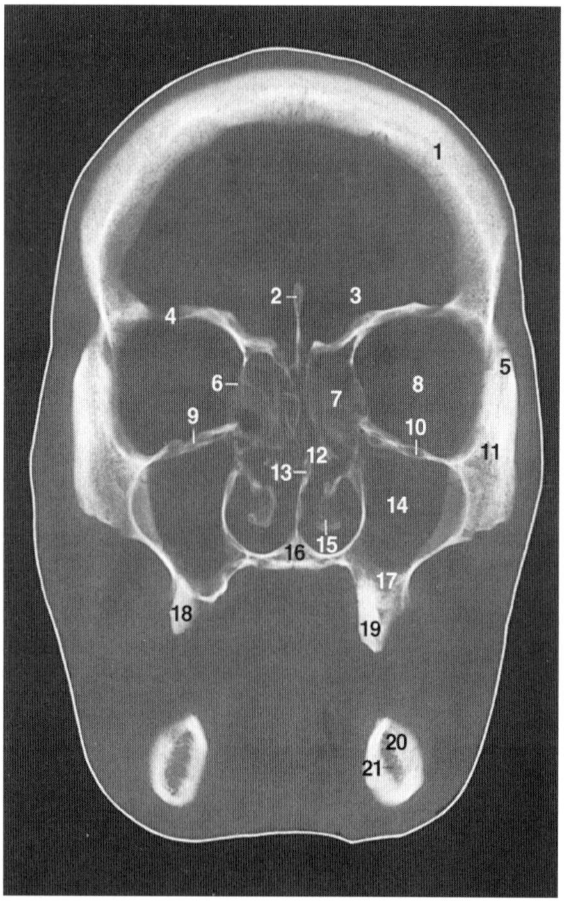

1 Os frontale
2 Crista galli
3 Fossa cranii anterior
4 Orbitadach
5 Sutura frontozygomatica
6 Lamina orbitalis (papyracea)
7 Cellulae ethmoidales
8 Orbita
9 Orbitaboden
10 Canalis infraorbitalis
11 Os zygomaticum
12 Concha nasalis media
13 Septum nasi
14 Sinus maxillaris
15 Concha nasalis inferior
16 Palatum durum
17 Maxilla
18 2. Molar
19 1. Molar (angeschnitten)
20 Corpus mandibulae
21 Canalis mandibulae

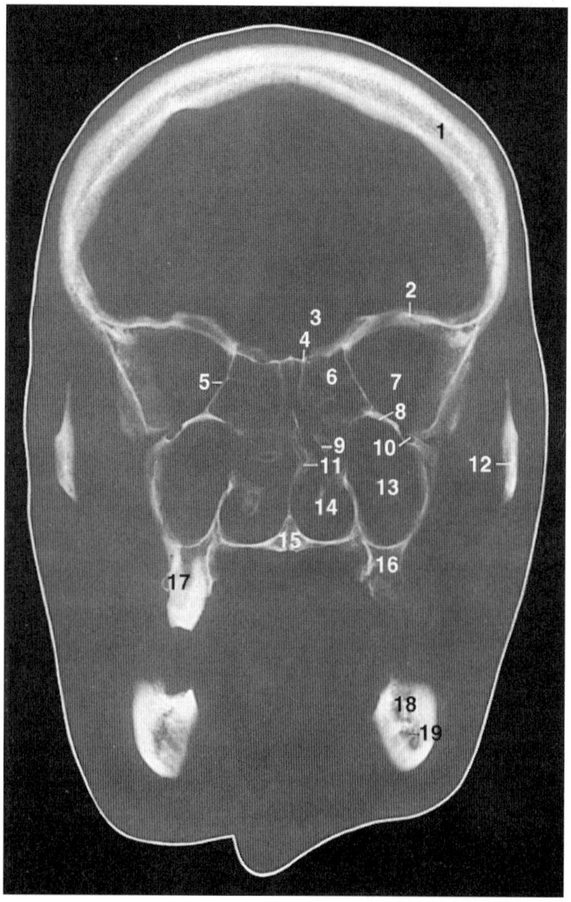

1 Os frontale
2 Orbitadach
3 Fossa cranii anterior
4 Lamina cribrosa
5 Lamina orbitalis (papyracea)
6 Cellulae ethmoidales
7 Orbita
8 Orbitaboden
9 Concha nasalis media
10 Canalis infraorbitalis
11 Septum nasi
12 Os zygomaticum
13 Sinus maxillaris
14 Concha nasalis inferior
15 Palatum durum
16 Maxilla
17 2. Molar
18 Corpus mandibulae
19 Canalis mandibulae

Nach Kretschmann, H.-J., W. Weinrich:
Klinische Neuroanatomie und kranielle Bilddiagnostik. Thieme, Stuttgart 1991

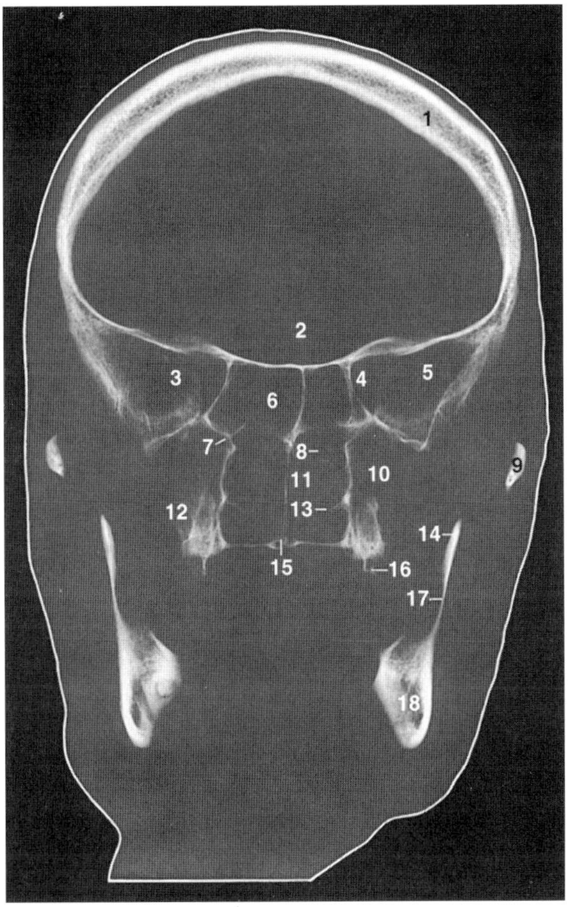

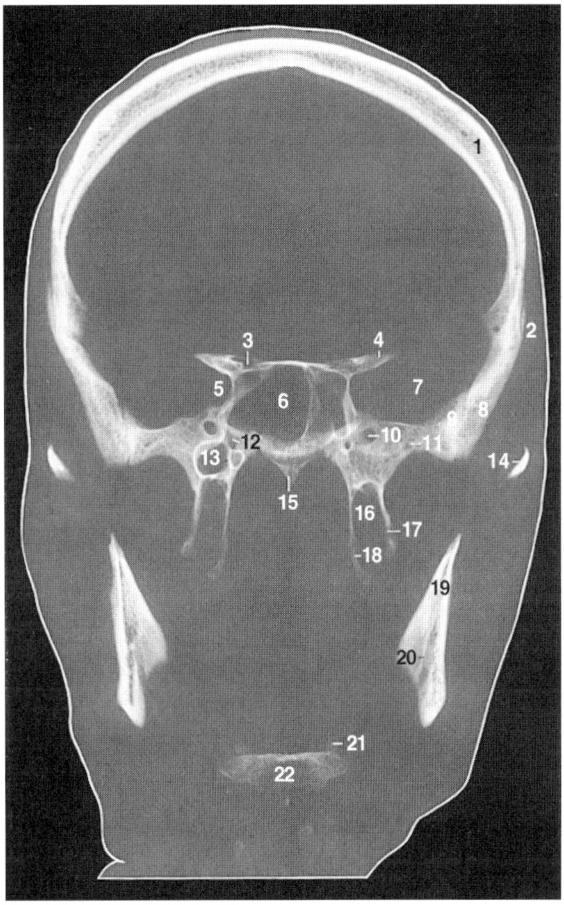

1 Os frontale
2 Fossa cranii anterior
3 Orbita
4 Fissura orbitalis superior
5 Os sphenoidale, Ala major
6 Cellulae ethmoidales und Sinus sphenoidalis
7 Fossa pterygopalatina
8 Concha nasalis media
9 Arcus zygomaticus
10 Sinus maxillaris (angeschnitten)
11 Septum nasi
12 Maxilla
13 Concha nasalis inferior
14 Processus coronoideus
15 Palatum durum
16 Hamulus pterygoideus
17 R. mandibulae
18 Canalis mandibulae

1 Os parietale
2 Sutura squamosa
3 Canalis opticus
4 Os sphenoidale, Ala minor
5 Fissura orbitalis superior
6 Sinus sphenoidalis
7 Fossa cranii media
8 Os temporale
9 Sutura sphenosquamosa
10 Foramen rotundum
11 Os sphenoidale
12 Canalis pterygoideus
13 Fossa pterygopalatina
14 Arcus zygomaticus
15 Septum nasi
16 Fossa pterygoidea
17 Processus pterygoidea Lamina lateralis
18 Processus pterygoidea Lamina medialis
19 R. mandibulae
20 Canalis mandibulae
21 Cornu minus des Os hyoideum
22 Corpus des Os hyoideum

Nach Kretschmann, H.-J., W. Weinrich:
Klinische Neuroanatomie und kranielle Bilddiagnostik. Thieme, Stuttgart 1991

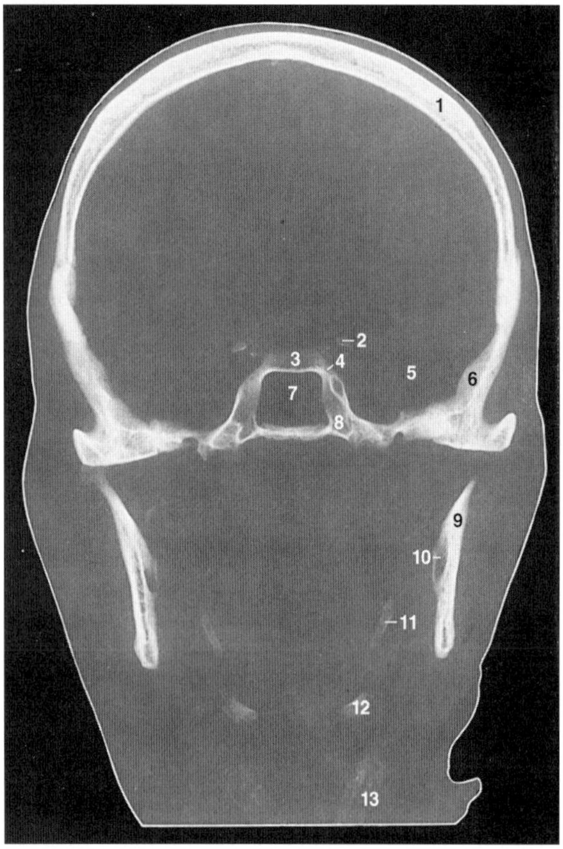

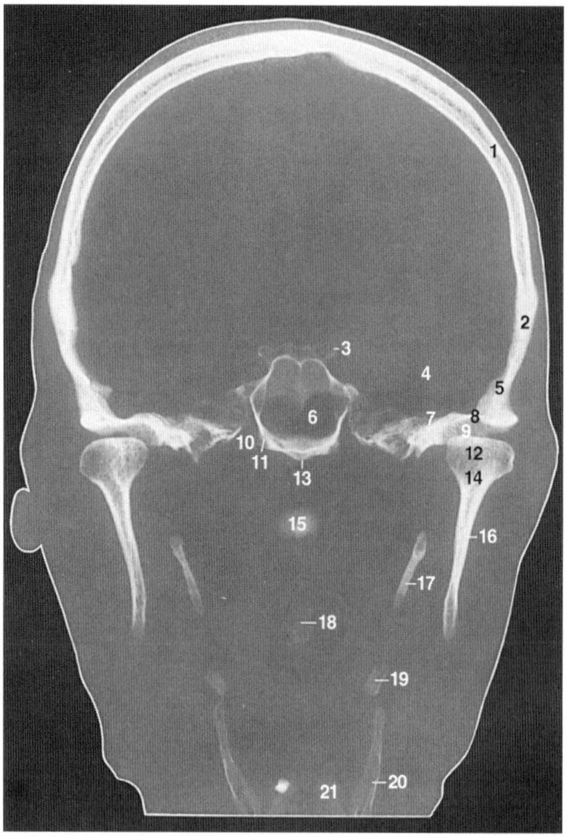

1 Os parietale
2 Processus clinoideus anterior
3 Fossa hypophysialis, Sellaboden
4 Sulcus caroticus
5 Fossa cranii media
6 Os temporale
7 Sinus sphenoidalis
8 Os sphenoidale
9 R. mandibulae
10 Canalis mandibulae
11 Lig. stylohyoideum (verknöchert)
12 Os hyoideum, Cornu majus
13 Cartilago thyroidea (verknöchert)

1 Os parietale
2 Sutura squamosa
3 Processus clinoideus posterior
4 Fossa cranii media
5 Os temporale
6 Sinus sphenoidalis
7 Sutura sphenosquamosa
8 Fossa mandibularis
9 Kiefergelenk
10 Canalis caroticus
11 Os sphenoidale
12 Caput mandibulae
13 Tuberculum pharyngeum
14 Collum mandibulae
15 Arcus anterior atlantis
16 R. mandibulae
17 Lig. stylohyoideum (verknöchert)
18 Axis, Corpus
19 Os hyoideum, Cornu majus
20 Cartilago thyroidea
21 Cartilago cricoidea

Nach Kretschmann, H.-J., W. Weinrich:
Klinische Neuroanatomie und kranielle Bilddiagnostik. Thieme, Stuttgart 1991

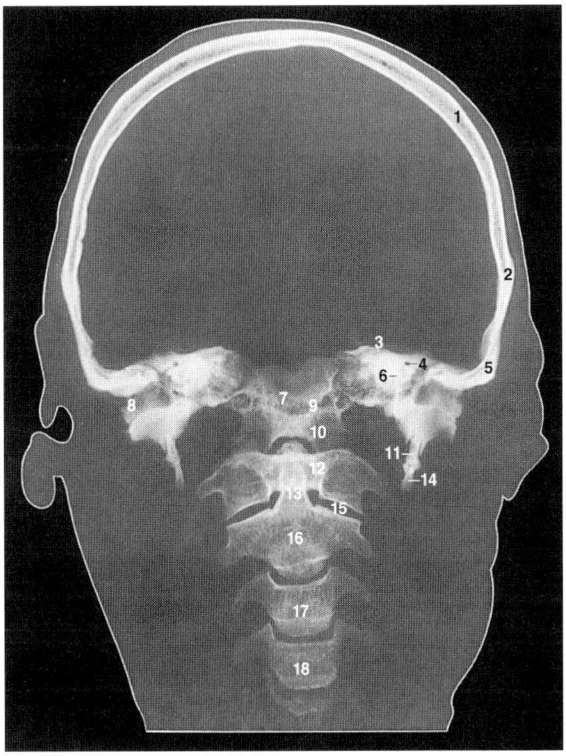

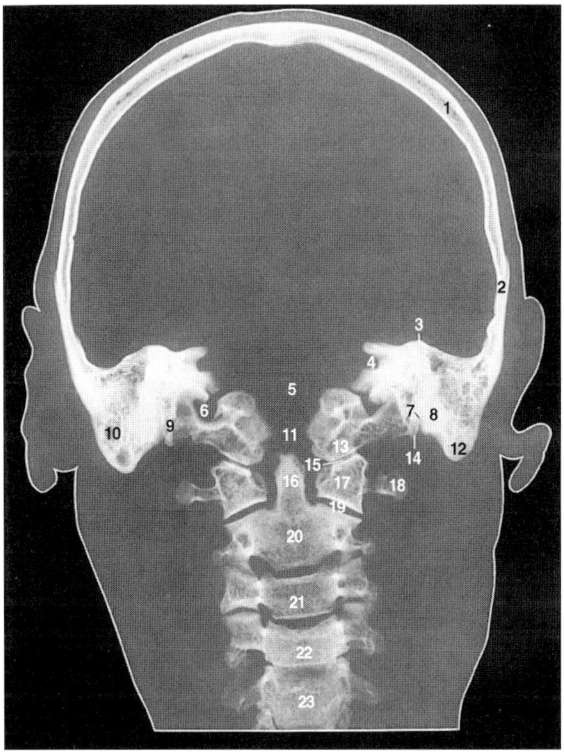

1 Os parietale
2 Sutura squamosa
3 Felsenbeinoberkante
4 Vestibulum
5 Os temporale
6 Cochlea
7 Os sphenoidale
8 Meatus acusticus externus
9 Synchondrosis sphenooccipitalis
10 Os occipitale
11 Processus styloideus
12 Arcus anterior atlantis
13 Dens axis
14 Lig. stylohyoideum (verknöchert)
15 Articulatio atlantoaxialis lateralis
16 Axis
17 3. Halswirbel
18 4. Halswirbel

1 Os parietale
2 Sutura squamosa
3 Eminantia arcuata
4 Meatus acusticus internus
5 Fossa cranii posterior
6 Foramen jugulare
7 Canalis facialis
8 Os temporale
9 Synchondrosis petrooccipitalis
10 Cellulae mastoidea
11 Foramen magnum
12 Processus mastoideus
13 Condylus occipitalis
14 Processus styloideus
15 Articulatio atlantooccipitalis
16 Dens axis
17 Massa lateralis atlantis
18 Processus transversus atlantis
19 Articulatio atlantoaxialis lateralis
20 Axis
21 3. Halswirbel
22 4. Halswirbel
23 5. Halswirbel

Nach Kretschmann, H.-J., W. Weinrich:
Klinische Neuroanatomie und kranielle Bilddiagnostik. Thieme, Stuttgart 1991

Knöcherner Schädel, CT-Anatomie, sagittal

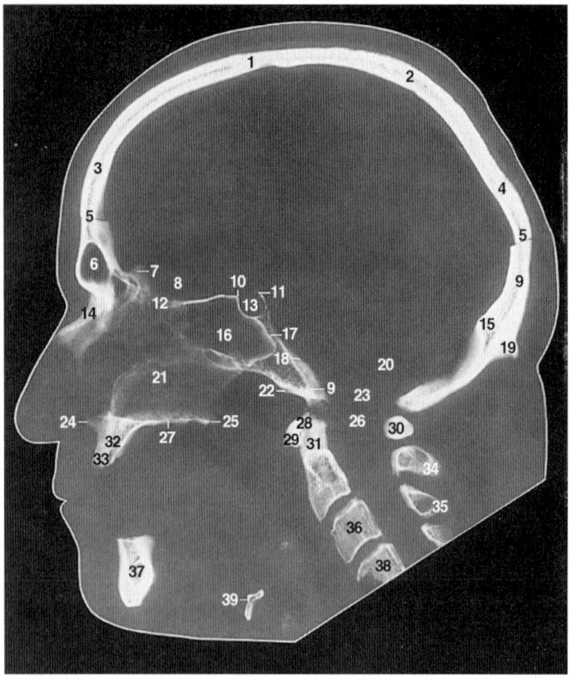

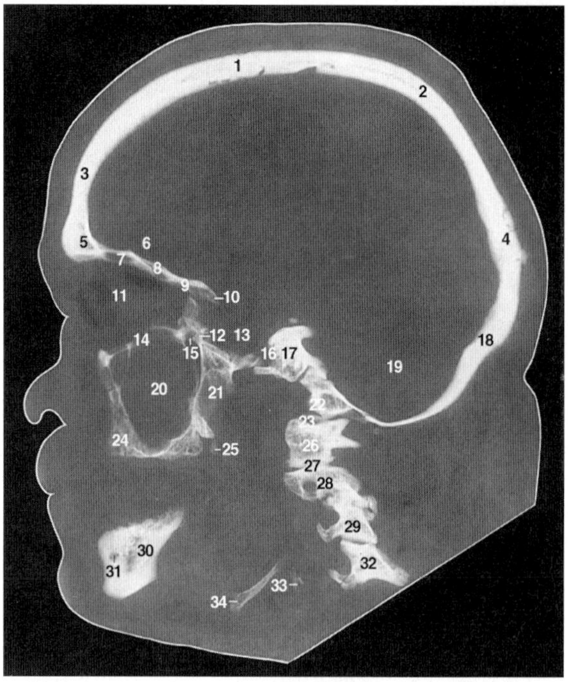

1 Sutura coronalis, Bregma
2 Os parietale
3 Os frontale
4 Sutura lambdoidea
5 Sägeschnittlinie
6 Sinus frontalis
7 Crista galli
8 Fossa cranii anterior
9 Os occipitale
10 Tuberculum sellae
11 Dorsum sellae
12 Lamina cribrosa
13 Fossa hypophysialis
14 Os nasale
15 Protuberantia occipitalis interna
16 Sinus sphenoidalis
17 Os sphenoidale
18 Clivus
19 Protuberantia occipitalis externa (Inion)
20 Fossa cranii posterior
21 Septum nasi
22 Tuberculum pharyngeum
23 Foramen magnum
24 Spina nasalis anterior
25 Spina nasalis posterior
26 Canalis vertebralis
27 Palatum durum
28 Articolatio atlantoaxialis mediana
29 Arcus anterior atlantis
30 Arcus posterior atlantis
31 Dens axis
32 Canalis incisivus
33 Processus alveolaris maxillae
34 Processus spinosus axis
35 Processus spinosus des 3. Halswirbels
36 3. Halswirbel
37 Corpus mandibulae
38 4. Halswirbel
39 Os hyoideum

1 Sutura coronalis
2 Os parietale
3 Os frontale
4 Sutura lambdoidea
5 Sinus frontalis
6 Fossa cranii anterior
7 Orbitadach
8 Sutura sphenofrontalis
9 Os sphenoidale
10 Processus clinoideus anterior
11 Orbita
12 Foramen rotundum
13 Fossa cranii media
14 Orbitaboden
15 Fossa pterygopalatina
16 Canalis caroticus
17 Os temporale
18 Os occipitale
19 Fossa cranii posterior
20 Sinus maxillaris
21 Processus pterygoideus
22 Condylus occipitalis
23 Articulatio atlantooccipitalis
24 Maxilla
25 Hamulus pterygoideus
26 Massa lateralis atlantis
27 Articulatio atlantoaxialis lateralis
28 Axis
29 3. Halswirbel
30 Corpus mandibulae
31 Canalis mandibulae
32 4. Halswirbel
33 Cartilago thyroidea
34 Os hyoideum

Nach Kretschmann, H.-J., W. Weinrich:
Klinische Neuroanatomie und kranielle Bilddiagnostik. Thieme, Stuttgart 1991

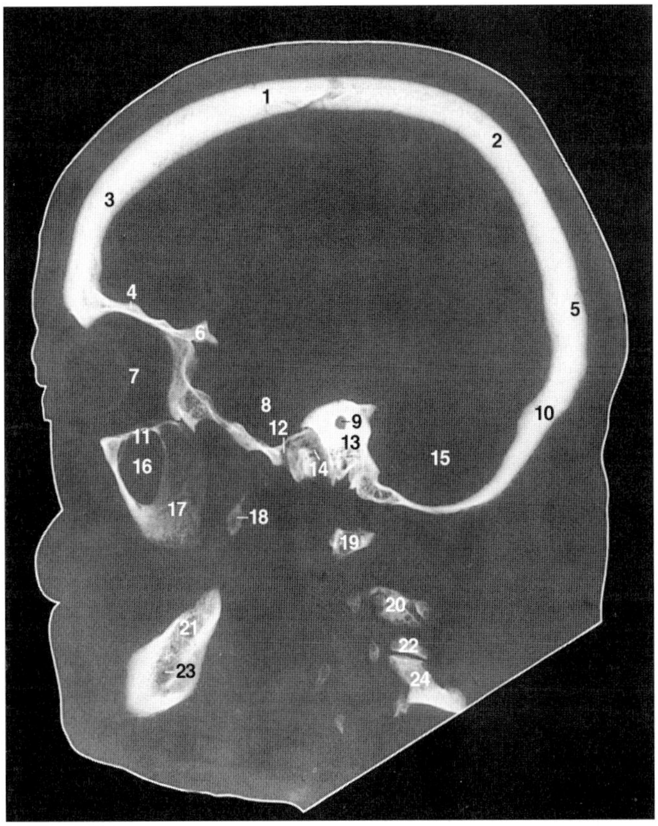

1 Sutura coronalis
2 Os parietale
3 Os frontale
4 Orbitadach, Boden der Fossa cranii anterior
5 Sutura lambdoidea
6 Os sphenoidale, Ala minor
7 Orbita
8 Fossa cranii media
9 Meatus acusticus internus
10 Os occipitale
11 Orbitaboden
12 Foramen ovale
13 Os temporale
14 Canalis caroticus
15 Fossa cranii posterior
16 Sinus maxillaris
17 Maxilla
18 Processus pterygoideus, Lamina lateralis
19 Processus transversus atlantis
20 Axis
21 Mandibula
22 3. Halswirbel
23 Canalis mandibulae
24 4. Halswirbel

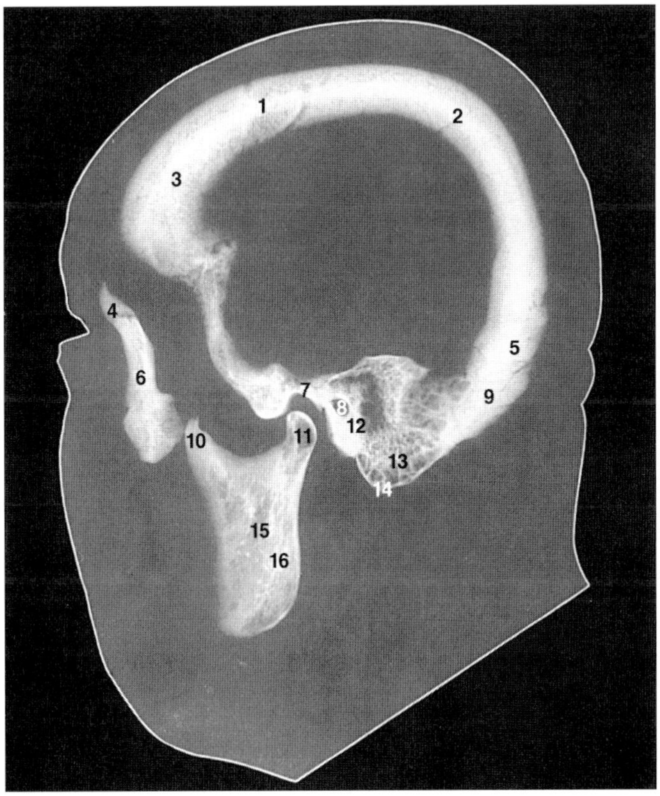

1 Sutura coronalis
2 Os parietale
3 Os frontale
4 Sutura frontozygomatica
5 Sutura lambdoidea
6 Os zygomaticum
7 Fossa mandibularis
8 Meatus acusticus externus
9 Os occipitale
10 Processus coronoideus
11 Processus condylaris
12 Os temporale
13 Cellulae mastoideae
14 Processus mastoideus
15 Foramen mandibulae
16 R. mandibulae

Nach Kretschmann, H.-J., W. Weinrich:
Klinische Neuroanatomie und kranielle Bilddiagnostik. Thieme, Stuttgart 1991

Knöcherner Schädel, CT-Anatomie, axial

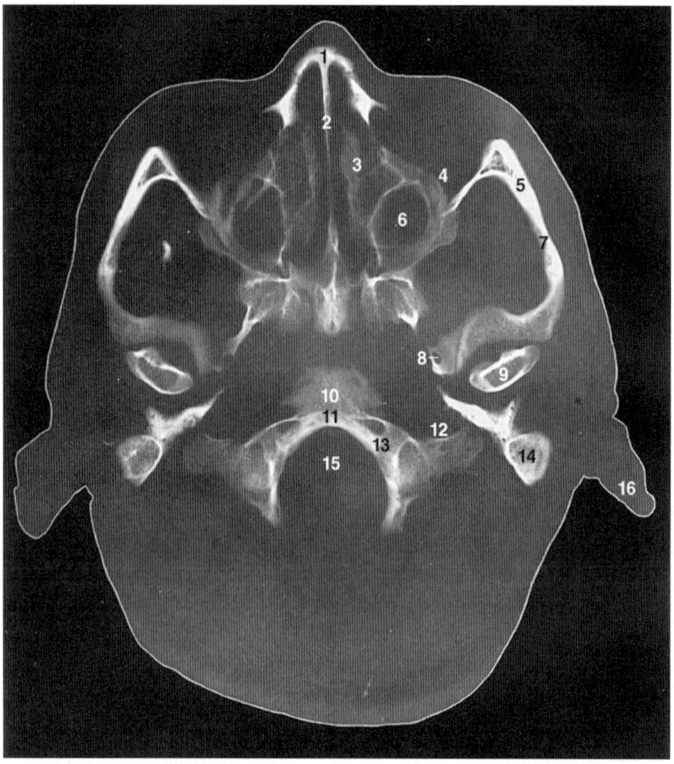

1 Os nasale
2 Septum nasi
3 Cellulae ethmoidales
4 Orbita
5 Os zygomaticum
6 Sinus maxillaris
7 Arcus zygomaticus
8 Foramen spinosum
9 Mandibula
10 Os occipitale, Pars basilaris
11 Basion
12 Foramen jugulare
13 Canalis hypoglossalis
14 Processus mastoideus
15 Foramen magnum
16 Ohrmuschel

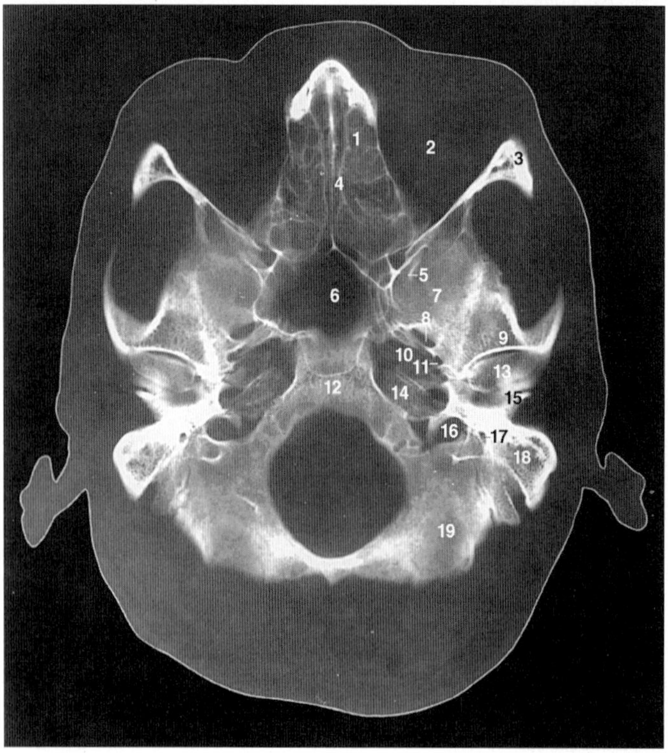

1 Cellulae ethmoidales
2 Orbita
3 Os zygomaticum
4 Os ethmoidale
5 Foramen rotundum
6 Sinus sphenoidalis
7 Os sphenoidale, Boden der Fossa cranii media
8 Foramen ovale
9 Os temporale
10 Foramen lacerum
11 Foramen spinosum
12 Clivus
13 Caput mandibulae
14 Canalis caroticus
15 Ductus acusticus externus
16 Foramen jugulare
17 Canalis facialis
18 Processus mastoideus
19 Os occipitale, Boden der Fossa cranii posterior

Nach Kretschmann, H.-J., W. Weinrich:
Klinische Neuroanatomie und kranielle Bilddiagnostik. Thieme, Stuttgart 1991

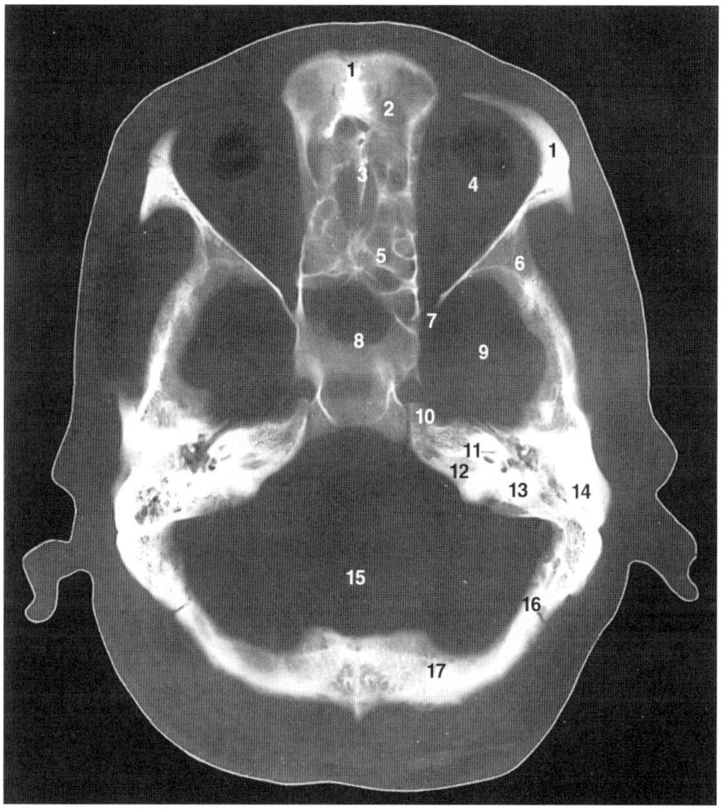

1 Os frontale
2 Sinus frontalis, Boden
3 Crista galli
4 Orbita
5 Cellulae ethmoidales
6 Os sphenoidale
7 Fissura orbitalis superior
8 Sinus sphenoidalis
9 Fossa cranii media
10 Pyramidenspitze
11 Cochlea
12 Meatus acusticus internus
13 Pars petrosa
14 Os temporale
15 Fossa cranii posterior
16 Sutura lambdoidea
17 Os occipitale

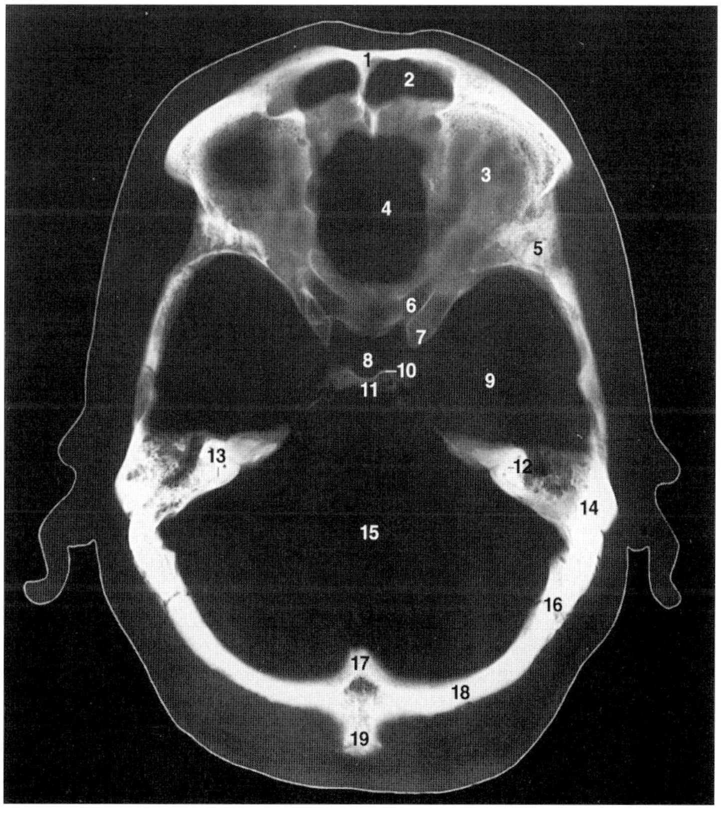

1 Os frontale
2 Sinus frontalis
3 Orbitadach
4 Fossa cranii anterior
5 Os sphenoidale
6 Canalis opticus
7 Processus clinoideus anterior
8 Sella turcica
9 Fossa cranii media
10 Processus clinoideus posterior
11 Dorsum sellae
12 Canalis semicircularis anterior
13 Canalis semicircularis posterior
14 Os temporale
15 Fossa cranii posterior
16 Sutura lambdoidea
17 Protuberantia occipitalis interna
18 Os occipitale
19 Protuberantia occipitalis externa (Inion)

Nach Kretschmann, H.-J., W. Weinrich:
Klinische Neuroanatomie und kranielle Bilddiagnostik. Thieme, Stuttgart 1991

Primär koronares Computertomogramm (Koronarnaht rechtwinklig zur Basislinie) Schichtung von anterior nach posterior, ausgesuchte Einzelschichten

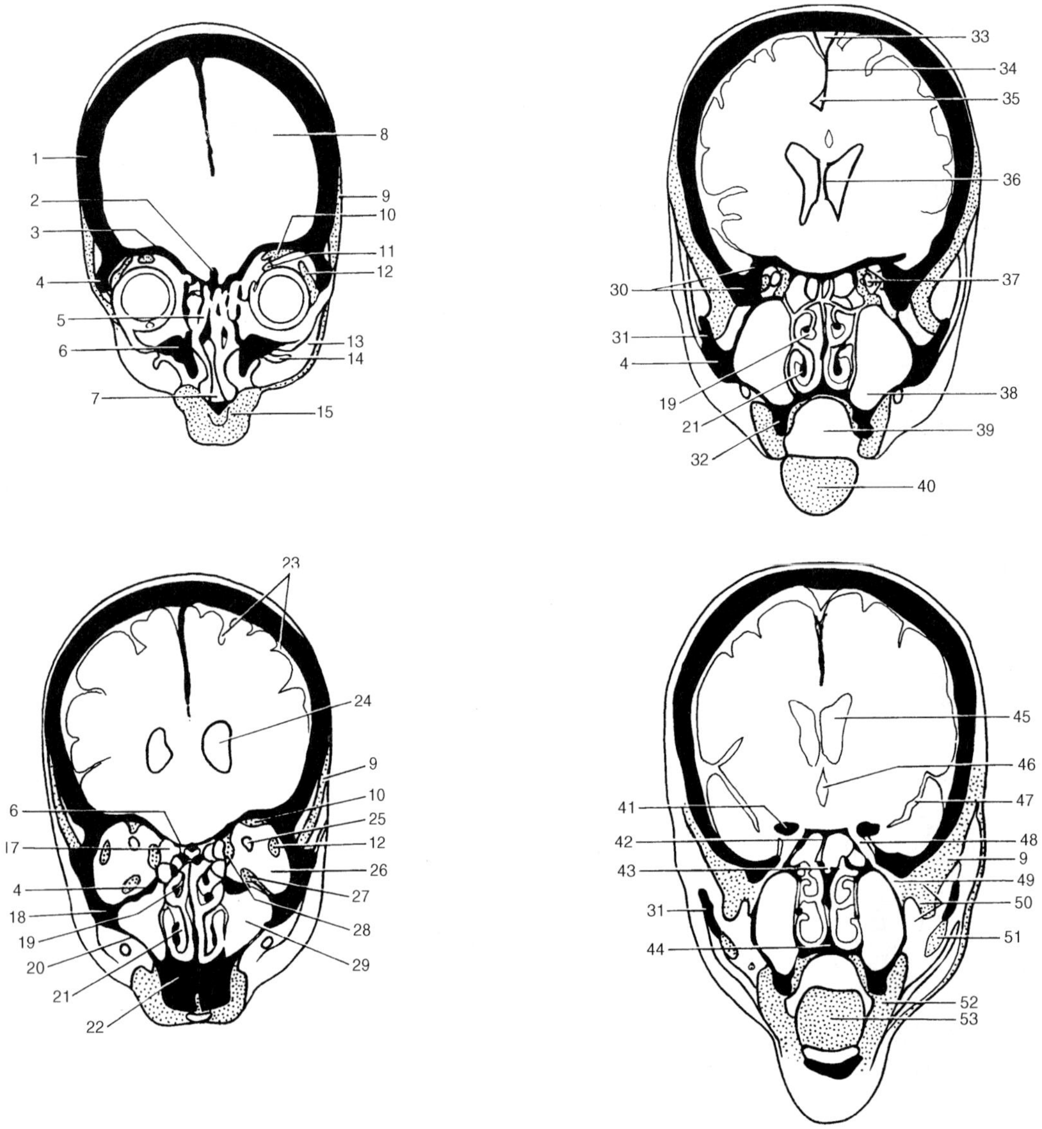

1 Schädelkalotte
2 Crista galli
3 Orbitadach
4 Os zygomaticum
5 Cellulae ethmoidales
6 Os maxillae
7 Septum nasi
8 Frontalhirn
9 M. temporalis
10 M. rectus superior und M. levator palpebrae
11 V. ophthalmica superior
12 M. rectus lateralis
13 Bichat-Fettkörper
14 V. facialis
15 M. levator labii superior
16 Lamina cribrosa
17 Siebbeinzelle
18 Orbitaboden
19 Concha nasalis media
20 Laterale Kieferhöhlenwand
21 Concha nasalis inferior
22 Maxilla
23 Sulci cerebri
24 Ventriculus lateralis
25 N. opticus
26 Retrobulbärer Fettkörper
27 M. rectus inferior
28 M. rectus medialis
29 Sinus maxillaris
30 Os sphenoidale
31 Arcus zygomaticus
32 Processus alveolaris ossis maxillae
33 Sinus sagittalis superior
34 Falx cerebri
35 Interhemisphärenspalt
36 Seitenventrikel
37 Orbitaspitze
38 Recessus alveolaris Sinus maxillae
39 Cavum oris
40 Lingua
41 Processus clinoideus anterior
42 Sinus sphenoidalis
43 Vomer
44 Pilabum durum
45 Cella media
46 3. Ventrikel
47 Fissura Sylvii
48 Canalis opticus
49 Fissura orbitalis inferior
50 Fossa infratemporalis
51 M. zygomaticus major
52 M. buccinator
53 Lingua

Nach Brusis, T., U. Mödder:
HNO Röntgenaufnahmetechnik und Normalbefunde. Springer, Berlin 1984

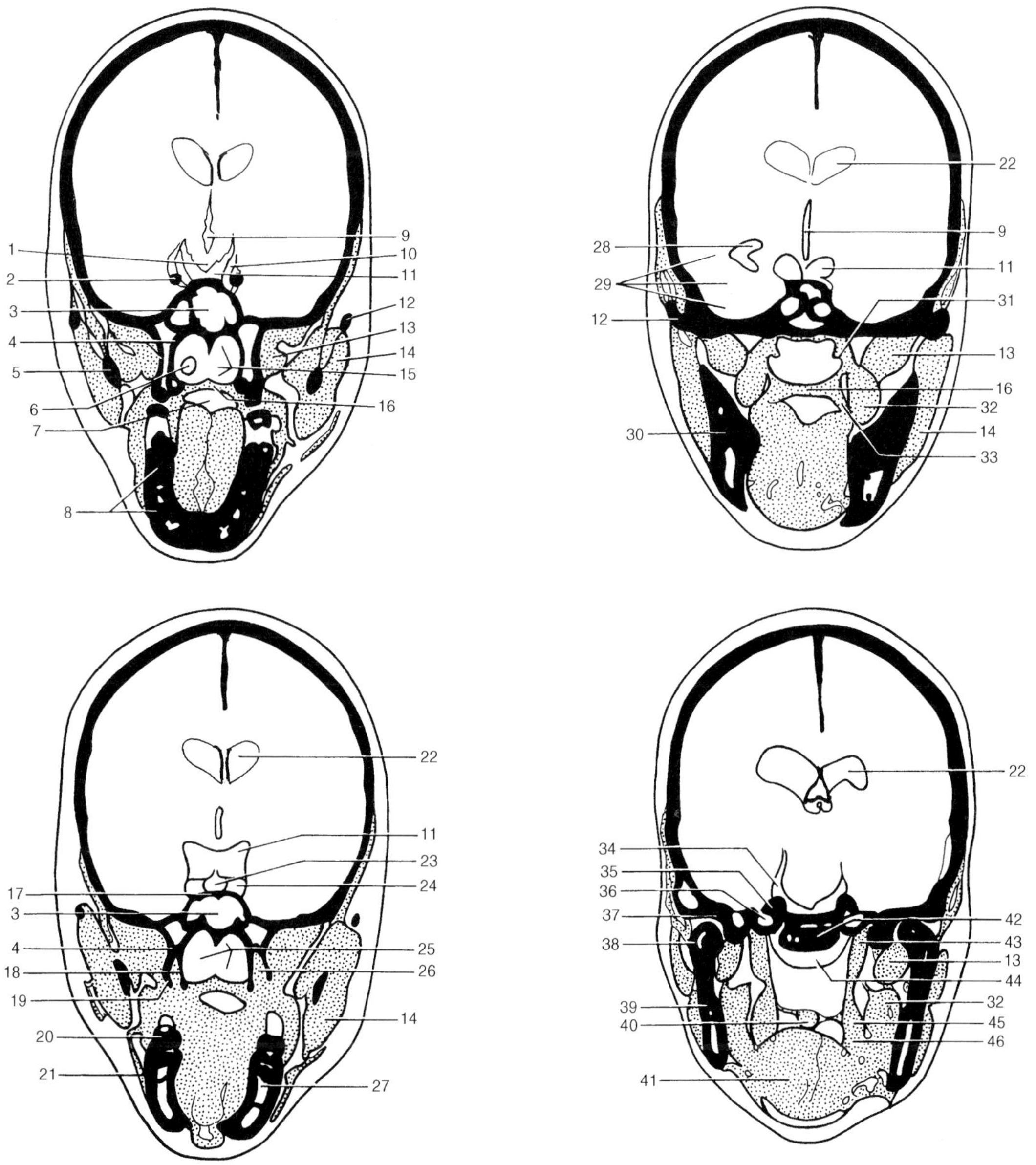

1 Chiasma opticus
2 Proc. clinoideus anterior
3 Sinus sphenoidalis
4 Processus pterygoideus
5 Processus muscularis mandibulae
6 Hinteres Ende (Koncha inferior)
7 Cavum oris
8 Corpus mandibulae
9 3. Ventrikel
10 A. carotis interna
11 Cisterna basalis
12 Arcus zygomaticus
13 M. pterygoideus lateralis
14 M. masseter
15 Choane
16 Palatum molle
17 Sellaboden
18 Lamina medialis
19 Lamina lateralis
20 Molar
21 Corpus mandibulae
22 Seitenventrikel
23 Hypophyse
24 Sinus cavernosus
25 Epipharynx
26 Fossa pterygoidea
27 Zahnalveole
28 Temporalhorn des Seitenventrikels
29 Mittlere Schädelgrube
30 Angulus mandibulae
31 Ostium pharyngeum tubae auditivae
32 M. pterygoideus medialis
33 M. palatopharyngeus
34 Cisterna interpeduncularis
35 Pyramidenspitze
36 Canalis caroticus
37 Fossa mandibularis
38 Caput mandibulae
39 R. ascendeus mandibulae
40 Uvula
41 Lingua
42 Clivus
43 M. tensor veli palatini
44 Tonsilla pharyngea
45 M. levator veli palatini
46 M. palatoglossus und M. styloideus

Nach Brusis, T., U. Mödder:
HNO Röntgenaufnahmetechnik und Normalbefunde. Springer, Berlin 1984

Sella turcica

Normalbefunde und Formvarianten

Sella turcica mit ausgeprägtem Sulcus chiasmatis

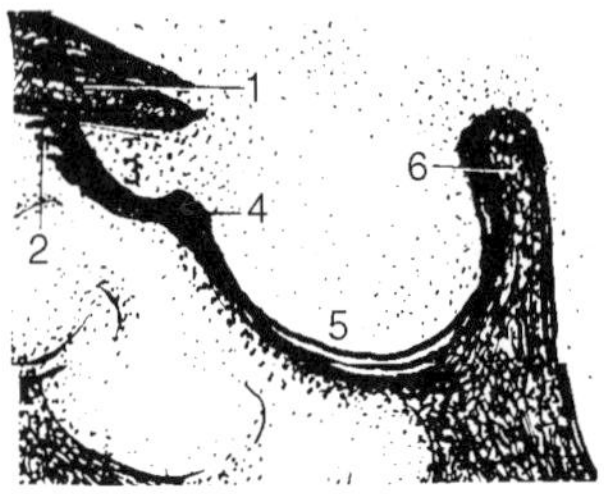

1 = Processus clinoideus anterior
2 = Planum sphenoidale
3 = Sulcus chiasmatis
4 = Tuberculum sellae
5 = Sellaboden
6 = Dorsum sellae

Schnittbild durch die Sella turcica und den Sinus cavernosus mit benachbarten Strukturen

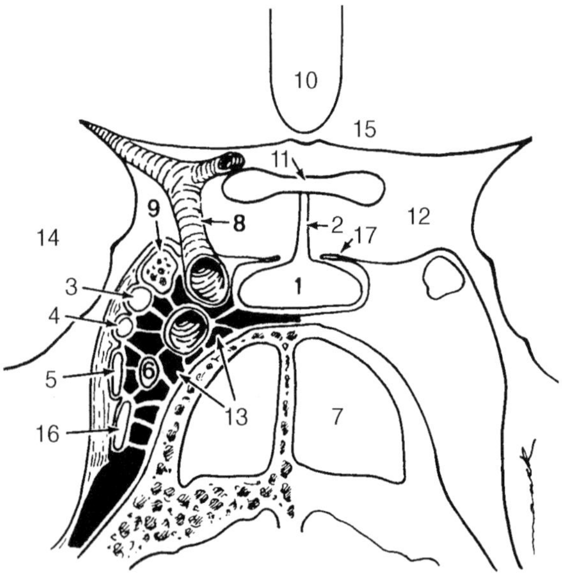

1. Hypophyse
2. Infundibulum
3. III. Hirnnerv
4. IV. Hirnnerv
5. V_1 Hirnnnerv
6. VI. Hirnnerv
7. Keilbeinhöhle
8. A. carotis interna
9. Processus clin. anterior
10. III. Ventrikel
11. Chiasma opticum
12. Cisterna suprasellaris
13. Sinus cavernosus
14. Temporal-Lappen
15. Hypothalamus
16. V_2 Hirnnerv
17. Diaphragma der Sella

Sellaformen (nach Carstens)

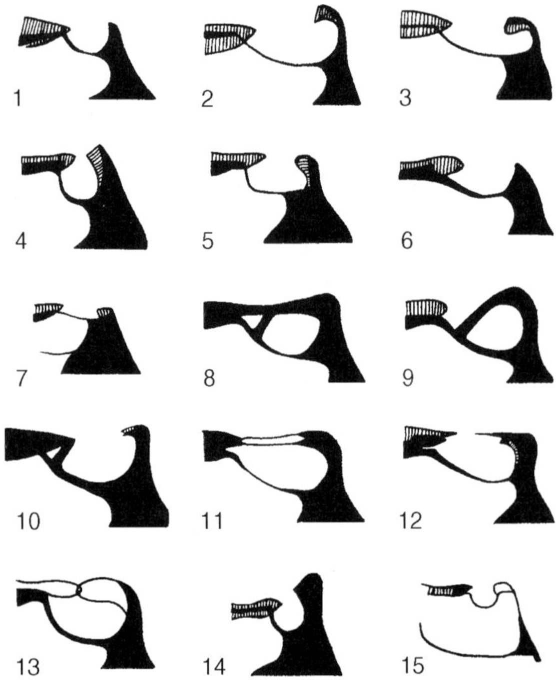

1–6 stellen die von Martin beschriebenen Hauptformen dar: 1 = rund, 2 = oval, 3 = flach, 4 = tief, 5 = viereckig, 6 = verzogen.
7 ist die von Carstens benannte „Sellamißbildung“. Es fehlen dabei ein ordentliches Kavum und Dorsum, d. h., der Sellaraum ist stets sehr klein, mit entsprechender insuffizienter Hypophyse.
8–12 sind Brücken verschiedener Ausbildung, von denen die letzte (12) ein unvollständiges Gebilde darstellt. Von ihr ist die „Pseudobrücke“ (13) Schneiders zu unterscheiden, bei der die Enden der Processus clinoidei anteriores und posteriores lediglich aufeinanderprojiziert sind.
Die Raabsche Variante (14) fällt durch das hohe, klobige Dorsum auf. Charakteristisch ist die letzte Form (15): niedriges, breites Dorsum, häufig pneumatisiert. Processus clinoidei posteriores können vorhanden sein oder fehlen. Das Kavum ist rund und klein.
Die Sellae 7–15 bedürfen einer sehr kritischen Bewertung

Nach Köhler, A., E. A. Zimmer: Grenzen des Normalen und Anfänge des Pathologischen im Röntgenbild des Skeletts. 13. neubearb. und erw. Aufl. Thieme, Stuttgart, 1989

Felsenbein – Innenohr

Felsenbeine anterior-posterior

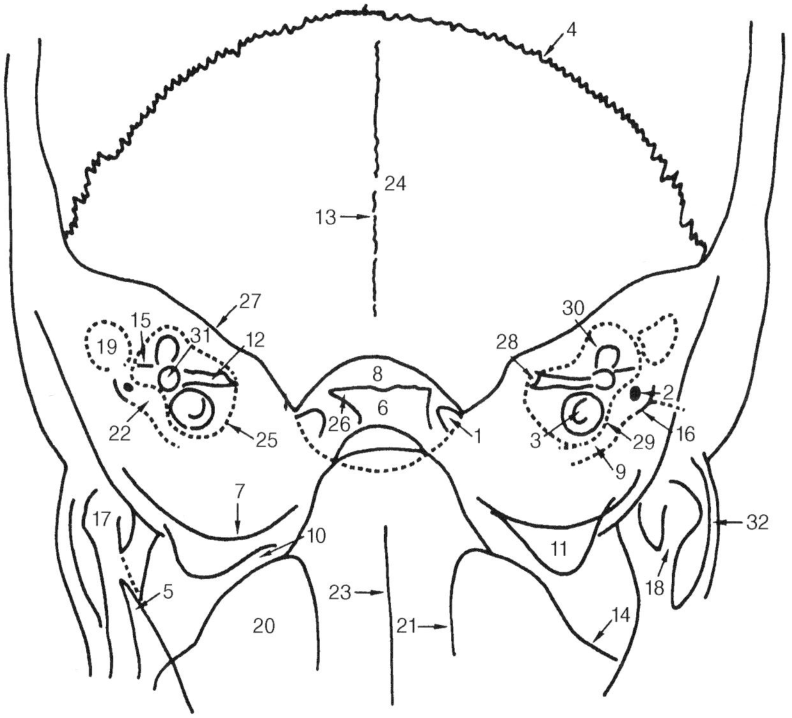

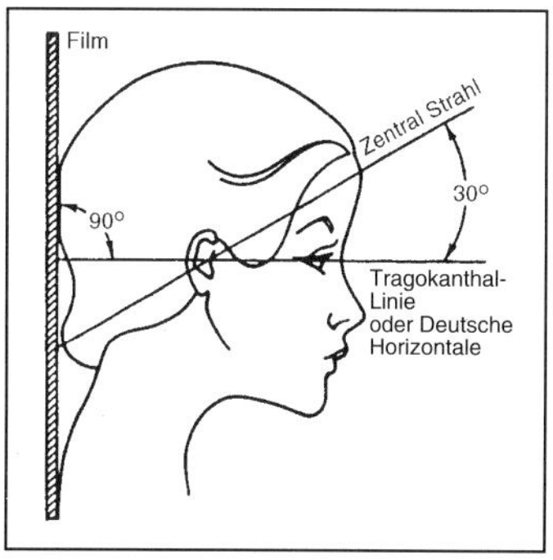

1. Processus clinoideus anterior
2. Gehörknöchelchen (Amboß und Hammer)
3. Schnecke
4. Kranznaht
5. Processus coronoideus des Unterkiefers
6. Dorsum sellae
7. Boden der mittleren Schädelgrube
8. Foramen magnum
9. Hypothympanon
10. Fissura orbitalis inferior
11. Processus mastoideus
12. Canalis acusticus internus
13. Crista occipitalis interna
14. Verbindung von Dach und hinterer Seitenwand der Kieferhöhle
15. Lateraler Bogengang
16. Seitenwand des Attikus
17. Kieferköpfchen
18. Mandibulahals
19. Antrum mastoideum
20. Kieferhöhle
21. Mittelwand der Kieferhöhle (Seitenwand der Fossa nasalis)
22. Mittelohr
23. Nasenseptum
24. Hinterhaupt
25. Innenohr
26. Processus clinoideus posterior
27. Margo superior der Felsenpyramide
28. Porus acusticus internus
29. Promonturium der Schnecke
30. Oberer Bogengang
31. Vestibularapparat
32. Jochbogen

Nach Wicke, L.: Atlas der Röntgenanatomie. Urban u. Schwarzenberg, München 1980

Felsenbein – anatomische Details

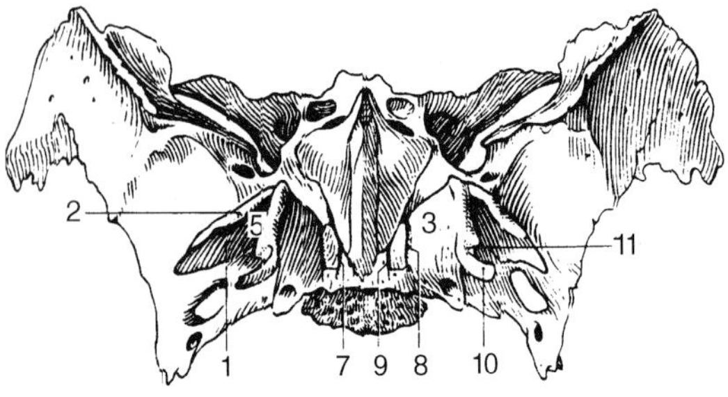

Os sphenoidale von unten

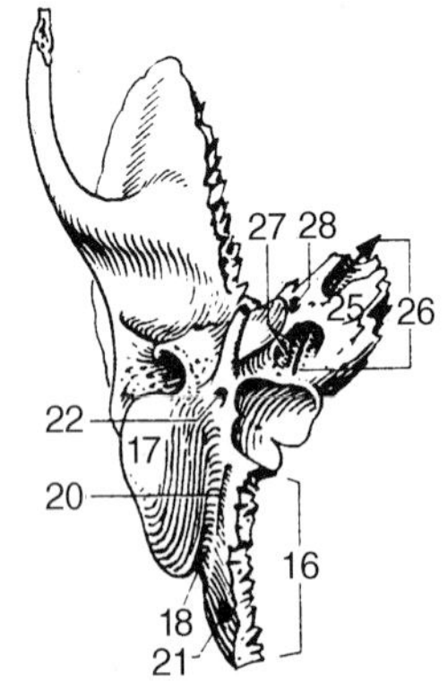

rechtes Os temporale von unten

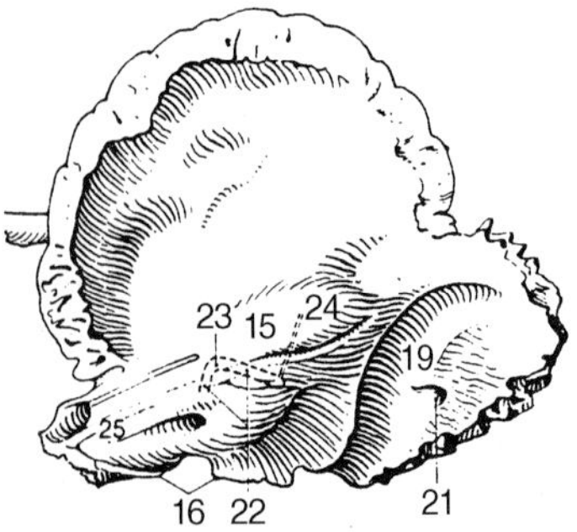

rechtes Os temporale von innen

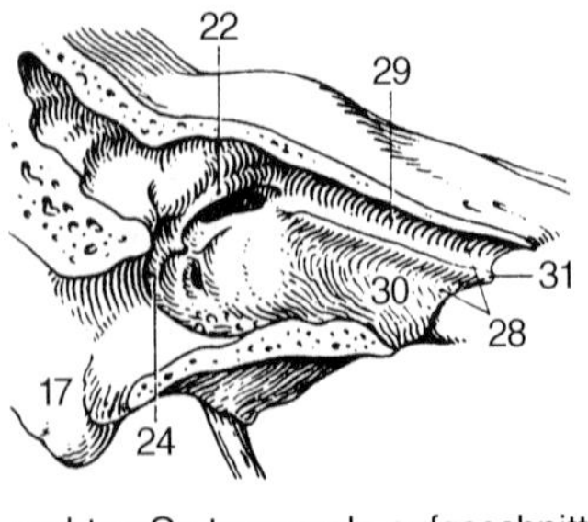

rechtes Os temporale aufgeschnitten von vorne seitlich

1 Processus pterygoideus
2 Lamina lateralis [processus pterygoidei]
3 Lamina medialis [processus pterygoidej]
4 Incisura pterygoidea
5 Fossa pterygoidea
6 Fossa pterygoidea
7 Processus vaginalis
8 Sulcus palatovaginalis
9 Sulcus vomerovaginalis
10 Hamulus pterygoideus
11 Sulcus hamuli pterygoidei
12 Canalis pterygoideus
13 Processus pterygospinosus
14 Os temporale
15 Pars petrosa
16 Margo occipitalis
17 Processus mastoideus
18 Incisura mastoidea
19 Sulcus sinus sigmoidei
20 Sulcus a. occipitalis
21 Foramen mastoideum
22 Canalis facialis
23 Geniculum canalis facialis
24 Canaliculus chordae tympani
25 Apex partis petrosae
26 Canalis caroticus
27 Canaliculi caroticotympanici
28 Canalis musculotubarius
29 Semicanalis m. tensoris tympani
30 Semicanalis tubae auditoriae (auditivae)
31 Septum canalis musculotubarii

Nach Feneis, H.: Anatomisches Bildwörterbuch, 7. Aufl. Thieme, Stuttgart 1993

Felsenbein nach Schüller

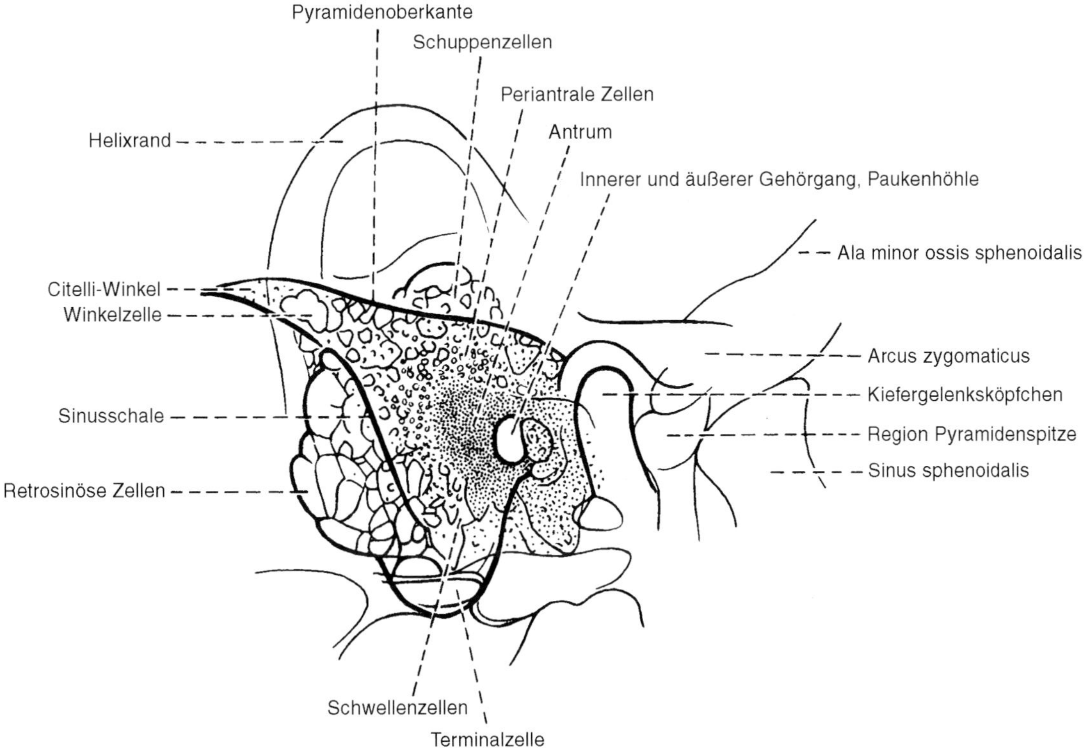

Felsenbein nach Stenvers

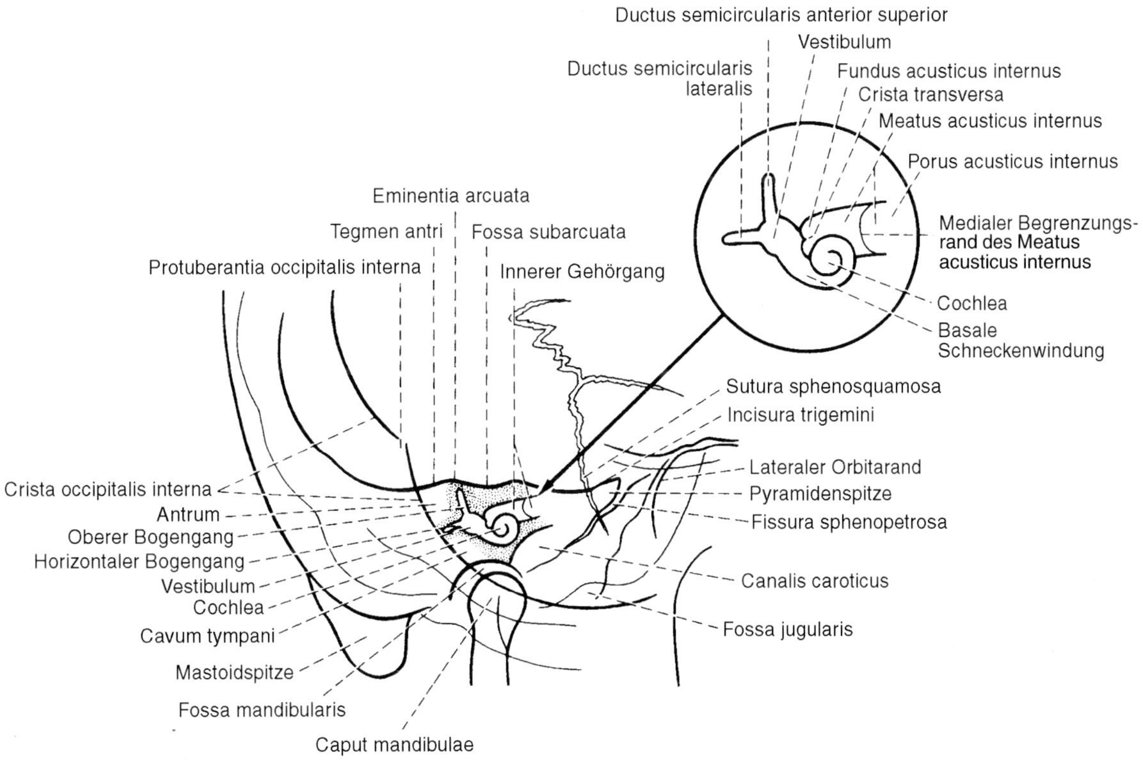

Brusis, T., U. Mödder U.: HNO Röntgenaufnahmetechnik und Normalbefunde. Springer, Berlin 1984

Felsenbein nach Stenvers

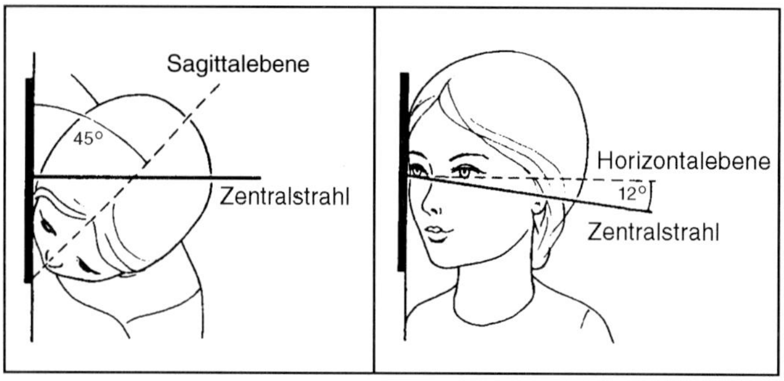

Stenvers Fehleinstellungen

Systematische Variation der Kippung

Zur Normaleinstellung der Felsenbeinaufnahme nach Stenvers wird der Zentralstrahl um 12° kaudokranial geneigt. Bei dieser Einstellung projiziert sich die Crista occipitalis interna (C.o.i.) unterhalb des Felsenbeinmassivs bzw. zwischen Mastoidzellen und horizontalen Bogengang. Die Felsenbeinspitze ist überlagerungsfrei dargestellt. Die Fissura sphenopetrosa wird am Unterrand des Felsenbeins sichtbar.
Bei einer Abflachung der Kippung (2° oder −8°) kommt es zu einer Fehlprojektion der Innenohrstrukturen, die keine ausreichende Beurteilung mehr erlauben. Die C.o.i. projiziert sich dann unterhalb des untersuchten Felsenbeinmassivs. Die Felsenbeinspitze wird von der lateralen Kontur der ipsilateralen Orbita überlagert.

Wird die Kippung verstärkt (22° oder 32°), dann wandert die C.o.i. nach kranial. Die Innenohrstrukturen überlagern sich derart, daß der innere Gehörgang sowie Bogengänge und Vestibulum ebenfalls nicht mehr optimal beurteilbar sind.

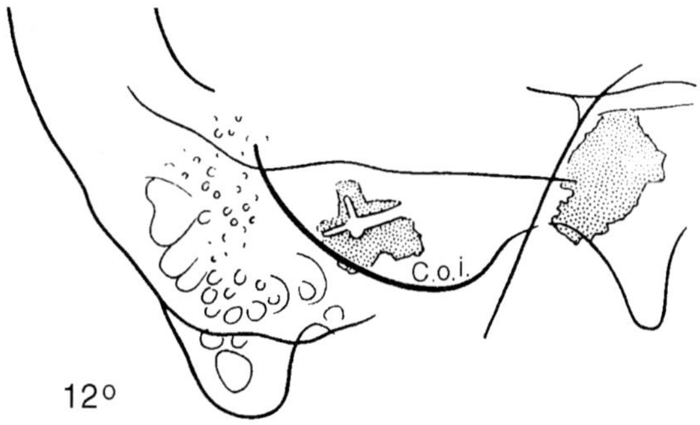

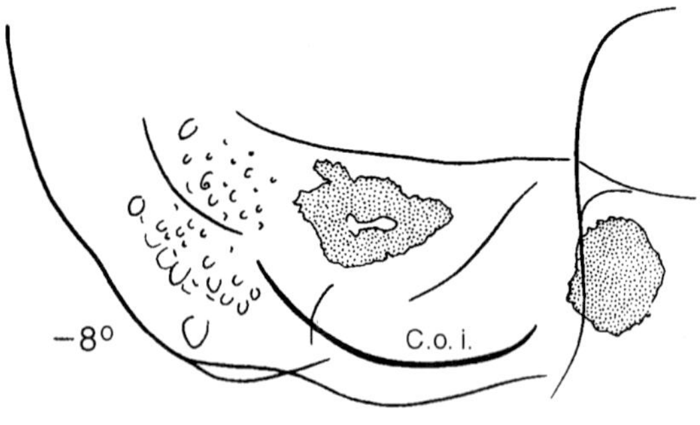

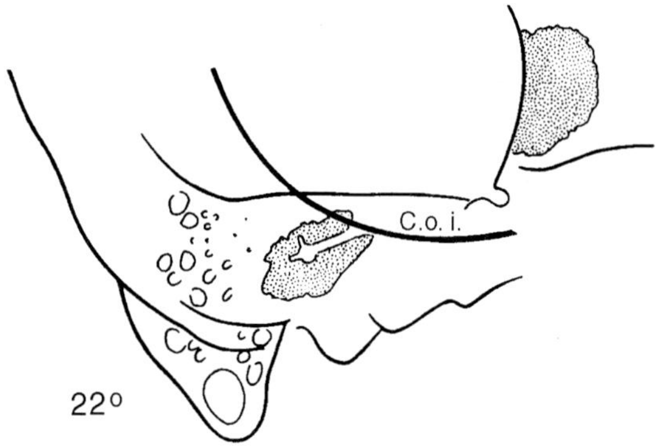

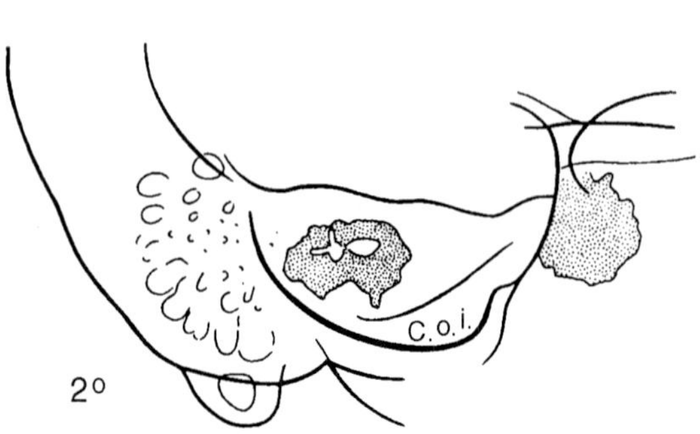

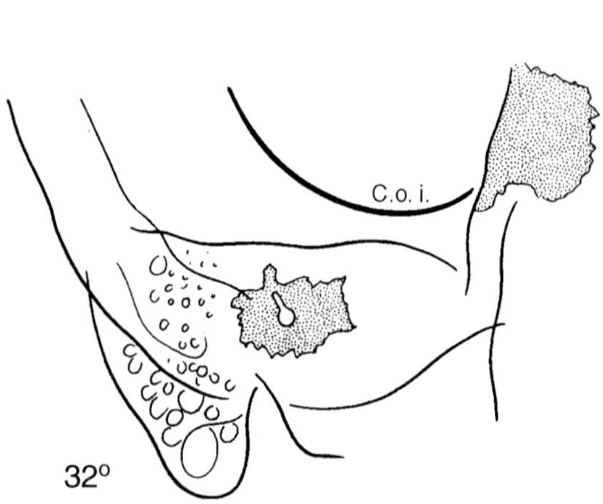

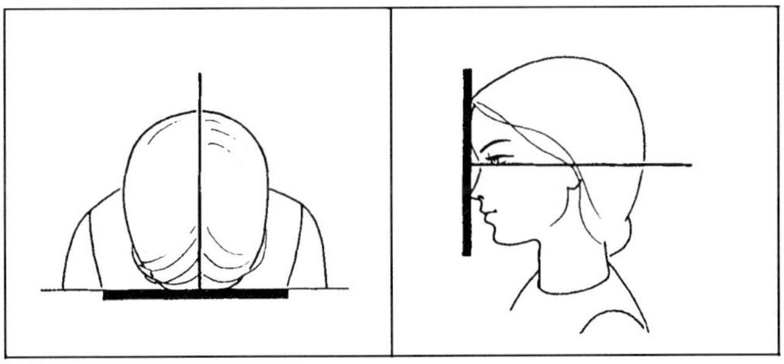

Orbitale Pyramidenvergleichsaufnahme nach Schüller II

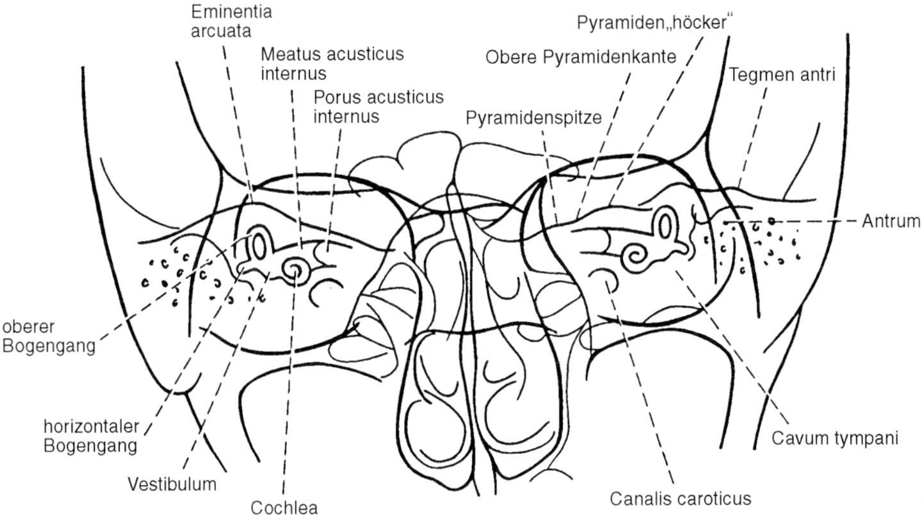

Brusis, T., U. Mödder U.: HNO Röntgenaufnahmetechnik und Normalbefunde. Springer, Berlin 1984

Pyramidenvergleichsaufnahme nach Altschul und Uffenorde

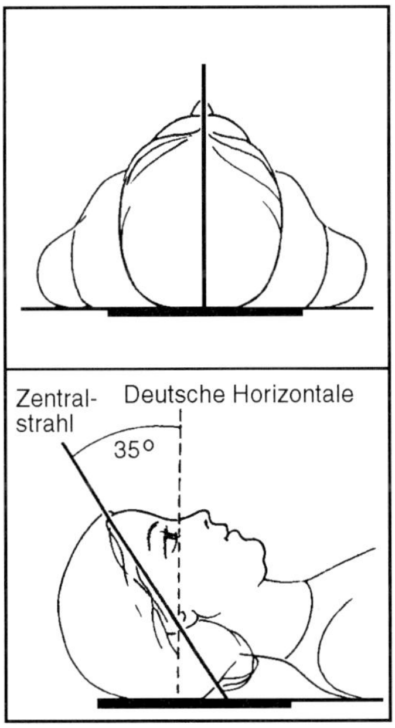

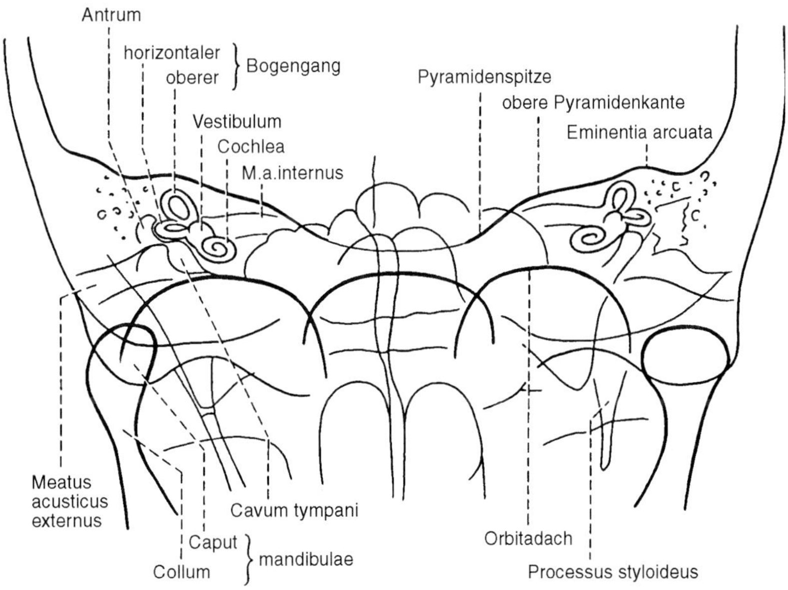

Nach Brusis T., Mödder U.: HNO Röntgenaufnahmetechnik und Normalbefunde. Springer, Berlin 1984

Altschul, W., W. Uffenorde: Felsenbeinübersichtsaufnahme. In Heuser, H.:Zahnärztliche Röntgendiagnostik. Barth, Leipzig 1952

Topographie der Bogengänge, des Canalis facialis, der medialen Wand der Cavitas tympanica (Cavum tympani) und des Sinus sigmoideus

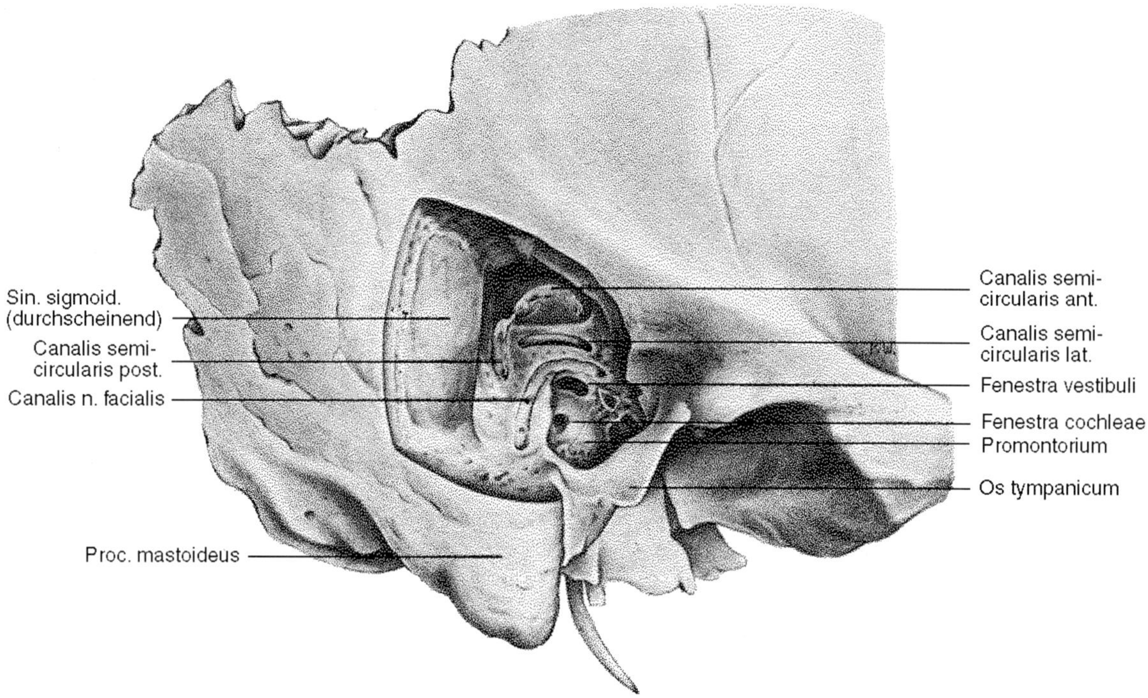

Übersicht über das äußere, das Mittel- und das Innenohr

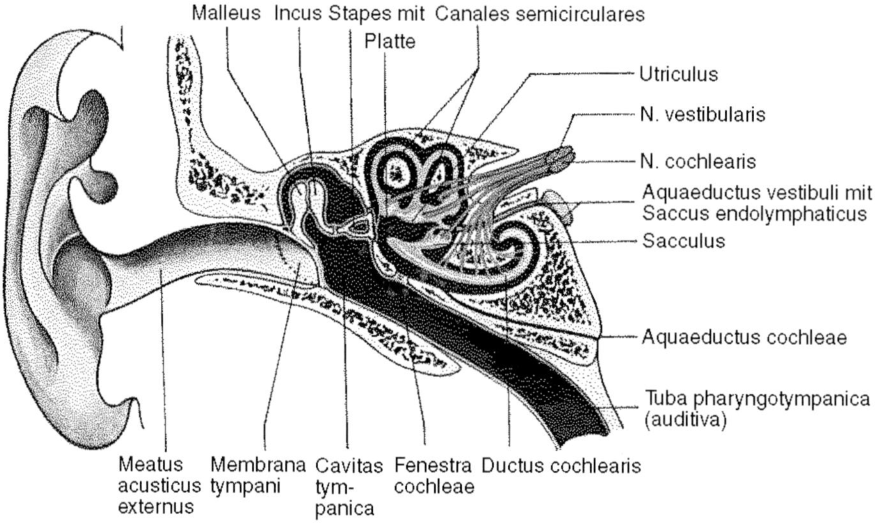

Isoliertes knöchernes Labyrinth

1 Canalis semicircularis anterior
2 Canalis semicircularis posterior
3 Canalis semicircularis lateralis
4 Canalis facialis
5 Pfeil gegen Fenestra cochleae
6 Vestibulum
7 Kochlea
Schwarz = Fenestra vestibuli

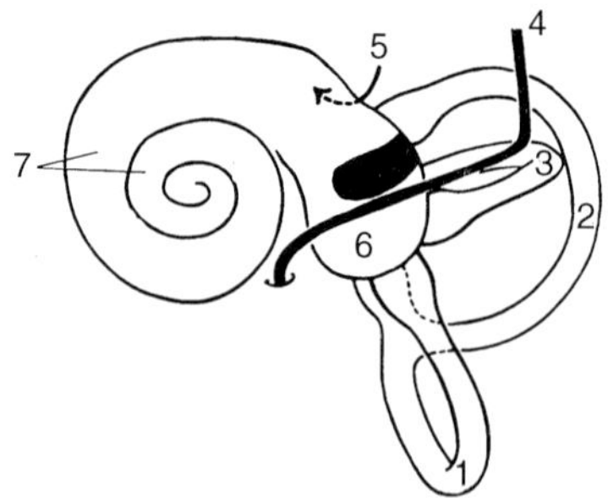

Töndury, G.: Angewandte und topographische Anatomie. 5. Aufl. Thieme, Stuttgart, 1981

Aufsicht auf das knöcherne Labyrinth eines Neugeborenen

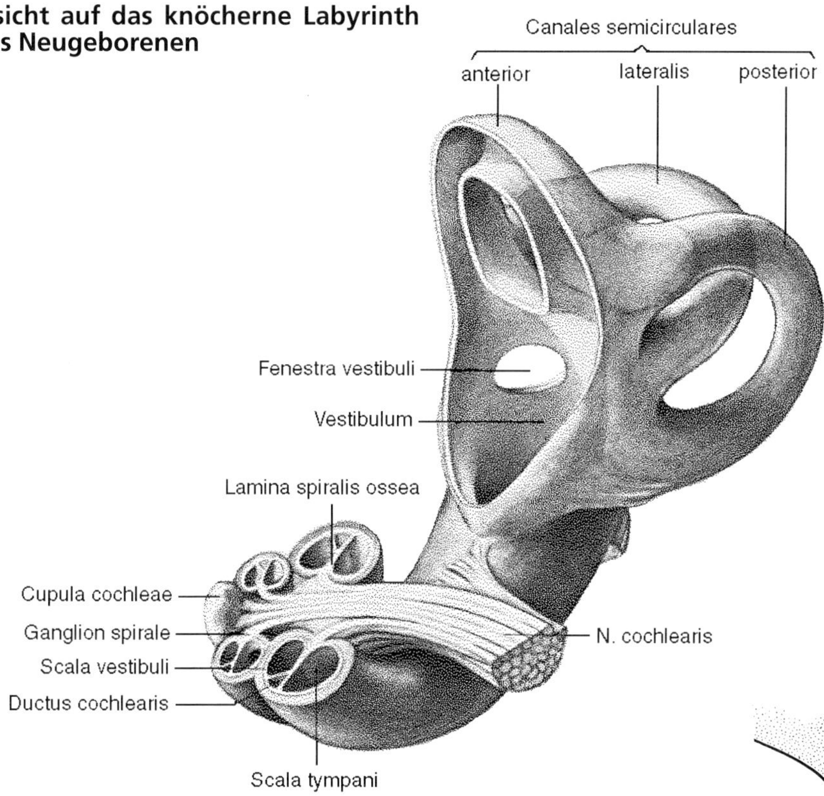

Schnitt durch die Cavitas tympanica mit dem Ossicula auditus

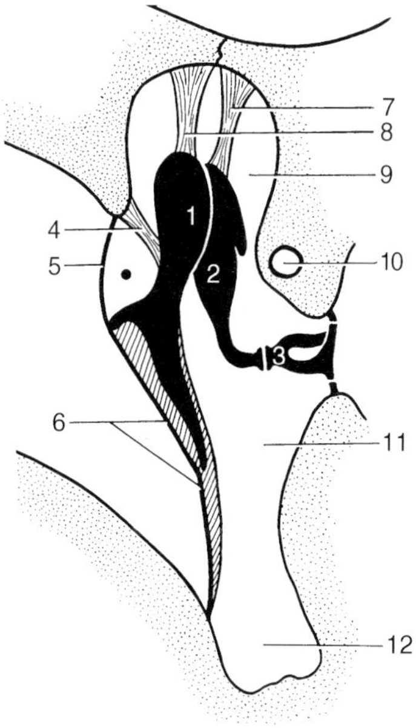

1 Malleus
2 Inkus
3 Stapes
4 Lig. mallei laterale
5 Pars flaccida membranae tympani
6 Pars tensa membranae tympani
7 Lig. incudis superius
8 Lig. mallei superius
9 Recessus epitympanicus
10 Canalis facialis
11 Cavitas tympanica sensu strictiori
12 Recessus hypotympanicus
• Prussaksche Tasche

Darstellung des häutigen Labyrinthes und der perilymphatischen Räume

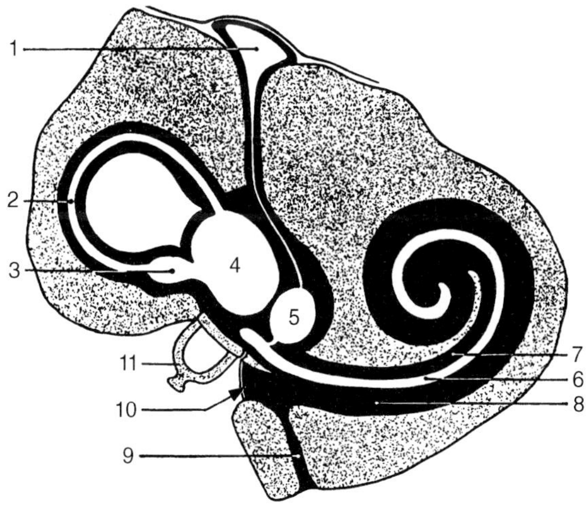

1 Saccus endolymphaticus
2 Canalis semicircularis
3 Ampulla
4 Utrikulus
5 Sakkulus
6 Ductus cochlearis
7 Scala vestibuli
8 Scala tympani
9 Aquaeductus cochleae
10 Membrana tympani secundaria
11 Stapes in der Fenestra vestibuli

Töndury, G.: Angewandte und topographische Anatomie. 5. überarbeitete und erweiterte Auflage. Thieme, Stuttgart, 1981

Felsenbein, axial, CT

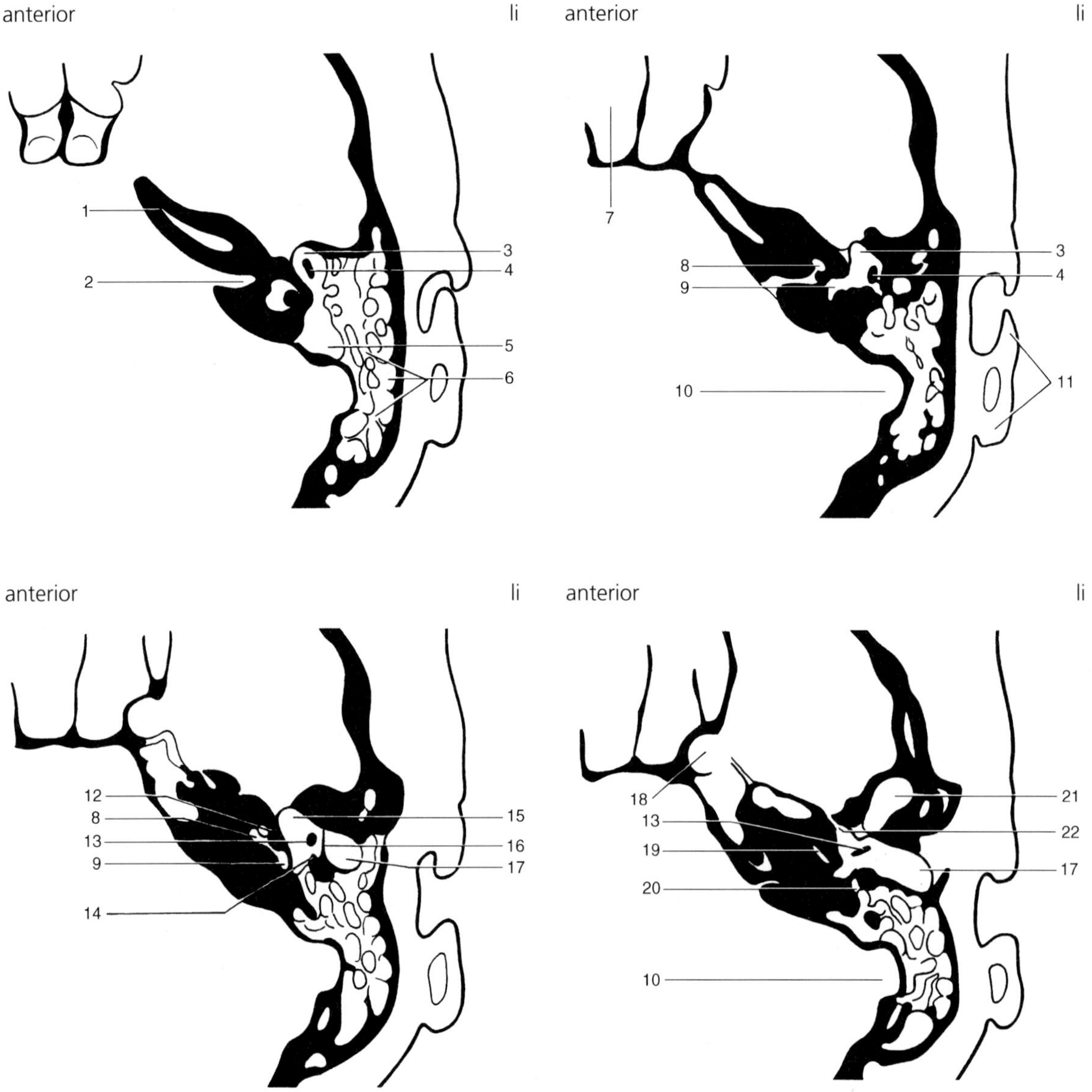

1 Apex partis petrosae
2 Meatus acusticus internus
3 Recessus epitympanicus
4 Malleus und Incus
5 Antrum mastoideum
6 Cellulae mastoideae
7 Sinus sphenoidalis
8 Kochlea
9 Vestibulum
10 Sinus sigmoideus
11 Concha auris
12 Promontorium
13 Manubrium mallei
14 Processus pyramidalis
15 Cavum tympani
16 Membrana tympani
17 Meatus acusticus externus
18 Canalis caroticus
19 Pars basalis cochleae
20 Canalis facialis
21 Fossa mandibularis
22 Tuba auditiva

Brusis T., Mödder U., HNO Röntgenaufnahmetechnik und Normalbefunde. Springer, Berlin, Heidelberg, New York, Tokyo, 1984

Anatomie des Innenohres (Ossikula)

Schichtbilder

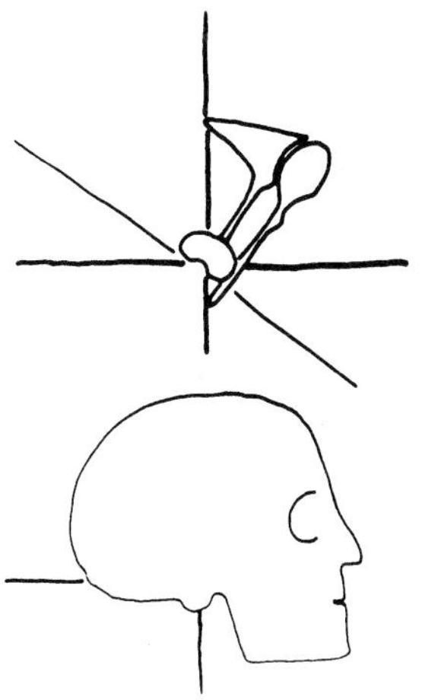

Stellung der Ossikula bei normaler Kopfhaltung (von lateral)

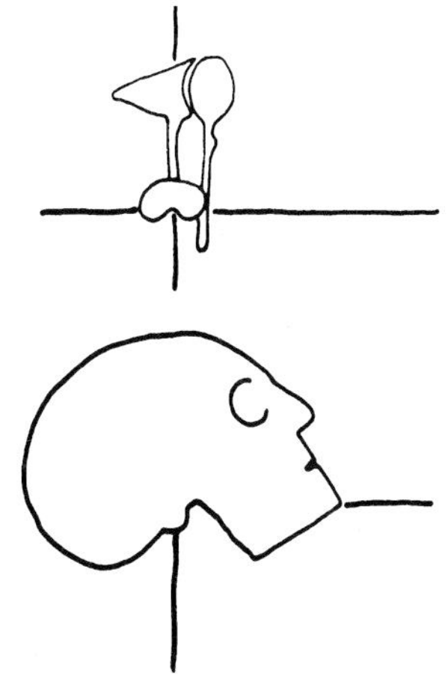

Stellung der Ossikula bei geringer Dorsalflexion des Kopfes

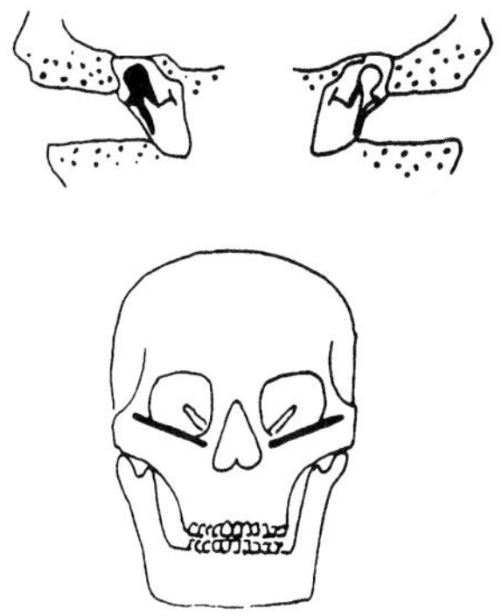

Stellung der Ossikula ohne Seitwärtsneigung des Kopfes (von vorne gesehen).

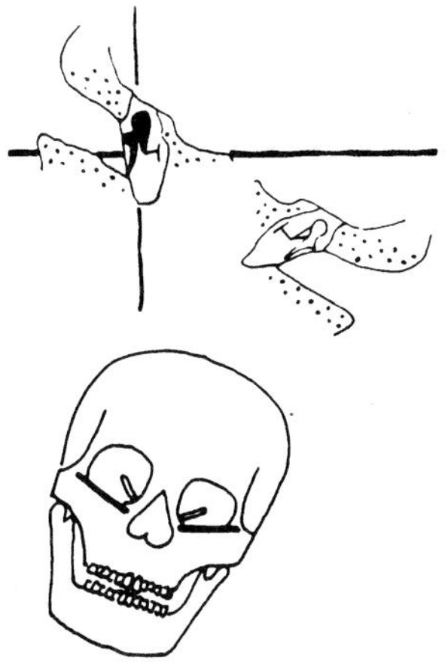

Stellung der Ossikula mit Seitwärtsneigung des Kopfes (die zu untersuchenden Ossikula schwarz dargestellt)

CT, koronar

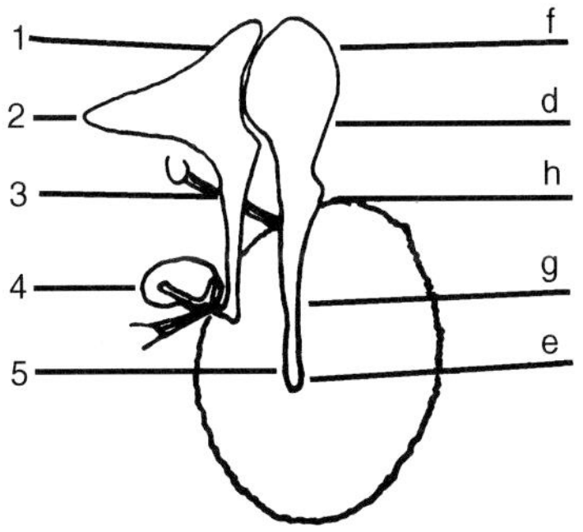

Schema der 5 „ossikulären Notenlinien" mit Darstellung der Muskuli und des Trommelfells

Ossikuläre Linien – 5 – in Beziehung zur medialen Tympanonwand (koronar)

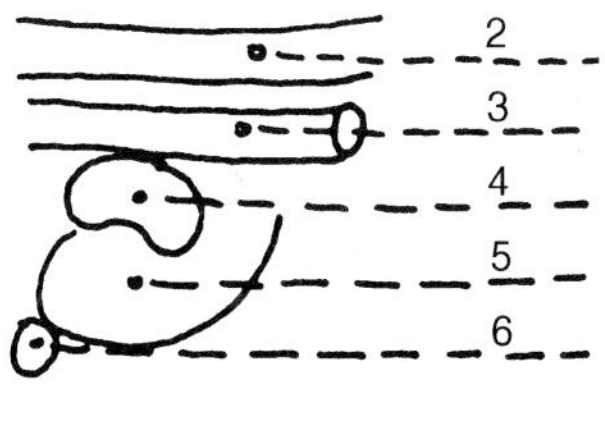

Schematisierte Aufsicht der medialen Tympanonwand (6 Linien); 2: Prominentia canalis semicircularis lateralis; 3: Prominentia canalis facialis; 4: Fenestra vestibuli; 5: Promontorium; 6: Fenestra cochleae

Referenzlinien für axiale Schichtführung

„Kulissenanatomie" von ventral nach dorsal (meist 12 Schichten ausreichend)
ventrale Kochlea-Kulisse: Hammer „Keule" (m. tensor tympani)
dorsale Kochlea-Kulisse: Übergang Hammer/Amboß
innere Gehörgang-Kulisse: Amboß mit Stapes „Dietrich- oder L-Form"

CT, axial

„Stockwerkanatomie" von kranial nach kaudal (meist 12 Schichten insgesamt)
Schema mit Beziehung zu der medialen Wand sowie den Muskuli

links	–Schichtebene 1.	
Can. semicirc. lat.	–Schichtebene 2.	
Can. facialis	–Schichtebene 3. M. tensor tympani	
Fenestra vestibuli	–Schichtebene 4. M. stapedius	
Promontorium	–Schichtebene 5.	
Fenestra cochleae	–Schichtebene	} ohne Skizzen
Ostium tubae auditivae	–Schichtebene	

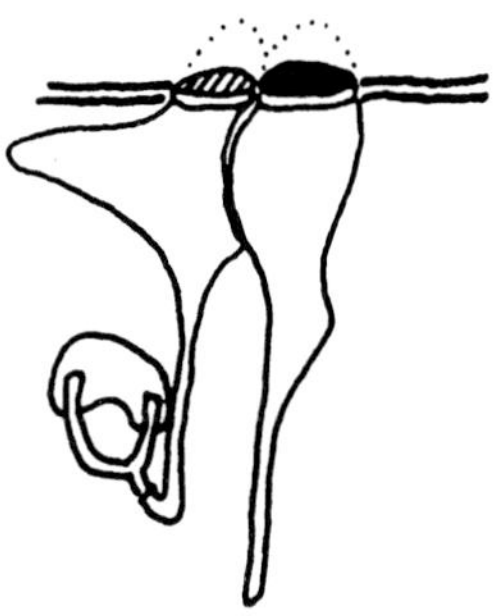

Schema: Hammer schwarz, Amboß schraffiert (oberhalb der Schnittebene punktiert); f-Notenlinie

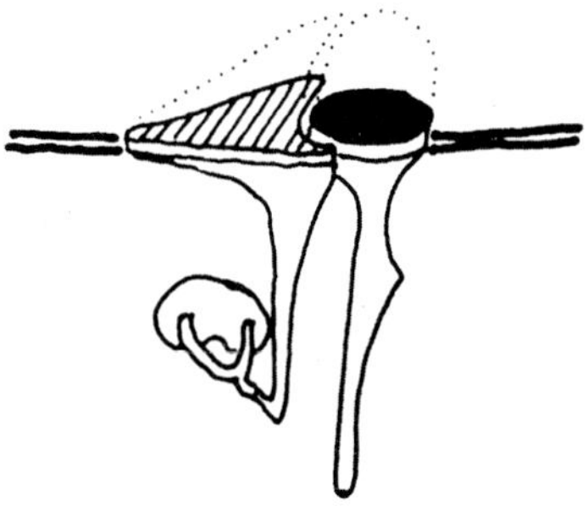

Schema: Hammer schwarz („Eis"), Amboß schraffiert („Tüte"); d-Notenlinie

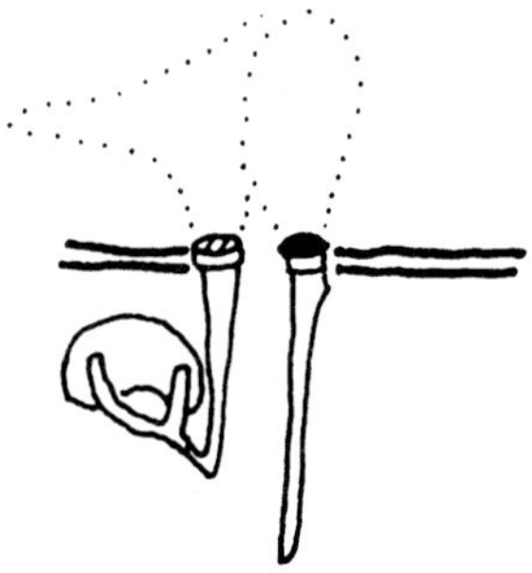

Schema: Schnittebene vom Hammer schwarz, Amboß schraffiert; h-Notenlinie

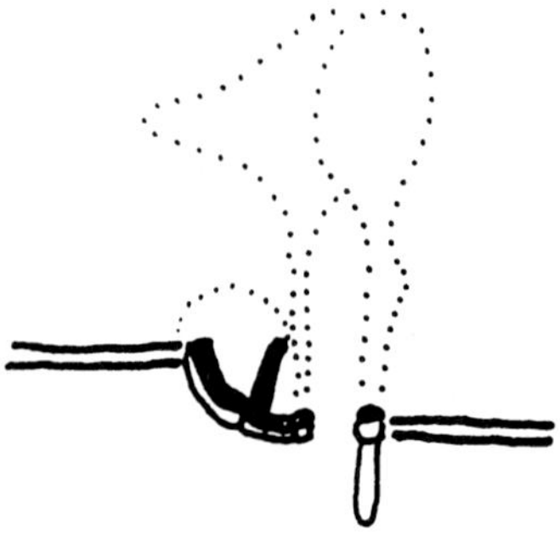

Schema: Hammer schwarz (rund), Steigbügel schwarz „V-Form" der Schenkel; g-Notenlinie

Schema: Hammer mit schwarzer Schnittfläche; e-Notenlinie

Nach Grobovschek, M.: Synopsis einer standardisierten schematischen Analyse. Digit. Bilddiagn. 8 (1988) 115–127

Gesichtsschädel

Nasennebenhöhlen posterior – anterior

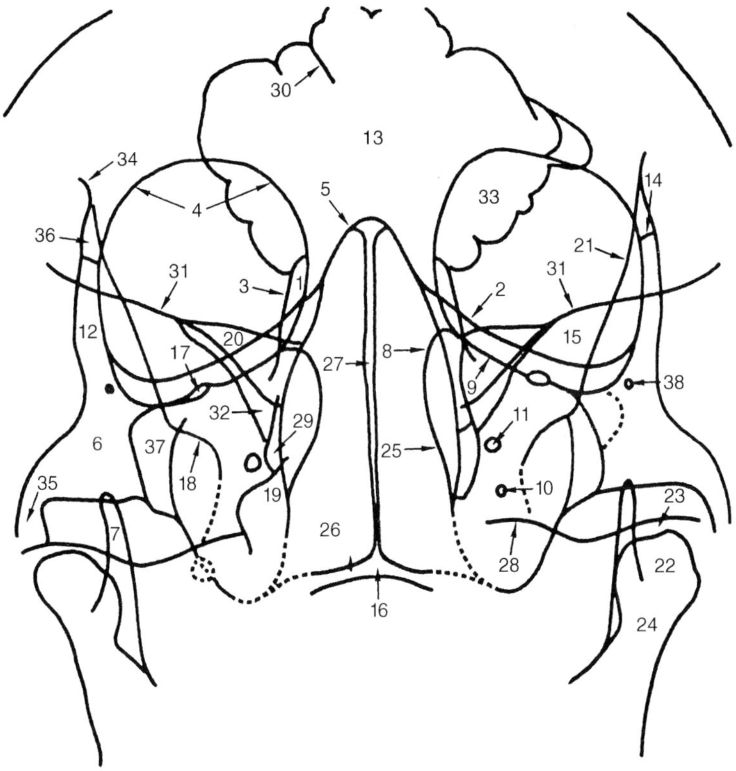

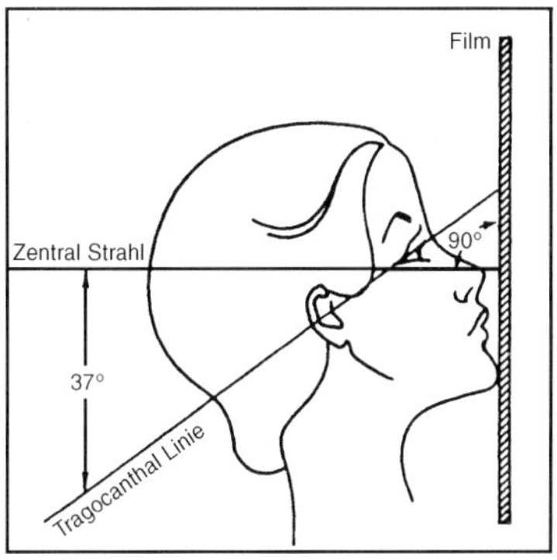

1 Vordere Siebbeinzellen
2 Vordergrenze des Orbitabodens
3 Vorderteil der Lamina papyracea
4 Vorderer Anteil des Orbitadaches
5 Nasenspitze
6 Jochbein
7 Processus coronoideus des Unterkiefers
8 Siebbein-Oberkieferplatte
9 Orbitaboden etwa 1 cm hinter der Vordergrenze der Orbita
10 Vesalius-Foramen
11 Foramen rotundum
12 Vorderast des Jochbeines
13 Stirnhöhle
14 Naht zwischen Stirnbein und Jochbein
15 Großer Keilbeinflügel
16 Harter Gaumen
17 Foramen infraorbitale
18 Infratemporaler Verlauf der Linea innominata
19 Seitliche Ausdehnung der Keilbeinhöhle
20 Kleiner Keilbeinflügel
21 Linea innominata
22 Kieferköpfchen
23 Fossa mandibularis
24 Unterkieferhals
25 Mittelwand der Kieferhöhle
26 Nasenhöhle und Muschel
27 Nasenseptum
28 Felsenbeinkante
29 Hintere Siebbeinzellen
30 Stirnhöhlenseptum
31 Keilbeinkante (hinterster Teil des Orbitadaches)
32 Obere Orbitafissur
33 Supraorbitaler Rezessus der Stirnhöhle
34 Temporallinie des Stirnbeines
35 Jochbeinbogen
36 Jochbeinprozeß des Stirnbeines
37 Jochbeinrezessus der Kieferhöhle
38 Foramen zygomatico faciale

Nach Medical Radiography and Photography, Kodak 51, (1975)

Nasennebenhöhlen kranio-kaudal

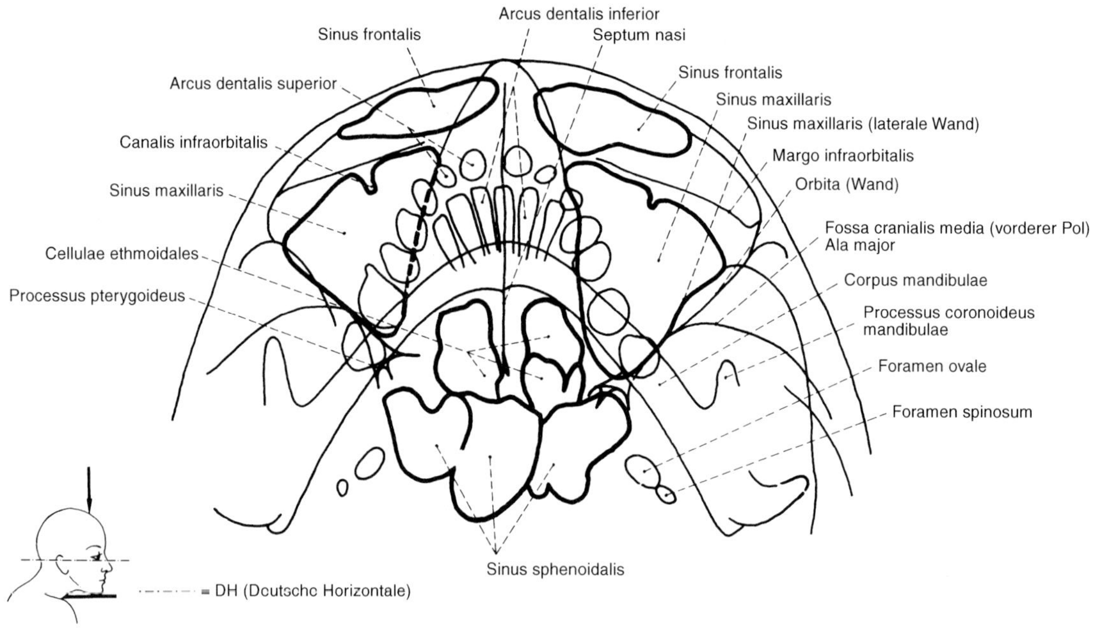

Nasennebenhöhlen posterior-anterior

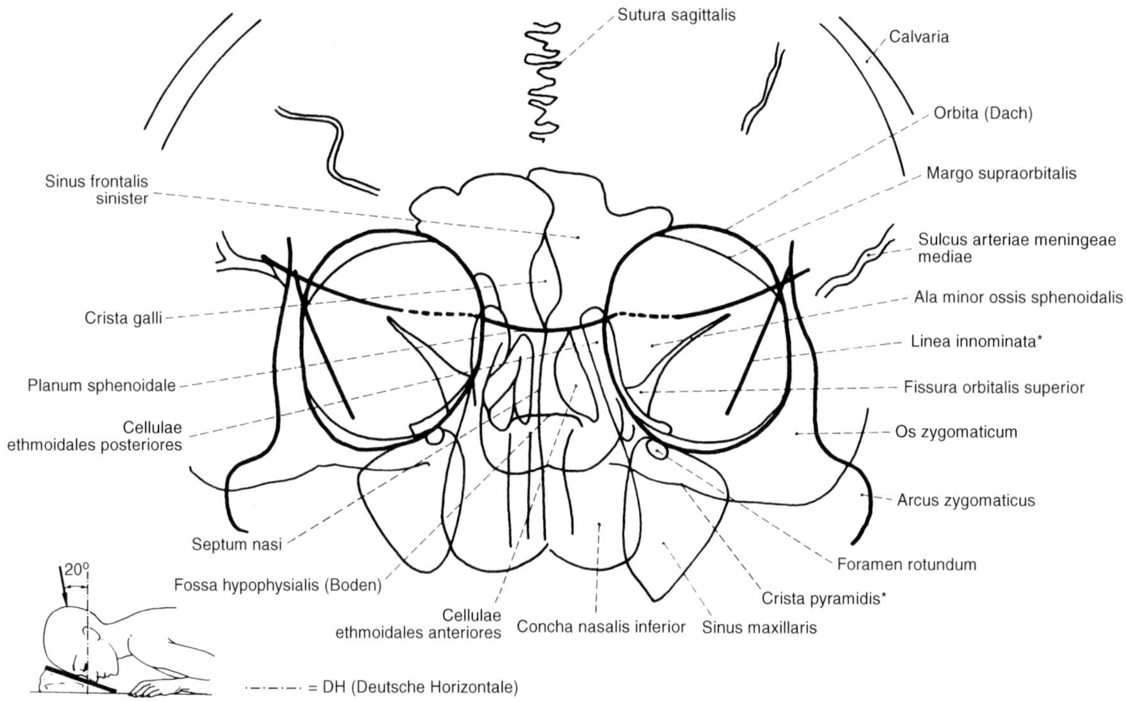

Wicke, L.: Atlas der Röntgenanatomie. Urban u. Schwarzenberg, München 1980

Nasennebenhöhlen, seitliche Darstellung

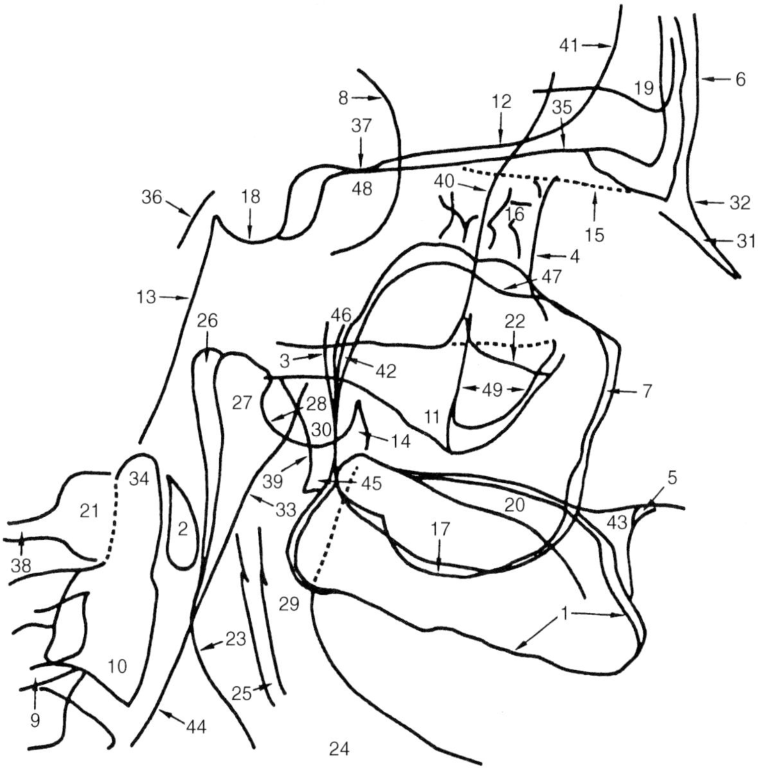

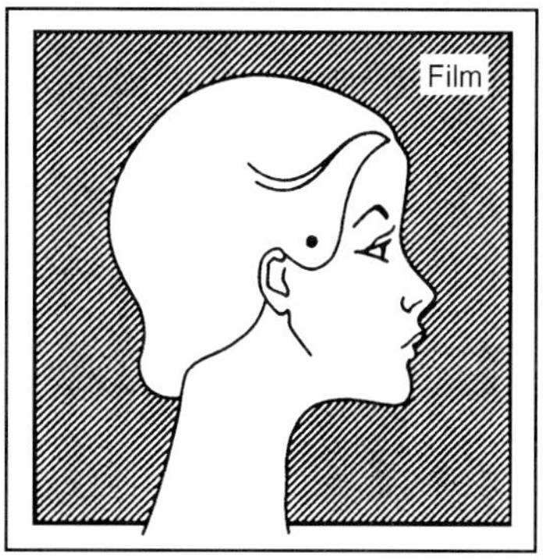

1 Alveolarleiste des Unterkiefers
2 Vorderbogen von C-1
3 Vordergrenze des Processus pterygoideus
4 Vorderkante des Processus frontalis des Jochbeins
5 Vorderer Nasenfortsatz
6 Vorderwand des Sinus frontalis
7 Vorderwand der Kieferhöhle
8 Vorderwand der mittleren Schädelgrube
9 Zwischenwirbelraum
10 Wirbelkörper C-2
11 Jochbeinkörper
12 Zerebrale Oberfläche des Orbitadaches
13 Klivus
14 Processus coronoideus des Unterkiefers
15 Siebplatte
16 Siebbeinzellen
17 Boden der Kieferhöhle
18 Sellaboden
19 Stirnhöhle
20 Harter Gaumen
21 Lateraler Anteil von C-1
22 Lateraler Anteil des Orbitabodens
23 Kieferwinkel
24 Unterkiefer
25 Unterkieferkanal
26 Kieferköpfchen
27 Kieferhals
28 Kieferkerbe
29 Kieferbogen
30 Mittlere Keilbeinplatte
31 Nasenbein
32 Nasion
33 Nasopharyngeale Weichteile
34 Dens
35 Oberfläche des Orbitadaches
36 Band zwischen Felsenbein und Klivus
37 Keilbeinjoch
38 Hinterer Bogen von C-1
39 Hintere Begrenzung des Keilbeines
40 Hintere Begrenzung des Processus frontalis des Jochbeines
41 Hinterwand der Stirnhöhle
42 Hinterwand der Kieferhöhle
43 Zwischenkiefer oder Os incisivum
44 Weichteile vor der Wirbelsäule
45 Keilbeinflügelfortsatz
46 Fossa pterygopalatina
47 Kieferhöhlendach (Mittelteil des Orbitabodens)
48 Keilbeinhöhle
49 Jochbeinanteil des Sinus maxillaris

Nach Medical Radiography and Photography, Kodak 51, (1975)

Gesichtsschädel, Basisprojektion

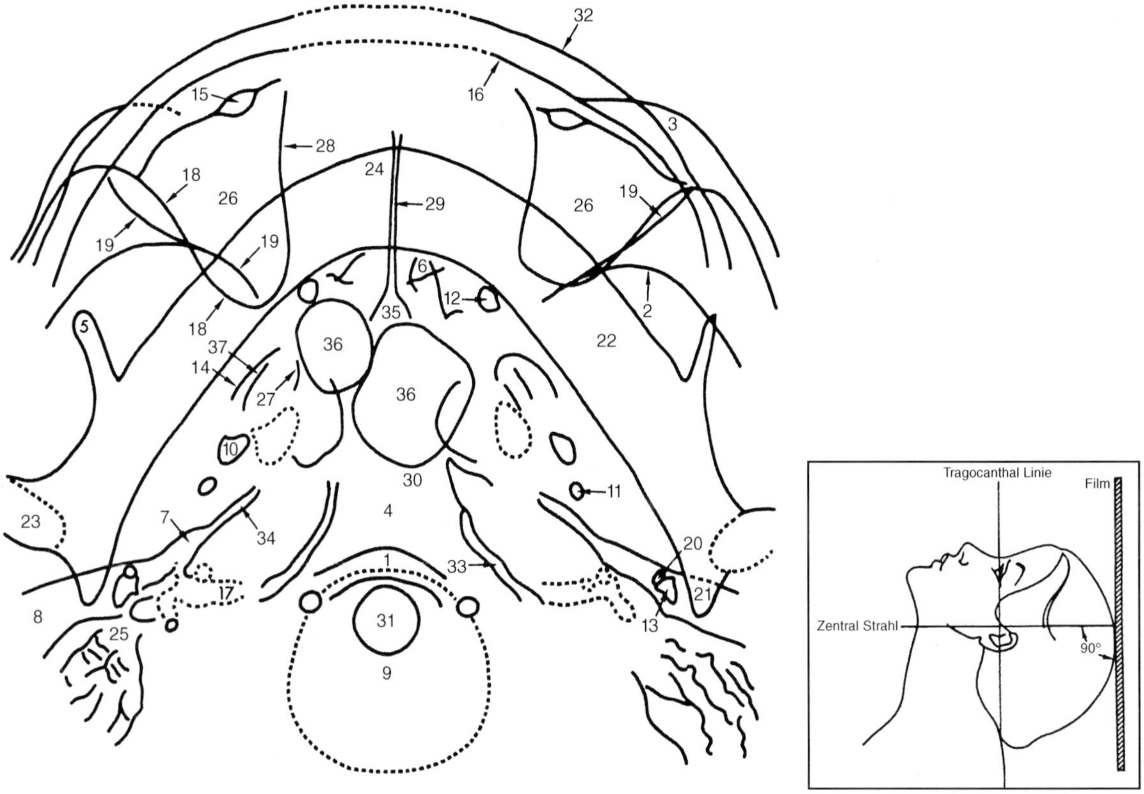

1 Vorderer Bogen von C-1
2 Vorderwand der mittleren Schädelgrube
3 Jochbein
4 Klivus
5 Processus coronoideus des Oberkiefers
6 Siebbeinzellen und Fossa nasalis
7 Eustachische Röhre
8 Äußerer Gehörgang
9 Foramen magnum
10 Foramen ovale
11 Foramen spinosum
12 Foramen im harten Gaumen
13 Amboß
14 Tiefer Anteil des Keilbeines
15 Infraorbitales Foramen
16 Tabula interna des Stirnbeines
17 Innerer Gehörgang
18 Seitenwand der Kieferhöhle
19 Seitenwand der Orbita
20 Gehöhrknöchelchen
21 Kieferwinkel
22 Unterkiefer
23 Kieferköpfchen
24 Unterkiefermitte (Naht)
25 Mastoidzellen
26 Kieferhöhle
27 Mitte des Keilbeines
28 Mittelwand der Kieferhöhle
29 Nasenseptum
30 Nasopharynx
31 Dens
32 Tabula externa des Stirnbeines
33 Petrookzipitale Naht
34 Petrosphenoidale Naht
35 Hintere Grenze des Pflugscharbeines
36 Keilbeinhöhle
37 Oberer Anteil des seitlichen Keilbeines

Nach Medical Radiography and Photography, Kodak 51, (1975)

Nasenbein (seitlich)

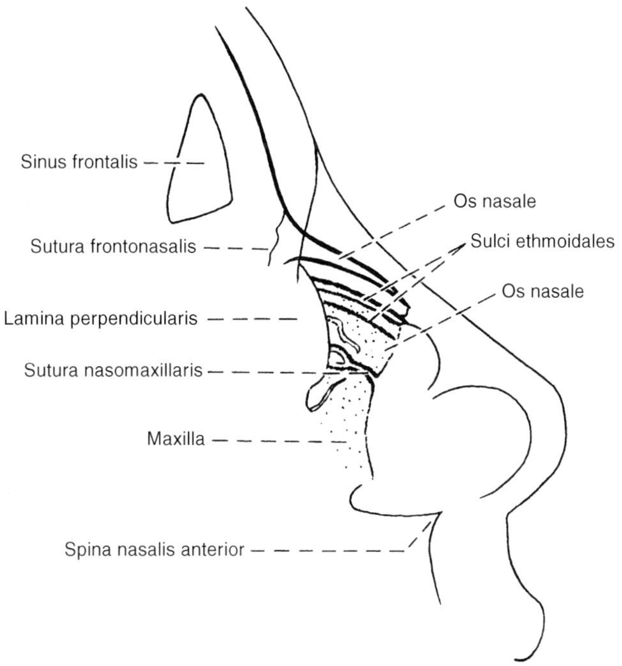

Nasenbein (axial)

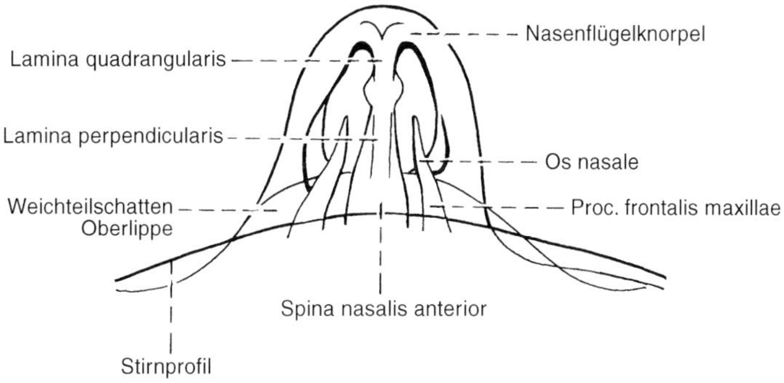

Jochbogen (axial)

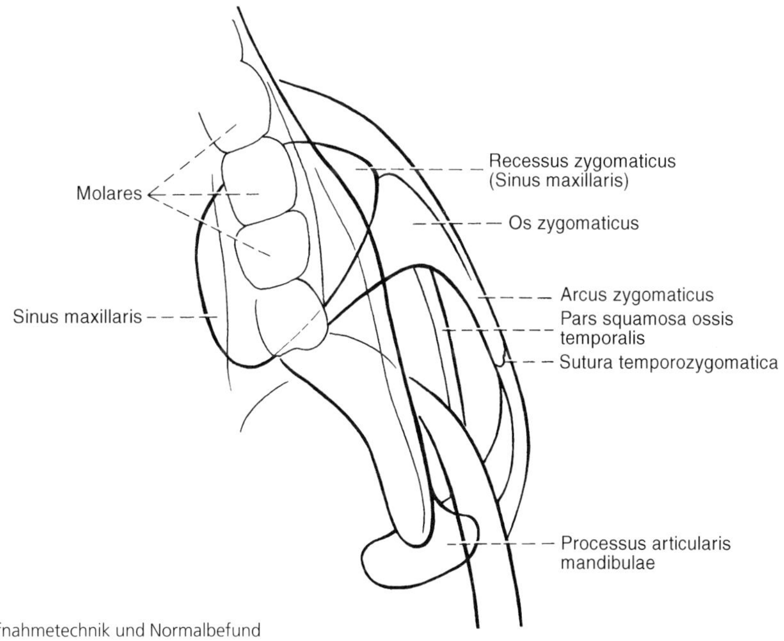

Nach Brusis T., U. Mödder: HNO-Röntgenaufnahmetechnik und Normalbefund
Springer, Berlin 1984

Osteomeatale Einheit

Nasenwand lateral mit normalen Muschelknochen

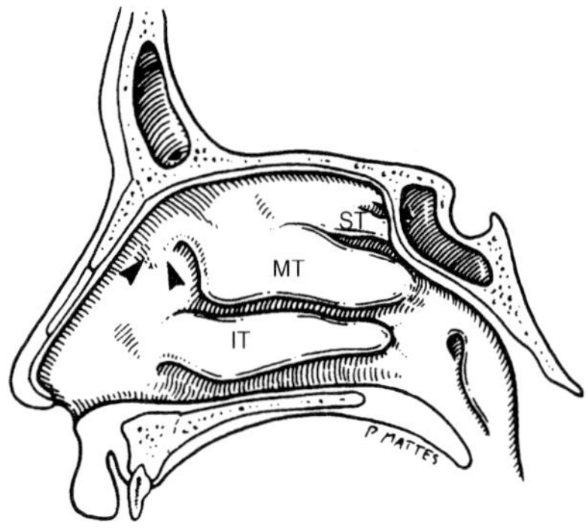

Pfeile = Zellen des Agger nasi

IT = unterer Muschelknochen
MT = mittlerer Muschelknochen
ST = oberer Muschelknochen

Drainage des paranasalen Sinus nach Entfernung der Muschelknochen

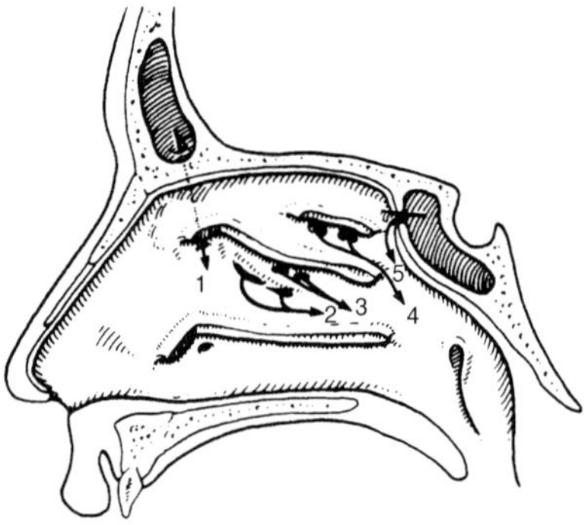

Pfeile = Ostien und Schleimfluß
1 = Drainage aus Sinus frontalis
2 = Drainage aus Sinus maxillaris
3 = Drainage aus vorderen und mittleren Siebbeinzellen
4 = Drainage aus hinteren Siebbeinzellen
5 = Drainage aus der Keilbeinhöhle
1, 2, 3 drainieren zum mittleren Nasengang
4 u. 5 drainieren durch den Recessus sphenoethmoidalis zum oberen Nasengang

Normale osteomeatale Einheit im Computertomogramm (koronar)

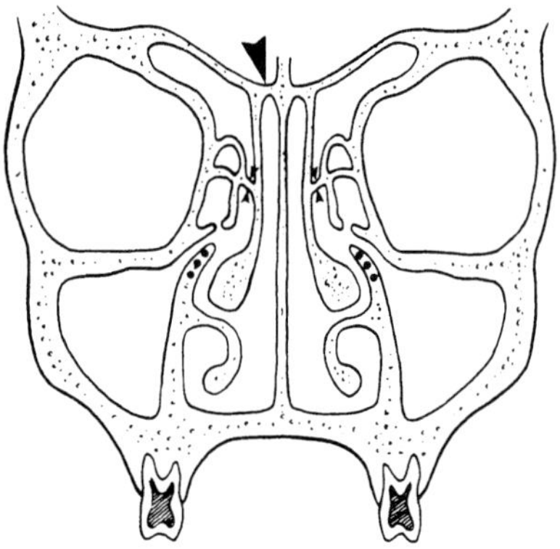

Kleine Pfeile = Basallamelle
Große Pfeile = „Siebplatte"
Punkte = Processus uncinatus

Nach Laine, F. J., W. R. K. Smoker: AJR 159: 849–857 (1992)

Orbita

Orbitaschrägaufnahme nach Rhese

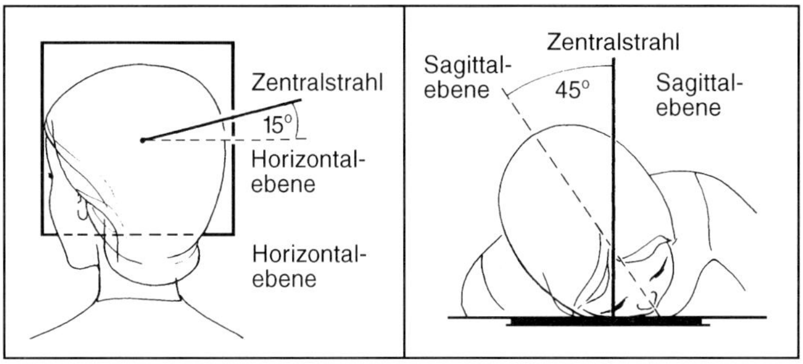

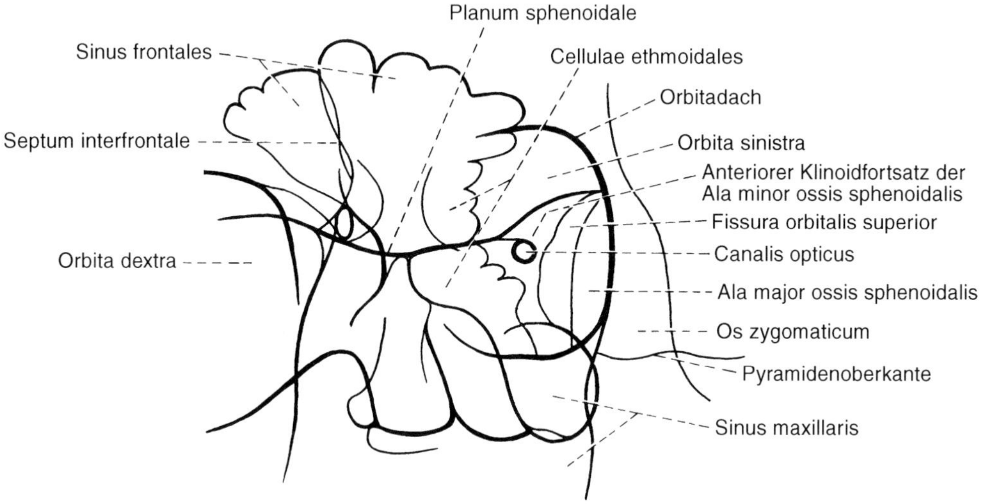

Nach Brusis, T., Mödder, U.: HNO Röntgenaufnahmetechnik u. Normalbefunde. Springer, Berlin 1984

Schädelnähte in Projektion auf die Orbita

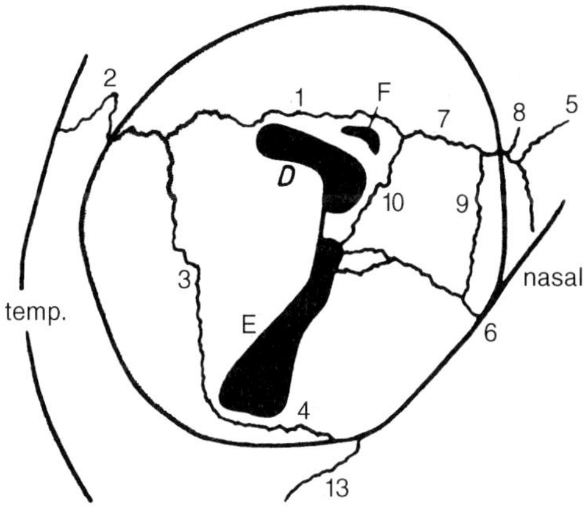

1 Sutura sphenofrontalis
2 Sutura zygomaticofrontalis
3 Sutura sphenozygomatica
4 Sutura zygomaticomaxillaris
5 Sutura frontomaxillaris
6 Sutura lacrimomaxillaris
7 Sutura frontoethmoidalis
8 Sutura frontolacrimalis
9 Sutura lacrimoethmoidalis
10 Sutura sphenoethmoidalis

D – Fissura orbitocerebralis
E – Fissura orbitosphenomaxillaris
F – Foramen opticum

Nach Groskopff, K.W., R. Tischendorf: Das menschliche Skelett in Röntgenskizzen. Thieme, Leipzig 1953

Orbita von vorne

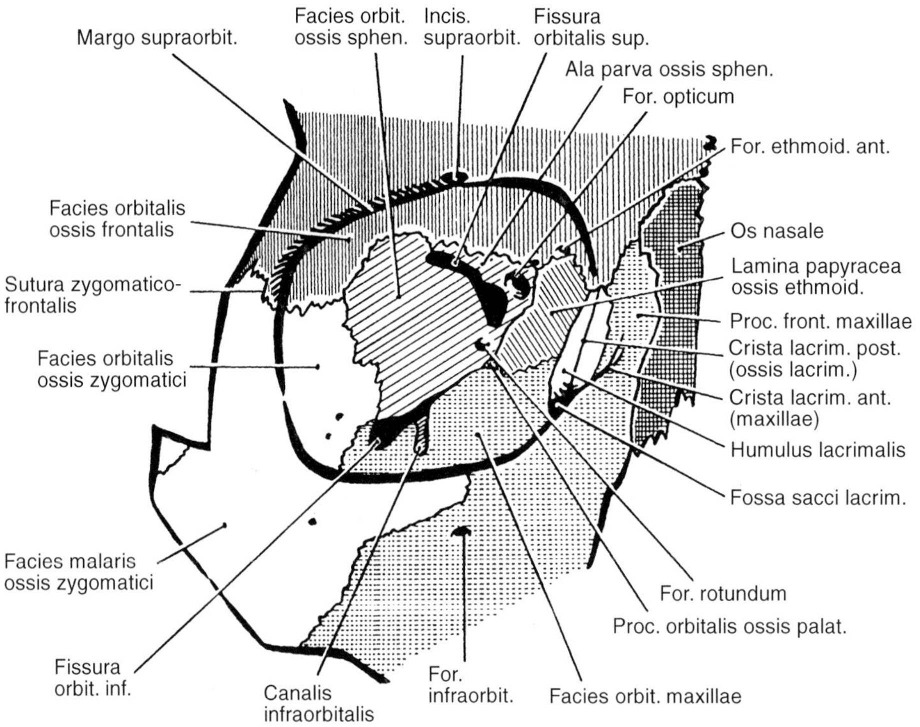

Nach Olsson, O., F. Strnad, H. Vieten, A. Zuppinger: Handbuch der medizinischen Radiologie, Bd. VII/2. Springer, Berlin 1963

Orbita im CT

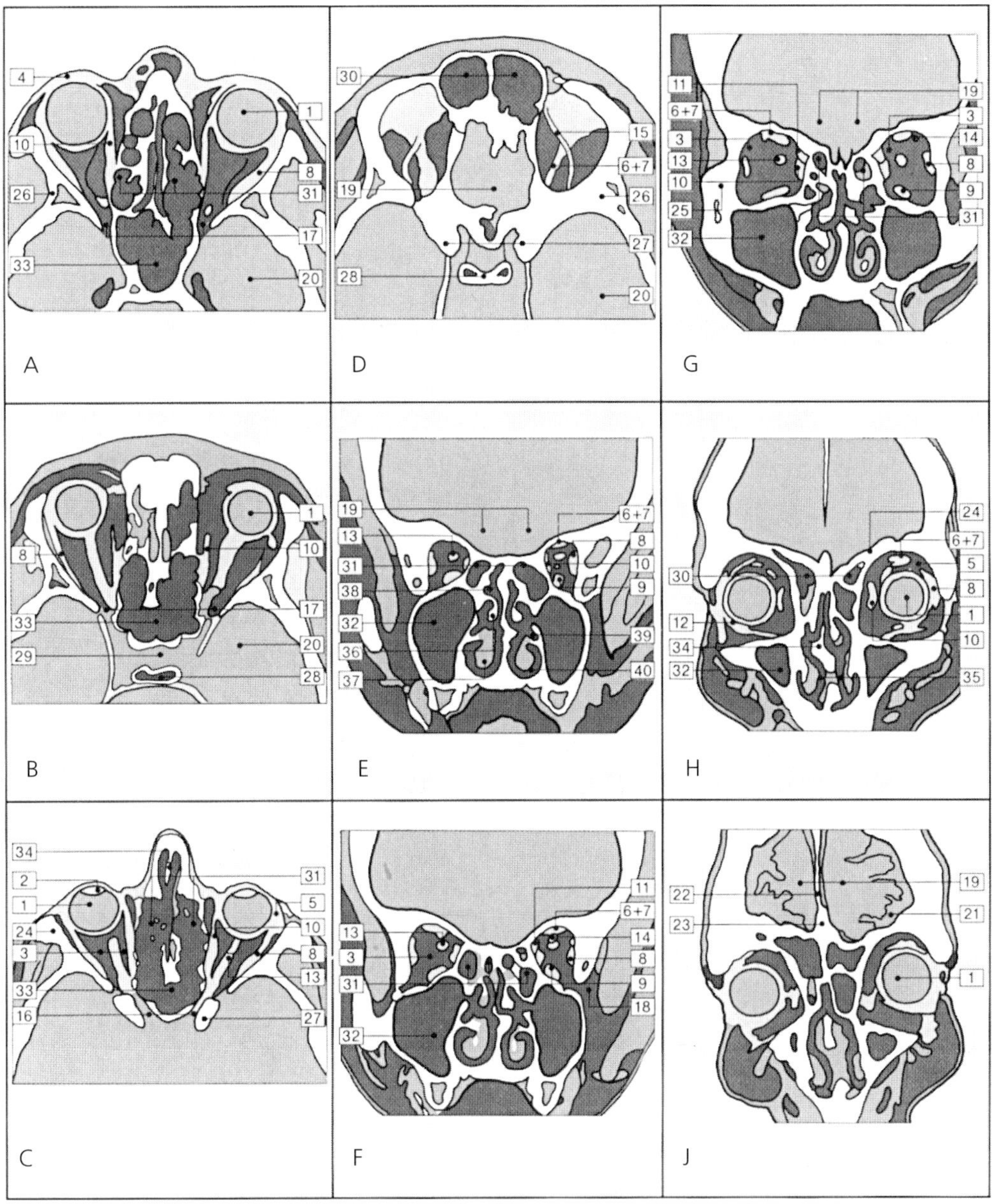

A – D axiale Schnittführung, von apikal nach kaudal
E – J koronare Schnittführung, von dorsal nach rostral

1 Bulbus oculi
2 Lens
3 Corpus adiposum orbitae
4 Palpebra superior
5 Glandula lacrimalis
6 M. levator palpebrae superioris
7 M. rectus superior
8 M. rectus lateralis
9 M. rectus inferior
10 M. rectus medialis
11 M. obliquus superior
12 M. obliquus inferior
13 N. opticus
14 A. ophthalmica
15 V. ophthalmica superior
16 Canalis opticus
17 Fissura orbitalis superior
18 Fossa pterygopalatina
19 Lobus frontalis
20 Lobus temporalis
21 Cavum subdurale
22 Falx cerebri
23 Crista galli
24 Os frontale
25 Os zygomaticum
26 Os sphenoidale
27 Proc. clinoideus anterior
28 Dorsum sellae
29 Cisterna chiasmatis
30 Sinus frontalis
31 Cellulae ethmoidales
32 Sinus maxillaris
33 Sinus sphenoidalis
34 Septum nasi
35 Cavum nasi
36 Concha media
37 Concha inferior
38 Meatus nasi superior
39 Meatus nasi medius
40 Meatus nasi inferior

Nach Lange, S., T. Grumme, W. Kluge, K. Ringel, W. Meese: Zerebrale und spinale Computertomographie, 2. Aufl. Schering, Berlin 1988

Orbita im Magnet-Resonanz-Tomogramm

Muskeln und Gefäße – koronar

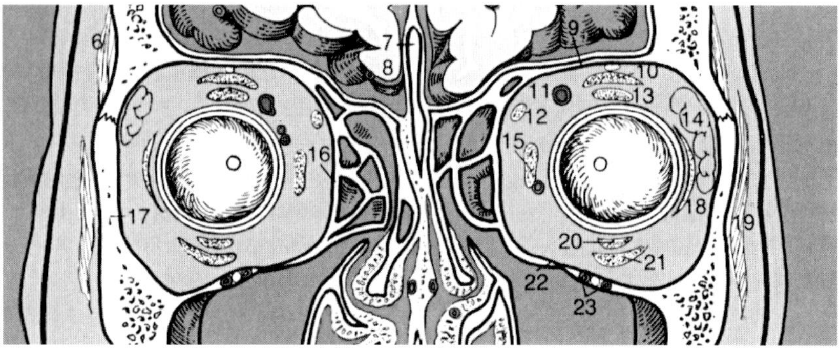

10 M. lev. palp. sup.
11 V. ophth. sup.
12 M. obl. sup.
13 M. rec. sup.
14 Gland. lac.
15 M. rec. med.
16 Lam. orb. (papyracea)
17 Os zygomat.
18 Sehne M. rec. lat.
19 M. orbic. oculi
20 M. rec. inf.
21 M. obl. inf.
22 Orbitaboden
23 A. et V. infraorb.

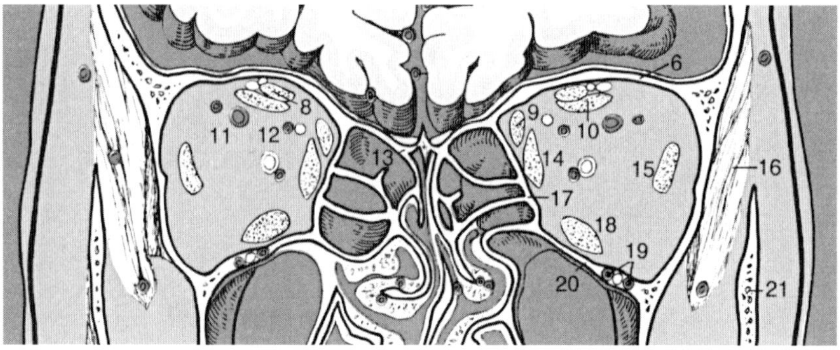

8 M. lev. palp. sup.
9 M. obl. sup.
10 M. rec. sup.
11 V. ophth. sup.
12 A. ophthalm.
13 Os ethmoid., lam. cribrosa
14 M. rec. med.
15 M. rec. lat.
16 M. temp.
17 Lam. orb. (papyracea)
18 M. rec. inf.
19 A. et V. inf.
20 Orbitaboden
21 Os zygom.

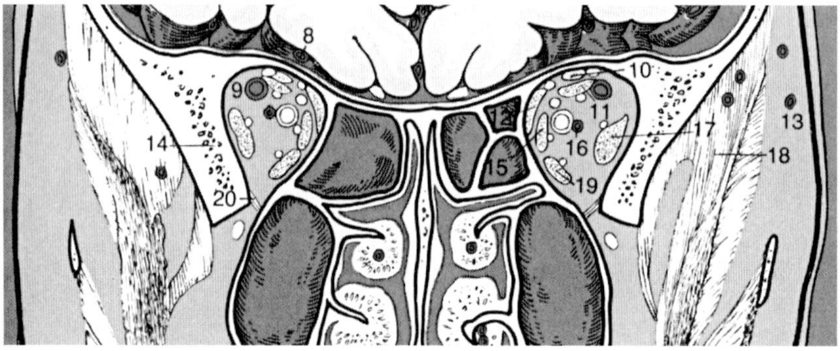

9 V. ophth. sup.
10 M. lev. palp. sup.
11 M. rec. sup.
12 M. obl. sup.
13 A. temp.
14 Os sphenoid., als major
15 M. rec. med.
16 A. ophthalm.
17 M. rec. lat.
18 M. temp.
19 M. rec. inf.
20 M. orbit.

sagittal

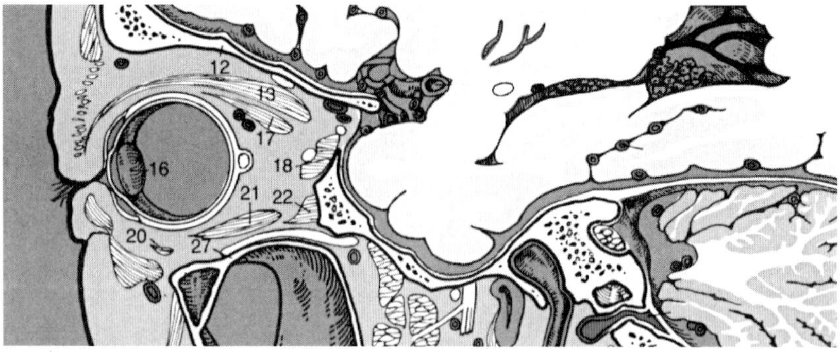

12 Orbitadach
13 M. lev. palp. sup.
16 Linse
17 M. rec. sup.
18 M. rec. lat.
20 M. obl. inf.
21 M. rec. inf.
22 M. orb.
27 Orbitaboden

Nerven – koronar

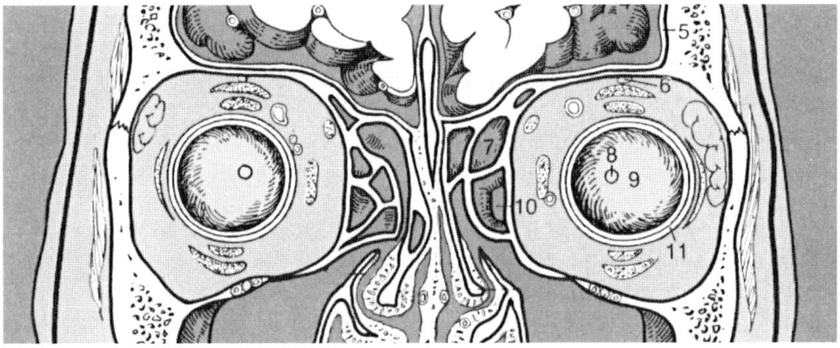

6 N. supraorb.
7 Cellulae ethmoid.
8 Disc. nerv. optic.
9 Fov. centr. ret.
10 Bulla ethmoid.
11 Bulb. ocul.
15 N. infraorb.

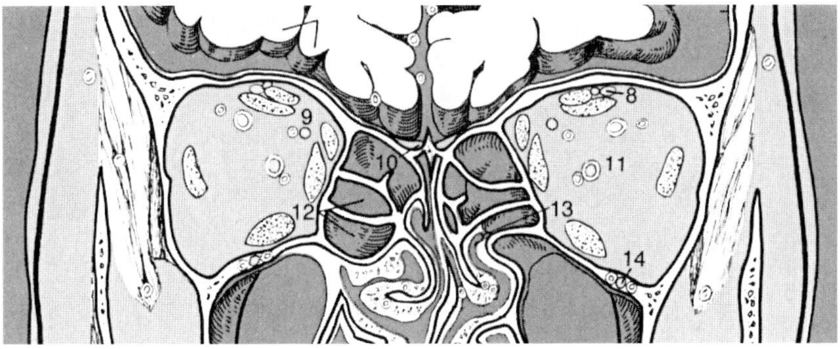

8 N. supraorb.
9 N. nasocil.
10 Bulb. olfac.
11 N. opt.
12 Cell. ethmoid.
13 Hiat. semilun.
14 N. infraorb.

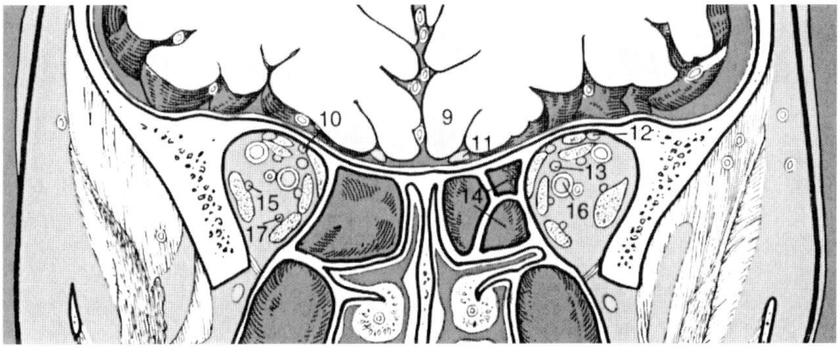

10 N. troch.
11 Tr. olfact.
12 N. front.
13 N. nasocil.
14 Cell. ethmoid.
15 N. abduc.
16 N. opt.
17 N. oculomot.

sagittal

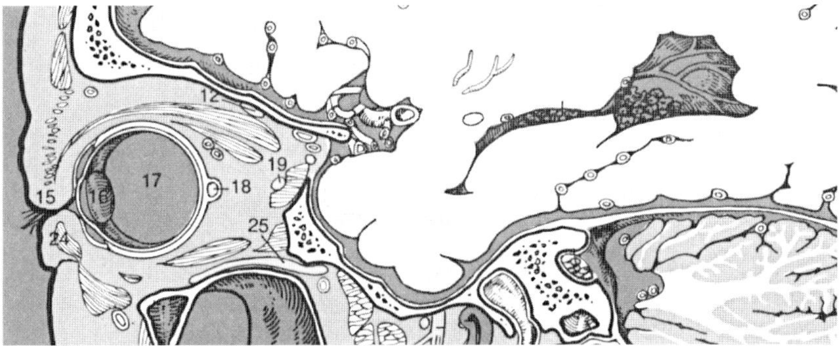

12 N. front.
15 Oberlid
16 Linse
17 Bulb. ocul.
18 N. optic.
19 N. abd.
24 Unterlid
25 N. infraorb.

Nach Kretschmann, H.-J., W. Weinrich: Klinische Neuroanatomie und kranielle Bilddiagnostik. Georg Thieme, Stuttgart 1991

Tränenapparat

Tränendrüse

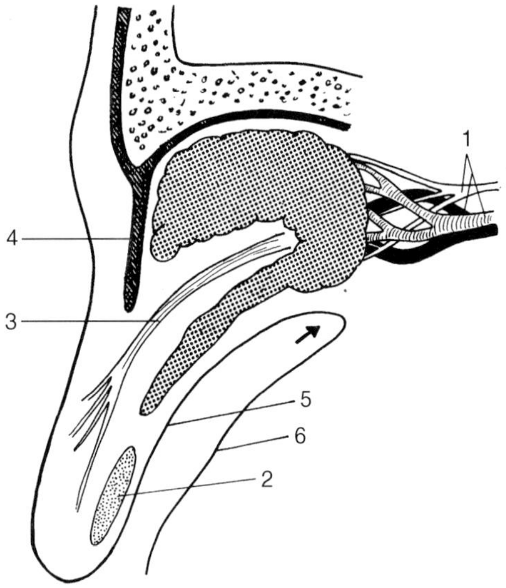

Topographie (punktiert) im Längsschnitt
1 A., V., N. lacrimalis
2 Tarsus
3 Sehne des M. levator palpebrae superioris
4 Septum orbitale
5 Tunica conjunctiva alpebrae
6 Tunica conjunctiva bulbi
Pfeil im Fornix conjunctivae

Tränenwege

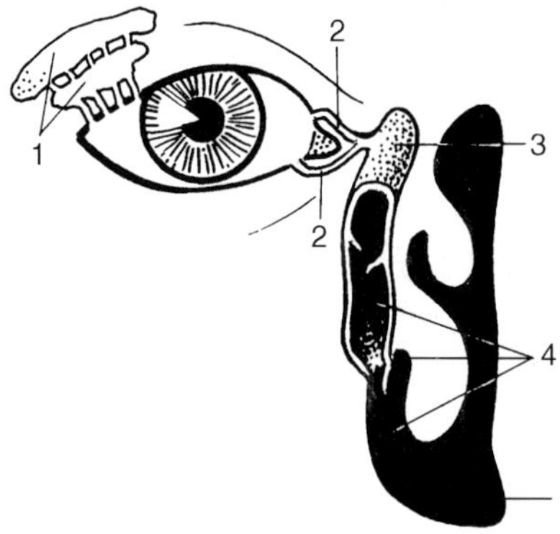

1 Glandula lacrimalis
2 Canaliculus lacrimalis
3 Saccus lacrimalis
4 Meatus nasi inferior mit Mündung des Ductus nasolacrimalis
5 Nasenhauptgang

Nach Töndury, G.: Angewandte und topographische Anatomie. 5. Aufl. Thieme, Stuttgart 1981

Dakryogramm (Kontrastmittelabfluß in den Meatus nasi)

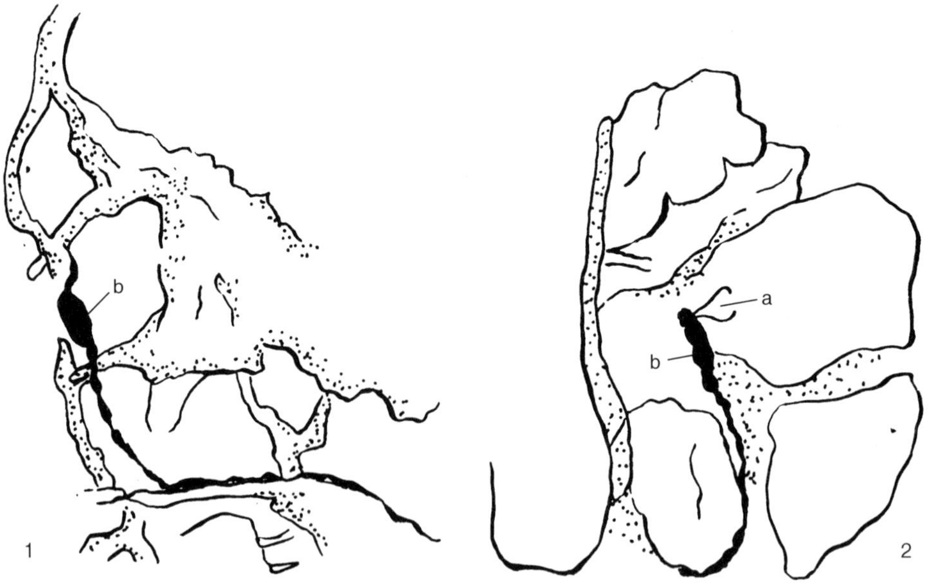

Laterale (1) und posteroanteriore (2) Zeichnungen, die aus einer Serie normaler Röntgenbilder zusammengestellt sind.

a = canaliculi lacrimalis
b = saccus lacrimalis

Nach Meschan, I. R. M. Farrer-Meschan: Diagnostik mit bildgebenden Verfahren. Bd. III. Enke, Stuttgart 1991

Kiefer und Zähne

Panoramaaufnahme (Orthopantomogramm) von Ober- und Unterkiefer

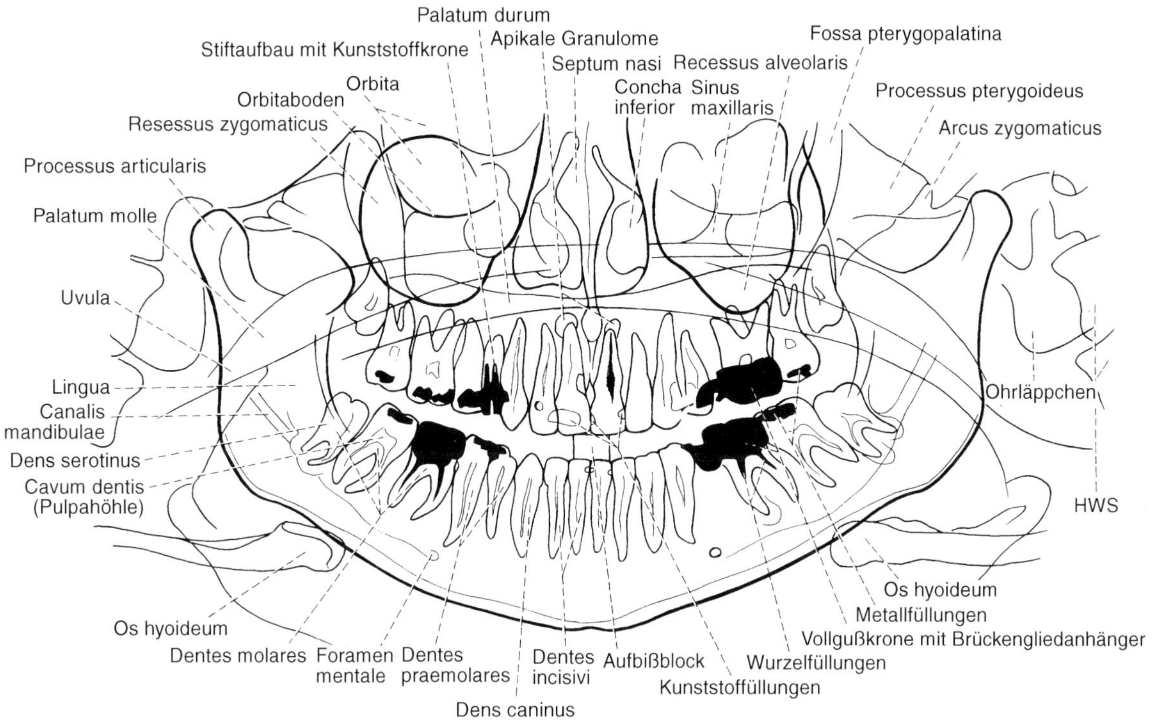

Nach Brusis, T., U. Mödder: HNO-Röntgenaufnahmetechnik und Normalbefunde. Springer, Berlin 1984

Bauelemente von Zahn und Alveole

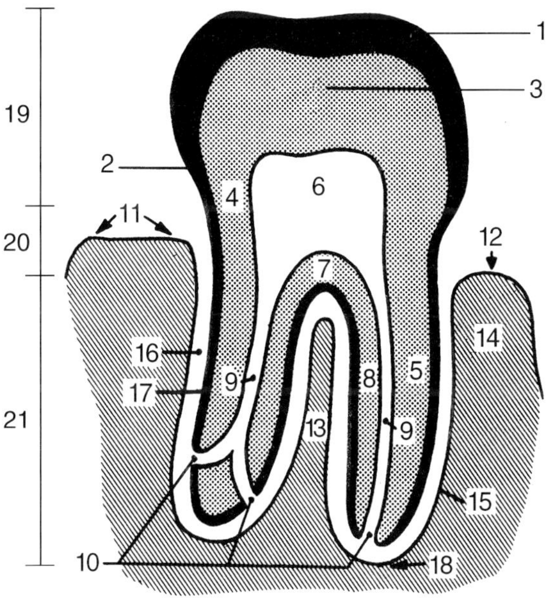

1 Schmelz der Zahnkrone (Enamelum)
2 Unterer Schmelzrand (Cervix dentis)
3 Zahnbein (Dentinum coronalis)
4 Zahnhalsdentin
5 Wurzeldentin
6 Pulpa coronalis; Cavum dentis
7 Wurzelbrücke
8 Wurzeldentin
9 Wurzelkanäle (Pulpakanäle)
10 Foramina apicales
11 Parodontium orale
12 Parodontium buccale
13 Septum interradiculare
14 Os alveolare
15 Desmodontium
16 Zahnbefestigung
17 Zahnzement
18 Zahnfach (Alveole)
19 Zahnkrone (Corona dentis)
20 Zahnhals (Cervix dentis)
21 Zahnwurzel (Radix dentis)

Nach Köhler, A., A. E. Zimmer: Grenzen des Normalen und Anfänge des Pathologischen im Röntgenbild des Skeletts. 11. Aufl., Thieme, Stuttgart 1967

Normale Eruptionsfolge der bleibenden Zähne

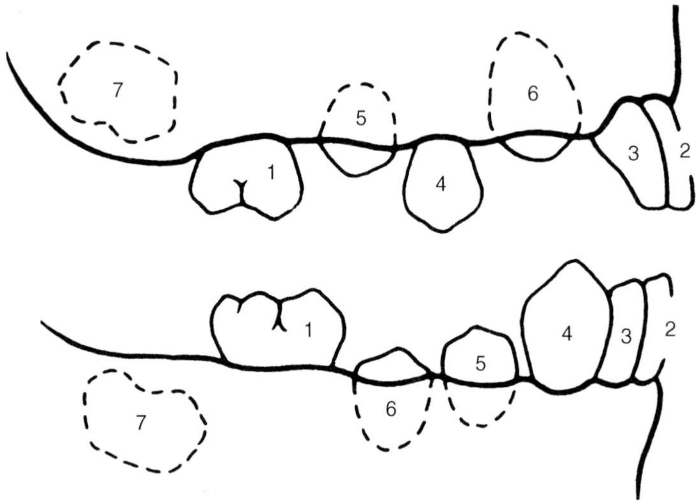

Man beachte den Unterschied in der Abfolge bei den oberen und unteren Eckzähnen und Prämolaren

Nach Chaconas, S. J.: Kieferorthopädie in der täglichen Praxis. Zahnärztlich-Medizinisches Schrifttum, München 1984

Zahnstatus beim Erwachsenen:

Oben rechts															Oben links
18	17	16	15	14	13	12	11	21	22	23	24	25	26	27	28
48	47	46	45	44	43	42	41	31	32	33	34	35	36	37	38
Unten rechts															Unten links

Zahnstatus beim Milchgebiß:

Oben rechts									Oben links
55	54	53	52	51	61	62	63	64	65
85	84	83	82	81	71	72	73	74	75
Unten rechts									Unten links

Nach Krüger, E: Lehrbuch der chirurgischen Zahn-, Mund- und Kieferheilkunde. Bd. 1. Quintessenz, Berlin 1981

Topographische Lagebeziehungen der Milch- und der bleibenden Zähne bei einem 4jährigen Kind in der Sicht von vorn und von der Seite

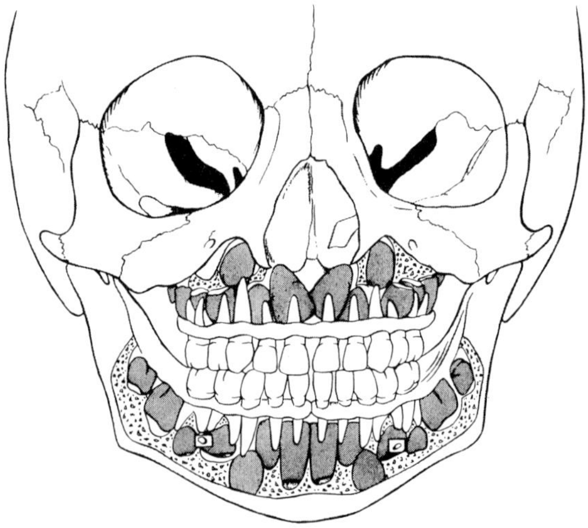

von vorne

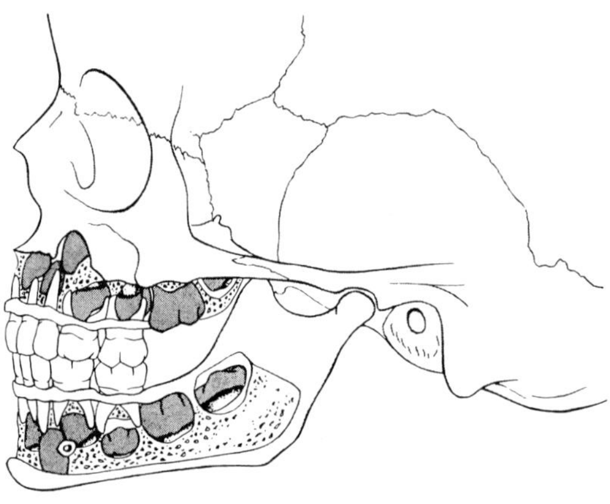

von der Seite

Nach Hotz, R. P.: Zahnmedizin bei Kindern und Jugendlichen. Thieme, Stuttgart 1981

Kiefergelenk

Normale Anatomie und Funktion

Anatomie des Kiefergelenks

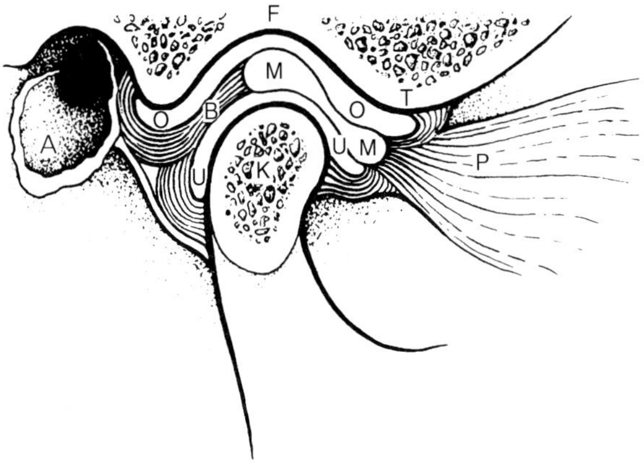

K = Kieferköpfchen
M = Meniskus
B = bilaminäre Zone
U = unterer Gelenkspalt
O = oberer Gelenkspalt
F = Fossa glenoidalis (obere Begrenzung)
T = Tuberculum articulare
P = Musculus pterygoideus lateralis (Caput superior)
A = Meatus acusticus externus

Analyse der Kapitulum-(Unterkiefer-)Bewegung

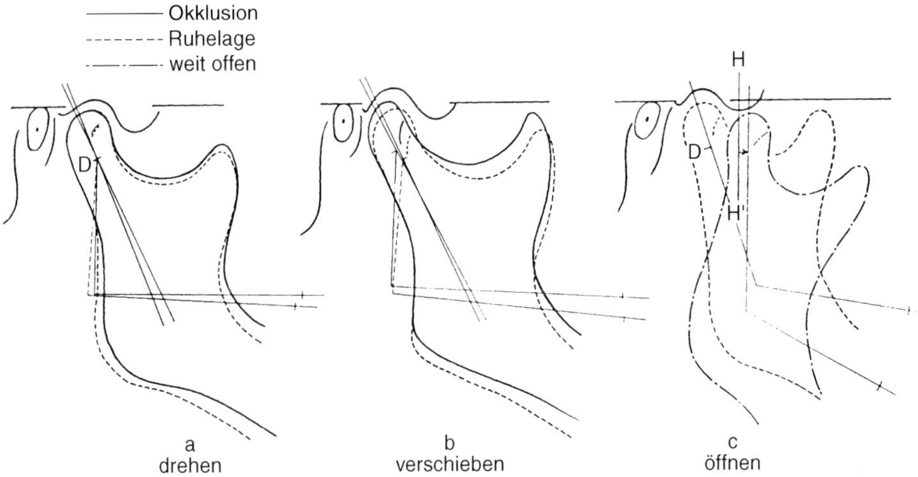

Bei Rotation des Unterkiefers von der Ruhelage zur Okklusionsstellung erfährt Punkt D keine Lageänderung. Bei der Vorschubbewegung des Kapitulums und des Unterkiefers wird Punkt D meßbar verlagert. Bei der Öffnungsbewegung Verlagerung des Punktes D vor die Linie HH'. (nach *Ricketts* 1950)

Nach Olsson, O., F. Strnad, H. Vieten, A. Zuppinger: Handbuch der Medizinischen Radiologie Bd. VII/2. Springer, Berlin 1963

Normvarianten des Kiefergelenkes (nach Doub und Henny)

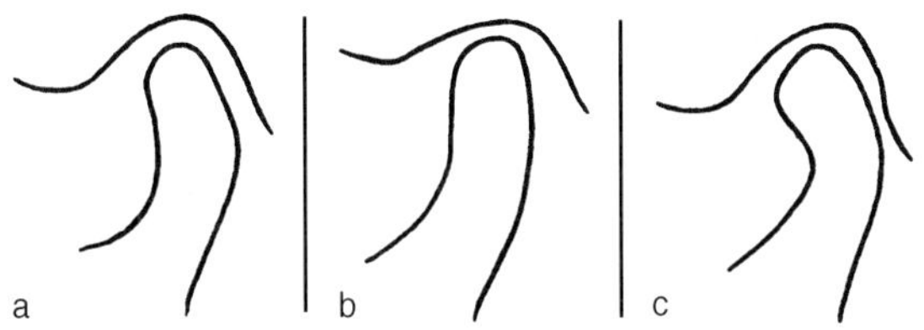

a = Normalform
b = Flachtyp
c = Konvextyp

Nach Köhler, A., E. A. Zimmer: Grenzen des Normalen und Anfänge des Pathologischen im Röntgenbild des Skeletts. 12. Aufl., Thieme, Stuttgart 1982

Formvarianten des Kiefergelenkes nach Ricketts

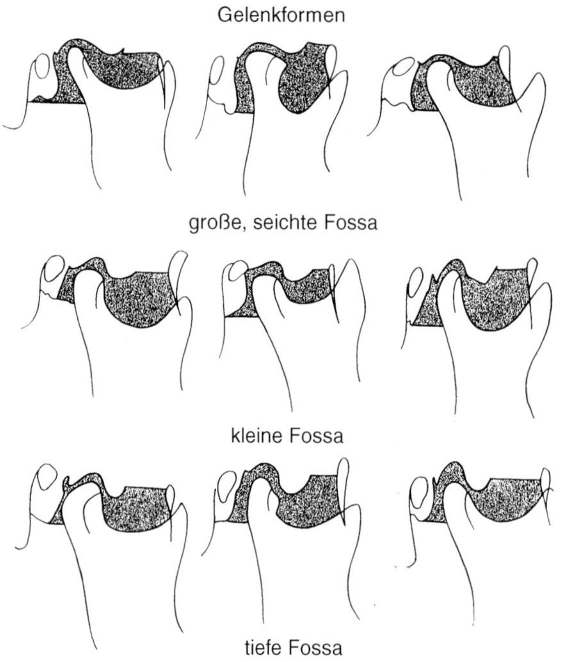

Nachzeichnungen von Gelenkaufnahmen lassen erkennen:

1. eine mangelnde Übereinstimmung der Kapitulum- und Fossagröße (oben und unten links);
2. eine geringe Übereinstimmung der Form der Gelenkkörper (Mitte links und oben rechts) und
3. Varianten der Position Kapitula (unten rechts).
   Die natürliche funktionelle Anpassung ist, zur Abgrenzung gegen abnormale Gelenke, zu beachten (Mitte und Mitte rechts)

Kieferköpfchenformen (nach Zimmer)

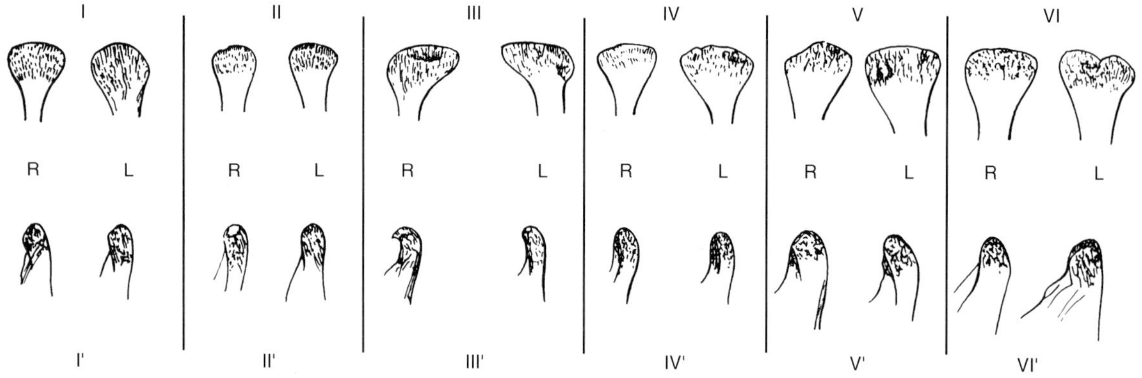

Ansicht von vorne (oben): Die charakteristische „Köpfchenform" I/L, die charakteristische symetrische Walzenform IV/L, die charakteristische exzentrische Walzenform III. Eine „halbkugelig runde obere Kante" I/L, eine „flachbogige obere Kante" V/L. Rillenförmige Einbuchtungen an der Gelenkfläche VI/L, Abschrägung des lateralen Teiles der Gelenkrolle V/R.

Dieselben Kapitula in **Seitensicht** (unten): Gestreckte Längsachse des Proc. articularis II'/L, leicht nach vorne gebogene Längsachse I'/R. „Gerundete obere Kante" IV'/R, Abschrägung im „vorderen oberen Teil" I'/R.

Nach Olsson, O., F. Strnad, H. Vieten, A. Zuppinger: Handbuch der Medizinischen Radiologie, Bd. VII/2. Springer, Berlin 1963

Varianten des Kiefergelenkspaltes

Einstellungsmöglichkeiten für die Tomographie der Mandibula, des Kieferköpfchens und der Kiefergelenkspfanne

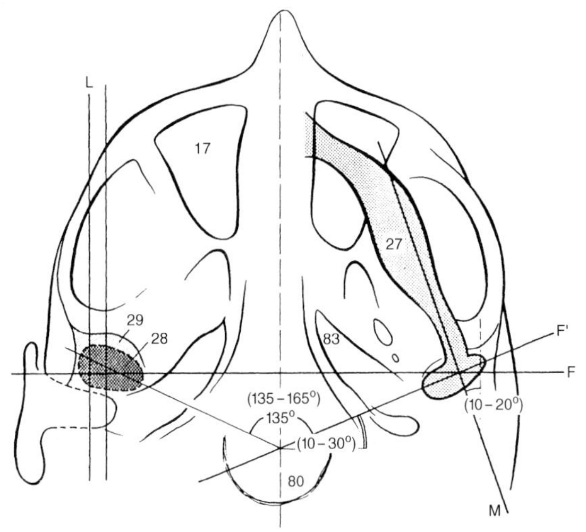

Nach Reisner, K., J. Gosepath: Schädeltomographie. Thieme, Suttgart 1973

Das Ausmaß des „röntgenologischen Gelenkspaltes", des Abstandes zwischen den Grenzflächen des Capitulum und Tuberculum articulare wird von der der Dicke der Gelenkknorpel an beiden Artikulationsflächen, vom interponierten Diskus und den virtuellen oder räumlich entfalteten Gelenkräumen bestimmt.
Die Beurteilung der röntgenologischen Gelenkspaltbreite ist keinesfalls in allen Projektionen möglich. Fehlermöglichkeiten sind häufig gegeben. Am besten für die Darstellung des Gelenklinienabstandes sind seitliche Schichtaufnahmen (s. unten).

F = frontales Tomogramm des Kiefergelenkes
L = laterales Tomogramm des Kiefergelenkes
F' = Tomogramm durch die Längsachse des Kieferköpfchens

Messungen im Bereich der Kiefergelenke

Stellung des Kapitulums in Ruhelage des Unterkiefers.

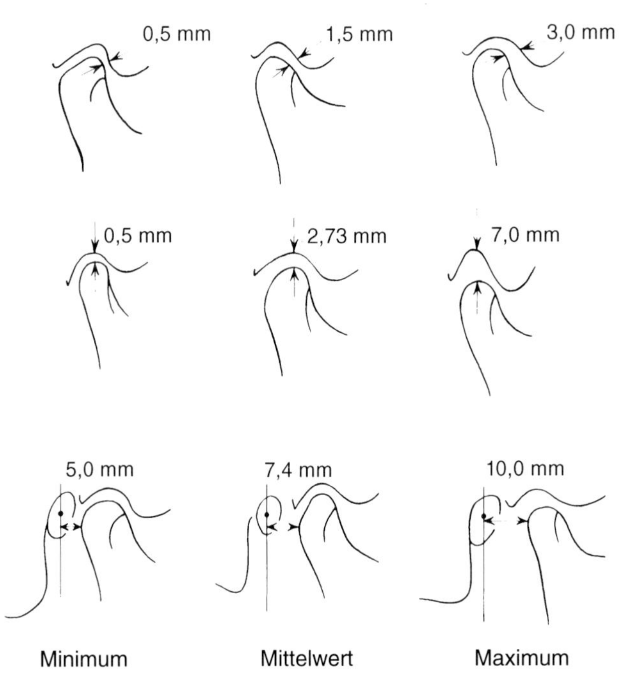

Vermessungswerte einer normalen Untersuchungsgruppe. Die mittlere senkrechte Reihe zeigt die Mittelwerte, die linke Reihe die niedrigen, die rechte Reihe die hohen Grenzwerte (nach *Ricketts*)

oben: Gelenkspalt zwischen Kieferköpfchen – Tuberkulum articulare
Mitte: Gelenkspalt zwischen Kieferköpfchen – Gelenkpfanne
unten: Distanz zwischen Kieferköpfchen – äußerem Gehörgang

Nach Olsson, O., F. Strnad, H. Vieten, A. Zuppinger (Hrsg.): Handbuch der Medizinischen Radiologie, Bd. VII/2. Springer, Berlin 1963

Variationsbreite der Kapitulumstellung bei weiter Mundöffnung

Die Stellung des Kondylus in der mittleren Abbildung entspricht dem angegebenen Durchschnittswert, die linke Abbildung zeigt die niedrigen, die rechte Abbildung die hohen Grenzwerte. Die Werte sind an 100 Normalfällen gemessen (nach *Ricketts*)

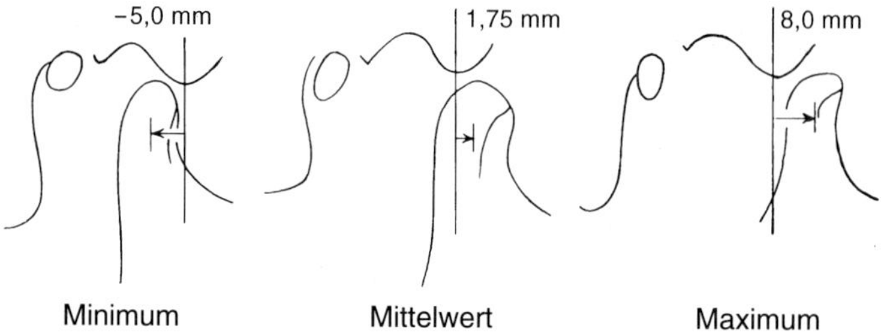

Nach Olsson, O., F. Strnad, H. Vieten, A. Zuppinger: Handbuch der Medizinischen Radiologie, Bd. VII/2. Springer, Berlin 1963

Variationsbreite der Meßwerte der temporalen Gelenkfläche:

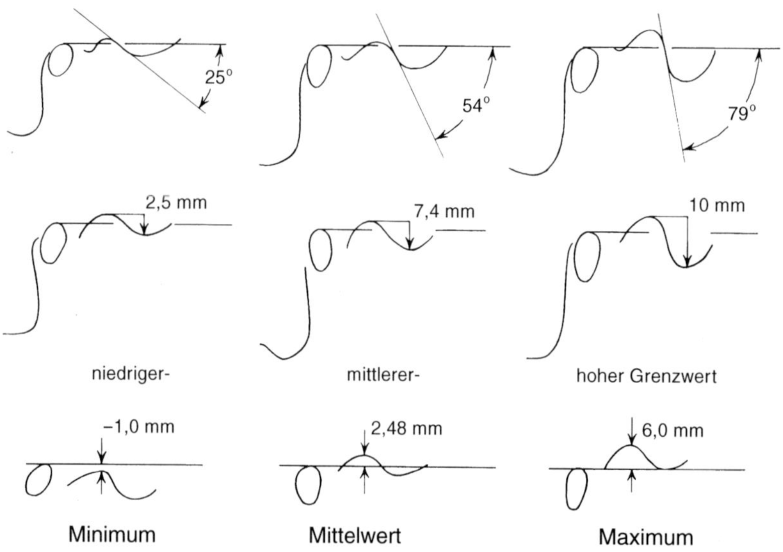

Variable: Tuberkulumneigung (obere Reihe), Höhe des Tuberkulums (mittlere Reihe) und Lagebeziehung der Fossa zur Frankfurter Ebene (untere Reihe). In der Mitte die Durchschnittswerte, links die niedrigen, rechts die hohen Grenzwerte (nach *Ricketts*)

Variationen der Meßwerte in Abhängikeit von der Okklusion des Gebisses

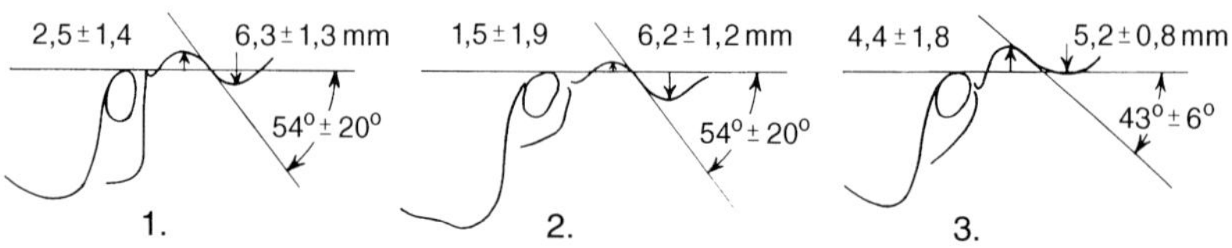

Die Neigung des Tuberkulums, die Höhe des Tuberkulums und die Beziehung der Fossa zur Frankfurter Horizontalen, untersucht 1. bei einer Vergleichsgruppe, 2. bei Fällen mit Okklusion der Klasse II, 3. bei Fällen mit Okklusion der Klasse III nach Angle (nach *Ricketts*)

Stellung des Kapitulums in Ruhelage des Unterkiefers, Vermessungswerte bei Okklusionsanomalien

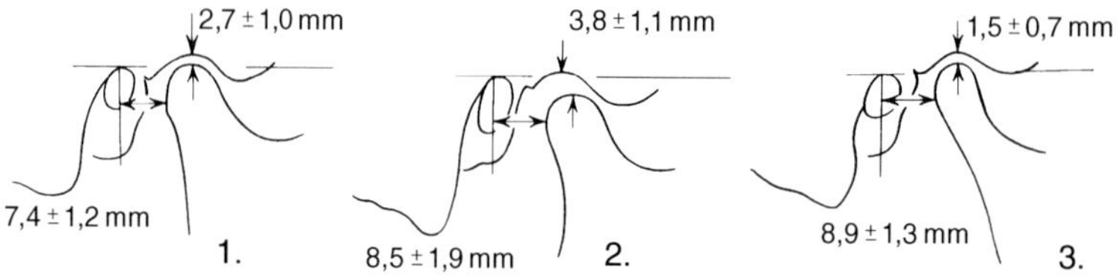

1. Die Werte bei Patienten einer neutralen Gruppe.
2. Die Werte bei Okklusionsbedingungen der Klasse II.
3. Die Werte bei Okklusionsbedingungen der Klasse III.

Bei Klasse II steht der Kondylus im Durchschnitt tiefer und weiter vorne als bei der Kontrollgruppe. Bei der Klasse III ist der Kondylus im Durchschnitt lang und dünn und steht hoch in der Fossa (nach *Ricketts*)

Wachstum und Reifung

Ossifikation des Schädels

Zeitablauf der Ossifikation des Schädelskeletts und der Zähne

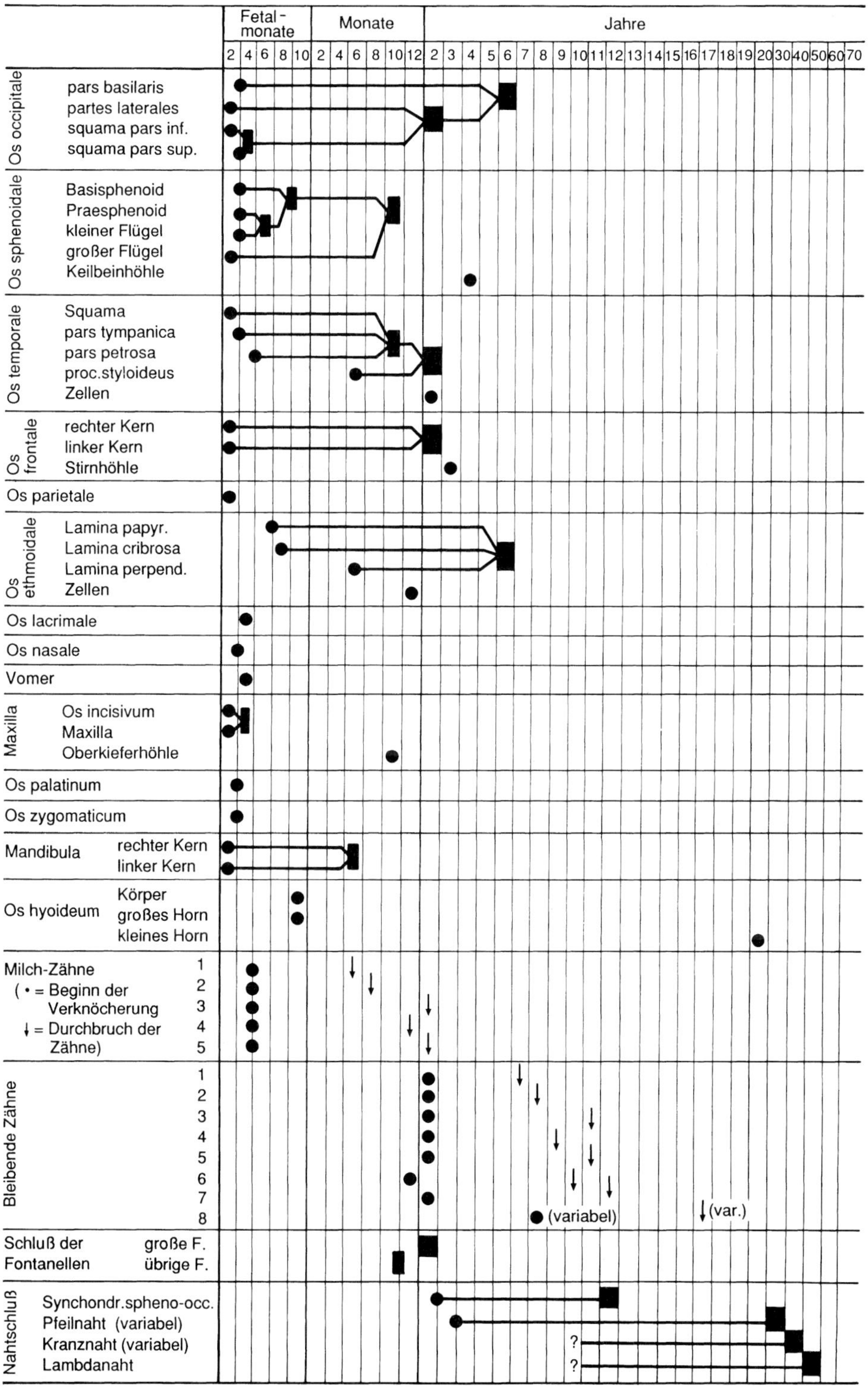

● = Auftreten der Knochenkerne

■ = Synostosen

Nach Heuck, F.: Radiologie des gesunden Skeletts. In Schinz: Radiologische Diagnostik in Klinik und Praxis Bd. IV/1, 2. Aufl. Thieme, Stuttgart 1989

Ossifikationen der Schädelknochen im Säuglingsalter

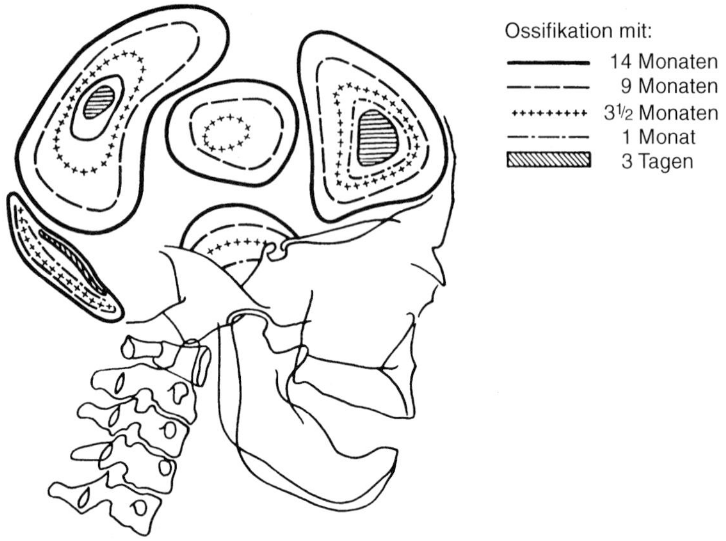

Nach Schäfer, H.: Fortschr. Röntgenstr. 85 (1956) 309

Schädelskelett, menschlicher Embryo im 7. Monat (¾ natürliche Größe)

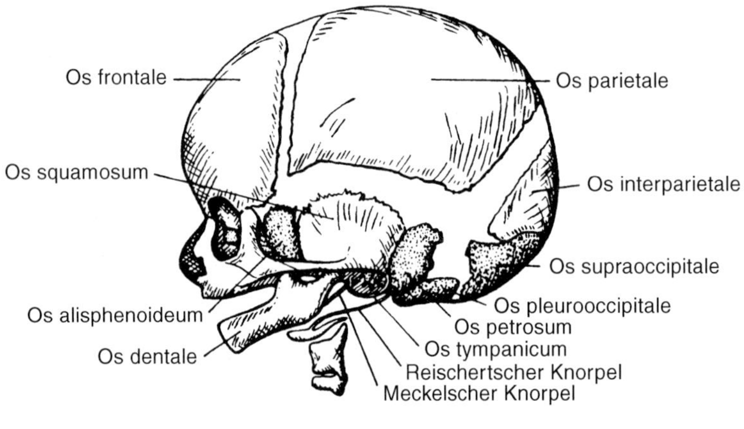

Nach Müller, D.: Neuroradiologische Diagnostik und Symptomatik der Hirnentwicklung im Kindesalter. Volk und Gesundheit, Berlin 1963

Fontanellen und Nähte am Schädelskelett des Neugeborenen

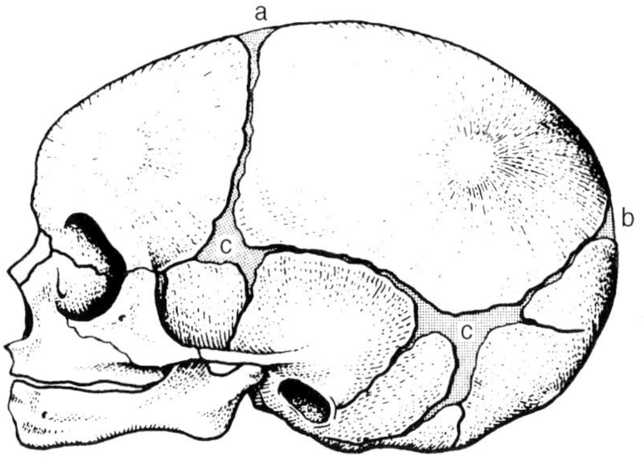

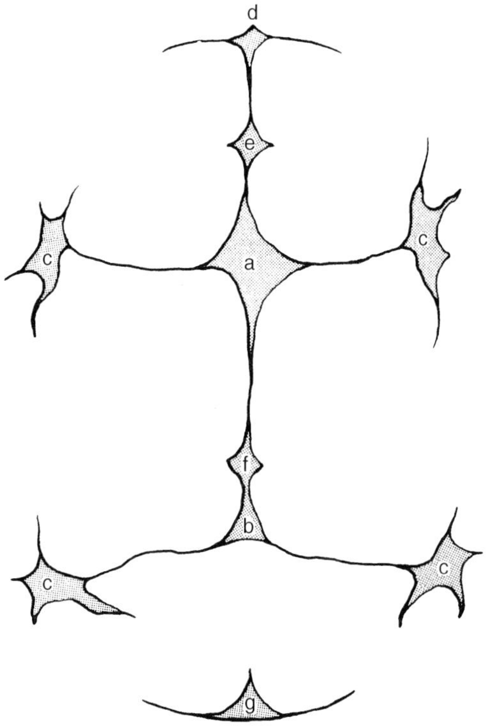

Beim Neugeborenen obligat: *a* große Fontanelle, *b* kleine Fontanelle, *c* vordere und hintere Seitenfontanellen. Beim Neugeborenen (oder später) als Variation: *d* Glabella-Fontanelle, *e* metopoische Fontanelle, *f* parietale Fontanelle, *g* zerebellare Fontanelle

Nach Hayek, H. W.: Schädel. In Schuster, W.: Kinderradiologie. Springer, Berlin 1990

Embryonale Entwicklung des Hinterhauptbeines

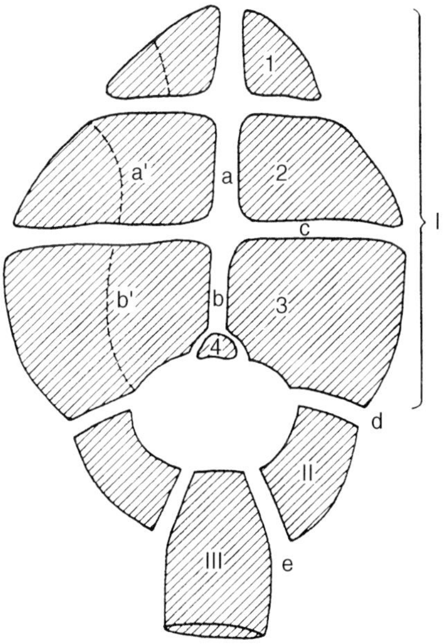

I Pars squamosa, *1* Os prae-interparietale, *2* Pars interparietalis (obere Schuppe), *3* Pars supraoccipitalis (untere Schuppe), *4* Os Kerkringi, *a* Sutura interparietalis sagittalis, *a'* Sutura interparietalis lateralis, *b* Sutura cerebellaris sagittalis, *b'* Sutura cerebellaris lateralis, *c* Sutura transversa, *d* Synchondrosis intraoccipitalis posterior (hintere Knorpelfuge),
II Pars lateralis, *e* Synchondrosis intraoccipitalis anterior (vordere Knorpelfuge),
III Pars basilaris

Nach Wackenheim, A.: Fehlbildungen am Schädel-Hals-Übergang. In Handbuch der Medizinischen Radiologie VI/1. Springer, Berlin 1974

Wachstum des Gesichtsschädels

Messungen am seitlichen Gesichtsschädel

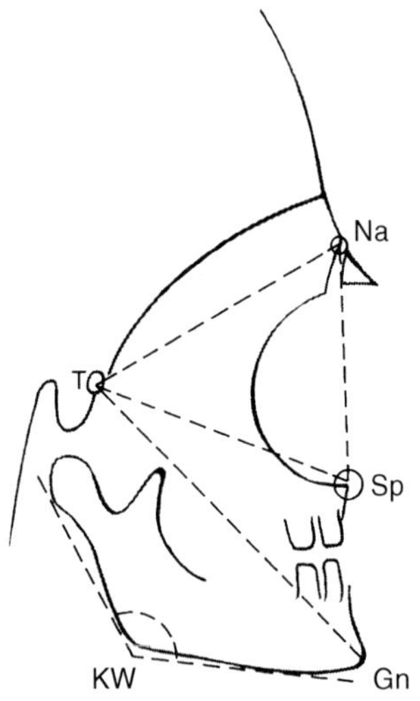

T–Na = Tuberculum sellae – Nasion, vordere Schädelbasis
T–Sp = Tuberculum sellae – Spina nasalis anterior, Oberkieferlänge
T–Gn = Tuberculum sellae – Gnathion (Kinnspitze), Länge des Unterkiefers
Na–Sp = Nasion – Spina nasalis anterior, Gesichtshöhe
KW = Kieferwinkel

Meßstrecken und Winkelmessungen am seitlichen Gesichtsschädel (nach Lutz 1965 und Weide 1979)

Alter	T–Na	Na–Sp	T–Sp	T–Gn in mm, ± 1 SD	Kieferwinkel (KW) In Winkelgraden ± 1 SD:
0–3 Monate	44±4	27±4	49±5	60± 3 (0–2 Monate)	139±11
4–6 Monate	48±3	31±3	54±4	67± 5 (2–3 Monate)	139± 9
7–12 Monate	51±3	33±3	57±4	72± 5 (4–7 Monate)	137± 7
13–18 Monate	54±3	36±3	60±4	82± 4 (8–12 Monate)	136± 7
19–24 Monate	55±3	37±3	62±4	87± 6 (13–18 Monate)	135± 6
3 Jahre	57±3	40±3	65±4	90± 6 (19–24 Monate)	134± 6
4 Jahre	59±4	42–3	68±5	94± 5 (3 Jahre)	134± 7
5 Jahre	60±4	43±4	69±4	100± 5 (4 Jahre)	132± 5
6 Jahre	61±3	46±4	72±4	106± 6 (5–7 Jahre)	131± 8
7–8 Jahre	64±3	48±4	74±4	110± 6 (8–9 Jahre)	131± 6
9–10 Jahre	64±4	52±3	77±5	119± 6 (10–11 Jahre)	131± 6
11–12 Jahre	66±3	53±3	79±5		130± 6
13–14 Jahre	68±3	56±5	83±5	124±10 (12–15 Jahre)	128± 6

Nach Ebel, K.-D., E. Willich und E. Richter: Differentialdiagnostik in der Pädiatrischen Radiologie, Thieme Stuttgart, 1995

Normales Wachstum von Stirnhöhle, Kieferhöhle und Keilbeinhöhle

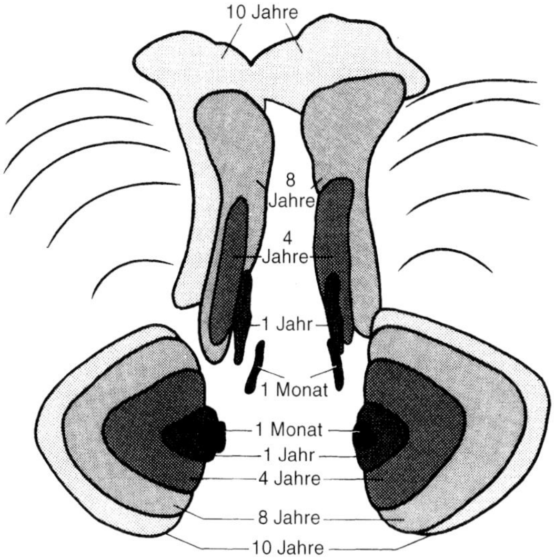

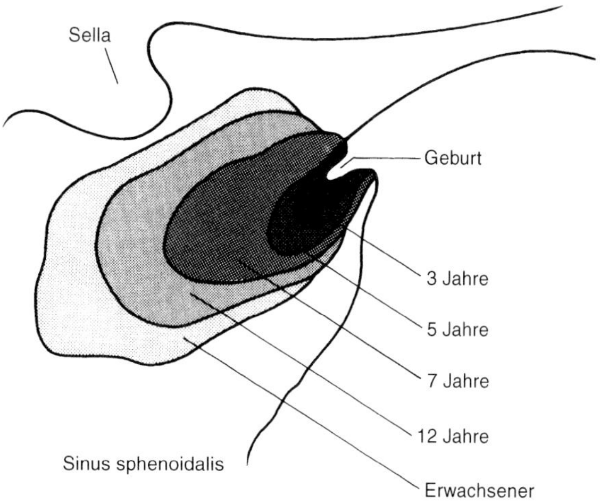

100 Kinder während des Wachstums

Nach Silverman, F. N., J. P. Kuhn: Essentials of Caffey's Pediatric X-Ray Diagnosis. Year Book, Chicago 1990
Nach Ebel, K.-D., E. Willich, E. Richter: Differentialdiagnostik in der Pädiatrischen Radiologie. Thieme Stuttgart, 1995

Entwicklung der Kieferhöhle im Kindesalter

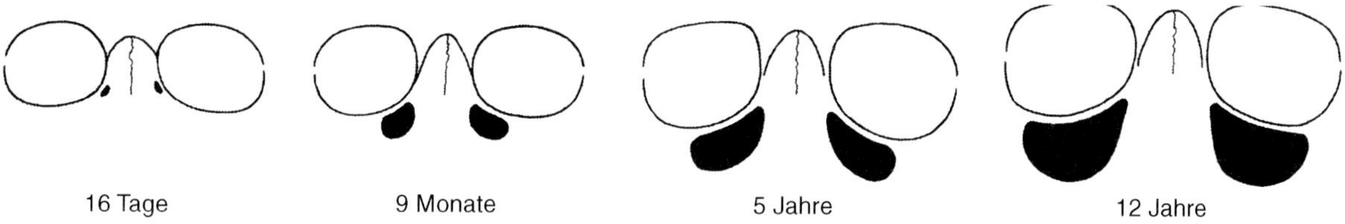

Nach Köhler, A., A. E. Zimmer: Grenzen des Normalen und Anfänge des Pathologischen im Röntgenbild des Skeletts. Thieme, Stuttgart 1967, 11. Aufl.

Messungen der Nasennebenhöhlen und Augenhöhlen im Kindesalter

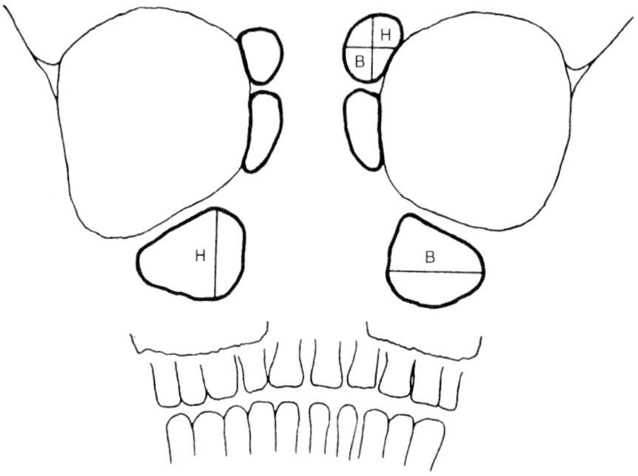

Die Daten basieren auf okzipito-frontalen (Stirnhöhlen) und okzipito-nasalen (Kieferhöhlen, Siebbeinräume) Aufnahmen der Nebenhöhlen bei einem Fokus-Film-Abstand von 100 cm. Gemessen wird die größte Ausdehnung der einzelnen Höhlen von Innenkontur zu Innenkontur. Als Höhe H wird der größte senkrechte Durchmesser, als Breite B der größte rechtwinklig zu H stehende Querdurchmesser bezeichnet. Als Streuungsbreite ist die 2-α-Grenze angegeben.

B = größte Breite im waagrechten Durchmesser
H = größte Höhe im senkrechten Durchmesser

Nach Schmid, F., E. W. Voelckel: Mschr. Kinderheilk. 105 (1957) 367

Normalwerte mit Variationsbreite der Entwicklung der Nasennebenhöhlen und Augenhöhlen

Alter (Jahre)	Stirnhöhlen				Kieferhöhlen				Siebbeinräume				Augenhöhlen			
	Breite		Höhe		Breite		Höhe		Breite		Höhe		Breite		Höhe	
	Mittelwert	mittl. Abweich.	Mittelwert	mittl. Abweich.	Mittelwert	mittl. Abweich.	Mittelwert	mittl. Abweich.	Mittelwert	mittl. Abweich.	Mittelwert	mittl. Abweich.	Mittelwert	mittl. Abweich.	Mittelwert	mittl. Abweich.
0– $^{11}/_{12}$	–	–	–	–	**08**	±4	**08**	±3	**05**	±2	**09**	±4	**31**	±4	**36**	±3
1– 1$^{11}/_{12}$	–	–	–	–	**12**	±3	**12**	±3	**06**	±2	**10**	±1	**34**	±2	**38**	±3
2– 2$^{11}/_{12}$	–	–	–	–	**15**	±3	**15**	±2	**08**	±2	**12**	±1	**34**	±2	**39**	±3
3– 3$^{11}/_{12}$	–	–	–	–	**18**	±2	**16**	±3	**09**	±1	**12**	±2	**35**	±2	**39**	±2
4– 4$^{11}/_{12}$	–	–	–	–	**18**	±3	**17**	±2	**09**	±2	**13**	±2	**35**	±2	**39**	±3
5– 5$^{11}/_{12}$	**06**	± 6	**06**	± 6	**20**	±3	**18**	±3	**10**	±2	**15**	±4	**35**	±2	**39**	±2
6– 6$^{11}/_{12}$	**10**	± 8	**09**	± 7	**21**	±3	**20**	±3	**11**	±3	**15**	±3	**36**	±2	**40**	±2
7– 7$^{11}/_{12}$	**10**	± 9	**09**	± 8	**21**	±3	**20**	±3	**11**	±3	**15**	±4	**36**	±2	**40**	±3
8– 8$^{11}/_{12}$	**12**	± 9	**12**	± 9	**23**	±3	**21**	±3	**11**	±2	**15**	±2	**36**	±2	**40**	±3
9– 9$^{11}/_{12}$	**15**	± 9	**13**	± 8	**23**	±3	**22**	±4	**11**	±2	**15**	±3	**36**	±1	**40**	±2
10–10$^{11}/_{12}$	**19**	±10	**17**	± 9	**24**	±5	**23**	±3	**12**	±2	**16**	±2	**37**	±2	**40**	±2
11–11$^{11}/_{12}$	**21**	± 9	**20**	± 8	**24**	±3	**24**	±4	**13**	±3	**16**	±3	**37**	±2	**41**	±3
12–12$^{11}/_{12}$	**21**	± 9	**20**	± 8	**25**	±5	**25**	±4	**14**	±3	**16**	±4	**38**	±2	**41**	±2
13–13$^{11}/_{12}$	**22**	±11	**20**	±10	**27**	±5	**26**	±3	**14**	±3	**18**	±3	**39**	±2	**42**	±2
14–14$^{11}/_{12}$	**27**	± 8	**24**	± 6	**27**	±4	**27**	±4	**15**	±3	**18**	±4	**39**	±2	**42**	±3

Mittelwert = arithmetische Mittel der Einzelwerte
mittlere Abweichung = quadratische Abweichung

Nach Schmid, W.: Pädiatrische Radiologie, Bd. I. Springer, Berlin 1973

Höhe und Breite der Sinus maxillares bei Kindern

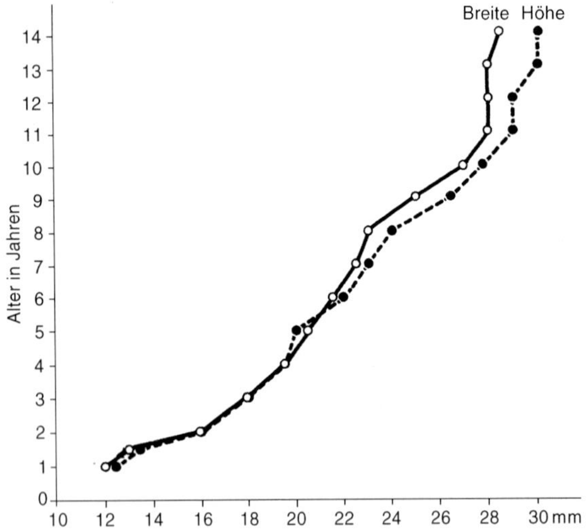

Messungen bei Kindern im Alter zwischen 1 und 14 Jahren bestimmt an 1000 Röntgenaufnahmen (FFA 85 cm) – Einfache SD ± 3 mm.

Nach Wenger, W., V. Kocoglu: Paranasale Sinusitiden im Säuglings- und Kindesalter und ihre Beziehung zu den Bronchitiden. Med. Welt 31 (1969) 1686
Nach Ebel, K.-D., Willich, E., E. Richter: Differentialdiagnostik in der Pädiatrischen Radiologie Thieme, Stuttgart 1995

Entwicklung der Stirnhöhlen

Alter (Jahre)	Anzahl der Fälle	Stirnhöhlen vorhanden beidseitig	einseitig rechts	einseitig links	%	Vergleichszahlen nach *Haike* (1910) %
$0-{}^{11}/_{12}$	15	–	–	–	0	–
$1-1{}^{11}/_{12}$	17	–	–	–	0	–
$2-2{}^{11}/_{12}$	16	2	–	–	13	–
$3-3{}^{11}/_{12}$	14	3	–	1	25	–
$4-4{}^{11}/_{12}$	22	6	–	3	34	25
$5-5{}^{11}/_{12}$	20	11	–	1	58	50
$6-6{}^{11}/_{12}$	32	22	1	–	70	53
$7-7{}^{11}/_{12}$	19	11	1	2	66	80
$8-8{}^{11}/_{12}$	29	23	1	1	83	69
$9-9{}^{11}/_{12}$	22	20	1	–	93	71
$10-10{}^{11}/_{12}$	27	23	2	–	89	63
$11-11{}^{11}/_{12}$	35	33	–	1	96	91
$12-12{}^{11}/_{12}$	32	30	1	–	95	91
$13-13{}^{11}/_{12}$	21	18	1	1	90	100
$14-14{}^{11}/_{12}$	19	19	–	–	100	–

Im 3. Lebensjahr kann man zuerst Stirnhöhlen erkennen, im 6. Lebensjahr sind sie in über 50 % der Fälle vorhanden, im 15 Lebensjahr sind sie konstant festzustellen.

Nach Schmid, W.: Pädiatrische Radiologie, Bd. I. Springer, Berlin 1973

Häufigkeit (in %) pneumatisierter Keilbeinhöhlen im Kindesalter

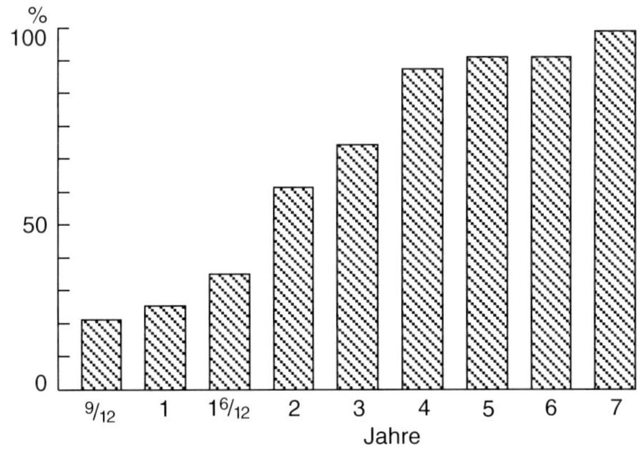

Nach Schmid, W.: Pädiatrische Radiologie, Bd. I. Springer, Berlin 1973

Wachstum des Gesichtsschädels

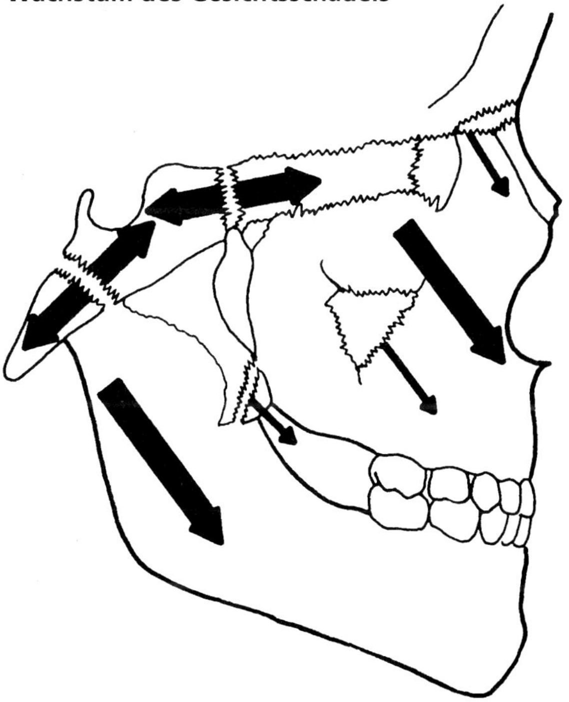

Die Wachstumsvektoren der Knochen des Gesichtsschädels sind nach abwärts und nach vorwärts gerichtet.

Nach Chaconas, S. J.:
Kieferorthopädie in der täglichen Praxis. Zahnärztlich-Medizinisches Schrifttum, München 1984

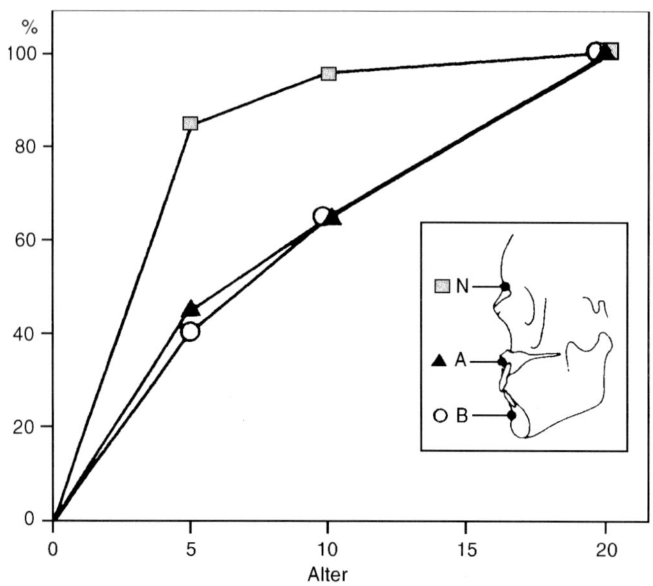

Der Hirn- und der Gesichtsschädel wachsen in unterschiedlichen Altersphasen. Zuerst kommt es zur Entwicklung der Kalotte, dann zum Wachstum des Mittelgesichts und zuletzt zur Entwicklung der Mandibula.

Nach Chaconas, S. J.:
Kieferorthopädie in der täglichen Praxis. Zahnärztlich-Medizinisches Schrifttum, München 1984

Wachstum des Neurokraniums (N) und des Viszerokraniums (O, U) während der postnatalen Periode (nach GRABER)

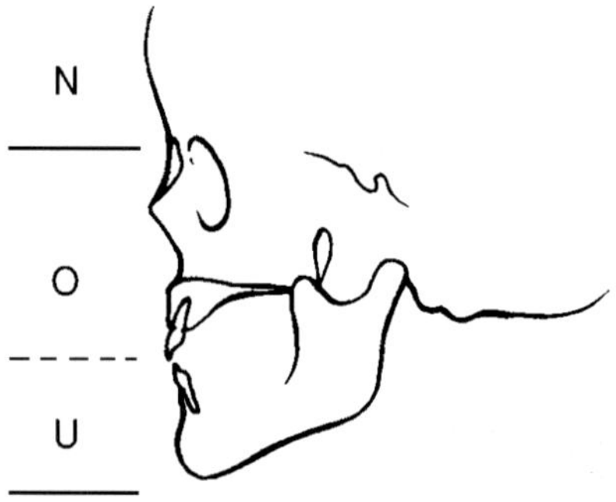

■ Erreichter Anteil des postnatalen Wachstums

□ Restanteil des postnatalen Wachstums

N = Neurokranium
O = Oberkieferkomplex } Viszerokranium
U = Unterkiefer

Jahre	0–5	5–10	10–20
N	85% 15%	96% 4%	4%
O	45% 55%	65% 35%	35%
U	40% 60%	65% 35%	35%

Nach Hotz, R. P.: Zahnmedizin bei Kindern und Jugendlichen. Thieme, Stuttgart 1981

Entwicklung von Kiefer und Zähnen

Skelettale Abweichungen der Zahnreihen vom Normalbiß durch Kieferverschiebungen

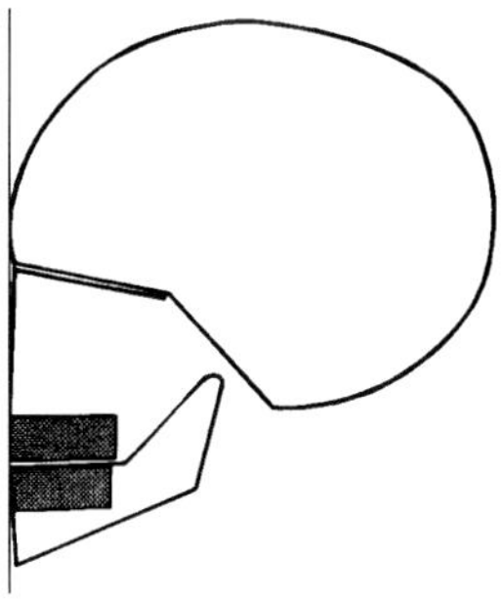

Skelettale Klasse I, „normale" Situation

Skelettale Klasse II (Distalbiß), bedingt durch: a) Retrognathia inferior. b) Prognathia superior. c) Kombination von a) und b)

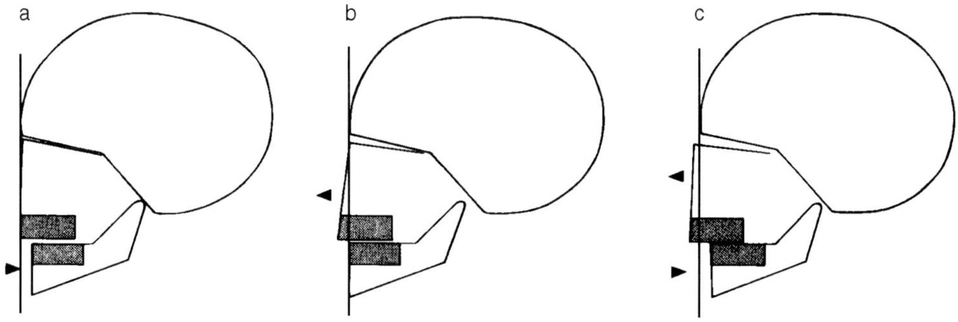

Skelettale Klasse III (Mesialbiß), bedingt durch: a) Prognathia inferior. b) Retrognathia superior. c) Kombination von a) und b)

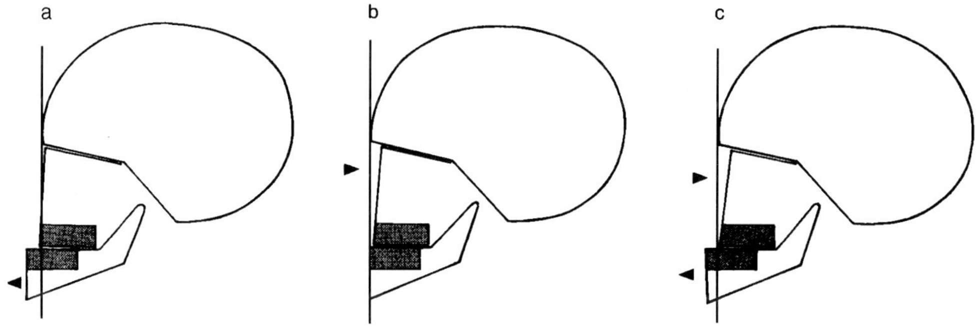

Wachstum des Gaumens

Zeit	physiologisch	pathologisch
6. Embryonalwoche	Bildung des primären Gaumens (36.–42. Tag)	Lippen-Kiefer-Spalte
7. Embryonalwoche	Ossifikationszentren in Mandibula, später Maxilla	
7.–8. Embryonalwoche	Verschluß des sekundären Gaumens	isolierte Gaumenspalte, in Verbindung mit primärer Gaumenbildung: totale Lippen-Kiefer-Gaumen-Spalte
4. Fetalmonat	desmale Verknöcherung von Maxilla und Mandibula, Prämaxilla und Maxilla verknöchern gemeinsam	

Nach Hotz, R. P.: Zahnmedizin bei Kindern und Jugendlichen. Thieme, Stuttgart 1981

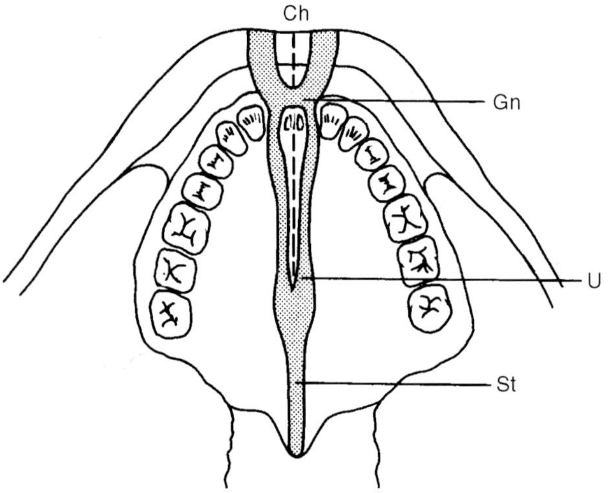

Gaumenspalten

Ch – Cheiloschisis
Gn – Gnathoschisis
U – Uranoschisis
St – Staphyloschisis

Nach Groskopff, N. W., R. Teschendorf:
Das normale menschliche Skelett in Röntgenskizzen.
Thieme, Leipzig 1953

Postnataler Wachstumsverlauf von Kiefern und Zähnen bei beiden Geschlechtern

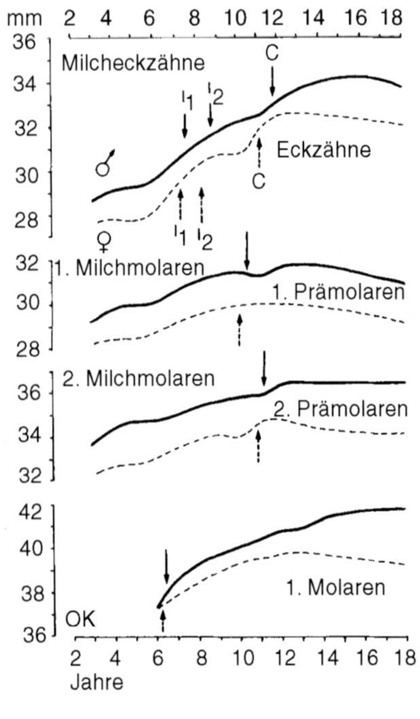

Durchschnittliches Verhalten der transversalen Distanzen während des *Wachstums im Oberkieferzahnbogen*. Ausgezogene Linien: Knaben, gestrichelte Linien: Mädchen. Die Pfeile markieren die durchschnittlichen Durchbruchszeiten der bleibenden Zähne

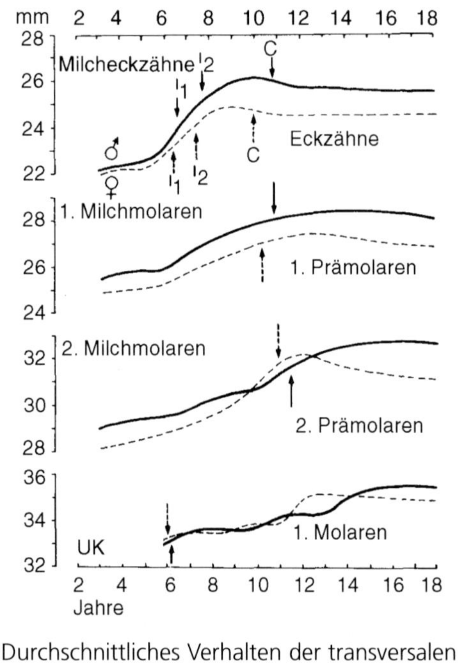

Durchschnittliches Verhalten der transversalen Distanzen während des *Wachstums im Unterkieferzahnbogen*. Ausgezogene Linien: Knaben, gestrichelte Linien: Mädchen. Die Pfeile markieren die durchschnittlichen Durchbruchszeiten der bleibenden Zähne

Nach Hotz, R. P.: Zahnmedizin bei Kindern und Jugendlichen. Thieme, Stuttgart 1981

Postnatales Kieferwachstum bei Knaben

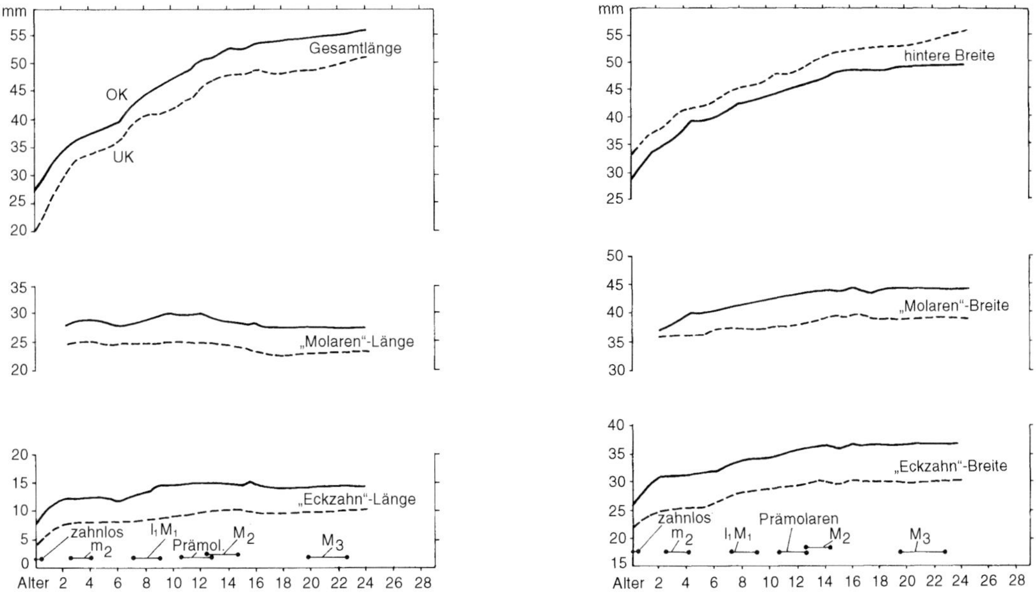

Knaben: a) Durchschnittliche *Längen*dimensionen, b) durchschnittliche *Breiten*dimensionen des Alveolarbogens im Oberkiefer (durchgezogene Linie) und im Unterkiefer (gestrichelte Linie). (•—•: durchschnittlicher Zeitraum ($\bar{x} \pm 1$ S. D.) des Durchbruchs einzelner Zähne oder Zahngruppen

Postnatales Kieferwachstum bei Mädchen

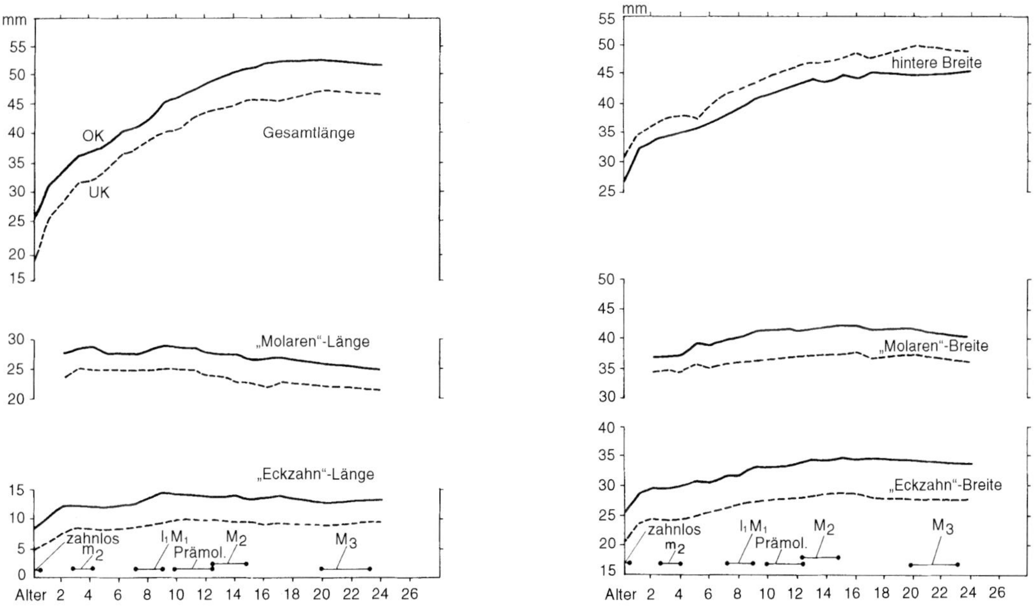

Mädchen: a) Durchschnittliche *Längen*dimensionen, b) durchschnittliche *Breiten*dimensionen des Alveolarbogens im Oberkiefer (durchgezogene Linie) und im Unterkiefer (gestrichelte Linie). (•—•: durchschnittlicher Zeitraum ($\bar{x} \pm 1$ S. D.) des Durchbruchs einzelner Zähne oder Zahngruppen

Nach Hotz, R. P.: Zahnmedizin bei Kindern und Jugendlichen. Thieme, Stuttgart 1981

1. Zahnbildung

Pränatal

6 EW	Anlage des Leistensystems für die Zahnkeime
	Knospenstadium:
8–12 EW	Ier, IIer, IIIer, IVer, Ver
4 FM	6er
5/6 FM	1er, 2er, 3er
9 FM	4er

Postnatal

9 M	5er, 7er
4 J	8er (sehr variabel)

2. Verkalkungszeiten

Pränatal

	(erste Anzeichen der Verkalkung in Form von Zahnscherbchen)
5 FM	Ier, IIer
6 FM	IVer/IIIer
7 FM	Ver
9 FM	6er

Postnatal

	(röntgenologisch sichtbarer Verkalkungsbeginn)
6 M	UK 1er, OK 1er, UK 2er
12 M	UK/OK 3er
18 M	OK 2er
2½ J	UK/OK 4er
3 J	UK/OK 5er
3½ J	UK/OK 7er
10 J	UK/OK 8er (sehr variabel)

Die Angaben unter Zahnbildung und Verkalkungszeiten wurden zusammengestellt nach W. Meyer; J. A. Salzman; H. B. Broadbent: Angle Orthodont. 11 (1941) 223; W. Logan, R. Kronfeld: J. Amer. dent. Ass. 20 (1993) 379; C. Moorrees u. Mitarb.: J. dent. Res. 42 (1963) 1490; C. Nolla: J. Dent. Child. 27 (1960) 254. Durchbruchszeiten für die Milchdention nach L. Lysell, B. Magnuson: Odont. Revy 13 (1962) 217; W. Robinow u. Mitarb.: Growth 6 (1942) 127 und für die bleibende Dentition nach V. O. Hurme: J. Dent. Child. 16 (1949) 11.

Nach Hotz, R. P.: Zahnmedizin bei Kindern und Jugendlichen. Thieme, Stuttgart 1981

Durchbruchszeiten

Milchdentition	
6– 8 M	I–I
8–10 M	I+I
10–14 M	II±II
14–18 M	IV±IV
18–24 M	III±III
24–30 M	V±V

Bleibende Dentition		♀ *	♂ *
6 J	6–6	5,94	6,21
	6+6	6,22	6,40
	1–1	6,26	6,54
7 J	1+1	7,20	7,47
	2–2	7,34	7,70
8 J	2+2	8,20	8,26
10 J	3–3	9,86	10,79
	4+4	10,03	10,40
	4–4	10,18	10,82
11 J	5+5	10,88	11,18
	5–5	10,89	11,47
	3+3	10,98	11,69
12 J	7–7	11,66	12,12
	7+7	12,27	12,68
18–22 J	8±8		

* Durchschnittswerte ± 0,75 bis 1,5 Jahre je nach Zahn für frühen resp. späten Durchbruch.

Nach Hotz, R. P.: Zahnmedizin bei Kindern und Jugendlichen. Thieme, Stuttgart 1981

Normales dentales Entwicklungsalter

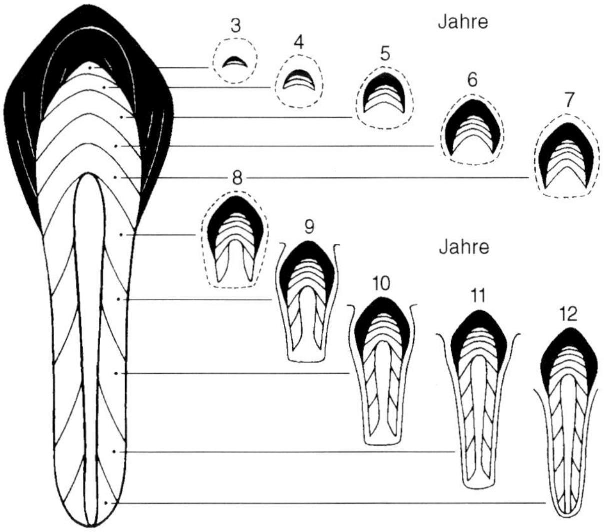

Entwicklungs- und Verkalkungsstadien des unteren 4ers zur Bestimmung des dentalen Entwicklungsalters

Zeitplan der Zahnentwicklung

Milchzähne.

Zähne	Wachstumsbeginn	Ausfallsbeginn
mediale Schneidezähne (Inzisivi)	6– 8 Mon.	7 Jahre
laterale Schneidezähne (Inzisivi)	7–12 Mon.	8 Jahre
Backenzähne (Prämolaren)	14–15 Mon.	10 Jahre
Eckzähne (Canini)	18–19 Mon.	10 Jahre
Mahlzähne (Molaren)	20–24 Mon.	11–12 Jahre

Bleibende Zähne.

Zähne	Wachstumsbeginn Mädchen	Wachstumsbeginn Knaben
erste Molaren	6,0 Jahre	6,5 Jahre
mediale Inzisivi	6,5 Jahre	7,0 Jahre
laterale Inzisivi	8,0 Jahre	8,5 Jahre
erste Prämolaren	9,0 Jahre	10,0 Jahre
zweite Prämolaren	10,0 Jahre	11,0 Jahre
Canini	11,0 Jahre	11,5 Jahre
zweite Molaren	11,5 Jahre	12,0 Jahre
dritte Molaren	17–25 Jahre	17–25 Jahre

Nach Pendergrass, E. P., J. P. Schaeffer, P. Hodes: The Head and Neck in Roentgen Diagnosis, Vol. I., Thomas, Springfield I11. 1956

Entwicklungsphasen des Gebisses

Milchgebiß

5 Monate in utero

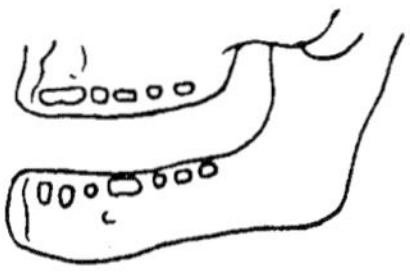

7 Monate in utero

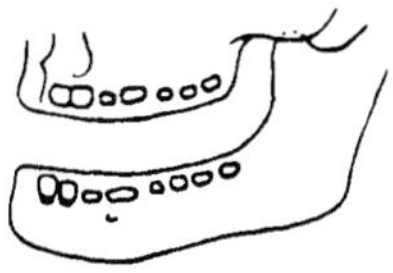

Geburt

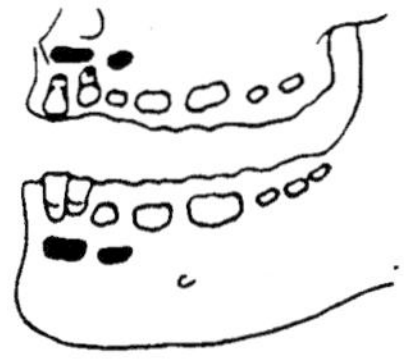

6 Monate (±2)

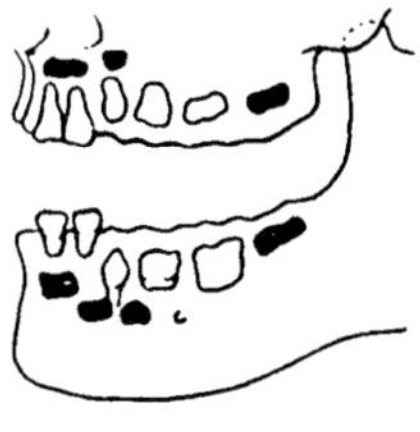

9 Monate (±2)

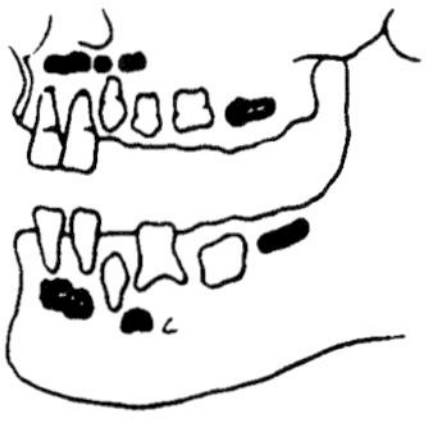

1 Jahr (±3 Monate)

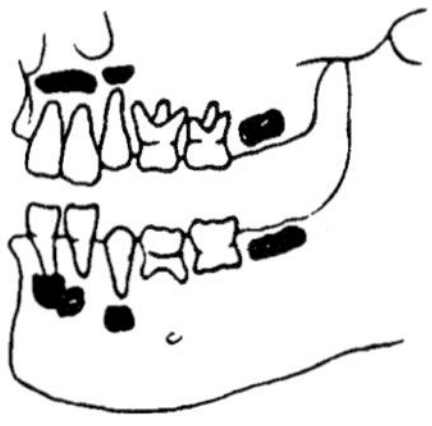

18 Monate (±3 Monate)

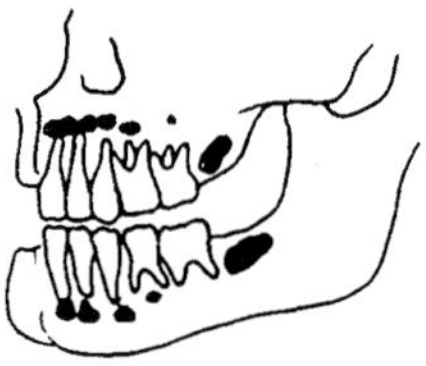

2 Jahre (±6 Monate)

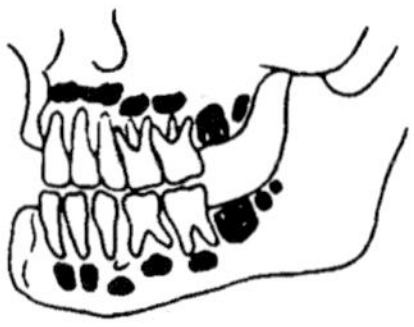

3 Jahre (±6 Monate)

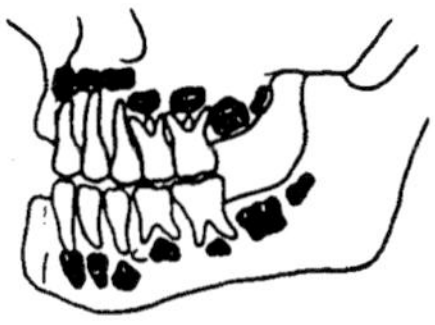

4 Jahre (±9 Monate)

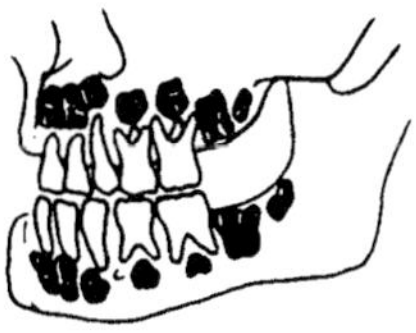

5 Jahre (±9 Monate)

6 Jahre (±9 Monate)

Mischgebiß

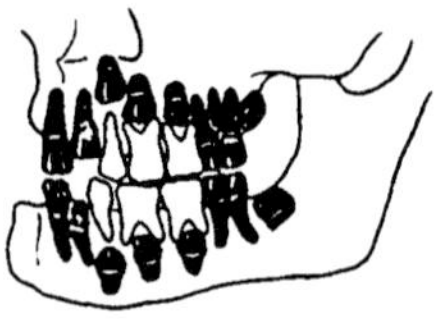

7 Jahre (±9 Monate)

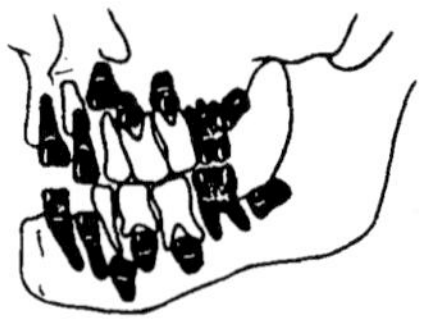

8 Jahre (±9 Monate)

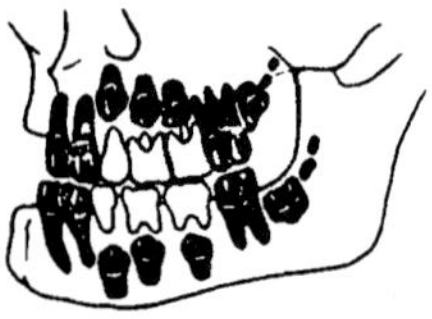

9 Jahre (±9 Monate)

10 Jahre (±9 Monate)

Endgültiges Gebiß

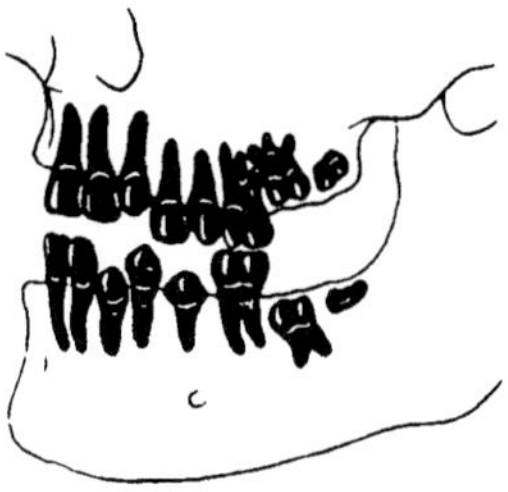

11 Jahre (±9 Monate)

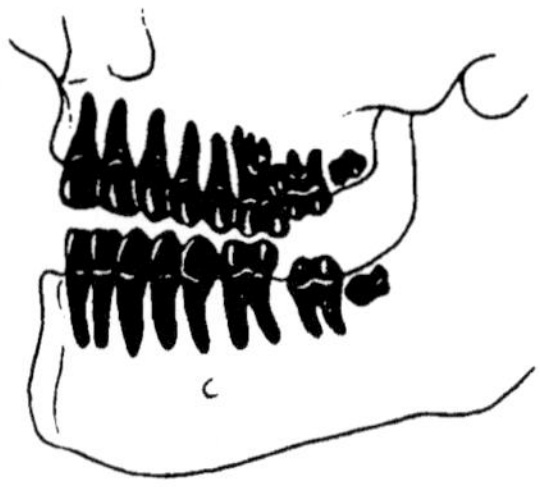

12 Jahre (±6 Monate)

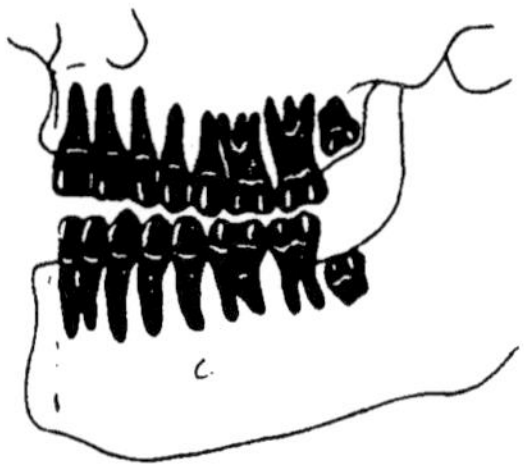

15 Jahre (±6 Monate)

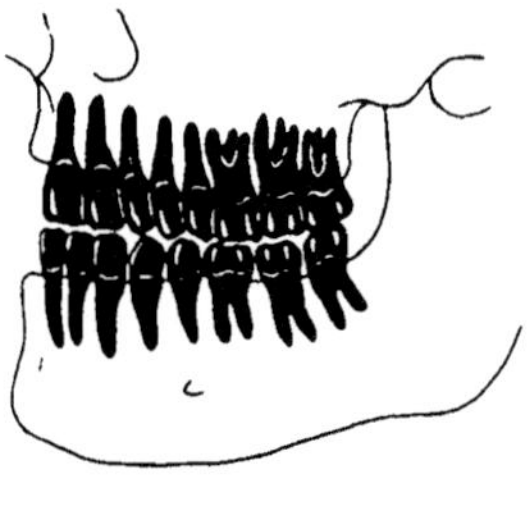

21 Jahre

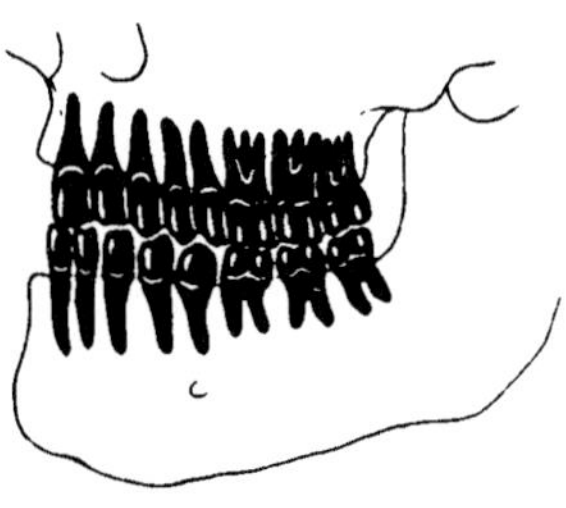

35 Jahre

Mesiodistale Durchmesser im Bereich des Milchgebisses und der bleibenden Zähne

Durchschnittliche mesiodistale Durchmesser der Milchzähne und der bleibenden Zähne

	Knaben Mittelwerte in mm				Mädchen Mittelwerte in mm			
Oberkiefer	Ier	6,6	8,8	1er	Ier	6,4	8,4	1er
	IIer	5,3	6,6	2er	IIer	5,2	6,4	2er
	IIIer	6,9	8,0	3er	IIIer	6,7	7,5	3er
	IVer	7,1	7,0	4er	IVer	7,0	6,9	4er
	Ver	9,1	6,8	5er	Ver	8,8	6,6	5er
			10,8	6er			10,5	6er
			10,4	7er			9,8	7er
Unterkiefer	Ier	4,1	5,4	1er	Ier	4,0	5,3	1er
	IIer	4,7	6,0	2er	IIer	4,6	5,8	2er
	IIIer	5,9	6,9	3er	IIIer	5,7	6,5	3er
	IVer	7,8	7,1	4er	IVer	7,7	6,9	4er
	Ver	9,9	7,3	5er	Ver	9,6	7,0	5er
			11,8	6er			10,7	6er
			10,8	7er			10,3	7er

(aufgerundete Mittelwerte aus C. A. Moorrees: The Dentition of the Growing Child. Havard University Press, Cambridge/Mass. 1959).

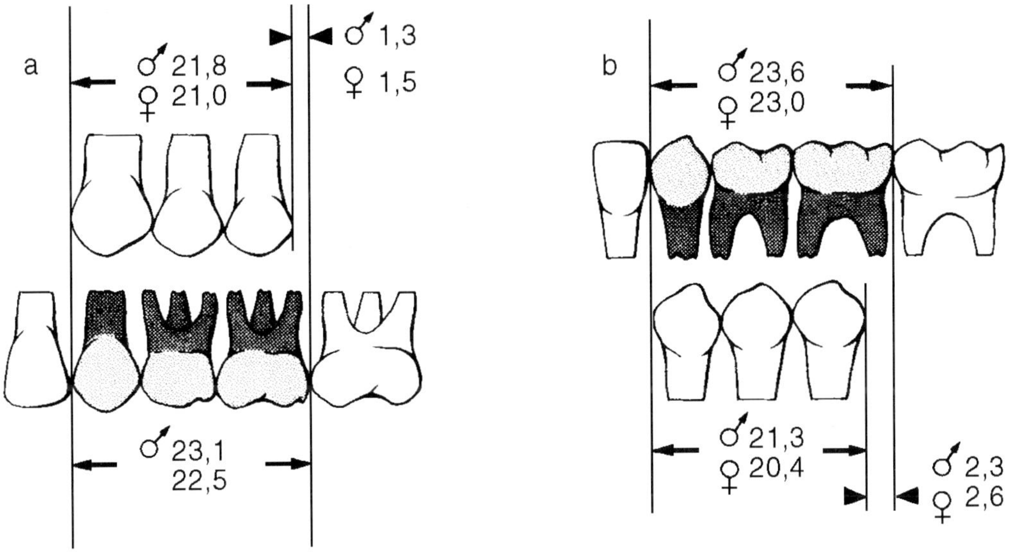

Summe der mesiodistalen Durchmesser der Milch- und bleibenden Zähne in den Stützzonen des Oberkiefers (a) und Unterkiefers (b). Summen der Durchschnittswerte aus obiger Tabelle errechnet. Die Differenz als Platzreserve oder „Leeway" bezeichnet, ist im Unterkiefer rund 1mm größer als im Oberkiefer. Bei Mädchen sind die Platzreserven in den Stützzonen etwas größer als bei Knaben

Nach Hotz, R. P.: Zahnmedizin bei Kindern und Jugendlichen. Thieme, Stuttgart 1981

Bestimmung des mesiodistalen Durchmessers

Voraussage der Summe der mesiodistalen Durchmesser (in mm) von 345 für Ober- und Unterkiefer, basierend auf der Schneidezahnsumme der *unteren* Front (21–12) mit der Wahrscheinlichkeit „W" in % (Aus: R. E. Moyers: Handbook of Orthodontics, 3. Aufl. Year Book Medical Publ., Chicago 1973.)

Oberkiefer Σ 21–12

W	19,5	20,0	20,5	21,0	21,5	22,0	22,5	23,0	23,5	24,0	24,5	25,0
95%	21,6	21,8	22,1	22,4	22,7	22,9	23,2	23,5	23,8	24,0	24,3	24,6
85%	21,0	21,3	21,5	21,8	22,1	22,4	22,6	22,9	23,2	23,5	23,7	24,0
75%	20,6	20,9	21,2	21,5	21,8	22,0	22,3	22,6	22,9	23,1	23,4	23,7
65%	20,4	20,6	20,9	21,2	21,5	21,8	22,0	22,3	22,6	22,8	23,1	23,4
50%	20,0	20,3	20,6	20,8	21,1	21,4	21,7	21,9	22,2	22,5	22,8	23,0
35%	19,6	19,9	20,2	20,5	20,8	21,0	21,3	21,6	21,9	22,1	22,4	22,7
25%	19,4	19,7	19,9	20,2	20,5	20,8	21,0	21,3	21,6	21,9	22,1	22,4
15%	19,0	19,3	19,6	19,9	20,2	20,4	20,7	21,0	21,3	21,5	21,8	22,1
5%	18,5	18,8	19,0	19,3	19,6	19,9	20,1	20,4	20,7	21,0	21,2	21,5

Unterkiefer Σ 21–12.

W	19,5	20,0	20,5	21,0	21,5	22,0	22,5	23,0	23,5	24,0	24,5	25,0
95%	21,1	21,4	21,7	22,0	22,3	22,6	22,9	23,2	23,5	23,8	24,1	24,4
85%	20,5	20,8	21,1	21,4	21,7	22,0	22,3	22,6	22,9	23,2	23,5	23,8
75%	20,1	20,4	20,7	21,0	21,3	21,6	21,9	22,2	22,5	22,8	23,1	23,4
65%	19,8	20,1	20,4	20,7	21,0	21,3	21,6	21,9	22,2	22,5	22,8	23,1
50%	19,4	19,7	20,0	20,3	20,6	20,9	21,2	21,5	21,8	22,1	22,4	22,7
35%	19,0	19,3	19,6	19,9	20,2	20,5	20,8	21,1	21,4	21,7	22,0	22,3
25%	18,7	19,0	19,3	19,6	19,9	20,2	20,5	20,8	21,1	21,4	21,7	22,0
15%	18,4	18,7	19,0	19,3	19,6	19,8	20,1	20,4	20,7	21,0	21,3	21,6
5%	17,7	18,0	18,3	18,6	18,9	19,2	19,5	19,8	20,1	20,4	20,7	21,0

Die mesiodistalen Durchmesser der unteren Frontzähne (21–12) werden einzeln gemessen und die Summe gebildet. Der gefundene Wert wird in der obersten horizontalen Zeile aufgesucht. In der entsprechenden vertikalen Kolonne ist der zu erwartende Wert für die Summe der Breiten von 345 angegeben. Dabei sinkt die Wahrscheinlichkeit der richtigen Voraussage mit abnehmenden Werten für 345 (95%–5%). Praktisch wird in der Regel eine Wahrscheinlichkeit von 50%–65% gefordert.

Nach Hotz, R. P.: Zahnmedizin bei Kindern und Jugendlichen. Thieme, Stuttgart 1981

Zahnretentionen

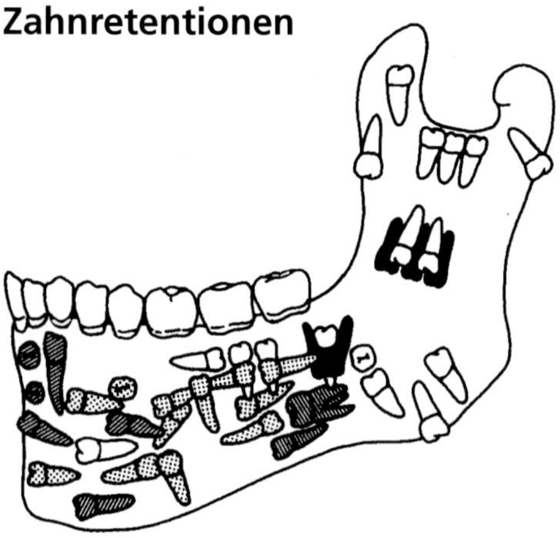

Kariert: Incisivi und Canini
Weiß: 3. Molaren
Punktiert: Prämolaren
Schwarz: Überzählige Molaren

Nach Wettstein, W.:
Über heterotope Zahnretention. Diss. Zürich 1933

Normvarianten, Fehlformen und Mißbildungen

Normvarianten des Schädels

Foramina parietalia

Normale Entwicklung des Foramen parietale aus der Fissura parietalis (→)

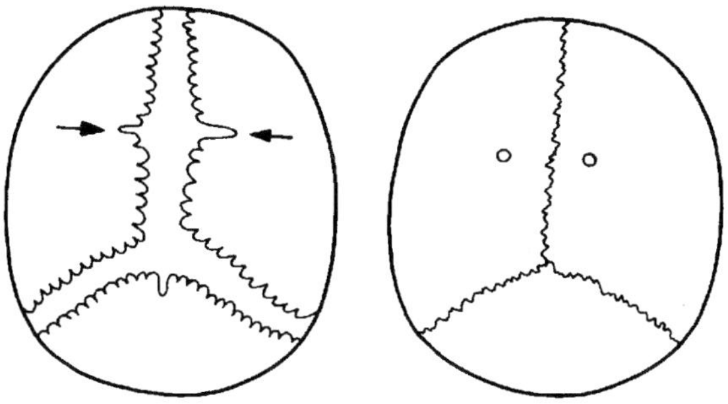

Entwicklung eines abnorm großen Foramen parietale (angeborene Ossifikationsstörung)

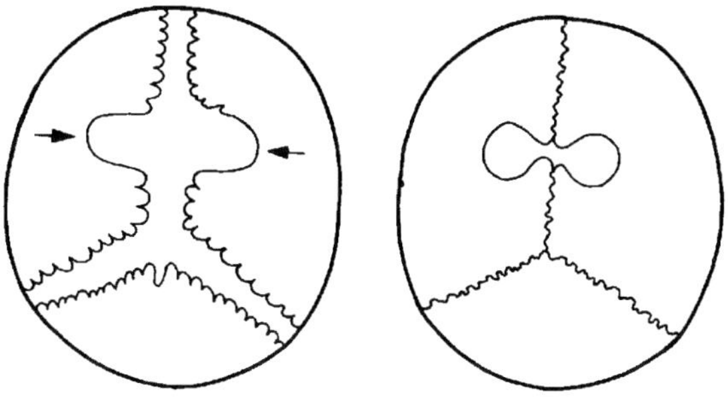

Nach Groskopff, K. W., und R. Teschendorf: Das normale menschliche Skelett in Röntgenskizzen. Thieme, Stuttgart 1953

Angeborene Defekte der Parietalknochen

Drei Typen von *Defekten des Parietalknochens*: (1) Normale Defekte der Parietalknochen, die Venen enthalten. (2) Foramina und Fenestrae emissariae (erweiterte Parietalforamina) an einem Schädel. (3) Zwei Formen der Ausdünnung, viereckig auf der Linken und gefurcht auf der Rechten, in Assoziation mit Foramina emissaria. (Aus *Nashold BS jr, Netzky MG: J. Neuropathol. Exp. Neurol. 18: 432, 1959.)*

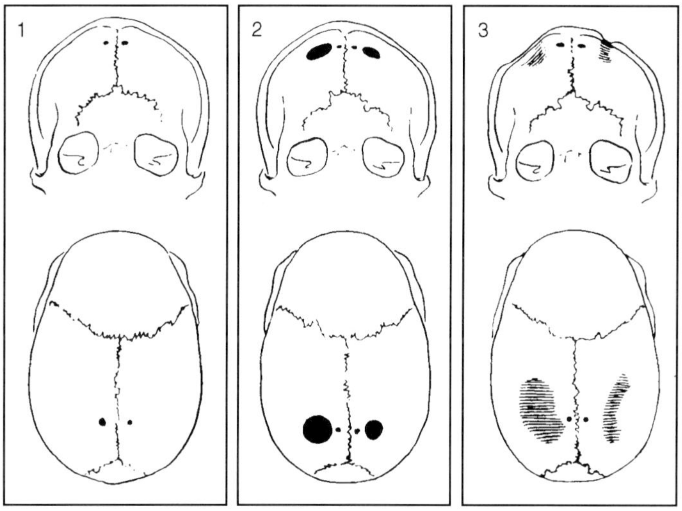

Nach Meschan, I., R. M. Farrer-Meschan: Diagnostik mit bildgebenden Verfahren. Bd. III. Enke, Stuttgart 1991

Nichtdestruktive expansive Läsionen

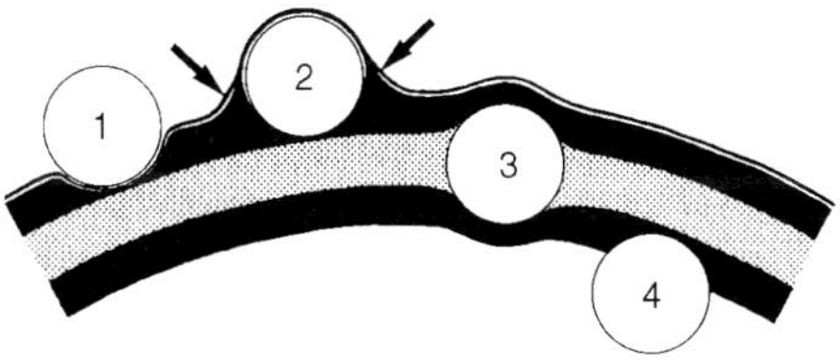

Vom Schädeldach oder seiner unmittelbaren Umgebung ausgehend (solide schwarze Bänder: Tabula externa bzw. interna, punktierter Streifen: Diploe, schwarze Linie: Periost.)

1. *Ursprung der Läsion von der Kopfschwarte* außerhalb des Periosts. Es entsteht ein Defekt an der Außenseite der Tabula externa.
2. *Ursprung der Läsion unterhalb des Periosts.* Es entsteht ein Defekt an der Außenseite der Tabula externa wie bei 1, aber zusätzlich kommt es zu einer Knochenneubildung durch das abgehobene Periost. Diese ist gewöhnlich am stärksten im Randbereich, wo der neue Knochen Dreieckform annimmt (Pfeile).
3. *Ursprung der Läsion von der Diploe.* Es kommt zu einer symmetrischen Arosion und Expansion beider Tabulae.
4. *Ursprung der Läsion von den Meningen oder dem Gehirn.* Es entsteht ein Defekt an der dem Gehirn zugewandten Seite der Tabula interna.

Nach Burgener, F. A., M. Kormano: Röntgenologische Differentialdiagnostik. Thieme, Stuttgart 1988

Epidermoide

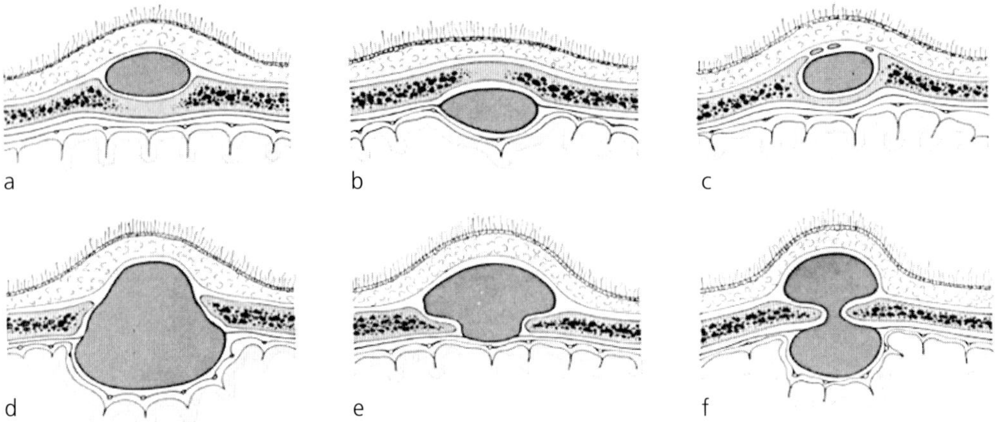

Verschiedene, ihrem Ursprung entsprechende *Epidermoide* a) äußeres Epidermoid, b) inneres Epidermoid, c) intraossäres Epidermoid, d) intraossäres Epidermoid mit großem nach innen und kleinerem nach außen entwikkelten Anteil, e) intraossäres Epidermoid mit großem nach außen und kleinem nach innen entwickelten Anteil, f) nach außen und innen entwickeltes Epidermoid, mit gleich großen extraossären Anteilen, sogenanntes sanduhrförmiges Epidermoid (Nach Kleinsasser; aus H. Olivecrona, W. Tönnis: Handbuch der Neurochirurgie, Bd. IV/ 1. Springer, Berlin 1960)

Nach Psenner, L. B.:
Differentialdiagnose der Erkrankungen des Skeletts. Thieme, Stuttgart 1973

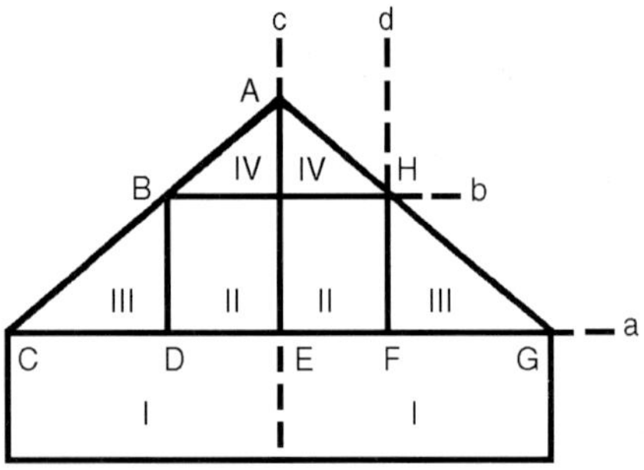

Ossa interparietalia (Inkabeine) verschiedener Ausprägung

Schema der Hinterhauptschuppe nach J. E. Meckel

I-IV: Ossifikationszentren. I und I bilden die „Unterschuppe" (primäres Okziput), II bis IV die Oberschuppe. a = Sutura transversa (sutura mendosa). b = Sutura transversa superior. c) Sutura sagittalis medialis. d = Sutura sagittalis lateralis.

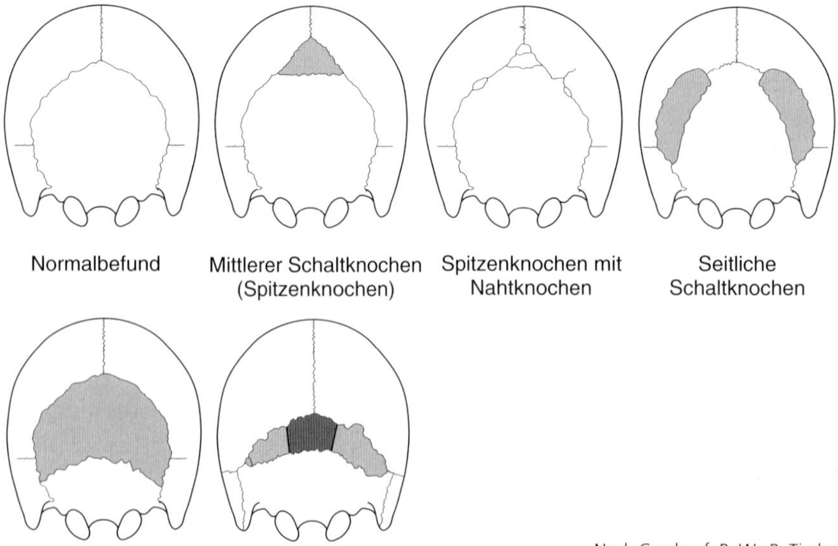

Normalbefund | Mittlerer Schaltknochen (Spitzenknochen) | Spitzenknochen mit Nahtknochen | Seitliche Schaltknochen

Inkabein | geteiltes Inkabein

Nach Groskopf, R. W., R. Tischendorf:
Das normale menschliche Skelett. Thieme, Leipzig 1953

Normvarianten der Schädelnähte und Nahtknochen

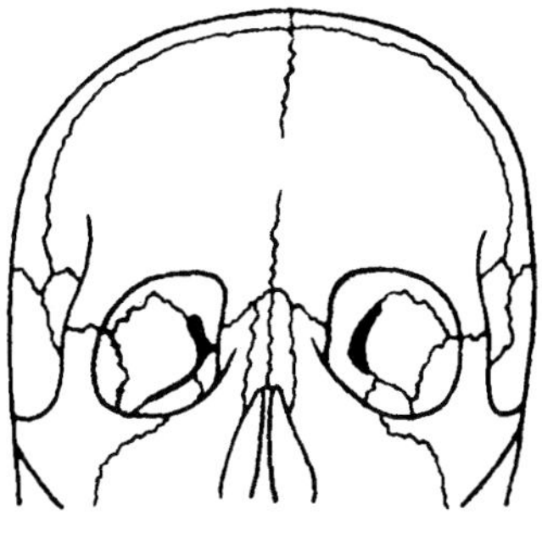

Persistierende Stirnnaht

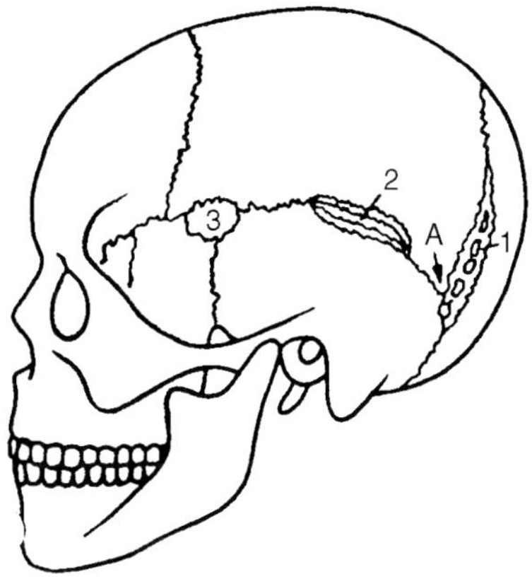

1. Nahtknochen in Lambdanaht, 2. Ossa crotali, 3. Os epiptericum, A. Asterion

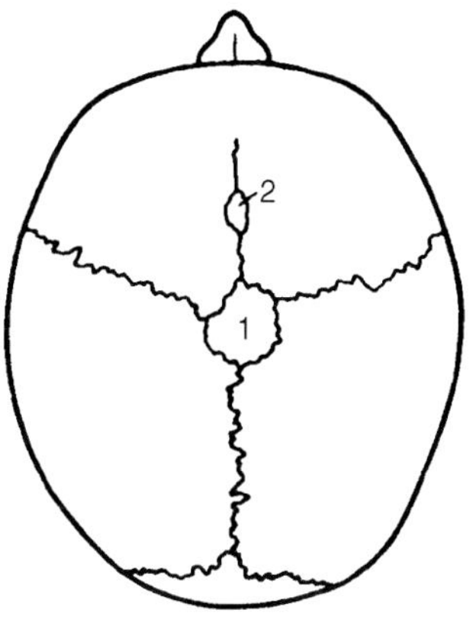

1. Os bregmaticum (Fontanellknochen), 2. Os mediofrontale

Nach Groskopff, K. W., R. Teischendorf: Das normale menschliche Skelett in Röntgenskizzen. Thieme, Leipzig 1953

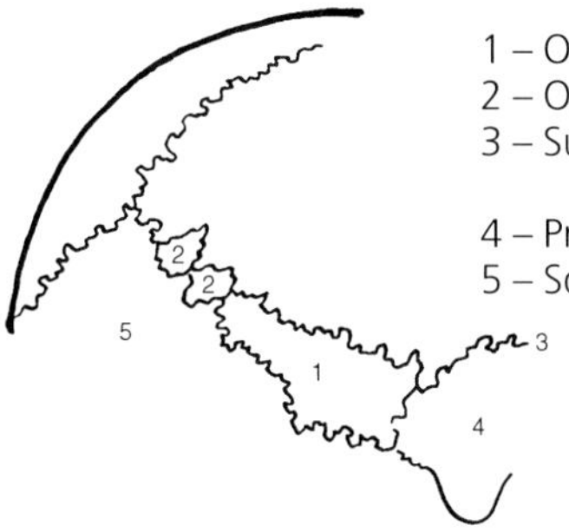

1 – Os entomion,
2 – Ossa suturae Wormiana,
3 – Sutura parietomastoidea,

4 – Proc. mastoideus,
5 – Squama occipitalis.

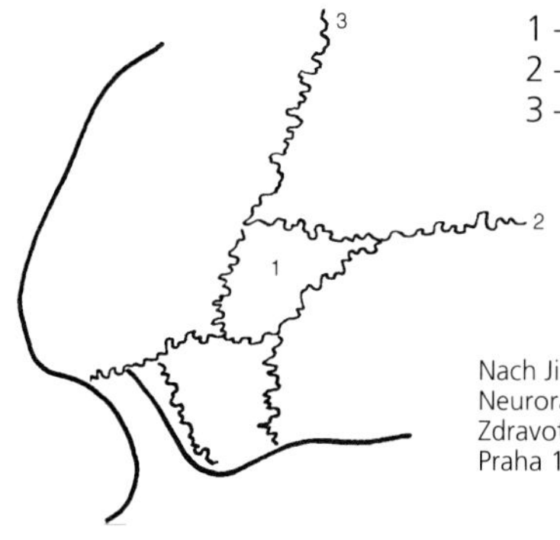

1 – Os epiptericum,
2 – Sutura squamosa,
3 – Sutura coronoidea.

Nach Jirout, J., V. Kvicala: Neuroradiologie, Avicenum Zdravotnicke Nakladatelstvi, Praha 1977

Nahtknochen und Hyperostosen

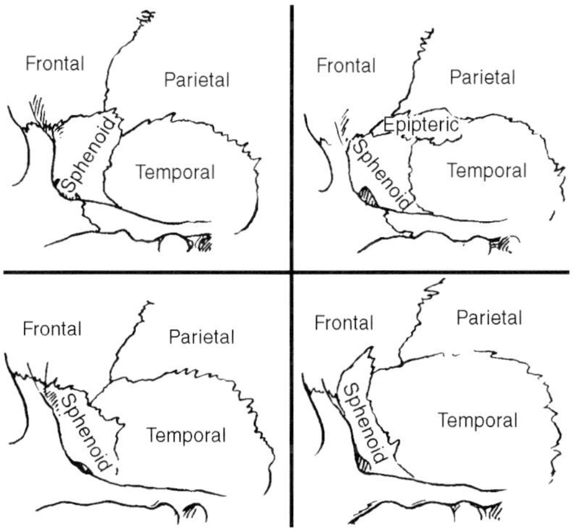

Variationen der Beziehung zwischen Os frontale, Os temporale, Os sphenoidale und Os parietale (nach Pendergrass EP et al: The Head and Neck in Roentgen Diagnosis, 2nd ed. Springfield, Illinois, Charles C. Thomas, 1956.)

Nach Meschan, I., R. M. Farrer-Meschan: Diagnostik mit bildgebenden Verfahren. Bd. III. Enke, Stuttgart 1991

Hyperostosis cranialis interna (nach Moore)

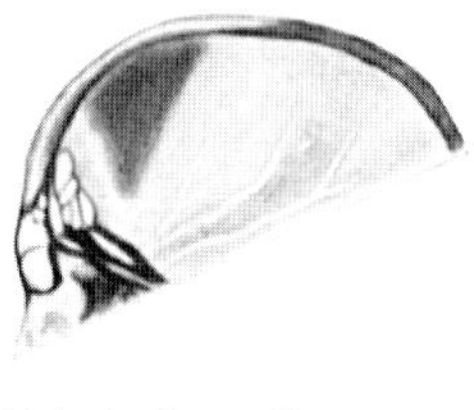

Nebula frontalis

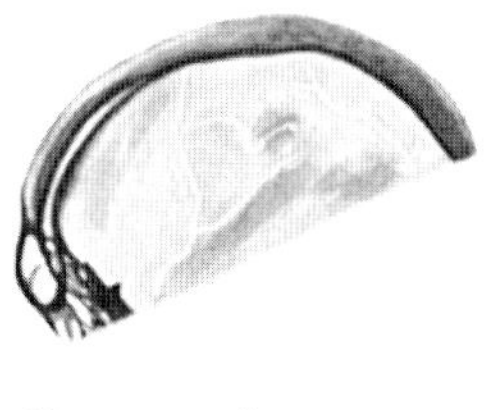

Hyperostosis calvariae diffusa

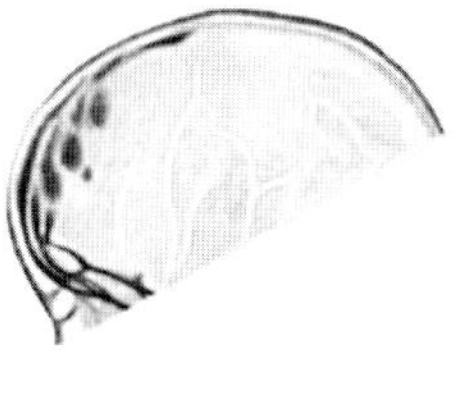

Hyperostosis frontalis interna

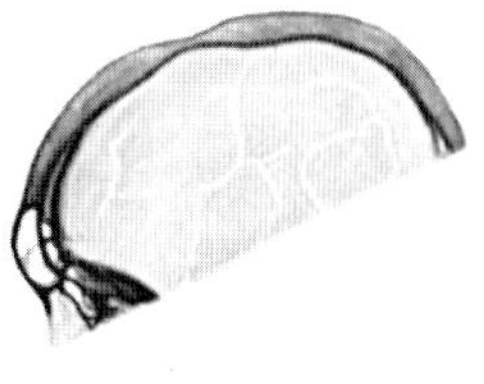

Hyperostosis fronto-parietalis

Nach Olsson, O., F. Strnad, H. Vieten, A. Zuppinger: Handbuch der Medizinischen Radiologie, Bd. VII/1. Springer, Berlin 1963

Varianten an Schädel und Halswirbelsäule

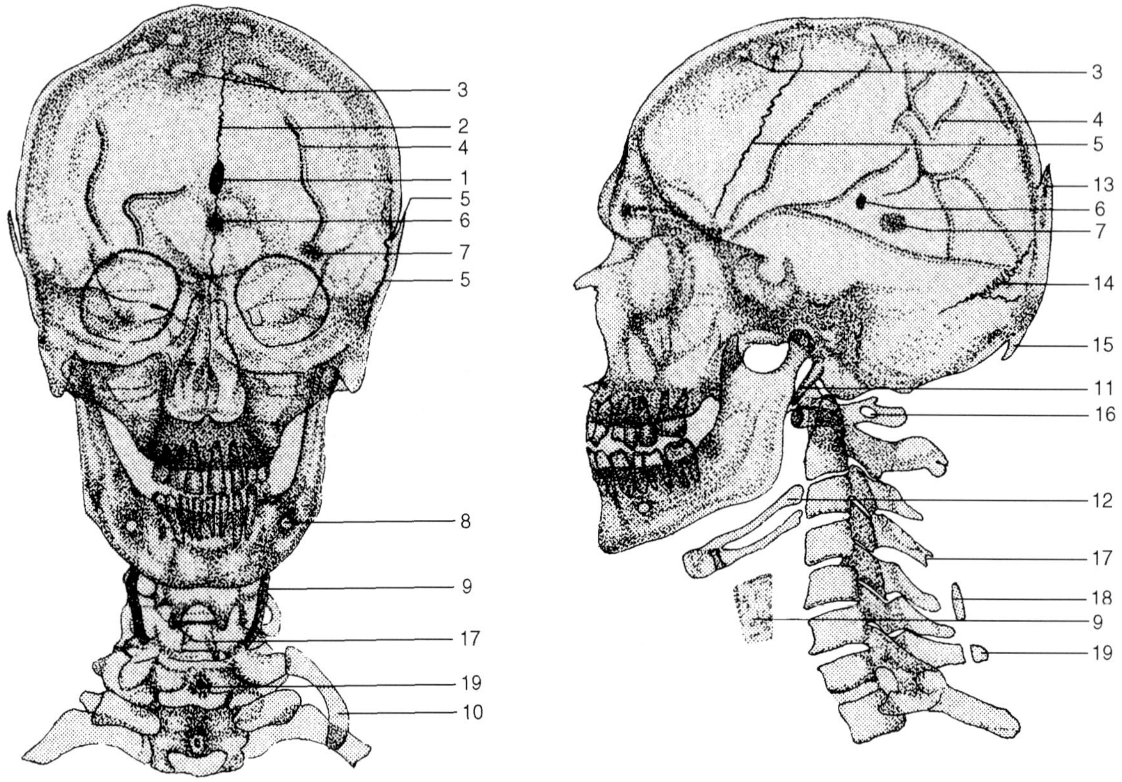

1 Falxknochen
2 persistierende Frontalnaht
3 Pacchioni-Gruben
4 Gefäßfurchen
5 Suturen (Nähte)
6 Kalk in der Zirbeldrüse
7 Plexusverkalkung
8 Foramen mentale
9 Schildknorpel (verknöchert)
10 Halsrippe
11 Styloidfortsatz
12 Zungenbein
13 parietookzipitale Überlappung
14 Suturen (Nähte)
15 Okzipitalsporn
16 Foramen arcuale
17 gegabelte Dornfortsätze
18 Verknöcherung im Lig. nuchae
19 persistierende Apophyse

Nach Birzle, H., R. Bergleiter, Kuner, E. H.: Traumatologische Röntgendiagnostik, Thieme, Stuttgart 1985

Pars basilaris (Os occipitalis – Normvarianten)

Form	1	2	3	4
Häufigkeit in %	37	5	8,5	10

Form	5	6	7	8
Häufigkeit in %	6	20	9	4,5

Die Form des Klivus ist mannigfaltig. Die kleine Exostose in 7 kennzeichnet den Ort des Synchondrosenschlusses. Die Länge der Pars basilaris ossis occipitalis beträgt 31mm am Präparat, im Röntgenbild etwa 32mm.

Nach Köhler, A., E.-A. Zimmer:
Grenzen des Normalen und Anfänge des Pathologischen im Röntgenbild des Skeletts, 13. Aufl. Thieme, Stuttgart 1989

Größenänderungen und Fehlformen des Schädels

Mikrokranium

Wachstum des knöchernen Hirnschädels und Hirnentwicklung sind eng miteinander verbunden. Die Größenrelationen zwischen Hirnschädel und Gesichtsschädel ändern sich von 8:1 bei der Geburt zu 2:1 im Erwachsenenalter. Form und Größe des Schädels sind von konstitutionellen Faktoren abhängig.

Konstitutionell-idiopathisch

Kleiner Hirnschädel muß nicht Zeichen einer Krankheit sein, wenn Zeichen einer Entwicklungsstörung fehlen (Nahtverknöcherung, Impressiones digitatae).

Mikrozephalie

Primäre Entwicklungsstörung – Mißbildungssyndrome. Sekundäre Schädigung des Gehirns durch verschiedene Noxen.

Kraniostenose

Prämature Synostose aller Schädelnähte, die nicht mehr abgegrenzt werden können. Dünne Kalotte, deutlich verstärkte Impressiones digitatae.

Makrokranium

Durch intrakranielle Veränderungen

- Hydrozephalus
- Makrozephalus

zerebraler Gigantismus (Soto-Syndrom)
Neurofibromatose
Mukopolysaccharidosen
familiärer Makrozephalus

Durch Verdickung der Schädelkalotte

- Morbus Paget
- kongenitale Anämien
- Akromegalie
- Osteoektasie mit Hypophophatasie

Pseudomakrozephalie/relative Makrozephalie

- bei vielen Minderwuchsformen
- Pyknodysostose
- kleidokraniale Dysplasie
- Achondroplasie

Nach Reiser, M., P. E. Peters:
Radiologische Differentialdiagnose der Skeletterkrankungen.
Thieme, Stuttgart 1994

Prämature Synostosen und daraus resultierende, atypische Schädelformen

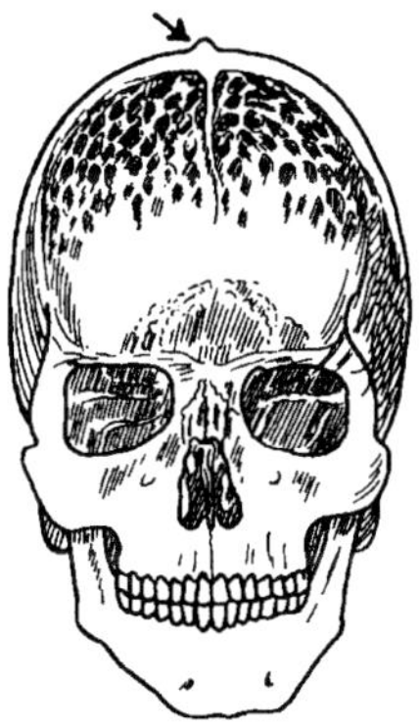

Turrizephalus.
Die verfrühte Obliteration der transversalen Nähte verursacht ein Wachstum nach oben in Richtung auf die Sutura sagittalis. Es resultieren eine kurze vordere und hintere Schädelgrube, meist in gleicher Höhe wie die mittlere Schädelgrube gelegen.
(Beachte die vermehrten Hirnwindungsabdrücke und das schnabelförmige Aussehen der fusionierten Sutura sagittalis)

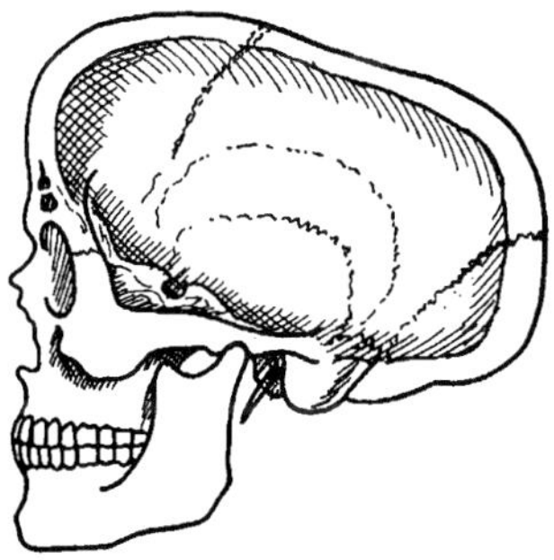

Skaphozephalus.
Der vorzeitige Verschluß der sagittalen, parietotemporalen, sphenotemporalen und sphenoparietalen Nähte verursacht eine Elongation des Schädels in anteroposteriorer Richtung

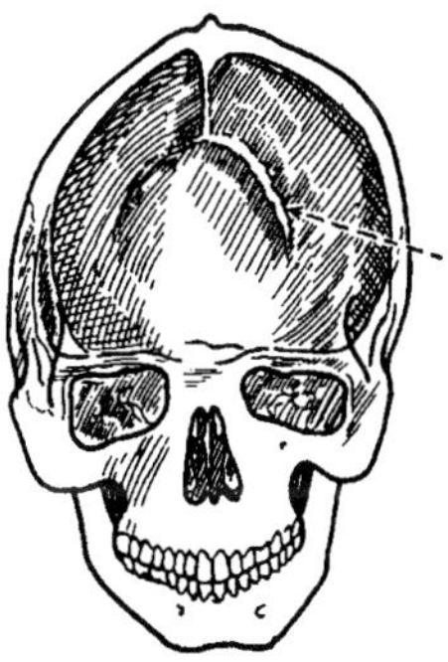

Plagiozephalus.
Durch einen vorzeitigen Verschluß entweder der einen oder der anderen Hälfte der Lambda- oder Kranznähte entsteht eine *Asymmetrie des Schädels*

Nach Meschan, I., R. M. Farrer-Meschan:
Diagnostik mit bildgebenden Verfahren, Bd. III. Enke, Stuttgart 1991

Fehlformen des Schädels

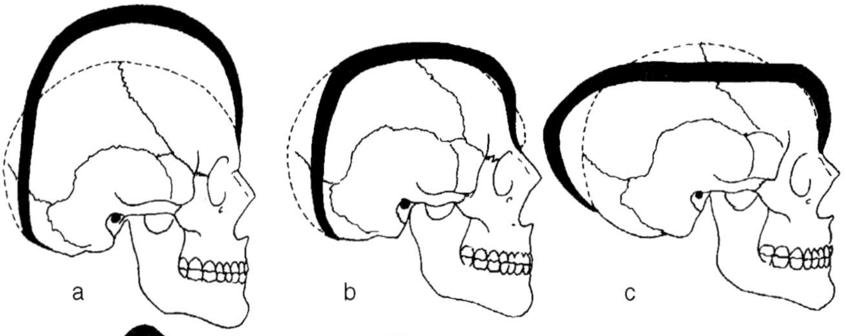

a Spitzkopf, Akro-, Turrizephalie, Hochkopf
b Brady-, Brachyzephalie
c Dolichozephalie

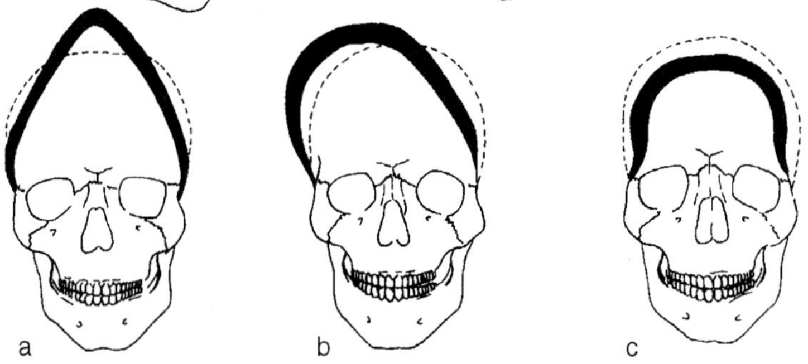

a Skaphozephalie
b Platyzephalie, Plagiozephalie
c Mikrozephalie, Kleinkopfigkeit

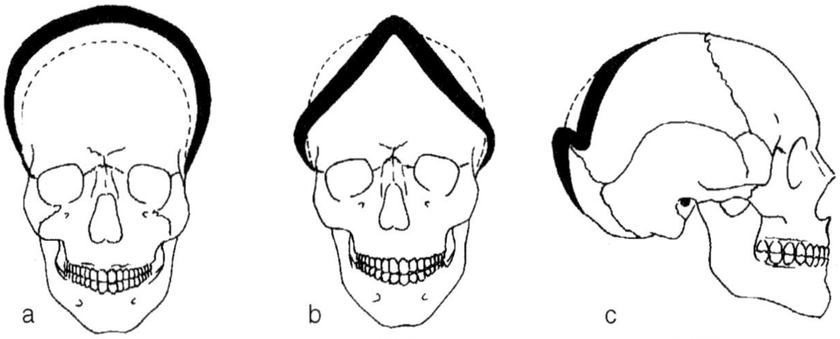

a Makro-, Megalozephalie
b Dreieckige Kopfform
c Bathrozephalie

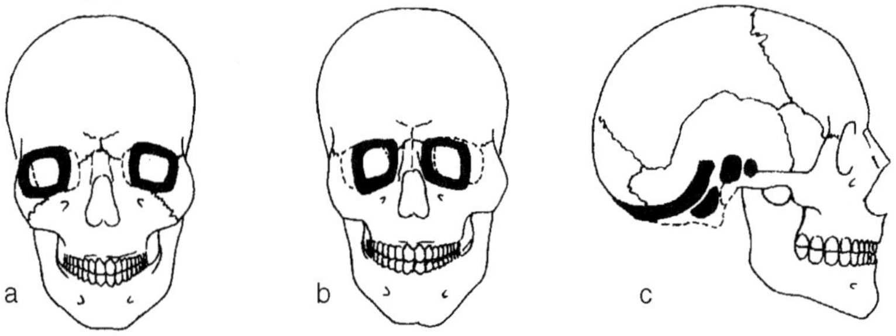

a Hypertelorismus
b Stenophthalmie
c Platybasie

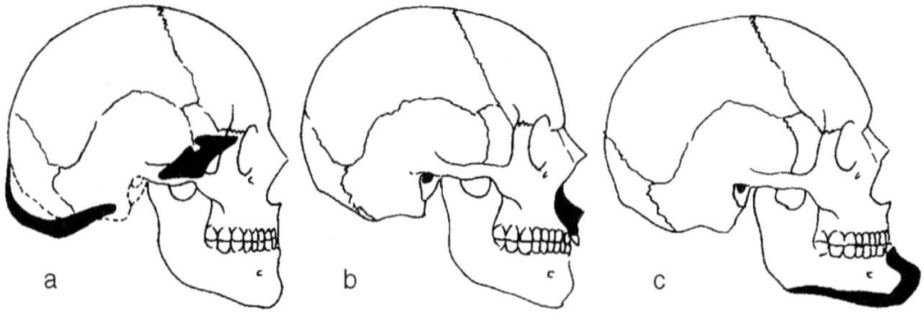

a Basisimpression
b Prognatie
c Prodontie

Nach Schwarz, G. S., C. R. Goldhamer:
Radiographic Atlas of the Human Skull. Normal Variants and Pseudo-Lesions. Hafner Publishing Co., New York und London 1965.

Nach Meschan I., R. M. Farrer-Meschan: Diagnostik mit bildgebenden Verfahren, Bd. III. Enke, Stuttgart 1991

Verformung eines Schädels bei atrophischem Gehirn

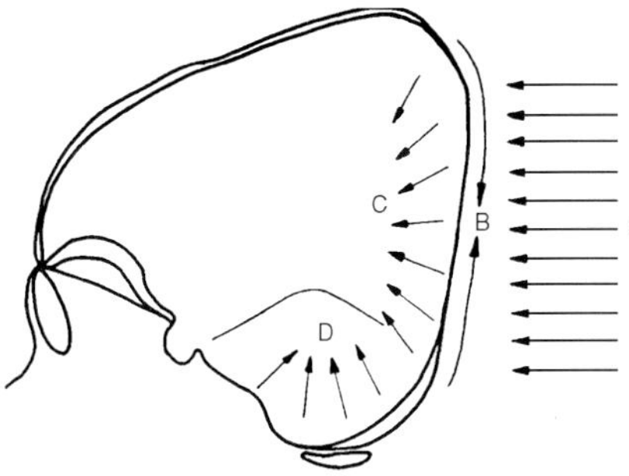

Der mechanische Auflagedruck A erzeugt in dem nicht mehr durch Hirngewicht und Wachstumsdruck gespannten aber normalen Knochen tangentiale Druckspannungen B mit radiären zentripetalen Kraftwirkungen innerhalb des Schädels C. Das regelrecht wachsende Kleinhirn dehnt sich nach kaudal aus (D), es entsteht ein ausgesacktes Hinterhaupt mit Annäherung des Atlas an das Okziput. Das Vorderhaupt bleibt klein und der Knochen ist im Gegensatz zur Rachitis nicht verdickt. (*Lesny* und *Dittrich* haben in Anlehnung an die Form des böhmischen Landbrotes von „Brotkopf" gesprochen)

Wirksame Kräfte bei einem exogen verformten, rachitischen Plattschädel mit Kraniotabes

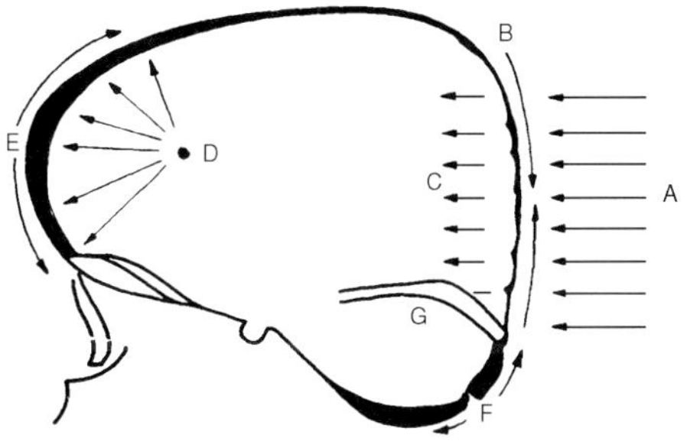

Der mechanische Auflagedruck (A) rarefiziert den rachitischen Knochen bis zum Pseudolückenschädel und setzt sich unter Erzeugung von Druckspannungen (B) zentripetal radiär fort (C). Das regelrechte Hirnvolumen muß bei unökonomischer Oberflächenvergrößerung umgelagert werden und weicht nach frontal aus. Die dort entstehenden, radiären Zentrifugalkräfte (D) erzeugen tangentiale Zugspannungen (E), die am minderwertigen rachitischen Knochen durch Flächenausdehnung und Dickenzunahme stabilisiert werden. Die hintere Schädelgrube wird kaudal gedrängt und bildet eine stärkere Aussackung. Infolge der in verschiedenen Richtungen wirkenden Tangentialkräfte ist die synchondrosis squamolateralis (F) offen. Der Sinus transversus wird nach kaudal abgewinkelt (G), das Vorderhaupt überragt die Nasenwurzel

Nach Müller, D.:
Neuroradiologische Diagnostik und Symptomatik der Hirnentwicklung im Kindesalter. Volk und Gesundheit, Berlin 1963

Kraftwirkungen an einem Turricephalus

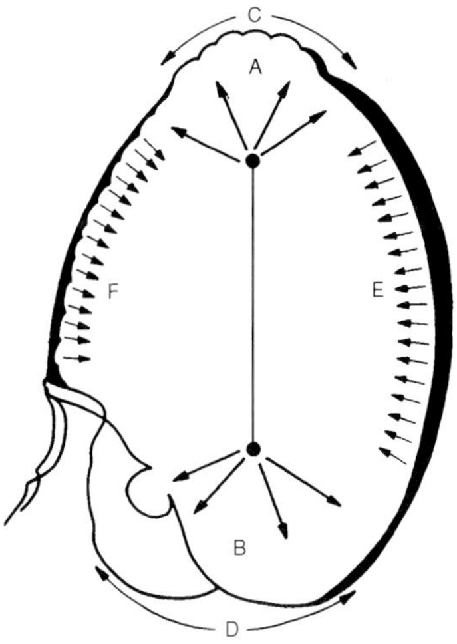

Man kann sich derartige Schädel als hochgestellte Langschädel mit zwei vertikalen Druckpolen (A. B) vorstellen. Im Bereich der großen Fontanelle entsteht ein Fontanellenbuckel oder eine besonders deutliche und knochendünne Verwölbung unter dem Einfluß der pathologisch gesteigerten tangentialen Zugkräfte (C). Die mittlere Schädelgrube wird vertieft, ebenso die hintere Schädelgrube (D). Die tangentialen Zugkräfte an der Basis können so erheblich sein, daß Perforationen am Boden der mittleren Schädelgrube auftreten. Wie bei allen bipolar orientierten Schädeln kommt es in den spannungsärmeren Bezirken (E. F.) zu zentripetalen kleineren Druckkräften und entsprechend zu noch kräftigem Knochenanbau. Man macht sich von den Verhältnissen eine gute Vorstellung, wenn man ein derartiges Röntgenbild um 90° dreht: man hat dann einen Langschädel mit vermehrten Impressionen okzipital und frontal vor sich

Verhalten eines Langschädels mit regelrechten Knochenverhältnissen

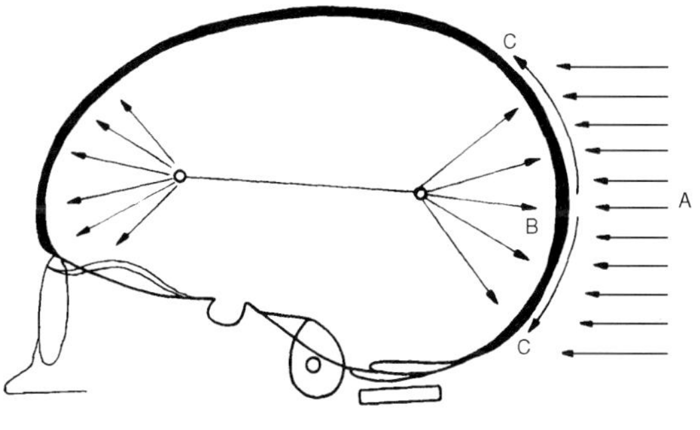

Dem mechanischen Auflagedruck A (= Gesamtgewicht des Schädels) wirkt im Schädel das Gewicht des Gehirns B (= kleiner als der mechanische Auflagedruck A) und sein Wachstumsdruck entgegen. Die Stabilisierung des Knochens erfolgt über die tangentialen Zugspannungen C, die zusammen mit dem Hirngewicht und dem Wachstumsdruck den mechanischen Auflagedruck auffangen, d.h.: der Schädel wird nicht abgeflacht, sondern wächst unter fortwährender Nachstabilisierung im Knochenbereich in typischer „bipolar" orientierter Form

Asymmetrien des Schädels (nach Jackson)

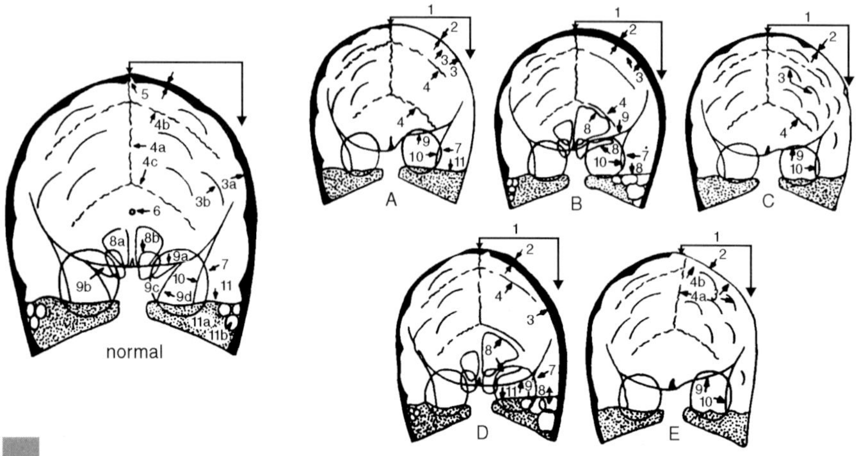

	1 Größe der Schädelhemisphäre	2 Dicke	3 Impress. gyr.	4 Sutur	8 Pneumatisation	9 kl. Keilbeinflügel	10 gr. Keilbeinflügel	11 Orbita
A chronisches subdurales Hämatom. Frühphase	vermehrt	vermindert	vermin. oder fehlend	erweitert	vermindert	eleviert	seitw. verlagert	eleviert
B chronisches subdurales Hämatom. Spätphase	vermehrt	vermehrt	vermin. oder fehlend	normal	vermehrt	eleviert	seitw. verlagert	eleviert
C temporaler Tumor	vermehrt	vermindert	vermehrt	erweitert	normal	eleviert	normal oder seitw. verlagert	normal
D Hemiatrophia cerebri	vermindert	vermehrt	vermin. oder fehlend	normal	vermehrt	variabel	normal	elev. oder normal
E Plagiozephalie (Hemisynostose der Koronarnaht)	vermindert	vermindert	vermehrt	zur Hälfte fehlend	normal	eleviert	normal	normal

5 = Impression des sinus sagittalis superior 6 = Corpus pineale 7 = Außengrenze der Orbita

Mischschädel

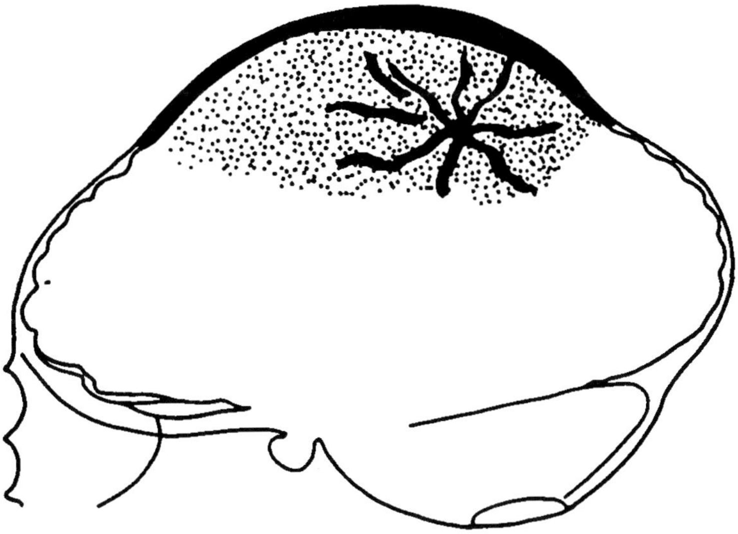

Das Os parietale erscheint wie außerhalb des Spannungskörpers aufgesetzt, ist gegenüber den anderen Knochen verdickt, in seinem Bereich finden sich kaum oder keine Impressionen, dafür Vergrößerung der Markräume und Auflockerung der Diploe, häufig mit sog. BRECHETschem Venenstern

Nach Müller, D.: Neuroradiologische Diagnostik und Symptomatik der Hirnentwicklung im Kindesalter. Volk und Gesundheit, Berlin 1963

Schädelbasis-Aufnahme

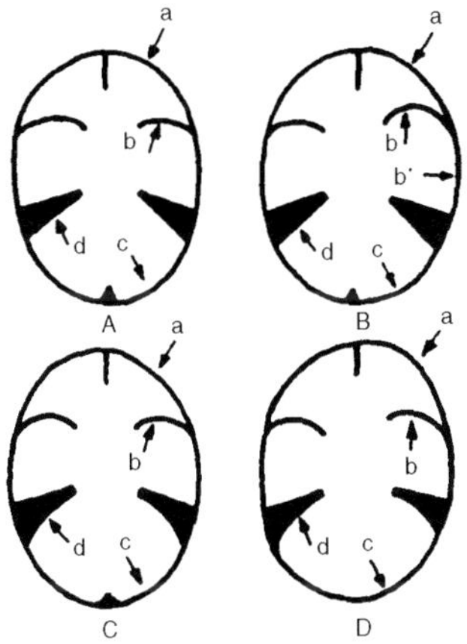

	a Vordere Wand der vorderen Schädelgrube	b Vordere Wand der mittleren Schädelgrube	c Hintere Wand der hinteren Schädelgrube
A normal	normal	normal	normal
B chronisches subdurales Hämatom	normal	vorverlagert	normal
C Plagiozephalie	abgeflacht	normal	normal
D Skoliosis capitis	vorverlagert	vorverlagert	vorverlagert

d = Dorsale Fläche der Felsenbeinpyramide. Sie wird im Fall C ventrokonvex verformt. Im Fall D entsprechend der Skolioseseite verlagert und ebenfalls ventrikonvex verformt.

Nach Müller, D.: Neuroradiologische Diagnostik und Symptomatik der Hirnentwicklung im Kindesalter. Volk und Gesundheit, Berlin 1963

Asymmetrien im Bereich der Schädelbasis

(Pyramidenvergleichsaufnahmen; Längsachsen gestrichelt)

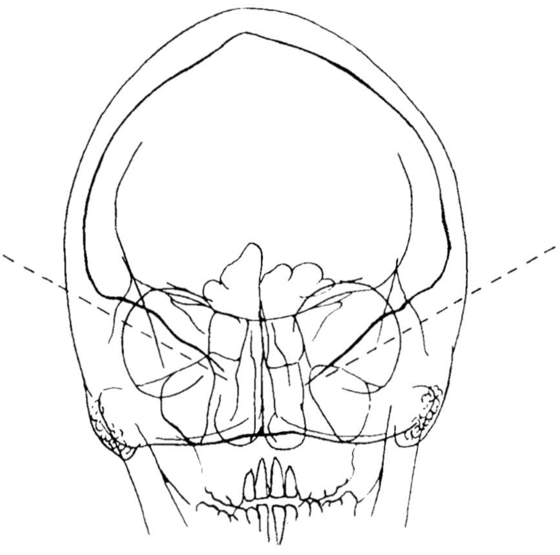

Die oberen Pyramidenkanten verlaufen steil von lateral-kranial nach medial-kaudal

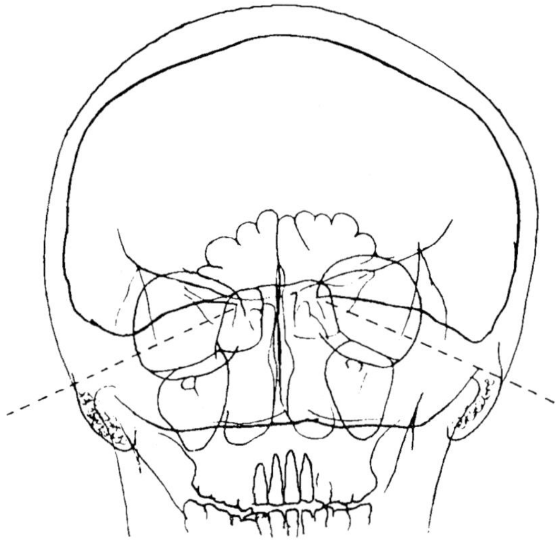

Die oberen Pyramidenkanten verlaufen schräg von lateral-kaudal nach medial-kranial

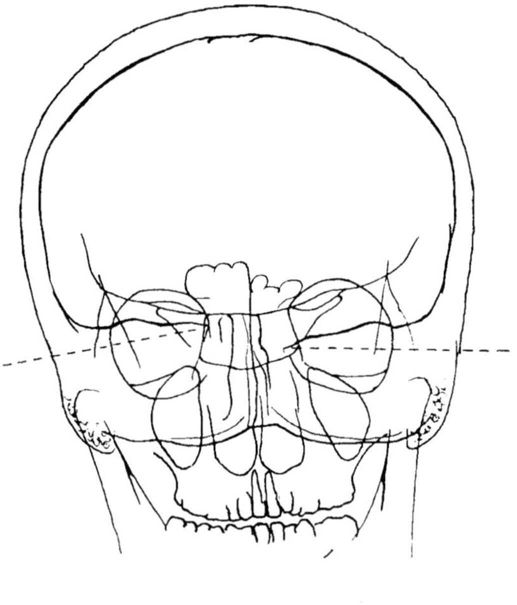

Die rechte Pyramide steht höher als die linke

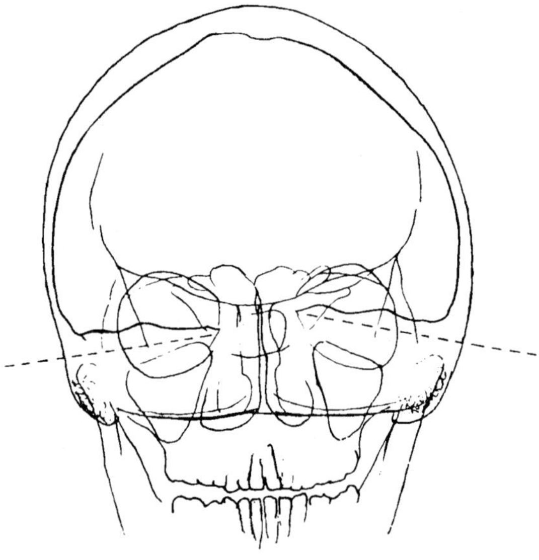

Die rechte Pyramide steht normal, die linke ist von lateral-kaudal nach medial-kranial gerichtet

Nach Olsson, O., F. Strnad, H. Vieten, A. Zuppinger:
Handbuch der Medizinischen Radiologie, Band VII/2, Springer, Berlin 1963

Nahtverbreiterung als Symptom bei Ossifikationsstörungen

Floride Rachitis
Unscharfe Nähte, allgemein verwaschene Knochenstruktur

Hypothyreose, unbehandelt
Verspäteter Fontanellenschluß, oft zahlreiche Nahtknochen

Osteogenesis imperfecta
Zahlreiche Nahtknochen, verdünnte Kalottenknochen

Dysostosis cleidocranialis
Persistierende anteriore Fontanelle, zahlreiche Nahtknochen

Hajdu-Cheney-Syndrom

Progerie

Pyknodysostose
Persistierende anteriore Fontanelle, Osteosklerose, Nahtknochen

Hypophosphatasie
Weit offene Fontanellen, breite Abstände zwischen den Kalottenknochen

Langdauernde Prostaglandintherapie

Zellweger-Syndrom
Weit offene Fontanellen

Hallermann-Streiff-Syndrom
Verzögerter Fontanellenschluß

Menke-Syndrom (Kinky-hair-Syndrom)
Zahlreiche Nahtknochen, Mikrozephalus

Seltene Ursachen einer Nahtverbreiterung
Sog. Pseudotumor cerebri, Hirnödem unklarer Ursache, posttraumatisch mit Kopfschmerz und Papillenödem.
Sinusthrombose.
Vitamin-A-Intoxikation und -Mangel.
Steroidlangzeitmedikation.
Langzeittherapie mit Prostaglandin E.
Psychosozialer Minderwuchs während der Therapie, keine Hirndruckzeichen.
Bleivergiftung.
Hyperparathyreoidismus.

Nach Ebel, K.-D., E. Willich, E. Richter:
Differentialdiagnostik in der Pädiatrischen Radiologie. Thieme, Stuttgart 1995

Knochenveränderungen bei einer Hemisphärenatrophie
(Störungen der frühen Schädelentwicklung)

1. Halbseitige Abflachung der Schädelkalotte frontal, parietal oder temporal.
2. Halbseitige Verdickung der Schädelkalotte, frontal, parietal und temporal.
3. Halbseitige Glättung der inneren Oberfläche des Schädels.
4. Umschriebene Verdünnung oder Auftreibung der Schädelkalotte.
5. Lokalisierte Aufrauhung der inneren Oberfläche der Kalotte.
6. Lateralverlagerung der Knochenmarke des oberen Längsblutleiters.
7. Ausgeprägte, übermäßige Entwicklung der Stirnhöhlen und Siebbeinzellen.
8. Einseitiger Schrägstand des Planum sphenoidale.
9. Schrägstand eines kleinen Keilbeinflügels.
10. Lateralabweichung der Crista galli.
11. Halbseitig vermehrt Pneumatisation eines Mastoids oder Felsenbeins.
12. Abglättung einer Felsenbeinkante.
13. Hochstand einer Felsenbeinkante.
14. Vertiefung einer Felsenbeinkante.
15. Halbseitige Anhebung des großen Keilbeinflügels.
16. Abflachung einer mittleren Schädelgrube.
17. Verkürzung einer mittleren Schädelgrube.

Unter den bezeichneten Störungen betrifft 1–6 das Schädeldach, 7–17 die Schädelbasis, wobei 7 mit 10 Veränderungen der vorderen Schädelgrube und 11 mit 17 Einzelheiten bezeichnen, die durch eine Verschmälerung der mittleren Schädelgrube bedingt sind.

Nach McRae, D. L.:
Die Krampferkrankungen. In Decker, K.: Klinische Neuroradiologie. Thieme, Stuttgart 1960

Lokalisierte Schädel-Formabweichungen (Vorwölbungen, Abflachungen, Impressionen) beim Neugeborenen

Deformierungen vor oder unter der Geburt (moulding)
Verschiebung der Kalottenknochen in den Nähten. Rückbildung in den ersten Lebenstagen oder Wochen, z.B. die Ossa parietalia an der Sigittalnaht übereinander, das Os frontale und occipitale unter die Ossa parietalia.
Selten Depression eines oder beider Scheitelbeine oder ausgeprägte frontale Abflachung.
Bei stärkerer Verschiebung der Spitze des Os occipitale unter die Scheitelbeine kann es bei ständiger Rückenlage zu einer Kompression des dort verlaufenden Sinus sagittalis kommen.

Negatives Squamazeichen
Kranial konvexer Verlauf des *unteren* Abschnittes der Okzipitalschuppe, häufig bei Arnold-Chiari-Anomalie, aber auch bei normalen Neugeborenen, *kein krankhafter Befund*.

Pingpongballimpression
Intrauterin, nach *Zangenentbindung*, später bei jungen Säuglingen *nach Trauma,* meist keine Fraktur des imprimierten Kalottenknochens, kann spontan heilen. Subdurale Blutung möglich.

Kephalhämatom
Zunächst geringe Abflachung unter dem weichteildichten Schatten der subperiostalen Blutung (meist über dem hinteren Os parietale, selten frontal oder okzipital). Nach einigen Wochen *schalenförmige Knochenneubildung* über dem Hämatom, die allmählich eingebaut wird. Am besten sichtbar in tangentialer Projektion, auch sonographisch erkennbar.

Enzephalozele
Knochendefekt, es bildet sich keine Knochenschale im Bereich der Weichteilschwellung.

Nach Ebel, K.-D., E. Willich, E. Richter: Differentialdiagnostik in der Pädiatrischen Radiologie. Thieme, Stuttgart 1995

Mißbildungen von Os temporale und Innenohr

Verschiedene Mißbildungstypen des Innenohres (mod. nach Terrahe 1972):

Typ A0: Normal konfiguriertes Labyrinth.

Typ 0B: Normal ausdifferenziertes Bogengangsystem bei mißgebildeter Schnecke.

Typ IA: Seitlicher Bogengang dysplastisch oder aplastisch bei sonst normalem Labyrinth.

Typ IB: Zur Mißbildung des seitlichen Bogengangs treten dysplastische Veränderungen der Schnecke.

Typ IIA: Seitlicher und oberer Bogengang sind fehlgestaltet, meist als plumpe Evagination des Vestibulums; hinterer Bogengang und Kochlea sind normal.

Typ IIB: Zur Mißbildung des seitlichen und oberen Bogenganges treten dysplastische Veränderungen der Kochlea.

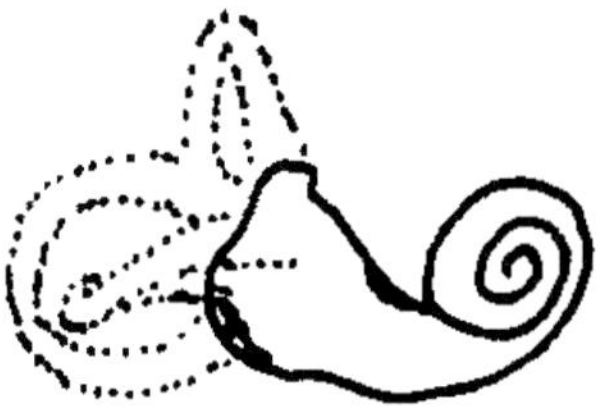

Typ IIIA: Bei völlig fehlendem Bogengangsystem sind Vestibulum und Schnecke normal geformt.

Typ IIIB: Statt eines Labyrinthes rudimentäre Bläschen, oft mit einer fingerförmigen kranialen Ausstülpung.
Typ IV: Entspricht einer Aplasie des Labyrinthes.

Nach Mödder, U., M. Lenz: Gesichtsschädel, Felsenbein, Speicheldrüsen, Pharynx, Larynx, Halsweichteile. Springer, Berlin 1992

Schichtaufnahmen bei Ohrmißbildungen

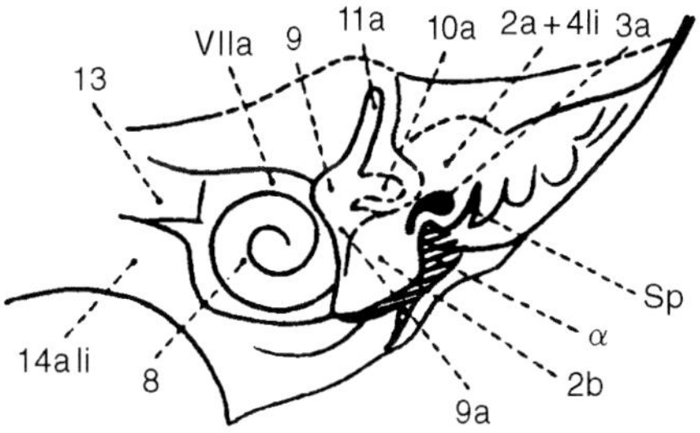

1) a. – p. 7,5 cm

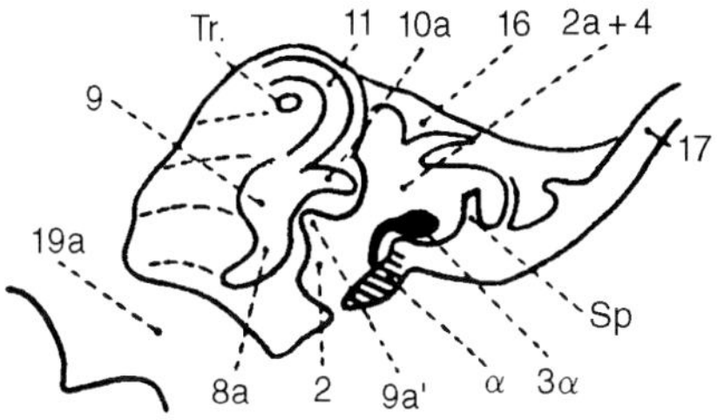

2) Ax. Pyr. 5,0 cm

2	Cavum tympani
2a	Recessus epitympanicus
3a	dysplastische Ossicula auditus
4	Antrum mastoideum
4li	Störlicht
VII	Canalis facialis
VIIa	1. Teilstrecke
8	Cochlea
8a	Cochlea, Basalwindung
9	Vestibulum
9a	Fenestra vestibuli
9a	Gegend der Fenestra vestibuli
10	Canalis semicircularis lateralis
10a	Crus ampullare
11	Canalis semicircularis superior
11a	Crus ampullare
12	Canalis semicircularis posterior
13	Meatus acusticus internus
14a li	Störlicht des Canalis caroticus
16	Tagmen tympani
17	Squama temporalis
18	Sinus sigmoideus
19a	Foramen jugulare
a	Atresieplatte
Sp	laterale Attikwand
Tr	Tractus subarcuatus

Abb. 1 u. 2 (3 ♂): Meatus acusticus externus fehlt. Schmale Atresieplatte. Cavum tympani, Aditus und Antrum mastoideum weit. Ossicula auditus etwas klein mit auffallend lateral-konkaver Krümmung. Diese Abbildungen sollen die Ossikula in verschiedenen Projektionen demonstrieren.
Aurikularanhänge mit Knorpel. Einseitige Mißbildung.

Veränderungen am Labyrinth, am inneren Gehörgang und an der Pyramidenspitze bei Tumoren

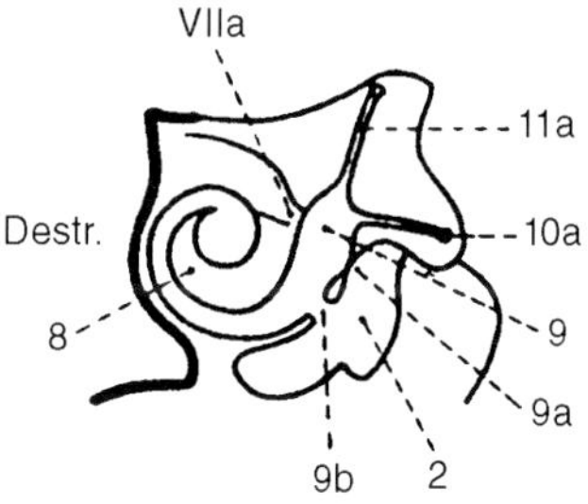

3) Stenvers 12,0 cm (linkes Ohr)

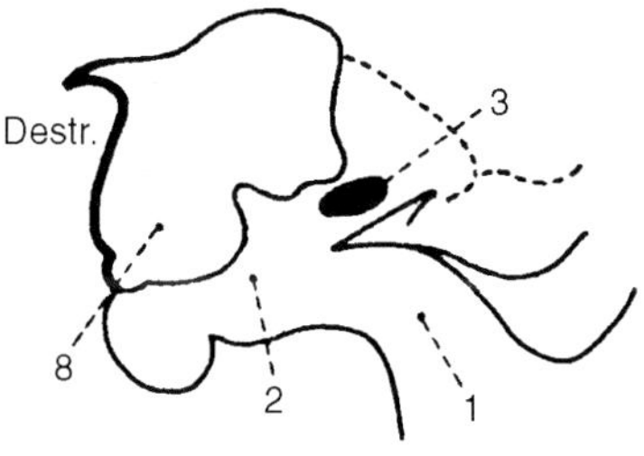

4) a. – p. 10,0 cm (linkes Ohr)

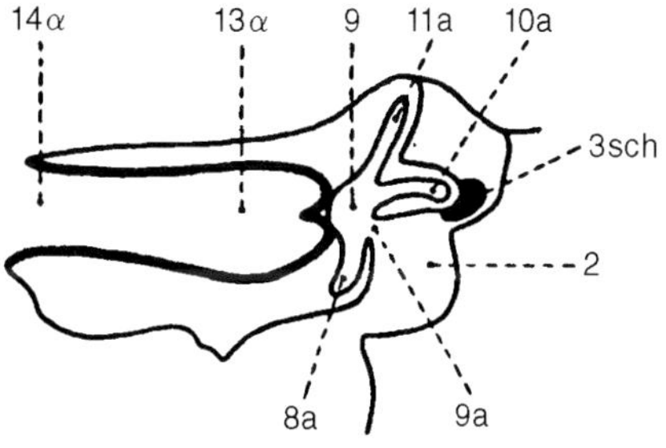

5) a. – p. 9,5 cm (rechtes Ohr)

Abb. 3–5 (68 ♂): Linkes Ohr: Die Apex pyramidis fehlt bis zum Fundus meatus acustici interni und bis zur Kochlea (Destr.). Labyrinthzeichnung, Cavum tympani und Ossicula auditus erhalten. Rechtes Ohr: Meatus acusticus internus deutlich erweitert, Arrosion der medialen Apex pyramidis. Labyrinth und Mittelohr unversehrt.
Kraniopharyngeom mit Hirndruckzeichen, Fazialisparese links.

1	Meatus acusticus externus
2	Cavum tympani
3	Ossicula auditus
3 sch	Störschatten der Ossikula
VII a	Canalis facialis, 1. Teilstrecke
8	Kochlea
8a	Kochlea, Basalwindung
9	Vestibulum
9a	Fenestra vestibuli

Nach Mundnich, K., K.-W. Frey: Das Röntgenschichtbild des Ohres. Thieme, Stuttgart 1965

Mittelohrdysplasie – „einfacher Typ"

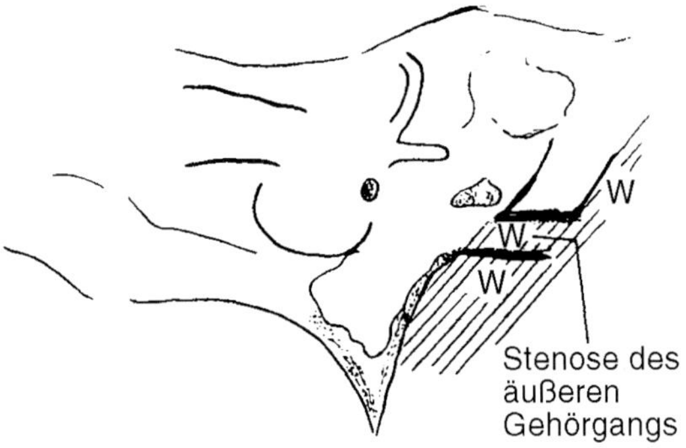

1) *front. Tomo li.*: Stenose der knöchernen Gehörgangsanteile auf 1,5 mm. Bedingt durch Kranialverlagerung der unteren Gehörgangswand bei Dysplasie der Pars tympanica. Große Paukenhöhle mit dysplastischer Ossikelkuppe. Labyrinth bds. o.B.

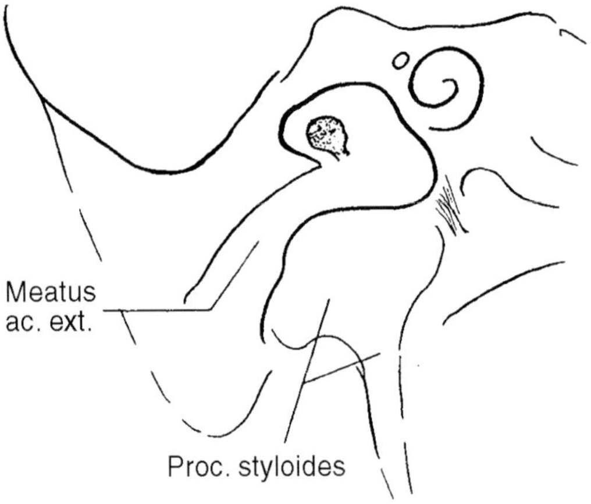

2) *front. Tomo re.*: Stenose des steil verlaufenden äußeren Gehörgangs bei Anhebung des Gehörgangsbodens durch Hyperplasie der Styloidfortsatzbasis. Große Paukenhöhle mit dysplastischer Ossikelgruppe (Labyrinth unauffällig, Hochstand des Bulbus v. jugularis – hier nicht abgebildet).

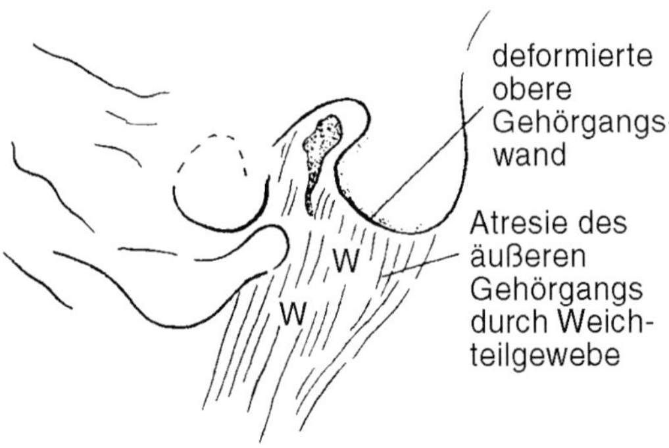

3) *front. Tomo li.: Weichteilbedingte Atresie des äußeren Gehörgangs.* Nur die obere Gehörgangswand und die obere Hälfte der Paukenhöhle sind deformiert abgrenzbar. Deutlich dysplastische Ossikelgruppe mit hakenförmigem Fortsatz innerhalb der verengten Paukenhöhle. Letztere dicht verschattet (bei Operation mit derb elastischem Gewebe ausgefüllt). Gehörgangs- und Paukenhöhlenboden sind nicht knöchern angelegt.

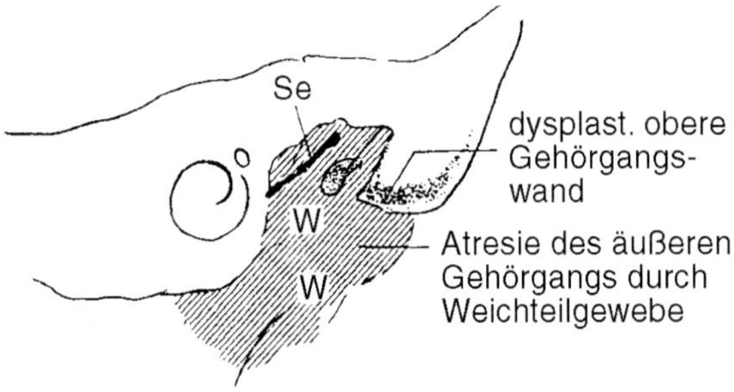

4) *front Tomo li.: Atresie des äußeren Gehörgangs durch weichteildichtes Gewebe,* welches diffus auch die gesamte Paukenhöhle ausfüllt. Deformierte Attikwand. Dysplastische Ossikel. Gehörgangs- und Paukenhöhlenboden nicht knöchern angelegt. Kochlea o.B.

Nach Reisner, K., J. Gosepath: Schädeltomographie. Thieme, Stuttgart 1973

Veränderungen des inneren Gehörganges und der Pyramidenspitze

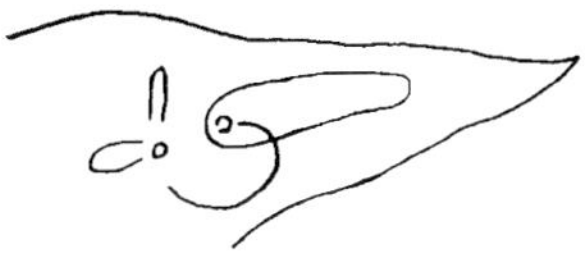

a normal weiter innerer Gehörgang

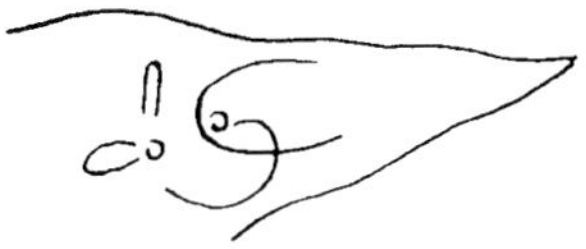

b gleichmäßige Ausweitung des inneren Gehöhrganges

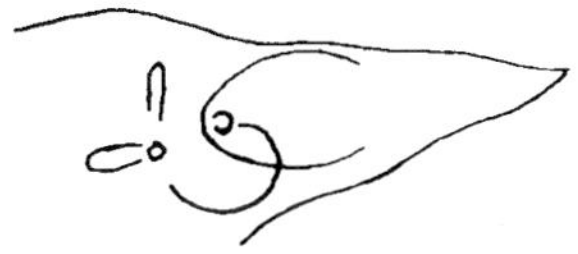

c ampulläre Ausweitung des inneren Gehörganges

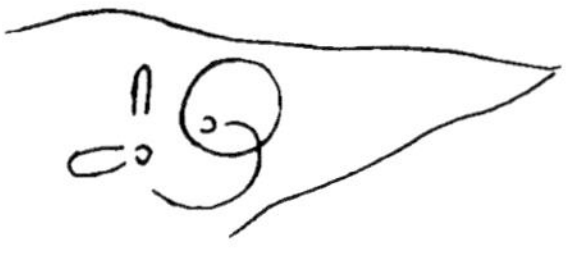

d kreisrunde Ausweitung des inneren Gehörganges

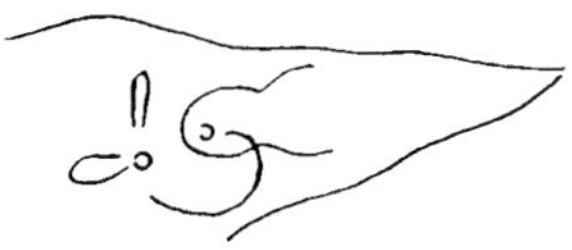

e flaschenförmige Ausweitung des inneren Gehörganges, nur seine Mündung (den Porus) betreffend

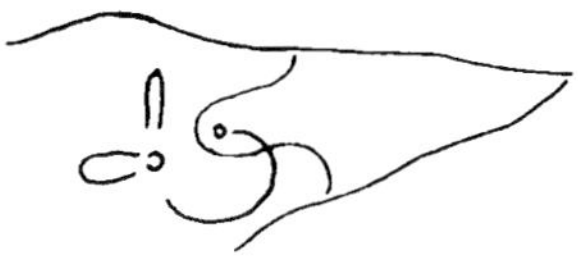

f Ausweitung des Einganges des inneren Gehörganges, charakterisiert durch eine Verkürzung der oberen und unteren Kontur des Meatus, der in atypischer Weise nach oben bzw. unten verläuft

Differentialdiagnose von Veränderungen der Pyramidenspitze

1 normal

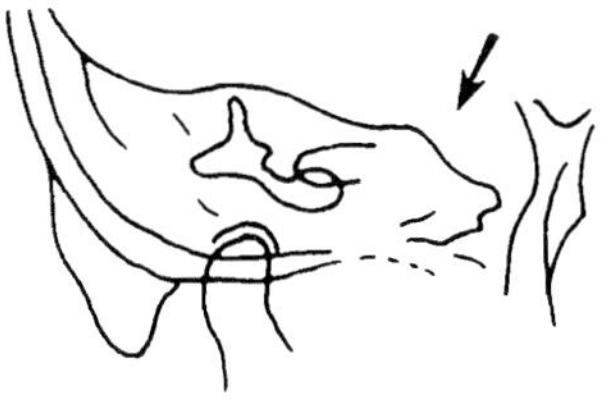

2 tiefe Impression des Ganglion trigemini (Var.)

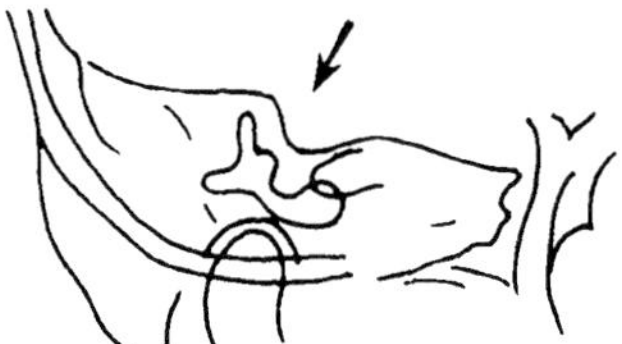

3 tiefe Fossa subarcuata (Var.)

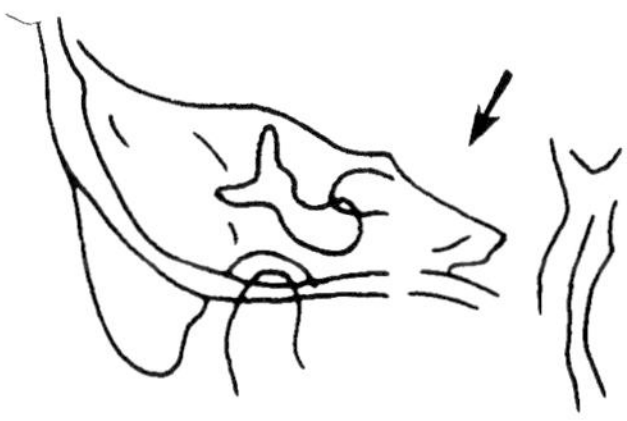

4 Druckusur an der Pyramidenspitze

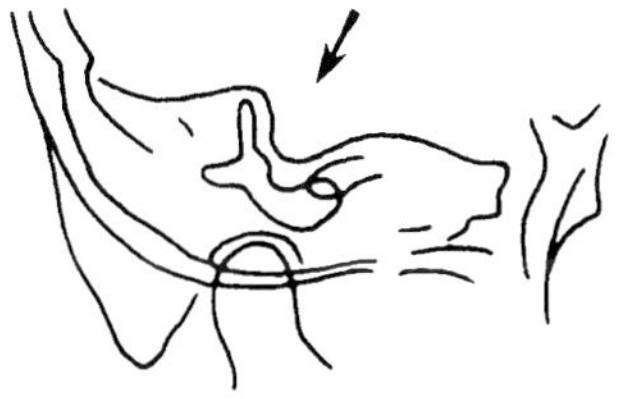

5 Druckusur an der Fossa subarcuata

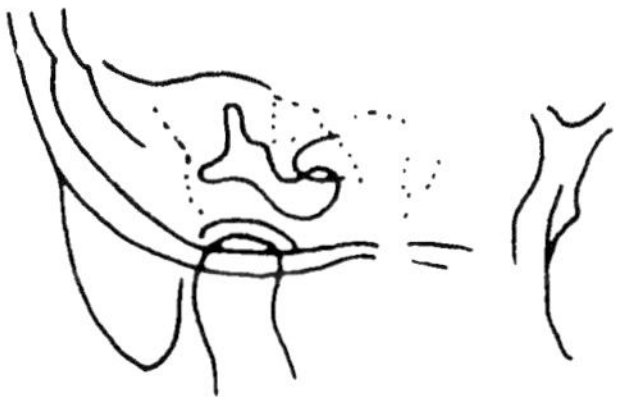

6 Sarkom

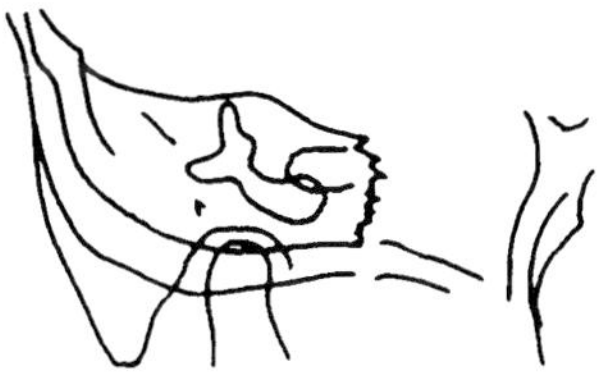

7 Karzinommetastase

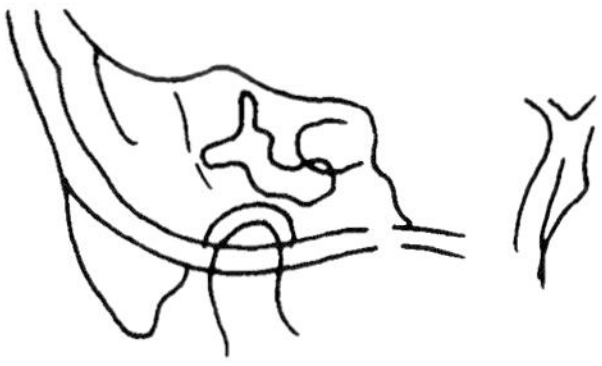

8 benigner Tumor der Dura

9 Karzinom des Epipharynx

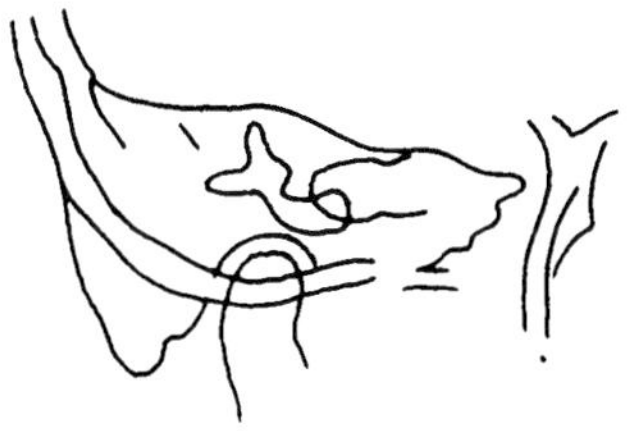

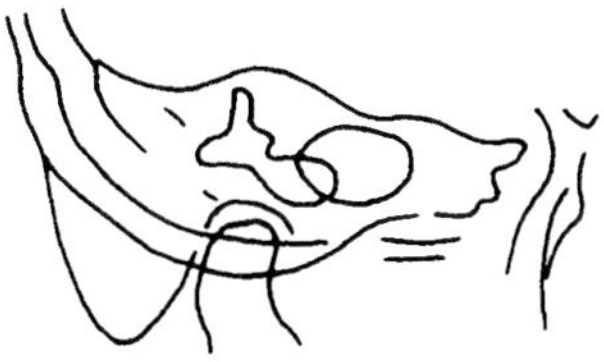

10–12 Akustikustumoren

Nach Olsson, O., F. Strnad, H. Vieten, A. Zuppinger: Handbuch der Medizinischen Radiologie, Bd. VII/1. Springer, Berlin-Göttingen-Heidelberg 1963

Mißbildungen des Canalis nervi facialis

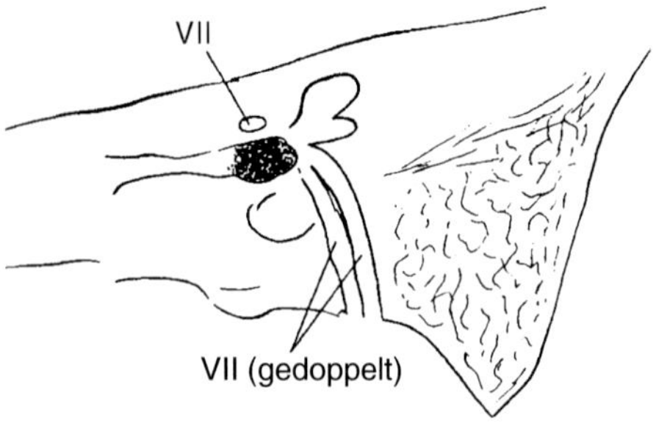

1) *Stenvers-Tomo li.:* Flaches dysplastisches Felsenbein. Labyrinthrudiment mit Kochleaaplasie und hochgradiger Stenose des inneren Gehörgangs. Oberhalb des letzteren wird die 1. Teilstrecke des Fazialiskanals sichtbar. Steiler Verlauf der 2. und 3. Teilstrecke bei gedoppelter Endstrecke. (VII = N. facialis)

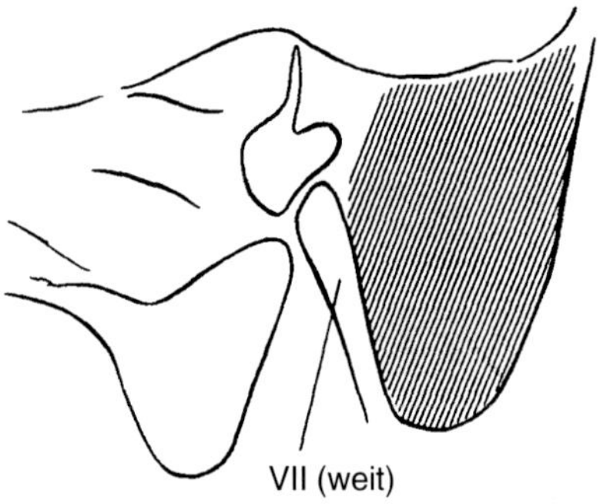

2) *front. Tomo li.:* Abnorm weite, gestreckt verlaufende dritte Teilstrecke des Fazialiskanals bei *Fazialisparese. Dysplasie des lat. Bogengangs. Bulbushochstand.*

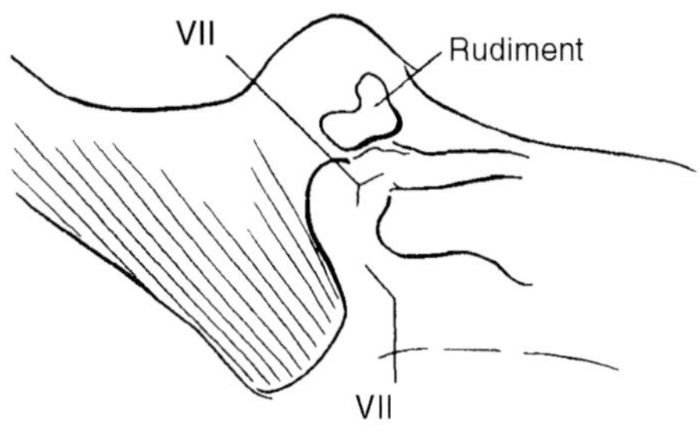

3) *Stenvers-Tomo re.:* Rudimentäres Labyrinthbläschen mit Aplasie der Kochlea und schlitzförmiger Einengung des inneren Gehörgangs. Steiler Verlauf der abnorm weiten Endstrecke des Fazialiskanals mit direktem Übergang in das Rudiment des inneren Gehörgangs.

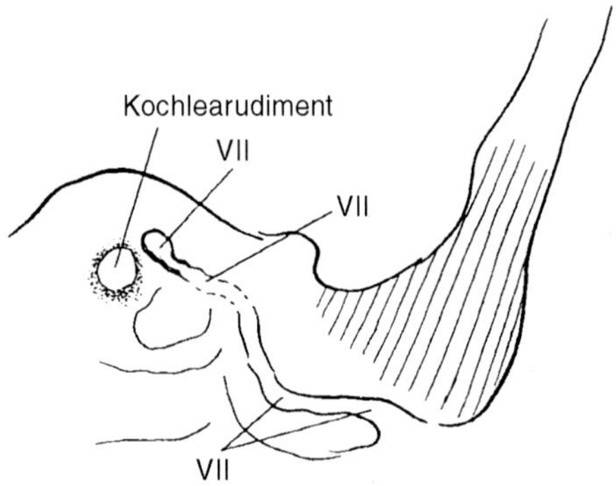

4) *Stenvers-Tomo li.:* Der gesamte atypisch verlaufende Fazialiskanal wird sichtbar. Die Area N. facialis und die 1. Teilstrecke sind weit, die 2. Teilstrecke verläuft abgeflacht, die 3. Teilstrecke zunächst senkrecht, dann unter rechtswinkliger Abbiegung fast horizontal. Kochlearudiment.

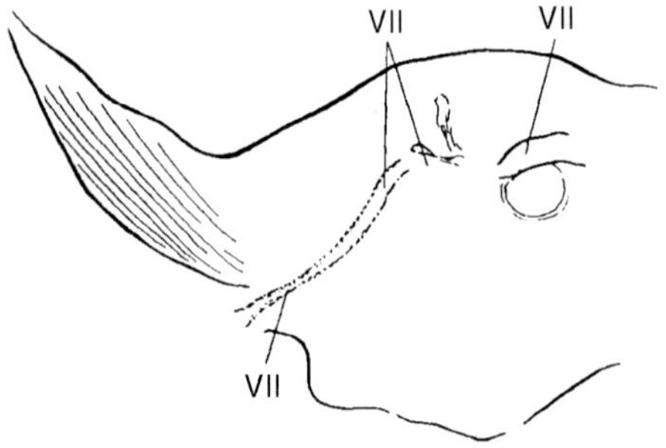

5) *front. Tomo re.:* Bogengangsdysplasie und dysplastische kleine Kochlea, Mittelohrdysplasie vom „einfachen" Typ. Enge Endstrecke des Fazialiskanals mit fast horizontalem Verlauf der 2. und 3. Teilstrecke. Weite 1. Teilstrecke

Nach Reisner, K., J. Gosepath:
Schädeltomographie. Thieme, Stuttgart 1973

Messungen am Schädel

Hirnschädel

Meßwerte der Knochendicke der Schädelkalotte

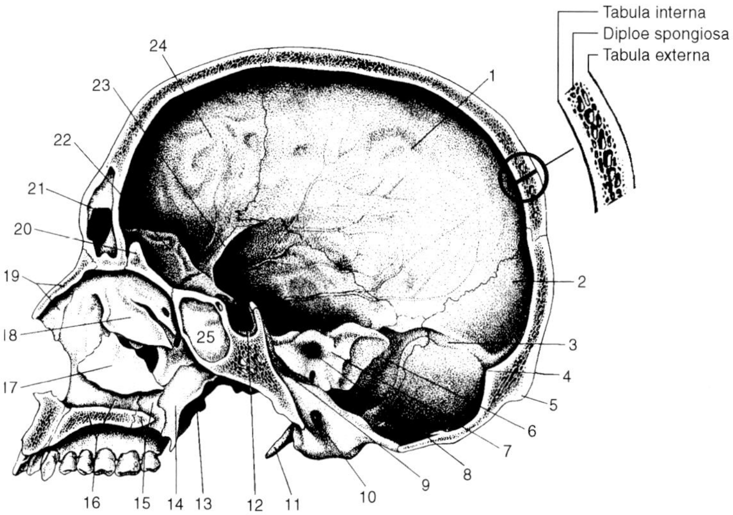

Mediansagittalschnitt des Schädels, Ansicht von medial

Tabula interna = ca. 0,5 mm,
Tabula externa = ca. 1,5 mm,
Kortikalis insges. = frontal: ca. 5 mm

(Nur Richtwerte wegen starker inter- und intraindividueller Varianz: z.B. **dünnste Stellen**: Orbitaldach, Schläfenbeinschuppe, Kiefergelenkgrube; **dickste Stelle**: Tuber parietale mit 3–8 mm.)

1 Os parietale
2 Squama occipitalis
3 Sulcus sinus transversi
4 Protuberantia occipitalis interna
5 Protuberantia occipitalis externa
6 Sulcus sinus sigmoidei
7 Pars petrosa des Os temporale
8 Porus und Meatus acusticus internus
9 Clivus
10 Canalis hypoglossi
11 Proc. styloideus des Os temporale
12 Fossa hypophysialis
13 Lamina lateralis proc. pterygoidei
14 Lamina medialis proc. pterygoidei
15 Os palatinum
16 Maxilla
17 Concha nasalis inferior
18 Concha nasalis media, dorsokranial davon Concha nasalis superior (nicht beschriftet)
19 Os nasale
20 Crista galli
21 Sinus frontalis
22 Pars orbitalis des Os frontale
23 Ala minor des Os sphenoidale
24 Squama frontalis
25 Sinus sphenoidalis

Nach Lusted, L. B., T. E. Keats:
Atlas of Roentgenographic Measurement. Yearbook Medical Publishers, 2nd Ed. Chicago 1967
Nach Möller, T. B.:
Röntgennormalbefunde. Thieme, Stuttgart 1987

Dicke der Schädelkalotte in % – bei beiden Geschlechtern

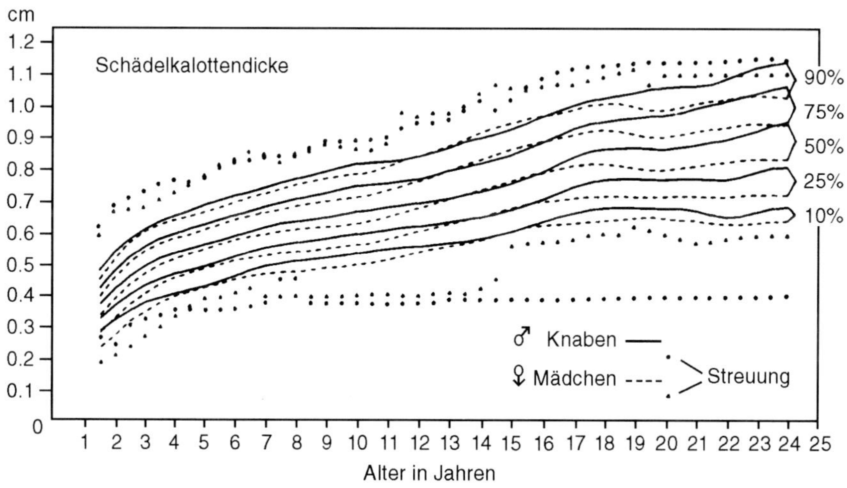

Nach Orley, A.: Neuroradiology. Thomas, Springfield Ill. 1949

Hansman, C. F.: Radiology 86:87, 1966

Durchschnittlicher Kopfumfang während des Wachstums

Alter	Durchschn. Kopfumfang cm	Standard-abweichung ± cm	Alter	Durchschn. Kopfumfang cm	Standard-abweichung ± cm
Geburt	35	1,2	5 Jahre	50,8	1,4
1 Monat	37,6	1,2	6 Jahre	51,2	1,4
2 Monate	39,7	1,2	7 Jahre	51,6	1,4
3 Monate	40,4	1,2	8 Jahre	52,0	1,8
6 Monate	43,4	1,1	10 Jahre	53,0	1,4
9 Monate	45,0	1,2	12 Jahre	53,2	1,8
12 Monate	46,5	1,2	14 Jahre	54,0	1,8
18 Monate	48,4	1,2	16 Jahre	55,0	1,8
2 Jahre	49,0	1,2	18 Jahre	55,4	1,8
3 Jahre	50,0	1,2	20 Jahre	55,6	1,8
4 Jahre	50,5	1,2			

Nach Watson, E. H., G. H. Lowrey:
Growth and Development of Children, 5th Ed. Chicago. Year Book Medical Publishers, 1967 (beruht auf mehreren neuen Quellen einschließlich Stuart u. Simmons)

Altersbedingte Größenveränderung des Schädels vom Neugeborenen bis zum Erwachsenen

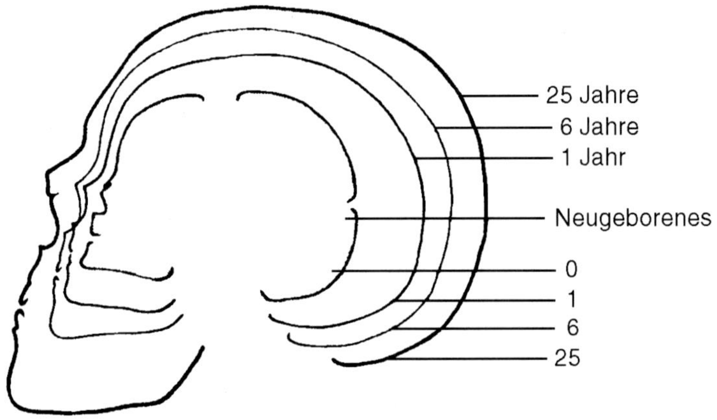

Längsschnitt durch die Medianebene

Nach Caffey, J.:
Pediatric X-ray Diagnosis, 5th Ed. Year Book Medical Publishers, Chicago 1967

Kopfumfang von normalen Knaben und Mädchen

Alter	Knaben [%] 10	50	90	Mädchen [%] 10	50	90
Geburt	33,5	35,3	37,0	33,4	34,7	36,0
3 Monate	39,2	40,9	42,1	38,5	40,0	41,7
6 Monate	42,7	43,9	45,4	41,4	42,8	44,5
9 Monate	44,5	46,0	47,1	43,2	44,6	46,3
12 Monate	45,5	47,3	48,4	44,3	45,8	47,7
18 Monate	47,0	48,7	49,9	45,5	47,1	49,0
24 Monate	48,0	49,7	51,0	46,4	48,1	50,1
36 Monate	48,9	50,4	51,9	47,5	49,3	51,1

Nach Chusid, J. G.:
Funktionelle Neurologie. Springer, Berlin-Heidelberg-New York 1978

Schädelmessungen bei Kleinkindern

Schädelmessung nach Cronquist, (modifiziert von Austin und Gooding)

Messung an Schädelaufnahmen in 2 Ebenen, Film-Fokus-Abstand 100 cm

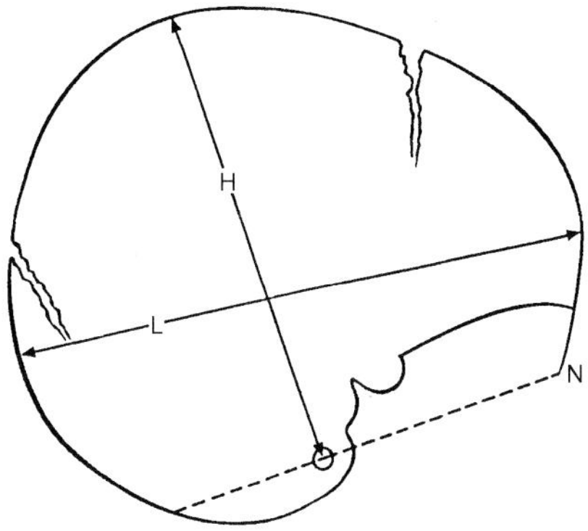

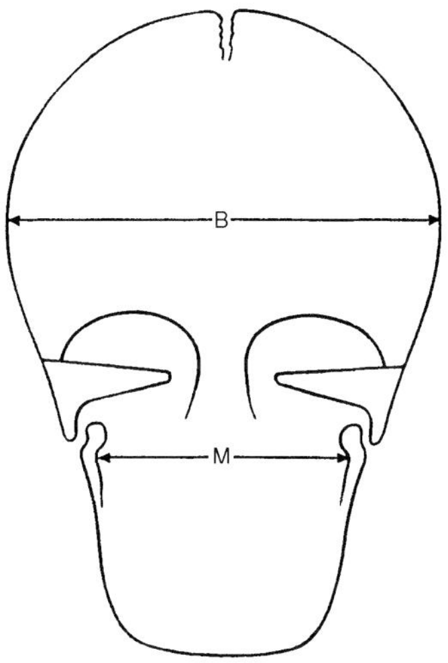

B = maximale Schädelbreite
L = maximale Schädellänge
H = maximale Schädelhöhe; gemessen auf einer Linie vom Nasion (N) zum Hinterrand des Foramen occipitale magnum. Meßpunkte an der Tabula interna
M = Verbindungslinie der Colli mandibulae

Ergebnisse der Schädelmessung nach Cronquist, Austin, Gooding

Alter	A (L + H + B) ± 2 SD (mm)	B Kranialindex (± 2 SD) Cronquist $\frac{L+H+B}{M} \times 10$
1 Monat	327 ± 26	57 ± 5
2–3 Monate	355 ± 43	58 ± 4
4–6 Monate	391 ± 30	57 ± 4
7–9 Monate	421 ± 42	57 ± 5
10–12 Monate	421 ± 36	56 ± 6
1 Jahr	441 ± 45	56 ± 6
2 Jahre	456 ± 32	56 ± 7
3 Jahre	470 ± 45	55 ± 5
4 Jahre	464 ± 34	52 ± 6
5 Jahre	465 ± 37	53 ± 5

Die Werte werden addiert. Mittelwerte und zweifache Standardabweichung **A**.
Mit Hilfe der Strecke M (maximaler innerer Abstand zwischen den Colli mandibulae) wird ein Index (Kranialindex) gebildet **B**, der unabhängig von den Projektionsbedingungen verwendet werden kann.

Die Normalwerte wurden durch a.-p. Aufnahmen und Seitenbilder von 273 Kindern *unter 7 Jahre* ermittelt.

Normalwert 53,5 ± 2 x 1,21
Minimum 51,08
Maximum 55,92

Nach Cronquist, St.:
Acta radiol. Diagn. 7 (1968) 97-111

Meßpunkte am seitlichen Schädel (nach Bergerhoff)

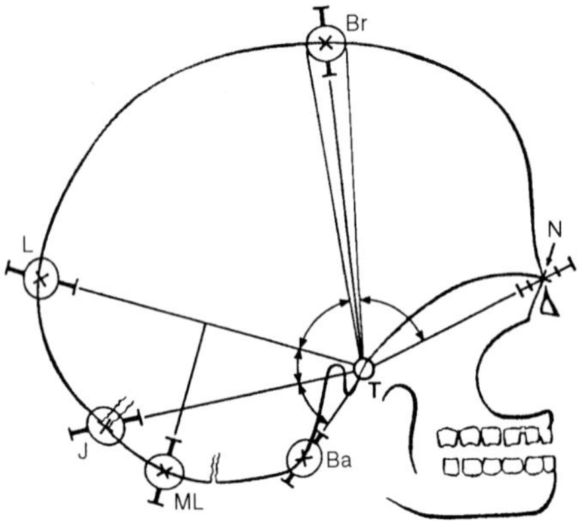

T = Tuberculum sellae
N = Nasion, oberes Ende der Sutura nasofrontalis
Br = Bregma, Scheitelpunkt der Kranznaht
L = Lambda, Spitze der Lambdanaht
J = Inion, Confluens sinuum, Ansatz des Tentoriums
ML = Mittellot auf die Strecke T–L, Schnittpunkt mit der Kalotte
Ba = Basion, kaudales Ende des Klivus, ventraler Rand des Foramen occipitale magnum

Messung der Schädelbreite (M–M') und Schema zur Beurteilung der Schädelasymmetrie im a.-p. Röntgenbild

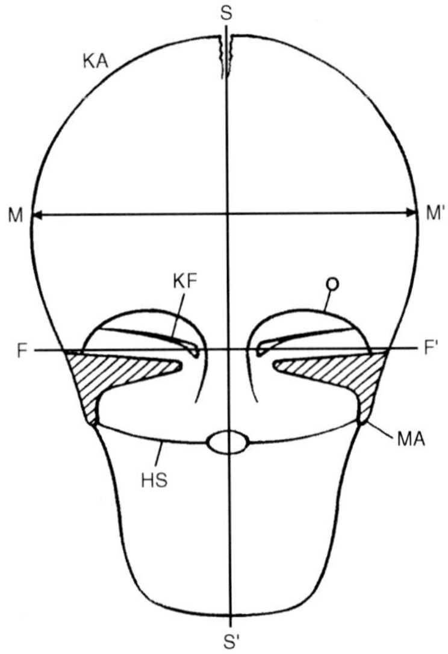

KA = Kalotte, Dicke und Wölbung
KF = kleiner Keilbeinflügel
O = Orbita
MA = Mastoid
HS = Boden der hinteren Schädelgrube

Die eingezeichneten Linien dienen zur Orientierung, ob eine Asymmetrie vorliegt:
S–S' = mediane Vertikale
F–F' = Felsenbeinoberkanten
M–M' = maximale Schädelbreite

Schädelmessung bei Kindern

Meßstrecken und Ergebnisse (Gehirn- und Gesichtsschädel)

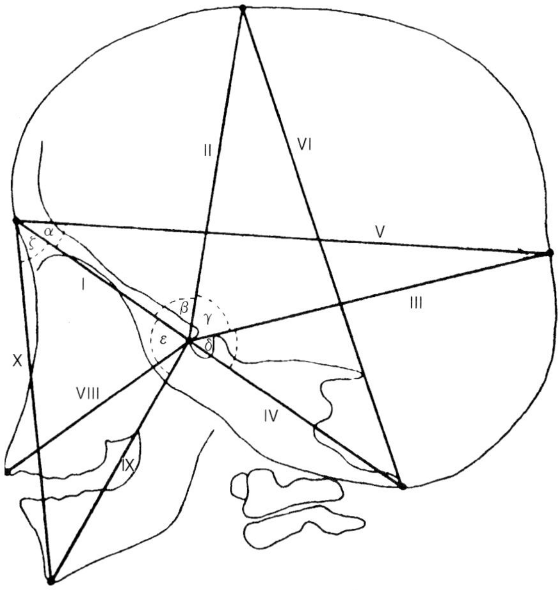

Strecke I: Tuberculum sellae – äußerer Schnittpunkt von der Squama frontalis und den Partes orbitale ossis frontalis (Punkt 1).
Strecke II: Tuberculum sellae – äußerer Schnittpunkt der Sutura coronaria mit der Sagittallinie der Schädelkapsel (röntgenologisch, Punkt II).
Strecke III: Tuberculum sellae – Scheitelpunkt der Lambdanaht (Punkt III).
Strecke IV: Tuberculum sellae – Synchondrosis basilateralis ossis occipitalis im röntgenologischen Schnittpunkt mit der Schädelkapsel (Punkt IV).
Strecke V: Anterior-posterior – Durchmesser (Punkt I bis Punkt III).
Strecke VI: Kraniokaudaler Durchmesser (Punkt II bis Punkt IV).
Strecke VII: Biparietaler Durchmesser.
Strecke VIII: Tuberculum sellae – Spitze des 1. Oberkieferschneidezahnes.
Strecke IX: Tuberculum sellae – Kinnspitze (Unterkiefer geschlossen).
Strecke X: Gesichtshöhe (Punkt I bis Kinnspitze, Unterkiefer geschlossen).

Norm und Variation (± σ) der Gehirn-Schädel-Streckenmaße (I–VII) und Gesichts-Schädel-Streckenmaße (VII–X)

Alter	I	II	III	IV	V	VI	VII	VIII	IX	X
0 – 1 Mon.	4,4 ± 0,3	7,2 ± 0,5	8,9 ± 0,5	5,1 ± 0,4	12,5 ± 0,8	10,7 ± 0,5	10,2 ± 0,6	4,9 ± 0,3	5,5 ± 0,3	5,7 ± 0,5
1 – 4 Mon.	4,9 ± 0,4	8,3 ± 0,6	9,9 ± 0,5	5,9 ± 0,5	13,9 ± 0,7	12,5 ± 0,9	11,4 ± 0,9	5,4 ± 0,4	6,5 ± 0,5	6,8 ± 0,6
5 – 7 Mon.	5,3 ± 0,3	9,2 ± 0,6	10,5 ± 0,8	6,8 ± 0,5	14,9 ± 0,8	13,8 ± 0,5	12,9 ± 0,9	6,0 ± 0,3	7,3 ± 0,5	7,9 ± 0,7
8 – 10 Mon.	5,5 ± 0,3	9,5 ± 0,6	10,9 ± 0,7	6,9 ± 0,5	15,3 ± 0,8	14,5 ± 0,8	13,6 ± 0,9	6,4 ± 0,4	7,9 ± 0,5	8,5 ± 0,6
11 – 13 Mon.	5,7 ± 0,4	9,8 ± 0,7	11,2 ± 0,6	7,4 ± 0,4	15,9 ± 0,7	15,1 ± 0,8	14,0 ± 0,8	7,0 ± 0,3	8,5 ± 0,4	9,0 ± 0,5
14 – 20 Mon.	5,9 ± 0,3	10,0 ± 0,2	11,6 ± 0,7	7,5 ± 0,7	16,4 ± 0,8	15,4 ± 0,5	14,6 ± 0,6	7,2 ± 0,5	8,8 ± 0,6	9,5 ± 0,6
21 – 30 Mon.	6,0 ± 0,2	10,2 ± 0,6	11,7 ± 0,7	7,4 ± 0,6	16,7 ± 0,8	15,6 ± 0,8	14,7 ± 0,9	7,5 ± 0,6	9,1 ± 0,7	9,9 ± 0,6
2½ – 3½ J.	6,2 ± 0,3	10,3 ± 0,4	11,9 ± 0,6	7,8 ± 0,6	17,1 ± 0,7	15,9 ± 0,6	15,1 ± 0,8	8,0 ± 0,3	9,5 ± 0,4	10,3 ± 0,5
3½ – 4½ J.	6,3 ± 0,3	10,4 ± 0,6	12,2 ± 0,7	7,5 ± 0,5	17,2 ± 0,9	15,9 ± 0,6	15,1 ± 0,8	8,2 ± 0,4	10,0 ± 0,5	10,8 ± 0,6
4½ – 5½ J.	6,5 ± 0,3	10,5 ± 0,6	12,4 ± 0,6	7,8 ± 0,5	17,9 ± 0,7	16,3 ± 0,5	15,4 ± 0,6	8,4 ± 0,5	10,4 ± 0,4	10,9 ± 0,4
5½ – 6½ J.	6,5 ± 0,4	10,4 ± 0,6	12,4 ± 0,8	8,1 ± 0,7	17,9 ± 0,8	16,4 ± 0,9	15,5 ± 0,9	8,7 ± 0,5	10,6 ± 0,6	11,2 ± 0,6
6½ – 7½ J.	6,6 ± 0,4	10,5 ± 0,5	12,6 ± 0,7	8,4 ± 0,5	18,2 ± 0,8	16,6 ± 0,6	15,9 ± 0,7	8,9 ± 0,3	11,0 ± 0,6	11,7 ± 0,5
7½ – 8½ J.	6,6 ± 0,4	10,5 ± 0,5	12,5 ± 0,6	8,4 ± 0,7	18,2 ± 0,7	16,6 ± 0,9	15,9 ± 0,8	9,2 ± 0,5	11,4 ± 0,7	11,9 ± 0,7
8½ – 9½ J.	6,7 ± 0,2	10,6 ± 0,4	12,6 ± 0,6	8,4 ± 0,9	18,3 ± 0,7	16,7 ± 0,8	15,9 ± 0,7	9,4 ± 0,5	11,4 ± 0,5	12,1 ± 0,5
9½ – 10½ J.	6,7 ± 0,4	10,4 ± 0,4	12,6 ± 0,6	8,6 ± 0,8	18,4 ± 0,6	16,7 ± 0,5	15,9 ± 0,5	9,6 ± 0,5	11,8 ± 0,6	12,3 ± 0,7
10½ – 11½ J.	7,0 ± 0,3	10,6 ± 0,6	12,9 ± 0,7	8,6 ± 0,7	18,8 ± 0,7	16,7 ± 0,8	16,3 ± 0,5	9,6 ± 0,5	12,2 ± 0,6	12,7 ± 0,6
11½ – 12½ J.	7,0 ± 0,5	10,5 ± 0,7	12,7 ± 0,7	8,7 ± 0,7	18,7 ± 0,8	16,6 ± 0,9	16,1 ± 0,8	10,0 ± 0,6	12,3 ± 0,7	12,8 ± 0,9
12½ – 13½ J.	7,0 ± 0,4	10,6 ± 0,6	12,8 ± 0,9	8,7 ± 0,6	18,8 ± 1,1	16,8 ± 0,7	16,4 ± 0,7	10,1 ± 0,6	12,5 ± 0,6	13,0 ± 0,7
13½ – 14½ J.	6,9 ± 0,6	10,6 ± 0,5	12,9 ± 0,7	9,0 ± 0,8	18,8 ± 0,9	16,7 ± 0,9	16,0 ± 0,9	10,0 ± 0,8	12,4 ± 1,1	13,1 ± 1,0

(Standardabweichung ± 10, Film-Fokus-Abstand 100 cm)

Nach Schmid, L., I. Filtuth: Mschr. Kinderheilk. 109 (1961) 293

Messungen am gesunden Schädel

Normaler Schädel

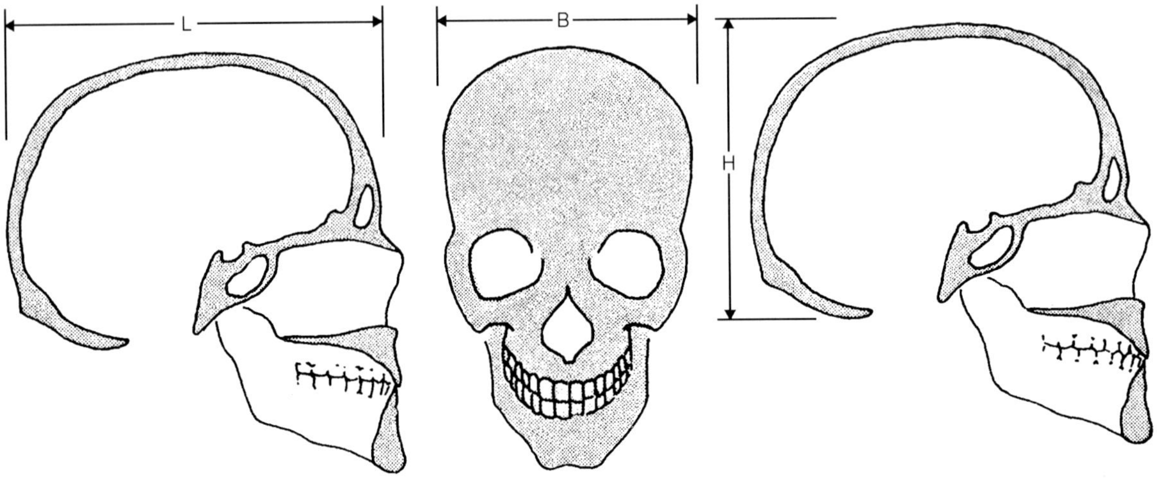

L = größte Länge vom Os occipitale zur Glabella
B = größte Breite – Distanz zwischen den beiden Ossa parietalia
H = größte Höhe – Distanz von der Schädelbasis zum Scheitel

L = 180 mm im Durchschnitt
B = 146 mm im Durchschnitt (nach Schüller)
H = 135 mm im Durchschnitt

1. Schädelindex = $\frac{B \times 100}{L}$

Index 75–80 = mesozephal
Index unter 75 = dolichozephal
Index über 80 = brachyzephal

2. Schädelkoeffizient = $\frac{L \times H \times B}{3}$

Koeffizient 75–84 = mesozephal
Koeffizient unter 75 = dolichozephal
Koeffizient über 85 = brachyzephal

Vmin – Vmax = Variationsbreite zwischen Minimum und Maximum. Werte außerhalb dieser Reihe sind eindeutig abnormal.

Nach Haas, L. L.:
Am. J. Roentgenol. 67, 197 (1952).
Nach Psenner, L. in Schinz u.a.:
Lehrbuch der Röntgendiagnostik Bd. III. Thieme, Stuttgart 1964
Nach Schüller, A.:
Röntgendiagnostik d. Erkrankungen des Kopfes. Hölder, Wien-Leipzig 1913.
Nach Fochem, K., J. Klumair:
Atlas der röntgenologischen Meßmethoden. Springer, Wien 1976.

Breite des Schädels

Alter	Zahl	**männlich** Vmin–Vmax	Mittel	Zahl	**weiblich** Vmin–Vmax	Mittel	Zahl	**total** Vmin–Vmax	Mittel
– 4 Wochen	2	11.1–11.6	11.3	3	10.0–12.0	10.8	5	10.0–12.0	11.0
2– 6 Monate	8	11.0–14.1	12.2	7	10.1–12.8	11.6	15	10.1–12.8	11.9
7–12 Monate	14	12.7–15.6	13.9	12	12.0–15.0	13.2	26	12.0–15.6	13.6
13–18 Monate	12	12.8–15.8	14.1	17	12.4–15.6	13.9	29	12.4–15.8	14.0
19–30 Monate	22	14.0–16.7	15.1	9	13.2–16.0	14.4	31	13.2–16.7	14.9
3– 5 Jahre	38	14.1–17.0	15.3	30	13.1–16.4	14.9	68	13.1–17.0	15.1
6– 8 Jahre	32	14.1–17.2	15.9	27	13.6–16.6	15.3	59	13.6–17.2	15,6
9–11 Jahre	29	14.9–17.6	16.0	23	14.3–17.2	15.5	52	14.3–17.6	15.8
12–14 Jahre	29	15.2–17.3	16.2	23	14.7–17.0	15.7	52	14.7–17.3	16.0
15–17 Jahre	32	15.0–17.8	16.5	18	14.7–17.1	15.7	50	14.7–17.8	16.2
18–20 Jahre	31	14.7–18.9	16.5	24	15.5–17.2	16.1	55	14.7–18.9	16.3
21– Jahre	369	14.9–19.0	16.8	356	14.2–17.9	16.2	725	14.2–19.0	16.5
	σ = –0,79 + 0,65			σ = –0,43 + 0,65					
	$M \pm \sigma$ = 16.0–17.4 = 70.9 %			$M \pm \sigma$ = 15.4–16.8 = 65.7 %					
	$M \pm 2\sigma$ = 15.2–18.1 = 95.4 %			$M \pm 2\sigma$ = 14.7–17.4 = 96.3 %					

Schädelindex im Röntgenbild

Alter	Zahl	männlich Vmin–Vmax	Mittel	Zahl	weiblich Vmin–Vmax	Mittel	Zahl	total Vmin–Vmax	Mittel
– 4 Wochen	2	81.0–81.7	81.3	3	79.4–85.7	81.6	5	79.4–85.7	81.5
2– 6 Monate	11	73.5–88.1	81.7	12	72.7–87.7	80.8	23	72.7–87.7	81.4
7–12 Monate	12	73.8–89.5	81.8	12	75.9–90.4	82.5	24	73.8–90.4	82.1
13–18 Monate	11	78.3–90.3	82.3	11	73.7–87.9	81.5	22	73.7–90.3	81.8
19–30 Monate	21	71.7–90.4	81.2	10	77.4–88.4	81.4	31	74.3–90.4	81.3
3– 5 Jahre	35	72.4–90.0	81.2	26	72.7–91.1	81.0	61	72.4–91.1	81.1
6– 8 Jahre	30	71.8–88.6	81.4	24	73.0–88.3	81.5	54	71.8–88.6	81.4
9–11 Jahre	30	72.0–89.8	81.1	22	74.9–88.5	80.3	52	72.0–89.8	80.8
12–14 Jahre	30	73.1–88.3	80.5	23	73.9–89.4	80.2	53	73.1–89.4	80.3
15–17 Jahre	35	72.8–87.7	80.6	17	72.0–83.4	79.6	52	72.8–87.7	80.0
18–20 Jahre	31	72.8–85.7	79.3	24	73.8–89.6	80.0	55	72.8–89.6	79.6
21– Jahre	351	71.3–89.4	79.5	354	71.0–90.4	80.0	705	71.0–90.4	79.8
		$\sigma = -3.66 + 3.87$			$\sigma = -3.87 + 3.33$				
		$M \pm \sigma = 75.9–83.4 = 65.7$ %			$M \pm \sigma = 76.1–84.2 = 66.2$ %				
		$M \pm 2\sigma = 72.2–87.3 = 96.5$ %			$M \pm 2\sigma = 72.3–88.3 = 94.0$ %				
Total	599			538			1137		

Nach Fochem, K., J. Klumair:
Atlas der röntgenologischen Meßmethoden. Springer, Wien 1976

Messungen am seitlichen *Gesichtsschädel*

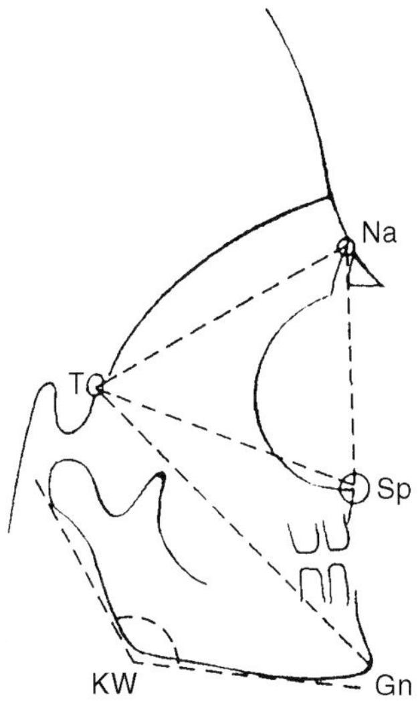

T – Na = Tuberculum sellae – Nasion, **vordere Schädelbasis**

T – Sp = Tuberculum sellae - Spina nasalis anterior, **Oberkieferlänge**

T – Gn = Tuberculum sellae – Gnathion (Kinnspitze), **Länge des Unterkiefers**

Na – Sp = Nasion – Spina nasalis anterior, **Gesichtshöhe**

KW = **Kieferwinkel**

Kieferwinkel

in Winkelgraden ± 1 SD:

0–3 Monate	139±11
4–6 Monate	139± 9
7–12 Monate	137± 7
13–18 Monate	136± 7
19–24 Monate	135± 6
3 Jahre	134± 6
4 Jahre	134± 7
5 Jahre	132± 5
6 Jahre	131± 8
7–8 Jahre	131± 6
9–10 Jahre	130± 6
11–12 Jahre	130± 6
13–14 Jahre	128± 6

Es werden Gesichtshöhe, Länge des Ober- und Unterkiefers und der Kieferwinkel gemessen.

Nach Lutz, A.:
Über das Wachstum des Schädels. Diss. Tübingen 1965

Nach Weide, E.:
Über röntgenologisch faßbare Gesichtsschädelveränderungen bei Kindern mit Dyskranien. Diss. Köln 1979

Strecken am seitlichen Gesichtsschädel in mm ± SD

Alter	T – Na	Na – Sp	T – Sp	T – Gn in mm, ± 1 SD
0– 3 Monate	44±4	27±4	49±5	60± 3 (0–2 Monate)
4– 6 Monate	48±3	31±3	54±4	67± 5 (2–3 Monate)
7–12 Monate	51±3	33±3	57±4	72± 5 (4–7 Monate)
13–18 Monate	54±3	36±3	60±4	82± 4 (8–12 Monate)
19–24 Monate	55±3	37±3	62±4	87± 6 (13–18 Monate)
3 Jahre	57±3	40±3	65±4	90± 6 (19–24 Monate)
4 Jahre	59±4	42±3	68±5	94± 5 (3 Jahre)
5 Jahre	60±4	43±4	69±4	100± 5 (4 Jahre)
6 Jahre	61±3	46±4	72±4	106± 6 (5–7 Jahre)
7–8 Jahre	64±3	48±4	74±4	110± 6 (8–9 Jahre)
9–10 Jahre	64±4	52±3	77±5	119± 6 (10–11 Jahre)
11–12 Jahre	66±3	53±3	79±5	
13–14 Jahre	68±3	56±5	83±5	124±10 (12–15 Jahre)

Schädelflächenmessung mit der Computertomographie

Am Ventrikelschnitt mit der größten Darstellung der Frontalhörner wird die Kalotte außen mit dem Cursor umfahren und mit dem Computerprogramm die Fläche berechnet

Meßwerte in cm^2±2 SD der Schädelfläche mit CT

Alter Monate	cm^2
1	60– 91
2	79–109
3	90–120
4	97–128
5	103–133
6	108–139
7	113–143
8	116–145
9	118–148
10	121–151
11	124–154
12	127–156
13	129–158
14	131–161
15	133–163
16	135–165
17	136–166
18	137–167
19	138–168
20	140–169
21	142–171
22	143–172
23	144–174
24	145–175

Alter Jahre	cm^2
3	148–180
4	151–189
5	154–194
6	158–197
7	163–202
8	166–205
9	168–207
10	171–210
11	172–213
12	174–215
13	176–217
14	177–218
15	179–220
16	181–221

Nach Hahn, F. J., Wei-Kom Chu, J. Y. Cheung: CT Measurements of cranial growth. Amer. J. Roentgenol. 142 (1984) 1253–1255

Längsdurchmesser des Schädels

Alter	Zahl	männlich Vmin–Vmax	Mittel	Zahl	weiblich Vmin–Vmax	Mittel	Zahl	total Vmin–Vmax	Mittel
– 4 Wochen	2	13.7–14.2	13.9	3	12.6–14.0	13.2	5	12.6–14.2	13.5
2– 6 Monate	8	13.5–16.2	14.7	7	13.4–14.8	14.3	15	13.4-15.0	14.5
7–12 Monate	14	14.0–17.8	16.4	12	14.5–16.9	15.8	26	14.0-17.6	16.1
13–18 Monate	12	15.8–18.2	17.1	17	15.8–18.1	17.1	29	15.8-18.2	17.1
19–30 Monate	22	16.1–19.8	18.1	12	15.7–19.5	17.7	34	15.7–19.8	17.9
3– 5 Jahre	40	16.4–20.4	18.9	30	16.2–20.4	18.8	70	16.2–20.4	18.8
6– 8 Jahre	33	17.1–20.8	19.4	29	16.0–20.7	19.0	62	16.0–20.8	19.2
9–11 Jahre	34	17.9–21.1	19.6	26	16.6–21.3	19.3	60	16.6–21.3	19.5
12–14 Jahre	32	18.3–21.8	20.3	26	17.9–21.0	19.7	58	17.9–21.8	20.0
15–17 Jahre	34	19.0–22.2	20.6	20	18.7–21.8	20.1	54	18.7–22.2	20.4
18–20 Jahre	33	19.6–22.6	20.8	29	19.2–21.0	20.1	62	19.2–22.6	20.5
21– Jahre	395	18.9–23.2	21.2	363	18.0–22.3	20.1	758	18.0–23.2	20.7
	$\sigma = -8.0 + 7.9$			$\sigma = -7.5 + 7.4$					
	$M \pm \sigma = 20.4–22.0 = 69.8$ %			$M \pm \sigma = 19.4–20.9 = 74.5$ %					
	$M \pm 2\sigma = 19.6–22.8 = 96.7$ %			$M \pm 2\sigma = 18.7–21.6 = 95.5$ %					

Höhe des Schädels

Alter	Zahl	männlich Vmin–Vmax	Mittel	Zahl	weiblich Vmin–Vmax	Mittel	Zahl	total Vmin–Vmax	Mittel
– 4 Wochen	2	10.2–11.2	10.7	3	9.8–13.0	11.1	5	9.8–13.0	11.0
2– 6 Monate	8	10.5–13.7	11.7	7	10.8–13.5	11.8	15	10.5–13.7	11.7
7–12 Monate	10	12.1–14.3	13.3	12	11.4–13.6	12.4	22	11.4–14.3	12.8
13–18 Monate	9	12.6–15.0	14.0	17	12.1–15.5	13.6	26	12.1–15.5	13.8
19–30 Monate	22	13.6–15.7	14.7	9	13.2–15.3	14.2	31	13.2–15.7	14.5
3– 5 Jahre	40	13.5–16.3	14.9	26	13.5–16.0	14.6	66	13.5–16.3	14.7
6– 8 Jahre	33	14.2–16.7	15.2	27	13.2–16.3	14.8	60	13.2–16.7	15.1
9–11 Jahre	34	14.0–17.0	15.3	25	13.8–15.8	14.8	59	13.8–17.0	15.1
12–14 Jahre	32	14.4–17.0	15.6	24	13.8–16.3	15.1	56	13.8–17.0	15.4
15–17 Jahre	32	14.5–17.1	15.7	19	13.8–15.7	15.0	51	13.8–17.1	15.4
18–20 Jahre	29	14.0–17.4	15.6	26	13.0–16.3	15.1	55	13.0–17.4	15.4
21– Jahre	379	13.4–17.7	15.6	353	13.4–17.1	15.1	732	13.4–17.7	15.3
	$\sigma = -0,72 + 0,68$			$\sigma = -0.64 + 0.64$					
	$M \pm \sigma = 14.9–16.3 = 75.7$ %			$M \pm \sigma = 14.5–15.8 = 70.0$ %					
	$M \pm 2\sigma = 14.1–16.9 = 95.0$ %			$M \pm 2\sigma = 13.8–16.4 = 95.3$ %					

Koeffizient des Schädels

Alter	Zahl	männlich Vmin–Vmax	Mittel	Zahl	weiblich Vmin–Vmax	Mittel	Zahl	total Vmin–Vmax	Mittel
– 4 Wochen	2	11.6–12.3	12.0	3	10.8–12.8	11.6	5	10.8–12.3	11.8
2– 6 Monate	8	11.9–14.6	12.9	7	12.1–14.1	12.7	15	11.9–14.6	12.8
7–12 Monate	11	13.0–15.3	14.9	12	12.9–15.0	13.8	23	12.9–15.3	14.2
13–18 Monate	9	14.3–16.1	15.3	17	13.5–16.0	14.8	26	13.5–16.1	15.0
19–30 Monate	23	14.5–16.8	15.9	12	13.6–16.6	15.1	35	13.6–16.8	15.7
3– 5 Jahre	33	14.8–17.4	16.3	26	14.2–17.4	16.0	59	14.2–17.4	16.2
6– 8 Jahre	29	15.5–17.7	16.8	27	14.3–17.5	16.3	56	14.3–17.7	16.6
9–11 Jahre	30	15.7–18.1	16.9	23	15.2–17.6	16.5	53	15.2–18.1	16.7
12–14 Jahre	30	16.4–18.5	17.4	23	16.0–17.6	16.7	53	16.0–18.5	17.1
15–17 Jahre	32	16.6–18.8	17.6	18	15.9–17.7	16.9	50	15.9–18.8	17.3
18–20 Jahre	30	16.3–19.2	17.7	22	16.3–17.8	17.1	52	16.3–19.2	17.5
21– Jahre	360	16.3–19.5	17.8	355	15.7–18.5	17.1	715	15.7–19.5	17.5
	$\sigma = -0.52 + 0.51$			$\sigma = -0.54 + 0.39$					
	$M \pm \sigma = 17.3–18.4 = 72.1$ %			$M \pm \sigma = 16.4–17.6 = 70.2$ %					
	$M \pm 2\sigma = 16.8–18.9 = 94.2$ %			$M \pm 1\sigma = 16.0–18.1 = 95.7$ %					

Intrakranielle Messungen mit der Sonographie

Sie sind durchführbar, solange die Fontanelle mindestens kleinfingerkuppengroß offen ist, bzw. die Schädelkalotte noch nicht zu stark verkalkt ist für einen Horizontalschnitt.

Apparative Ausstattung

Sektor-Scan mit hochfrequentem Schallkopf:
- Frühgeborene: 5–7,5 MHz,
- Reife Neugeborene und Säuglinge: 3,5–7,5 MHz

Linearschallköpfe für die Nahfelddarstellung (z. B. Sinus sagittalis, Subduralraum, Interhemisphärenspalt [S. 77]). Eventuell Sektorschallkopf mit Vorlaufstrecke. Untersuchungen durch die Schädeldecke bei größeren Kindern müssen mit entsprechend niedrigerer Frequenz durchgeführt werden.

Ventrikel-Hirn-Quotient (VHQ) im Horizontalschnitt

Die Messung des VHQ wird in der Pränataldiagnostik intensiv genutzt, da das Ventrikelsystem vielfach nicht anders zugänglich ist.

- Tiefer als in der Augen-Ohr-Linie angesetzte Horizontalschnitte ermöglichen die Messung der Weite des 3. und 4. Ventrikels.
- Normwerte (nach Helmke u. Winkler): 3. Ventrikel in der Breite: 2,1–5,7 mm, 4. Ventrikel in der Breite: 11,5–15,5 mm.
- Doppler- und farbdopplersonographische Untersuchung der hier verlaufenden Hirngefäße.

Nachteil: Zu lange noch Normwerte im Vorderhorn- und Cella-media-Bereich bei bereits hydrozephaler Erweiterung der Hinterhörner.

Untersuchungsgang

Seitenlage des Patienten, Schallkopf in der Augen-Ohr-Linie. Zur Darstellung der tiefergelegenen Hirnstrukturen (3./4. Ventrikel, Aquädukt, Pedunculus, Circulus Willisi usw.) wandert der Schallkopf in Richtung auf das Mastoid (noch nicht pneumatisiert im Säuglingsalter).

Normwerte VHQ

Gemessen wird der Seitenventrikel in der Höhe der Cella media. Die Strecke vom Mittellinienecho zum ersten starken Echo der lateralen Ventrikelwand (Me-Lv) wird durch die an der gleichen Stelle gemessene Hemisphärenstrekke, die vom Mittelecho bis zum ersten starken Echo der inneren Schädelkalotte (Me-S) reicht, dividiert (x 100 = %).

Normwerte:
- Frühgeborene 31 % (24–34 %).
- Reifgeborene 28 % (24–30 %).

Nach Ebel, K.-D., Willich, E., Richter, E.: Differentialdiagnostik in der Pädiatrischen Radiologie. Thieme, Stuttgart, 1995

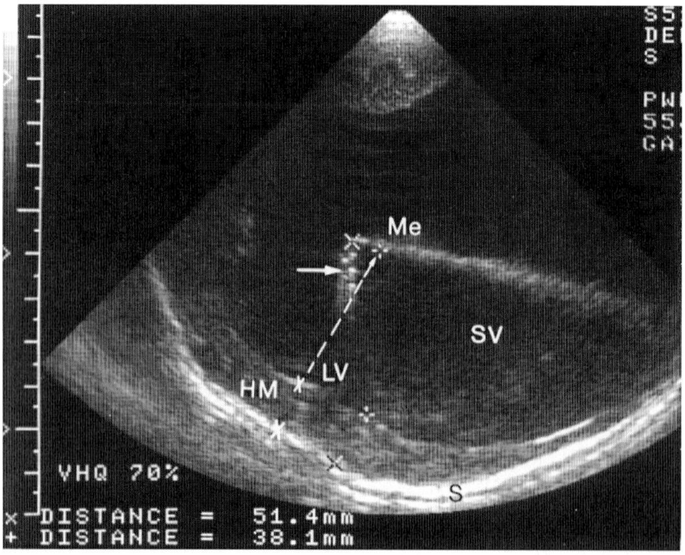

Messung des Ventrikel-Hirn-Quotienten (VHQ) im Horizontalschnitt bei einem Kind mit Hydrozephalus nach Shunt (Pfeil).

SV = Seitenventrikel
S = Schädelkalotte
HM = Hirnmantel
Me = Mittelecho
LV = Laterale Ventrikelwand

Schädelmessungen bei *pathologischen* Schädelformen

Messungen an Röntgenbildern des normalen wachsenden Schädels sind von Bergerhoff, Martin und Höbler entwickelt und deren Ergebnisse durch weitere Untersuchungen bestätigt worden. Eine systematische Bearbeitung pathologischer Schädelformen (Dyskranien) fehlte. Von Ebel und Weidtman wurden 86 mikrozephale Schädel und 153 Kraniostenosen für eine systematische Kraniometrie herangezogen.

Voraussetzung für eine systematische Bearbeitung und quantitative Beurteilung pathologischer Schädelformen (Dyskranien) ist eine klare röntgenmorphologische Definition, die sich auf metrische Abweichungen oder andere eindeutige Merkmale stützt. Messungen von Strecken und Winkeln haben typische Abweichungen von der Norm bei den einzelnen Formen der Dyskranien ergeben, die sich in dem „Schädelsechseck" von Bergerhoff darstellen lassen.
Mit Hilfe statistischer Trennverfahren (Diskriminanzanalyse) lassen sich Untergruppen und eine Anzahl von Variationen untersuchen. Eine systematische Kraniometrie erlaubt es, pathologische Schädelformen zu differenzieren und genauer zu definieren. Als Beispiele sind die Resultate von 86 Mikrozephalien und 153 Kraniostenosen mit dem Schädelsechseck von Normalen dargestellt.

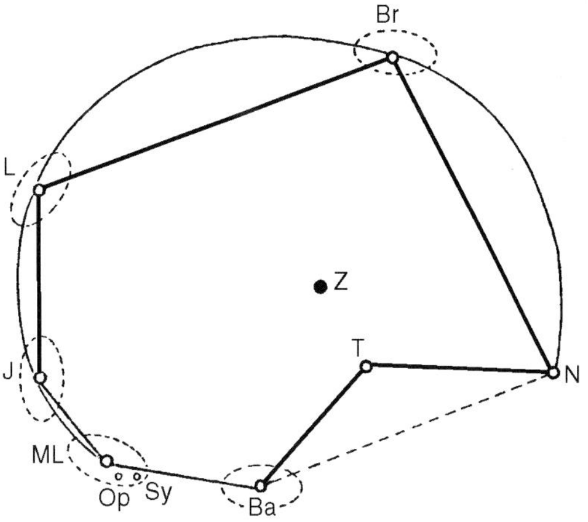

Skizze des Normalschädels mit dem „Schädelsechseck" und den „Streuellipsen" nach Bergerhoff

Syndrome mit Mikrozephalie und Minderwuchs

Alkoholembryopathie	mit Kleinhirnatrophie, Mikrogenie und anderen somatischen Symptomen
Lange-Syndrom	Extremitätenmißbildungen
Fanconi-Syndrom	Radius- und Daumenmißbildung, Panzytopenie
Rubinstein-Taybi-Syndrom	verdickte Daumen und Großzehen, Mikrogenie
Seckel-Syndrom	„Vogelkopfzwerg" mit Mikrogenie
Cri-du-chat-Syndrom	Mikrogenie, Lippen-Kiefer-Gaumen-Spalte, Hexadaktylie, Balkenmangel, Ventrikelerweiterung
Trisomie 21	Brachyzephalie, in etwa 50 % der Fälle echter Mikrozephalus ab dem 2. Lebensjahr, Hypoplasie des Oberkiefers, Hypotelorismus, typisches Becken, Herzfehler in über 50 % der Fälle
Trisomie 13	Balkenmangel, Ventrikelerweiterung, Mikrogenie
Smith-Lemli-Opitz-Syndrom	Mikrogenie, Syndaktylie 2./3. Zehe

Mikrozephalie
(Resultate von Messungen an 86 Kinderschädeln und deren statistische Auswertung)

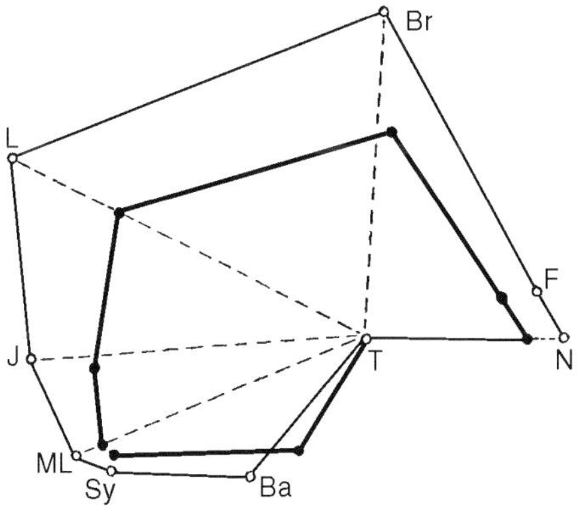

Gegenüberstellung des Schädelsechseck vom normalen Schädel nach Bergerhoff (außenliegende Skizze) mit den Ergebnissen der Mikrozephalus-Analysen (dick gezeichnete innere Skizze)

Kraniostenosen

Aus der Formenvielfalt von Kraniostenosen lassen sich 6 Gruppen unterscheiden:
Pfeilnaht-Synostosen
Frontalnaht-Synostosen
Kranznaht-Synostosen
Kranz-Pfeil-(Lambda-) Naht-Synostosen
Akrozephalosyndaktylie (Morbus Apert)
Dysostosis craniofacialis (Morbus Crouzon)

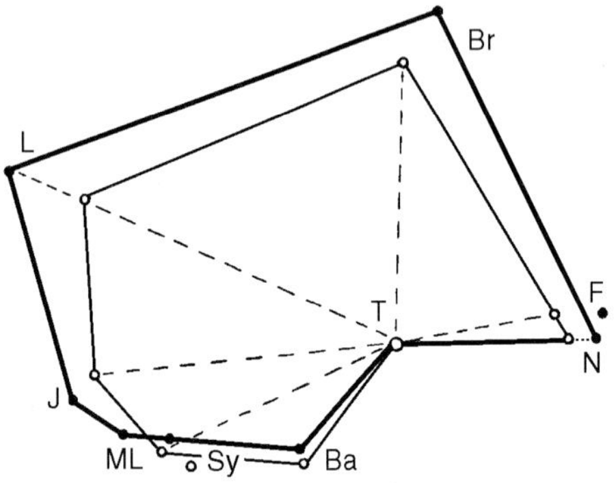

Sechseck aus den Messungen der ***Pfeilnahtsynostosen*** (stark gezeichnet). Vergrößerung in allen Dimensionen des seitlichen Schädels, nur die hintere Schädelgrube ist etwas abgeflacht. Die Schädelbreite ist in 60 % vermindert, in 40 % normal. Die *Frontalnaht-Synostose* (Trigonozephalie) zeigt ein formal ähnliches Sechseck, doch liegt die Schädelbreite (M–M1) in 50 % über der Norm.
Für die Entstehung der verschiedenen Formen einer Kraniostenose hat die Ausprägung des jeweiligen Nahtverschlusses überragende Bedeutung, so daß vielfältige Variationen verständlich werden.

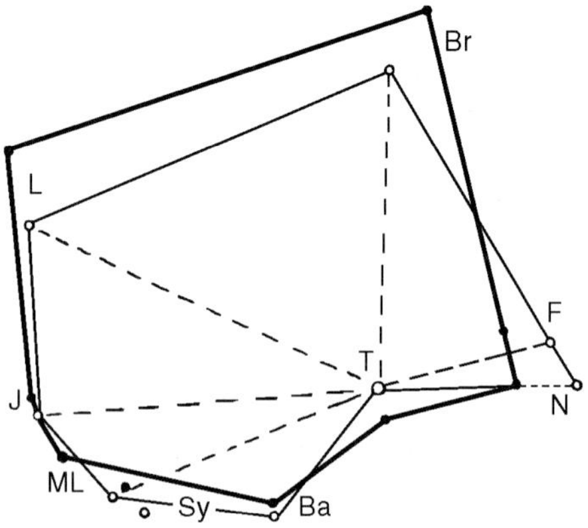

Sechseck aus den Messungen der ***Kranznaht-Synostosen*** (stark gezeichnet). Vordere Schädelbasis verkürzt. Schädelhöhe deutlich über der Norm und nach ventral verlagert. Gesamtlänge des Schädels ebenfalls vergrößert. Basiswinkel N-T-Ba deutlich vergrößert, was typisch ist. Die Breite des Hirnschädels ist in 74 % etwa normal und liegt bei 20 % über der Norm.
Das Sechseck der *Synostosen von Kranz- und Pfeilnaht* ist ähnlich, die Schädelbreite jedoch bei 64 % reduziert.

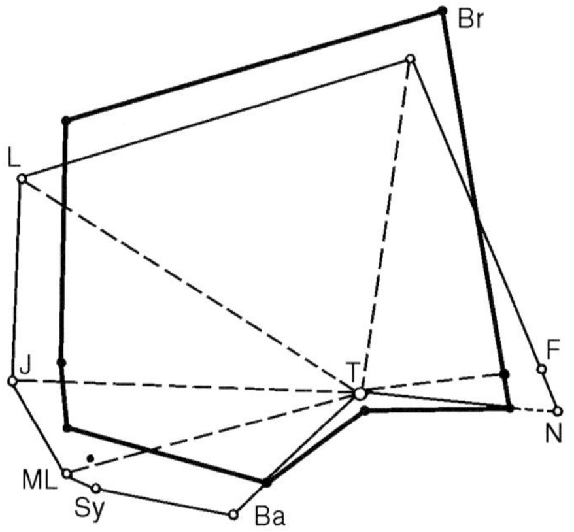

Sechseck aus den Messungen der ***Akrozephalosyndaktylie (Morbus Apert)***. Ausgesprochen kurzer und hoher Hirnschädel. Basiswinkel vergrößert. Die Breite des Hirnschädels ist in 50 % vergrößert.
Der *Morbus Crouzon* ergab kein einheitliches Bild der Schädelveränderungen, so daß keine sichere Korrelation gefunden werden konnte.

Nach Bergerhoff, W.: Fortschr. Röntgenstr. 79 (1953) S. 745

Nach Bergerhoff, W., Höbler, W.: Fortschr. Röntgenstr. 78 (1953) S. 190

Nach Martin, A.: Mathematisch-statistische Untersuchungen über die normalen Verhältnisse am Säuglings- und Kinderschädel. Diss. Köln 1965

Nach Ebel, Kl.-D., Weidtman, V.: Der Radiologe 11 (1971) S. 291

Lagebestimmung der Glandula pinealis

Die Bestimmung der Lage der verkalkten Glandula pinealis gibt erste Hinweise auf eine Massenverlagerung durch einen intrakranialen raumfordernden Prozeß und gleichzeitig auf dessen Topographie. Einige bekannte Methoden werden dargestellt.

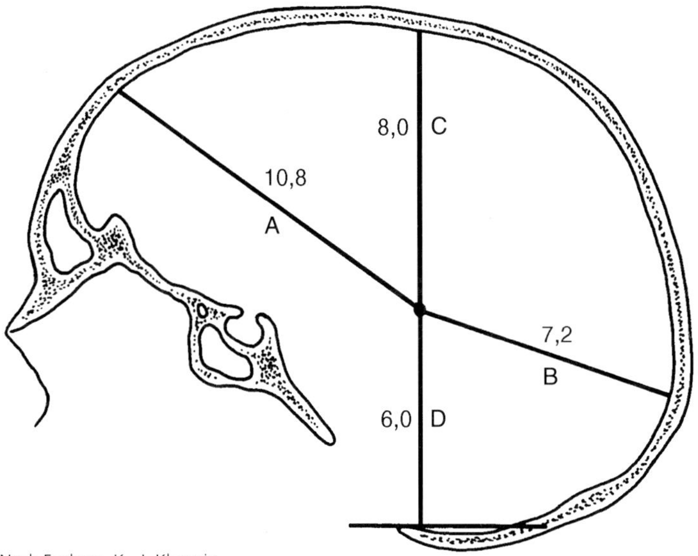

A = die größte Distanz von der Zirbeldrüse zur Tabula interna des Os frontale
B = die größte Distanz von der Zirbeldrüse zur Tabula interna des Os occipitale
C = die größte Distanz von der Zirbeldrüse zur Tabula interna des Os parietale
D = die größte Distanz von der Zirbeldrüse zur vorderen unteren Kante des Os occipitale

Durchschnittswerte nach Vastine/Kinney

A = 10,8 cm C = 8,0 cm
B = 7,2 cm D = 6,0 cm

Nach Dyke, C. G.:
Am. J. Roentgenol. 23, 598 (1930)

Nach Vastine, J. H., Kinney, K. K.:
Am. J. Roentgenol. 17, 320 (1927)

Nach Fochem, K., J. Klumair:
Atlas der röntgenologischen Meßmethoden. Springer, Wien-New York 1976

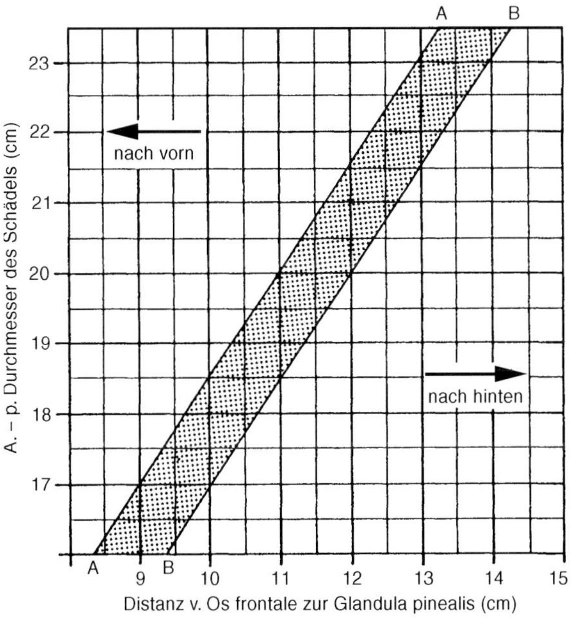

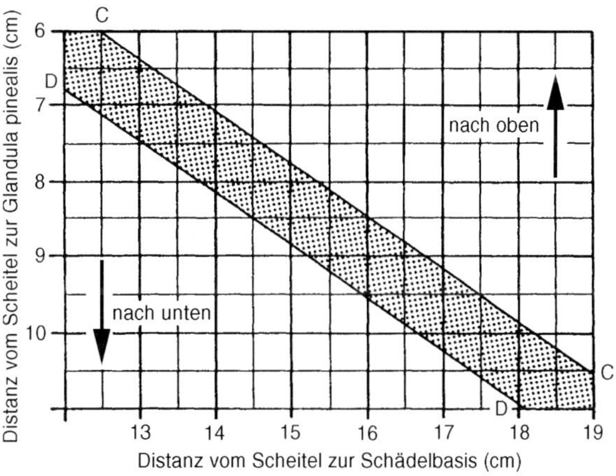

Lagebestimmung der Glandula pinealis

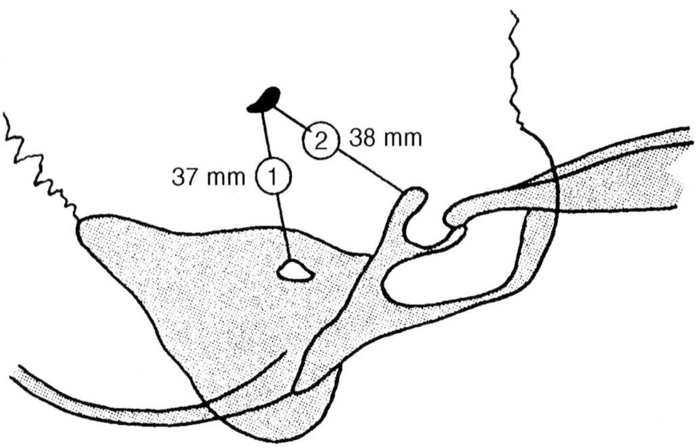

1 = Abstand von der Zirbeldrüse zum Porus acusticus internus
2 = Abstand von der Zirbeldrüse zu den Processus dorsi sellae

Normalwerte:
1 = 35–45 mm (Durchschnitt 38–40 mm)
2 = 36–46 mm (Durchschnitt 39–42 mm)

Nach Crinis, M. de, Rüsken, W.: Fortschr. Röntgenstr. 59, 401 (1939)

Lagebestimmung der Glandula pinealis im axialen Schnittbild

Lage des Corpus pineale:

Durch folgende Messungen wird seine Lage definiert:
A = Abstand zwischen der Mitte des Corpus pineale und der rechten Tabula interna der Schädelkalotte
B = Innerer Schädeldurchmesser in der Meßlinie von A.

Durch $\frac{B}{2}$ wird die Mittellinie festgelegt, durch $\frac{B}{2}$ - A die Abweichung des Corpus pineale aus der Mittellinie. Um vergleichbare Werte zu erhalten, wird die absolute Abweichung in eine prozentuale, bezogen auf den Schädeldurchmesser (B), umgerechnet:

$$\frac{(0{,}5\ B) - A}{B} \times 100$$

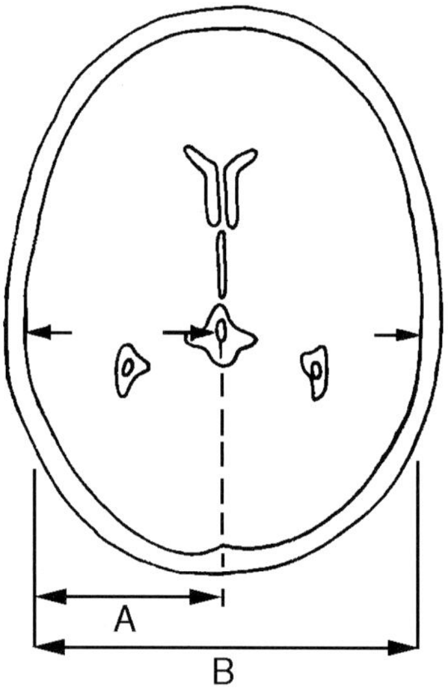

Lage des Corpus pineale

$$\frac{(0{,}5\ B) - A}{B} \times 100$$

Lage des Corpus pineale (Angaben in %)

	Mittelwert	Maximale Abweichung
Normalmaß	0,8±0,6	2,6
Raumfordernde Prozesse	4,9±2,8	14,6
N	169	

Bei 99 % der unauffälligen CT Scans lag die Abweichung unter 2,6 %.

Nach Vogel, H.: Maße in der Sonographie und Computertomographie. ecomed, Landsberg 1986

Sella turcica

Messungen der Sella turcica

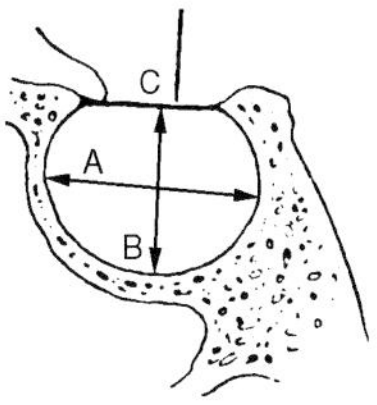

Normale Werte bei Erwachsenen beiderlei Geschlechts

A = größter a.-p.-Durchmesser
B = größte Tiefe
C = Linie des Diaphragma Sellae

Durchschnittswerte	Maximal	Minimal
A = 10,6 mm	16,0	5,0
B = 8,1 mm	12,0	4,0

Normale Sella turcica

Alter	Tiefe mm	Länge mm	Fläche mm^2
Bis 1 Jahr	4– 6	6– 8	20– 40
1– 4 Jahre	7–10	9–12	60– 90
4–13 Jahre	8–11	10–13	70–100
13–16 Jahre	9–11	11–13	80–110
16–50 Jahre	9–12	12–15	90–120

Sella turcica im Kindesalter

Alter	Zahl der Fälle	Tiefe in mm			Länge in mm			Fläche in mm^2		
		Minimum	Maximum	Durchschnitt	Minimum	Maximum	Durchschnitt	Minimum	Maximum	Durchschnitt
0– 1 Monat	5	3	4	3,4	5	7	5,4	10	20	15,4
1 Monat –1 Jahr	25	3	6	4,5	4	9	6,0	10	46	26,4
1– 4 Jahre	32	5	12	7,6	6	12	8,6	35	92	56
4– 7 Jahre	25	6	10	7,8	7	12	9,2	44	92	67
7–10 Jahre	21	7	10	8,4	8	15	9,7	52	121	70
10–13 Jahre	17	7	12	9,3	8	13	9,9	50	106	76
13–16 Jahre	10	8	10	9,1	10	12	10,9	69	100	87

Nach Fochem, K., J. Klumair: Atlas der röntgenologischen Meßmethoden. Springer, Wien 1976
Nach Hotz, K.: Zit. nach Schinz, H. R., Baensch, W. E., Friedl, E., Uehlinger, E. (Hrsg): Lehrbuch d. Röntgendiagnostik, Bd. II. Thieme, Stuttgart 1952

Hypophysenfläche aus Sellamessungen bei Kindern

Durchschnittliche Hypophysenfläche nach Messung von Sellalänge und Sellatiefe bei Knaben

Länge in mm	Tiefe in mm 3	4	5	6	7	8	9	10
5	14.4	16.0	22.7	42.0	43.2	39.0	...	...
6	17.4	22.0	28.2	39.1	41.9	51.1	55.0	...
7	19.8	24.7	30.5	40.4	46.8	56.6	81.7	89.0
8	21.0	28.0	35.6	43.1	52.5	61.0	74.8	...
9	...	32.0	41.0	47.9	55.2	66.7	75.7	84.9
10	...	37.5	42.7	55.9	59.1	69.4	80.6	86.2
11	...	...	49.2	60.3	68.3	78.6	85.7	92.7
12	...	...	52.0	65.8	73.2	81.4	88.4	96.2
13	...	...	...	65.4	78.6	85.4	93.8	...

Durchschnittliche Hypophysenfläche nach Messung der Sellalänge und Sellatiefe bei Mädchen

Länge in mm	Tiefe in mm 3	4	5	6	7	8	9	10
5	14.5	15.0	13.0	...	...	...	...	...
6	14.1	18	19.0	...	...	...	...	...
7	17.8	20.2	25.5	35.7	36	61	...	...
8	17.2	22.3	30.0	36.8	47.4	55.9	61.0	...
9	13.0	27.3	34.2	42.0	51.4	60.2	69.9	...
10	...	31.7	38.1	46.7	55.8	65.0	74.8	87.5
11	...	29.0	41.9	51.7	60.9	69.9	81.9	85.3
12	...	45.0	47.0	57.6	64.3	72.9	81.3	92.3
13	...	...	43.9	55.2	69.7	78.1	87.3	95.0
14	...	...	61.0	66.8	73.6	81.0	87.6	97.0
15	...	...	...	58.0	71.3	90.6	103.3	97.0
16	...	...	...	...	84.0	90.0	96.7	...

Nach Silverman, F.: Amer. J. Roentgenol. 78 (1957) 451

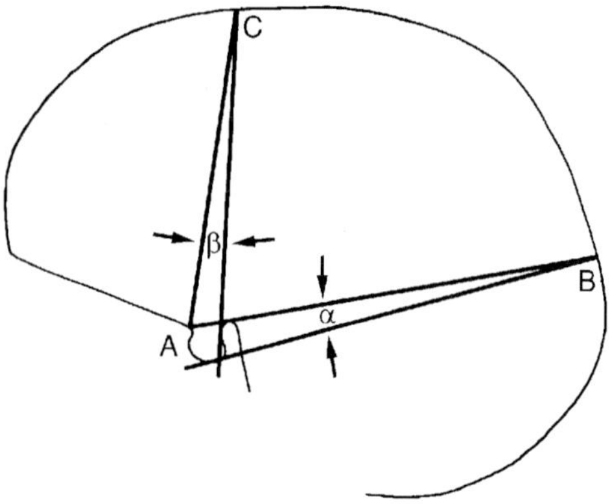

Messung nach Bergerhoff

Winkelmessungen nach Bergerhoff. An einer gut eingestellten seitlichen Schädelaufnahme, unabhängig von Projektionsfaktoren. Die Ergebnisse sind bei Makrozephalus zu klein und bei Mikrozephalus zu groß.

Schema der Winkel zur Beurteilung von Form und Größe des Sellaprofils. A = Tub. sellae, B = Scheitel der Lambdanaht, C = Scheitel der Kreuznaht, α = Tiefenwinkel, β = Längenwinkel.

Nach Bergerhoff, W.:
Die Sella turcica im Röntgenbild. Barth-Verlag, Leipzig 1960

Meßergebnisse

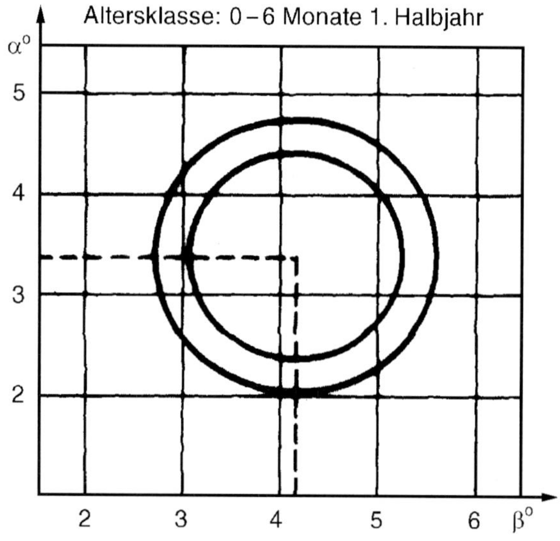

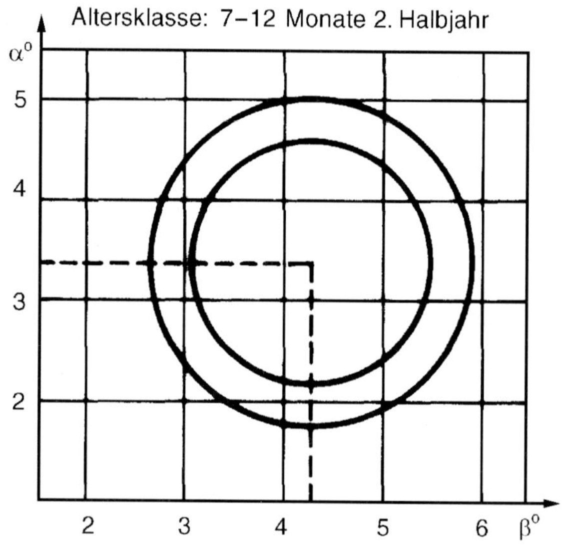

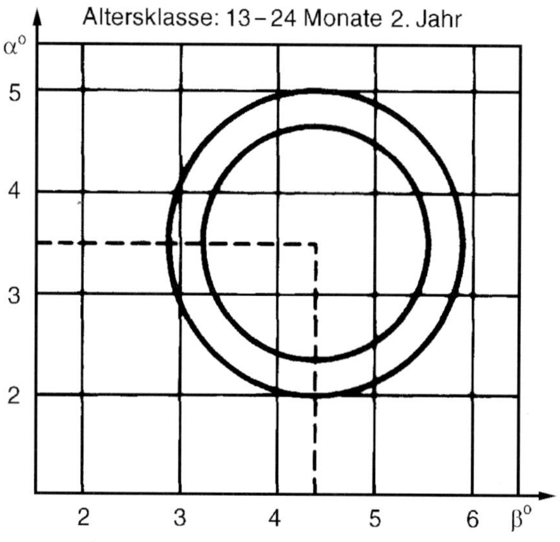

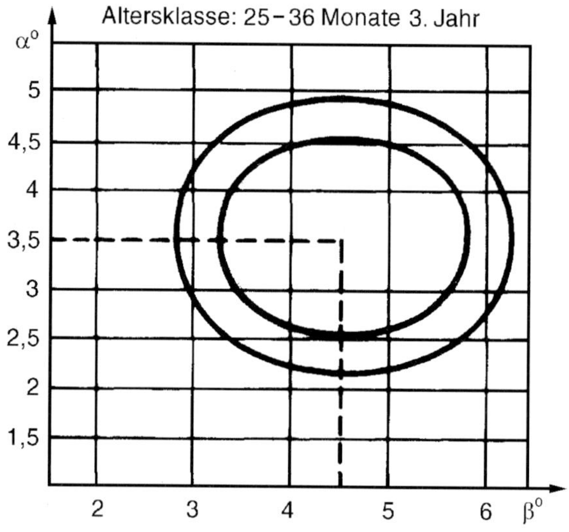

Altersklasse 3 – 11 Jahre

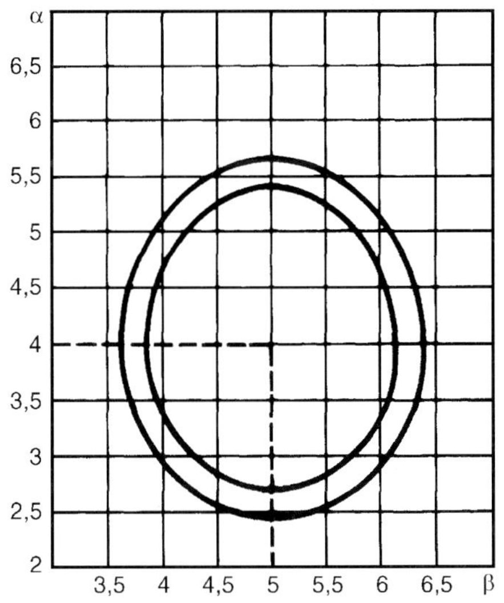

Altersklasse 12 – 15 Jahre

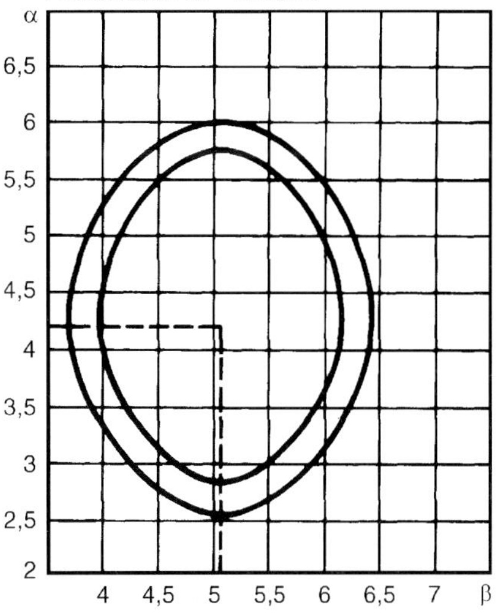

Altersklasse 16 – 19 Jahre

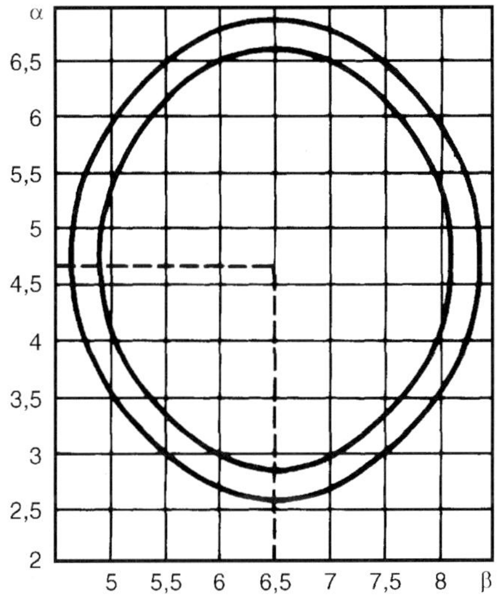

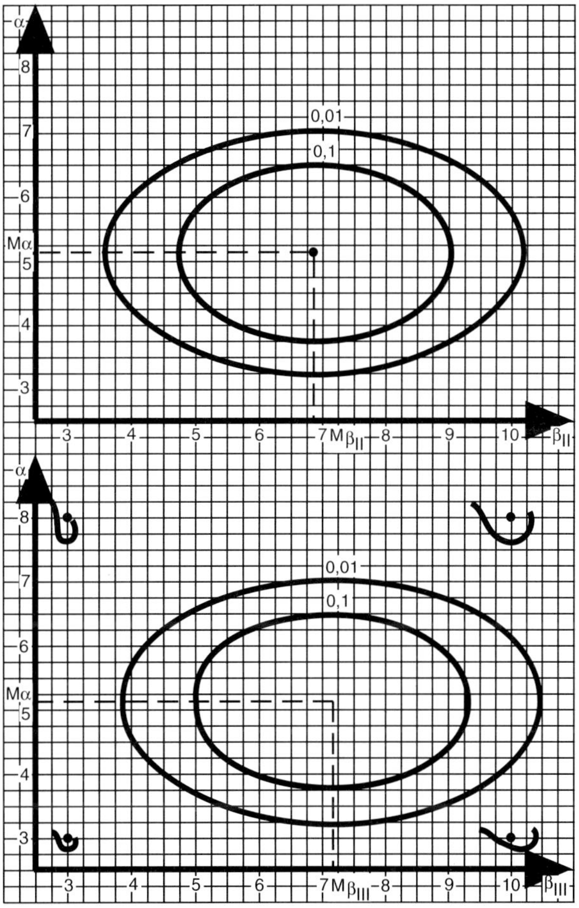

20–49 Jahre

älter als 50 Jahre

Nach Bergerhoff, W.: Die Sella turcica im Röntgenbild. Barth-Verlag, Leipzig 1960

Nebenhöhlen

Keilbeinhöhle (Winkelmessung nach Bergerhoff)

Methodik

Die Scheitel der Winkel zur Bestimmung der Größe des Sinus sphenoidalis aus dem Seitenbild des Schädels liegen im Bregma und Lambda.

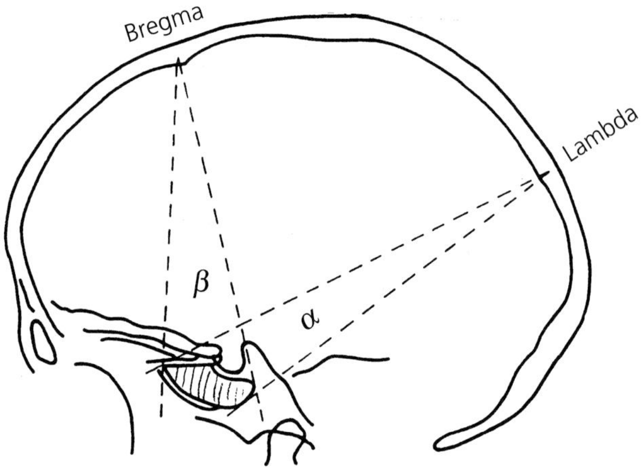

Meßergebnisse

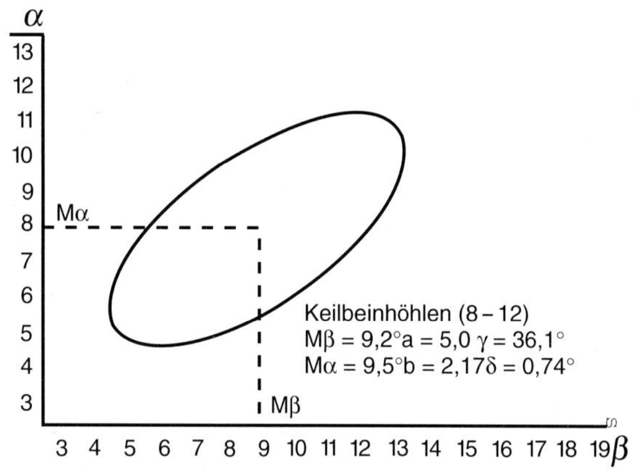

Normalwerte, Kinder, 8–12 Jahre

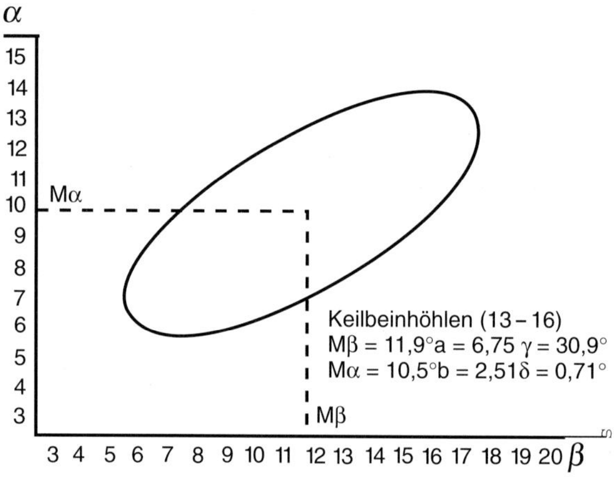

Normalwerte, Jugendliche, 13–16 Jahre

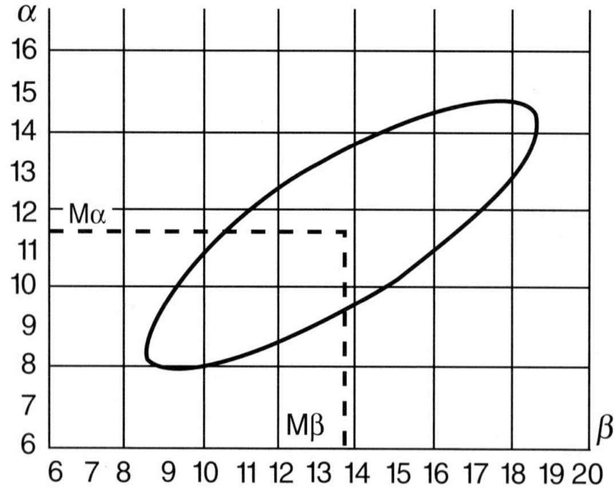

Normalwerte, Erwachsene

Nach Müller, D.: Neuroradiologische Diagnostik und Symptomatik der Hirnentwicklung im Kindesalter. Volk und Gesundheit, Berlin 1963
Bergerhoff, W.: Röntgenologische Schädelmessung. In Handbuch der Radiologie, Bd. VII/1. Springer, Berlin 1963

Kiefer-, Stirn- und Keilbeinhöhlen

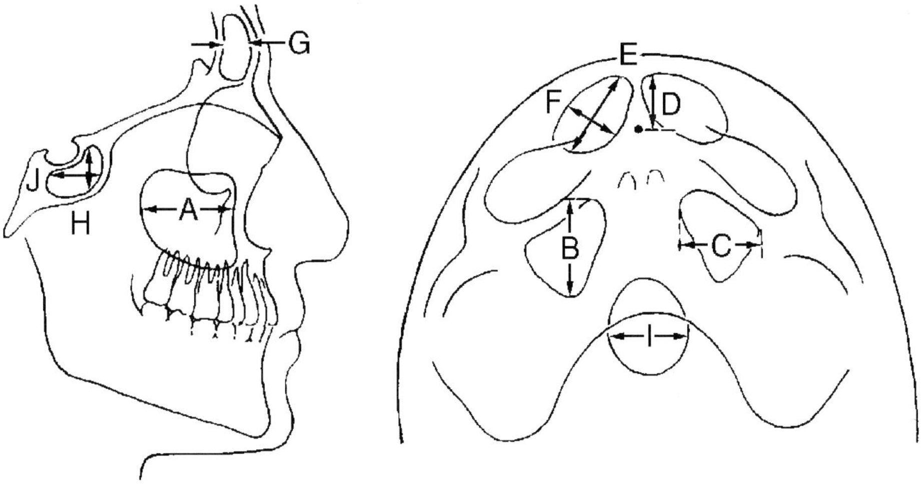

Durchschnittswerte der Kieferhöhlen (mm)

Alter	A	B	C
9 Monate	11–14	5– 5,5	5– 5,5
1 Jahr	14–16	6– 6,5	5– 6
2 Jahre	21–22	10–11	8– 9
3 Jahre	22–23	11–12	9–10
6 Jahre	27–28	16–17	16–17
10 Jahre	30–31	17–18	19–20
18 Jahre	31–33	20–21	20–21

Durchschnittswerte der Stirnhöhlen (mm)

Alter	D	E	F	G
5–12 Monate	2	2	2	3,5
1– 2 Jahre	1,8	5	2,5	4,5
3– 4 Jahre	2,5	7	4	5,5
7– 8 Jahre	9,5	13	10	8,5
10–11 Jahre	12,5	16	10	9
17–18 Jahre	15	18	20	16
19–20 Jahre	28	26	26	17

Durchschnittswerte der Keilbeinhöhlen (mm)

Alter	H	I	J
1 Jahr	2,5	2,5	1,5
2 Jahre	4	3,5	2,2
5 Jahre	6,5– 7	6,5– 6,8	4,5– 4,7
9 Jahre	14,5–15	11,5–12	10–11
14 Jahre	14 –15	9–14	7–12

Nach Fochem, K., J. Klumair: Atlas der röntgenologischen Meßmethoden. Springer, Wien 1976
Nach Schaeffer, J. P.: Pennsylvania M. ed. J. 39 (1936), 395

Sonografische Messungen der Nasennebenhöhlen nach Mann (1984)

Verschiedene Ultraschallbefunde der Kieferhöhle (alle Angaben in mm)

normale lufthaltige Kieferhöhle bei Kind und Erwachsenem	ca. 8–11
pathologisch	
Sekretretention	
– beim Kind	35–38
– beim Erwachsenen	38–45
Schleimhautpolypen und geringe Sekretansammlung am Kieferhöhlenboden	20, 30, 35 oder 50
Zysten	30–35
Tumoren	55–60
Nicht infizierte Mukozele der lateralen Kieferbucht	30–35

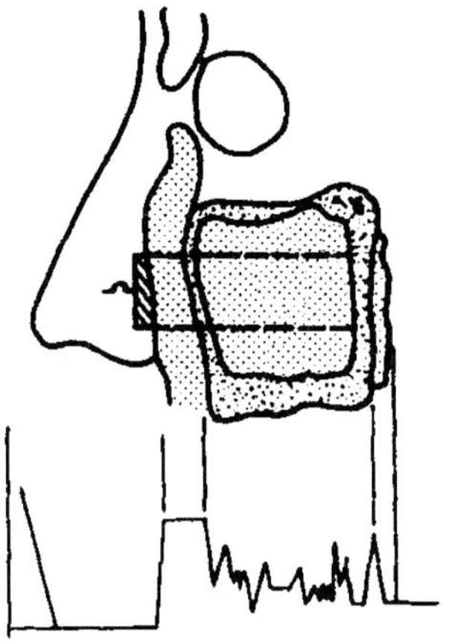

Abstand zwischen aufgesetzter Schallkopfoberfläche und Rückwand

Ultraschallbefunde der Stirnhöhle und der vorderen Siebbeinzellen (alle Angaben in mm)

Normale lufthaltige Stirnhöhle, s. (1)	0,4–0,5
pathologisch	
Sekretretention, s. (2)	ca. 0,5[1] 1,5–2,5[2]
Schleimhautschwellung, s. (3)	1–2
Vordere Siebbeinzellen, normal	–
pathologisch	
Sekretretention, s. (4)	6–7[1] 20–40[2]

[1]) Vorderwandecho [s. u. (8) und (10)]
[2]) Rückwandecho [s. u. (8) und (10)]

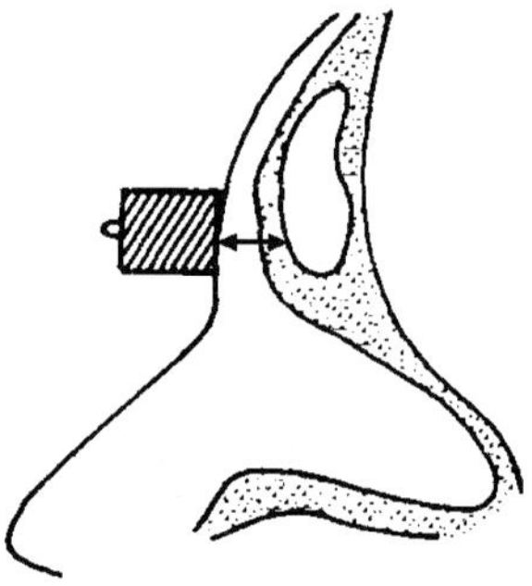

↔ Abstand zwischen angekoppelter Schallkopfoberfläche und Nasennebenhöhlenlumen

Normale lufthaltige Stirnhöhle

(1): Das eigentliche Nasennebenhöhlenlumen stellt sich bei der gesunden Stirnhöhle nicht dar.

(2): Wert 1 bezieht sich auf das Vorderwandecho, 2 auf das Rückwandecho. Nach MANN (1984) handelt es sich um eine Sekretretention ohne wesentliche Schleimhautschwellung.

(3): Rückwandecho erscheint in angegebener Entfernung.

(4): Wert 1 bezieht sich auf das Vorderwandecho, 2 auf das Rückwandecho.

Nach Vogel, H.: Maße in der Sonographie und Computertomographie. ecomed-Verlagsgesellschaft, Landsberg 1986

Orbita

Bestimmung des Interorbitalabstandes

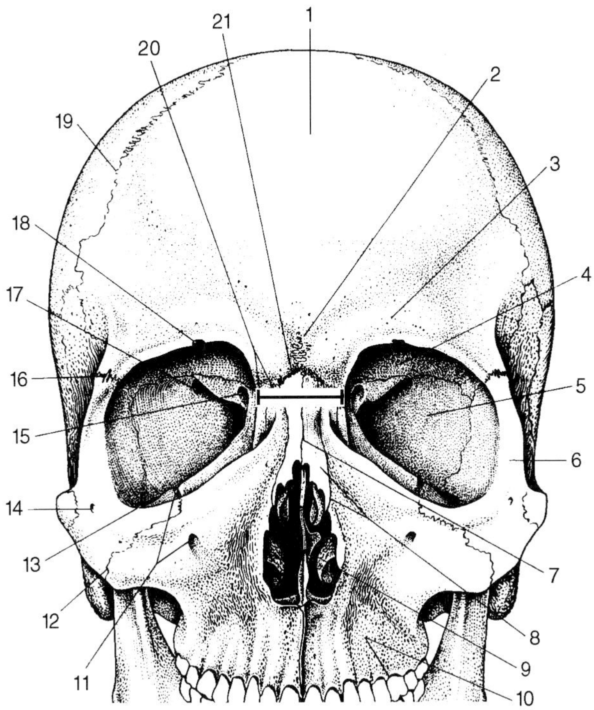

Schädel, Ansicht von vorn

Methodik: Messung an Kreuzung von Crista lacrimalis post. mit Sutura

1 Os frontale, Squama frontalis
2 Glabella
3 Arcus superciliaris
4 Pars orbitalis des Os frontale
5 Ala major des Os sphenoidale, Facies orbitalis
6 Os zygomaticum
7 Sutura internasalis
8 Os nasale und Sutura nasomaxillaris
9 Septum nasi osseum
10 Maxilla
11 Foramen infra-orbitale und Sulcus infra-orbitalis
12 Sutura zygomaticomaxillaris
13 Fissura orbitalis inferior
14 Foramen zygomaticofaciale
15 Canalis opticus
16 Sutura frontozygomatica
17 Fissura orbitalis superior
18 Incisura frontalis
19 Sutura coronalis
20 Sutura frontomaxillaris (medial) und Sutura frontolacrimalis (lateral)
21 Sutura frontonasalis
|——| Interorbitalabstand

Nach Frick H., H. Leonhardt, D. Starck: Spezielle Anatomie, Bd. II. Thieme, Stuttgart 1980

Nicht korrigierte Kurven normaler Interorbitalabstände (in cm)

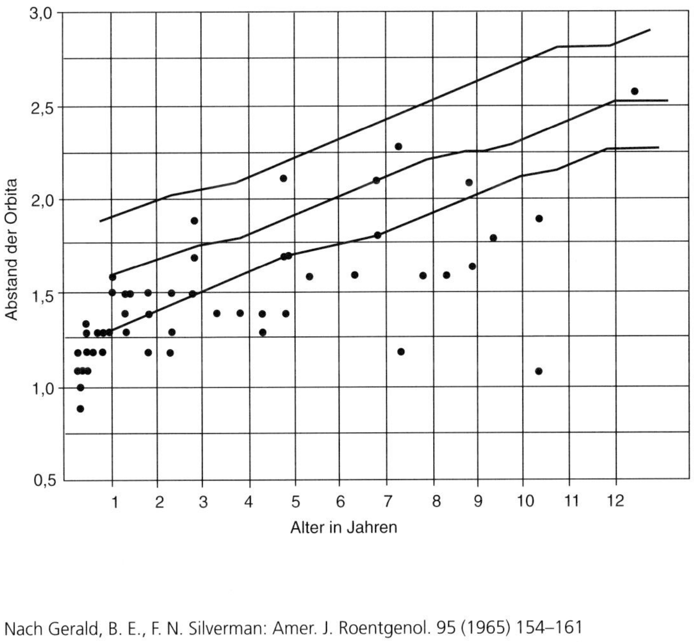

Nach Gerald, B. E., F. N. Silverman: Amer. J. Roentgenol. 95 (1965) 154–161

Interorbitalmessungen in verschiedenen Altersstufen (78 % Genauigkeit)

Alter in Monaten	kritische Größe in cm
3	1,45
6	1,47
9	1,49
12	1,50
24	1,57
36	1,63
48	1,70
60	1,76
72	1,83
84	1,90
96	1,97
108	2,01
120	2,10
132	2,16
144	2,23

Messung des Canalis nervi optici

Röntgenaufnahmetechnik nach Rhese

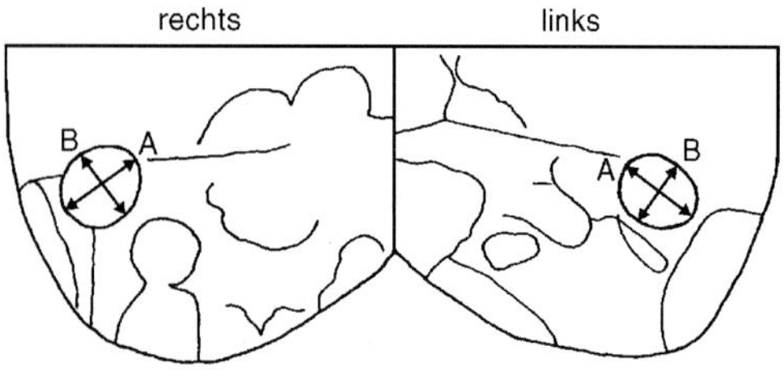

Normalwert A = B = 5 mm
erweitert A n./o. B > 5mm
verengt A n./o. B < 5 mm

Meßwerte nach Goalwin

Distanz A
re: maximal 5,3 minimal 3,5 Mittel = 4,4
li: maximal 5,6 minimal 3,5 Mittel = 4,5

Distanz B
re: maximal 5,6 minimal 3,0 Mittel = 4,3
li: maximal 5,5 minimal 3,5 Mittel = 4,5

Nach Goalwin, H. A.: Am. J. Roentgenol. 13, 480 (1925)
Nach Lusted, L. B., Keats, T. E.:
Atlas of Roentgenographic Measurements. Chicago: Year Book Medical Publishers. 1967
Nach Fochem, K., J. Klumair:
Atlas der röntgenologischen Meßmethoden. Springer, Wien 1976

Canalis nervi optici Gegenüberstellung von CT- und anatomischen Normalwerten

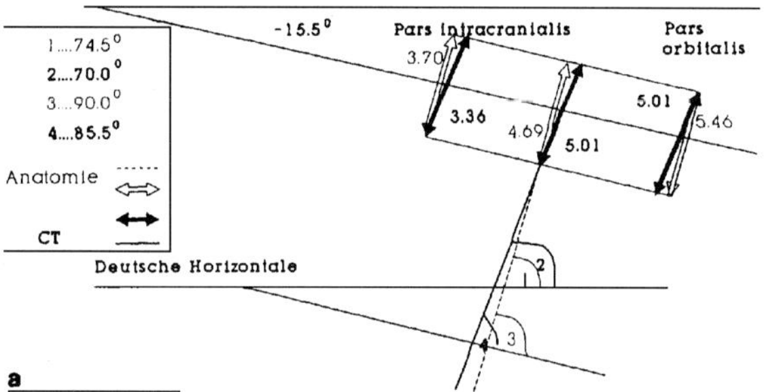

a

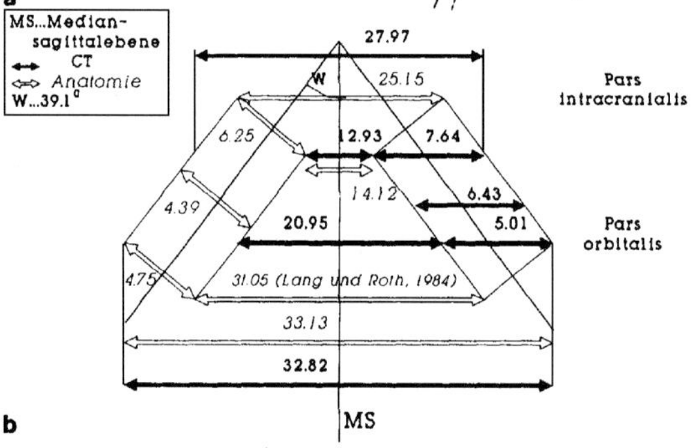

b

Canalis-opticus-Modell: Mittelwertbildung (in mm) der anatomischen und computertomographischen Meßergebnisse von 120 untersuchten Optikuskanälen unter Berücksichtigung der Meßebenen. **a** Vermessungslinien der vertikalen Durchmesser. Darstellung des Can. opticus in der Sagittalebene. **b** Vermessungslinien der transversalen Durchmesser. Darstellung der Cann. optici in der Horizontalebene

Durchmesser (DM) des Canalis n. optici [mm]

	Anatomie	CT
Pars orbitalis		
Transversaler DM	4,75 (3,40–5,69)	5,66 (4–10)
vertikaler DM	5,46 (3,89–7,28)	5,01 (3– 7)
Optikustaille		
transversaler DM	4,39 (3,21–5,47)	6,43 (4– 9)
vertikaler DM	4,69 (3,04–6,35)	5,01 (3– 7)
Pars intracranialis		
transversaler DM	6,25 (4,21–8,49)	7,64 (5–11)
vertikaler DM	3,70 (2,60–5,53)	3,63 (3– 9)

Nach Berlis, A., R. Putz, M. Schumacher:
Maße und Varianten im Bereich des Canalis opticus. Radiologie 32 (1992) 436–440

Messung der Fissura orbitalis superior

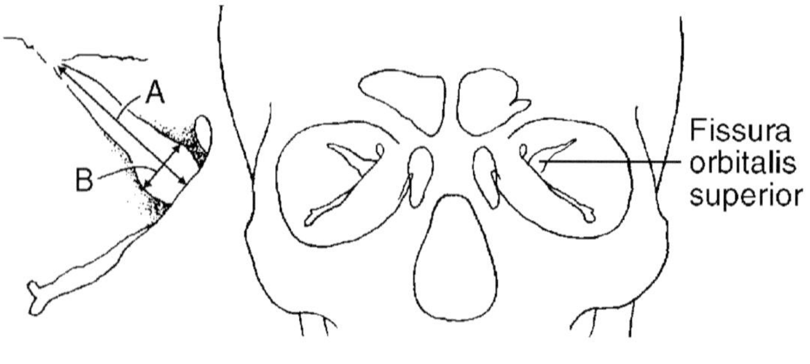

Normalwerte Länge (A) = 15 mm
Breite (B) = 5 mm

Nach Kornblum, K., G. R. Kennedy: Amer. J. Roentgenol. 47 (1942) 845

Sonographische Messungen am Auge

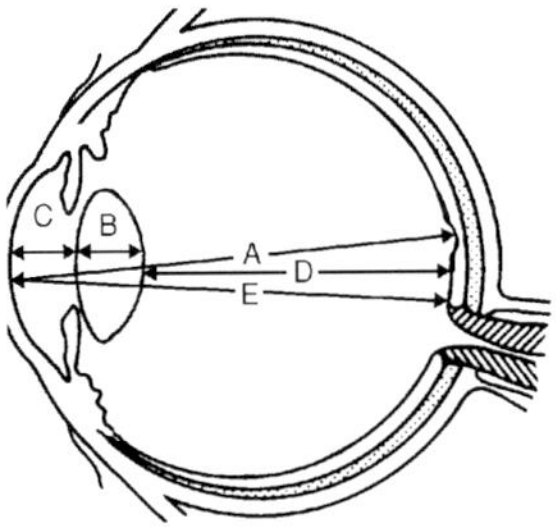

A = Sehachsenlänge
B = Linsendurchmesser
C = Durchmesser der vorderen Augenkammer
D = Durchmesser des Glaskörpers
E = Bulbuslänge

Augenmaße an Neugeborenen (W = Weiblich, M = Männlich)

	Gernet (1964)		Luyckx (1966)		Grignolo (1968)	Larsen (1971)		Blomdahl (1979)
Geschlecht	W	M	W	M	W + M	W	M	W + M
Gewicht (g) von/bis								2310–4790
Refraktion (D) von/bis								+ 1,0- + 5,5
Mittelwert	+ 2,6	+ 3,0	+ 2,2	+ 2,6	+ 0,52	–	–	+3,6
*Tiefe der vorderen Augenkammer (mm) von/bis	2,9	2,9	2,5	2,6	–	2,39	2,37	2,4- 2,9
Mittelwert								2,6
Linsendicke (mm) von/bis								3,4- 3,9
Mittelwert	3,4	3,4	3,6	3,7	–	3,99	3,93	3,6
Glaskörperlänge (mm) von/bis								8,9–11,2
Mittelwert	–	–	10,8	10,8	–	10,22	10,48	10,4
Achsenlänge (mm) von/bis								15,3–17,6
Mittelwert W + M								16,6
Mittelwert W	17,2	17,1	17,7	17,5	17,02	16,7		16,5
Mittelwert M								16,7

* Maßangaben enthalten zentrale Korneadicke.

Augenmaße bei Säuglingen, Kleinkindern und Kindern (J = Jahre, M = Monat(e), SD = Standardabweichung)

		Poujoul (1976)		Fledelius (1977)	Sampaolesi (1982)
Alter	von/bis			8–12 J	2–72 M
	Mittelwert	1 M	10 J	10 J	
Refraktion (D)	Mittelwert			+ 0,61	
	SD			± 0,22	
Tiefe der vorderen	Mittelwert			3,91	3,04
Augenkammer (mm)	SD			± 0,19	± 0,51
Linsendicke (mm)	Mittelwert			3,56	3,85
	SD			± 0,15	± 0,24
Glaskörperlänge (mm)	Mittelwert				13,25
	SD				±1,18
Achsenlänge (mm)	Mittelwert	17*	22*	23,50	20,97
	SD			± 0,59	±1,48

* Gemessen wurde von der Korneaoberfläche bis zur Retina auf Höhe des Polus posterior.

Nach Vogel, H.: Maße in der Sonographie und Computertomographie. ecomed-Verlagsgesellschaft, Landsberg 1986

Bestimmung von Augenmaßen an Jugendlichen und Erwachsenen (alle Maßangaben in mm), F = Frauen, M = Männer

	15–19 Jahre	20–29 Jahre	30–39 Jahre	40–49 Jahre	15–49 Jahre
Vordere Augenkammer[1]					
M	4,05	3,86	3,62	3,58	
F	3,87	3,73	3,54	3,45	
Fehler ± 0,108					
Linsendicke					
M	3,48	3,61	3,88	4,19	
F	3,48	3,67	4,01	4,10	
Fehler ± 0,135					
Glaskörperlänge[2]					
M	16,78	16,69	16,10	15,79	
F	15,70	15,82	15,76	15,38	
Fehler ± 0,096					
Achsenlänge[3]					
M					24,00 ± 0,10
F					23,14 ± 0,08

[1] Gemessen von der Vorderfläche der Kornea bis zur Vorderfläche der Linse
[2] Abstand zwischen Facies posterior lentis und innerer Sklerawand
[3] Abstand zwischen Vorderfläche der Kornea und innerer Sklerawand im Polus posterior

Augenmaße bei Erwachsenen (SD = Standardabweichung, F = Frauen, M = Männer)

	Karantinos (1974)	Francois[1] (1975)	Francois[2] (1977)	Forgie[3] (1979)	Yu (1979)	Binkhorst[4] (1981)	Krogsaa (1984)
Alter (Jahre)							
von/bis			40–50	20–48	junge	46–85	21–58
Mittelwert	21	< 20	45,12 ± 3,97		Erw.	66	
Refraktion (D)							
von/bis			–1 bis +1				+5 bis –6
Mittelwert			0,54 ± 0,52				
Tiefe der vorderen Augenkammer (mm)							
von/bis			2,27–3,57	I II			
Mittelwert	3,44	3,77	2,91	3,3 3,7			3,01
SD	± 0,24		0,31	0,06 0,03			
Linsendicke (mm)							
von/bis			3,70–5,00				
Mittelwert	3,64	3,61	4,30				4,03
SD	± 0,42		0,29				
Glaskörperlänge (mm)							
von/bis			14,0–16,70				
Mittelwert	16,15		15,26				15,86
SD	± 0,55		0,69				
Achsenlänge (mm)							
von/bis				I II		21,50–26,97	
Mittelwert	23,26			24,5 24,6	23,74	23,53	22,90
SD	± 0,77			0,1 0,1	1,24	0,17	
Bulbuslänge (mm)							
von/bis			21,50–24,95				
Mittelwert			23,27				
SD			0,75				
Mittelwert bei F			23,00				
Mittelwert bei M			23,80				

[1] Untersucht wurden emmetrope Augen
[2] Untersucht wurden emmetrope Augen
[3] Untersucht wurden klinisch normale Augen
[4] Untersucht wurden aphakische Augen

Nach Vogel, H.: Maße in der Sonographie und Computertomographie. ecomed-Verlagsgesellschaft, Landsberg 1986

Messung der extraokularen Muskulatur

Musculus	% der Bevölkerung	Maximale Dicke (mm)	Maximale Differenz der Muskelgröße zwischen rechtem u. linkem Auge (mm)
rectus	95	4,58	1,50
superior	90	4,32	1,15
rectus	95	5,12	1,10
lateralis	90	4,88	0,90
rectus	95	4,45	1,50
inferior	90	4,24	1,40
rectus	95	5,20	1,36
medialis	90	5,02	1,10

Messung des N. opticus (alle Angaben in mm)

	Mc Nutt (1975)	Skalka (1978)
N. opticus		
normaler Durchmesser		3,1–4,3
Mittelwert	3,5	3,6
Standardabweichung	0,54	
Durchmesserdifferenz zwischen duralem und neuralem Nerv, normal		≦ 1,50
pathologisch		
* Durchmesserdifferenz zwischen duralem u. neuralem Nerv		> 1,50
** Durchmesserdifferenz bei Atrophia n. optici		> 1,61

* Nach Skalka (1978) übertrifft der durale Durchmesser den neuralen Durchmesser des N. opticus um mehr als 1,50 mm bei folgenden Erkrankungen:
orbitale Tumoren, orbitale Zellulitis, retrobulbäre Neuritis, Verschluß der A. retinale, juxtapapillare Verletzungen, Neuroretinitis, Neuritis optica, okulare Hypotonie.

** Nach Skalka (1978) übertrifft der durale Durchmesser den neuralen Durchmesser des N. opticus um mehr als 1,61 mm bei folgenden Erkankungen:
Glaukom, angeborene Anomalien, tertiäre Lues.

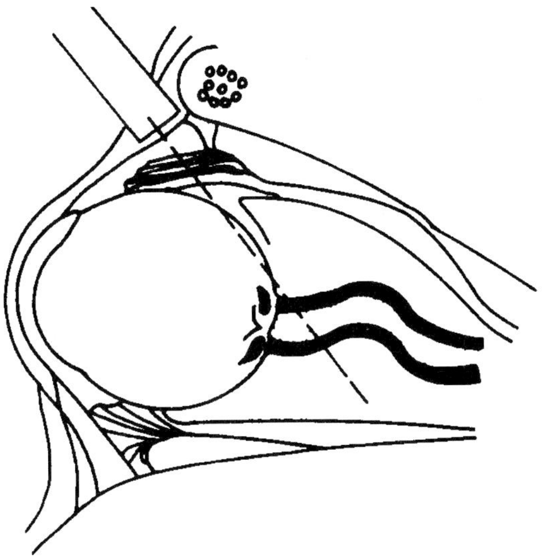

Aufsatzpunkt des Schallkopfes für die Messung des N. opticus

Messungen von N. opticus und Bulbi oculi mittels Röntgen-Computertomographie

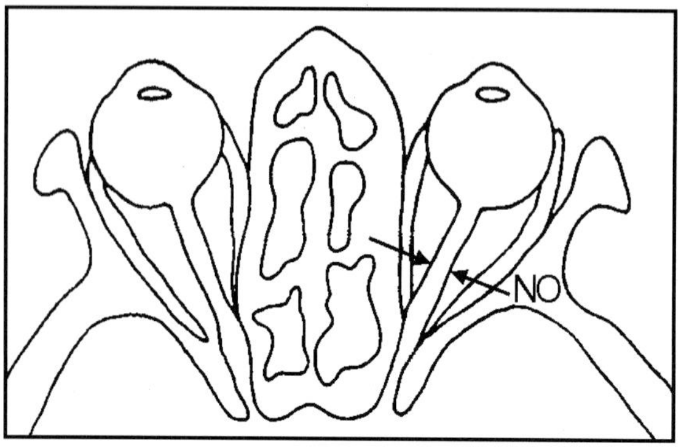

Axiale Ebene: Durchmesser des N. opticus (NO)

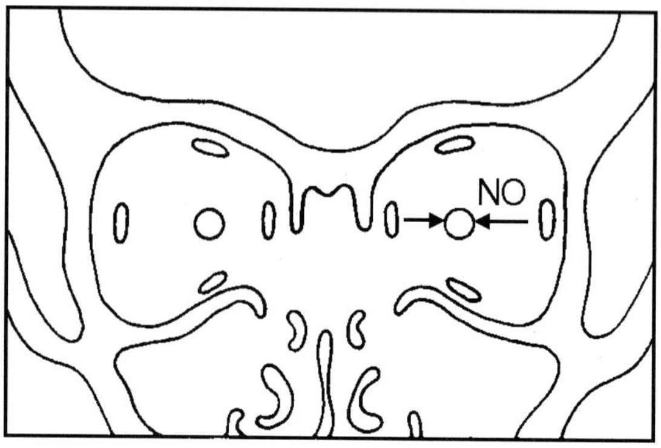

Koronare Ebene: Durchmesser des N. opticus (NO)

Durchmesser und Länge des N. opticus (intraorbital): Normalmaße (Angaben in mm)

	Schicht-ebene	Salvolini et al. (1978)	Huber et al. (1979)	Sanders (1980)	Peyster et al. (1983)
Durchmesser	axial	3–4	3–4	3,6	
	koronar				5
Länge intraorbital	axial			25	
N		97	∅	∅	100
Methode	Schicht-dicke	8 mm	5 mm 10 mm	∅	5 mm
	Matrix	160 x 160	256 x 256		

Der Durchmesser des N. opticus ist abhängig von seinem Verlauf durch die Schnittebene. Zur Normierung schlagen Salvolini et al. die neurookuläre Ebene (schneidet Linse, N. und Canalis opticus) vor.

Peyster et al. definieren ihren Meßort in der koronaren Ebene nicht. Die Skizze ist daher nur als Illustration, nicht als genaue Lokalisation, zu sehen.

Nach Vogel, H.: Maße in der Sonographie und Computertomographie. ecomed-Verlagsgesellschaft, Landsberg 1986

Transversaler und sagittaler Durchmesser des Bulbus oculi, Normalmaße (Angaben in mm)

Durchmesser	Seite	Crow et al. (1982)
transversal	re	28,6 ± 1,2
	li	29,4 ± 1,4
sagittal	re	27,8 ± 1,2
	li	28,2 ± 1,2
N		55

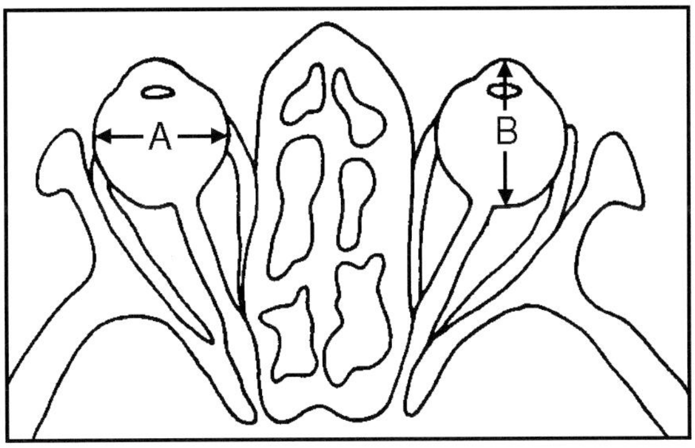

Durchmesser des Bulbus oculi: transversal (A), sagittal (B)

Orbitalindex 1 + 2

	Seite	Crow et al. (1982)
Index 1	re	0,85 ± 0,05
	li	0,87 ± 0,05
Index 2	re	0,31 ± 0,02
	li	0,32 ± 0,02
N		55

$$\text{Orbitalindex 1} = \frac{\text{Transversaler Bulbusdurchmesser (A)}}{\text{Weite der knöchernen Orbita (C)}}$$

$$\text{Orbitalindex 2} = \frac{\text{Transversaler Bulbusdurchmesser (A)}}{\text{Maximaler biorbitaler Abstand (D)}}$$

Die Indizes wurden gebildet, um ein von den individuellen Bulbus- und Orbitagrößen unabhängiges Maß zu erhalten.

Neurookulärer Index (Angaben in %)

	Salvolini et al. (1978)	Cabanis et al. (1978)
Normalmaße	14,8 ± 0,74	
Papillenödem		16,75 ± 0,83
N	97	34

Methode: Schichtdicke 8 mm, Matrix 160 x 160.

Die angewandte Technik ist zu grob, um so feine Strukturen genau zu erfassen. Geringere Schichtdicke würde die Ungenauigkeit vermindern.

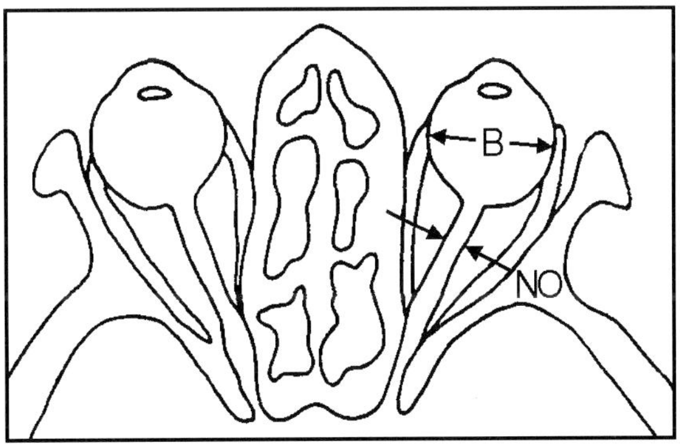

Neurookulärer Index $\frac{NO}{B}$ x 100

Messungen der äußeren Augenmuskeln mittels Röntgen-Computertomographie

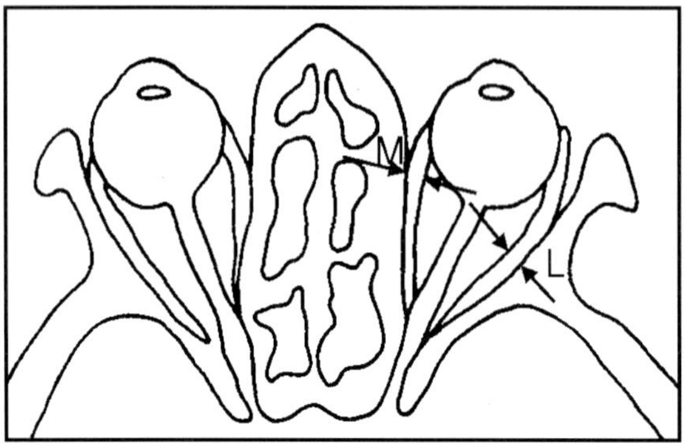

Breite des M.
rectus medialis (M)
und des M. rectus lateralis (L)

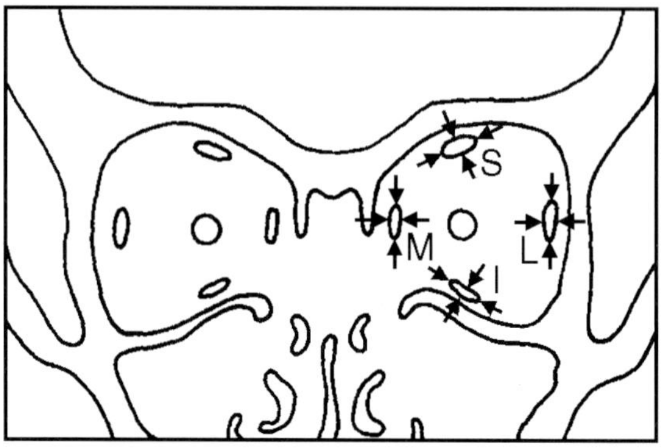

Koronare Schicht
Breite und Dicke des Musculus rectus superior (S)
des M. rectus medialis (M)
des M. rectus lateralis (L)
des M. rectus inferior (I)

Breite und Dicke der äußeren Augenmuskeln:
oberer Normwert = Mittelwert + 2 SD; Normalmaße (Angaben in mm).

Muskel	Ebene	Langenbruch (1981) Mittel	Oberer Normwert
M. rectus superior	axial	6	8
	koronar		
	Breite	6	10
	Dicke	3	5
M. rectus medialis	axial	4	5
	koronar		
	Breite	8	10
	Dicke	3	4
M. rectus lateralis	axial	2	3
	koronar		
	Breite	7	7
	Dicke	3	4
M. rectus inferior	axial	6	7
	koronar		
	Breite	7	9
	Dicke	3	5
N		52	

Methode: Schichtdicke 4 mm, Auswertung am Evaluskop (F. Siemens). Die Festlegung der Grenzwerte ist geeignet zur Beurteilung der endokrinen Orbitopathie in Diagnostik und zur Verlaufskontrolle bei Therapie.

Nach Vogel, H.: Maße in der Sonographie und Computertomographie. ecomed-Verlagsgesellschaft, Landsberg 1986

Messungen der knöchernen Orbita sowie der Weite der V. ophthalmica superior mittels Röntgen-Computertomographie

Tiefe und Breite der knöchernen Orbita: Normalmaße (Angaben in mm)

	Langenbruch (1981)
Tiefe	32,5 ± 3,1
Breite	33,2 ± 1,5
N	52

Die hier erstellten Werte sind niedriger als die von Tadmor, New veröffentlichten Werte (Tiefe 40 mm, Breite 35 mm), bei denen aber nicht deutlich wird, ob es sich um anatomisch oder computertomographisch erstellte Werte handelt.

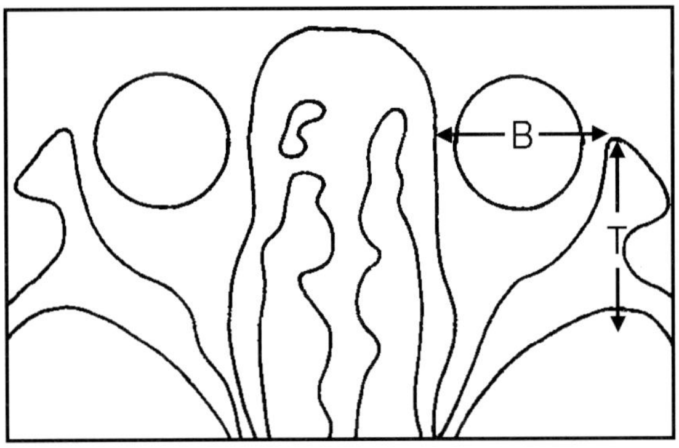

Tiefe (T) *und Breite* (B) *der knöchernen Orbita*

(Die Skizze gibt nur einen Anhalt für den Meßort, da die genaue Schichtebene nicht definiert wurde)

Weite der V. ophthalmica superior (Angaben in mm)

	Brismar et al. (1977)	N
Normalmaße	3–4	9
Arteriovenöse Fistel	7	1
N		10

Methode: Schichtdicke 8 mm, Matrix 160 x 160.

Um genaue Messungen von Organen dieser Größenordnung vorzunehmen, ist eine geringere Schichtdicke erforderlich. So hat der Partialvolumeneffekt großen Einfluß und führt zu Ungenauigkeiten.

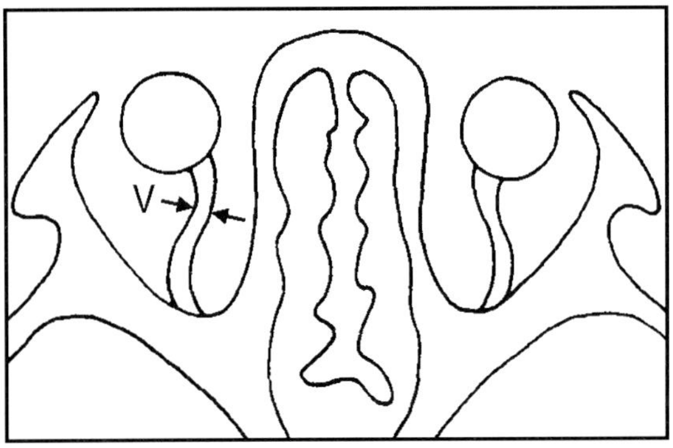

Axiale Schicht: Weite der V. ophthalmica superior (V)

Nach Vogel, H.: Maße in der Sonographie und Computertomographie. ecomed-Verlagsgesellschaft, Landsberg 1986

Porus acusticus internus

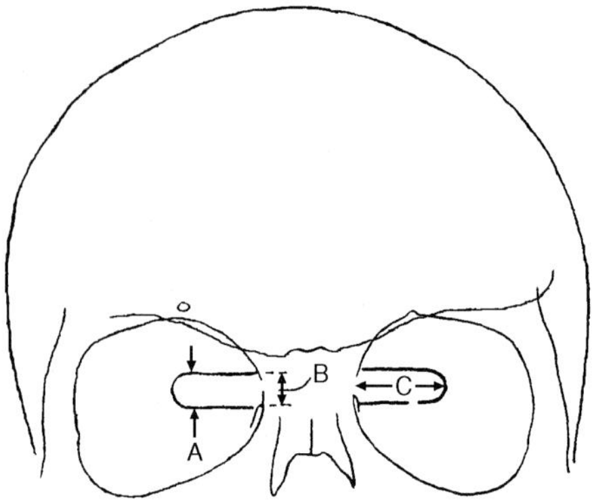

A = größter Durchmesser des Ganges
Durchschnittswert: 5,2 mm
Maximum: 11,0 mm
Minimum: 2,5 mm

B = medialer Teil oder Öffnung des Ganges
Durchschnittswert: 6,2 mm
C = Länge des Ganges, wie Skizze zeigt
Durchschnittswert: 7,9 mm
Maximum: 16,0 mm
Minimum: 3,0 mm

Nach Camp, J. D. and E. I. L. Cilley: Amer. J. Roentgenol. 41 (1939) 713

Porus und Meatus acusticus internus

Konventionell-normale und pathologische Maße sowie bilaterale Variation der *inneren Gehörgänge* (nach Graf, Valvassori, Ebenius, Camp u. Mitarb. sowie Psenner)

	Normal Min.–Max.		Mittelwert	*Pathologisch*
Vertikaler Durchmesser	2–8 mm		4–5 mm	≦ 2 mm und ≧ 8mm
Bilaterale Variation		0–2 mm		≧ 2,5 mm (1–2,5mm: fraglich pathologisch)
Länge *posteriore* Wand	4–11 mm		8 mm	≦ 4 mm
Bilaterale Variation		0–2 mm		≧ 3 mm (2–3 mm: fraglich pathologisch)
Länge *anteriore* Wand	9–27 mm		18 mm	≦ 9 mm
Bilaterale Variation		0–4 mm		≧ 4 mm
Horizontaler Durchmesser	3–5 mm			≧ 5 mm

Nach Reisner, K., J. Gosepath: Schädeltomographie. Thieme, Stuttgart 1973

Meatus acusticus internus:
Breite 5 mm (zw. 2–12 mm, Seitendifferenz max. 1 mm)
Länge 8 mm (zw. 4–25 mm, Seitendifferenz max. 2 mm)
(wegen Projektion nur bedingt anzuwenden)

Nach Möller, T. B.: Röntgennormalbefunde. Thieme, Stuttgart-New-York 1987

Computertomographie – Weite des Porus akustikus internus (PA) (Angaben in mm)

	G	Heller et al. (1983) Mittelwert	2s-Bereich	Streubreite
Normalmaße	m	7,7		
	w	7,5		
	m/w	7,6	5–10	5–17
Seitendifferenz re/li	m/w	≦ 1		
N	190			

Nach Vogel, H.: Maße in der Sonographie und Computertomographie. ecomed-Verlagsgesellschaft, Landsberg 1986

Schädelbasis und kraniozervikaler Übergang

Foramina der Schädelbasis

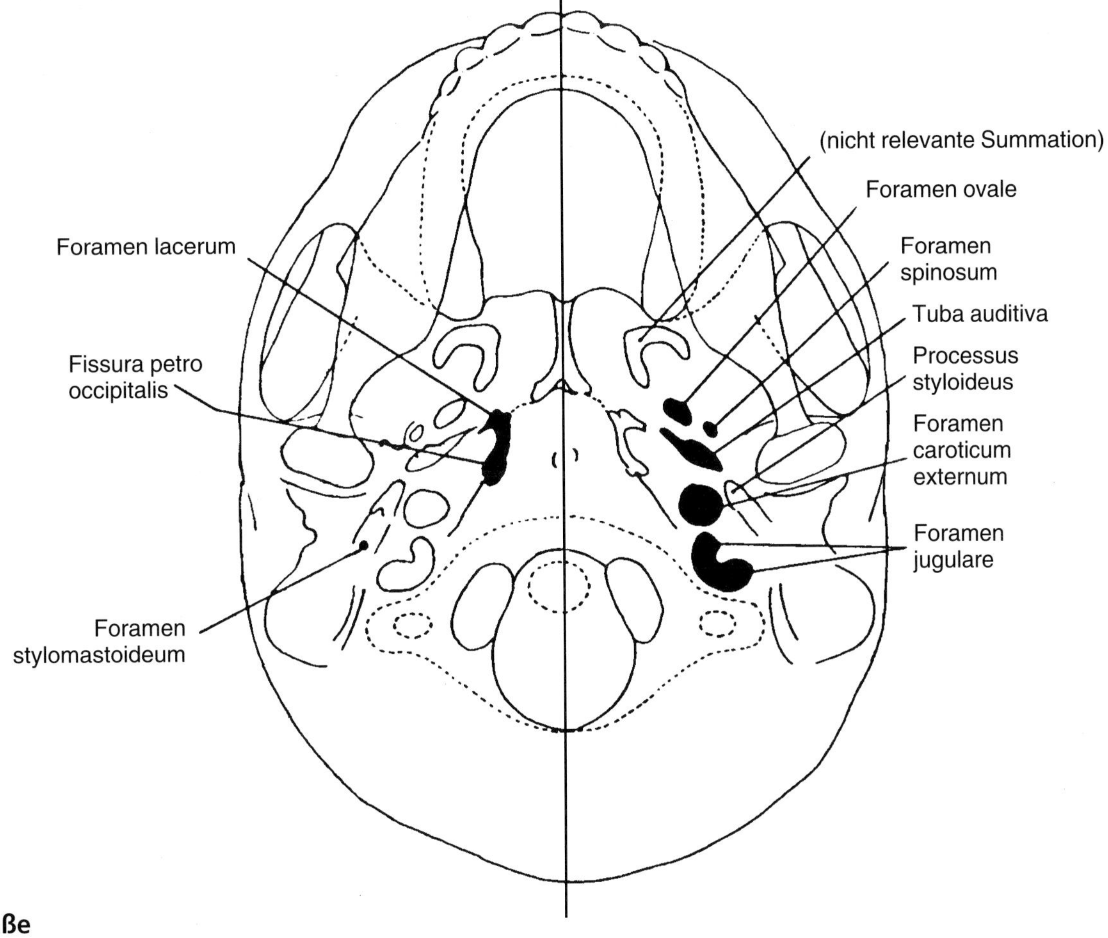

Maße

Foramen ovale:	Länge 5,0–11,0 mm	
	Breite 2,0–11,0 mm	
Foramen spinosum:	Durchschnittsdurchmesser 2,0 mm	
	Maximum 3,5 mm	
	Minimum 1,0 mm	
Foramen lacerum:	Durchschnittsdurchmesser 6,4 mm	
	Maximum 7,0 mm	
	Minimum 5,5 mm	
Foramen jugulare:	besteht aus drei Abschnitten	
lateraler Anteil:	Durchschnittswert	rechts 12,9 x 8,6 mm
	"	links 11,6 x 7,6 mm
	Maximum 12,0 x 16,0 mm	
	Minimum 6,0 x 7,0 mm	
Mittelteil:	Maximum 3,0 x 5,0 mm	
	Minimum 2,0 x 4,0 mm	
Intermediantteil:	Maximum 4,0 x 6,0 mm	
	Minimum 3,0 x 5,0 cm	

Nach Orley, A.: Neuroradiology. Thomas, Springfield/I11. 1949
Nach Möller, T. B.: Röntgennormalbefunde. Thieme, Stuttgart 1987

Kraniometrie der Schädelbasis

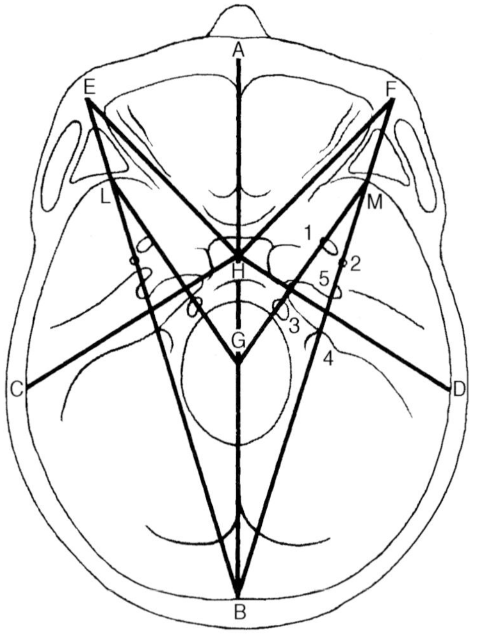

Skizze der von den Basisstreben gebildeten Winkel (nach Bergerhoff)

EHF	= 90 Grad	1 = Foramen ovale
CHD	= 119 Grad	2 = Foramen spinosum
LGM	= 70 Grad	3 = Canalis condyloideus
EBF	= 36 Grad	4 = Foramen jugulare
		5 = Canalis caroticus

Schädelbasis – Winkel

Basiswinkel
(Nasion – Tuberculum sellae – Basion) = 123°–152°

Boogard-Winkel
(Foramen magnum zu Klivus) = 119°–135°

Stellung der HWS zur Schädelbasis: Die Densspitze überschreitet Palatookzipitallinie (P) nicht mehr als 5 mm.

Nach Möller, T. B.: Röntgennormalbefunde. Thieme, Stuttgart 1987

Kraniozervikaler Übergang – Schädelbasis

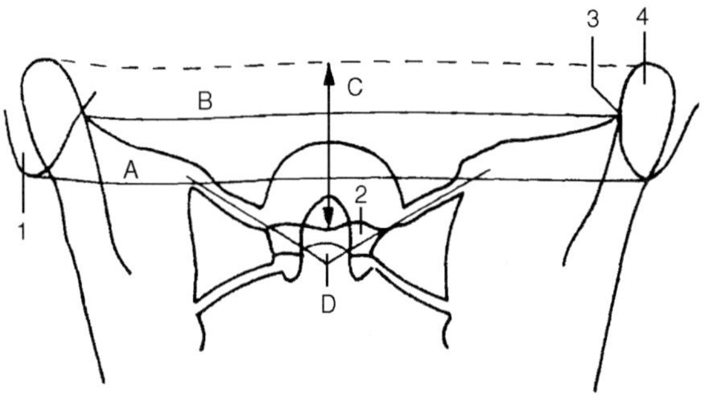

Schema zur Kraniometrie: anteroposteriore Projektion

A – Bimastoidlinie; B – bidigastrische Linie; C – Kiefergelenk-Atlasbogen-Abstand; D – atlantookzipitaler Gelenkachsenwinkel. 1 – Spitzen der Warzenfortsätze; 2 – Arcus anterior atlantis; 3 – Incisura mastoidea; 4 – Kiefergelenkköpfchen

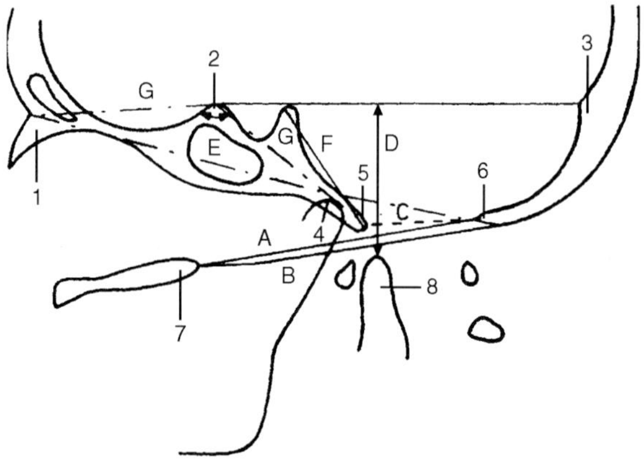

Schema zur Kraniometrie: laterale Projektion

A – *Chamberlain*-Linie; B – *McGregor*-Linie; C – *McRae*-Linie; D – Höhenindex von *Klaus*; E – *Boogard*-Linie; F u. C – *Boogard*-Winkel; G – *Welcker*-Winkel. 1 – Nasion; 2 – Tuberculum sellae; 3 – Eminentia cruciformis der Protuberantia occipitalis interna; 4 – Kiefergelenkköpfchen; 5 – Basion; 6 – Opisthion; 7 – Palatum durum; 8 – Densspitze

Nach Riedel, E., F. Biedermann: Röntgendiagnostik der okzipito-zervikalen Fehlbildungen. Radiol. Diagn. 29 (1988) 193–202
Nach Klaus, E.: Fortschr. Röntgenstr. 86 (1957) 460
Nach Hinck, V. C., C. E. Hopkins, B. S. Savara: Radiology 76 (1961) 572
Nach Chamberlain, W. E.: Yale. J. Biol. Med. 11 (1939) 487
Nach McRae, D. L., A. S. Barnum: Amer. J. Roentgenol. 70 (1953) 23

Atlantodentale Distanzbestimmung

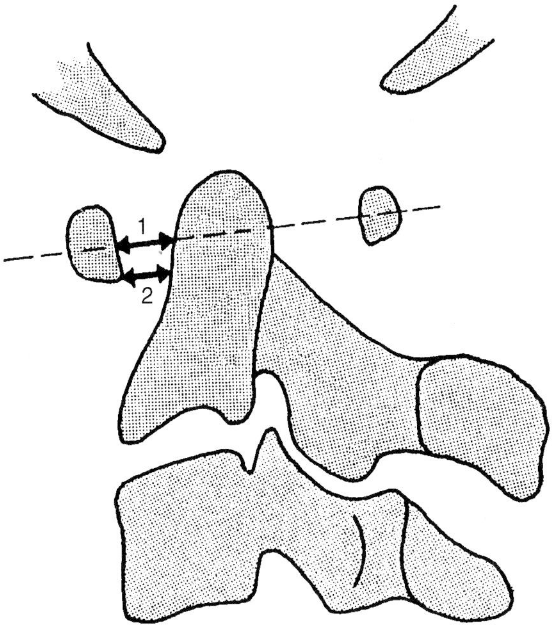

Abstand zwischen Dens und vorderem Atlasbogen, Aufnahme rein seitlich

1 = obere atlantodentale Distanz (Distanz zwischen der Dorsalseite des vorderen Atlasbogens und der Ventralseite des Dens, gemessen in Höhe der mittleren Atlasebene)
2 = untere atlantodentale Distanz (Distanz zwischen der dorsalen unteren Kante des vorderen Atlasbogens und der Vorderwand des Dens)

Normalwerte von 1 und 2 = 1–3 mm, bei Kindern bis 5 mm.

Nach Fochem, K., J. Klumair:
Atlas der röntgenologischen Meßmethoden. Springer, Wien 1976

Atlantodentaldistanz

seitl. < 3 mm (Kinder bis 4 mm)
a.-p. Sicht etwa gleicher Abstand

Nach Möller, T. B.:
Röntgennormalbefunde. Thieme, Stuttgart 1987

McGregor Linie bei Kindern und Erwachsenen

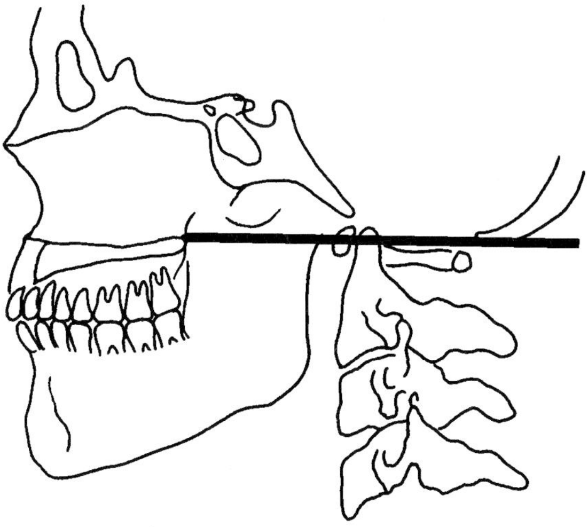

Abstand der Densspitze zur McGregor-Linie bei Kindern [mm]

Alter	durchschnittl. Länge	90 % Toleranz
3 J.	1,94 mm	-0,8 -4,7
4 J.	2,07 "	-0,7 -4,8
5 J.	2,17 "	-0,6 -4,9
6 J.	2,24 "	-0,5 -5,0
7 J.	2,29 "	-0,4 - -5,1
8 J.	2,31 "	-0,4 -5,1
9 J.	2,30 "	-0,4 -5,1
10 J.	2,27 "	-0,5 -5,0
11 J.	2,21 "	-0,5 -5,0
12 J.	2,13 "	-0,6 -4,9
13 J.	2,01 "	-0,7 -4,8
14 J.	1,88 "	-0,9 -4,6
15 J.	1,71 "	-1,0 -4,5
16 J.	1,52 "	-1,2 -4,3
17 J.	1,31 "	-1,4 -4,1
18 J.	1,07 "	-1,7 -3,8

Abstand der Densspitze zur McGregor-Linie bei Erwachsenen [mm]

	durchschnittl. Länge	St. A.	90 % Toleranz
Männer	3,33 mm	3,81	-7,4 bis +8,0 mm
Frauen	3,67 mm	1,69	-2,4 bis +9,7 mm
durchschn. Diff. Mä.-Fr.	-3,06	—	—

Nach Hinck, V. C., C. E. Hopkins:
Amer. J. Roentgenol. 84 (1960) 945

Schädelbasis

Basiswinkel Nasion-Tuberculum-sellae-Basion

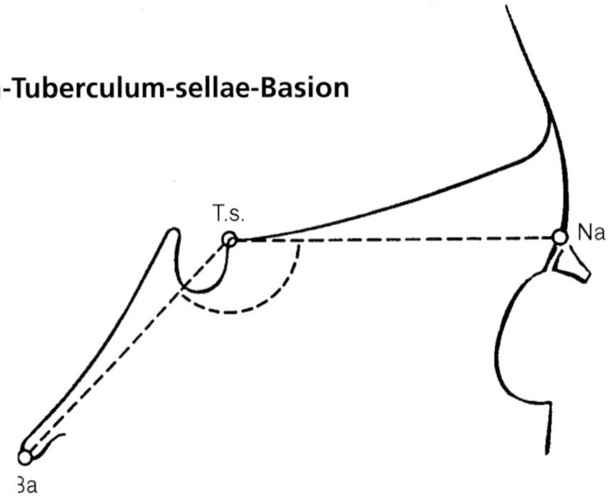

- Neugeborene: 142° ± 5°,
- 1 Jahr: 140° ± 7°
- 3 Jahre: 138° ± 5°
- 5–9 Jahre: 130° ± 6°

Ba = Basion
T. s. = Tuberculum sellae
Na = Nasion

Formveränderungen

Verkleinerter Basiswinkel
Achondroplasie, gleichzeitig Verkürzung der Schädelbasis durch Wachstumsstörung des Chondrokraniums im Bereich des Klivus und der vorderen Schädelgrube, verkleinertes Foramen occipitale magnum.

Vergrößerter Basiswinkel
Chronisch erhöhter Schädelinnendruck, besonders bei Kraniostenosen. Platybasie, basiläre Invagination.

Platybasie
Verkürzung und Anhebung des Klivus.

Basiläre Invagination
Häufig mit Platybasie kombiniert, primäre oder sekundäre Anhebung des Hinterhauptloches mit seiner knöchernen Umrandung. Verlagerung des Dens nach kranial mehr als 10 mm oberhalb der Bimastoidlinie:

- primär: angeborene Okzipitalisation des HWK 1, Hypoplasie des HWK 1 (Achondroplasie, Morbus Morquio, Trisomie 21),
- sekundär: Osteogenesis imperfecta bei älteren Kindern, schwere Rachitis, sekundärer Hyperparathyreoidismus, Hypophosphatasie.

Veränderungen des Schädelbasiswinkels beim Kind
Gemessen an 1000 kindlichen Schädeln im Alter von 0–14 Jahren

Alter	Geschlecht	Gruppe	Zahl	List	McRae	McGregor
0–12 Monate	m	a	69	127,20	132,10	136,01
		b	29	128,14	133,62	137,28
	w	a	44	127,23	132,59	136,32
		b	17	127,70	132,41	136,53
13 Monate bis 4 Jahre	m	a	113	125,06	131,74	136,12
		b	68	125,43	132,15	136,49
	w	a	103	124,40	130,92	135,38
		b	45	123,62	130,67	135,18
4–6 Jahre	m	a	39	124,08	132,08	136,38
		b	26	123,15	130,15	135,00
	w	a	31	122,42	129,29	134,26
		b	20	121,30	127,80	133,05
6–14 Jahre	m	a	92	122,54	129,62	134,05
		b	113	122,56	129,91	134,69
	w	a	82	123,39	130,39	135,09
		b	109	123,30	130,54	135,27

a) Extrazerebrale Erkrankungen wie Angina, Otitis media, Vitium cordis …
b) Zerebrale Erkrankungen, wie Epilepsie, frühkindlicher Hirnschaden, Toxoplasmose, Tumoren, Idiotie.

Nach Müller, D. (Hrsg.): Neuroradiologische Diagnostik und Symptomatik der Hirnentwicklung im Kindesalter. Volk und Gesundheit, Berlin 1963

Sphenoidwinkel und Fazialwinkel

Sphenoidwinkel: Winkel zwischen dem Sphenoid und dem Klivus (auch genannt „Basalwinkel")
Fazialwinkel: Winkel zwischen der Wölbung der Fazialknochen und einer Linie zwischen Alveolus und Foramen magnum wie dargestellt.
Nasopinealwinkel: Nasenwurzel zum Mittelpunkt des Diaphragma sellae und von dort zur Glandula pinealis (normal: 138,5° bis 157,5°), zweiter Schenkel des Winkels: 3,9–5,3 cm (± 2 Standardabweichungen). [Isley et al.]

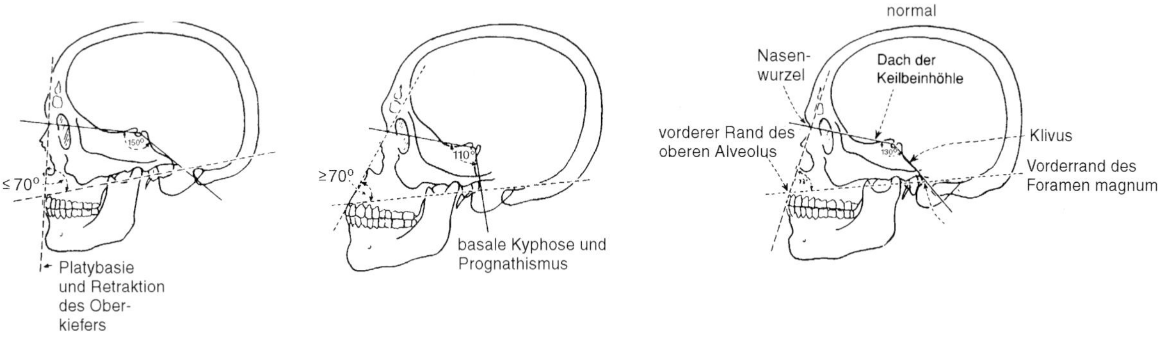

Spenoidwinkel und Basalwinkel sind synonym. In Übereinstimmung mit McGregor beträgt der Basalwinkel bei 95 % der Bevölkerung 122° bis 148°.

Basiswinkel von Welcker

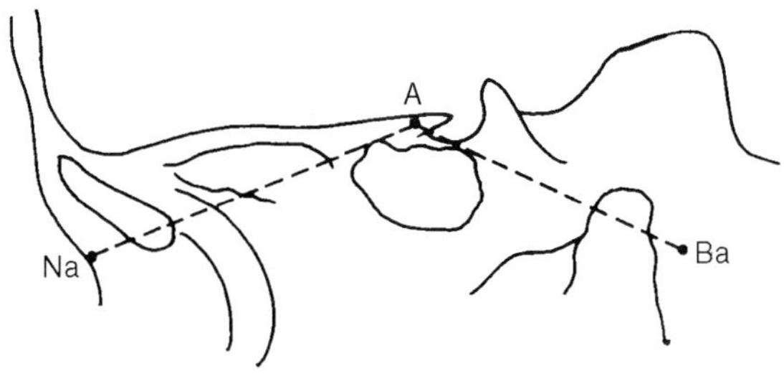

Na Nasion; *A* Tuberculum sellae; *Ba* Basion. Der statistische Mittelwert des Winkels beträgt etwa 135°. [aus Bergerhoff und Stilz (1954)]

Basiswinkel von Landzert

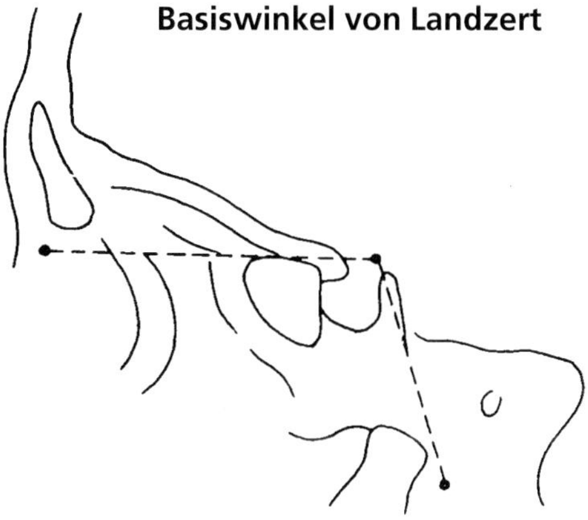

Planum sphenoideum – Klivus

Schrägstellung des Palatum durum

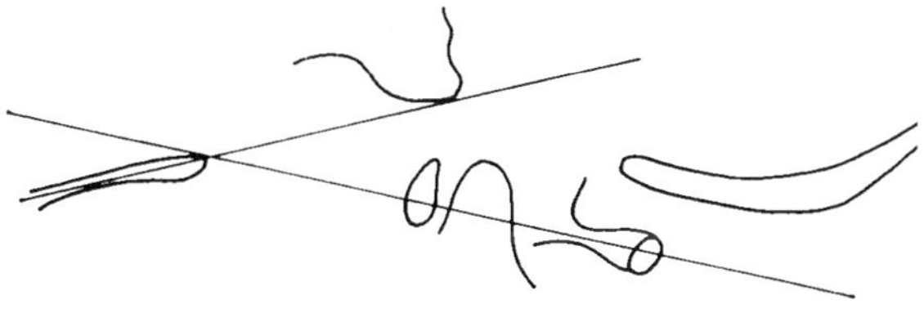

Die Verlängerungslinie der Ebene des Palatum durum schneidet fast das Basion und bildet mit der Atlaslinie von Bull einen Winkel von 25°. (Nach K. G. Meyer aus Bergerhoff 1958)

Basiswinkel von Pankow

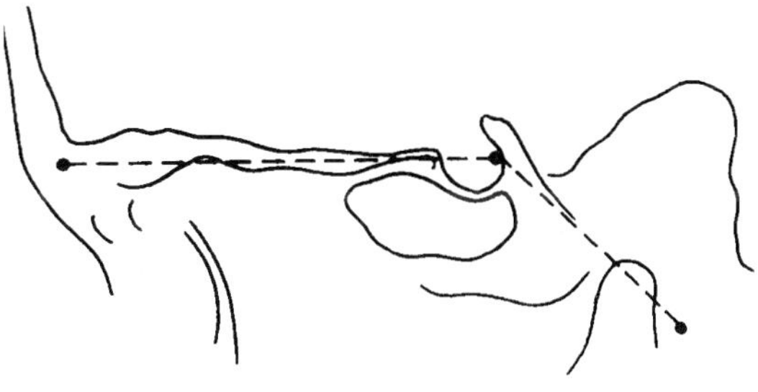

Processus clinoideus anterior – Klivus

Nach Olsson, O., F. Strnad, H. Vieten, A. Zuppinger: Handbuch der Medizinischen Radiologie, Bd. VII/1. Springer, Berlin 1963
Nach Meschan, I., R. M. Farrer-Meschan: Diagnostik mit bildgebenden Verfahren. Bd. III. Enke, Stuttgart 1991

Messungen bei Mißbildungen der Schädelbasis insbesondere der basalen Impression

B = *Linie zwischen den Mastoidfortsätzen*, die normalerweise durch die Atlantookzipitalgelenke laufen sollte. Nach Fischgold sollte die Odontoidspitze durchschnittlich 2 mm über dieser Linie liegen, mit einer Schwankung zwischen 3 mm nach oben und 10 mm nach unten
D = *Linie zwischen den Fissuren an der Basis des Mastoid* (Fissura tympano mastoidea)
Die Entfernung D–B sollte normal bei 10 mm liegen. Eine Verminderung des Abstandes spricht für eine basale Impression.

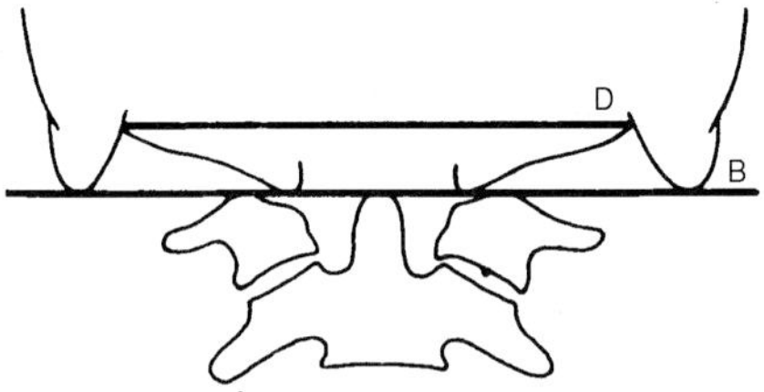

Bestimmung des Abstandes zwischen der Linie zwischen den Kiefergelenken und der Linie oberhalb des Atlasbogens. Die Entfernung dieser zwei Linien beträgt normalerweise 30 mm mit einer Schwankung zwischen 22 und 39 mm. Bei basaler Impression ist der Abstand vermindert.

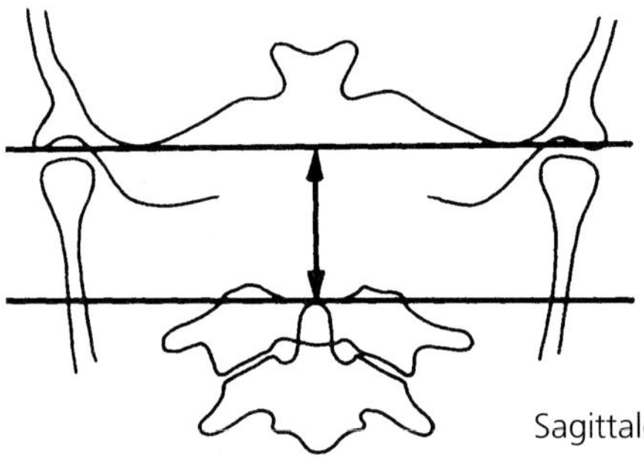

Sagittale Aufnahme

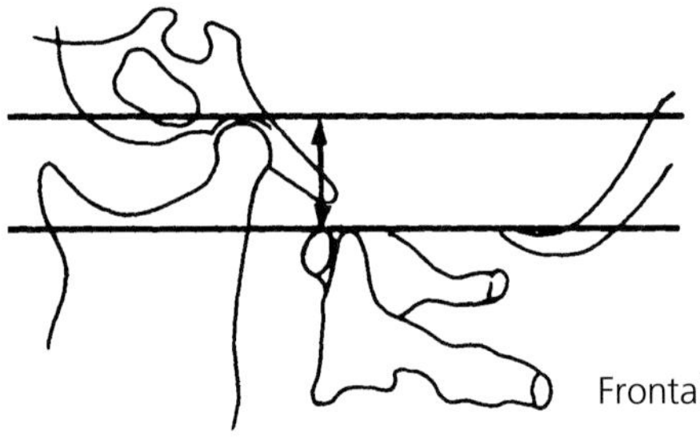

Frontale Aufnahme

Nach Hinck, V. C., C. E. Hopkins und B. S. Savara: Radiology 76 (1961) 572

Platybasie und basiläre Impression

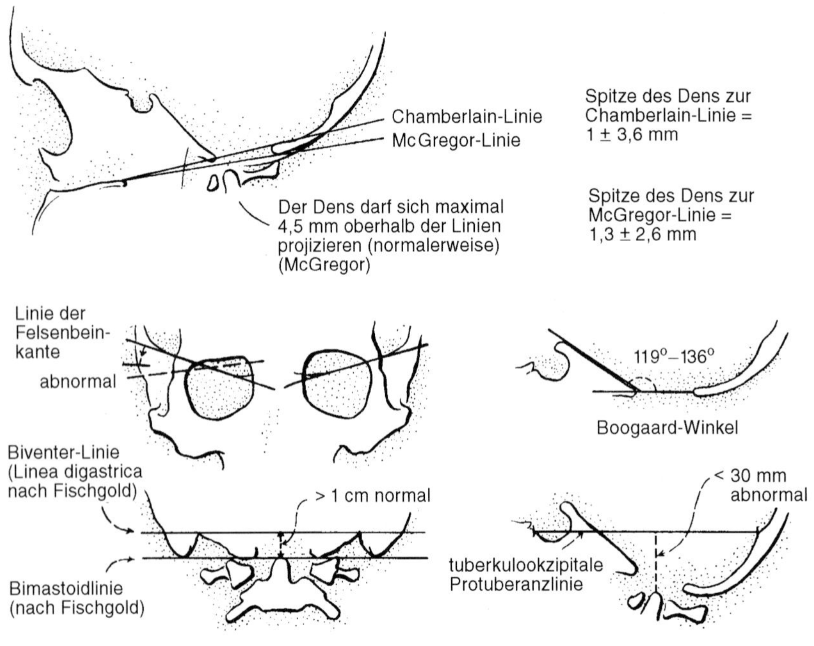

Verschiedene Röntgenkriterien der Platybasie und der basilären Impression. Die Chamberlain-Linie wird gezogen vom oberen Rand des harten Gaumens zur Tabula interna am hinteren Rand des Foramen magnum; die McGregor-Linie zur Tabula externa.

Nach Meschan, I., R. M. Farrer-Meschan: Diagnostik mit bildgebenden Verfahren. Bd. III. Enke, Stuttgart 1991

Meßwerte zur Schnittbildtechnik

(Röntgen-Computertomographie und Magnet-Resonanz-Tomographie)

Grundlagen der Strahlenabsorption bei der Röntgen-Computertomographie

Strahlenabsorptionswerte nichtkörpereigener Substanzen bei der CT [HU]

Substanz	Dichte
Plexiglas	etwa 128
Kunstharz	300 bis 600
Holz	300 bis 700
Kautschuk	etwa 750
Polyvinylchlorid	etwa 900
Securitglas	etwa 2000
Metall	> 2000

(eigene Zusammenstellung)

[HU] = Hounsfield-Unit

Typische Absorptionswerte im Schädelbereich

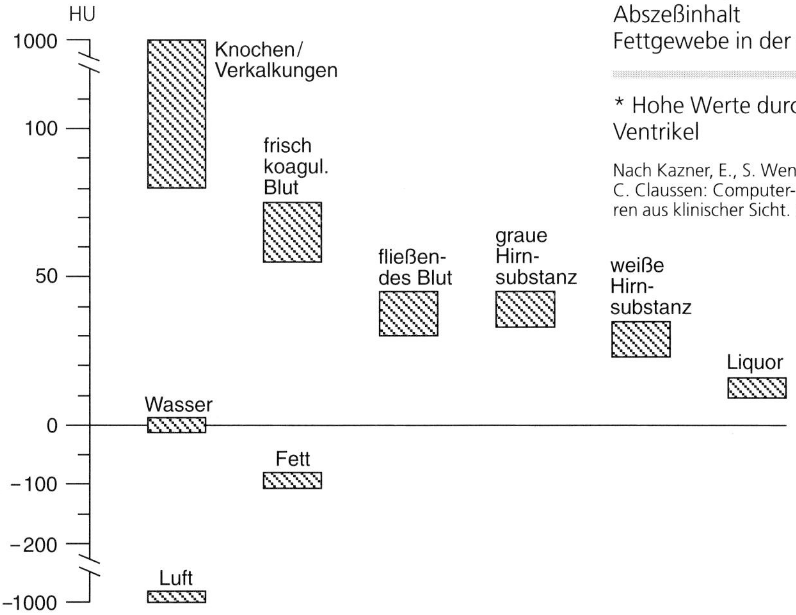

Strahlenabsorptionswerte/Hounsfield-Zahlen normaler und pathologischer Gewebe und Flüssigkeiten im Schädelinnenraum und Orbita (Nativbild)

Medium	Mittlere Hounsfield-Zahl im Zahlenausdruck
Knochen	bis + 1000
Verkalkungen	ab + 60
graue Substanz	+ 32 bis + 40
weiße Substanz	+ 28 bis + 32
Liquor	+ 3 bis + 14*
fließendes Blut	+ 32 bis + 44
geronnenes Blut, frisch	+ 64 bis + 86
geronnenes Blut, älter	+ 30 bis + 60
Gliome (unverkalkt)	+ 18 bis + 40
Glioblastome (vitale Tumoranteile)	+ 29 bis + 38
Ependymome	+ 28 bis + 50
Medulloblastome	+ 36 bis + 58
Meningeome, unverkalkt	+ 36 bis + 56
Neurinome	+ 28 bis + 40
Hypophysenadenome	+ 35 bis + 50
Lipome	− 120 bis − 40
Mißbildungstumoren (Epidermoid, Dermoid, Teratom)	− 120 bis + 10
Metastasen	+ 22 bis + 50
Tumorzysten	+ 6 bis + 22
Nekrosezonen in Hirntumoren	+ 19 bis + 23
Hirnödem beim Tumor	+ 18 bis + 26
Frischer Hirninfarkt	+ 22 bis + 26
Alter Hirninfarkt	+ 10 bis + 16
Hirnabszeß, Abszeßkapsel	+ 28 bis + 34
Abszeßinhalt	+ 19 bis + 23
Fettgewebe in der Orbita	− 90 bis − 70

* Hohe Werte durch Teilvolumeneffekt bei engem Ventrikel

Nach Kazner, E., S. Wende, Th. Grumme, O. Storchdorph, R. Felix, C. Claussen: Computer- und Kernspintomographie intrakranieller Tumoren aus klinischer Sicht. 2. Aufl. Springer, Berlin 1988

Syndromale Zuordnung von CT-Dichtewerten

Dichte hyperdens	normal	pathologisch				
					multipel	
		intraventrikulär	intrazerebral	extrazerebral	ventrikelnahe	symmetrisch
> 100 HE	Verkalkungen – des Plexus chorioideus – der Gl.pinealis – in der Dura – in den Basalganglien	– Meningeome – Plexuspapillome – arteriovenöse Mißbildungen	– Gliome – Ependymome – Pinealome – arteriovenöse Mißbildung – Granulome – alte Blutung	– Meningeome – Dermoide – Epidermoide – Kraniopharyngeome – Aneurysmen – Chordome – Membran eines chronischen subduralen Hämatoms	– kongenital Toxoplasmose – Zytomegalie – tuberöse Hirnsklerose	– Morbus Fahr – Hypoparathyreoidismus
36–100 HE			– akute Hämatome – Gliome (20 %) – Metastasen – Pinealome – Sarkome	– Kolloidzyste – große Aneurysmen – arteriovenöse Mißbildungen – Meningeome – akute subdurale und epidurale Hämatome		
isodens 26–44 HE	– Hirngewebe – graue und weiße Substanz		– infiltrativ wachsendes Gliom – Metastasen – frische Infarkte – in Resorption begriffene Hämatome	– Akustikusneurinome – Hypophysenadenome – Meningeome – subakute subdurale Hämatome		
hypodens 26–10 HE			– Gliome – Metastasen – Kraniopharyngeome – Infarkte – in Resorption begriffene Hämatome – Ödem – infektiöse Läsion – Leukodystrophie	– in Resorption begriffene Hämatome – epidurale Abszesse		
10–0 HE	– Liquor		– zystische Tumoranteile (Gliome, Hämangioblastome) – parasitäre Zysten – alte Infarkte – porenzephalische Zysten	– arachnoidale Zysten – porenzephale Zysten – Hygrome – fokale Atrophie		
< 0 HE			– Lipome – Dermoide – Epidermoide	– Dermoide – Epidermoide		
gemischte Dichtewerte			– Blutung in Tumoren – Zysten innerhalb von Tumoren – Gliome – Oligodendrogliome			

Nach Radü, E. W., B. E. Kendall, J. F. Moseley: Computertomographie des Kopfes. Thieme, Stuttgart 1980

Altersabhängige Dichtewerte der Hirnregionen in der Röntgen-Computer-Tomographie

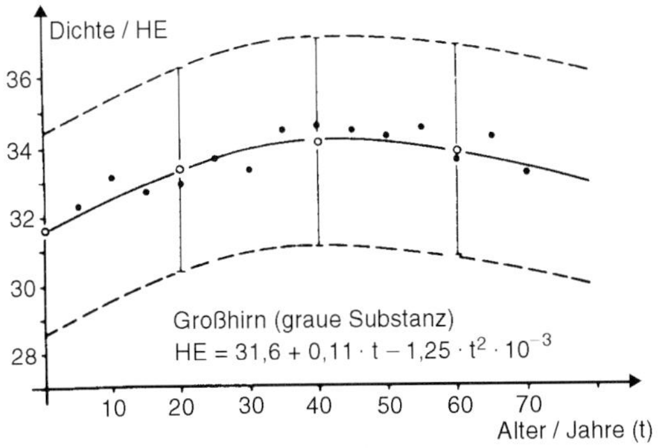

Graue Substanz (Großhirn) in Abhängigkeit vom Alter (einschl. ± 2S-Bereich)

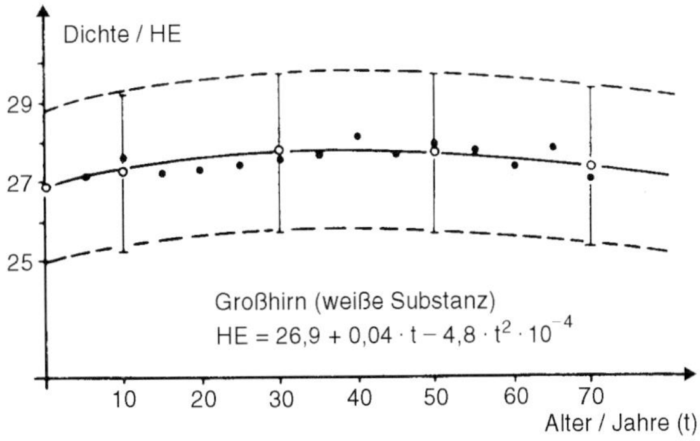

Weiße Substanz (Großhirn) in Abhängigkeit vom Alter (einschl. ± 2S-Bereich)

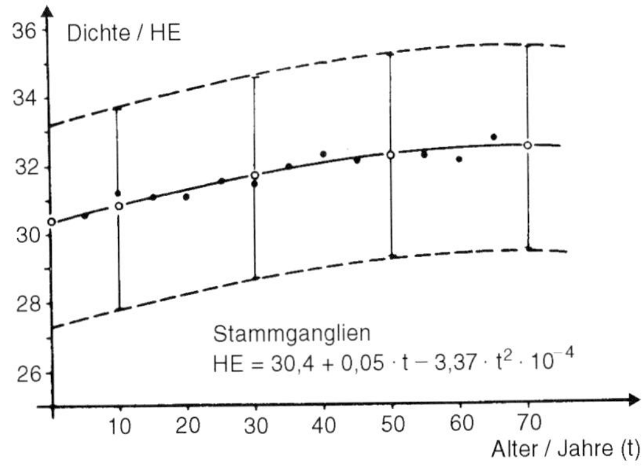

Stammganglien (Caput nuclei caudati) in Abhängigkeit vom Alter (einschl. ± 2S-Bereich)

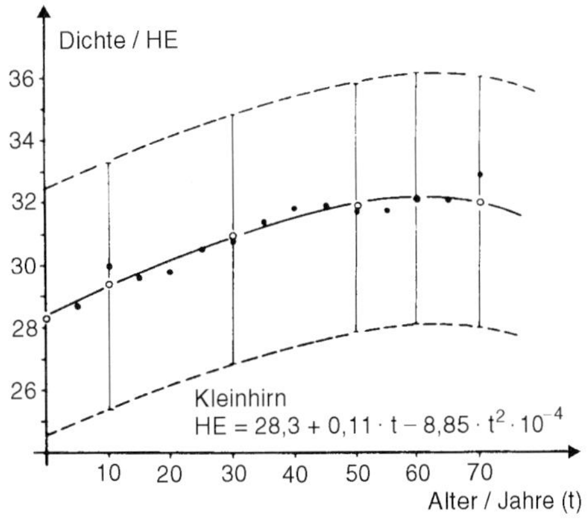

Kleinhirn in Abhängigkeit vom Alter (einschl. ± 2S-Bereich)

Nach Tellkamp, H. et al.: Digit. Bilddiagn. 6 (1986) 123–127.

Prozeß der Myelinisierung im menschlichen Gehirn

Histologisch gesichert beginnt die Myelinisierung im Hirnstamm und im Zerebellum im 3. Trimester der Schwangerschaft. Es folgen Thalamus und Capsula interna, crus posterius. Zum Zeitpunkt der Geburt erfolgt die Myelinisierung der Sehstrahlung und des Centrum semiovale. Dieser Prozeß sollte bis zum 6. Lebensmonat, die Myelinisierung von Capsula interna, crus anterius und Corpus callosum bis zum 12. Lebensmonat erfolgen. Bis zum Ende des 2. Lebensjahres sollte die Myelinisierung des Corpus callosum soweit fortgeschritten sein, daß sich dies auch in einer Signalminderung in T_2-gewichteten Bildern ausdrückt. Analog dazu sollte die weiße Substanz in allen vier Hirnregionen ein hypointenses Signal in T_2-gewichteter Bildgebung aufweisen.

Damit sind bei normaler Entwicklung nach dem ersten Lebensjahr alle großen Bahnensysteme (white matter tracts) gut abzugrenzen, wenngleich die subtilen Differenzen der Intensität, die das Bild beim Erwachsenen charakterisieren, noch nicht ausgeprägt sind.

Eine zu enge Auslegung der Zeitpunkte ist dabei nicht sinnvoll, da die Angaben abhängig sind von den technischen Parametern wie Sequenzen, bei Bestimmung der Relaxationszeiten auch der Lokalisation.

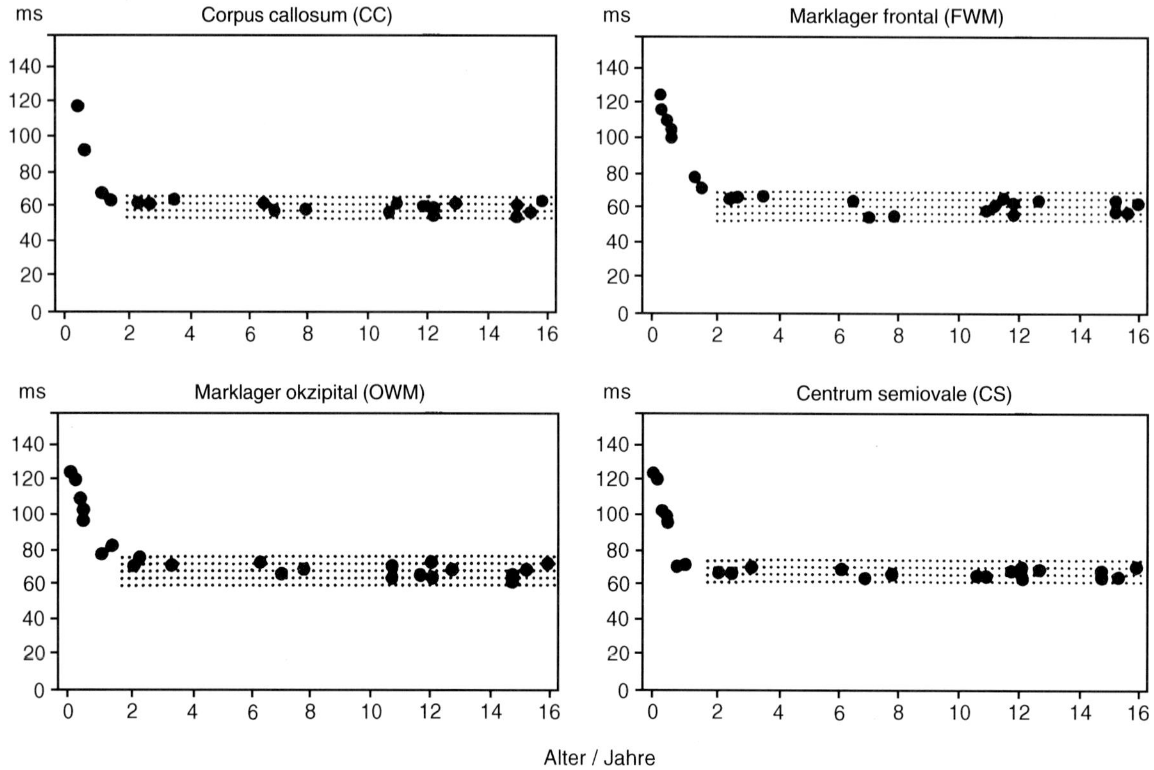

Altersabhängige Änderung von T_2 in Abhängigkeit von der Myelinisierung von Corpus callosum (CC), Marklager frontal (FWM), Marklager okzipital (OWM) und Centrum semiovale (CS); jeder Punkt repräsentiert einen Patienten, schattierte Flächen entspr. Mittelwert ± 2 s (nach Ono, J. et al. 1993)

Nach Barkovich, A. J.: Pediatric Neuroimaging. Raven Press New York 1990
Girard, N., C. Raybaud, P. duLac: MRI study of brain myelination. J. Neuroradiol. 18 (1991) 291–307
Knaap, M. S. v. d., J. Valk: MR imaging of the various stages of normal myelination during the first year of life. Neuroradiology 31 (1990) 459–470
Ono, J., R. Kodaka, K. Imai, Y. Itagaki, J. Tanaka, K. Inui, T. Nahai, K. Sakurai, K. Harada, S. Okado: Evaluation of myelination by means of the T_2 value on magnetic resonance imaging. Brain & Development 15 (1993) 433–438

Altersabhängigkeit von T_1 u. T_2 der grauen und weißen Substanz (B_0 = 0,35 T) Messungen von Neugeborenen und Kindern

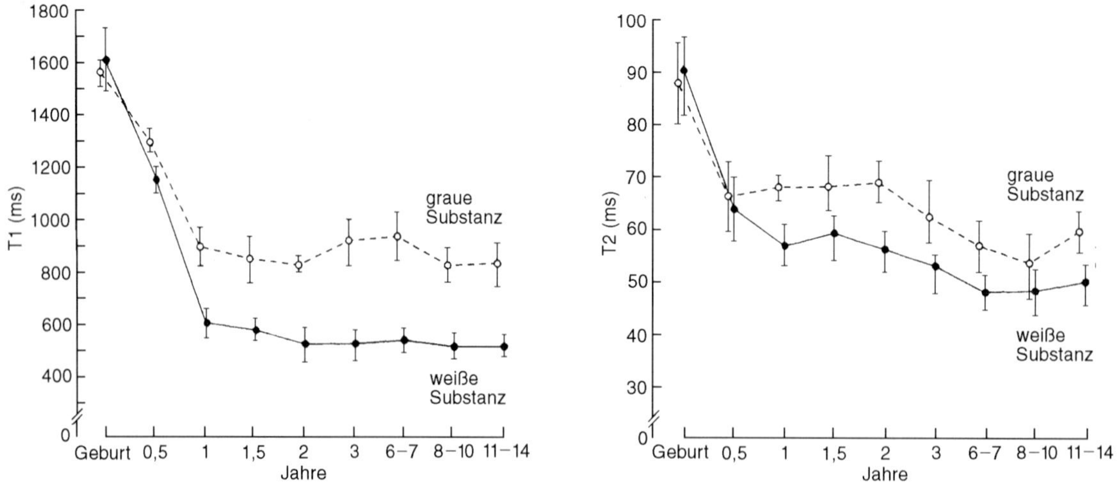

Nach Koops, W.: MR-Imaging Compendium. A literature study. Phillips Medical System, 1990

T_2-Relaxationszeiten verschiedener Gewebe

Methodik: BNT 1000, Fa. Bruker, 0,14 T, Carr-Purcell-Meiboom (CPMG) Sequenzen, Tau 7 ms, TR 1260 ms, TE 49, 133, 217, 301 ms

T_2-Werte verschiedener Gewebe, pixelweise Messung

Gewebe	T_2min (ms)	T_2max (ms)	T_2 (ms)	s	n
Corpus callosum	102	191	130	27,7	29
Pons	99	134	112	10,1	32
Zerebellum	102	162	127	16,0	30
Halsmark	170	231	201	18,9	28
Zunge	43	100	79	23,3	32
Fett (Nacken)	140	179	162	12,4	30
Fett (Kinn)	135	208	165	29,1	27
Dens	98	178	135	27,6	26
Stammganglien	78	121	96	14,7	11
Liquor	246	1247	554	263,0	11

Bei der pixelweisen T_2-Messung wurde folgendermaßen verfahren:

- Auswahl des Bildes einer 4er-Serie, auf dem die zu untersuchende Struktur am besten von angrenzendem Gewebe zu differenzieren ist.
- Auswahl eines Pixels innerhalb der Struktur.
- graphische Darstellung von T2-Verlauf und -Wert mit Fehlerschätzung.
- Mittelung von jeweils 6 Messungen in einer Struktur.

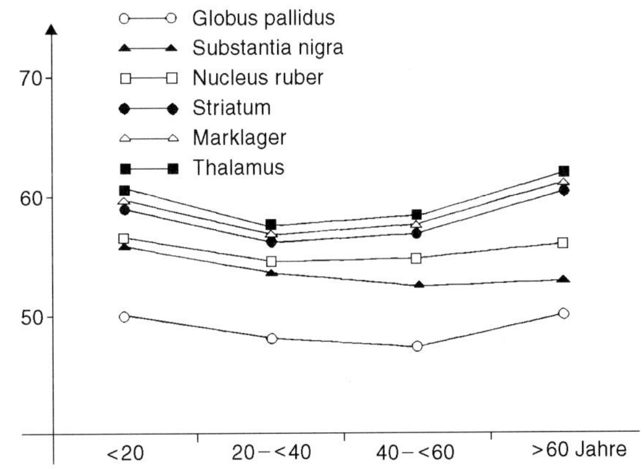

T_2-Relaxationszeiten (in ms) im Bereich der Stammganglien

Nach Sehlen, S., D. Uhlenbrock: MR Untersuchungen zur Geschlechts-, Alters- und Krankheitsabhängigkeit der Eisenablagerungen im Gehirn. Digit. Bilddiagn. 8 (1988) 70–77

T_2-Werte verschiedener Gewebe, ROI-Messung

Gewebe	T_2min (ms)	T_2max (ms)	T_2 (ms)	s	n
Corpus callosum	102	167	129	13,4	47
Pons	93	266	115	24,7	50
Zerebellum	107	154	124	9,1	50
Halsmark	125	264	185	9,5	41
Zunge	60	111	87	10,3	44
Fett (Nacken)	135	220	161	11,8	50
Fett (Kinn)	137	180	161	10,2	41
Dens	115	157	137	11,0	36
Stammganglien	79	131	102	13,4	13
Liquor	198	900	374	156,2	13

Bei der ROI-Messung wurde in denselben Schnitten die jeweils gleiche Struktur umfahren und analog verfahren.

T_2-Relaxationszeiten (ms) und Standardabweichungen

Alter (J.) ROI	<20 (n = 13)	20–<40 (n = 74)	40–<60 (n = 77)	>60 (n = 16)
Striatum				
MW	59,6	57,5	57,2	60,8
SD ±	6,0	4,4	4,1	5,9
Globus pallidus				
MW	50,1	48,2	47,4	50,0
SD ±	5,0	4,3	4,7	4,7
Thalamus				
MW	59,9	57,5	58,3	61,5
SD ±	5,6	5,1	4,4	5,3
Hinterhorn				
MW	135,3	145,2	161,2	195,4
SD ±	52,0	46,6	63,4	25,0
Marklager				
MW	56,0	56,8	57,5	61,1
SD ±	5,1	4,4	4,1	5,2
Sub. nigra				
MW	55,8	53,6	52,5	52,8
SD ±	6,7	5,2	4,7	4,8
Nuc. ruber				
MW	56,6	54,5	54,8	56,0
SD ±	6,0	4,3	5,1	5,1

Nach Skaley, M. et al.: Digit. Bilddiagn. 5 /1985 112–119

T_2-Relaxationszeiten in Abhängigkeit vom Alter und Geschlecht

Methodik: 1,5 Tesla, SE, TR 2000 ms, TE 20 und 90 ms, 2 Aquisitionen, 10 mm Schichtstärke, Matrix 256 x 256; T_2-Relaxationszeiten aus ROI in T_2-berechneten Bildern.

T_2-Relaxationszeiten (ms) und Standardabweichungen

Alter (J.)	<20		20–<40		40–<60		>60	
ROI	♂	♀	♂	♀	♂	♀	♂	♀
Striatum								
MW	60,7	(59,1)	58,1	(57,3)	57,5	(56,6)	60,4	(61,7)
SD ±	4,5	(6,8)	4,6	(4,2)	3,8	(4,4)	5,1	(6,5)
Pallidum								
MW	49,8	(50,3)	49,4	(47,3)	48,0	(46,9)	50,5	(49,9)
SD ±	2,3	(5,9)	4,3	(4,2)	5,0	(4,3)	3,0	(5,5)
Thalamus								
MW	60,7	(59,5)	57,9	(57,2)	58,8	(57,9)	60,8	(62,3)
SD ±	4,4		5,6	(4,8)	4,1	(4,7)	4,0	(5,6)
Hinterhorn								
MW	123,3	(140,6)	147,9	(143,4)	180,3	(142,5)	280,5	(164,0)
SD ±	34,8	(59,0)	46,8	(46,9)	58,0	(63,5)	163,7	(90,4)
Marklager								
MW	56,2	(55,9)	57,4	(56,3)	58,5	(56,6)	61,5	(60,9)
SD ±	3,8	(5,7)	5,1	(4,0)	4,7	(3,3)	4,4	(5,1)
Sub. nigra								
MW	57,4	(55,2)	54,8	(52,8)	53,1	(51,8)	52,9	(52,6)
SD ±	4,5	(7,6)	6,0	(4,4)	5,1	(4,3)	4,5	(4,7)
Nucleus ruber								
MW	57,5	(56,2)	55,3	(54,0)	55,5	(54,1)	57,7	(55,5)
SD ±	4,1	(6,9)	4,5	(4,2)	5,6	(4,5)	5,2	(4,8)

Pathoanatomische Befunde

Veränderungen der Schädelkalotte

Veränderungen an den Schädelnähten

- Vorzeitiger Nahtschluß
- Verzögerter Naht- und Fontanellenschluß/Ossifikationsstörungen/Nahtknochen
- Nahtverbreiterung
- Traumatische Nahtsprengung
- Nahtinfiltration

Besonderheiten des kindlichen Schädelskeletts

gr. F.	=	große Fontanelle (Schluß gegen Ende des 2. Lebensjahres)
kl. F.	=	kleine Fontanelle (Schluß kurz nach der Geburt)
h. SF.	=	hintere Seitenfontanelle (Schluß bis Ende des 2. Lebensjahres)
v. SF.	=	vordere Seitenfontanelle (Schluß bis zum 3. Monat)
S. f.	=	Sutura frontalis (Schluß zwischen dem 2. und 8. Lebensjahr)
S. c.	=	Sutura coronaria
S. s.	=	Sutura sagittalis
S. t.	=	Sutura temporalis
S. l.	=	Sutura lambdoidea
S. m.	=	Sutura mendosa (Schluß zwischen 3. und 4., max. 10. Lebensjahr)
sph. o. S.	=	sphenookzipitale Synchondrose (Schluß um die Pubertät)
p. io. S.	=	Synchondrosis intraoccipitalis posterior (Schluß zwischen 2. und 3. Lebensjahr)
a. io. S.	=	Synchondrosis intraocciptalis anterior (Schluß zwischen 2. und 3. Lebensjahr)
BO	=	Basiokzipitale
EO	=	Exookzipitale
SO	=	Supraokzipitale
IP	=	Interparietale
- - -	=	Grenze zwischen Chondro- und Desmokranium

Nach dem 12. Lebensjahr ist nicht mehr mit einer Nahtreaktion (Weitstellung der Nähte) zu rechnen, d. h., die Nähte sind funktionell geschlossen. Röntgenologisch bleiben sie jedoch in der Regel bis ins Erwachsenenalter sichtbar

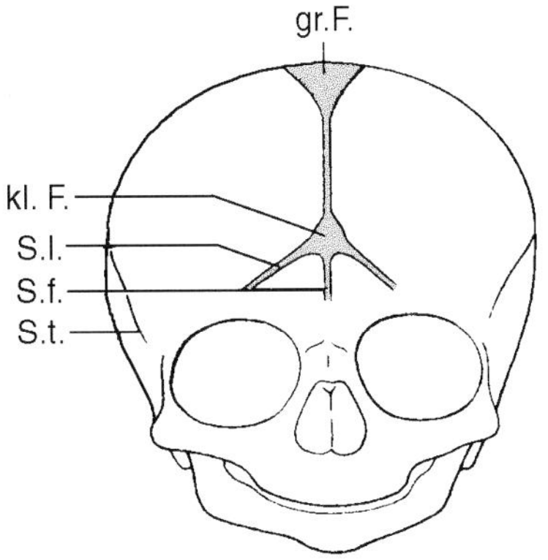

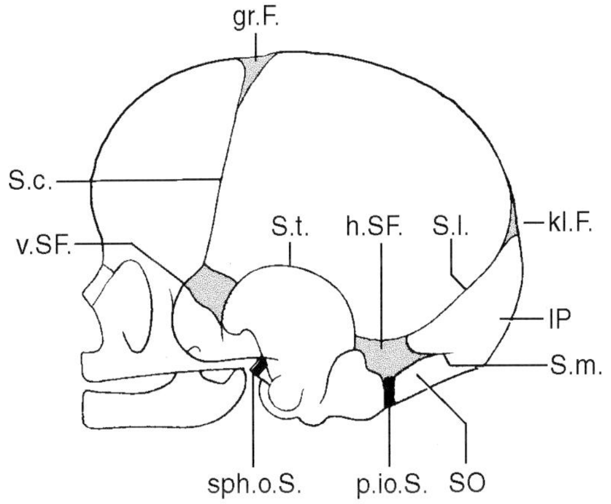

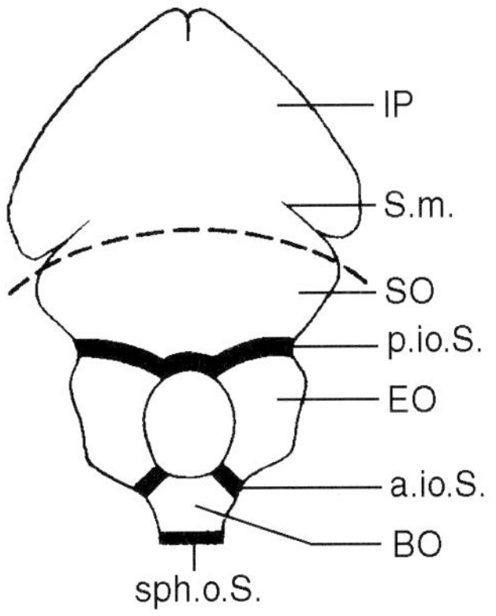

Nach Reiser, M., P. E. Peters:
Radiologische Differentialdiagnose der Skeletterkrankungen. Thieme, Stuttgart 1994

Verschluß der verschiedenen Fontanellen, Suturen und Synchondrosen

Suturen	Zeitpunkt des Verschlusses	Bemerkungen
Stirnfontanelle	15–24 Monate	
Hinterhauptfontanelle	vor der Geburt oder während der ersten 2 Monate	
Vordere Seitenfontanelle	3 Monate	
Hintere Seitenfontanelle	während des 2. Lebensjahres	
Sutura metopica	2.–3. Lebensjahr	persistiert bei 10 % der Erwachsenen
Sutura coronalis	nach 30 Jahren	
Sutura sagittalis	nach 30 Jahren	
Sutura lambdoides	nach 30 Jahren	
Sutura mendosa	nach einigen Wochen	kann ausnahmsweise länger persistieren
Synchondrosis frontosphenoidalis	nach etwa 2 Jahren	
Synchondrosis intrasphenoidalis	vor dem 3. Jahr	muß vom kraniopharyngealen Kanal unterschieden werden (dieser kommt aus dem Sellaboden)
Synchondrosis sphenooccipitalis	zwischen Pubertät und 20. Lebensjahr	
Synchondrosis intraoccipitalis	zwischen dem 2. und 3. Lebensjahr	
Kleinhirnsynchondrose (zwischen den 2 Okzipitalschuppen)	unbeständig, verschwindet bei der Geburt	kann ausnahmsweise bis zum Jugendalter persistieren

Nach Dietemann, J. L.: Radiologie des Schädels, Springer, Berlin 1985
Nach Reiser, M., P. E. Peters: Radiologische Differentialdiagnose der Skeletterkrankungen. Thieme, Stuttgart 1994

Prämature Nahtsynostosen (Kraniostenosen)

Prämature Synostose der Pfeilnaht (Dolichozephalus)

Hirnschädel schmal, zu lang. *Pfeilnaht* bei jungen Säuglingen schmal, scharfrandig und nur teilweise verknöchert. *Kranznaht* verläuft nach dorsal konvex zum Bregma. Große Fontanelle sehr klein, Nähte sonst unauffällig. Keine Hirndruckzeichen. Schädelgröße normal bis makrozephal.

Prämature Synostose der Frontalnaht (Trigonozephalus)

Kielförmiges kleines Os frontale mit Hyperostose. Frontalnaht verschlossen oder bei Säuglingen noch spaltförmig offen mit Randsklerose. Hypotelorismus durch Hypoplasie des Os ethmoidale (axiale Aufnahme). Eiförmige Orbitae, größter Durchmesser vertikal. Kranznaht verläuft nach ventral konvex zur kleinen anterioren Fontanelle. Größe normal, keine Druckzeichen.

Meist unkomplizierte Anomalie. Häufig Epikanthus. Normale Entwicklung. Bei – seltener – Mikrozephalie Verdacht auf komplexe Mißbildungen aus dem Formenkreis der Holoprosenzephalie, hierfür typisch: fehlende Crista galli, Trigonozephaliesyndrom (Opitz) ebenfalls mit Mikrozephalus und Schwachsinn. Frontalnaht *normal* mit 4 Jahren in 15 % der Fälle, mit 20 Jahren in 3 % *offen (Metopismus).*

Prämature Synostose der Kranznaht

Breiter, hoher und häufig kurzer Schädel. Normal groß bis vergrößert. Frontalschuppe klein, dünn, mit vermehrten Impressionen, aber auch vermehrte Impressionen an der ganzen Kalotte. Weitere Drucksymptome in unterschiedlicher Ausprägung.

Wenn der Nahtverschluß, d. h. die Wachstumsstörung spät wirksam wird, relativ kleiner Schädel mit wenig Druckzeichen. *Asymmetrie*, wenn die Kranznahtschenkel *nicht synchron oder nur einseitig* verknöchert sind. *Dyskranie* bei jungen Säuglingen unter Umständen ähnlich dem Morbus Apert.

Nach Ebel, K.-D., Willich, E., Richter, E.:
Differentialdiagnostik in der Pädiatrischen Radiologie. Thieme, Stuttgart 1995

Prämature Synostosen der Kranz- und Pfeilnaht

Häufig keine auffällige Dyskranie, trotzdem Drucksymptome bis zu extremer Ausprägung möglich.

Sind die Nähte nacheinander verknöchert, prägt die zuerst verschlossene Naht die Schädelform, siehe Pfeilnaht- bzw. Kranznahtsynostose. Zeitpunkt der Nahtverschlüsse entscheidet über Dyskranie und Druckzeichen.

Prämature Synostose der Lambdanaht

Abflachung der hinteren Schädelgrube.

Isoliert selten, häufiger in Kombination mit prämaturen Synostosen anderer Nähte. Einseitige Synostose.

Prämature Synostose der Sutura mendosa

Einziehung im Nahtbereich, Verdünnung und Vorwölbung der Temporalschuppe mit vermehrten Impressionen.

Extrem ausgeprägt bei *Kleeblatt-Schädel-Syndrom*.

Morbus Apert, Akrozephalosyndaktylie

Kranznahtsynostose, schon beim Neugeborenen ausgeprägte Dyskranie, Fontanellen und übrige Nähte einschließlich der Frontalnaht zunächst weit. *Akzessorische Fontanellen* frontal und parietal. Hypertelorismus, Oberkieferhypoplasie, später zunehmende Hirndruckzeichen.

Selten einseitige Kranznahtsynostose. Ausgeprägte knöcherne und kutane Syndaktylien an Händen und Füßen – „Löffelhände" – geistig häufig normal, autosomal dominant.

Akrozephalosyndaktylie, Typ Saethre-Chotzen

Schädel wie Morbus Apert, aber fliehende Stirn und asymmetrisch. Partielle kutane Syndaktylien, geistig retardiert. Autosomal dominant.

Akrozephalosyndaktylie, Typ Pfeiffer

Schädel wie Morbus Apert. Kutane Syndaktylien, verbreiterte Endphalangen von Daumen und Großzehe, die auch verdoppelt oder gespalten sein können. Verkürzte Mittelphalangen. Autosomal dominant.

Akrozephalopolysyndaktylie (Carpenter-Syndrom)

Hochgradige Kraniostenose durch prämature Synostose aller Nähte, oft asymmetrisch.

Verdoppelung des ersten Strahls der Großzehe, postaxiale Polydaktylie, Syndaktylien variabel. Hypogenitalismus bei Jungen. Geistig retardiert. Autosomal rezessiv.

Morbus Crouzon, Dysostosis craniofacialis

Alle Formen von Kraniostenosen bis zum Verschluß aller Nähte mit extremen Druckzeichen. Auch Makrozephalus ohne Kraniostenose nur mit der obligaten Oberkieferhypoplasie.

Papageienschnabelnase. Normale Extremitäten, sehr selten Mißbildungen ähnlich dem Morbus Apert.

Kleeblattschädelsyndrom (Holtermüller-Wiedemann)

Kombinierte prämature Synostosen, die Beteiligung der Temporalnähte erzeugt die Kleeblattform im a.-p. Bild.

Kommt auch ohne Hydrozephalus vor, auch bei Morbus Apert, Morbus Crouzon, thanatophorer Dysplasie.

Nach Ebel, K.-D., Willich, E., Richter, E.: Differentialdiagnostik in der Pädiatrischen Radiologie. Thieme, Stuttgart 1995

Lokalisierte Schädel-Formabweichungen der Kalotte bei älteren Kindern

Pacchioni-Granulationen

Physiologisch, parasagittale uhrglasförmige Vorwölbung mit geringer Verdünnung der Kalotte.

Bathrozephalie

Vorwölbung des *Os occipitale* unterhalb der Spitze der Lambdanaht, harmlose Anomalie.

Fontanellenbuckel

Vorwölbung im Bereich der ehemaligen großen Fontanelle bei *prämaturer Synostose der Kranznaht.*

Frontale Vorwölbung der Kalotte

Bei Makrozephalus, Hydrozephalus, chronischem subduralem Hämatom. Frontale Vorwölbung mit Verdickung der Kalotte bei *chronischen Anämien* und *nach Rachitis.*

Intrakraniale Raumforderung: porenzephale Zysten, Arachnoidalzysten, subdurales Hämatom oder Hygrom, Neurofibromatose, isolierte Dilatation eines Temporalhornes, oberflächennahe zystische Astrozytome, Teratome

Vorwölbung mit Verdünnung, meist frontoparietal sowie in der mittleren und hinteren Schädelgrube.

Dandy-Walker-Zyste

Vorwölbung der Okzipitalschuppe, Vergrößerung der hinteren Schädelgrube, Sinus transversus nach kranial verlagert.

Abnorm große Cisterna magna

Okzipitale Vorwölbung, keine Verlagerung des Sinus transversus.

Primäre Knochentumoren

Vorwölbung des Schädeldaches, (aneurysmatische Knochenzyste, osteogenes Sarkom).

Abflachung der Kalotte

Einseitiger hirnatrophischer Prozeß. Weichteilprozeß auf der Kalotte. Okzipitale Abflachung des Schädels bei verzögerter statomotorischer Entwicklung, meist auch vermehrte Impressiones okzipital. Schräge Abflachung parietookzipital durch *habituelle* Schräglage bei jungen Säuglingen.

Pseudoimpression an der Spitze der Lambdanaht

Kein krankhafter Befund.

Kalottenverdünnung (generalisiert)

Frühgeborene und Rachitits, (auch demineralisiert) wachsender Hydrozephalus,
Osteogenesis imperfecta,
Dysostosis cleidocranialis (verzögerter Fontanellenschluß, zahlreiche Nahtknochen),
Hyperphosphatasie,
Progerie: verzögerte Ossifikation, zahlreiche Nahtknochen, Aminopterinfetopathie.

Kalottenverdünnung (lokalisiert)

Physiologisch

Dünne Kalottenabschnitte temporal, okzipital, an Pacchioni-Granulationen.

Impressiones digitatae

Am kindlichen Schädel in der Regel physiologisch, individuell sehr variabel in der Ausprägung.

Erkennbare *Zunahme* von Impressionen, Kraniostenosen. Nachweisbare *Abnahme* vorhandener Impressionen, Rückgang eines vermehrten Schädelinnendrucks.

Lückenschädel

Keine vermehrten Impressionen, sondern Ossifikationsstörung bei Myelomeningozele, spontane Rückbildung.

Pathologisch

Verdünnung umschriebener Kalottenabschnitte mit Vorwölbung durch intrakranielle Raumforderung. Mit okzipitaler Abflachung bei verzögerter statomotorischer Entwicklung.

Nach Ebel, K.-D., Willich, E., Richter, E.:
Differentialdiagnostik in der pädiatrischen Radiologie. Thieme, Stuttgart 1995

Osteosklerotische Prozesse

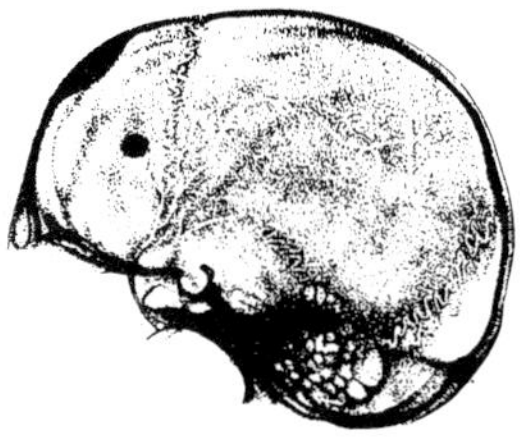

a) Osteom

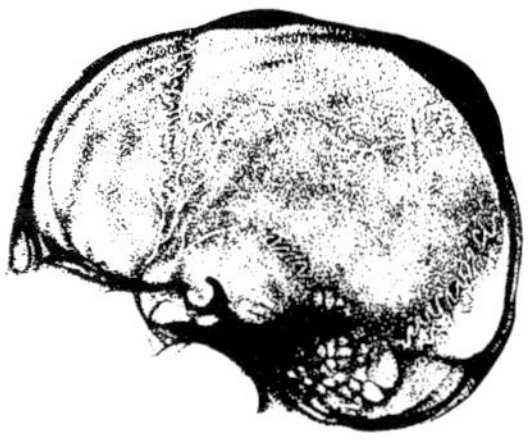

b) Rachitis

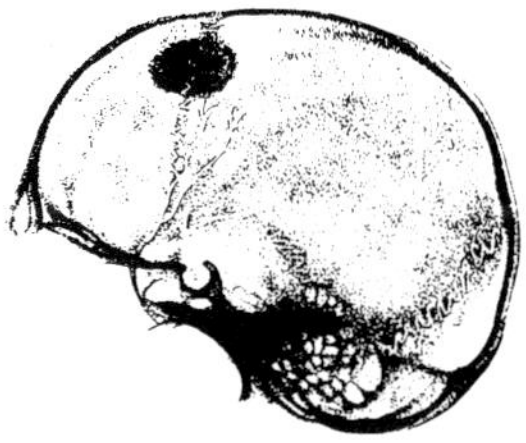

c) Meningeom

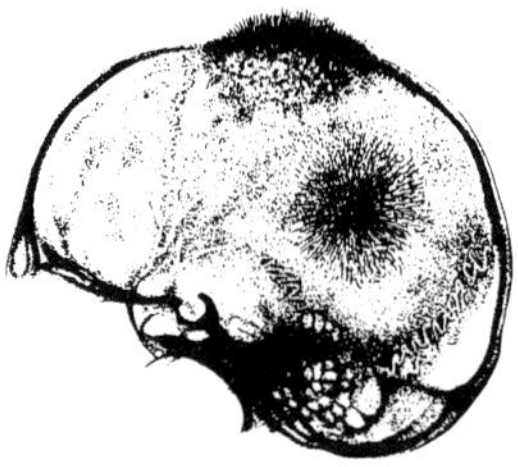

d) Meningeom

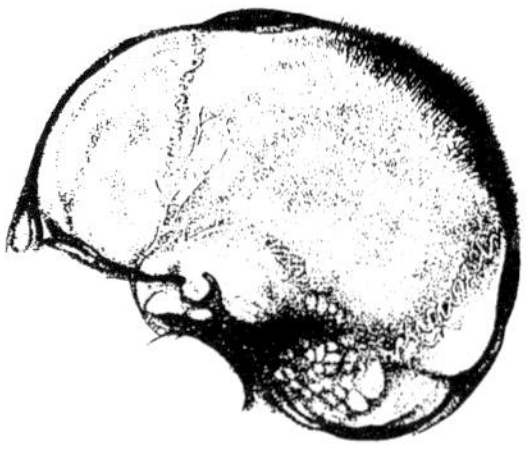

e) Anämie

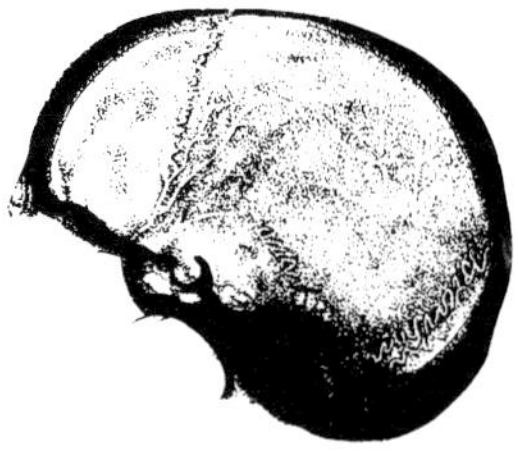

f) Hyperostosis generalisata

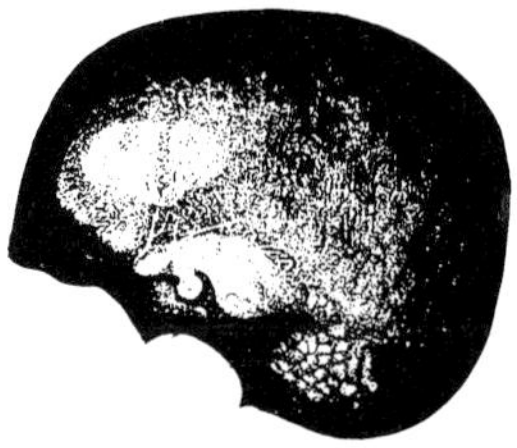

g) Marmorknochenkrankheit
Camurati-Engelmann

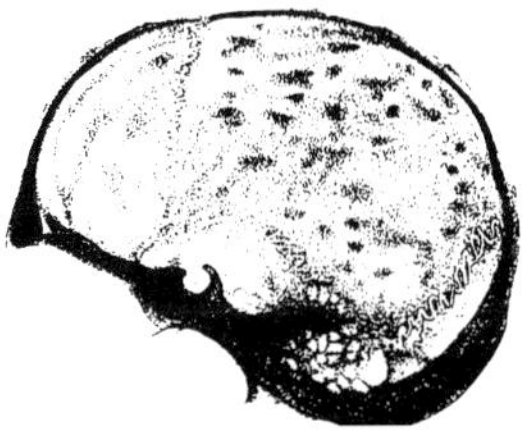

h) Morbus Uehlinger

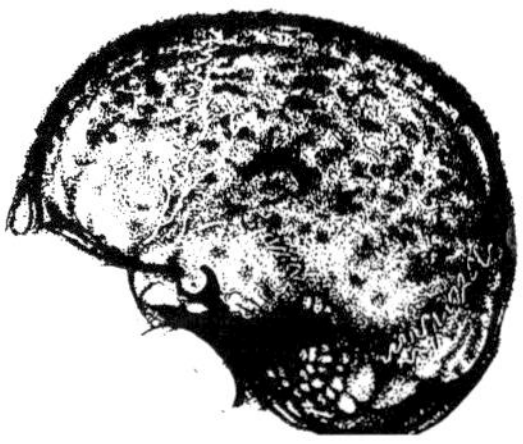

i) Morbus Paget

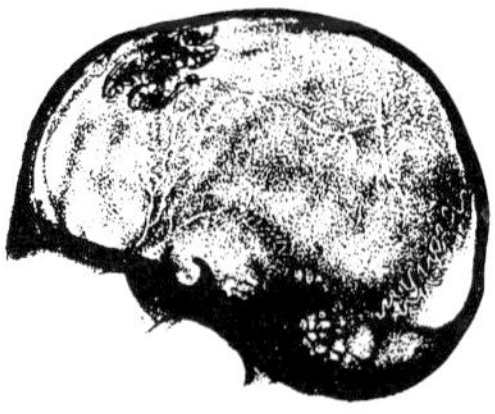

j) Morbus Pyle

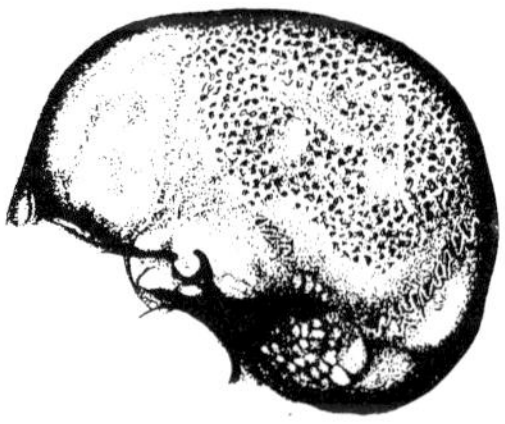

k) renale Rachitis

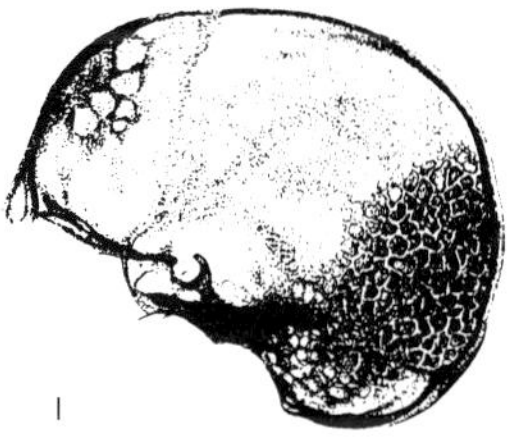

l) Osteogenesis imperfecta

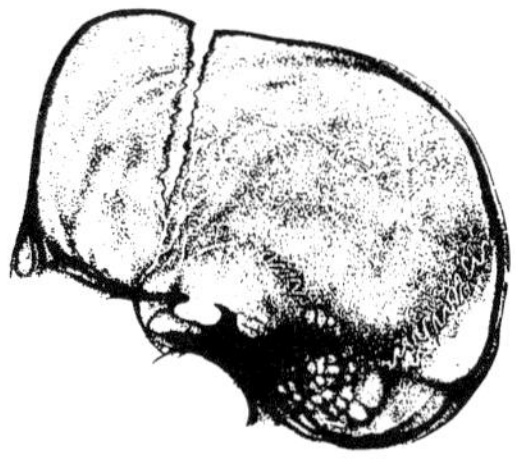

m) endostale Dysostosis

Nach Köhler, A., E. A. Zimmer: Grenzen des Normalen und Anfänge des Pathologischen im Röntgenbild des Skeletts. 12. Aufl. Thieme, Stuttgart 1982

Osteolytische Prozesse

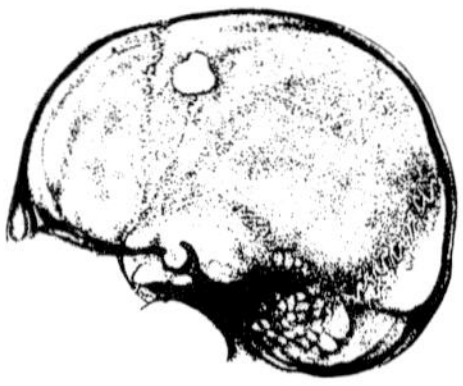

a) eosinophiles Granulom

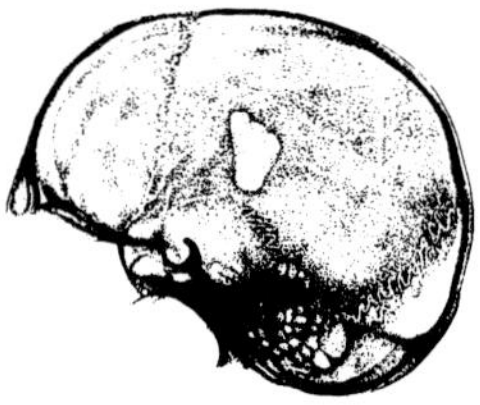

b) leptomeningeale Zyste

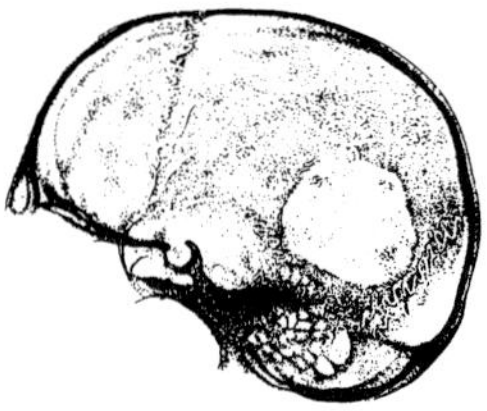

c) Morbus Paget, Frühform

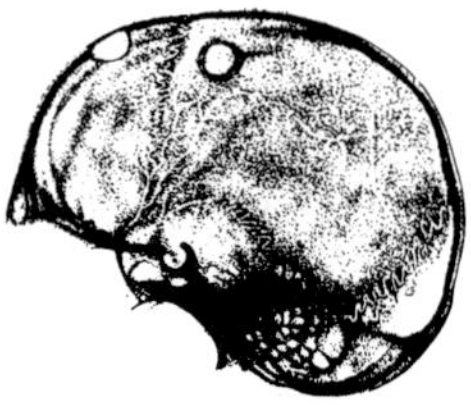

d) Dermoid

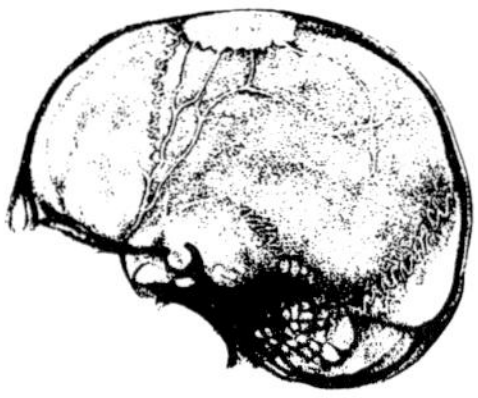

e) Meningeom

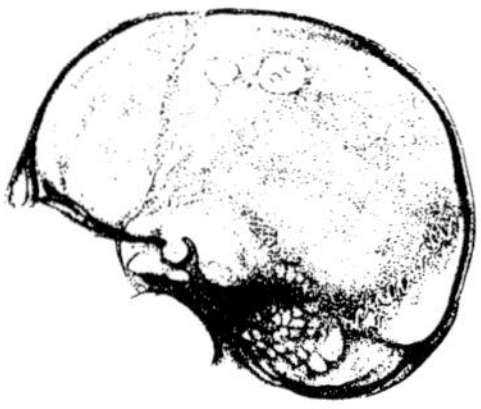

f) Tuberkulose

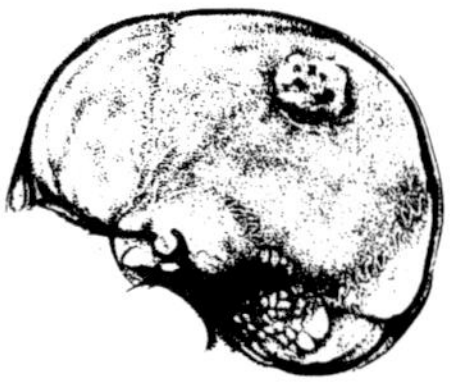

g) Osteomyelitis

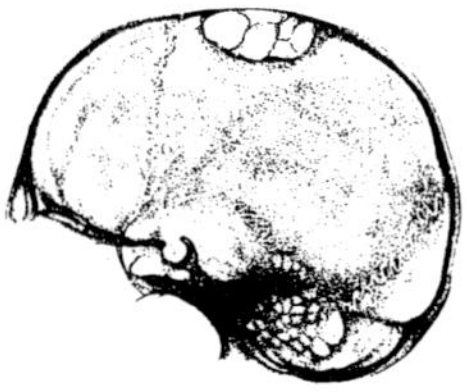

h) Osteoklastom

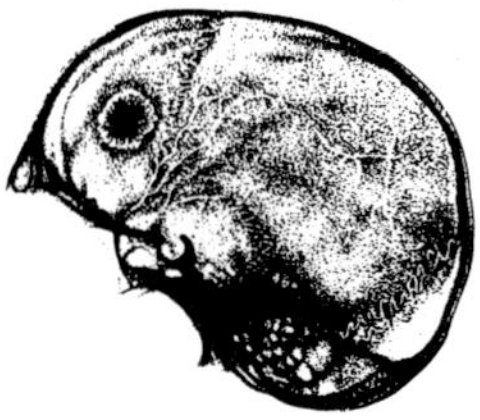

i) Hämangiom

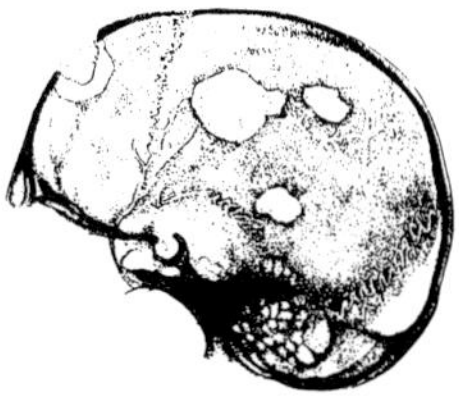

j) Hand-Schüller-Christian-Syndrom

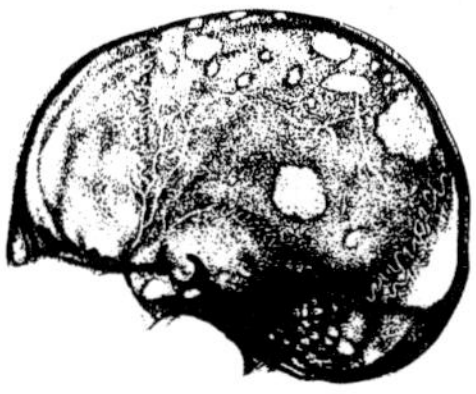

k) Metastasen

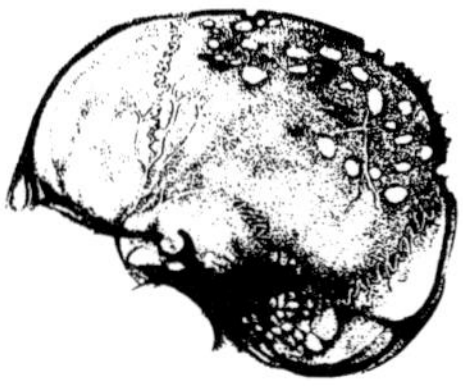

l) Retikulose

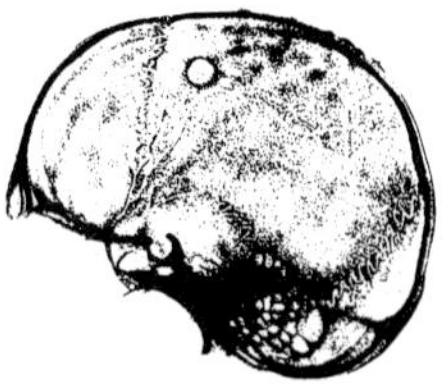

m) Lues

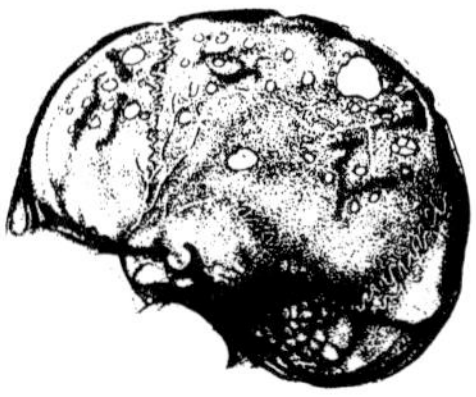

n) Myelom

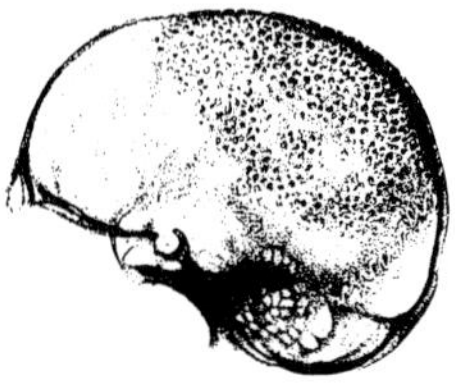

o) renale Osteopathie

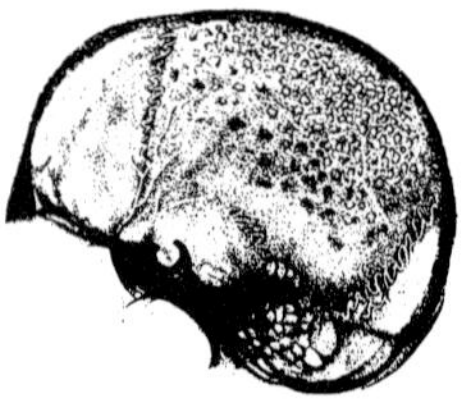

p) Morbus Recklinghausen

Nach Köhler, A., E. A. Zimmer:
Grenzen des Normalen und Anfänge des Pathologischen im Röntgenbild des Skeletts. 12. Aufl. Thieme, Stuttgart 1982

Pathognomonische Kalottenaffektionen

Chronisch infektiöse Prozesse der Kalvaria

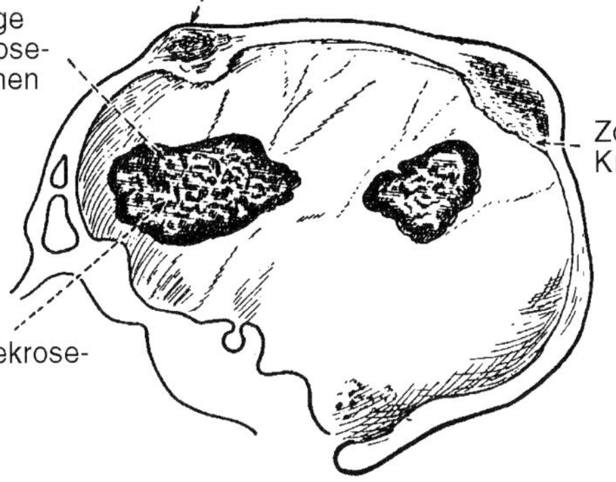

Osteome der Kalvaria

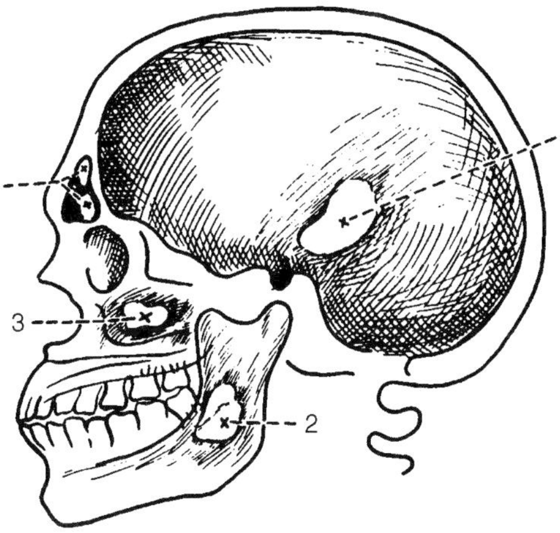

häufige Lokalisation:
1. Kalvaria
2. Mandibula
3. Maxilla } mit Nasen-
4. frontale Knochen } nebenhöhlen

Tuberöse Sklerose

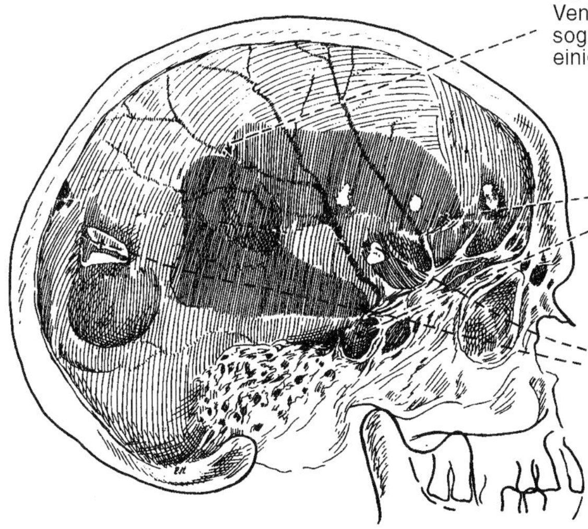

Nach Meschan, I., R. M. Farrer-Meschan: Diagnostik mit bildgebenden Verfahren, Bd. III. Enke, Stuttgart 1991

Pathognomonische Kalottenaffektionen

Raumforderung

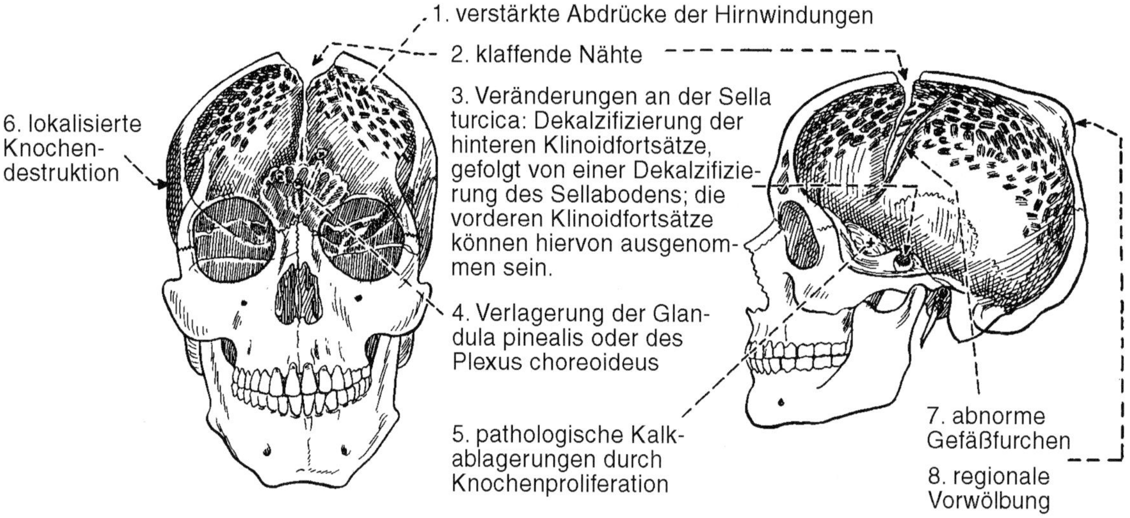

Nach Meschan, I. R. M. Farrer-Meschan: Diagnostik mit bildgebenden Verfahren Bd. III. Enke, Stuttgart 1991

Akromegalie

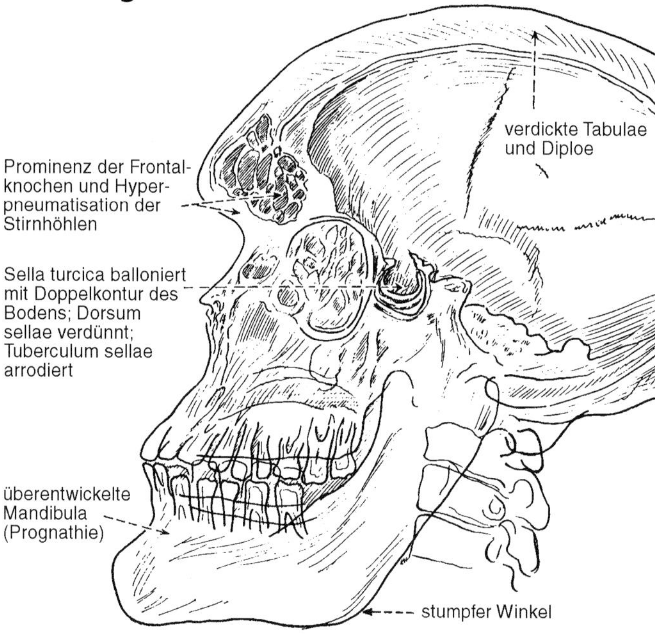

Veränderungen des Os frontale

Normale anatomische Strukturen

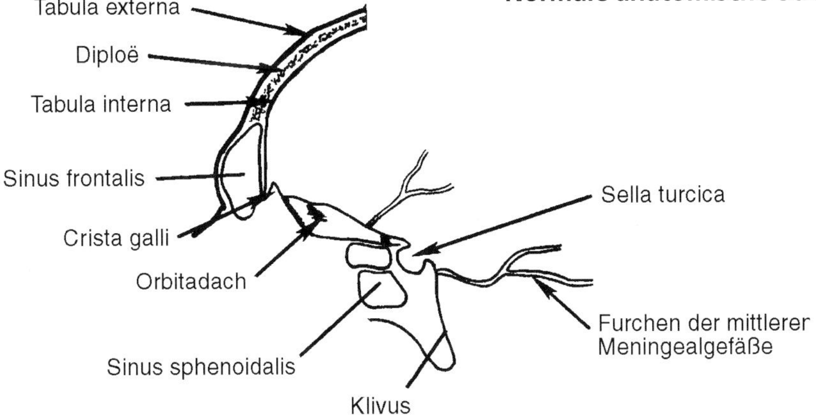

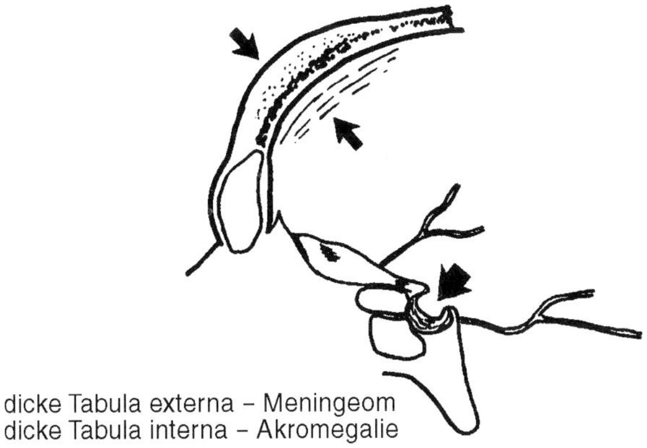

Dicke Tabula externa wie auch Tabula interna mit Arrosion der Sella turcica

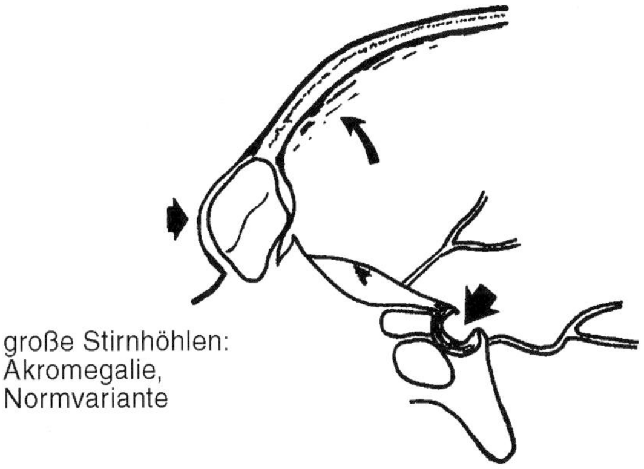

Mögliche Folgen einer Osteomyelitis des Sinus frontalis

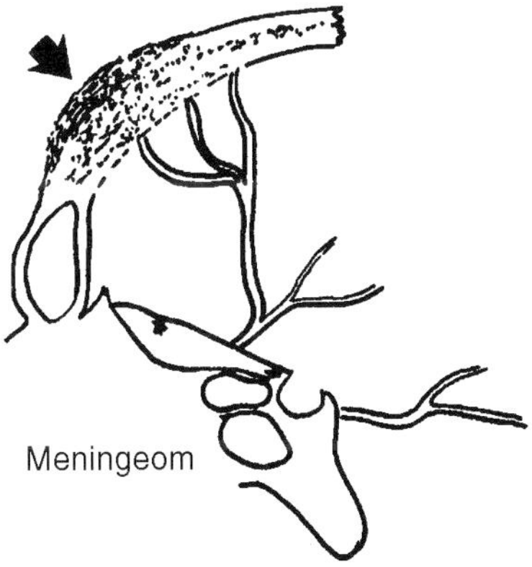

Mögliche Zeichen bei einem Meningeom

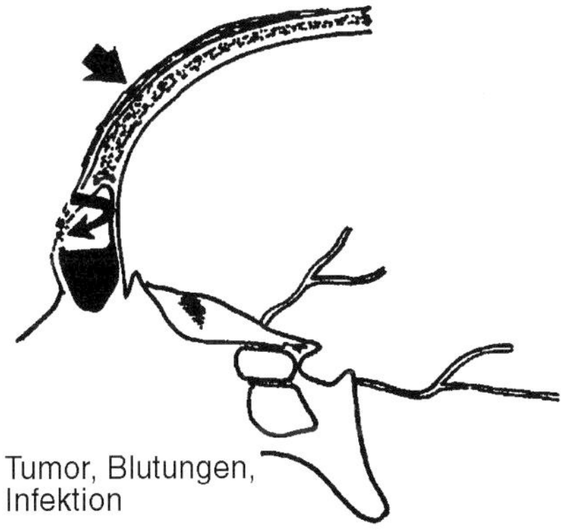

Deutliche Verdickung des Periosts mit partieller Zerstörung der Tabula interna oder externa (oder beide)

Nach Meschan, I., R. M. Farrer-Meschan: Diagnostik mit bildgebenden Verfahren, Bd. III. Enke, Stuttgart 1991

Verkalkungen

Intrakranielle Verkalkungen

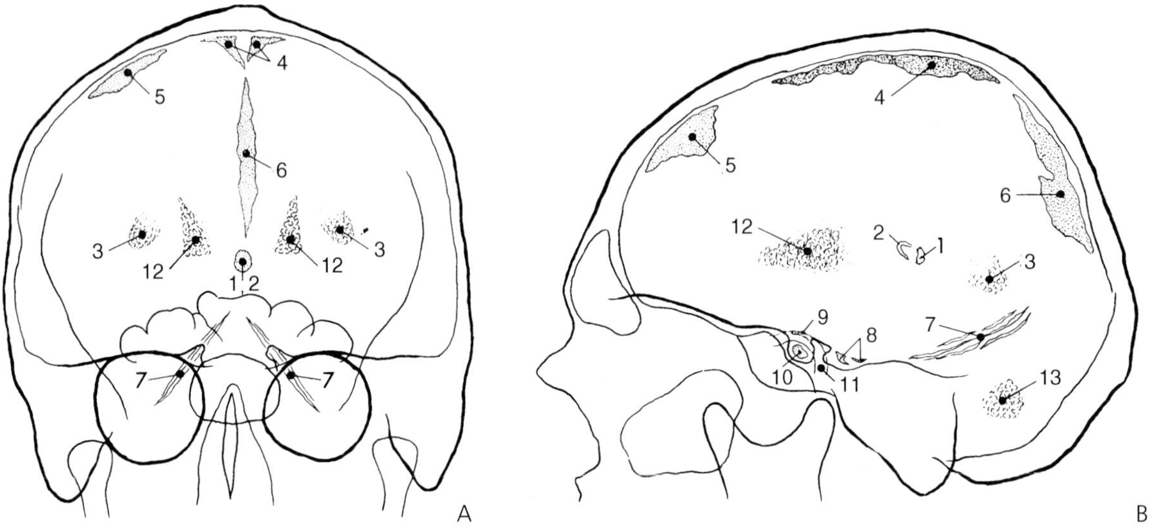

Physiologische intrakraniale Verkalkungen
(**A**) a.-p. und (**B**) seitliche Projektion. 1. Corpus pineale, 2. Habenula, 3. Plexus chorioideus, 4. Falx um den Sinus sagittalis, 5. Dura, 6. Falx (freier Rand),7. Tentorium, 8. Lig. petroclinoideum, 9. Lig. interclinoideum, 10. Hypophyse, 11. A. carotis interna (Sinus-cavernosus-Abschnitt), 12. Basalganglien, 13. Nuclei dentati.

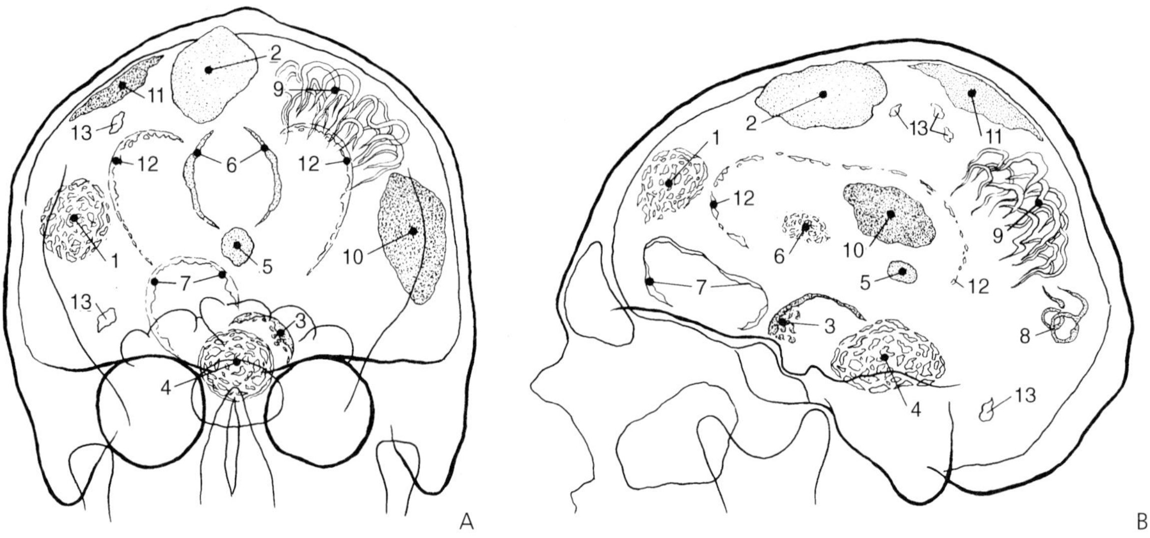

Pathologische intrakraniale Verkalkungen
(**A**) a.-p. und (**B**) seitliche Projektion. 1. Gliom, 2. Meningeom, 3. Kraniopharyngeom, 4. Chordom, 5. Pinealom (Teratom), 6. Corpus-callosum-Lipom, 7. Aneurysma, 8. arteriovenöse Malformation, 9. Sturge-Weber-Syndrom, 10. alte intrazerebrale Blutung („Hirnstein") oder Granulom, 11. altes subdurales oder epidurales Hämatom, 12. Zytomegalie oder angeborene Toxoplasmose, 13. tuberöse Sklerose.

Nach Burgener, F. A., M. Kormano: Röntgenologische Differentialdiagnostik. Thieme, Stuttgart 1988

Schädelverkalkungen nichttumoröser Art

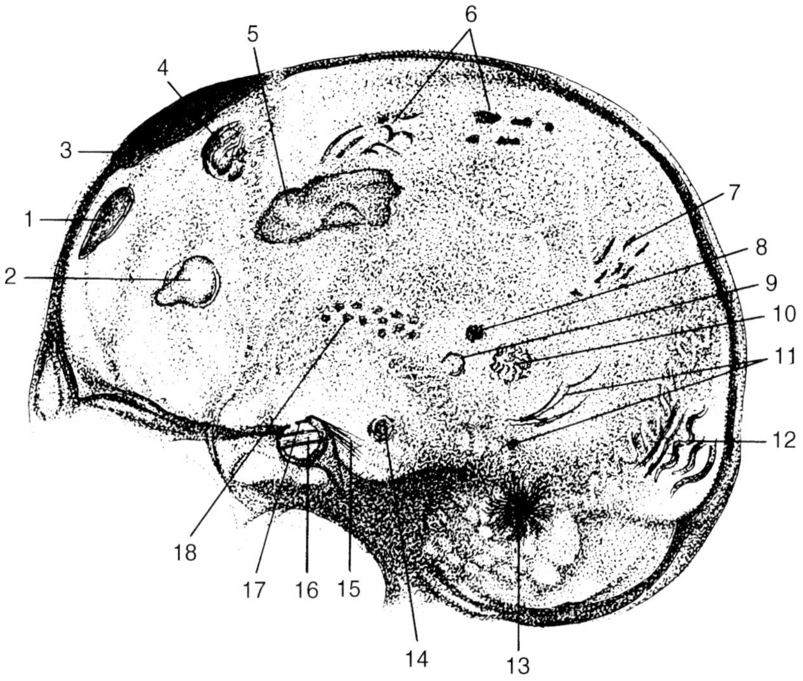

1 Falxverkalkung
2 wandverkalktes Hämangiom
3 Hyperostosis frontalis
4 verkalktes Hämaton, verkalkter Abszeß, Morbus Pyle
5 verkalktes Durahämatom
6 toxoplasmotische Enzephalitis
7 Toxoplasmose
8 verkalkte Zirbeldrüse
9 verkalktes Aneurysma
10 verkalkter Plexus choroideus, symmetrisch
11 tuberöse Sklerose
12 Sturge-Webersche Krankheit
13 tuberöse Hirnsklerose
14 traumatisches Aneurysma
15 verkalkter Tentoriumansatz = Ligg. petrosellaria
16 Karotisverkalkung
17 Sellabrücke
18 Verkalkungen, symmetrisch in den Stammganglien

Schädelverkalkungen tumoröser Genese

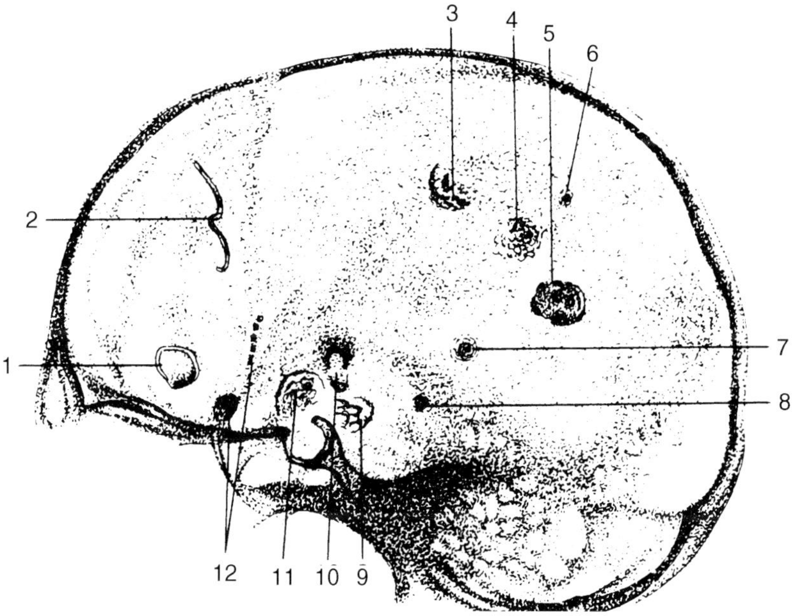

1 Ependymom mit verkalkter Zystenwand
2 Oligodendrogliom
3 Epidermoid
4 verkalktes Gliom
5 Tuberkulom
6 Verkalkung im Astrozytom
7 Pinealom (perlförmiger Aspekt)
9 Chordom
10 Meningitis tuberculosa, behandelt
11 Kraniopharyngeom
12 Meningeom des kleinen Keilbeinflügels

Nach Köhler, A., E. A. Zimmer: Grenzen des Normalen und Anfänge des Pathologischen im Röntgenbild des Skeletts. 12. Aufl. Thieme, Stuttgart 1982

Klassische Kalzinosen

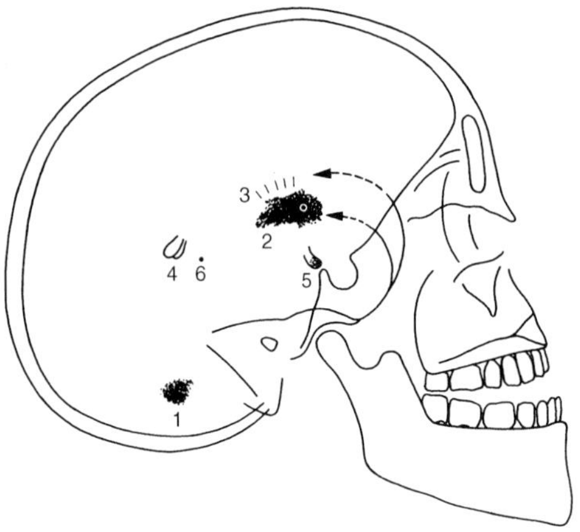

1 Nucleus-dentatus-Verkalkungen
2–3 Linsenkernverkalkung mit Korona (3) (die Pfeile zeigen die Lagebeziehung der Konkremente zum Bogen der Alae magnae ossis sphenoidales)

Andere symmetrische Verkalkungen:

4 Glomera der Chorioidplexus
5 typische Verkalkungen bei Hyalinosis cutis et mucosae
6 Corpus pineale

Synopsis von klassischer Kalzinose und Kernprojektionsfeldern im Röntgenbild (man beachte die Lage der Korona zwischen Nucleus caudatus und Putamen)

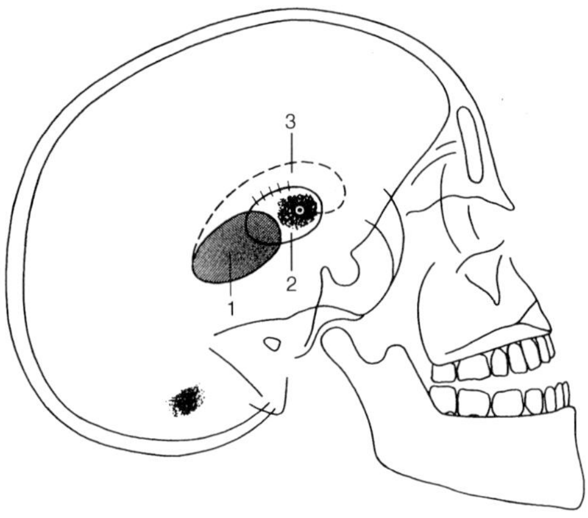

1 Thalamus
2 Nucleus lentiformis
3 Nucleus caudatus

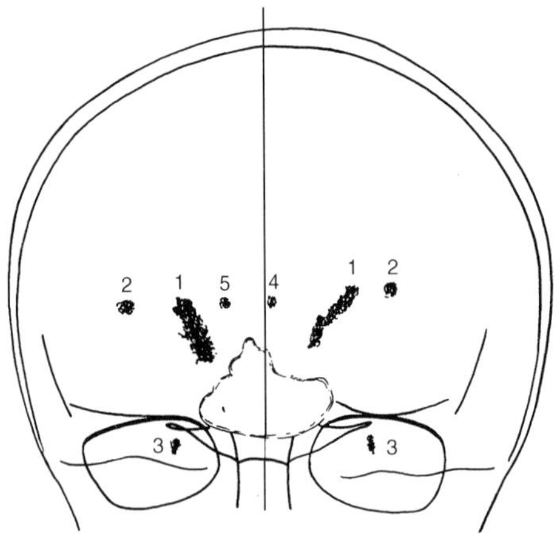

1 Verkalkungen in Linsenkern und innerer Kapsel

Andere symmetrische Verkalkungen:

2 verkalkte Plexus chorioidei (Glomera)
3 Verkalkungen der Hyalinosis cutis
4 Verkalkung im Seitenventrikel
5 Verkalkung im ependymnahen Teil des Nucleus caudatus oder Thalamus (4 und 5 bei tuberöser Sklerose)

Synopsis von Kernkalzinose, Stammganglien, Capsula interna und Vorderhörnern

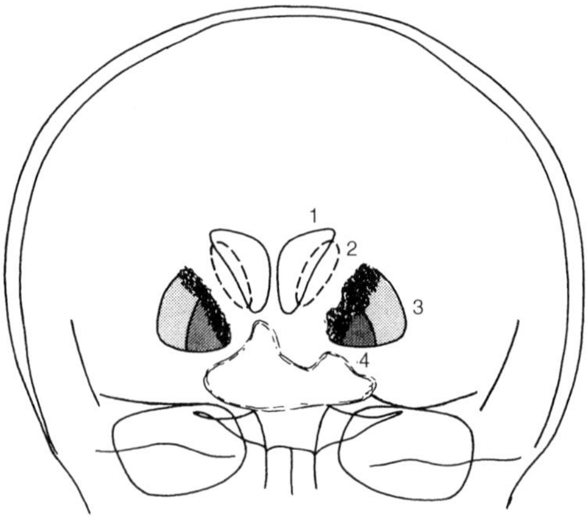

1 Vorderhörner der Seitenventrikel
2 Nucleus caudatus
3 Nucleus lentiformis
4 Pallidum (in der Mitte der Seitenventrikel ist der Rükken des Thalamus markiert)

Nach Köhler, A., E. A. Zimmer: Grenzen des Normalen und Anfänge des Pathologischen im Röntgenbild des Skeletts. 12. Aufl. Thieme, Stuttgart 1982

Intrakranielle Verkalkungen bei 1800 Kindern in der CT (Kendall u. Cavanagh 1986)

Physiologische Verkalkungen

Plexus chorioideus	bis 8 J. – 2 %, 9–15 J. – 9,5 %
Corpus pineale	bis 8 J. – 2,3 %, 9–15 J. – 11 %
Dura	0,8 %

Pathologische Verkalkungen bei 290 Patienten (1,6 %)

Tumoren	
Kraniopharyngeome	31
Medullablastome	18
Astrozytome	12
Ependymome	12
Pinealistumoren	11
Teratome/Dermoide	7
Gliome	7
Hirnstammgliome	6
Gliome des Optikus	5
Thalamusgliome	4
Plexuspapillome	4
Retinoblastome	2
Meningeome	1
Chordome	1
Metastasen (Ewing-Sarkom)	1
Lipome des Corpus callosum	3
Andere Hamartome	12
tuberöse Sklerose	38
Morbus Sturge-Weber	15
Hämatome	
subdural	6
intrazerebral	4
Angiome	2
Infarkte	2
Lissenzephalie	1
Pseudopseudohypoparathyreoidismus	1
Infektionen	
konnatale Toxoplasmose	16
konnatale Zytomegalie	13
Tbc-Meningitis	3
Nokardiose	1
Herpes simplex	1
akute Leukenzephalitis	1
diffuse Verkalkungen der Basalganglien	43

Nach Ebel, K.-D., E. Willich, E. Richter: Differentialdiagnostik in der pädiatrischen Radiologie. Thieme, Stuttgart 1995

Altersverteilung verkalkter Zirbeln 80 Untersuchte nach Durchsicht von Schädelaufnahmen bei 1044 Patienten (aus Helenke, K., P. Winkler: Fortschr. Röntgenstr. 144 [1986] 221)

Altersgruppe	n = Zahl der Kinder	n = Zahl der Zirbelverkalkungen	% Pinealisverkalkungen
0– 1	162	5	3,1
1– 2	105	3	2,9
2– 3	69	2	2,9
3– 4	58	2	3,4
4– 5	48	2	4,2
5– 6	56	2	3,6
6– 7	63	3	4,8
7– 8	55	3	5,5
8– 9	65	3	4,6
9–10	42	3	7,1
10–11	54	5	9,3
11–12	52	5	9,6
12–13	45	5	11,1
13–14	48	8	16,7
14–15	43	8	18,6
15–16	41	9	22,0
16–17	23	7	30,4
17–18	15	5	33,3
total	1044	80	

Nach Köhler, A., Zimmer, E. A.: Grenzen des Normalen und Anfänge des Pathologischen im Röntgenbild des Skeletts. 12. Aufl. Thieme, Stuttgart 1982

Prozentuale Verteilung intrakranieller Verkalkungen im Kindesalter bei verschiedenen Krankheiten (300 Fälle)

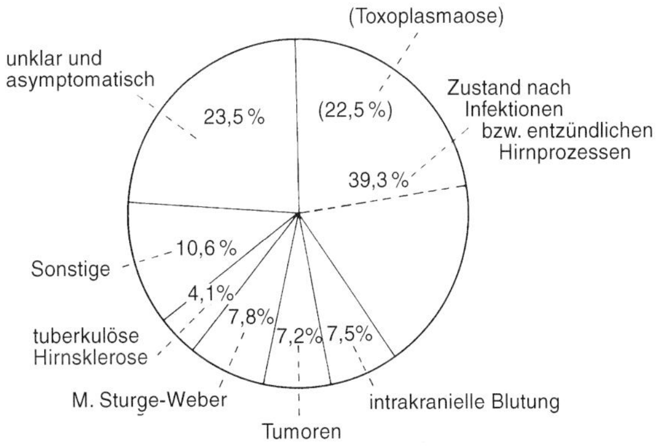

Nach Willich, E., W. Sellier, W. Weigel: Fortschr. Röntgenstr. 116 (1972) 735–750

Verkalkungen im Bereich der Sella und parasellär

Lig. petrosellare

Streifige Verkalkung der Dura, vom Dorsum sellae schräg abwärts zum Felsenbein.
Physiologisch, etwa ab 5 Jahre nachweisbar.

Lig. interclinoidale

Streifig, zwischen den Klinoidfortsätzen („Sellabrücke").
Physiologisch, ab Säuglingsalter möglich.

Kraniopharyngeome

Unregelmäßig, *fleckig*, auch eierschalenartige Begrenzung einer *zystischen* Struktur. Mit oder ohne Selladestruktion, meist Sellavergrößerung.

Tuberkulöse Meningitis

Am häufigsten im Bereich der Cisterna chiasmatis, kleinfleckig, einzeln oder multipel. Selten auch disseminiert in den Meningen.
2–3 Jahre nach Krankheitsbeginn.

Hypophysenstein

Konkrementartig, in der Sella.
Nicht pathologisch, schon bei Kleinkindern nachweisbar.

Chordome

Vom Klivus ausgehend, Destruktion von Sella und Klivus, Verkalkungen hinter dem Klivus.

Nach Ebel, K.-D., E. Willich, E. Richter: Differentialdiagnostik in der Pädiatrischen Radiologie. Thieme, Stuttgart 1995

Genese pathologischer intrakranieller Verkalkungen unter Berücksichtigung des relativ häufigen bzw. relativ seltenen Vorkommens

	häufig	selten
1. Entzündlich bedingt	Toxoplasmose Zytomegalie	andere virale (Röteln, Herpes, Polio) bakterielle (Listeriose, Tb-Meningitis) parasitäre (Echinokokkus u.a.)
2. Tumore	Kraniopharyngeom, Leukämie	Teratom, Epidermoid, Plexuspapillom, Balkenlipom, Gliom, Medulloblastom, Meningeom, Osteochondrom, Sarkom
3. Trauma, Hypoxie	perinatale Hypoxie (Infarkte) parenchymatöses u. subdurales Hämatom	direkt iatrogen (Ventrikelpunktion, Ventil-Op.) CO-Vergiftung
4. Generalisierte („systemische") Erkrankungen Phakomatosen	tuberöse Hirnsklerose Sturge-Weber-Syndrom v. Hippel-Lindau-Syndrom Neurofibromatosis	Basalzellnävus-Syndrom Pseudoxanthoma elasticum Lipoidproteinose
andere		(Pseudo)hypoparathyroidismus Cockayne-Syndrom
5. Vaskulär	arteriell (z.B. Carotis-Siphon)	venös (V. Galeni-Aneurysma) arteriovenöse Fehlbildung (isoliert)
6. Ungeklärt	je umfangreicher die Diagnostik desto seltener	

Nach Hayek, H.W.: Schädel, in: Kinderradiologie I Bildgebende Diagnostik. Springer, Berlin 1990

Sella turcica, Hypophyse und Schädelbasis

Veränderungen der Sella turcica

Veränderung der sagittalen Kontur der Sella turcica durch einen erhöhten intrakraniellen Druck oder einen expansiven intrasellären Tumor illustriert.

Arrosion der hinteren Klinoidfortsätze, verursacht durch:
1. indirekten Druck,
   wie bei erhöhtem intrakraniellem Druck, Tumoren, Hydrozephalus etc.
2. direkten Druck durch:
   a) lokale Tumoren,
   b) vergrößerten 3. Ventrikel
3. Keilbeinhöhle,
   knöcherne Resorption des Bodens ohne Expansion, tritt auf bei Malignomen der Keilbeinhöhle. Eine assoziierte knöcherne Sklerose kann vorhanden sein.

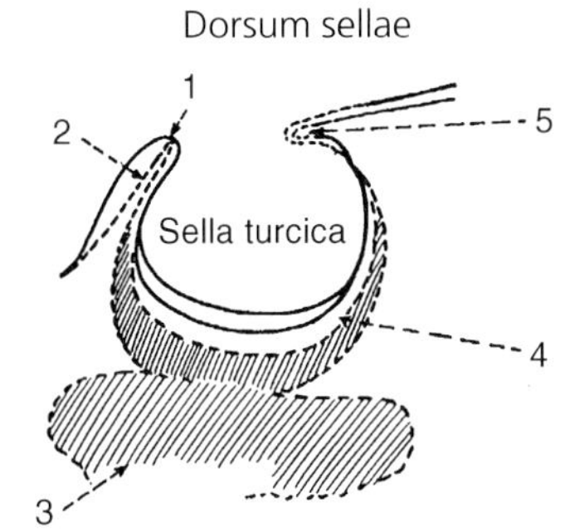

5. Arrosion der vorderen Klinoidfortsätze, im allgemeinen nicht durch einen erhöhten intrakraniellen Druck.
   Unilaterale Arrosion (feststellbar durch Stereoaufnahmen in koronarer Ebene). Wird im allgemeinen verursacht durch ein Aneurysma der A. carotis oder einen Tumor des N. opticus.
4. Eine Entkalkung des Sella turcica und eine zirkuläre Expansion sind verursacht durch:
   1. Einen expansiven Tumor in der Fossa (am häufigsten). Eine Doppelkontur des Sellabodens kann vorhanden sein
   2. Gelegentlich in Zusammenhang mit einem generalisiert erhöhten intrakraniellen Druck.

Nach Meschan, I., R. M. Farrer-Meschan: Diagnostik mit bildgebenden Verfahren, Bd. III. Enke, Stuttgart 1991

Differentialdiagnose der Konfiguration des Dorsum sellae (nach E. G. Mayer 1927, leicht bearbeitet)

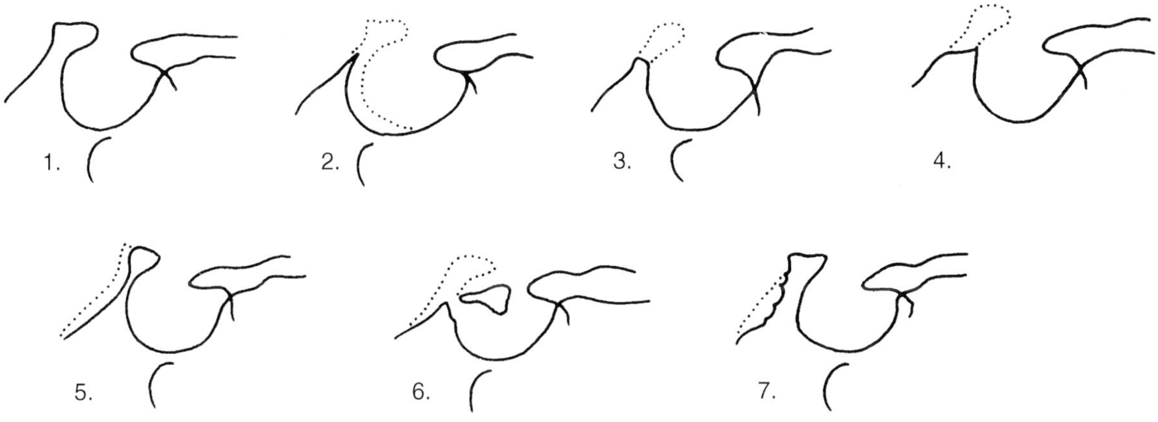

1 Normale Sella; 2 Usur des Dorsum sellae von vorn her bei endosellärem Tumor; 3 Usur des Dorsum sellae von oben her bei supraselIärem Tumor oder Hydrozephalus des 3. Ventrikels; 4 Usur des Dorsum sellae von hinten oben her durch den Tumor oder Hydrozephalus des 3. Ventrikels; 5 Usur des Dorsum sellae von hinten her bei Kleinhirn-Brükkenwinkeltumor. Diese Verdünnung des Dorsums ist auch in normalen Fällen zu beobachten; 6 Usur des Dorsum sellae von hinten her und Abknickung desselben nach vorne bei Kleinhirn-Brückenwinkeltumor; 7 Usur der Rückseite des Dorsum sellae durch malignen, retrosellären Tumor. Eine Unregelmäßigkeit der rückwärtigen Kontur des Dorsums kommt bisweilen auch in normalen Fällen vor

Nach Olsson, O., F. Strnad, H. Vieten, A. Zuppinger: Handbuch der Medizinischen Radiologie, Bd VII/1. Springer, Berlin 1963

Anomalie – Aufhellung des dorsalen Abschnittes der Sella

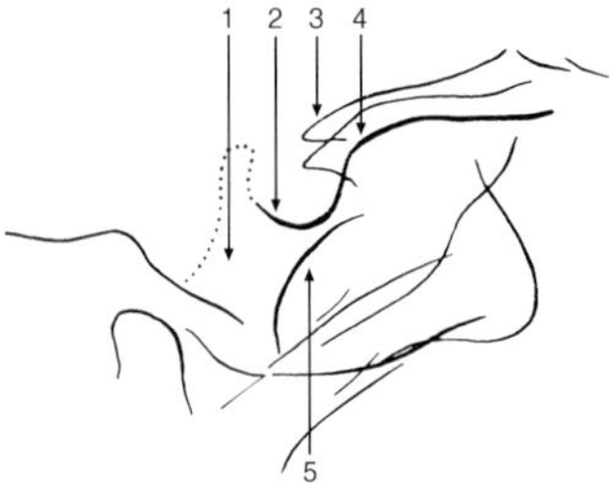

1 kalkarmer Abschnitt des Keilbeinkörpers;
2 Sellaboden;
3 Proc. clin. anteriores;
4 Tuberculum sellae;
5 hintere Wand der Keilbeinhöhle

Hochgradige Strahlendurchlässigkeit der dorsalen, nicht pneumatisierten Partien des Keilbeinkörpers und des Clivus. Die Konturen dieser knöchernen Abschnitte nicht erkennbar. Die dorsale knöcherne Begrenzung der Keilbeinhöhle zeigt normales Verhalten. Die Keilbeinhhöle ist lufthaltig. (Nach E. G. Mayer 1952)

Infrasellärer Tumor – vordringender maligner Epipharynxtumor

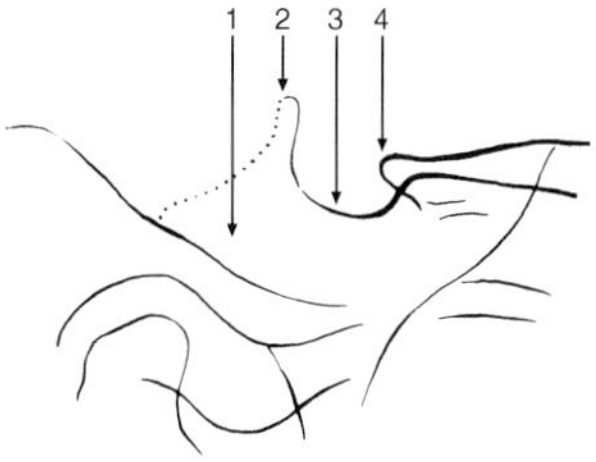

1 porotische Partien des Keilbeinkörpers. Konturen der Keilbeinhöhle nicht sichtbar;
2 Dorsum sellae;
3 Sellaboden;
4 Proc. clin. ant.

Die dorsalen Abschnitte des Keilbeinköpers und des Dorsum sellae sind stark aufgehellt. Ihre dorsalen Konturen sind kaum noch erkennbar. Die Keilbeinhöhle dicht verschattet. Ihre Konturen nicht erkennbar. (Nach E. G. Mayer 1932)

Suprasellärer Tumor

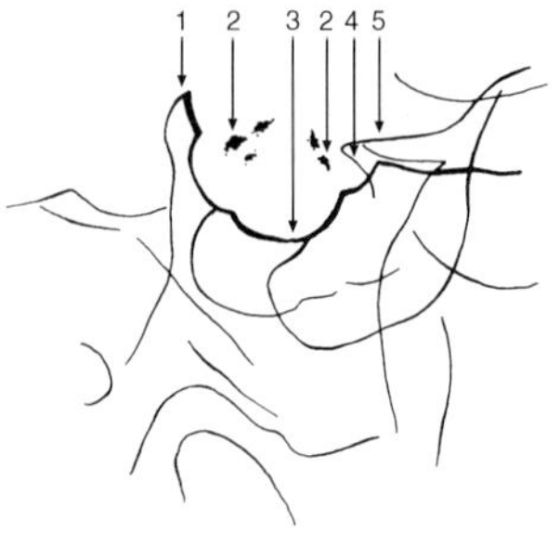

1 Dorsum sellae;
2 paraselläre Kalkschatten;
3 leicht vertiefter Sellaboden;
4 deprimiertes Tuberculum sellae;
5 Proc. clinoideus anterior

Sellaeingang stark exkaviert, Sellaboden nur wenig gesenkt. Dorsum dick, normal lang, scheinbar etwas rekliniert. Fleckige Kalkschatten unmittelbar parasellär. (Nach E. G. Mayer 1932)

Intrasellärer Tumor – Akromegalie

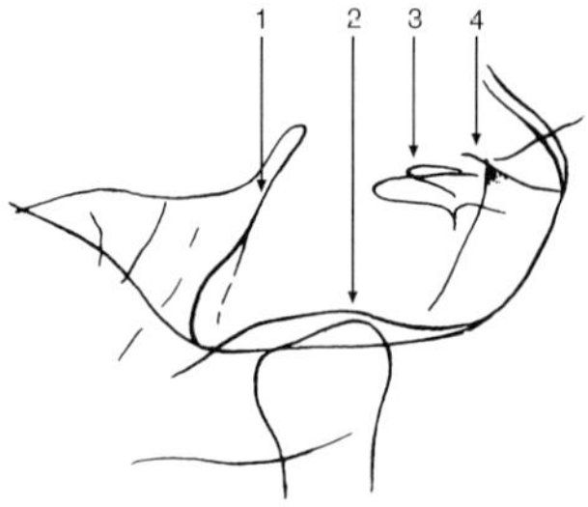

1 Dorsum sellae;
2 Boden der mittleren Schädelgrube;
3 Processus clinoidei anteriores;
4 Tuberculum sellae

Sella hochgradig exkaviert, Boden zerstört. Das Tuberculum ist spitz, es weist einen dornartigen Fortsatz auf (Verkalkung des Diaphragma sellae). Dorsum stark verdünnt. Processus clinoidei schmal. (Nach E. G. Mayer 1932)

Drucksella

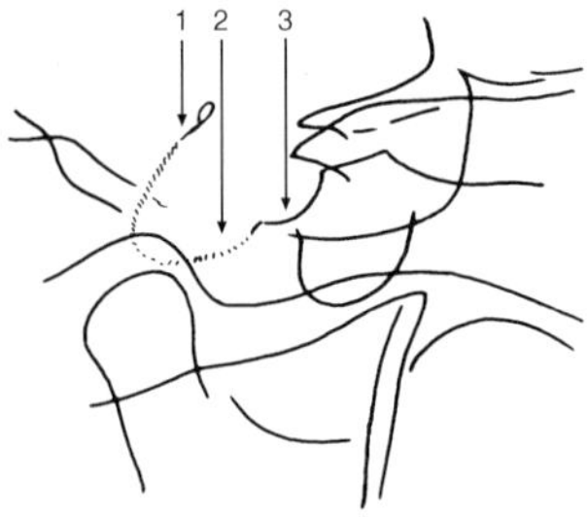

1 verdünntes Dorsum;
2 Stelle der Sellaexkavation;
3 erhaltener Teil des Sellabodens

Hochgradige Exkavation des dorsalen Sellaabschnittes, die vordere Hälfte ist normal. (Aus E. G. Mayer 1932)

„Pneumosinus sphenoidalis"

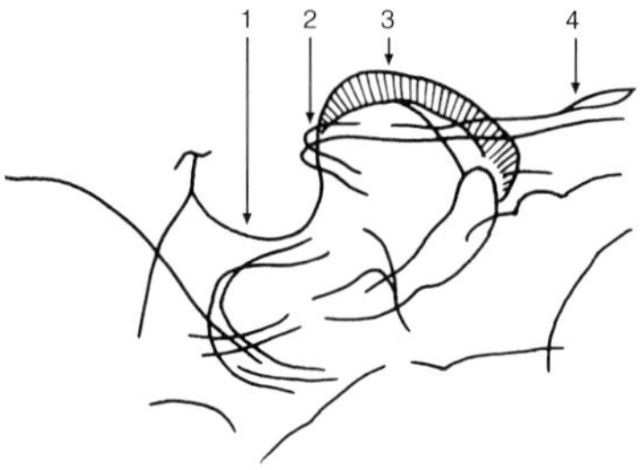

1 Sella turcica;
2 Proc. clinoidea anteriores;
3 vorgewölbtes, verdicktes und verdichtetes Planum sphenoidale;
4 Orbitaldächer.

mit Vorwölbung der Hyperostose des Planum sphenoidale bei darüberliegendem Meningeom. Das Keilbeinhöhlendach ist im Bereich des Planum sphenoidale nach oben buckelig vorgewölbt und unregelmäßig verdickt und verdichtet. Im übrigen zeigt die Keilbeinhöhle normale Verhältnisse. (Aus E. G. Mayer 1934)

Nach Olsson, O., F. Strnad, H. Vieten, A. Zuppinger: Handbuch der Medizinischen Radiologie, Bd. VII/1. Springer, Berlin 1963

Größen- und Formvariationen des Jugularkanals

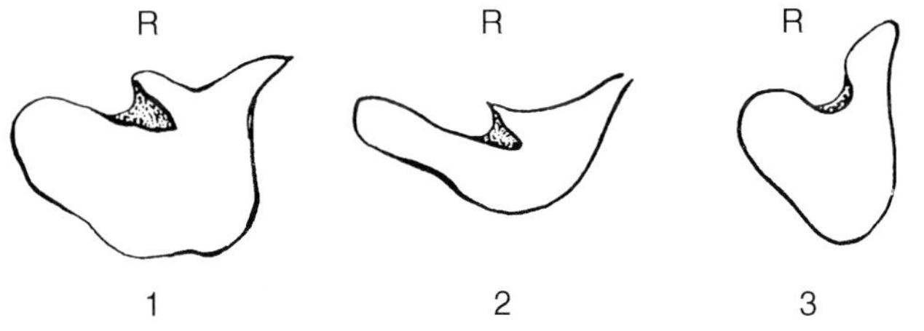

(1–3) Größen- und Formvariationen des Jugularkanals;

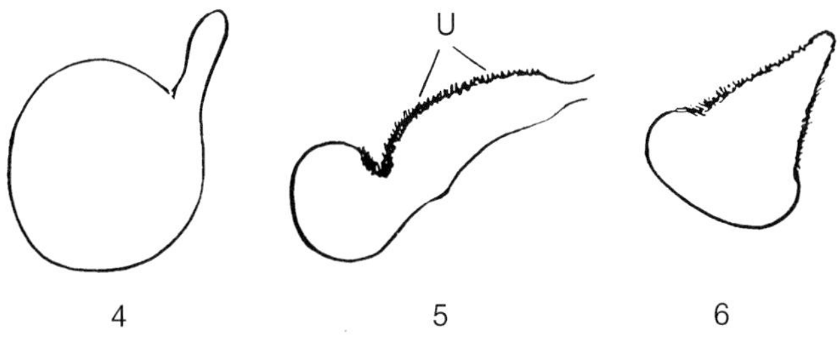

(4) Dysplasie des vaskulären Anteils des Canalis jugularis (Bulbushochstand); (5–7) Befunde am Canalis jugularis bei verschiedenen Tumorformen; (5) Usuren am nervalen Anteil des Canalis jugularis durch Einwachsen eines destruierenden Prozesses (z. B. Epipharynxtumor); (6) Neurinom im anterioren Anteil des Canalis jugularis mit Aufweitung der Fissura petrooccipitalis;

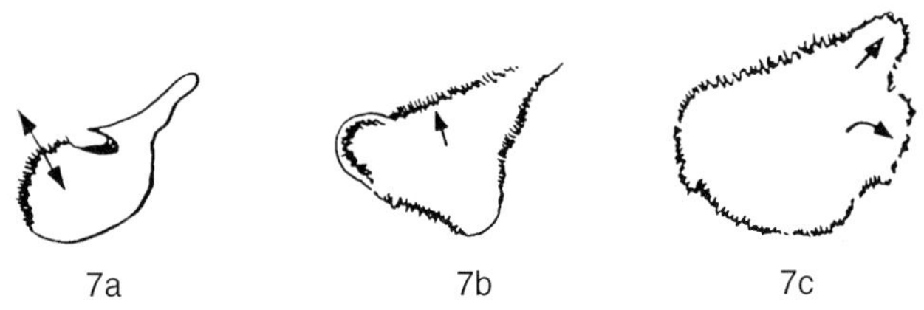

(7) Glomustumoren (ähnliche Bilder aber auch bei anderen destruierten Prozessen möglich).
a) tympanojuguläre Form. b) beginnende jugulare Form mit leichter Aufweitung des Canalis jugularis und Wandusuren. Destruktion an dem Processus intrajugularis. c) fortgeschrittene juguläre Form mit Übergreifen auf die Pars nervosa sowie auf den Canalis hypoglossi.
Weitgehend identische tomographische Bilder ergeben sich bei Anwendung der halbaxialen und der unilateralen, transmaxillären Projektion.

Nach Reisner, K., J. Gosepath: Schädeltomographie. Thieme, Stuttgart 1973

Nasennebenhöhlen-Veränderungen

Differentialdiagnostik der Kieferhöhlen-Affektionen

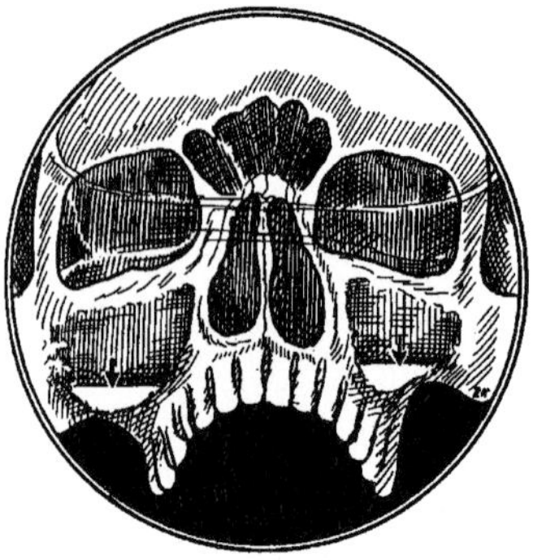

Akute Sinusitis maxillaris (Spiegelbildung!)

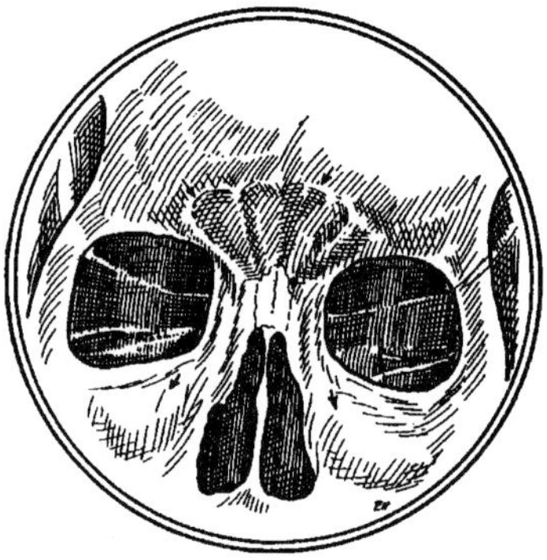

Chronische Pansinusitis

Alle Nebenhöhlen sind diffus verschattet und teilweise strahlenundurchlässig

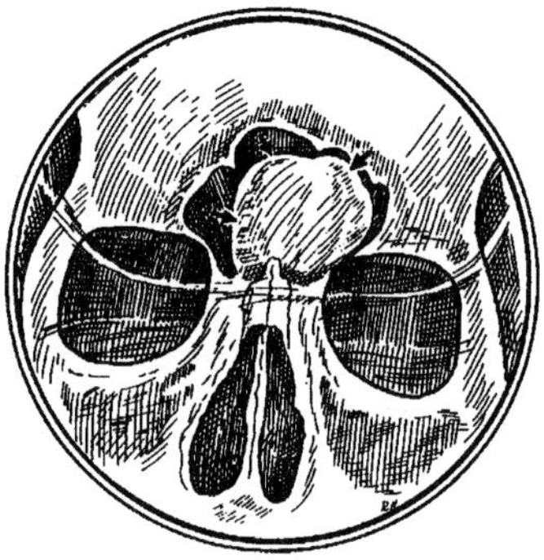

Mukozele der linken Stirnhöhle

Es zeigt sich eine Druckatrophie des umgebenden Knochens durch eine radiotransparente, expansive, scharf begrenzte Läsion

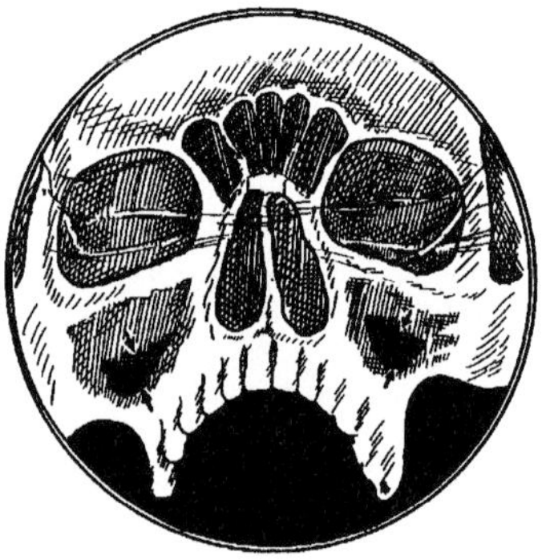

Mukoperiostale Verdickung der Kieferhöhle

Die verdickte Mukosalinie verläuft parallel zur Kieferhöhlenwand und ist gerade; die allergische Verdikkung ist häufig bogig in ihrer Erscheinung

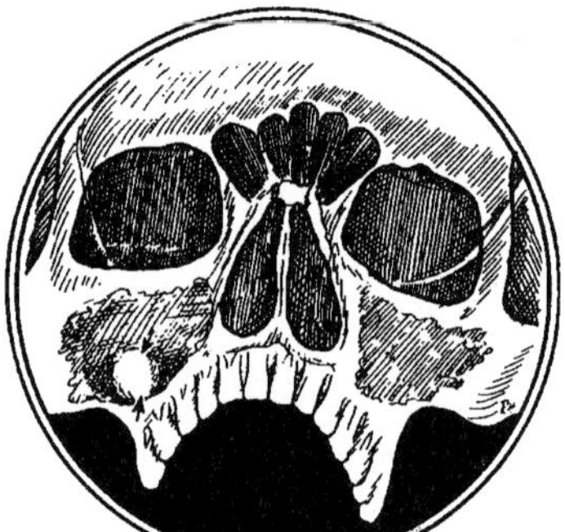

Allergisch bedingter Kieferhöhlenpolyp

Polypoider Füllungsdefekt der Kieferhöhle, allergischen Ursprungs; kann unilateral oder multipel sein; die Muscheln sind häufig geschwollen

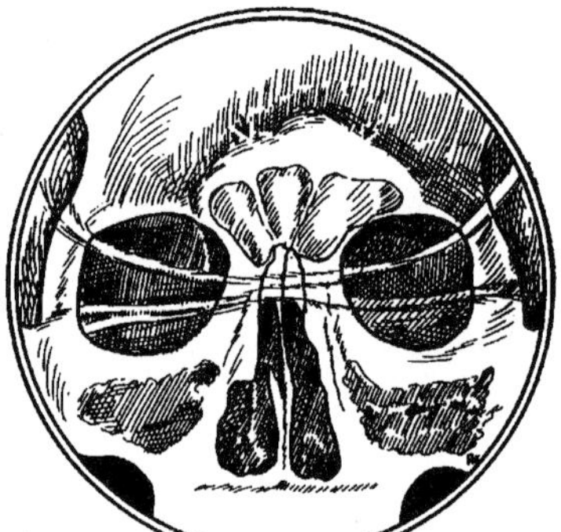

Im Gegensatz zur Osteomyelitis zeigt sich eine rein **sklerotische Reaktion** ohne Regionen knöcherner Destruktion

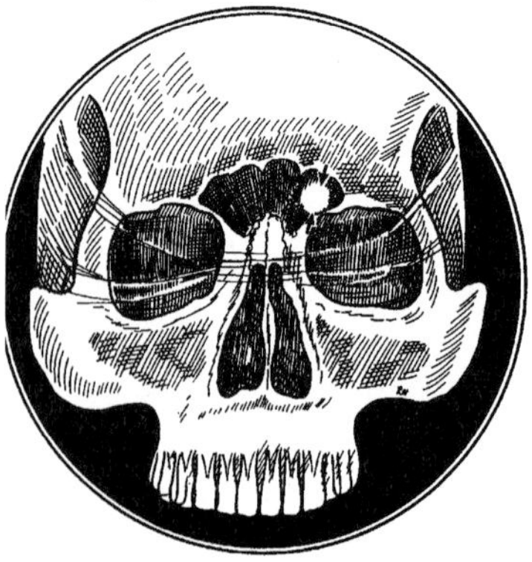

Osteom (an typischer Lokalisation)

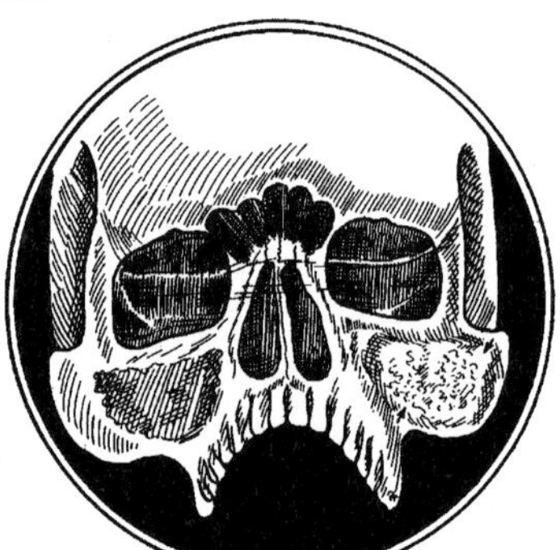

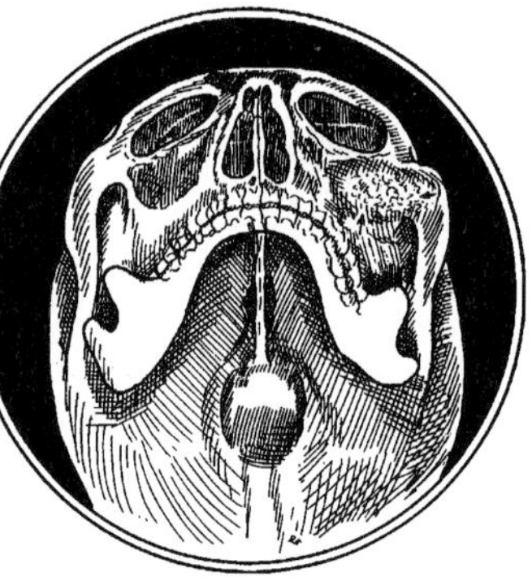

Die linke Kieferhöhlentransparenz ist vollständig durch einen **soliden Tumor** ersetzt, der umgebende Knochen ist befallen und zerstört, die Abgrenzung der Höhlenwand ist nicht möglich

Nach Meschan, I., R. M. Farrer-Meschan: Diagnostik mit bildgebenden Verfahren, Bd. III. Enke, Stuttgart 1991

Tumoren der Nasen- und Nasennebenhöhlen

Typische Lokalisationen und Ausbreitung

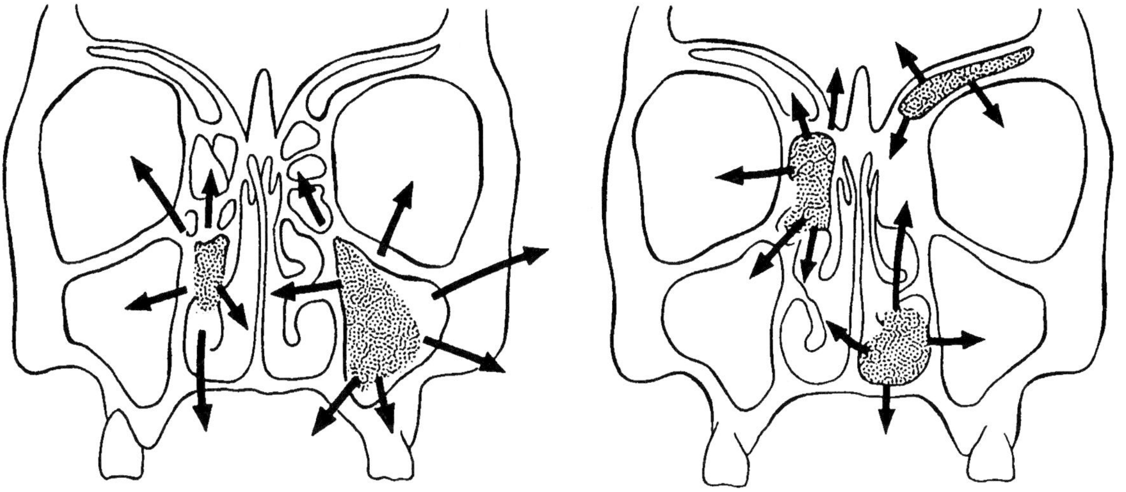

Tumoren der Nase, des Siebbeins, der Kieferhöhle und des maxilloethmoidalen Winkels.

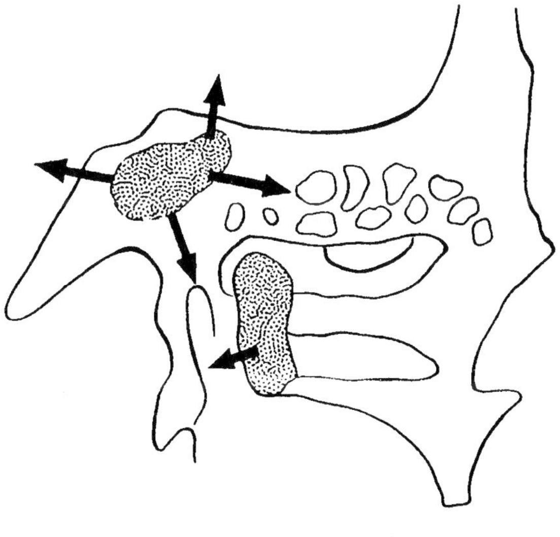

Tumoren der hinteren Nase und der Keilbeinhöhle.

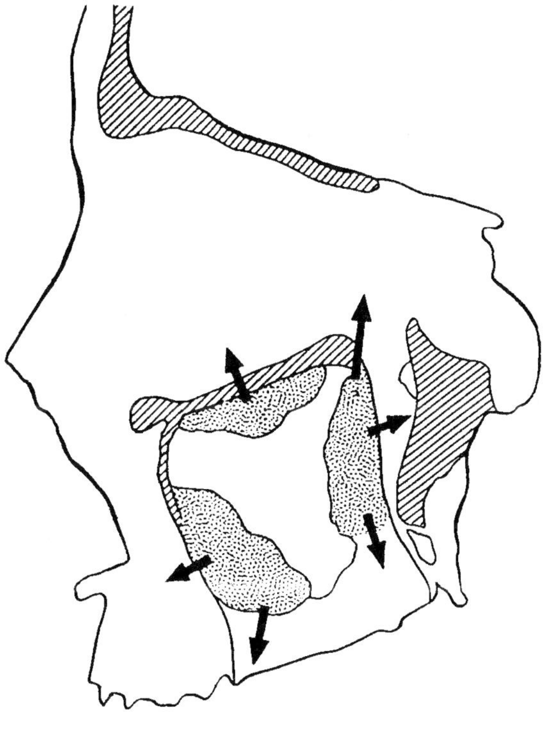

Verschiedene Lokalisationen in der Kieferhöhle.

Kiefer und Zähne (mit Differentialdiagnose)

Odontogene Herde

Inneres Granulom (radiologisch kaum zu erkennen)

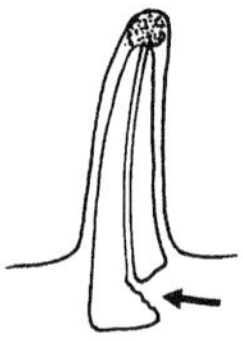

Erweiterter Periodontalspalt mit eitrig zerfallender Pulpa

Persistierender Milchzahn mit ostitischer Randzone

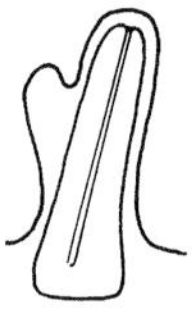

Parodontaler Abszeß

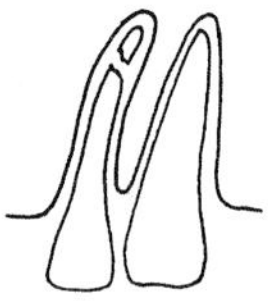

Frakturierte Wurzelspitze

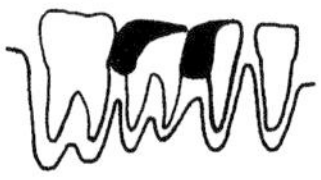

Überstehende Füllungen mit parodontalem Knochenabbau

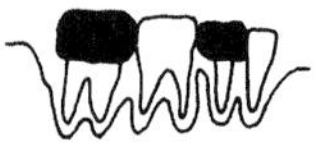

Überstehende Krone. Stiftzahn mit parodontalem Knochenabbau

Parodontale Taschenbildung durch Winkelstellung (z.B. durch frühzeitige Extraktion des 1. Molaren)

In der Kieferhöhle steckende Wurzelspitze

In die Kieferhöhle ausgestoßener, überstopfter Zement

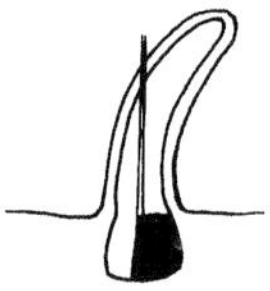

Wurzelkanalperforation bei gekrümmter Wurzelspitze

Fremdkörper (Exstirpationsnadel) im Kanal ragt über das Foramen apicale hinaus. In den Knochen getriebener Metallstift

Kieferhöhlenempyem

Retinierter und verlagerter infizierter Eckzahn

Fremdkörpereinschlüsse

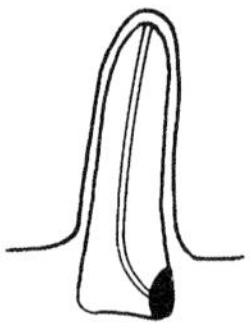

Pulpagangrän nach Silikatfüllung (radiologisch nicht zu erkennen)

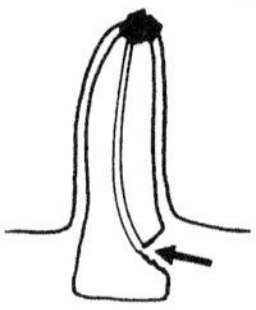

Ostitischer Herd

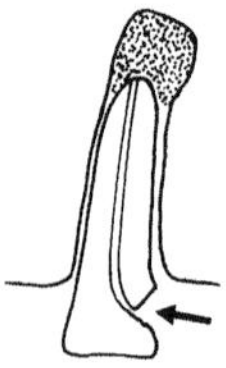

Granulom

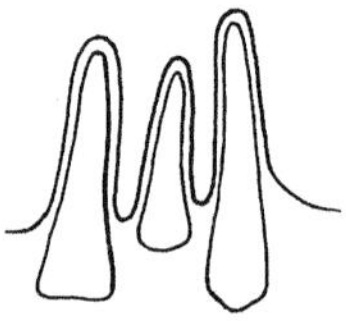

Zahnrudiment

Zahn im Bruchspalt

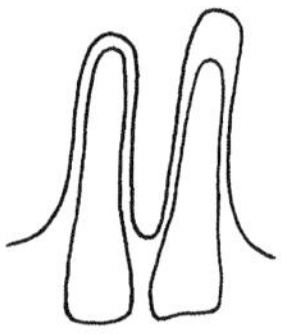

Luxierter Zahn

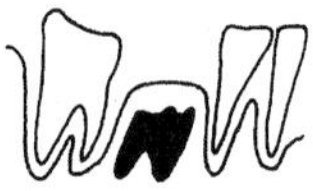

Wurzelrest

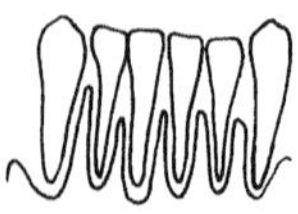

Parodontitis

Parodontitis

Dentitio difficilis

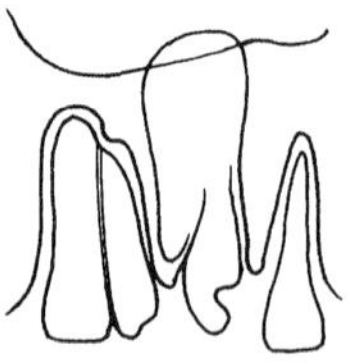

Zyste im Oberkiefer

Zyste im Unterkiefer

Nach Köhler, A., E. A. Zimmer: Grenzen des Normalen und Anfänge des Pathologischen im Röntgenbild des Skeletts. 12. Aufl. Thieme, Stuttgart 1982

Odontogene Läsionen

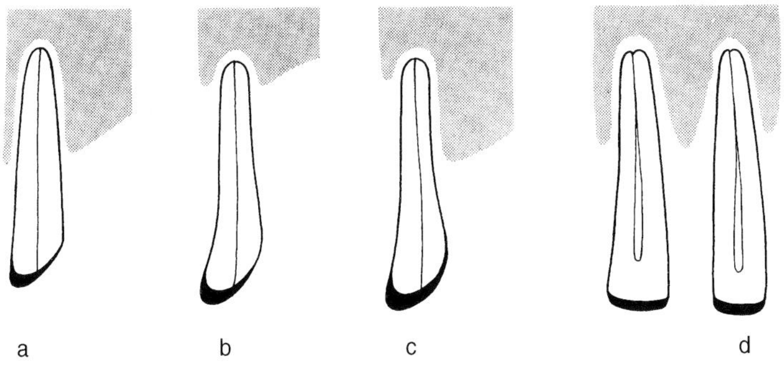

Parodontopathie

a) Kiefer normal im Querschnitt
b) voll ausgeprägte Parodontose
c) einseitig ausgebildete Parodontopathie
d) Parodontose bei Ansicht von vorn

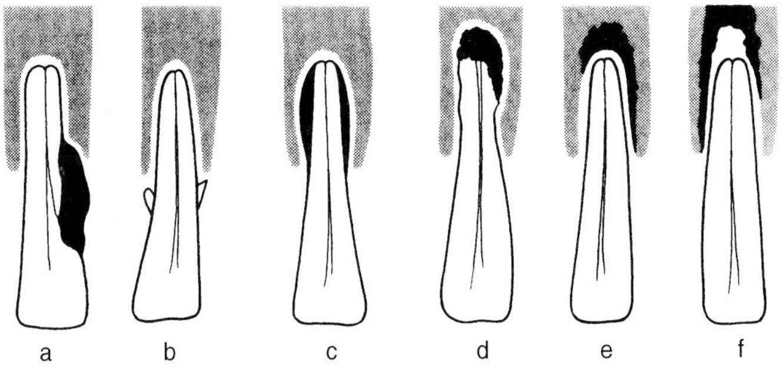

Hyperzementose

a) marginale Hyperzementose
b) marginale Zahnsteinablagerung
c) Hyperzementose des Desmodonts
d) Hyperzementose der Wurzelspitze
d) Osteosklerose des Alveolarfundus
f) Hyperzementose um ein Granulom mit reaktiver Osteosklerose

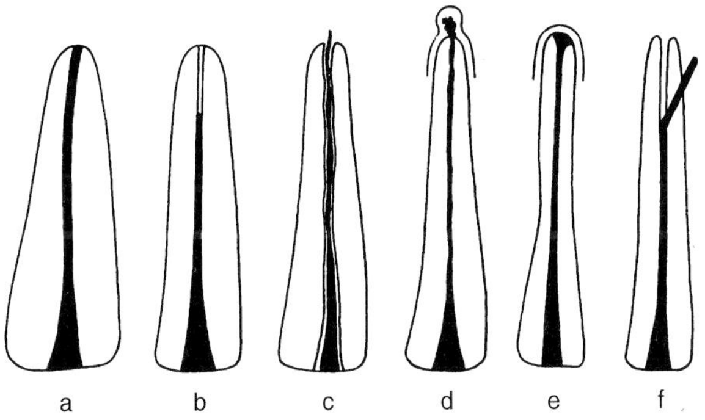

Wurzelfüllungen

a) Gute Füllung, normal
b) Füllung erreicht die Wurzelspitze nicht
c) Wurzelfüllung nur zentral sichtbar, randständig dagegen nicht
d) überfließende Wurzelfüllung der Pulpenkanäle (sog. überfüllter Wurzelkanal)
e) Wurzelfüllung bei seitlich angeordnetem Foramen apicale
f) Füllung eines falschen Bohrkanals (kann bei entsprechender Projektion Bilder wie bei a oder b vortäuschen)

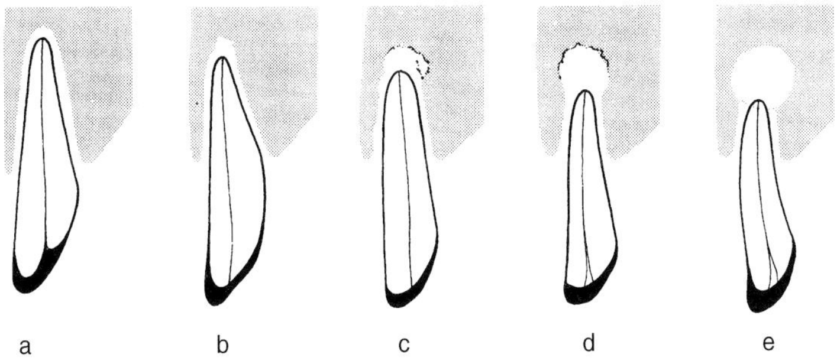

Formen wurzelnaher Prozesse des Granuloms

a) Verbreiterung des Periodontalraumes mit Unterbrechung der Linie am Apex
b) kleiner ostitischer Herd
c) Wurzelspitzengranulom ohne scharfe Begrenzung
d) zystisches Granulom
el radikuläre Zyste mit scharfem Rand

Nach Köhler, A. E. A. Zimmer: Grenzen des Normalen und Anfänge des Pathologischen im Röntgenbild des Skeletts. 12. Aufl. Thieme, Stuttgart 1982

Odontogene Abszesse

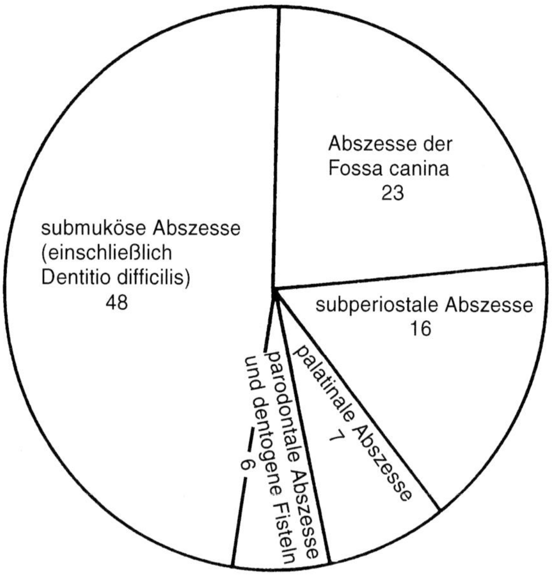

Anteil (in Prozent) der in der Umgebung des Alveolarfortsatzes auftretenden Abszesse

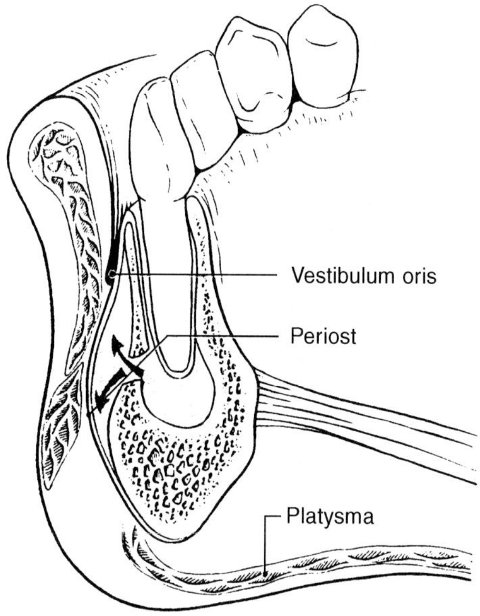

Subperiostaler Abszeß im Unterkieferfrontbereich bei apikaler Parodontitis, schematisch

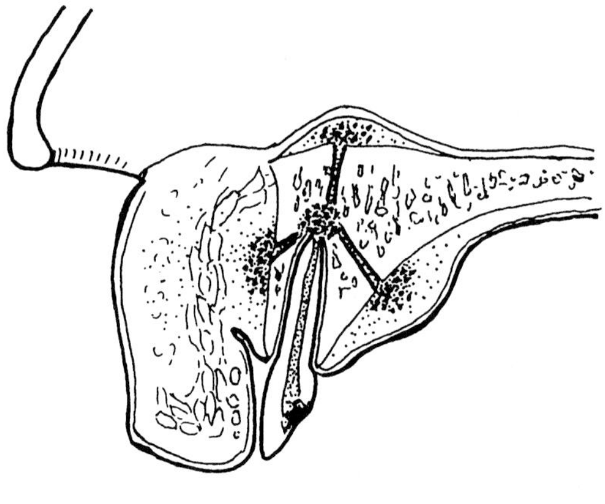

Submuköser und palatinaler Abszeß sowie Nasenbodenabszeß

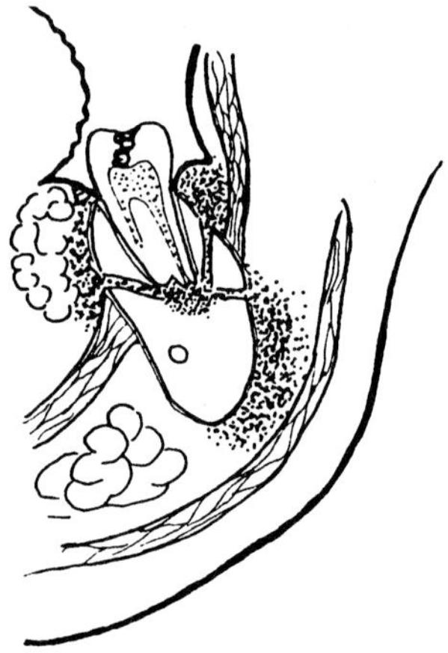

Osteomyelitis mit submukösem, sublingualem und perimandibulärem Abszeß

Nach Krüger, E.: Lehrbuch der chirurgischen Zahn-, Mund- und Kieferheilkunde, Bd. 1, Quintessenz. Berlin 1981

Abszeßausbreitung

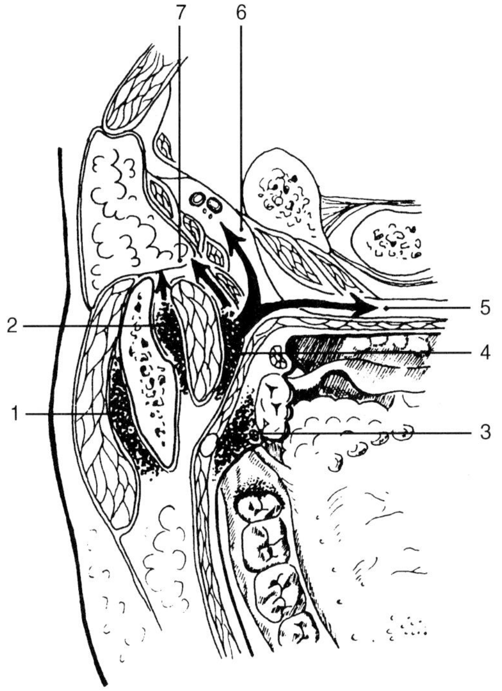

Abszesse in der Umgebung des aufsteigenden Unterkieferastes und ihre Ausbreitungsmöglichkeiten:

(1) masseteriko-mandibulärer Abszeß
(2) pterygomandibulärer Abszeß
(3) paratonsillärer Abszeß
(4) parapharyngealer Abszeß
(5) retropharyngealer Raum
(6) Recessus parastyloideus
(7) retromandibulärer Raum (Parotisloge)

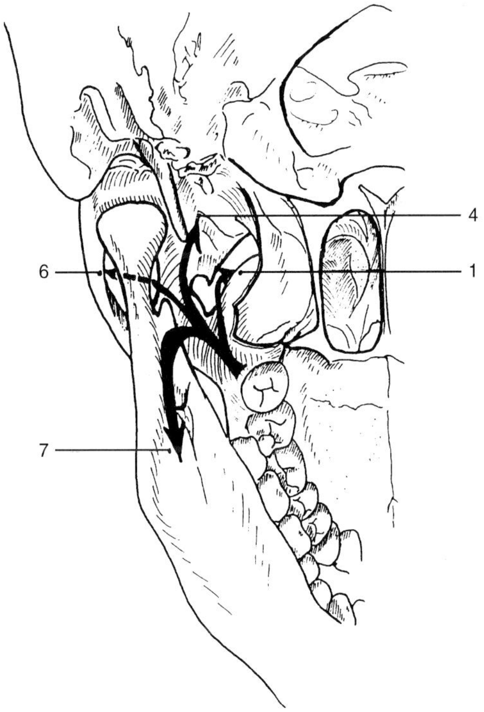

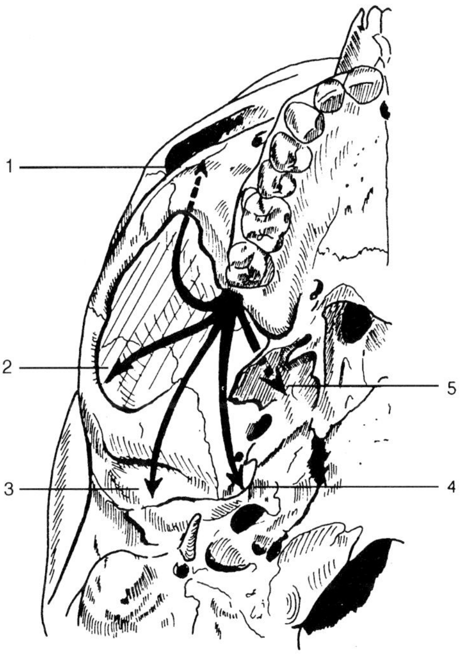

Ausbreitungsmöglichkeiten des retromaxillären Abszesses:
(1) Orbita, (2) Temporalregion, (3) Kiefergelenkregion, (4) Schädelbasis, (5) Flügelgaumengrube, (6) Incisura semilunaris, (7) Parapharyngealraum

Nach Krüger, E.: Lehrbuch der chirurgischen Zahn-, Mund- und Kieferheilkunde, Bd. 1, Quintessenz. Berlin 1981

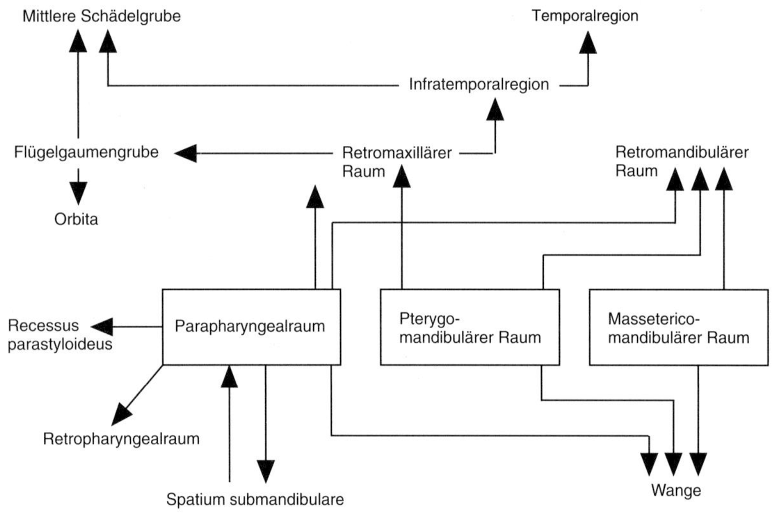

Ausbreitungsmöglichkeiten der Eiterungen des **Parapharyngealraumes**, des **pterygo-mandibulären** und des **masseterico-mandibulären Raumes**

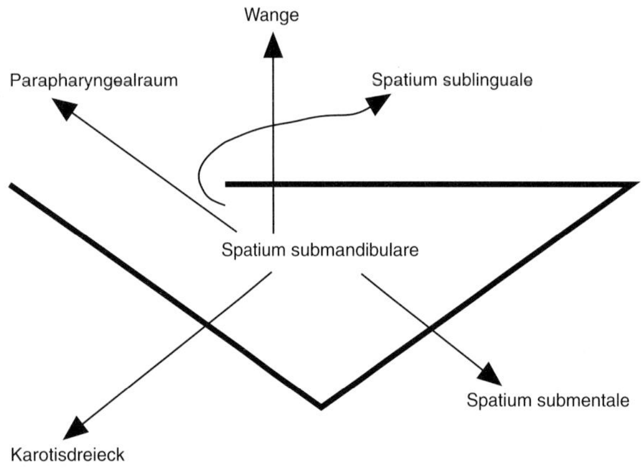

Ausbreitungsmöglichkeiten der Eiterung der **Submandibularloge**

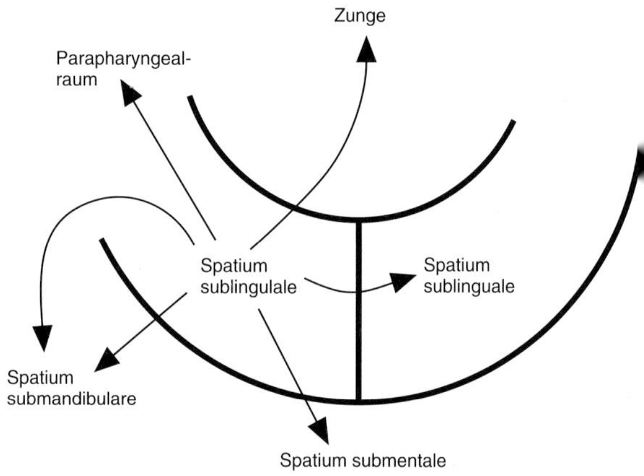

Ausbreitungsmöglichkeiten der Eiterung der **Sublingualloge**

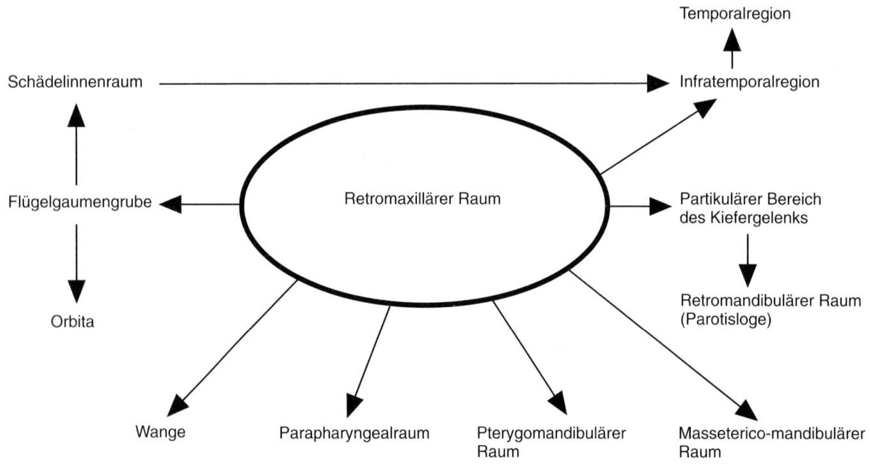

Ausbreitungsmöglichkeiten der Eiterung des **retromaxillären Raumes**

Nach Krüger, E.: Lehrbuch der chirurgischen Zahn, Mund- und Kieferheilkunde, Bd. 1, Quintessenz. Berlin 1981

Differentialdiagnostik von Prozessen im Bereich des Unterkiefers

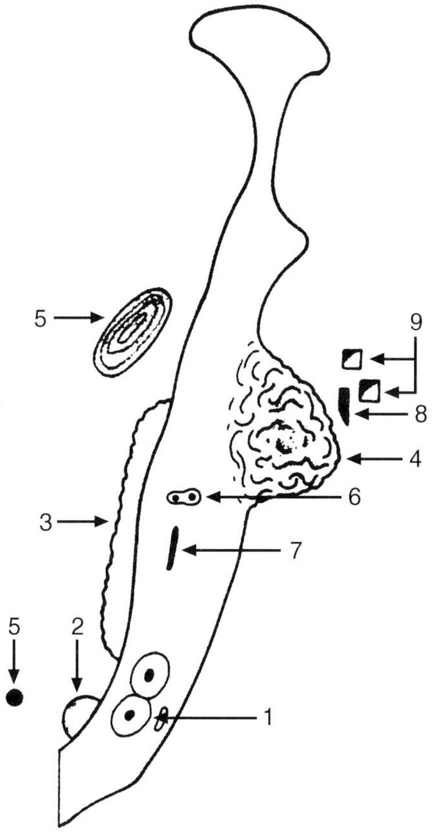

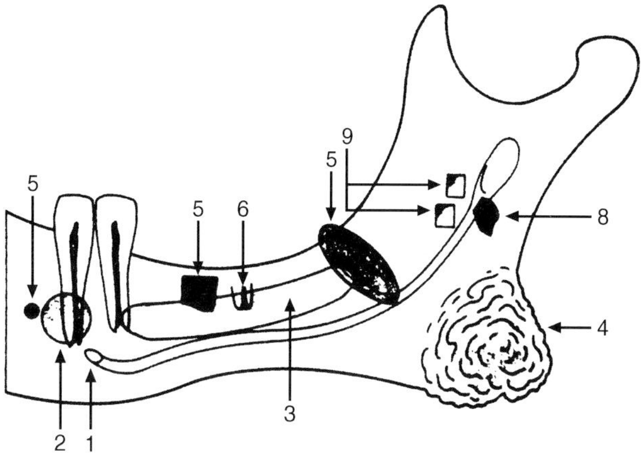

Aufhellungen und Verschattungen im Unterkieferseitenzahnbereich und Kieferwinkel. Folgende Befunde werden schematisch in zwei Ebenen dargestellt: 1 Foramen mentale, 2 Exostose, 3 Torus mandibularis, 4 Osteom, 5 Speichelsteine in Papille und Gang, 6 Wurzelreste, 7 Sklerosierung des Knochens, 8 Metallsplitter, 9 Glassplitter

Nach Mödder, U., M. Lenz: Gesichtsschädel, Felsenbein, Speicheldrüse, Pharynx, Larynx, Halsweichteile. Springer, Berlin 1992

Destruktionen im Bereich der Mandibula

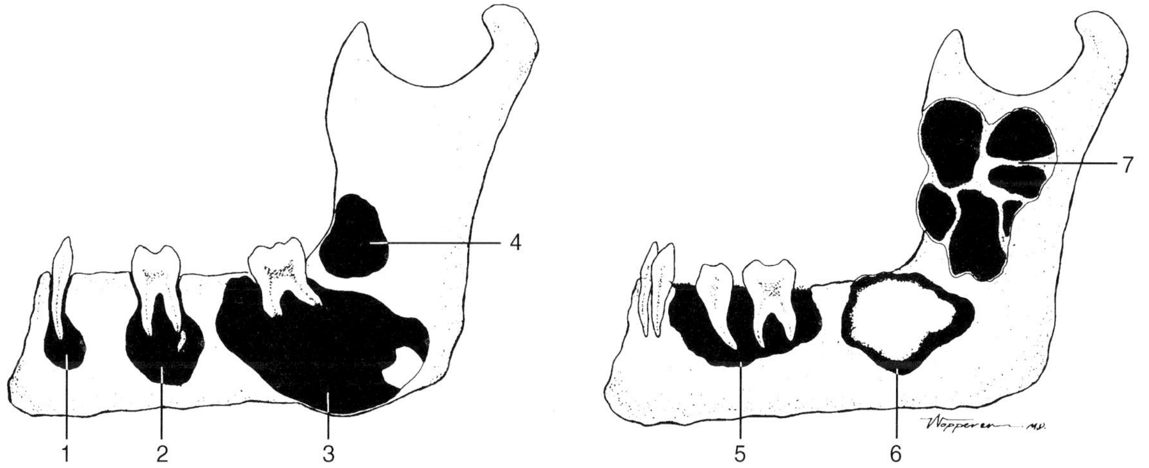

1. Zahngranulom, 2. parodontale Zyste (enthält gelegentlich kleinen Wurzelrest), 3. follikuläre Zyste, 4. Primordialzyste, 5. „schwebender Zahn" (z.B. Histiozytose X), 6. Odontom, 7. Ameloblastom

Nach Burgener, F. A., M. Kormano: Röntgenologische Differentialdiagnostik. Thieme, Stuttgart 1988

Zystische und pseudozystische Veränderungen des Unterkiefers (Dannemaier u. Mitarb. 1991)

Akuter periapikaler Abszeß

Unscharf begrenzte Aufhellung an der Wurzelspitze, Periodontalspalt verbreitert.

Zahngranulom

Begrenzung schärfer.

Radikuläre Zyste

Echte Zyste, scharf begrenzt, sklerotischer Rand, apikaler Periodontalspalt fehlt.

Follikuläre Zyste „dentigerous cyst" siehe Adenoameloblastom

Scharf begrenzte zystische Aufhellung, enthält die Krone des retinierten oder verlagerten Zahns.
Kongenital, Schulkinder. Meist 3. Molar oder oberer Eckzahn. Multipel bei Mukoviszidose Typ VI.

Primordialzysten, multipel bei Gorlin-Goltz-Syndrom, Syn. Basalzellnävussyndrom

In den interdentalen Septen, Verdrängung der Wurzeln, auch hinter dem 3. Molaren. Mehrkammerig oder wabig. Ober- und Unterkiefer.

Residualzyste

Gut begrenzte Aufhellung nach Zahnextraktion bei vorher vorhandener Zyste.

Hämorrhagische Pseudozyste

Traumatisch bedingt, unregelmäßig begrenzt, meist im Corpus mandibulae.

Fissuralzyste

Im Bereich von Fusionen embryonaler Fissuren oder Suturen. Millellinie der Maxilla oder Mandibula, in der Maxilla auch zwischen dem 2. und 3. Zahn.

Mandibulardefekt (Stafne)

Zystischer Defekt vor dem Kieferwinkel, sklerotischer Rand, linguale Kortikalis fehlt.
Ursache: akzessorisches Speicheldrüsengewebe. Keine Wachstumstendenz.

Aneurysmatische Knochenzyste, Hämangiom ähnlich, sehr gefäßreich (Cave: Biopsie)

Mandibula oder Maxilla, multiple zystische Aufhellungen, expansiv, Grenze erhalten.

Nach Ebel, K.-D., E. Willich, E. Richter: Differentialdiagnostik in der Pädiatrischen Radiologie. Thieme, Stuttgart 1995

Erkrankungen im Bereich des Unterkiefers

Zysten des Unterkiefers

Zysten im Kieferknochen
Odontogene Zysten
- Radikuläre Zysten
- Follikuläre Zysten
  - Zahnhaltige follikuläre Zysten
  - Zahnlose follikuläre Zysten
- Parodontale Zysten
- Residualzysten

Nicht odontogene Zysten
- Nasopalatinale Zysten
- Nasoalveoläre Zysten
- Globulomaxilläre Zyste
- Mediane alveoläre Zyste

Nicht epitheliale Kieferzysten (Pseudozysten)
- Solitäre Knochenzyste
- Aneurysmatische Knochenzyste
- Latente Knochenhöhle des Unterkiefers

Weichteilzysten
- Schleimzysten der Mundschleimhaut
- Ranula
- Mukozele und Okklusionszyste der Kieferhöhle.

Gutartige Tumoren des Unterkiefers

Tumoren der osteogenen Reihe
Osteom
Osteoid-Osteom
Osteofibrom
Chondrome
Osteochondrome
Zentrale Fibrome
- Fibroosteom
- Ossifizierendes Fibrom
- Fibromyxom
- Myxom

Zentrale Riesenzelltumoren

Zentrale vaskuläre Tumoren

Tumoren der odontogenen Reihe
ephitelialen Ursprungs:
- Ameloblastom

Tumoren der odotongenen Reihe
mesenchymalen Ursprungs:
- odontogene Fibrome
- odontogene Myxome
- Zementoblastome
- Dentinoblastome

Tumoren der odontogenen Reihe
Mischformen:
- Ameloblastofibrom
- Odontom

Nach Mödder, U., M. Lenz:
Gesichtsschädel, Felsenbein, Speicheldrüsen, Pharynx, Larynx, Halsweichteile. Springer, Berlin 1992

Bösartige zentrale Tumoren des Unterkiefers

Sarkome der osteogenen Matrix
Osteosarkom
Osteo-Osteoidsarkom
Chondrosarkome
Mischformen

Sarkome der Bindegewebsanteile des Knochens
zentrale Fibrosarkome
zentrale Myxosarkome
juxtakortikale Sarkome

Sarkome der Markanteile des Knochens
Retikulumzellsarkom
Lymphosarkom
Ewing-Sarkom
Plasmozytom

Sarkome des ossären Gefäßsystems
Angiosarkom

Unreifzellige Sarkome
Spindelzellsarkom
Rundzellsarkom

Zentrale Karzinome

Metastatische Tumoren

Gutartige Tumoren der Alveolarfortsatzschleimhaut und des Mundbodens

Fibrom
Papillom
Hämangiom
Epuliden
Lipom
Neurofibrom
Tumoren der kleinen Speicheldrüsen

Bösartige Tumoren der Alveolarfortsatzschleimhaut und des Mundbodens

Karzinom
Maligne Speicheldrüsentumoren
- Adenoid zystisches Karzinom
- Maligner Mukoepidermoidtumor
- Karzinom im pleomorphen Adenom

Differentialdiagnose von Schädelveränderungen

Tumoren im Bereich von Gesichtsschädel und Hals

Tumoren des Nasopharynx und der Nasennebenhöhlen

Plattenepithelkarzinom

Adenokarzinom

Lymphoepitheliales Karzinom

Weichteiltumoren
- Leiomyosarkom
- embryonales Rhabdomyosarkom
- Lipom. Liposarkom
- Neurofibrom
- Myxom
- Fibrom, Fibrosarkom

Juveniles Angiofibrom

Maligne Lymphome, Plasmozytom

Papillom

Olfaktoriusneuroblastom

Malignes Melanom

Tumoren der Speicheldrüsen

Teratom bei Kindern

Dermoidzyste

Nasale Gliome

Tumorähnliche Veränderungen
- Granuloma gangraenescens
- Mukozele

Tumoren der Speicheldrüsen

1. Benigne epitheliale Tumoren
   Pleomorphe Adenome
   Zystadenolymphome
   Sonstige monomorphe Adenome
      Speichelgangadenome
      Basalzelladenome
      Onkozytome
2. Maligne epitheliale Tumoren
   Mukoepidermoidtumoren
   Azinuszelltumoren
   Karzinome
      Adenoidzystische Karzinome
      Adenokarzinome
      Plattenepithelkarzinome
      Karzinome in pleomorphen Adenomen
      Speichelgangkarzinome
      Hellzellige Karzinome
      Talgdrüsenkarzinome
3. Mesenchymale Tumoren

Tumoren der Mundhöhle, des Pharynx und des Larynx

Plattenepithelkarzinom (ca. 90 %)

Adenokarzinom

Basalzellkarzinom

Verruköses Karzinom

Kleinzelliges Karzinom

Adenoidzystisches Karzinom

Karzinosarkom

Weichteiltumoren (des Kehlkopfs)
- Osteosarkom
- Rhabdomyom, Rhabdomyosarkom
- malignes fibröses Histiozytom
- Synovialsarkom
- Angiofibrom
- Neurilemmom
- Fibrosarkom
- Chondrosarkom
- Granularzelltumor

Tumoren der kleinen Speicheldrüsen

Lymphogranulomatose

Maligne Lymphome, Plasmozytom

Malignes Melanom

Hämangiom

Lymphangiom

Metastasen

Chemotektom

Karzinoid

Tumorähnliche Veränderungen
- Mukozele
- pyogenes Granulom
- fibroepitheliales Papillom
- chronische Entzündungen
- Riesenzellepulis
- Cholesteatom
- Chondrodermatitis nodularis
- Sängerknötchen der Stimmlippen

Nach Gademann, G.:
Gesichtsschädel und Hals. In Reiser, M., W. Semmler: Magnetresonanztomographie. Springer, Berlin 1992

Differentialdiagnostik von Veränderungen des Os temporale

Röntgenzeichen von Veränderungen des Temporalknochens

Kategorie	Größe	Form	Dichte	Architektur	Lage
Kraniometaphyseale Dysplasie			dicke Knochen	unterbrochen	gesamter Temporalknochen
Kleiner, kurzer äußerer Gehörgang	kurz		kann abnorm sein		äußeres Ohr
Hypoplastisches Tympanon und abnormaler Verlauf des äußeren Gehörgangs	klein	abnormal	erhöht	spärliche Pneumatisation	äußeres Ohr
Atretische Platte	klein	abnormal	erhöht	abnorme Ossikel	Mittelohr
Großer Bulbus jugularis im Hypotympanon gelegen (wahrscheinlich Normvariante)			kann erhöht sein		Hypotympanon
Otsosklerose (kochleär; Otsospongiose)			Dichte im ovalen Fenster erhöht	abnorm	ovales oder rundes Fenster
Mondini-Defekt der Kochlea		fehlende Kochlea			Kochlearegion, ovales oder rundes Fenster
Labyrinthitis obliterans			vermindert	unterbrochen	Labyrinth
Cholesteatom			attische Region vermindert	unterbrochen	Antrum Mastoideum und Recessus epitympanicus
Glomus jugulare		unregelmäßig	Knochendestruktion	unregelmäßige Schädelbasis	Nasopharynx und „Parapharynx"
Glomus tympanicum		unregelmäßig	Knochendestruktion	unregelmäßig	tympanojuguläre Region
Eosinophiles Granulom des Os temporale	variabel	unregelmäßig	Knochendestruktion	vorgewölbter Rand	Mastoidfortsatz
Fibröse Dysplasie des Temporalknochens	erhöht		vermindert, allerdings Sklerose der Kochlea und des Labyrinths	schlecht ausgebildeter und amorpher Knochen	kraniofaziale Knochen überall; vierthäufigste Lokalisation am Skelett
Akustikusneurinom		unregelmäßig expandierende Läsion	Knochendestruktion		Kleinhirnbrückenwinkel
Akustikusneurinom Luftzisternogramm		unregelmäßig expandierende Läsion	vermindert	Arrosion der Crista falciformis	Kleinhirnbrückenwinkel; Meatus acusticus
Normales Luftzisternogramm	normal	normal	normal	normal	Meatus acusticus internus und Felsenbeinspitze
Rhabdomyosarkom des Temporalknochens und der Schädelbasis		unregelmäßig	Knochendestruktion, Sklerose des Klivus	unterbrochen	Temporalknochen und Schädelbasis
Drain bei Mastoidektomie		unregelmäig	Drain in der Ohrregion. Sklerose des Mittelohrs	unterbrochen	Drain in der Region des Ohres

Nach Meschan, I., R. M. Farrer-Meschan: Diagnostik mit bildgebenden Verfahren. Bd. III. Enke, Stuttgart 1991

Ursachen von Verkalkungen

I. Physiologische Verkalkungen

1. Corpus pineale (≈ 50 %)
2. Habenula (≈ 25 %)
3. Plexus choroideus (≈ 10 %)
4. Dura mater encephali
   a) Falx cerebri (≈ 7 %)
   b) über der Großhirnkonvexität
   c) Falx cerebelli
   d) Tentorium cerebelli, Lig. petrosellare
   e) Sellanähe (≈ 25 %)
5. Foveolae granulares (Pacchioni)
6. Tela choroidea recessus suprapinealis
7. Commissura anterior

II. Pathologische Verkalkungen

1. Vaskulär
   a) arteriosklerotisch (≈ 30 %)
      α) A. carotis interna
      β) A. basilaris
   b) thrombotisch: Sinus sigmoideus
   c) Mißbildungen und Geschwülste
      α) Aneurysma: A. carotis interna (≈ 5 %), A. basilaris, V. cerebri magna (Galeni)
      β) Angiom
2. Tumoren
   a) neuroepitheliale Tumoren
      α) Medulloblastom (≈ 0,5 %)
      β) Gliome:
         Spongioblastom (≈ 1 %)
         Oligodendrogliom (≈ 15 %)
         Astrozytom (≈ 10 %)
         Glioblastom
      γ) Paragliome:
         Ependymom (≈ 30 %)
         Plexuspapillom (≈ 30 %)
         Pinealom (≈ 30 %)
         Neurinom
         Gangliozytom
   b) mesodermale Tumoren
      α) Meningeom (≈ 20 %)
      β) Chondrom (≈ 60 %)
      γ) Chordom (≈ 40 %)
      δ) Osteom
      ε) Lipom
   c) ektodermale Tumoren
      α) Kraniopharyngeom (≈ 60 %)
      β) Hypophysenadom (≈ 3 %)
   d) Mißbildungstumoren
      α) Dermoid (≈ 1 %)
      β) Epidermoid
      γ) Teratom
      δ) Metastasen
3. Dysontogenetische Prozesse
   a) tuberöse Hirnsklerose (Bourneville)
   b) Neurofibromatose (Recklinghausen)
   c) Neuroangiomatose (Sturge-Weber)
   d) Lissenzephalie
   e) Basal cell naevus syndrome (Gorlin-Goltz)
4. Entzündliche Prozesse
   a) infektiöse Meningoenzephalitis
   b) parainfektiöse Meningoenzephalitis
   c) Tuberkulose:
      Meningitis (≈ 25 %)
      Tuberkulom (≈ 5 %)
   d) Abszeß
   e) Mykosen: Cryptococcus neoformans (Torulose)
   f) Gumma
   g) Zytomegalie
5. Blutungen
   a) intrazerebral: z. B. nach Geburtstrauma
   b) subdural
   c) eipdural
   d) nach Hirnpunktion
6. Parasiten
   a) Sporozoen: Toxoplasma gondii (≈ 85%)
   b) Nematoden: Trichinella spiralis
   c) Zestoden: Taenia solium (Zystizerkose), Echinococcus granulosus (cysticus) und multilocularis (alveolaris)
   d) Trematoden: Schistosoma haematobium (Bilharziose), Paragonismus westermani (Paragonimiasis)
7. Bestrahlungsfolge
8. Metabolisch
   a) Hypoparatyhreoidismus
   b) Pseudohypoparathyreoidismus (PH), Pseudo-Pseudohypoparathyreoidismus (PPH)
   c) Lipoidproteinose (Urbach-Wiethe)

III. Artefakte

Weichteilveränderungen: Fremdkörper (Glas, Steine), Spiegler-Tumoren. Haare: Zopf, Spangen, Pomade, EEG-Salbe. Ohrknorpelverkalkung. Verbandsmaterial. Röntgentechnik: Folien- oder Kassettenfehler, verschmutzte Unterlage oder Kopfstütze.

Nach Nadjmi, M., U. Piepgras, H. Vogelsang: Kranielle Computertomographie. Thieme, Stuttgart 1981

Intrakranielle Verkalkungen bei Hirntumoren

Tumor	Bevorzugte Lokalisation	Verkalkungen	Kommentar
Gliom: Astrozytom		10 % 6 % (Grad 1: 25 %, 2: 10 %, 3: 5 %, 4: 2 %)	50 % aller Hirntumoren sind Gliome, vier Fünftel davon Astrozytome und Oligodendrogliome. Gliome finden sich in allen Altersstufen. Das *Medulloblastom*, ein weiteres Gliom, verkalkt selten und findet sich meist bei Kindern.

Intrakranielle Verkalkungen bei Hirntumoren (Forts.)

Tumor	Bevorzugte Lokalisation	Verkalkungen	Kommentar
Oligodendrogliom	Vordere Teile der Hirnhemisphären	50 %	
Ependymom	Ventrikel	15 %	
Plexuspapillom	Ventrikel	25 %	
Meningeom	Parasagittal, Schädelbasis, Falx, Tentorium	5 % bis 15 % (granulär, bogenförmig oder dicht nodulär: Kalkkugel)	15 % aller intrakranialen Tumoren. Vorwiegend im mittleren und höheren Alter, selten bei Kindern. M : F = 1 : 2. Begleitende und oft pathognomonische radiographische Zeichen in 50 %: 1. lokale Hyperostose. 2. verstärkte Furchen der Meningealgefäße. 3. erweitertes Foramen spinosum.
Kraniopharyngeom	Suprasellär	75 % (nodulär und/oder bogenförmig)	Gewöhnlich, aber nicht immer mit Sellaveränderungen verbunden. In der Mehrzahl bei Kindern und Jugendlichen.
Teratom	Mittellinie (Hälfte in der Zirbeldrüsengegend)	75 % (kann Zähne usw. enthalten)	Gewöhnlich bei Kindern und Jugendlichen.
Dermoidzyste (zerebrale)	Mittellinie, meist hintere Schädelgrube	Fast immer	In der Mehrzahl bei Kindern und Jugendlichen. DD: Epidermoid („Cholesteatom"), das nicht immer in der Mittellinie liegt, in jedem Lebensalter vorkommt und entweder extradural (selten verkalkt) oder intradural (gewöhnlich verkalkt) ist.
Pinealom	Zirbeldrüsenregion	50 % (Zirbeldrüsenverkalkung von mehr als 1 cm Durchmesser)	Mehrheitlich in den beiden ersten Dekaden, ganz überwiegend beim männlichen Geschlecht.
Hypophysenadenom	Fossa hypophysialis	Selten (4 %)	Verkalkungen kommen nur in großen, meist chromophoben, selten eosinophilen Adenomen vor, die immer mit Sellaveränderungen einhergehen.
Chordom	Schädelbasis (Klivus)	70 % (retro-, para- oder suprasellär)	Vorwiegend im 4. und 5. Lebensjahrzehnt. Geht gewöhnlich mit Destruktion des Klivus einher. Ausdehnung zu Sella (Destruktion) und Nasopharynx (Weichteiltumor) möglich. Verkalkung gewöhnlich nicht im Vordergrund.
Enchondrom, Osteochondrom, Chondrosarkom	Dura, Schädelbasis	50 %	Imitieren Meningeome und Chordome.
Lipom	Corpus callosum	Zwei bogenförmige, zur Mitte konkave Verkalkungen um das Gebiet des Corpus callosum herum. Ein Lipom gibt sich manchmal als strahlendurchlässiger Tumor zu erkennen.	Ein Corpus-callosum-Lipom wird meist als Zufallsbefund diagnostiziert, wenn es verkalkt ist.
Metastasen	Keine	Äußerst selten	(z.B. von osteogenem Sarkom, muzinösem Adenokarzinom des Kolons).
Andere Tumoren	Keine	Äußerst selten	(z.B. Angiom, Neurofibrom. Hamartom usw.)

Nach Burgener; F. A., M. Kormano: Röntgenologische Differentialdiagnostik, Thieme, Stuttgart 1988

Differentialdiagnostik benigner und maligner Tumoren im Computertomogramm

Röntgenzeichen	Benigne	Maligne
Begrenzung und Homogenität	Scharf beim Meningeom, chromophoben Adenom und Akustikusneurinom	Unscharf begrenzt und inhomogen (sowohl mit als auch ohne Kontrast)
Multiple Lokalisation	Weniger häufig	Häufiger
Ödem	Das Fehlen spricht für Benignität. Es kann allerdings vorhanden sein	Das Vorhandensein spricht für Malignität
Verkalkung	Homogen; psammomatöse sprechen für ein Meningeom, unregelmäßige sprechen für ein Oligodendrogliom, Kraniopharyngeome mit oder ohne Fett und Wasserdichte. Umschrieben: Lipome fleckig, Osteochondrome (suprasellär)	Gelegentlich fleckig und geschlängelt bei Glioblastomen
Organisation	Klar und scharf	Geringgradig; klar begrenzt und/oder zystisch Hochgradig; schlechte Organisation
Kontrastmittelaufnahme	Häufig fehlend, allerdings nehmen niedergradige Astrozytome und Kraniopharyngeome auf. Meningeome nehmen stark auf	Nehmen häufig Kontrastmittel auf, besonders Metastasen
Wachstum	Langsam	Schnell
Abschwächungswerte		Hoch bei Metastasen
Herniation im Falxbereich	Kann vorhanden sein	Häufig vorhanden
Hydrozephalus	Kann vorhanden sein	Häufig vorhanden
Transtentorielle und tonsilläre Herniation	Besonders beim Meningeom	Bei vielen malignen Tumoren und Hämangioblastomen vorhanden
Paraventrikulär oder ventrikulär, ependymal oder subependymal	Kann vorhanden sein, besonders bei der tuberösen Sklerose, viralen Infektionen und der Zytomegalie	Kann vorhanden sein

Nach Meschan, I., R. M. Farrer-Meschan: Diagnostik mit bildgebenden Verfahren, Bd. III. Enke, Stuttgart 1991

Veränderungen der Orbita im Computertomogramm

Kategorie	Größe	Form	Lage	Dichte	innere Architektur	äußere Architektur
Fraktur der posterolateralen Orbitalwand	kann durch die Fraktur vergrößert sein	unregelmäßig	unilaterale Protrusion; Hämatom der rechten mittleren Schädelgrube	subkutanes Emphysem	unterbrochen	Lamina papyracea frakturiert
Fraktur des Os ethmoidale und dislozierte Linse	Orbitalregion erweitert	unregelmäßig	unilaterale Protrusion	unregelmäßig	unterbrochener N. opticus, dislozierte Linse	kann auch eine Fraktur enthalten
Fraktur mit Carotis-Sinus-cavernosus-Fistel und weiter V. orbitalis superiora	erweitert	unregelmäßig	unilaterale Protrusion	Blutgefäße in Größe und Dichte vermehrt	unbrochen und unregelmäßig	kann unterbrochen sein
Hypertropher Muskel	erhöht	ellipsoid	Muskel betroffen	± erhöht	Orbita intakt	Orbita intakt
Skleritis mit Uveitis	unverändert	unverändert	unilaterale Protrusion	Sklera und M. rectus medialis erhöht	unverändert	unverändert
Subtemporaler bis orbitaler Abszeß durch die Sutura zygomaticosphenoidalis	kann unverändert sein	unverändert oder unregelmäßig	Augäpfel asymmetrisch	seitlich erhöht	kann leicht unregelmäßig sein	unverändert
Zerstörung des linken Sinus maxillaris und der linken Nasenmuscheln durch eine Wegenersche Granulomatose	kann vergrößert sein	kann unregelmäßig sein	Protrusion eines Auges	zerstört linke Maxilla und zerstört linke Muscheln; Raumforderung in der Orbita; retroorbitales Fett dicht	unverändert	unverändert
Mukozele des Sinus frontalis	betroffene Orbita erweitert	verändert	Augapfel verlagert	vermindert und erhöht (verkalkter Rand)	unregelmäßig	unregelmäßig
Hämangiom der Orbita (kontrastiert)	im allgemeinen unverändert	unverändert	leichte Protrusion	erhöht	im allgemeinen unverändert	
Neurofibromatose der Orbita	Orbita erweitert	verändert	angehoben oder imprimiert	erhöht	(fehlender großer Keilbeinflügel)	
Karzinom der Kieferhöhle, das den Boden der Orbita zerstört hat	Orbita erweitert	Auge verlagert; Orbitaboden unregelmäßig	Auge verlagert	Intraorbital-Platte zerstört	zum Teil zerstört	kann teilweise zerstört sein
Lymphom der Glandula lacrimalis	unverändert	unverändert	Alteration des Zentrums	Wandteil zerstört; erhöht (Einheitsdichte)	Fossa lacrimalis kann arrodiert sein	unverändert
Rhabdomyosarkom der Orbita	erweitert	unregelmäßig	Protrusion	zerstörte Wand	unterbrochen	kann unverändert sein
Morbus Basedow	unverändert	unverändert	Protrusion	M. rectus medialis ++	unverändert	unverändert
Metastasen	variabel, im allgemeinen erhöht	kann unregelmäßig sein	unverändert oder Protrusion	erhöht oder vermindert	verändert entsprechend der Lokalisation der Metastase	

Nach Meschan, I., R. M. Farrer-Meschan: Diagnostik mit bildgebenden Verfahren. Bd. III. Enke, Stuttgart 1991.

Differentialdiagnostik von Mandibularerkrankungen

Kategorie	Größe	Form	Lage	Zahl	Dichte	Architektur	Veränderungen mit der Zeit	Veränderungen im Lauf der Behandlung
Periapikale Erkankungen apikaler Abszeß	variabel	schwer abgrenzbar	um den Apex des Zahns	variabel	röntgentransparent	destruierter Knochen	Osteomyelitis	
Zementom	variabel	ellipsoid	grenzt an den Zement des Zahns	häufig multipel: Mandibula zu Maxilla 15:1	häufig röntgendicht; röntgentransparente Phase	homogen		
Periapikales Granulum	5–8 mm	scharf umschrieben	um den Apex des Zahns	variabel	röntgentransparent	scharf umschrieben, abgekapselte Transparenz		
Epithelisiertes Granulom aus dem sich eine radikuläre Zyste entwikkelt	ähnelt dem periapikalen Granulom	sphärisch um den Apex	periapikal (häufig in der Maxilla)	im allgemeinen singulär	röntgentransparent	homogen und scharf umschrieben mit Kapsel	nimmt langsam, aber nicht immer an Größe zu	
Periodontitis	variabel, umgibt im allgemeinen den Zahn	umgibt die gesamte Zahnwurzel	Periodontalmembran	variabel	röntgentransparent	Periodontalmembran lückenhaft: Lamina dura kann erhalten sein		
Osteomyelitis	variabel	unregelmäßig	überall im Alveolus, häufiger Mandibula	im allgemeinen singuläre große Region	röntgentransparent	Trabekel des Alveolus häufig betroffen; unregelmäßig destruiert	Ausdehnung betrifft die Weichteilgewebe	
Dentogene Zyste	variabel	sphärisch scharf umschrieben	um die Krone des Zahns (am häufigsten an den Molaren und Eckzähnen)	variabel	in der Nähe der Krone des Zahns abgekapselt	abgekapselt und homogen (mit Ausnahme der Krone des Zahns)	wächst langsam und variabel	
Odontome (Hamartome)	variabel	unregelmäßig ellipsoid	am häufigsten prämolar	im allgemeinen singulär	gemischt	gut umschrieben; glatter Rand; im Inneren variiert die Menge röntgendichten Materials	wächst langsam	
Myxom	variabel	unregelmäßig glatter Rand	zahnbildende Regionen des Kiefers		röntgentransparent	gut umschrieben; multilokuläre Kompartimente; rechteckig oder triangulär	klinisch benigne, lokal invasiv	

Differentialdiagnostik von Mandibularerkrankungen

Kategorie	Größe	Form	Lage	Zahl	Dichte	Architektur	Veränderungen mit der Zeit	Veränderungen im Lauf der Behandlung
Ameloblastom (Adamantinom)	variabel	variabel; häufig groß	Molarregion oder Winkel der Mandibula	im allgemeinen singulär	röntgentransparent, aber septiert	unterteilt, abgerundet; Septen; honigwabenartig; blasenartig	zerstört den Kortex bei seiner Ausbreitung, ist allerdings von einer „radiologischen Kapsel" umgeben	
Nicht odontogene benigne Tumoren, Riesenzelltumoren	entspricht ähnlichen Tumoren im übrigen Körper							
Nicht odontogene maligne Tumoren; Rhabdomyosarkom, Fibrosarkom, Myxosarkom	variabel	variabel	überall im Alveolarkamm	gewöhnlich singulär	osteolytisch im Knochen	unregelmäßig und diffus		
Osteogenes Sarkom	variabel	unregelmäßig	überall im Alveolus	singulär	lytisch oder plastisch	Destruktion des Knochens, fleckig		
Chondrosarkom, Lymphom (Burkitt), neurogenes Sarkom, Angiosarkom, Ameloblastisches Sarkom	siehe Meschan, Bd. II, Kapitel 5, 6 u. 7							
Multiples Myelom	gesprenkelt klein, fleckig	umschrieben ohne „radiologische Kapsel"	überall im Knochenmark	allgemein multipel	röntgentransparent	homogen		
Ossifizierendes Fibrom	variabel	unregelmäßig	häufig Mandibula	im allgemeinen singulär	gemischt	fleckige Sklerose mit Transparenz		
Metastatische Tumoren	variabel	unregelmäßig	häufiger als primäre Malignome	Mandibula: 85 %, Maxilla: 15 %	im allgemeinen lytisch; plastisch von der Prostata	Verteilung oder Befall krankheitstypisch		Brust, Lunge, Niere, Kolon, Prostata, Schilddrüse
Fibröse Dysplasie	zunehmend		häufiger in der Maxilla als in der Mandibula, hinterer Kiefer, kann die Mittellinie überschreiten		variabel	variabel; zystisch oder mit innerer knöcherner Matrix	Läsion verkalkt mit zunehmendem Alter	

Nach Meschan, I., R. M. Farrer-Meschan: Diagnostik mit bildgebenden Verfahren. Bd. III. Enke, Stuttgart 1991

Hirnnerven-Syndrome

Lokalisation	Hirnnerven	Eponym	häufigste Ursache
Fissura sphenoidalis	III, IV, N. ophthalmicus V, VI, manchmal II	–	invasive Tumoren des Keilbeins, Aneurysmen
laterale Wand des Sinus cavernosus	III, IV, N. ophthalmicus V, VI, oft mit Exophthalmus	Foix-Syndrom	Aneurysmen des Sinus cavernosus, Thrombose des Sinus cavernosus, invasive Tumoren der Sinus und Sella turcica
petrosphenoidaler Raum	II, III, IV, V, VI	Jacob-Syndrom	große Tumoren der mittleren Fossa cranialis
Felsenbeinspitze	V, VI	Gradenigo-Syndrom	Petrositis, Felsenbeintumoren
Meatus acusticus internus	VII, VIII	–	Tumoren des Felsenbeins (Dermoid usw.), infektiöse Prozesse
Kleinhirnbrückenwinkel	V, VII, VIII und manchmal IX	–	Akustikusneurinome, Meningiome
Foramen jugulare	IX, X, XI	Vernet-Syndrom	Tumoren und Aneurysmen
postero-laterokondylär	IX, X, XI, XII	Collet-Sicard-Syndrom	Tumoren der Glandula parotis, Glomus caroticus und sekundäre Tumoren
hintere Pharynxloge	IX, X, XI, XII und Bernard-Horner-Syndrom	Villaret-Syndrom	Tumoren der Glandula parotis, Glomus caroticus, sekundäre Tumoren, Lymphknotentumoren, tuberkulöse Adenitis

(aus Victor, M., R. D. Adams: Diseases of Cranial Nerves. In: Harrison`s Principles of Internal Medicine, 6th ed. McGraw-Hill, New York 1970, p. 1715)

Nach Taybi, H.: Radiologie der Syndrome. Thieme, Stuttgart 1982

Gehirn

Embryologie und Wachstum

Embryonales Wachstum von Schädel und Wirbelsäule

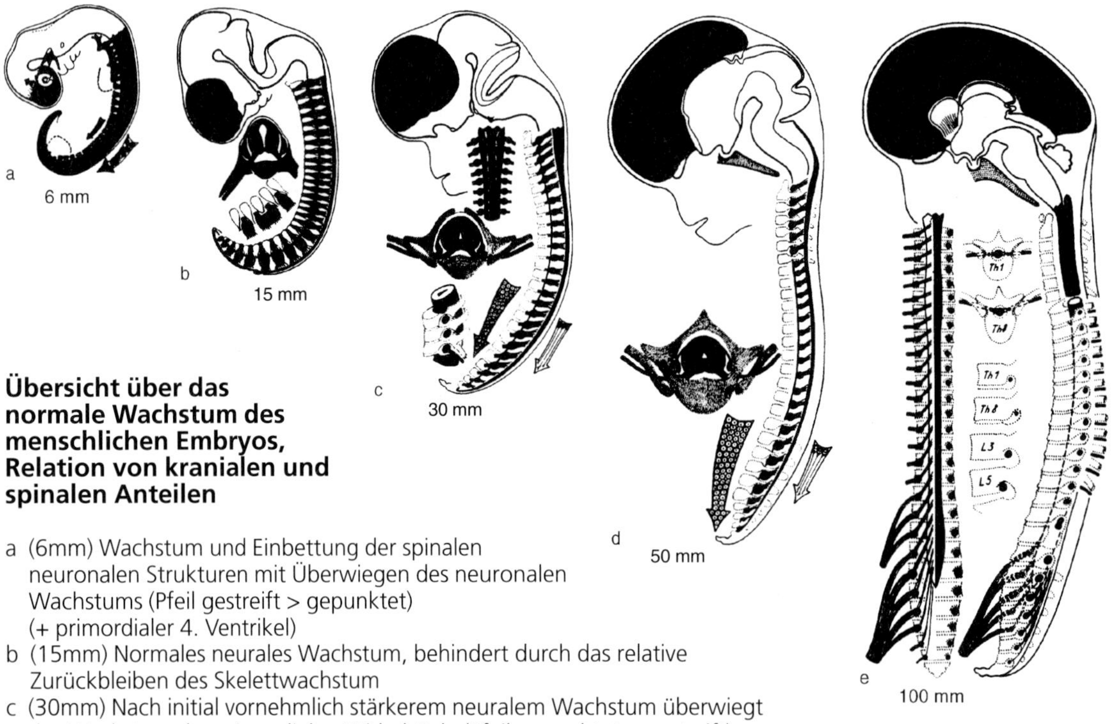

Übersicht über das normale Wachstum des menschlichen Embryos, Relation von kranialen und spinalen Anteilen

a (6mm) Wachstum und Einbettung der spinalen neuronalen Strukturen mit Überwiegen des neuronalen Wachstums (Pfeil gestreift > gepunktet) (+ primordialer 4. Ventrikel)
b (15mm) Normales neurales Wachstum, behindert durch das relative Zurückbleiben des Skelettwachstum
c (30mm) Nach initial vornehmlich stärkerem neuralem Wachstum überwiegt das Wachstum der primordialen Wirbelsäule (Pfeil gepunktet > gestreift)
d (50mm) Strecken des Embryos durch überwiegend ossäres Wachstum (Pfeil gepunktet >> gestreift)
e (100mm) Vorwiegend kraniokaudales Wachstum der knöchernen Wirbelsäule mit Verlagerung der Nervenwurzeln zervikal und lumbal nach kaudal (links sagittale, rechts seitliche Projektion)

Nach Roth, M.: Cranio-cervical growth's. Neuroradiology 28 (1986) 189–194

Frühkindliche Hirnentwicklung – Signalveränderungen in der Magnet-Resonanz-Tomographie in Abhängigkeit vom Alter

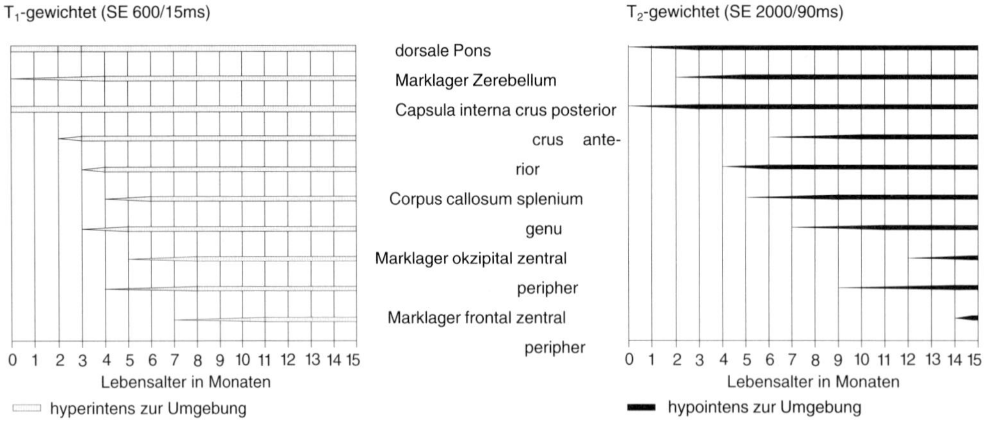

Nach Grodd, W.: Kernspintomographie neuropädiatrischer Erkrankungen. Klin. Neuroradiol. 3 (1993) 13–27 (Sonderheft)

Intrauterines Wachstum des Gehirns

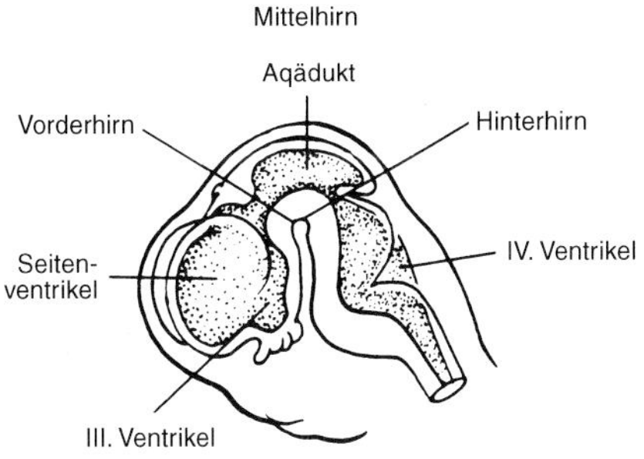

a) 6. Woche

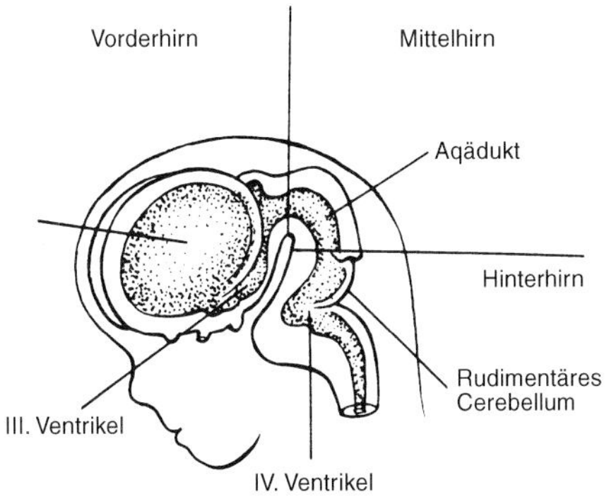

b) 8. Woche

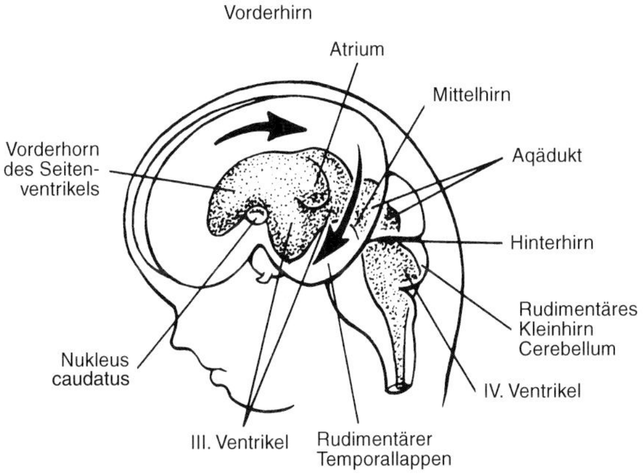

c) 10. Woche

a) Etwa in der 6. SSW entwickelt sich der 3. Ventrikel seitlich in die Hemisphärenanlagen hinein und bildet Seitenventrikel.
b) Zur Zeit der 8. Schwangerschaftswoche sind Vorderhirn und Seitenventrikel gewachsen und verschieben Mittelhirn und Hinterhirn nach kaudal.
c) Etwa in der 10. SSW hat das Vorderhirn das Mittelhirn umhüllt, die Temporallappen beginnen sich auszubilden. Durch das Wachstum der Hemisphären bildet sich die Fissura chorioidea. Die Kleinhirnanlage vergrößert sich und bedeckt durch weiteres Wachstum die dorsalen und die lateralen Anteile des 4. Ventrikels.

Hirnentwicklung (koronale Schnittebene rostral des Foramen Monroi)

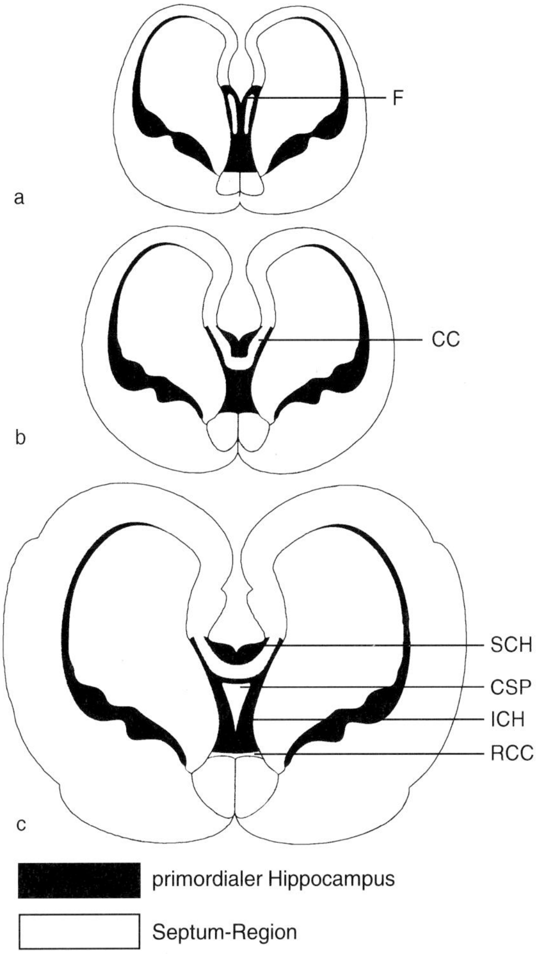

F Fornix, CC Corpus callosum, CSP Cavum septum pellucidum, ICH infracallosaler Hippocampus, SCH suprakallosaler Hippocampus (indusium griseum), RCC Rostrum des Corpus callosum

a) Fetale Seitenventrikel durch laterale Expansion der neuralen Foramina.
b) Entwicklung des Corpus callosum zwischen den Hemisphären. Der Kortex ist in dieser Entwicklungsphase extrem dünn!
c) Dreieckiges, liquorhaltiges Cavum septum pellucidum zwischen dem Körper (kranial) und dem Rostrum (kaudal) des Corpus callosum. Identifikation von Anteilen des Hippocampus supra- (SCH) und infrakallosal (ICH).

Beachte: Dunkler periventrikulärer Randsaum in a–c entspricht der germinativen Matrix

Nach Hayman, L. A., V. C. Hinck: Clinical brain imaging. Normal structure and functional anatomy. Mosby Year Book, St. Louis et al. 1992

Normale und funktionelle Anatomie des Gehirns

Großhirn

Seitenansicht der *linken* Hemisphärenoberfläche

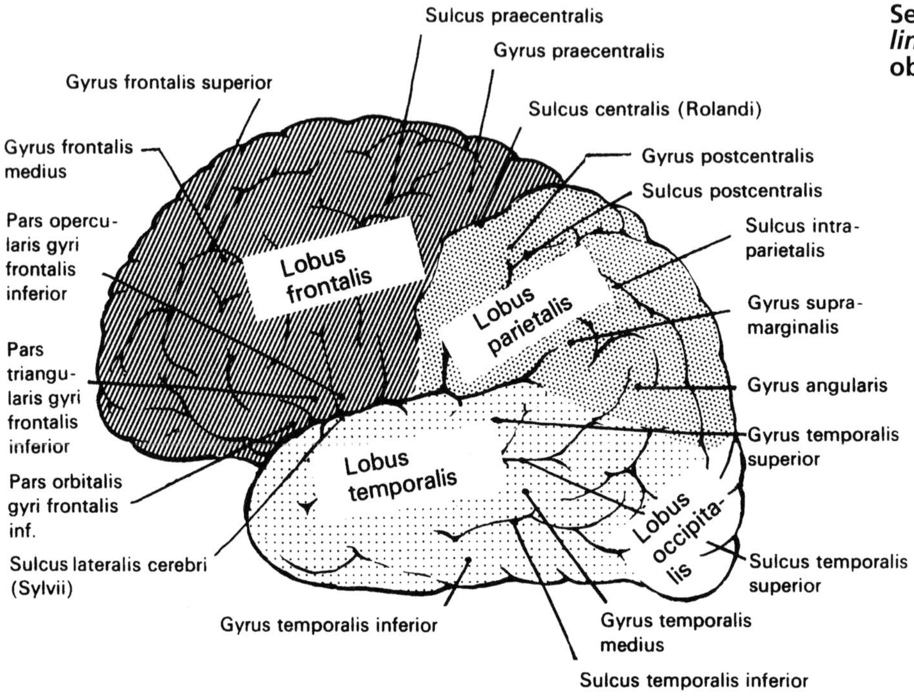

Ansicht der medialen Fläche der *rechten* Hemisphäre

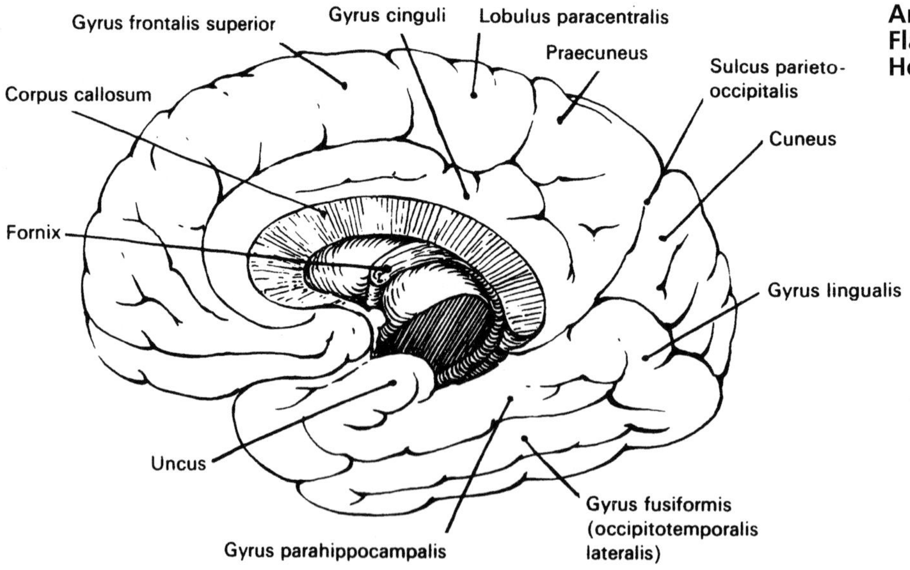

Nach Chusid, J. G.: Funktionelle Neurologie. Springer, Berlin 1978

Lateralansicht des Gehirns

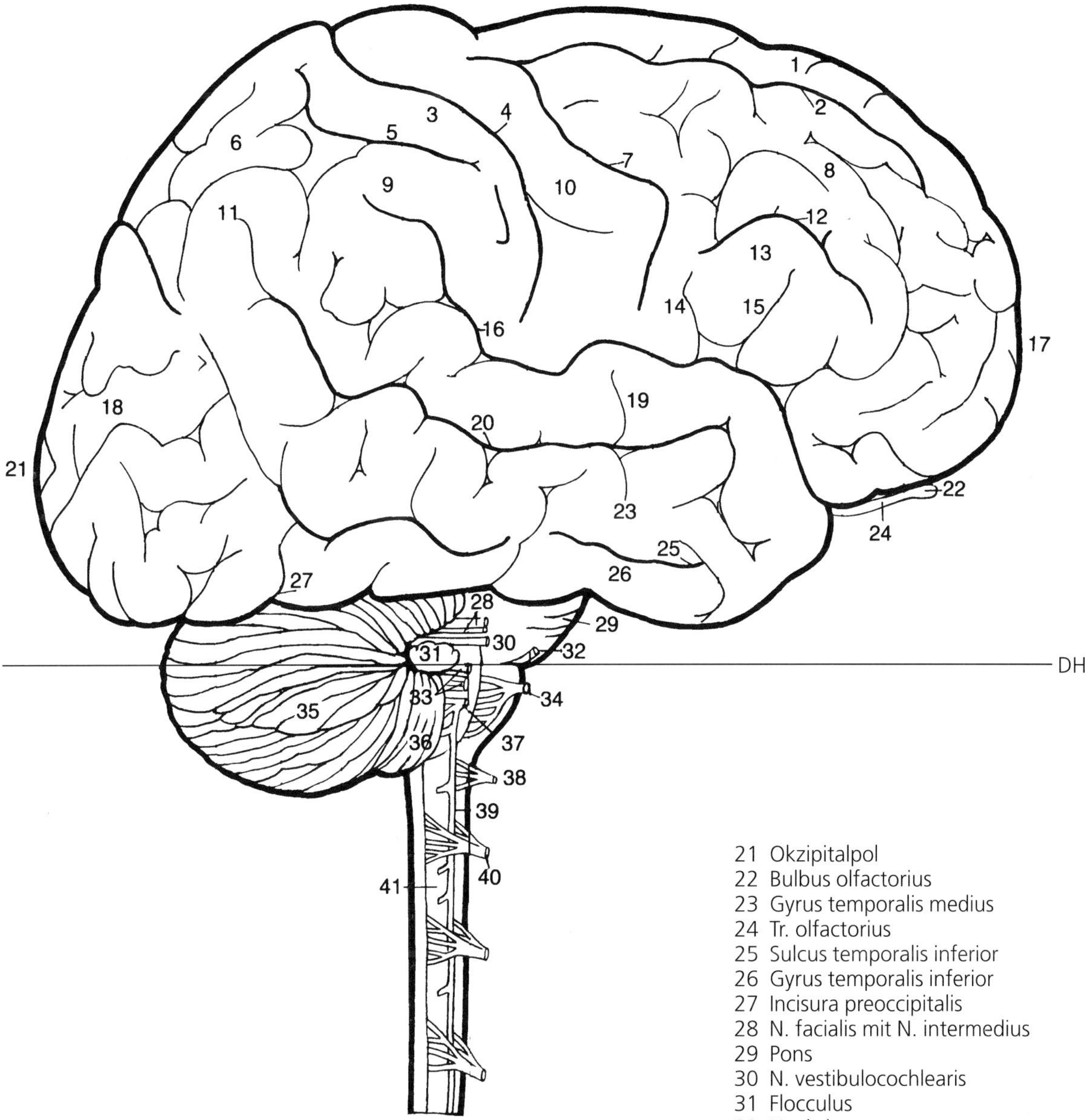

1 Gyrus frontalis superior
2 Sulcus frontalis superior
3 Gyrus postcentralis
4 Sulcus centralis
5 Sulcus postcentralis
6 Lobulus parietalis superior
7 Sulcus precentralis
8 Gyrus frontalis medius
9 Gyrus supramarginalis
10 Gyrus precentralis
11 Gyrus angularis
12 Sulcus frontalis inferior
13 Gyrus frontalis inferior
14 Sulcus lateralis, Ramus ascendens
15 Sulcus lateralis, Ramus anterior
16 Sulcus lateralis, Ramus posterior
17 Stirnpol
18 Gyri occipitales
19 Gyrus temporalis superior
20 Sulcus temporalis superior
21 Okzipitalpol
22 Bulbus olfactorius
23 Gyrus temporalis medius
24 Tr. olfactorius
25 Sulcus temporalis inferior
26 Gyrus temporalis inferior
27 Incisura preoccipitalis
28 N. facialis mit N. intermedius
29 Pons
30 N. vestibulocochlearis
31 Flocculus
32 N. abducens
33 N. glossopharyngeus und N. vagus
34 N. hypoglossus
35 Cerebellum
36 Tonsilla cerebelli
37 N. accessorius
38 Radix ventralis C1
39 Radix spinalis nervi accessorii
40 Spinalnerv C2
41 Medulla spinalis

DH = Deutsche Horizontale

Nach Kretschmann, H.-J., W. Weinrich: Klinische Neuroanatomie und kranielle Bilddiagnostik, 2. Aufl. Thieme, Stuttgart 1991

Medianansicht des Gehirns

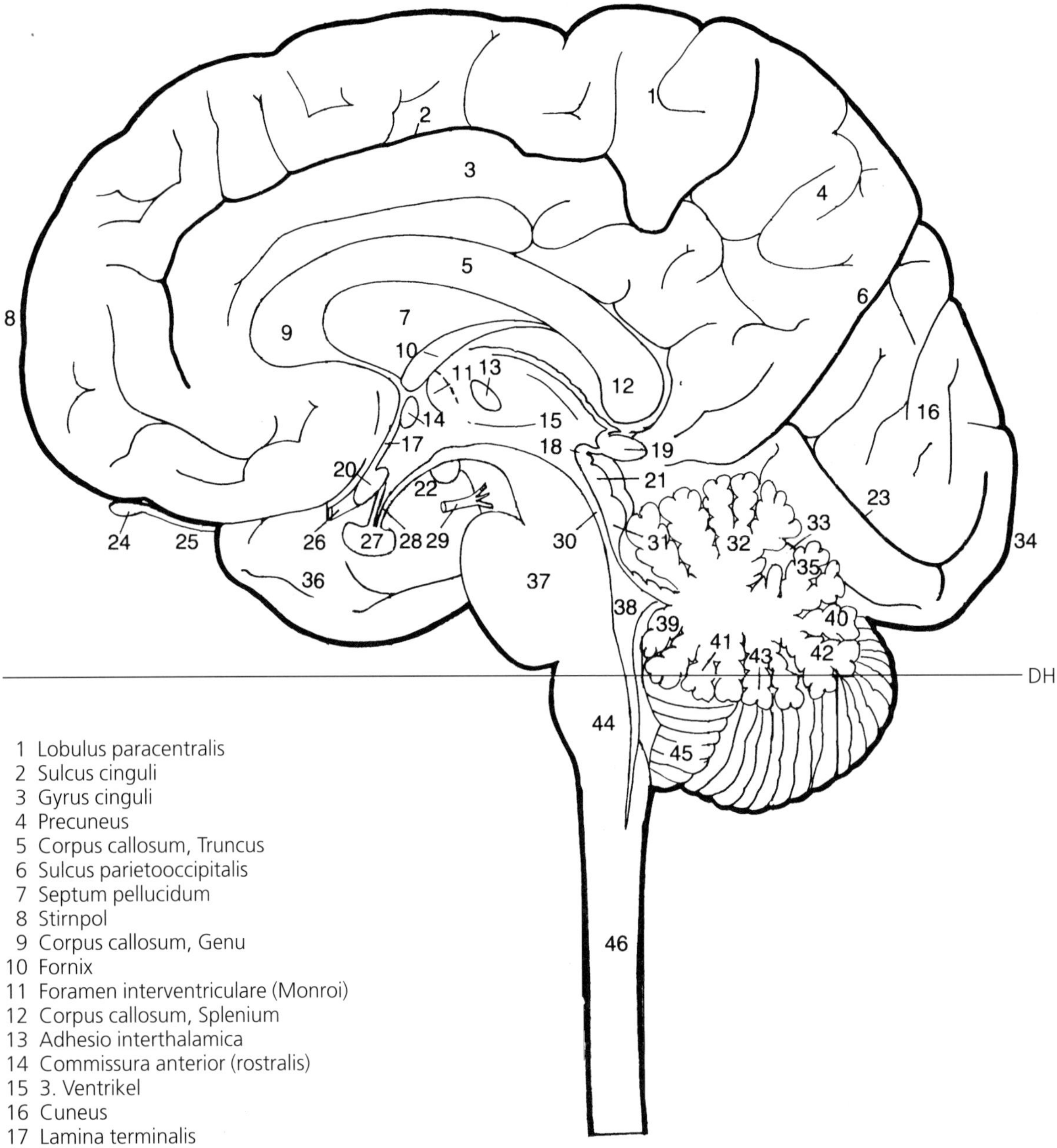

1 Lobulus paracentralis
2 Sulcus cinguli
3 Gyrus cinguli
4 Precuneus
5 Corpus callosum, Truncus
6 Sulcus parietooccipitalis
7 Septum pellucidum
8 Stirnpol
9 Corpus callosum, Genu
10 Fornix
11 Foramen interventriculare (Monroi)
12 Corpus callosum, Splenium
13 Adhesio interthalamica
14 Commissura anterior (rostralis)
15 3. Ventrikel
16 Cuneus
17 Lamina terminalis
18 Commissura posterior (epithalamica)
19 Epiphyse
20 Chiasma opticum
21 Colliculus cranialis (superior)
22 Corpus mamillare
23 Sulcus calcarinus
24 Bulbus olfactorius
25 Tractus olfactorius
26 N. opticus
27 Hypophyse
28 Infundibulum
29 N. oculomotorius
30 Aquaeductus mesencephali (cerebri Sylvii)
31 Colliculus caudalis (inferior)
32 Culmen
33 Fissura prima
34 Okzipitalpol
35 Declive
36 Temporallappen
37 Pons
38 4. Ventrikel
39 Nodulus vermis
40 Folium vermis
41 Uvula vermis
42 Tuber vermis
43 Pyramis vermis
44 Medulla oblongata
45 Tonsilla cerebelli
46 Medulla spinalis

DH = Deutsche Horizontale

Nach Kretschmann, H.-J., W. Weinrich: Klinische Neuroanatomie und kranielle Bilddiagnostik, 2. Aufl. Thieme, Stuttgart 1991

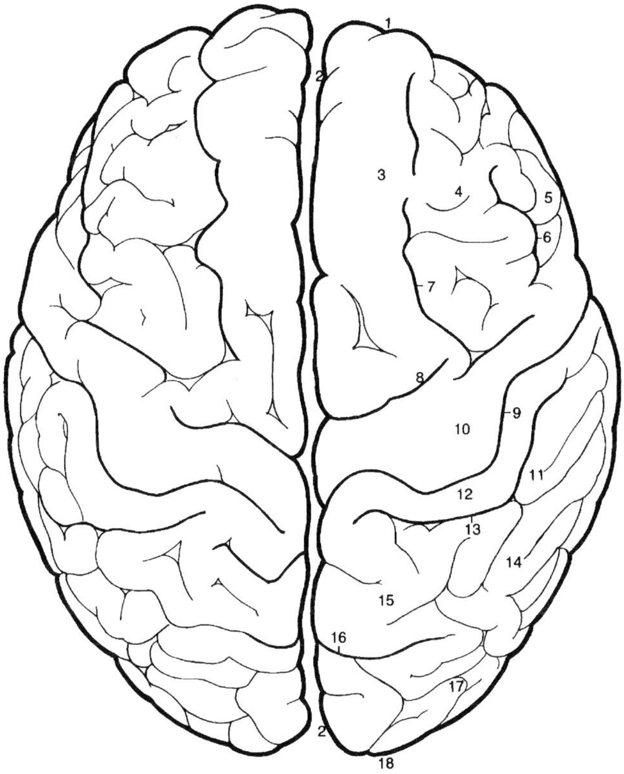

Ansicht des Gehirns von oben

1 Stirnpol
2 Fissura longitudinalis cerebri (Interhemisphärenspalt)
3 Gyrus frontalis superior
4 Gyrus frontalis medius
5 Gyrus frontalis inferior
6 Sulcus frontalis inferior
7 Sulcus frontalis superior
8 Sulcus precentralis
9 Sulcus centralis
10 Gyrus precentralis
11 Gyrus supramarginalis
12 Gyrus postcentralis
13 Sulcus postcentralis
14 Gyrus angularis
15 Lobulus parietalis superior
16 Sulcus parietooccipitalis
17 Gyri occipitales
18 Okzipitalpol

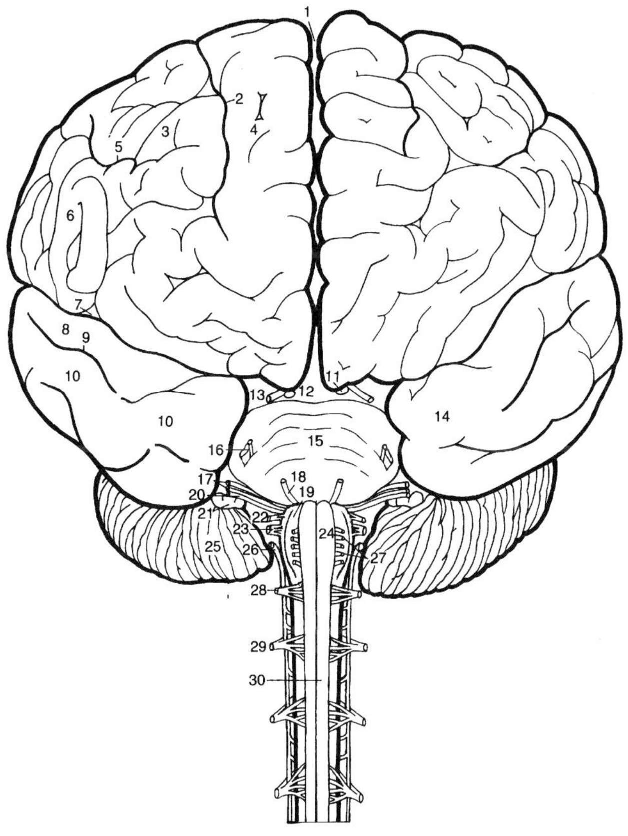

Frontalansicht des Gehirns

1 Fissura longitudinalis cerebri (Interhemisphärenspalt)
2 Sulcus frontalis superior
3 Gyrus frontalis medius
4 Gyrus frontalis superior
5 Sulcus frontalis inferior
6 Gyrus frontalis inferior
7 Sulcus lateralis
8 Gyrus temporalis superior
9 Sulcus temporalis superior
10 Gyrus temporalis medius
11 Bulbus olfactorius
12 Fossa interpeduncularis
13 N. oculomotorius
14 Pol des Temporallappens
15 Pons
16 N. trigeminus
17 N. facialis und N. intermedius
18 N. abducens
19 Olive
20 N. vestibulocochlearis
21 Flocculus
22 N. glossopharyngeus
23 N. vagus
24 Pyramide
25 Tonsilla cerebelli
26 N. accessorius
27 N. hypoglossus
28 Radix ventralis C1
29 Spinalnerv C2
30 Medulla spinalis

Nach Kretschmann, H.-J., W. Weinrich:
Klinische Neuroanatomie und kranielle Bilddiagnostik. Thieme, Stuttgart 1991

Basale Hirnoberfläche

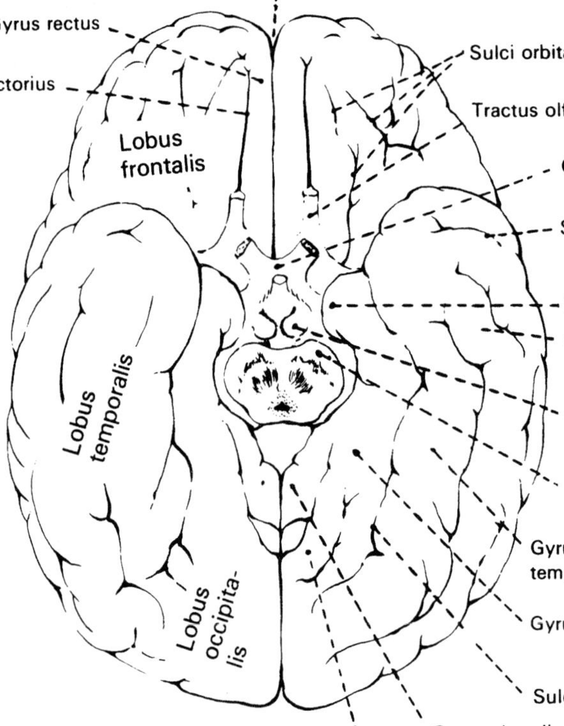

Austrittsstellen der Hirnnerven

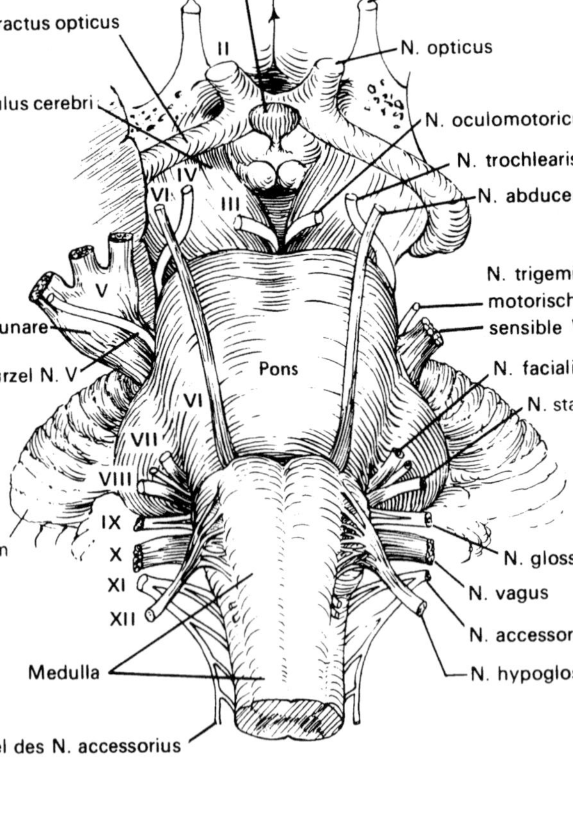

Nach Chusid, J. G.: Funktionelle Neurologie. Springer, Berlin 1978

Lokalisation motorischer, sensibler, sensorischer und autonomer Zentren auf der Großhirnrinde

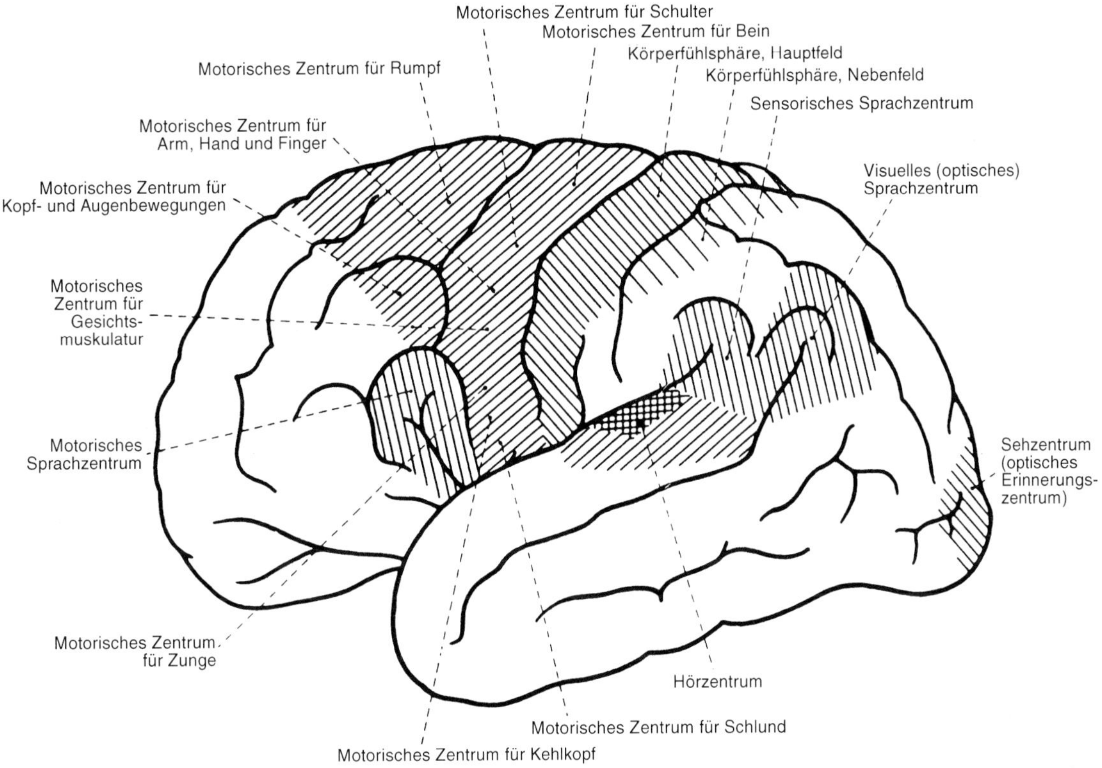

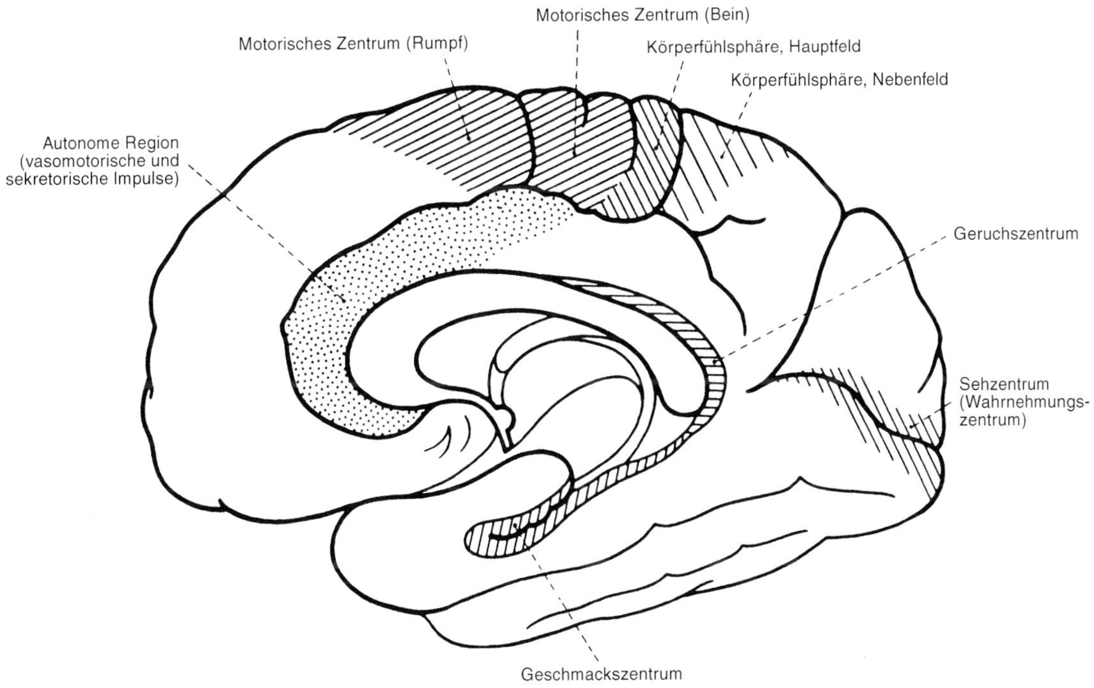

In Projektion auf der Facies lateralis (oben) einer linken, unten auf der Facies medialis einer rechten Großhirnhemisphäre. (Eine genaue Angabe der Grenzen und Größe der Felder ist nicht möglich.)

Nach Sobotta, J., H. Becher: Atlas der Anatomie des Menschen 3. Teil, 16. Aufl. Urban & Schwarzenberg, München 1962

Motorische Rindenfelder der Großhirnhemisphäre beim Menschen, oben laterale, unten mediale Fläche

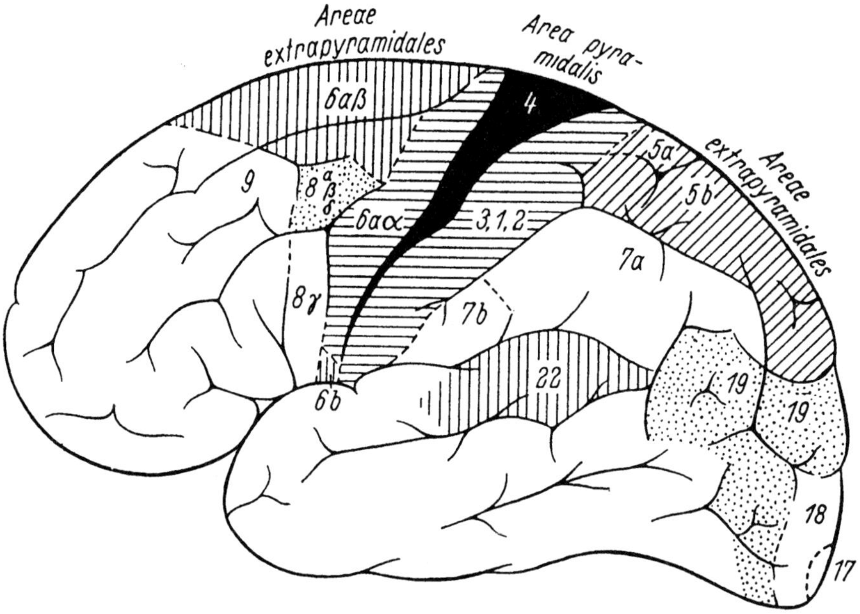

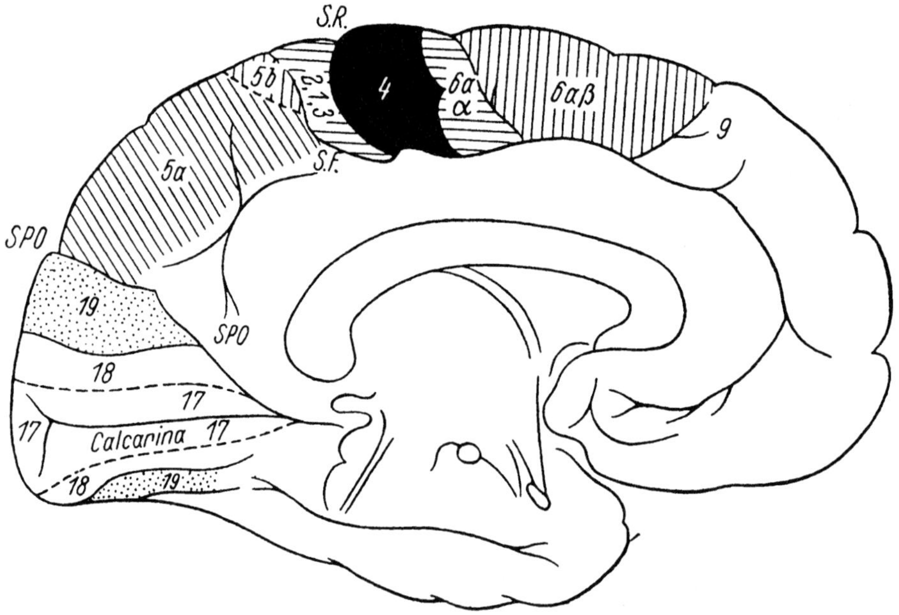

Area pyramidalis schwarz, Areae extrapyramidales gestrichelt, Augenbewegungsfelder punktiert; SR Sulcus centralis; SPO Sulcus parietaoccipitalis; SF Sulcus cinguli (fornicatus) (aus Förster, Handbuch d. Neurologie, Band VI). Die Bezeichnungen (Zahlen) entsprechen den Brodmannschen Rindenfeldern

Nach Sobotta, J., H. Becher: Atlas der Anatomie des Menschen 3. Teil, 16. Aufl. Urban & Schwarzenberg, München 1962

Funktionelle Anatomie der Großhirnrinde

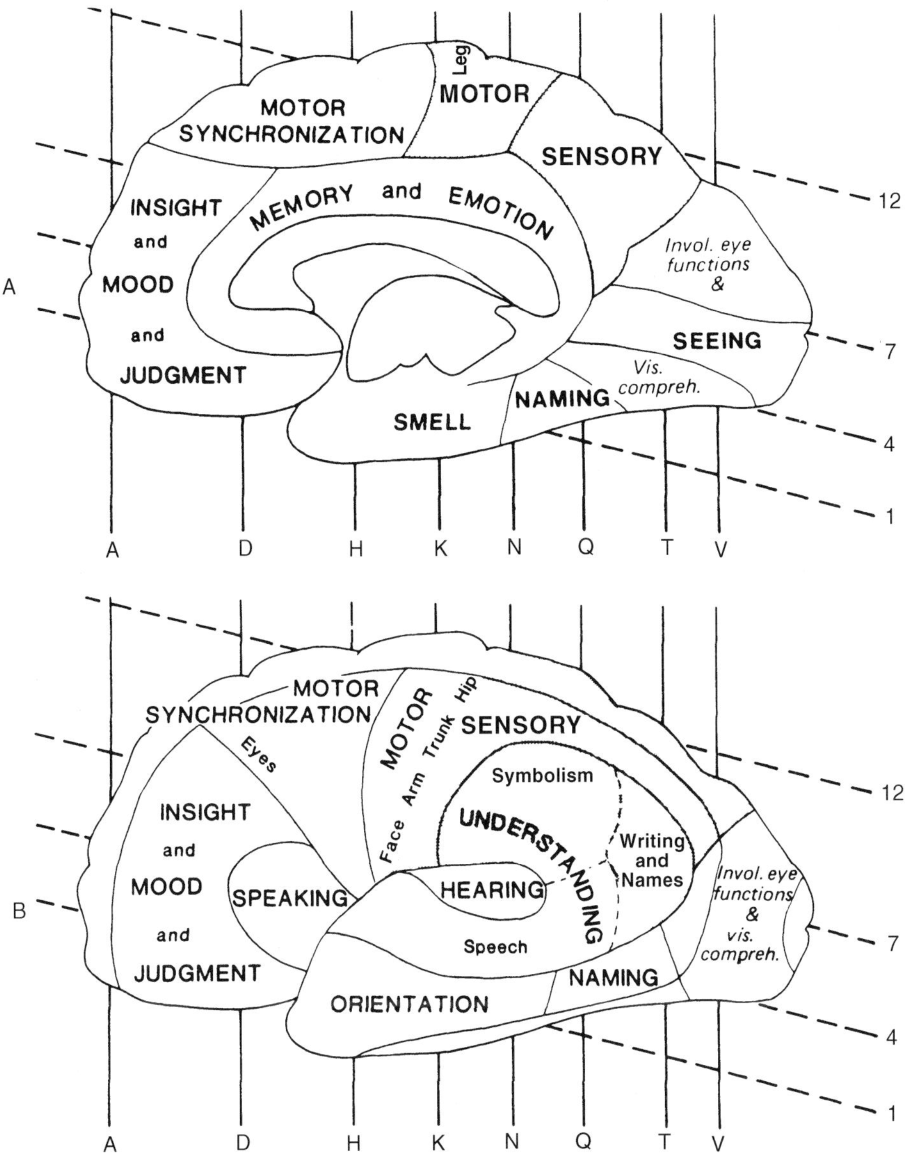

Ansicht von median (oben) und von lateral (unten)

Aus technischen Gründen wurde darauf verzichtet, die Bezeichnungen der Abbildung aus dem Englischen zu übersetzen. Zur Verständigung werden die wichtigsten Begriffe aufgeführt:

frontal:	Einsicht, Simmung, Urteilskraft; Sprechen
fronto-parietal:	motorische Synchronisation (Assoziationsfelder)
parietal:	Motorik, Sensibilität
Gyrus cinguli:	Erinnerung, Emotion
okzipital:	Sehen; unwillkürliche Augenbewegungen, visuelles Verstehen
temporo-okzipital:	Verständnis für Symbole, Geschriebenes und Namen
temporal:	Namens-, Sprach- und Hörverständnis Orientierung; Geruchswahrnehmung

(Die Zahlen und Buchstaben in den Abbildungen beziehen sich auf hier nicht zitierte Schnittbilder.)

Nach Hayman, L. A., V. C. Hinck: Clinical brain imaging. Normal structure and functional anatomy. Mosby Year Book, St. Louis 1992

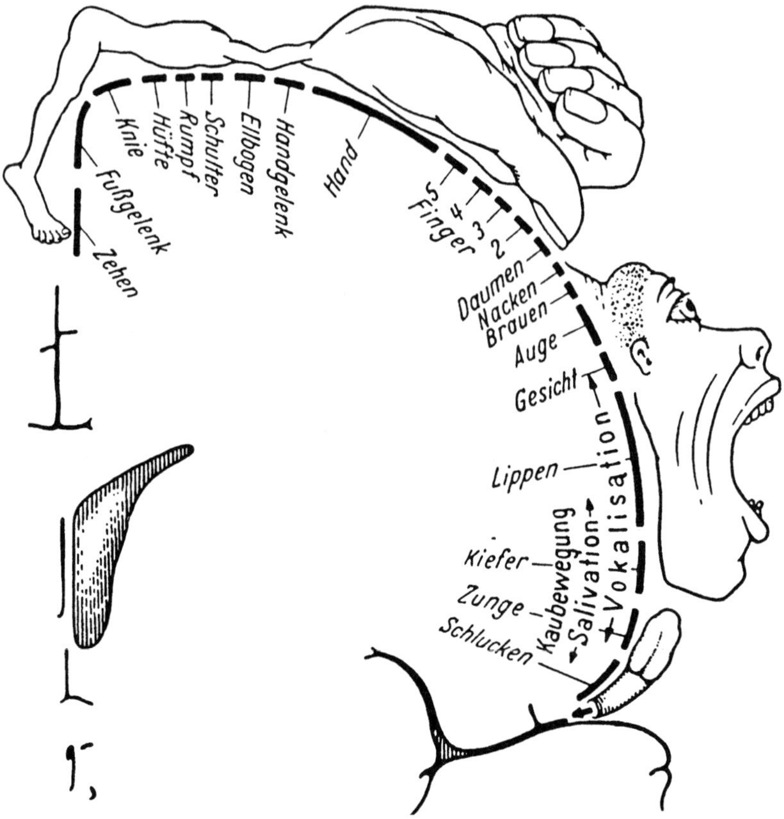

Schematische Darstellung des Körpers in der Zuordnung zu den *motorischen* Rindengebieten der vorderen Zentralwindung

Motorischer Homunkulus

Beachte die unverhältnismäßig großen Gebiete für die Betätigung der Hand und für die Sprache (Vokalisation)

Nach Sobotta, J., H. Becher: Atlas der Anatomie des Menschen, 3. Teil, 16. Aufl. Urban & Schwarzenberg, München

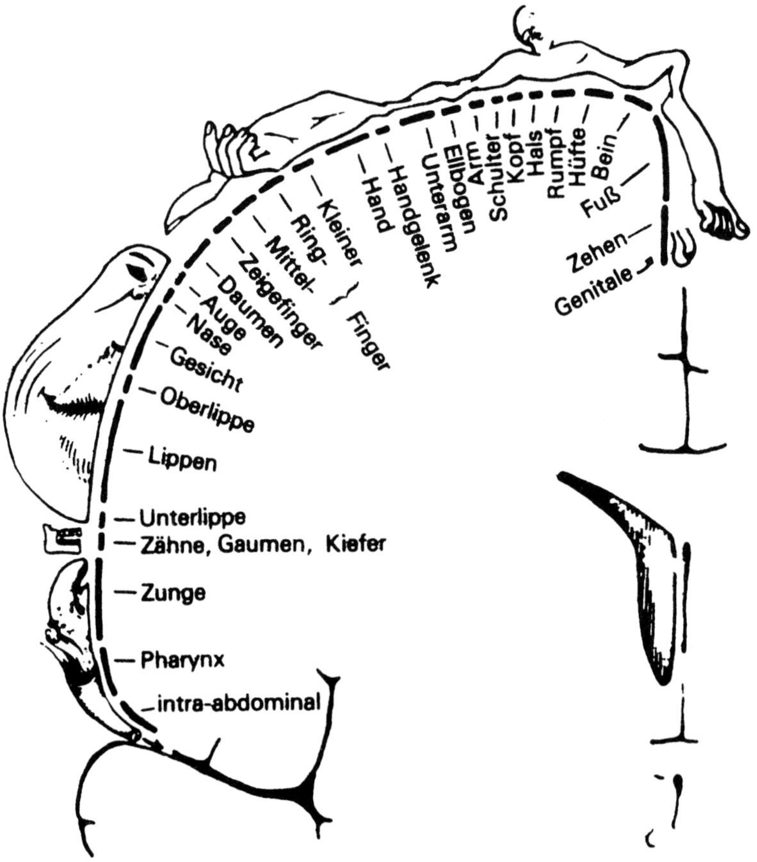

Schematische Darstellung des Körpers in der Zuordnung zu den *sensiblen* Rindengebieten der hinteren Zentralwindung

Sensibler Homunkulus

Nach Chusid, J. G.: Funktionelle Neurologie. Springer, Berlin 1978

Sagittalschnitt durch das Gehirn zur Darstellung des Dienzephalons

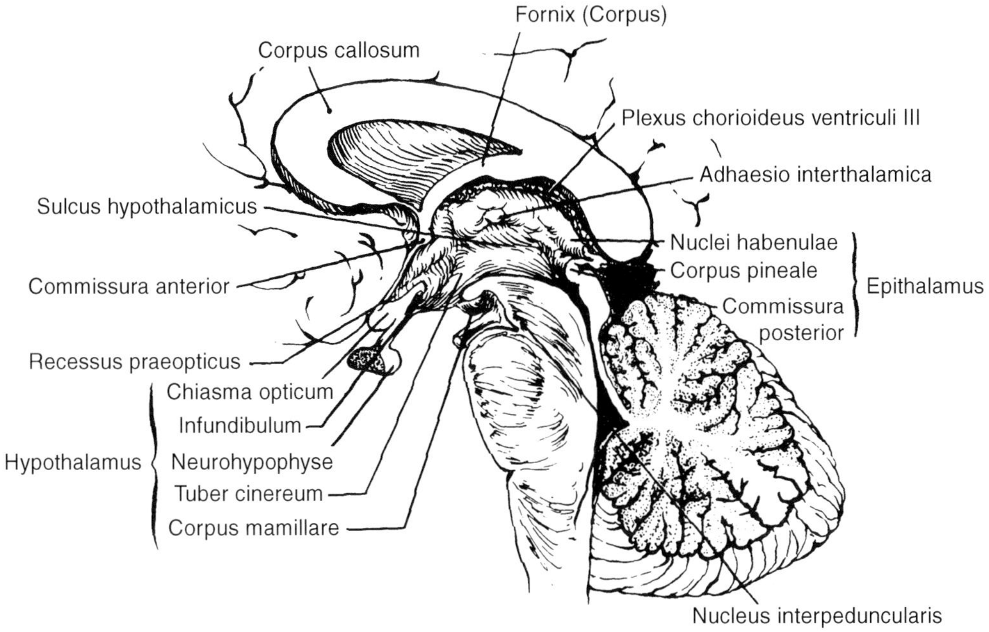

Einteilung der Thalamuskerne nach funktionellen Gesichtspunkten

1. *Assoziationskerne*
   Pulvinar
   Nucleus dorsomedialis
   Nucleus dorsolateralis
   Nucleus posterolateralis
   Afferenzen: von anderen Thalamuskernen: keine subkortikalen Verbindungen
   Efferenzen: diese Kerne projizieren zu Bereichen des Kortex, insbesondere zu den großen Assoziationskernen

2. *Spezifische Projektionskerne (kortikale Schaltkerne)*
   Nucleus ventralis posteromedialis (sensible Afferenzen aus dem Bereich des Gesichts)
   Nucleus ventralis posterolateralis (sensible Afferenzen vom Stamm und den Extremitäten)
   Corpus geniculatum mediale (Hören)
   Corpus geniculatum laterale (Sehen)
   Afferenzen: vom Lemniscus medialis und lateralis, der Radiatio optica usw.
   Efferenzen: die spezifischen Projektionsareale dieser Kerne liegen im Gyrus postcentralis, im Temporallappen und in der Area calcarina des Okzipitallappens (spezifisches thalamisches Projektionssystem)

3. *Unspezifische Projektionskerne*
   Mittellinienkerne
   Nucleus medialis centralis (Nucleus centromedianus)
   Nucleus anteroventralis
   Afferenzen: Fasern vom aufsteigenden retikulären System
   Efferenzen: diese Kerne entsenden – über mehrere Umschaltungen – Projektionsfasern diffus zum gesamten Neokortex (unspezifisches thalamisches Projektionssystem)

Nach Ruch u. Fulton: Medical Physiology and Biophysics. Saunders. 1960. Aus Ganong, W. F.: Review of Medical Physiology, 4th ed. Lange, 1969

Nach Chusid, J. G.: Funktionelle Neurologie. Springer, Berlin 1978

Hypothalamus, Strukturen und Projektionen

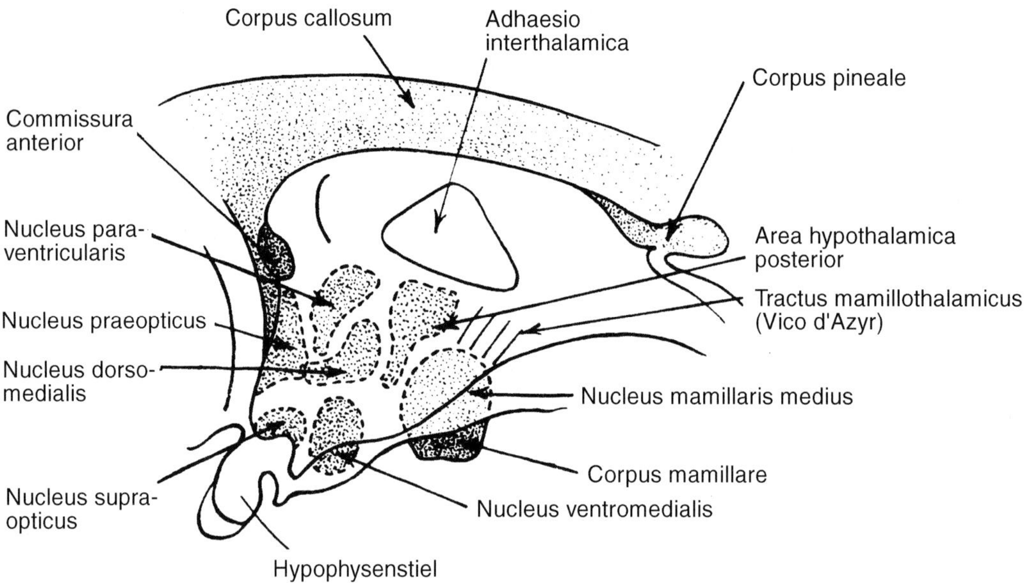

Projektion der Kerne des Hypothalamus auf die Seitenwand des dritten Ventrikels (aus Le Gros, Clark, W. E.: The topography and homologies of the hypothalamic nuclei in man. J. Anat. 70:204, 1936)

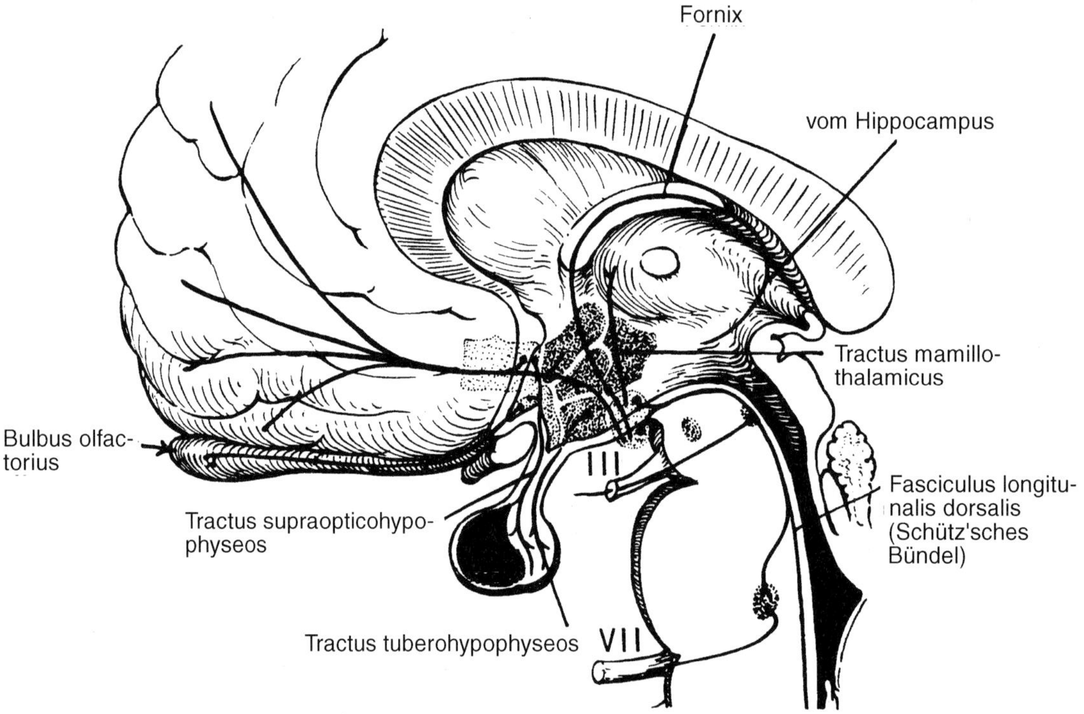

Schematische Darstellung einiger Verbindungen des Hypothalamus. (Nach Originalzeichnungen von Frank H. Netter. MD, in Ciba Clinical Symposia, 1950)

Nach Chusid, J. G.: Funktionelle Neurologie. Springer, Berlin 1978

Thalamus, Strukturen und Projektionen

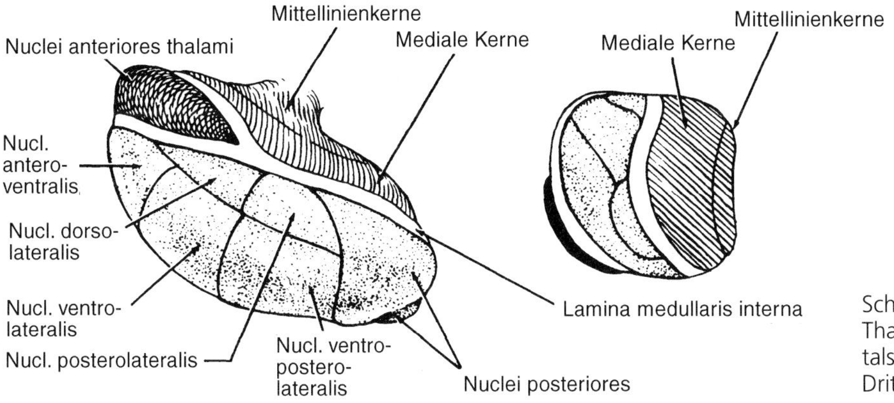

Schematische Darstellung des Thalamus. Aufsicht und Frontalschnitt durch das hintere Drittel. (Nach Netter)

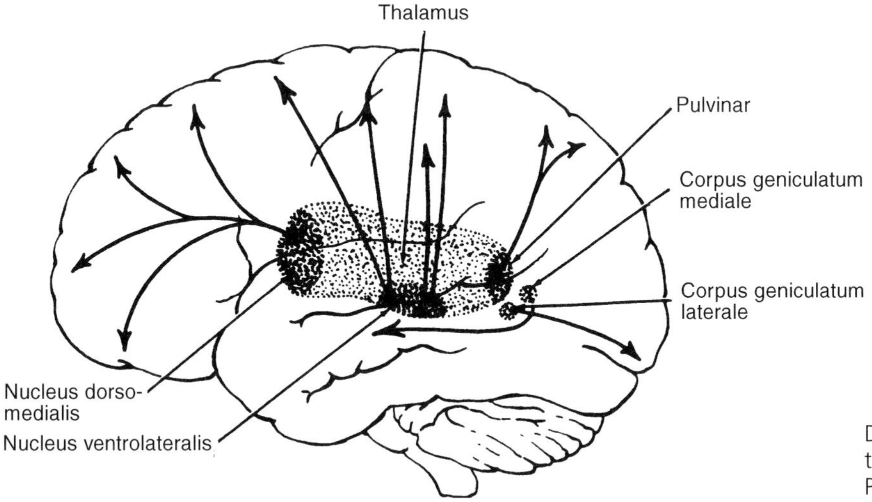

Nach Chusid, J. G.: Funktionelle Neurologie. Springer, Berlin 1978

Darstellung der wichtigsten thalamokortikalen Projektionen

Schematische Darstellung des limbischen Systems

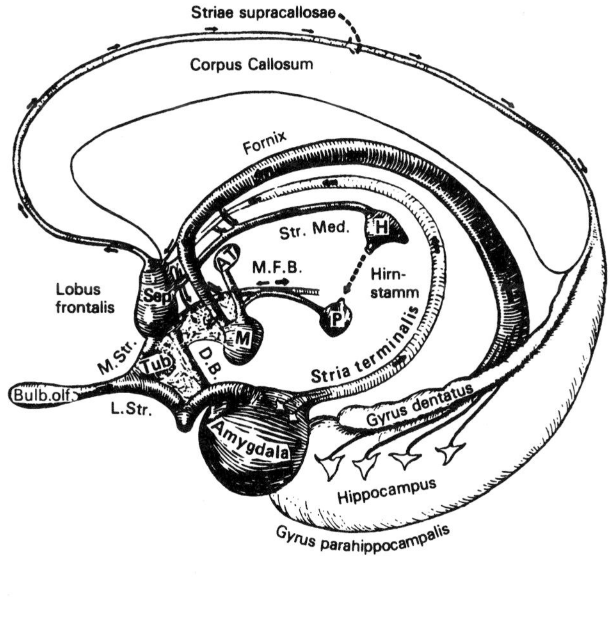

M Str Stria olfactoria medialis; *L Str* Stria olfactoria lateralis; *Str Med Stria medullaris; Tub* Tuberculum olfactorium; *DB diagonales Band (Broca); Sep* Septum; *AT* Nucleus anterior thalami; *M* Corpus mamillare; *H Habenula; P* Nucleus interpeduncularis; *MFB Medial Forebrain Bundle (Fasciculus basalis olfactorius). (Nach Krieg. Aus MacLean: Psychosomatic disease and the visceral brain. Psychosom. Med 11:338, 1949)*

Nach Chusid, J. G.: Funktionelle Neurologie. Springer, Berlin 1978

Hirnstamm und Kleinhirn

Dorsale Ansicht des Hirnstamms

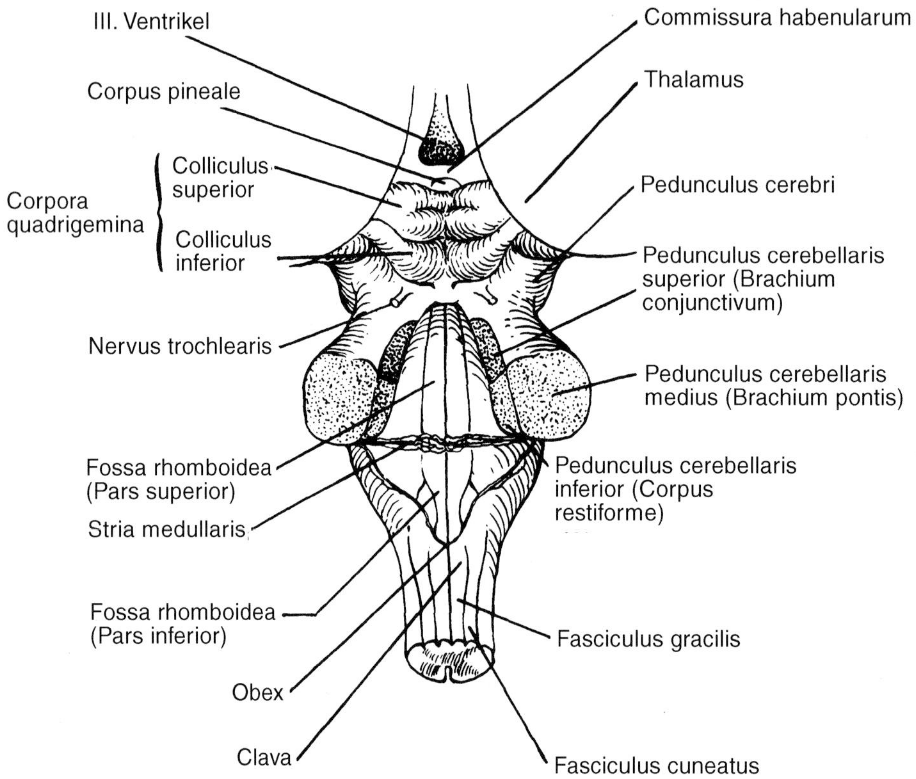

Nach Chusid, J. G.: Funktionelle Neurologie. Springer, Berlin 1978

Kleinhirnbrückenwinkel

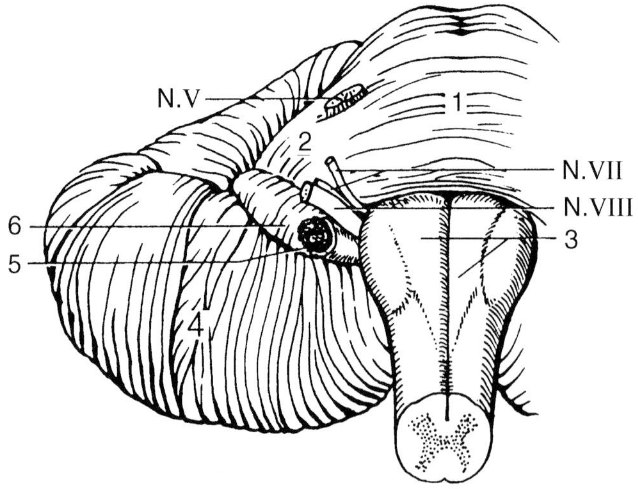

1 Pons
2 Pedunculus cerebellaris medius
3 Medulla oblongata
4 Cerebellum
5 Plexus chororideus ventriculi quarti (Bochdalekscher Blumenkörbchen)
6 Flocculus

Nach Töndury, G.: Angewandte und topographische Anatomie. 5. Aufl. Thieme, Stuttgart 1981

Obere Fläche des Kleinhirns

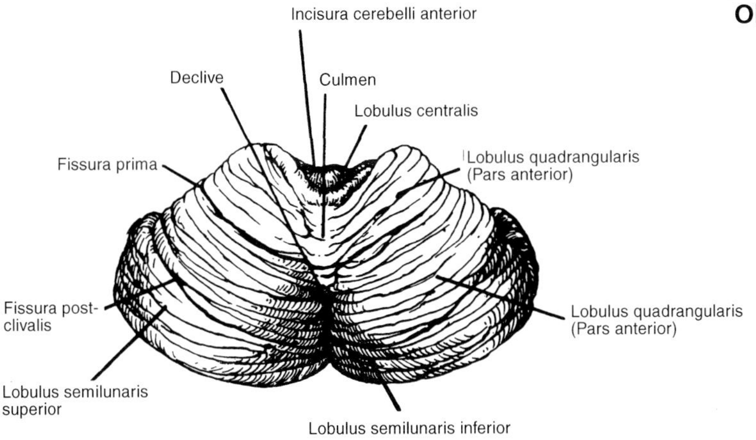

Sagittalschnitt des Kleinhirns

Die römischen Zahlen beziehen sich auf eine weiter differenzierende Gliederung im Original.

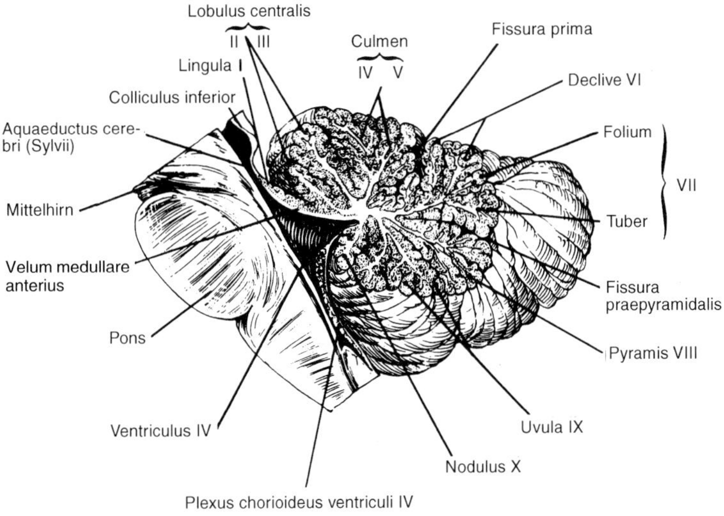

Untere Fläche des Kleinhirns

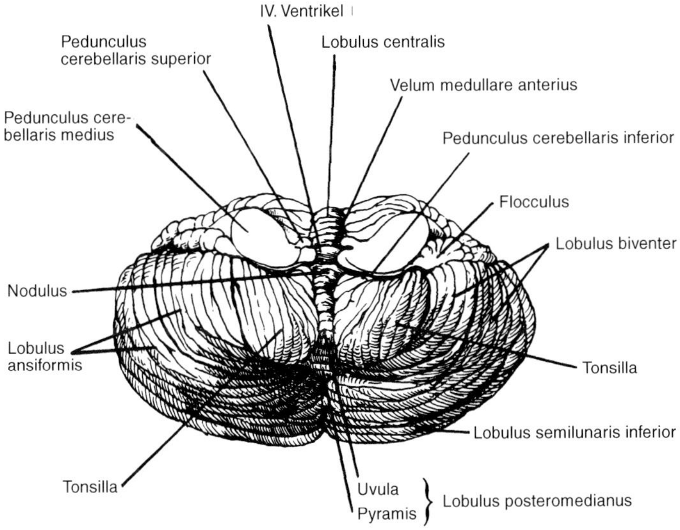

Nach Chusid, J. G.: Funktionelle Neurologie. Springer, Berlin 1978

Ventrikel und Liquorräume

Liquorräume, intrakranial, extrazerebral (Subarachnoidalräume und Zisternen)

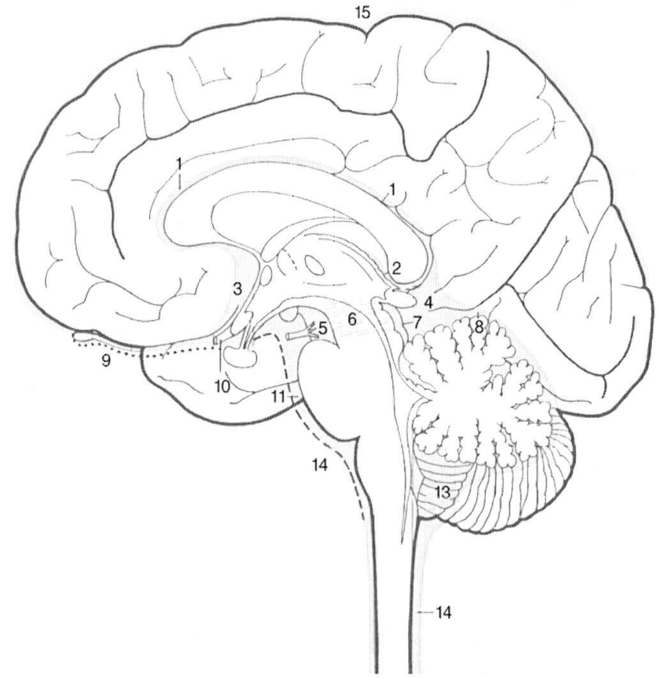

1 C. pericallosa
2 C. fissurae transversae
3 C. laminae terminalis
4 C. venae cerebri magnae (Galeni)
5 C. interpeduncularis
6 C. ambiens
7 C. laminae tecti (laminae quadrigeminae)
8 C. cerebelli superior
9 C. vordere Basalzisterne (punktierte Linie)
10 C. chiasmatis
11 C. pontis
12 hintere Basalzisterne (unterbrochene Linie)
13 C. cerebellomedullaris (magna)
14 spinaler Subarachnoidalraum
15 Subarachnoidalräume über der Konvexität

Liquorräume, intrazerebral (Ventrikelsystem)

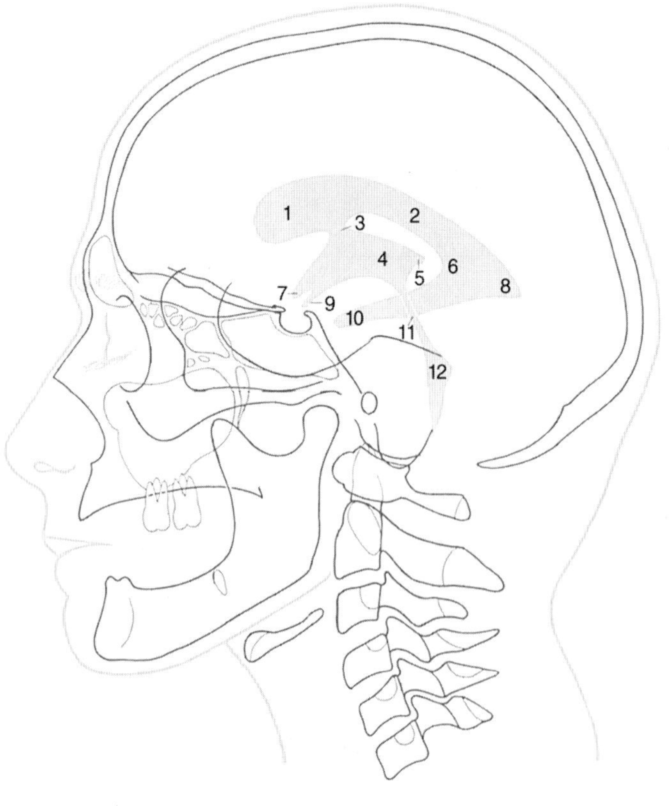

1 Cornu frontale (anterius)
2 Pars centralis (Cella media)
3 Foramen interventriculare (Monroi)
4 3. Ventrikel
5 Recessus suprapinealis
6 Trigonum collaterale
7 Recessus opticus
8 Cornu occipitale (posterius)
9 Recessus infundibuli
10 Cornu temporale (inferius)
11 Aquaeductus mesencephali (cerebri Sylvii)
12 4. Ventrikel

Nach Kretschmann, H.-J., W. Weinrich: Klinische Neuroanatomie und kranielle Bilddiagnostik. 2. Aufl. Thieme, Stuttgart 1991

Basale Zisternen des Gehirns im axialen Schnittbild

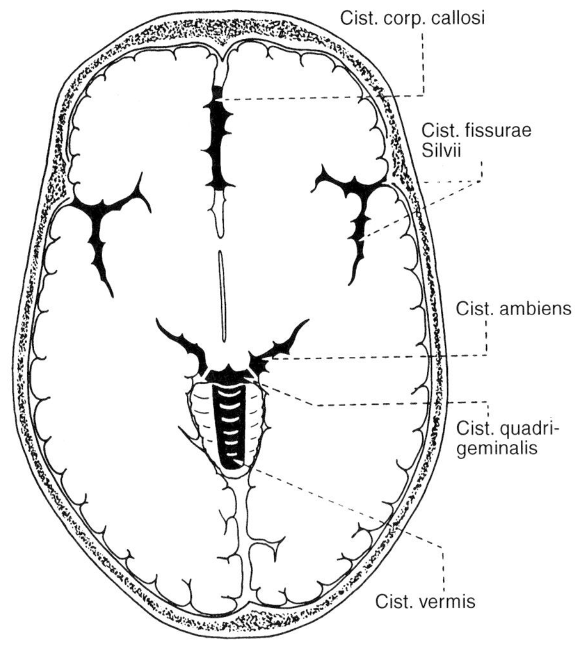

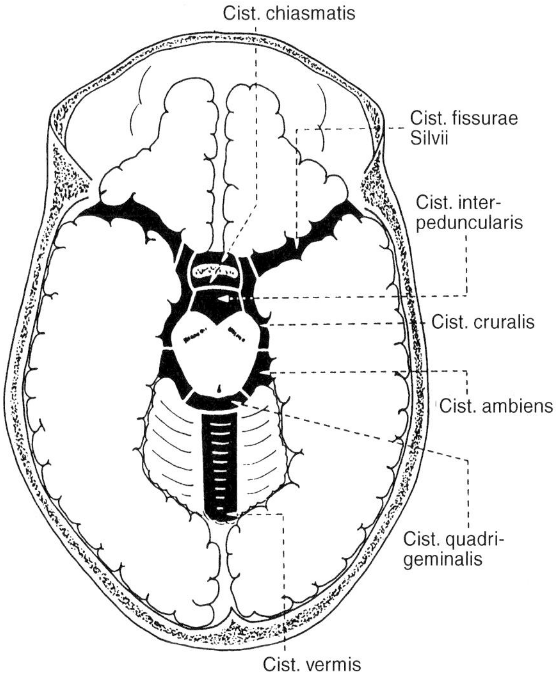

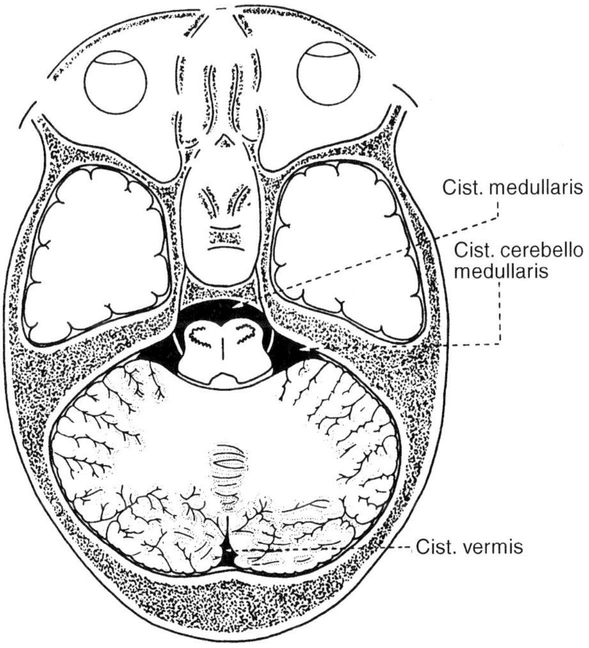

Nach Kautzky, R., K. J. Zülch, S. Wende und A. Tänzer: Neuroradiologie auf neuropathologischer Grundlage. Springer, Berlin 1976

Hirnhaut – Pia mater

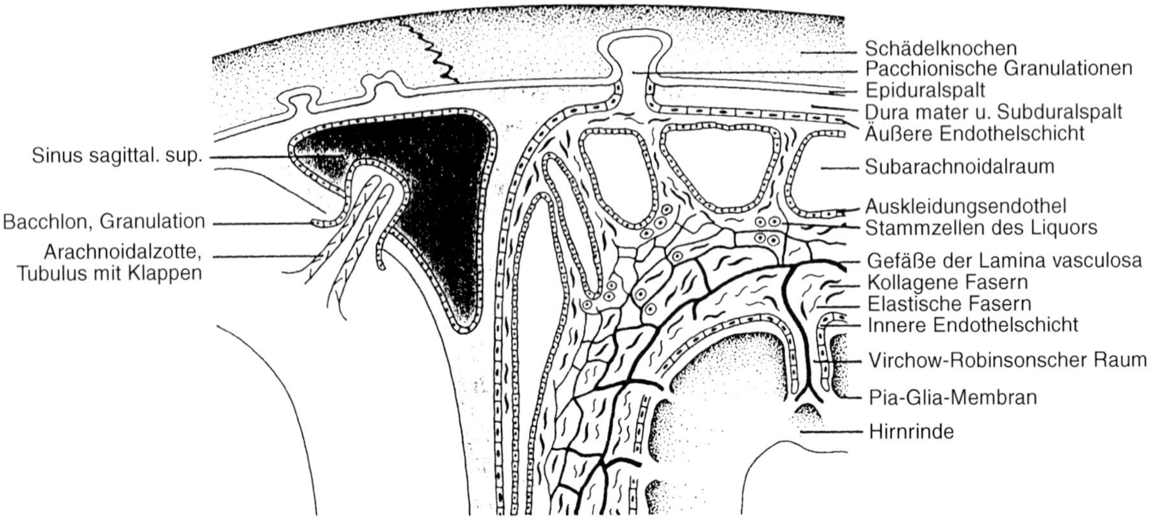

Nach Sayk, J.: Physiologie und Pathophysiologie der Liquorzirkulation. In: Handbuch der Med. Radiologie Bd. XIV/2. Springer, Heidelberg 1977

Zisternale Anteile der Hirnnerven im MRT

Nerv	Zisterne	optimale Bildebene
N. olfactorius	Olfaktoriusrinne unterhalb des Gyrus rectus des Frontallapens	koronal
N. opticus	vom Canalis N. optici durch die supraselläre Zisterne zum Corpus geniculatum laterale	sagittal koronal axial
N. oculomotorius	Austritt aus der Fossa interpeduncularis des Mittelhirnes, Verlauf durch die parapontine Zisterne zur seitlichen Wand des Sinus cavernosus	sagittal koronal axial
N. trochlearis	Austritt dorsal lateral der lamina tecti, Verlauf durch die perimesenzephalen und präpontinen Zisternen zur seitlichen Wand des Sinus cavernosus	sagittal koronal
N. trigeminus	Austritt aus der Pons seitlich, Verlauf durch die präpontine Zisterne zum Cavum Meckeli zum Gangliom trigemini	axial koronal sagittal
N. abducens	Austritt am Übergang von der Pons zur Medulla oblongata oberhalb der Pyramide, Verlauf in der präpontinen Zisterne, Eintritt in den Sinus cavernosus	axial koronal
Cave: der Nerv ist sehr dünn und nur selten innerhalb der Zisterne sichtbar zu machen		
N. facialis et vestibulocochlearis	Austritt direkt neben dem N. abducens, Verlauf durch die Kleinhirnbrückenwinkelzisterne zum Canalis acusticus internus	axial koronal sagittal
N. glossopharyngicus N. vagus N accessorius	Austritt zwischen Olive und unteren Kleinhirnschenkeln, Verlauf als Pars nervosa zum Foramen jugulare	axial koronal
N. hypoglossus	Austritt zwischen Olive und Pyramide im Sulcus olivaris posterius, Verlauf zum Canalis hypoglossi	axial koronal

Nach Hayman, L. A., V. C. Hinck: Clinical brain imaging. Normal structure and functional anatomy. Mosby Year Book, St. Louis 1992

Schnittbildanatomie

Schädel und Gehirn im CT (ausgesuchte Schnittebenen)

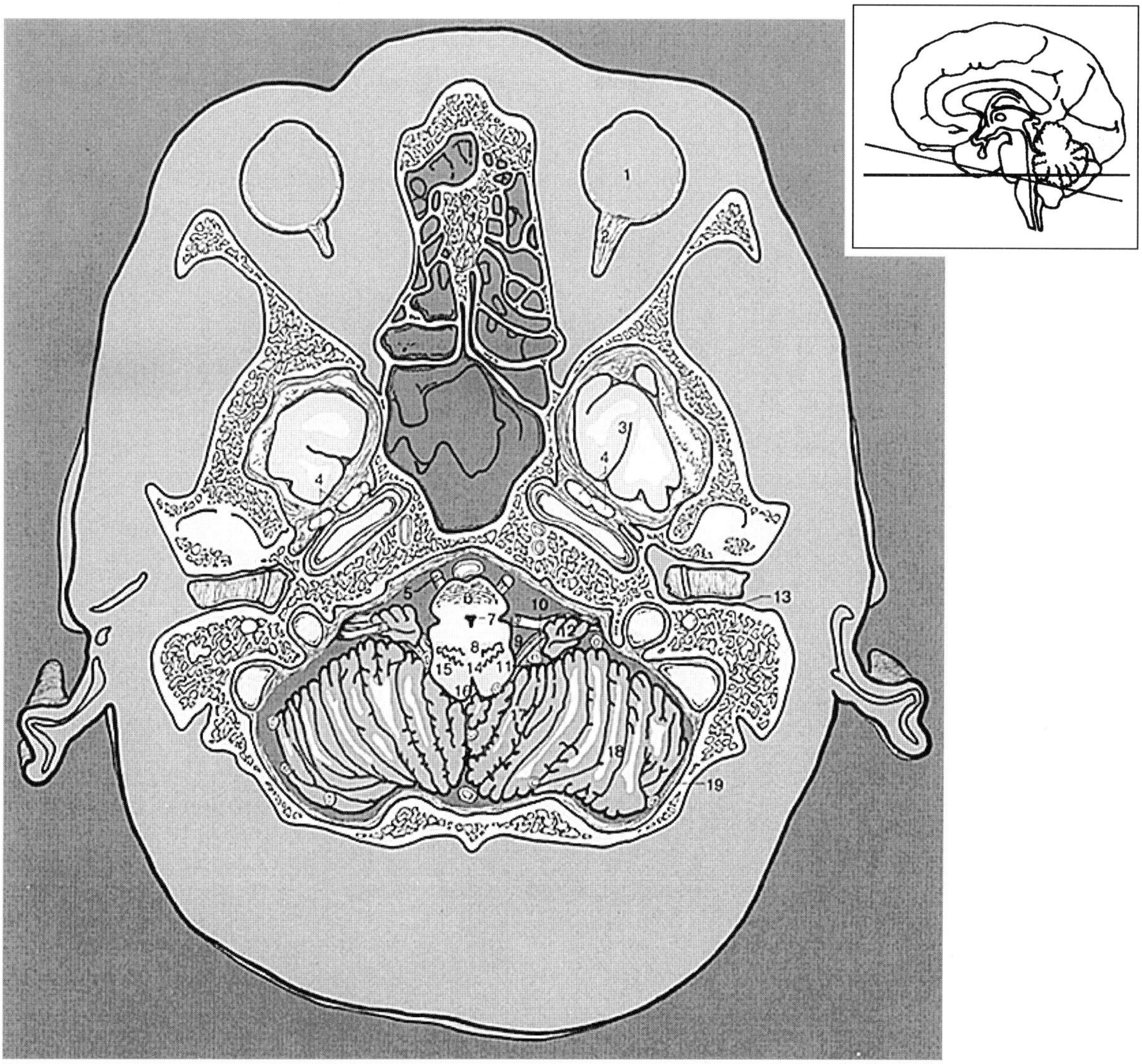

Die Schnittebene trifft die Mitte der Bulbi oculorum, die Basis der beiden Temporallappen und schräg den Übergang zwischen Pons und Medulla oblongata. Der N. facialis ist im Knochenkanal des Felsenbeins getroffen. Hirnstrukturen und Hirnhaut.

1 Bulbus oculi
2 N. opticus
3 Basis des Temporallappens
4 N. maxillaris und N. mandibularis
5 N. abducens
6 Pons
7 Foramen cecum
8 Nucl. olivaris caudalis (inferior)
9 N. glossopharyngeus und N. vagus
10 N. accessorius
11 Radix spinalis nervi accessorii
12 Flocculus
13 N. facialis
14 Medulla oblongata
15 Tuberculum nuclei cuneati
16 Tuberculum nuclei gracilis
17 Tonsilla cerebelli
18 Hemisphäre des Lobus caudalis (posterior) cerebelli
19 Dura mater encephali

Nach Kretschmann, H.-J., W. Weinrich: Klinische Neuroanatomie und kranielle Bilddiagnostik. Thieme, Stuttgart 1991

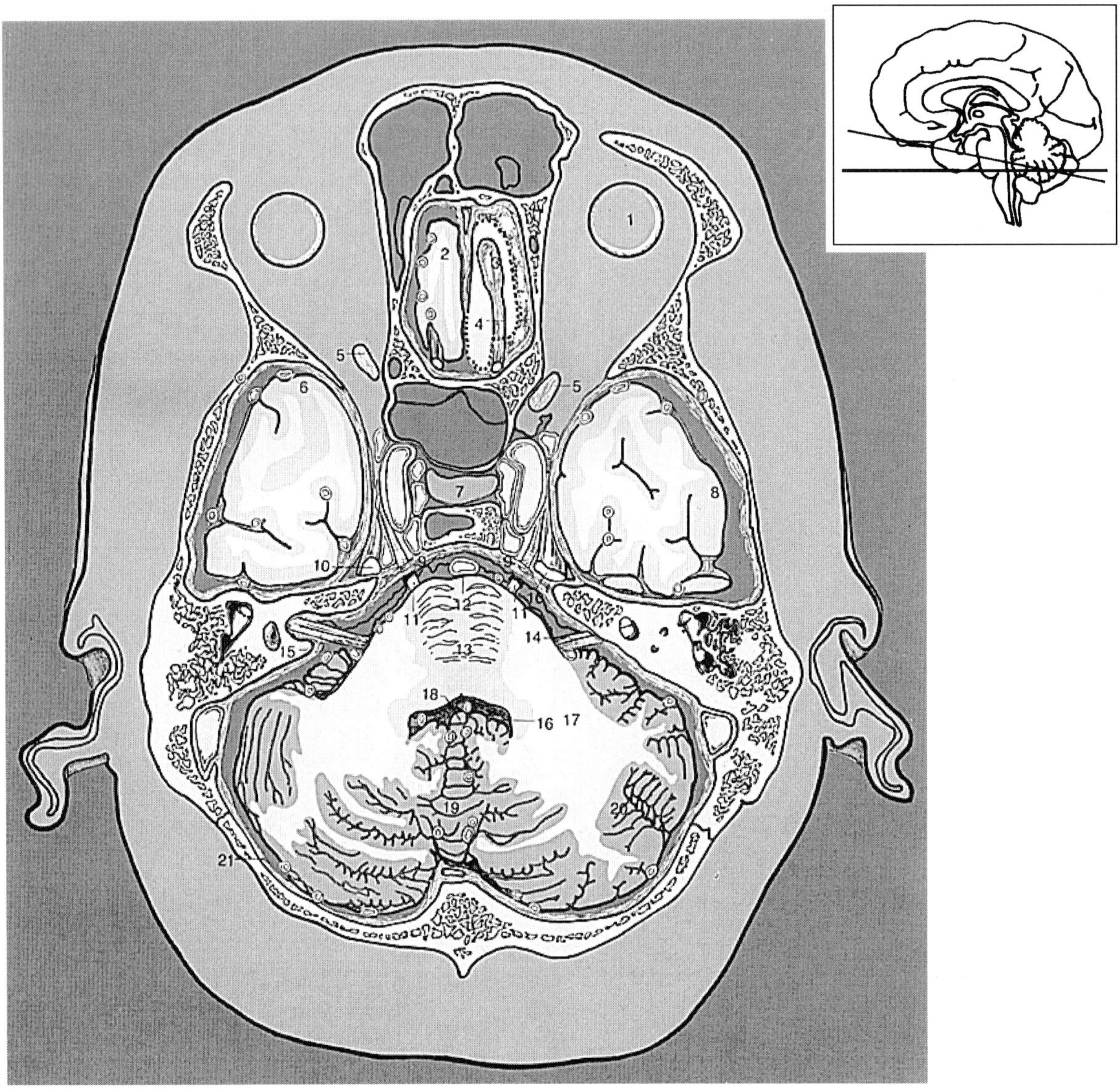

Auf der rechten Seite der vorderen Schädelgrube wurde die über dem Bulbus und Tr. olfactorius liegende Frontalhirnrinde abpräpariert. Diese Teile des olfaktorischen Systems sind in der Olfaktoriusrinne dargestellt. In der mittleren Schädelgrube sind die Temporallappen und in der hinteren Schädelgrube Pons und Kleinhirn angeschnitten. Hirnstrukturen und Hirnhaut.

1 Bulbus oculi
2 G. rectus
3 Bulbus olfactorius
4 Tr. olfactorius
5 N. opticus
6 Temporallappen
7 Hypophyse
8 G. temporalis inferior
9 N. abducens
10 N. trigeminus
11 N. abducens am Porus duralis
12 Sulcus basilaris
13 Pons
14 N. facialis mit N. intermedius
15 N. vestibulocochlearis
16 4. Ventrikel
17 Pedunculus cerebellaris medius
18 Uvula vermis
19 Vermis cerebelli
20 Hemisphäre des Lobus caudalis (posterior) cerebelli
21 Dura mater encephali

Nach Kretschmann, H.-J., W. Weinrich: Klinische Neuroanatomie und kranielle Bilddiagnostik. Thieme, Stuttgart 1991

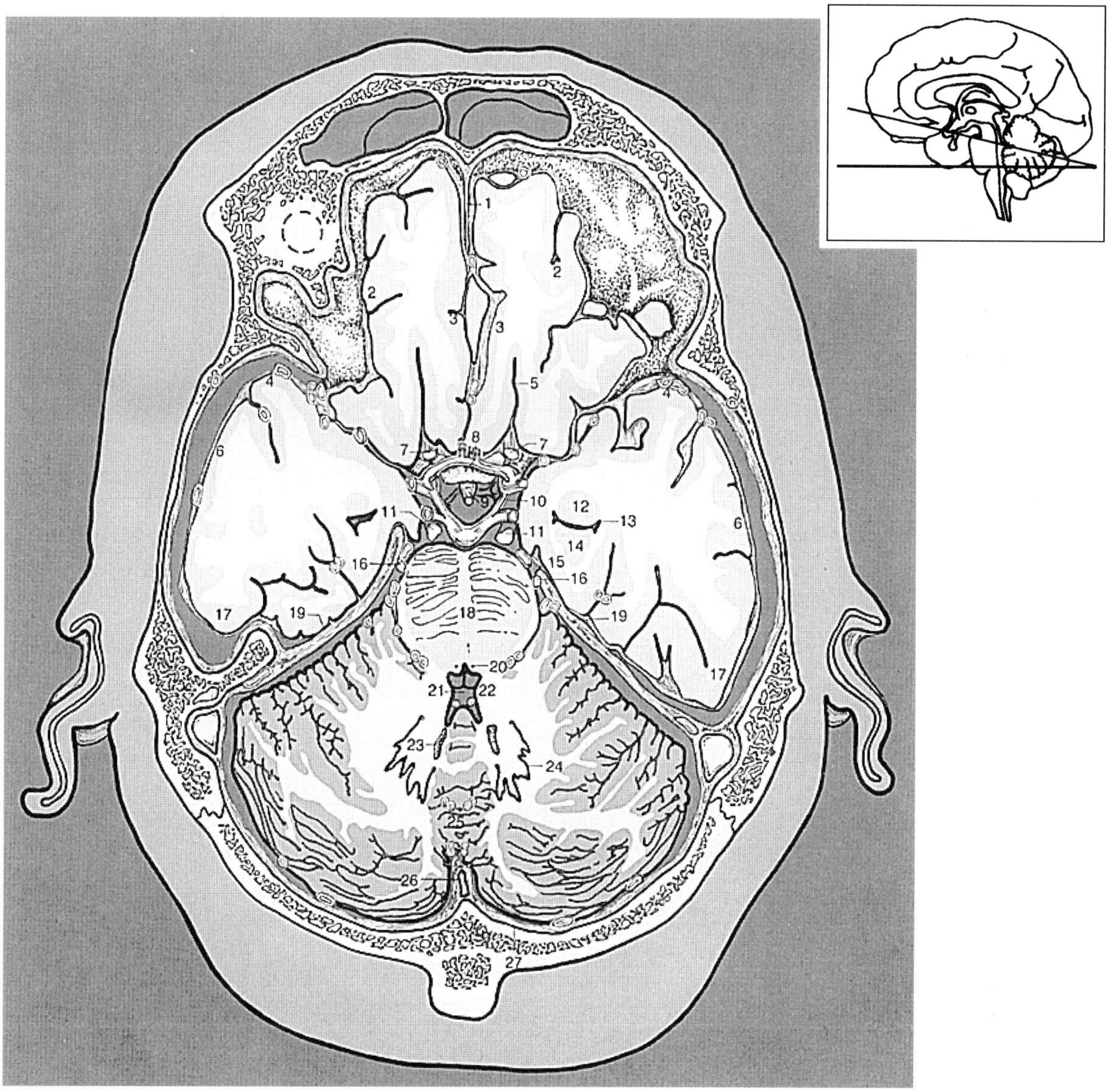

Die Schnittebene liegt in Höhe des Sellaeingangs. Frontalhirn, Temporallappen, Infundibulum, Pons und Kleinhirn sind getroffen. Hirnstrukturen und Hirnhaut.

1 Falx cerebri
2 Gyri orbitales
3 G. rectus
4 G. temporalis superior
5 Sulcus olfactorius
6 G. temporalis medius
7 Tr. olfactorius
8 Chiasma opticum
9 Infundibulum
10 Processus clinoideus posterior (verdeckt)
11 N. oculomotorius
12 Corpus amygdaloideum
13 Ventriculus lateralis, Cornu temporale
14 Hippocampusformation
15 G. parahippocampalis
16 N. trochlearis
17 G. temporalis inferior
18 Pons
19 Tentorium cerebelli
20 Locus coeruleus
21 4. Ventrikel
22 Pedunculus cerebellaris cranialis
23 Nucl. fastigii
24 Nucl. dentatus
25 Vermis cerebelli
26 Falx cerebelli
27 Dura mater encephali

Nach Kretschmann, H.-J., W. Weinrich: Klinische Neuroanatomie und kranielle Bilddiagnostik. Thieme, Stuttgart 1991

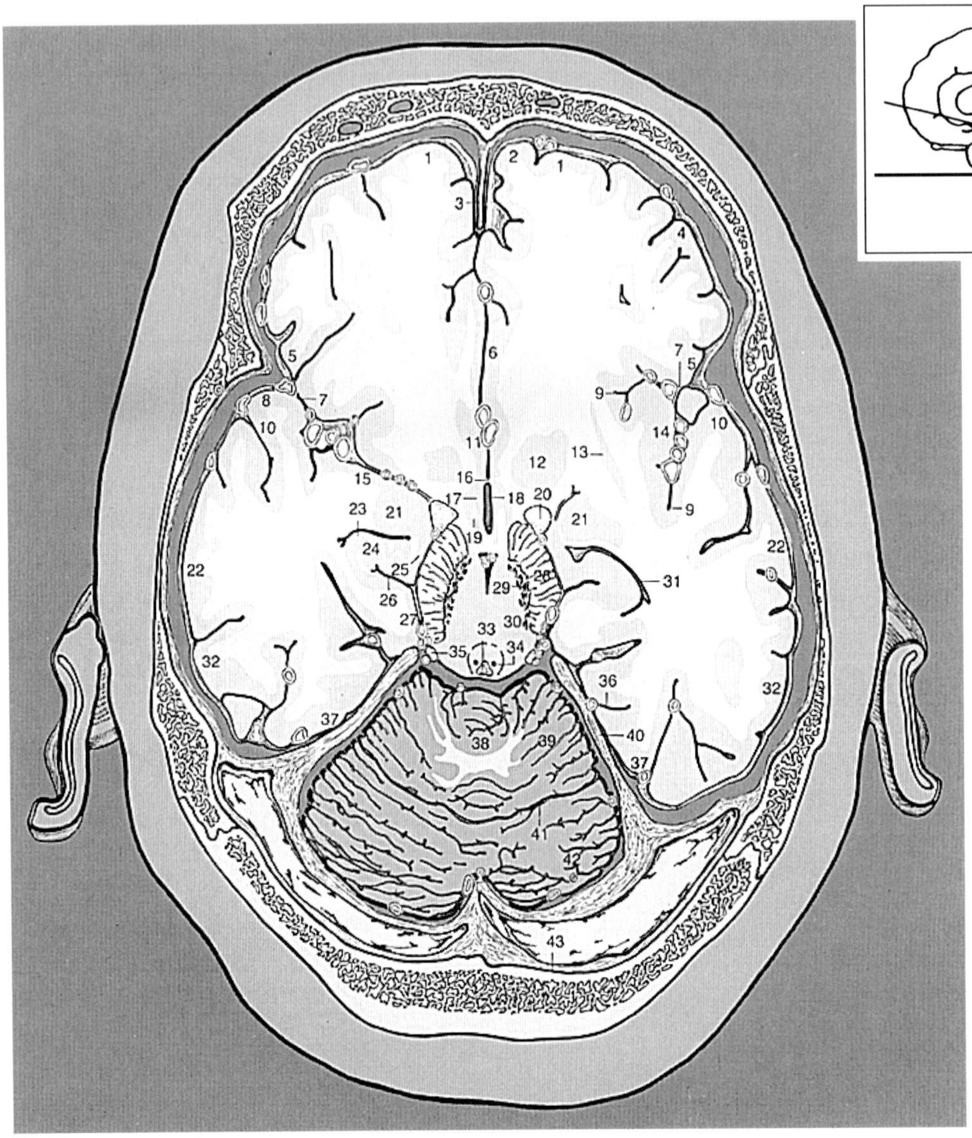

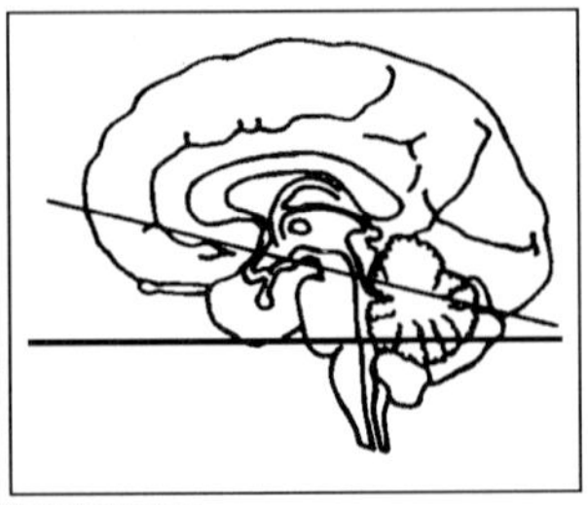

In dieser Schnittebene sind Frontalhirn, Temporallappen, Hypothalamus, Mittelhirn und Kleinhirn getroffen. Hirnstrukturen und Hirnhaut.

1 G. frontalis superior
2 Stirnpol
3 Falx cerebri
4 G. frontalis medius
5 G. frontalis inferior
6 G. cinguli
7 Sulcus lateralis
8 Temporallappen
9 Sulcus circularis insulae
10 G. temporalis superior
11 Area subcallosa
12 Boden des Striatum
13 Claustrum
14 Insel
15 G. semilunaris
16 Lamina terminalis
17 Hypothalamus
18 3. Ventrikel
19 Fornix
20 Tr. opticus
21 Corpus amygdaloideum
22 G. temporalis medius
23 Alveus
24 Hippocampus
25 Uncus hippocampi
26 Sulcus hippocampi
27 G. parahippocampalis
28 Crus cerebri
29 Substantia nigra
30 Tegmentum mesencephali
31 Ventriculus lateralis, Cornu temporale
32 G. temporalis inferior
33 Übergang des Aqueductus mesencephali in den 4. Ventrikel
34 Locus coeruleus
35 N. trochlearis
36 Sulcus collateralis
37 G. occipitotemporalis lateralis
38 Vermis cerebelli des Lobus cranialis (anterior)
39 Hemisphäre des Lobus cranialis (anterior) cerebelli
40 Tentorium cerebelli
41 Fissura prima
42 Hemisphäre des Lobus caudalis (posterior) cerebelli
43 Dura mater encephali

Nach Kretschmann, H.-J., W. Weinrich: Klinische Neuroanatomie und kranielle Bilddiagnostik. Thieme, Stuttgart 1991

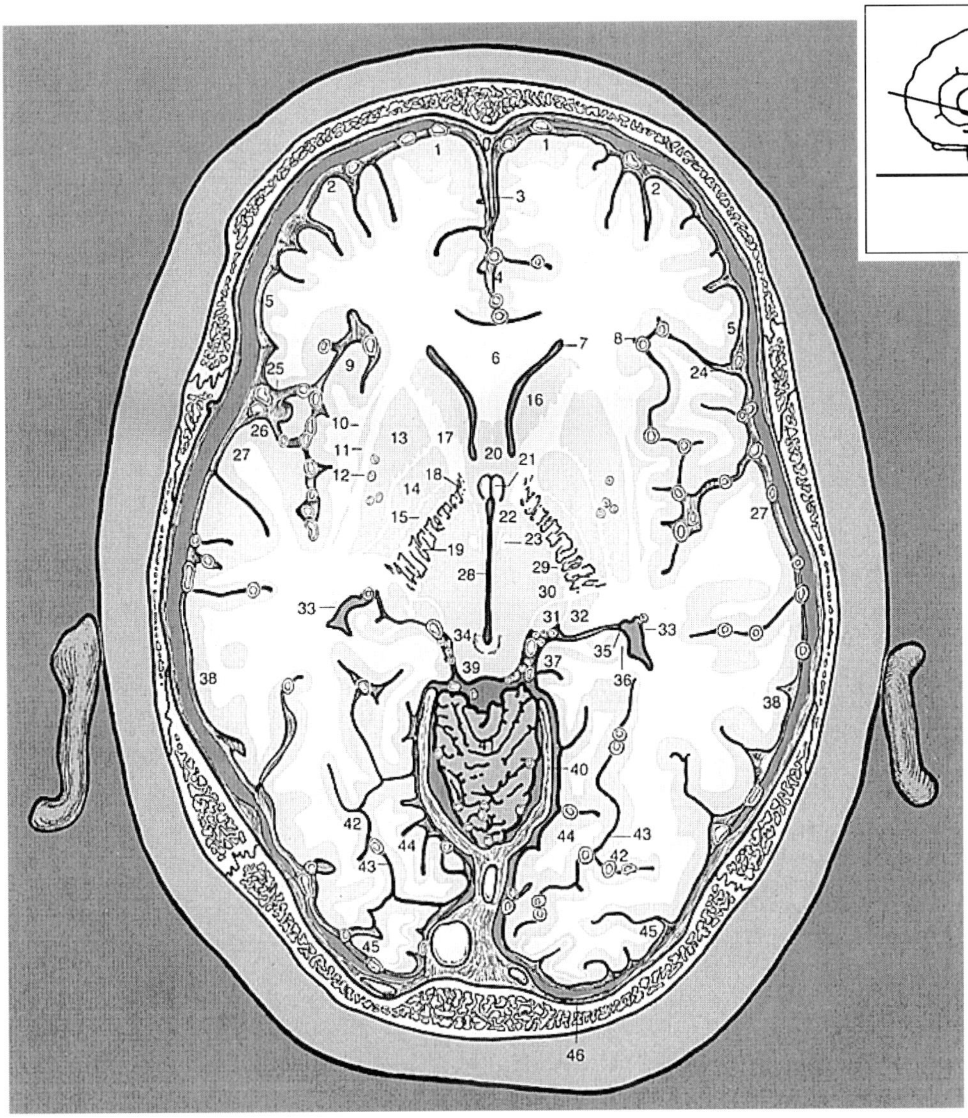

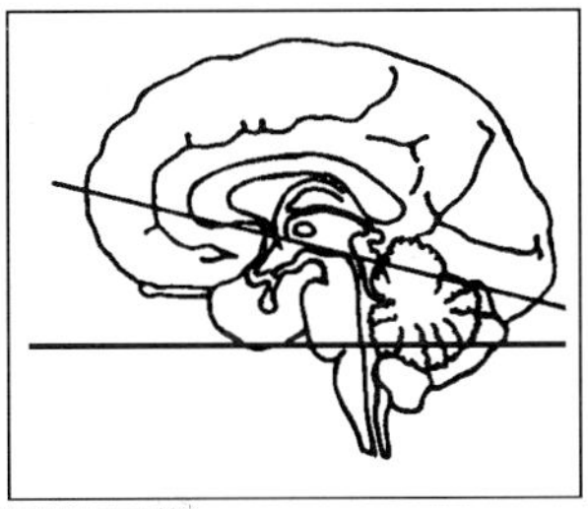

In dieser Schnittebene erreicht die Insel die größte Ausdehnung. Striatum (Putamen und Nucl. caudatus), Capsula interna, Hypothalamus und kaudaler Thalamus sind dargestellt. Vom infratentoriellen Raum ist nur das Kleinhirn angeschnitten. Hirnstrukturen und Hirnhaut.

1 G. frontalis superior am Stirnpol
2 G. frontalis medius
3 Falx cerebri
4 G. cinguli
5 G. frontalis inferior
6 Corpus callosum, Genu
7 Ventriculus lateralis, Cornu frontale
8 Sulcus circularis insulae
9 Insel
10 Capsula extrema
11 Claustrum
12 Capsula externa
13 Putamen
14 Globus pallidus, Pars lateralis
15 Globus pallidus, Pars medialis
16 Caput nuclei caudati
17 Capsula interna, Crus anterius
18 Capsula interna, Genu
19 Capsula interna, Crus posterius
20 Septum verum
21 Columna fornicis
22 Hypothalamus
23 Fasciculus mamillothalamicus
24 Sulcus lateralis, Ramus ascendens
25 Sulcus lateralis, Ramus posterior
26 Temporallappen
27 G. temporalis superior
28 3. Ventrikel
29 Nucl. reticularis thalami
30 Nucl. ventralis posterolateralis thalami (ventrocaudalis externus)
31 Corpus geniculatum mediale
32 Corpus geniculatum laterale
33 Cauda nuclei caudati
34 Aqueductus mesencephali
35 Alveus
36 Hippocampus
37 G. parahippocampalis
38 G. temporalis medius
39 Colliculus caudalis
40 Tentorium cerebelli
41 Vermis cerebelli des Lobus cranialis (anterior)
42 G. occipitotemporalis lateralis
43 Sulcus collateralis
44 G. occipitotemporalis medialis
45 Gyri occipitales
46 Dura mater encephali

Nach Kretschmann, H.-J., W. Weinrich: Klinische Neuroanatomie und kranielle Bilddiagnostik. Thieme, Stuttgart 1991

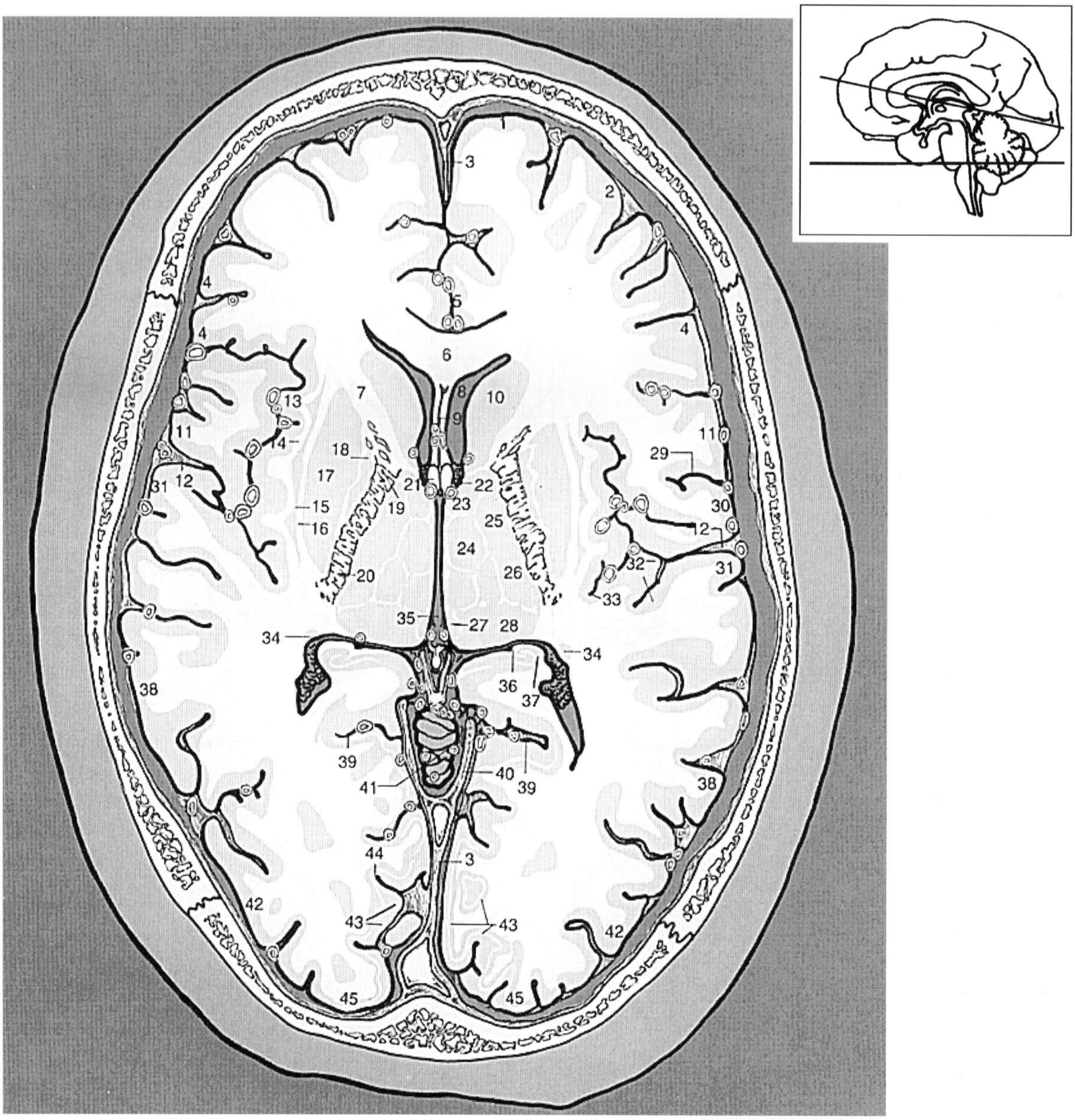

Die Schnittebene trifft Insel, Striatum (Putamen und Nucl. caudatus), Capsula interna und Thalamus. In der Zeichnung nicht sichtbar liegen kaudal der Schnittebene zwischen dem 3. Ventrikel und dem Kleinhirnwurm die Colliculi craniales. Hirnstrukturen und Hirnhaut.

1 G. frontalis superior
2 G. frontalis medius
3 Falx cerebri
4 G. frontalis inferior
5 G. cinguli
6 Corpus callosum
7 Capsula interna, Crus anterius
8 Ventriculus lateralis, Cornu frontale
9 Cavum septi pellucidi
10 Caput nuclei caudati
11 G. precentralis
12 Sulcus lateralis, Ramus posterior
13 Insel
14 Capsula extrema
15 Claustrum
16 Capsula externa
17 Putamen
18 Globus pallidus
19 Capsula interna, Genu
20 Capsula interna, Crus posterius
21 Fornix
22 Foramen interventriculare (Monroi)
23 Nucl. anterior thalami
24 Nucl. medialis thalami
25 Nucl. ventralis lateralis thalami (ventrooralis (153))
26 Nucl. lateralis posterior thalami
27 Nuclei habenulae
28 Nuclei pulvinares thalami
29 Sulcus centralis
30 G. postcentralis
31 G. temporalis superior
32 Gyri temporales transversi (Heschlsche Querwindungen)
33 Sulcus circularis insulae
34 Cauda nuclei caudati
35 3. Ventrikel
36 Fimbria hippocampi
37 Hippocampus
38 G. temporalis medius
39 Sulcus parietooccipitalis
40 Tentorium cerebelli
41 Vermis cerebelli des Lobus cranialis (anterior) in Aufsicht
42 Gyri occipitales
43 Area striata
44 Sulcus calcarinus
45 Okzipitalpol

Nach Kretschmann, H.-J., W. Weinrich: Klinische Neuroanatomie und kranielle Bilddiagnostik. Thieme, Stuttgart 1991

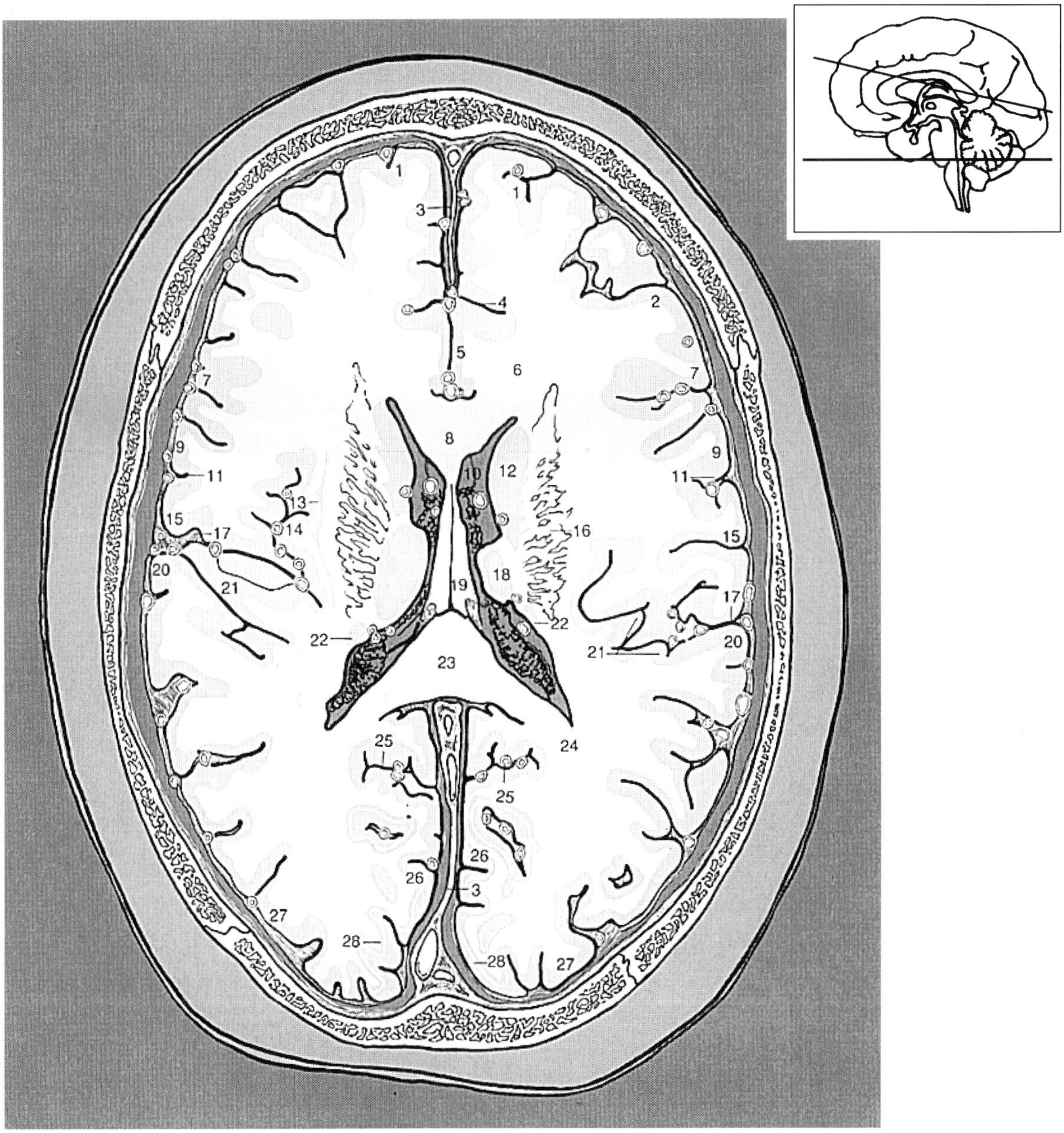

Die Schnittebene trennt die Falx cerebri in einen ventralen und einen dorsalen Teil. Der kraniale Teil der Insel ist angeschnitten. Das Splenium des Balkens liegt zwischen dem Trigonum collaterale des rechten und linken Seitenventrikels. Hirnstrukturen und Hirnhaut.

1 G. frontalis superior
2 G. frontalis medius
3 Falx cerebri
4 Sulcus cinguli
5 G. cinguli
6 Forceps frontalis (minor)
7 G. frontalis inferior
8 Corpus callosum, Truncus
9 G. precentralis
10 Ventriculus lateralis Cornu frontale
11 Sulcus centralis
12 Caput nuclei caudati
13 Claustrum
14 Insel
15 G. postcentralis
16 Corona radiata
17 Sulcus lateralis, Ramus posterior
18 Thalamus
19 Fornix
20 G. temporalis superior
21 Gyri temporales transversi
22 Cauda nuclei caudati
23 Corpus callosum, Splenium
24 Forceps occipitalis (major)
25 Sulcus parietooccipitalis
26 Cuneus
27 Gyri occipitales
28 Area striata

Nach Kretschmann, H.-J., W. Weinrich: Klinische Neuroanatomie und kranielle Bilddiagnostik. Thieme, Stuttgart 1991

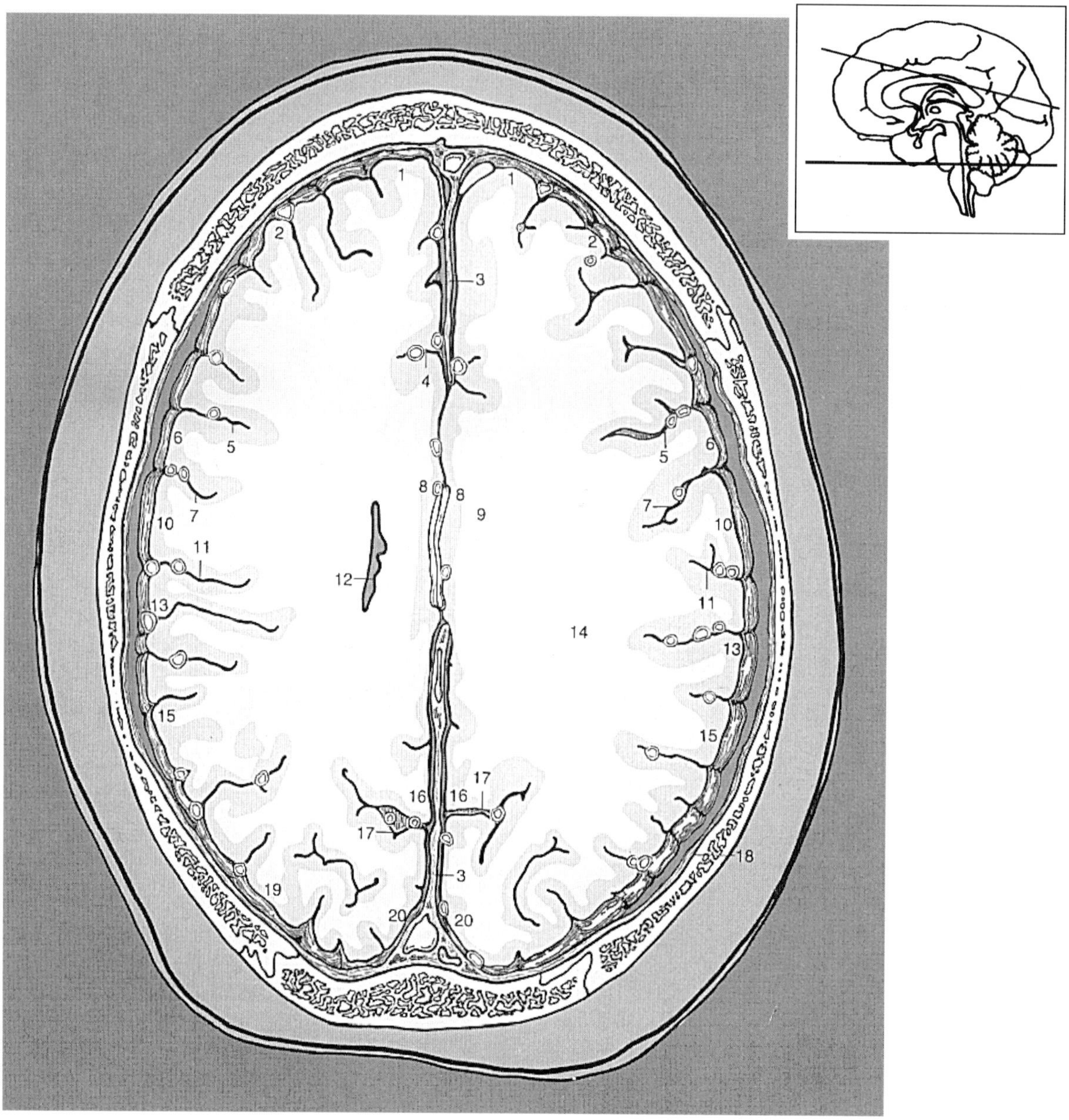

Die Schnittebene trennt die Falx cerebri in einen ventralen und einen dorsalen Teil. Dazwischen liegt der suprakommissurale Teil der Gyri cinguli, die den Balken verdecken. Hirnstrukturen und Hirnhaut.

1 G. frontalis superior
2 G. frontalis medius
3 Falx cerebri
4 Sulcus cinguli
5 Sulcus precentralis
6 G. precentralis
7 Sulcus centralis
8 G. cinguli
9 Cingulum
10 G. postcentralis
11 Sulcus postcentralis
12 Ventriculus lateralis, Pars centralis
13 G. supramarginalis
14 Centrum semiovale
15 G. angularis
16 Precuneus
17 Sulcus parietooccipitalis
18 Dura mater encephali
19 Gyri occipitales
20 Cuneus

Nach Kretschmann, H.-J., W. Weinrich: Klinische Neuroanatomie und kranielle Bilddiagnostik. Thieme, Stuttgart 1991

Hirnstamm im MRT (ausgesuchte Schnittebenen)

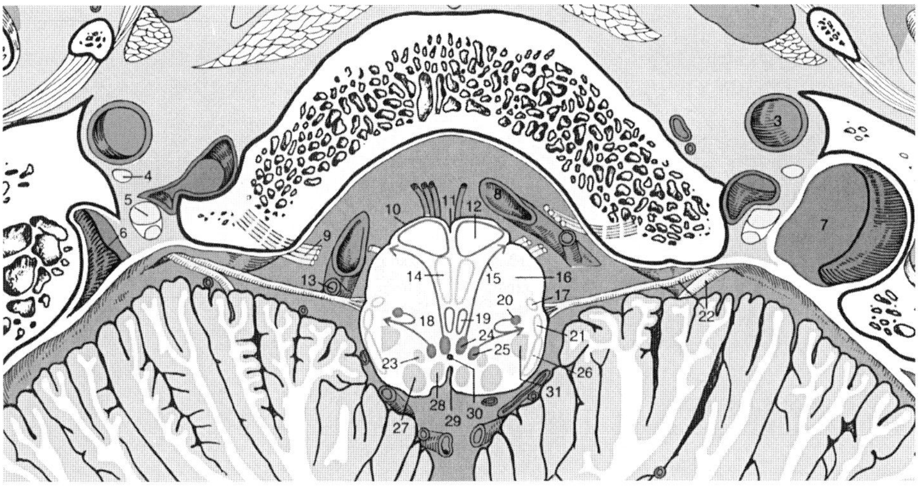

Schnittebene: knorpeliger Teil der Tuba audica, kaudaler Teil des Nucl. olivaris caudalis (inferior), Abgang der A. cerebelli inferior posterior (PICA) aus der A. vertebralis

1 Pharynx Pars nasalis
2 Knorpel der Tuba auditiva
3 A. carotis interna
4 N. glossopharyngeus
5 N. vagus
6 V. jugularis interna (Var.?)
7 V. jugularis interna, Bulbus
8 A. vertebralis
9 N. hypoglossus
10 Pyramide
11 Fissura mediana ventral
12 Tractus corticospinalis
13 A. cerebelli inferior posterior
14 Lemniscus medialis
15 N. hypoglossus (innerhalb der Scheibe)
16 Nucl. olivaris caudalis (inferior)
17 Tractus spinothalamicus
18 Formatio reticularis
19 Fasciculus longitudinalis medialis
20 Nucl. ambiguus
21 Tractus spinocerebellaris ventralis
22 N. accessorius, Radix cranialis und Radix spinalis
23 Nucl. solitarius
24 Nucl. nervi hypoglossi
25 Nucl. dorsalis nervi vag
26 Tractus spinocerebellaris dorsalis
27 Nucl. cuneatus/Burdac?
28 Nucl. gracitis (Goll)
29 Obex
30 Canalis centralis
31 Nucl. spinalis nervi trigemini, Pars caudalis

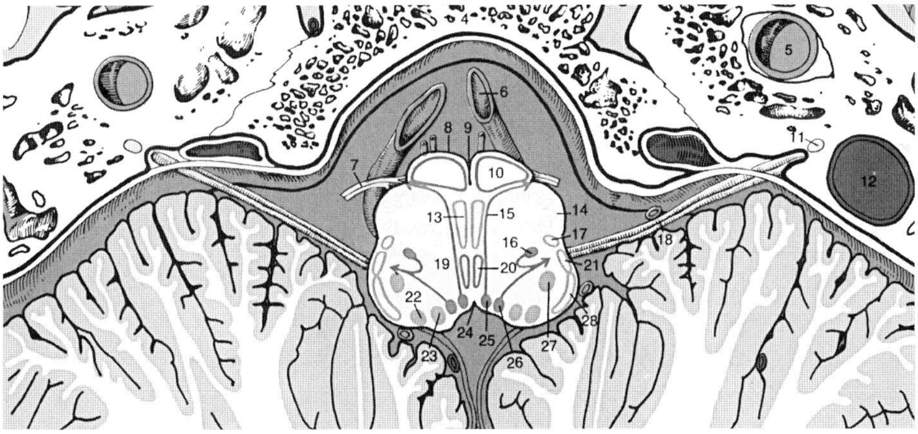

Schnittebene: Abgang des N. vagus aus der Medulla oblongata

1 N. mandibularis
2 Tuba auditiva
3 A. meningea media
4 Clivus
5 A. carotis interna
6 A. vertebralis
7 N. hypoglossus
8 Pyramide
9 Fissura mediana ventralis
10 Tractus corticospinalis
11 N. glossopharyngeus
12 V. jugularis interna Bulbus
13 Lemniscus medialis
14 Nucl. olivaris caudalis (inferior)
15 N. hypoglossus (innerhalb der Scheibe)
16 Nucl. ambiguus
17 Tractus spinothalamicus
18 N. vagus
19 Formatio reticularis
20 Fasciculus longitudinalis medialis
21 Tractus spinocerebellaris ventralis
22 Nucl. cuneatus (Burdach)
23 Nucl. solitarius
24 Sulcus medianus
25 Nucl. nervi hypoglossi
26 Nucl. dorsalis nervi vagi
27 Nucl. spinalis nervi trigemini, Pars interpolaris
28 Pedunculus cerebellaris caudalis

Nach Kretschmann, H.-J., W. Weinrich: Klinische Neuroanatomie und kranielle Bilddiagnostik. Thieme, Stuttgart 1991

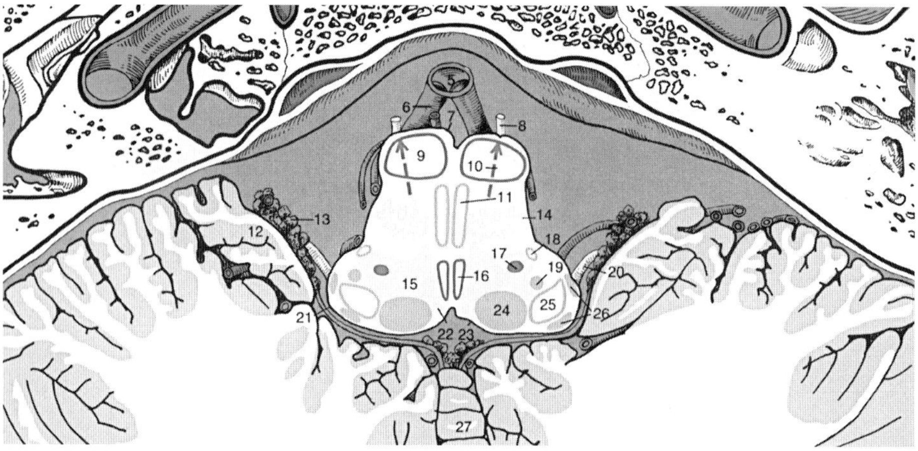

Schnittebene: Vereinigung der Aa.vertebrales zur A. basilaris

1 Sinus sphenoidalis
2 N. mandibularis
3 A. meningea media
4 A. carotis interna
5 A. basilaris
6 A. vertebralis
7 Pyramide
8 N. abducens
9 Tractus corticospinalis
10 N. abducens (innerhalb der Scheibe)
11 Lemniscus medialis
12 Flocculus
13 Plexus choroideus
14 Nucl. olivaris caudalis (inferior)
15 Formatio reticularis
16 Fasciculus longitudinalis medialis
17 Nucl. ambiguus
18 Tractus spinothalamicus
19 Nucl. spinalis nervi trigemini, Pars oralis
20 N. vestibulocochlearis
21 Apertura lateralis ventriculi quarti (Luschkae)
22 Nucl. prepositus hypoglossi
23 Boden der Rautengrube und Grenze des 4. Ventrikels
24 Nuclei vestibulares
25 Pedunculus cerebellaris caudalis
26 Nuclei cochleares dorsalis und ventralis
27 Uvula vermis

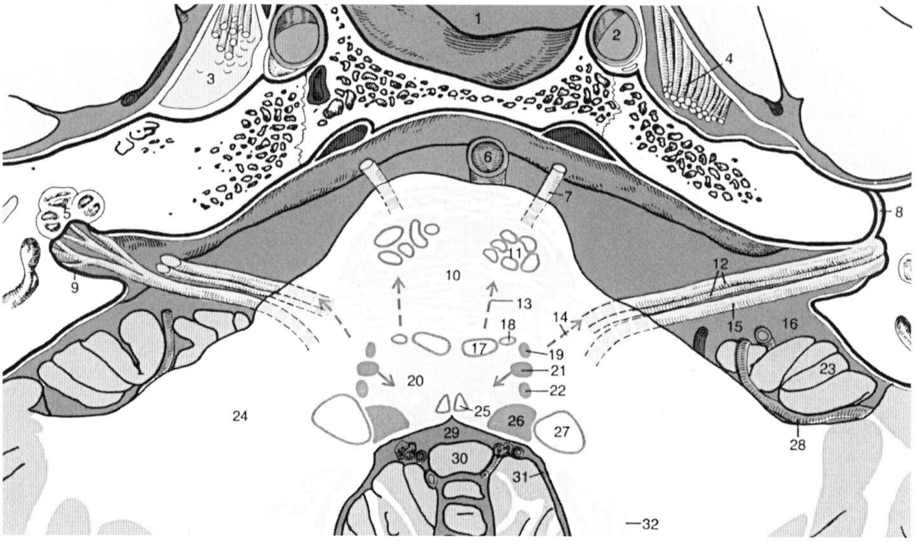

Schnittebene: Keilhöhle mit dem benachbarten Ganglion trigeminale (links) und N. trigeminus (rechts). Die VII. und VIII. Hirnnerven treten in den inneren Gehörgang ein.

1 Sinus sphenoidalis
2 A. carotis interna
3 Ganglion trigeminale (semilunare Gasseri)
4 N. trigeminus
5 Cochlea
6 A. basilaris
7 N. abducens
8 N. petrosus major
9 Meatus acusticus internus
10 Nuclei pontis
11 Tractus corticospinalis
12 N. facialis und N. intermedius
13 N. abducens (innerhalb der Scheibe)
14 N. facialis (innerhalb der Scheibe)
15 N. vestibulocochlearis
16 C. pontocerebellaris
17 Lemniscus medialis
18 Tractus spinothalamicus
19 Nucl. dorsalis corporis trapezoidei (olivaris superior)
20 Formatio reticularis
21 Nucl. nervi facialis
22 Nucl. spinalis nervi trigemini, Pars oralis
23 Flocculus
24 Pedunculus cerebellaris medius
25 Fasciculus longitudinalis medialis
26 Nuclei vestibulares
27 Pedunculus cerebellaris caudalis
28 A. cerebelli inferior, anterior
29 4. Ventrikel
30 Nodulus vermis
31 Recessus posterior des 4. Ventrikels
32 Nucl. dentatus

Nach Kretschmann, H.-J., W. Weinrich: Klinische Neuroanatomie und kranielle Bilddiagnostik. Thieme, Stuttgart 1991

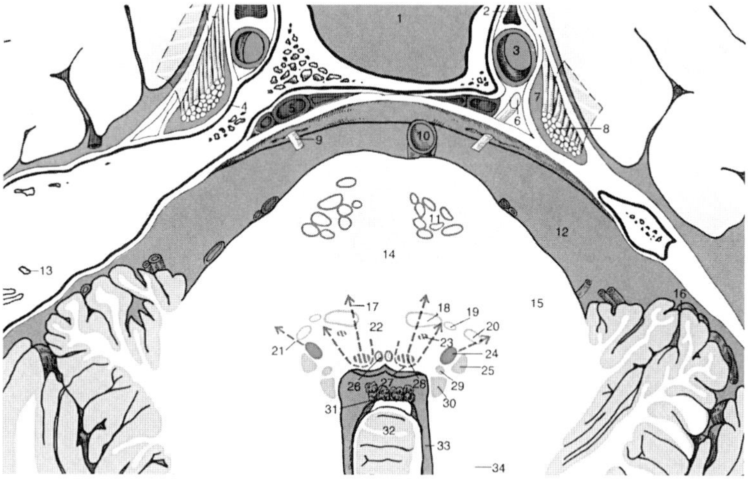

Schnittebene:
Pars angularis des V. Hirnnerven und VI. Hirnnerv am Porus duralis

1 Sinus sphenoidalis
2 Sinus cavernosus
3 A. carotis interna
4 Impressio trigeminalis
5 Sinus petrosus inferior
6 N. abducens
7 Öffnung der C. trigemini
8 N. trigeminus, Pars triangularis
9 N. abducens am Porus duralis
10 A. basilaris
11 Tractus corticospinalis
12 Cisterna pontocerebellaris
13 Canalis semicircularis anterior
14 Nuclei pontis
15 Pedunculus cerebellaris medius
16 Fissura prima
17 N. abducens (innerhalb der Scheibe)
18 Lemniscus medialis
19 Tractus spinothalamicus
20 Lemniscus lateralis
21 Portio minor des N. trigeminus (innerhalb der Scheibe)
22 Formatio reticularis
23 Nucl. nervi facialis (im kaudalen Teil der Scheibe)
24 Nucl. motorius nervi trigemini
25 Nucl. pontinus nervi trigemini
26 Fasciculus longitudinalis medialis
27 Genu nervi facialis
28 Nucl. nervi abducentis (innerhalb der Scheibe)
29 Nucl. mesencephalicus nervi trigemini
30 Nucl. vestibularis superior
31 Plexus choroideus ventriculu quarti
32 Nodulus vermis
33 Recessus posterior des 4. Ventrikels
34 Nucl. dentatus

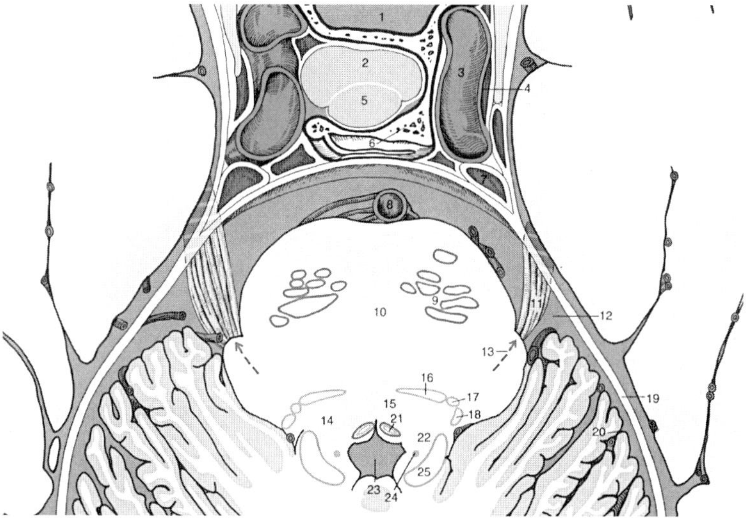

Schnittebene:
Adeno- und Neurohypophyse

1 Sinus sphenoidalis
2 Adenohypophyse
3 A. carotis interna
4 Sinus cavernosus
5 Neurohypophyse
6 Dorsum sellae
7 Sinus petrosus superior
8 A. basilaris
9 Tractus corticospinalis
10 Nuclei pontis
11 N. trigeminus
12 Cisterna pontocerebellaris
13 N. trigeminus (innerhalb der Scheibe)
14 Formatio reticularis
15 paramediane pontine Formatio reticularis (PPRF)
16 Lemniscus medialis
17 Tractus spinothalamicus
18 Lemniscus lateralis
19 Tentorium cerebelli
20 Fissura prima
21 Fasciculus longitudina medialis
22 Locus coeruleus
23 4. Ventrikel
24 Nucl. mesencephalicu nervi trigemini
25 Pedunculus cerebellar cranialis

Nach Kretschmann, H.-J., W. Weinrich: Klinische Neuroanatomie und kranielle Bilddiagnostik. Thieme, Stuttgart 1991

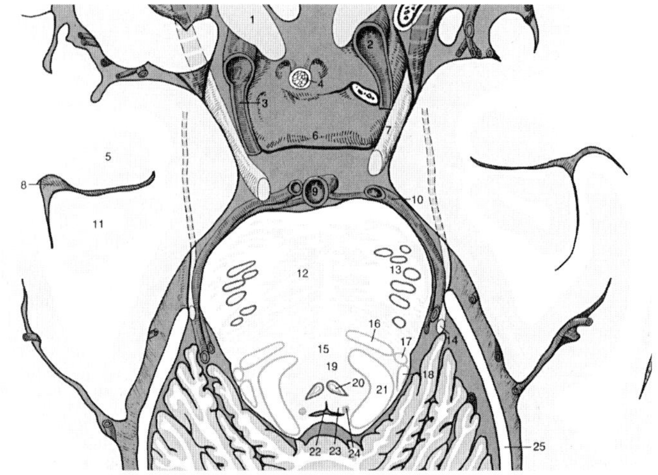

Schnittebene:
III. und IV. Hirnnerv

1 N. opticus
2 A. carotis interna
3 A. communicans posterior
4 Infundibulum
5 Corpus amygdaloideum
6 Dorsum sellae
7 N. oculomotorius
8 Ventriculus lateralis, Cornu temporale
9 A. basilaris
10 A. cerebelli superior
11 Hippocampus
12 Nuclei pontis
13 Tractus corticospinalis
14 N. trochlearis
15 Formatio reticularis
16 Lemniscus medialis
17 Tractus spinothalamicus
18 Lemniscus lateralis
19 paramediane pontine Formatio reticularis (PPRF)
20 Fasciculus longitudinalis medialis
21 Pedunculus cerebellaris cranialis
22 4. Ventrikel
23 Locus coeruleus
24 Nucl. mesencephalicus nervi trigemini
25 Tentorium cerebelli

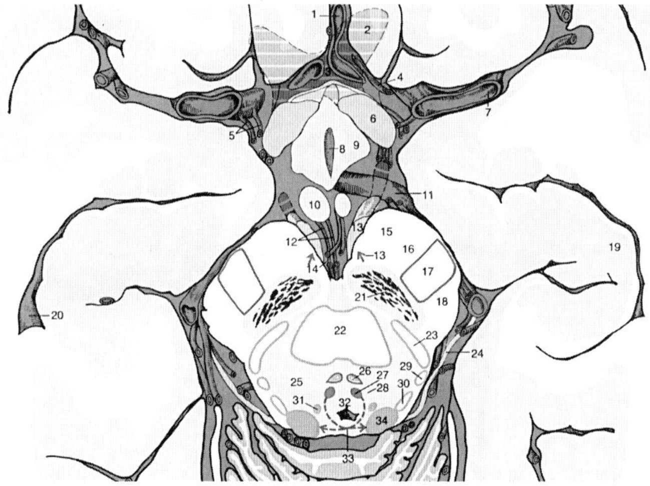

Schnittebene:
Hypothalamus, Corpora mamillaria, N. trochlearis

1 A. cerebri anterior
2 N. opticus (innerhalb der Scheibe)
3 Chiasma opticum (innerhalb der Scheibe)
4 A. centralis anteromedialis
5 Aa. centrales anterolaterales
6 Tractus opticus
7 A. cerebri media
8 Recessus infundibuli
9 Hypothalamus
10 Corpus mamillare
11 A. cerebri posterior
12 Aa. centrales posteromediales
13 N. oculomotorius und seine Wurzelfasern (Pfeil)
14 Fossa interpeduncularis
15 Tractus frontopontinus
16 Tractus corticonuclearis
17 Tractus corticospinalis
18 Tractus occipitotemporopontinus
19 Hippocampus
20 Ventriculus lateralis, Cornu temporale
21 Substantia nigra
22 Kreuzung der Pedunculi cerebellares craniales
23 Lemniscus medialis
24 N. trochlearis
25 Formatio reticularis
26 Fasciculus longitudinalis medialis
27 Nucl. nervi trochlearus
28 Locus coeruleus
29 Tractus spinothalamicus
30 Lemniscus lateralis
31 Nucl. mesencephalicus nervi trigemini
32 Aqueductus mesencephali (cerebri Sylvii)
33 Kreuzung der Nn. trochleares (innerhalb der Scheibe)
34 Colliculus caudalis

Nach Kretschmann, H.-J., W. Weinrich: Klinische Neuroanatomie und kranielle Bilddiagnostik. Thieme, Stuttgart 1991

Normvarianten und Mißbildungen

Fehlbildungen und Anomalien

Fehlbildungen und Anomalien des ZNS und Schädels durch Entwicklungsstörungen

A. **Dysgenesien**
(Gestörte Vorderkopfanlage: fehlende oder gestörte Anlage bzw. fehlende Trennung der Großhirnhemisphären bei geschlossenem Neuralrohr. In der frühen Embryonalzeit entstanden, mit dem Leben nicht vereinbar)
Azephalie,
Aprosopie,
Zyklopie,
Holoprosenzephalie – alobar
– semilobar
– lobar)

B. **Dysrhaphien**
(Schlußstörungen des Neuralrohrs)

1. **Kraniale Dysrhaphien**
   Cranioschisis totalis (= Anenzephalie)
   Cranioschisis partialis (= Meroenzephalie)
   Zephalozelen der Konvexität und der Basis
   Balkenmangel,
   Kommissurenmangel,
   Monoventrikel,
   dysrhaphische Äquivalente (Cavum septi pellucidi, Cavum Vergae, Cavum septi interpositi)
2. **Rhombozerebellare Dysrhaphien**
   Zephalozelen okzipital und zerebellar,
   Hypoplasie des Zerebellums,
   Dandy-Walker-Syndrom,
   Arnold-Chiari-Mißbildung
   (evtl. mit basilärer Impression),
   Aquäduktstenose

C. **Migrationsstörungen**
(Störung der Wanderung und Ausdifferenzierung der Neuroblasten, somit gestörte Hirnwindungsbildung)
Dysgyrie,
Agyrie,
Pachy-(Makro-)Gyrie,
Heterotopie,
Mikrogyrie,
Mikropolygyrie,
perisyslvische Aplasie

D. **Hirnvolumenstörungen**
Mikrenzephalie,
Megalenzephalie

E. **Phakomatosen**
(= neurokutane Syndrome, = dysontogenetische Prozesse mit blastomatösem Einschlag)
Syringobulbie,
Syringomyelie,
Neurofibromatose (Recklinghausen),
tuberöse Sklerose (Bourneville-Pringle),
Hippel-Lindau-Krankheit,
Sturge-Weber-Syndrom,
Ataxia teleangiectatica (Louis-Bar)

F. **Dysostosen**
Lückenschädel
Kraniostenosen
Brachyzephalus
Plagiozephalus
Dolichozephalus (Skaphozephalus)
Turrizephalus (Oxyzephalus, Akrozephalus)

Nach Nadjmi, M., U. Piepgras, H. Vogelsang: Kranielle Computertomographie. Thieme, Stuttgart 1981

Fehlbildungen und neurodegenerative Erkrankungen

Kongenitale Gefäßmißbildungen	Arteriovenöse Mißbildungen Aneurysmen Aneurysma der V. Galeni Kavernöse Angiome Venöse Angiome Angiodysplasien Sinus pericranii

Subarachnoidalzysten

Basiläre Impression und Kraniostenosen

Nach Ott, D., E. Dinkel:
Kongenitale Fehlbildungen des Gehirns. In Reiser, M., W. Semmler: Magnetresonanztomographie. Springer, Berlin 1992

Klassifikation neurodegenerativer Erkrankungen im Kindesalter nach morphologischen Kriterien (in Anlehnung an Boltshauser)

primär betroffener Hirnanteil	Beispiele
graue Substanz (Kortex)	Lysosomale Erkrankungen
weiße Substanz	Leukodystrophien, Morbus Krabbe, Morbus Canavan-van Bogaert, Morbus Pelizaeus-Merzbacher Mehrzahl der Aminoazidopathien
Basalganglien	Morbus Leigh, Morbus Hallervorden-Spatz Morbus Wilson
keine Prädilektion	Methylmalonazidopathie

Nach Meyding-Lamade, U., K. Sartor:
Magnetresonanztomographie bei neurodegenerativen Erkrankungen im Kindesalter. Klin. Neuroradiol. 3 (1993) 52–61

Corpus callosum Aplasie – und assoziierte Fehlbildungen

Assoziierte zerebrale Fehlbildungen bei Aplasie des Corpus callosum

Mikrozephalie
Holoprosenzephalie
Hypoplasie oder Aplasie der Falx cerebri
Septooptische Dysplasie (Morsier-Syndrom)
Aplasie von Hirnnervenkernen (Möbius-Syndrom)
Gyrierungsstörungen
Hetereotopie der grauen Substanz
Aplasie des Septum pellucidum
Enzephalozele
Arnold-Chiari-Syndrom
Dandy-Walker-Krankheit
Arachnoidalzysten im Interlobärspalt
Intrazerebrale Hamartome der Mittellinie (Balkenlipom)
Hydrocephalus internus
Aquäduktstenose
Kommunizierende porenzephale Zysten

Embryonale Fehlentwicklungen

Fehlbildung	Zeitpunkt der intrauterinen Entwicklung (in Monaten)	Störung der Zytoarchitektur
Schizenzephalie	2	Verzögerung oder Fehler in der Ausbildung der germinalen Matrix
Lissenzephalie	2–3	2. Wanderung der Neuroblasten kann nicht bis an die Oberfläche erfolgen
Pachygyrie	4	spätere Migrationen erfolgen nicht an die Oberfläche
Heterotopie	4–5	
– nodular		Neuroblastenproliferation ohne Migration oder Migration wird unterbrochen; möglich ist auch eine Migration zurück in die tiefen Schichten
– laminare		Migration wird unterbrochen; chemotaktischer Block?
Hemimegalenzephalie	4–5	schwere Störung der Zytoarchitektur mit Darstellung von Riesenneuronen, Gliaveränderungen der weißen Substanz, Reduzierung der Hirnwindungen
Polymikrogyrie	5	Zerstörung oberflächlicher Schichten oder verzögerte Rückwanderung von Neuroblasten oberflächlicher Schichten

Nach Uhlenbrock, D. et al.:
Migrationsstörungen des Gehirns – eine Auswertung computertomographischer und kernspintomographischer Untersuchungen. Fortschr. Röntgenstr. 154 (1991) 87–95

Kriterien der Corpus-callosum-Agenesie

Corpus callosum nicht darstellbar
Distanzierung der Seitenventrikel
Stierkopfkonfiguration im Koronarschnitt auf Höhe der Foramina Monroi
Lateralisierung der Foramina Monroi, besonders ausgeprägt bei begleitendem Fehlen des Septum pellucidum
Okzipitalhörner mäßig bis deutlich ausgeweitet
Medialseitige Gyri der Großhirnhemisphären radiär angeordnet bis zum 3. Ventrikel (fehlender Gyrus cinguli)

Nach Ott, D., E. Dinkel:
Kongenitale Fehlbildungen des Gehirns. In Reiser, M., W. Semmler: Magnetresonanztomographie. Springer, Berlin 1992

Ventrikelformen bei Balkenmangel (Frontalschnitt)

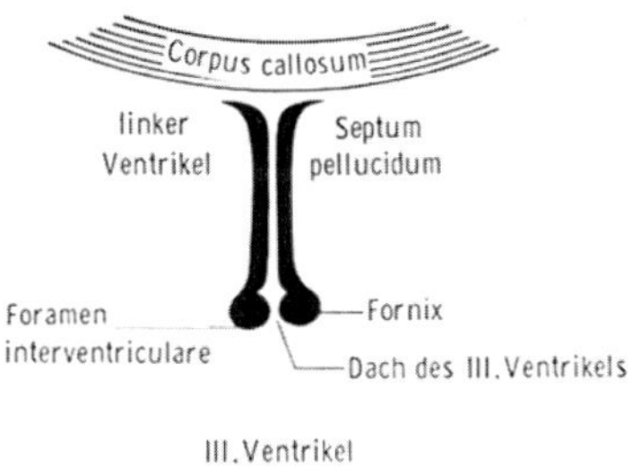

Normal, am Foramen interventriculare

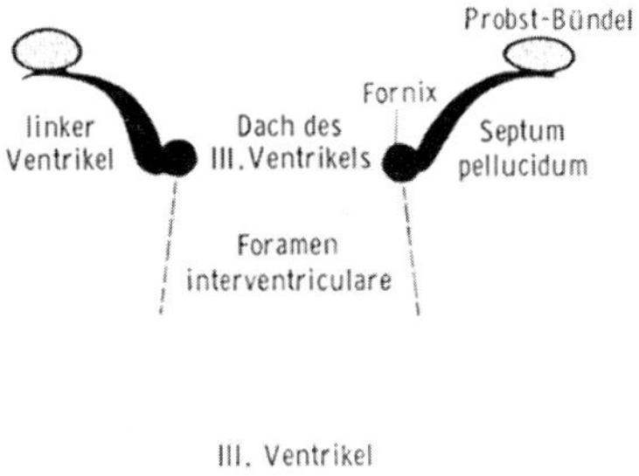

Agenesie des Corpus callosum am Foramen interventriculare

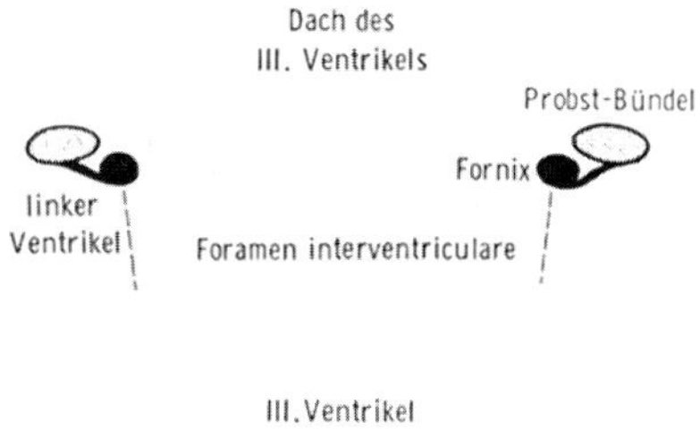

Agenesie des Corpus callosum am Foramen interventriculare

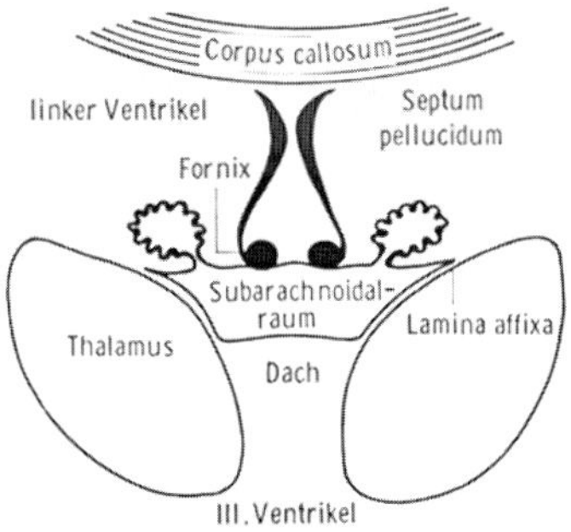

Normal, hinter dem Foramen interventriculare

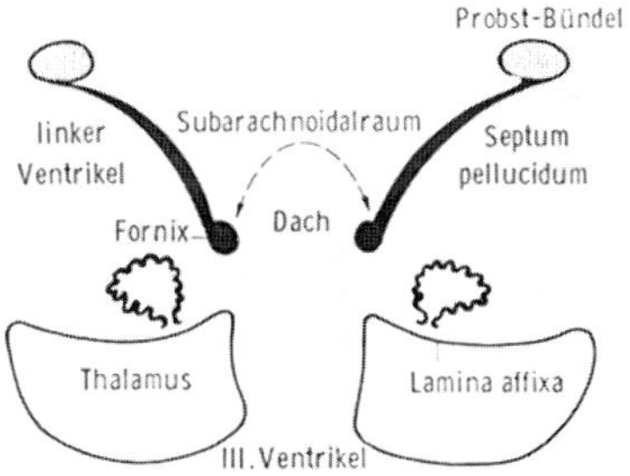

Agenesie des Corpus callosum mit Septa pellucida

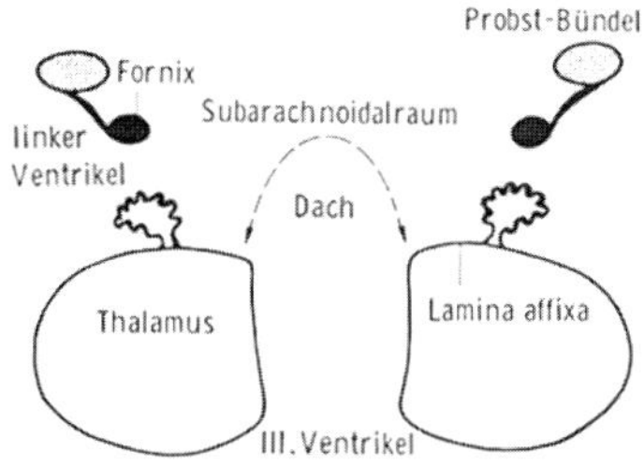

Agenesie des Corpus callosum ohne Septum pellucidum

Nach Nadjmi, M., U. Piepgras, H. Vogelsang: Kranielle Computertomographie. Thieme, Stuttgart 1981

Infratentorielle Veränderungen

Gegenüberstellung der pathologischen infratentoriellen Veränderungen bei der Dandy-Walker- (a) und Arnold-Chiari-Fehlbildung (b)

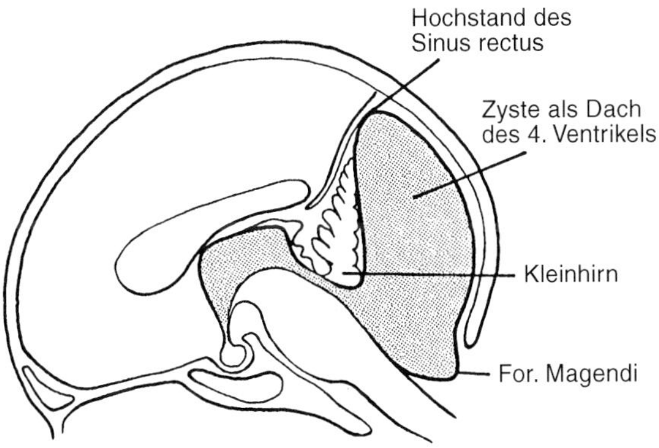

a

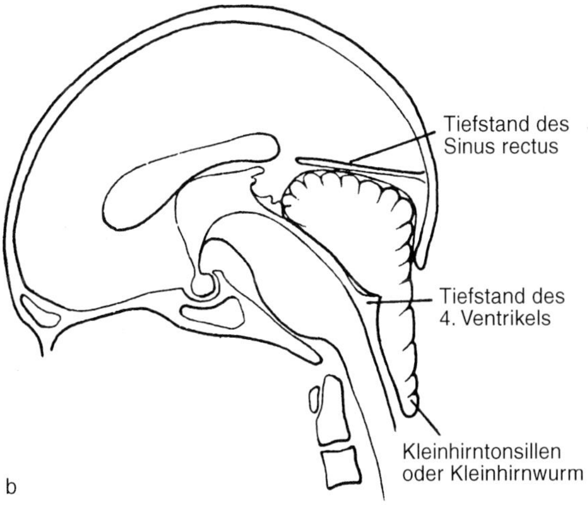

b

Nach Traupe, H.: Gehirn und Rückenmark. In Kinderradiologie 1 – Bildgebende Diagnostik. Springer, Berlin 1990

Mittellinienstrukturen

Genese der Hypoplasie oder Hypogenese des Corpus callosum

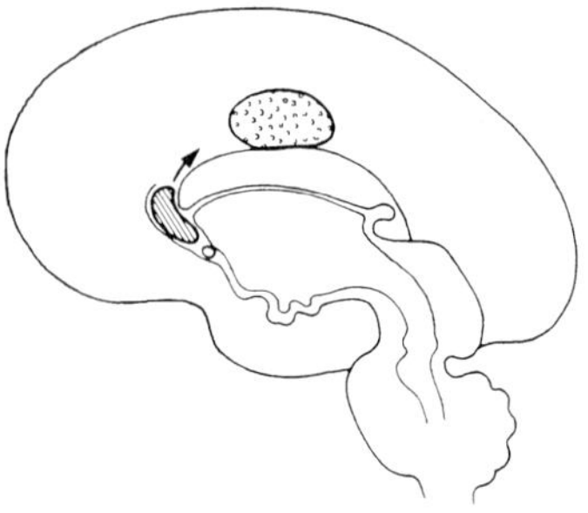

a) Beginn des Wachstums des Corpus callosum in der 12. Gestationswoche (Pfeil), Behinderung des Wachstums durch (Fremd-)Gewebe des Neuralrohres (z.B. Lipom)

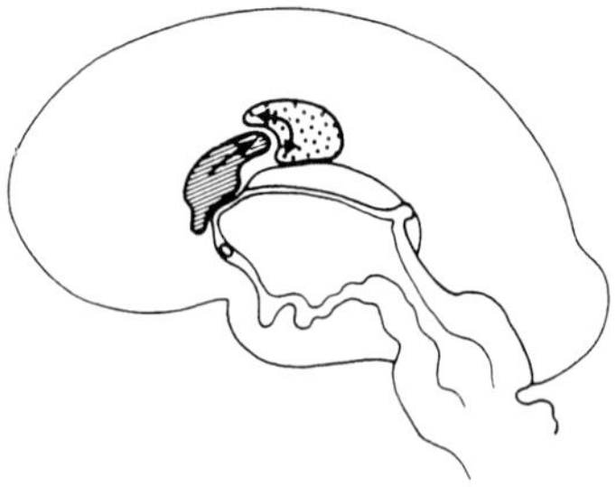

b) Kollision des sich entwickelnden Corpus callosum (Pfeil) mit dem Lipom, das eingestülpt wird (zirkulärer Pfeil)

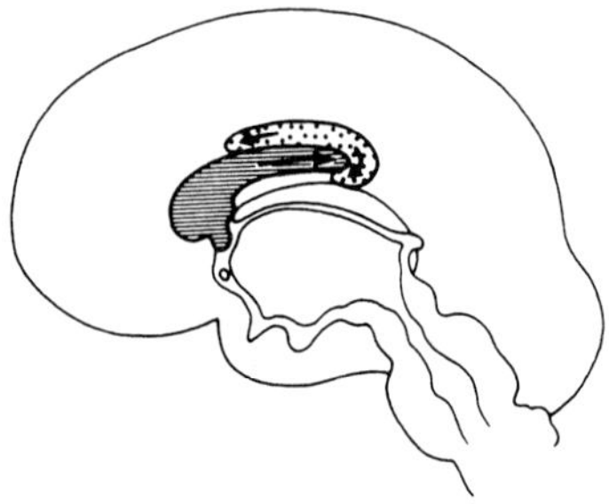

c) Invagination des Fremdkörpers durch weiteres Wachstum des Corpus callosum (Pfeil). Aus der unterschiedlichen Wachstumsbehinderung resultieren die differenten Ausprägungen der Corpus-callosum-Hypoplasie und die unterschiedliche Form, Größe und Lage des Lipoms.

Nach Hayman, L. A., V. C. Hinck:
Clinical brain imaging. Normal structure and functional anatomy. Mosby Year Book, St. Louis 1992

Normale zystische Mittellinienstrukturen
Diagramme der Mittellinienzysten im axialen und seitlichen Bild

Die Mittellinienzysten stellen radiologische Zufallsbefunde dar. Wie bei allen Mittellinienstörungen ist die hohe Kontrastauflösung der Kernspintomographie für ihre Abgrenzung besonders geeignet. Auch in der kranialen Computertomographie stellen sie sich zuverlässig dar. Die differentialdiagnostische Bedeutung liegt im Ausschluß raumfordernder und operativ zugänglicher Zysten als Ursache eines Hydrozephalus. Im Bereich der Mittelhirnzysterne ist die Abgrenzung zwischen erweitertem Recessus suprapinealis, Cavum veli interpositi und Arachnoidalzyste mit Nachweis dieser Strukturen möglich.

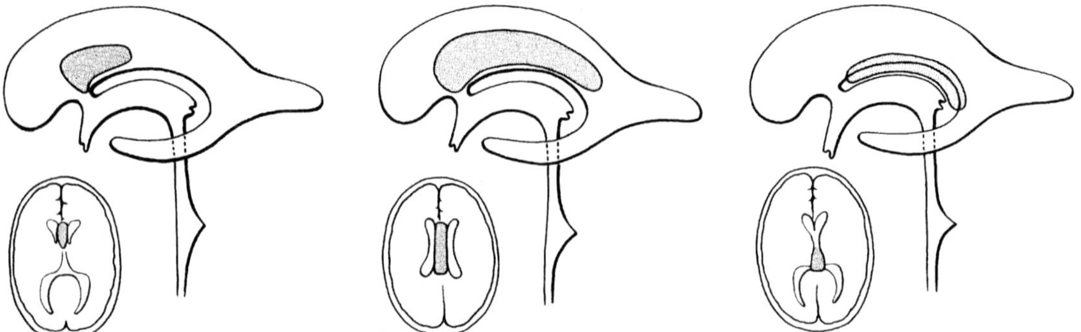

a b c

a Septum-pellucidum-Zyste

b Septum-pellucidum-Zyste und Cavum Vergae,

c Cavum veli interpositi

Pathologische zystische Mittellinienstrukturen

Während die physiologischen, zystischen Formationen in der Regel streng in der Medianebene liegen, finden sich die pathologischen zystischen Formationen häufig auch paramedian. So zum Beispiel die Defektbildung nach Porenzephalien, leukomalazische Umwandlungen und große Hemisphärendefekte als Infarktfolge.

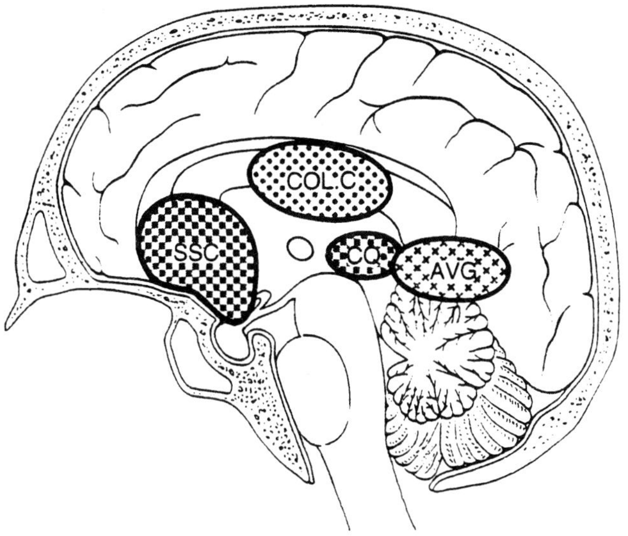

SSC = supraselläre Zyste
COL.C = Kolloidzyste des 3. Ventrikels
CQ = Zyste der Lamina quadrigemina
AVG = Aneurysma der V. galeni

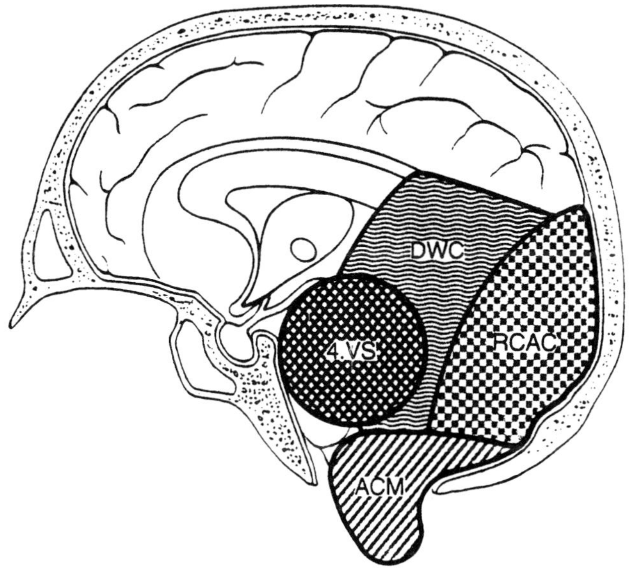

4.VS = „trapped IVth ventricle syndrome"
DWC = Dandy-Walker-Zyste
RCAC = retrozerebellare Zyste
(ACM = Arnold-Chiari-Malformation des Kleinhirnwurmes, nicht zystisch)

Plexuszysten (ohne Abb.)

Meist im Plexus chorioideus des Seitenventrikels gelegene echoarme, rundliche verschieden große Formation.

Nach Ebel, K.-D., E. Willich, E. Richter: Differentialdiagnostik in der Pädiatrischen Radiologie. Thieme, Stuttgart 1995

Synopsis der Dysrhaphien

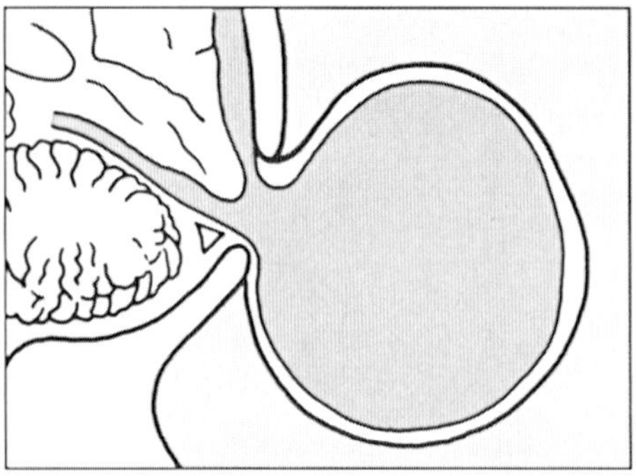

a) Meningozele

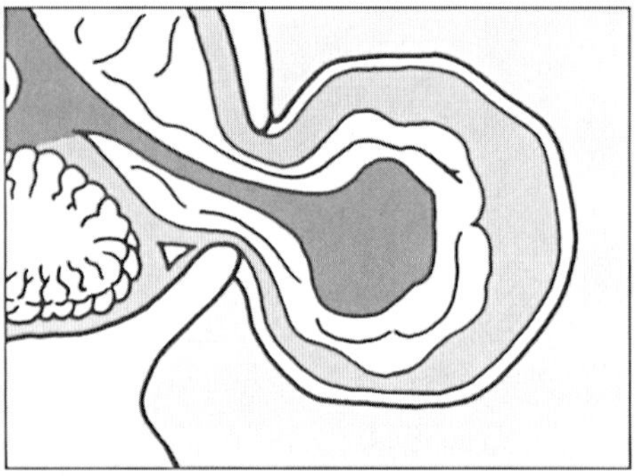

b) Enzephalozystomeningozele

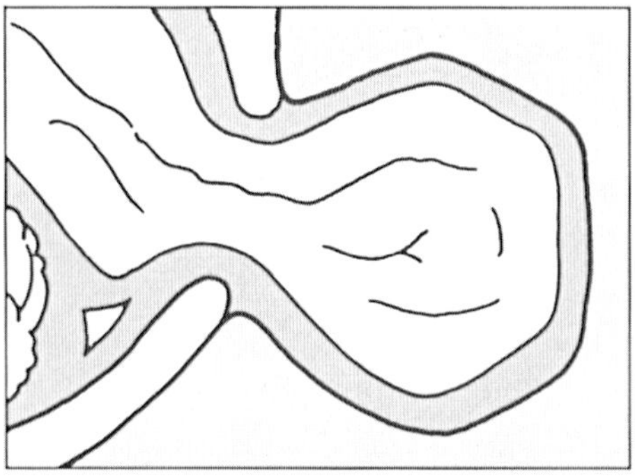

c) Enzephalozele

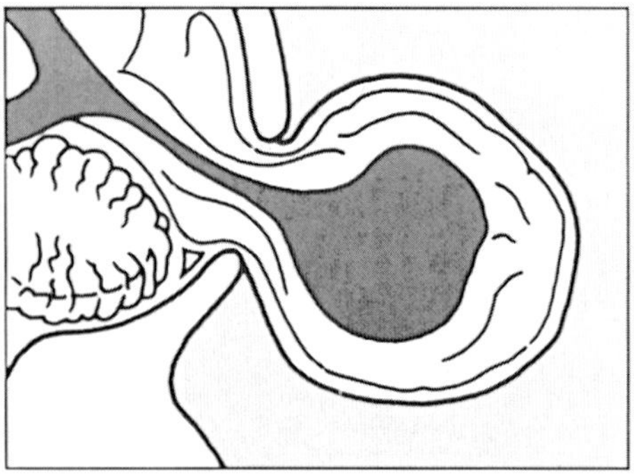

d) Enzephalozystozele

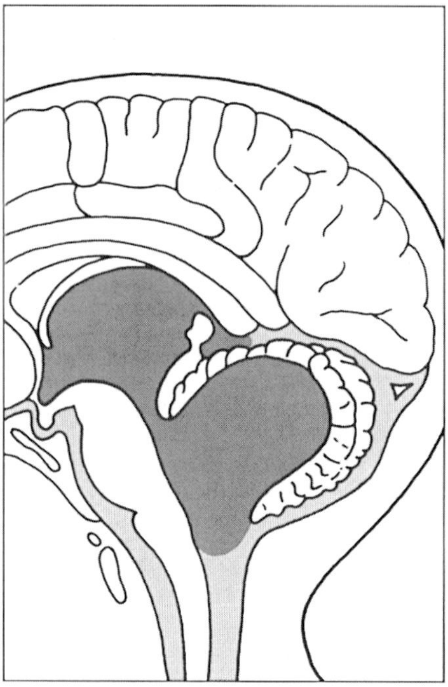

e) Dandy-Walker-Syndrom (zystenförmige Erweiterung des vierten Ventrikels mit Verschlußhydrozephalus bei fehlerhafter Anlage des Kleinhirnwurms)

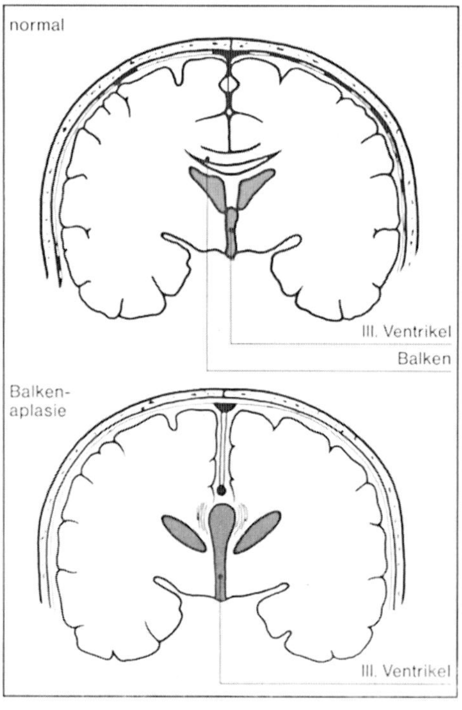

f) Balkenaplasie (der kranial erweiterte dritte Ventrikel wird computertomographisch zwischen den Seitenventrikeln sichtbar)

Nach Lange, S., Th. Grumme, W. Meese: Zerebrale Computer-Tomographie, 2. Aufl. Schering, Berlin 1988

Arachnoidalzysten

Anatomische Übersicht bei normaler und Empty Sella

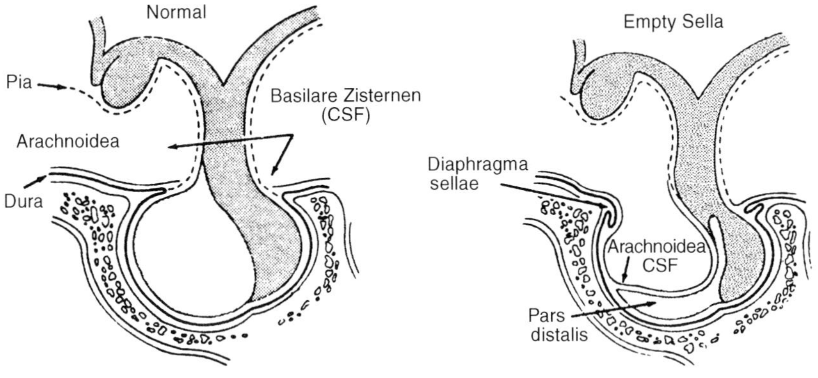

Im linken Teil der Abbildung sind die normalen anatomischen Verhältnisse zwischen Hirnhäuten und Hypophyse dargestellt. Die Arachnoidea umgibt die Öffnung, durch welche der Hypophysenstiel zieht. Die Hypophyse selbst ist im oberen Abschnitt am Diaphragma sellae befestigt. Die Pia mater erstreckt sich in die Tiefe entlang des Hypophysenstiels bis kurz oberhalb der Hypophyse, wo sie sich mit dem Diaphragma sellae vereinigt. Der rechte Teil der Abbildung zeigt die Situation beim Vorliegen einer Empty Sella. Die Arachnoidea wölbt sich durch ein inkomplettes oder fehlendes Diaphragma sellae bis in den intrasellären Raum hinein.

(CSF = cerebrospinal fluid = Liquor)

Nach Hundeshagen, Th. et al.: Zur Diagnostik und Differentialdiagnostik der primären Empty sella. Zentr. bk. Neurochir. 48 (1987) 60–72

Lokalisation von Arachnoidalzysten

supratentoriell: extraaxiale Lokalisation:

axiale Lokalisation:

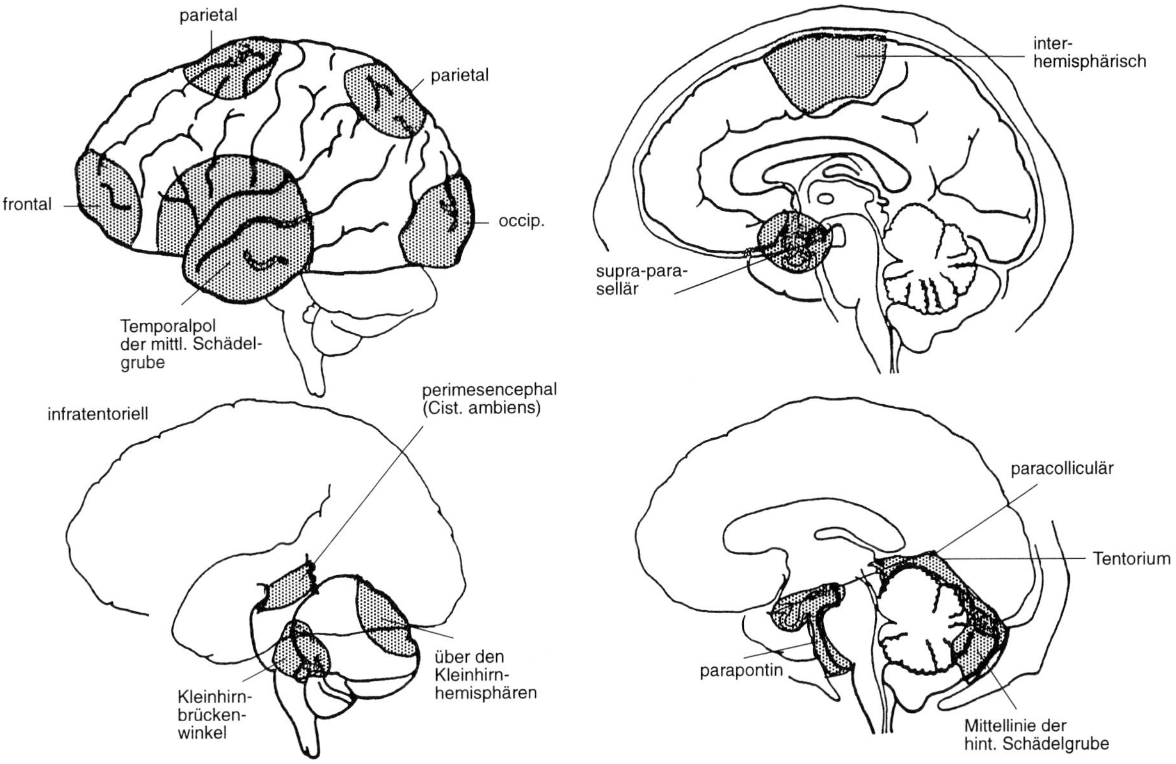

Nach Klein, T.: Intrakranielle Arachnoidalzysten. CT-Morphologie und klinische Bedeutung. Dissertation, Med. Fakultät (Klin. Med.) Tübingen 1990

Topographie und Größenbestimmung von Arachnoidalzysten

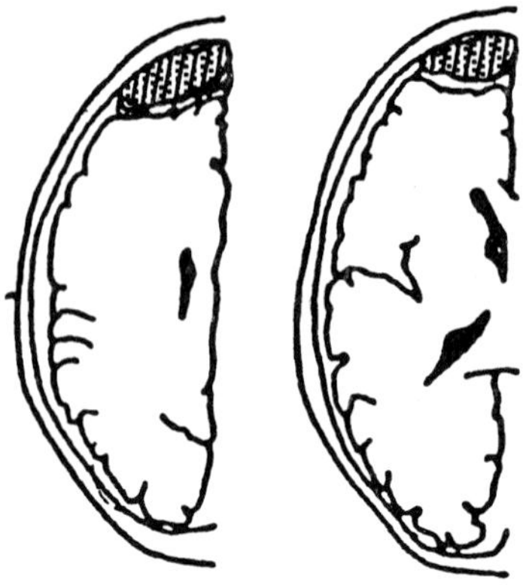

frontal lokalisierte Aarachnoidalzyste

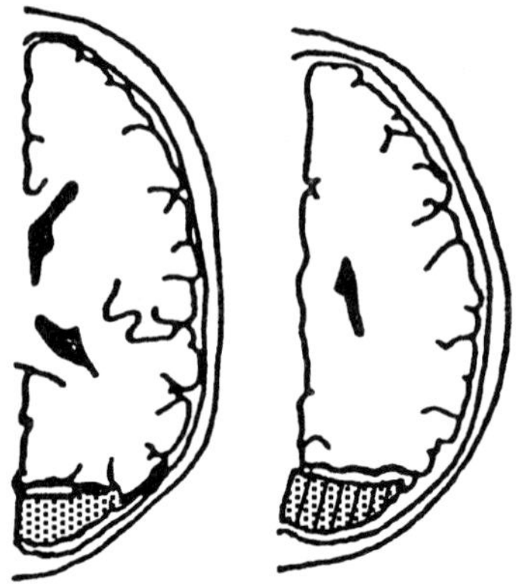

okzipital lokalisierte Aarachnoidalzyste

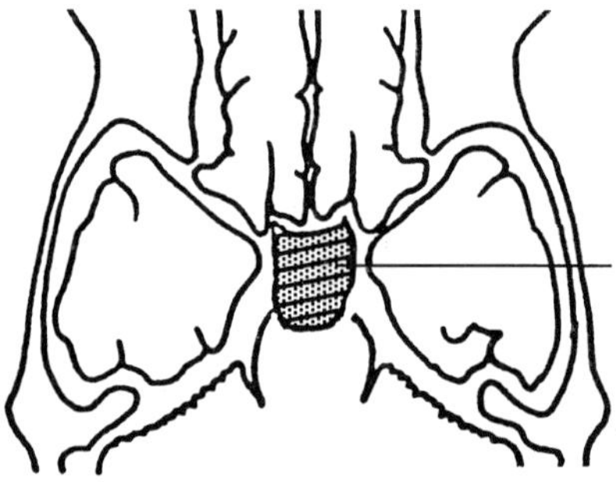

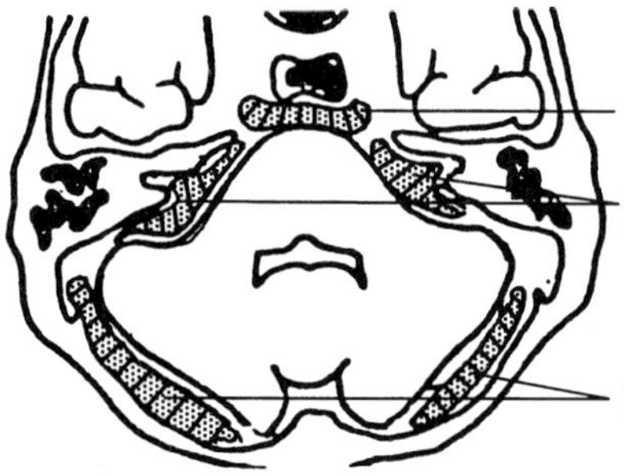

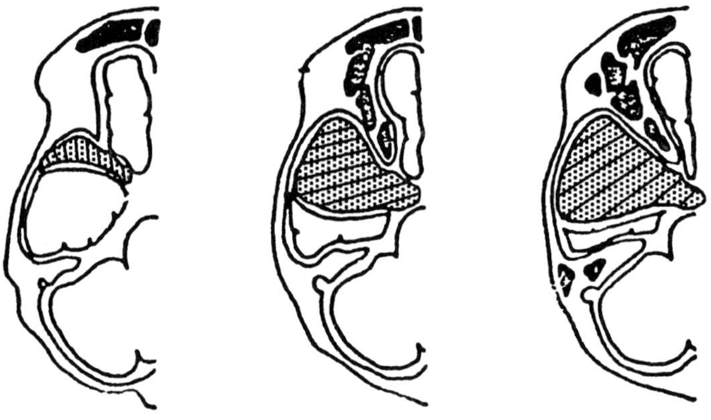

Kategorie I Kategorie II Kategorie III

Arachnoidalzysten im Bereich der mittleren Schädelgrube mit Größenkategorisierung

Nach Klein, T.: Intrakranielle Arachnoidalzysten. CT-Morphologie und klinische Bedeutung. Dissertation, Med. Fakultät, Tübingen 1990

Mißbildungen des Gehirns

Heterotopieassoziierte Fehlbildungen

Lissenzephalie
Schizenzephalie
Balkendysgenesie
Tuberöse Sklerose
Neurofibromatose

MRT-Kriterien der Lissenzephalie

Diagnostische Kriterien

Glatte Hirnoberfläche (oft kombiniert mit pachygyren Zonen)

Taillierung des Hirns im Axialschnitt (Fehlen der Operkula)

Verdickung der grauen Substanz

Hypoplasie der weißen Substanz (Fehlen der Digitationen, oft auch des Klaustrums und der Capsula extrema)

Zusatzkriterien (fakultativ)

Mäßiger Hydrozephalus (Kolpozephalie = betonte Erweiterung der Trigona und Okzipitalhörner)

Hypoplasie oder Aplasie des Corpus callosum

Heterotopien an den Ventrikelhörnern

MRT-Kriterien der Schizenzephalie

Typ I

Säulenartige Anordnung grauer Substanz vom Ventrikel zum Kortex
Deckung des Defekts durch angrenzenden Kortex
Meist symmetrisch im Bereich der Sulci centrales oder laterales

Zusatzkriterien (fakultativ)

Polymikrogyrie
Fehlendes Septum pellucidum, bei zusätzlicher Heterotopie
Übergangsform zur septooptalen Dysplasie

Typ II

Großer Defekt der Großhirnhemisphäre mit Liquoransammlung
Bandförmige Zone grauer Substanz in der Defektwand
Ventrikeldivertikel, mit dem kortikalen Subarachnoidalraum kommunizierend
Heterotopien
Aplasie des Septum pellucidum
Oft Balkenagenesie
Hydrozephalus

Hamartome und Dysplasien des ZNS bei Neurofibromatose

Hamartome

Glial
Meningeoangiomatose
Schwannose

Dysplasien

Aquäduktstenose
Heterotopien im Marklager
Polymikrogyrie
Pachygyrie
Makrenzephalie
Syringomyelie
Meningozele (v.a. thorakal)
Durale Ektasie

Arnold-Chiari-Syndrom

Dysplasie und Tiefstand des Kleinhirns meist bis zur Oberkante von C1 mit zungenartiger Vorwölbung einer schmalen Gewebsbrücke bis C4, gelegentlich noch tiefer

Hirnstammverlängerung, die Medulla reicht in den Spinalkanal, mit Knickbildung und erkennbarer Vorwulstung dorsal des Rückenmarks

Variable Erweiterung des intrazervikalen Abschnitts des 4. Ventrikels, Aquäduktverlängerung

Hydrozephalus, vor allem okzipital

50% fehlendes Septum pellucidum, selten Balkenmangel

Breite Massa intermedia in 90%

Konische Fusion der Vierhügelplatte („tektaler Schnabel")

Hypoplastisches Tentorium, weite Inzisur, kurzer Sinus rectus

Tiefer Tentoriumansatz mit kleiner Fossa posterior

Großes Foramen magnum und schmaler Atlasbogen

Kraniale Ausbreitung des Zerebellums mit Vorwölbung durch die Inzisur möglich

Kaudalverlagerung des Rückenmarks: die oberen Zervikalwurzeln aszendieren zu den Foramina

Spinale Dysrhaphien

Nach Ott, D., E. Dinkel: Kongenitale Fehlbildungen des Gehirns. In Reiser, M., W. Semmler: Magnetresonanztomographie. Springer, Berlin 1992

Häufigkeit der Phakomatosen

Erkrankung	Inzidenz, bezogen auf Lebendgeburten (soweit nicht abweichend vermerkt)	Prävalenz, bezogen auf Gesamt(G)- oder Erwachsenen(E)-Bevölkerung
Neurofibromatose 1	1:2000–3000 (52)	
Neurofibromatose 2	1:50000	
Enzephalofaziale Angiomatose	1:6000–230000 (162)	
Hämangioblastomatose	1:13000–40000 (30) 1,4:1 Mio. Erwachsene und Jahr (81)	
Tuberöse Sklerose	1:150000 (34)	1:50000–150000 (G) (162) 1:30000 (G) (38) 1:20000 (E) (153, 166)

Neurofibromatose

Diagnosekriterien der Neurofibromatose, Typ 1 (NF1) und 2 (NF2)

NF1 mindestens 2 der Kriterien müssen bestehen:	NF2 eines der folgenden Kriterien muß bestehen:
1. mindestens 6 Café-au-lait-Flecken 2. mindestens 2 Neurofibrome oder 1 plexiformes Neurofibrom 3. diffuse Pigmentierung der Axilla oder intertriginöser Regionen 4. Optikusgliome 5. mindestens 2 Irishamartome 6. eine charakteristische knöcherne Fehlbildung, z.B. Keilbeindysplasie 7. ein Verwandter 1. Grades mit NF1	1. bilaterale Tumoren des 8. Hirnnerven oder 2. NF2 bei einem Verwandten 1. Grades und a) einseitiger Tumor des 8. Hirnnerven oder b) 2 der folgenden – Neurofibrom – Meningeom – Gliom – Schwannom – juvenile hint. Katarakt

MRT-Kriterien der Neurofibromatose (ausgenommen Meningeome und Gliome)

Im T2w-Bild hyperintense Läsionen unklarer Genese, „Dysplasieäquivalente" im Zerebellum, Hirnstamm, Globus pallidus, Thalamus, Corpus callosum und Centrum semiovale

Hetereotopien im Marklager (isointens zur grauen Substanz)

Plexiforme Neurofibrome, vor allem orbital, assoziiert mit knöcherner orbitaler Dysplasie: gering hyperintens zu Muskelgewebe im T1w-, stark hyperintens im T2w-Bild, gelegentlich hypointenses Zentrum (fibröse Matrix)

Gyrierungsstörungen (Pachygyrie, Mikrogyrie)

Aquäduktstenose

Megalenzephalie

Nach Meyding-Lamade, U., K. Sartor: Magnetresonanztomographie bei neurodegenerativen Erkrankungen im Kindesalter. Klin. Neuroradiol. 3 (1993) 52–61 (Sonderheft)

Enzephalofaziale Angiomatose (Sturge-Weber)

MRT-Befunde

Hemiatrophie des Großhirns

Venendysplasie (korkenzieherartig)

Fehlende innere und oberflächliche Hirnvenen mit prominenten Umgehungskreisläufen

Fleckförmige Gliose (kortikal und im Marklager)

Progressive Demyelinisierung

Kortikale Hypointensität (T2w.GE) entsprechend der Rindenverkalkung

Angiomatose des Plexus choriodeus

Nach Ott, D., E. Dinkel: Kongenitale Fehlbildungen des Gehirns. In Reiser, M., W. Semmler: Magnetresonanztomographie. Springer, Berlin 1992

Diagnosekriterien

Die Diagnose kann aufgrund der klinischen Symptomatik gestellt werden, eine Diagnosesicherung ist durch kontrastmittelunterstützte MRT möglich

- klinische Kriterien: Nävus flammeus, Anfallsleiden, geistige Retardierung, Sehstörung bei Buphthalmus oder Glaukom
- bildgebend erhobene Befunde: Rö: Gyral konfigurierte Verkalkung, Hemiatrophie des Schädels, Kalottenverdickung, CT: kortikale Verkalkung und KM-Anreicherung, zerebrale Hemiatrophie, erweiterte transzerebrale Venen, Plexus-corioideus-Angiom
- direkter Nachweis der leptomeningealen Angiomatose durch kontrastmittelunterstützte MRT

Hämangioblastose (v. Hippel-Lindau-VHLE)

Diagnosekriterien

Für die Diagnose wird von der Mehrzahl der Untersucher gefordert, daß bei einem Patienten folgende Kriterien erfüllt sind

- retinales Angiom oder
- zerebrales oder spinales Hämangioblastom oder
- typische viszerale Manifestation (z.B. mehr als fünf Nierenzysten, Hypernephrom vor dem 45. Lebensjahr, Pankreaszysten, Inselzelltumor, Phäochromozytom, histologisch gesichertes Nebenhodenzystadenom) *und*
- Verwandter ersten Grades mit VHLE oder
- Kombination aus retinaler und/oder zerebrospinaler und/oder viszeraler Manifestation, auch ohne eindeutige familiäre Belastung oder
- mehr als ein Hämangioblastom oder Zweit-Hämangioblastom nach Entfernung eines solchen in anderer Lokalisation, auch ohne eindeutige familiäre Belastung

Nach Meyding-Lamade, U., K. Sartor: Magnetresonanztomographie bei neurodegenerativen Erkrankungen im Kindesalter. Klin. Neuroradiol. 3 (1993) 52–61 (Sonderheft)

Tuberöse Sklerose

MRT-Befunde am ZNS bei tuberöser Sklerose

Verbreiterung der Gyri infolge der Tubera mit subkortikaler Hypointensität im T1w- und Hyperintensität im T2w-Bild

Subependymale Knötchen, vor allem im Bereich der Foramina Monroi, seltener am 3. und 4. Ventrikel oder auch Aquädukt

Heterotopien der grauen Substanz im Marklager, besonders frontal, jedoch erhöhte Singalgebung im T2w-Bild gegenüber grauer Substanz aufgrund der starken Gliose

1,7–10% Riesenzellastrozytome (intraventrikulär oder subependymal) nicht selten mit Foramen-Monroi-Blockade

Selten andere Neoplasien

Hydrozephalus

Nach Ott, D., E. Dinkel: Kongenitale Fehlbildungen des Gehirns. In Reiser, M., W. Semmler: Magnetresonanztomographie. Springer, Berlin 1992

Diagnosekriterien

Die Diagnose einer tuberösen Sklerose ist gesichert, wenn eines der folgenden Kriterien erster Ordnung oder zwei Kriterien zweiter Ordnung erfüllt sind

Kriterien erster Ordnung

- Adenoma sebaceum (faziales Angiofibrom) (< 50%)
- periunguale Fibrome
- kortikale Tubera
- subependymale Knötchen
- fibröse Effloreszenzen an der Stirn

Kriterien zweiter Ordnung

- infantile Spastik, Hypsarrhythmie
- minderpigmentierte Maculae („white spots", „ash-leaf spot") (90%)
- subepidermale Hautfibrose (shagreen patch)
- retinales Hamartom („Phakoma")
- bilaterale Nierenzysten oder renales Angiomyolipom
- kardiale Rhabdomyome
- Verwandte ersten Grades mit TS

Kriterien der bildgebenden Diagnostik

Beweisend sind

- multiple subependymale Knötchen, ggf. mit Verkalkungen
- multiple kortikale Tubera, ggf. mit Verkalkungen und mit Läsionen der subkortikalen weißen Substanz

Hinweisend sind

- intraventrikulärer Tumor (Riesenzellastrozytom)
- kortikale Verkalkungen
- multiple Läsionen mit kortiko-medullären Übergang

Nach Meyding-Lamade, U., K. Sartor: Magnetresonanztomographie bei neurodegenerativen Erkrankungen im Kindesalter. Klin. Neuroradiol. 3(1993) 52–61 (Sonderheft)

Hydrozephalus

Klassifikation und Ursachen

Überproduktion von Liquor	nichtkommunizierender Hydrozephalus	kommunizierender Hydrozephalus
Plexuspapillom	1. kongenitale Anomalie 2. postentzündlich 3. posthämorrhagisch 4. Tumoren	1. kongenital 2. postinfektiös 3. neoplastisch 4. nach Subarachnoidalblutung 5. nach venöser Thrombose 6. Normaldruckhydrozephalus

Tumoren:

vorderer Anteil des 3. Ventrikels		hinterer Anteil des 3. Ventrikels
intraaxial	extraaxial	
Trauma Kolloidzyste Arachnoidalzyste Gliom des Hypothalamus Ependymom	Hypophysenadenom Kraniopharyngeom Gigantenaneurysma Arachnoidalzyste ektopisches Teratom Dermoid	Pinealom Teratom Zysten kollikulär, und parakollikulär Aneurysma der V. Galeni

Nach Rao, K. C. V. G.: The CSF Spaces (Hydrocephalus and Atrophy). In Lee, S. H., K. C. V. G. Rao, R. A. Zimmerman: Cranial MR and CT. 3. ed, McGraw-Hill, New York 1991

Tumoren als Ursache für einen Hydrocephalus internus

1. Am Trigonum	Tumoren (wie das intraventrikuläre Plexusmeningeom)
2. Am Foramen Monroi: halbseitig	Ependymome des Seitenventrikels
3. Am Foramen Monroi: doppelseitig	
A. Die orale Gruppe der 3. Ventrikel-Tumoren	I. Ependym- oder Kolloidzysten Plexuspapillome Epidermoide II. Meningeome Septumgliome
B. Die basale Gruppe der 3. Ventrikel-Tumoren	I. Intraventrikuläre Kraniopharyngeome große, nach oben drängende Basistumoren wie Kraniopharyngeome oder Hypophysenadenome große pilozytische Astrozytome (Spongioblastome) im Hypothalamus/Chiasmagebiet Gangliozytome (selten) Liquormetastasen
4. Am Aquädukt kaudale Gruppe der 3. Ventrikel-Tumoren	I. Pinealozytome, Germinome und andere Pinealistumoren Teratome Ependymome Ependym- oder Arachnoidal-Zysten (selten) II. Vierhügelgliome III. Primäre Aquäduktverschlüsse (durch Narben, Mißbildungen oder Gliome)
5. Tumoren im oder nahe dem 4. Ventrikel	I. Pilozytische Astrozytome (Spongioblastome) des Kleinhirns und des Bodens des 4. Ventrikels Medulloblastome Ependymome Plexuspapillome Angioblastome (Lindau) Extrazerebrale Prozesse der hinteren Schädelgrube wie Neurinome, Meningeome, Epidermoide, Glomustumoren, Chondrome etc.

Hydrozephalusformen und Lokalisationen der Blockaden

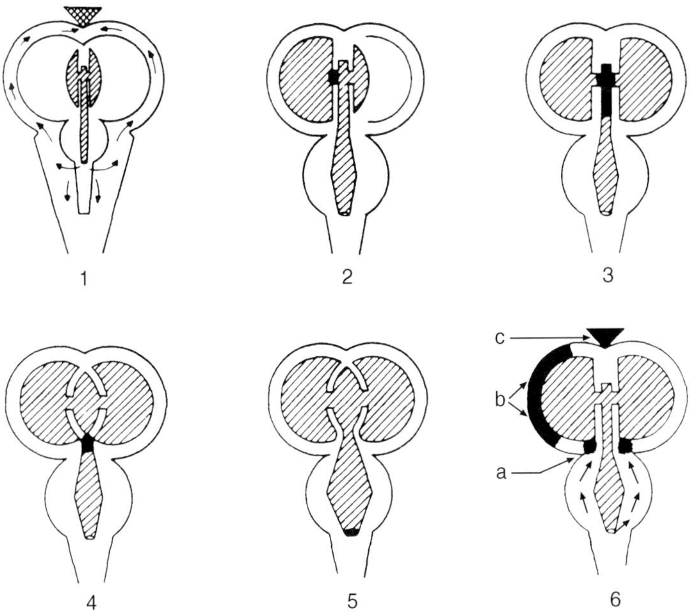

1. Darstellung des normalen Liquorstromes.
2. unilaterale Blockade am Foramen Monroi; halbseitiger Hydrozephalus.
3. Ventrikel; doppelseitiger Hydrozephalus der Seitenkammern.
4. Block am Aquädukt; Hydrozephalus der ersten drei Kammern.
5. Block am Foramen Magendie; Hydrozephalus der ersten vier Kammern.
6. Blockade der äußeren Liquorräume um das Mittelhirn bzw. an der Konvexität; sog. Hydrozephalus communicans (occlusione externa). a. Cisterna ambiens; b. Fissura Sylvii und Arachnoidalräume der Konvexität; c. Pacchionische Granulationen und Sinus sagittalis (sog. Normaldruckhydrozephalus)

Nach Kautzky, R., K. J. Zülch, S. Wende, A. Tänzer: Neuroradiologie auf neuropathologischer Grundlage, 2. Aufl. Springer, Berlin 1976

Ursachen des kommunizierenden und des nichtkommunizierenden Hydrozephalus

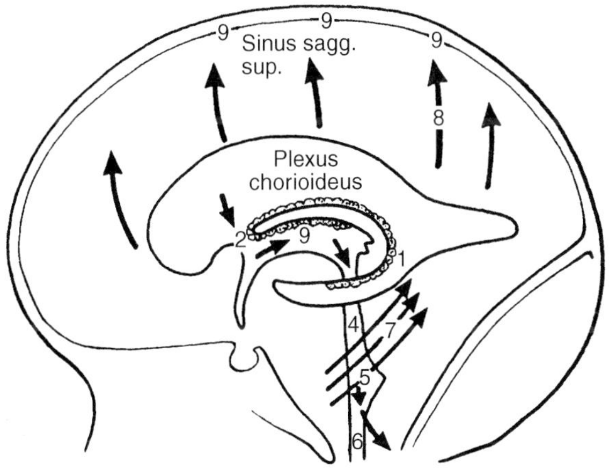

1. Verlegung eines Teiles des Seitenventrikels
   – Ependymom, Plexuspapillom
2. Verlegung der Foramina Monroi
   – Kolloidzyste, Astrozytom, Plexuspapillom, Kraniopharyngeom
3. Verlegung des 3. Ventrikels
   – Pinealislogentumore, Astrozytome, Kraniopharyngeome
4. Verlegung des Aquäduktes
   – entzündliche Aquäduktstenose, Fehlbildung des Aquäduktes, Tumorkompression
5. Verlegung des 4. Ventrikels
   – Ependymom, Astrozytom, Medulloblastom, Dandy-Walker-Zyste
6. Verlegung des Ausganges des 4. Ventrikels
   – basale Meningitis, Hirnstammtumore, Fehlbildungen
7. Verlegung der basalen und Mittelhirnzisternen
   – Meningitis, Tumorkompression, Kompression durch die erweiterten Ventrikelräume selbst
8. Verklebung oder Kompression der Hemisphärenzisternen
   – nach Subarachnoidalblutungen, Meningitiden, operativen Eingriffen
9. Verlegung der Liquorresorptionsstätten
   – nach Subarachnoidalblutungen, Sinusthrombosen, Meningitiden

Nach Traupe, H.: Gehirn und Rückenmark. In Kinderradiologie 1. Bildgebende Diagnostik. Springer, Berlin 1990

Schematische Darstellung des hyperdynamen Liquorflusses beim Normaldruckhydrozephalus (NDH)

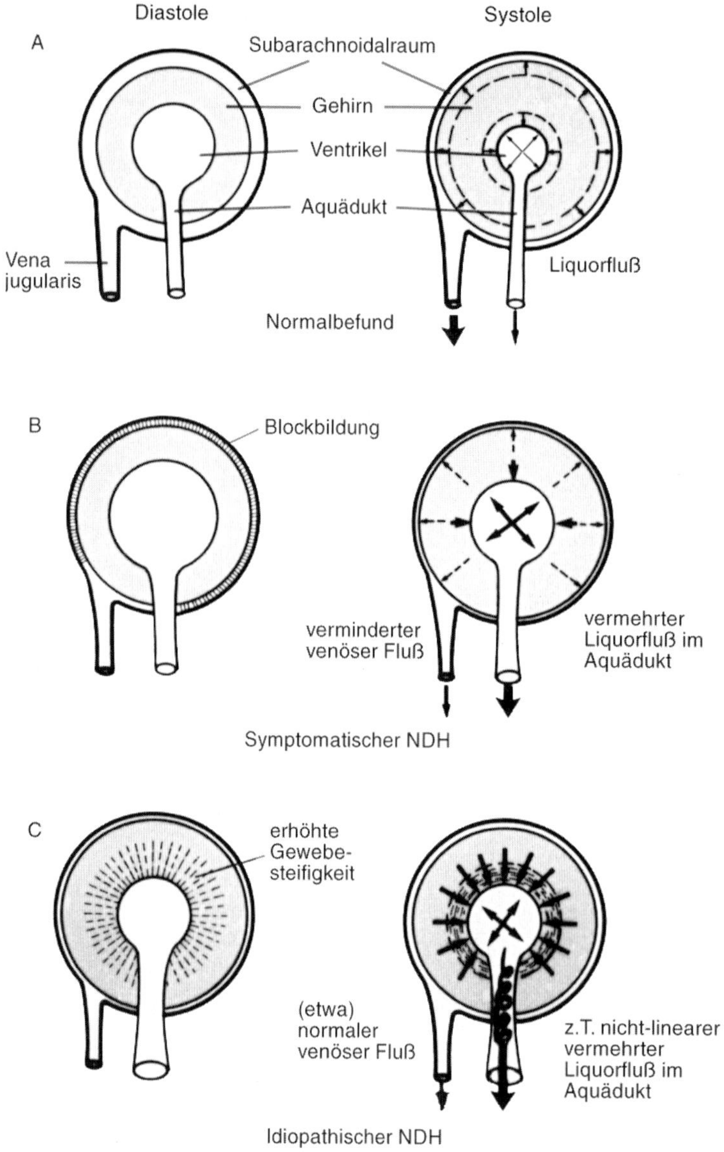

A. Normalbefund. Systolische Pulswelle und Plexuspuls bedingen einen Volumenbedarf, der durch venösen und Liquorausfluß kompensiert wird. Diastolischer Rückfluß im Aquädukt. Pendelfluß mit kaudaler Direktion.

B. „symptomatischer" NDH, z.B. nach Blutung mit „Blockbildung" über der Konvexität (convexity block) oder an der Basis (incisural block) mit Verminderung der extrazerebralen Volumenreserve; Kompensation über verstärkten, hyperdynamen Liquorfluß.

C. „idiopathischer" NDH auf z.B. vaskulärer Grundlage mit veränderter Compliance durch periventrikuläre Gliose. Verminderte Kompensation insbes. gegenüber der chorioidalen systolischen Pulswelle mit vermehrtem, nicht linearem Liquorfluß durch erweiterten Aquädukt, d.h. hyperdynamer Fluß, z.T. mit Wirbelbildung in den benachbarten Liquorräumen des 3. und 4. Ventrikels

Nach Bradley, W. G., A. R. Whittemore, A. S. Watanabe, S. J. Davis, L. M. Teresi, M. Homyak: Association of deep white matter infarction with chronic communicating hydrocephalus. AJNR 12 (1991) 31–39

Diagnostische und prädiktive Kriterien beim Normaldruckhydrozephalus

1. Klinik (Gangstörung-Demenz-Inkontinenz)

2. Computertomographie
   - Hydrozephalus supratentoriell
   - periventrikuläre Densitätsminderung bes. frontal und temporal
   - Diskrepanz zwischen weitem 3. und engem 4. Ventrikel
   - enger apikaler Subarachnoidalraum, einschließlich engem Interhemisphärenspalt (dabei auch erhebliche temporale Liquorraumerweiterung möglich!)

3. Magnetresonanztomographie
   - Morphologie wie bei Computertomographie
   - Impression des Corpus callosum
   - Erweiterung der Recessus des 3. Ventrikels
   - (unspezifische) Liquor-Flußphänomene im Aquädukt
   - Liquorflußphänomene im kranio-zervikalen Übergang

4. Liquorentnahmetest (fluid tape test, FTT)

Nach Hentschel, F., H. Förstl: Neuroradiologische Diagnostik. In Förstl, H.: Lehrbuch der Gerontopsychiatrie. Enke, Stuttgart 1996

Hydrozephalusformen, Ursachen und Befunde im Magnet-Resonanz-Tomogramm

	Ursachen	Befunde
Intraventrikulärer Hydrocephalus internus	Abflußbehinderung des Aquädukts oder der Foramina Luschkae, Monroi, Magendii: Tumoren der hinteren Schädelgrube, des Mittel- und Stammhirns; Mißbildungen, postentzündliche oder posttraumatische Verklebungen der Foramina oder des Aquädukts	Erweiterte innere Liquorräume, je nach Lokalisation der Obstruktion; in den Multiphasen-GE-Sequenzen je nach Ausprägung erhöhtes Flußphänomen oder Stop ohne Flußphänomen
Extraventrikulärer obstruktiver Hydrocephalus internus, Hydrocephalus mal- bzw. aresorptivus	Resorptionsstörungen im Bereich der Pacchioni-Granulationen, entzündlich oder tumorbedingte Meningeosis	Erweiterte innere und äußere Liquorräume, in den Multiphasen-GE-Sequenzen erhöhte Flußphänomene in die Ventrikel
Hydrocephalus e vacuo	Markzerstörende Prozesse wie z.B. multiple Sklerose, Arteriosklerose o.ä.	Erweiterte innere, ggf. auch äußere Liquorräume, Leuko-Araiosis, Entmarkungsherde, in den Multiphasen-GE-Sequenzen ggf. normale oder verstärkte Flußphänomene

Nach Dewes, W.: Atrophie, degenerative Erkrankungen, Hydrocephalus und Liquorabflußstörungen. In Reiser, M., W. Semmler: Magnetresonanztomographie. Springer, 1992

Differentialdiagnostik von Druckhydrozephalus und Atrophiehydrozephalus beim Kind

Druckhydrozephalus	Atrophischer Hydrozephalus
1. Alle *Knochenformen* liegen bei Endzuständen auf Kreisbogenabschnitten (physikalisch: größter Rauminhalt bei kleiner Oberfläche = Kugel) infolge der zentrifugalen *Zug*spannungen	1. Alle *Knochenteile* verdeutlichen ihre primäre Formstruktur auf Grund der zentripetalen radiären *Druck*spannungen
2. *Mißverhältnis* von Hirn- und Gesichtsschädel:	2. *Mißverhältnis* vorhanden, äußerlich nicht so auffallend:
– Gesichtsschädel bleibt im Wachstum gegenüber der Kalotte zurück	– Mikrozephalie (halb- oder beidseitig)
– Gesichtsschädel behält infantile Form	– Gesichtsschädel regelrecht ausgeprägt
– enge, wenn überhaupt angelegte Sinus frontales, ethmoidales, sphenoidales und Fissura cerebri sup., Cellulae mastoideae nicht oder gering angelegt	– Vergrößerung der Sinus frontales Vergrößerung der Sinus ethmoidales, Vergrößerung des Sinus sphenoidalis Vergrößerung der Fissura cerebri sup. Cellulae mastoideae hyperpneumatisiert
– Abwärtsdrängung und Abflachung der Orbitae	– Hochwölbung der Orbitae
– Auswärtsdrängung der Linea innominata	– regelrechte Linea innominata
– Tiefstand der Felsenbeinoberkante (Tiefstand des äußeren Gehörganges)	– Hochstand der Felsenbeinoberkante. Hochstand des äußeren Gehörganges
– Verdünnung der Schädelkalotte bis zu Pseudolückenschädel meist Impressiones digitatae	– Verdickung der Schädelkalotte, keine Impressiones digitatae
– Knochenfurche des Sinus sagitt. sup. fast oder ganz verstrichen, Christa galli flach oder atrophisch	– Verziehung der regelrechten Christa galli und der Knochenfurche des Sinus sagitt. sup. zur Atrophieseite bei Halbseitenatrophien
– Nähte weit klaffend, lange Appositionsspikulae der Nähte	– Nähte verdickt
– Verkleinerung der Orbitae	– Vergrößerung der Orbitae
– persistierende Fontanellen	– vorzeitiger Fontanellenschluß
– Vorspringende Tubera frontalia et parietalia, besonders auch temporale Ausweitung	– Tubera unauffällig, Tabula interna partiell oder auch konzentrisch hyperostotisch
3. *Veränderungen der Schädelbasis:*	3. *Veränderungen der Schädelbasis:*
– Verlängerung der Schädelbasis	– Verkürzung der Schädelbasis
– Lordosierung der Basis	– Kyphosierung der Basis
– auf Kreisbögen liegende, flache Einsenkung der einzelnen Schädelgruben besonders der mittleren	– Verflachung und Hochstand der einzelnen Schädelgruben
– Einsinken der Lamina cribriformis	– unveränderte Lamina cribriformis
– Sella turcica verflacht und Sellaeingang erweitert. (Außer bei Meningitis tuberculosa, da hierbei die Basiszisternen mit fibrösem Exsudat ausgefüllt sind)	– Sellagröße unverändert, jedoch „Rucksacksella" infolge Erweiterung des sinus sphenoidalis und Vergrößerung der Basiskyphose
– Verkürzung und Entkalkung der hinteren Klinoidfortsätze infolge Druckwirkung des erweiterten 3. Ventrikels	– stärkere Pneumatisation des vorderen Klinoidfortsatzes

Nach Müller, D.: Neuroradiologische Diagnostik und Symptomatik der Hirnentwicklung im Kindesalter. Volk und Gesundheit, Berlin 1963

Messungen

Hirngewicht, Körpergewicht und Körpergröße des Menschen vor der Geburt (Buchstab, 1884)

Alter (Embryonalmonate)	Körpergröße (in cm)	Körpergewicht (in g)	Hirngewicht (in g)
Jungen,			
5	26,5	373	62,5
6	31,0	525	94,0
6	30,5	543	82,0
8	40,5	1672	277,0
Neugeborener	49,0	2996	392,0
Mädchen,			
4	21,0	302	49,5
6	29,5	497	73,0
7	36,0	1105	137,5
8	40,0	1537	263,0
Neugeborenes	43,0	2405	329,5
Neugeborenes	44,5	2462	324,0

Hirngewicht und Körpergröße des Menschen nach der Geburt (Mülman, 1957)

Alter	**Jungen** Körpergewicht (in g)	Hirngewicht absolut	Hirngewicht in % zum Körpergew.	**Mädchen** Körpergewicht (in g)	Hirngewicht absolut	Hirngewicht in % zum Körpergew.
Neugeborener	3100	380	12,29	3000	384,2	12,81
1 Jahr	9000	944,7	10,50	7780	872,0	11,21
2 Jahre	11000	1025,0	9,32	9740	960,8	9,86
3 Jahre	12500	1108,1	8,86	11880	1040,2	8,76
4 Jahre	14000	1330,1	9,50	13300	1138,7	8,56
5 Jahre	15900	1263,0	7,94	14700	1220,9	8,30
6 Jahre	17800	1359,1	7,63	16000	1264,5	7,90
7 Jahre	19700	1348,4	6,84	17100	1295,8	7,58
10 Jahre	25200	1408,3	6,06	22100	1284,2	5,81
14 Jahre	37100	1289,0	3,47	34800	1345,0	3,86
16 Jahre	45900	1435,1	3,16	41700	1272,8	3,01
18 Jahre	59500	1444,5	2,43	51000	1228,4	2,41

Nach Blinkov, S., J. Glezer: Das Zentralnervensystem in Zahlen und Tabellen. Fischer, Jena 1968

Das Gewicht des menschlichen Gehirns und seiner wichtigsten Abschnitte nach der Geburt (in g und %) (Pfister: „Biologische Tabellen", 1941; Siwe, 1931)

Alter	Hirngewicht		li. Hemisphäre		re. Hemisphäre		Kleinhirn		Hirnstamm	
	absol.	in %	absol.	in %	absol.	in %	absol.	in %	absolut	in %
Knaben										
9 Tage	421	100	197	46,8	192	45,6	26	6,2	6	1,43
3 Woch.	485	100	220	45,36	222	45,8	33,5	6,9	99	1,85
2,5 Mon.	610	100	270	44,2	268	43,9	59	9,68	13	2,15
6 Mon.	785	100	–	–	–	–	70	8,92	13,5	1,72
12 Mon.	1000	100	420	42,0	425	42,5	89	8,90	15	1,50
2,5 Jahre	1005	100	432	43,0	436	43,4	118	11,8	18,5	1,84
4 Jahre	1168	100	500	42,8	505	42,8	140,5	1,2	22,5	1,92
7 Jahre	1282	100	–	–	–	–	138	10,1	77	–
12 Jahre	1405	100	–	–	–	–	142	10,1	–	–
16 Jahre	1430	100	–	–	–	–	152	10,3	–	–
Mädchen										
13 Tage	355	100	164	46,2	165	46,5	19,5	5,5	6,5	1,8
3 Woch.	492	100	226	45,9	224	45,3	33,5	6,8	8,5	1,7
2,5 Mon.	495	100	225	45,5	223	45,0	37	7,5	10	2,0
6 Mon.	661	100	290	44,0	287	43,4	69	10,4	13	1,97
12 Mon.	908	100	406	44,7	404	44,5	85	9,37	13	1,43
2,5 Jahre	1023	100	450	44,0	444	43,4	112,5	11,0	16,5	1,6
4,5 Jahre	1080	100	473	43,8	467	43,2	120	11,1	19,5	1,8
7 Jahre	1262	100	–	–	–	–	132	10,46	–	–
12 Jahre	1370	100	–	–	–	–	150	10,95	–	–
16 Jahre	1450	100	–	–	–	–	150	10,45	–	–

Die Zunahme des Hirnvolumens und der Schädelkapazität beim Menschen nach der Geburt („Biologische Tabellen", 1941)

Alter	Hirnvolumen in cm³	Hirngewicht in g	Schädelkapazität in cm³
Neugeborener	330	350	350
3 Monate	500	526	600
6 Monate	575	656	775
9 Monate	675	750	925
1 Jahr	750	825	1000
2 Jahre	900	1010	1100
3 Jahre	960	1115	1225
4 Jahre	1000	1180	1300
6 Jahre	1060	1250	1350
9 Jahre	1100	1307	1400
12 Jahre	1150	1338	1450
20 Jahre	1200	1378	1500

Das Hirngewicht des Menschen zwischen 12 und 90 Jahren (Černišev, 1911)

Zahl der Fälle	Alter in Jahren	Hirngewicht in g
Männer		
128	12–19	1375
203	20–29	1383
243	30–39	1378
301	40–49	1371
222	50–59	1341
160	60–69	1325
41	70–79	1308
10	80–89	1281
2	90	1270
Frauen		
25	12–19	1255
98	20–29	1244
118	30–39	1226
124	40–49	1241
128	50–59	1209
107	60–69	1184
59	70–79	1175
8	80–89	1116
2	90	1185

Nach Blinkov, S., J. Glezer: Das Zentralnervenzystem in Zahlen und Tabellen. Gustav Fischer, Jena 1968

Das Oberflächenwachstum verschiedener Rindengebiete des Großhirns (zusammengestellt von Glezer, nach Angaben, die von den Mitarbeitern des Hirnforschungsinstitutes der Akademie der Medizinischen Wissenschaften der UdSSR veröffentlicht worden sind)

Alter	Okzipitalgebiet		unteres Parietalgebiet		oberes Parietalgebiet		Temporalgebiet		Frontalgebiet	
	cm^2	%	cm^2	%	cm^2	%	cm^2	%	cm^2	%
6 Embryonalmonate	–	–	2,43	3,1	–	–	4,35	2,4	9,58	4,6
7,5 Embryonalmonate	–	–	4,19	5,3	–	–	10,9	5,97	11,56	5,5
8 Embryonalmonate	–	–	6,69	8,5	–	–	13,2	7,2	17,53	8,4
Neugeborener	21,1	33,7	10,91	13,40	11,1	15,5	24,6	12,5	23,3	11,1
2 Mon. 11 Tage	–	–	26,03	33,4	–	–	–	–	83,2	40,0
5,5 Monate	27,9	26,5	26,95	34,2	31,1	43,5	79,9	40,6	76,1	36,6
11,5 Monate	58,3	55,4	34,98	44,5	40,9	57,2	89,3	45,4	87,9	47,1
2 Jahre	74,1	70,4	58,75	74,7	53,2	74,4	134,8	68,6	151,3	72,8
4 Jahre	86,5	82,2	50,63	64,2	52,4	83,1	144,4	73,4	165,7	79,7
7 Jahre	88,5	84,1	62,92	80,0	65,1	91,1	170,6	86,3	193,6	93,1
Erwachsener	105,2	100,0	78,7	100,0	71,5	100,0	196,7	100,0	207,8	100,0

Die Abmessungen der einzelnen Gebiete werden in cm^2 und in % zur Größe desselben Gebietes beim Erwachsenen angegeben.

Nach Blinkov, S., J. Glezer: Das Zentralnervensystem in Zahlen und Tabellen. Fischer, Jena 1968

Das Gewicht des Kleinhirns und des Gehirns beim Menschen nach der Geburt (Ellis, 1920/1921)

Alter	Männer Gehirn in g	Männer Kleinhirn in g	Männer Kleinhirngewicht in % des Hirngewichtes	Frauen Gehirn in g	Frauen Kleinhirn in g	Frauen Kleinhirngewicht in % des Hirngewichtes
Neugeborener	385	22	5,7	350	20	5,7
2 Monate	490	36	7,4	452	33	7,4
4 Monate	585	50	8,5	545	46	8,5
6 Monate	690	63	9,2	635	58	9,2
9 Monate	790	79	10,0	730	73	10,0
12 Monate	860	89	10,4	795	83	10,4
18 Monate	970	103	10,6	875	93	10,6
24 Monate	1050	112	10,6	950	101	10,6
8–14 Jahre	1305	138	10,5	1158	121	10,5
15–20 Jahre	1379	151	11,0	1248	132	10,6

Das Gewicht des Kleinhirns und des Gehirns beim Menschen im Alter von 20–90 Jahren (Ellis, 1920/21)

Alter in Jahren	Männer Gehirn in g	Männer Kleinhirn in g	Männer Kleinhirngewicht in % zum Hirngewicht	Männer Zahl der Untersuchg.	Frauen Gehirn in g	Frauen Kleinhirn in g	Frauen Kleinhirngewicht in % zum Hirngewicht	Frauen Zahl der Untersuchg.
20–30	1360	147	10,8	55	1241	137	11,0	70
30–40	1369	146	10,7	103	1224	135	11,0	85
40–50	1356	149	10,9	135	1216	133	11,0	97
50–60	1347	146	10,8	110	1225	131	10,7	100
60–70	1318	141	10,7	123	1213	133	11,0	142
70–80	1292	141	10,9	102	1172	127	10,8	146
80–90	1286	136	10,6	24	1130	127	11,2	75

Die Altersveränderungen der Abmessungen des Kleinhirns (in mm) bei Männern und Frauen (Jurgutis, 1957)

Abmessungen	Männer 20–30	Männer 60–100	Frauen 20–30	Frauen 60–100 Jahre
Kleinhirnbreite	99,7	97,33	95,42	91,82
Hemisphärenlänge				
rechts	62,74	61,12	59,00	57,00
links	61,75	60,02	58,78	57,25
Kleinhirnhöhe	44,41	43,07	44,33	43,04

Nach Blinkov, S., J. Glezer: Das Zentralnervensystem in Zahlen und Tabellen. Fischer, Jena 1968

Morphometrie am Gehirn des Frühgeborenen (Schema der Meßstrecken am axialen CT)

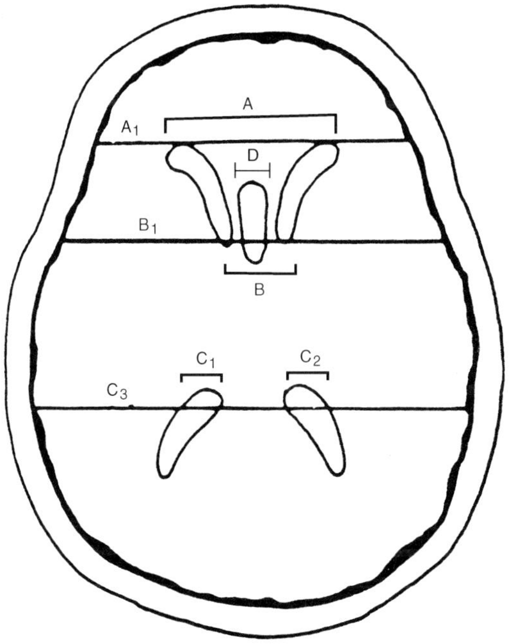

A	Distanz zwischen der lateralen Begrenzung der Frontalhörner
A1	Distanz zwischen den Tabulae internae auf der Höhe der Frontalhörner
A/A1	Bifrontaler Index
B	Distanz zwischen der lateralen Begrenzung der Frontalhörner in Höhe des Foramen Monroi
B1	Distanz zwischen den Tabulae internae in Höhe der Meßstrecke
B/B1	Bikaudatus-Index
C1, C2	Distanz zwischen der lateralen und medialen Begrenzung des Seitenventrikels, Höhe Atrium
C3	Distanz zwischen den Tabulae internae in Höhe der Meßebene
$\frac{C1 + C2}{C3}$	Biokzipitaler Index
D	maximaler transversaler Diameter des 3. Ventrikels
E	maximaler transversaler Diameter des 4. Ventrikels (nicht dargestellt)

Indizes im normalen CT des Frühgeborenen

Index	Gestationsalter	n	Mittelwert (Min-Max)
Bifrontal	< 32 Wochen	15	0,28 (0,19–0,35)
	> 32 Wochen	16	0,28 (0,19–0,36)
Bikaudal	< 32 Wochen	15	0,10 (0,07–0,15)
	> 32 Wochen	16	0,11 (0,06–0,17)
Biokzipital	< 32 Wochen	11	0,19 (0,12–0,27)
	> 32 Wochen	16	0,17 (0,12–0,28)

Ventrikelgröße im CT, (Mittelwerte, Minimal- und Maximalwerte [mm])

Diameter	Lebenszeit 1.–30. Tag	2.–6. Monat	7.–12. Monat
A + B	31 (20–41)	40 (31–51)	41 (25–56)
D	4 (2– 6)	5 (4– 6)	5,5 (4– 8)
E	7,7 (4–10)	10,6 (5–13)	10,8 (7–18)

Nach Hayman, L. A., V. C. Hinck: Clinical brain imaging. Normal structure and functional anatomy. Mosby Year Book, St. Louis et al. 1992

Hirnstammparameter

Normalwert-Bereiche (mm) in Abhängigkeit vom Alter

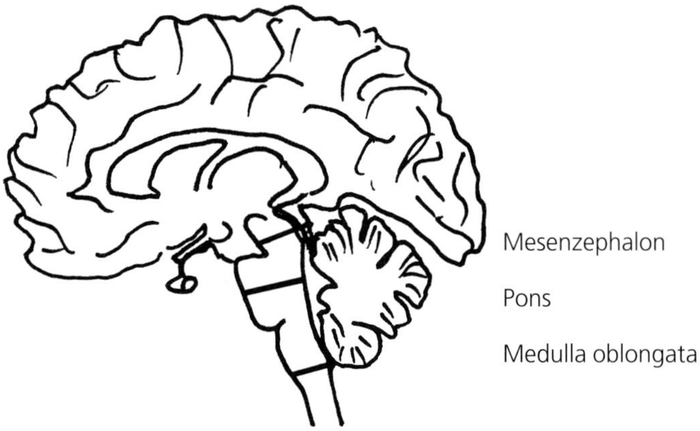

Alter	Mesenzephalon	Pons		Medulla oblongata	
	sagittal	sagittal	koronal	sagittal	koronal
Monate					
4	13–15	16–18	21–25	8–10	10–13
12–14	13–17	17–20	23–32	8–13	11–15
15–23			24–33		13–16
Jahre					
2–3	14–17	17–21	25–35		
4–5	15–18	18–22		10–13	13–18
6–7	16–19	18–24	26–36	11–14	
8–10			26–38		14–18
11–15		19–25	29–38		
16–20		20–25			
21–40		21–25	30–38		
41–50					14–17
51–65	15–18			10–14	
66–86				10–12	

Nach Raininko, R., T. Autti, S. L. Vanhanen, A. Ylikoski, T. Erkinjuntti, P. Santavuori: The normal brain stem from infancy to old age. Neuroradiology 36 (1994) 364–368

Gefäßsystem

Embryonale Entwicklung der Hirnarterien

Schlundbogenarterien und ihre Umwandlung

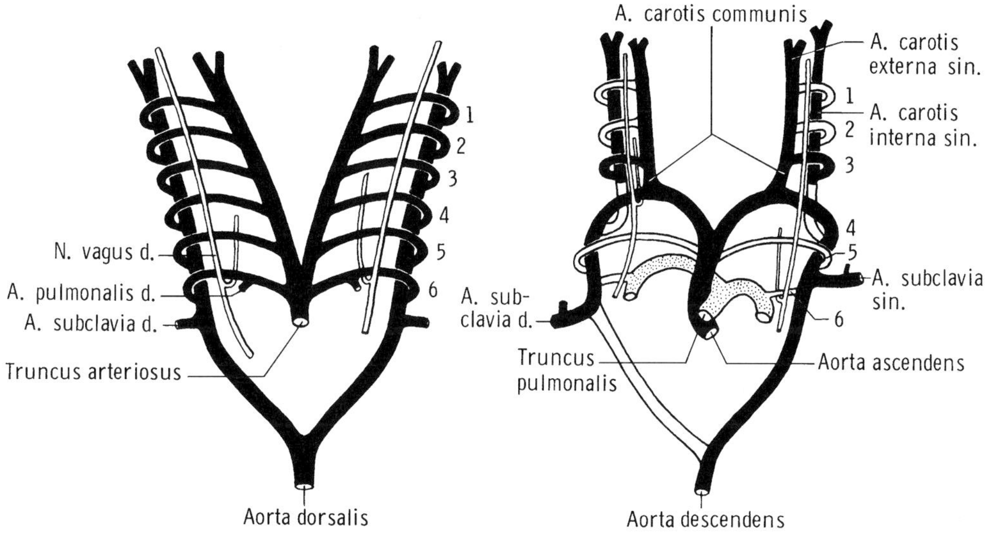

1–6 Schlundbogenarterien. Diese verbinden die beiden ventralen mit den beiden dorsalen Aorten. Der N. vagus entläßt den N. laryngeus recurrens um die 6. Schlundbogenarterie. Die Schlundbogenarterien 1, 2, 5, 6 werden zurückgebildet. Die 3. Schlundbogenarterie liefert den Karotisbogen, die 4. wird links zum Aortenbogen, rechts zum Truncus brachiocephalicus und in seiner Fortsetzung zur A. subclavia. Die 6. linke Schlundbogenarterie liefert den Ductus arteriosus (Botalli), der nach der Geburt zum Lig. arteriosum wird.

Nach Töndury, G.: Angewandte und topographische Anatomie. 5. Aufl. Thieme, Stuttgart 1981

Schematische Darstellung der Entwicklung

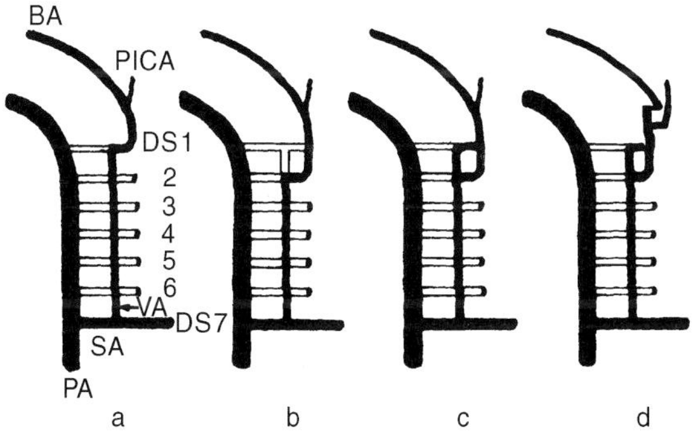

a	normale A. vertebralis
b	C2-Typ der A. vertebralis
c	doppelte A. vertebralis mit einem zusätzlichen atlantoaxialen Abgang
d	direkter Abgang der A. cerebelli inferior posterior aus C2.

BA	A. basilaris
PICA	A. cerebelli inferior posterior
VA	A. vertebralis
PA	paarige A. dorsalis
SA	A. subclavia

Nach Tokuda, K.: Anomalous atlantoaxial portions of vertebral and posterior cerebellar arteries. Neuroradiology 27 (1985) 410–413

Embryonale Entwicklung der zerebralen Blutgefäße

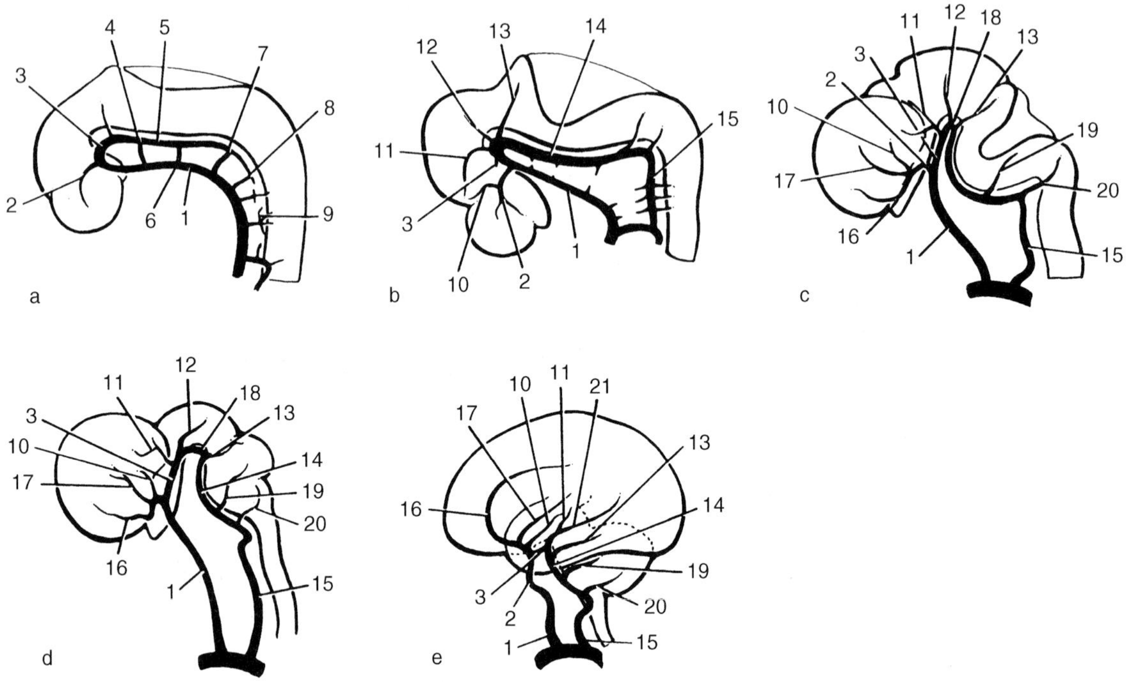

a) Embryo, 4mm. Nach Rückbildung der beiden ersten Aortenbögen stellen diese die mandibularen und hyoidalen Arterien dar. Die A. carotis interna geht aus dem dritten Bogen hervor.
b) Embryo, 9mm. Ausbildung der Vertebralarterie aus oberen zervikalen Segmenten.
c) Embryo, 18mm. Alle Arterien des Erwachsenen sind schon nachzuweisen.
d) Embryo, 24mm. Komplettierung des Circulus arteriosus Willis durch Ausbildung der A. communicans anterior.
e) Neugeborenes. Die Gefäßkonfiguration ähnelt der des Erwachsenen.

1. extrakranialer Anteil der A. carotis
2. intrakranialer Anteil der A. carotis
3. A. communicans posterior
4. A. trigemina primitiva
5. A. neuralis longitudinalis
6. A. otica primitiva
7. A. hypoglossia primitiva
8. 1. zervikale Segmentarterie
9. A. vertebralis (in Ausbildung)
10. A. choroidea anterior
11. A. choroidea posterior
12. A. mesencephalia
13. A. cerebelli superior
14. A. basilaris
15. A. vertebralis
16. A. cerebri anterior
17. A. cerebri media
18. A. cerebri posterior (Ursprung)
19. A. cerebelli inferior anterior
20. A. cerebelli inferior posterior
21. A. cerebri posterior

Nach Hager-Padget, D. H.: The development of the cranial arteries in the human embryo. Contr. Embryol. Carnegie Inst. Washington 32: 1948 pp 205–261

Aortenbogen und supraaortale Äste

Normvarianten

Häufige Varianten des Arcus aortae und der außerhalb seiner Konvexität entspringenden Gefäße

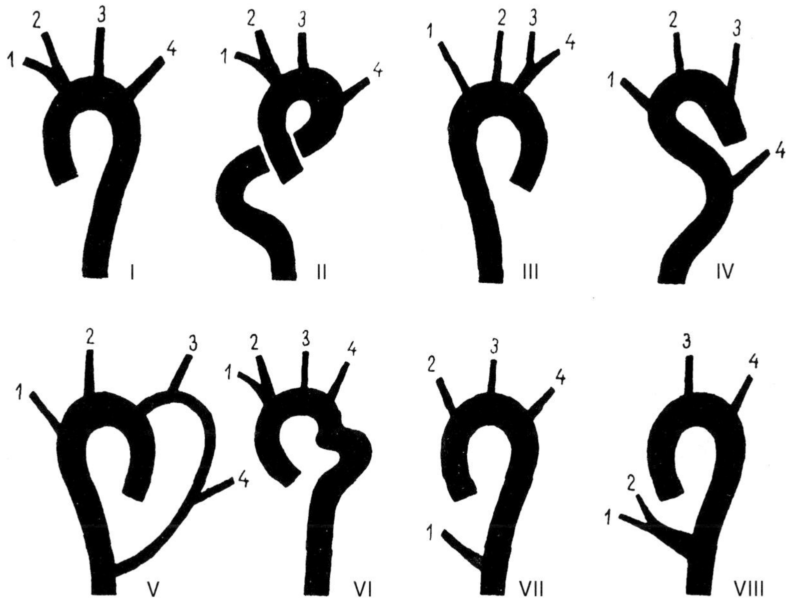

I Normaltyp; *II* Arcus aortae circumflexus sinister; *III* Arcus aortae dexter (Situs inversus aortae); *IV* Arcus aortae circumflexus dexter; *V* Arcus aortae duplex; *VI* Pseudocoarctatio aortae; *VII* A. lusoria dextra; *VIII* linksseitiger Tr. brachiocephalicus dexter; *1* A. subclavia dextra; *2* A. carotis communis dextra; *3* A. carotis communis sinistra; *4* A. subclavia sinistra

Varianten der an der Konvexität des Arcus aortae entspringenden großen Gefäße

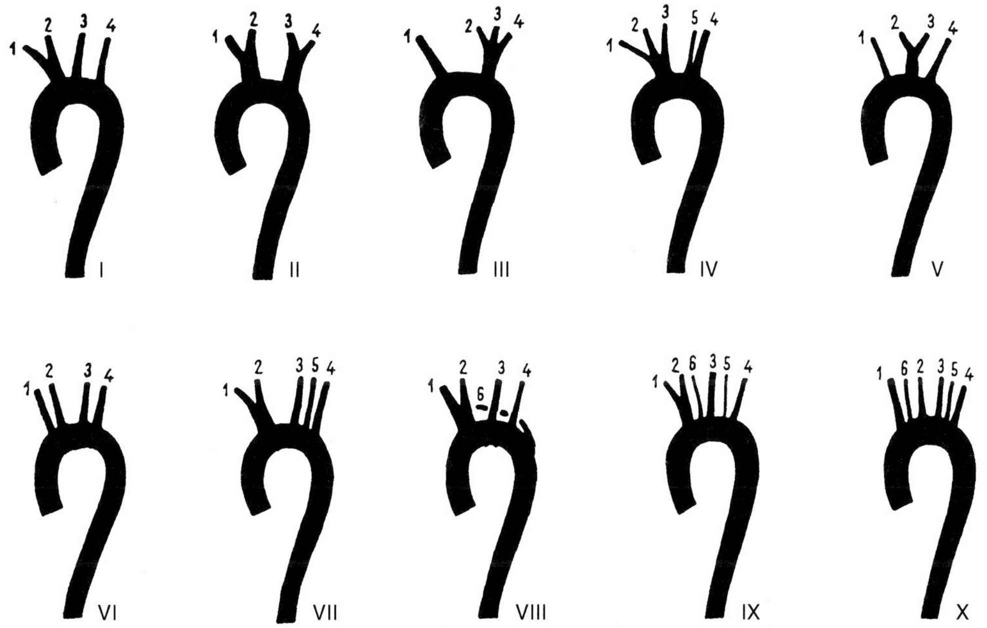

I Normaltyp; *II* Trunci brachiocephalici duplices; *III* Tr. bicaroticosubclavius sinister; *IV* Tr. bicaroticosubclavius dexter; *V* Tr. bicaroticus; *VI* sämtliche vier Gefäße entspringen gesondert; *VII* die A. vertebralis sinistra geht von der Aorta aus; *VIII* die A. vertebralis dextra geht von der Aorta aus; *IX* beide Aa. vertebrales entspringen von der Aorta; *X* von der Aorta entspringen sechs Gefäße; *1* A. subclavia dextra; *2* A. carotis communis dextra; *3* A. carotis communis sinistra; *4* A. subclavia sinistra; *5* A. vertebralis sinistra; *6* A. vertebralis dextra

Nach Luzsa, G.: Röntgenanatomie des Gefäßsystems. Barth, Frankfurt/M. 1972

Teilungs- und Ursprungsvarianten der supraaortalen Gefäße

Die Teilungsvarianten der A. carotis communis

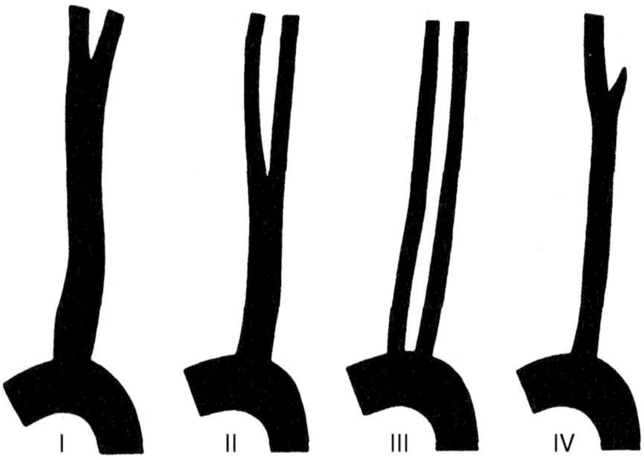

I Normaltyp
II tiefe Abzweigung
III geteilter Ursprung von der Aorta
IV die A. carotis interna fehlt

Ursprungsvarianten der A. thyroidea superior, A. lingualis und A. facialis

I Normaltyp
II Tr. thyrolingualis
III Tr. linguofacialis
IV Tr. thyrolinguofacialis
1 A. thyroidea superior
2 A. lingualis
3 A. facialis

Ursprungsvarianten der A. pharyngea ascendens und A. palatina ascendens

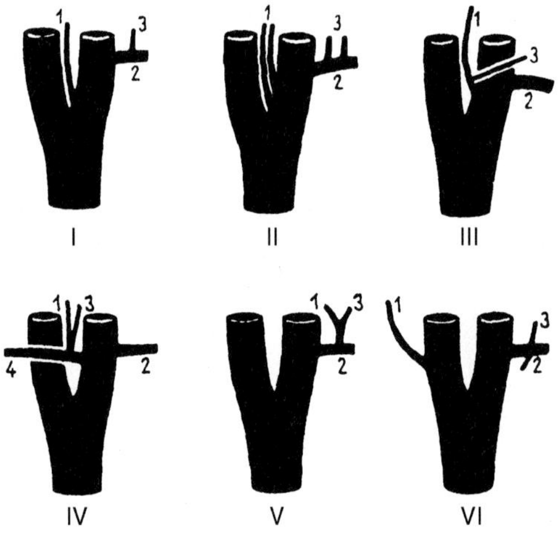

I Normaltyp
II beide Gefäße doppelt
III die A. palatina ascendens geht von der A. pharyngea ascendens aus
IV beide Gefäße entspringen von der A. occipitalis
V beide Gefäße gehen von der A. facialis aus
VI die A. pharyngea ascendens entspringt von der A. carotis interna
1 A. pharyngea ascendens
2 A. facialis
3 A. palatina ascendens
4 A. occipitalis

Nach Luzsa, G.: Röntgenanatomie des Gefäßsystems. Barth, Frankfurt/M. 1972

Normvarianten supraaortaler Gefäßabgänge

Ursprungsvarianten der A. vertebralis

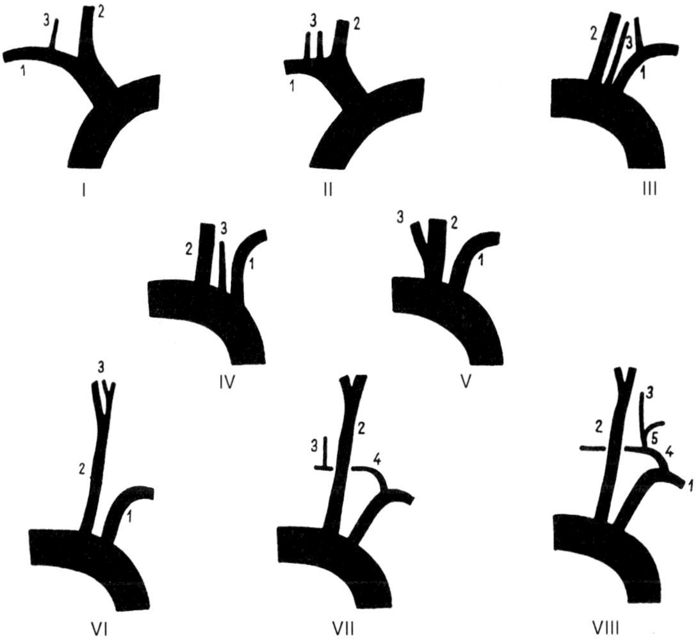

I Normaltyp
II Verdopplung
III vom doppelten Gefäß stammt das eine von der Aorta
IV vom Arcus aortae
V von der A. carotis communis
VI von der A. carotis interna; *VII* von der A. thyroidea inferior
VIII von der A. cervicalis superficialis
1 A. subclavia
2 A. carotis communis
3 A. vertebralis
4 A. thyroidea inferior
5 A. cervicalis superficialis

Varianten der A. subclavia-Zweige

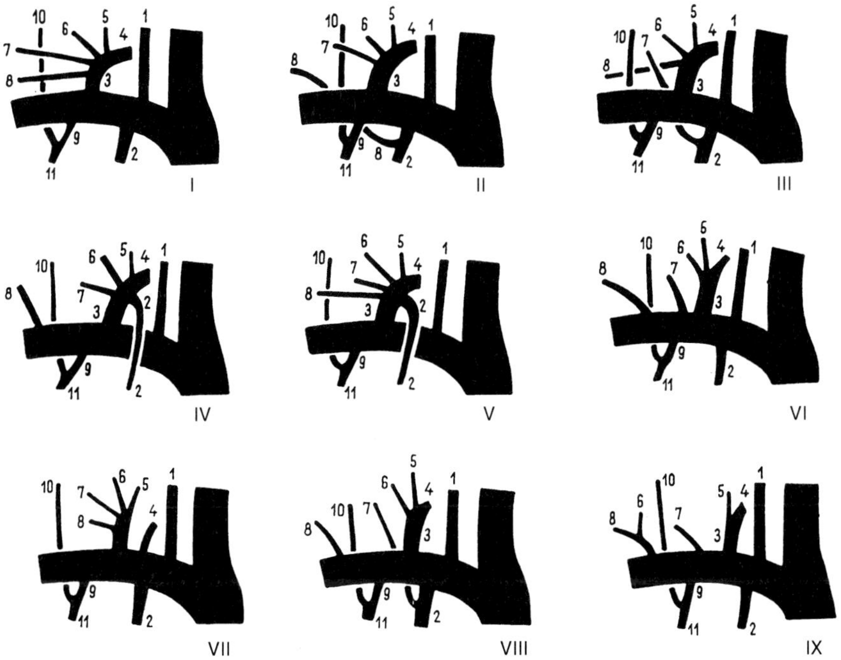

I Normaltyp; *II* A. thoracica interna + A. transversa colli entspringen gemeinsam, die anderen ebenso gemeinsam; *III* A. thoracica interna + A. suprascapularis entspringen ebenso wie die anderen gemeinsam; *IV* A. transversi colli entspringt gesondert, die anderen gemeinsam; *V* sämtliche 6 Gefäße entspringen gemeinsam; *VI* die A. thoracica interna, A. suprascapularis, A. transversa colli entspringen gesondert, die anderen gemeinsam; *VII* die A. thoracica interna und A. thyroidea inferior entspringen gesondert, die anderen gemeinsam; *VIII* die A. transversa colli entspringt gesondert, die A. thoracica interna + A. suprascapularis gemeinsam; *IX* die A. thoracica interna, A. suprascapularis entspringen gesondert, die A. thyroidea inferior + A. cervicalis ascendens sowie die A. transversa colli + A. cervicalis superficialis gemeinsam; *1* A. vertebralis; *2* A. thoracica interna; *3* Tr. thyrocervicalis; *4* A. thyroidea inferior; *5* A. cervicalis ascendens; *6* A. cervicalis superficialis; *7* A. suprascapularis; *8* A. transversa colli; *9* Truncus costocervicalis; *10* A. cervicalis profunda; *11* A. intercostalis suprema

Nach Luzsa, G.: Röntgenanatomie des Gefäßsystems. Joh. Ambr. Barth, Frankfurt/M. 1972

Arteria carotis communis

Die A. carotis communis, A. subclavia und ihre Äste

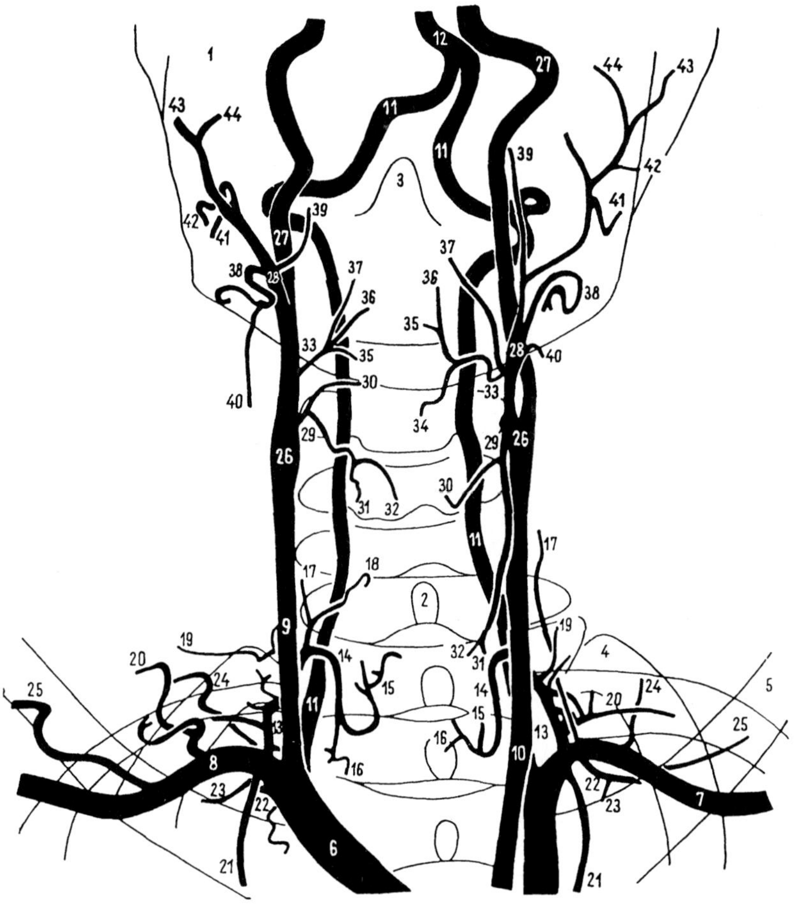

1 Mandibula
2 Vertebrae cervicales
3 Dens axis
4 Costa 1
5 Klavikula
6 Tr. brachiocephalicus
7 A. subclavia sinistra
8 A. subclavia dextra
9 A. carotis communis dextra
10 A. carotis communis sinistra
11 Aa. vertebrales
12 A. basilaris
13 Tr. thyrocervicalis
14 A. thyroidea inferior
15 A. laryngea inferior
16 Rr. esophagei et tracheales
17 A. cervicalis ascendens
18 Rr. spinales
19 A. cervicalis superficialis
20 A. suprascapularis
21 A. thoracica interna
22 Tr. costocervicalis
23 A. intercostalis suprema
24 A. cervicalis profunda
25 A. transversa colli
26 Sinus caroticus
27 A. carotis interna
28 A. carotis externa
29 A. thyroidea superior
30 A. laryngea superior
31 R. posterior
32 R. anterior
33 A. lingualis
34 R. suprahyoideus
35 A. sublingualis
36 Rr. dorsales linguae
37 A. profunda linguae
38 A. facialis
39 A. pharyngea ascendens
40 R. sternocleidomastoideus
41 A. occipitalis
42 A. auricularis posterior
43 A. temporalis superficialis
44 A. maxillaris

Nach Luzsa, G.: Röntgenanatomie des Gefäßsystems. Joh. Ambr. Barth, Frankfurt/M. 1972

Die A. carotis communis und ihre Äste

1 Maxilla
2 Mandibula
3 Os occipitale
4 Arcus atlantis
5 Processus spinosus vertebrae C 7
6 Klavikula
7 Acromion
8 Os hyoideum
9 A. vertebralis sinistra et dextra
10 A. carotis communis sinistra et dextra
11 A. carotis interna sinistra et dextra
12 A. carotis externa sinistra et dextra
13 A. thyroidea superior dextra
14 R. infrahyoideus
15 R. sternocleidomastoideus
16 A. laryngea superior
17 R. posterior
18 R. anterior
19 A. thyroidea superior sinistra
20 A. lingualis dextra
21 R. suprahyoideus
22 A. profunda linguae
23 A. lingualis sinistra
24 A. sublingualis
25 Rr. dorsales linguae
26 A. facialis sinistra et dextra
27 A. submentalis
28 A. pharyngea ascendens
29 A. temporalis superficialis
30 A. maxillaris
31 A. alveolaris inferior
32 Rr. spinales arteriae vertebralis

Nach Luzsa, G.: Röntgenanatomie des Gefäßsystems. Joh. Ambr. Barth, Frankfurt/M. 1972

Variationen der Teilungshöhe der A. carotis communis

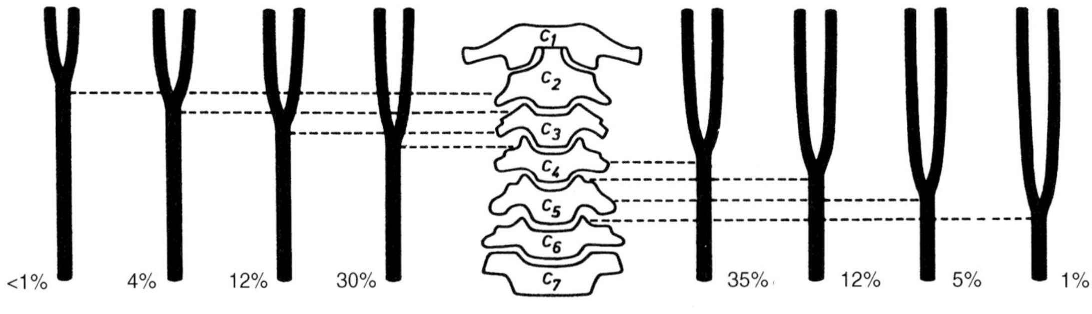

Die Teilungshöhe der A. carotis communis scheint nicht altersabhängig zu sein, wenn man sie auf das Skelett bezieht. Stark altersabhängig ist jedoch der Stand des Kehlkopfs. In Statistiken, in denen die Teilungshöhe auf den Kehlkopf bezogen wird, ergibt sich dadurch ein scheinbarer Aufstieg mit zunehmendem Alter. Zwischen rechts und links können Unterschiede bis zu einer Wirbelhöhe bestehen. Von der Teilungshöhe scheint die Teilungsform beeinflußt zu werden: Bei tiefer Teilung überwiegt die spitzwinkelige, bei hoher Teilung die bogenförmige Gabelung.

Nach Lippert, H.: Med. Klin. 23 (1969) Tafel 53

Teilungstypen der A. carotis communis und Lagevarianten der A. carotis interna (nach Faller)

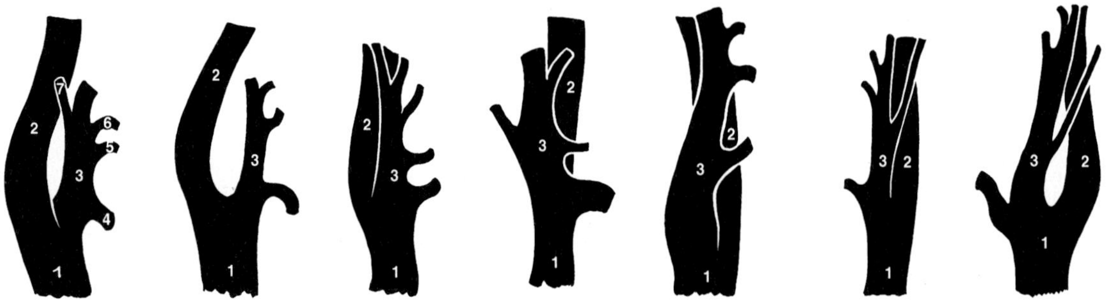

1 A. carotis communis
2 A. carotis interna
3 A. carotis externa
4 A. thyroidea superior
5 A. lingualis
6 A. facialis
7 A. pharyngea ascendens

Nach Töndury, G.: Angewandte und topographische Anatomie. 5. Aufl. Thieme, Stuttgart 1981

Arteria carotis externa

Die A. carotis externa und ihre Äste (sagittal)

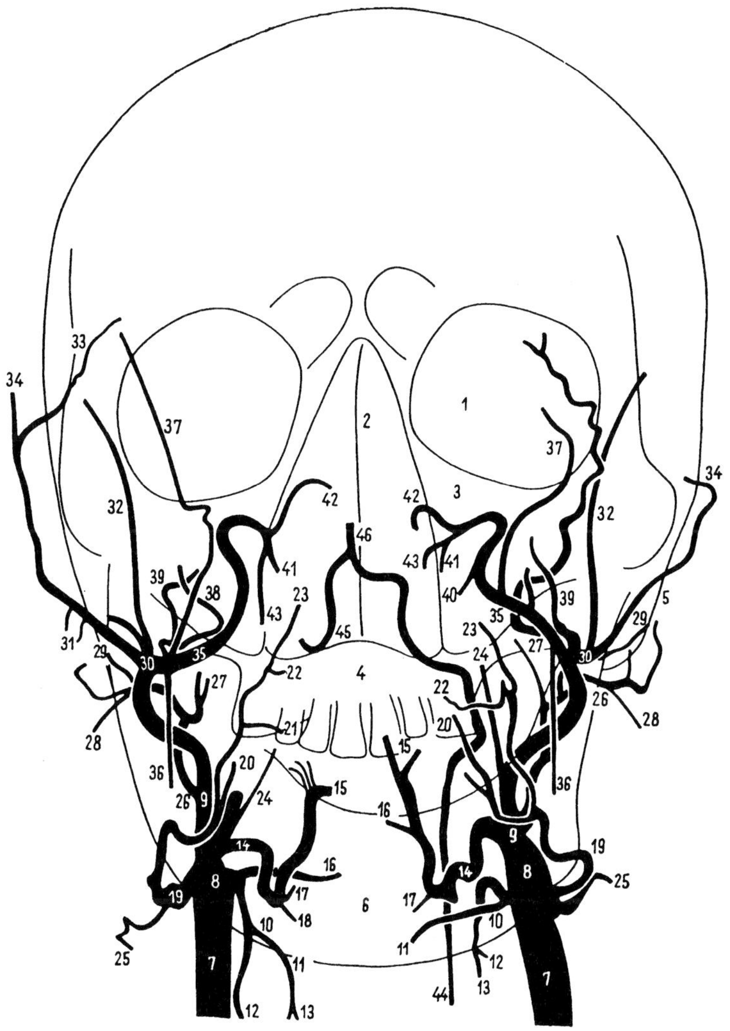

1 Orbita
2 Cavum nasi
3 Sinus maxillaris
4 Processus alveolaris superior
5 Processus mastoideus
6 Mandibula
7 A. carotis communis
8 Sinus caroticus
9 A. carotis externa
10 A. thyroidea superior
11 A. laryngea superior
12 R. posterior
13 R. anterior
14 A. lingualis
15 Rr. dorsales linguae
16 A. prufunda linguae
17 A. sublingualis
18 R. suprahyoideus
19 A. facialis
20 A. palatina ascendens
21 A. labialis inferior
22 A. labialis superior
23 A. angularis
24 A. pharyngea ascendens
25 R. sternocleidomastoideus
26 A. occipitalis
27 R. meningeus
28 R. descendens
29 A. auricularis posterior
30 A. temporalis superficialis
31 Rr. parotidei
32 A. temporalis media
33 R. frontalis
34 R. parietalis
35 A. maxillaris
36 A. alveolaris inferior
37 A. meningea media
38 R. meningeus accessorius
39 A. temporalis profunda
40 A. alveolaris superior posterior
41 A. palatina descendens
42 A. sphenopalatina
43 A. infraorbitalis
44 A. vertebralis sinistra
45 A. vertebralis dextra
46 A. basilaris

Nach Luzsa, G.: Röntgenanatomie des Gefäßsystems. Barth, Frankfurt/M. 1972

Die A. carotis externa und ihre Äste (seitlich)

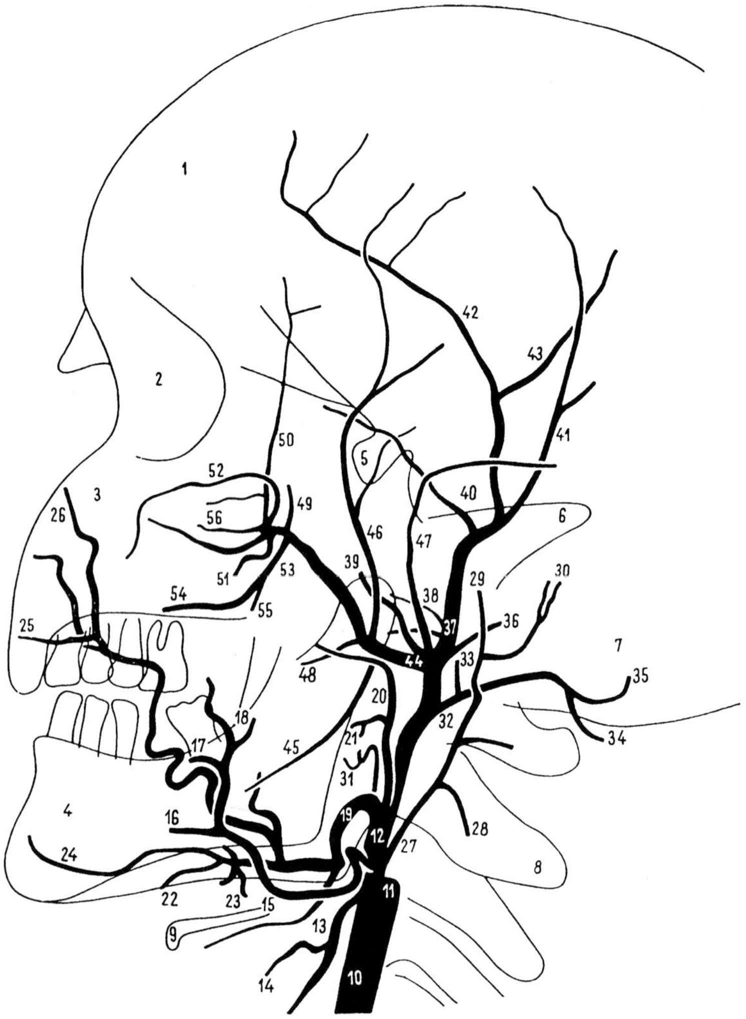

1 Os frontale
2 Orbita
3 Maxilla
4 Mandibula
5 Sella turcica
6 Os temporale
7 Os occipitale
8 Processus spinosus axis
9 Os hyoideum
10 A. carotis communis dextra
11 A. carotis interna obligata
12 A. carotis externa
13 A. thyroidea superior
14 A. laryngea superior
15 A. lingualis
16 A. sublingualis
17 A. profunda linguae
18 Rr. dorsales linguae
19 A. facialis
20 A. palatina ascendens
21 R. tonsillaris
22 A. submentalis
23 Rr. glandulares
24 A. labialis inferior
25 A. labialis superior
26 A. angularis
27 A. pharyngea ascendens
28 Rr. pharyngei
29 A. tympanica inferior
30 A. meningea posterior
31 R. sternocleidomastoideus
32 A. occipitalis
33 R. mastoideus
34 R. descendens
35 R. meningeus
36 A. auricularis posterior
37 A. temporalis superficialis
38 Rr. parotidei
39 A. transversa faciei
40 A. zygomaticoorbitalis
41 A. temporalis media
42 R. frontalis
43 R. parietalis
44 A. maxillaris
45 A. alveolaris inferior
46 A. meningea media
47 R. meningeus accessorius
48 A. masseterica
49 A. temporalis profunda anterior
50 A. temporalis profunda posterior
51 A. alveolaris superior posterior
52 A. infraorbitalis
53 A. palatina descendens
54 A. palatina major
55 Aa. palatinae minores
56 A. sphenopalatina, Aa. nasales posteriores, laterales et septi

Nach Luzsa, G.: Röntgenanatomie des Gefäßsystems. Joh. Ambr. Barth, Frankfurt/M. 1972

Häufigste Arten des Verlaufes der A. meningea media (a–c) (nach Salomon u. Mitarb.)

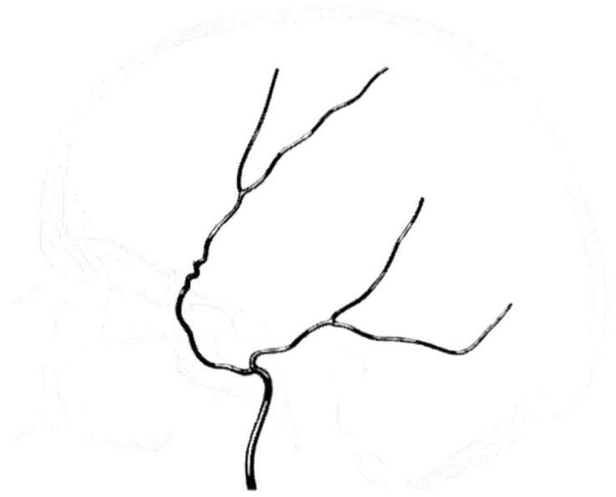

a 50%

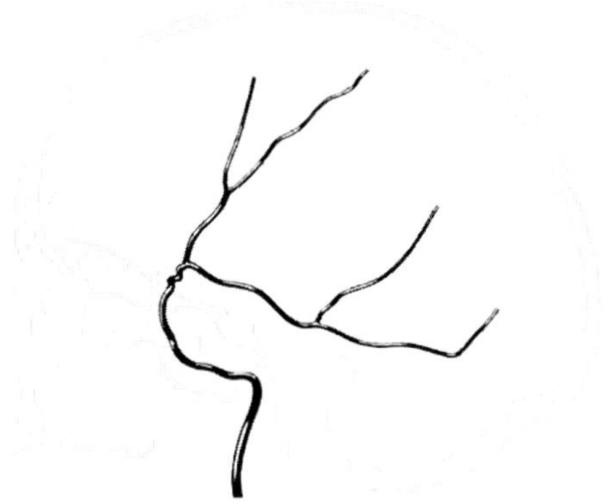

b 25%

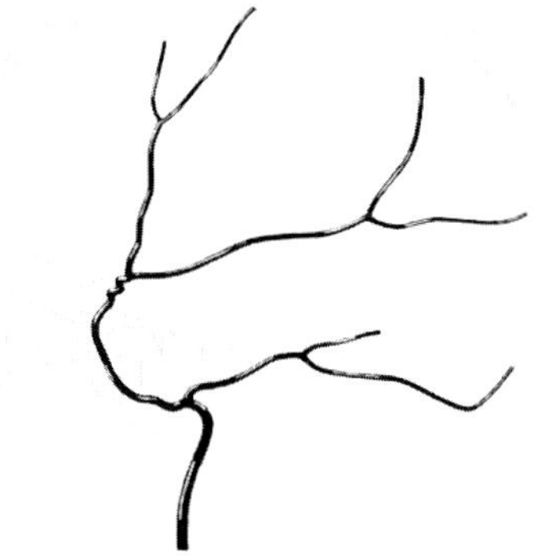

c 13%

Nach Krayenbühl, H., M. G. Yasargil:
Zerebrale Angiographie für Klinik und Praxis, 3. Aufl. Thieme, Stuttgart 1979

Projektion der A. meningea media auf die Außenfläche

Aufsuchung der Äste der A. meningea media mit dem Schema nach Krönlein

1 Deutsche Horizontale (Unterrrand der Orbita – Oberrand des Meatus acusticus externus)
2 Parallele zur deutschen Horizontalen durch den Margo supraorbitalis
3 Senkrechte durch die Mitte des Jochbogens
4 Senkrechte durch den Hinterrand des Processus mastoideus
5 Aufsuchungsstelle des R. anterior a. meningeae mediae
6 Aufsuchungsstelle des R. posterior a. meningeae mediae
7 A. meningea media
8 Linie von Punkt 5 zum Schnittpunkt der Linie 4 mit Schädeldach = Verlauf des Sulcus centralis
9 Linie von Punkt 5, den Winkel zwischen Linie 2 und Linie 8 halbierend = Verlauf des R. posterior des Sulcus lateralis

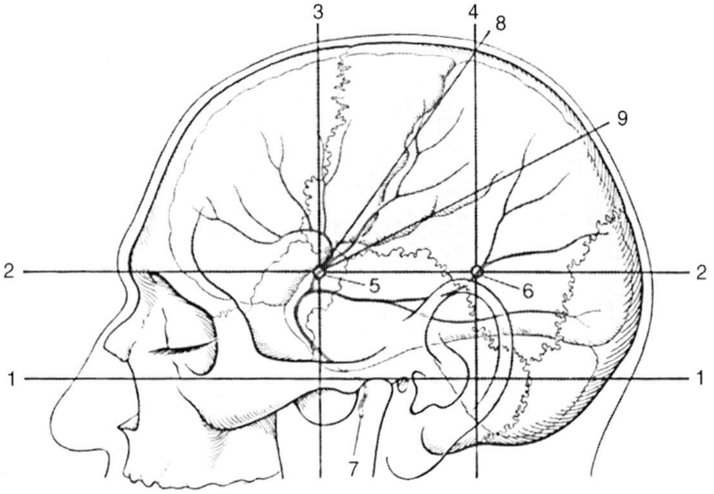

Nach Platzer, W.: Atlas der topographischen Anatomie. Thieme, Stuttgart-New-York 1982

Circulus Willisi

Schematische Darstellung der Hirnarterien um den Circulus Willisi

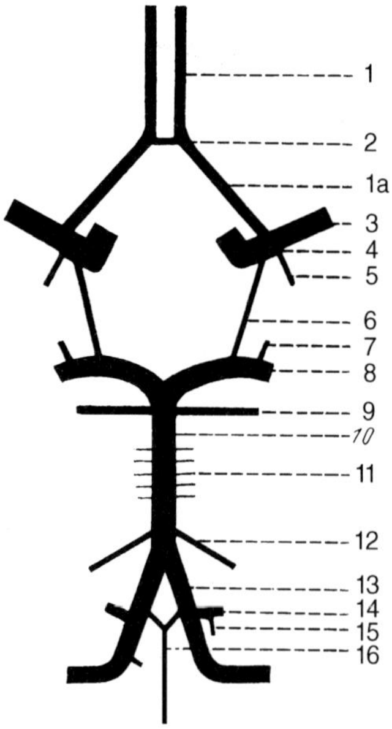

1 A. pericallosa und (1a) A. cerebri anterior
2 A. communicans anterior
3 A. cerebri media
4 A. carotis interna
5 A. choroidea anterior
6 A. communicans posterior
7 A. choroidea posterior
8 A. cerebri posterior
9 A. cerebelli superior
10 A. basilaris
11 Aa. paramedianae
12 A. cerebelli inferior anterior
13 A. vertebralis
14 A. cerebelli inferior posterior
15 A. spinalis posterior
16 A. spinalis anterior

Nach Krayenbühl, H., M. G. Yasargil: Zerebrale Angiographie für Klinik und Praxis, 3. Aufl. Thieme, Stuttgart 1979

Ursprungsvarianten

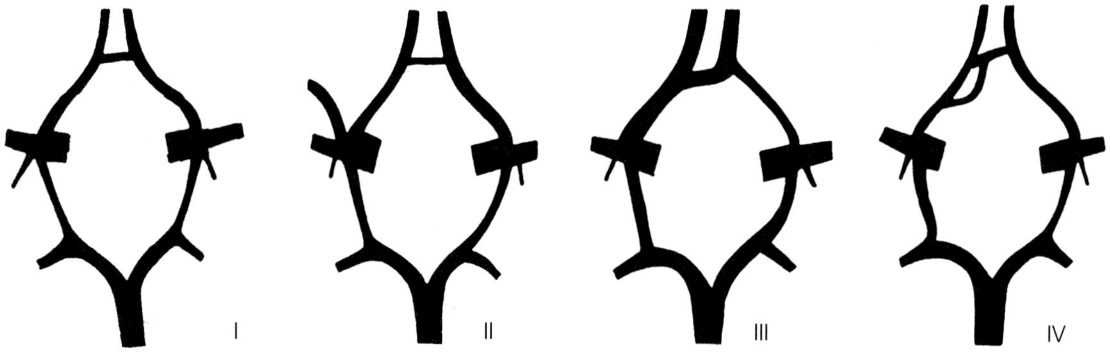

I Normaltyp; *II* doppelte A. cerebri media; *III* asymmetrische A. cerebri anterior; *IV* Inselbildung an der A. cerebri anterior („Fensterung")

Nach Luzsa, G.: Röntgenanatomie des Gefäßsystems. Barth, Frankfurt/M. 1972

Varianten der A. communicans anterior

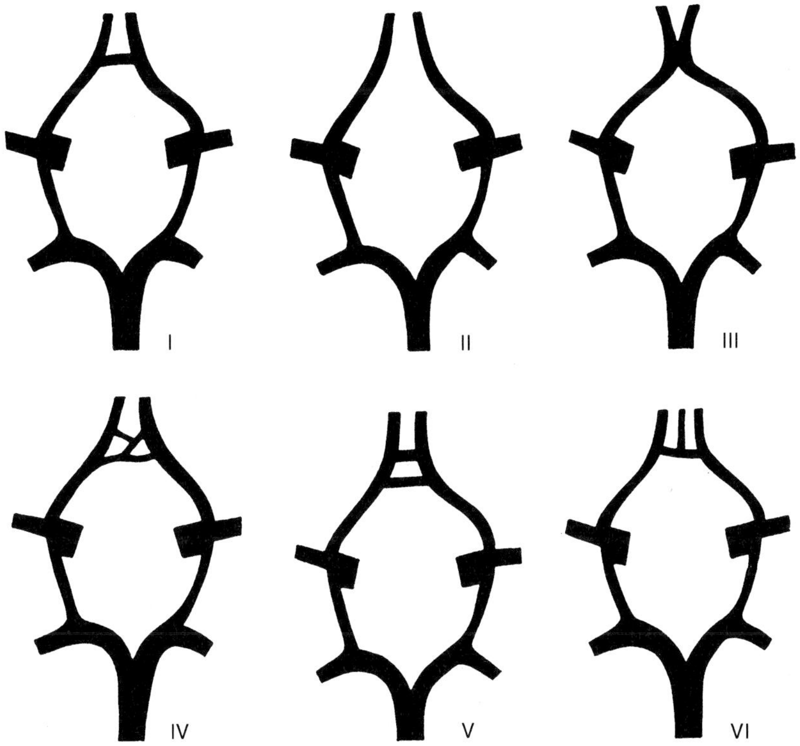

I Normaltyp; *II* die Arterie fehlt; *III* Trunkusbildung; *IV* netzförmige Verbindung; *V* Verdoppelung; *VI* A. mediana corporis callosi

Varianten der A. communicans posterior und der A. cerebri posterior

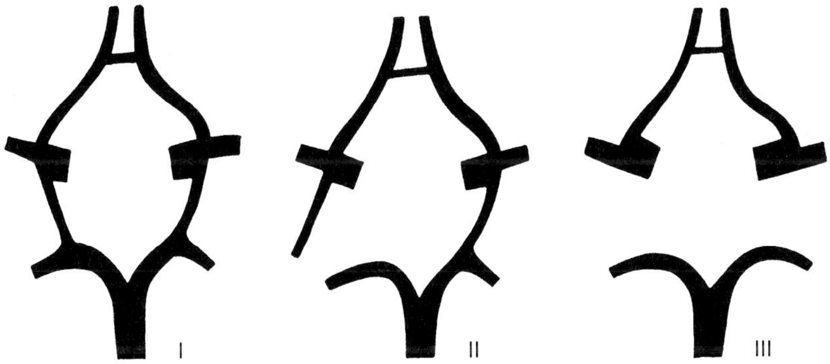

I Normaltyp; *II* die fehlende A. communicans posterior vertritt die A. choroidea anterior; *III* die A. communicans posterior fehlt bilateral

Nach Luzsa, G.: Röntgenanatomie des Gefäßsystems. Barth, Frankfurt/M. 1972

Ursprungsvarianten der A. cerebri posterior

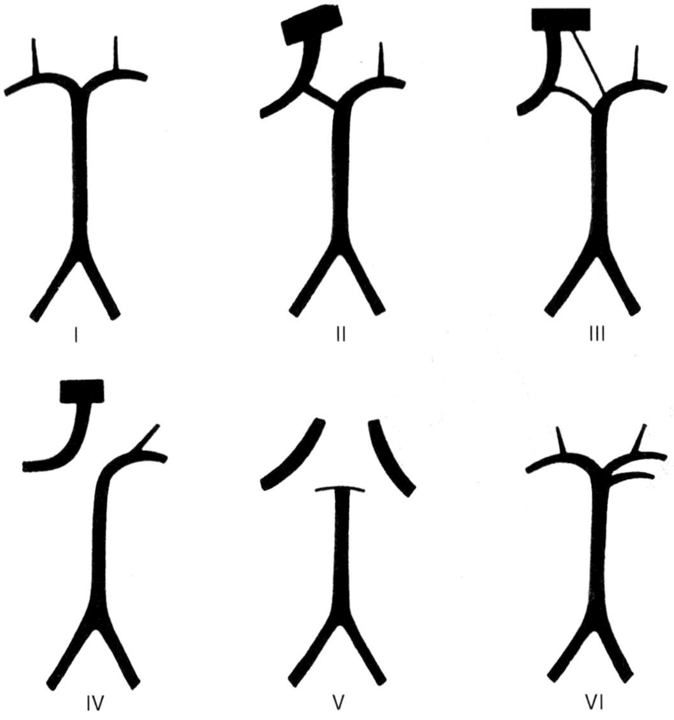

I Normaltyp; *II* Ursprung von der A. communicans posterior; *III* Ursprung von der A. choroidea anterior; *IV* Ursprung unilateral; *V* Ursprung bilateral von der A. carotis interna; *VI* unilaterale Verdopplung

Nach Luzsa, G.: Röntgenanatomie des Gefäßsystems. Joh. Ambr. Barth, Frankfurt/M. 1972

Zweige der A. cerebri posterior

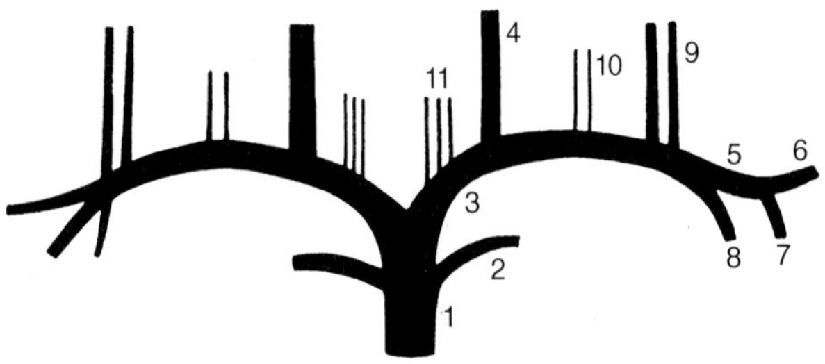

1 A. basilaris; *2* A. cerebelli inferior anterior; *3* A. cerebri posterior; *4* A. communicans posterior; *5* R. temporalis; *6* R. temporalis anterior; *7* R. temporalis posterior; *8* R. occipitalis; *9* Rr. choroidei posteriores laterales et mediales; *10* Rr. thalamicae; *11* Rr. ad pontem et corpora quadrigemina

Nach H. Krayenbühl, M. G. Yasagil: Die vaskulären Erkrankungen im Gebiet der Arteria vertebralis und Arteria basilaris, G. Thieme Verlag, Stuttgart 1957

Arteria carotis interna

seitliche Projektion

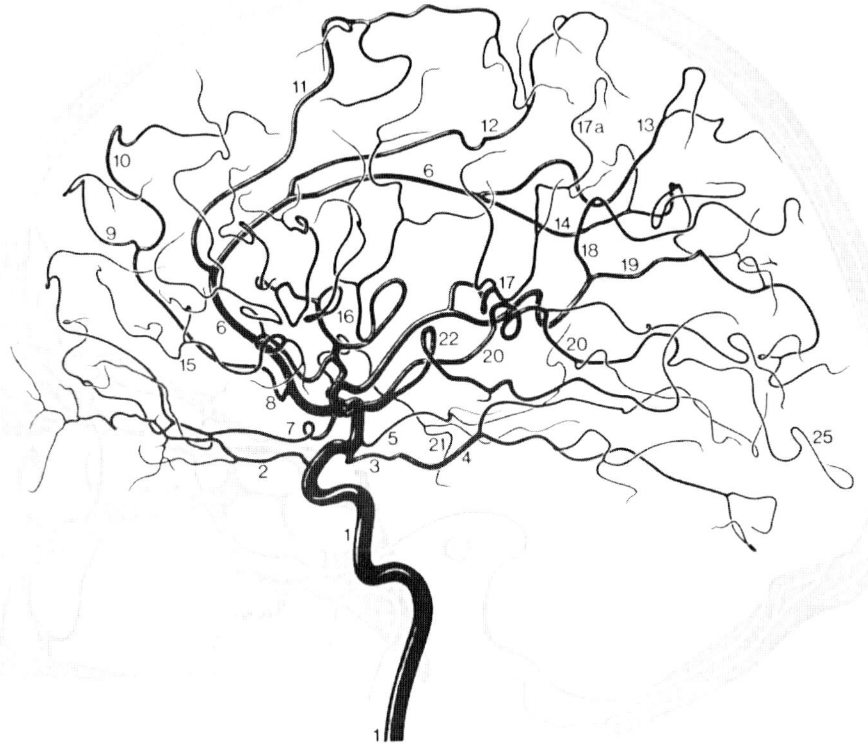

1 A. carotis interna
2 A. ophthalmica
3 A. communicans posterior
4 A. cerebri posterior
5 A. choroidea anterior
6 A. pericallosa
7 A. frontoorbitalis
8 gemeinsamer Stamm von 9 und 10
9 A. frontopolaris
10 A. frontalis interna anterior
11 A. frontalis interna media
12 A. frontalis interna posterior
13 A. parietalis interna superior
14 A. parietalis interna inferior
15 A. orbitofrontalis
16 Aa. praefrontales
17 A. praerolandica
17a A. rolandica
18 A. parietalis anterior
19 A. parietalis posterior
20 A. gyri angularis
21 A. temporalis media
22 A. temporalis posterior
23 A. temporopolaris
24 A. temporalis anterior
25 A. temporooccipitalis

Nach Krayenbühl, H., M. G. Yasargil:
Zerebrale Angiographie für Klinik und Praxis, 3. Aufl. Thieme, Stuttgart 1979

Projektion nach Towne

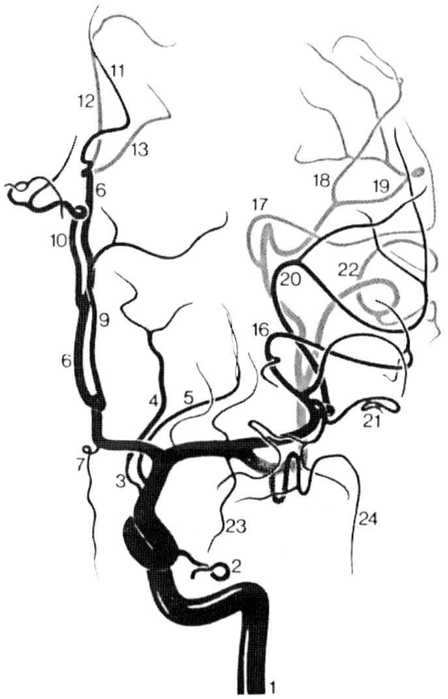

A. cerebri anterior

Die A. pericallosa und ihre Äste

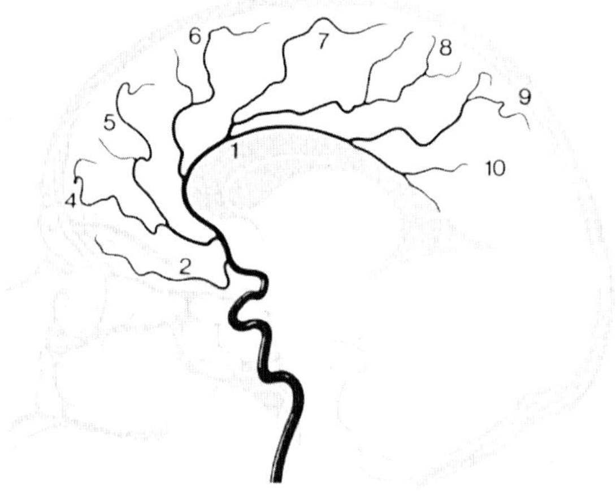

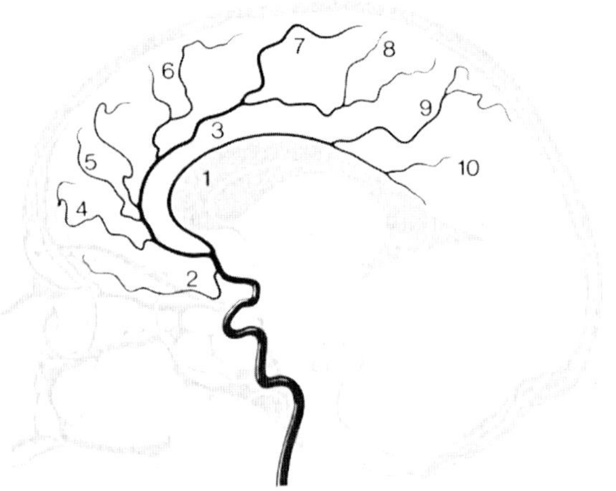

a) Keine eigentliche A. callosomarginalis, die Äste zweigen direkt aus der A. pericallosa ab

b) Die Seitenäste zweigen aus einer A. callosomarginalis ab

1 A. pericallosa
2 A. frontoorbitalis
3 A. callosomarginalis
4 A. frontopolaris
5 A. frontalis interna anterior
6 A. frontalis interna media
7 A. frontalis interna posterior
8 A. paracentralis
9 A. parietalis interna superior
10 A. parietalis interna inferior

Verlaufsvariationen der A. cerebri anterior (präkommunikaler Abschnitt)

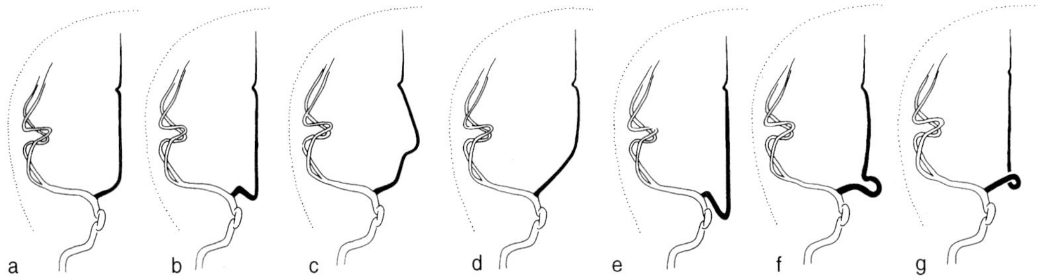

a) horizontaler Verlauf; b) konvex nach unten; c) konvex nach oben; d) schräg nach oben; e) schräg nach unten; f) Schleifen; g) Ringe

Verlaufsvariationen der A. pericallosa auf dem seitlichen Angiogramm (schematisch)

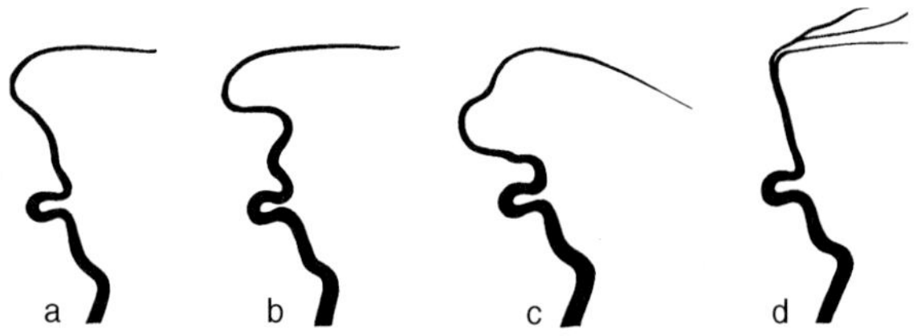

a) 61%, b) 20%, c) 18%, d) 0,8%

Nach Krayenbühl, H., M. G. Yasargil: Zerebrale Angiographie für Klinik und Praxis, 3. Aufl. Thieme, Stuttgart 1979

A. cerebri media – Bipodische und tripodische Aufteilung (nach Michotey)

Bezeichnung der einzelnen Arterien wie auf S. 225

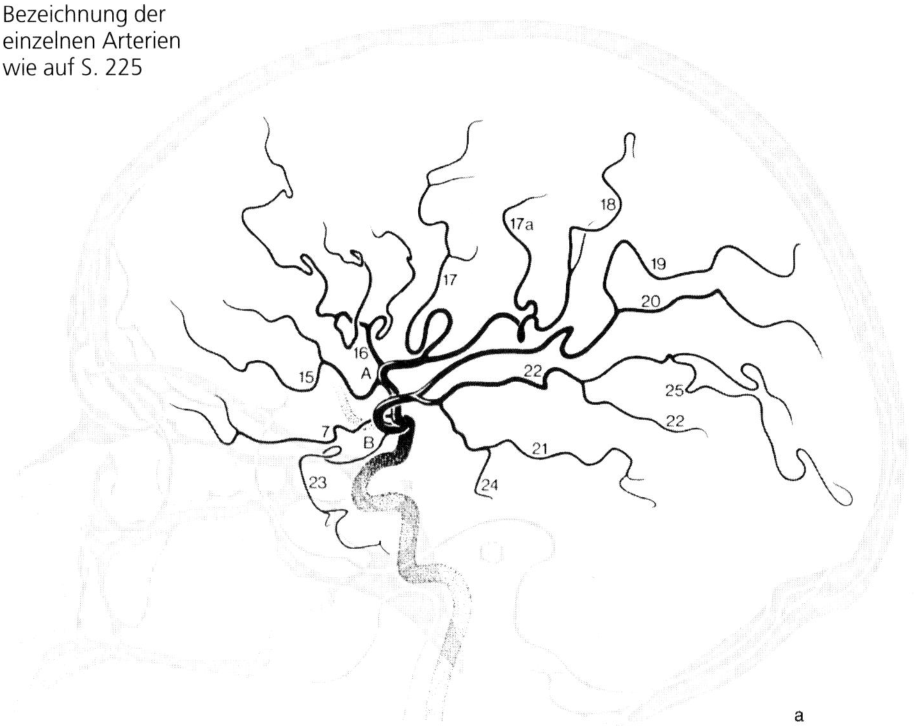

a

Bipodische Aufteilung

A = oberer Stamm
B = unterer Stamm

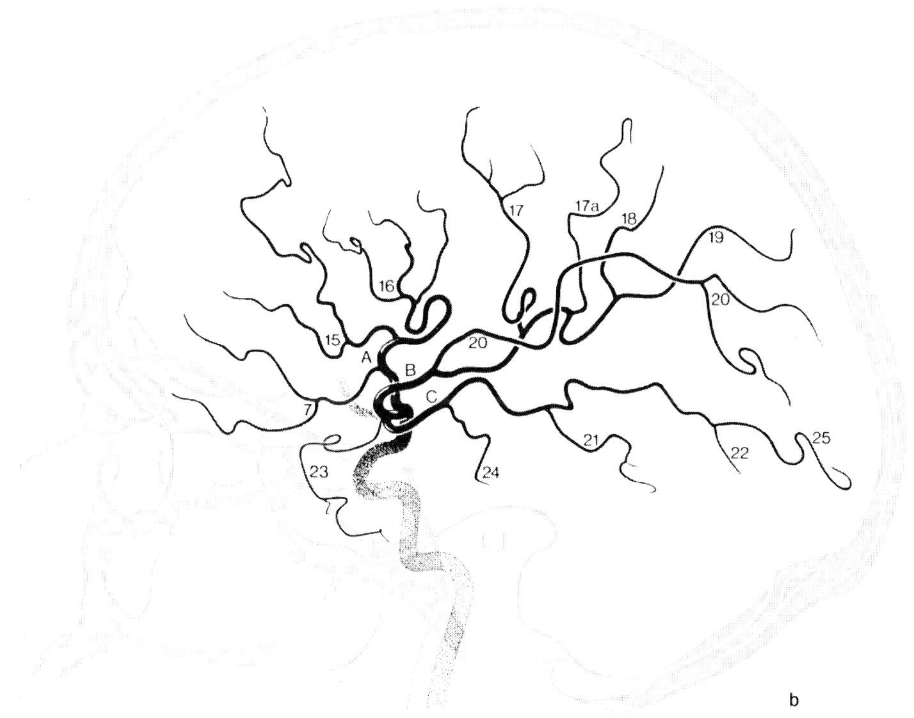

b

Tripodische Aufteilung

A = oberer Stamm
B = mittlerer Stamm
C = unterer Stamm

Nach Krayenbühl. H., M. G. Yasargil: Zerebrale Angiographie für Klinik und Praxis, 3. Aufl. Thieme, Stuttgart 1979

A. cerebri media

Variationen der Karotisteilung im anteroposterioren Bild

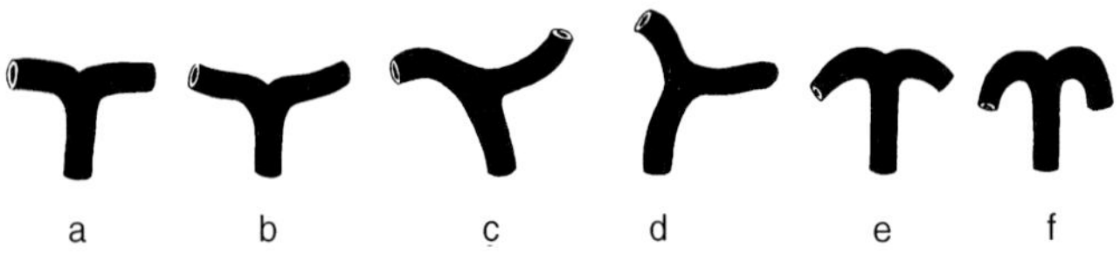

	0–20j.	21–50j.	51–74j.
a) T-Form	45%	22%	10%
b–d) Y-Form	55%	40%	65%
e und f) Pilzform	–	3%	5%

Abschnitte der A. cerebri media

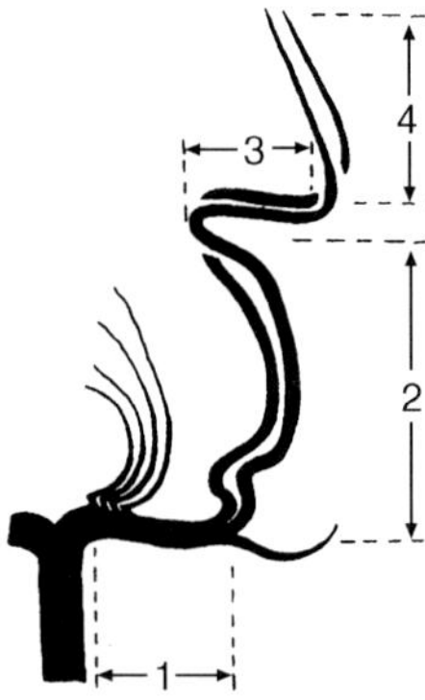

1 Pars sphenoidalis
2 Pars insularis
3 Pars opercularis
4 Pars terminalis

Aufteilungsvariationen der A. cerebri media

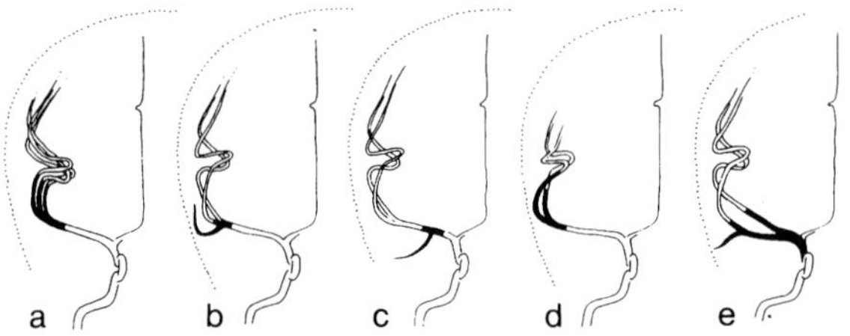

a) „Trifurkation" 25%,
b) Pseudobifurkation 18,5%,
c) Pseudobifurkation 6%,
d) laterale Bifurkation 48%,
e) mediale Bifurkation 2,5%

Schema der Variationen der A. cerebri media im sphenoidalen Abschnitt

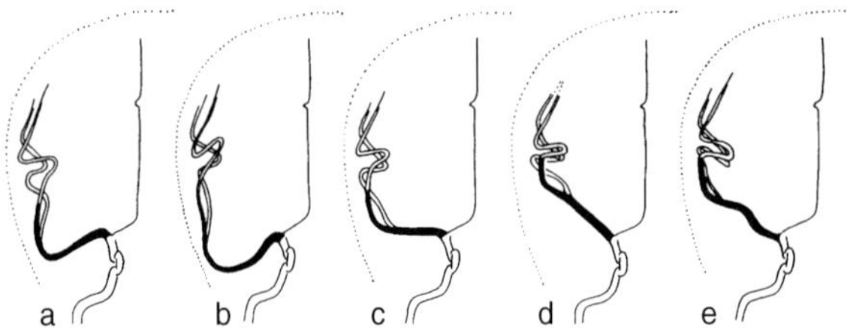

	Alter 0–20j.	21–50j.	51–74j.
a) basal-schräg	1,0%	19,5%	53,0%
b) basal-konvex	0,0%	18,0%	43,0%
c) gerade	23,4%	47,0%	2,0%
d) dorsal-schräg	59,8%	14,0%	2,0%
d) dorsal-konvex	6,2%	1,5%	0,0%

Schema der A. cerebri media im insulären Abschnitt

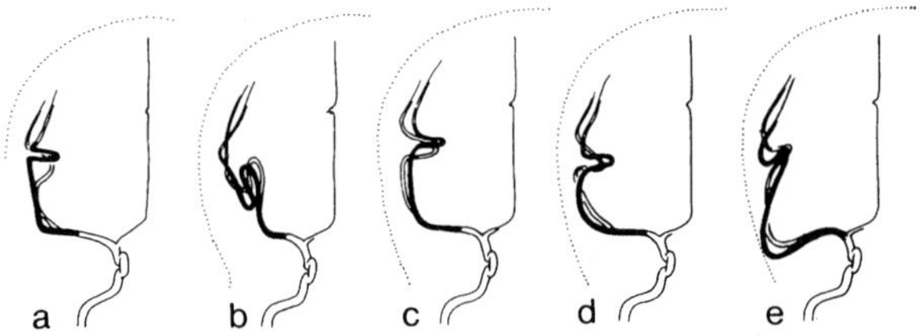

	Alter 0–20j.	21–50j.	51–74j.
a) gerade	1%	2%	1,5%
b) schräg	4%	8%	5,0%
c) U-Form	28%	23%	14,5%
d) Arkus	67%	49%	36,0%
e) Deformation	–	18%	43,0%

Nach Krayenbühl, H., M. G. Yasargil: Zerebrale Angiographie für Klinik und Praxis, 3. Aufl. Thieme, Stuttgart 1979

Extradurale und durale Äste der A. carotis interna

Äste des kavernösen Abschnittes der A. carotis interna

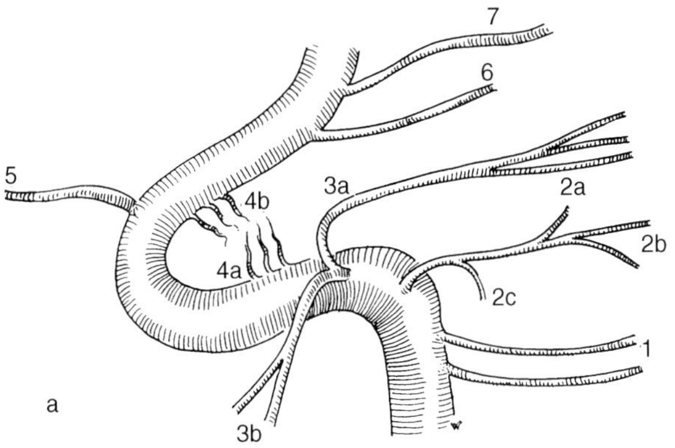

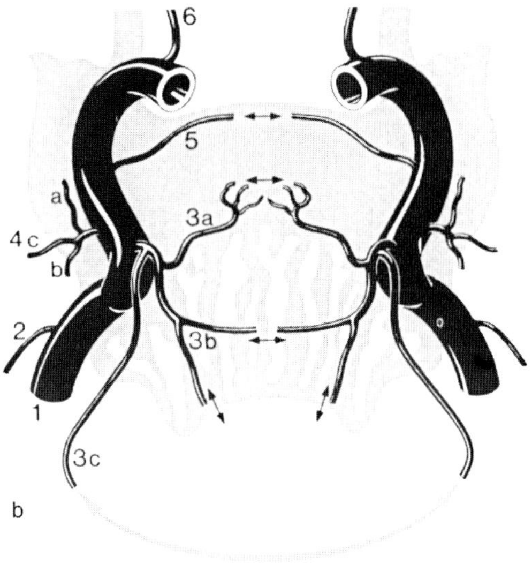

a) Modifiziertes Schema von Schnürer u. Stattin

1 R. caroticotympanicus
R. canalis pterygoidei
2a R. tentorii basalis
2b R. meatus acusticus internus
2c R. clivi
3a R. tentorii marginalis
3b R. Ganglion Gasseri
R. nervi IV und V
R. sinus cavernosi
R. meningicus
4a R. hypophyseos inferior
4b R. hypophyseos superior
(A. tuberohypophysaire)
5 A. ophthalmica
6 A. communicans posterior
7 A. choroidea anterior

b) Schema nach Parkinson

1 A. carotis interna
2 R. caroticotympanicus
3 Truncus meningohypophyseos
3a R. hypophyseos inferior (Hypophysenhinterlappen, Dura des Processus clinoideus posterior)
3b R. meningicus dorsalis (Dorsum sellae, Klivus, N. abducens)
3c R. (A.) tentorii
4 A. sinus cavernosie inferior
4a Äste zum N. oculomotorius, N. trochlearis, N. abducens
4b Äste zum Ganglion Gasseri
4c Anastomosen zur A. meningea media
5 Rr. capsulares (Boden der Sella)
6 A. ophthalmica

Nach Krayenbühl, H., M. G. Yasargil: Zerebrale Angiographie für Klinik und Praxis, 3. Aufl. Thieme, Stuttgart 1979

Schematische Darstellung der A. ophthalmica und ihrer Äste (nach Hayreh)

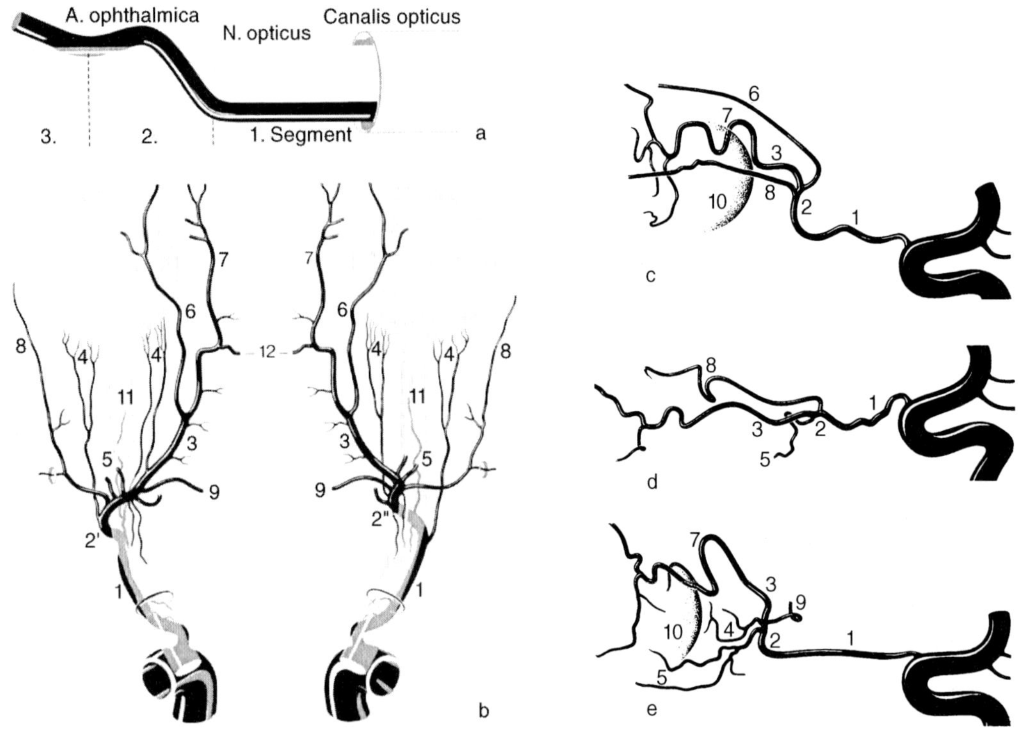

a) Die Segmente der A. ophthalmica (Profilansicht)
b) Die A. ophthalmica und ihre Äste von oben
c–e) Die A. ophthalmica und ihre Äste von der Seite
1 A. ophthalmica (1. Segment)
2 Kreuzungsstelle der A. ophthalmica mit dem Sehnerven (2. Segment), 2' Überkreuzung, 2'' Unterkreuzung
3 3. Segment der A. ophthalmica, medial von N. opticus und Auge
4 Aa. ciliares posteriores mediales et laterales
5 Arterien zu den Augenmuskeln
6 A. supraorbitalis
7 A. supratrochlearis (Endast der A. ophthalmica)
8 A. lacrimalis
9 A. ethmoidalis posterior
10 Gefäßsichel des Augenhintergrundes (s. Abb. 79)
11 A. centralis retinae
12 A. ethmoidalis anterior

Nach Krayenbühl, H., M. G. Yasargil: Zerebrale Angiographie für Klinik und Praxis, 3. Aufl. Thieme, Stuttgart 1979

Schematische Darstellung des Verlaufes der A. choroidea anterior (nach Theron)

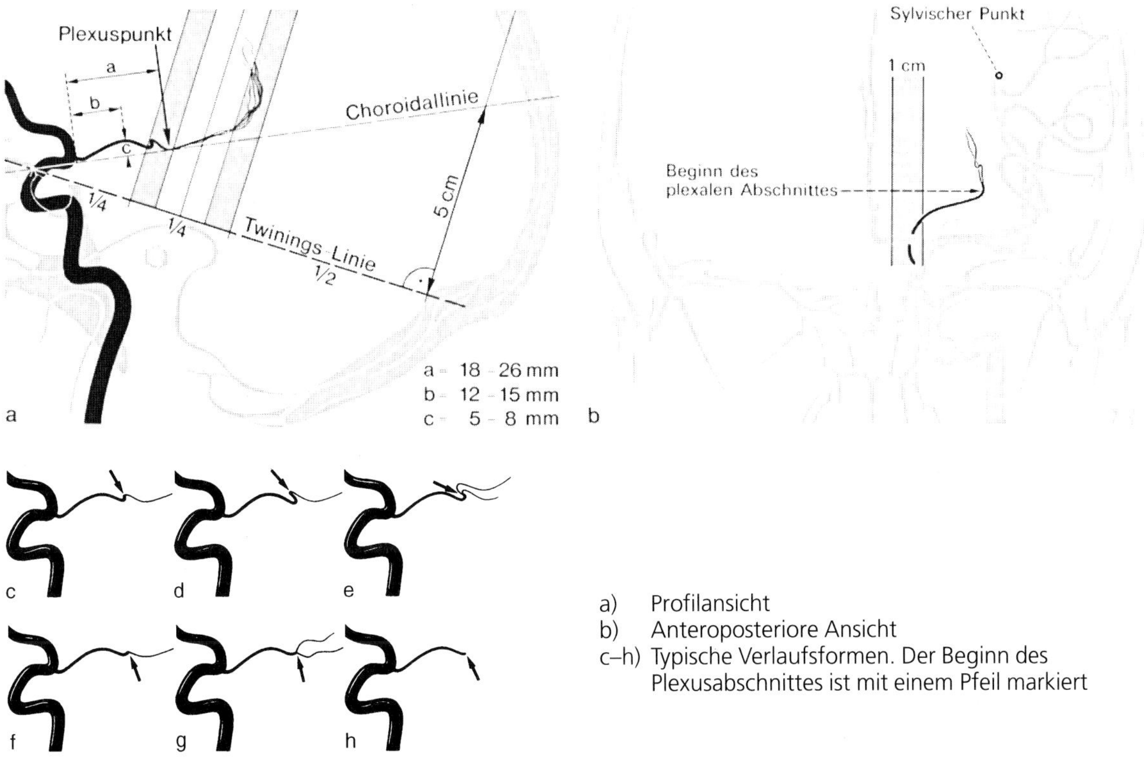

a) Profilansicht
b) Anteroposteriore Ansicht
c–h) Typische Verlaufsformen. Der Beginn des Plexusabschnittes ist mit einem Pfeil markiert

Die Aa. thalamoperforantes. Schematische Darstellung

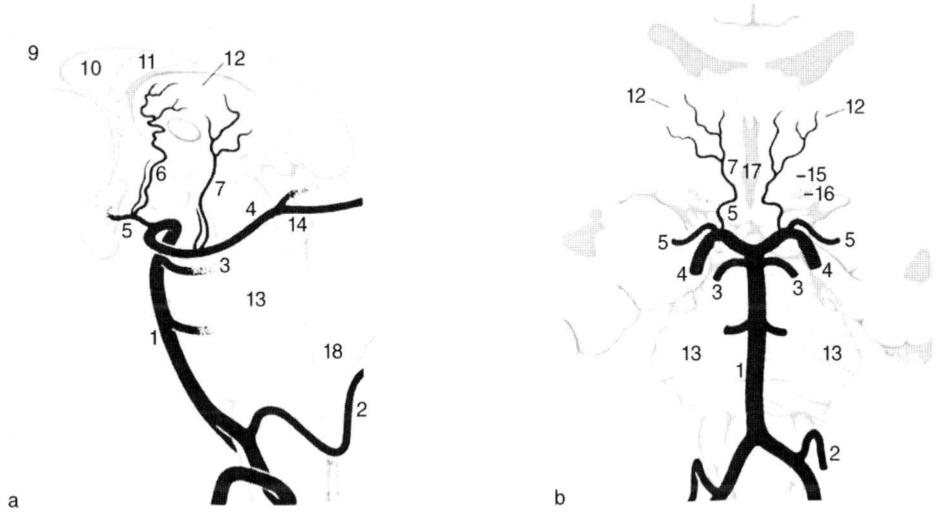

1 A. basilaris
2 A. cerebelli inferior posterior
3 A. cerebelli superior
4 A. cerebri posterior
5 A. communicans posterior
6 paraventrikuläres Segment der A. thalamoperforans anterior
7 mesenzephales Segment der A. thalamoperformans posterior
8 interpedunkuläres Segment der A. thalamoperforans posterior
9 Corpus callosum
10 Septum
11 Fornix
12 Thalamus
13 Pons
14 Lamina tecti
15 Nucleus ruber
16 Substantia nigra
17 3. Ventrikel
18 4. Ventrikel

Nach Krayenbühl, H., M. G. Yasagil: Zerebrale Angiographie für Klinik und Praxis, 3. Aufl. Thieme, Stuttgart 1979

Variationen im Verlauf der A. basilaris auf Profilaufnahmen

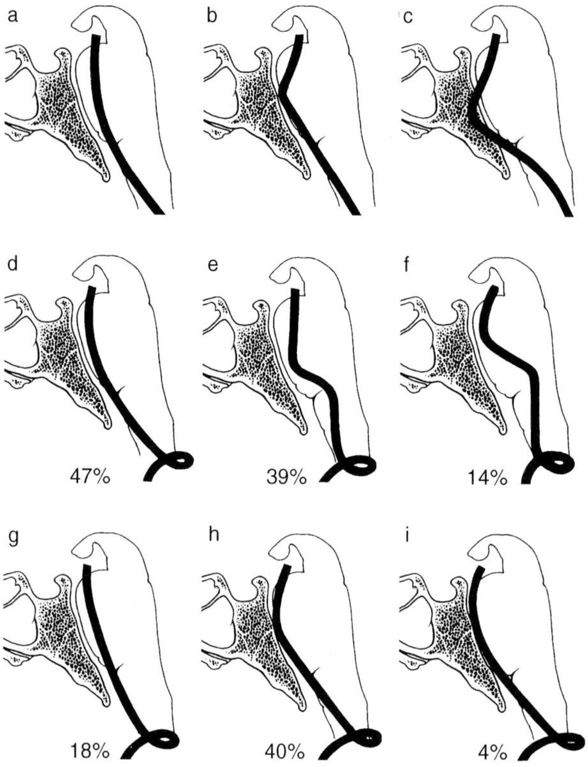

Die starken Abweichungen gegen den Klivus (c) oder nach dorsal (f) sind projektionsbedingt durch eine starke Abweichung des Gefäßes von der Mittellinie

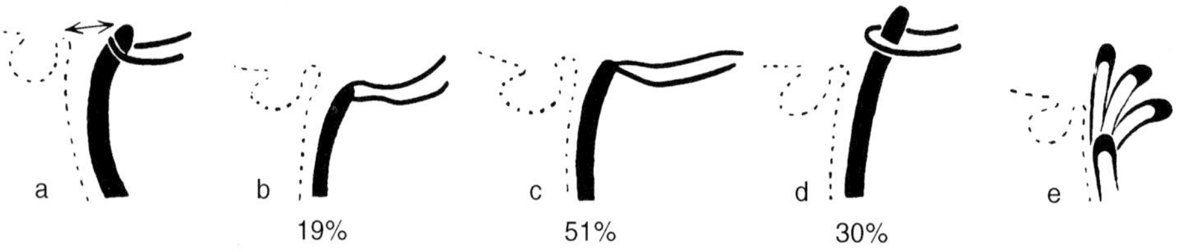

a) Abstandsvariationen zwischen Dorsum sellae und der kranialen Teilungsstelle der A. basilaris. 0,1–0,5 cm 39%, 0,5–0,9 cm 48%, 1 cm und mehr 18%. b–d) Verlaufsform der Spitze der A. basilaris. e) Höhendifferenzen zwischen Dorsum sellae und A. basilaris: gleich hoch 51% unterhalb des Dorsum sellae 19%, oberhalb des Dorsum sellae 30%

Nach Krayenbühl, H., M. G. Yasargil: Zerebrale Angiographie für Klinik und Praxis, 3. Aufl., Thieme, Stuttgart 1979

Arteria vertebralis

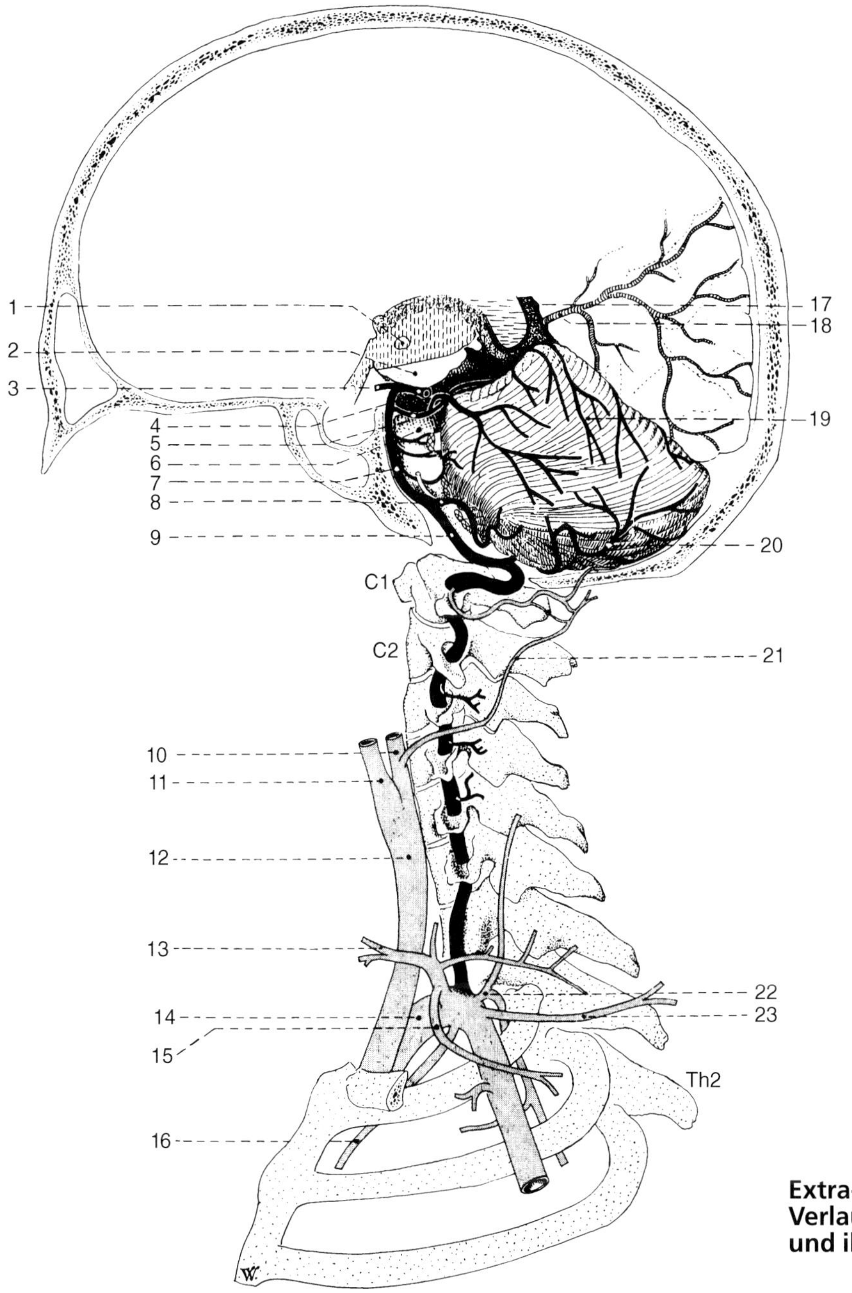

Extra- und intrakranieller Verlauf der A. vertebralis und ihrer Äste

1 Adhaesio interthalamica
2 Hirnschenkel
3 A. communicans posterior
4 A. cerebri posterior
5 A. cerebelli superior
6 Pons
7 A. basilaris
8 A. cerebelli inferior anterior
9 A. vertebralis sinistra
10 A. carotis externa
11 A. carotis interna
12 A. carotis communis
13 Aa. thyreocervicales
14 A. subclavia
15 A. suprascapularis
16 A. thoracica interna
17 Splenium
18 A. cerebri posterior dextra
19 A. cerebelli superior
20 A. cerebelli inferior posterior
21 A. occipitalis
22 A. costocervicalis
23 A. transversa colli

Nach Krayenbühl, H., M. G. Yasargil: Zerebrale Angiographie für Klinik und Praxis, 3. Aufl. Thieme, Stuttgart 1979

Schema des Vertebralisangiogramms

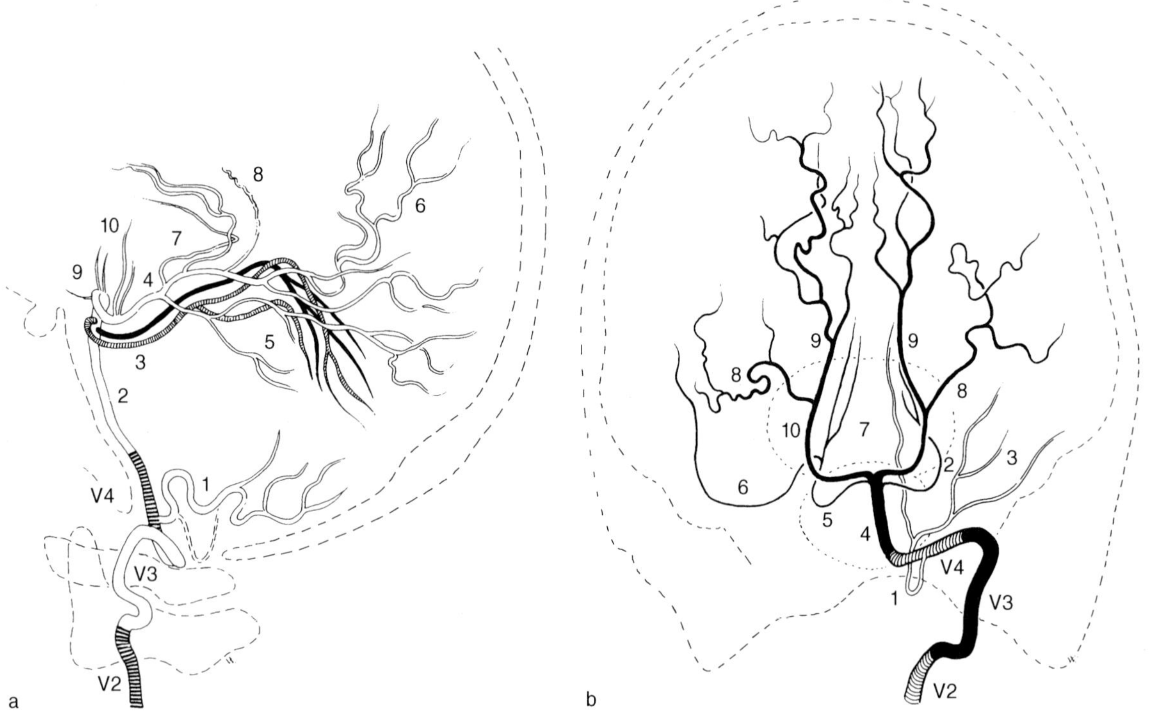

a) Seitliches Bild

V2 A. vertebralis in der 2. Strecke
V3 A. vertebralis in der 3. Strecke
V4 A. vertebralis intrakraniell
1 A. cerebelli inferior posterior
2 A. basilaris
3 A. cerebelli superior
4 A. cerebri posterior
5 A. temporooccipitalis
6 A. occipitalis medialis
7 Aa. choroideae posteriores mediales et laterales
8 A. corporis callosi dorsalis
9 A. communicans posterior
10 Aa. thalamicae

b) Anteroposteriores Bild

V2 A. vertebralis in der 2. Strecke
V3 A. vertebralis in der 3. Strecke (zwischen Axis und Atlas)
V4 A. vertebralis intrakraniell
1 A. cerebelli inferior posterior
2 R. caudalis vermis
3 R. tonsillohemisphaericus
4 A. basilaris
5 A. cerebelli superior
6 A. marginalis (R. marginalis)
7 R. cranialis vermis
8 A. temporooccipitalis
9 A. occipitalis interna
10 A. cerebri posterior

Nach Krayenbühl, H., M. G. Yasargil: Zerebrale Angiographie für Klinik und Praxis, 3. Aufl. Thieme, Stuttgart 1979

Vertebrobasiläres Stromgebiet

Blick auf die mediane Hirnfläche

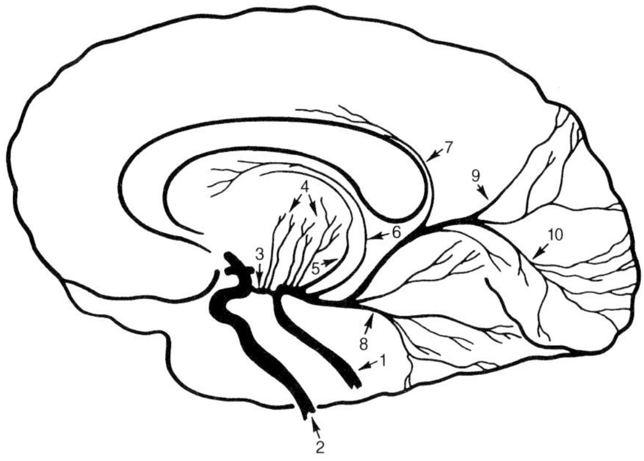

Schematische Darstellung der A. cerebri posterior und ihrer Äste

1. A. basilaris
2. A. carotis interna
3. A. communicans posterior
4. Aa. thalamoperforantes
5. A. choroidea posterior medialis
6. A. choroidea posterior lateralis
7. A. corporis callosi posterior
8. A. temporalis posterior
9. A. parietalis posterior
10. A. occipitalis

Blick auf die Hirnunterfläche

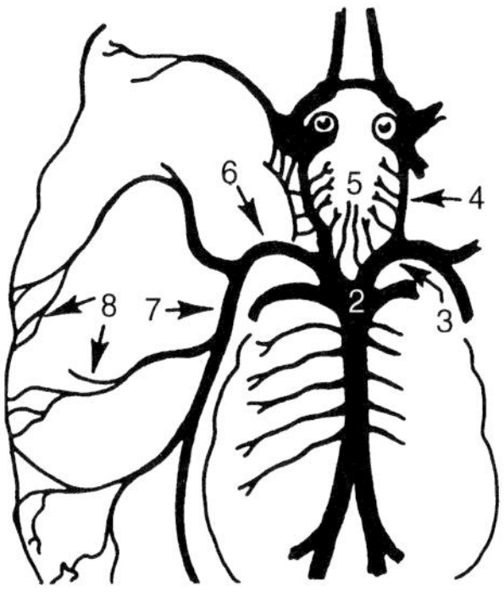

Schematische Darstellung der Aa. basilaris und cerebri posterior und des Circulus arteriosus Willisi

1. Aa. vertebrales
2. A. basilaris
3. P1-Segment der A. cerebri posterior
4. A. communicans posterior
5. kleine Endgefäße vom Circulus art. Willisi und der Spitze der A. basilaris, die die basalen Hirnstrukturen versorgen (Aa. thalamoperforantes)
6. P2-Segment der A. cerebri posterior
7. P3-Segment der A. cerebri posterior
8. temporale Endäste der A. cerebri posterior
9. okzipitale Endäste der A. cerebri posterior mit der A. calcarina (medialer Pfeil)

Nach Osborn, A. E.: Handbook of Neuroradiology. Mosby Year Book, St. Louis 1991

Die A. cerebri posterior und ihre Äste

a) Profilansicht, b) Ansicht von unten

1 A. carotis interna
2 A. communicans posterior
3 A. basilaris
4 Aa. thalamoperforantes anteriores
5 Aa. thalamoperforantes posteriores
6 A. cerebri posterior
7 A. choroidea posterior medialis
8 A. choroidea posterior lateralis
9 A. pericallosa posterior
10 A. parietooccipitalis
11 A. calcarina
12 A. occipitotemporalis
13 Rr. temporales anteriores
14 Aa. paramedianae (interpedunculares, intercrurales)
15 A. quadrigemina
16 Aa. pedunculares perforantes

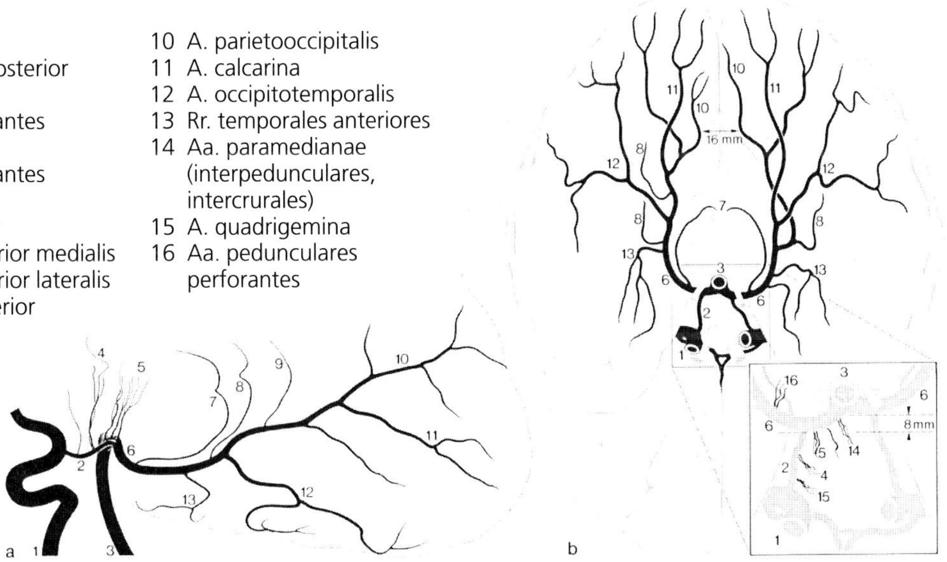

Nach Krayenbühl, H., M. G. Yasargil: Zerebrale Angiographie für Klinik und Praxis, 3. Aufl. Thieme, Stuttgart 1979

A. vertebralis – Variationen der Abzweigung

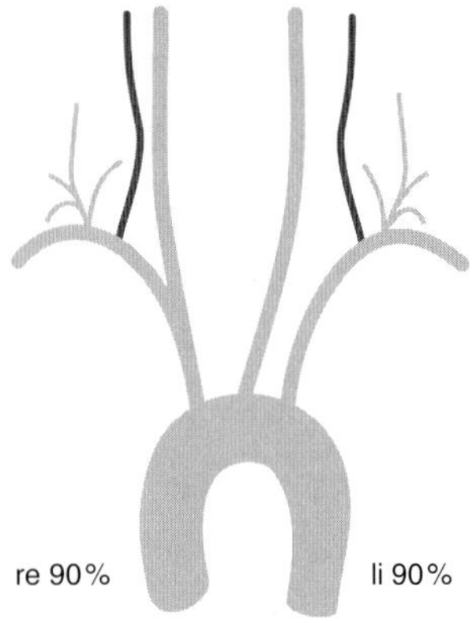

Ursprung aus der A. subclavia auf der Höhe des Bogens in der Nähe des Truncus thyrocervicalis

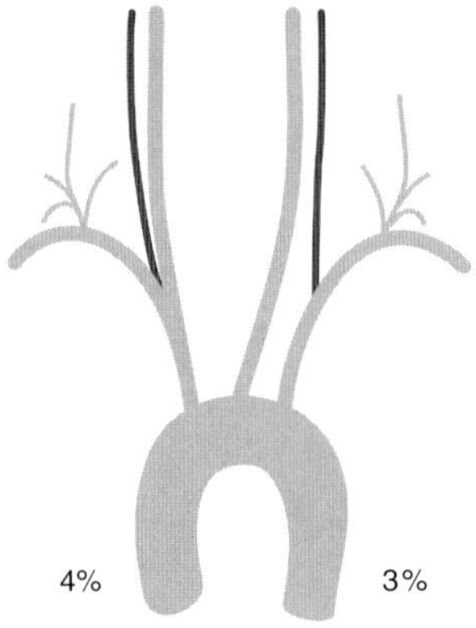

Ursprung aus der A. subclavia besonders weit medial (mehr als 2 cm vom Truncus thyrocervicalis), rechts oft aus der Bifurkation des Truncus brachiocephalicus

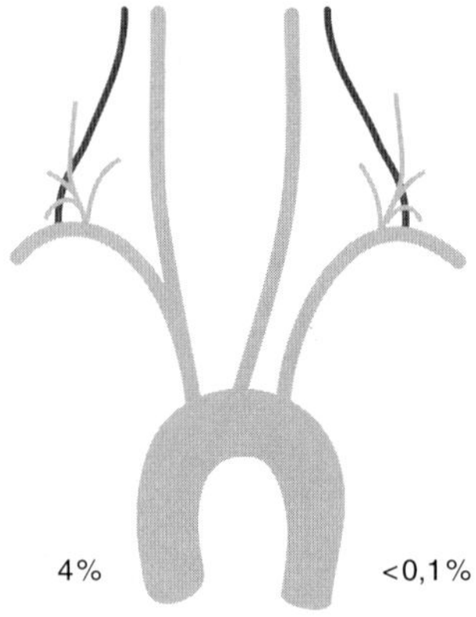

Ursprung aus der A. subclavia lateral vom Truncus thyrocervicalis

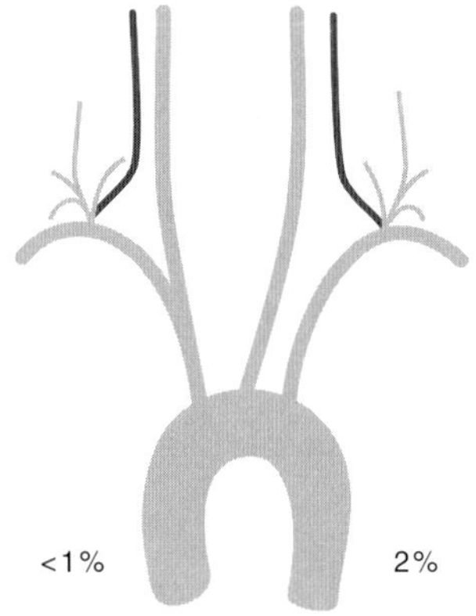

Ursprung gemeinsam mit dem Truncus thyrocervicalis

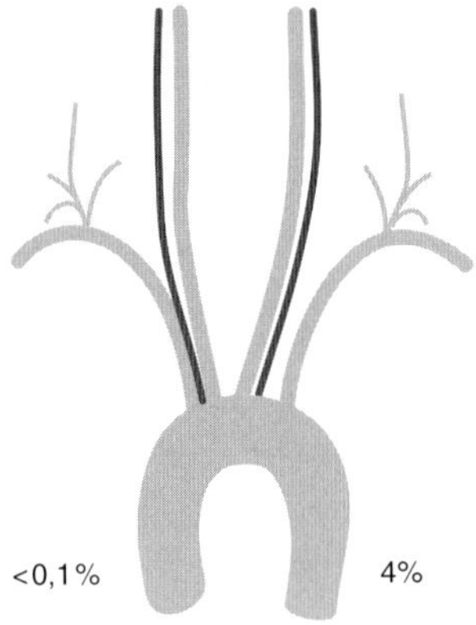

Ursprung aus dem Aortenbogen

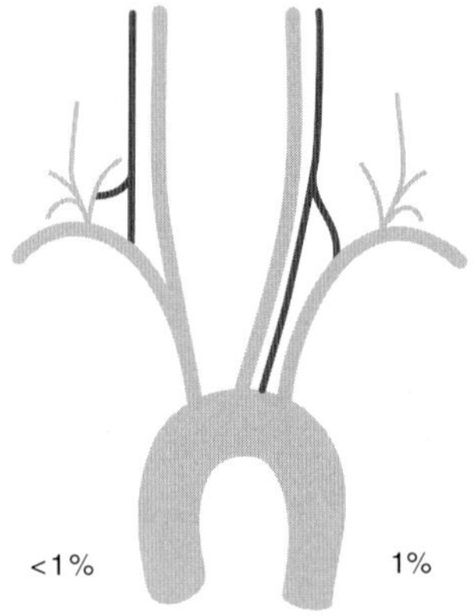

Zweiwurzeliger Ursprung aus Aorta und A. subclavia oder akzessorische Aa. vertebrales (auch aus Truncus thyrocervicalis)

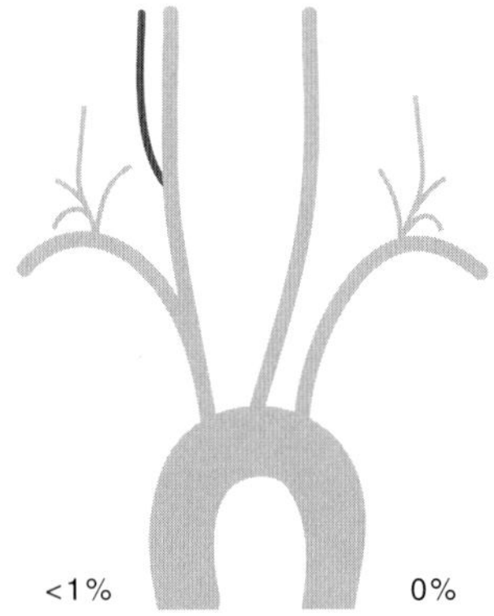

Ursprung aus der A. carotis communis

Obwohl die Häufigkeit der Ursprungsvarietäten links und rechts insgesamt gleich groß ist, besteht doch ein erheblicher Unterschied in der Häufigkeit der einzelnen Typen. Links besteht eine Neigung zur Verschiebung des Ursprungs medialwärts, rechts lateralwärts.

Nach Lippert, H.: Arterienvaritäten. Med. Klin. 23 (1969) Tafel 53

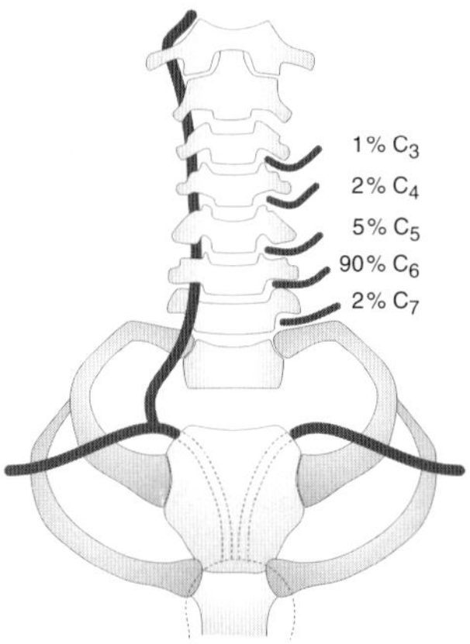

Eintritt der A. vertebralis in die Halswirbelsäule

Am weitesten kaudal gelegenes Foramen transversarium, das von der A. vertebralis durchsetzt wird. Auf der linken Seite scheint der Eintritt in ein anderes Foramen transversarium als das des 6. Halswirbels etwas häufiger zu sein als auf der rechten Seite

Ursprungs- und Verlaufvarianten der A. vertebralis thoracalis

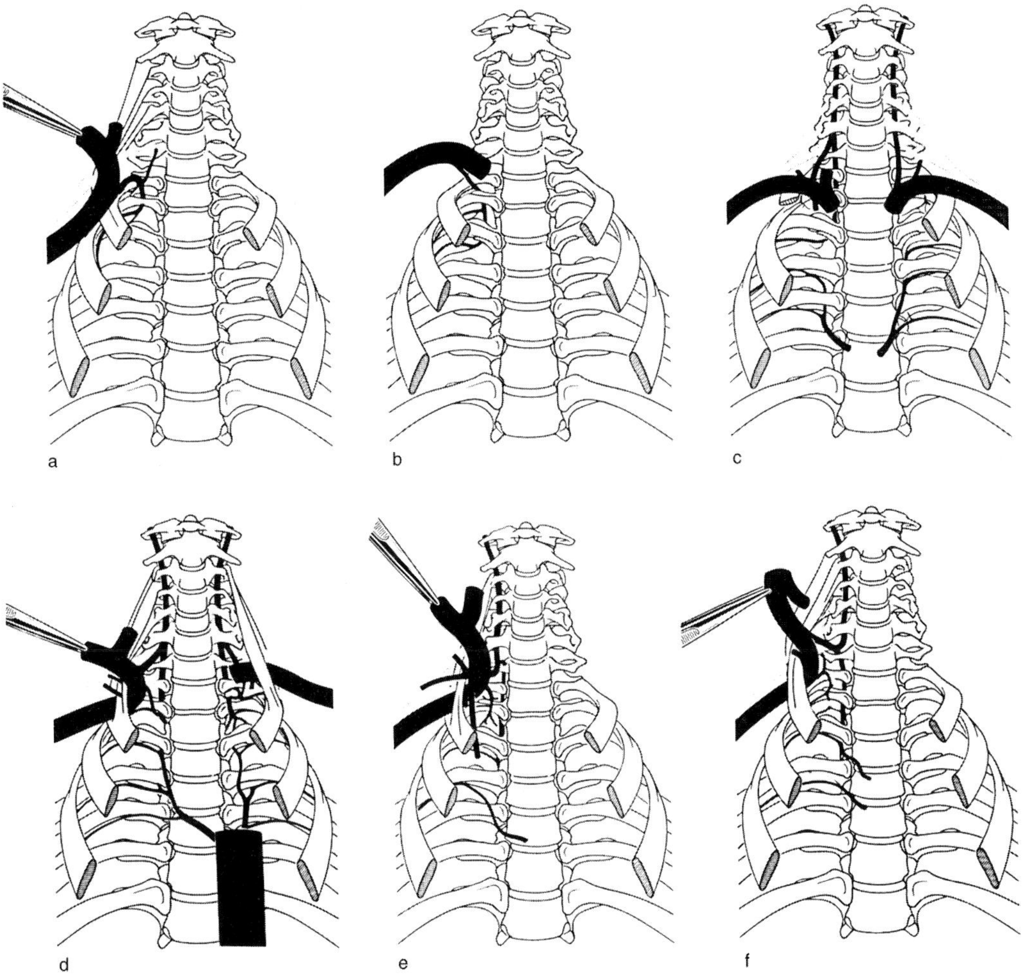

a Häufigster Fall; **d–f** Einzelbeobachtungen (Nach Adachi 1928)

Beziehungen der A. vertebralis zur Halswirbelsäule

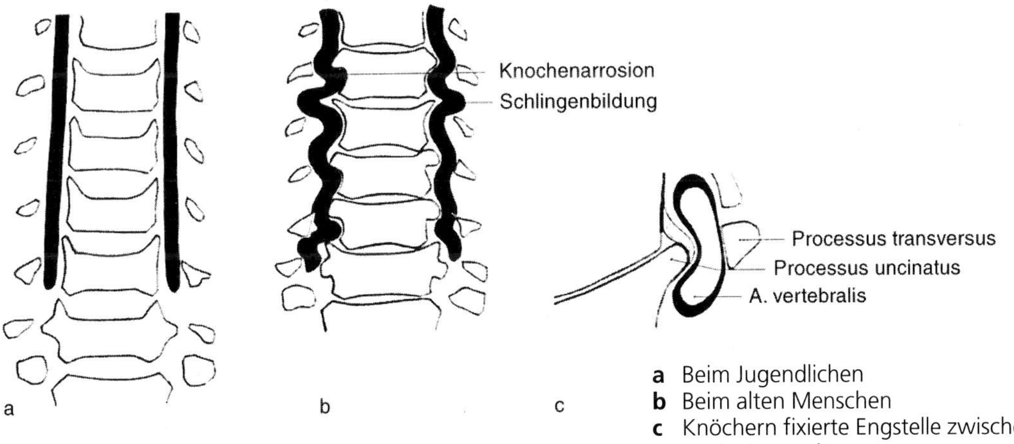

a Beim Jugendlichen
b Beim alten Menschen
c Knöchern fixierte Engstelle zwischen Processus uncinatus und transversus

Nach Harzer, K., G. Töndury: Fortschritte Röntgenstrahlen 104 (1966) 604

Die häufigsten Varianten des Vertebraliseintrittes in die Halswirbelsäule

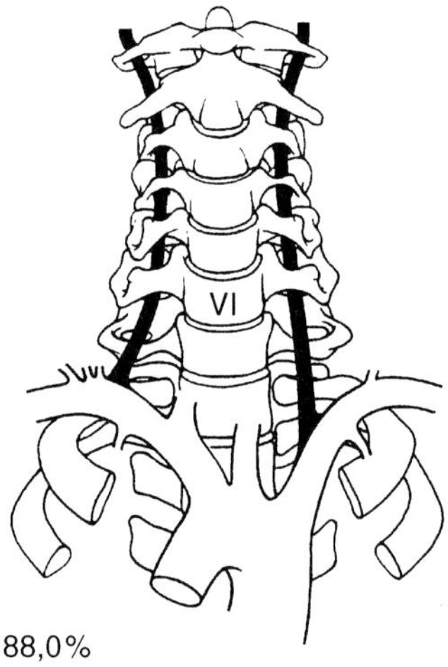

88,0%

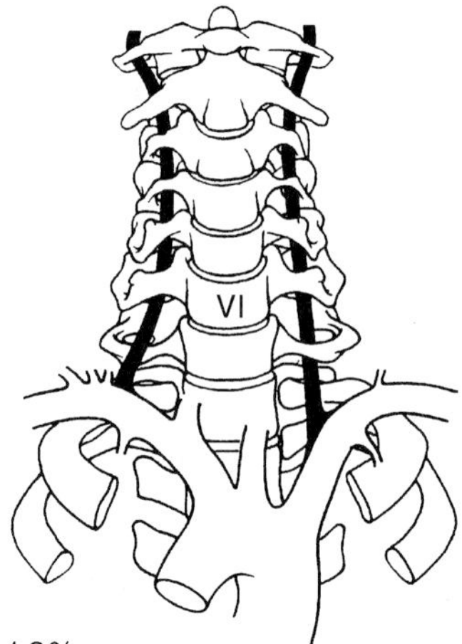

1,8%

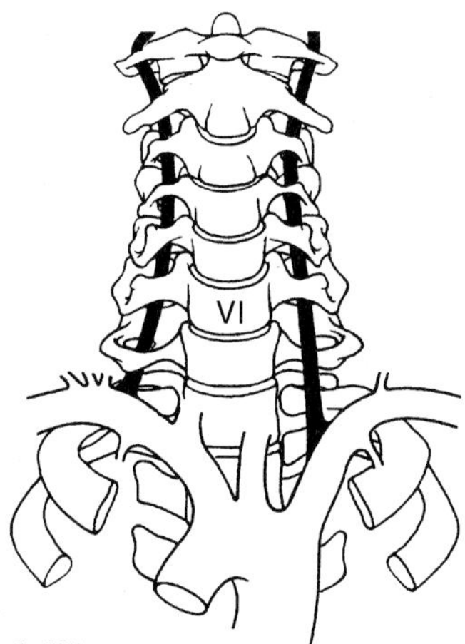

0,4%

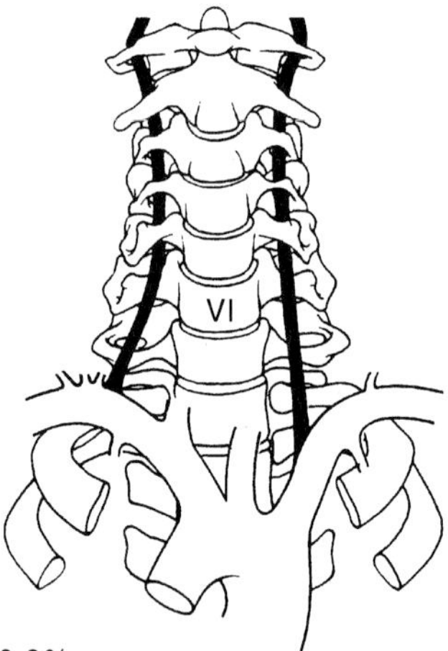

0,6%

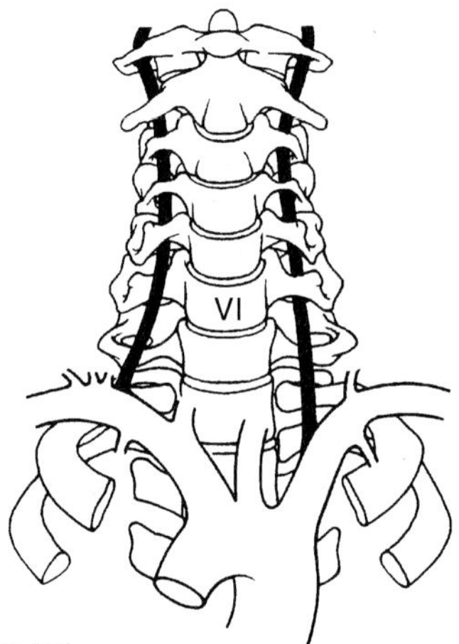

2,8%

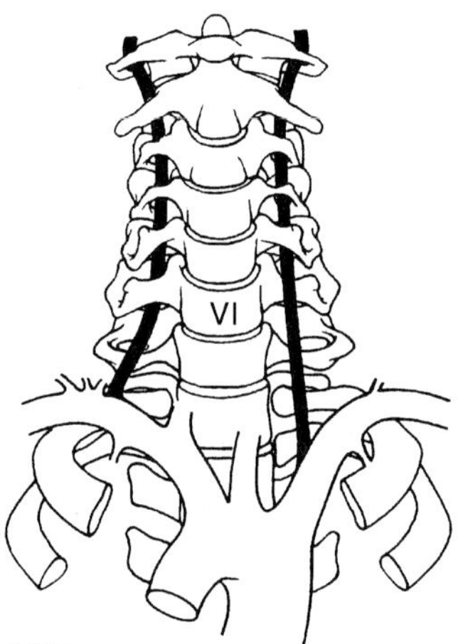

4,8%

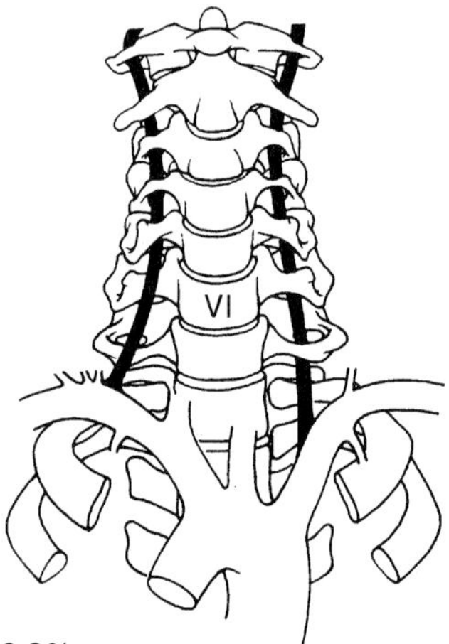

0,2%

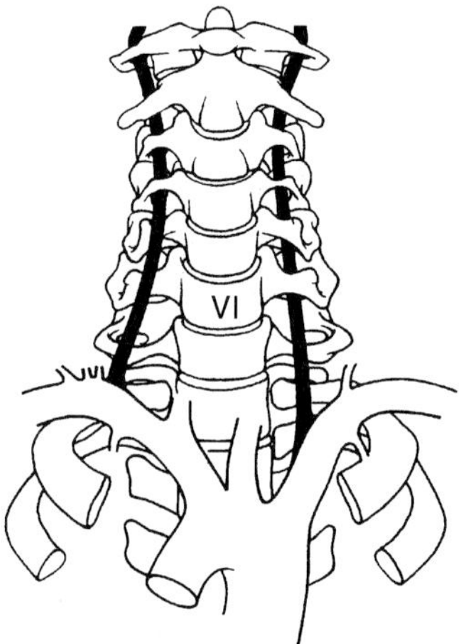

1,0%

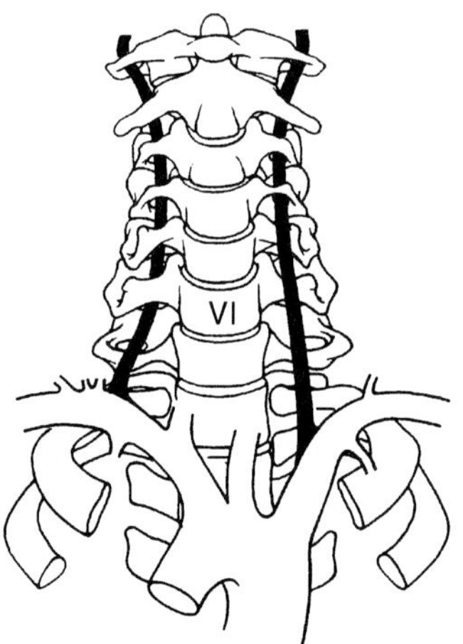

0,4%

Beobachtungen bei 500 Japanern (Nach Adachi 1928)

Nach Adachi, B.: Das Arteriensystem der Japaner, Bd. I u. II. Kyoto 1928

Varianten der Pars intracranialis der A. vertebralis

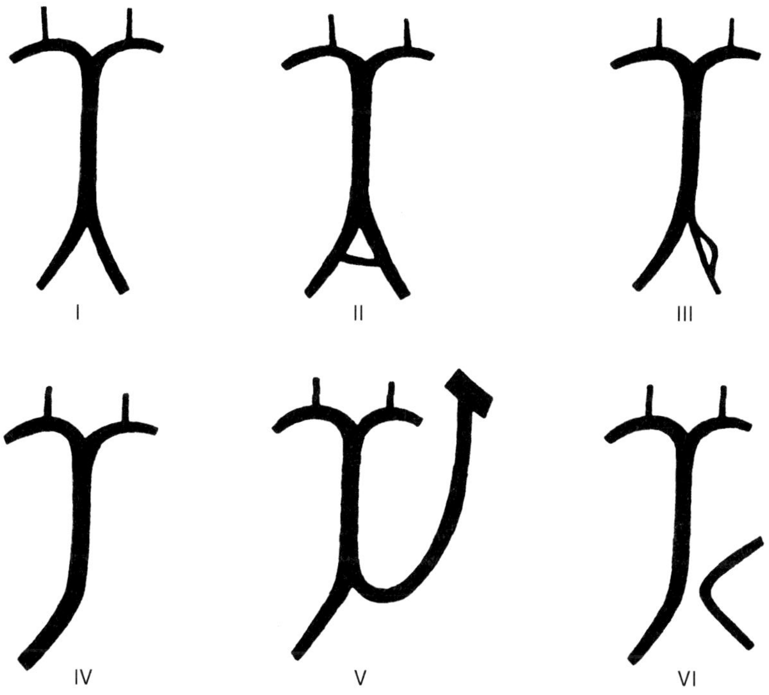

I Normaltyp;
II Kreuzanastomose;
III unilaterale Hypoplasie mit Inselbildung;
IV unilaterale Aplasie;
V der unilaterale Defekt wird durch die A. primitiva hypoglossica ersetzt;
VI die Vereinigung der beiden Aa. vertebrales bleibt aus: die A. cerebelli inferior posterior bildet die Fortsetzung der Arterie

Nach Luzsa, G.: Röntgenanatomie des Gefäßsystems. Barth, Frankfurt 1972

Arteria basilaris – anatomische Variationen

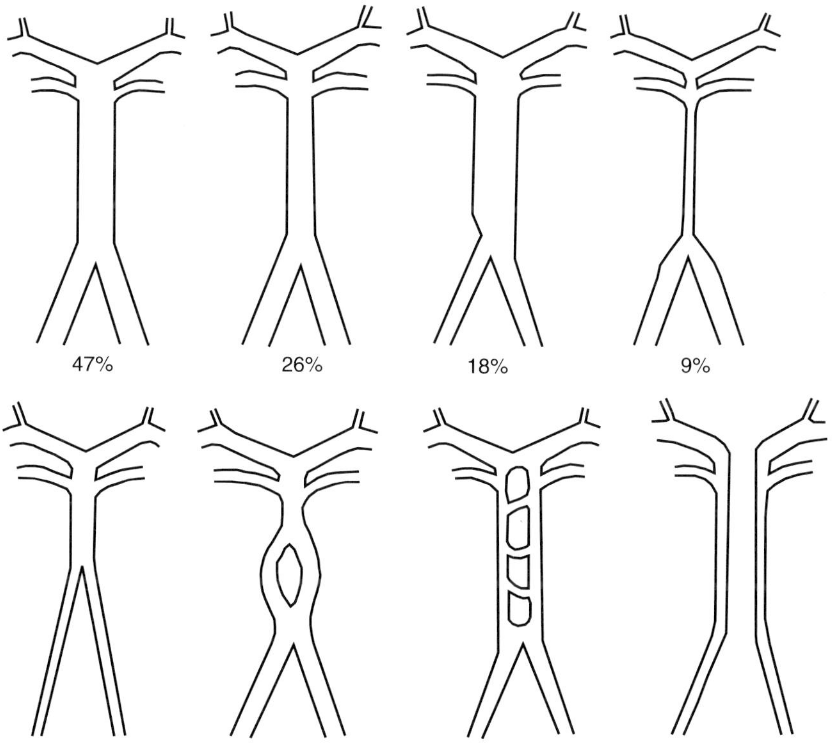

Einzelbeobachtungen

Nach Krayenbühl, H., M. G. Yasargil: Die vaskulären Erkrankungen im Gebiet der Arteria vertebralis und Arteria basilaris. Thieme, Stuttgart 1957

A. cerebelli superior

Ursprungsvarianten der A. cerebelli superior

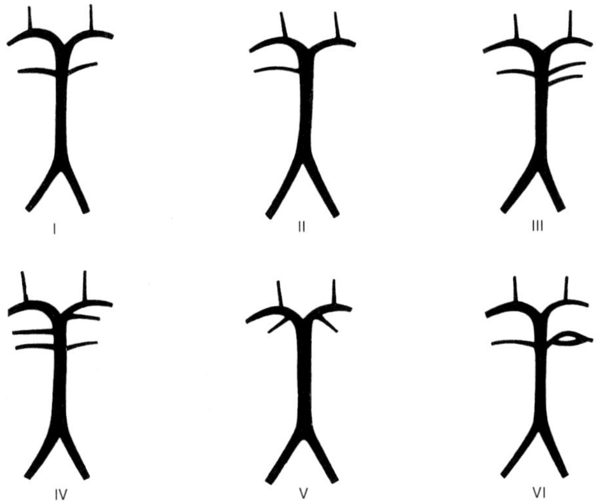

I Normaltyp;
II unilaterales Fehlen;
III unilaterale Verdopplung:
IV beidseitig verdoppelt (Ursprung auf einer Seite von der A. cerebri posterior);
V beide Gefäße gehen von der A. cerebri posterior aus;
VI unilaterale Inselbildung

Arteria cerebelli inferior posterior

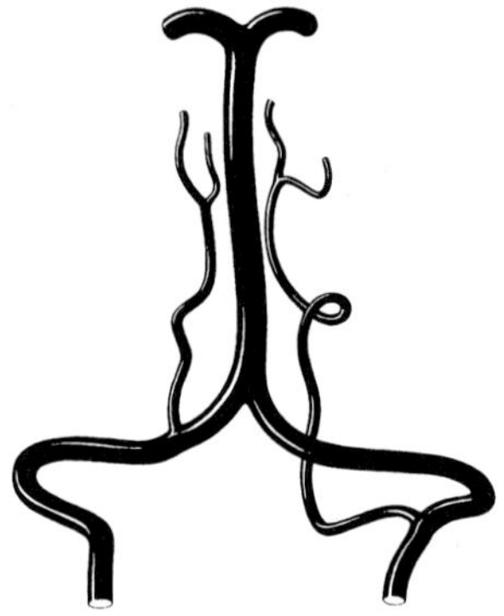

Ursprungsvarianten der A. cerebelli inferior posterior

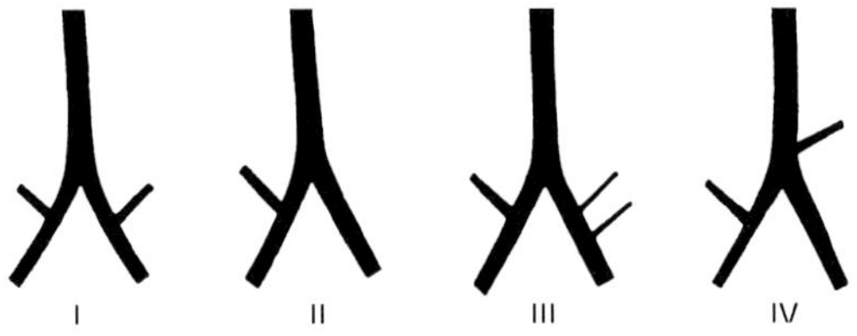

I Normaltyp; *II* unilaterale Aplasie; *III* unilaterale Verdopplung; *IV* unilateraler Ursprung von der A. basilaris

Verlauf der A. cerebelli inferior posterior

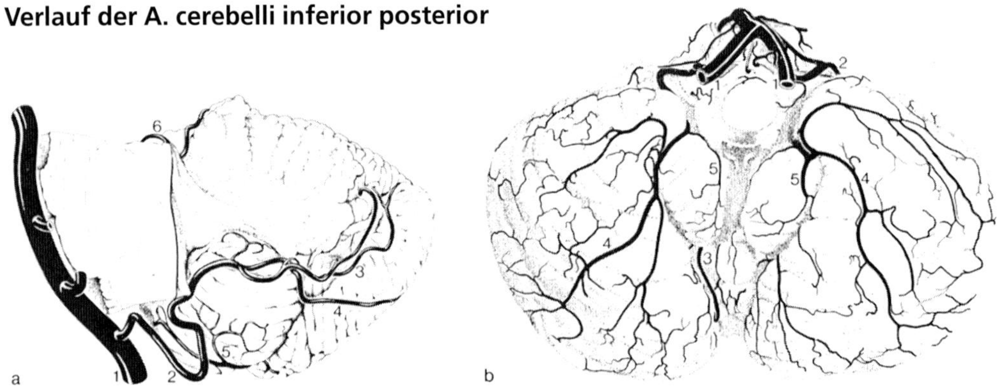

a) Profilansicht von der Mittellinie her

b) Ansicht von kaudal

1 A. vertebralis
2 A. cerebelli inferior posterior
3 A. vermiana inferior (Vermisast)
4 Hemisphärenast
5 Tonsillenast
6 A. cerebelli superior

Nach Luzsa, G.: Röntgenanatomie des Gefäßsystems. Barth, Frankfurt 1972
Nach Krayenbühl, H., M. G. Yasargil: Zerebrale Angiographie für Klinik und Praxis, 3. Aufl. Thieme, Stuttgart 1979

Anastomosen der Arterien

Anastomosen und Varianten

Potentielle embryonale karotido-vertebro-basiläre Anastomosen

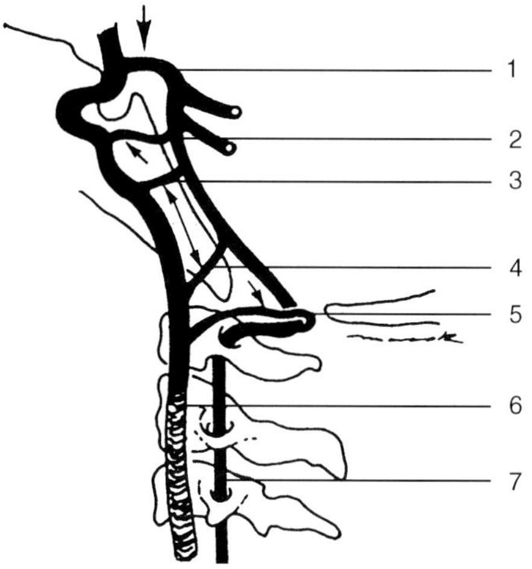

1. A. communicans posterior; 2. A. trigemina persistens; 3. A. otica (acustica) persistens; 4. A. hypoglossica persistens; 5. intersegmentale A. proatlantica; 6. A. carotis interna; 7. A. vertebralis

Nach Osborn, A. E.:
Handbook of Neuroradiology. Mosby Year Book, St. Louis 1991

Entwicklungsvarianten der Verbindungen zwischen der A. carotis interna und A. vertebralis

I Normaltyp; *II* A. primitiva hypoglossica (rudimentäre A. vertebralis); *III* A. primitiva trigemina (der Circulus arteriosus cerebri ist partiell oder mangelhaft entwickelt)

Nach Luzsa, G.:
Röntgenanatomie des Gefäßsystems, Barth, Frankfurt 1972

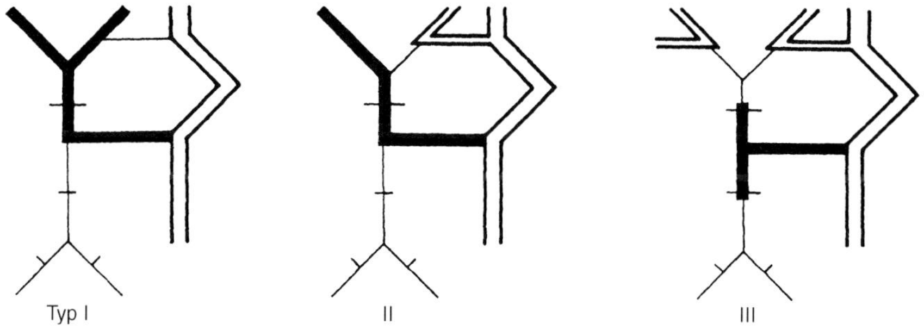

A. trigemina persistens

Einteilung der Versorgungstypen der A. trigemina prim. pers. nach Saltzman und Lie

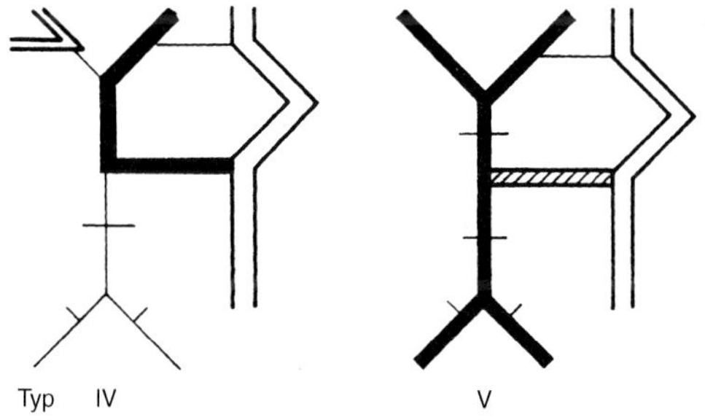

Weitere Versorgungstypen der A. trigemina

Nach Molsen, H. P., H. Winkelmann:
Persistenz embryonaler Kiemenbogenarterien in Verbindung mit weiteren Gefäßanomalien – Übersicht über 14 zerebrale Primitivarterien. Radiol. Diagn. 21 (1980) 597–603

Bei dem Typ I, der am häufigsten vorkommt, versorgt die Primitivarterie in der Hauptsache beide Aa. cerebri posteriores sowie die obere A. basilaris einschließlich der Aa. cerebelli superiores beiderseits.

Im Typ II wird die gleichseitige A. cerebri post. aus der A. carotis gespeist, während die Primitiva die A. cerebri post. der Gegenseite versorgt.

Bei Vorliegen des Typ III kommen beide Aa. cerebri posteriores aus den Karotiden; die A. trigemina versorgt lediglich Teile der A. basilaris mit kleineren Ästen.

Bei dem Typ IV wird nicht die gegenseitige A. cerebri post. (Typ II), sondern das gleichseitige Gefäß von der A. trigemina versorgt.

Bei Typ V versorgt die kaliberkräftige A. trigemina kein größeres Gefäß und füllt sich sowohl bei der Karotis- als auch Vertebralisangiographie nur gering. Das vertebrobasiläre System ist nicht hypoplastisch, so daß die A. trigemina keine erkennbare Funktion aufweist.

Mögliche Kollateralkreisläufe bei extrakraniellem Verschluß der A. carotis interna

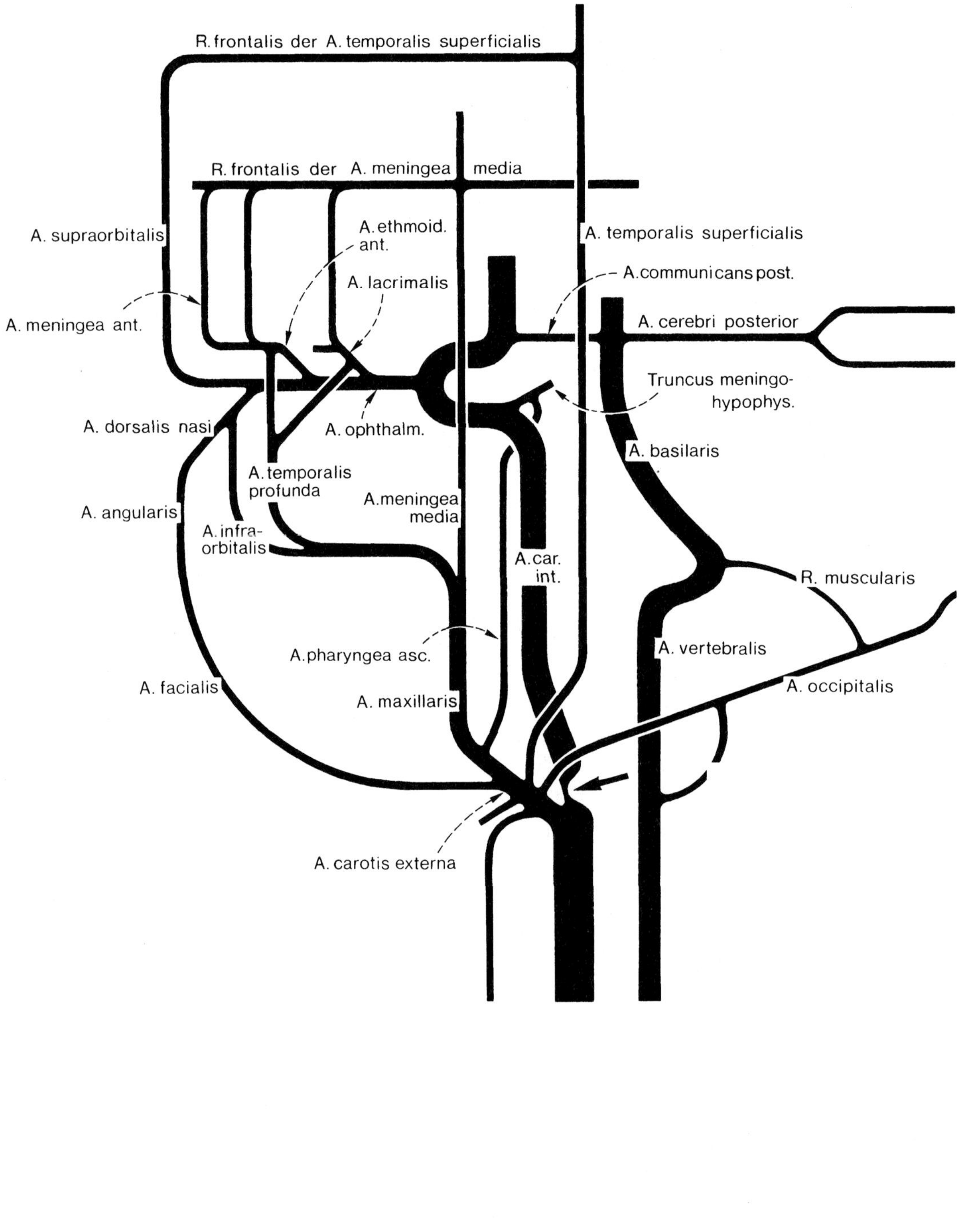

Nach Krayenbühl, H., M. G. Yasargil: Zerebrale Angiographie für Klinik und Praxis, 3. Aufl. Thieme, Stuttgart 1979
Nach Huber, P.: Zerebrale Aneurysmen und Angiome. In Handbuch der Medizinischen Radiologie XIV/1A. Springer, Berlin 1981

Kollateralkreisläufe beim Verschluß der A. cerebri media

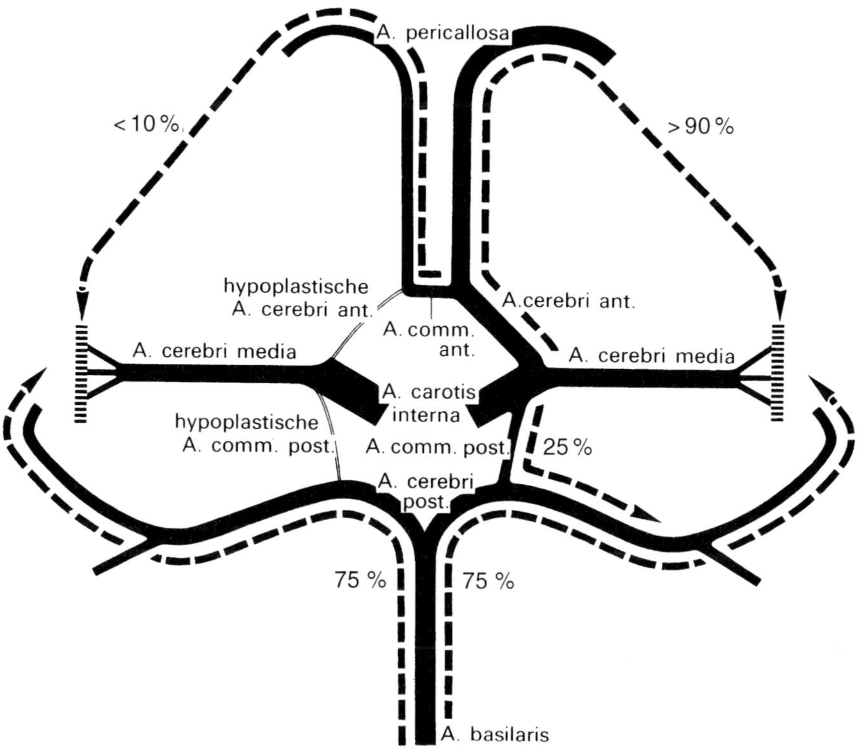

Nach Krayenbühl, H., M. G. Yasargil: Zerebrale Angiographie für Klinik und Praxis, 3. Aufl. Thieme, Stuttgart 1979
Nach Huber, P.: Stenosierende und obliterierende zerebrale Gefäßprozesse. In Handbuch der medizinischen Radiologie XIV/1A. Springer, Berlin 1981

Möglichkeiten von Kollateralen der Äste der A. vertebralis (nach Weibel u. Fields, 1969)

	ipsilateral	kontralateral
Rr. spinales	A. spinalis anterior A. spinalis posterior A. cervicalis ascendens (Tr. thyreocervicalis) A. cervicalis profonda (Tr. costocervicalis)	
Rr. musculares	A. occipitalis (A. carotis externa) A. cervicalis ascendens A. cervicalis profunda	
R. meningeus		T. meningeus
A. spinalis posterior	A. spinalis anterior Rr. spinales	A. spinalis posterior
A. spinalis anterior	A. spinalis posterior Rr. spinales	
Aa. medullares		
A. cerebelli inferior posterior	A. cerebelli inferior anterior (A. basilaris) A. cerebelli superior (A. basilaris)	

Nach Nadjmi, M., M. Ratzka:
Technik, Indikationen, Kontraindikationen und Komplikationen der zerebralen Angiographie. In: Handbuch der medizinischen Radiologie. Springer, Berlin 1981

Kollateralkreisläufe im vertebrobasilären Stromgebiet

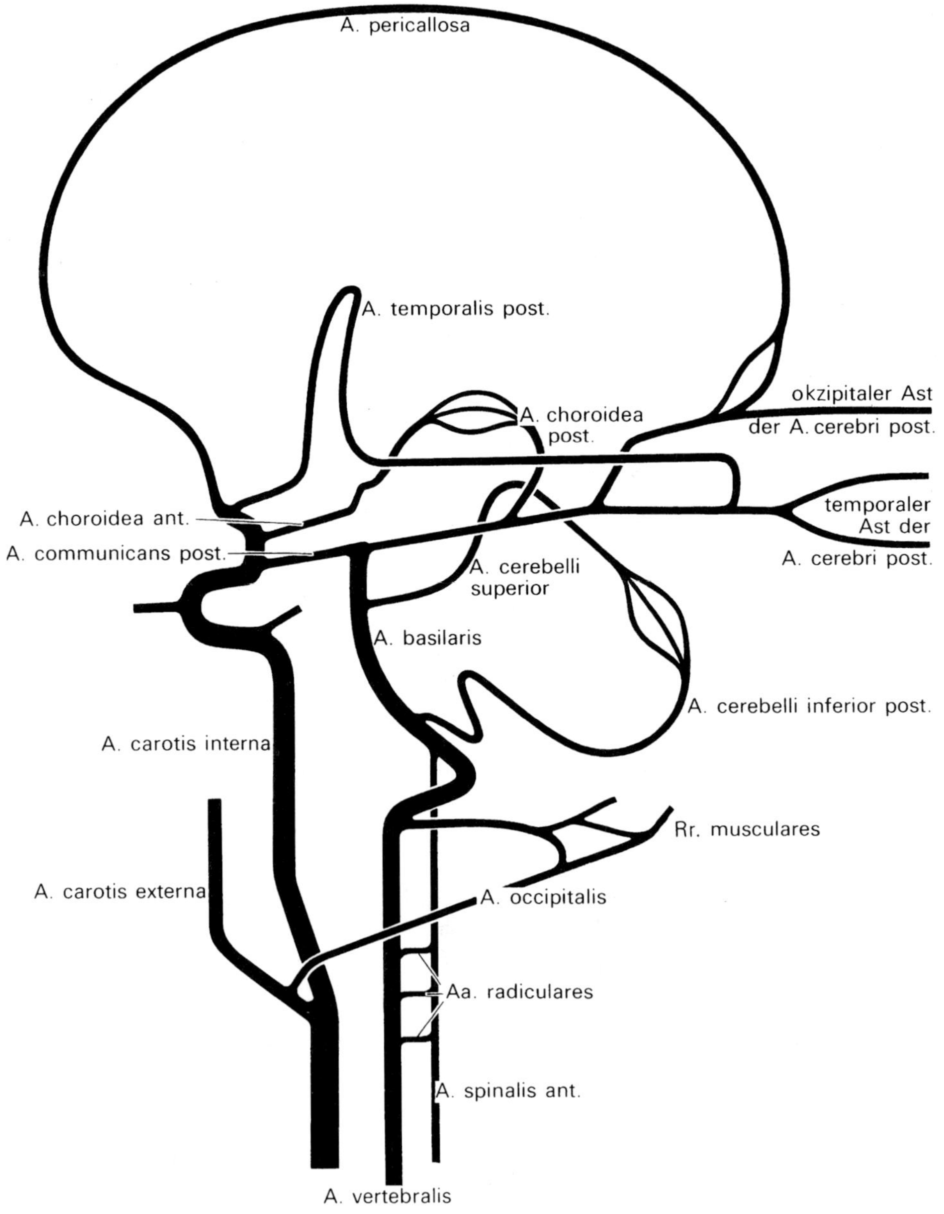

Nach Krayenbühl, H., M. G. Yasargil: Zerebrale Angiographie für Klinik und Praxis, 3. Aufl. Thieme, Stuttgart 1979
Nach Huber, P.: Zerebrale Aneurysmen und Angiome. In: Handbuch der Medizinischen Radiologie XIV/1A. Springer, Berlin 1981

Netzwerkartiges System der drei großen zerebralen Arterien über meningeale Anastomosen

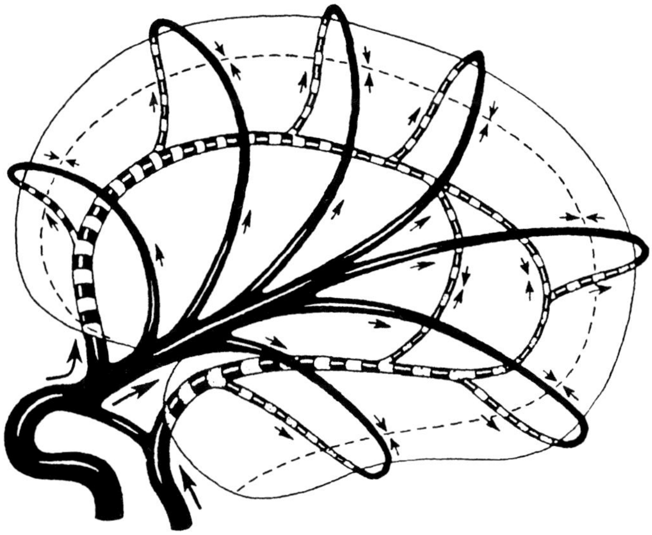

Nach Zülch, K. J.:
Some basic patterns of the collateral circulation of the cerebral arteries. In Zülch, K. J.: Cerebral Circulation and Strike. Springer, Berlin 1971

Möglichkeiten von Anastomosen zwischen den Aa. carotis ext. und int. über die A. ophthalmica

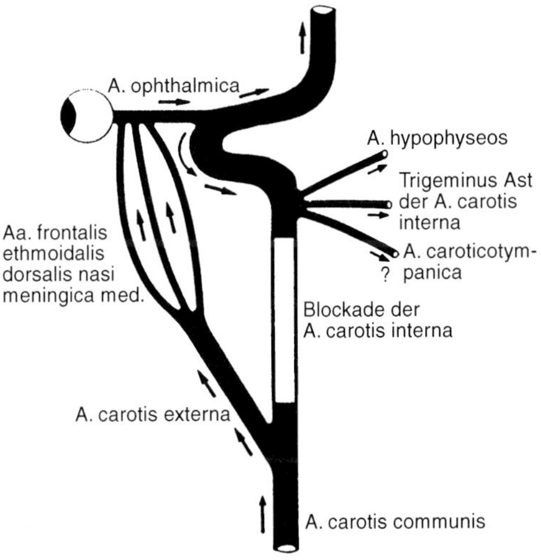

Blockade der A. carotis interna mit Ophthalmica - Anastomosen

Nach Kautzky, R., K. J. Zülch, S. Wende, A. Tänzer:
Neuroradiologie auf Neuropathologischer Grundlage. Springer, Berlin 1976

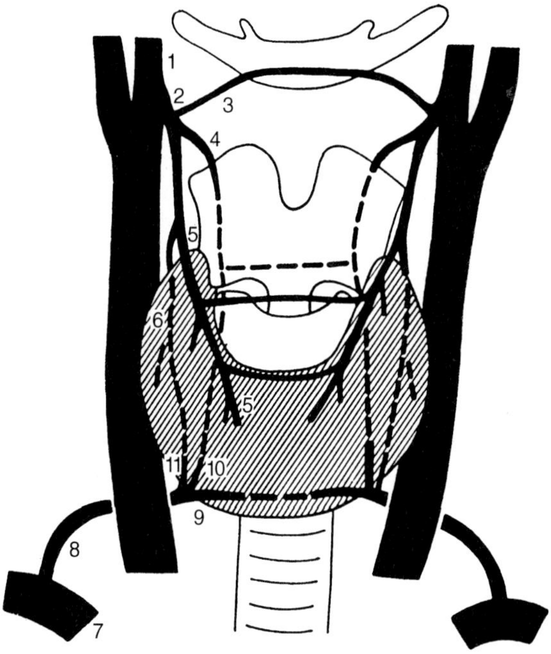

Anastomosen der A. thyroidea superior und inferior

1 A. carotis externa; *2* A. thyroidea superior; *3* R. infrahyoideus; *4* A. laryngea superior; *5* R. anterior; *6* R. posterior; *7* A. subclavia; *8* A. thyroidea inferior; *9* R. glandularis (Anastomose zum kontralateralen R.); *10* A. laryngea inferior; *11* R. glandularis (Anastomose mit dem R. posterior der A. thyroidea superior)

Nach Luzsa, G.:
Röntgenanatomie des Gefäßsystems. Barth, Frankfurt 1972

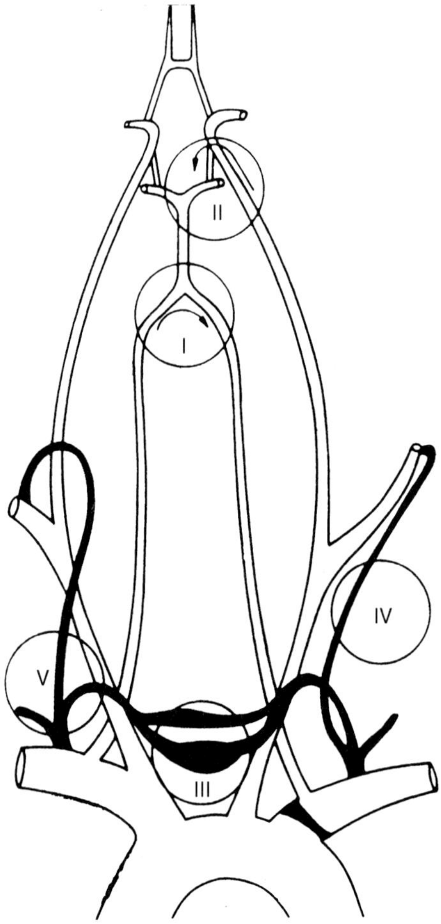

Wichtigste Kollateraltypen beim Subclavian-Steal-Syndrom

- I vertebro-vertebraler Typ
- II karotido-basilarer Typ
- III thyro-thyroidaler Typ (A. thyroidea inferior – A. thyroidea inferior der Gegenseite)
- IV okzipito-subklavialer Typ (A. occipitalis – Truncus thyrocervicalis oder costocervicalis)
- V externo-subklavialer Typ (A. carotis externa A. thyroidea superior – A. thyroidea inferior – A. subclavia)

Nach Müller, J. H. A., J. Neugebauer:
Typische und atypische Hämodynamik beim Subclavian-steal-syndrom als Sonderform des Aortenbogensyndroms. Zschr. inn. Med. 29 (1974) 786–791

Möglichkeiten zur Entstehung der Okzipitalis-Vertebralis-Anastomose. A: bei Verschluß der A. vertebralis oder B: der A. carotis communis

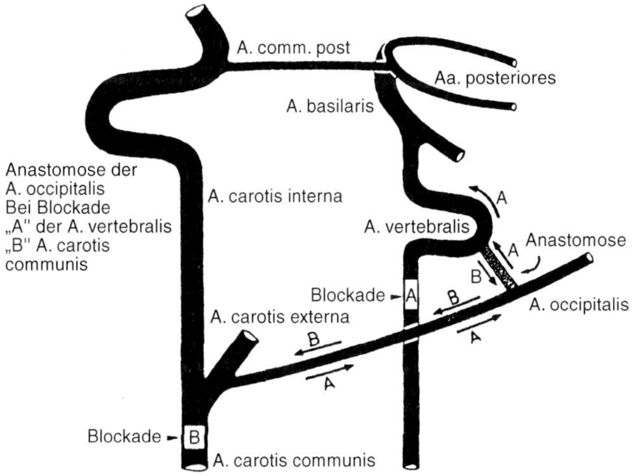

Anastomose über die A. spinalis ant. bei Verschluß beider Aa. vertebrales

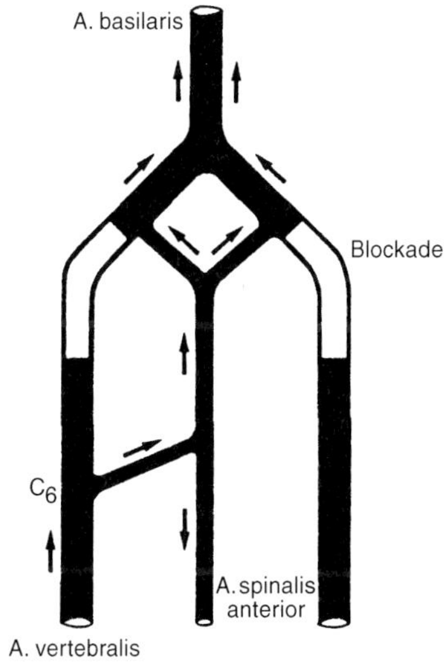

Anastomosenwege über die unteren und oberen Kleinhirnarterien bei Verschluß der A. basilaris

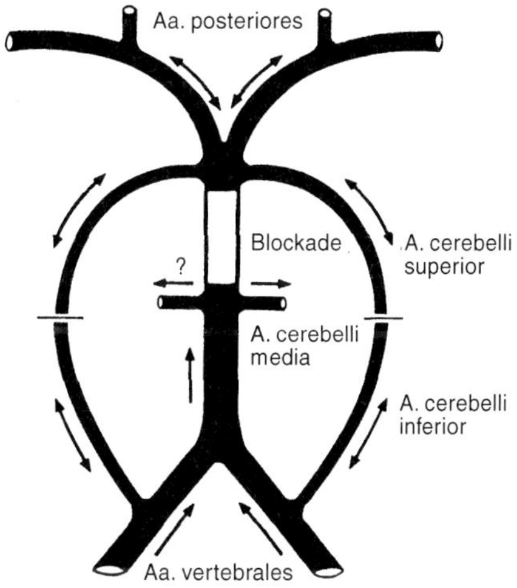

Nach Kautzky, R., K. J. Zülch, S. Wende, A. Tänzer: Neuroradiologie auf neuropathologischer Grundlage. Springer, Berlin 1976

Hirnvenen

Äußere Venendrainage

1. Oberflächliche Venen des Großhirnes

1. Vv. cerebri superiores
   Etwa 12–15 meist starke, oberflächlich in den Sulci der Großhirnrinde gelegene Venenstämme, die das Blut von der konvexen Oberfläche der Hemisphären ableiten.

2. V. cerebri media superficialis
   Meist nur mittelstarke Vene mit in der Regel absteigender Richtung zum Sinus cavernosus. Häufig Anastomosen über die V. anastomotica superior (Trolard) mit dem Sinus sagittalis superior und über die V. anastomotica inferior (Labbe) mit dem Sinus transversus.

3. Vv. cerebri inferiores
   Drainage von Temporal- und Okzipitallappen durch in Zahl und Größe inkonstante Venen, die teilweise in den Sinus transversus, teilweise in den Sinus petrosus superior münden.

4. V. basalis
   An der Hirnbasis gelegenes Gefäß, das von der Region der Fossa interpreduncularis und den benachbarten Strukturen drainiert und in die V. cerebri magna oder deren Wurzeln mündet.

5. V. cerebri media profunda
   Verlauf zusammen mit der A. cerebri media in der Tiefe des Sulcus lateralis, mündet in die V. basalis oder in den Sinus cavernosus.

Tiefe Venen des Großhirnes

6. V. septi pellucidi
   Paariges Gefäß an der Wand des gleichnamigen Septums. Führt zusammen mit den Vv. thalamostriatae et chorioideae zu den Vv. cerebri internae.

7. V. thalamostriata
   Paariges Gefäß in der Stria terminalis thalami, drainiert den Thalamus und die basalen Hirnkerne. Bildet zusammen mit der V. septi pellucidi und der V. chorioidea die V. cerebri interna.

8. V. choroidea
   Paariges Gefäß, das den Plexus chorioideus des Seitenventrikels drainiert und in die V. cerebri interna mündet.

9. Vv. cerebri internae
   Die Gefäße entstehen aus den Vv. septi pellucidi, thalamostriatae et chorioideae. Sie liegen als mittelstarke Gefäße in der Tela chorioidea ventriculi tertii, in der sie weitere tiefe Hirnvenen aufnehmen.

10. V. cerebri magna (Galeni)
    Das Gefäß entsteht aus dem Zusammenfluß der tiefen Venen (6–9) und nimmt oft auch die V. basalis auf. Nach kurzem Verlauf Mündung in den Sinus rectus, der die direkte Fortsetzung darstellt.

Venen des Kleinhirnes

11. Vv. cerebelli superiores
    Variable Anzahl an der Oberfläche des Kleinhirns gelegener Gefäße, die meist in den Sinus transversus, seltener in den Sinus rectus münden.

12. Vv. cerebelli inferiores
    Kleine, sehr variabel angelegte, oberflächliche Gefäße, die die Kleinhirnunterfläche drainieren und in variabler Form in die basalen Venen oder in kleine basale Sinus einmünden.

Nach Sobotta, J., H. Becher,: Atlas der Anatomie des Menschen. 3. Teil. 16. Aufl. Urban & Schwarzenberg, München 1962

Venen in der Einflußbahn der V. cava superior

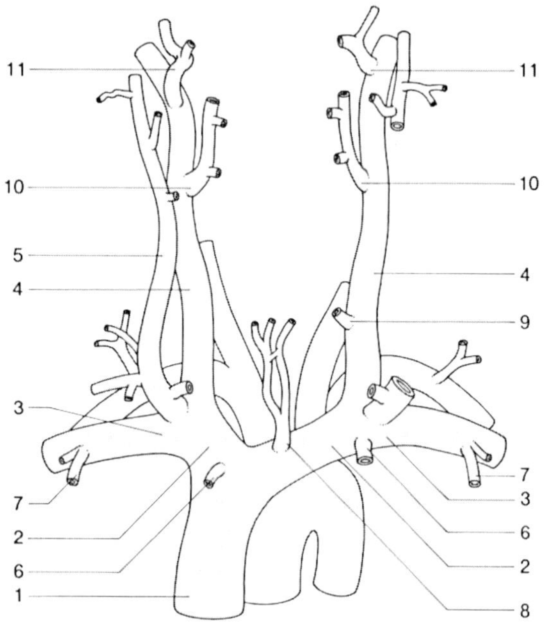

1 V. cava superior,
2 V. brachiocephalica (dextra/sinistra),
3 V. subclavia (dextra/sinistra),
4 V. jugularis interna,
5 V. jugularis externa,
6 V. thoracica interna,
7 V. cephalica,
8 V. thyroidea inferior,
9 V. thyroidea media,
10 V. thyroidea superior,
11 V. facialis

Nach Nadjmi, M.:
Digitale Subtraktions-Angiographie in der Neuroradiologie. Thieme, Stuttgart 1986

Oberflächliche und tiefe Kopfvenen

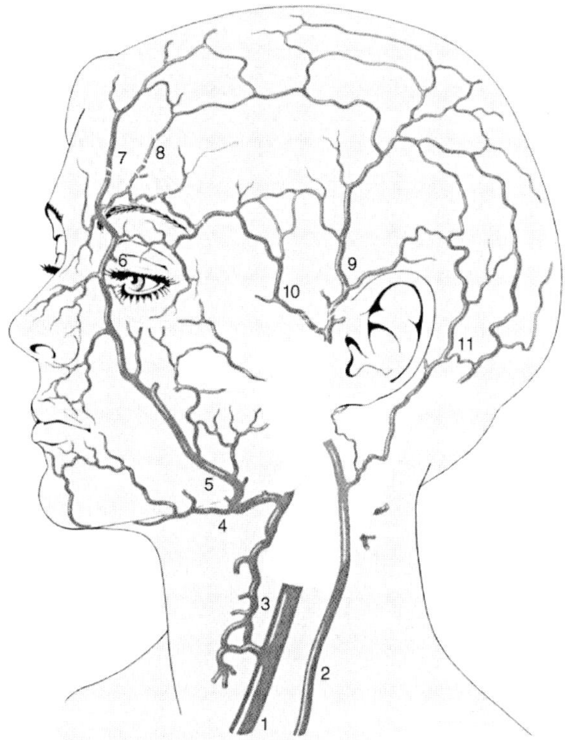

Oberflächliche Kopfvenen

1 V. jugularis interna
2 V. jugularis externa
3 V. retromandibularis
4 V. submentalis
5 V. facialis
6 V. angularis
7 V. supratrochlearis (V. facialis)
8 V. supraorbitalis
9 Vv. temporales superficiales
10 Vv. temporales mediae
11 Vv. occipitales

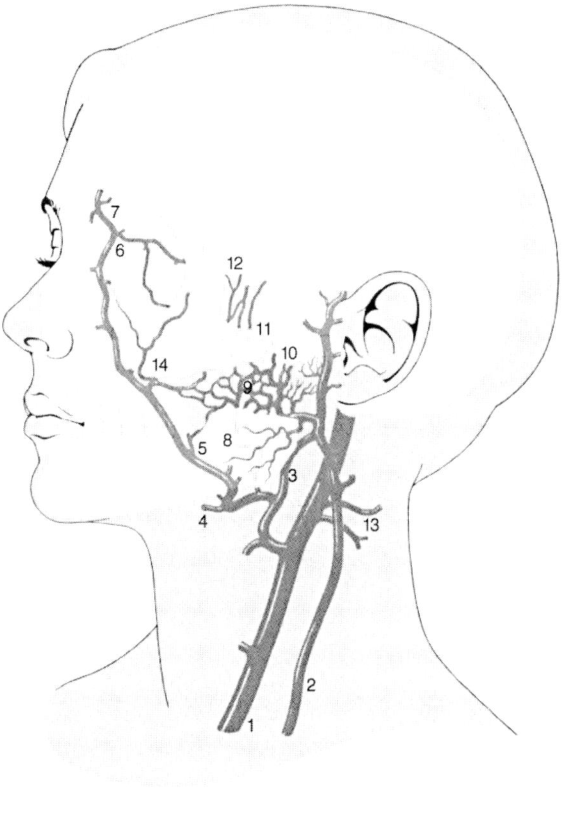

Tiefe Kopfvenen. Verbindungen des Plexus pterygoideus

1 V. jugularis interna
2 V. jugularis externa
3 V. retromandibularis
4 V. submentalis
5 V. facialis
6 V. angularis
7 V. supraorbitalis
8 V. palatina externa
9 Plexus pterygoideus
10 Vv. meningeae mediae
11 V. canalis pterygoidei
12 Vv. temporales profundae
13 Vv. sternocleidomastoideae
14 V. faciei profunda

Nach Krayenbühl, H., M. G. Yasargil:
Zerebrale Angiographie für Klinik und Praxis, 3. Aufl. Thieme, Stuttgart 1979

Die V. jugularis interna und ihre Zweige. (V. jugularis interna et rami). Exposition: anterior-posterior

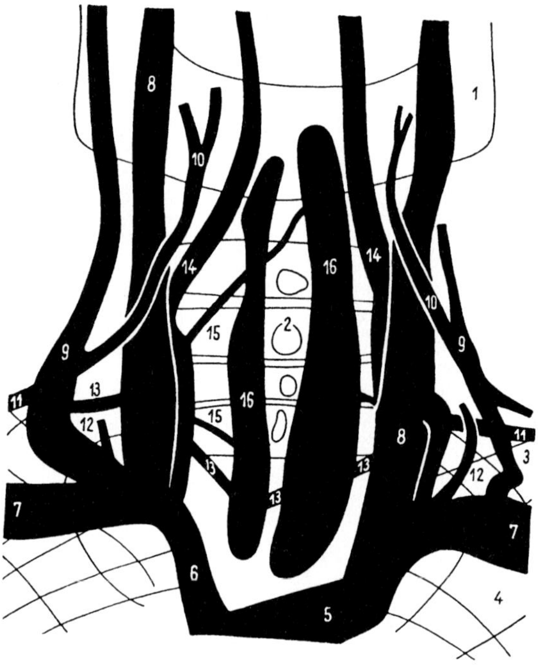

1 Mandibula
2 Vertebrae cervicales
3 Clavicula
4 Costa 1
5 V. brachiocephalica sinistra
6 V. brachiocephalica dextra
7 V. subclavia
8 V. jugularis interna
9 V. jugularis externa
10 V. jugularis anterior
11 V. transversa scapulae
12 V. cervicalis superficialis
13 Arcus venosus juguli
14 V. vertebralis
15 Vv. intervertebrales
16 Plexus venosi vertebrales externi et interni, Plexus pharyngeus

Die V. jugularis interna und ihre Zweige. (V. jugularis interna et rami). Exposition: sinistro-dexter

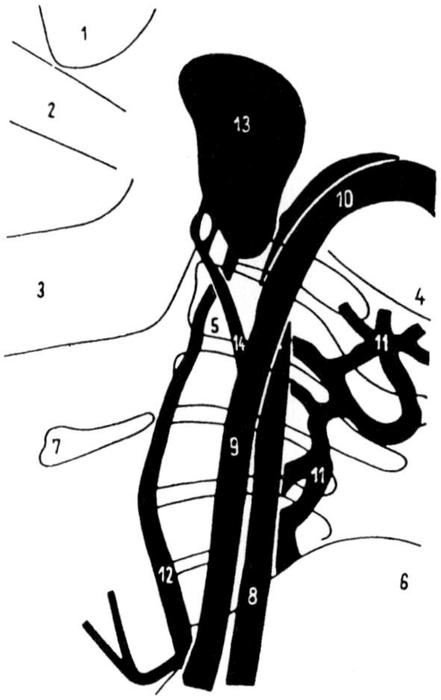

1 Sinus maxillaris
2 Maxilla
3 Mandibula
4 Os occipitale
5 Axis
6 Acromion
7 Os hyoideum
8 V. jugularis interna sinistra
9 V. jugularis interna dextra
10 Sinus sigmoideus
11 Plexus venosi vertebrales posteriores
12 Plexus venosi vertebrales anteriores
13 Plexus pterygoideus
14 V. retromandibularis

Nach Luzsa, G.: Röntgenanatomie des Gefäßsystems. Barth, Frankfurt/M. 1972

Innere Venendrainage

Hirnvenen und Sinus

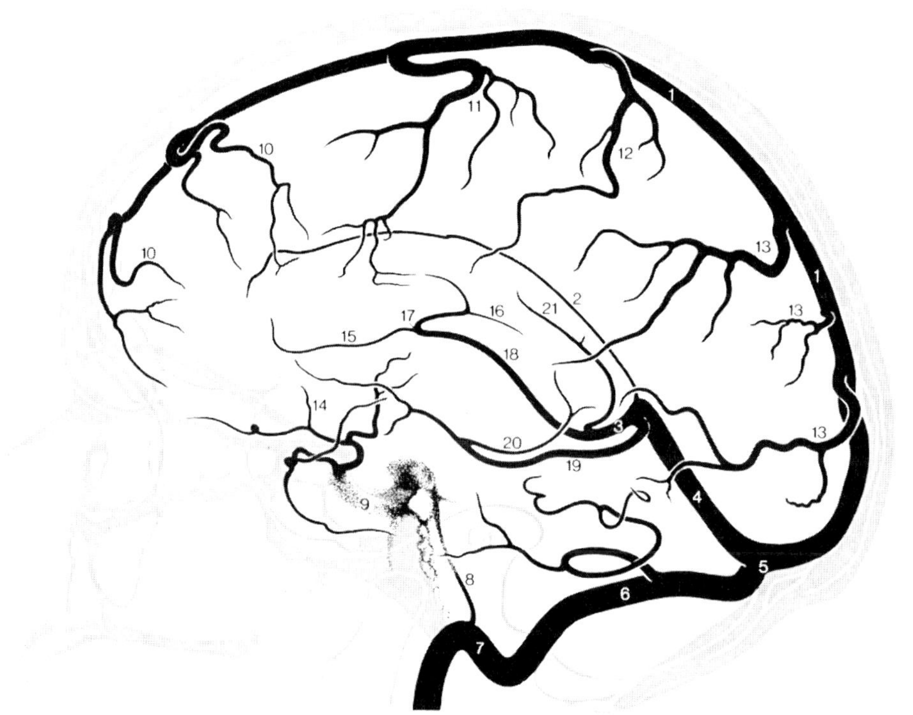

Profilaufnahme

Aufnahme nach Towne

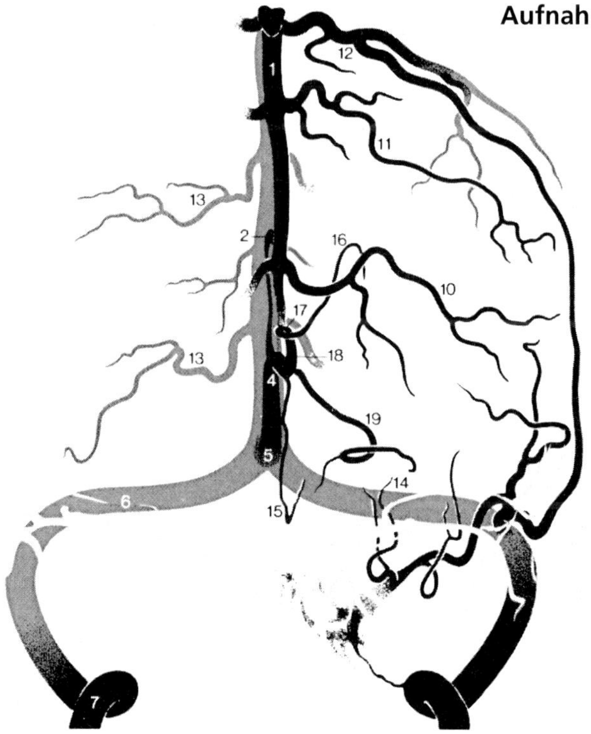

1 Sinus sagittalis superior
2 Sinus sagittalis inferior
3 V. cerebri magna Galeni
4 Sinus rectus
5 Confluens sinuum (Torcular Herophili)
6 Sinus transversus
7 Sinus sigmoideus
8 Sinus petrosus inferior
9 Sinus cavernosus
10 frontale aszendierende Venen
11 V. Trolardi
12 V. Rolandi
13 parietale und okzipitale aszendierende Venen
14 Vv. fossae Sylvii
15 V. septi pellucidi
16 V. thalamostriata
17 Angulus venosus
18 V. cerebri interna
19 V. basalis
20 untere Ventrikelvene
21 V. corporis callosi dorsalis (V. pericallosa posterior)

Nach Krayenbühl, H., M. G. Yasargil: Zerebrale Angiographie für Klinik und Praxis, 3. Aufl. Thieme, Stuttgart 1979

Das System der Sinus durae matris

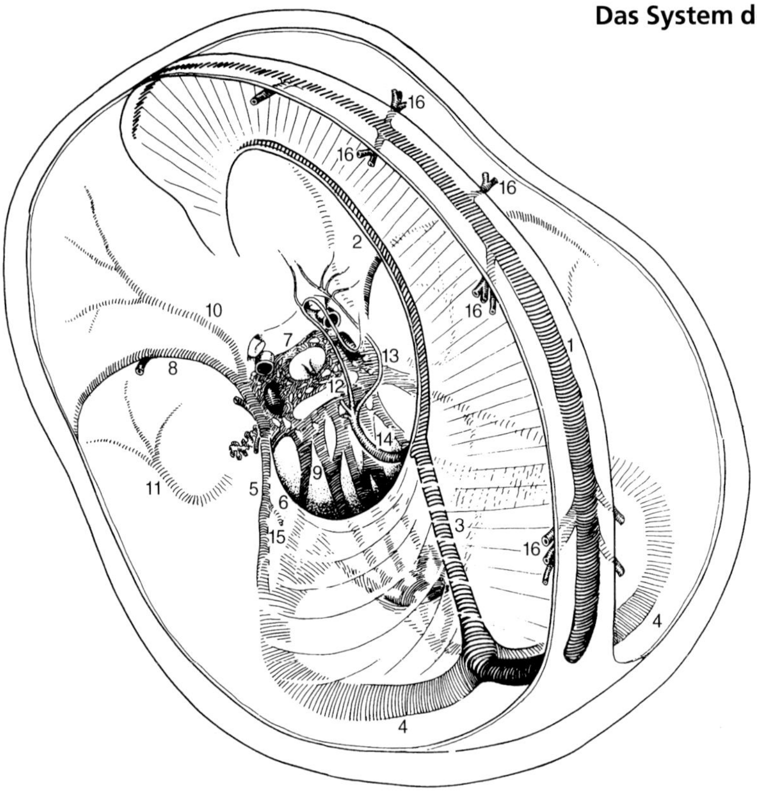

1 Sinus sagittalis superior
2 Sinus sagittalis inferior
3 Sinus rectus
4 Sinus transversus
5 Sinus petrosus superior
6 Sinus petrosus inferior
7 Sinus cavernosus
8 Sinus sphenoparietalis
9 Plexus basilaris
10 V. ophthalmica
11 V. meningea media
12 V. cerebri interna
13 V. basalis
14 V. cerebri magna
15 V. petrosa
16 Vv. ascendentes cerebri

Nach Krayenbühl, H., M. G. Yasargil: Zerebrale Angiographie für Klinik und Praxis, 3. Aufl. Thieme, Stuttgart 1979

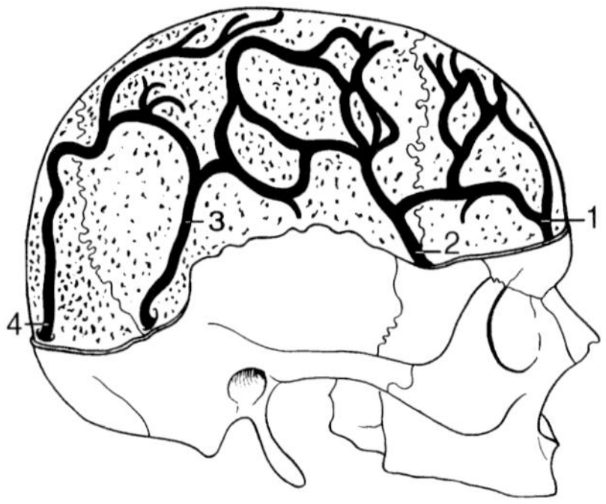

Diploe-Venen

1 V. diploica frontalis
2 V. diploica temporalis anterior
3 V. diploica temporalis posterior
4 V. diploica occipitalis

Sinus sagittalis superior

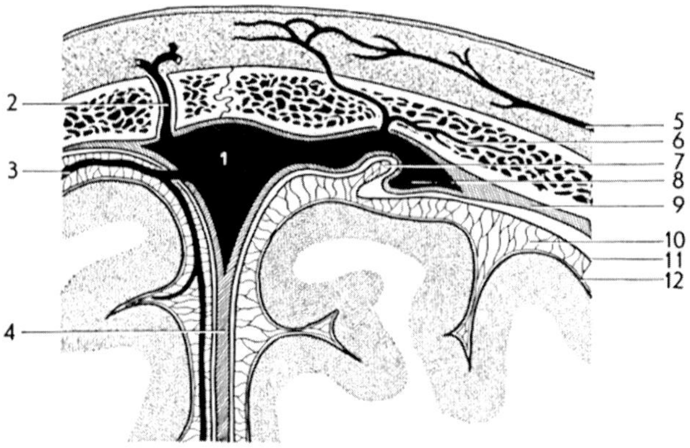

Querschnitt durch den Sinus sagittalis superior und seine Umgebung

1 Sinus sagittalis superior
2 V. emissaria
3 V. cerebri superficialis
4 Falx cerebri
5 Weichteilvene
6 V. diploica
7 Arachnoidealzotte
8 Seitliche Ausbuchtung des Sinus sagittalis
9 Dura parietalis
10 Cavitas subarachnoidealis
11 Arachnoidea
12 Pia mater

Nach Töndury, G.: Angewandte und topographische Anatomie, 5. Aufl. Thieme, Stuttgart 1981

Venensystem des Schädels und des Gehirns

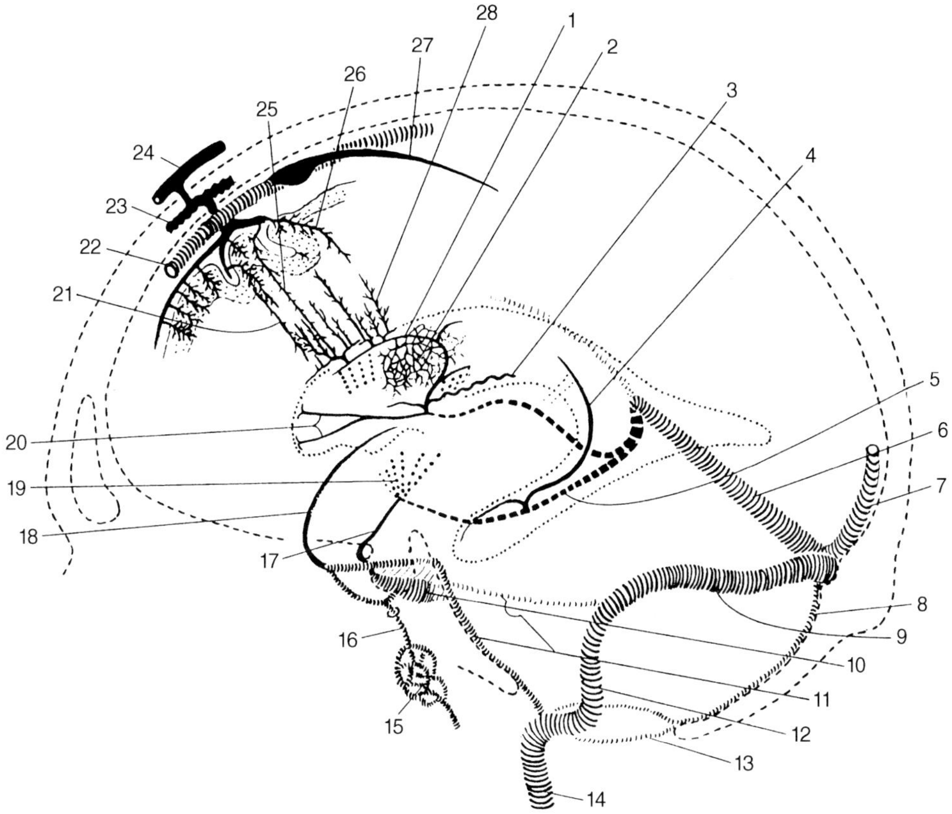

1 V. caudalis longitudinalis
2 Vv. ependymales
3 V. chorioidea superior
4 V. ventricularis inferior
5 V. basalis
6 Sinus rectus
7 Sinus sagittalis superior
8 Sinus occipitalis
9 Sinus lateralis
10 Sinus cavernosus
11 Sinus petrosus
12 Sinus sigmoideus
13 Sinus marginalis
14 V. jugularis interna
15 Plexus pterygoideus
16 V. emissaria
17 V. uncualis
18 V. sylvii superficialis
19 Vv. striati inferior
20 Vv. septi pellucidi
21 anastomosierende medulläre Venen
22 Sinus sagittalis superior
23 Diploevene
24 Venen der Kopfhaut
25 transzerebrale Venen
26 oberflächliche medulläre Venen
27 V. meningea
28 tiefe medulläre Venen

Die venöse Drainage der oberflächlichen Anteile von grauer und weißer Substanz erfolgt über die oberflächlichen kortikalen Venen in die duralen Sinus. Die Venen, die die tiefe graue bzw. weiße Substanz und den Plexus chorioideus der Seitenventrikel drainieren, führen zu den tiefen Sinus sagittalis inferior und Sinus rectus. Der venöse Abfluß der duralen Sinus erfolgt überwiegend über die paarigen Vv. jugulares internae, aber auch durch Foramina der mittleren Schädelgrube über den Plexus pterygoideus zu den paarigen Vv. jugulares externae.
Es bestehen Kollateralverbindungen zwischen den duralen Sinus, den Diploevenen und den Venen der Galea.

Nach Salomon, G., Y. P. Huang: Radiologic Anatomy of the Brain. Springer, Berlin-Heidelberg-New York 1976

Venen an der Facies inferior hemispherii

Die V. basalis Rosenthal ist etwas medial verlagert

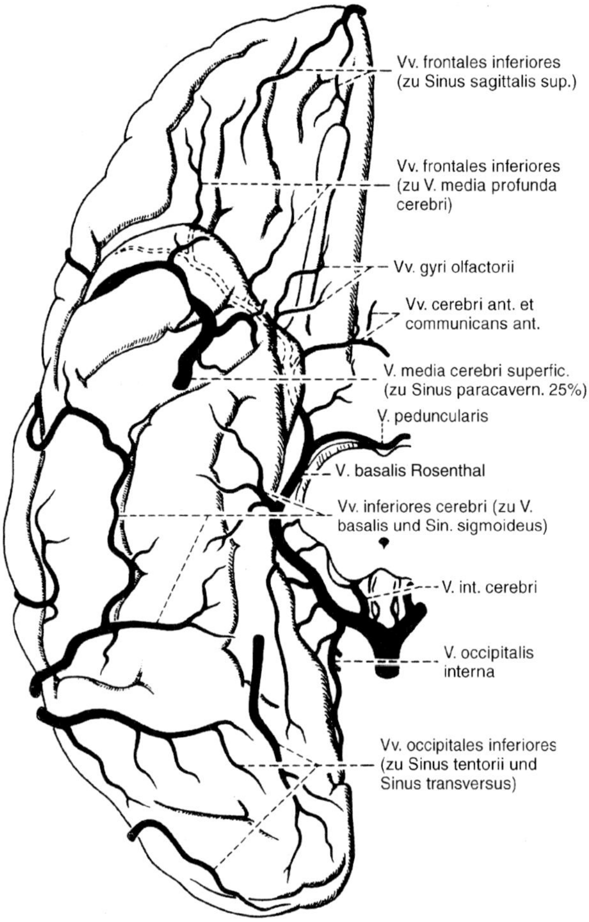

Nach Lang, J.: Lobustemporalis. In: Kohlmeyer, K.: (Hrsg.): Der Temporallappen. Schnetztor Verlag GmbH, Konstanz, 1991

Basale Sinusgruppe, a) Ansicht von oben, b) Profilansicht

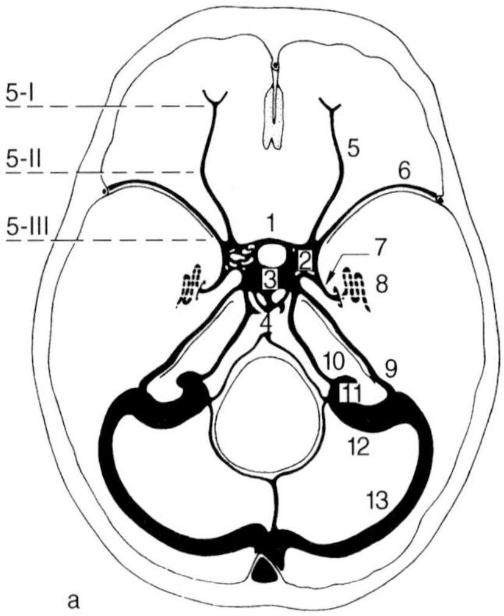

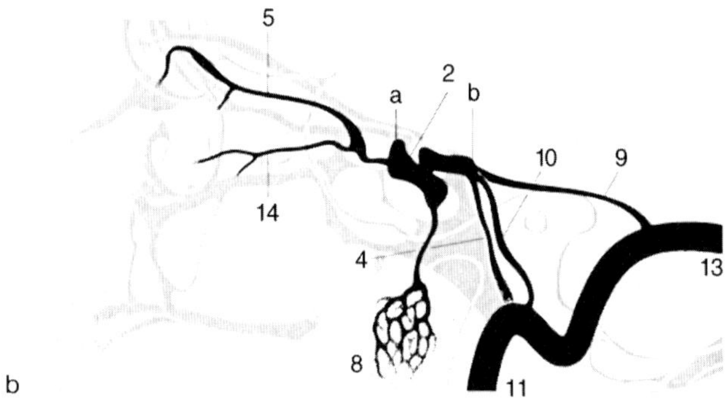

1 Sinus intercavernosus anterior
2 Sinus cavernosus
a = vorderer, b = hinterer Zufluß
3 Sinus intercavernosus posterior
4 Plexus basilaris
5 V. ophthalmica superior
I = 1. Segment,
II = 2. Segment,
III = 3. Segment
6 Sinus sphenoparietalis
7 Plexus des Foramen ovale
8 Plexus pterygoideus
9 Sinus petrosus superior
10 Sinus petrosus inferior
11 V. jugularis interna
12 Sinus sigmoideus
13 Sinus transversus
14 V. ophthalmica inferior

Nach Krayenbühl, H., M. G. Yasargil: Zerebrale Angiographie für Klinik und Praxis, 3. Aufl. Thieme, Stuttgart 1979

Topographie der inneren Hirnvenen

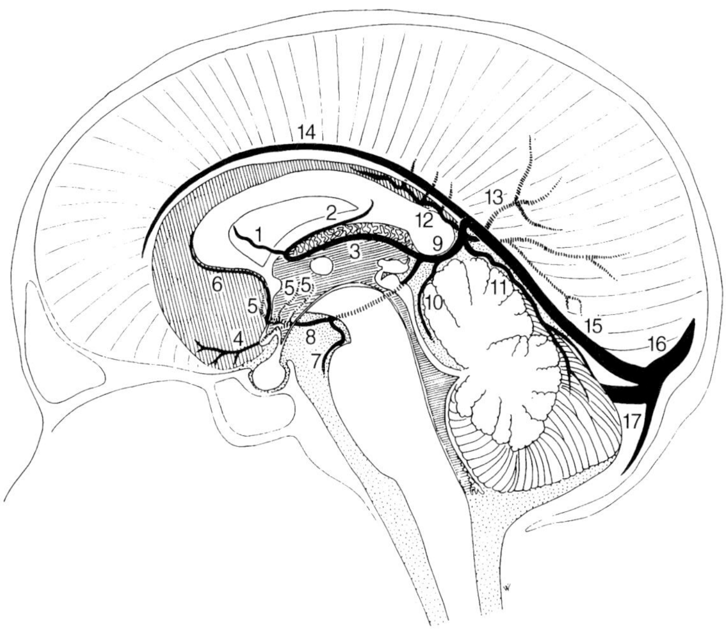

1 V. septi pellucidi
2 V. thalamostriata
3 V. cerebri interna
4 Vv. gyri olfactorii
5 Vv. hippocampi et insularis
6 V. cerebri anterior
7 V. pontomesencephalica anterior
8 V. basalis
9 V. cerebri magna
10 V. praencentralis cerebelli
11 Vv. cerebelli superiores
12 V. corporis callosi dorsalis
13 V. occipitalis interna
14 Sinus sagittalis inferior
15 Sinus rectus
16 Sinus sagittalis superior
17 Sinus occipitalis

Kaskadenförmiger Aufbau der inneren Hirnvenen

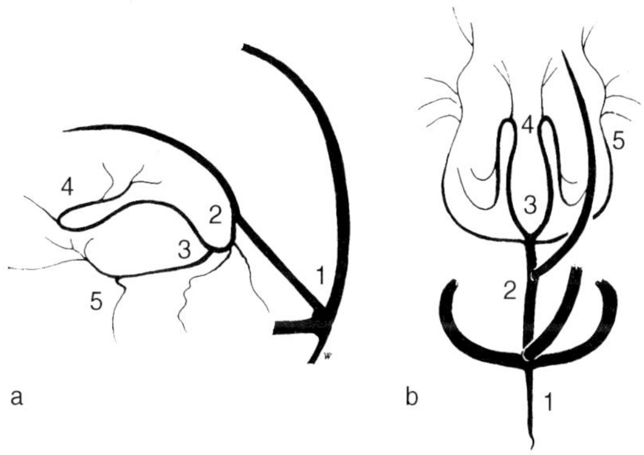

1 Confluens sinuum (in Höhe der Protuberantia occipitalis interna): Sinus sagittalis superior, Sinus rectus, Sinus transversus beidseits.
2 Confluens sinuum et venarum falcotentorii (in Höhe des freien Tentoriumrandes): Sinus sagittalis inferior, V. cerebri magna, Vv. cerebelli superiores, Vv. occipitales internae.
3 Confuens venarum (unter dem Splenium): Vv. cerebri internae, Vv. basales, Vv. corporis callosi dorsales, Vv. cerebelli superiores, V. praecentralis cerebelli.
4 Confluens venarum (Angulus venosus) (in Höhe des Foramen Monroi): Vv. thalamostriatae, Vv. choroideae, Vv. septi pellucidi.
5 Confluens venarum (in Höhe des Hirnschenkels): Vv. insulares, Vv. lenticulostriatae, Vv. hippocampi, Vv. gyri olfactorii, Vv. cerebri anteriores, Vv. pedunculares, V. pontis

Die Venen des Thalamus

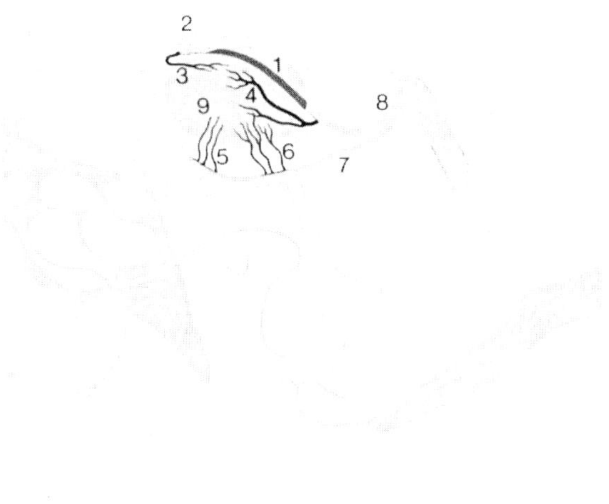

1 V. cerebri interna
2 V. thalamostriata
3 V. thalami anterior
4 V. thalami superior
5 V. thalami inferior
6 V. thalami posterior
7 V. basalis
8 V. cerebri magna
9 Thalamus

Nach Krayenbühl, H., M. G. Yasargil:
Zerebrale Angiographie für Klinik und Praxis, 3. Aufl. Thieme, Stuttgart 1979

Die subependymalen Venen (Nach Wolf u. Huang).

Mediale Gruppe: a) *Profilansicht*, b) *axiale Ansicht von oben*, c) *Frontalansicht*
Laterale Gruppe: d) *Ansicht von hinten oben*, e) *Ansicht von oben*, f) *Frontalansicht*

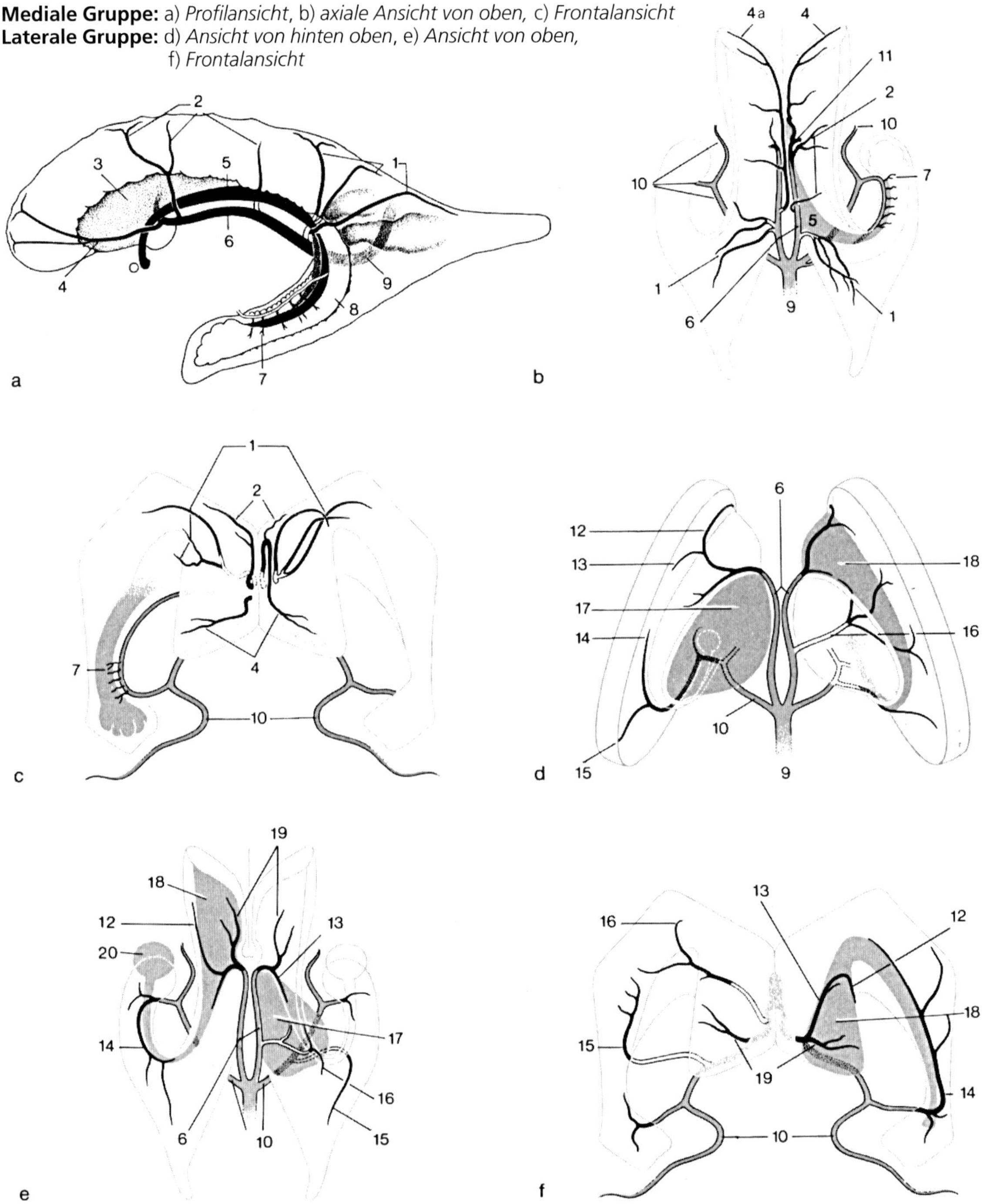

1 mediale Atriumvenen
2 hintere Septumvenen
3 Septum pellucidum
4 V. septi pellucidi
4a Variante
5 Fornix
6 V. cerebri interna
7 Plexus venosus hippocampi
8 Hippokampus
9 V. cerebri magna
10 V. basalis
11 Foramen interventriculare (Monroi)
12 V. caudata longitudinalis
13 V. thalamostriata
14 untere Ventrikelvene
15 laterale Atriumvene
16 direkte laterale Ventrikelvene
17 Thalamus
18 Nucleus caudatus
19 V. caudata anterior
20 Nucleus amygdalae (Corpus amygdaloideum)

Nach Krayenbühl, H., M. G. Yasargil: Zerebrale Angiographie für Klinik und Praxis, 3. Aufl. Thieme, Stuttgart 1979

Schema der V. basalis und ihrer Zuflüsse (nach Wolf u. Huang)

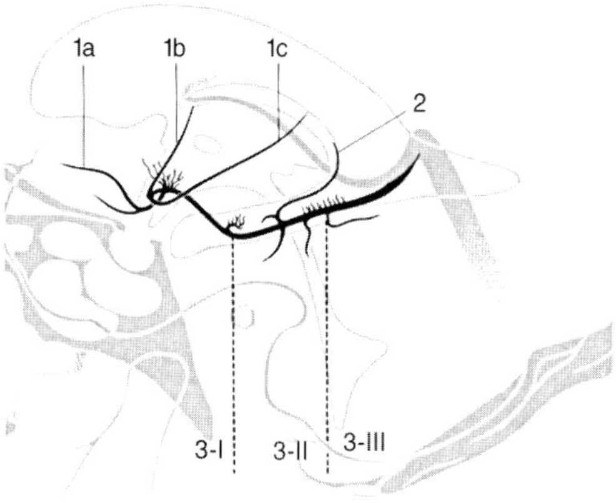

a

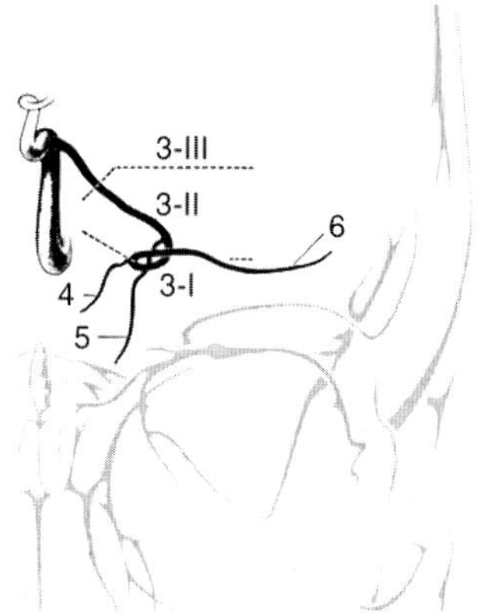

b

a) **Profilansicht,**
b) **Ansicht nach Towne,**
c) **axiale Ansicht,**

1 Inselvene
a = vordere, b = mittlere, c = hintere
2 V. ventriculi inferior
3 V. basalis
I = 1. Segment, II = 2. Segment, III = 3. Segment
4 V. peduncularis
5 V. mesencephali lateralis
6 tiefe mittlere Hirnvene
7 V. frontoorbitalis
8 V. cerebri anterior
9 V. olfactoria
10 V. pericallosa
11 V. cerebri interna
12 V. calcarina
13 V. temporooccipitalis inferior
14 V. choroidea inferior

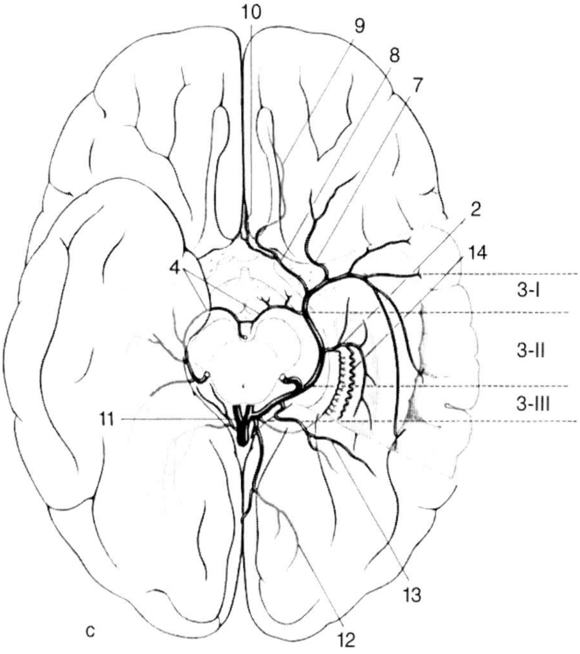

c

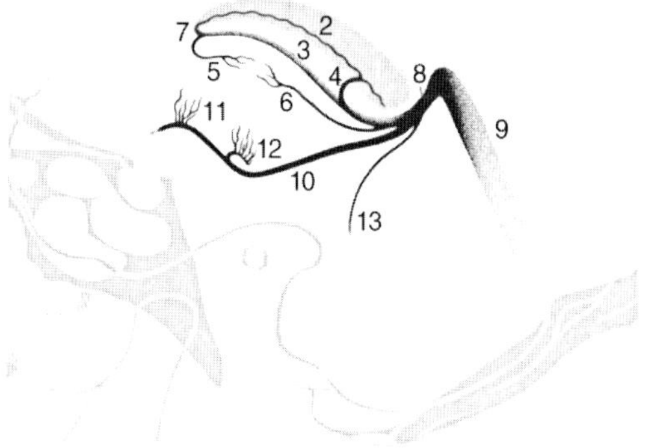

Schema der zentralen supratentoriellen Venen im Vertebralisangiogramm (nach Takahashi u. Okudera)

1 Plexus choroideus
2 V. choroidea superior
3 V. cerebri interna
4 mediale Atriumvene
5 V. thalami anterior
6 V. thalami superior
7 Foramen Monroi
8 V. cerebri magna
9 Sinus rectus
10 V. basalis
11 V. thalami inferior
12 V. thalami posterior
13 V. praecentralis cerebelli

Nach Krayenbühl, H., M. G. Yasargil: Zerebrale Angiographie für Klinik und Praxis, 3. Aufl. Thieme, Stuttgart 1979

Normvarianten der V. cerebri media superficialis (schwarz hervorgehoben)

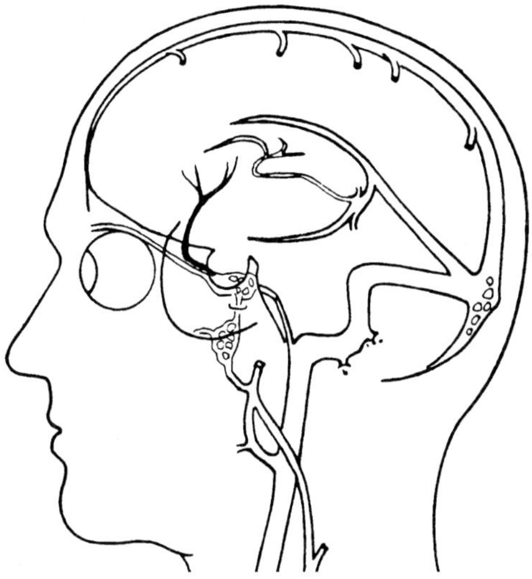

a) Drainage über den Sinus sphenoparietalis in den Sinus cavernosus

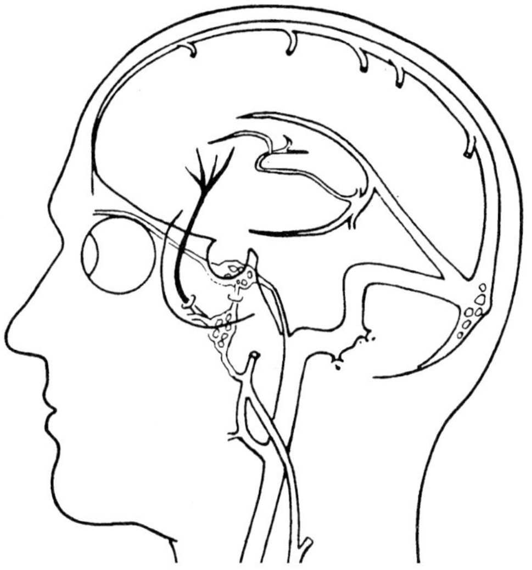

b) Drainage in die sphenobasalen Venen (Plexus pterygoideus)

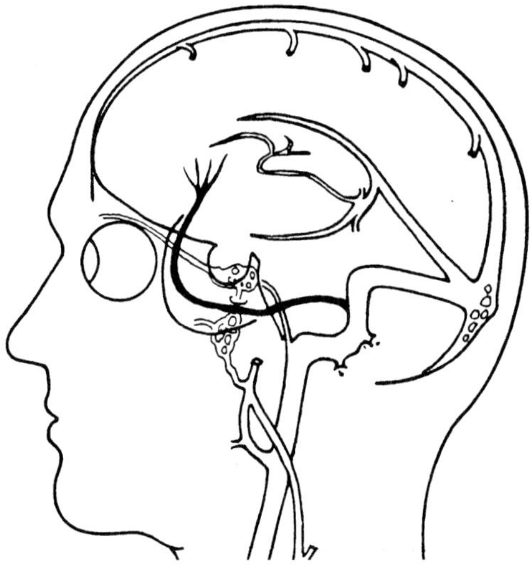

c) Drainage direkt in den Sinus transverso-sigmoideus

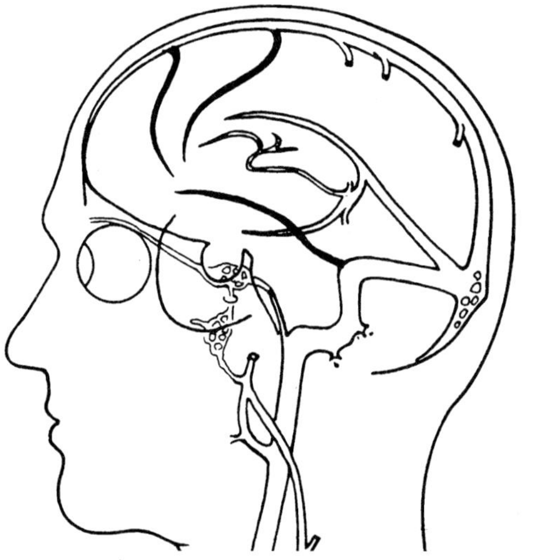

d) Die V. cerebri media superficialis ist nicht angelegt. Die Drainage erfolgt über frontale und parietale kollaterale Venen (Vv. Trolardi rsp. V. Rolandi) bzw. über die hintere temporale Vene (V. Labbè)

Nach Servo, A.: Visualization of the superior ophthalmic vein on carotid angiography. Neuroradiology 23 (1982) 141–146

Abflußwege aus der Sylvischen Furche

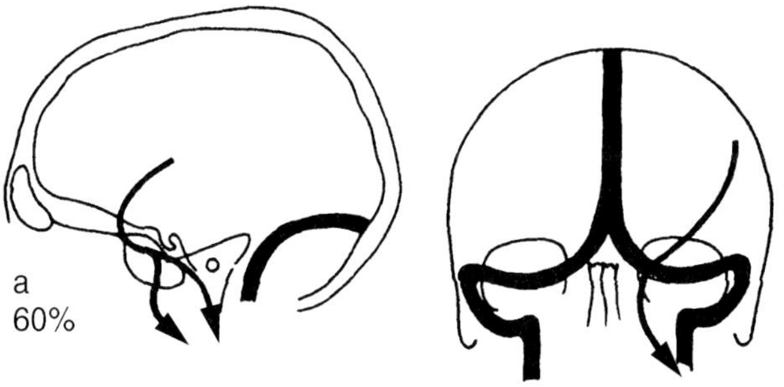

a. Sinus sphenoparietalis, Sinus cavernosus, Sinus petrosus inferior.

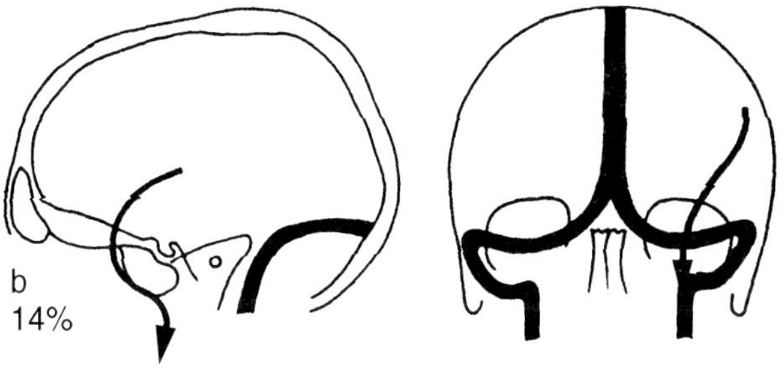

b. V. sphenobasalis mit direktem Abfluß in den Plexus pterygoideus.

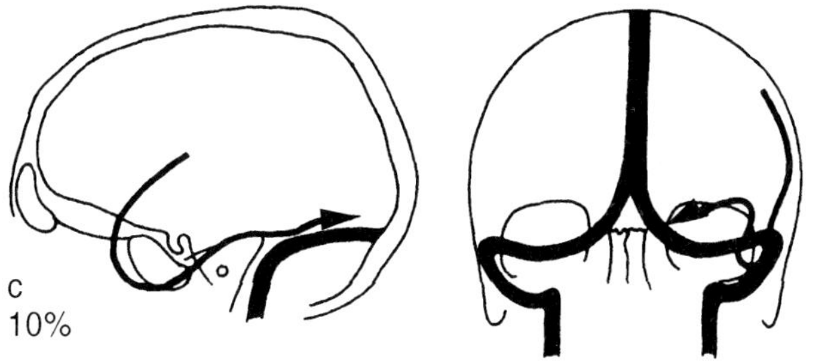

c. V. sphenopetrosa mit Abfluß in den Sinus transversus.

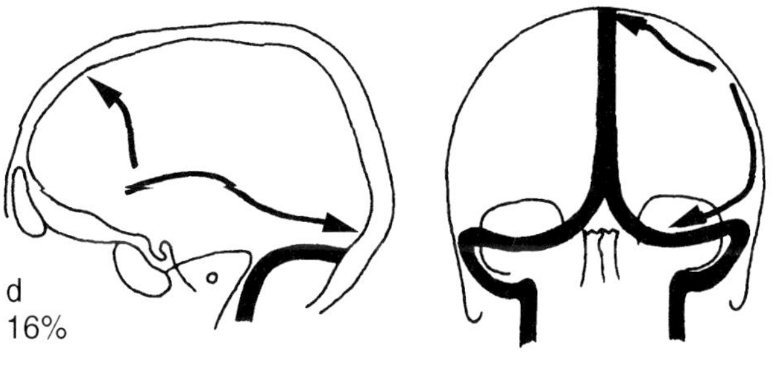

d. V. anastomotica superior Trolardi und V. anastomotica inferior Labbè

Die Prozentzahlen geben die Häufigkeit des Auftretens der jeweiligen Abflußwege in einem Material von 300 Angiogrammen wieder.

Nach Hacker, H.: Das Röntgenbild der Großhirnvenen. In: Handbuch der Medizinischen Radiologie XIV/1B. Springer, Berlin 1981

Variationen im Verlauf der V. basalis (nach Huang u. Wolf)

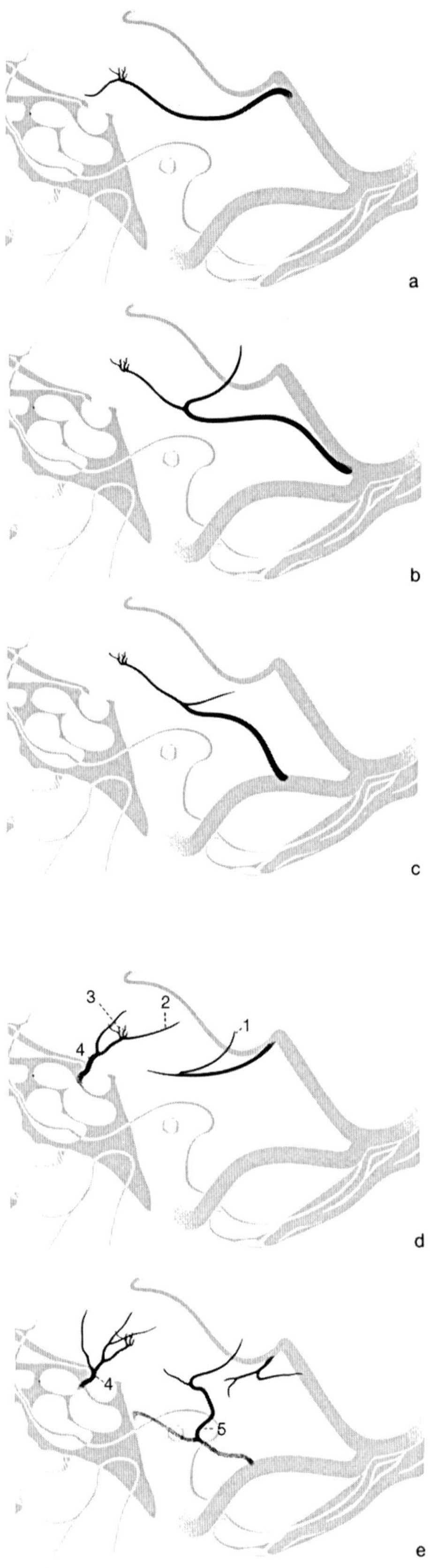

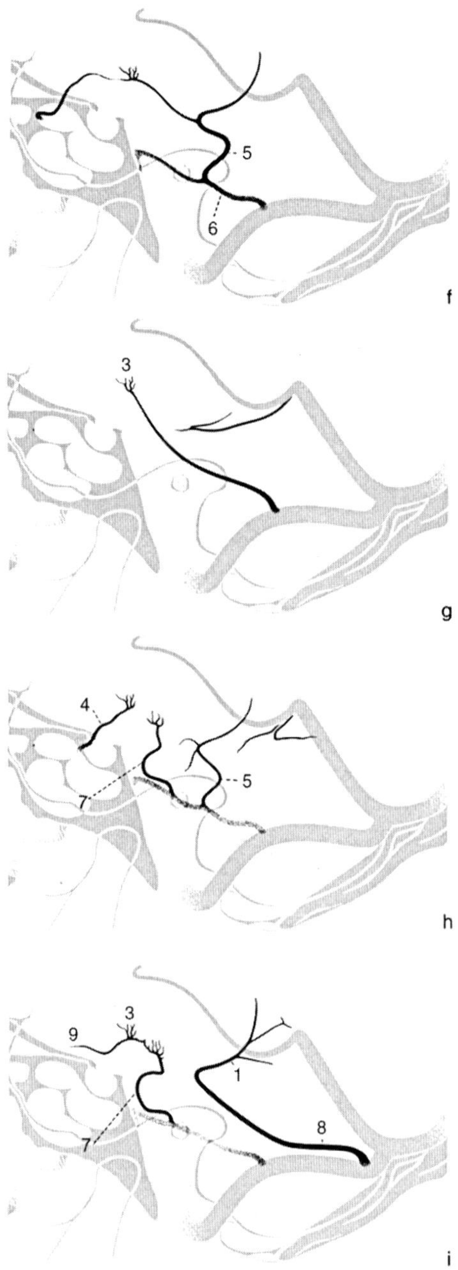

a–c) **Verschiedene Einmündungen der V. basalis,**
d–i) **unvollständige Ausbildung der V. basalis**

1 V. ventriculi inferior
2 V. insularis posterior
3 Vv. striatae inferiores
4 V. uncinata
5 V. anastomotica mesencephalica lateralis
6 Sinus petrosus superior
7 V. pontomesencephalica anterior
8 Sinus tentorii
9 V. olfactoria

Nach Krayenbühl, H., M. G. Yasargil:
Zerebrale Angiographie für Klinik und Praxis, 3. Aufl. Thieme, Stuttgart 1979

Subependymale kleine Venen der Seitenventrikel, Darstellung in beiden Ebenen

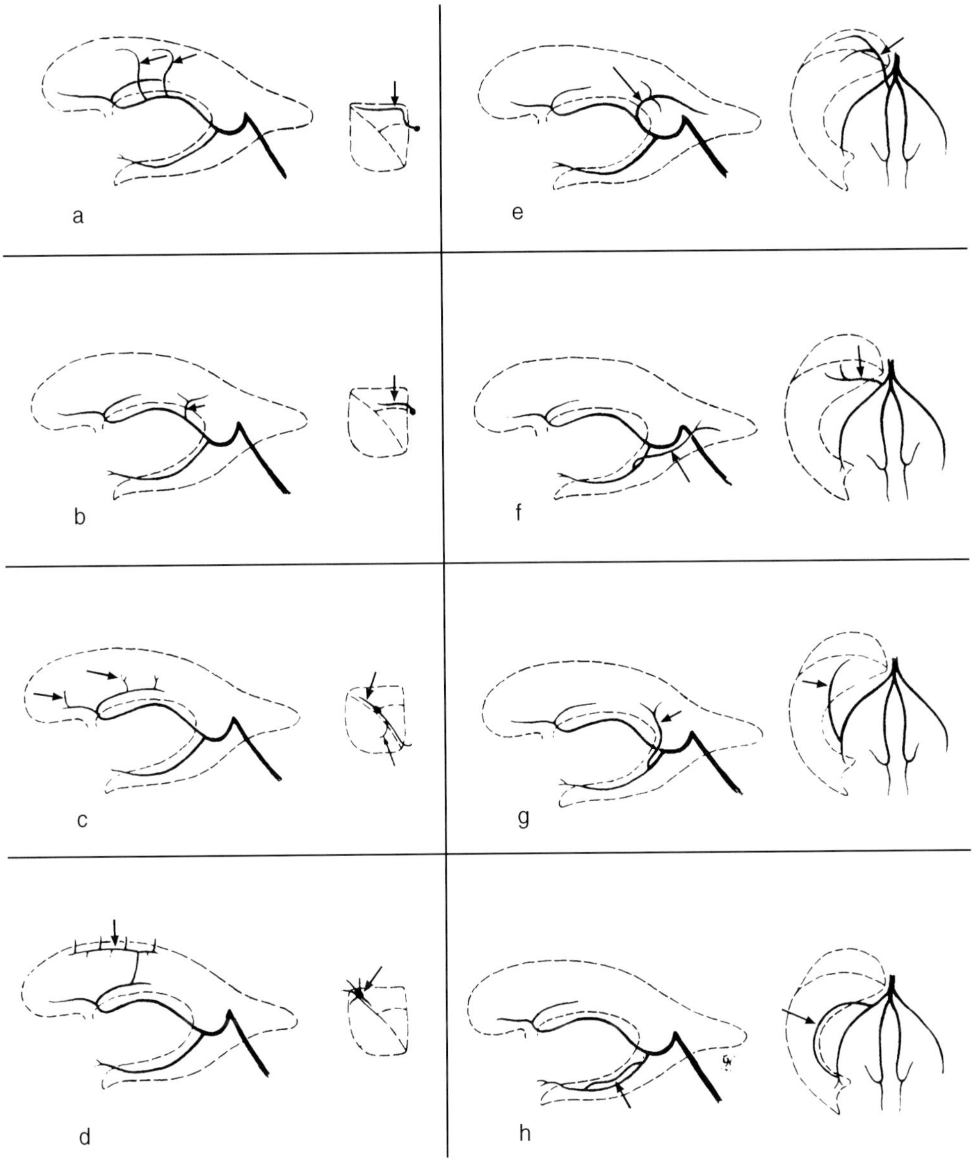

a Venen des Corpus callosum
b laterale Vene
c vordere und seitliche Venen des Nucleus caudatus
d längsverlaufende Vene des Nucleus caudatus
e mediale Vene des Ventrikels
f laterale Vene des Ventrikels
g innere ventrikulare Vene
h Vene von Temporalhorn

Nach McClure, W.: The AnatomicFoundation of Neuroradiology of the Brain. Little, Brown and Comp., Boston 1972

Kleinhirnvenen

Venen der hinteren Schädelgrube

Schematische Darstellung der Venen der hinteren Schädelgrube (nach Salomon u. Huang)

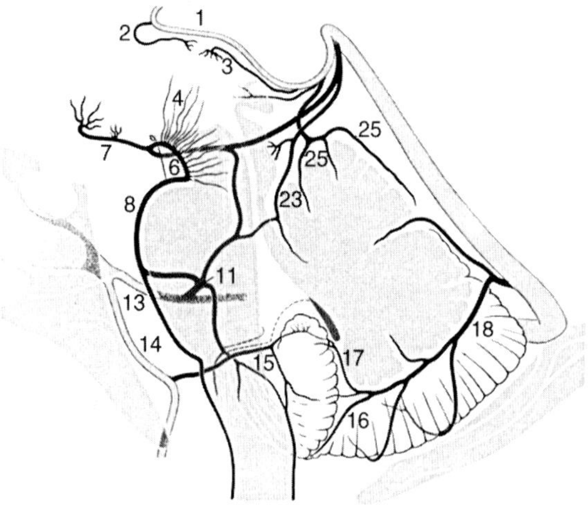

a) **Profilansicht Mittellinie**

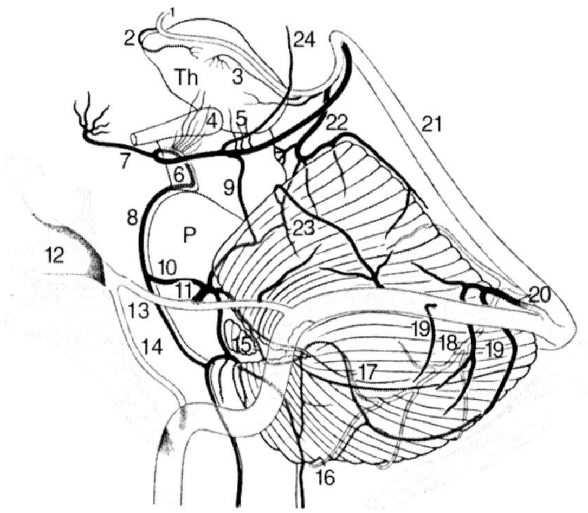

b) **Profilansicht laterale Partien**

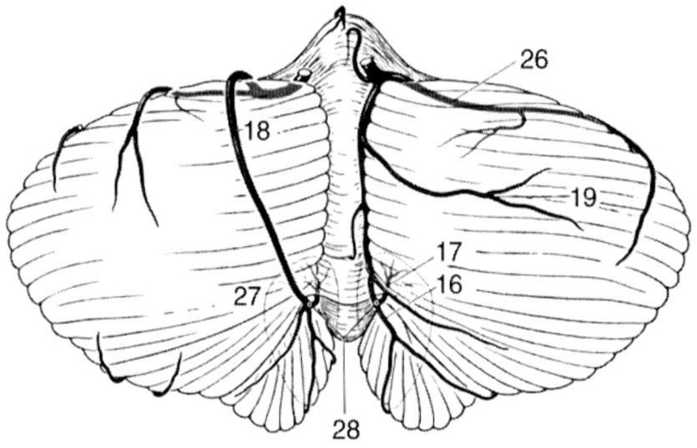

c) **Ansicht von hinten unten**

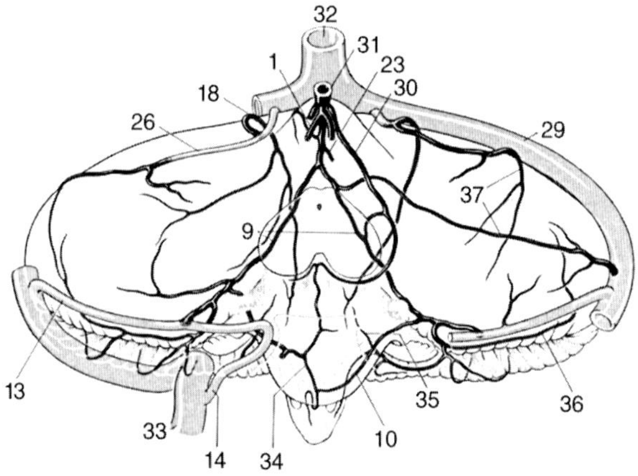

d) **Ansicht von vorn oben.**

1 V. cerebri interna
2 V. thalamica anterior
3 V. thalamica superior
4 Vv. thalamicae inferiores
5 Vv. thalamicae posteriores
6 V. pontomesencephalica anterior (mesenzephales Segment)
7 V. basalis
8 V. pontomesencephalica anterior (pontines Segment)
9 V. mesencephalica lateralis
10 V. pontis transversa
11 V. petrosa
12 Sinus cavernosus
13 Sinus petrosus superior
14 Sinus petrosus inferior
15 V. recessus lateralis ventriculi quarti
16 V. retrotonsillaris inferior
17 V. retrotonsillaris superior
18 V. vermis inferior
19 Vv. hemisphaericae inferiores
20 Sinus tentorii
21 Sinus rectus
22 V. cerebelli superior
23 V. praecentralis cerebelli
24 V. ventriculi inferior
25 Vv. vermis superiores
26 V. hemisphaerica superior
27 Kleinhirntonsille
28 Kopularpunkt
29 Sinus transversus
30 V. mesencephalica posterior
31 V. cerebri magna
32 Sinus sagittalis superior
33 V. jugularis
34 V. pontomesencephalica anterior
35 V. recessus lateralis ventriculi quarti
36 V. fissurae cerebelli horizontalis magna
37 Hemisphärenvene
P Pons
Th Thalamus

Nach Krayenbühl, H., M. G. Yasargil: Zerebrale Angiographie für Klinik und Praxis, 3. Aufl. Thieme, Stuttgart 1979

Normvarianten und venöse Kollaterale

Verbindungen zwischen intra- und extrakraniellen Venen

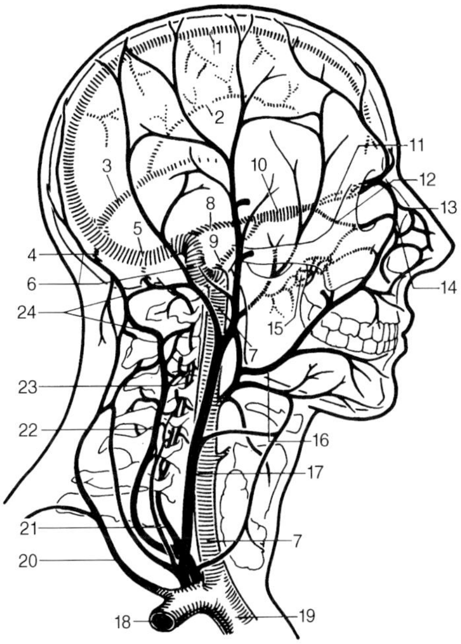

1 Sinus sagittalis superior; *2* Sinus sagittalis inferior; *3* Sinus rectus; *4* V. emissaria occipitalis; *5* Sinus transversus; *6* Sinus sigmoideus; *7* V. jugularis interna; *8* Sinus petrosus superior; *9* Sinus petrosus inferior; *10* Sinus cavernosus; 11 V. ophthalmica superior; *12* V. ophthalmica inferior; *13* V. dorsalis nasi; *14* V. angularis; *15* Plexus venosus pterygoideus; *16* V. facialis; *17* V. jugularis externa; *18* V. subclavia; *19* V. brachiocephalica; *20* V. transversa colli; *21* V. vertebralis; *22* V. cervicalis profunda; *23* Vv. vertebrales; *24* Plexus venosus suboccipitalis

Nach Töndury, G.: Angewandte und topographische Anatomie, 5. Aufl. Thieme, Stuttgart 1981

Kollateralkreislauf der Schädelvenen

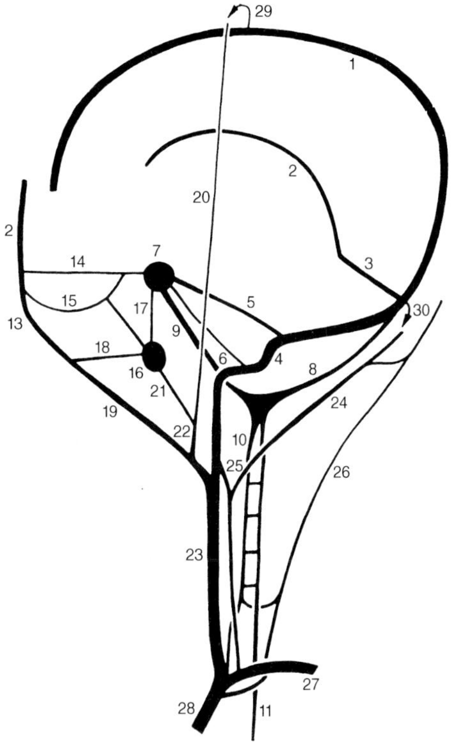

1 Sinus sagittalis superior; *2* Sinus sagittalis inferior; *3* Sinus rectus; *4* Sinus transversus et sigmoideus; *5* Sinus petrosus superior; *6* Sinus petrosus inferior; *7* Sinus cavernosus; *8* Sinus occipitalis; *9* Plexus basilaris; *10* V. vertebralis; *11* Plexus vertebralis internus et externus; *12* V. nasofrontalis; *13* V. angularis; *14* V. ophthalmica superior; *15* V. ophthalmica inferior; *16* Plexus pterygoideus; *17* Plexus venosus foraminis ovalis; *18* V. faciei profunda; *19* V. facialis; *20* V. temporalis superficialis; *21* V. maxillaris; *22* V. retromandibularis; *23* V. jugularis interna; *24* V. occipitalis; *25* V. jugularis externa; *26* V. cervicalis profunda; *27* V. subclavia: *28* V. brachiocephalica; *29* V. emissaria parietalis; *30* V. emissaria occipitalis

Nach Luzsa, G.: Röntgenanatomie des Gefäßsystems. Barth, Frankfurt/M. 1972

Sinus pericranii (Strohmeyer, 1850)

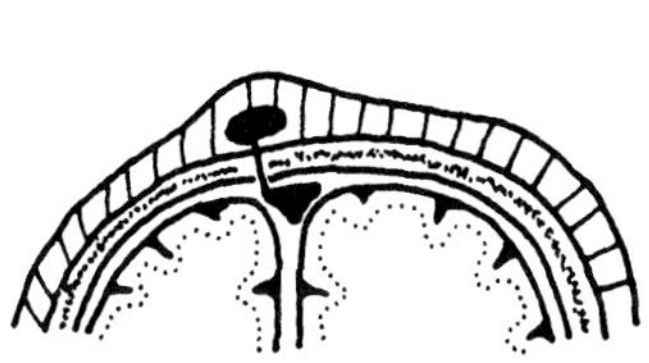

Varix simplex

Varix racemosus

Varix herniosus

Nach Steffen, H., B. Gestewitz, Ch. Zur, D. Scheidhauer:
Monströser Sinus pericranii nach Schädel-Hirn-Trauma. Z.ärztl. Fortbild. 77 (1983) 23–25

Orbitagefäße

Arteria ophthalmica

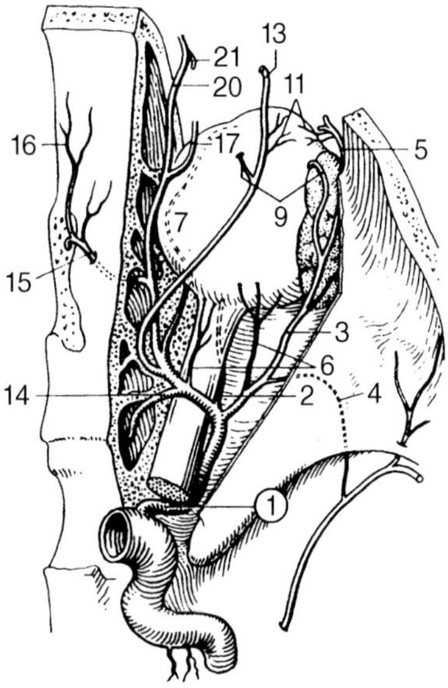

Gesichtsäste der A. ophthalmica

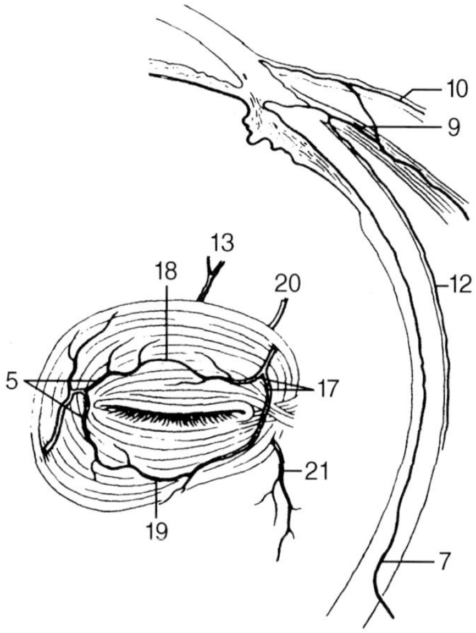

1 A. ophthalmica
2 A. centralis retinae
3 A. lacrimalis
4 R. anastomoticus
5 Aa. palpebrales laterales
6 Aa. ciliares posteriores breves
7 Aa. ciliares posteriores longae
8 Aa. musculares
9 Aa. ciliares anteriores
10 Aa. conjunctivales anteriores
11 Aa. conjunctivales posteriores
12 Aa. episclerales
13 A. supraorbitalis
14 A. ethmoidalis posterior
15 A. ethmoidalis anterior
16 A. meningea anterior
17 Aa. palpebrales mediales
18 Arcus palpebralis superior
19 Arcus palpebralis inferior
20 A. supratrochlearis
21 A. dorsalis nasi (A. nasi externa)

Nach Feneis, H.: Anatomisches Bildwörterbuch der internat. Nomenklatur. 6. unv. Aufl. Thieme, Stuttgart New York 1988

Schematische Darstellung der orbitalen Venen (nach Lombardi)

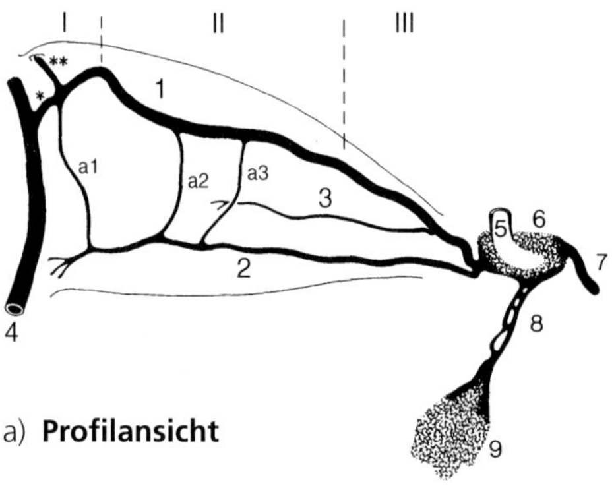

a) **Profilansicht**

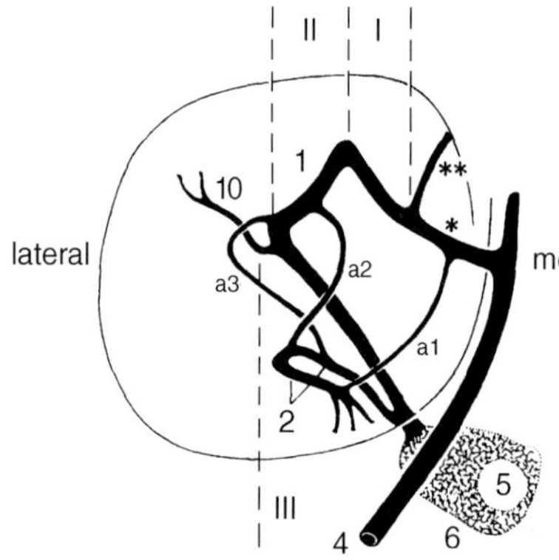

b) **antero-posteriore Ansicht**

1 V. ophthalmica superior
I = 1. Segment, II = 2. Segment, III = 3. Segment
2 V. ophthalmica inferior
3 V. ophthalmica media
4 V. angularis
5 A. carotis interna
6 Sinus cavernosus
7 Sinus petrosus inferior
8 Plexus des Foramen ovale
9 Plexus pterygoideus
10 V. lacrimalis
a1 vordere anastomosierende Venen
a2 mittlere anastomosierende Venen
a3 hintere anastomosierende Venen

Nach Krayenbühl, H., M. G. Yasargil: Zerebrale Angiographie für Klinik und Praxis, 3. Aufl. Thieme, Stuttgart 1979

Angiographische Nomenklatur der hirnversorgenden Gefäße

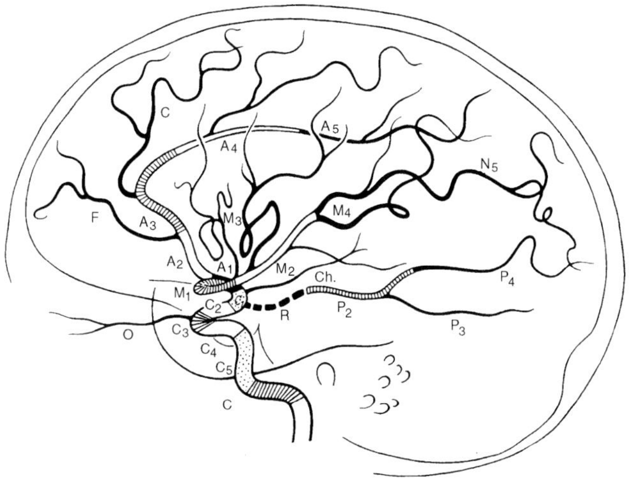

seitliche Projektion

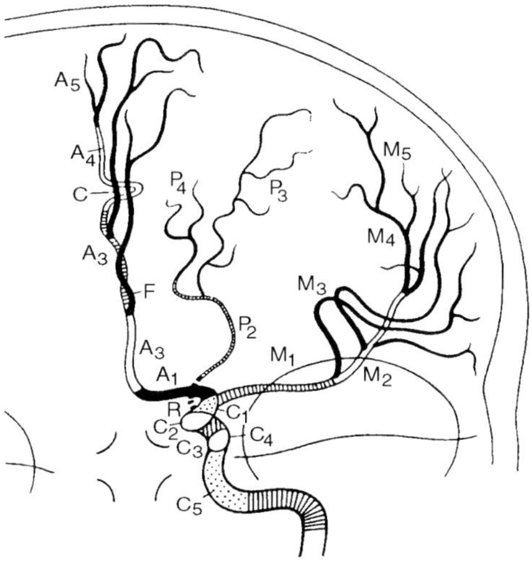

anterior-posteriore (halbaxiale) Projektion

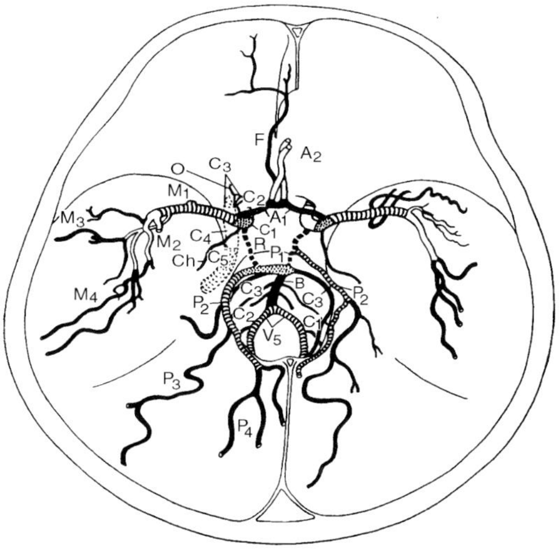

axiale Projektion

Stromgebiet der A. carotis interna

C1. terminales Segment
2. supraklinoidales, zisternales Segment
3. Karotis-Knie
4. Sinus-cavernosus-Segment
5. spenoidales Segment („Ganglion-Segment")

C2-C4 = Karotis-Siphon

A1. Chiasma-Segment (pars circularis)
2. orbitales Segment
3. Corpus-callosum-Knie-Segment
4. Corpus-callosum-Segment
5. terminale Äste

M1. Keilbeinflügel-Segment
2. insulares Segment (2–3 Äste als Sylvische Gruppe)
3. aszendierende terminale Äste
4. individuelle terminale Äste

Nach Kautzky, R., K. J. Zülch, S. Wende, A. Tänzer: Neuroradiology. Springer, Berlin Heidelberg New York, 1982

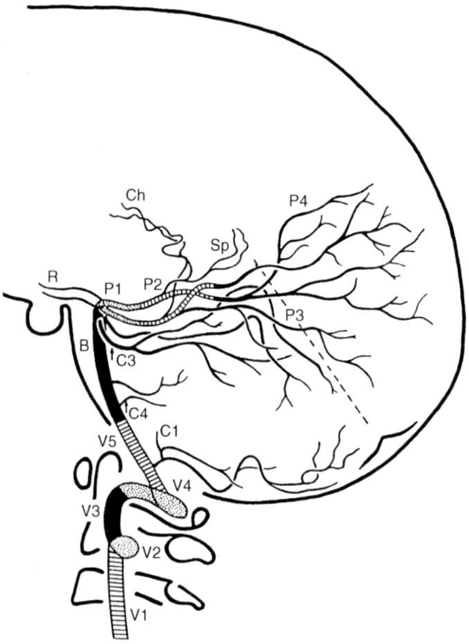

seitliche Projektion

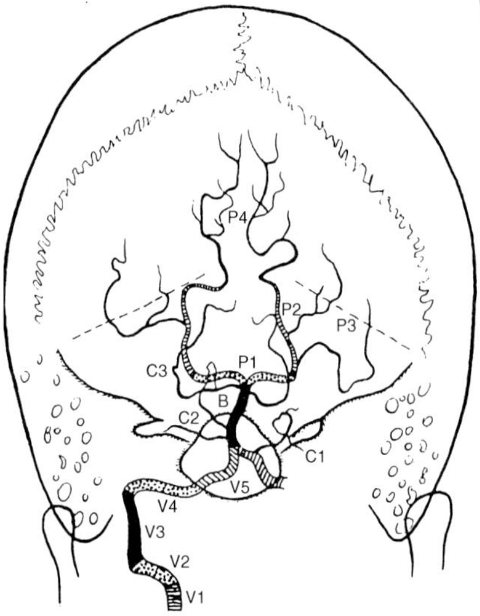

anterior-posteriore (halbaxiale) Projektion

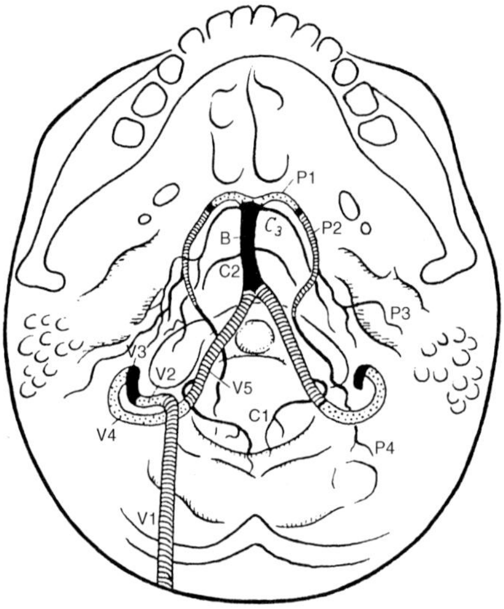

axiale Projektion

Vertebrobasiläres Stromgebiet

B A. basilaris

R A. communicans posterior

P1. A. cerebri posterior (pedunkuläres Segment)
2. A. cerebri posterior (postpedunkuläres Segment)
3. temporo-okzipitale Äste
4. okzipitale Äste

V1. Verlauf unterhalb des Atlas
2. laterales Knie
3. Verlauf im Processus transversus des Atlas
4. medianes Knie
5. präkommunikatives Segment

C1. A. cerebelli inferior posterior (PICA)
2. A. cerebelli inferior anterior (AICA)
3. A. cerebelli superior

(CAVE: die Abbreviation „C" wird im Original sowohl für die A. carotis interna, als auch für die zerebellaren Gefäße benutzt!)

Nach Kautzky, R., K. J. Zülch, S. Wende, A. Tänzer: Neuroradiologie auf neuropathologischer Grundlage. Springer, Berlin 1972

Messungen am Gefäßsystem

Messungen im arteriellen Stromgebiet

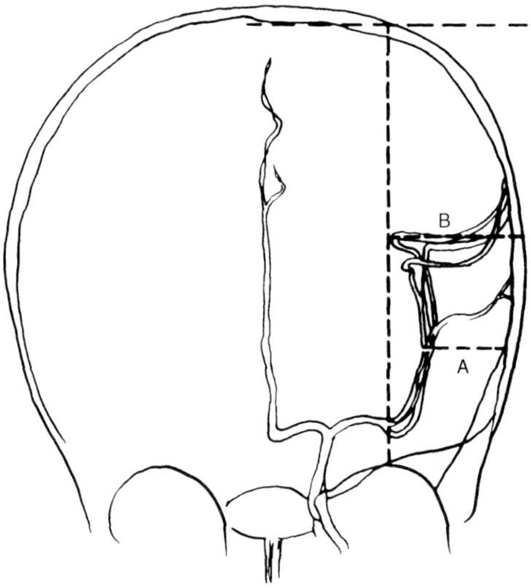

Sylvischer Punkt

Distanz A (Tabula interna – am weitesten median gelegene Schlinge der A. cerebri media) normal: 20–30 mm

Distanz B (Tabula interna – Sylvischer Punkt) normal 30–43 mm

Sylvischer Punkt in der Mitte der vertikalen Verbindungslinie Tabula interna und Mitte des oberen Orbitarandes (unterbrochene Linie mit hochaplikaler Hilfslinie)

Nach Sarwar, M., B. Azar-Kia, S. Batnitzky: Basic Neuroradiology. Warren H. Green Inc., St. Louis, Missouri 1983

Schema zur Lokalisierung der Aa. lenticulostriatae

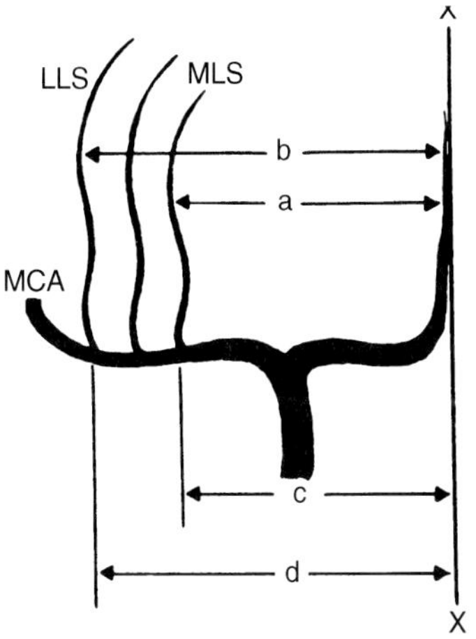

Legende X A. cerebri anterior (Mittellinie)
MLS am weitesten median gelegene A. lenticulostriata
LLS am weitesten lateral gelegene A. lenticulostriata
MCA A. cerebri media

Messung	Mittelwerte der Distanz
a	26 mm
b	38 mm
c	17 mm
d	30 mm

Nach Lusted, L. B., T. E. Keats:
Atlas of Roentgenographic Measurement, 2nd. ed. Yearbook, Chicago 1967

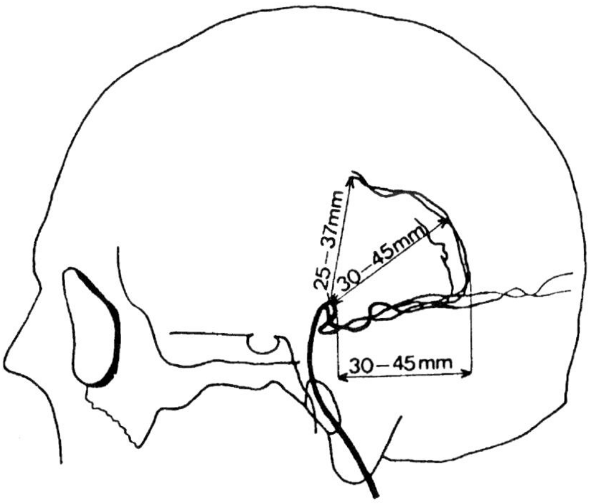

Distanz der Aa. chorioideae posteriores zur Spitze der A. basilaris

Nach Salomon, G., Y. P. Huang:
Radiologic Anatomy of the Brain. Springer, Berlin 1976

Durchmesser arterieller Gefäße an definierten Orten

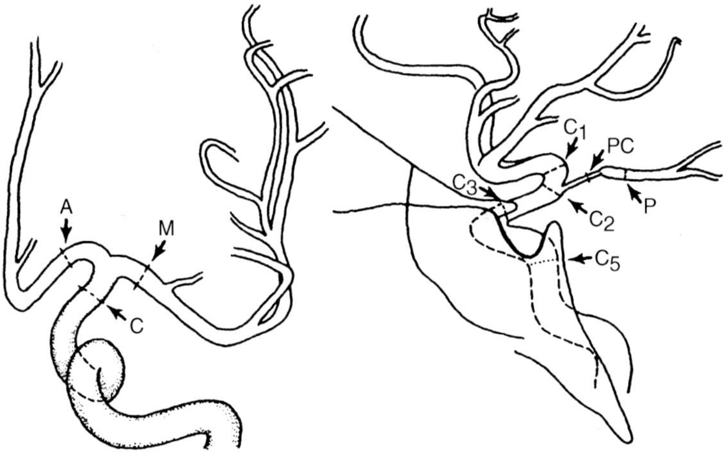

Anterior-posteriore Projektion mit 20° kranial gekippten Zentralstrahl
C = Durchmesser der A. carotis interna 5 mm proximal der Bifurkation
A = Durchmesser der A. cerebri anterior 5 mm nach Beginn
M = Durchmesser der A. cerebri media 5 mm nach Beginn

Seitliche Projektion
C_1 = Durchmesser der A. carotis interna 5 mm distal von der Mündung A. comunicans posterior
C_2 = Durchmesser der A. carotis interna proximal der Einmündung der A. comunicans posterior
C_3 = Durchmesser der A. carotis interna in der Ebene des Tuberculum sellae
C_5 = Durchmesser der A. carotis interna proximal der Krümmung am posterioren Sinus cavernosus
C_6 = Durchmesser der A. carotis interna im Bereich des Atlas
PC = Durchmesser der A. comunicans posterior 5 mm distal der Mündung in die A. carotis interna
P = Durchmesser der A. cerebri posterior 5 mm distal der Mündung in die A. comunicans posterior

Nach Gabrielsen, T. O., T. Greitz: Acta radiol. (Diagnosis) 10 (1970) 1

Neuropathologische Messungen der Hirnarterien bei Erwachsenen

Durchmesser der Hirnarterien beim Erwachsenen, in mm (Heilova und Kmentova-Sklenska, 1955)

Arterien	rechts	links
A. carotis communis	5,71 ± 0,16	5,71 ± 0,13
A. carotis externa	3,87 ± 0,19	3,92 ± 0,16
A. carotis interna	4,18 ± 0,05	4,27 ± 0,14
A. carotis intracranialis	3,24 ± 0,09	3,47 ± 0,14
A. cerebri anterior	2,40 ± 0,06	2,01 ± 0,05
A. cerebri media	2,63 ± 0,08	2,69 ± 0,06
A. communicans posterior	1,30 ± 0,12	1,16 ± 0,10
A. cerebri posterior	2,06 ± 0,10	2,11 ± 0,07
A. basilaris	2,86 ± 0,07	–
A. vertebralis	2,41 ± 0,01	2,59 ± 0,09
A. meningea media	1,24 ± 0,08	1,13 ± 0,08

Durchmesser der A. vertebralis. Mittelwert und Standardabweichungen in mm (Neimanis, 1956)

Alter in Jahren	ohne Artheromatose			alle Beobachtungen, einschließlich der Fälle mit Atheromatose		
	Zahl der Beobacht.	links	rechts	Zahl der Beobacht.	links	rechts
11–20	13	8,3 ± 0,3	6,7 ± 0,5	15	8,4 ± 0,3	7,0 ± 0,6
21–30	13	8,2 ± 0,5	7,4 ± 0,4	18	8,2 ± 0,4	7,5 ± 0,3
31–40	16	7,8 ± 0,3	7,7 ± 0,3	30	7,9 ± 0,2	7,7 ± 0,2
41–50	28	8,6 ± 0,2	7,2 ± 0,3	64	8,5 ± 0,2	7,6 ± 0,2
51–60	32	8,4 ± 0,2	7,1 ± 0,3	103	8,5 ± 0,2	7,9 ± 0,2
61–70	33	8,7 ± 0,3	7,0 ± 0,3	109	8,6 ± 0,2	7,6 ± 0,2
71–80	–	–	–	67	8,5 ± 0,2	8,1 ± 0,3
81–90	–	–	–	12	8,0 ± 0,8	7,9 ± 0,9

Nach Blinkov, S., J. Glezer: Das Zentralnervensystem in Zahlen und Tabellen. Fischer, Jena 1968

Lage der einzelnen Abschnitte der A. carotis interna zur Mittellinie im anteroposterioren Bild

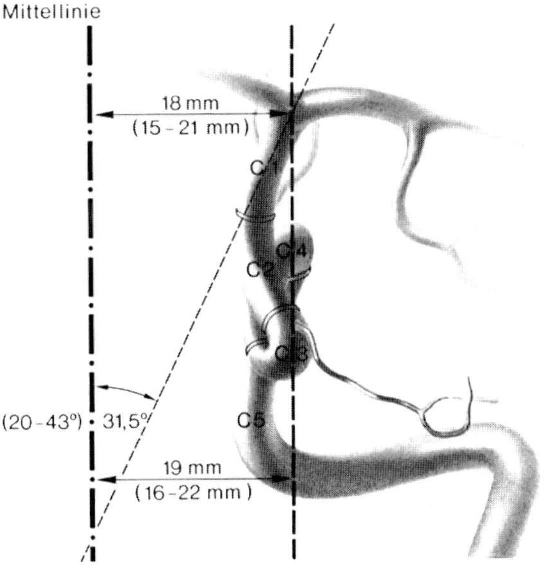

Nach Krayenbühl, H., M. G. Yasagil: Zerebrale Angiographie für Klinik und Praxis, 3. Aufl. Thieme, Stuttgart 1979

Venen der Facies superior lateralis des Gehirns

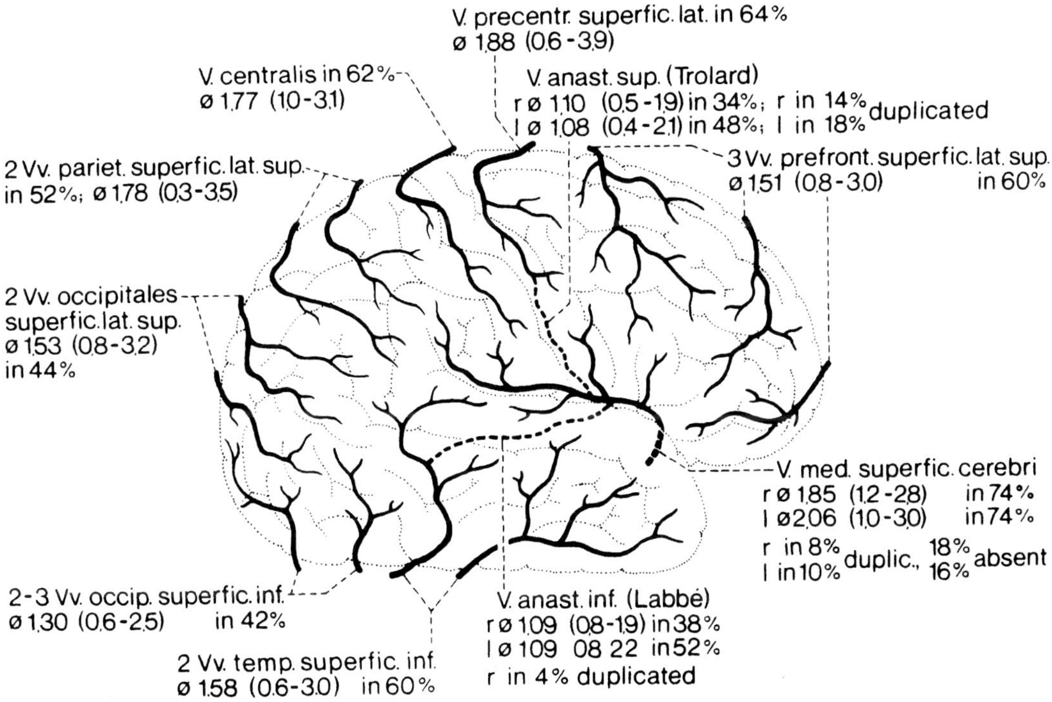

Die häufigsten Venen an der Facies superolateralis des Gehirns, ihre Weite und ihr Vorkommmen. Die Weite der Vv. anastomoticae wurde an deren englumigsten Strecken bestimmt (Grenzwerte in Klammern) (aus Land und Schneider 1989)

Nach Kohlmeyer, K.: Der Temporallappen. Schnetztor, Konstanz 1988

Normalwerte von Messungen der Arterien und Venen mit Sonographie und Computertomographie

Abmessungen der A. carotis communis, Sonographie

	Buschmann (1973)	Olson (1974)	Spielberg (1976)	Fitzgerald (1983)
Alter (Jahre)				
von/bis	16–46	–	21–51	
Mittelwert				64
Außendurchmesser bei Diastole (mm)	7,7	8,6	7,95 ± 0,26* 7,07 ± 0,17**	7,9 ± 0,75
Innendurchmesser bei Diastole (mm)		7,2		
Außendurchmesser bei Systole (mm)	9,0			
Innendurchmesser bei Systole (mm)		7,9		
Wanddicke bei Diastole (mm)		0,7		
Abnahme der Wanddicke bei Systole (µm)		100		

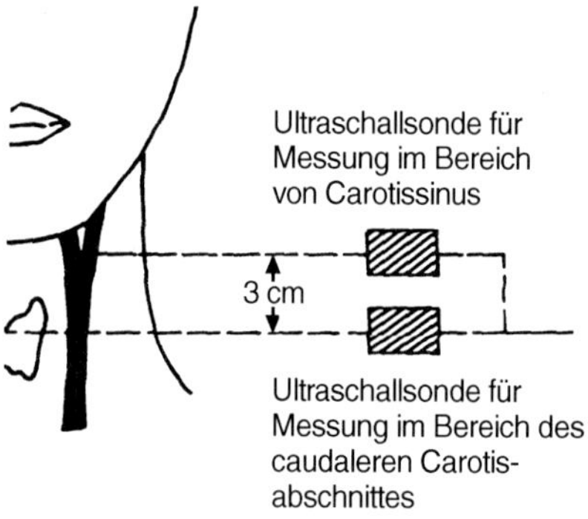

* Messung im Bereich der Karotisbifurkation
** Messung im kaudaleren Karotisabschnitt

Nach Vogel, H.: Maße in der Sonographie und Computertomographie. ecomed-Verlagsgesellschaft, Landsberg 1986

Gefäßkaliber (Niveau Schilddrüse). Anatomische Normalmasse (60 Probanden/20–83 Jahre/ ♂ : ♀ = 35 : 25), CT

Messung	Variationsbreite (mm)	Mittelwerte (mm) ♂	♀	= ∅	Standard-abweichung (mm)
Arterien					
A. carotis communis dextra	7–10	8,7	8,0	*8,3*	1,03
A. carotis communis sinistra	6–10	8,4	7,9	*8,2*	1,25
Venen					
V. jugularis interna dextra	10–32	15,7	16,1	*15,9*	5,41
V. jugularis interna sinistra	7–20	15,1	10,2	*12,7*	3,92

Zaunbauer, W., S. Däpp, M. Haertel: Anatomische Normalmaße im zervikalen Computertomogramm. Radiologe 25 (1985) 521–524

Lage des Basilarisknopfes

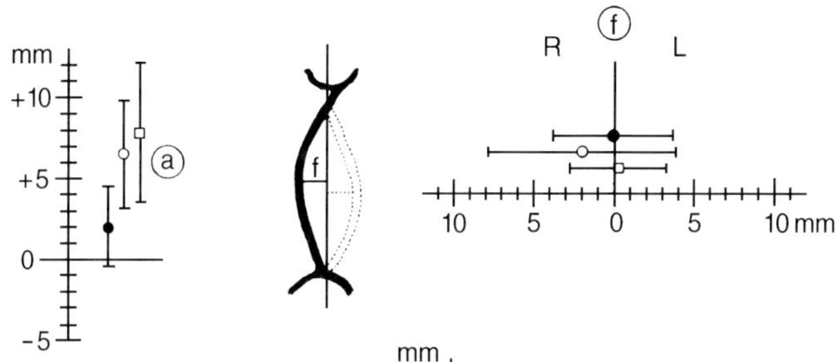

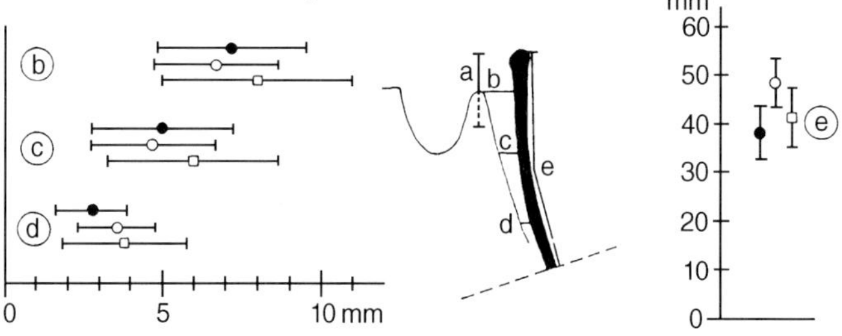

Mittelwerte und Standardabweichungen des Überstandes bzw. Unterstandes des Basilarisknopfes gegenüber dem Dorsum sellae (*a*), des Klivus-Basilaris-Abstandes (*b–d*), der Basilarislänge (*e*) und der maximalen Seitverlagerung der A. basilaris aus der Medianebene für normale Angiogramme (●), Angiogramme mit arteriosklerotischem Gefäßprozeß (o) und Kinderangiogramme (□)

Vergleich der mittleren Gefäßkaliber mit Standardabweichungen

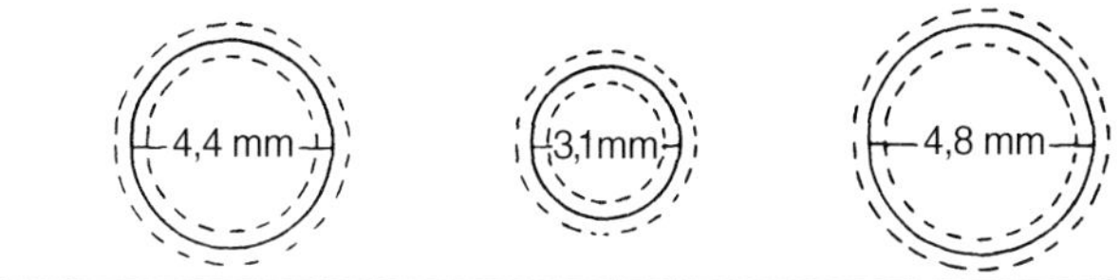

	A. vertebralis	A. basilaris	A. carotis
○	4,8 mm	3,5 mm	4,9 mm
□	4,3 mm	3,1 mm	4,9 mm

A. vertebralis

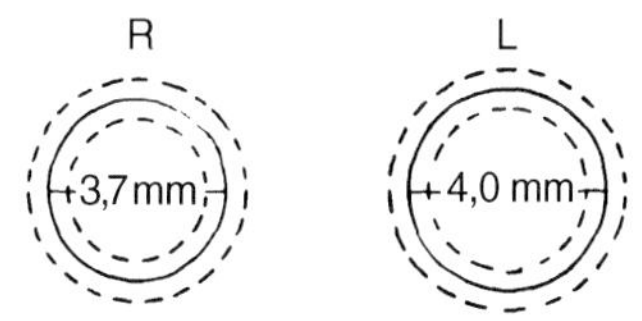

	R	L
○	3,8 mm	4,2 mm
□	3,9 mm	4,1 mm

A. vertebralis, A. basilaris und A. carotis im seitlichen Strahlengang der Brachialisangiogramme (oberer Bildanteil) sowie rechter und linker Vertebralarterie im a.p. Strahlengang der Vertebralisangiogramme (unterer Bildanteil). Außerdem sind die arithmetischen Mittel für Angiogramme mit arteriosklerotischem Gefäßprozeß (o) und Kinderangiogramme (□) angegeben

Mittelwerte und Standardabweichungen der Durchmesser von rechter und linker A. vertebralis im sagittalen Strahlengang

	A. vertebralis re.	A. vertebralis li.
Gruppe 1 (*n* = 33)	x̄: 3,7 mm	x̄: 4,0 mm
(Normalbefunde)	s: 0,81 mm	s: 0,87 mm
Gruppe 2 (*n* = 17)	x̄: 3,8 mm	x̄: 4,2 mm
(Gefäßprozesse)	s: 0,61 mm	s: 0,64 mm
Gruppe 3 (*n* = 4)	x̄: 3,9 mm	x̄: 4,1 mm
(Kinder)	s: 0,50 mm	s: 0,52 mm

Nach Voigt, K., Th. Brandt, M. Sauer: Röntgenanatomische Variationsstatistik zur topographischen Beziehung A. basilaris und Schädelbasisstrukturen. Arch. Psychiat. Nervenkr. 215 (1972) 376–395

Topometrie des Angulus venosum

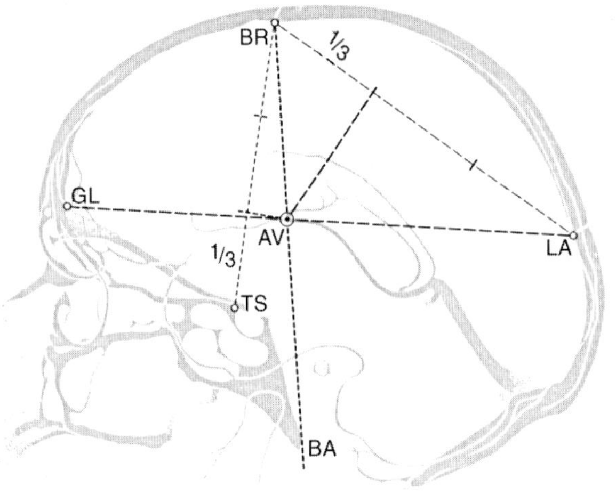

Nach Krayenbühl, H., M. G. Yasargil:
Zerebrale Angiographie für Klinik und Praxis, 3. Aufl. Thieme, Stuttgart 1979

BR = Bregma
TS = Tuberculum sellae
LA = Lambda
BA = Basion
GL = Glabella
AV = Angulus venosus

Messung nach Schmidt-Wittkamp

Methode:	Verbindungslinie Bregma (BR) – Basion (BA) [I] Verbindungslinie Lambda (LA) – Glabella (GL) [II]
Normalwert:	0,6 mm vor [I], 3 mm über [II]
Streuung	8 mm vor bis 6 mm hinter [I]

Messung nach Fischer

Methode:	Verbindungslinie Bregma (BR) – Tuberculum sellae (TS) [III] Verbindungslinie Bregma (BR) – Lambda (LA) [IV]
Normal	Kreuzungspunkt von jeweils 1/3 von [III] und [IV]

Arteriovenöse Zirkulationszeiten im zerebralen Angiogramm

Arteriovenöse Zirkulationszeit im Karotisstromgebiet beim gesunden Erwachsenen

Autoren	Mittelwert (s)	Minimum (s)	Maximum (s)
Greitz (1956)	4,13	2,7	5,5
Gilroy et al., (1963)	3,5 s		4,2
Ferrel. Davis. Carter (1972)	3,5–5,5		
Huber (1972)	4,4		

Dauer der arteriellen, kapillären und venösen Phase im normalen Karotisangiogramm des Erwachsenen

Autoren	artierelle Phase (s)	kapilläre Phase (s)	venöse Phase (s)	total (s)
Frowein (1956)	3,0	0,5	4,5–5,0	7–8
Taveras und Wood (1964)	1,5	0,5–1,0	4–5	
Tönnis und Schiefer (1959)	2,3	0,5	3,5	6,3
Woringer et al. (1956)	2–3	1–2	3–6	7–10
Huber (1972)	2,0	1 max	1,0-6[a]	7–9

Nach Huber, P.: Stenosierende und obliterierende Gefäßprozesse. In Handbuch der Medizinischen Radiologie XIV/1A. Springer, Berlin 1981

Schema über die Beziehungen zwischen Tumorzirkulation und Gesamtzirkulation (nach Tönnis u. Schiefer)

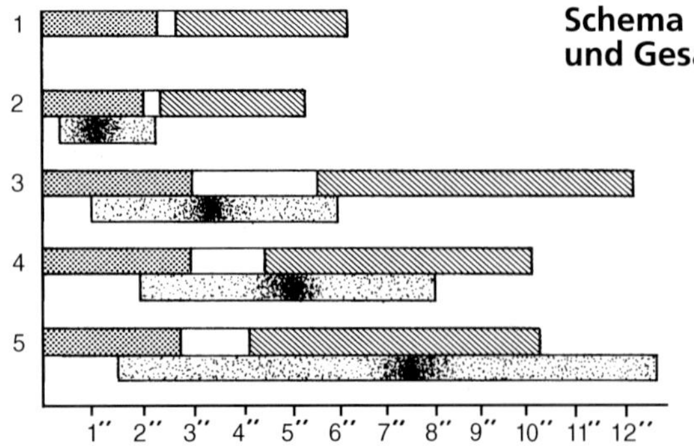

1 Normal, 2 arteriovenöse Mißbildungen,
3 Glioblastome, 4 andere Gliome, 5 Meningeome

Nach Krayenbühl, H., M. G. Yasargil: Zerebrale Angiographie für Klinik und Praxis, 3. Aufl. Thieme, Stuttgart 1979

Gefäßversorgung der Gehirnareale

Äste der A. cerebri anterior (A) und Schema der arteriellen Versorgungsareale im Medianschnitt (B)

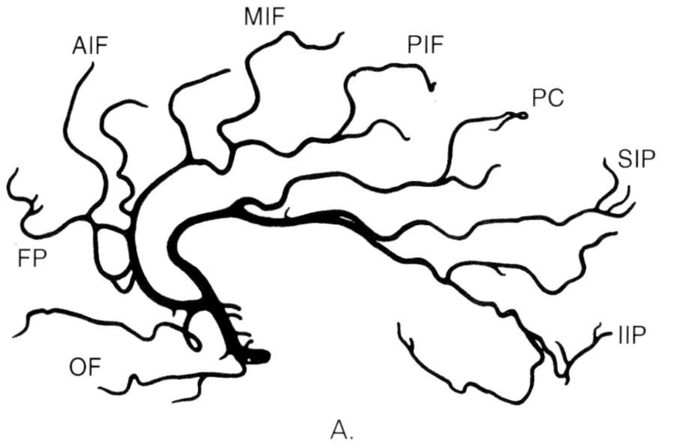

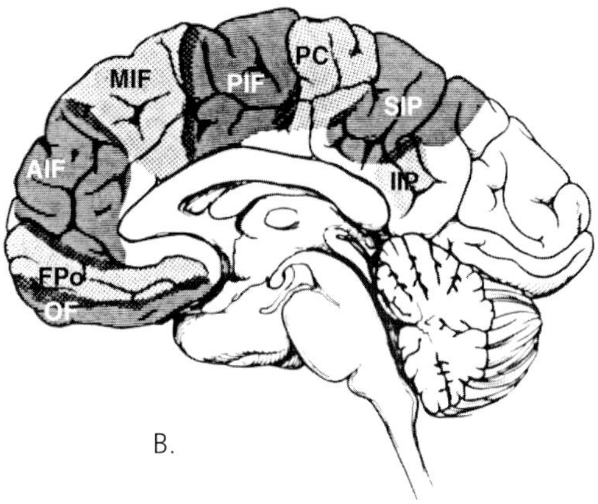

Legende: OF = A. orbitofrontalis, FP = A. frontopolaris, AIF = A. frontalis anterior, MIF = A. frontalis medialis, PIF = A. praecentralis, SIP = A. praecunealis superior, IIP = A. praecunealis inferior, PC = A. postcentralis.

Zu beachten ist, daß die mit OF, SF, AIF, MIF und PIF gekennzeichneten Gefäße als sekundäre Äste aus der A. callosomarginalis hervorgehen. Die anderen Gefäße haben ihren Ursprung in der A. pericallosa selbst.

Nach Sarwar, M., B. Azar-Kia, S. Batnitzky: Basic Neuroradiology. Warren H. Green, St. Louis 1983

Schema der arteriellen Versorgung der Hirnoberfläche durch Äste der A. cerebri media

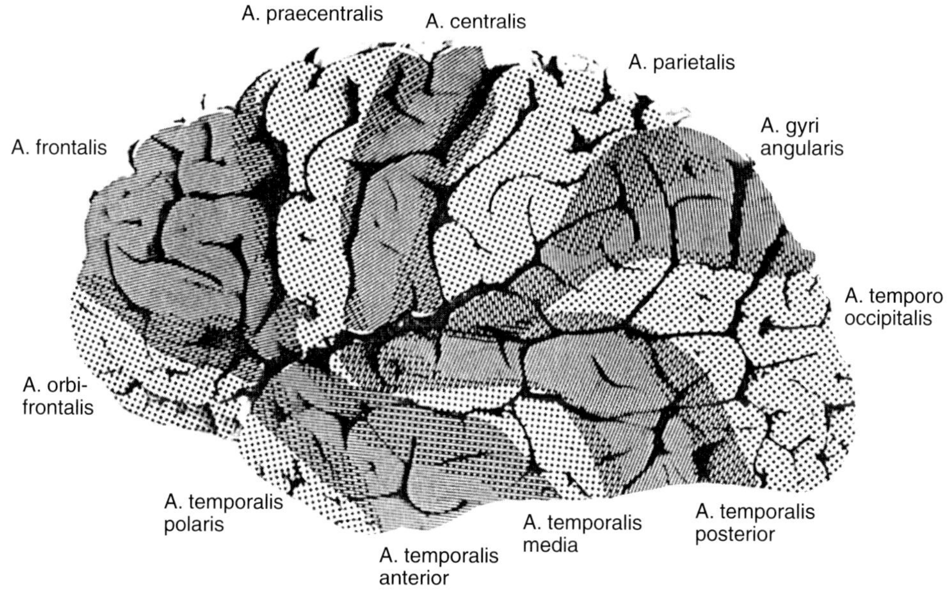

Nach Salomon, G., Y. P. Huang: Radiologic Anatomy of the Brain. Springer, Berlin 1976

Arterielle Versorgungsgebiete in verschiedenen Gehirnebenen

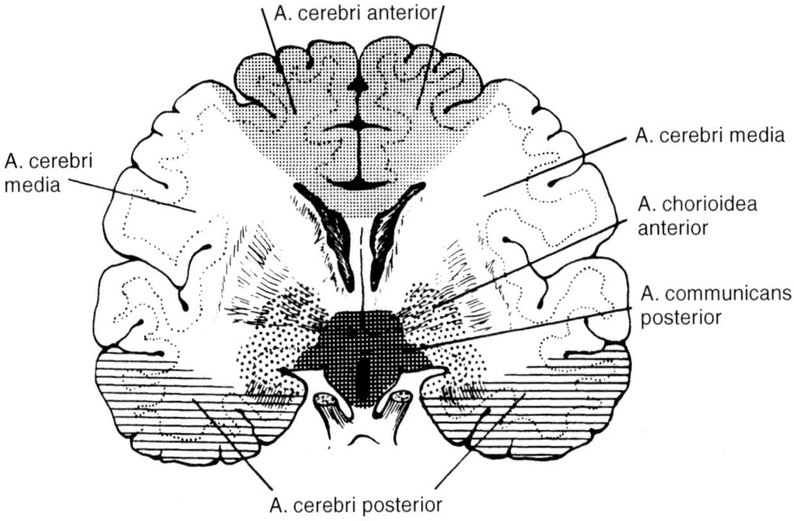

Frontalschnitt durch das Gehirn in Höhe der Commissura anterior zur Darstellung der wichtigsten arteriellen Versorgungsgebiete

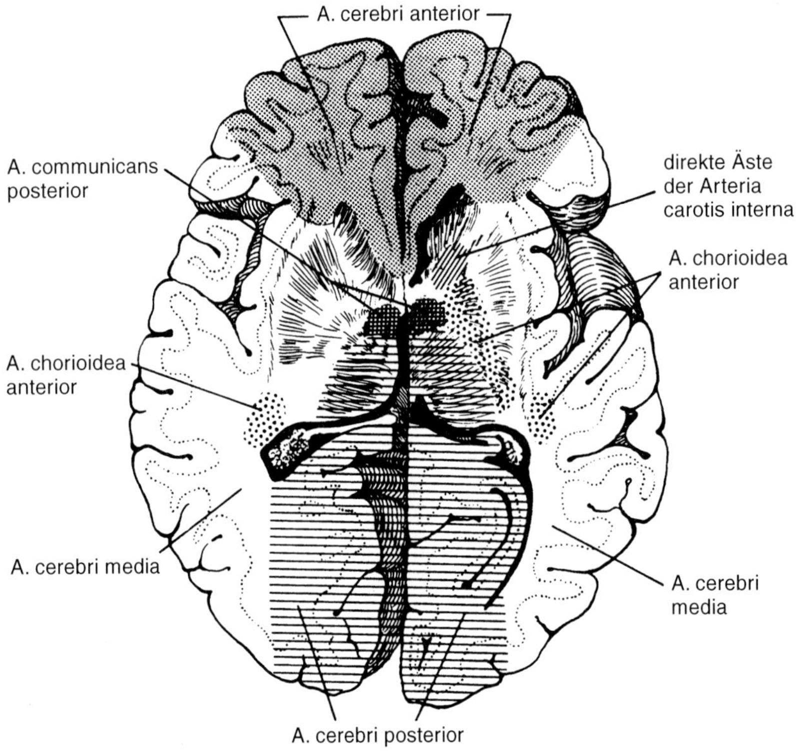

Horizontalschnitte durch das Gehirn auf zwei Ebenen zur Darstellung der arteriellen Versorgungsgebiete

Nach Chusid, J. G.: Funktionelle Neurologie. Springer, Berlin 1978

Blutversorgung des Kleinhirns

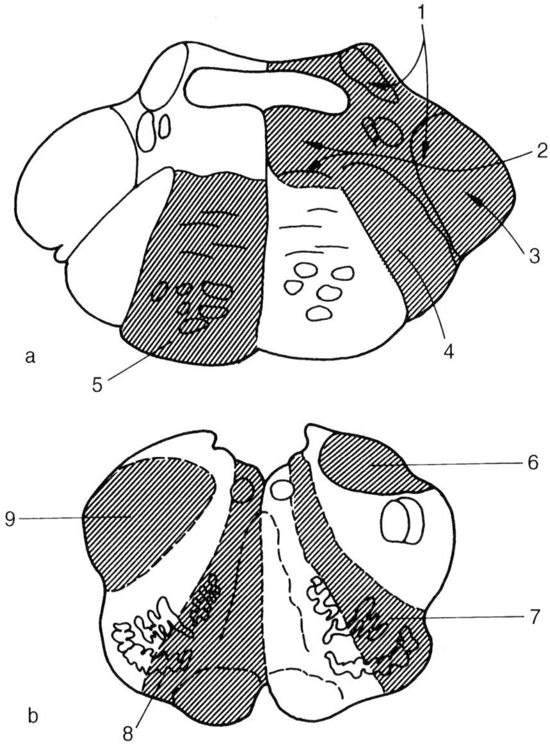

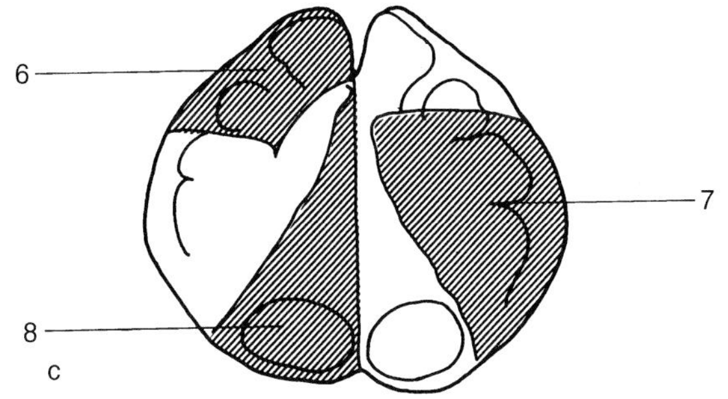

Blutversorgung des Pons (a) und der Medulla oblongata (b, c) durch Äste der Aa. vertebralis et basilaris (nach Carpenter)

1 A. cerebelli superior
2 A. basilaris: Rr. circumferentiales longi
3 A. cerebelli inferior anterior
4 A. basilaris: Rr. circumferentiales breves
5 A. basilaris: Rr. paramediani
6 A. spinalis posterior
7 A. vertebralis
8 A. spinalis anterior
9 A. cerebelli inferior posterior

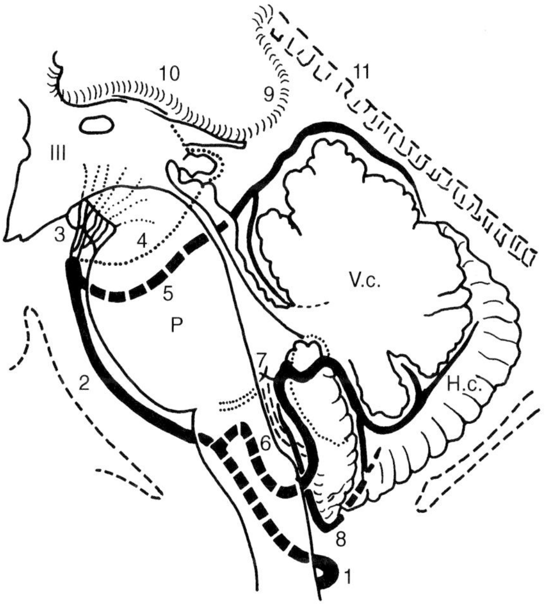

Kleinhirnarterien und ihre Versorgungsgebiete (umgezeichnet nach Meschan)

1 A. vertebralis
2 A. basilaris
3 Rr. perforantes a. cerebri posterioris
4 A. cerebri posterior, Pars circumpeduncularis
5 A. cerebelli superior
6 A. cerebelli inferior posterior
7 Rr. choroidei
8 Rr. tonsillares
9 V. cerebri magna
10 V. cerebri interna
11 Sinus rectus
V. c. Vermis cerebelli
H. c. Hemisphaerium cerebelli
p Pons
III Ventriculus III

Nach Töndury, G.: Angewandte und topographische Anatomie, 5. überarbeitete und erweiterte Auflage. Thieme, Stuttgart 1981

Vaskularisation des Stammhirnes

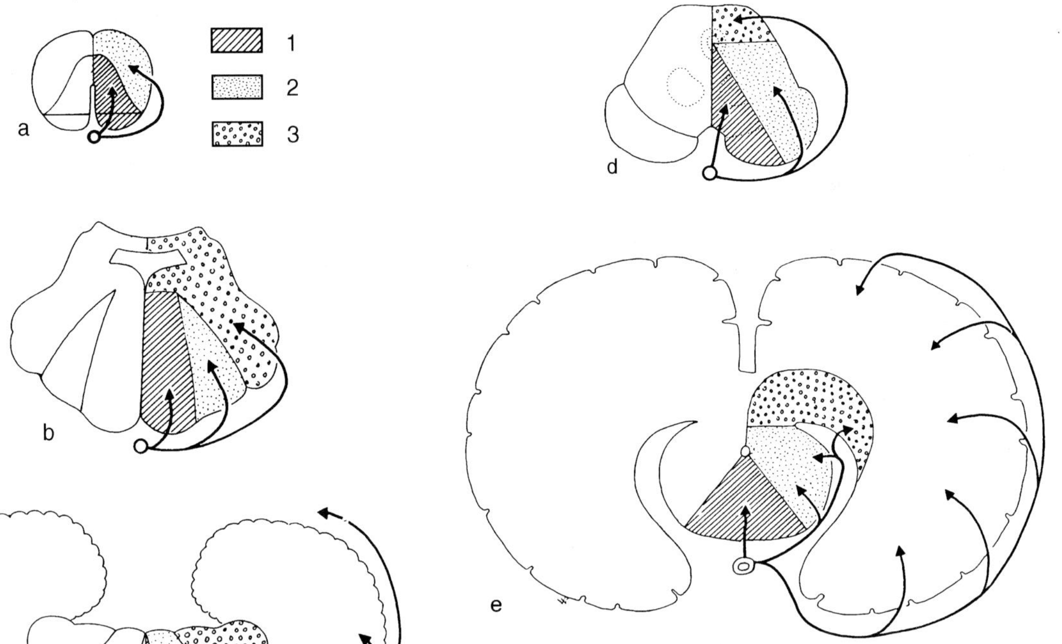

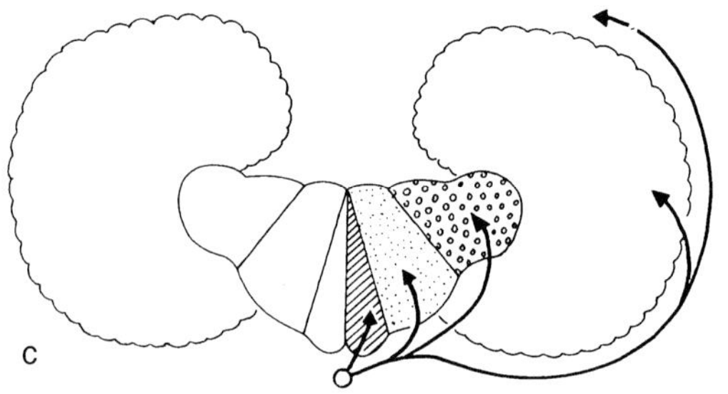

a) Medulla spinalis
b) Medulla oblongata
c) Metenzephalon
d) Mesenzephalon
e) Teledienzephalon
1 Gebiet der Aa. paramedianae
2 Gebiet der Aa. circumflexae breves
3 Gebiet der Aa. circumflexae longae

Nach Krayenbühl, H., M. G. Yasargil: Zerebrale Angiographie für Klinik und Praxis, 3. Aufl. Thieme, Stuttgart 1979

Die Angioarchitektonik des Gehirns weist eine in allen Entwicklungsstufen des Stammhirns gleichbleibende Anordnung auf. Die zentralen Abschnitte werden von den Aa. paramedianae, die ventrilateralen von der Aa. circumflexae breves und die dorsolateralen und dorsalen Abschnitte von den Aa. circumflexae longae versorgt. Die Entwicklung der Groß- und Kleinhirnhemisphären bedingt eine entsprechende Verlagerung und Verlängerung der Aa. circumflexae longae, woraus schließlich die Aa. cerebri anteriores, mediae, posteriores und die Aa. cerebelli inferiores und superiores hervorgehen. Die Vaskularisationsgebiete der einzelnen Arterien lassen sich nur in großen Zügen schematisch darstellen. Sie ermöglichen unter Berücksichtigung der Kollateralen eine nützliche Übersicht zur allgemeinen Orientierung.

Hirngefäße und Dysplasien

Entwicklungsstadien der Hirngefäße

1. Bildung der primitiven Gefäßplexus aus Angioblastensträngen
2. Differenzierung in primitive Arterien, Venen und Kapillaren
3. Trennung des äußeren duralen vom leptomeningealen System (letzteres liefert später die zerebralen Gefäße)
4. Adaptation der beiden Gefäßsysteme an die Entwicklung der zerebralen und extrazerebralen Strukturen
5. Histologische Ausdifferenzierung

Regionale Angiodysplasien

Enzephalofaziale Sturge-Weber-Angiomatose

Wyburn-Mason-Syndrom (multifokale AVMs)

Divry-Bogaert-Angiomatose

Cobb-Syndrom

Klippel-Trénaunay-Weber-Syndrom

Louis-Bar-Niveauangiomatosen

Hippel-Lindau-Syndrom

Nach Ott, D., E. Dinkel: Kongenitale Fehlbildungen des Gehirns. In Reiser, M., W. Semmler: Magnetresonanztomographie. Springer, Berlin 1992

Venöse Drainage, koronare Schnittebene

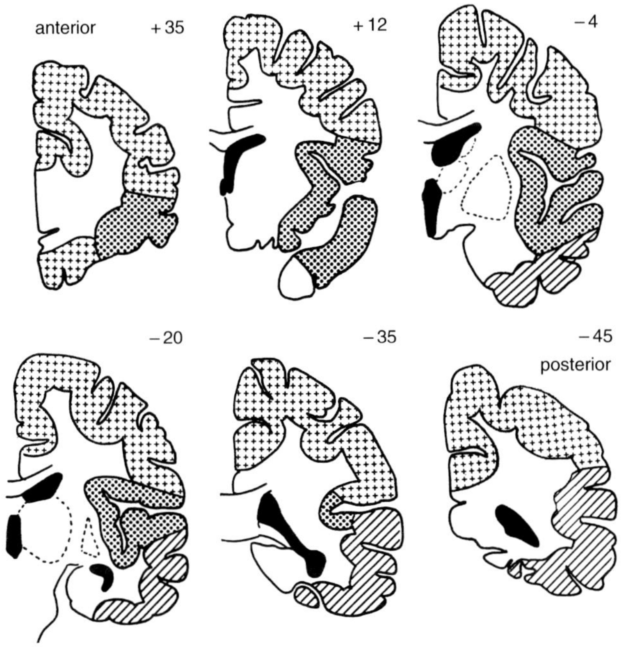

Axiale Schnittebene

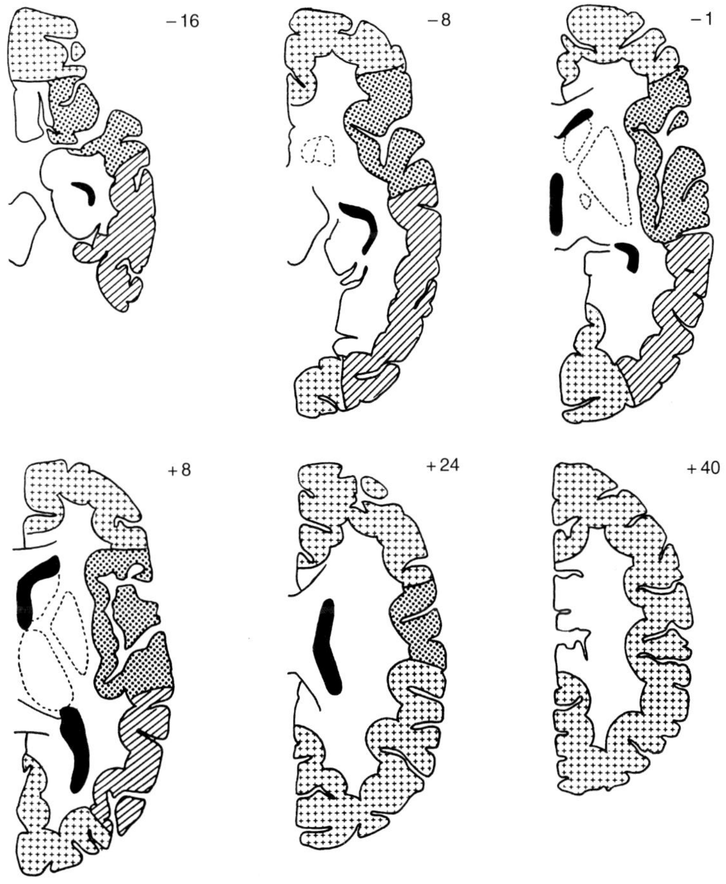

Territorium des Sinus sagittalis superior (Kreuz)

Territorium der lateralen Sinus (Schraffur)

Territorium des Sinus cavernosus (punktiert)

Territorium der inneren Venen (ohne Zeichnung, „blank")

(Ventrikelanschnitte schwarz; Umrisse der Stammganglien)

Nach Meder, J.-F., J. Chiras, J. Roland et al.: Venous territories of the brain. J. Neuroradiol. 21 (1994) 118–133

Ischämie/Infarkt

Prädilektionsstellen und Häufigkeit von Stenosen und Verschlüssen

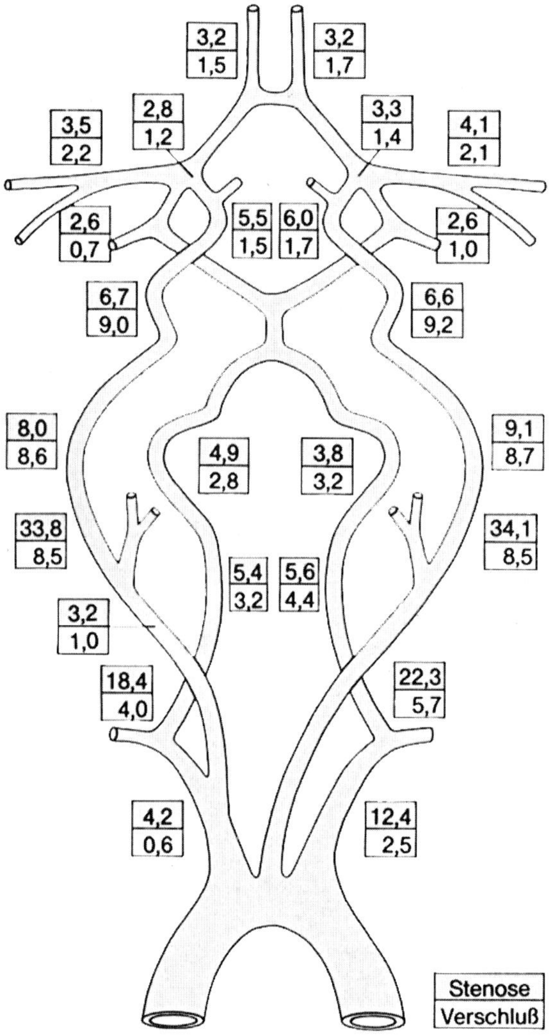

Die obere Zahl steht für die prozentuale Häufigkeit einer Stenose, die untere für die prozentuale Häufigkeit eines Verschlusses an der bezeichneten Stelle (nach Haas u. Mitarb.)

Ursachen arterieller Verschlußerkrankungen

1. Embolische Verschlüsse
   Kardiale Ursachen
   Rheumatische Herzerkrankungen
   Endokarditis
   Pulmonale Infektionen
   Embolie durch Plazentagewebe
   Septische Embolie
   Fettembolie
   Gasembolie
   Fehlbildung der großen Gefäße
   (Thrombose des D. arteriosus)

2. Thrombembolien bei Wanderkrankungen
   Traumatische Läsionen der Halsgefäße
   Leukämische Wandinfiltrationen
   Neoplastische Begleiterkrankungen
   Retropharyngeale Infektionen
   Fibröse Dysplasie
   Homozystinurie
   Mukoviszidose
   Polyarteriitis nodosa
   Moya-Moya-Erkrankung
   Atresien der Aorta und supraaortalen Gefäße
   Wandverkalkungen bei
     Vitamin-D-Hypervitaminose
     Chronische Nierenerkrankungen
   Dissezierende Aneurysmen
   Kongenitale Aneurysmen

3. Rheologische Ursachen
   Polyzythämie
   Hämoblastosen
   Koagulopathien
   Thrombotische Thrombozytopenie

Nach Nadjmi, M.: Digitale Subtraktions-Angiographie in der Neuroradiologie. Thieme, Stuttgart 1986

Dissektion der A. carotis interna

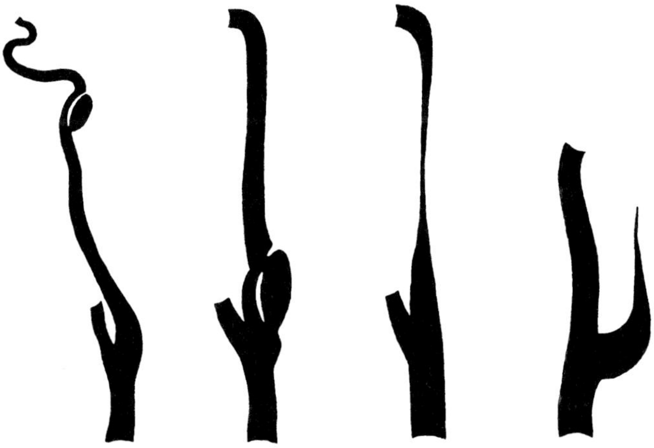

Schematische Darstellung der wesentlichen angiographischen Befunde einer Dissektion der A. carotis interna:

a Pseudoaneurysma,
b Doppellumen,
c „string sign",
d frischer Verschluß

Die Dissektion der hirnversorgenden Arterien manifestiert sich mit einem relativ typischen klinischen Bild. Dabei sollten Hals- und Kopfschmerzen in Verbindung mit retinalen und zerebralen ischämischen Symptomen, einem Horner-Syndrom und peripheren Hirnnervenläsionen an eine Karotisdissektion, Nacken-Hinterkopfschmerzen in Verbindung mit ischämischen Symptomen des vertebrobasilären Kreislaufs an eine Vertebralisdissektion denken lassen.
Die zerebrale Angiographie ist die Methode der Wahl, um sowohl hämodynamische als auch morphologische Aspekte darzustellen

Nach Nüssel, F., B. Bradac, G. Schuierer, W. J. Huk:
Klinische und neuroradiologische Aspekte bei Karotis- und Vertebralisdissekationen. Klin. Neuroradiol. 1 /1991) 26–33

Differenzierung von Kinking und Coiling der A. carotis interna (ACI)

	Kinking	Coiling
Definition	Abknickung von einem oder mehreren Segmenten der ACI	Elongation der ACI mit S- oder ringförmigem Verlauf
Etiologie	erworben	kongenital mit Verschlechterung mit zunehmendem Alter
Aterosklerose	häufig	selten
Symptome	meist symptomatisch	meist asymptomatisch
Alter	höheres Lebensalter	in allen Altersgruppen
Doppelseitigkeit	selten	häufig
Distanz von der Bifurkation	gewöhnlich innerhalb der ersten 4 cm	überlicherweise 4–9 cm

Nach Sarwar, M., B. Azar-Kia, S. Batnitzky: Basic Neuroradiology. Green, St. Louis, Missouri 1983

Stenosen der hirnversorgenden Arterien

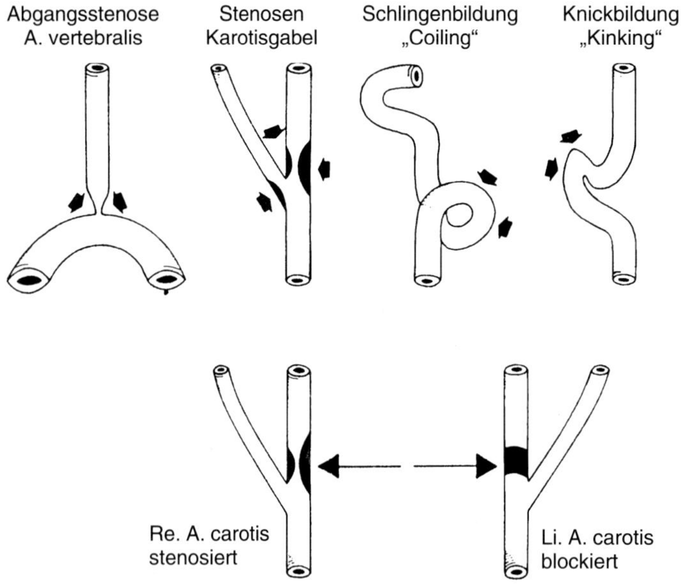

Nach Kautzky, R., K. J. Zülch, S. Wende, A. Tänzer: Neuroradiology. Springer, Berlin 1982

Die drei häufigsten Arten der Syphonstenose der A. carotis interna (nach Zülch)

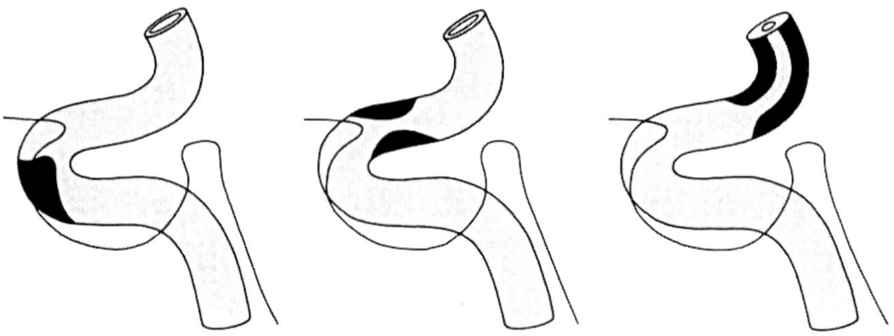

Die häufigsten Stenoseformen der A. cerebri anterior im Bereich des Rostrum corporis callosi (nach Zülch)

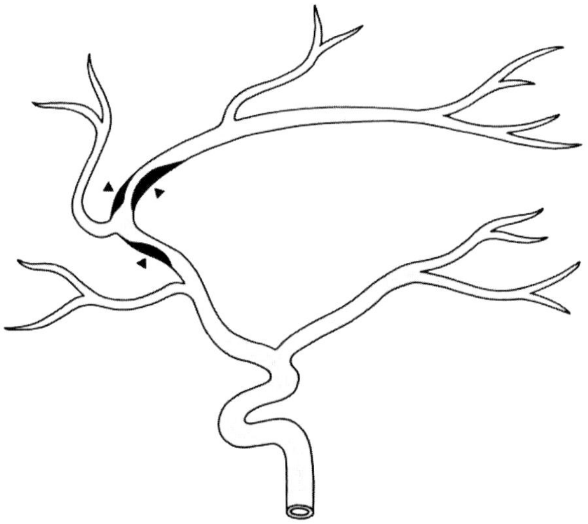

Nach Nadjmi, M.: Digitale Subtraktions-Angiographie in der Neuroradiologie. Thieme, Stuttgart 1986

Die vier Prädilektionsstellen für Stenosen und Verschlüsse der A. cerebri media (nach Zülch)

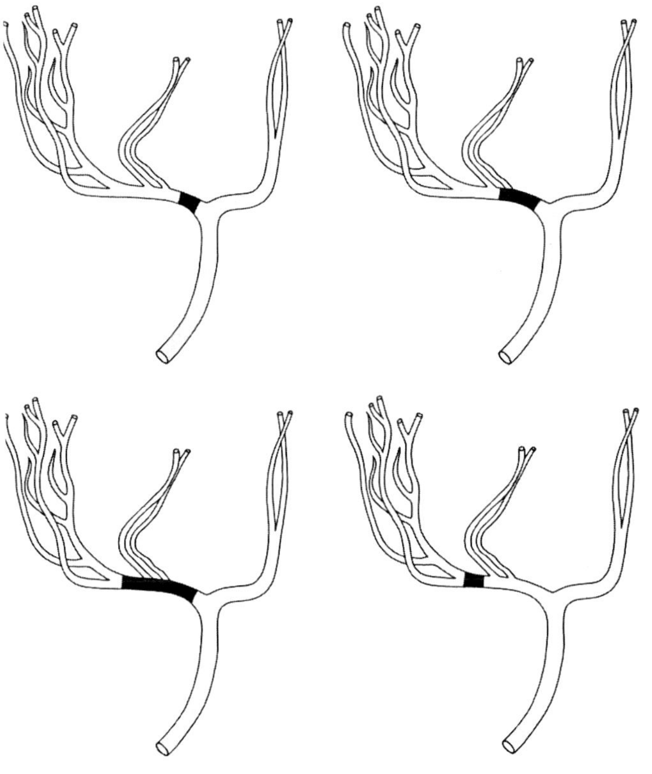

Nach Nadjmi, M: Digitale Subtraktions-Angiographie in der Neuroradiologie. Thieme, Stuttgart 1986

Stenosen und Okklusionen der A. cerebri media (topographische Verteilung)

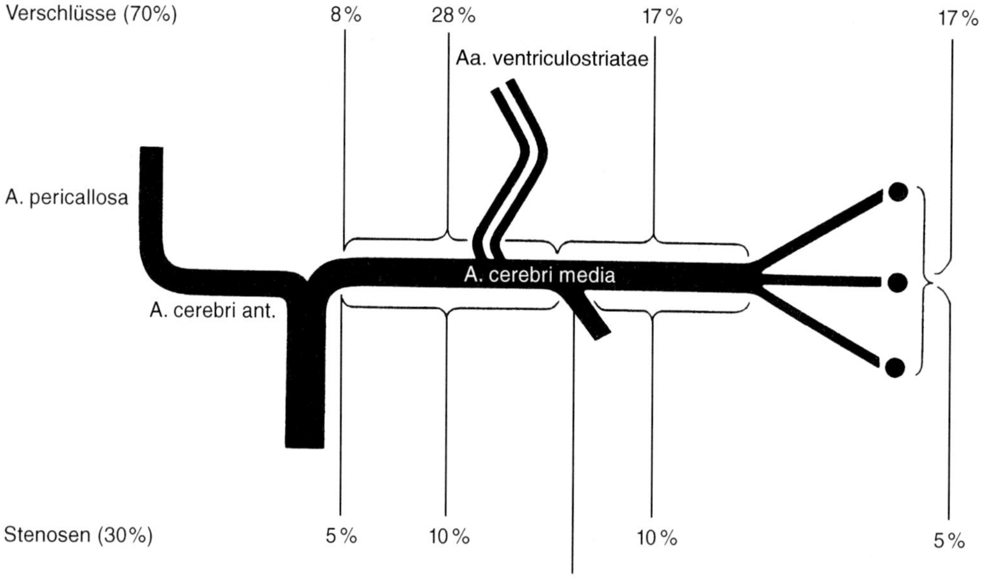

1. konstanter Seitenast der A. cerebri media:

A. frontalis ascendens	(65%)
A. temporalis posterior	(18%)
A. gyri angularis	(12%)
gemeinsamer Stamm der frontalis asc. und der temporalis posterior	(5%)

Nach Huber, P.: Stenosierende und obliterierende zerebrale Gefäßprozesse. In: Handbuch der Medizinischen Radiologie, XIV/1A. Springer, Berlin 1981

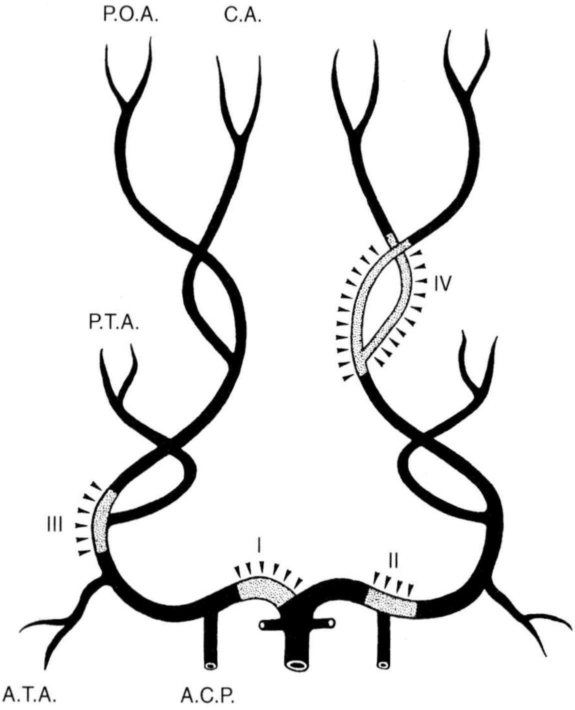

Die vier häufigsten Lokalisationen von Stenosen und Verschlüssen der A. cerebri posterior

- I proximal am Abgang der A. cerebri posterior
- II am Abgang der A. communicans posterior
- III im Verlauf der A. cerebri posterior, in Höhe des Bogens um die Hirnschenkel
- IV die distalen Äste betreffend

Nach Kautzky, R., K. J. Zülch, S. Wende, A. Tänzer: Neuroradiology. Springer, Berlin 182

Läsionsmuster und Pathophysiologie von Hirninfarkten

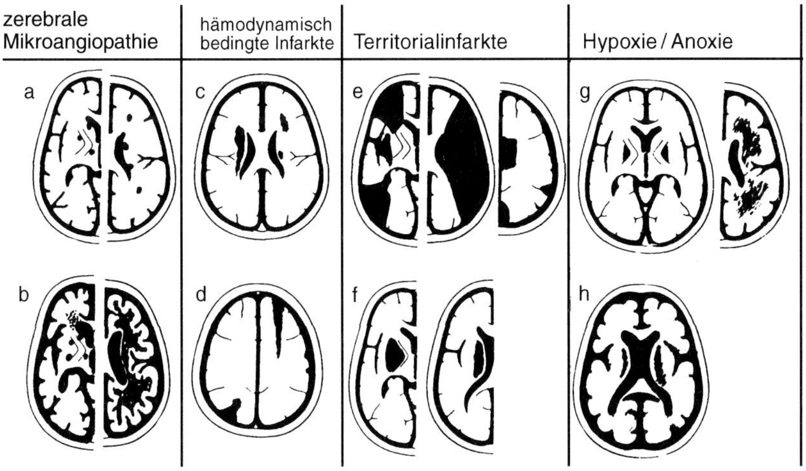

a) Multiple lakunäre Infarkte an den Prädilektionsstellen. b) Typischer Befund bei subkortikaler arteriosklerotischer Enzephalopathie (M. Binswanger) mit lakunären Infarkten an den Prädilektionsstellen und diffuser, periventrikulär betonter Dichteminderung der weißen Substanz. c) Unterschiedlich große Endstrominfarkte („letzte Wiesen") an typischer Stelle, streng subkortikal. d) Vorderer und hinterer Grenzzoneninfarkt mit kombinierter kortikaler und subkortikaler Läsion. Nachweis in den apikalen Schichten. e) Unterschiedlich große Territorialinfarkte der vorderen, mittleren und hinteren Mediaastgruppe (links), des gesamten Mediaterritoriums (Mitte) sowie des Anterior- und Posteriorgebietes (rechts). Ein sehr kleiner kortikaler Territorialinfarkt eines peripheren Mediaastes ist ebenfalls abgebildet. f) Sogenannter „ausgedehnter Linsenkerninfarkt". Das Territorium der Aa. lenticulostriatae ist in allen Schnittebenen betroffen. g) Typischer Befund bei CO-Vergiftung: Bilaterale Pallidumnekrosen und diffuse Dichteminderung des Marklagers mit Hirnschrumpfung. h) Ähnlicher Befund nach Strangulation oder hämorrhagischem Schock. Beide Endstromregionen sind infarziert, das Gerhin ist massiv geschrumpft.

Nach Ringelstein, E. B. et al.: Der Beitrag der zerebralen Computertomographie zur Differentialtypologie und Differentialtherapie des ischämischen Großhirninfarktes. Fortschr. Neurol. Psychiat. 53 /1985) 315–336

Lokalisationen von Hirninfarkten

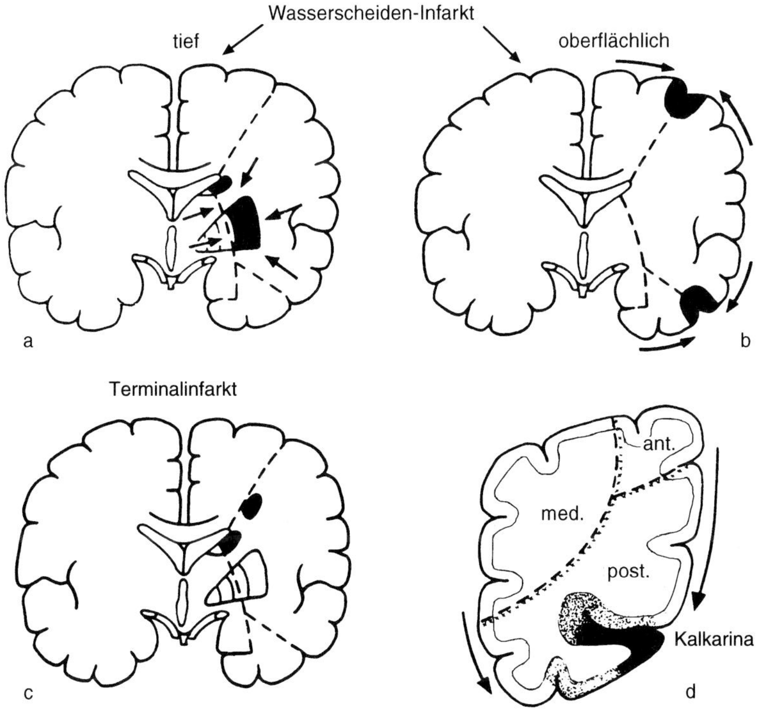

a) Tiefe Grenzzonen-Infarkte
b) Oberflächliche Grenzzonen-Infarkte
c) Terminalinfarkte
d) Infarkt im Zentrum des Versorgungsgebietes der A. cerebri posterior

Nach Zülch, K. J.:
Cerebrovascular pathway and pathogenesis as a basis of neuroradiological diagnosis. In: Handbuch der Medizinischen Radiologie XIV/1A. Springer, Berlin Heidelberg New York 1981

Infarkte bei Verschluß einer A. vertebralis

Hämodynamisch bedingte Läsionen in Abhängigkeit von der betroffenen Struktur

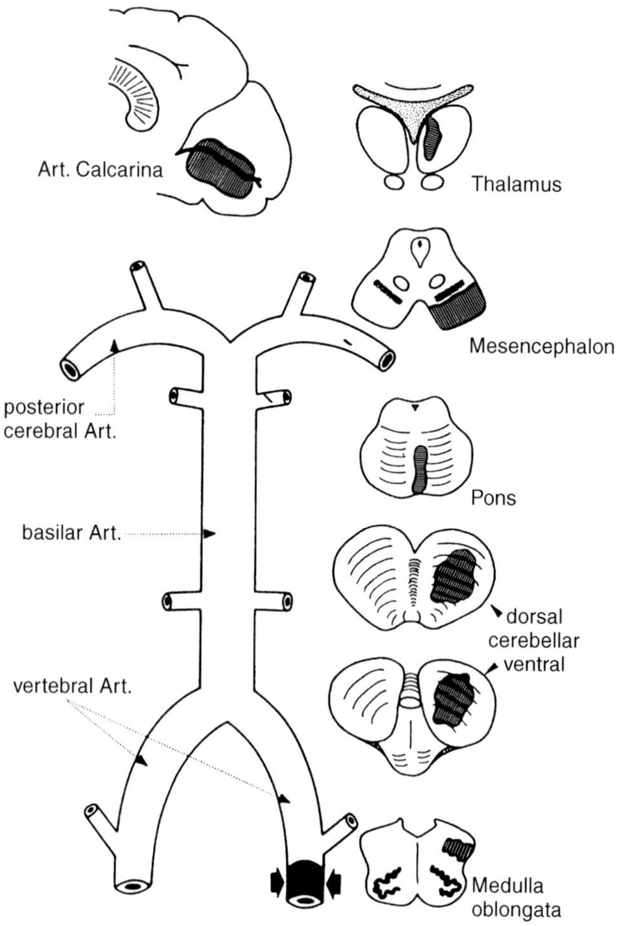

Nach Kautzky, R., K. J. Zülch, S. Wende, A. Tänzer: Neuroradiology. Springer, Berlin 1982

Infarktareal der A. chorioidea anterior

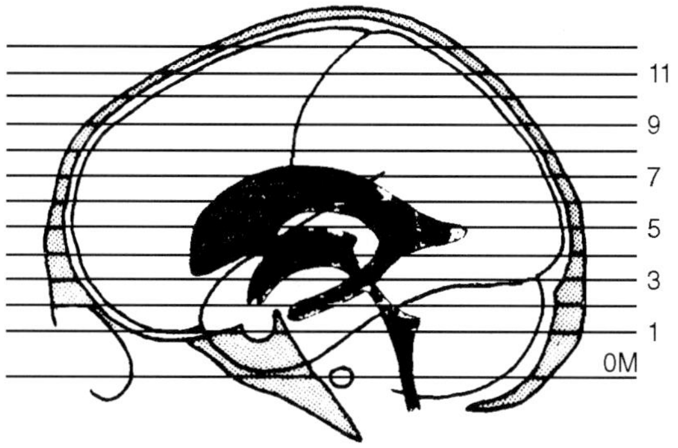

Referenzbild:
Schnittebenen der Abb. auf den folgenden Seiten

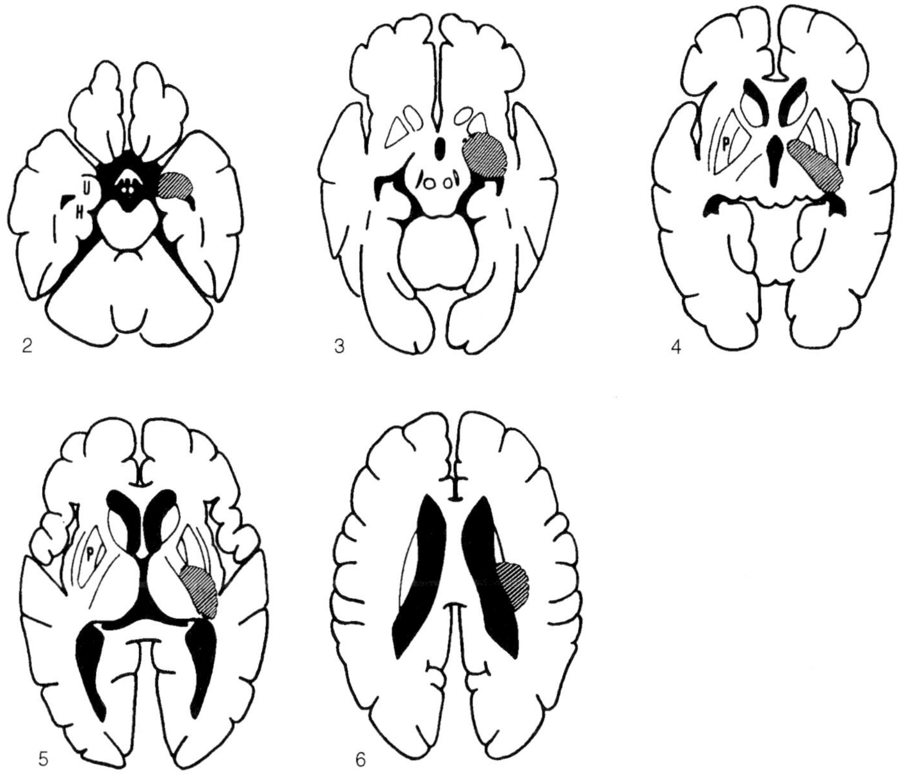

H Gyrus parahippocampalis, **U** Unkus, **P** Putamen
(die Zahlen entsprechen der Schichtorientierung im Referenzbild)

Nach Bories, J. et al.: CT in hemispheric attacks. Neuroradiology 27 (1985) 468–483

Infarktareal der A. cerebri anterior

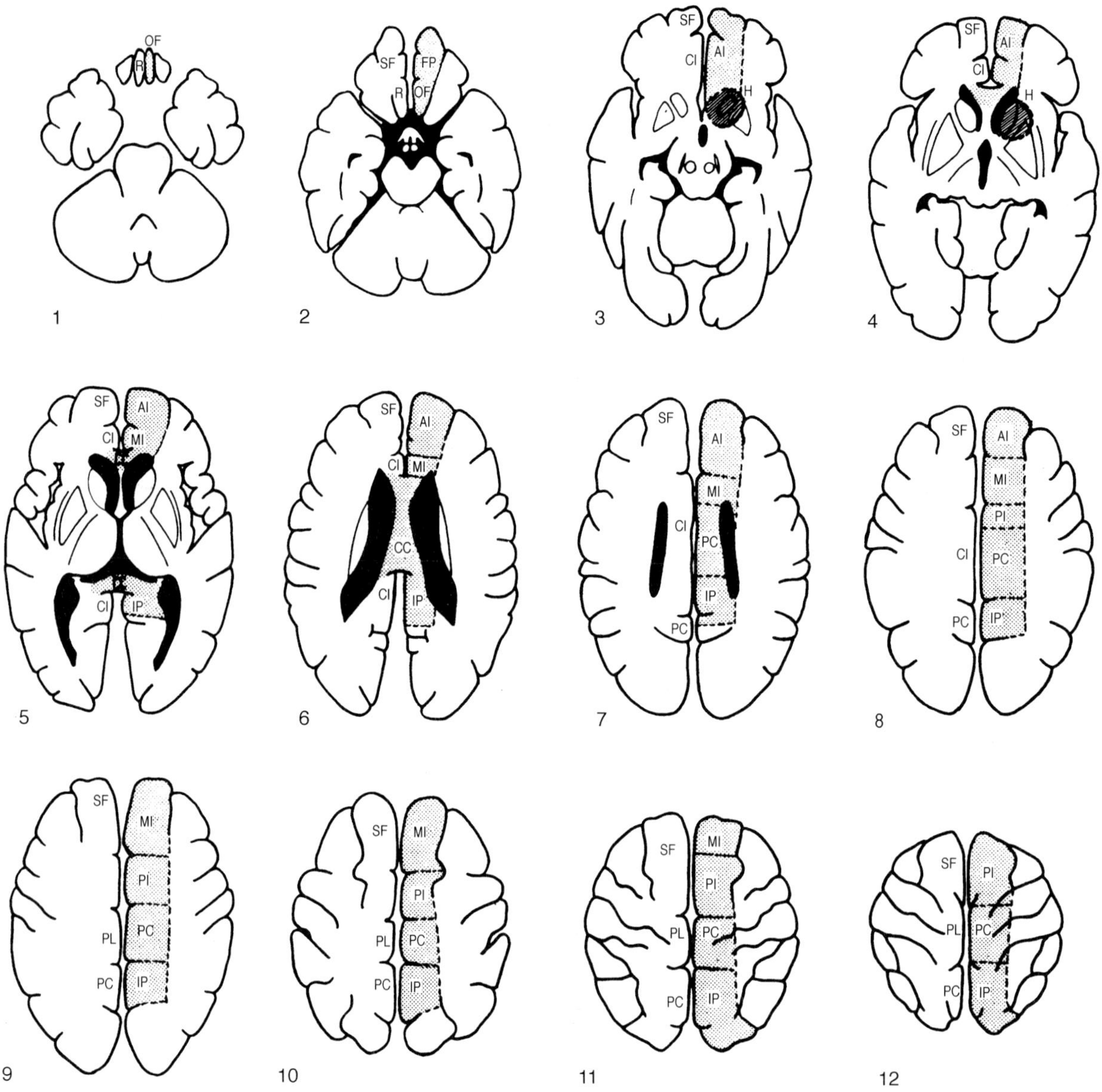

R Gyrus rectus, **SF** Gyrus frontalis superior, **CI** Gyrus cinguli, **PC** Präkuneus, **PL** Lobus paracentralis
OF A. orbitofrontalis, **FP** A. frontopolaris, **AI** A. frontobasalio medialis, **MI** A. frontalis mediomedialis, **PI** A. praecentralis, **H** Aa. centrales anteromediales Heubneri, **IP** A. occipitalis interna, **CC** A. pericallosa, **PC** A. paracentralis

(die Zahlen entsprechen der Schichtorientierung im Referenzbild S. 285)

Nach Bories, J. et al.: CT in hemispheric attacks. Neuroradiology 27 (1985) 468–483

Infarktareal der A. cerebri media

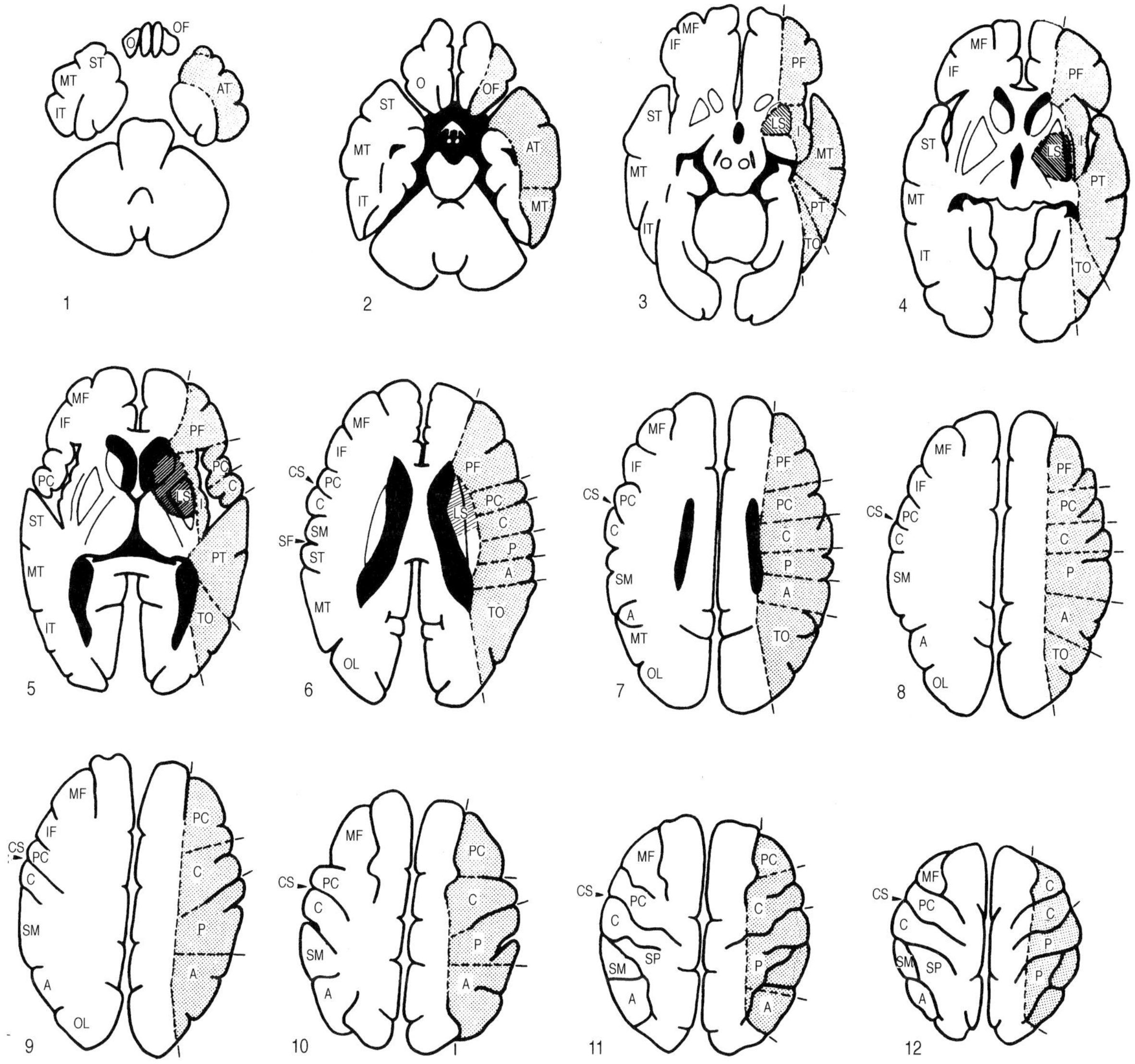

O Gyrus orbitalis, **St** Gyrus temporalis superior, **MT** Gyrus temporalis medius, **IT** Gyrus temporalis interior, **MF** Gyrus frontalis medius, **IF** Gyrus frontalis inferior, **PC** Gyrus praecentralis, **C** Gyrus postcentralis, **SM** Gyrus supramarginalis, **A** Gyrus angularis, **OL** Okzipitallappen, **SP** Lobus parietalis superior, **CS** Sulcus centralis, **SF** Fissura Sylvii
OF A. orbitofrontalis, **TP** A. temporalis polaris, **AT** A. temporalis anterior, **MT** A. temporalis media, **PT** A. temporalis posterior, **TO** A. temporooccipitalis, **PF** A. operculofrontalis, **I** Aa. insulares, **LS** Aa. lenticulostriatae, **PC** A. sulci praecentralis (praerolandica), **C** A. sulci centralis (rolandica), **P** A. parietalis posterior, **A** A. gyriangularis

(die Zahlen entsprechen der Schichtorientierung im Referenzbild S. 285)

Nach Bories, J. et al.: CT in hemispheric attacks. Neuroradiology 27 (1985) 468–483

Infarktareal der A. cerebri posterior

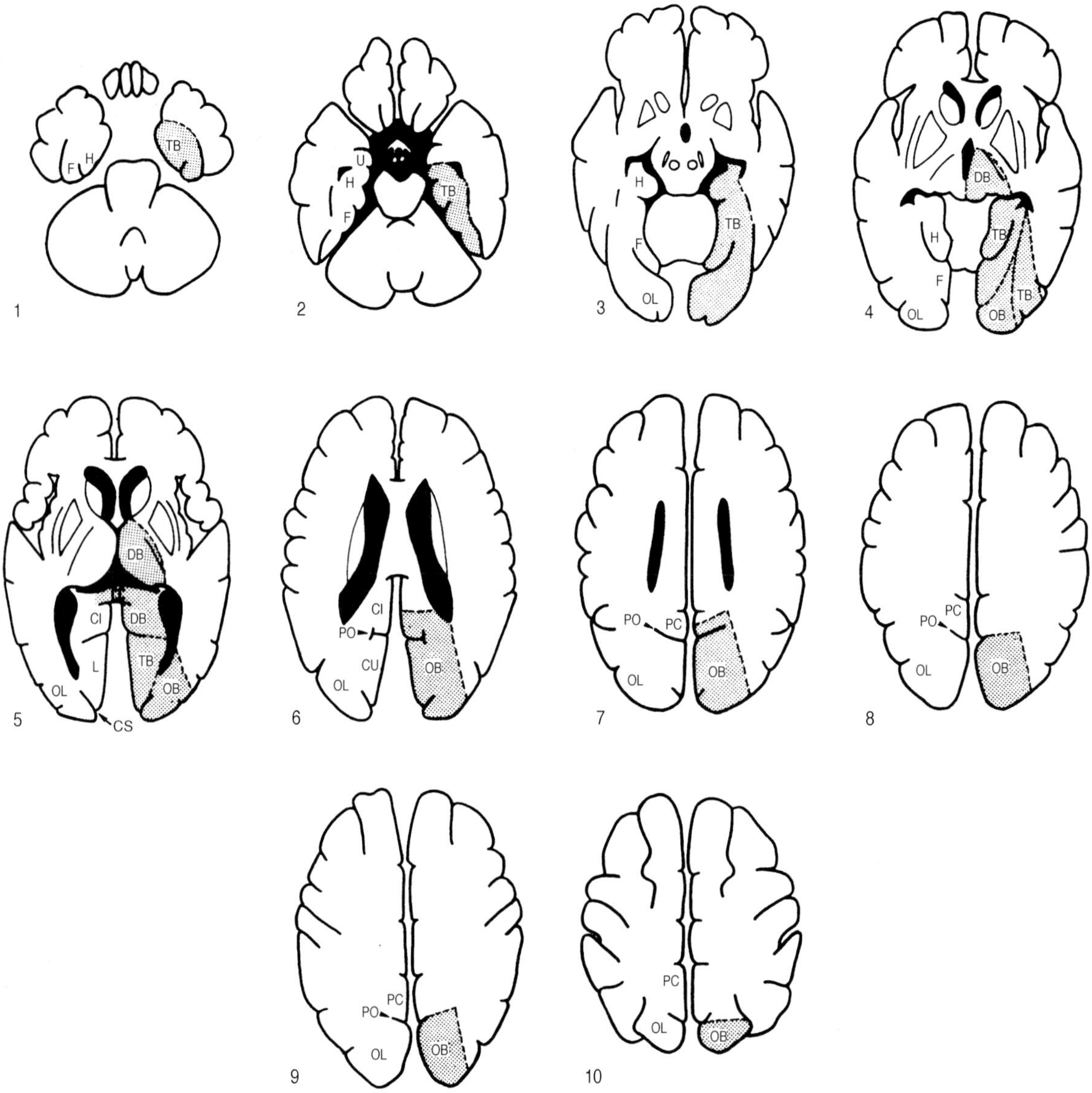

H Gyrus parahippocampalis, **F** Gyrus occipitotemporalis lateralis, **U** Unkus, **OL** Lobus occipitalis, **CI** Gyrus cinguli, **L** Gyrus occipitotemporalis medialis, **CU** Kuneus, **PC** Präkuneus, **CS** Sulcus calcarinus, **PO** Sulcus parietooccipitalis **TB** Rr. occipitotemporalis arteriae cerebri posterior, **OB** A. occipitalis interna, **DB** Aa. posteromediales, posterolaterales, Rr. chorioidei posteriores mediales et laterales

(die Zahlen entsprechen der Schichtorientierung im Referenzbild S. 285)

Nach Bories, J. et al.: CT in hemispheric attacks. Neuroradiology 27 (1985) 468–483

Diagnostische Wertigkeit von MRT und CT beim Hirninfarkt

	MRT	CT
1. Differenzierung Blutung/Infarkt in der Frühphase	+	+++
2. Erkennbarkeit des Infarkts (Groß- u. Kleinhirn)	+++	++
Erkennbarkeit des Infarkts (Hirnstamm)	+++	+
3. Früher Infarktnachweis	++	+
4. Hämorrhagische Imbibierung des Infarkts	+++	+
5. Topographie des Infarkts	+++ (Hirnstamm!)	+
6. Klassifizierung des Infarkts	+++	++
7. Identifizierung zugrundeliegender Gefäßläsionen im gleichen Untersuchungsgang	++	+
8. Bestimmung des Infarktalters	+	+++
9. Darstellbarkeit des Infarkts während des gesamten Infarktverlaufs	++	Foggingphase
10. Untersuchungsdauer und Untersuchbarkeit des Patienten	+	+++
11. Verfügbarkeit und Kosten	+	+++

+ eingeschränkt, ++ gut, +++ sehr gut.

Nach Thron, A., H. Brückmann: Intrazerebrale Blutungen und zerebrovaskuläre Erkrankungen. In Reiser, M., W. Semmler: Magnetresonanztomographie. Springer, Berlin 1992

Periventrikuläre Dichteminderung

Syn.: PVL, white matter lesion, als unspezifische, mit der Demenz assoziierte vaskuläre Läsionen

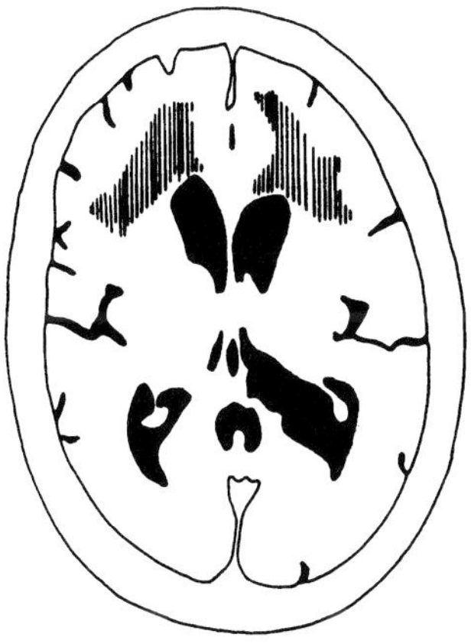

Grad 0: z.B. Höhe der Plexus chorioidei

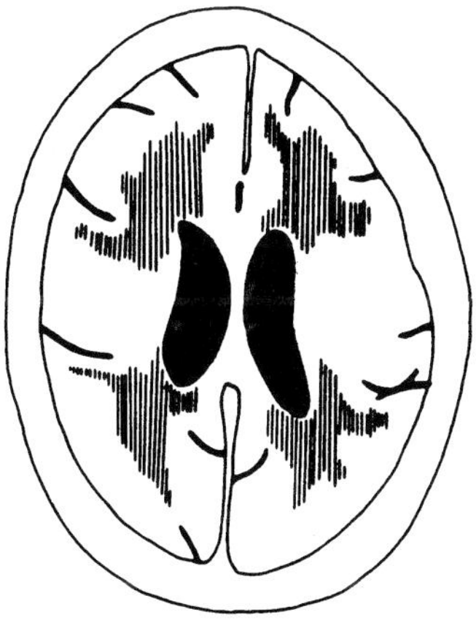

Grad 1: z.B. Höhe der Cella media

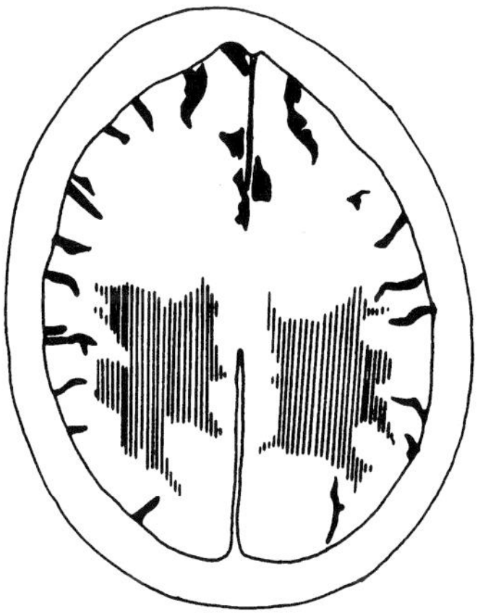

Grad 2: z.B. Höhe des Centrum semiovale

Die Schwere der Veränderungen der weißen Hirnsubstanz wird mit Hilfe der Gradeinteilungen 0, 1 und 2 vorgenommen

Nach van Swieten, J. C. et al.: Grading white matter lesions on CT and MRT: a simple scale. J. Neurol. Neurosurg. Psychiat. 53 (1990) 1080–1083

Intrakranielle Blutungen

Intrakranielle Blutungen bei Neugeborenen

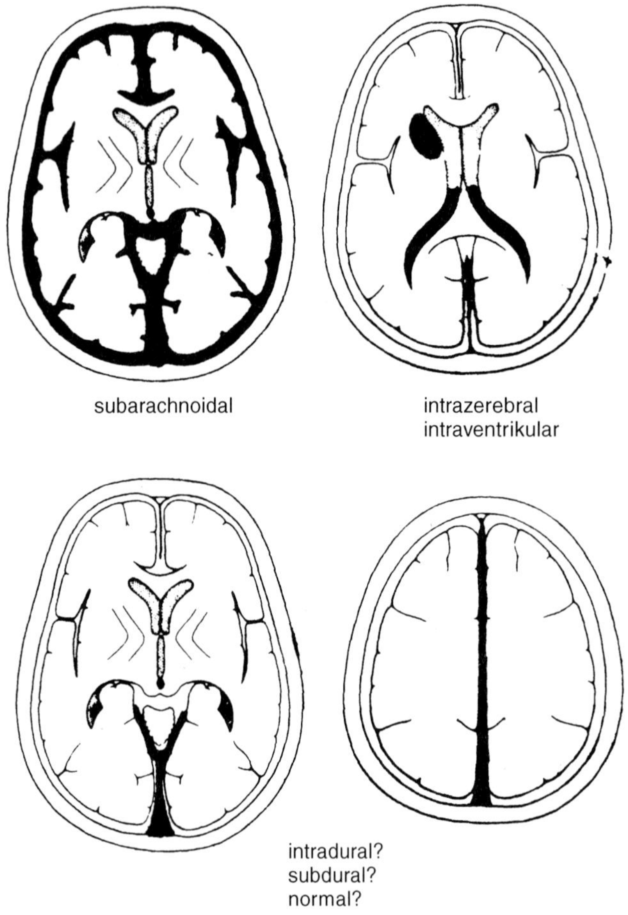

Hauptlokalisationen von intrakraniellen Blutungen

Nach Ludwig, B. et al.: Postpartum Cranial CT Examination of the Head of Full Term Infants. Neuroradiology 20 (1980) 145–154

Klassifizierung der intrakraniellen Blutung bei Früh- und Neugeborenen

Grad I	nur im Subependymalraum
Grad II	Subependymalblutung mit Einbruch in normal große Ventrikel
Grad III	Subependymalblutung mit Einbruch in bereits erweiterte Ventrikel
Grad IV	Entsprechend Grad-III-Blutung mit Einbruch in das anliegende Hirnparenchym, oder ausschließlich im Parenchym gelegen ohne Ventrikelbeteiligung!

Nach Ebel, K.-D., E. Willich, E. Richter: Differentialdiagnostik in der Pädiatrischen Radiologie. Thieme, Stuttgart 1995

Intrazerebrale Blutungen

Lokalisation und wichtigste Ursachen von Hirnblutungen

Lokalisation	(%)	Blutungsursache (%) Hypertonie	Gefäßmalformation	Gerinnungsstörung	Tumor Metastase	Selten oder unbekannt
Lobär	51	50	12	16	7	15
Stammganglien, Thalamus	41	73	–	7	2	18
Kleinhirn, Hirnstamm	5,5					
Multipel	1,5					
Intraventrikulär	1					

Durchschnittsalter bei nichttraumatischen Hirnblutungen in Jahren

Ursache	
Arterielle Hypertonie	61,0
Gefäßmalformation (mit Aneurysma)	37,7
Gerinnungsstörung	
– medikamentös induziert	64,0
– bei Systemerkrankung	49,8
Tumor/Metastase	66,8
Seltene oder unbekannte Ursache	52,5
Gesamt	58,0

Nach Thron, A., H. Brückmann: Intrazerebrale Blutungen und zerebrovaskuläre Erkrankungen. In: Reiser, M., W. Semmler (Hrsg.): Magnetresonanztomographie. Springer, Berlin et. al. 1992

Pathogenese der Pachymeningeosis hämorrhagica interna

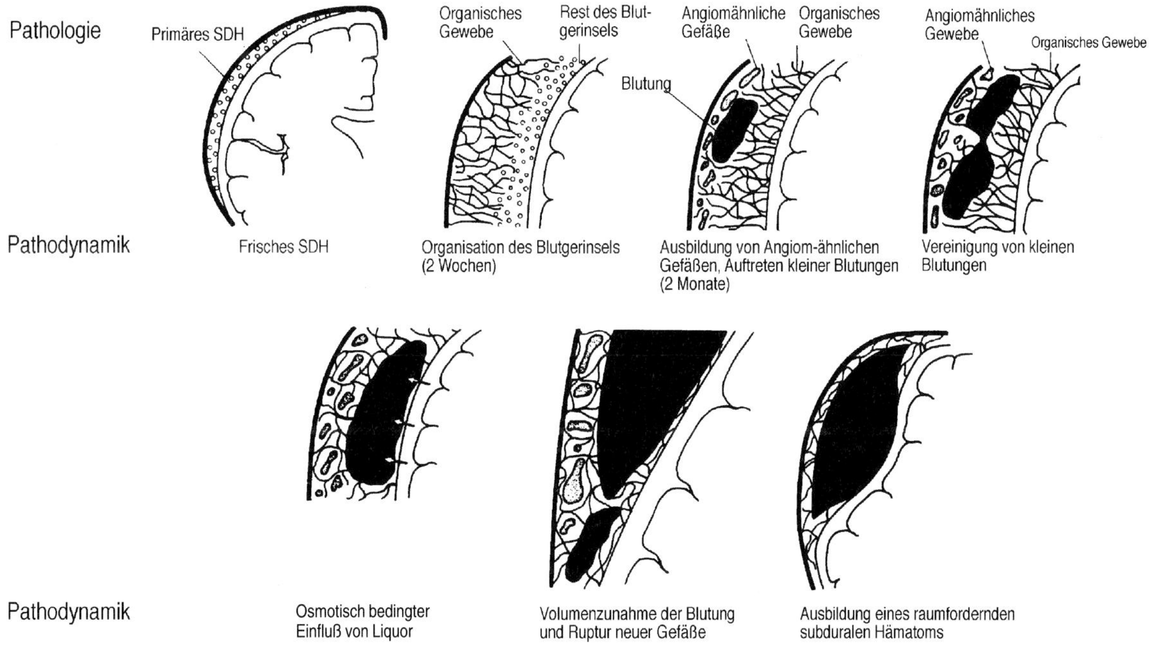

Nach Zülch, K. J.: Atlas of Gross Neurosurgical Pathology. Springer, Berlin 1975

Ursachen spontaner Hirnblutungen

Auslösungsmoment	Aneurysmen	%	Arteriovenöse Mißbildungen	%	andere Ursachen	%
Während des Schlafes	820	35,8	139	35,8	746	37,7
Ohne besondere Umstände	734	32,1	108	27,8	676	34,2
Heben oder Bücken	273	11,9	54	13,9	172	8,7
Emotionelle Belastung	100	4,4	23	5,9	87	4,4
Defäkation	99	4,3	16	4,1	67	3,4
Koitus	87	3,8	16	4,1	44	2,2
Husten	49	2,1	5	1,3	44	2,2
Trauma	63	2,8	17	4,4	59	3,0
Urinieren	45	2,0	6	1,6	22	1,1
Chirurgische Eingriffe	10	0,4	2	0,5	25	1,3
Gebären	8	0,4	2	0,5	36	1,8
	2288		388		1978	
Keine näheren Angaben	701		231		544	
Gesamtzahl der Fälle	2989		619		2522	

Manifestierung der Aneurysmen

bis zum 20. Lebensjahr	1,6%	
zwischen 20. und 40. Lebensjahr	16,2%	
zwischen 40. und 50. Lebensjahr	24,6%	} 55,2%
zwischen 50. und 60. Lebensjahr	30,6%	} 55,2%
jenseits des 60. Lebensjahres	27,0%	

Vorkommen von Aneurysmen in %

Lokalisation		Einzelnes Aneurysma mit Subarachnoidalblutung
A. carotis interna	38,1%	
proximal von A. communicans posterior		4,3%
Abgang der A. communicans posterior		25,0%
distal von A. communicans posterior		4,3%
Karotisbifurkation		4,5%
A. cerebri anterior	36,1%	
präkommunikaler Abschnitt		1,5%
A. communicans anterior		30,3%
postkommunikaler Abschnitt (A. pericallosa)		2,8%
nicht spezifiziert		1,5%
A. cerebri media	20,9%	
proximaler Abschnitt		3,9%
Teilungsstelle des Hauptstammes		13,1%
distaler Abschnitt		1,4%
nicht spezifiziert		2,5%
A. cerebri posterior	0,9%	
A. basilaris	2,8%	
Bifurkation		2,0%
Stamm		0,8%
A. vertebralis	0,9%	
zerebelläre Arterien	0,8%	

Nach Locksley, H. B.: J. Neurosurg. 25 (1966) 219–241 und 321–368
Nach Huber, P.: Zerebrale Aneurysmen und Angiome. In: Handbuch der Medizinischen Radiologie XIV/1A. Springer, Berlin 1981

Aneurysmen der A. communicans anterior (nach Yasargil u. Mitarb.)

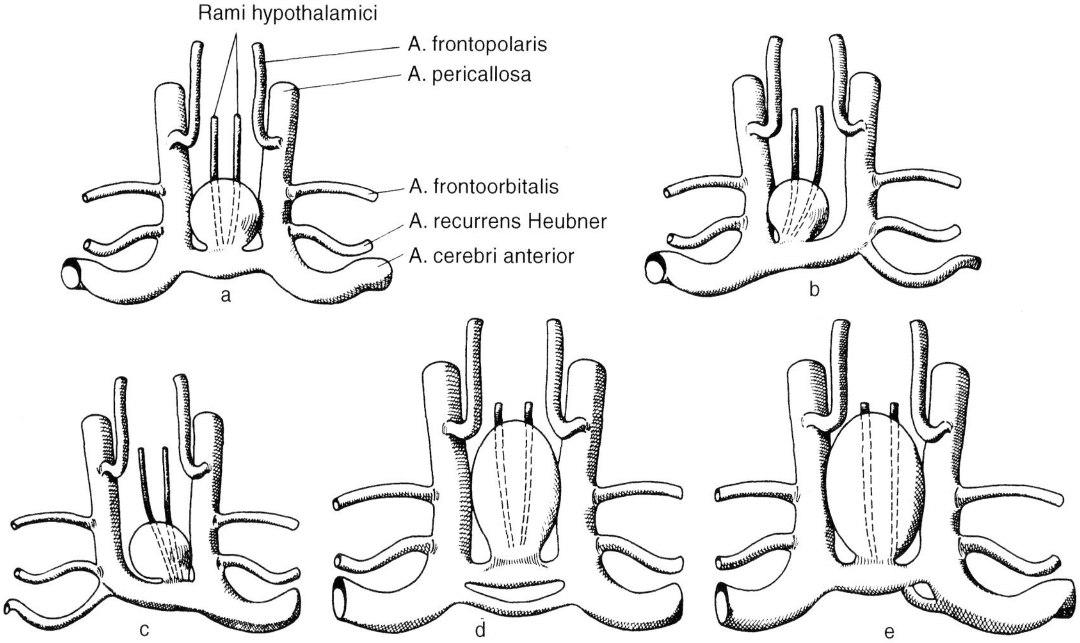

a) Beide Aa. cerebri anteriores sind von gleichem Kaliber, das Aneurysma sitzt in der Mitte der A. communicans anterior.
b) Die rechte A. cerebri anterior ist weiter als die linke, das Aneurysma sitzt an der Teilungsstelle der weiteren rechten A. cerebri anterior.
c) Die linke A. cerebri anterior ist weiter als die rechte, das Aneurysma sitzt an der Teilungsstelle der linken A. cerebri anterior.
d) Doppelt angelegt A. communicans anterior. Das Aneurysma sitzt am oberen Querast der A. communicans anterior.
e) Unvollständige Duplikation der A. communicans anterior

Nach Krayenbühl, H., M. G. Yasargil: Zerebrale Angiographie für Klinik und Praxis, 3. Aufl. Thieme, Stuttgart 1979
Nach Huber, P.: Zerebrale Aneurysmen und Angiome. In: Handbuch der Medizinischen Radiologie. XIV/1A. Springer, Berlin 1981

Aneurysmen der A. communicans posterior

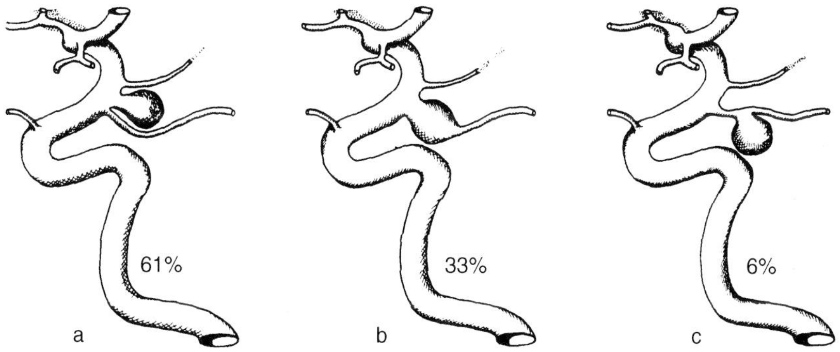

a) Am häufigsten zwischen communicans posterior und A. choroidea anterior
bl Ausgeprägte infundibuläre Erweiterung, aus deren Kuppe lumenmäßig deutlich abgesetzt die A. communicans posterior hervorgeht
c) Sackförmiges Aneurysma an der A. communicans posterior kurz nach ihrem Abgang aus der A. carotis interna

Nach Huber, P.: Zerebrale Aneurysmen und Angiome. In: Handbuch der Medizinischen Radiologie XIV/1A. Springer, Berlin 1981

Risiko einer Rezidivblutung bis zur 12. Woche

Anreurysma-lokalisation	Nicht operierte Fälle	Prä-operative Fälle	Total
A. carotis interna	68/170 40%	49/188 26%	117/358 33%
A. communicans anterior	161/288 56%	56/242 23%	217/530 41%
A. cerebri media	38/144 26%	42/211 20%	80/355 23%

Lokalisation der Aneurysmen vom apoplektischen und paralytischen Typus

Apoplektischer Typus (Ruptur mit Blutung) in Prozent	Lokalisation	Paralytischer Typus (keine Blutung) in Prozent
31	A. carotis interna	72
36,1	A. cerebri anterior	10
20	A. cerebri media	13
0,9	A. cerebri posterior	5,7 (A. cerebri posterior bis zerebelläre Arterien)
2,8	A. basilaris	
0,9	A. vertebralis	
0,8	zerebelläre Arterien	

Nach Krayenbühl, H., M. G. Yasargil: Zerebrale Angiographie für Klinik und Praxis, 3. Aufl. Thieme, Stuttgart 1979

Mikroangiom

Lokalisationen

frontal	45	Basalganglien und Inselregion	25
temporal	43	Mesenzephalon, Pons, Medulla	85
parietal	23	Zerebellum	44
okzipital	9	Rückenmark	18

Umgehungskreisläufe

- vertebro-vertebraler Weg	66%
- karotido-basilärer Weg	26%
- externo-vertebraler Weg	6%
- karotido-subklavialer Weg (Innominata steal)	2%

Nach Huber, P.: Zerebrale Aneurysmen und Angiome. In: Handbuch der Medizinischen Radiologie XIV/1A. Springer, Berlin 1981

Arteriovenöse Gefäßmißbildungen

Die Gefäßmißbildungen werden in der Literatur nach verschiedenen Gesichtspunkten klassifiziert. Am wichtigsten ist dabei die Abgrenzung der kongenitalen, nicht neoplastischen Gefäßmißbildungen von den eigentlichen neoplastischen Gefäßgeschwülsten. Die Mißbildungen bestehen aus knäuelartig angeordneten Gefäßen, die durch mehr oder weniger stark verändertes Hirngewebe, in dem die nervösen Elemente fehlen können, voneinander getrennt sind. Die Hämangioblastome dagegen sind Tumoren mit embryonalem Gefäßsystem und aktiv proliferierenden Zellen ohne zwischengeschaltetes Hirngewebe. Die heute am meisten verwendete Einteilung basiert auf den Arbeiten von Cushing u. Bailey (1928) und Russell u. Rubinstein (1959):

Mißbildungen
A. Angioma cavernosum (vaskuläres Hamartom)
B. Angioma racemosum
  a) Teleangiektasie (Angioma capillare ectaticum)
  b) Angioma capillare et venosum calcificans (Sturge-Weber)
  c) Arteriovenöse Gefäßmißbildung (arteriovenöses Angiom)

Gefäßtumoren
Hämangioblastom (Angioretikulom).

Die arteriovenösen Gefäßmißbildungen stehen hinsichtlich Häufigkeit und klinischer Bedeutung an erster Stelle. Es sind Gefäßkonvolute, welche in der Regel weite, geschlängelte zu- und abführende Gefäße und dazwischen einen Gefäßknäuel von wechselnder Größe aufweisen und mit dem normalen zerebralen Gefäßsystem in Verbindung stehen. Der arterielle und venöse Anteil wechselt von Fall zu Fall.

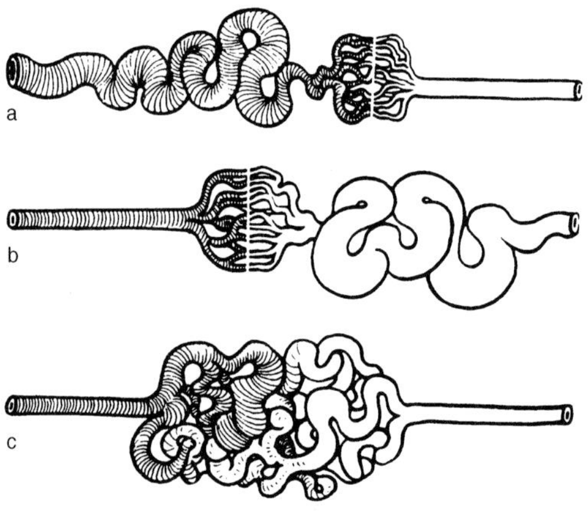

Verschiedene Formen der arteriovenösen Mißbildungen (nach Lima)

Nach Krayenbühl, H., M. L. Yasargil: Zerebrale Angiographie für Klinik und Praxis, 3. Aufl. Thieme, Stuttgart 1979

Entwicklung der arteriovenösen Mißbildungen

Streeter (1918) hat die Entwicklung der Hirngefäße in 5 Stadien eingeteilt:

I. Aus Strängen von Angioblasten, deren äußere Zellen abgeflacht werden, während sich die inneren verflüssigen, bildet sich ein primitiver Gefäßplexus.
II. Diese Gefäße differenzieren sich in primitive Arterien, Kapillaren und Venen, wobei die Arterien und Venen durch Fusion einzelner Gefäßstränge entstehen.
III. Das Gefäßsystem wird in ein äußeres, durales und ein leptomeningeales, später zerebrales System geschichtet.
IV. Die einzelnen Systeme adaptieren sich an die entsprechenden, ebenfalls sich entwickelnden zerebralen und extrazerebralen Strukturen.
V. Histologische Ausdifferenzierung in die definitiven Arterien, Kapillaren und Venen.

Beteiligung der Duragefäße bei Mißbildungen in der hinteren Schädelgrube

Lokalisation	supratentoriell	infratentoriell
pial	81 (79%)	13 (50%)
pial-dural	16 (15%)	4 (15%)
dural	6 (5%)	9 (35%)
	103 (80%)	26 (20%)

Verteilung der arteriovenösen Mißbildungen auf die einzelnen Hirnregionen (nach Perret u. Nishioka 1966)

Lokalisation	Verteilung Fälle	in Prozent
frontal	64	14
frontoparietal	28	6
frontotemporal	10	2
temporal	51	11
temporoparietal	26	6
temporookzipital	5	1
parietal	104	23
parietookzipital	18	4
okzipital	23	5
intraventrikulär oder		18
paraventrikulär	81	
Hirnstamm	11	2
Zerebellum	21	5
ganze Hemisphäre	3	1
multiple Mißbildungen	3	1
keine Lokalisationsangabe	5	1
	453	100

Kriterien zur Unterscheidung zwischen arteriovenösen Mißbildungen und malignen Gliomen (nach Wickbom, 1950, und Goree u. Dukes, 1963)

	Arteriovenöse Mißbildung	Malignes Gliom
Zuführende Gefäße:	können normal groß sein, sind aber meistens deutlich bis massiv erweitert	können normal weit bis leicht erweitert sein, zeigen aber kaum je massive Dilatationen
Zuführende Gefäße in unmittelbarem Bereich der Läsion:	können auf sehr frühen arteriellen Phasen bis in die Läsion verfolgt werden, wobei sie meist eine gewisse Schlängelung beibehalten	Die Gefäße können nur selten bis in die Läsion hinein verfolgt werden. Häufiger verlaufen sie in der Peripherie des Tumors und sind wegen der raumfordernden Wirkung ausgespannt und gestreckt
Gefäße in der Läsion:	nur wenig gefäßlose Zonen innerhalb des dichten Gefäßkonvolutes, Gefäße meist von regelmäßigem Kaliber	größere gefäßlose Bezirke zwischen den pathologischen, häufig unregelmäßig kalibrierten Gefäßen. Vaskularisation innerhalb des Tumors häufig geringer als in den Randbezirken
Venen:	können normal weit sein, sind jedoch meist deutlich erweitert	meist normal weit, kaum je massive Erweiterung
Raumforderung:	meist keine wesentliche Raumforderung, es sei denn, es liege ein großes Hämatom vor, wobei dann aber die Raumforderung avaskulär ist	deutliche Raumforderung mit Gefäßverlagerung

Nach Krayenbühl, H., M. L. Yasargil: Zerebrale Angiographie für Klinik und Praxis, 3. Aufl. Thieme, Stuttgart 1979

Infarkt- und Blutungsdynamik im Computertomogramm und im Magnet-Resonanz-Tomogramm

Radiodensität eines Hämatoms . . .

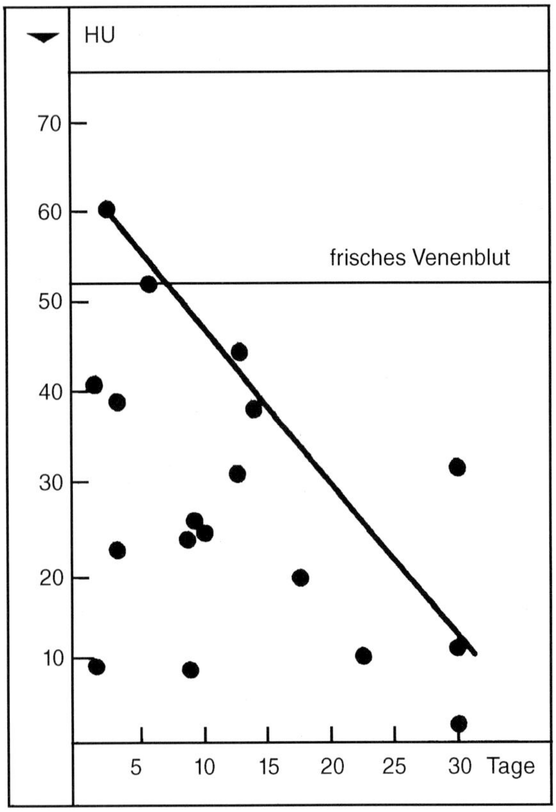

. . . hängt vom Alter der Blutansammlung ab. Die durchgezogene Linie entspricht den Angaben von Bergström. Die unter der Kurve eingetragenen Meßpunkte entsprechen eigenen Messungen von Hämatomen, deren Alter eruiert werden konnte, und denen von Guertler.

Radiodensität des Blutes . . .

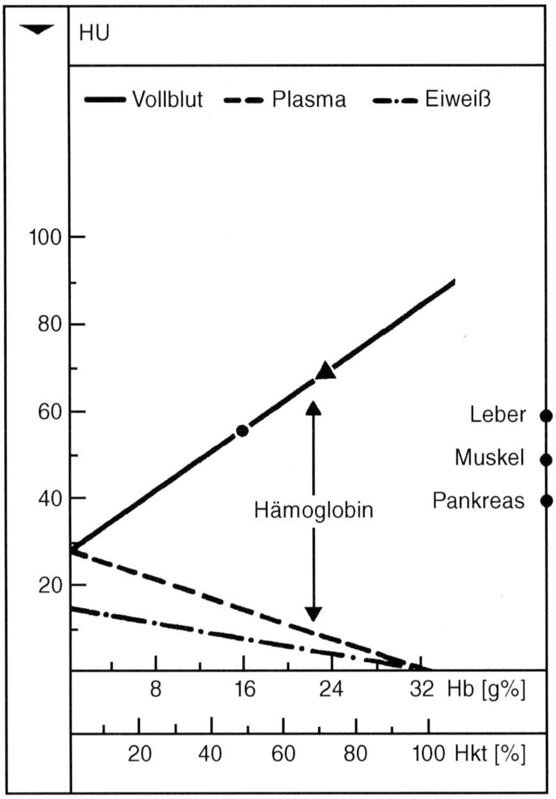

. . . und seiner Fraktionen in Abhängigkeit vom Hämatokrit nach Angaben von New, Norman und Hübener. Der erhöhte Dichtewert eines frischen Hämatoms (▲) entspricht einer erhöhten Hämokonzentration, d. h. einem erhöhten Hämatokrit.

Nach Wegener, O. H.: Ganzkörper-Computertomographie. Schering 1981

Intrakranielle Blutungen im Magnet-Resonanz-Tomogramm

Signalcharakteristika bei Blutungen

Stadium	Relaxationszeit T_1-betont	T_2-betont
Hyperakut bis akut (0–6 Std. nach Trauma)	Signalminderung im Bereich der Läsion	Signalerhöhung im Bereich der Läsion
Akut bis subakut (6 Std. bis 5 Tage nach Blutung)	keine signifikante Signalveränderung	bei Magneten $\geq$ 1,0 T Signalverminderung bei Magneten $\leq$ 1,0 T unverändertes Signal in der Spinechosequenz erniedrigtes Signal in der T_2-betonten Gradientenechosequenz
Subakut bis chronisch (5 Tage bis mehrere Wochen)	deutliche Signalverhöhung	je nachKonsistenz und Umwandlungsvorgängen Signalminderung bis Signalerhöhung
Chronisch (mehrere Wochen bis Jahre)	keine Signaleränderung bis Signalminderung	bei Substanzdefekten Signalminderung um ein signalintenses Gebilde ohne Substanzdefekt Signalminderung durch Hämosiderinablagerungen

Nach Uhlenbrock, D.: Kernspintomographie des Kopfes. Thieme, Stuttgart 1990

Magnetische Eigenschaften des Hämoglobins und seiner Abbauprodukte; Auswirkung auf die Signalbildung

magnetische Eigenschaften	Oxyhämoglobin diamagnetisch	Deoxyhämoglobin paramagnetisch	Methämoglobin paramagnetisch	Hämosiderin superparamagnetisch
Signalbeeinflussung bei homogener Verteilung	keine	keine	Anhebung	(nicht löslich)
inhomogener Verteilung	keine	Auslöschung	Auslöschung	Auslöschung

Einflüsse auf die Signalbildung in Hämatomen

Spin-Spin-Wechselwirkungen (T_1- und T_2-Verkürzung)
- Konzentration des Methämoglobins
- Repetitionszeit (TR) und Echozeit (TE)

Dephasierungen durch Suszeptibilitätsinhomogenitäten
- Magnetfeldstärke
- Art der Echobildung (SE oder GE)
- Echozeit (TE)
- relative Verteilung von Deoxy- und Methämoglobin zwischen intra- und extrazellulär
- Hämatokrit

Nach Steinbrich, W. et al.: Intrakranielle Blutungen im Kernspintomogramm. Fortschr. Röntgenstr. 152 (1990) 534–543

Magnet-Resonanz-Tomographie-Signal-Charakteristika – Intrakranielle Hämatome

	Signalintensität* T1w	T2w
Akutes Hämatom		
< 1. Tag. Stadium I. intrazelluläres Oxyhämoglobin	Leicht hyperintens	Deutlich hyperintens
1.–3. Tag. Stadium II. intrazelluläres Deoxyhämoglobin	Isointens	Deutlich hypointens
Subakutes Hämatom		
4.–6. Tag. Stadium III. intrazelluläres Methämoglobin	Vom Rand zum Zentrum fortschreitend hyperintens	Hypointens
> 1 Woche. Stadium IV. – freies Methämoglobin	Hyperintens	Hyperintens
Subakut bis chronisches Hämatom		
> 4 Wochen. Hämosiderinablagerung am Blutungsrand	Hyperintens (Randsaum leicht hypointens)	Hyperintens (Randsaum leicht hypointens)

* SE-Sequenzen (Mod. nach Gomori u. Zimmermann)

Nach Thron, A., H. Brückmann: Intrazerebrale Blutungen und zerebrovaskuläre Erkrankungen. In: Reiser, M., W. Semmler: Magnetresonanztomographie. Springer, Berlin 1992

Diagnostische Wertigkeit von CT-MRT und Angiographie

Bei intrakraniellen Blutungen

	CT	MRT	Angiographie
1. Chron.-subdurales Hämatom	++	+++	+
2. Subarachnoidalblutung	+++	+	indirekt
3. Hirnblutung akut	++	+	+
subakut	+	+++	+

+ eingeschränkt, ++ gut, +++ sehr gut.

Bei intrakraniellen Gefäßmißbildungen und Venenthrombosen

	CT	MRT	Angiographie
1. Aneurysma	+	+	+++
2. AV-Durafistel			
– Sinus	-	-	+++
– piale Vene	+	+	+++
3. Gefäßmißbildungen			
– AV-Malformation	++	+++	+++
– venöses Angiom	++	++	+++
– kavernöses Angiom	+	+++	-
– Teleangiektasie	-	-	-
4. Sinusthrombose	+	+++	+++
5. Zerebrale Venenthrombose	-	+	++

- ohne Wert, + eingeschränkt, ++ gut, +++ sehr gut.

Nach Thron, A., H. Brückmann: Intrazerebrale Blutungen und zerebrovaskuläre Erkrankungen. In: Reiser, M., W. Semmler: Magnetresonanztomographie. Springer, Berlin 1992

Erkrankungen des Gehirns

Intrakranielle Tumoren

Klassifikation der Hirntumoren (überarbeitete Version der WHO, 1988)

1 **Tumours of Neuroepithelial Tissue**

1.1 ***Astrocytic tumours***
1.1.1 Astrocytoma
1.1.1.1 Variants: Fibrillary
1.1.1.2 Protoplasmic
1.1.1.3 Gemistocytic
1.1.2 Anaplastic (malignant) astrocytoma
1.1.3 Glioblastoma
1.1.3.1 Variants: Giant cell glioblastoma
1.1.3.2 Gliosarcoma
1.1.4 Pilocytic astrocytoma
1.1.5 Pleomorphic xanthoastrocytoma
1.1.6 Subependymal giant cell astrocytoma (Tuberous sclerosis)

1.2 ***Oligodendroglial tumours***
1.2.1 Oligodendroglioma
1.2.2 Anaplastic (malignant) oligodendroglioma

1.3 ***Ependymal tumours***
1.3.1 Ependymoma
1.3.1.1 Variants: Cellular
1.3.1.2 Papillary
1.3.1.3 Clear cell
1.3.2 Anaplastic (malignant) ependymoma
1.3.3 Myxopapillary ependymoma
1.3.4 Subependymoma

1.4 ***Mixed gliomas***
1.4.1 Oligo-astrocytoma
1.4.2 Anaplastic (malignant) oligo-astrocytoma
1.4.3 Others

1.5 ***Choroid plexus tumours***
1.5.1 Choroid plexus papilloma
1.5.2 Choroid plexus carcinoma

1.6 ***Neuroepithelial tumours of uncertain origin***
1.6.1 Astroblastoma
1.6.2 Polar spongioblastoma
1.6.3 Gliomatosis cerebri

1.7 ***Neuronal and mixed neuronal-glial tumours***
1.7.1 Gangliocytoma
1.7.2 Dysplastic gangliocytoma of cerebellum (Lhermitte-Duclos)
1.7.3 Desmoplastic infantile ganglioglioma
1.7.4 Dysembryoplastic neuroepithelial tumour
1.7.5 Ganglioglioma
1.7.6 Anaplastic (malignant) ganglioglioma
1.7.7 Central neurocytoma
1.7.8 Paraganglioma of the filum terminale
1.7.9 Olfactory neuroblastoma (Aesthesioneuroblastoma)
1.7.9.1 Variant: Olfactory neuroepithelioma

1.8 ***Pineal parenchymal tumours***
1.8.1 Pineocytoma
1.8.2 Pineoblastoma
1.8.3 Mixed/transitional pineal tumours

1.9 ***Embryonal tumours***
1.9.1 Medulloepithelioma
1.9.2 Neuroblastoma
1.9.2.1 Variant: Ganglioneuroblastoma
1.9.3 Ependymoblastoma
1.9.4 Primitive neuroectodermal tumours (PNETs)
1.9.4.1 Medulloblastoma
1.9.4.1.1 Variants: Desmoplastic medulloblastoma
1.9.4.1.2 Medullomyoblastoma
1.9.4.1.3 Melanotic medulloblastoma

2 **Tumours of Cranial and Spinal Nerves**

2.1 ***Schwannoma (Neurilemmoma, Neurinoma)***
2.1.1 Variants: Cellular
2.1.2 Plexiform
2.1.3 Melanotic

2.2 ***Neurofibroma***
2.2.1 Circumscribed (solitary)
2.2.2 Plexiform

2.3 ***Malignant peripheral nerve sheath tumour (MPNST) (Neurogenic sarcoma, Anaplastic neurofibroma, Malignant schwannoma)***
2.3.1 Variants: Epithelioid
2.3.2 MPNST with divergent mesenchymal and/or epithelial differentiation
2.3.3 Melanotic

Nach Kleihues, P., P. C. Burger, B. W. Scheithauer: The new classification of brain tumors. Brain Pathology 3: (1993) 255–268

3 Tumours of the Meninges

3.1 ***Tumouirs of meningothelial cells***
3.1.1 Meningioma
3.1.1.1 Variants: Meningothelial
3.1.1.2 Fibrous (fibroblastic)
3.1.1.3 Transitional (mixed)
3.1.1.4 Psammomatous
3.1.1.5 Angiomatous
3.1.1.6 Microcystic
3.1.1.7 Secretory
3.1.1.8 Clear cell
3.1.1.9 Chordoid
3.1.1.10 Lymphoplasmacyte-rich
3.1.1.11 Metaplastic
3.1.2 Atypical meningioma
3.1.3 Papillary meningioma
3.1.4 Anaplastic (malignant) meningioma

3.2 ***Mesenchymal, non-meningothelial tumours***

Benign neoplasms
3.2.1 Osteocartilaginous tumours
3.2.2 Lipoma
3.2.3 Fibrous histiocytoma
3.2.4 Others

Malignant neoplasms
3.2.5 Hemangiopericytoma
3.2.6 Chondrosarcoma
3.2.6.1 Variant: Mesenchymal chondrosarcoma
3.2.7 Malignant fibrous histiocytoma
3.2.8 Rhabdomyosarcoma
3.2.9 Meningeal sarcomatosis
3.2.10 Others

3.3 ***Primary melanocytic lesions***
3.3.1 Diffuse melanosis
3.3.2 Melanocytoma
3.3.3 Malignant melanoma
3.3.3.1 Variant: Meningeal melanomatosis

3.4 ***Tumours of uncertain histogenesis***
3.4.1 Haemangioblastoma (Capillary haemangioblastoma)

4 Lymphomas and Haemopoietic Neoplasms

4.1 Malignant lymphomas
4.2 Plasmacytoma
4.3 Granulocytic sarcoma
4.4 Others

5 Germ Cell Tumours

5.1 Germinoma
5.2 Embryonal carcinoma
5.3 Yolk sac tumour (Endodermal sinus tumour)
5.4 Choriocarcinoma
5.5 Teratoma
5.5.1 Immature
5.5.2 Mature
5.5.3 Teratoma with malignant transformation
5.6 Mixed germ cell tumours

6 Cysts and Tumour-like Lesions

6.1 Rathke cleft cyst
6.2 Epidermoid cyst
6.3 Dermoid cyst
6.4 Colloid cyst of the third ventricle
6.5 Enterogenous cyst
6.6 Neuroglial cyst
6.7 Granular cell tumour (Choristoma, Pituicytoma)
6.8 Hypothalamic neuronal hamartoma
6.9 Nasal glial heterotopia
6.10 Plasma cell granuloma

7 Tumours of the Sellar Region

7.1 Pituitary adenoma
7.2 Pituitary carcinoma
7.3 Craniopharyngioma
7.3.1 Variants: Adamantinomatous
7.3.2 Papillary

8 Local Extensions from Regional Tumours

8.1 Paraganglioma (Chemodectoma)
8.2 Chordoma
8.3 Chondroma
Chondrosarcoma
8.4 Carcinoma

9 Metastatic Tumours

10 Unclassified Tumours

Nach Kleihues, P., P. C. Burger, B. W. Scheithauer: The new classification of brain tumors. Brain Pathology 3: (1993) 255–268

Häufigkeit, Altersverteilung und Prädominanz intrakranieller Tumoren

Tumorart		Häufigkeit[a] [%]	Prädilektions-alter[b]	Geschlecht[b] (M:W)
1. *Neuroepitheliale Tumoren*	Glioblastome	15	45–65	6:4
	Astrozytome, insg.	12.3	35–45	4:3
	– anaplastisch	4	35–55	1:1
	– pilozytisch	2.7	5–10	9:11
	Oligodendrogliome	4.6	35–55	5:4
	Ependymone	1.9	10–40	6:4
	Medulloblastome	1.5	5–20	7:3
	Pinealistumoren	0.3	5–15	2:1
	Plexuspapillome	0.4	5–20	1:1
2. *Tumoren der Nervenscheidenzellen*	Neurinome	6.6	35–60	1:2
	Neurofibrome	0.05	10–30	2:1
3. *Tumoren der Meningen*	Meningeome	18.5	35–70	5:9
	Hämangioperizytome	0.24	40–50	5:9
4. *Maligne Lymphome*	Maligne Lymphome	1.7	45–65	1:1
5. *Vaskuläre Tumoren*	Hämangioblastome	1.3	30–60	2:1
6. *Keimzelltumoren*	Germinome	0.15	5–20	9:1
	Teratome	0.3	20–40	1:1
7. *Mißbildungstumoren*	Kraniopharyngeome	1.9	5–35	2:1
	Epidermoide/Dermoide	1.0	25–40	1:1
	Kolloidzysten	0.5	30–40	1:1
	Lipome	0.4	20–40	1:1
	Hamartome	0.32		
8. *Vaskuläre Fehlbildungen*	Kavernöse Hämangiome	0.21	20–60	1:1
	a.-v.-Fehlbildungen	0.3	11–30	1:1
9. *Hypophysentumoren*	Hypophysenadenome	12.4	25–60	1:1
	Hypophysenkarzinome	0.01		
10. *Regionale Tumoren*	Chordome	0.4	20–40	3:2
	Chondrome	0.05	10–50	2:3
	Glomustumoren	0.05	40–70	1:3
	Ästhesioneuroblastome	0.06	30–50	1:1
11 *Sonstige Tumoren*	Metastasen	13.8	40–70	7:4
	Fibrome Osteome	0.25		
	Verschiedene	3.5		

[a] Nach Kazner et al. 1988
[b] Nach Zülch 1986

Nach Grodd, W., C. Claussen, K. Voigt: Intrakranielle Tumoren. In: Reiser, M., W. Semmler: Magnetresonanztomographie. Springer, Berlin et al. 1992

Intrakranielle Tumoren im Kindesalter

Tumoren des Zentralnervensystems bei Kindern[a]

Zelltyp	Häufigkeit	Supratentoriell	Hintere Schädelgrube
Medulloblastome	30%	–	Kleinhirn (Mittellinie)
Astrozytome	30%	gelegentlich	Kleinhirnhemisphäre
Ependymome	10%	selten	vierter Ventrikel
Gliome im Bereich der Pons	10%	–	Pons
Kraniopharyngeome	4%	suprasellär	–
Dermoide und Teratome	3%	selten	selten
Andere Gliome	8%	ungewöhnlich	ungewöhnlich

[a] Aus Dunphy, J. E., Way, L. W. (editors): Current Surgical Diagnosis and Treatment. 2nd ed. Lange. 1975

Nach Chusid, J. G.: Funktionelle Neurologie. Springer, Berlin – Heidelberg – New York 1978

Lokalisationen von Hirntumoren im Kindesalter

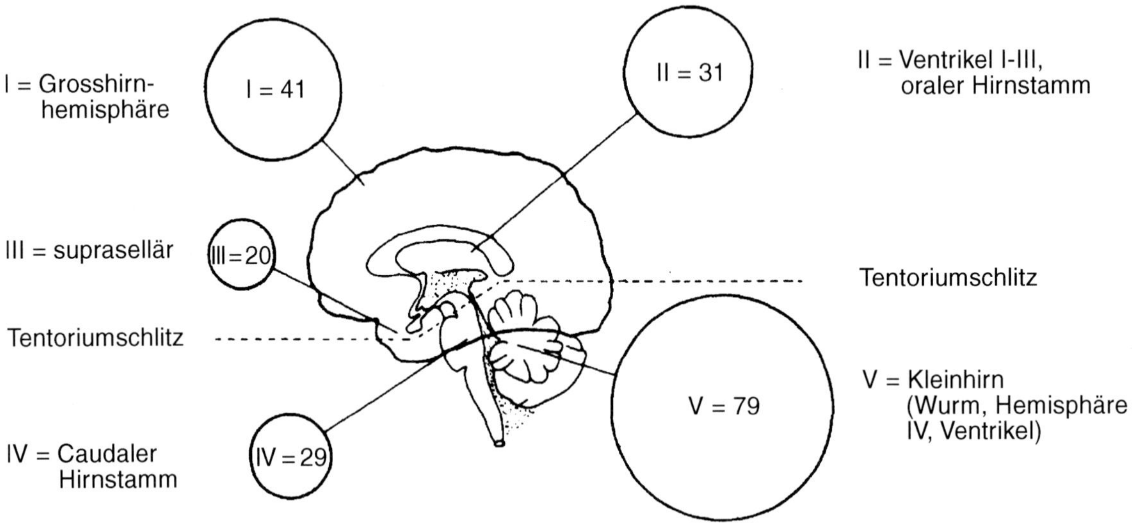

Sitz der Raumforderung bei 200 Kindern mit Hirntumoren

	supratentoriell	infratentoriell
Astrozytome*	8–10%	11–30%
Ependymome	6%	8–10%
Gliom/Glioblastom	4–8%	8–20%
Medulloblastom	1%**	15–25%
Kraniopharyngeom	5–9%	–
andere	5–10%	10–12%

* inkl. Spongioblastom des Kleinhirns
** Retinoblastom, sehr seltenes st. Medulloblastom

Nach Jacobi, G.: Akt. Neurol. 9 (1982) 42–50

Gefäßverlagerungen durch Raumforderungen

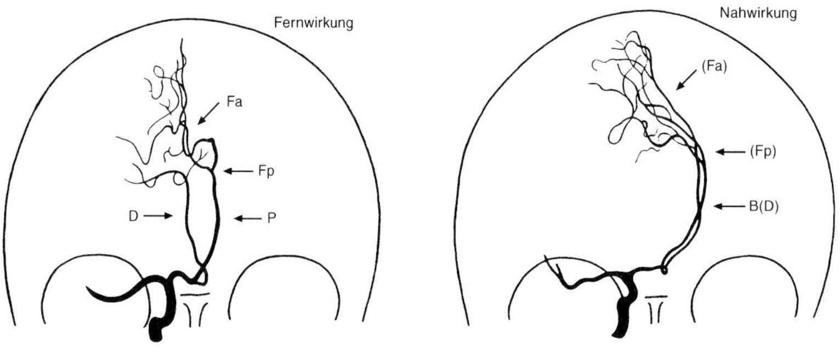

Fern- und Nahzeichen bei Verlagerung der A. cerebri ant. *Fa* positives Falxzeichen; *Fp* positives Frontopolarzeichen; *P* Parallelverschiebung über die Mittellinie; *D* Dissoziation. *(Fa)* negatives Falxzeichen; *(Fp)* negatives Frontopolarzeichen; *(D)* fehlende Dissoziation; *(B)* bogenförmige Verlagerung über die Mittellinie

Nach Kautzky, R., K. J. Zülch, S. Wende, A. Tänzer: Neuroradiologie auf neuropathologischer Grundlage, 2. Aufl. Springer, Berlin 1976

Intrakranielle Raumforderung im Angiogramm

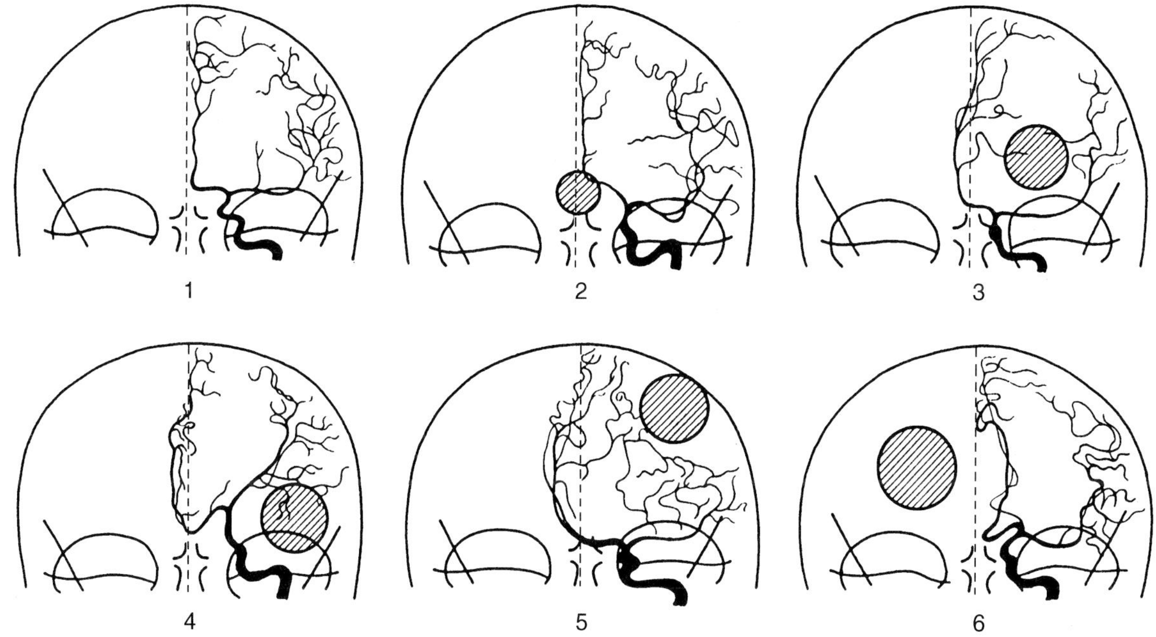

Grundformen des Hirnangiogramms im a.p. Strahlengang bei raumfordernden intrakraniellen Prozessen (nach Kautzky und Zülch). *1* Normalbild, *2* Tumor prä- und parasellär median, *3* Tumor im Stirnhirngebiet, *4* Temporallappen-Tumor, *5* peripherer Tumor oder subdurales Hämatom, *6* großer Tumor der Gegenseite

Nach Heuck, F.: Klinische Röntgendiagnostik Innerer Krankheiten, Bd. III/2, Skelett. Springer, Berlin 1972

Gefäßverlagerungen durch Raumforderungen im Angiogramm

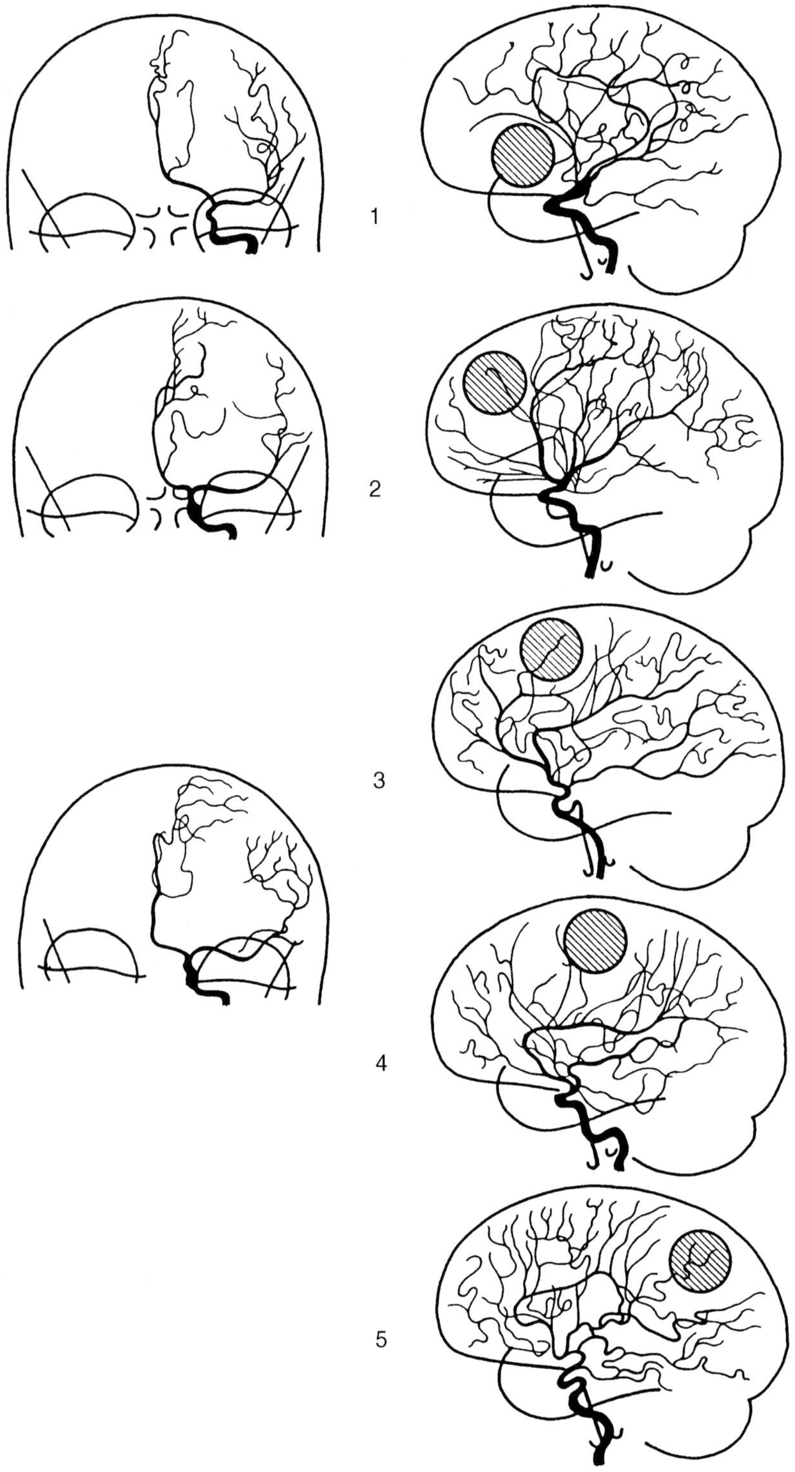

Gefäßverlagerungen bei raumfordernden Prozessen paramedian im Versorgungsgebiet der *A. cerebri anterior. 1* fronto-basal, *2* Stirnhirngebiet, *3* fronto-parietal, *4* Parietalgebiet, *5* parieto-okzipital.

Nach Heuck, F.: Klinische Röntgendiagnostik Innerer Krankheiten Bd. III/2, Skelett. Springer, Berlin 1972

Intrakranielle Raumforderungen im Angiogramm

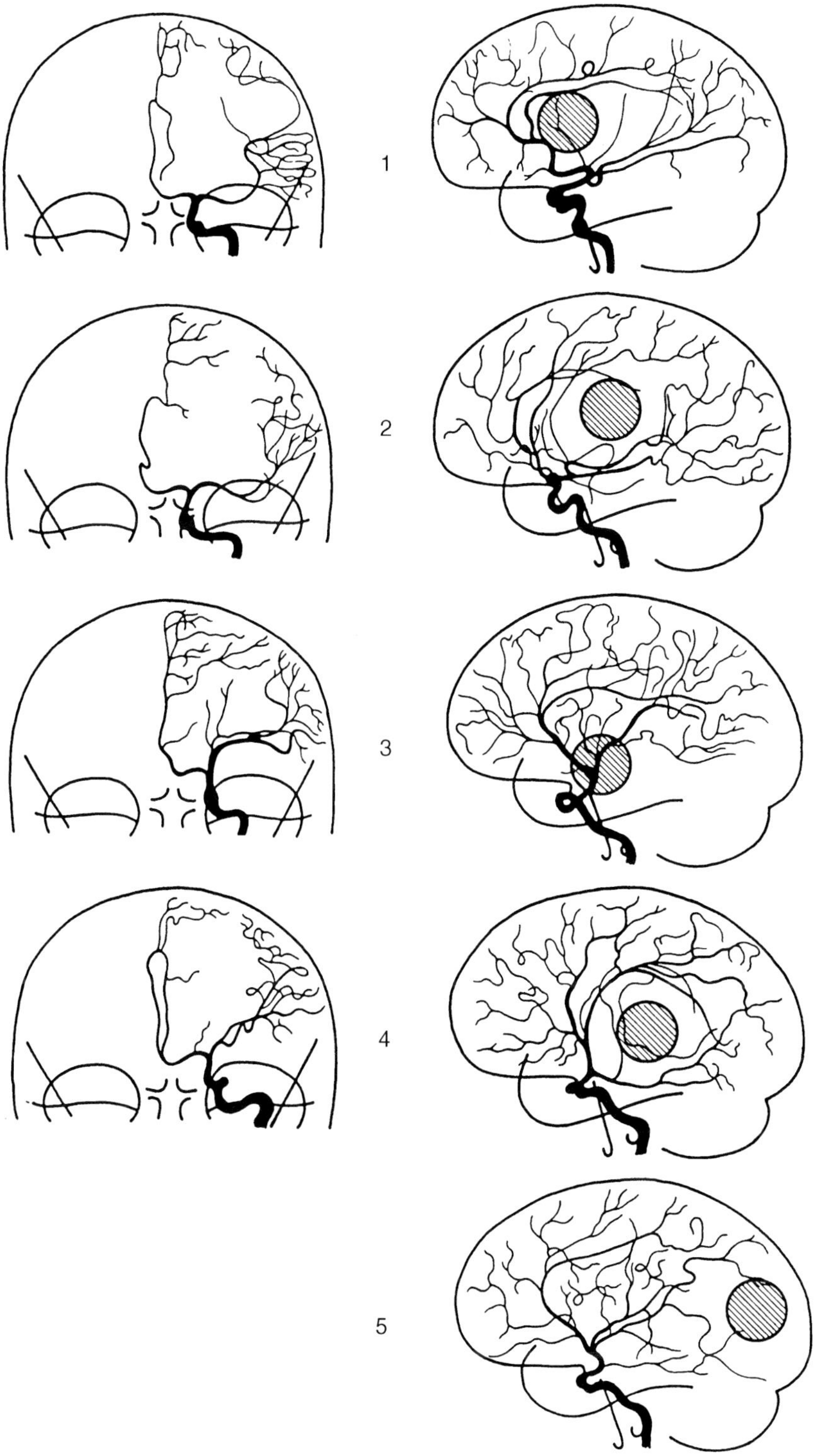

Gleiches Schema bei raumfordernden Prozessen im Versorgungsgebiet der *A. cerebri media. 1* fronto-lateral, *2* fronto-temporal, *3* temporo-basal, *4* temporal, *5* okzipital

Nach Heuck, F.: Klinische Röntgendiagnostik Innerer Krankheiten Bd. III/2, Skelett. Springer, Berlin 1972

Verlagerungen der tiefen Hirnvenen durch Raumforderungen

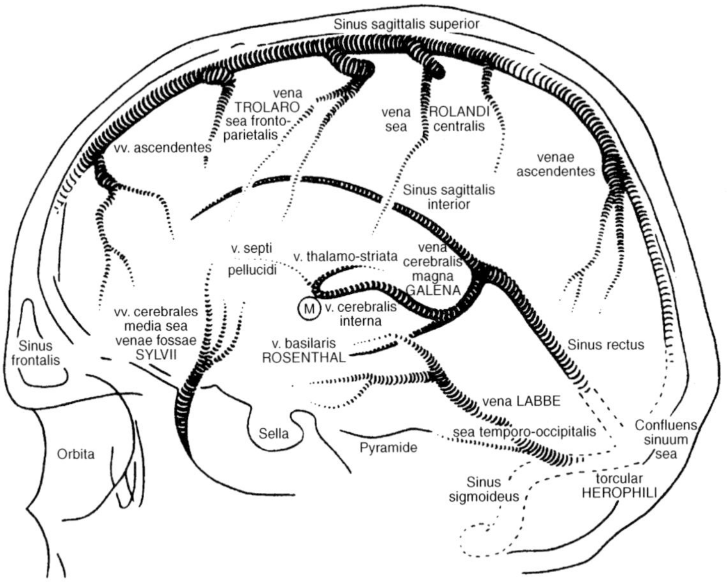

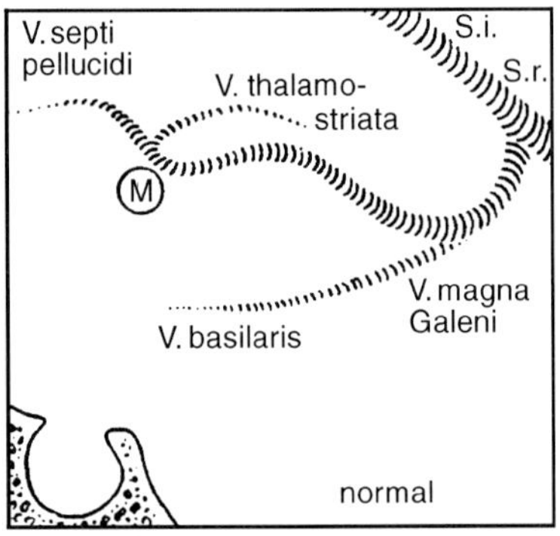

Normales Phlebogramm

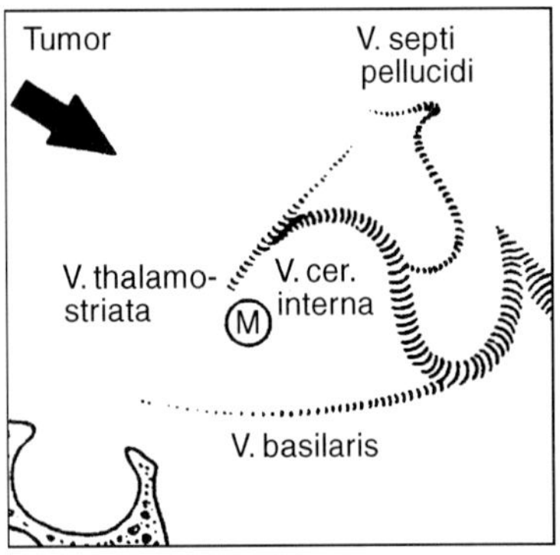

Stirnhirntumor

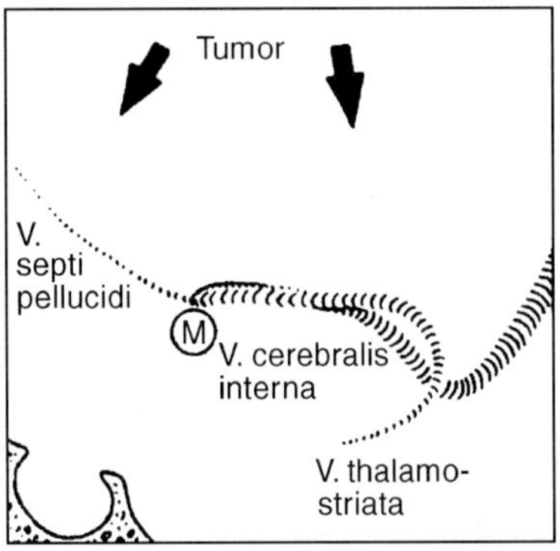

Parietaltumor

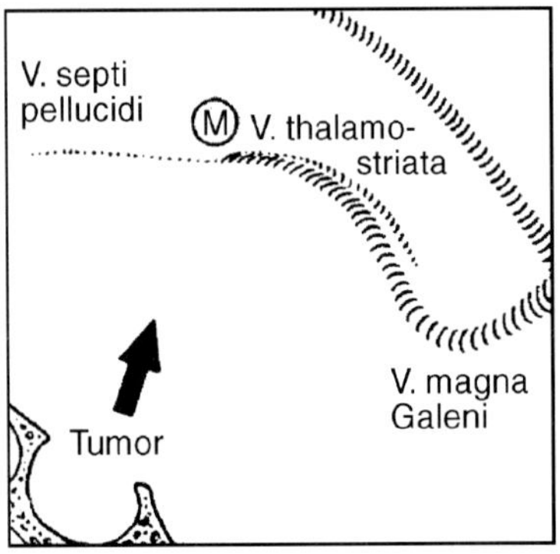

Supraselllärer Tumor

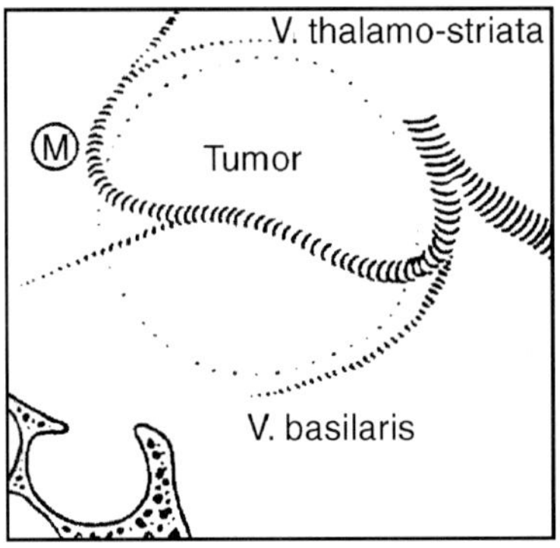

Stammganglientumor

Nach Kautzky, R., K. J. Zülch, S. Wende, A. Tänzer: Neuroradiologie auf neuropathologischer Grundlage, 2. Aufl. Springer, Berlin 1976

Malignitätsgrade von Hirntumoren (nach WHO, 1988)

Tumour Group	Tumour Type	Grade I	Grade II	Grade III	Grade IV
Astrocytic tumours	Subependymal giant cell	•			
	Pilocytic	•			
	Low grade		•		
	Pleomorphic xanthoastrocytoma		•	•	
	Anaplastic			•	
	Glioblastoma				•
Oligodendroglioma	Low grade		•		
	Anaplastic			•	
Oligo-astrocytomas	Low grade		•		
	Anaplastic			•	
Ependymal tumours	Subependymoma	•			
	Myxopapillary	•			
	Low grade		•		
	Anaplastic			•	
Choroid plexus tumours	Papilloma	•			
	Carcinoma			•	•
Neuronal/glial tumours	Gangliocytoma	•			
	Ganglioglioma	•	•		
	Desmoplastic infantile ganglioglioma	•			
	Dysembryoplastic neuroepithelial tumour	•			
	Central neurocytoma	•			
Pineal tumours	Pineocytoma		•		
	Pineocytoma/pineoblastoma			•	•
	Pineoblastoma				•
Embryonal tumours	Medulloblastoma				•
	Other PNETs				•
	Medulloepithelioma				•
	Neuroblastoma				•
	Ependymoblastoma				•
Cranial & spinal nerve tumours	Schwannome	•			
	Malignant peripheral nerve sheath tumour			•	•
Meningeal tumours	Meningioma	•			
	Atypical meningioma		•		
	Papillary meningioma		•	•	
	Hemangiopericytoma		•	•	
	Anaplastic meningioma			•	

Nach Kleihues P., P. C. Burger, B. W. Scheithauer: The new classification of brain tumors. Brain Pathology 3: (1993) 255–268

Liquorabflußstörungen – hervorgerufen durch Tumore

Tumor-Lokalisation	Tumorart
1. Am Trigonum	Tumoren (wie das intraventrikuläre Plexusmeningeom)
2. Am Foramen Monroi: halbseitig	Ependymome des Seitenventrikels
3. Am Foramen Monroi: doppelseitig A. Die orale Gruppe der 3. Ventrikel-Tumoren	 I. Ependym- oder Kolloidzysten Plexuspapillome Epidermoide II. Meningeome Septumgliome
B. Die basale Gruppe der 3. Ventrikel-Tumoren	I. Intraventrikuläre Kraniopharyngeome Große, nach oben drängende Basistumoren wie Kraniophyaryngeome oder Hypophysenadenome Große pilozytische Astrozytome (Spongioblastome) im Hypothalamus /Chiasmagebiet Gangliozytome (selten) Liquormetastasen
4. Am Aquädukt kaudale Gruppe der 3. Ventrikel-Tumoren	I. Pinealozytome, Germinome und andere Pinealistumoren Teratome Ependymome Ependym- oder Arachnoidal-Zysten (selten) II. Vierhügelgliome III. Primäre Aquäduktverschlüsse (durch Narben, Mißbildungen oder Gliome)
5. Tumoren im oder nahe dem 4. Ventrikel	I. Pilozytische Astrozytome (Spongioblastome) des Kleinhirns und des Bodens des 4. Ventrikels Medulloblastome Ependymome Plexuspapillome Angioblastome (Lindau) Extracerebrale Prozesse der hinteren Schädelgrube wie Neurinome, Meningeome, Epidermoide, Glomustumoren, Chondrome etc.

Nach Kautzky, R., K. J. Zülch, S. Wende, A. Tänzer: Neuroradiologie auf neuropathologischer Grundlage, 2. Aufl. Springer, Berlin 1976

Unterschiede zwischen Epidermoid und Dermoid

	Epidermoid	Dermoid
Vorkommen	häufiger	selten
Gewebe	Hautepithel	Epithel, zusätzlich Hautanhangsgewebe wie Nägel, Fett und Kalk
Lokalisation	mittelliniennahe Kleinhirnbrückenwinkel mittlere Schädelgrube	Mittellinie Kleinhirnwurm 4. Ventrikel
Dichte im Schnittbild	ähnlich Liquor	ähnlich Fett
Verhalten	Einwachsen in den Liquorraum	kann rupturieren und sich diffus subarachnoidal und ventrikulär ausbreiten

Nach Osborn, A. E.: Handbook of Neuroradiology. Mosby Year Book, St. Louis 1991

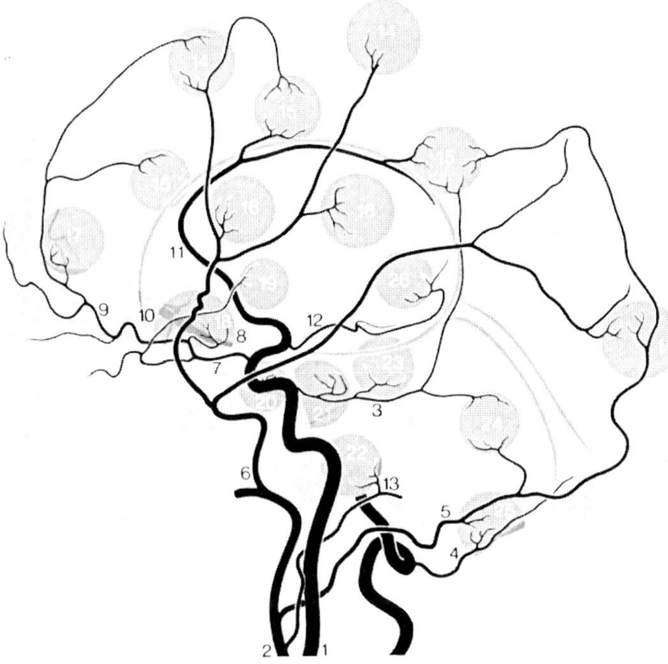

Die zum Tumor führenden Gefäße bei verschiedener Meningeomlokalisation

1 A. carotis interna
2 Truncus meningohypophyseus
3 A. tentorii
4 A. meningea posterior
5 A. occipitalis
6 A. meningea media
7 A. ophthalmica
8 A. ethmoidalis posterior
9 A. meningea anterior
10 R. meningeus der A. lacrimalis
11 A. pericallosa
12 A. choroidea anterior
13 R. meningicus der A. pharyngea ascendens
14 parasagittales Meningeom
15 Falxmeningeom
16 Konvexitätsmeningeom
17 frontales Meningeom
18 Olfaktoriusmeningeom
19 Pterionmeningeom
20 Meningeom des Sinus cavernosus
21 Klivusmeningeom
22 Kleinbrückenwinkelmeningeom
23 Tentoriummeningeom
24 infratentorielles Meningeom
25 Meningeom des Foramen magnum
26 intraventrikuläres Meningeom

Nach Krayenbühl, H., M. L. Yasargil: Zerebrale Angiographie für Klinik und Praxis, 3. Aufl. Thieme, Stuttgart 1979

Felsenbein-Veränderungen bei Kleinhirnbrückenwinkeltumoren

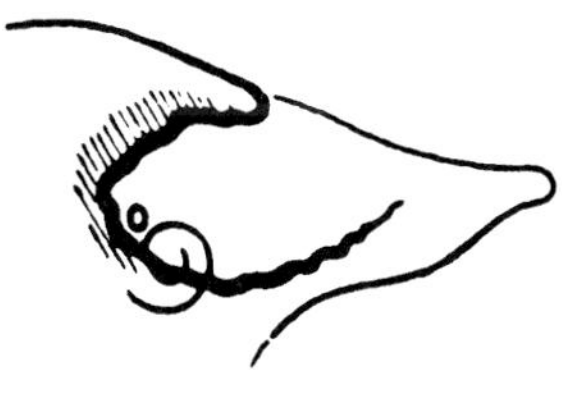

Akustikusneurinom (intrakanalikulär)

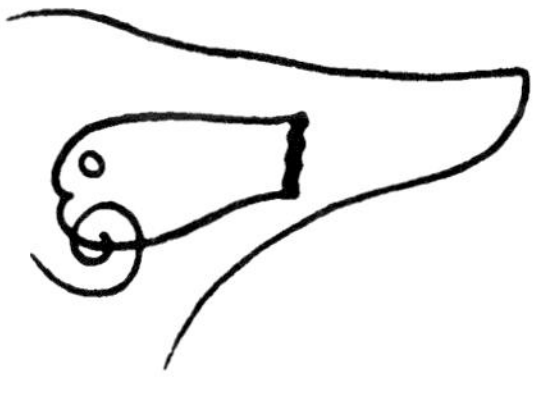

Akustikusneurinom (extrakanalikulär)

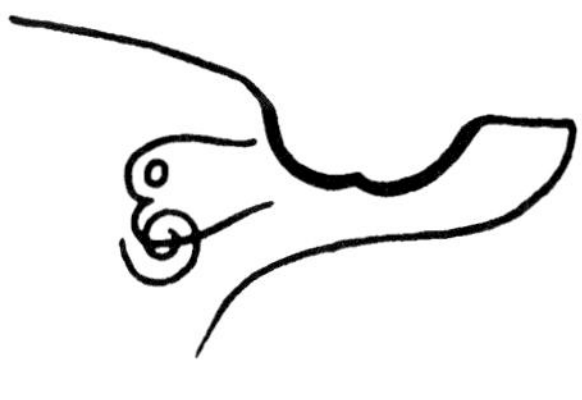

Neurinom nervi trigenimi

Cholesteatom

Meningeom

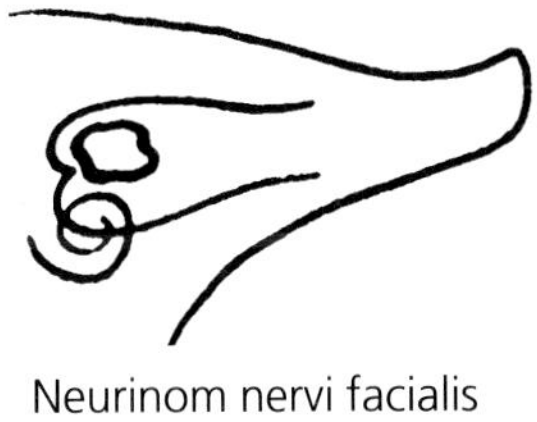

Neurinom nervi facialis (nach Fischold-Metzger-Salomon, 1961)

Nach Osborn, A. E.: Handbook of Neuroradiology. Mosby Year Book, St. Louis et al. 1991

Schematische Darstellung „typischer" Hamartome des Tuber Cinereum

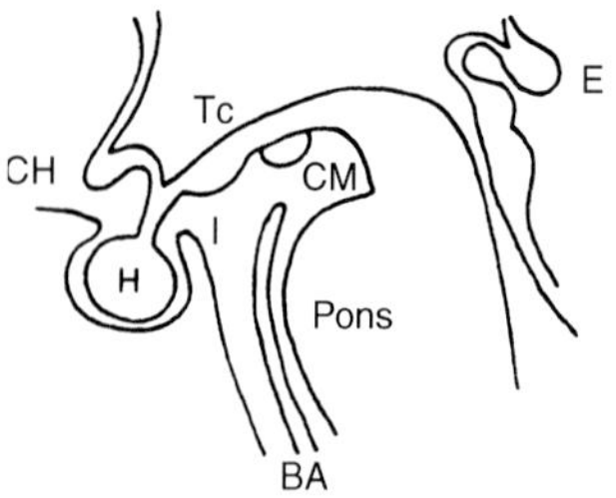

Normalbefund

CH = Chiasma
H = Hypophyse
I = Infundibulum
Tc = Tuber cinereum
E = Epiphyse
CM = Corpora mamillaria
BA = Basilararterie

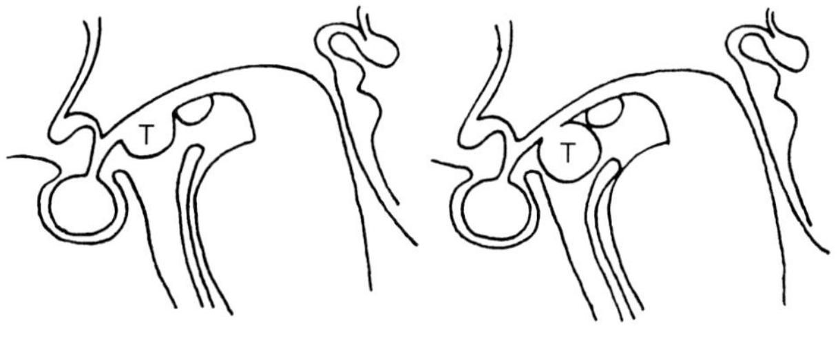

Halbkugeliger bzw. kugeliger Tumor

T = Tuber cinereum Hamartom

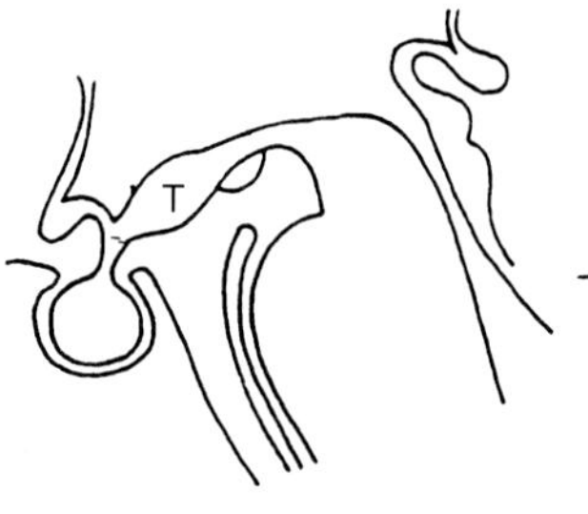

Diffus wachsendes Hamartom

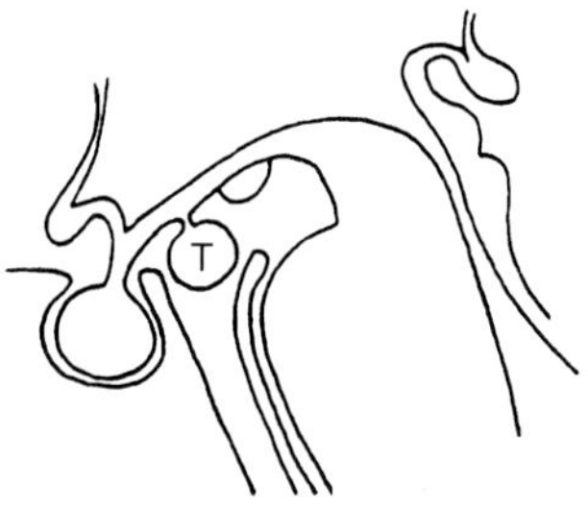

Gestieltes Hamartom

Nach Galanski, M. et al: Zur Kenntnis der Tuber-Cinereum-Hamartome. Fortschr. Röntgenstr. 144 (1986) 331–337

Hirnmetastasen

1. Sehr kleine Tumoren mit ausgedehntem perifokalen Ödem sind metastasenverdächtig; wenn anamnestische Hinweise auf einen Primärtumor fehlen, ist die Abgrenzung solitärer Metastasen von primären Hirntumoren schwierig. Artdiagnostische Hinweise auf den Primärtumor aus dem CT-Bild sind nur selten möglich (z.B. Blutung in Filiae von Melanomen, Hypernephromen oder Chorionepitheliomen).
2. Bei Metastasenverdacht muß die hintere Schädelgrube besonders sorgfältig untersucht werden, da Kleinhirn-Metastasen im CT nicht selten isodens sind; ähnliches gilt für die kortikalen Abschnitte des Parietallappens.
3. Bei Metastasenverdacht ist die CT-Untersuchung ohne Kontrastmittel-Gabe unzureichend, die reine Kontrastmittel-CT hat dieselbe diagnostische Wertigkeit wie ein Prä- und Postkontrast-CT.
4. Der Nachweis eines solitären Tumors im CT schließt multiple Metastasen keineswegs aus.
5. Bei multiplen intrakraniellen raumfordernden Prozessen muß differentialdiagnostisch an Hirnabszesse, multifokale Glioblastome, primäre maligne Lymphome oder an eine Parasitose des Gehirns gedacht werden.
6. Nicht jeder raumfordernde intrakranielle Prozeß bei einem Patienten mit bekanntem Primärtumor stellt eine Hirnmetastase dar.
7. Die MRT-Untersuchung bringt wesentliche differentialdiagnostische Zusatzinformationen.

Die Häufigkeit von Hirnmetastasen wird sehr unterschiedlich angegeben. Bei 3,5% in Olivecronas Serie von 4444 Fällen (Störtebecker 1954) wurden Hirnmetastasen nachgewiesen; Cushing gibt 3,2%, Zülch 3–5%, Henschen sogar 37–40% an. Percy et al., die sich auf Sektions-Statistiken großer Allgemeinkrankenhäuser beziehen, gelangen ebenfalls zu einer Häufigkeit von bis zu 41%. Cairncross et al. (1979) geben an, daß 12% der Patienten mit einem systemischen Karzinom zerebrale Filiae haben. Nach Rubinstein (1972) sind 15–25% aller intrakraniellen Tumoren Hirnmetastasen. Im eigenen Krankengut liegt die Häufigkeit bei 13,8%. Dieser relativ hohe Anteil erklärt sich durch die Zusammenarbeit der beteiligten CT-Arbeitsgruppen mit zahlreichen internen und onkologischen Abteilungen.

Das bevorzugte Erkrankungsalter liegt, entsprechend der Primärtumor-Erkrankung, zwischen dem 40. und 70. Lebensjahr, wobei Frauen eher im jüngeren Alter erkranken als Männer (55:60 Jahre), was als einziger geschlechtsspezifischer Unterschied angesehen werden kann (Zülch 1986). Entsprechend der Häufigkeit der Primärerkrankungen und der besonderen Tendenz einiger dieser Primärtumoren zur Metastasierung ins Gehirn läßt sich eine hohe Häufigkeit vor allem beim Bronchial-Karzinom angeben (Jänisch et al. 1976), gefolgt von Mammakarzinom-, Hypernephrom-, Gastrointestinaltrakt- und Melanom-Metastasen (Henschen 1955; Bushe 1972).

Nach Kazner, E., S. Wende, Th. Grumme, O. Storchdorph, R. Felix, C. Claussen: Computer- und Kernspintomographie intrakranieller Tumoren aus klinischer Sicht, 2. Aufl. Springer, Berlin 1988

Tumoren der Orbita

Histologie

	%	davon primär (%)	sekundär (%)
Vaskularisierte Tumoren	12		
Hämangiome		8,1	
Hämangioperizytome		1,7	
Retikuloendotheliale Tumoren	10		
Maligne Lymphome		3,6	4,7
Karzinome	28	3,2	24,9
Pseudotumoren (entzündlich)	8		
Meningeome	7	3,0	3,8
Zystische Tumoren	5		
Dermoidzysten, Epidermoide		2,8	
Mukozelen			1,5
Malignes Melanom	5	0,4	4,0
Neurale Tumoren	5		
Neurofibromatose		2,1	
Neurolemmom		1,3	
Neurofibrom		0,8	
Mischgeschwülste	5		
maligne		1,5	1,0
benigne		1,9	
Neurogliale Tumoren	4		
Nervus-opticus-Gliom		3	
Retinoblastom			1,3
Mesenchymale Tumoren			
Fibrom, Fibrosarkom u.a.	3		
Fibröse Dysplasie	1		
Osteom, Osteosarkom u.a.	2		2
Rhabdomyosarkom	2	1	1
Lipom, Liposarkom	1		

Nach Wegener, O. H.:
Ganzkörper-Computertomographie. Schering 1981

Häufigkeitsverteilung und Altersverteilung von Orbitatumoren

	Häufigkeit	Altersgipfel in Lebensjahren
Malignes Melanom	1–4	50–70
Retinoblastom	<1	bis 10
Optikusgliom	2–3	10–60
Lymphom	7–14	50–60
Tränendrüsentumoren	5	30–50
Metastasen	2–9	50–70
Hämangiom	8–16	50–70
Pseudotumor	8	50–70

Signalintensitäten im T1- und T2-gewichteten Bild

Pathologisches Substrat	T1w	T2w
Malignes Melanom	+	–
Retinoblastom	–	–
Ältere Blutung	+	+
Hämangiom	–	+
Lymphom	–	(+)
Pseudotumor orbitae	(–)	(+)

+ hoch, (+) gering erhöht,
– niedrig, (–) gering erniedrigt.

Nach Langer, M., C. Zwicker: Orbita. In Reiser, M., W. Semmler: Magnetresonanztomographie. Springer, Berlin 1992

Tumorinvasion der Orbita

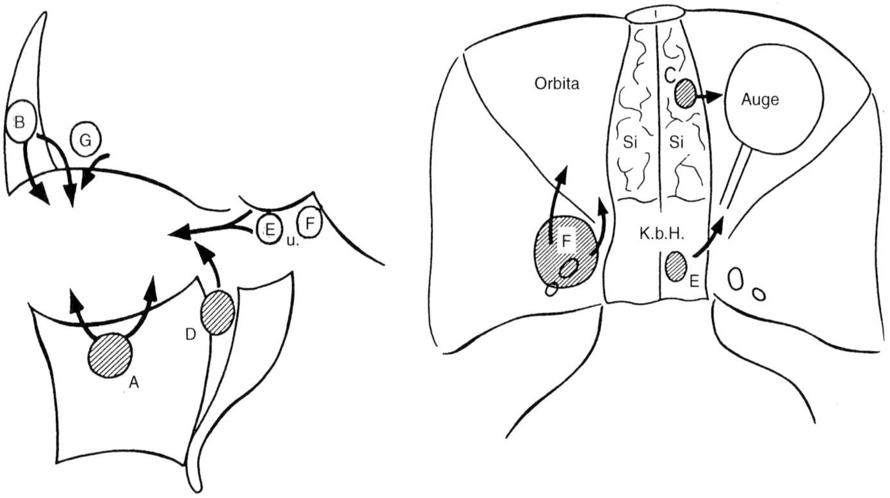

Wege der Orbitabeteiligung bei Tumoren der Orbitaumgebung

Vordere Orbitabereiche
A von der *Kieferhöhle* – über den Orbitaboden
B von der *Stirnhöhle* – über das Orbitadach
C vom *Siebbein* – über die Lamina orbitalis [papyracea]

Retroorbita
D von der *Fossa pterygopalatina* (Retromaxillarraum) – über die Fissura orbitalis inferior

Diese Tumoren – soweit sie nicht primär in der Fossa pterygopalatina liegen – gelangen dorthin aus folgenden anatomischen Bereichen:

1. der *Kieferhöhle*, über die hintere Kieferhöhlenwand.
2. der *hinteren Nasenregion* (Nasensiebbein- und Epipharynxtumoren), über das Foramen sphenopalatinum und den maxilloethmoidalen Winkel.
3. der *Fossa pterygoidea* über die Flügelfortsätze.
4. den *seitlichen Gesichtsschädelbereichen* (z.B. Tumoren der Fossa infratemporalis, oder medial wachsenden Parotistumoren).

E von der *Keilbeinhöhle* – über die Fissura orbitalis superior und das Foramen rotundum (intrakraniell).
F von der *mittleren Schädelgrube* – über die Fissura orbitalis superior:

1. intrakranielle Tumoren (z.B. paraselläre Tumoren).
2. extrakranielle Tumoren aus dem Retromaxillarraum oder dem Nasenrachen unter Destruktion des Bodens der mittleren Schädelgrube.

G von der *vorderen Schädelgrube* – über das Orbitadach (z.B. Stirnhöhlentumoren oder Meningeome der vorderen Schädelgrube).

Nach Reisner, K., J. Gosepath: Schädeltomographie. Thieme, Stuttgart 1973

Läsionen und Tumoren des Orbitatrichters

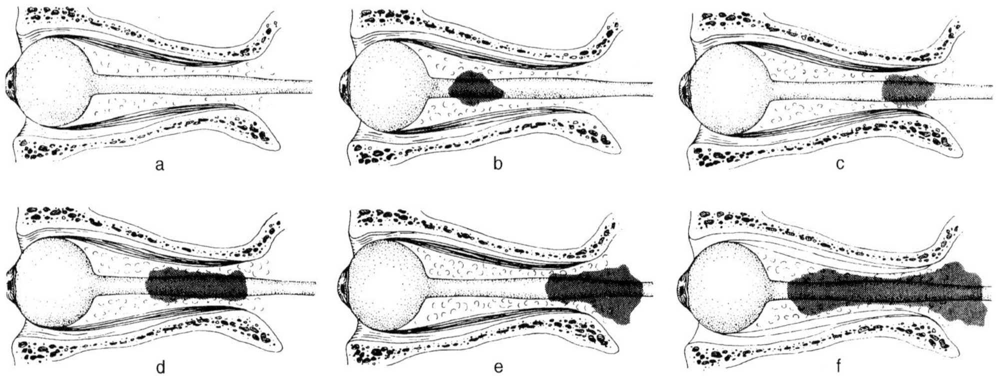

Skizze der verschiedenen *Sehnervabschnitte*. a) normale Verhältnisse, b) intraorbitaler Ursprung des Tumors, c) intrakanalikulärer Ausgang des Tumors, d) intrakanalikulärer Ausgang des Tumors mit intraorbitalem Anteil, e) intrakanalikulärer Ausgang des Tumors mit intrakraniellem Anteil, f) intrakanalikulärer Ausgang des Tumors mit intraorbitalem und intrakraniellem Anteil

Nach Psenner, L. B.: Differentialdiagnose der Erkrankungen des Skeletts. Thieme, Stuttgart 1973

Radiologische Befunde bei Orbitatumoren

Art der Läsion	Form	Abgrenzbarkeit gegen den Sehnerv, Augenmuskeln und orbitales Fett	Knöcherne Veränderungen	Orbitaspitze
Kavernöses Hämangiom	Runde oder ovale Weichteilmasse	Allseits glatt gegen orbitales Fett, Augenmuskeln und Sehnerv abgegrenzt	Bei großen Hämangiomen Orbitaerweiterung; keine Knochendefekte oder Hyperostosen	Auch bei großen Hämangiomen kleiner dreieckiger Raum in der Orbitaspitze frei
Optikusscheidenmeningeom	Verdickt erscheinender Sehnerv und/oder unregelmäßig geformte Weichteilmasse	Gut gegen orbitales Fett abgegrenzt, Zusammenhang mit dem Sehnerven	Hyperostose angrenzender Knochen möglich	Meist ausgefüllt
Optikusgliom	Meist kolbenförmige Weichteilmasse im Verlauf des N. opticus	Gute gegen orbitales Fett abgegrenzt, Sehnervenauftreibung	Gewöhnlich Canalis opticus erweitert	Reicht bis in die Orbitaspitze
Neurinom	Kegelförmige Weichteilmasse, deren Spitze die Orbitaspitze ausfüllt	Gut gegen das orbitale Fett abgegrenzt, Weichteilmasse umgibt den Sehnerven	Gewöhnlich keine	Ausgefüllt
Metastase	Meist unregelmäßig geformte Weichteilmasse, seltener rundlicher Tumor	Sich meist diffus ins orbitale Fett erstreckend, Tendenz Augenmuskeln und Sehnerv einzuschließen, seltene Ausnahmen glatt begrenzt	Häufig Knochenarrosionen, bei osteoplastischen Metastasen auch Hyperostosen	Häufig ausgefüllt
Lymphom	Meist unregelmäßig geformte Weichteilmasse	Häufig dem Bulbus direkt anliegend und unscharf gegen das orbitale Fett begrenzt. Augenmuskeln und Sehnerv häufig in Weichteilmasse eingeschlossen	Gewöhnlich keine	Orbitaspitze kann ausgefüllt sein
Pseudotumor	Meist unregelmäßig geformte Weichteilmasse	Unscharf gegen das orbitale Fett begrenzt, Augenmuskeln und Sehnerv häufig in Weichteilmasse eingeschlossen. Häufig Auftreibung der Augenmuskeln	Bei chronischen Pseudotumoren Hyperostose angrenzender Knochen möglich	Orbitaspitze kann ausgefüllt sein
Endokrine Ophthalmopathie	Spindelförmige Auftreibung der Augenmuskeln	Gegen orbitales Fett meist gut abgegrenzt	Keine	Meist von Weichteilmassen ausgefüllt

Nach Kazner, E., S. Wende, Th. Grumme, O. Storchdorph, R. Felix, C. Claussen:
Computer- und Kernspintomographie intrakranieller Tumoren aus klinischer Sicht, 2. Aufl. Springer, Berlin 1988

Differentialdiagnose der Tumoren

Tumoren der Schädelbasis und des Kleinhirnbrückenwinkels

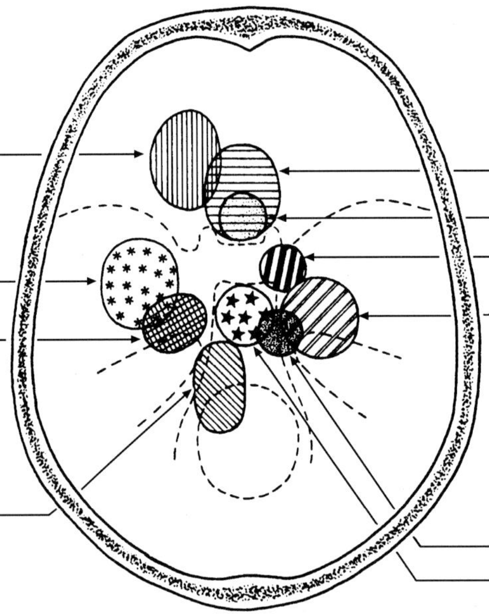

Nach Kautzky, R., K. J. Zülch, S. Wende, A. Tänzer: Neuroradiologie auf neuropathologischer Grundlage, 2. Aufl. Springer, Berlin 1976

Inzidenz der Kleinhirnbrückenwinkeltumoren

Akustikusschwannom	60–75%
Meningeom	10%
Epidermoid	5%
Schwannome anderer kranialer Nerven	5%
Paragangliome	2–10%
Vertebrobasilare Dolichoektasie	3–5%
Aneurysmen, arteriovenöse Mißbildungen	je 1%
Astrozytome des Hirnstamms oder des Kleinhirns	1–2%
Metastasen	1–2%
Hämangiome, Lipome, Chordome	je 1%
Arachnoidalzysten	1%

Nach Osborn, A. E.: Handbook of Neuroradiology. Mosby Year Book, St. Louis 1991

Tumoren des Kleinhirnbrückenwinkels (KBW)

Die meisten Raumforderungen des KBW sind primäre Tumoren, die von lokalen Strukturen ausgehen bzw. durch die Zisternen ziehen. Dies sind die zerebralen Nerven, Blutgefäße, die Arachnoidea, die Dura mater und der Knochen.
Am häufigsten ist das Neurinom des N. acusticus (in deutschen Statistiken des N. statoacusticus mit Prävalenz des N. vestibularis). An zweiter Stelle sind die Meningeome zu nennen. Alle anderen Tumoren wie Epidermoid, Neurinome der anderen Hirnnerven, Arachnoidalzysten, primäre Melanome usw. sind seltener (s. oben).

Klassifikation und Häufigkeit von Läsionen im KBW

Autoren Häufigkeit	Revilla (1947) (n)	 (%)	Zülch (1956) (%)	Yasargil (1978) (n)	 (%)	Autor (n)	 (%)
primäre Tumoren							
Akustikusneurinom	154	75.1	79.2	164	66.2	275	60.5
Meningeom	13	6.3	6.7	24	9.7	31	6.8
Epidermoid	13	6.3	4.6	10	4	17	3.7
Arachnoidalzyste	–	–	0.4	2	0.8	9	2.0
andere Neurinome (N.V, VII, IX, X, XI)	10	4.9	–	9	3.6	18	4.0
primäre Melanome	1	0.5	–	2	0,8	1	0.2
Hämangiome	–	–	–	–	–	3	0.7
Sekundäre Tumoren							
Chemodektom	1	0,5	–	2	0.8	47	10.3
Ceruminom	–	–	–	–	–	1	0,2
Chondrom	–	–	0.4	1	0.4	2	0.4
Chordom	–	–	–	2	0.8	8	1.8
Kleinhirn- und Knochentumoren	13	6.4	1.9	16	6.4	6	1.3
Metastasen	–	–	1.4	2	0.8	12	2.6
Gefäßprozesse							
Aneurysma	–	–	–	11	4.5	4	0.9
Arterio-venöse Malformation	–	–	–	3	1.2	4	0.9
Megadolichobasilaris	–	–	–	–	–	17	3.7

Intra- und extraaxiale Tumoren können in den KBW sekundär infiltrieren. Bei den Kleinhirntumoren handelt es sich um das Medulloblastom und das Ependymom. Metastasen infiltrieren den KBW hingegen selten. Ebenso sind vaskuläre Läsionen des KBW selten. Lediglich die Megadolichobasilaris kommt bei Älteren häufiger vor.

Tumoren in der Umgebung des III. Ventrikels

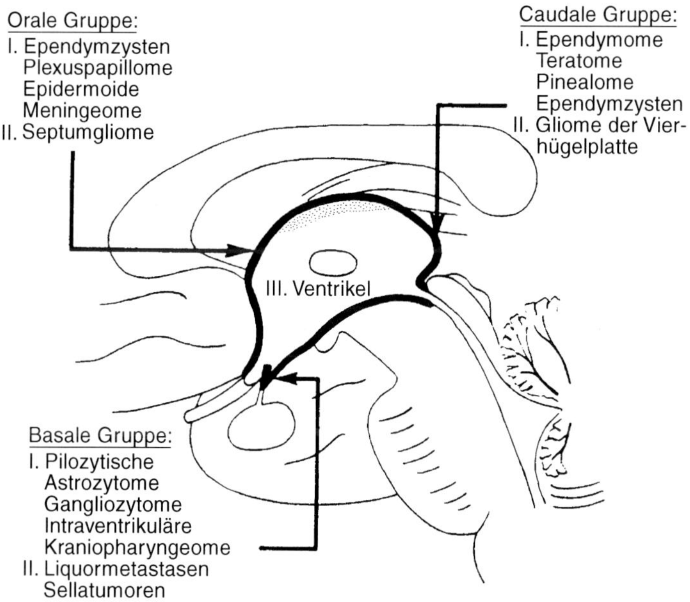

Nach Kautzky, R., K. J. Zülch, S. Wende, A. Tänzer: Neuroradiologie auf neuropathologischer Grundlage, 2. Aufl. Springer, Berlin 1976

Differentialdiagnose der Tumoren der Pinealisregion

1. Parenchymale Tumoren (Pineozytom, Pineoblastom)
2. Tumoren der germinativen Zellen (Germinom, Teratom, Tumor des endodermalen Sinus („yolk sac"), Chorionkarzinom)
3. Zysten (arachnoidale und gliale Zysten, Epidermoid- und Dermoid-Zysten)
4. Gliome (z.B. Gliom des Tegmentum)
5. Nichtgliale Neoplasmen (Meningeome, Schwannome)
6. andere, nicht neoplastische Raumforderungen (Megadolichovertebrobasilaris, Basilaris-Spitzenaneurysma, aneurysmatische Dilatation der V. Galeni, Lipom der Zisterna quadrigemina)

Nach Osborn, A. E.: Handbook of Neuroradiology. Mosby Year Book, St. Louis 1991

Diagnostische Kriterien der Hirn- und Schädeltumoren in CT und MRI

Häufigkeit des Ringtyps bei Hirntumoren und Hirnabszessen im Kontrast-CT

Artdiagnose	n	Ringformation n	%
Pilocyt. Astrocytom	76	25	33
Astrocytom Grad II	109	25	22,9
Oligodendrogliom	117	12	10,3
Glioblastom	523	282	53,9
Ependymom	37	5	14
Neurinom	138	13	9,4
Hämangioblastom	30	4	13
Meningeom	410	8	2,0
Hypophysenadenom	243	12	4,9
Kraniopharyngeom	67	4	6
Andere Hirntumoren	468	24	5,1
Metastasen	363	102	28,1
Insgesamt	2581	516	20,0
Hirnabszeß	44	38	86

Absorptionswerte intracranieller Tumoren

Tumorhistologie	Hounsfield-Einheiten (Mittelwert)
Gliome	+24 bis + 48
Ependymome	+30 bis + 52
Medulloblastome	+32 bis + 52
Neurinome	+34 bis + 48
Meningeome, unverkalkt	+36 bis + 56
Hypophysenadenome	+34 bis + 54
Metastasen	+22 bis + 58
Epidermoidcysten	+10 bis + 14
Dermoidcysten	+42 bis −128
Lipome	−48 bis −110
Subependymale Riesenzellastroc.	+38 bis + 48
Pinealome	+42 bis + 48

Nach Steinhoff, H., J. Ambrose: Computertomographie des Gehirns. In Handbuch der Medizinischen Radiologie, Bd. XIV/1B. Springer, Berlin 1981

Magnet-Resonanz-Tomographie-Charakteristika nach Kontrastmittelgabe bei Hirntumoren

Tumorart	Signalintensität T1w	T2w	Begleitendes Ödem	Kontrastanfärbung
Hirneigene Tumoren				
Astrozytome (Grad I+II)	–	+	0/+	0
Astrozytome (Grad III)	–	+	+	+
Glioblastome	–	++	++	++
Oligodendrogliome (Grad I+II)	–/0	+	0/+	0
Ependymome	–	++	0/+	++
Medulloblastome	–	++	+	+
Pinealistumoren	–	+	0/+	++
Plexuspapillome	–/0	+	+	++
Tumoren extrazerebralen Ursprungs				
Meningeome	–/0	0/+	0/+	++
Neurinome	–	0/+	0	++
Metastasen	–	+	++	++
Maligne Lymphome	–	+	+	++
Hämangioblastome	–	++	0/+	+
Kraniopharyngeome	+	++	0/+	+
Epidermoide	–	++	0	0
Dermoide	+	–/+	0	0
Kolloidzysten	+	–	0	0
Lipome	+	–	0	0
Hamartome	–/0	+	0	0
Arachnoidalzysten	–	++	0	0
Glomustumoren	–/0	0/+	0	++
Chordome	–/0	+	0	+
Chondrome	–	++	0	0
Ästhesioneuroblastome	–/0	0/+	0	+

Signalintensität: – niedrigere, –/0 niedrigere bis gleiche, 0/+ gleiche bis höhere, + höhere, ++ viel höhere, –/+ niedrigere oder höhere (relativ zur weißen Substanz). Ödem/Kontrastanfärbung: 0 ohne, + mäßig, ++ stark.

Nach Grodd, W., C. Claussen, K. Voigt: Intrakranielle Tumoren. In Reiser, M., W. Semmler: Magnetresonanztomographie. Springer, Berlin 1992

Entzündliche Erkrankungen des Gehirns

Entstehung endokranieller Komplikationen bei Sinusitis

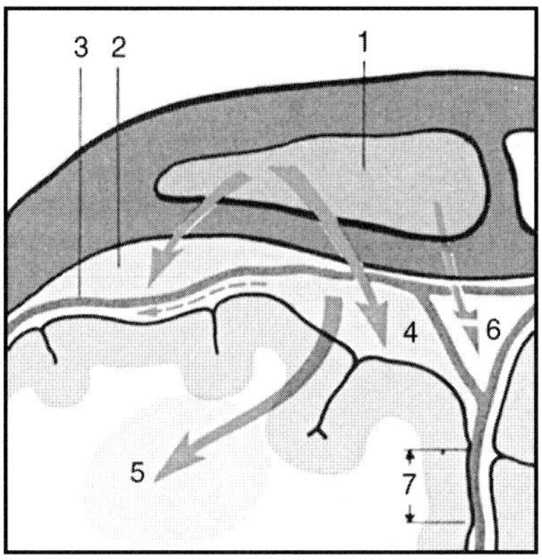

1 Stirnhöhle mit Empyem, 2 epiduraler Abszeß, 3 Dura, 4 subduraler Abszeß mit Randverklebung (7) oder Fortleitung als Meningitis (Pfeil), 5 Hirnabszeß, 6 Überleitung auf Sinus sagittalis

Nach Becker, W., H. H. Naumann, C. R. Pfaltz: Hals-Nasen-Ohren-Heilkunde, 2. Aufl. Thieme, Stuttgart 1983

Entstehung einer Osteomyelitis der flachen Schädelknochen

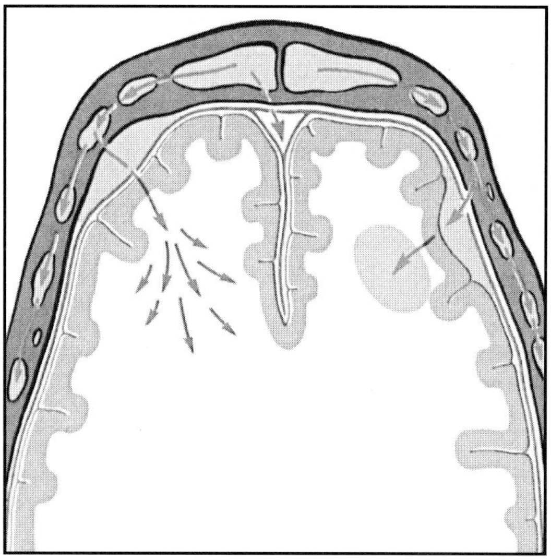

Überleitung von Stirnhöhlenempyem auf Diploe und Markräume der Kalotte, gefolgt von Epidural- und/oder Subduralabszeß, Sinusthrombose oder diffuser oder zirkumskripter Enzephalitis (Hirnabszeß)

Otogene Komplikationen durch Entzündungen und Abszesse

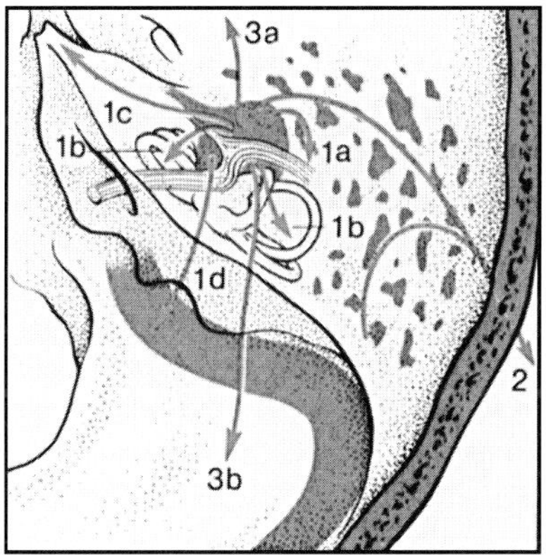

Pathogenese und Ausbreitungsweg otogener Komplikationen
Intratemporale Komplikationen: 1a) Otogene Fazialisparese, 1b) Labyrinthitis, 1c) Petrositis, 1d) Sinusthrombose.
Extratemporale Komplikationen: 2) Durchbruch einer Mastoiditis nach außen (subperiostaler Abszeß).
Endokranielle Komplikationen: 3a) Durchbruch in die mittlere Schädelgrube (Meningitis, Temporallappenabszeß), 3b) Durchbruch in die hintere Schädelgrube (Meningitis, Kleinhirnabszeß)

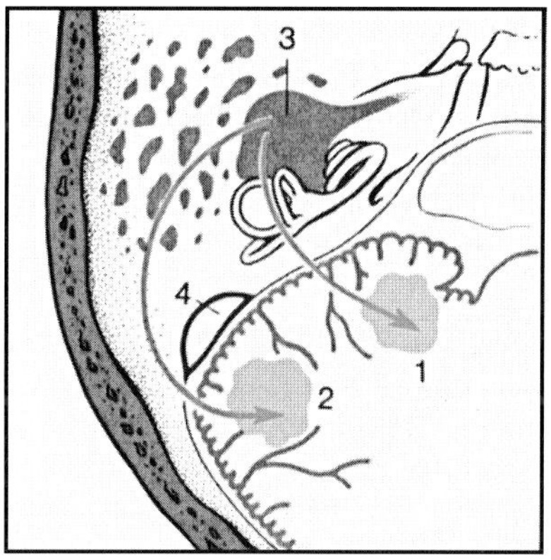

Durchbruch einer Mittelohrentzündung in die hintere Schädelgrube
Entwicklung von Kleinhirnabszessen: 1 präsinuöser Abszeß, 2 postsinuöser Abszeß, 3 Mittelohrräume, 4 Sinus sigmoideus

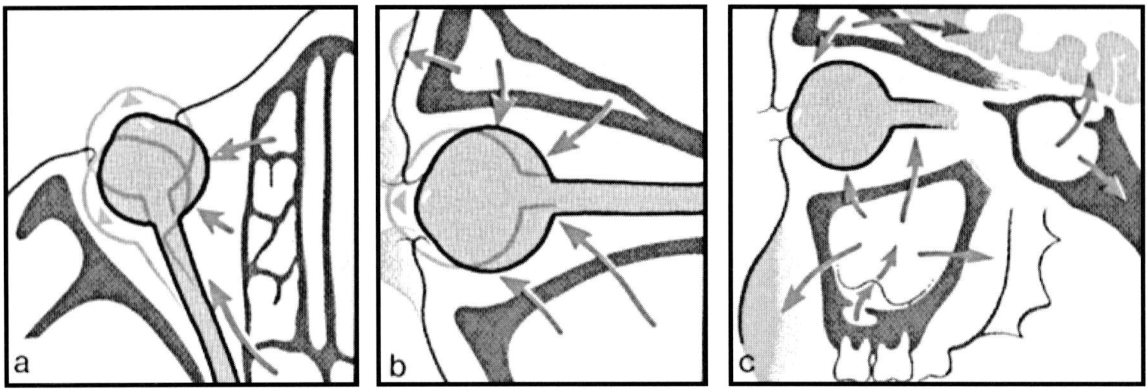

Entzündliche Komplikationen bei Sinusitis
a) Horizontalschnitt. Durchbruch vom Ethmoid zur Orbita mit Verlagerung des Bulbus. b) Sagittalschnitt: Durchbrüche von Stirnhöhle und/oder Kieferhöhle zur Orbita, zu den Lidern und zur Stirn. c) Sagittalschnitt: Durchbruchsrichtungen von Kieferhöhle zu Wangenweichteilen und Orbita; Durchbruch von Zahn zur Kieferhöhle; Durchbruch von Stirnhöhle zu Orbita und Frontalhirn; Durchbruch von Keilbeinhöhle zum Endokranium und zur knöchernen Schädelbasis

Nach Becker, W., H. H. Naumann, C. R. Pfaltz: Hals-Nasen-Ohren-Heilkunde, 2. Aufl. Thieme, Stuttgart 1983

Die Radiodensität einer Abszedierung

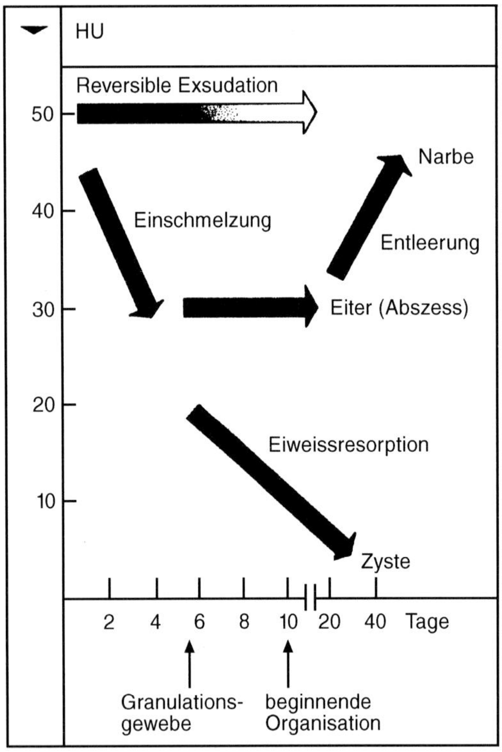

Berücksichtigung der unterschiedlichen pathophysiologischen Abläufe (nach Hübener modifiziert).

Nach Wegener, O. H.: Ganzkörper-Computertomographie. Schering 1981

Entzündliche Prozesse des Großhirns im MRT

Aussagekraft der MRT bei Meningitis

T1wSE	–
T2wSE	(+)
T1wSE nach Gd-DTPA	–

+ hoch, (+) gering, – keine.

Signalmuster beim Hirnabszeß (im Vergleich zur SI des Hirnparenchyms)

Substrat	T1w	T2w	T1w/Gd-DTPA
Abszeßinhalt	–	=	–
Abszeßkapsel	=	=	+
Perifokales Ödem	–	+	=

+ hohe SI, = isointense SI, – niedrige SI.

SI	Signalsintensität
T1w rsp. T2w	T1 rsp. T2 gewichtete Sequenzen
SE	Spin-Echo-Sequenz
Gd-DTPA	kontrastmittelunterstützte Untersuchung mittels Gadolinium–Diätylentriaminpenta-essigsäure)

Charakterisierung und Klinik der Ependymitis

Wesentliche Faktoren	Typische Symptomatik
Häufig nach Meningitis, Hirnabszeß und Virusinfektionen	Hirndruckzeichen – Kopfschmerzen – Psychosyndrom – spontanes Erbrechen
Verschlußhydrozephalus und ventrikuläre Verklebungen durch Exsudat	Liquorpleozytose Fieber

Signalmuster bei Ependymitis (im Vergleich zum Hirnparenchym)

Substrat	T2w	T1w/Gd-DTPA
Ependym	+	+
Perifokalödem	+	=
Entzündl. Liquor	+	=
Normaler Liquor	=	–

– hohe SI, = isointense SI, – niedrige SI.

Nach Rodiek, S. O.: Infektionen, Entzündungen, Erkrankungen der weißen Hirnsubstanz. In Reiser, M., W. Semmler: Magnetresonanztomographie. Springer, Berlin 1992

Granulomatöse Prozesse und Pilzinfektionen des Zerebrums

Charakterisierung und Klinik

Wesentliche Faktoren	Typische Symptomatik
Oft pulmonale Infektionsquelle	Unwohlsein Leistungsknick Kopfschmerzen
Hirnstamm und Hirnbasis bevorzugt Sarkoidose auch periventrikulär, Hypothalamus	Hirnnervenlähmungen Liquorveränderungen

MRT-Leitkritierien

Meningitis, Zerebritis, Abszeß oder Granulom möglich
Sensitivität nach Gd-DTPA verbessert
Keine spezifischen Kriterien
Mikrobiologischer Nachweis nötig

Nach Rodiek, S. O.:
Infektionen, Entzündungen, Erkrankungen der weißen Hirnsubstanz. In Reiser, M., W. Semmler: Magnetresonanztomographie. Springer, Berlin 1992

Neurozystizerkose

Charakterisierung und Klinik

Wesentliche Faktoren	Typische Symptomatik
Zystizerkusblasen im Parenchym, subarachnoidal und ventrikulär lokalisiert	Kopfschmerzen
	Krampfanfälle
Biozyklusmerkmale der Zystizerkusblasen – vitale: Skolex – degenerierende: Ödem – abgestorbene: verkalkt	Herdzeichen
	Ataxie, Schwindel
	Muskelverkalkungen

Signalmuster (im Vergleich zur Signalintensität des Hirnparenchyms)

Substrat	T_{1w}	T_{2w}	T_{1w}/Gd-DTPA
Zystenflüssigkeit	–	+	–
Zystenwand	=	–	+
Skolex	=	+	+
Perifokalödem	=	+	=

+ hohe SI, = isointense SI, – niedrige SI.

SI = Signalintensität

Nach Rodiek, S. O.: Infektionen, Entzündungen, Erkrankungen der weißen Hirnsubstanz. In Reiser, M., W. Semmler: Magnetresonanztomographie. Springer, Berlin 1992

Befunde der multiplen Sklerose

Klinik, Histologie und Magnet-Resonanz-Tomographie

Charakterisierung und Klinik

Wesentliche Faktoren	Typische Symptomatik
Ätiologie ungeklärt	Sehstörungen, Augenmuskellähmungen
Häufiges Vorkommen	
20.–40. Lebensjahr	Spastische Paresen
Disseminierte Entmarkungsherde von variabler Größe	Störungen der Sensibilität, des Kleinhirns und der Blase
Prädilektion periventrikulär, Hirnstamm, Balken, Kleinhirn, Myelon	Liquor und evozierte Potentiale verändert
	Verlauf schubförmig oder primär chronisch

Signalmuster (im Vergleich zur Signalintensität des Hirnparenchyms)

Substrat	T_{1w}	T_{2w}	T_{1w}/Gd-DTPA
Frische Plaques	=	+	+
Alte Plaques	=/–	+	=/–

+ hohe SI, = isointense SI, – niedrige SI.

Nach Rodiek, S. O:
Infektionen, Entzündungen, Erkrankungen der weißen Hirnsubstanz. In Reiser, M., W. Semmler: Magnetresonanztomographie. Springer, Berlin 1992

Histologische Merkmale von MS-Plaques und deren Korrelat in der MRT

Plaques	Histologie	MRT
akut	Bluthirnschrankenstörung	Gd-Aufn. (starke T_1-Verkürzung), T_2- u. T_1-Veräng.
	Ödem	T_2- u. T_1-Verlängerung
	Entz. Infiltrate	T_2- u. T_1-Verlängerung
	Demyelinisierung	–
chronisch aktiv	Entz. Infilt. u. BHS-Stör. (mehr randständig)	T_2- u. T_1-Verlängerung Gd-Aufnahme
	Demyelinisierung	–
	Gliose	T_2- u. T_1-Verlängerung
chronisch inaktiv	Demyelinisierung	–
	Axonverlust	–
	Gliose	T_2- u. T_1-Verlängerung

möglicherweise T_1-Verkürzung durch Myelinabbauprodukte

Nach Kappos, L., E. W. Radü: Klin. Neuroradiol. 2 (1991) 110–126

Trauma Schädel – Gehirn

Schädelkalotte und Schädelbasis

Frakturen des Hirnschädels

Berstungsfraktur
Nahtsprengung
Spaltbrüche oder Fissuren
Splitter- oder Sternbrüche
Lochbrüche
Impressionsbrüche – ohne oder mit Überschiebung
Eierschalen-Fraktur
„wachsende Schädelfraktur"
(im Kindesalter mit begleitender Duraverletzung und Liquorzyste)

Schädeldachfrakturen

Die Schädeldecke kann schon bei geringer Gewalteinwirkung bersten. Abhängig von Form, Geschwindigkeit und kinetischer Energie der einwirkenden Gewalt und des Geschoßkörpers, sowie dem Ort des Auftreffens am Schädel können verschiedene Bruchformen entstehen.

1. Lineare Frakturen und Fissuren. 80% aller Schädelfrakturen.
2. Nahtsprengungen. Erfordern eine erhebliche Gewalteinwirkung.
3. Stückbrüche
4. Geschlossene Impressionsfrakturen. Bei 50% aller Impressionen ist die Dura intakt und das Gehrin unbeschädigt.

Typische Frakturlinien an der Schädelbasis

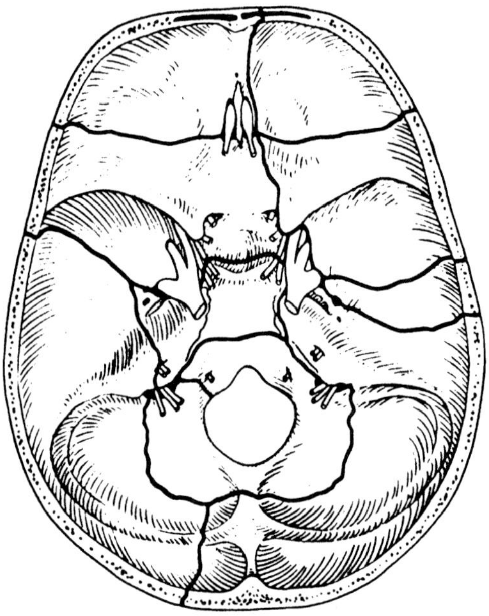

Ein spezielles Problem stellen die Impressionsfrakturen über den großen Sinus dar. Infolge Sinuskompression nach nachfolgenden venösen Abflußstörungen kann es zu schwerwiegenden Komplikationen wie Sinus- und Hirnvenenthrombose kommen. Eine voreilig vorgenommene Entfernung der Knochensplitter kann zu einer im allgemeinen tödlichen Sinusblutung führen. Deshalb gehören solche Fälle unbedingt in neurochirurgische Behandlung

Klinische Zeichen der Schädelbasisfraktur

Sichere Zeichen: Austritt von Liquor und Hirnbrei aus Mund, Nase und Ohr.

Zeichen mit großer Wahrscheinlichkeit: Blutung aus dem Ohr (wenn das Blut nicht von außen hineingeflossen ist); Hämatotympanon, eventuell kombiniert mit Taubheit: Pneumocephalus internus (Röntgendiagnose); Luftansammlung in den Schädelweichteilen (Hautemphysem bzw. Pneumocephalus externus); Hirnnervenläsionen (Nn. facialis, vestibulocochlearis, abducens).

Unsichere Zeichen: Brillen- oder Monokelhämatom (kann auch durch lokale Kontusion oder benachbarte Wunden verursacht sein; für eine Schädelbasisfraktur sprechen Hämatome, die bis 2 Tage nach dem Unfall auftreten); subkonjunktivales Hämatom mit Ödem: Blutungen aus Mund und Nase (Epipharynxblutung); Protrusio bulbi bei Orbitadachfraktur.

Nach Kretschmer, H.: Neurotraumatologie. Thieme, Stuttgart 1978

Felsenbeinfrakturen

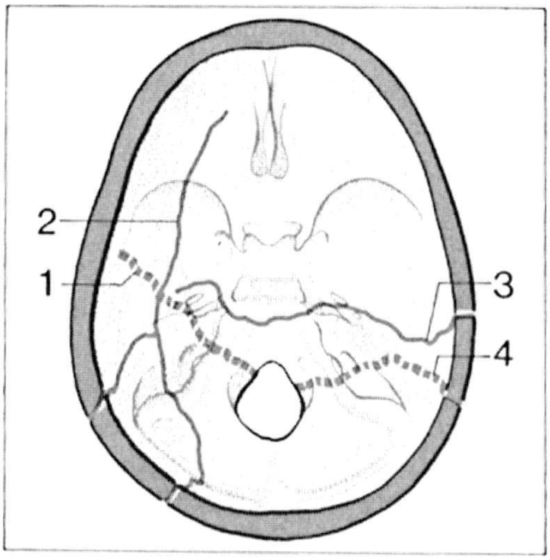

Felsenbeinfrakturen:
1 und 4 Querfraktur, 3 Längsfraktur, 2 kombinierte frontobasale und Pyramidenlängsfraktur

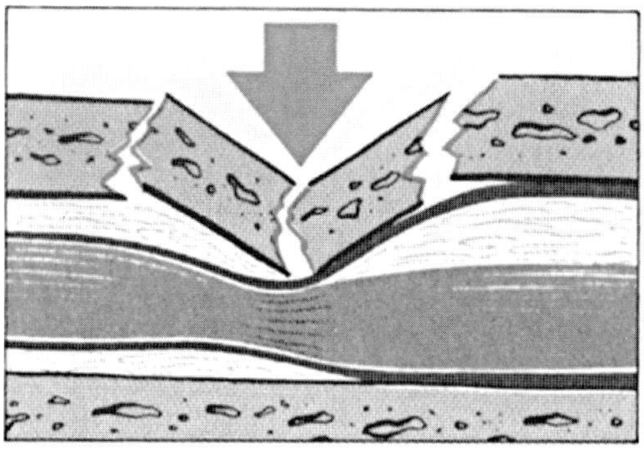

Traumatische Fazialisläsion bei Felsenbeinlängsbruch infolge Impressionsfraktur des knöchernen Nervenkanals

Symptome der Pyramidenlängsfraktur (vorwiegend Mittelohrbeteiligung)

- Hämatotympanum oder
- Zerreißung des Trommelfelles,
- Blutung aus dem äußeren Gehörgang,
- Stufenbildung im Bereich des Anulus tympanicus,
- Stufenbildung im äußeren Gehörgang (DD: Impressionsfraktur des Kieferköpfchens),
- Schalleitungsstörung,
- Fazialisparese (in ca. 20%) – meist *Neurapraxie* oder partielle *Axonotmesis*,
- Otoliquorrhoe (nicht häufig).

Nach Becker, W., H. H. Naumann, C. R. Pfaltz: Hals-Nasen-Ohren-Heilkunde. 2. Aufl. Thieme, Stuttgart 1983

Gesichtsschädel und Kiefer

Frakturen des Gesichtsschädels

isolierte Nasenbeinfraktur

isolierte Fraktur des Jochbeines oder der Kieferhöhlenwand

nasomaxilläre Fraktur
- einseitig
- doppelseitig
- hohe Querfraktur

zygomatikomaxilläre Fraktur
- einseitig
- doppelseitig

palatoalveoläre Fraktur

kombinierte Gesichtsschädelfraktur

Orbitarandfraktur und Depressionsfraktur des Orbitarandes

Klassifikation der Frakturen der Maxilla

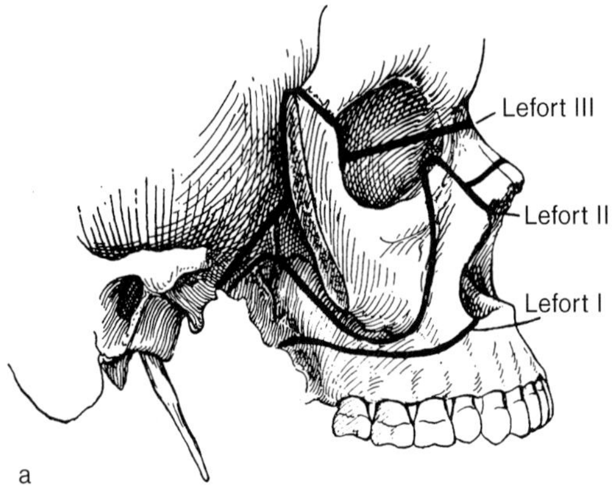

a

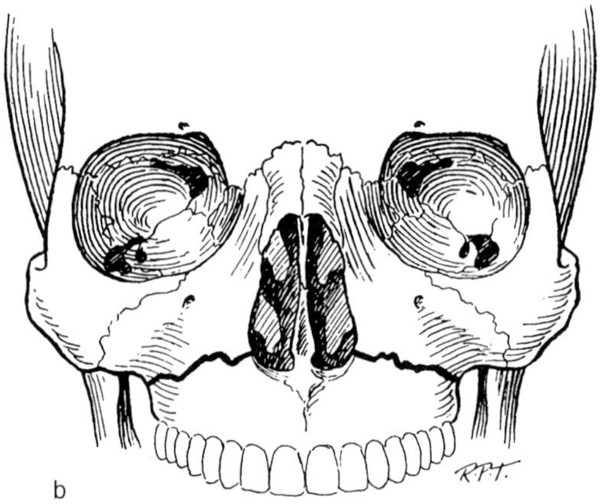

b

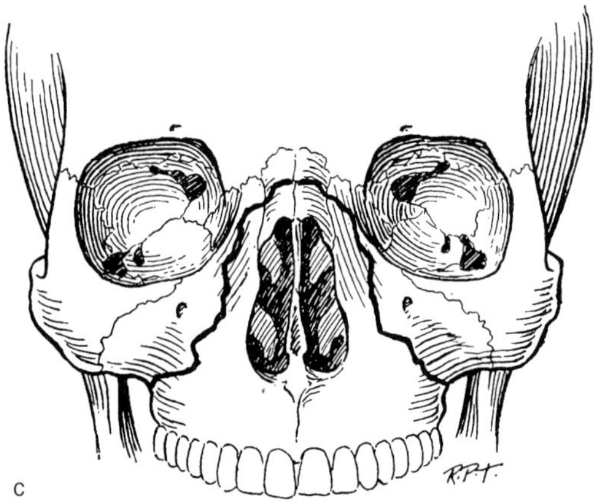

c

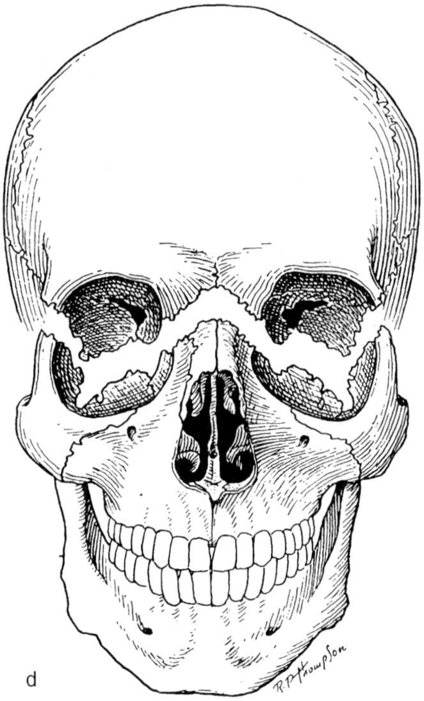

d

a Seitliche Projektion.
b Le Fort I.
c Le Fort II.
d Le Fort III. (Aus Kazanijan VH, Converse JM: The Surgical Treatment of Facial Injuries. 2nd ed. Baltimore, Williams and Wilkins Co., 1959)

Nach Meschan, I., R. M. Farrer-Meschan:
Diagnostik mit bildgebenden Verfahren, Bd. III. Enke, Stuttgart 1991

Zygomatikomaxilläre (Tripod-)Fraktur (nach Rogers)

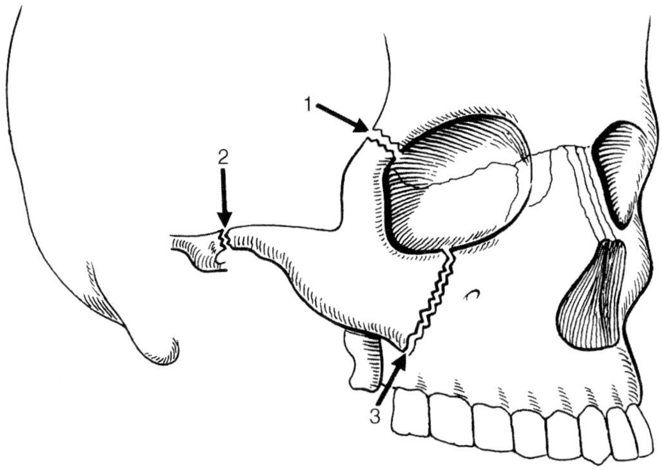

1 = Sprengung der Sutura zygomatico-frontalis
2 = Fraktur des Jochbogens
3 = Fraktur des unteren Orbitarandes, sich durch die vordere und laterale Wand des Kieferhöhlenantrums erstreckend

Nach Zimmer, E. A.: Grenzen des Normalen und Anfänge des Pathologischen im Röntgenbild des Skeletts. 12. Aufl. Thieme, Stuttgart 1982

Palatoalveoläre Querfraktur (offener Pfeil), evtl. mit Beteiligung des Jochbogens (geschlossener Pfeil) oder Fraktur des Processus pterigoideus (Le Fort I)

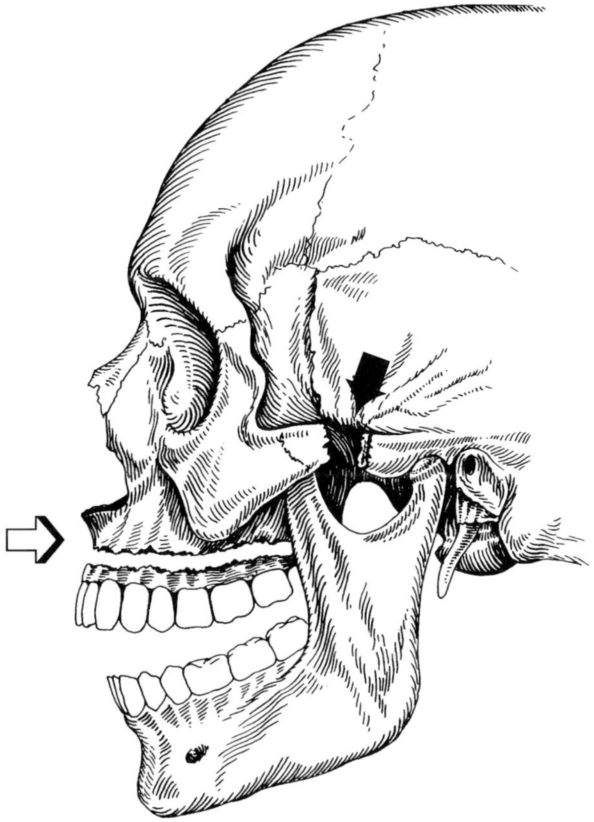

Nach Birzle, H., R. Bergleiter, E. H. Kuner: Traumatologische Röntgendiagnostik. Thieme, Stuttgart 1985

Typen der frontobasalen Frakturen (nach Escher)

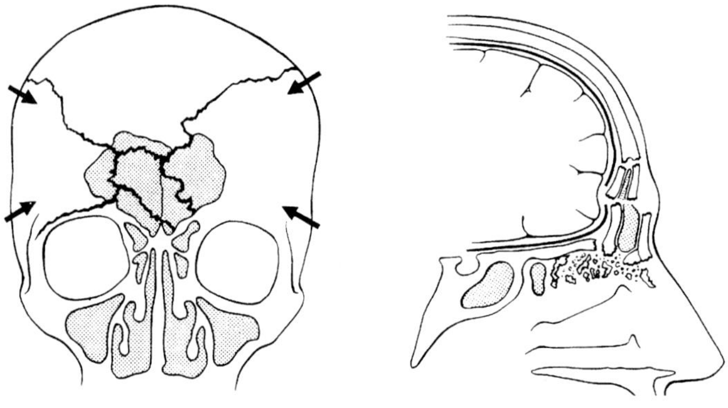

Typ 1: Die ausgedehnte frontobasale Fraktur

Typ 1

Ausgedehnte frontobasale Trümmerfraktur mit Impression des Stirnbeins, Zertrümmerung der Stirnhöhlen und des Siebbeins (immer mit Dura- und Hirnverletzung)

Häufigkeit: 2/5 aller Fälle.

Operation: transfrontal extradural.

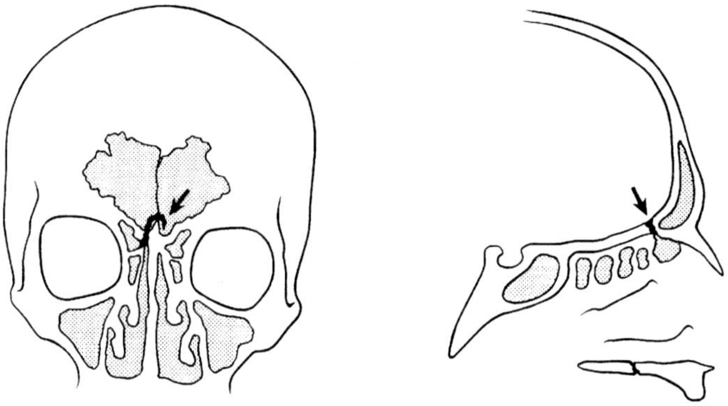

Typ 2: Die umschriebene frontobasale Fraktur

Typ 2

Lokalisierte frontobasale Fraktur mit Mikrofissuren und Durariß, vorzugsweise lokalisiert an der Lamina cribrosa, der Crista galli, dem hinteren Siebbein und dem Keilbeindach.

Häufigkeit: 2/5 aller Fälle.

Operation: frontoorbital oder subfrontal extradural.

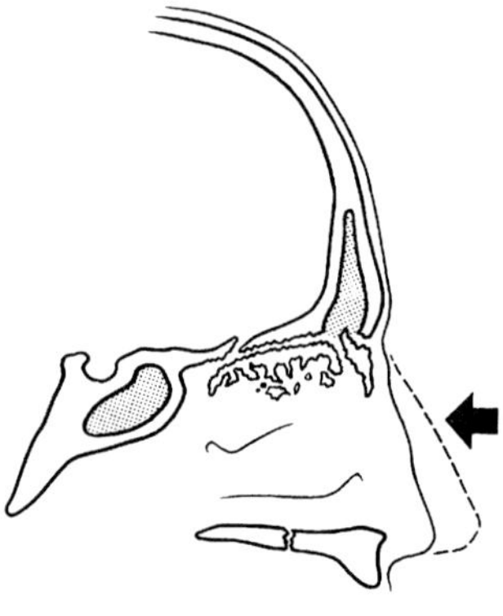

Typ 3: Die frontobasale Fraktur mit Mittelgesichtsabriß

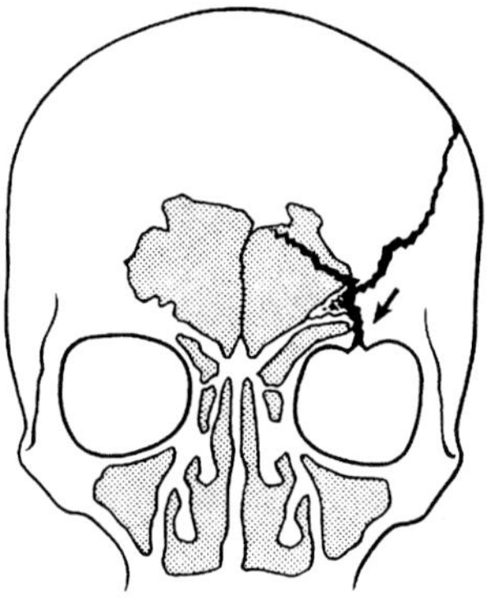

Typ 4: Die frontobasale Orbitafraktur

Typ 3

Abriß des Mittelgesichts von der Schädelbasis.

Häufigkeit: 1/10 aller Fälle.

Operation: Aufgabengebiet der Hals-Nasen-Ohren- und Kieferchirurgie.

Typ 4

Lateroorbitale frontobasale Fraktur. Vorherrschende Symptomatik von seiten der Orbita (Orbitaschwellung, Ödem, Protrusio bulbi), oft erst längere Zeit nach dem Trauma.

Häufigkeit: 1/10 aller Fälle.

Operation: frontoorbital.

Nach Kretschmer, H.: Neurotraumatologie. Thieme, Stuttgart 1978
Nach Esche, F.: Schädelbasistrauma in oto-rhinologischer Sicht. HNO 21 (1973) 129–144

Klassifikation der lateralen Mittelgesichtsfrakturen (nach NIAST, 1972)

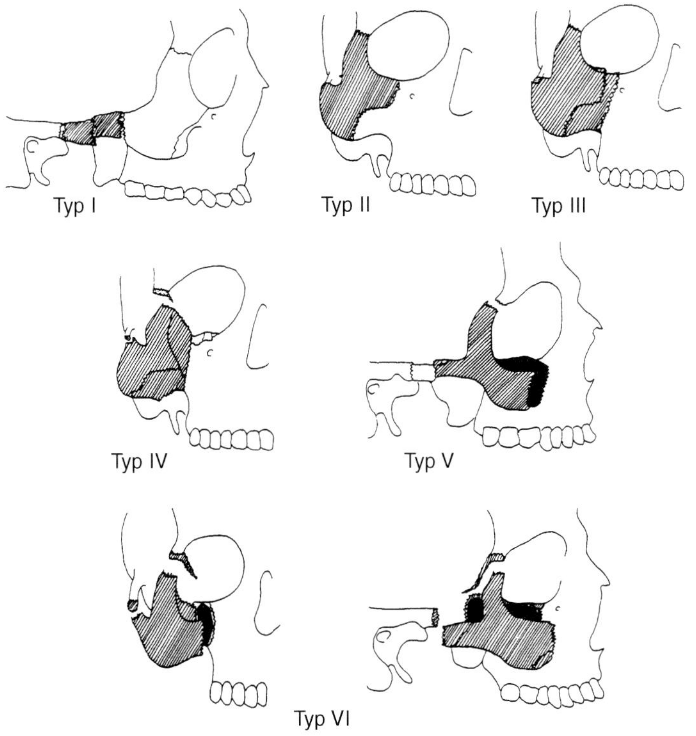

Nach Mödder, U., M. Lenz: Gesichtsschädel, Felsenbein, Speicheldrüsen, Pharynx, Larynx, Halsweichteile. Springer, Berlin 1992

Nasoorbitoethmoidale Frakturen

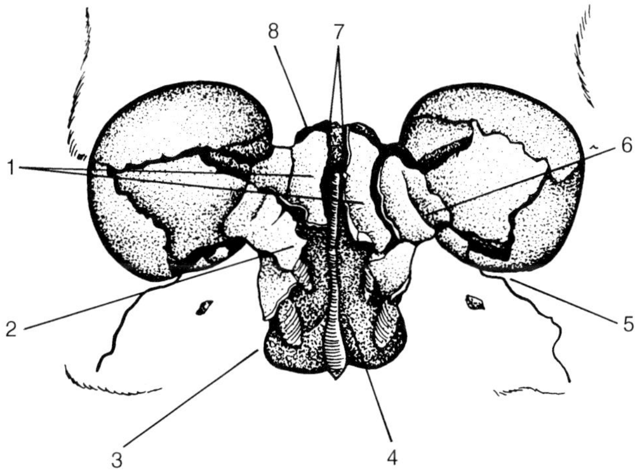

Betroffene knöcherne Strukturen

1 = Os nasale
2 = Zertrümmerter Processus frontalis maxillae
3 = Maxilla
4 = Nasenseptum
5 = Unterer Orbitarand
6 = Fossa lacrimalis
7 = Sprengung der Sutura internasalis
8 = Sprengung der Sutura nasofrontalis

Nach Thelen, M., G. Ritter, E. Bücheler: Radiologische Diagnostik der Verletzungen von Knochen und Gelenken. Thieme, Stuttgart 1993

Schematische Darstellung verschiedener Frakturtypen der Nase

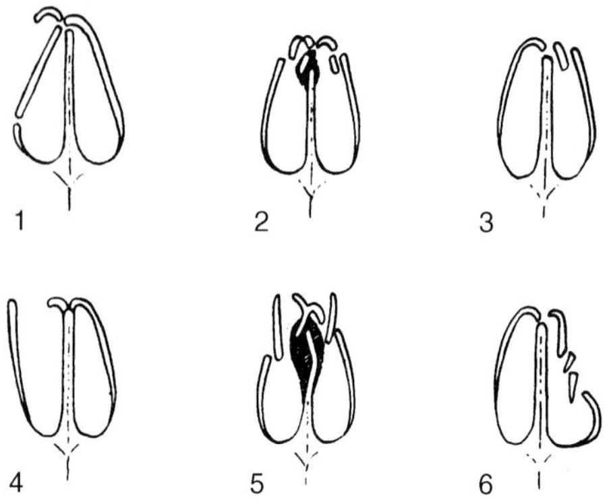

1 = Impressionsfraktur des Processus frontalis maxillae mit Sprengung der Sutura nasomaxillaris
2 = Impressionsfraktur des Nasenbeins mit Sprengung der Sutura nasomaxillaris beidseits. Das Nasenseptum ist ebenfalls gebrochen und läßt ein Hämatom an der Frakturstelle erkennen
3 = Impressionsfraktur des Nasenbeins
4 = Nasenbeinfraktur mit Dislokation des Processus frontalis maxillae nach lateral
5 = Trümmerfraktur der Nase (Os nasale und Processus frontalis maxillae bds). Fraktur und Hämatom im Nasenseptum
6 = Trümmer- und Impressionsfraktur des Processus frontalis maxillae

Nach Thelen, M., G. Ritter, E. Bücheler: Radiologische Diagnostik der Verletzungen von Knochen und Gelenken. Thieme, Stuttgart 1993

Orbitabodenfissuren und Orbitabodenfrakturen

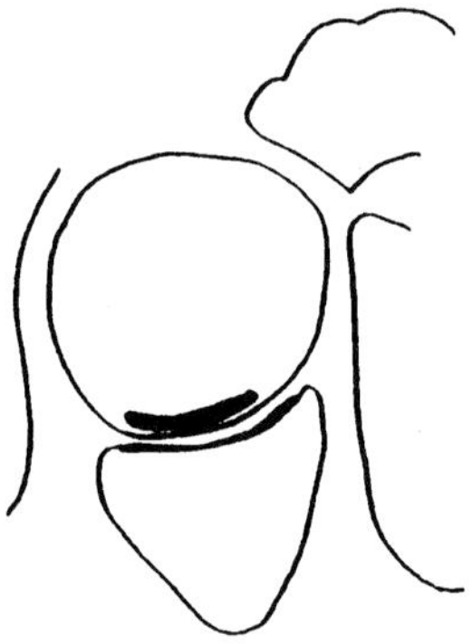

a Fissur mit submukösem Hämatom.

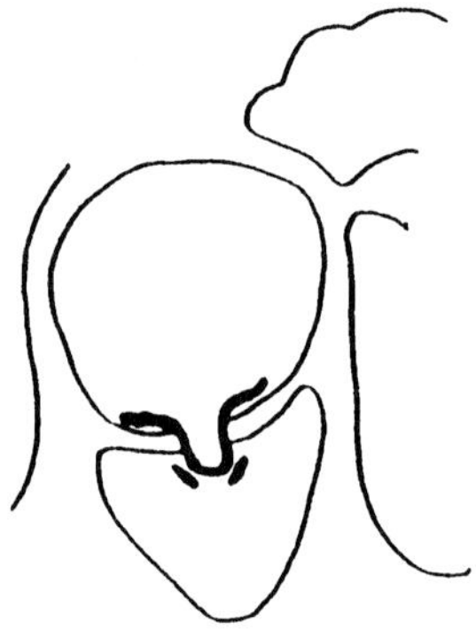

b Umschriebene Impression mit oder ohne Prolaps von Orbitagewebe.

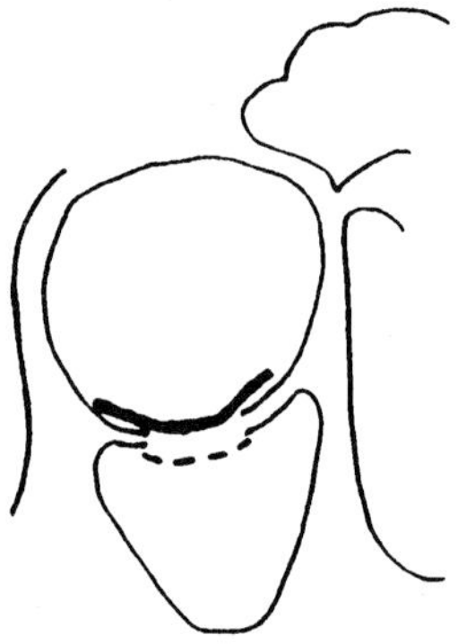

c Splitterbruch des Orbitabodens mit breiter Absenkung (Hängemattentyp).

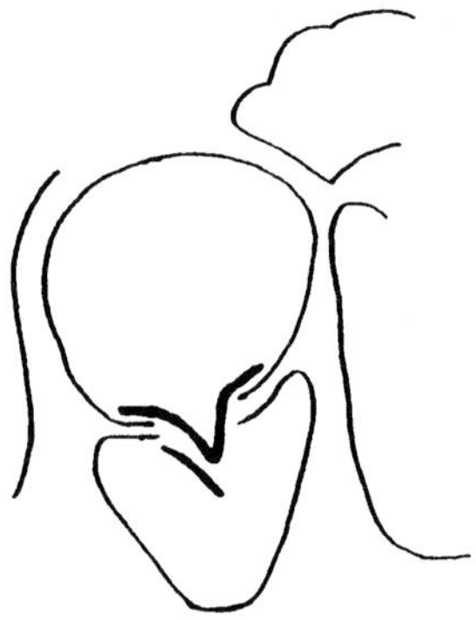

d Größeres abgewinkeltes Fragment und Prolaps orbitaler Weichteile (open trap door).

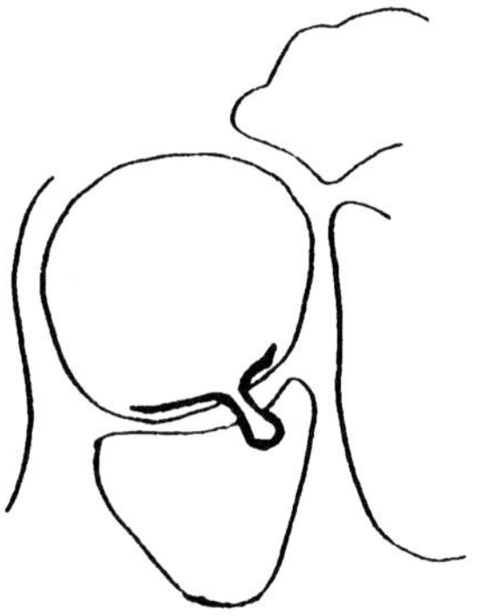

e Einklemmung einer Orbitalhernie durch Zurückfedern des Fragmentes (swing trap door). Nach Deutschberger u. Kirshner, 1971)

Nach Mödder, U., M. Lenz: Gesichtsschädel, Felsenbein, Speicheldrüsen, Pharynx, Larynx, Halsweichteile. Springer, Berlin 1992

Unterkieferfrakturen

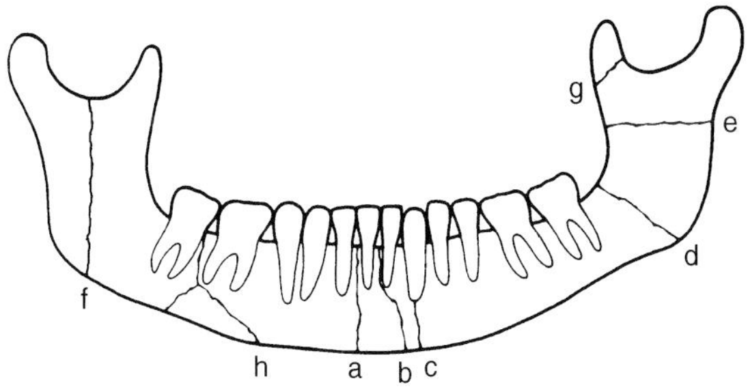

Unterkieferfrakturen

a Medianfraktur, **b** Paramedianfraktur, **c** Fraktur der Eckzahnregion, **d** Kieferwinkelfraktur, **e** Querfraktur des aufsteigenden Astes, **f** Längsfraktur des aufsteigenden Astes, **g** Fraktur des Processsus muscularis, **h** Stückfraktur im horizontalen Ast

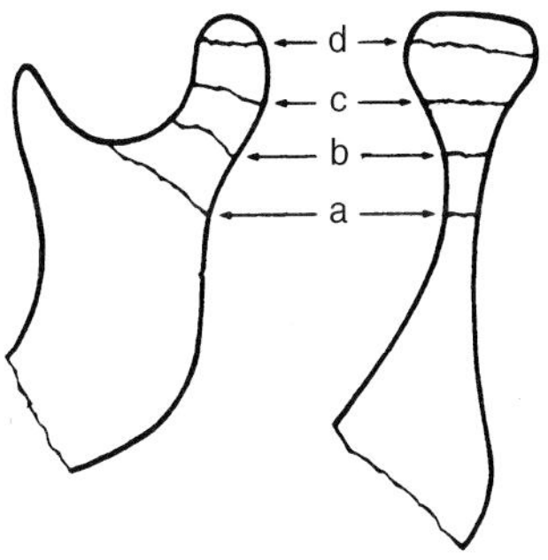

Kollumfrakturen (Nach Spiessl u. Schroll 1972)

a Kollumbasisfraktur, **b** tiefe Kollumfraktur, **c** mittlere Kollumfraktur, **d** Kapitulumfraktur

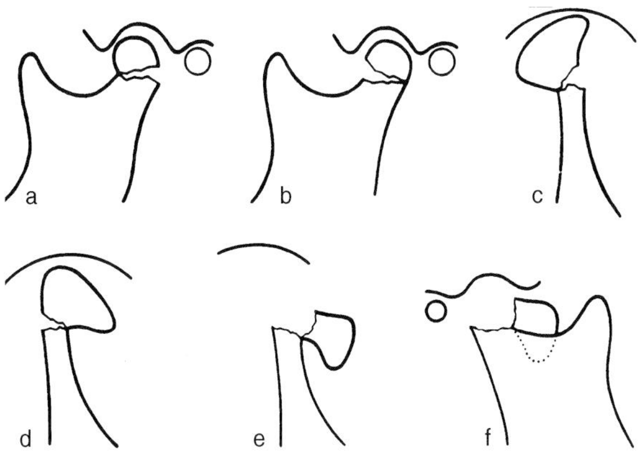

Dislokation und Luxation bei Kollumfrakturen

Dislokation nach ventral (**a**), dorsal (**b**), lateral (**c**) und medial (**d**). Typische Luxation nach ventral kaudal (**e, f**)

Nach Mödder, U., M. Lenz: Gesichtsschädel, Felsenbein, Speicheldrüsen, Pharynx, Larynx, Halsweichteile. Springer, Berlin 1992

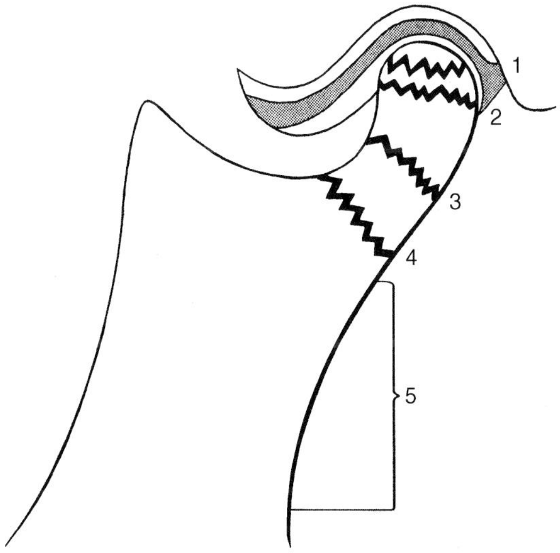

Schema der Gelenkfortsatzbrüche des Unterkiefers (nach Dihlmann)

1 = diakapitale („diakapituläre") Fraktur
2 = subkapitale („subkapituläre") Fraktur
3 = mittlere Kollumfraktur
4 = basale Kollumfraktur
5 = Gebiet der subkondylären Frakturen

Nach Zimmer, E. A.:
Grenzen des Normalen und Anfänge des Pathologischen im Röntgenbild des Skeletts. 12. neubearb. und erw. Aufl. Thieme, Stuttgart 1982

Luxationen der Zähne

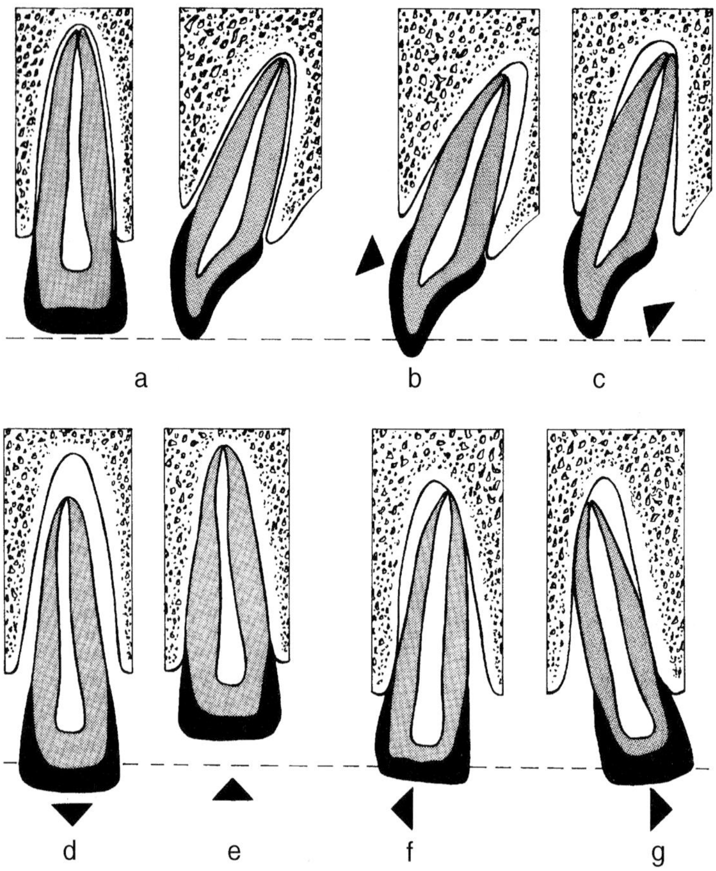

Dislokationen des Zahnes in der Alveole

a) Normaler Befund,	
b) Luxation nach palatinal, c) Luxation nach labial,	} in sagittaler Richtung
d) Luxation nach koronal = Extrusion, e) Luxation nach apikal = Intrusion,	} in axialer Richtung
f) Luxation nach lateral,	} in transversaler Richtung

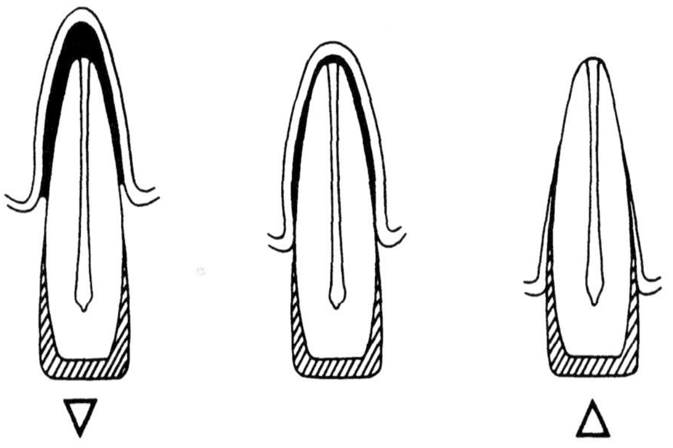

Vergrößerung (rechts) bzw. Aufhebung (links) des Parodontalspaltes bei unvollständiger Luxation eines Zahnes. Die Pfeile zeigen die Luxationsrichtung an.

Nach Hotz, R. P.: Zahnmedizin bei Kindern und Jugendlichen. Thieme, Stuttgart 1981

Frakturen der Zahnkronen

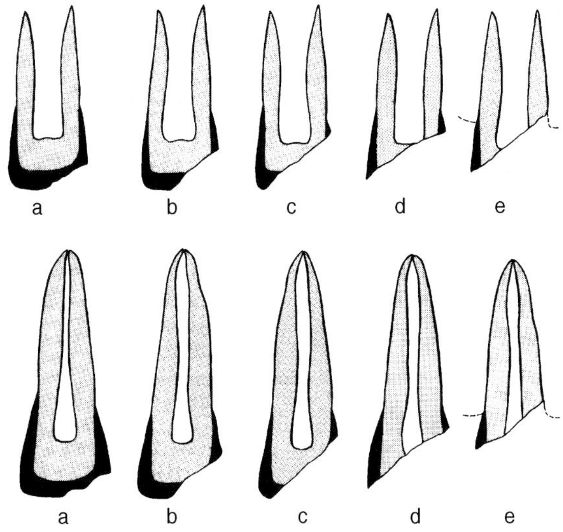

Kronenfraktur

a) oberflächliche Schmelzfrakturen ohne Dentineröffnung, b) oberflächliche Schmelz-Dentin-Fraktur, c) tiefere Schmelz-Dentin-Fraktur ohne Pulpenfreilegung, d) tiefere Schmelz-Dentin-Fraktur mit oberflächlicher Pulpeneröffnung, e) tiefere Schmelz-Dentin-Fraktur mit breiter Pulpeneröffnung. Bei e) verläuft die Fraktur bis unter die Schmelz-Zement-Grenze, die Kronenfraktur ist also mit einer Wurzelfraktur kombiniert.

Aus therapeutischen und prognostischen Gründen ist es wichtig, bei jedem Unfall den Stand der Wurzelbildung im Röntgenbild festzustellen!

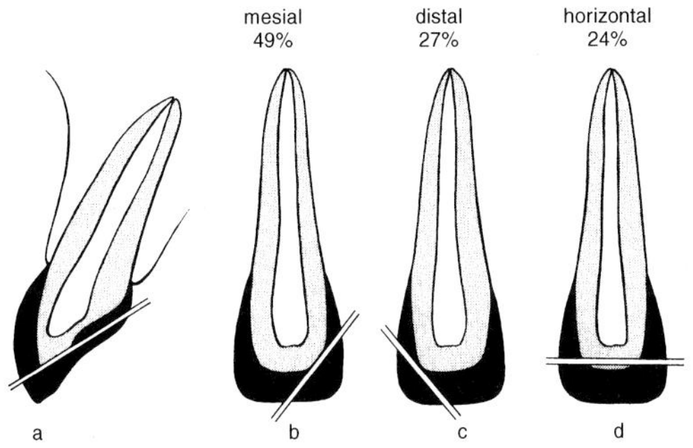

a) Frakturlinien bei Kantenfrakturen der Zahnkronen, b) Bei bleibenden Schneidezähnen ist annähernd in der Hälfte aller Kronenfrakturen die mesio-inzisale Kante frakturiert. c) Frakturen der disto-inzisalen Kante sind wie d) Frakturen, die horizontal verlaufen, eher selten.

Frakturen der Zahnwurzeln

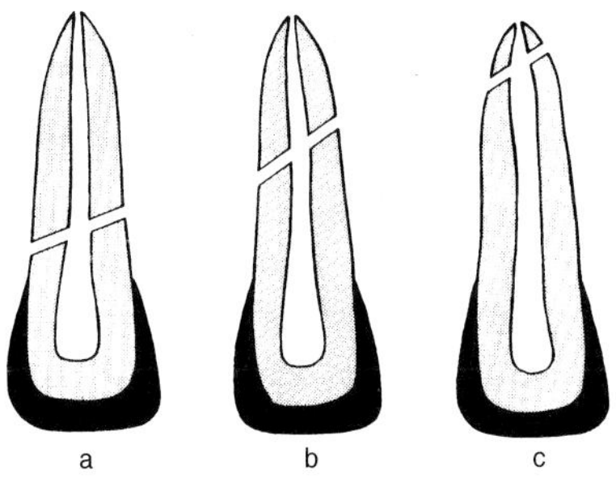

a) Kronennahe Wurzelfraktur,
b) Fraktur im mittleren Drittel der Wurzel,
c) Apexnahe Wurzelfraktur

Nach Hotz, R. P.: Zahnmedizin bei Kindern und Jugendlichen. Thieme, Stuttgart 1981

Schädel-Hirn-Verletzungen

Entstehungsmechanismen von Schädelfrakturen und Hirnverletzungen

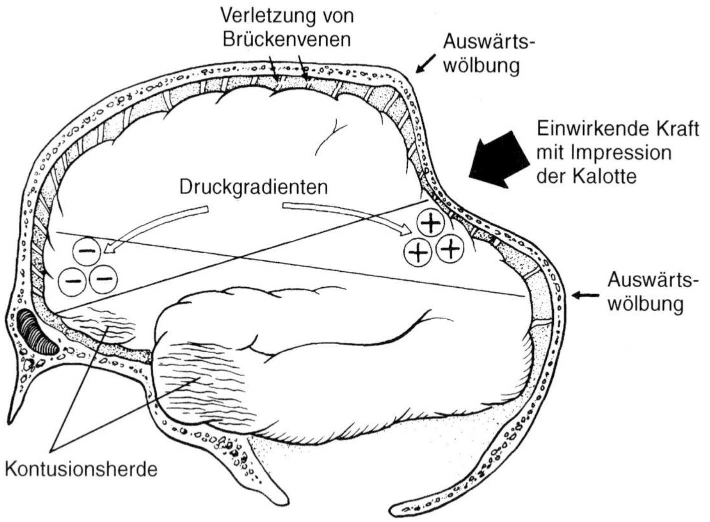

Nach Thelen, M., G. Ritter, E. Bücheler: Radiologische Diagnostik der Verletzungen von Knochen und Gelenken. Thieme, Stuttgart 1993

Massenverlagerung bei intrakranieller Raumforderung

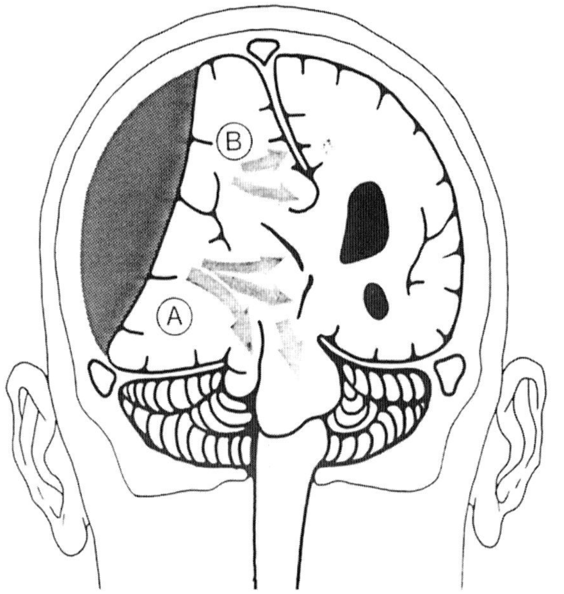

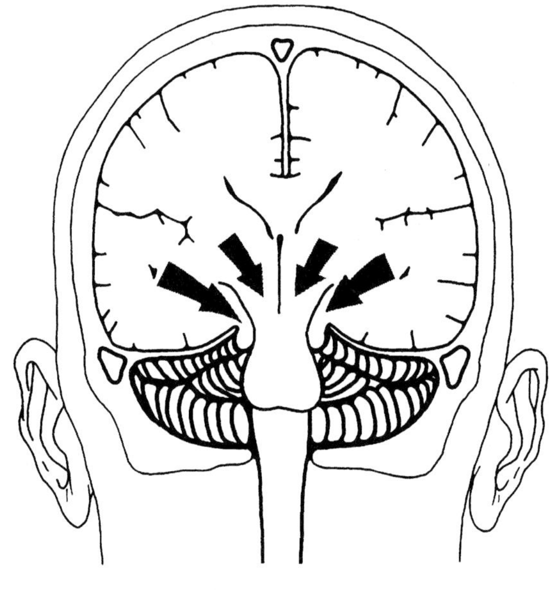

Laterale (unkale) Herniation (**A**): Als Folge eines stark raumfordernden Hämatoms temporo-parietal Prolaps des mediobasalen Temporallappens in den Tentoriumschlitz, Torquierung des Mittelhirns und Kompression von lateral. Zinguläre Herniation (**B**): Hirnmassenverschiebung mit Herniation des Gyrus cinguli unter der Falx zur Gegenseite

Axiale tentorielle Herniation (z.B. bei diffusen Hirnödem): Ausgepreßte Subarachnoidalräume, schlitzförmige Ventrikel. Teile des mediobasalen Temporallappens sind in den Tentoriumschlitz prolabiert. Kompression des Mittelhirns.

Nach Todorow., S., P. Oldenkott: Praktische Hirntraumatologie. Dt. Ärzteverlag, Köln 1984

Epiduralhämatom

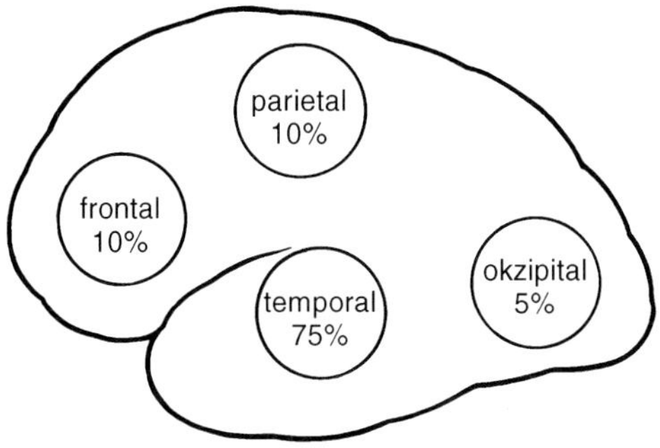

Lokalisationshäufigkeit epiduraler Hämatome

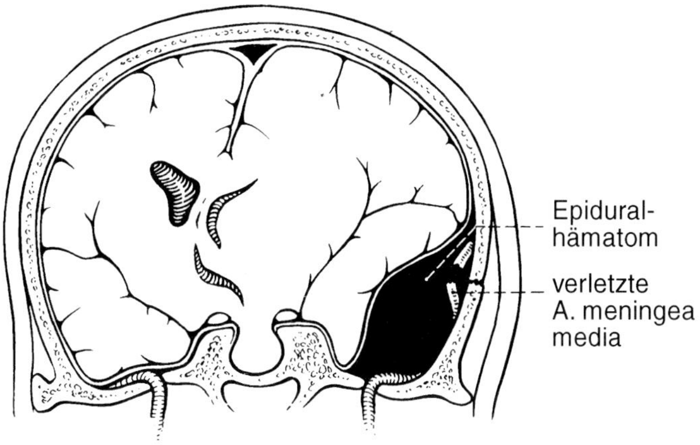

Lokalisation und Ausdehnung des typischen Epiduralhämatoms

Typischer angiographischer Befund eines Epiduralhämatoms

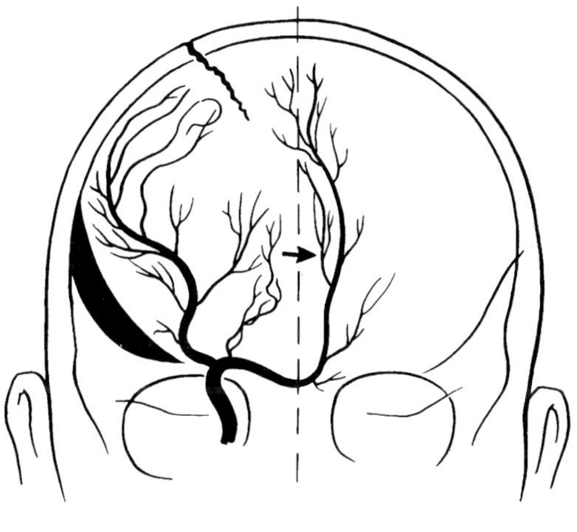

Nach Kretschmer, H.: Neurotraumatologie. Thieme, Stuttgart 1978

Subduralhämatom

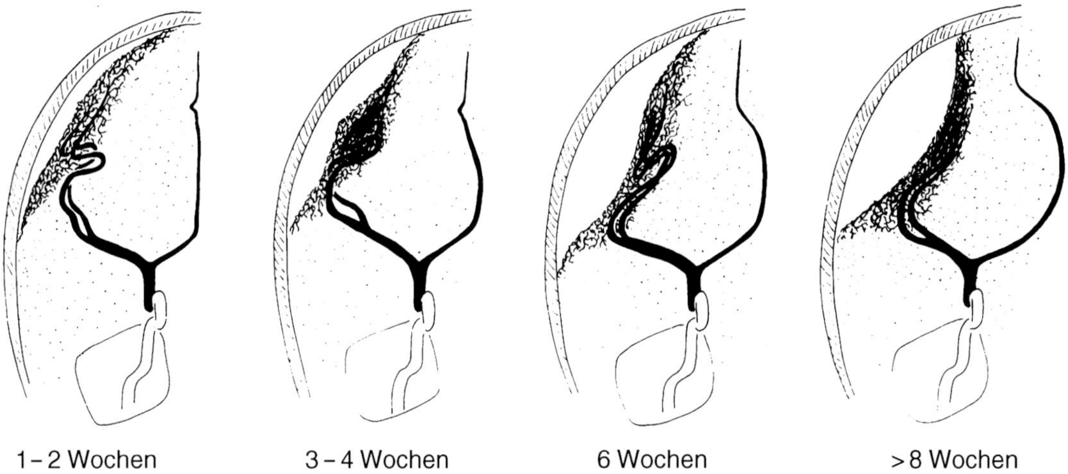

Schema zur Altersbestimmung des subduralen Hämatoms im zerebralen Angiogramm (nach Norman)

Nach Krayenbühl, H., M. L. Yasargil: Zerebrale Angiographie für Klinik und Praxis, 3. Aufl. Thieme, Stuttgart 1979

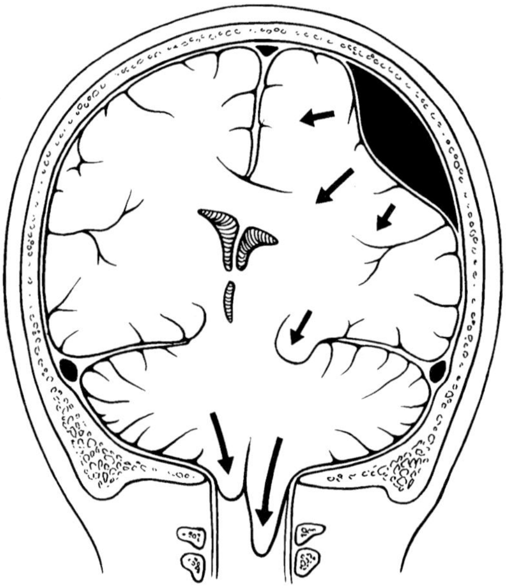

Finalstadium eines akuten Subduralhämatoms mit hochgradiger Hirndrucksteigerung (temporaler Druckkonus und Einpressung der Kleinhirntonsillen in den Spinalkanal)

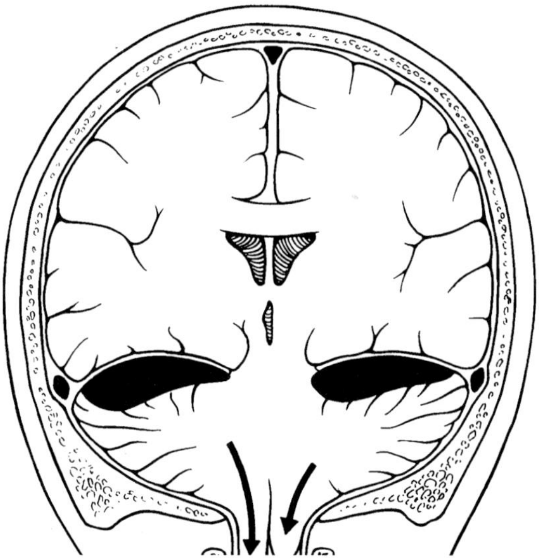

Zerebellarer Druckkonus bei Kontusion und Hämatom des Kleinhirns

Nach Kretschmer, H.: Neurotraumatologie. Thieme, Stuttgart 1978

Synopsis angiographischer Befunde bei traumatischen intrakraniellen Hämatomen

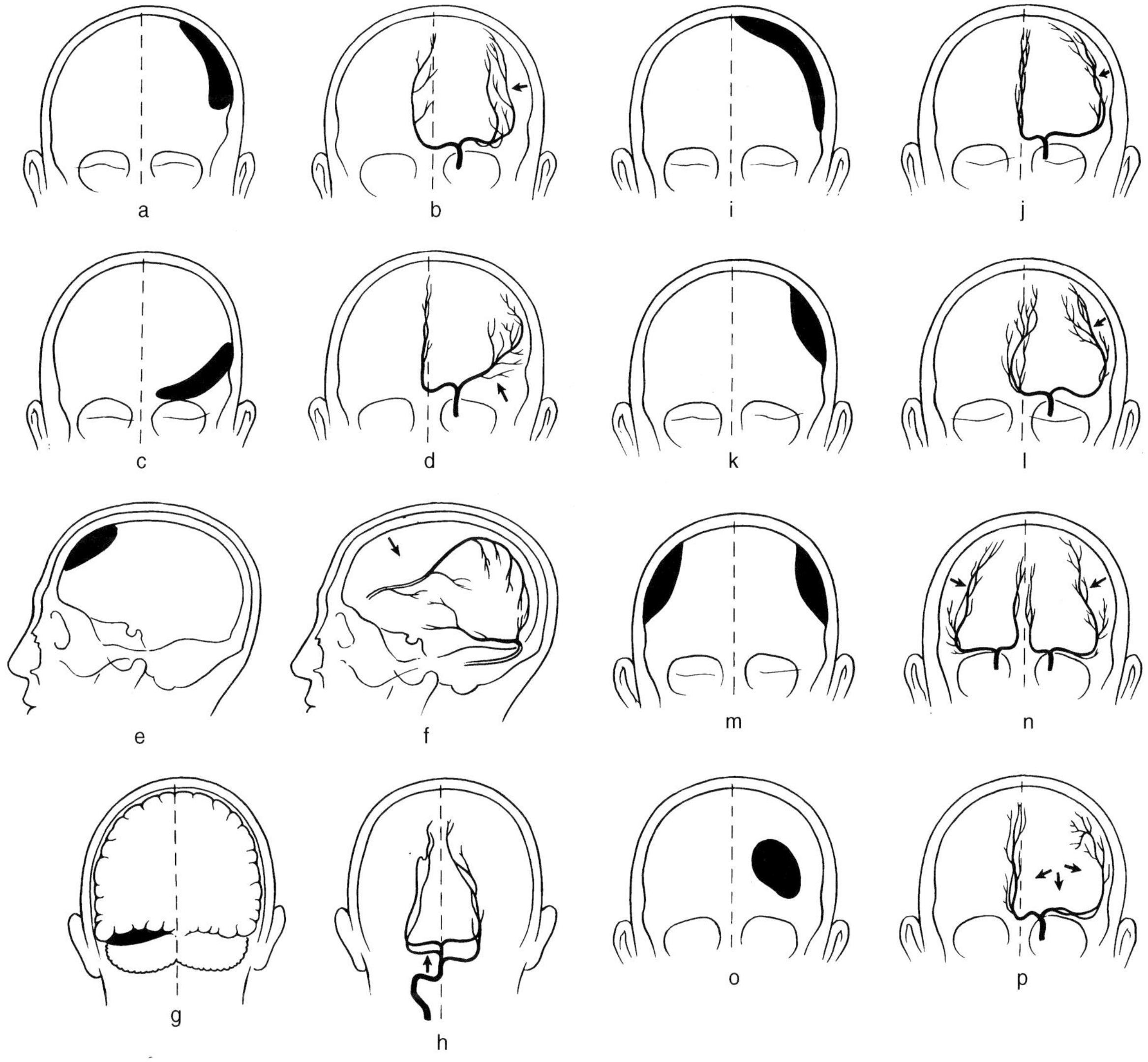

a, b) epidurales Hämatom temporoparietal, a.-p. Projektion,
c, d) epidurales Hämatom, temporobasal, a.-p. Projektion,
e, f) epidurales Hämatom beiderseits frontal, seitliche Projektion, venöse Phase,
g, h) epidurales Hämatom, subtentoriell (Angiographie der A. vertebralis, a.-p. Projektion)

i, j) akutes Subduralhämatom, a.-p. Projektion,
k, l) chronisches Subduralhämatom, a.-p. Projektion
m, n) chronisches Subduralhämatom, doppelseitig, a.-p. Projektion,
o, p) intrazerebrales Hämatom, a.-p. Projektion

Nach Kretschmer, H.: Neurotraumatologie. Thieme, Stuttgart 1978

Synopsis von Traumafolgen im Computertomogramm

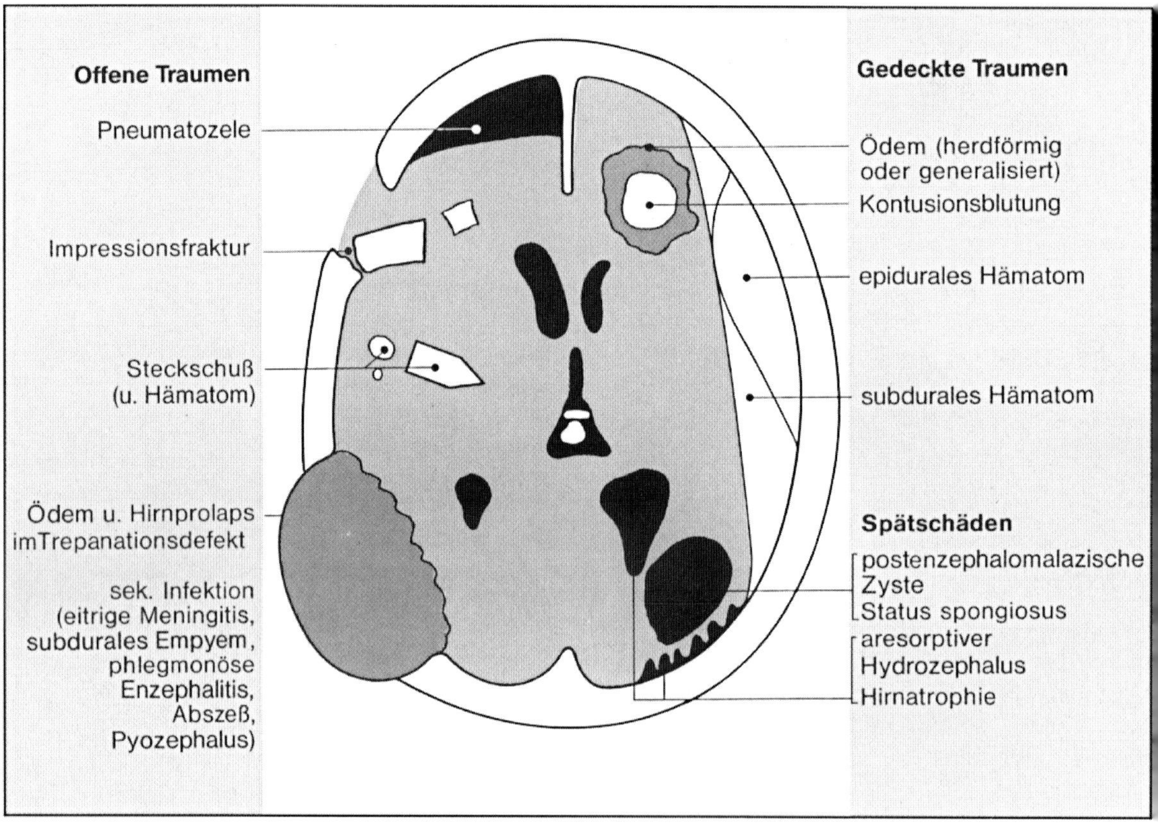

Nach Lange, S., Th. Grumme, W. Meese: Zerebrale Computer-Tomographie. Schering AG, Berlin 1977

Prädilektionsstellen der Liquorfisteln

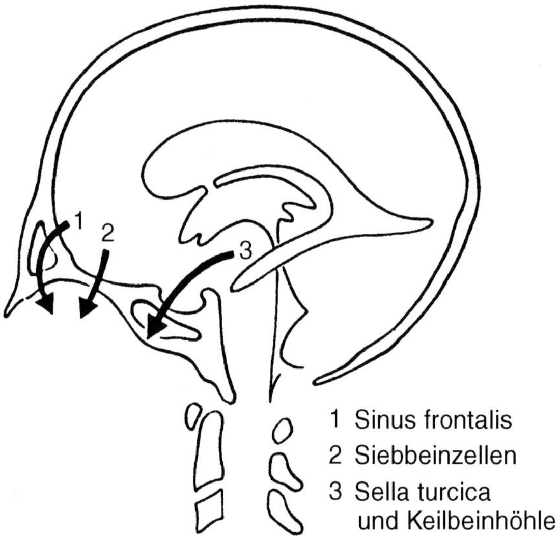

Nach Kretschmer, H.: Neurotraumatologie. Thieme, Stuttgart 1978

Komplikationen nach Schädel-Hirn-Trauma

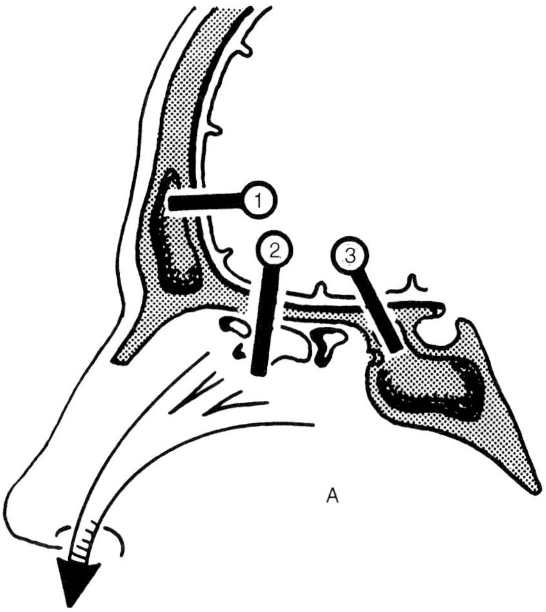

Schädelbasisfrakturen mit offener Schädel-Hirn-Verletzung

A. Rhinoliquorrhö durch Verletzung der Hinterwand des Sinus frontalis (1), des Planum sphenoidale mit Siebbeinzellen (2) und mit Verbindung zur Keilbeinhöhle (3)

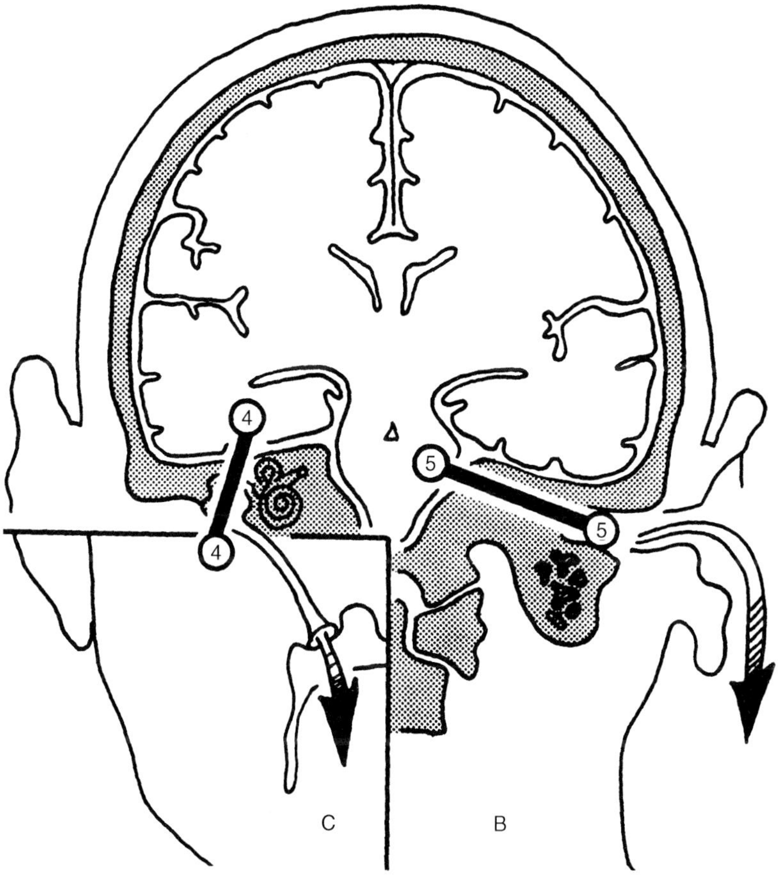

B. Felsenbeinlängsbruch (5) mit Otoliquorrhö
C. Felsenbeinquerbruch (4) mit Liquorrhö über die Tuba Eustachii.

Nach Todorow, S., P. Oldenkott: Praktische Hirntraumatologie. Deutscher Ärzteverlag, Köln 1984

Traumatische arteriovenöse Fisteln

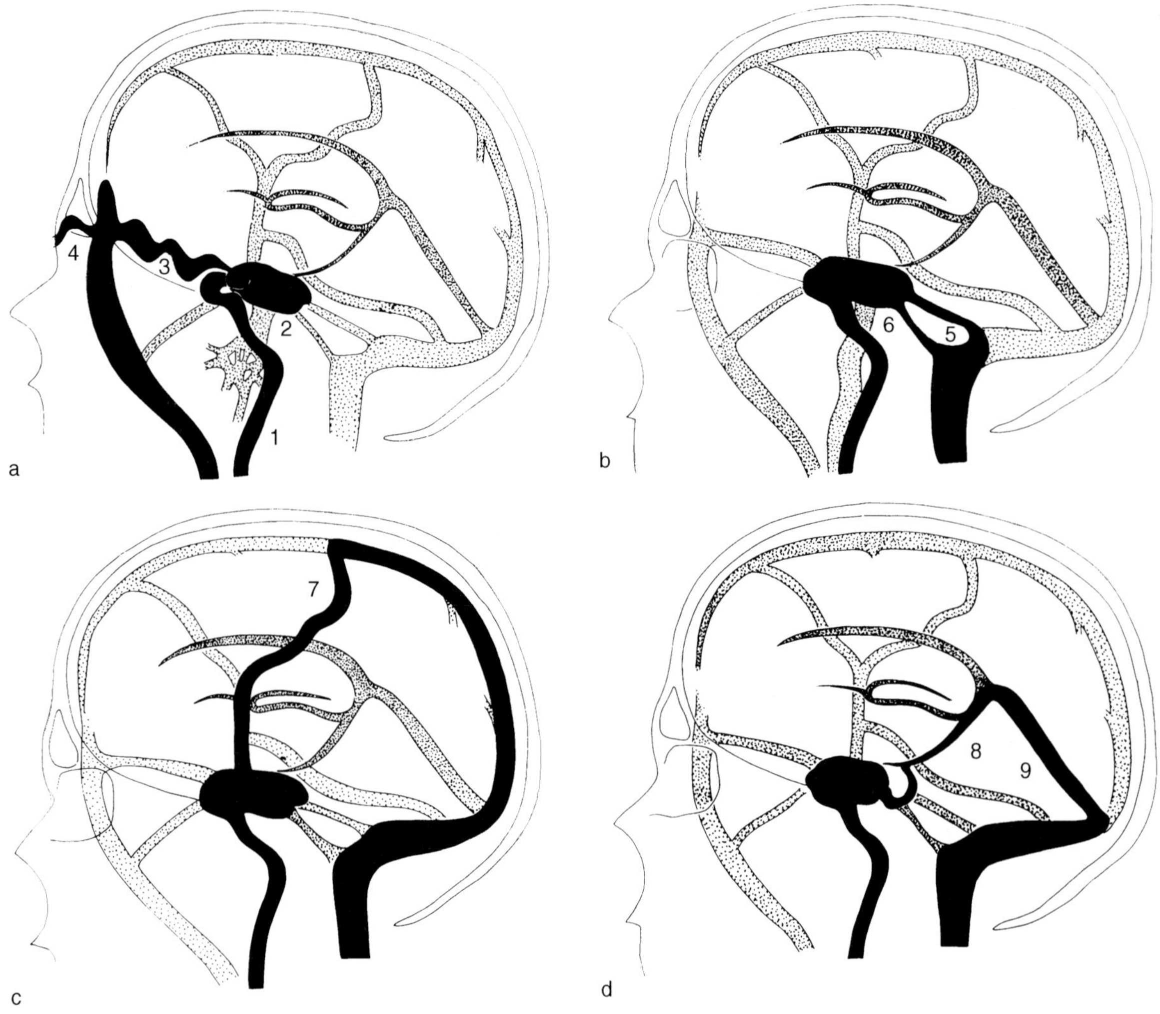

Abflußwege bei einer Karotis-Kavernosus-Fistel

a) Der arterielle Blutstrom gelangt aus der A. carotis interna (1) in den Sinus cavernosus (2) und von da in die V. ophthalmica superior (3) und in die V. angularis und V. facialis (4).
b) Abfluß über Sinus petrosus (5) und Plexus basilaris (6).
c) Abfluß über V. trolard (7) zum Sinus sagittalis superior.
d) Abfluß über V. basalis (8) zur V. cerebri magna und zum Sinus rectus (9) (nach Wolff u. Schmidt)

Nach Krayenbühl, H., M. L. Yasargil: Zerebrale Angiographie für Klinik und Praxis, 3. Aufl. Thieme, Stuttgart 1979

Differentialdiagnostik
Schädel – Gehirn

Differentialdiagnostik fokaler Hypodensitäten im Computertomogramm

Diagnose	CT-Beschreibung und Bemerkungen
Ödemähnliche Dichte	
Perifokales Ödem	Oft auf Marklager ausgedehnt, fingerförmig, trichterförmig (Tafel VII/1 G, VIII/3 E) bei Tumoren und Abszessen. Saumartig bei Tumoren, Infarkten, Hämatomen
Infarkte	Typische Prädilektionsstellen, keilförmig. Im Frühstadium mit Zeichen der Raumforderung, 2–3 Wochen geringe KM-Anreicherung (Luxusperfusion)
Kontusionsherd	Am Ort des Coup oder Contrecoup, Verlaufskontrolle, da sekundäre Einblutung möglich!
Tumoren	Meist raumfordernd, bei infiltrierend wachsenden Gliomen kann die Raumforderung fehlen. Je nach Tumorart KM-Anreicherung oder nicht
Hirnabszeß	Raumfordernd, meist perifokales Ödem, fingerförmig, selten fleckige KM-Anreicherung, uni- oder multilokulär
Herdenzephalitis	Fleckige KM-Anreicherung
Leukodystrophie	Systemartiger Marklagerbefall
Multiple Sklerose	Paraventrikuläre multiple Herde bis 2 cm Durchmesser
Status spongiosus nach perinatalem Trauma oder nach Enzephalitis	Scharf konturierte, homogene Zonen, meist Erweiterung der benachbarten Liquorräume
Liquorähnliche Dichte	
Porenzephale Zyste	Scharf begrenzt, oval oder rund
Postenzephalomalazische Zyste	Typische Infarktlokalisation, oft Dilatation benachbarter Liquorräume
Postkontusionelle Zyste	Oft Dilatation benachbarter Liquorräume
Postoperativer Substanzdefekt	Oft Kalottendefekt zusätzlich, oft Dilatation benachbarter Liquorräume
Zentrum zystischer Tumoren	Zeichen der Raumforderung, häufig ringförmige KM-Einlagerung
Fettähnliche Dichte	
Lipom, Cholesteatom, Epidermoid, Dermoid	Marginale Kalzifikation ist möglich
Luftäquivalente Dichte	
Posttraumatischer oder diagnostischer Pneumenzephalus	
Infektion mit gasbildenden Bakterien	

Nach Lange, S., Th. Grumme, W. Meese: Zerebrale Computer-Tomographie. Schering AG, Berlin 1977

Differentialdiagnostik kalottennaher Hypodensitäten im Computertomogramm

Diagnose	CT-Beschreibung und Bemerkungen
Ödemähnliche Dichte	
Chronisches Subduralhämatom	Bikonvexe Form, Raumforderung
Subduralempyem	Bikonvexe Form, gelegentlich gekammert, KM-Anreicherung des anliegenden Hirngewebes
Liquorähnliche Dichte	
Hirnatrophie	Symmetrische Erweiterung der Zisternen (besonders C. insulares, basalis, interhemisphaerica) und breite Sulci. Gleichzeitig Ventrikeldilatation
Chronisches Subduralhämatom, chronisches Epiduralhämatom	Bikonvexe bis sichelähnliche Form, Raumforderung
Subduralhygrom beim Kind	Meist symmetrisch, frontal und parietal
Arachnoidalzyste	Halbkugelig der Kalotte aufsitzend, mit Raumforderung, Prädilektionsstelle temporal und Cisternamagna-Gegend
Artefakte	Hypodense Zone hinter Keilbeinflügel und Pyramide auf basalen Schichten
Dichte geringer als Liquor	
Lipom, Cholesteatom	Kalottennahe Tumoren (z.B. Kleinhirnbrückenwinkel), raumfordernd
Pneumatozele	Posttraumatisch oder nach Pneumenzephalographie; oft frontal oder frontale Partie der hinteren Schädelgrube, gelegentlich raumfordernd

Nach Lange, S., Th. Grumme, W. Meese: Zerebrale Computer-Tomographie. Schering AG, Berlin 1977

Differentialdiagnostik fokaler Hyperdensitäten im Computertomogramm

Diagnose	CT-Beschreibung und Bemerkungen
Hypertensive Blutung	Typische Lokalisation (Tafel VI/3), anfangs homogen und scharf konturiert, später inhomogen und hypodenser Saum (Resorption und Ödem)
Kontusionsblutung	Meist zusätzlich deutliche Ödemzonen. Auf begleitendes Sub- oder Epiduralhämatom achten!
Wühlblutung bei Aneurysma und Angiom	Besonders frontal oder frontotemporal und u.U. mit Ventrikeleinbruch
Artefakte	a) Angeschnittene Strukturen der Schädelbasis bei asymmetrischer Kopfeinstellung b) Streifenförmige Bewegungs- und Kontrastexzeßartefakte. Durch Überlagerung auch knotenförmig, besonders im Bereich der hinteren Schädelgrube
Kalottennahe hyperdense Herde	
Diagnose	CT-Beschreibung und Bemerkungen
Epidurales Hämatom	Plan- bis bikonvex, raumfordernd, glatte Grenze zum Gehirn
Akutes und subakutes subdurales Hämatom	Sichelförmig, raumfordernd, Blut im Interhemisphärenspalt und gezähnelte Grenze zum Gehirn. Bei subakutem und chronischem Subduralhämatom Sedimentation mit Spiegelbildung
Subarachnoidalblutung	Hyperdense Darstellung der Zisternen (besonders C. basalis, insularis, interhemisphaerica). Arteriographie muß Ursache klären (Aneurysma, Angiom usw.)
Kortexnahe intrazerebrale Hämatome	Oval bis rund, raumfordernd
Kortexnahe Tumoren (z.B. Osteom, Meningeom, Sarkom)	Raumfordernd, KM-Anreicherung, perifokales Ödem
vgl. „Intrazerebrale hyperdense Herde" und „Intrakraniale hyperdense Herde"	

Nach Lange, S., Th. Grumme, W. Meese: Zerebrale Computer-Tomographie. Schering AG, Berlin 1977

Differentialdiagnostik der Kontrastmittelanreicherung im Computertomogramm

Diagnose	CT-Beschreibung
Ringförmige KM-Anreicherung	
Glioblastom, Metastase und andere Tumoren mit zentraler Nekrose	Raumfordernd, perifokales Ödem, oft breiter Parenchymrand
Abszeß	Raumfordernd, perifokales Ödem, meist schmaler Granulationswall
Radionekrosen	
Frischer Op-Defekt	Verwechslung mit Tumorrezidiv möglich
Fleckenförmige KM-Anreicherung	
Gliome	Raumforderndes perifokales Ödem
Angiome	Oft nicht raumfordernd, gelegentlich verkalkte Thromben
Infarkte	Typische Lokalisation, keilförmig (12. bis 21. Tag wegen Luxusperfusion)
Herdenzephalitis Kontusionsödem	
Homogene KM-Anreicherung	
Tumoren	z.B. Meningeom, Neurinom, Hypophysenadenom, Glioblastom (Knotentyp), Plexuspapillom, solides Angioblastom
Riesenaneurysma	Auf basalen Schichten, meist kreisrund, Wandverkalkungen
Infarkte	Sehr selten Infarkt nach KM isodens („zugespritzter Infarkt")
Fehlende KM-Anreicherung in pathologischen Prozessen	
Hypodense Herde Avaskuläre Tumoren (z.B. Astrozytom, Oligodendrogliom, Metastasen usw.)	In der Regel raumfordernd
Infarkte	Ausnahme: 12. bis 21. Tag KM-Anreicherung wegen Luxusperfusion
Zysten Status spongiosus Postoperative und postkontusionelle Substanzdefekte	
Hyperdense Herde Hämatome Verkalkte Tumoren (z.B. Meningeome, Osteome)	

Nach Lange, S., Th. Grumme, W. Meese: Zerebrale Computer-Tomographie. Schering AG, Berlin 1977

Differentialdiagnostik von Verkalkungen im Computertomogramm

Diagnose	CT-Beschreibung
Physiologische Verkalkungen	
Pinealis, Plexus chorioidei, Commissura habenularum, Falx cerebri, Tentorium	
Pathologische Verkalkungen	
Membranartig angeordnete Verkalkungen	
Vaskulär:	Riesenaneurysma, chronisch subdurales Hämatom
Neoplastisch:	Lipom, Dermoid, Epidermoid
Entzündlich:	Abszeßkapsel
Monofokale Verkalkungen	
Vaskulär:	Angiome (verkalkte Thromben)
Neoplastisch:	Meningeom oft granulär, Oligodendrogliom oft grobschollig, Kraniopharyngeom, Pinealom, Ependymom, Plexuspapillom, Spongioblastom, Gangliozytom, Dermoide, Chordom, Hypophysenadenom, Chondrom, Chondrosarkom
Entzündlich:	Granulome (Tuberkulom, Gummen), Echinokokkose (vgl. auch „Multifokale Verkalkungen")
Multifokale Verkalkungen	
Vaskulär:	Arteriosklerotische und metastatische Gefäßverkalkungen. Endarteriitis calcificans cerebri
Entzündlich:	Konnatale Toxoplasmose, Zytomegalie, Röteln, Herpes simplex, Torulose, Trichinose, Zystizerkose
Kongenital:	Tuberöse Sklerose (meist periventrikulär), Sturge-Weber-Krankheit (Kortexkalk)
Symmetrische Verkalkungen	
	Verkalkungen der Stammganglien bei Hyperparathyreoidismus, Fahr-Krankheit (= vaskuläre Kalzifikation der Stammganglien)
Fremdkörper, die Verkalkungen vortäuschen können	
Kontrastmitteltropfen in den Liquorräumen, Metallclips, Granatsplitter, Knochensplitter, streifenfrömige Bewegungsartefakte, Overrange-Artefakte, Holz, Plastik, Glas …	

Nach Loepp, W. R. Lorenz: Röntgendiagnostik des Schädels. Thieme, Stuttgart 1954
Nach Wackenheim, A.: Neuroradiologie. Doin, Paris 1960
Nach Lange, S., Th. Grumme, W. Meese: Zerebrale Computer-Tomographie. Schering AG, Belin 1977

Differentialdiagnostik bei Veränderungen des Ventrikelsystems im Computertomogramm

Diagnose	CT-Beschreibung
Symmetrische Erweiterung	
Hirnatrophie, Hydrocephalus communicans beim Kind	Gleichzeitig Erweiterung der äußeren Liquorräume
Hydrocephalus occlusus	Häufig Raumforderung hintere Schädelgrube und Aquäduktgegend. Bei Aquäduktstenose vierter Ventrikel gewöhnlich klein, bilaterale Foramen-Monroi-Blockade
Hydrocephalus aresorptivus	Posttraumatisch, nach Subarachnoidalblutung, idiopathisch
Umschriebene Erweiterung	
Artefakte	Beim seitwärts verkippten Kopf wird Asymmetrie des Ventrikelsystems vorgetäuscht
Foramen-Monroi-Blockade	Einseitige Erweiterung der Seitenventrikel bei Tumoren im dritten Ventrikel oder Verlagerung des Septum pellucidum
Porenzephale Ausziehung	Zur Entscheidung, ob Zyste kommuniziert, ist u.U. CT nach intrakranialer Kontrastmittelgabe oder MRT nötig
Ausziehung bei Substanzdefekt	Perinatale Hirnschäden, postkontusionell, nach Hirninfarkt, postoperativ
Hemiatrophie	Gleichzeitig einseitige Erweiterung der äußeren Liquorräume
Balkenagenesie	Dritter Ventrikel scheitelwärts ausgezogen zwischen den Seitenventrikeln
Dandy-Walker-Zyste	Vom vierten Ventrikel ausgehend, mediane Zyste in der hinteren Schädelgrube. Ausdehnung scheitelwärts durch Hochlagerung des Tentoriums.
Symmetrische Einengung	
Hirnschwellung	Kontusion, Enzephalitis
Bilaterales chronisches Subduralhämatom	Manchmal nur angiographisch nachweisbar, wenn isodens
Kompression und Verlagerung	
Raumfordernde Prozesse	Raumfordernde Prozesse (Tumoren, Hämatome, frische Infarkte, Abszesse usw.) sind meist direkt nachweisbar. Ausnahmen: isodenses chronisches subdurales Hämatom; isodense Tumoren (z.B. Akustikusneurinom, Kontrastmittel applizieren!), einseitiges Kontusionsödem

Nach Lange, S., Th. Grumme, W. Meese: Zerebrale Computer-Tomographie. Schering AG, Berlin 1977

Typische MRT- und CT-Befunde bei suprasellären Läsionen

Läsion	CT ohne KM	CT mit KM	MRT T1W	MRT T2W	Bemerkungen
Makroadenom der Hypophyse	isodens	uniform enhancend	isointens	isointens oder gering hyperintens	Kalzifikation selten Raumforderung häufiger als Invasion benachbarter Strukturen
Makroadenom mit Einblutung	hyperdens	hyperdens	oft gemischt iso- oder hyperintens	gemischte Signale	
Meningeom	gering hyperdens	markante KM Aufnahme	isointens, evtl. nicht sichtbar	variabel hypo-, iso- oder gering hyperintens	gut abgrenzbar, Verkalkungen; taillierte Dura
Craniopharyngeom	heterogen solide – iso- oder gering hyperdens zystisch hypodens	unterschiedlich solider Anteil KM aufnehmend zystisch mit randständigem Enhancement	unterschiedlich solide-isoitens zystisch unter-	unterschiedlich solide hyperintens zystisch hyerintens	fokale Verkalkungen möglich, 70% intra- und supraselär, 20% allein supra-, 10% allein intrasellär
Gliom (N. opticus, Chiasma, Hypothalamus)	iso- oder gering hypodens	teilweise mit Enhancement	isointens	iso- oder gering hyperintens	evtl. Chiasmaerweiterung, Verkalkung ungewöhnlich, retrochiasmale Erweiterung pathognomonisch
Aneurysma (offen)	gering hyperdens	ausgeprägtes Enhancement	Flußzeichen	Flußzeichen	inhomogenes Signal durch nichtlinearen Fluß, evtl. randständige Verkalkung, meist an A. carotis interna oder A. comm. anterior
Aneurysma (partiell thrombosiert)	gering hyperdens Thrombus hypodens	kein Enhancement im thrombosierten Anteil	Thrombus mit unterschiedlichem Signal	unterschiedlich	Signal des Thrombus abhängig vom Stadium des Hämoglobinabbaues

Cave: länger bestehende Läsionen z.B. bei Craniopharyngeom oder Meningeom führen zu einem Ödem oder einer Gliose mit Signalveränderung in Chiasma oder Tractus opticus
KM = Kontrastmittel, T1W = T_1-gewichtete, T2W = T_2 gewichtete MRT-Sequenz

Nach Osborn, A. E.: Handbook of Neuroradiology. Mosby Year Book, St. Louis et al. 1991

CT-Kriterien von *benignen* Schädelbasistumoren

	Bevorzugte Lokalisation	KM-Enhancement	Kalk	Sklerosierung, Hyperostose	Deformierung, Usuren	Destruktion
Epidermoid, Dermoid	Gesichtsschädel	–	+	+	+	+
Teratom	Clivus	+	+	–	–	+
Chondrom	Clivus	+ – ++	–	–	+	+
Hamartom	Sphenoid	0 – +	–	–	–	–
Juveniles Angiofibrom	NNH Nasenrachenraum	++	–	–	+	+
Muko-/Pyozele	NNH	–	–	+	+	–
Chordom	Clivus	+ – ++	+	–	+	+
Meningeom	Orbita, Sphenoid	+ – ++	(+)	+	+	+
Osteom	Basis, Kalotte	–	+	+	–	–
M. Paget	Basis, Kalotte	++	(+)	(+)	+	+
Fibröse Dysplasie	NNH, Sphenoid, Basis	0 – +	–	+	+	–
Neurofibromatose	Sphenoid, Basis, NNH	0 – +	–	–	+	–

CT-Kriterien von *malignen* Schädelbasistumoren

	Bevorzugte Lokalisation	KM-Enhancement	Kalk	Sklerosierung, Hyperostose	Deformierung, Usuren	Destruktion
Karzinom	Nasenrachenraum, NNH	0 – ++	–	–	–	+
Lymphom	NNH, Orbita	0 – +	–	–	–	+
Ästhesioneuro-blastom	Gesichtsschädel, Basis	++	–	–	–	+
Rhabdomyosarkom	parapharyngeal, Orbita	+	+	–	–	+
Fibrosarkom	Sphenoid	+	–	–	–	+
Chondrosarkom	Sphenoid, NNH	–	+	–	–	+
Angiosarkom	NNH	++	–	–	–	+
Osteosarkom	NNH	+	+	+	–	++
Glomustumor	Schädelbasis	++	–	–	–	+
Plasmozytom	Basis, Kalotte	0 – +	–	–	–	+
Malignes Melanom	NNH	+	–	–	–	+
Metastasen	Basis, Kalotte	0 – ++	–	(+)	–	+

0 kein Dichtewerteanhebung, + Anstieg bis ca. 30 HE; ++ Anstieg um mehr als 30 HE

Nach Kazner, E., S. Wende, Th. Grumme, O. Storchdorph, R. Felix, C. Claussen (Hrsg.): Computer- und Kernspintomographie intrakranieller Tumoren aus klinischer Sicht, 2. Aufl. Springer, Berlin 1988

Signalhöhen, Kontrastmittelverhalten, Kalzifikationen und Sklerosen, Vordere Schädelgrube

	T1w	T2w	Gd-DTPA	Kalzifikationen	Hyperostosen/Sklerosen
Meningeom	–	+	↑↑	+	+
Karzinome	–	+	↑–↑↑	–	–
Sarkome	–	+	↑↑	–	–
Osteome	–	–	0	+	+
Muko-/Pyozelen	+	+	0	–	+
Fibröse Dysplasie	–	–/+	0–↑	–	+

Signalhöhen, Kontrastmittelverhalten, Kalzifikationen und Sklerosen. Hintere Schädelgrube und Felsenbein

	T1w	T2w	Gd-DTPA	Verkalkungen	Hyperostosen/Sklerosen
Akustikusneurinome	–	+	↑↑	–	–
Meningeome	–	+	↑↑	+	+
Epidermoide	–/+	+	0/↑	+	+
Glomustumoren	–	+	↑↑	–	–
Chordom	–	+	↑–↑↑	+	(+)
Neurinome	–	+	↑↑	–	–
Sekundäre Felsenbein-tumoren	–	+	0–↑↑	–/+	(+)

+ hohe SI, – niedrige SI, ↑ Anstieg, 0 kein Anstieg, (+) nicht obligat

Nach Mödder, U., G. Fürst: Schädelbasis, Felsenbein: In Reiser, M., W. Semmler: Magnetresonanztomographie. Springer, Berlin 1992

Arterielle und venöse Mißbildungen im Angiogramm, Computertomogramm und Magnet-Resonanz-Tomogramm

Malformation	Angiographie	Computertomographie (CT)	Magnetresonanztomographie (MRT)
Arteriovenöse Malformation, – nichtthrombosiert	erweiterte Arterien und Venen art.-venöse Shunts geringe Raumforderung, bedingt auch durch Hämatom	nativ iso- oder hyperdens nach KM girlandenförmiges Enhancement Blutungen, Verkalkungen (ca. 25%)	honigwabenartige Struktur durch Flußsignale, flußabhängiges Enhancement hyperintense Anteile entsprechend Thrombosen und langsam durchflossener Anteile häufig Blutungen in der Entwicklung
– thrombosiert	normal oder schwacher Blush, Nachweis kleinster arteriovenöser Shunts, wenn unvollständig thrombosiert	hyperdens sehr häufig Verkalkungen unterschiedlich ausgeprägtes Enhancement nach KM	unterschiedliche Signale Hämosiderinring Gliose, Ödem, fokale Hirnatrophie
Venöse Malformation	arterielles Bild normal „Caput medusae" der medullären Venen	nativ normal nach KM sternförmige Drainage in dilatierte transkortikale Vene	lineare Flußsignale, flußabhängiges Enhancement in GRE paradoxes Enhancement bei langsamem Fluß
Kapilläre Teleangiektasien	normal	normal oder schwacher blush nach KM Gabe	hypointens
Kavernöses Angiom	üblicherweise normal	hyperdens im KM-CT, jedoch nicht oder gering enhancend gelegentlich Verkalkungen üblicherweise kein Ödem	retikuläres, popcornähnliches Muster hypo- und hyperintenser Signale geringes Signal der Randstruktur Verzögertes Erscheinen von Signalen

KM = Kontrastmittel, GRE = Gradienten-Echo-Sequenz

Nach Osborn, A. E.: Handbook of Neuroradiology. Mosby Year Book, St. Louis 1991

Zerebrale Erkrankungen mit topischer Prädilektion

Erkrankungen, die die weiße Substanz befallen (Leukodystrophien)
Metachromatische Leukodystrophie
Krabbe-Krankheit
Adrenoleukodystrohpie (X-Kette)
Pelizäus-Merzbacher-Krankheit
Alexander-Krankheit
Canavan-Krankheit
Phenylketonurie und Aminosäuren-Störungen

Erkrankungen, die vorwiegend die graue Substanz befallen
Tay-Sachs Krankheit und andere Lipidosen
Hurler-Syndrom und andere Mukopolysaccharidosen
Mukolipidosen und Fukosidose
Glykogen-Speicher Krankheiten

Krankheiten, die sowohl die graue als auch die weiße Substanz befallen
Leigh-Krankheit und andere Mitochondrien-Enzephalopathien
Zellweger-Syndrom und andere peroxismale Erkrankungen

Krankheiten der Basalganglien
Huntington-Krankheit
Hallervorden-Spatz-Krankheit
Fahr-Erkrankung
Wilson-Krankheit

Nach Osborn, G: Diagnostic Neuroradiology. Mosby, St. Louis 1994

Differentialdiagnose und Klinik dysmyelinisierender Erkrankungen (Leukodystrophien). (Nach Drayer)

Typ	Manifestationsalter	Ätiologie	Klinische Symptomatik	Prädilektion der Entmarkung
Metachromatische Leukodystrophie	Kindheit	Arylsulfatase A-Mangel	Gangstörungen, Demenz	Diffus
Morbus Krabbe	Frühkindlich	Galktozere-brosidasemangel	Nystagmus, retardierte Entwicklung	Diffus
Morbus Pelizaeus-Merzbacher	Konnatal	Unbekannt	Bewegungsstörungen, Nystagmus, nur Knaben	Diffus
Morbus Alexander	Frühkindlich	Unbekannt	Makrozephalie, Krämpfe	Frontal, diffus
Morbus Canavan bzw. spongiöse Degeneration	Frühkindlich	Störung d. Aminosäuremetabolismus	Makrozephalie, retardierte Entwicklung	Diffus
Adrenoleukodystrophie	Kindheit	evtl. Fettsäurenstörung	Leistungsknick, nur Knaben	Okzipitoparietal
Morbus Leigh	Säuglingszeit, Kindheit	Mitochondrale Zytopathie	Progrediente Dystonie, Dysarthrie	Striatum, Hirnstamm

Rodiek, S. O.: Infektion, Entzündungen, Erkrankungen der weißen Hirnsubstanz. In Reiser, M., W. Semmler: Magnetresonanztomographie. Springer, Berlin 1992

Differentialdiagnostik und Klinik demyelinisierender Krankheiten

Typ	Manifestationsalter	Ätiologie	Klinische Sympotomatik	Prädilektion der Entmarkung
Multiple Sklerose (MS)	20–40 Jahre	Unbekannt	Schubweiser Verlauf, neurologisches Defizit	Periventrikulär, Hirnstamm, Balken, Kleinhirn, Myelon
Akute disseminierte Enzephalomyelitis (ADE)	Kindheit	Postinfektiöse, postvakzinal	progredientes neurologisches Syndrom	Zerebrum, Hirnstamm, Kleinhirn
Progressive multifokale Leukenzephalopathie (PML)	Erwachsene	Immunschwäche, Papovavirus	progrediente Herd- u. Allgemeinsymptome	parietookzipital, diffus
Subakut sklerosierende Panenzephalitis (SSPE)	Jugendliche	Jahre nach Maserninfektion	progrediente Demenz. Hyperkinesen, Muskeltonuserhöhung	Diffus
Zentrale pontine Myelinolyse (CPM)	Erwachsene	Elektrolytstörung, Alkoholismus	Tetraplegie, Pseudobulbärparalyse	Ponszentrum, extrapontin
Bestrahlungsfolgen	Jedes Alter	Monate bis Jahre nach Radiatio	Asymptomatisch oder Herdsymptome	Fokal, diffus, evtl. Hirnatrophie
Morbus Wilson (hepatolentikuläre Degeneration)	10–40 Jahre	Serumzäruloplasminmangel	Dysarthrie, Tremor, Rigor, Demenz	Basalganglien, Hirnstamm, Marklager
Systemischer Lupus erythematodes	Jüngere Frauen	Immunkomplexvaskulitis	Zerebrale Ischämien, Systembefall, Labor	Marklager, Basalganglien, Hirnstamm
Subkortikale arteriosklerotische Enzephalopathie (Binswanger)	Über 60 Jahre	Hypertonus, Atherosklerose	Demenz, Inkontinenz	Periventrikulär, subkortikal, Basalganglien
Senile Entmarkung	Über 70 Jahre	Mikroangiopathie	evtl. kognitives Defizit	Centrum semiovale, periventrikulär

Nach Rodiek, S. O.: Infektionen, Entzündungen, Erkrankungen der weißen Hirnsubstanz. In Reiser, M., W. Semmler: Magnetresonanztomographie. Springer, Berlin 1992

Differentialdiagnostik bei infektiösen und entzündlichen Krankheiten im Magnet-Resonanz-Tomogramm

Typ	Klinik	Verlauf	SI	SI nach Gd-DPTA	Verteilungsmuster
Meningitis					
Meningiosis carcinomatosa	Liquorbefund, Primärtumor	Progredient	T1w = T2w =	T1w +	Leptomeningealer Raum
Ependymitis					
Subependymaler Tumor	Liquorbefund, keine entzündl. Anamnese	Progredient	T1w = T2w +	T1w +	periventrikulär, Balkenbeteiligung
Transependymale Liquorabsorption	Hydrozephalus	Reversibel	T1w = T2w +	T1w 0	Gleichmäßiger Saum, periventrikulär
Empyem					
Subduralhämatom im subakuten Stadium	Keine entzündliche Vorgeschichte	Größenabnahme	T1w + T2w +	T1w 0	Subdurale Lage, kein Begleitödem
Zerebritis					
Hirninfarkt im subakuten Stadium	Plötzlicher Beginn	Regression ab 2. Woche	T1w – T2w +	T1w +, gyriform	Gefäßterritoriale Ausbreitung
Hirnabszeß					
Nekrotischer Tumor	Kurze Anamnese, pathol. Angiogramm	Rasche Progression	T1w – T2w +	T1w +, ringförmig	Keine Prädilektion
Frische Herde bei MS	Liquorbefund, evozierte Potentiale	Remission	T1w = T2w +	T1w +, ringförmig	Marklager, Hirnstamm, Kleinhirn
Enzephalitis					
Gliom niedriger Malignität	Entzündl. Parameter fehlen, evtl. Kalk	Langsame Progression	T1w – T2w +	T1w gering + oder 0	Glatte Tumorkonturen, Hemisphären, Hirnstamm
Gliomatosis cerebri	Entzündl. Parameter fehlen, seltenes Vorkommen	Langsame Progression	T1w – T2w +	T1w oft 0	Häufig temporal, Balken bilateral
Metastasen	Primärtumor, häufig Begleitödem	Progredient	T1w – T2w +	Häufig T1w +	Ubiquitär, Mark-Rinden-Grenze
Neurozystizerkose					
Echonokokkose bzw. Hydatidose	Megazysten, Kinder, Leber, Lunge, ossär	Progredient, raumfordernd	T1w – T2w +	Unbekannt	Großhirnhemisphären, evtl. Tochterzysten

+hohe SI, = isointense SI, – niedrige SI, 0 keine Signalanhebung

Nach Rodiek, S. O.: Infektionen, Entzündungen, Erkrankungen der weißen Hirnsubstanz. In Reiser, M., W. Semmler: Magnetresonanztomographie. Springer, Berlin 1992

Wertigkeit von CT und KST bei *raumfordernden intrakraniellen Prozessen*

Art des Prozesses/Lokalisation	KST/CT Wertigkeit	Besonderheiten
Epidermoide, Dermoide, Teratome	KST ≥ CT	Vorteile KST: artefaktfreie Abbildung der meist basisnahen oder in der hinteren Schädelgrube gelegenen Mißbildungstumoren; aufschlußreiche Darstellung des Tumorinhalts CT: fast immer ausreichend. Nachweis diagnosestützender Verkalkungen
Schädelbasistumoren	KST = CT	Vorteile KST: Nachweis der weichen Tumoranteile in der knöchernen Schädelbasis Vorteile CT: Nachweis von knöchernen Veränderungen Beide Methoden ergänzen sich
Metastasen[a]	KST = CT	Praktisch Gleichwertigkeit beider Methoden mit Ausnahme der hinteren Schädelgrube. KST meist nicht erforderlich, wenn technisch optimales CT vorliegt
Nicht tumorbedingte Prozesse		
1. *Entzündliche Prozesse*		
a) Hirnabszesse	KST = CT	KST nach Gd-DTPA-Gabe dem Kontrast-CT gleichwertig
b) Subdurale Empyeme/ epidurale Abszesse	KST ≥ CT	Vorteile KST: Hohe Sensivität, überlegene Darstellung der Ausdehnung, freie Schichtwahl
c) Meningoenzephalitiden	KST > CT	dto.
2. *Granulome*	KST = CT	Granulome stellen sich sowohl im KST als auch im CT erst nach Kontrastmittelgabe deutlicher dar
3. *Parasiten*	KST = CT	Vorteile KST: Bei Sitz nahe der Mittellinie bessere Detailerkennbarkeit. Kaum Spezifität Vorteile CT: Kalk besser erkennbar
4. *Gehirnerkrankungen im Zusammenhang mit AIDS*	KST > CT	Vorteile KST: Höhere Sensitivität
5. *Zysten*	KST = CT	
6. *Postoperative Läsionen*	KST > CT	Vorteile KST: Veränderungen am bestrahlten Hirngewebe früher und deutlicher sichtbar
7. *Akute Entmarkungserkrankungen*	KST > CT	Vorteile KST: Hohe Sensitivität (90 % gegenüber 50 % im CT). Spezifität im KST ebenfalls höher als im CT durch Nachweis von multiplen peri- und paraventrikulären Läsionen im Marklager
8. *Hirnblutungen*		
a) Spontane intrakranielle Blutungen	KST < CT	Vorteil CT: Spezifischer Blutungsnachweis durch hohe Dichtwerte
b) Alte Blutungen, Schokoladenzysten	KST > CT	Vorteile KST: Hochspezifischer Blutnachweis auch bei Hämatomen im isodensen Stadium
9. *Gefäßmißbildungen*		
a) Aneurysmen	KST > CT	Vorteile KST: Das fehlende Signal in durchbluteten Anteilen eines Riesenaneurysmas kann als artspezifisches Zeichen angesehen werden. Dadurch eindeutige Differentialdiagnose zu einer Hirngeschwulst
b) Arteriovenöse Angiome	KST > CT	Vorteile KST: Bereits ohne Kontrastmittelgabe Artdiagnose möglich aufgrund des Fehlens eines Signals im fließenden Blut
10. *Hirninfarkte*	KST > CT	Vorteile KST: Früherer Nachweis als im CT. Hohe Sensitivität. Besonderer Vorteil der KST durch die artefaktfreie Darstellung des Medulla oblongata-Pons-Bereiches
11. *Sinusthrombose*	KST > CT	Vorteile KST: Direkter Nachweis thrombosierten Gefäßabschnitts

[a] Gleichwertigkeit von KST und CT nach Gabe von Gd-DTPA

Nach Kazner, E., S. Wende, Th.Grumme, O. Storchdorph, R. Felix, C. Claussen: Computer- und Kernspintomographie intrakranieller Tumoren aus klinischer Sicht, 2. Aufl. Springer, Berlin 1988

Wirbelsäule und Rückenmark

Anatomie der Wirbelsäule

Columna vertebralis – Wirbelsäule

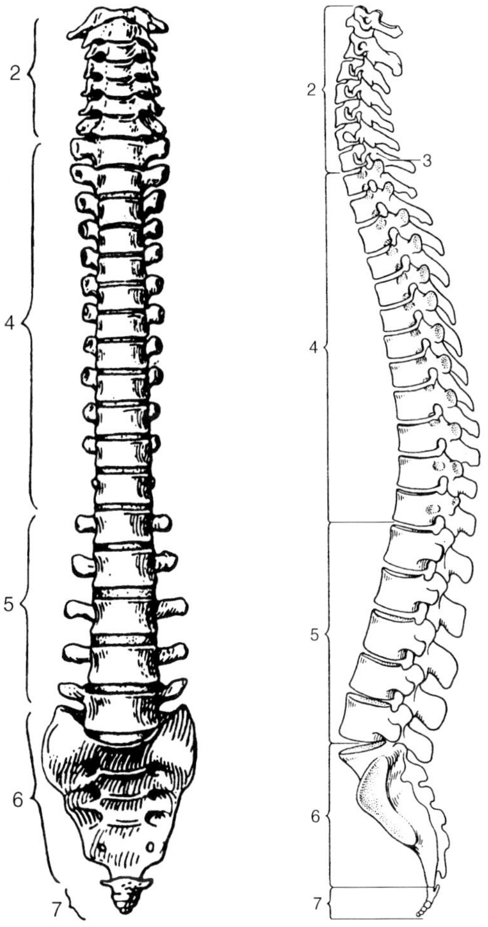

2 Vertebrae cervicales
3 Vertebra prominens
4 Vertrebrae thoracicae
5 Vertebrae lumbales
6 Vertebrae sacrales
7 Vertebrae coccygeae

Nach Feneis, H.: Anatomisches Bildwörterbuch. Thieme, Stuttgart 1988

Wirbelbogengliederung

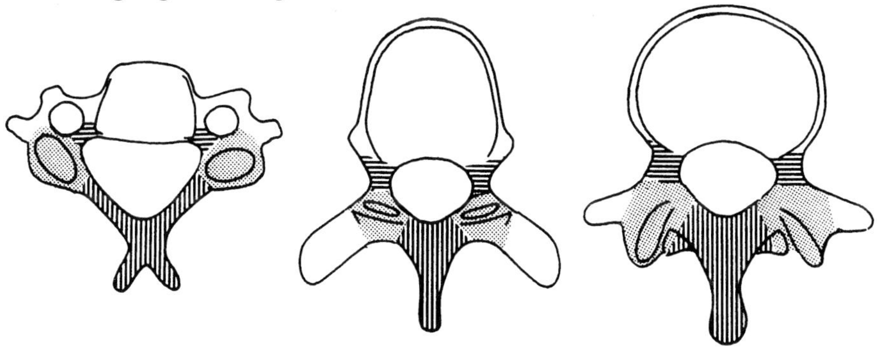

a) HWS
b) BWS
c) LWS

Pedikulus

Massa lateralis mit Gelenkfortsätzen

Lamina mit Dornfortsatz

Gliederung des Wirbelbogens in Pedikulus, Massa lateralis und Lamina am Hals-, Brust- und Lendenwirbel

Nach Galanski, M.: Röntgenanatomie und Untersuchungstechnik der Wirbelsäule. In Schinz: Radiologische Diagnostik, Bd. V/2, Wirbelsäule – Rückenmark, 7. Aufl. Thieme, Stuttgart 1986

Halswirbelsäule

Axis (HWKZ)

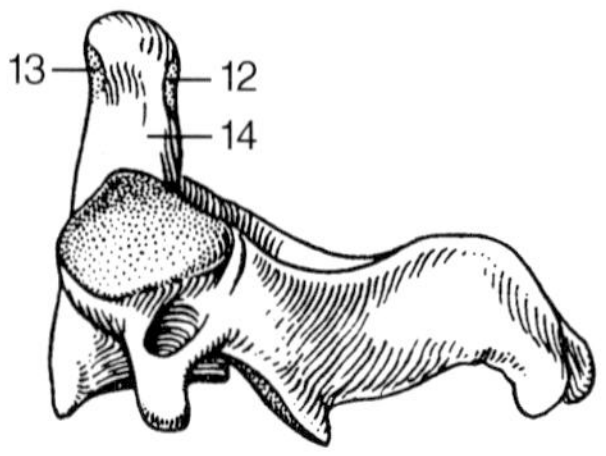

Sicht von links

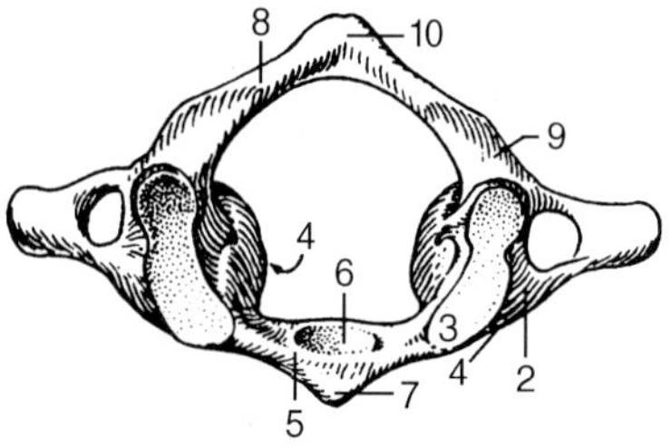

Sicht von kranial

2 Massa lateralis
3 Fovea articularis superior
4 Fovea articularis inferior
5 Arcus anterior
6 Fovea dentis
7 Tuberculum anterius
8 Arcus posterior
9 Sulcus arteriae vertebralis
10 Tuberculum posterius
11 Axis (Epistropheus)
12 Dens
13 Facies articularis anterior
14 Facies articularis posterior

Atlas und Axis

Ansicht von dorsokranial (Lig. cruciforme atlantis erhalten, kranialer Schenkel jedoch durchtrennt)

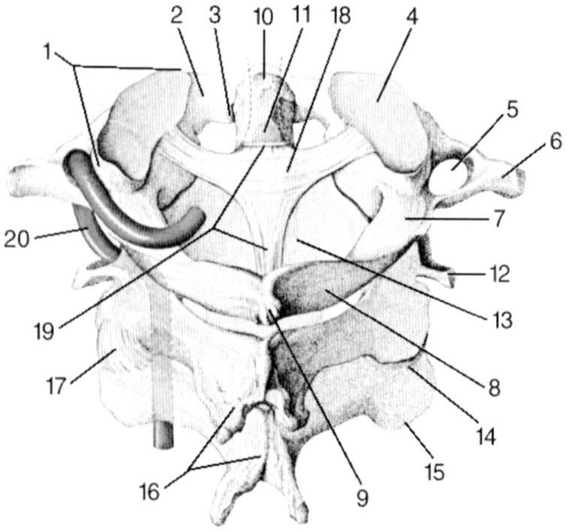

1 Massa lateralis
2 Arcus anterior atlantis
3 Fovea dentis
4 Fovea articularis superior
5 Foramen processus transversi
6 Proc. transversus atlantis
7 Sulcus a. vertebralis
8 Arcus posterior atlantis
9 Tuberculum posterius
10 Dens axis
11 Facies articularis posterior dentis
12 Proc. transversus axis
13 Corpus axis
14 Proc. articularis superior
15 Proc. articularis inferior
16 Proc. spinosus des 2. und des 3. Halswirbels
17 Capsula articularis
18, 19 Lig. cruciforme atlantis
18 Lig. transversum atlantis
19 Fasciculi longitudinales
20 A. vertebralis

Halswirbel

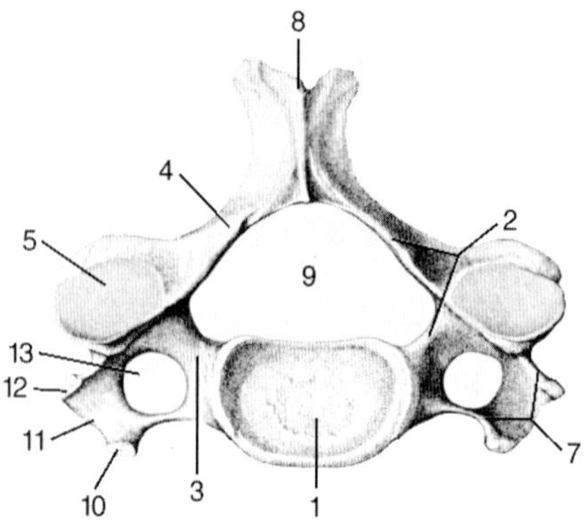

Ansicht von kranial

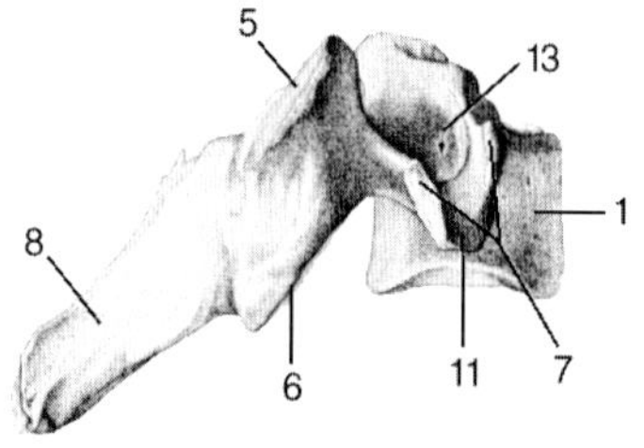

Ansicht von rechts

1 Corpus vertebrae
2 Arcus vertebrae
3 Pediculus arcus vertebrae
4 Lamina arcus vertebrae
5 Proc. articularis superior
6 Proc. articularis inferior
7 Proc. transversus
8 Proc. spinosus
9 Foramen vertebrale
10 Tuberculum anterius
11 Sulcus n. spinalis
12 Tuberculum posterius
13 Foramen processus transversi

Nach Feneis, H.: Anatomisches Bildwörterbuch. Thieme, Stuttgart 1988

Obere Halswirbelsäule

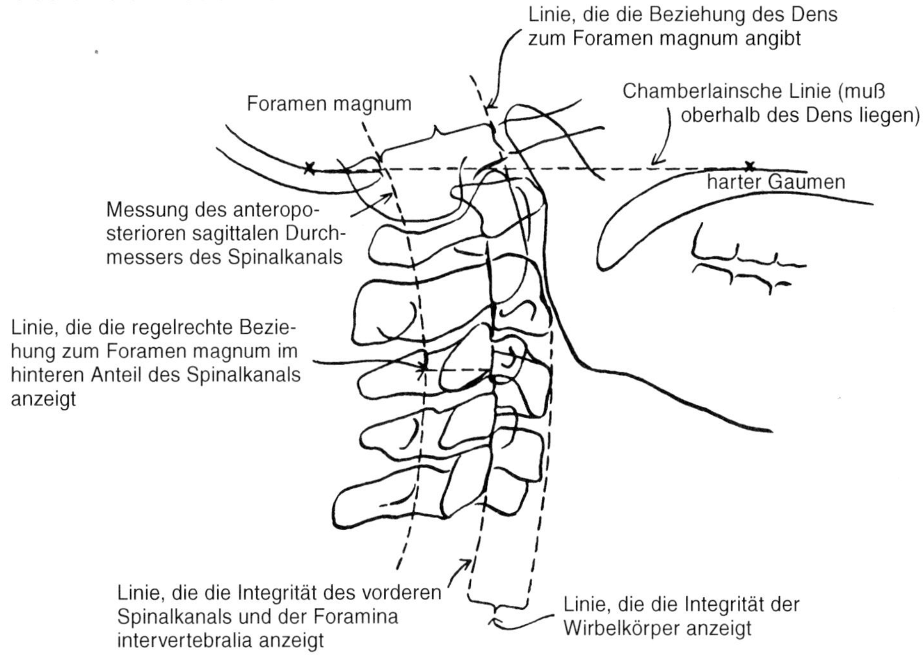

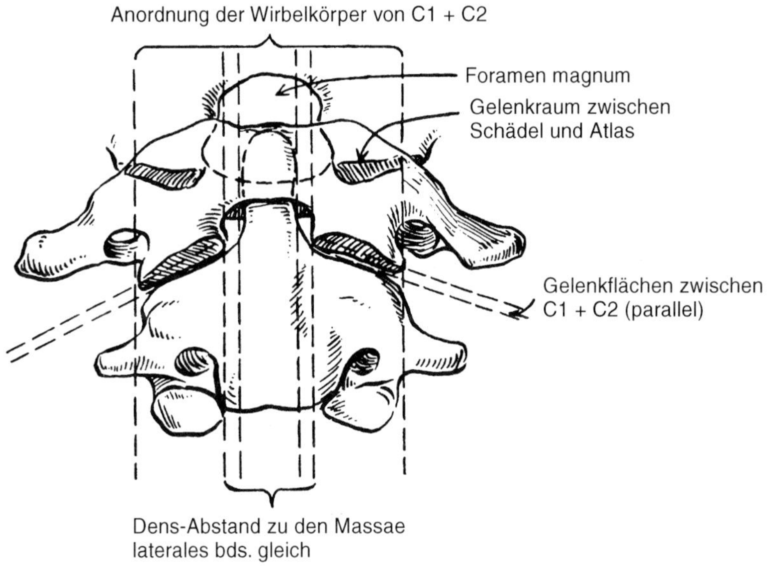

Nach Meschan, I.: Röntgenanatomie. Enke, Stuttgart 1987

Foramina intervertebralia der Halswirbelsäule

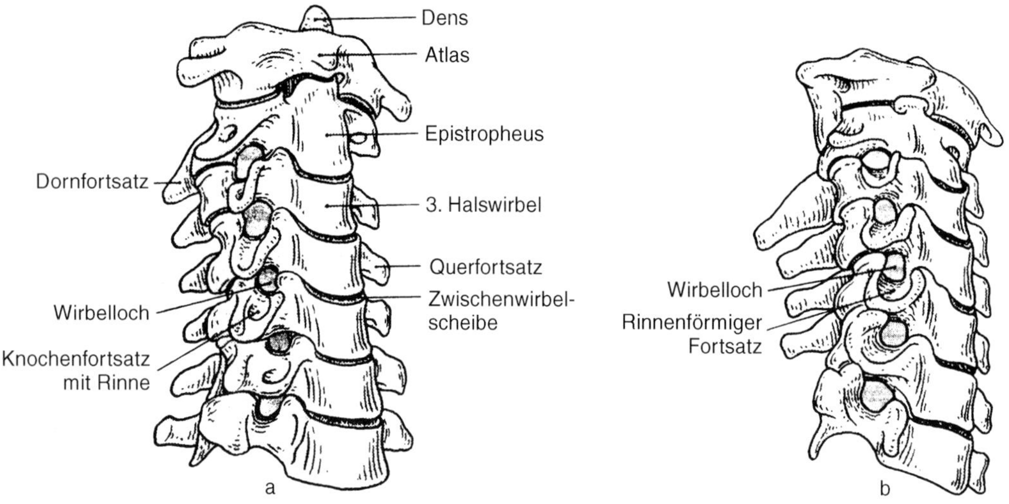

Projektionsstudie bei Schrägansicht der Halswirbelsäule
a) Ansicht aus der Horizontalebene: Die Wirbellöcher (Foramina intervertebralia) erscheinen bei dieser Ansicht in ihrer Höhe erniedrigt

b) Ansicht schräg von unten: Die Wirbellöcher sind normal hoch dargestellt, wenn man schräg von unten her in Richtung der Rinnen schaut

Nach Zimmer, E. A., M. Zimmer-Brossy: Röntgen-Fehleinstellungen erkennen und vermeiden, 2. Aufl. Springer, Berlin 1978

Normale Anatomie von Halswirbelsäule und Rückenmark im Sagittalschnitt

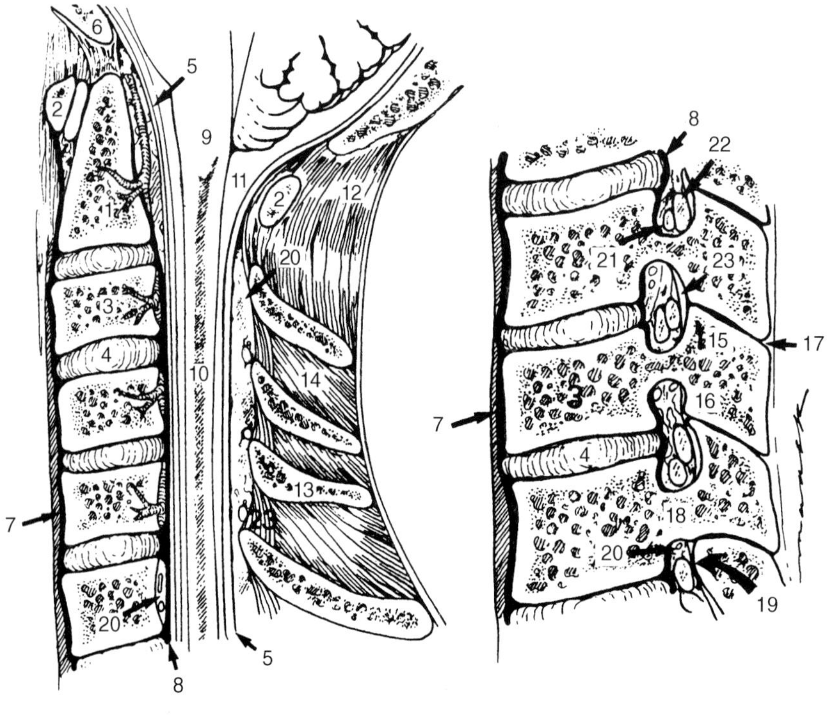

Sagittaler Mittelschnitt

Schnitt in Höhe der Foramina intervertebralia

1 Dens des 2. Halswirbels (Axis)
2 1. Halswirbel (Atlas)
3 Wirbelkörper
4 Bandscheibe
5 Dura
6 Klivus
7 Vorderes Längsband
8 Hinteres Längsband
9 Zervikomedullärer Übergang
10 Rückenmark mit grauer Substanz in der Mitte
11 Subarachnoidalraum
12 Nackenband
13 Dornfortsatz
14 Band zwischen den Dornfortsätzen
15 Obere Gelenkfläche
16 Untere Gelenkfläche
17 Flächengelenk
18 Stiel zwischen Wirbelkörper und Querfortsatz
19 Foramen intervertebrale
10 Epidurale Venen und Fett
21 Vordere (ventrale) Wurzeln
22 Hintere Wurzeln und Wurzelganglien
23 Lig. flavum

Nach Osborn, G.: Diagnostic Neuroradiology. Chapter 19: Normal Anatomy and Congenital Anomalies of the Spine and Spinal Cord. Mosby, St. Louis 1994

Normale Anatomie der Halswirbelsäule im Axial-Schnitt

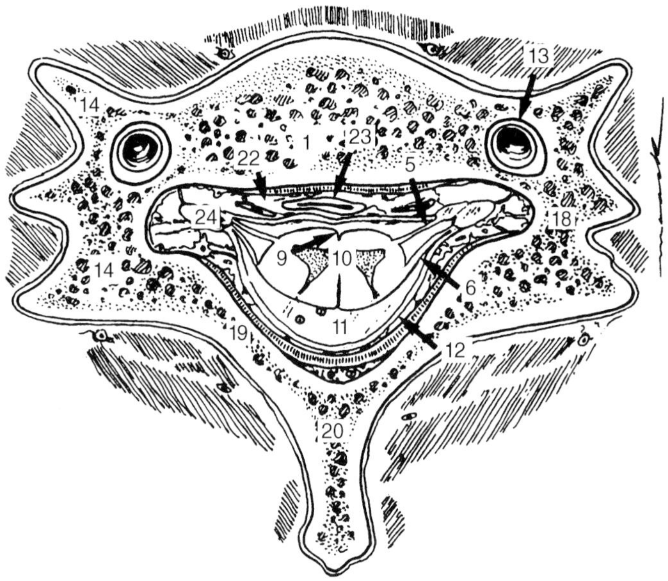

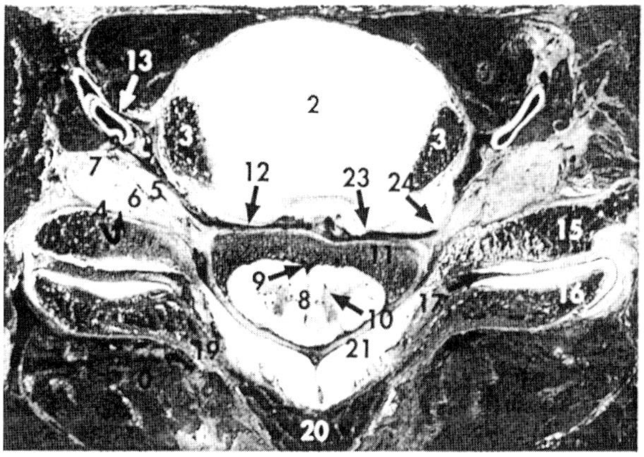

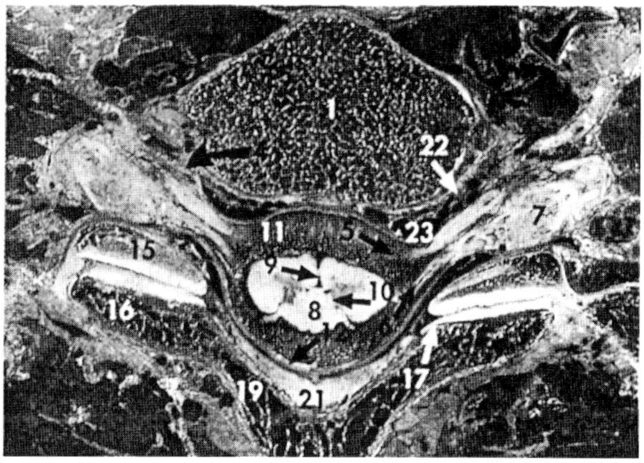

1 Wirbelkörper
2 Bandscheibe
3 Processus uncinati
4 Foramen intervertebrale
5 Vordere Wurzeln
6 Hintere Wurzeln
7 Ganglion
8 Halsmark
9 Ventrale mittlere Fissur
10 Zentrale graue Substanz
11 Subarachnoidalraum
12 Dura
13 A. vertebralis im Foramen transversum
14 Processus tranversus
15 Obere Gelenkfläche
16 Untere Gelenkfläche
17 Flächengelenk
18 Stiel zwischen Wirbel und Querfortsatz
19 Lamina
20 Dornfortsatz
21 Lig. flavum
22 Epidurales Fett
23 Epidurale Venen
24 Wurzelmanschette

Nach Osborn, G.:
Diagnostic Neuroradiology. Chapter 19: Normal anatomy and congenital anomalies of the Spine und Spinal cord. Mosby, St. Louis 1994

Brustwirbelsäule

Grundform des Wirbels, dargestellt am 6. Brustwirbel

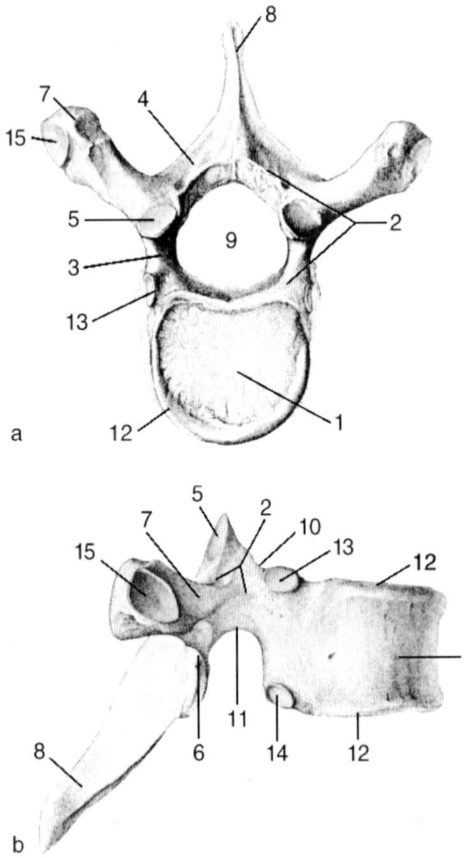

a Ansicht von kranial
b Ansicht von rechts

1 Corpus vertebrae
2 Arcus vertebrae
3 Pediculus arcus vertebrae
4 Lamina arcus vertebrae
5 Proc. articularis superior
6 Proc. articularis inferior
7 Proc. transversus
8 Proc. spinosus
9 Foramen vertebrale
10 Incisura vertebralis superior
11 Incisura vertebralis inferior
12 Randleiste
13–15 typische Baumerkmale der Brustwirbel
13 Fovea costalis superior
14 Fovea costalis inferior
15 Fovea costalis processus transversi

Brustwirbel

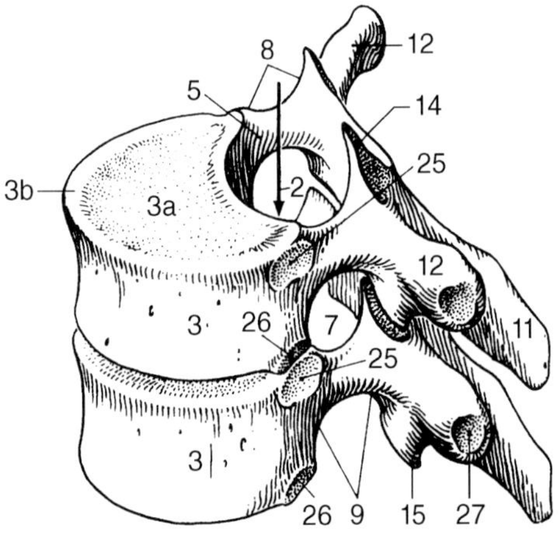

2 Canalis vertebralis
3 Corpus vertebrae
3a Facies intervertebralis
5 Pediculus arcus vertebrae
7 Foramen intervertebrale
8 Incisura vertebralis superior
9 Incisura vertebralis inferior
11 Processus spinosus
12 Processus transversus
14 Processus articularis superior (zygapophysis)
15 Processus articularis inferior (zygapophysis)
25 Fovea costalis superior
26 Fovea costalis inferior
27 Fovea costalis transversalis

Nach Feneis, H.: Anatomisches Bildwörterbuch. Thieme, Stuttgart 1993
Nach Frick, H., H. Leonhardt, D. Starck: spezielle Anatomie I. Thieme, Stuttgart 1987

Brustwirbelsäule – Formvarianten der Kostotransversalgelenke

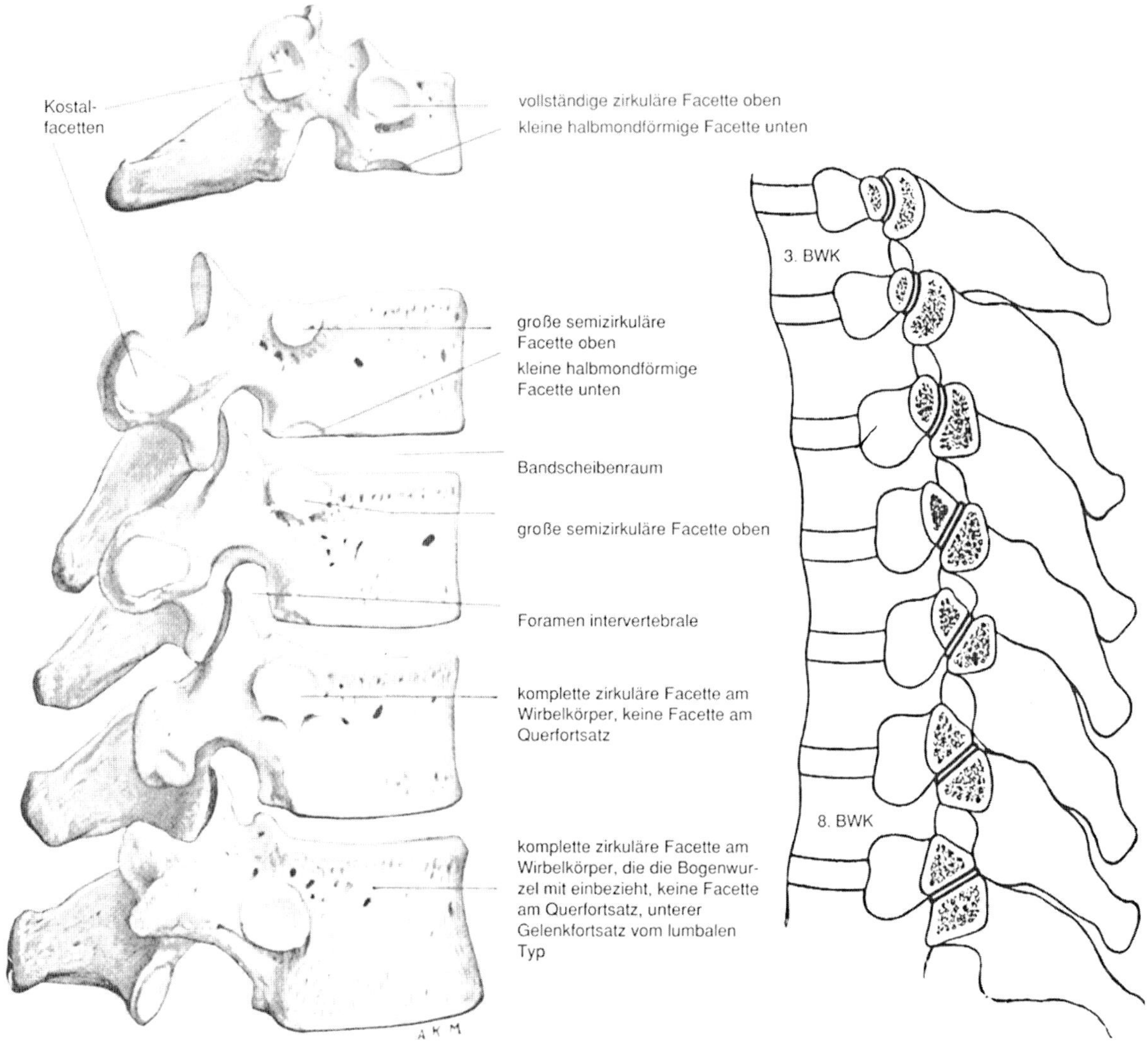

a 1., 9., 10., 11. und 12. BWK. Rechts-laterale Ansicht.

b Schnitt durch die kostotransversalen Gelenke Th3–9. Man vergleiche die konkaven Facetten der oberen mit den flachen Facetten der unteren Querfortsätze.

Nach Meschan, I., R. M. Farrer-Meschan: Diagnostik mit bildgebenden Verfahren, Bd. III. Enke, Stuttgart 1991

Normale Anatomie der Brustwirbelsäule und des Rückenmarkes

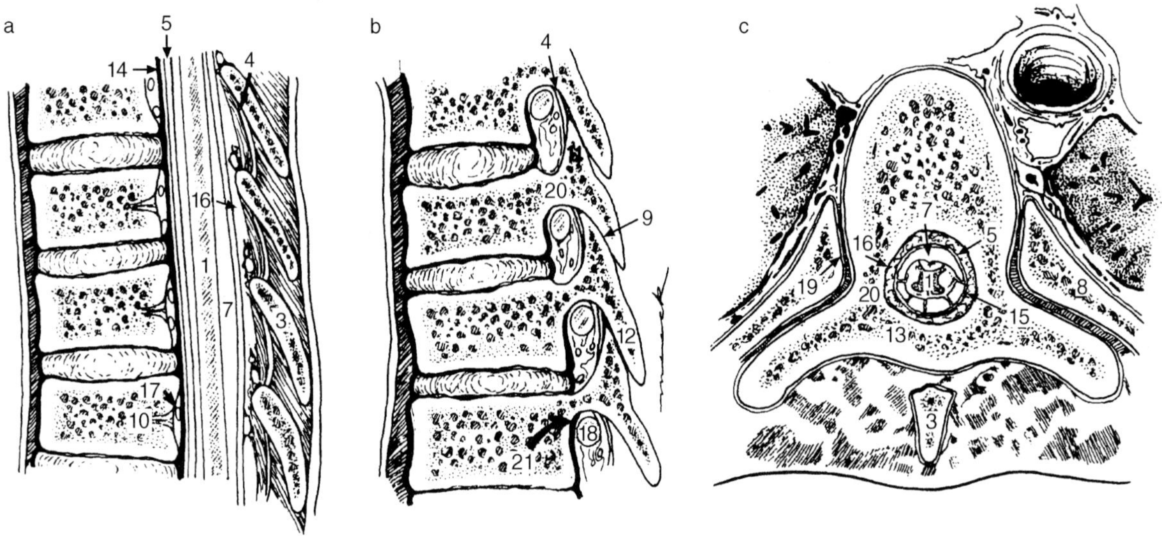

a. Sagittaler Mittelschnitt
b. Schnitt in der Ebene der Foramina intervertebralia
c. Quer- oder Axial-Schnitt

1. Rückenmark mit zentraler grauer Substanz
2. Konus medullaris
3. Dornfortsatz
4. Lig. flavum
5. Dura
6. Cauda equina
7. Subarachnoidalraum
8. Rippe
9. Kleine Wirbelgelenke
10. Venenplexus in Wirbelmitte
11. Obere Gelenkfläche
12. Untere Gelenkfläche
13. Lamina
14. Hinteres Längsband
15. Gezähnte Bänder
16. Epidurales Fett
17. Epidurale Venen
18. Nervenwurzel
18. Gelenk zwischen Rippe und Wirbel
20. Stiel zwischen Wirbel und Querfortsatz
21. Foramen intervertebrale (Pfeil)

Nach Osborn, G.:
Diagnostic Neuroradiology. Chapter 19: Normal anatomy and congenital anomalies of the spine und spinal cord. Mosby, S. Louis 1994

Rippen und Sternum

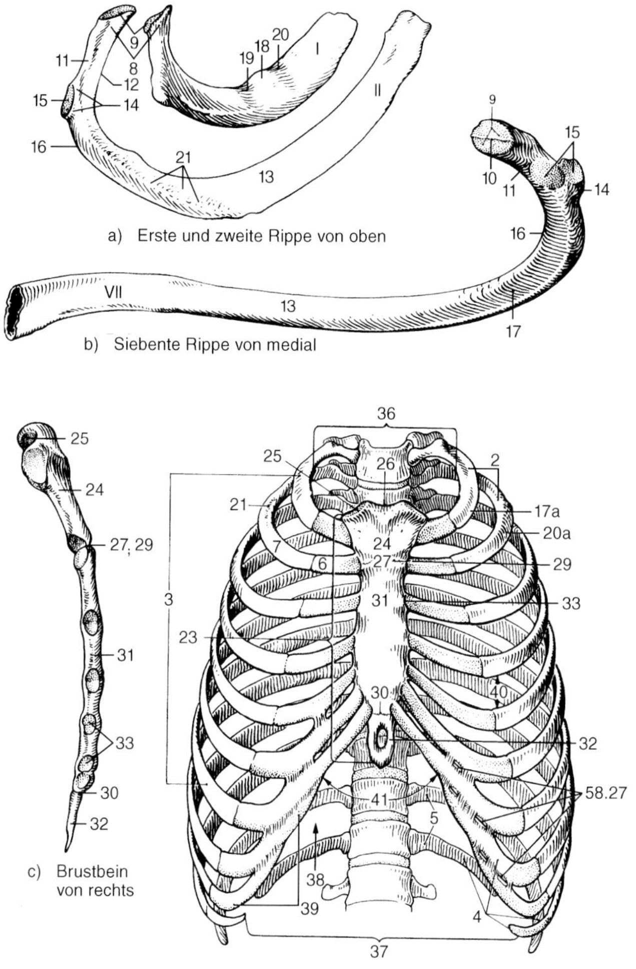

a) Erste und zweite Rippe von oben

b) Siebente Rippe von medial

c) Brustbein von rechts

d) Brustkorb von vorne

A Erste und zweite Rippe von oben
B Siebente Rippe von medial

1 Ossa Thoracis. Brustkorbknochen
2 Costae (I–XII). Rippen. D
3 Costae verae (I–VII)
4 Costae spuriae (VIII–XII)
5 Costae fluitantes (XI–XII)
6 Cartilago costalis
7 Os costale (Costa)
8 Caput costae
9 Facies articularis capitis costae
10 Crista capitis costae
11 Collum costae
12 Crista colli costae
13 Corpus costae
14 Tuberculum costae
15 Facies articularis tuberculi costae
16 Angulus costae
17 Sulcus costae
17a Costa prima
18 Tuberculum m. scaleni anterioris
19 Sulcus a. subclaviae
20 Sulcus v. subclaviae
20a Costa secunda (II)
21 Tuberositas m. serrati anterioris
22 Costa cervicalis
23 Sternum
24 Manubrium sterni
25 Incisura clavicularis
26 Incisura jugularis
27 Angulus sterni (sternalis)
28 Synchondroses sternales
29 Synchondrosis manubriosternalis
30 Synchondrosis xiphisternalis
31 Corpus sterni
32 Processus xiphoideus
33 Incisurae costales
34 Ossa suprasternalia
35 Compages thoracis (Skeleton thoracicus)
35a Cavitas thoracis
36 Apertura thoracis superior
37 Apertura thoracis inferior
38 Sulcus pulmonis
39 Arcus costalis
40 Spatium intercostale
41 Angulus infrasternalis

Brustbein und Brustbeinverbindungen

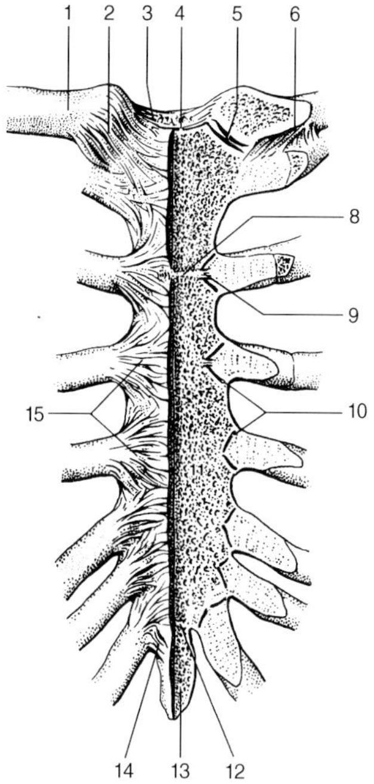

Ansicht von ventral (Mediales Schlüsselbeingelenk und Brustbein-Rippen-Verbindungen der linken Seite durch frontalen Sägeschnitt eröffnet

1 Extremitas sternalis der Clavicula
2 Lig. sternoclaviculare anterius
3 Lig. interclaviculare
4 Incisura jugularis
5 Discus articularis in der Articulatio sternoclavicularis
6 Lig. costoclaviculare
7 Manubrium sterni
8 Synchrandrosis manubriaternalis
9 Lig. sternocostale intraarticulare
10 Articulationes sternocostales
11 Corpus sterni
12 Synchondrosis xiphosternalis
13 Proc. xiphoideus
14 Ligg. costoxiphoidea
15 Ligg. sternocostalia radiata

Nach Feneis, H.:
Anatomisches Bildwörterbuch der internationalen Nomenklatur. Thieme, Stuttgart 1993

Lendenwirbelsäule

Normale Lendenwirbelsäule

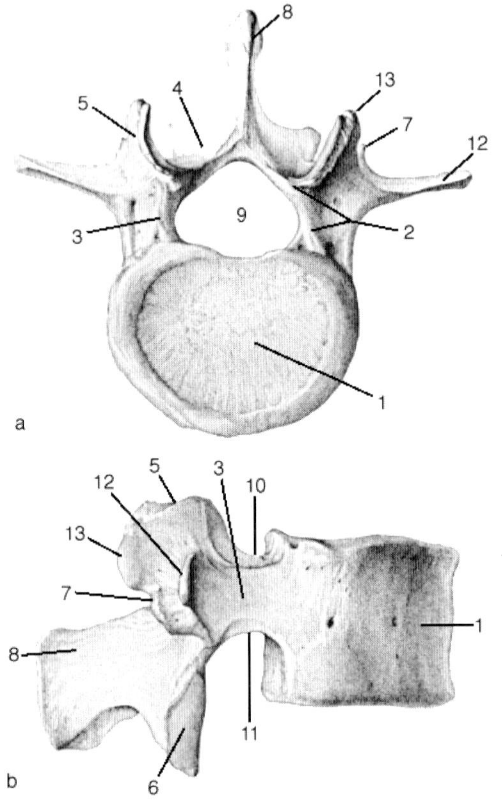

3. Lendenwirbel
a Ansicht von kranial
b Ansicht von rechts
1 Corpus vertebrae
2 Arcus vertebrae
3 Pediculus arcus vertebrae
4 Lamina arcus vertebrae
5 Proc. articularis superior
6 Proc. articularis inferior
7 Proc. accessorius
8 Proc. spinosus
9 Foramen vertebrale
10 Incisura vertebralis superior
11 Incisura vetebralis inferior
12 Proc. costalis
13 Proc. mamillaris

Nach Frick, H., H. Leonhardt, D. Starck: Allgemeine Anatomie – Spezielle Anatomie I. Thieme, Stuttgart 1987

Lendenwirbelsäule – Foramina intervertebralia

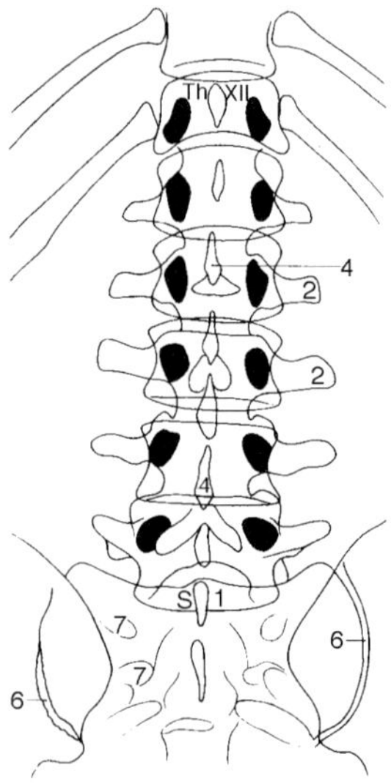

sagittaler Strahlengang

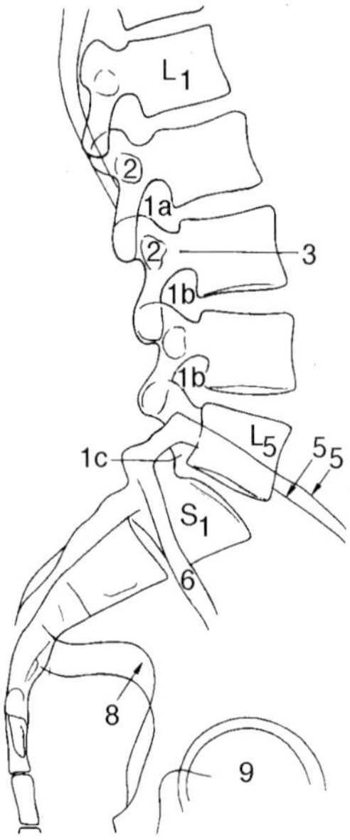

lateraler Strahlengang

1a–c Foramina intervertebralia, deren Weite von oben nach unten abnimmt
2 Processus costarius
3 Wirbelbogenwurzel
4 Processus spinosus
5 Cristae iliacae
6 Articulatio sacro-iliaca
7 Foramina sacralia pelvina
8 Incisura ischiadica major
9 Caput femoris

Nach Töndury, G.:
Angewandte und topographische Anatomie. 5. Aufl. Thieme, Stuttgart 1981

Lendenwirbelsäule – Wirbelgelenkfortsätze (normal + pathologisch)

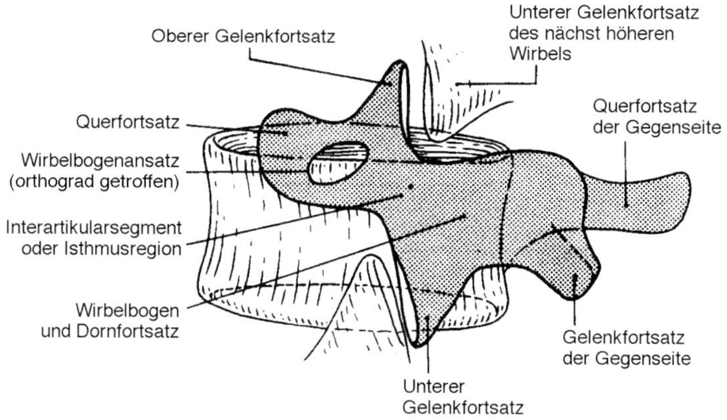

Normal-Befund

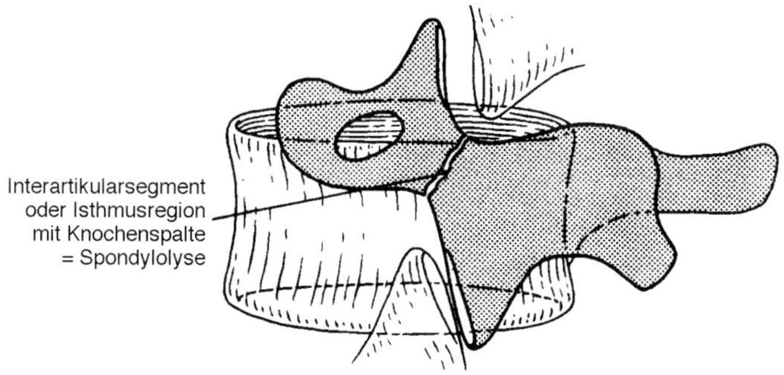

Nach Zimmer, E. A., M. Zimmer-Brossy: Röntgen-Fehleinstellungen erkennen und vermeiden. 2. Aufl. Springer, Berlin 1978

Die 3 Grundtypen der Gelenkstellung am Segment L5-S1

a) sagittale Stellung

b) frontale oder koronale Stellung

c) asymmetrische Stellung

Nach Reinhardt, K.: Die Lenden-Kreuzbeingegend. In: Handbuch der Medizinischen Radiologie VI/1. Springer, Berlin 1974

Lendenwirbelsäule – Foramina intervertebralia (Sagittalschnitte)

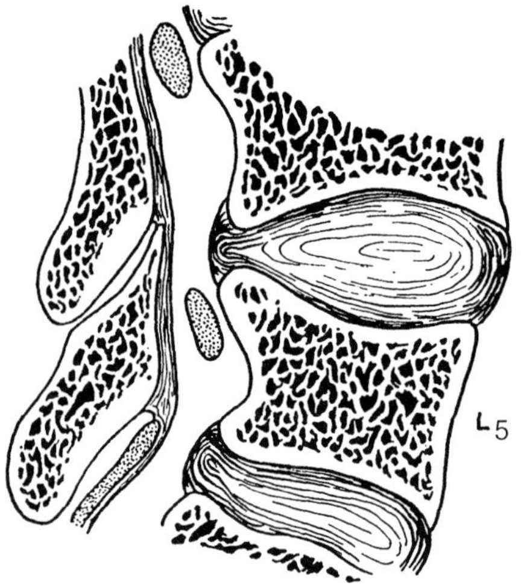

a) Schnitt durch den Sulcus vertebralis

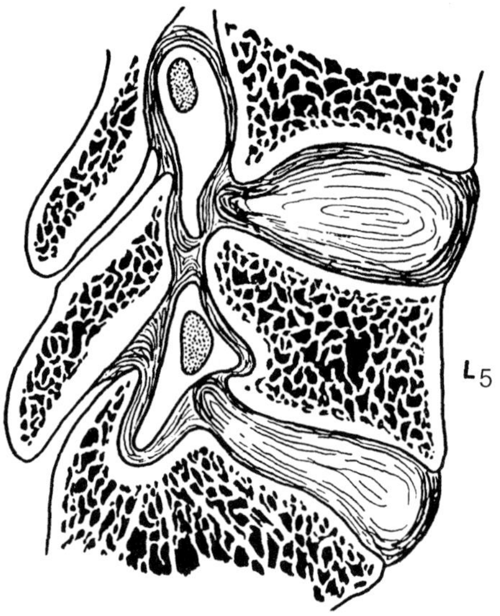

b) durch die innere Mündung

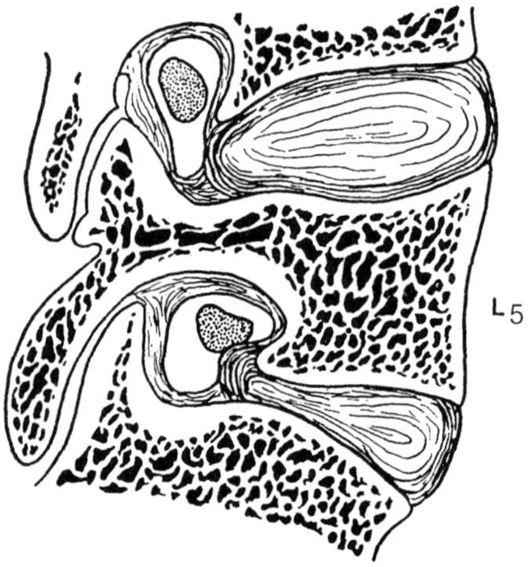

c) durch den zentralen Teil

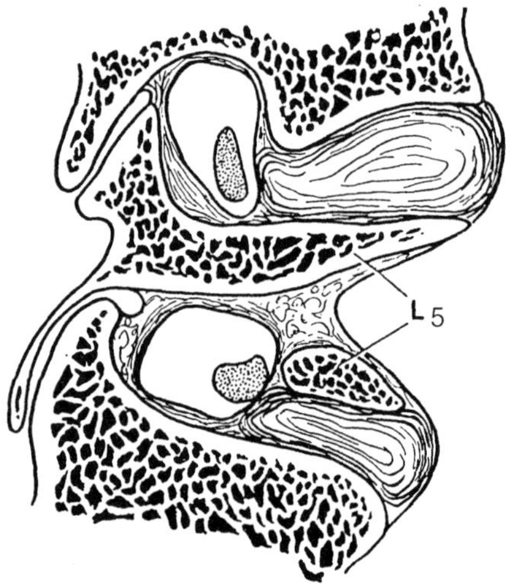

d) durch die äußere Mündung des Foramen intervertebrale (aus Dubs)

Nach Töndury, G.: Angewandte und topographische Anatomie, 5. Aufl. Thieme, Stuttgart 1981

Normale Anatomie der Lendenwirbel mit Nervenwurzeln im Axialschnitt

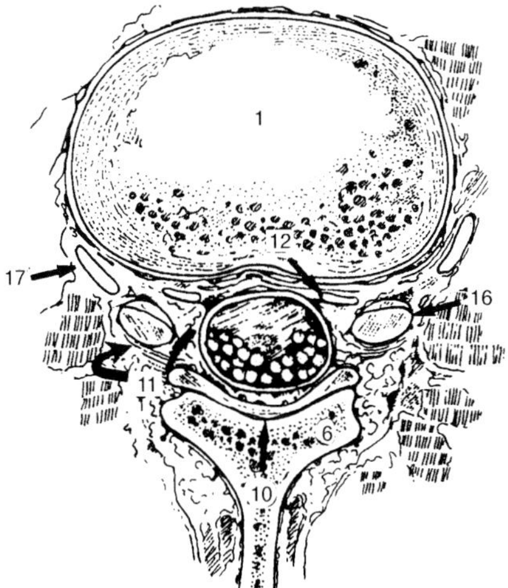

Schnitt in Höhe der Foramina intervertebralia

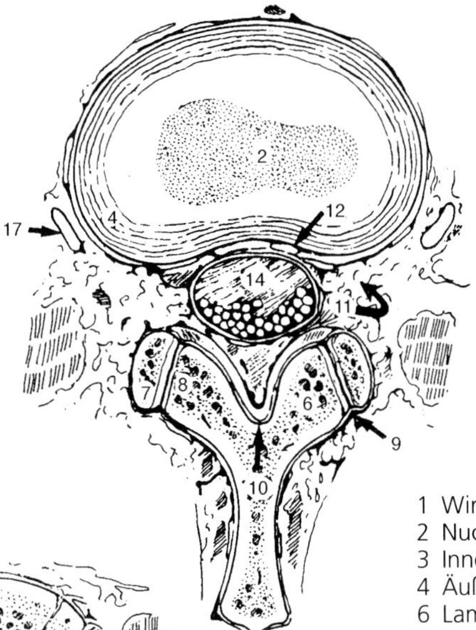

Schnitt in Höhe der Bandscheibe

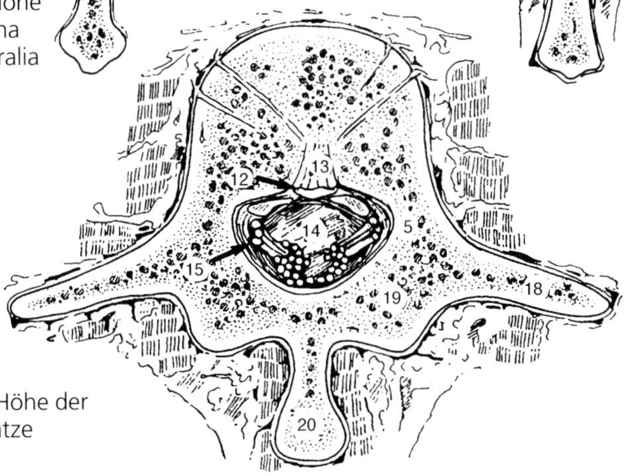

Schnitt in Höhe der Querfortsätze

1 Wirbelkörper
2 Nucleus pulposus
3 Innere Ringfasern der Bandscheibe
4 Äußere Ringfasern der Bandscheibe
6 Lamina
7 Vordere Gelenkfläche
8 Hintere Gelenkfläche
9 Wirbelgelenk
10 Lig. flavum
11 Epidurales Fett
12 Epiduraler Venenplexus
13 Venenplexus in Wirbelmitte
14 Rückenmarkshäute mit Nervenwuzeln der Cauda equina
15 Austretende Nervenwurzeln
16 Dorsale Wurzelganglien
17 Extraforaminaler Nerv
18 Querfortsatz
19 Pars interarticularis
20 Dornfortsatz

Normale Anatomie des Lumbosakralgebietes

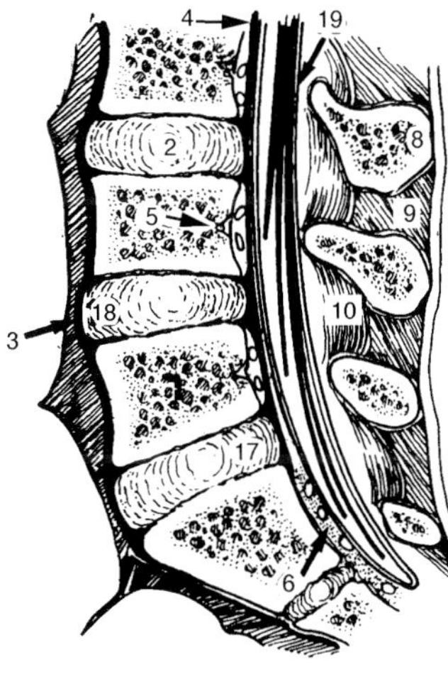

a Sagittaler Mittelschnitt

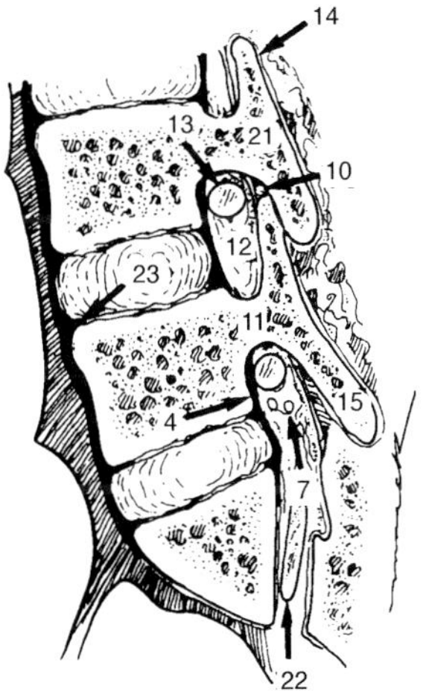

b Sagittalschnitt in der Ebene der Foramina intervertebralia

1 Wirbelkörper
2 Bandscheibe (Nucleus pulposus)
3 Vorderes Längsband
4 Hinteres Längsband
5 Venenplexus in Wirbelmitte
6 Epidurales Fett
7 Epidurale Venen
8 Dornfortsätze
9 Bänder zwischen den Dornfortsätzen
10 Lig. flavum
11 Stiel zwischen Wirbelkörper und Fortsätzen
12 Foramen intervertebrale mit epiduralem Fett und Venen
13 Dorsales Wurzelganglion
14 Obere Gelenkfläche
15 Untere Gelenkfläche
16 Intranuklear-Spalt
17 Innere Fasern der Bandscheibe
18 Äußere Fasern der Bandscheibe
19 Cauda equina
20 Conus medullaris
21 Pars interarticularis
22 S1-Nervenwurzel
23 Sharpey-Fasern

Nach Osborn, G.: Diagnostic Neuroradiology. Chapter 19: Normal anatomy and congenital anomalies of the spine and spinal Cord. Mosby, St. Louis 1994

Kreuzbein und Steißbein

Normales Kreuzbein und Steißbein

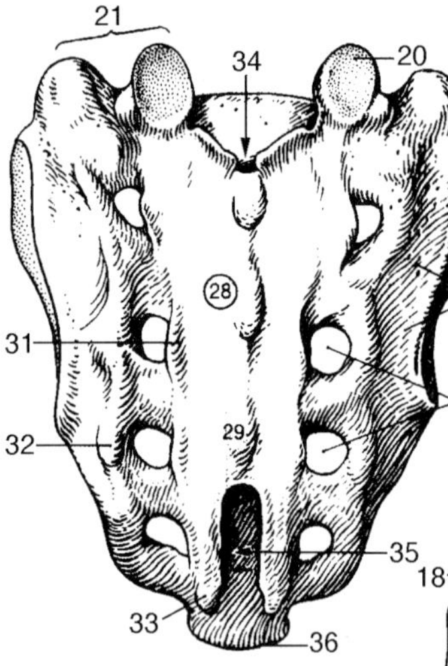

Os sacrum von hinten

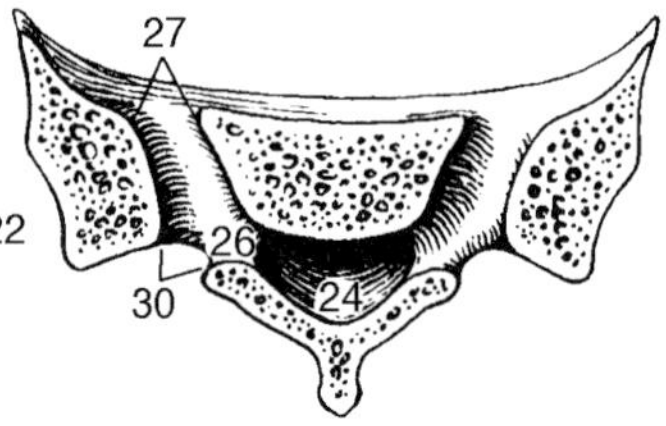

Os sacrum quer

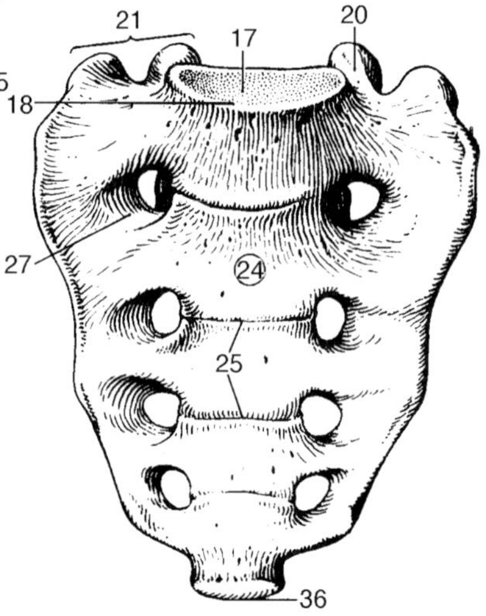

Os sacrum von vorne

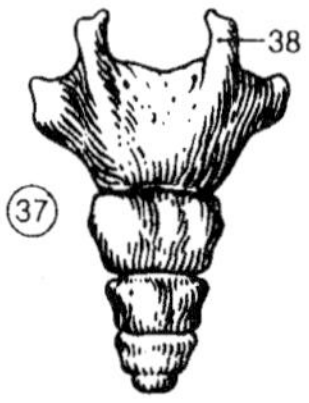

Os coccygis von hinten

16 Os sacrum
17 Basis ossis sacri
18 Promontorium
20 Processus articularis superior
21 Pars lateralis
24 Facies pelvica
25 Lineae transversae
26 Foramina intervertebralia
27 Foramina sacralia anteriora (pelvina)
28 Facies dorsalis
29 Crista sacralis mediana
30 Foramina sacralia dorsalia
31 Crista sacralis intermedia
32 Crista sacralis lateralis
33 Cornu sacrale
34 Canalis sacralis
35 Hiatus sacralis
36 Apex ossis sacri
37 Os coccygis
38 Cornu coccygeum

Nach Feneis, H.: Anatomisches Bildwörterbuch, 7. Aufl. Thieme, Stuttgart 1993

Normales Kreuzbein und Steißbein

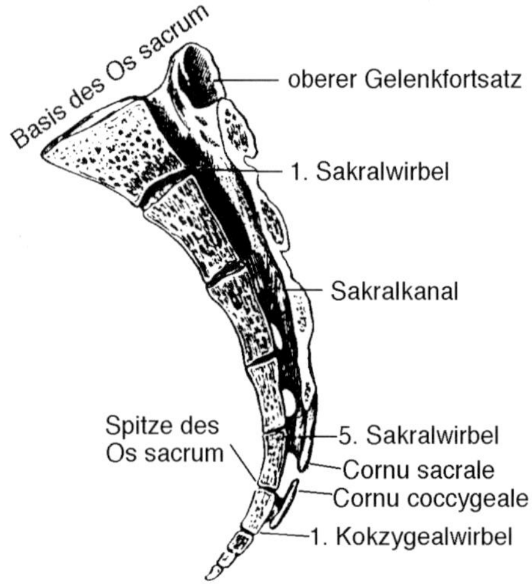

Os sacrum und Os coccygeum im sagittalen Schnitt durch die Medianlinie

Nach Meschan, I., R. M. Farrer-Meschan: Diagnostik mit bildgebenden Verfahren, Bd. III. Enke, Stuttgart 1991

Bandapparat der Wirbelsäule

Schematische Darstellung

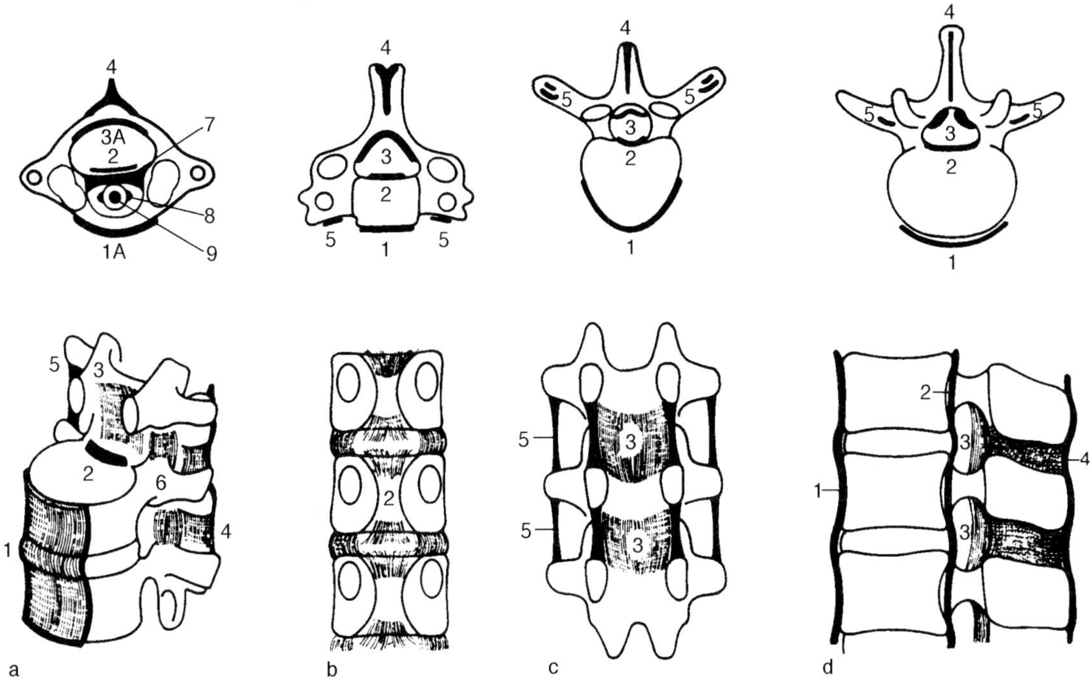

Obere Reihe: Anordnung der vertebralen Ligamente im Transversalschnitt:
- a in Höhe des Atlas
- b zervikal
- c thorakal
- d lumbal

Untere Reihe: Räumliche Ansichten des vertebralen Bandapparates der Lendenwirbelsäule:
- a Schräganssicht
- b Ansicht der Vorderwand des Wirbelkanals von dorsal her mit dem Lig. longitudinale post. Typische fächerartige Verbreiterung des Bandes in Höhe der Zwischenwirbelscheiben und Verflechtung mit dem Anulus fibrosus
- c Ansicht der Rückwand des Wirbelkanals mit den Ligg. flava von ventral her
- d Profilansicht im Mediosagittalschnitt. Das vordere Längsband ist mit dem WK verwachsen und überspringt die Zwischenwirbelscheiben. Das hintere Längsband überspannt die WK-Rückflächen und ist mit dem Anulus fibrosus der Diszi verwoben

1 = Lig. longitudinale anterius (vorderes Längsband)
1A= Membrana atlantooccipitalis anterior
2 = Lig. longitudinale posterius (hinteres Längsband)
3 = Lig. flavum (gelbes Band)
3A= Membrana atlantooccipitalis posterior
4 = Lig. interspinale und Lig. supraspinale
5 = Lig. intertransversarium
6 = Kapsel-Band-Apparat der Wirbelbogengelenke
7 = Lig. transversum (nur am Atlas)
8 = Ligg. alaria (Atlas)
9 = Lig. apicis dentis

Nach Dihlmann, W., H. St. Stender: Radiologische Diagnostik in Klinik und Praxis, Bd. V, Teil 2. Wirbelsäule, Rückenmark. Thieme, Stuttgart 1986

Längsschnitt durch Kopfgelenke und Bänder des HWS-Schädel-Übergangs

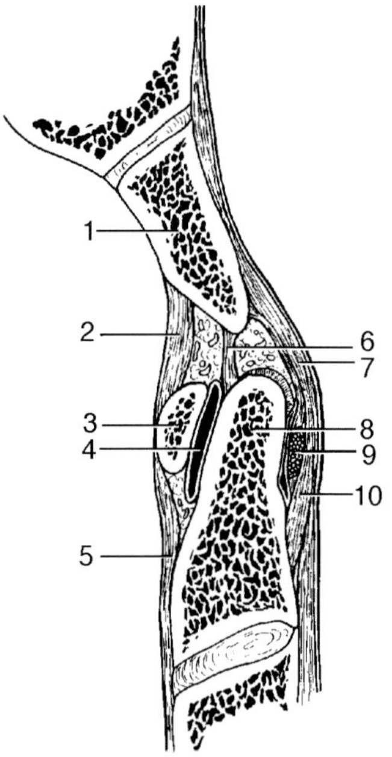

1 Corpus ossis occipitalis
2 Membrana atlanto-occipitalis anterior
3 Arcus anterior atlantis
4 Articulatio atlanto-axialis mediana
5 Lig. longitudinale anterius
6 Lig. apicis dentis
7 Membrana tectoria
8 Dens axis
9 Lig. transversum atlantis
10 Ansatz der Membrana tectoria am Corpus axis

Nach Töndury, G.: Angewandte und topographische Anatomie, 5. Aufl. Thieme, Stuttgart 1981

Wirbelrippengelenke

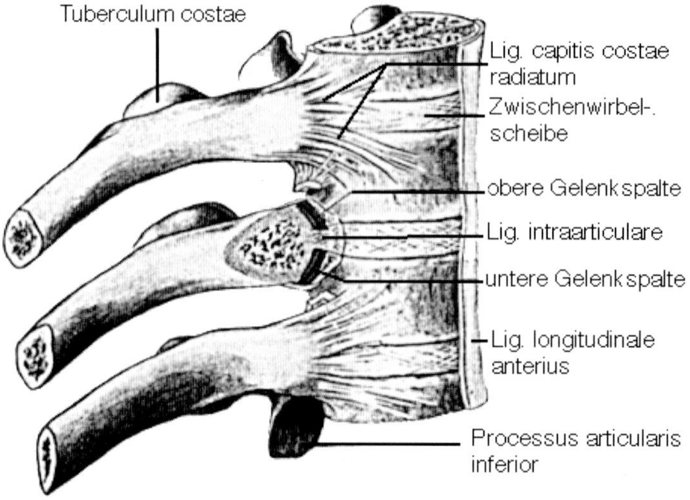

Nach Meschan, I.: Röntgenanatomie. Enke, Stuttgart 1987

Bänder der Wirbelsäule

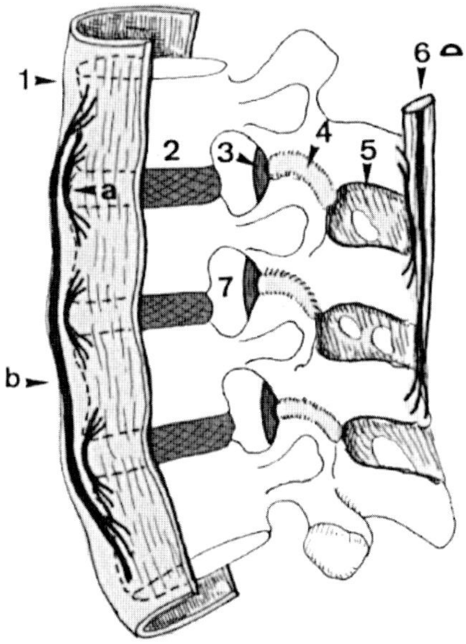

Seitenansicht

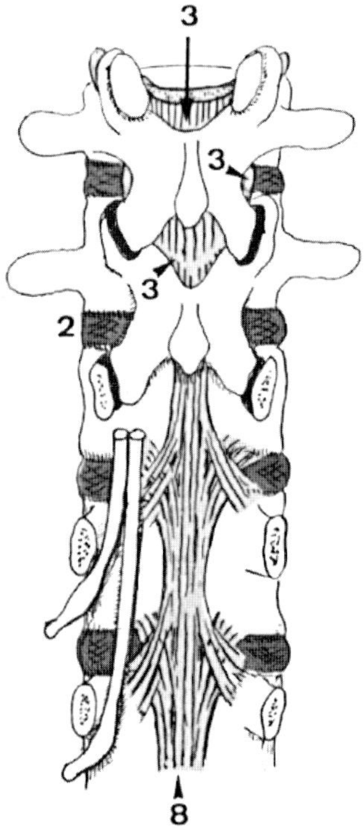

Dorsalansicht

1 Lig. longitudinale anterius (a = tiefe Schicht, b = oberflächliche Schicht; plurisegmental)
2 Bandscheibe
3 Lig. flavum
4 Wirbelgelenk (Kapsel)
5 Lig. interspinale
6 Lig. supraspinale
7 Foramen intervertebrale
8 Lig. longitudinale posterior

Bandscheibe, Wirbelgelenke und Bänder

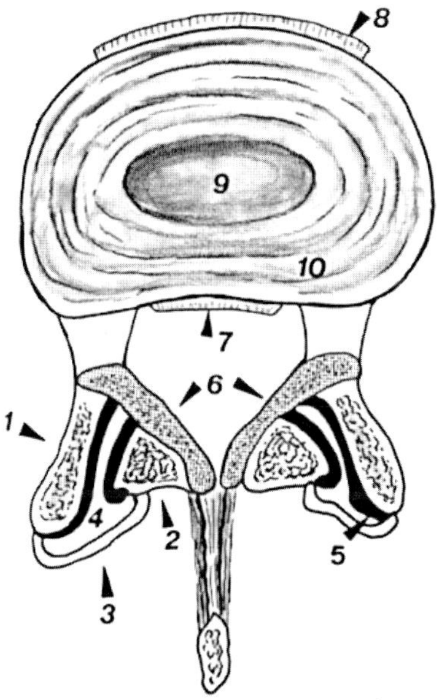

1 Oberer Gelenkfortsatz
2 Unterer Gelenkfortsatz
3 Gelenkkapsel
4 Gelenkkavum
5 Gelenkknorpel
6 Lig. flavum
7 Lig. longitudinale post.
8 Lig. longitudinale ant.
9 Nucleus pulposus
10 Anulus fibrosus

Nach Thurn, P., G. Friedmann: Computertomographie der Wirbelsäule und des Spinalkanals. Bücherei des Orthopäden, Bd. 38. Enke, Stuttgart 1983

Bewegungssegmente der Wirbelsäule

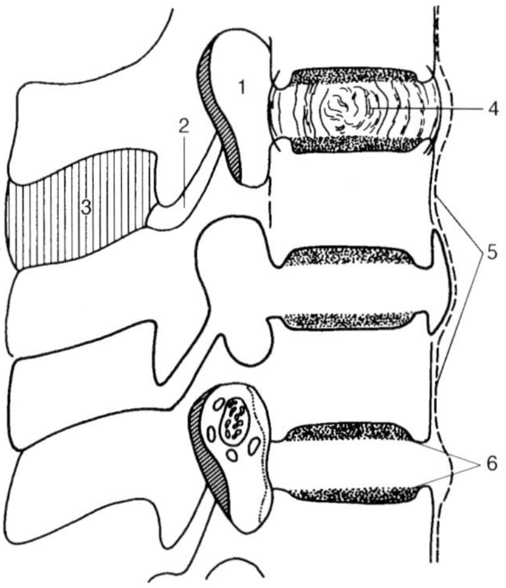

1 Foramen intervertebrale
2 Wirbelbogengelenk
3 Lig. interspinale
4 Zwischenwirbelscheibe
5 Lig. longitudinale anterius
6 Knorpelplatten

Nach Töndury, G.: Angewandte und topographische Anatomie, 5. Aufl. Thieme, Stuttgart 1981

Belastung der Bandscheibe

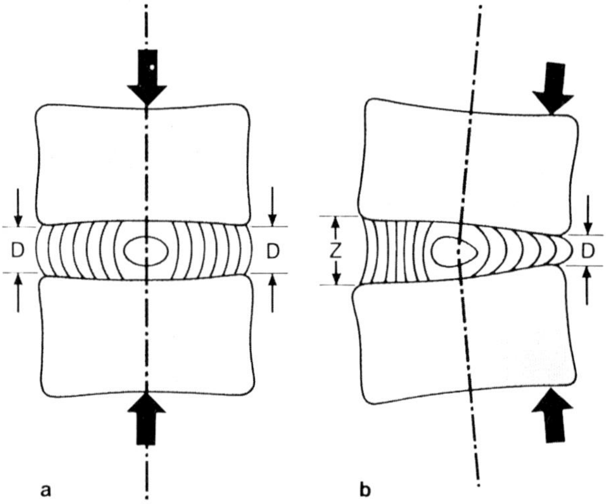

a Zentrische Einwirkung der Druckkräfte
b Exzentrische Einwirkung der Druckkräfte. Bei exzentrischer Belastung verlagert sich der Nucleus pulposus zur entlasteten Seite. Der Anulus fibrosus wird hier auf Zug beansprucht.

Nach Rauber/Kopsch: Anatomie des Menschen, Bd. I. Thieme, Stuttgart 1987

Halsweichteile

Normale Anatomie von Kehlkopf und Halsweichteilen

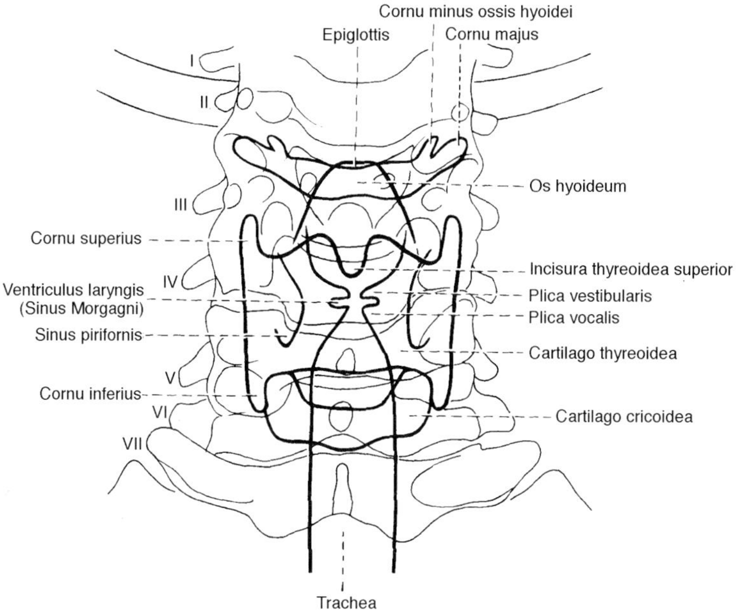

sagittal

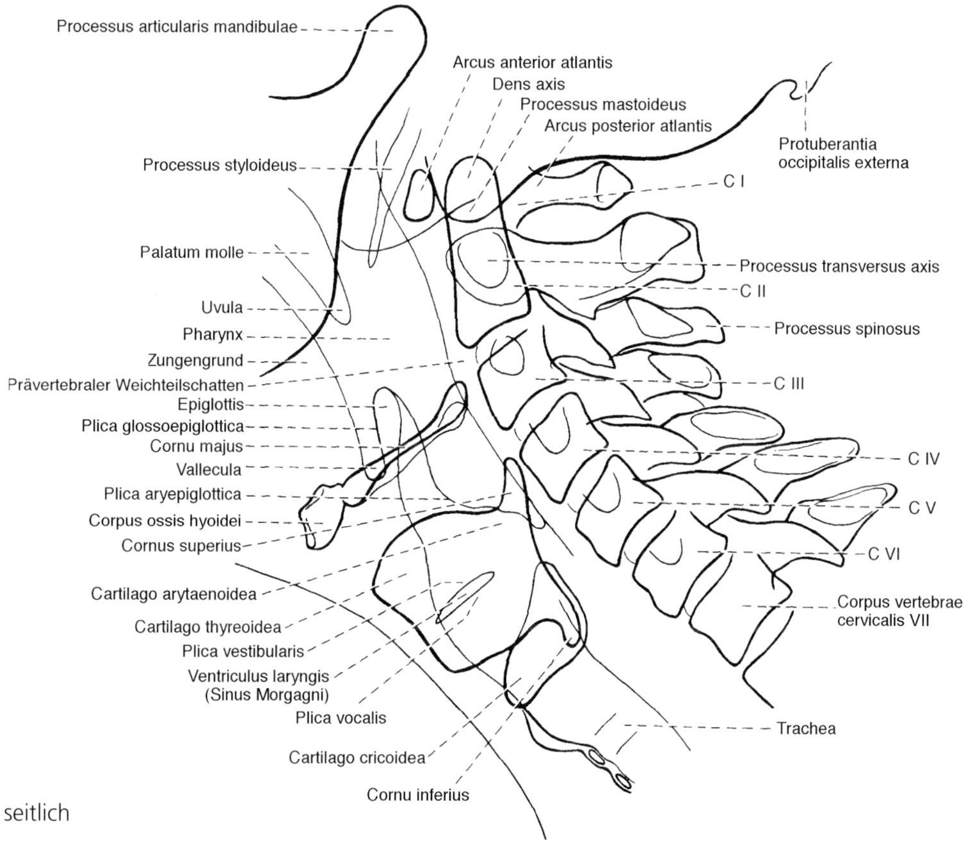

seitlich

Nach Brusis, T., U. Mödder: HNO Röntgenaufnahmetechnik und Normalbefunde. Springer, Berlin 1984

Computertomographie des Halses
axiales Computertomogramm (ausgesuchte Schichten) von der Schädelbasis bis zum Jugulum

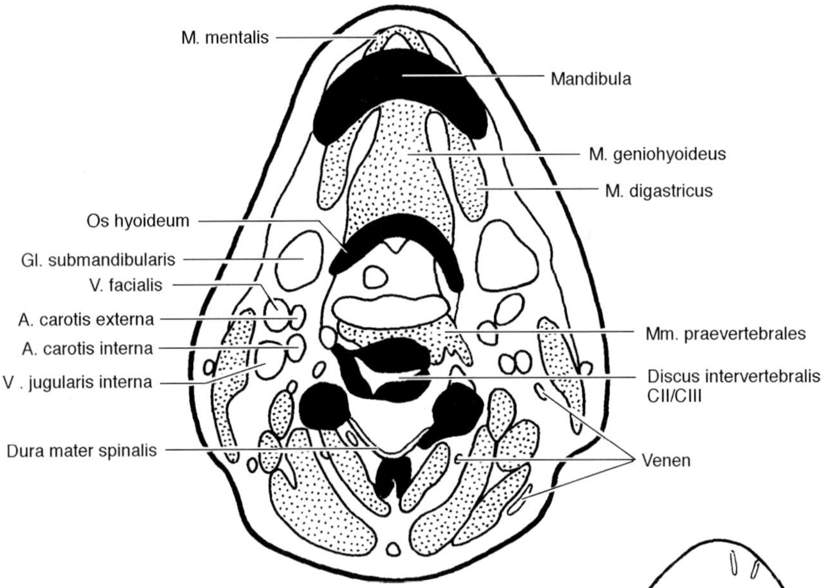

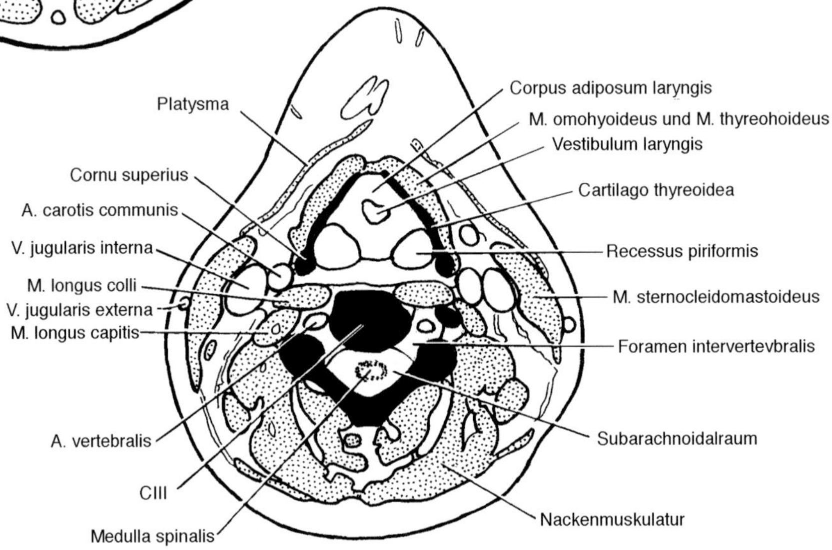

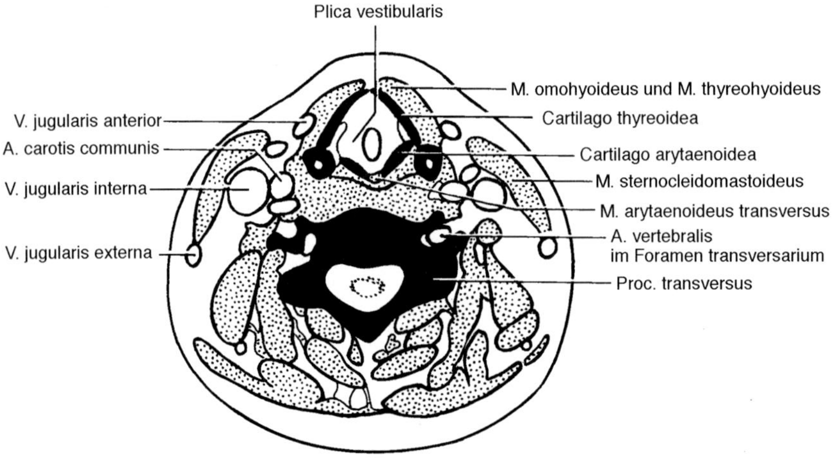

Nach Brusis, T., U. Mödder: HNO Röntgenaufnahmetechnik und Normalbefunde. Springer, Berlin 1984

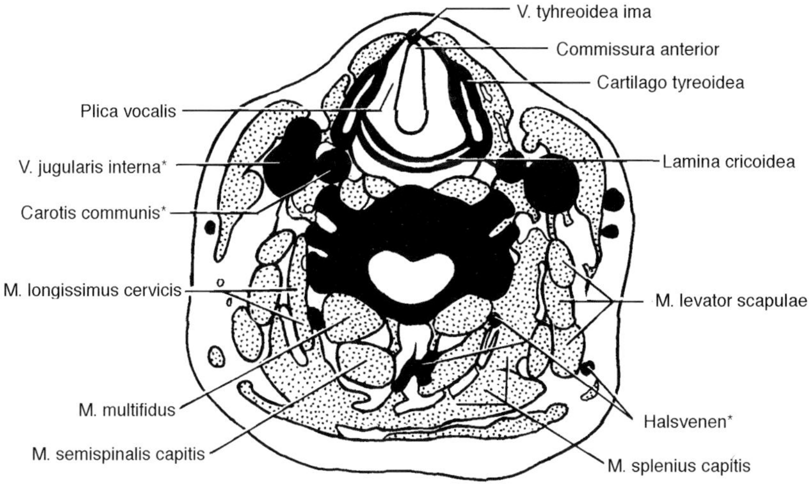

* Nach Kontrastmittelgabe

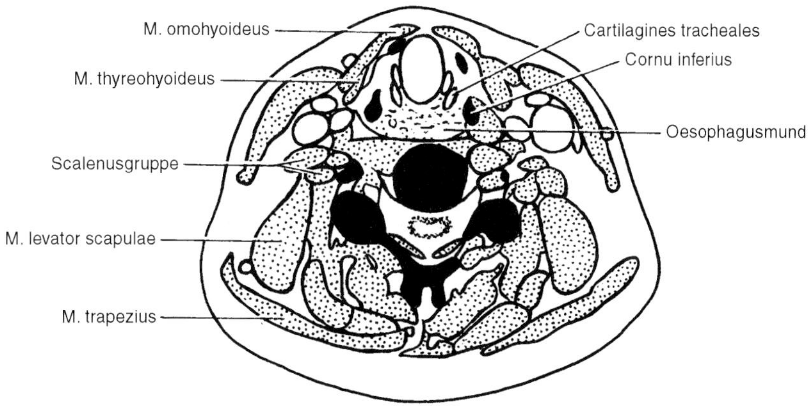

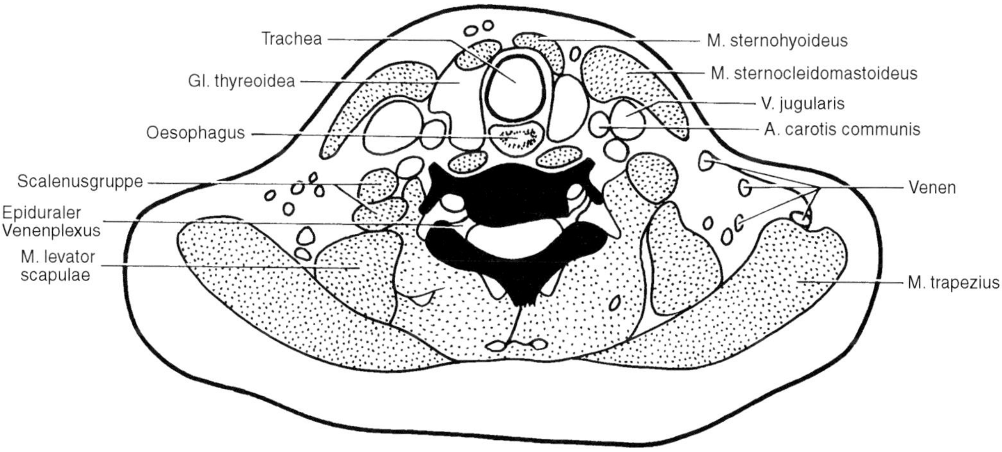

Nach Brusis, T., U. Mödder: HNO Röntgenaufnahmetechnik und Normalbefunde. Springer, Berlin 1984

Normale Anatomie des Mundbodens

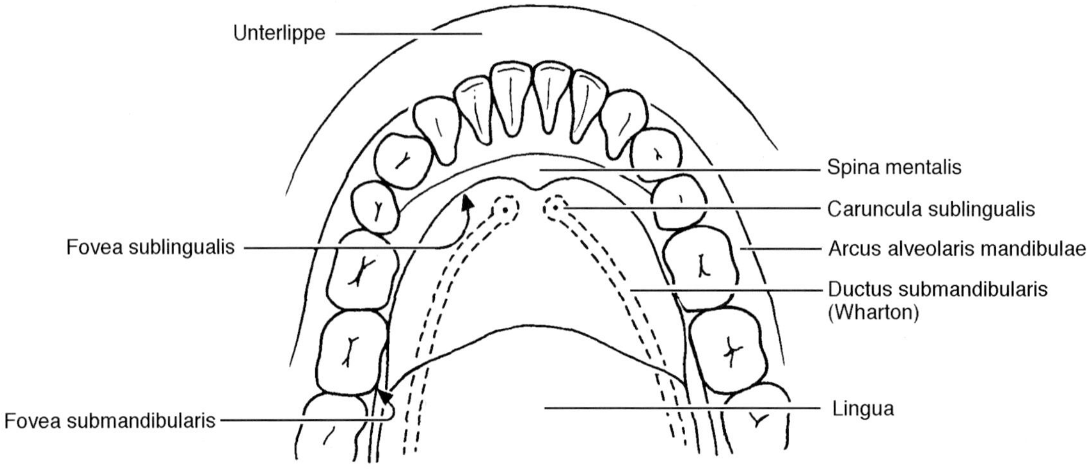

Glandula submandibularis, halbschräg (im Sialogramm)

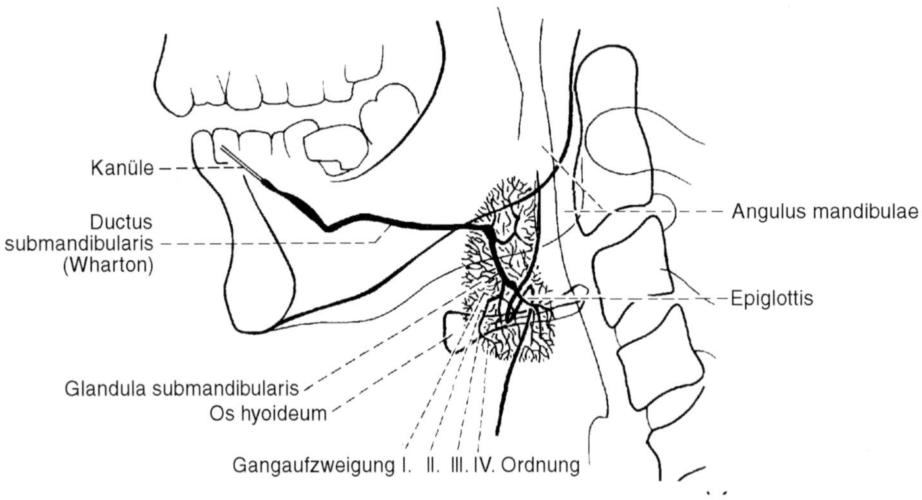

Nach Brusis, T., U. Mödder: HNO Röntgenaufnahmetechnik und Normalbefunde. Springer, Berlin 1984

Glandula parotis im Sialogramm

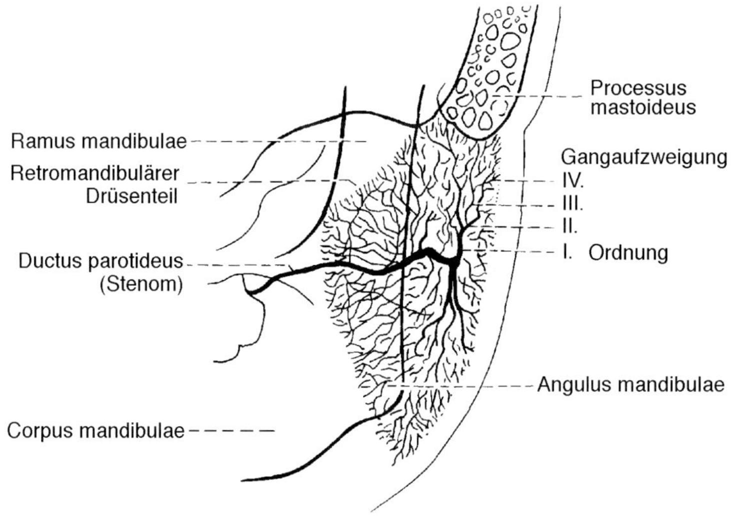

sagittal

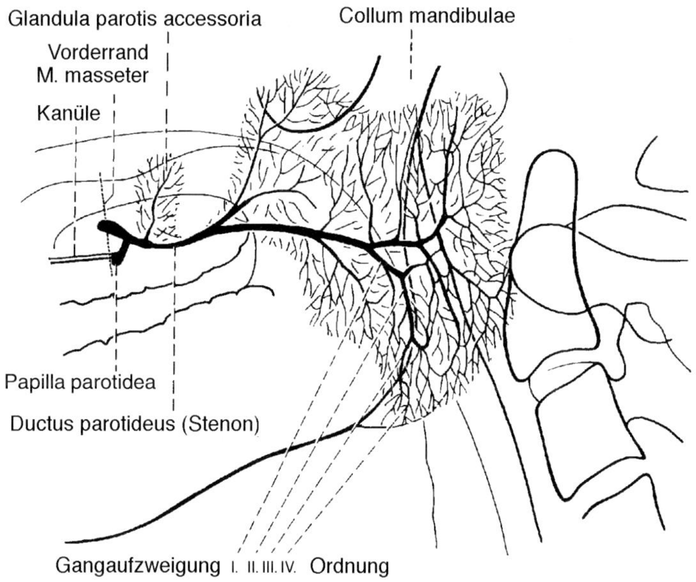

seitlich

Nach Brusis, T., U. Mödder: HNO Röntgenaufnahmetechnik und Normalbefunde. Springer, Berlin 1984

Anatomie des Rückenmarks

Spinovertebrale Topographie im Sagittalschnitt

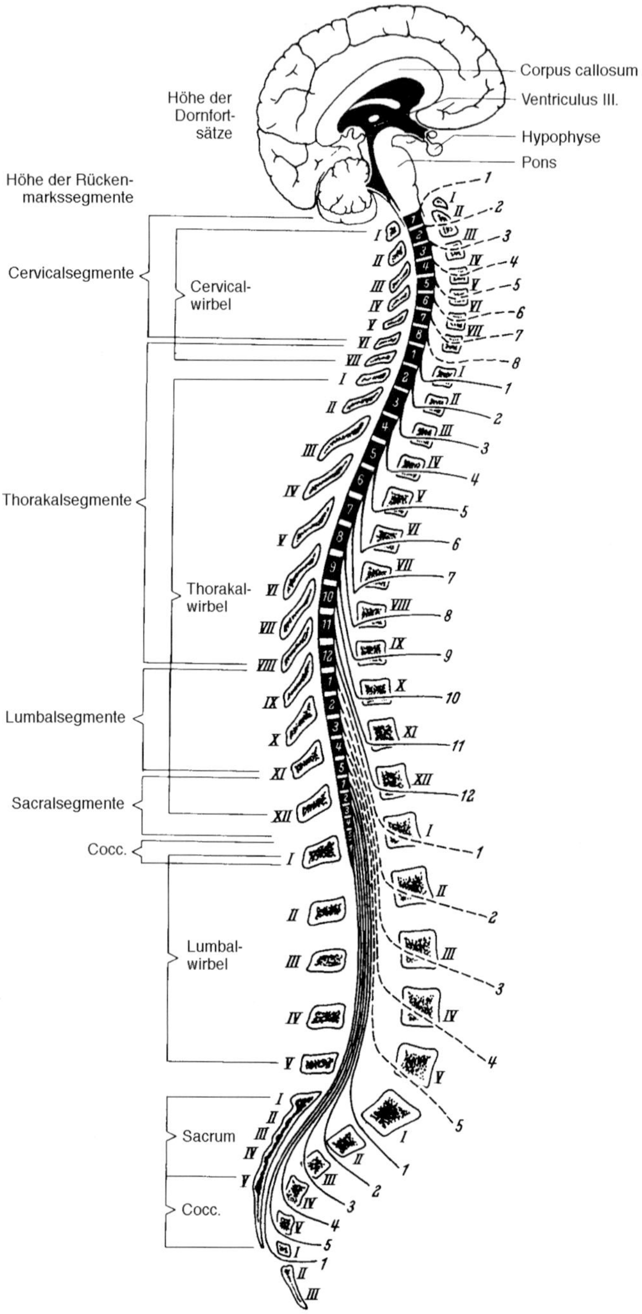

Nach Töndury, G.: Angewandte und topographische Anatomie, 5. Aufl. Thieme, Stuttgart 1981

Spinovertebrale Topographie von dorsal

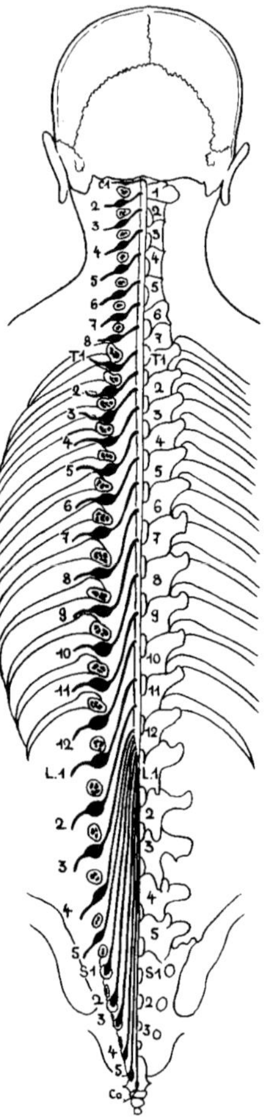

Beziehungen von Rückenmark, Spinalganglien und Nervenwurzeln zur Wirbelsäule

Topographie des Canalis sacralis

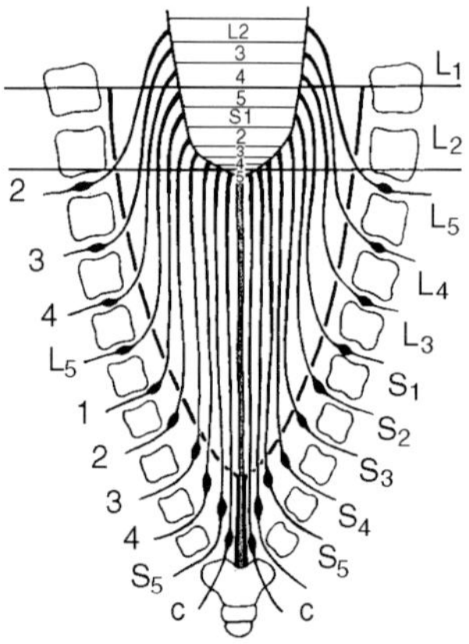

Nach Töndury, G.: Angewandte und topographische Anatomie. 5. Aufl. Thieme, Stuttgart 1981

Topographie der lumbalen Nervenwurzeln gegenüber den knöchernen Strukturen

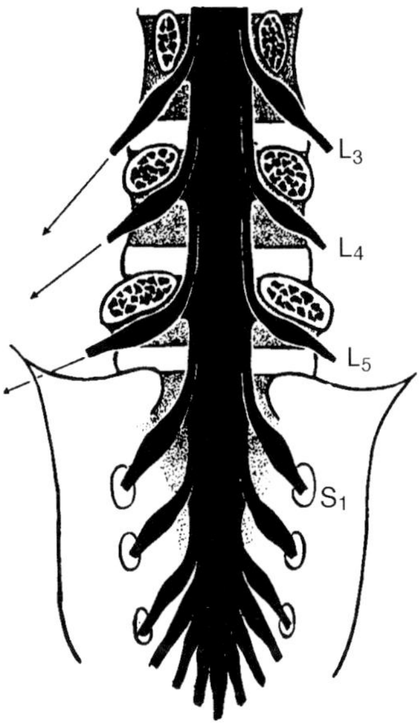

Beachte die Beziehungen der Nervenwurzeln zu den seitlichen Teilen der Zwischenwirbelscheiben. Pfeile geben die Verlaufsrichtung an, die von L3 gegen L5 immer horizontaler wird. Wirbelkörper dicht punktiert, Zwischenwirbelscheiben weiß

Cavum subarachnoidale

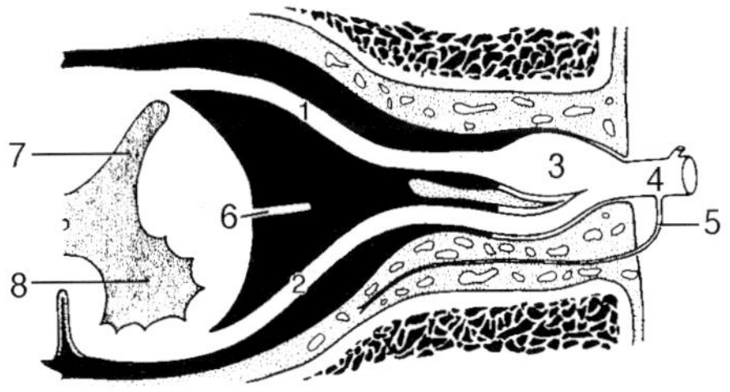

1 Radix dorsalis
2 Radix ventralis
3 Ganglion spinale
4 N. spinalis
5 R. meningeus
6 Lig. denticulatum
7 Hinterhorn
8 Vorderhorn
9 Cavum subarachnoideale

Nach Töndury, G.:
Angewandte und topographische Anatomie, 5. Aufl. Thieme, Stuttgart 1981

Anatomie des Wirbelkanals

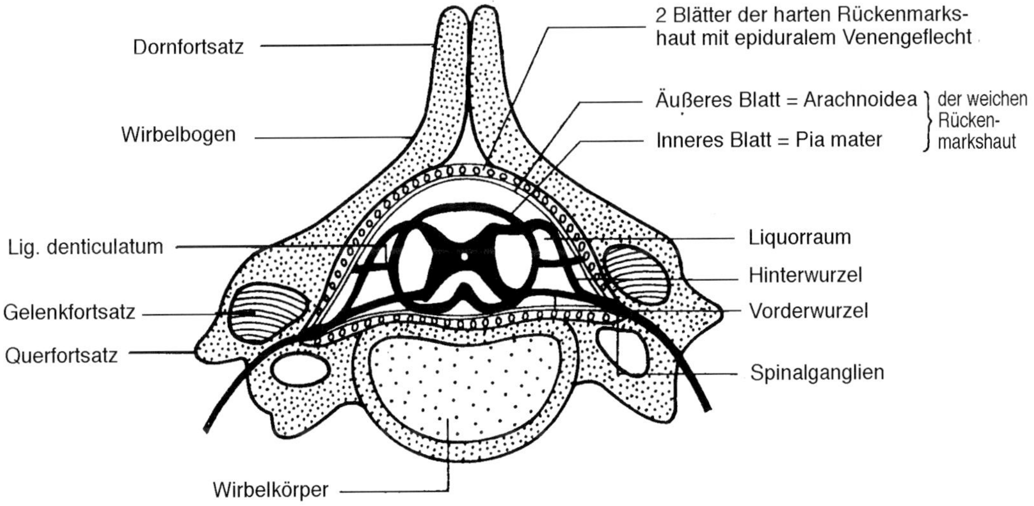

Nach Lehmann, R., H. P. Molsen: Neuroradiologie des Spinalkanals. Hirzel, Leipzig 1985

Rückenmarksquerschnitte

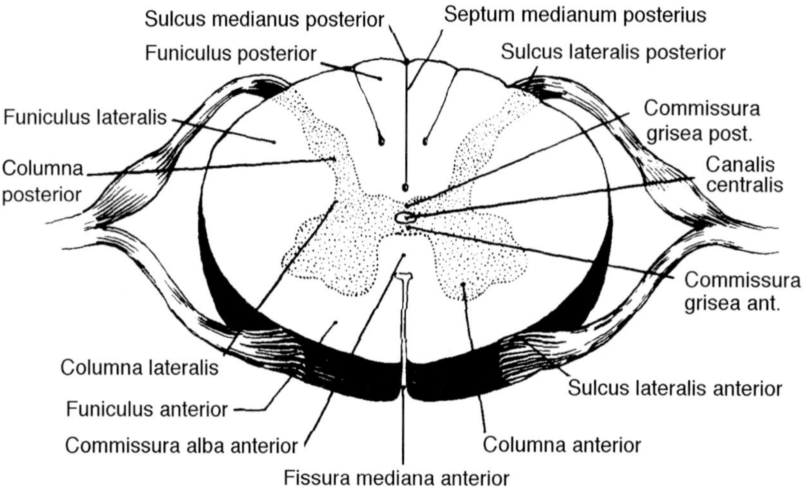

Querschnitt durch das Rückenmark im Zervikalbereich

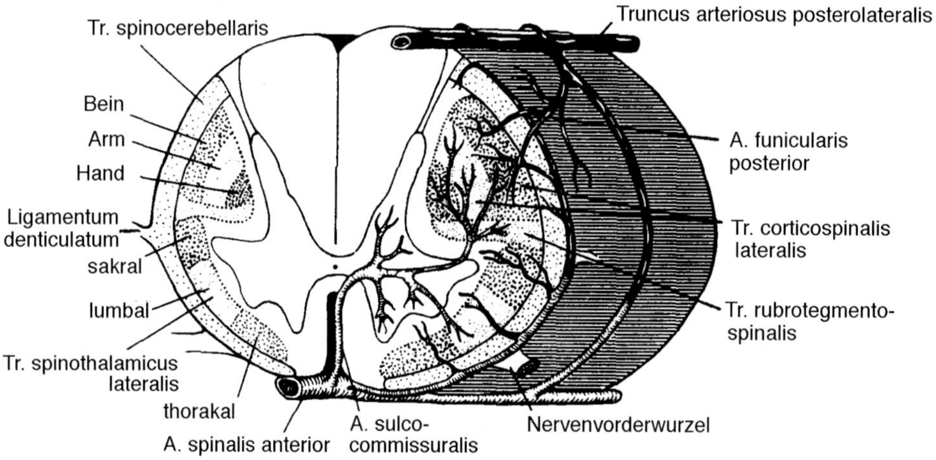

Das Schema zeigt die A. spinalis anterior mit ihrem Ramus sulcocommissuralis, der die anteromedialen zwei Drittel einer Rückenmarkshälfte im Zervikalbereich versorgt. Die peripheren Äste der Aa. coronae versorgen die Region des Tractus spinothalamicus lateralis im anterolateralen Rückenmarksabschnitt. Das Areal für das Bein im Tractus corticospinalis lateralis wird von der A. funicularis posterior versorgt. Die Areale für Arm und Hand in diesem Tractus und im Tractus rubrotegmentospinalis werden von der A. sulcocommissuralis versorgt. Diese Gefäßversorgung variiert beträchtlich

Nach Chusid, J. G.: Funktionelle Neurologie. Springer, Berlin 1978

Innervation des Achsenorgans und der Wirbelbogengelenke

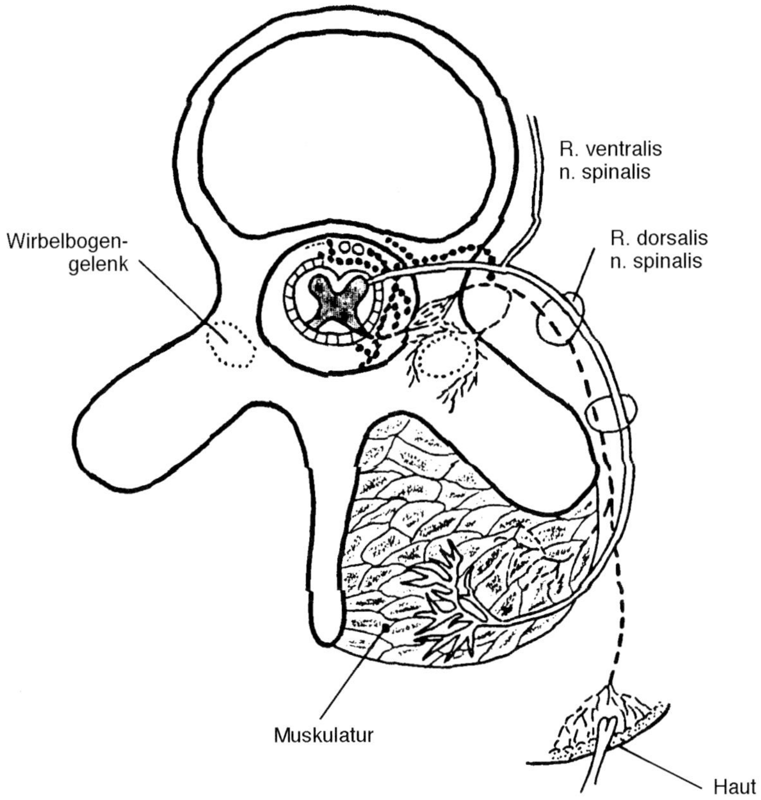

Innervationsbereiche

des R. dors. N. spinalis:

═══ motor. autochthone Stammmuskulatur

- - - - sens./symp. Hautareale am Rücken
autochthone Stammmuskulatur
Kapseln der kleinen Wirbelgelenke
Lig. flavum
Lig. interspinale

des R. meningicus N. spinalis

•••••••• sens./symp. Meningen, Periost, vas. Strukturen } im Wirbelkanal
Lig. long. comm. dors.

Nach Thurn, P., G. Friedmann: Computertomographie der Wirbelsäule und des Spinalkanals. Bücherei des Orthopäden, Bd. 38. Enke, Stuttgart 1983

Anatomie der Gefäße

Arterien

Aa. intercostales posteriores und Varianten

Die Aa. intercostales posteriores III–XI, die A. subcostalis und die Aa. lumbales werden als dorsale Äste der Aorta descendens angelegt und behalten ihren Charakter als Segmentarterien bei. Die Wachstumsverschiebungen im Zusammenhang mit dem Descensus cordis bedingen den steil ansteigenden Verlauf der kranialen Gefäße dieser Gruppe. Dabei werden die Ursprünge einander angenähert. Dies kann so weit gehen, daß zwei oder mehr Gefäße mit einem gemeinsamen Stamm aus der Aorta entspringen. Da die kranialen Interkostalarterien stärkeren Wachstumsverschiebungen unterworfen sind, kommen derartige gemeinsame Stämme bei ihnen vor allem bei Th_3 und Th_4 wesentlich häufiger vor als bei den kaudalen. (Die bei den Fällen 1c und 1d angegebenen Prozentsätze entsprechen dem Durchschnitt aller Segmente, sie liegen im kranialen Bereich höher, im kaudalen niedriger.)
Zwischen den Segmentarterien C_7, Th_1 und Th_2 bildet sich während der Embryonalentwicklung eine Längsanastomose aus, während die ursprünglichen Verbindungen zur Aorta veröden (Truncus costocervicalis; Schema auf Tafel 1). In der Regel liegt diese Anastomose ventral der Rippen, sie kann jedoch auch zwischen Rippe und Querfortsatz (entsprechend der A. vertebralis in den Foramina transversaria der Halswirbel) verlaufen.

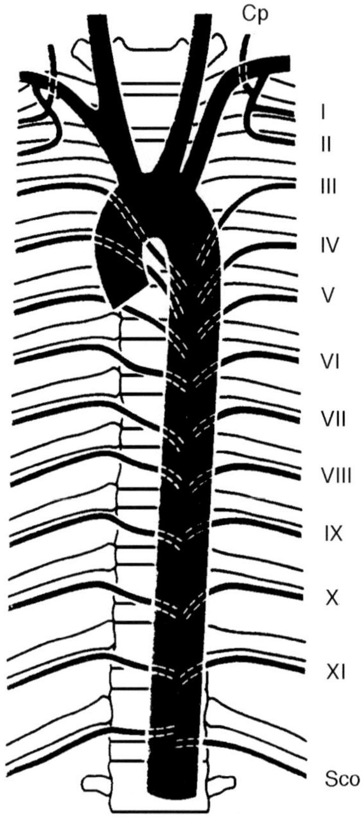

I + II = Aa. intercostales posteriores I + II aus A. intercostalis suprema } aus Truncus costocervicalis
Cp = A. cervicalis profunda } aus Truncus costocervicalis
III–XI = Aa. intercostales posteriores III–XI } direkt aus Aorta
Sco = A. subcostalis } direkt aus Aorta

Nach Lippert, H.: Med. Klin. 38 (1967)

1. Aa. intercostales posteriores III-XI und A. subcostalis

Die Prozentangaben beziehen sich jeweils auf ein Segment.

83%

a) Getrennte Ursprünge der beiden Aa. intercostales posteriores eines Segments

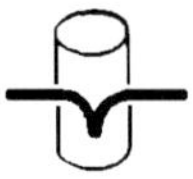

2%

b) Die beiden Aa. intercostales posteriores eines Segments entspringen mit einem gemeinsamen Stamm

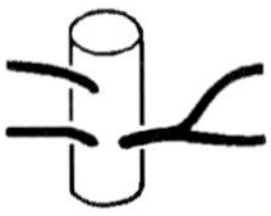

13%

c) Zwei Aa. intercostales posteriores einer Seite entspringen mit einem gemeinsamen Stamm

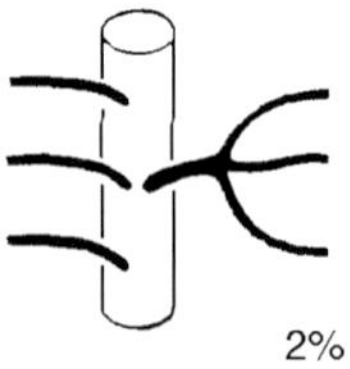

2%

d) Drei oder mehr Aa. intercostales posteriores einer Seite entspringen mit einem gemeinsamen Stamm

2. A. intercostalis suprema

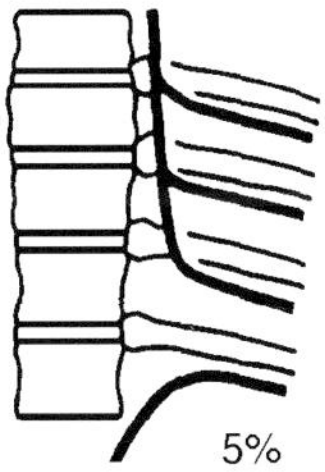

a) Die Aa. intercostales posteriores I, II und III entspringen über die A. intercostalis suprema aus dem Truncus costocervicalis der A. subclavia

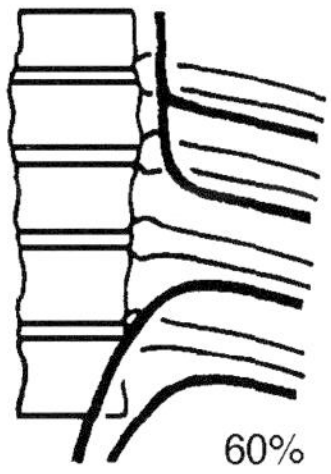

b) Die Aa. intercostales posteriores I und II entspringen aus der A. intercostalis suprema

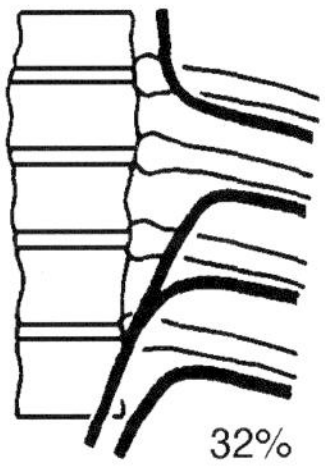

c) Nur die A. intercostalis posterior I entspringt aus dem Truncus costocervicalis; die A. intercostalis posterior II entspringt direkt aus der Aorta (in etwa der Hälfte der Fälle gemeinsam mit der A. intercostalis posterior III)

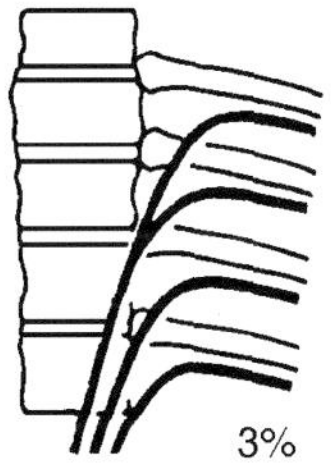

d) Die Aa. intercostales posteriores I und II entspringen aus der Aorta (getrennt oder mit gemeinsamem Stamm, evtl. auch gemeinsam mit der A. intercostalis posteriorIII)

3. Aa. intercostales posteriores dorsal von Rippen („A. vertebralis thoracica")

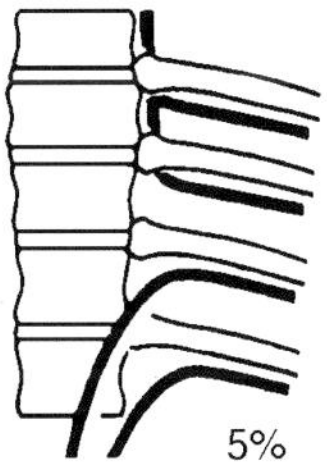

a) Dorsaler Verlauf der A. intercostalis suprema

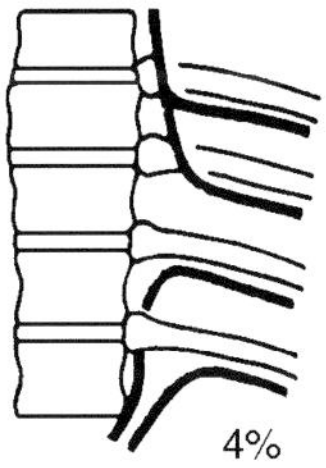

b) Dorsaler Verlauf der A. intercostalis posterior III

Nach Lippert, H.: Med. Klin. 38 (1967)

Arterielle Versorgung des Rückenmarkes

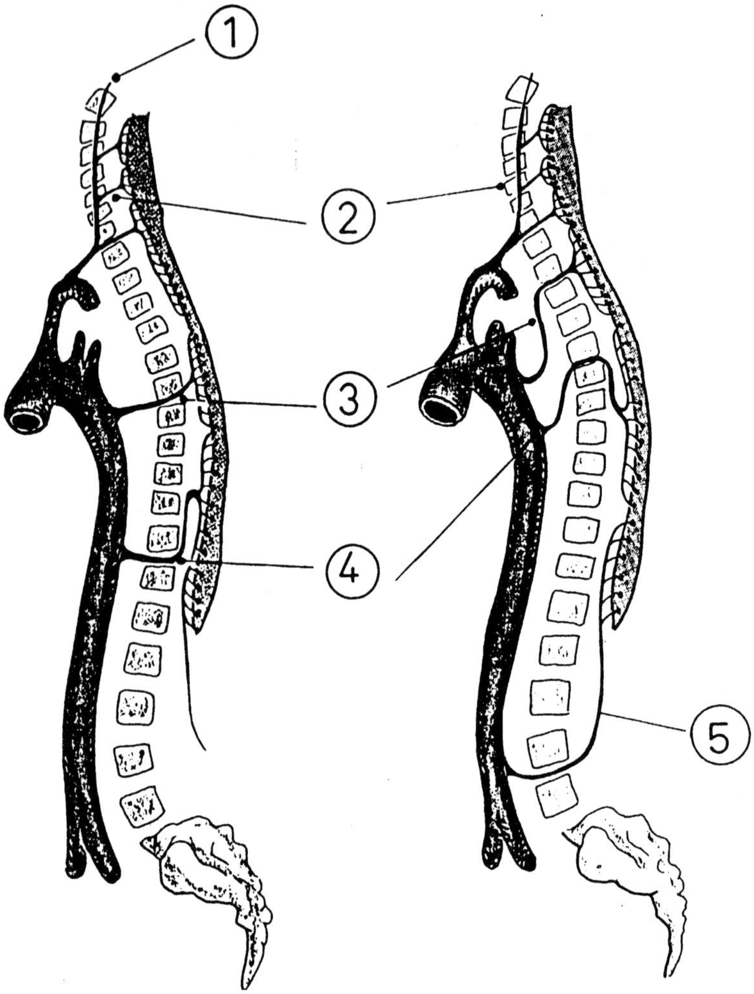

Beim hohen Abgang der *Adamkiewicz*schen Arterie wird der Conus medullaris von einer im Lumbalbereich eintretenden A. radicularis magna versorgt.

1 A. vertebralis
2 A. radicularis cervicalis
3 A. radicularis thoracalis
4 A. radicularis magna (Arteria Adamkiewicz)
5 A. radicularis lumbalis

Nach Thurn, P., G. Friedmann: Computertomographie der Wirbelsäule und des Spinalkanals. Bücherei des Orthopäden Bd. 38. Enke, Stuttgart 1983

Spinale arterielle Gefäßversorgung

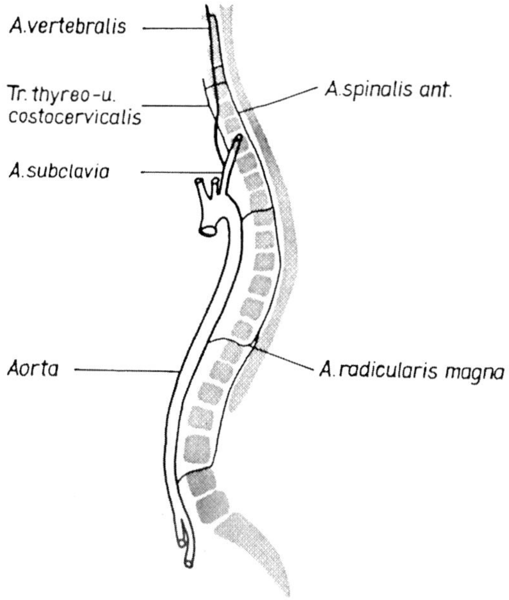

Seitliche Ansicht

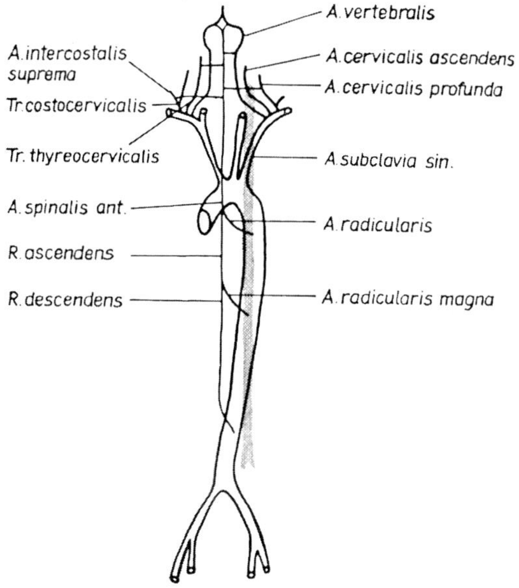

Ansicht von vorne

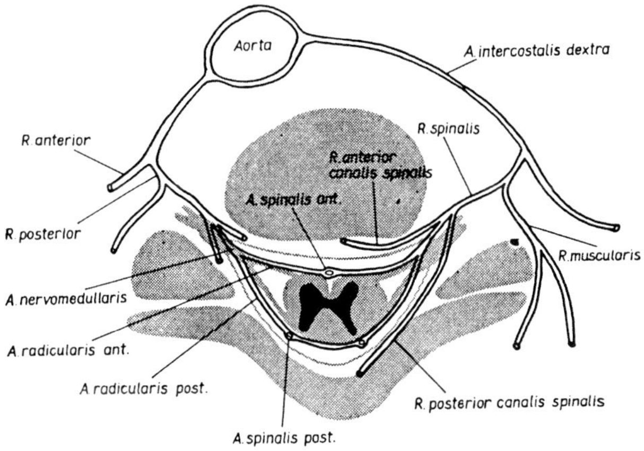

Darstellung im Querschnitt

Nach Lehmann, R., H. P. Molsen: Neuroradiologie des Spinalkanals. Hirzel, Leipzig 1985

Arterielle Versorgung der Gelenke der Wirbelsäule

Halswirbelsäule | Brustwirbelsäule | Lendenwirbelsäule

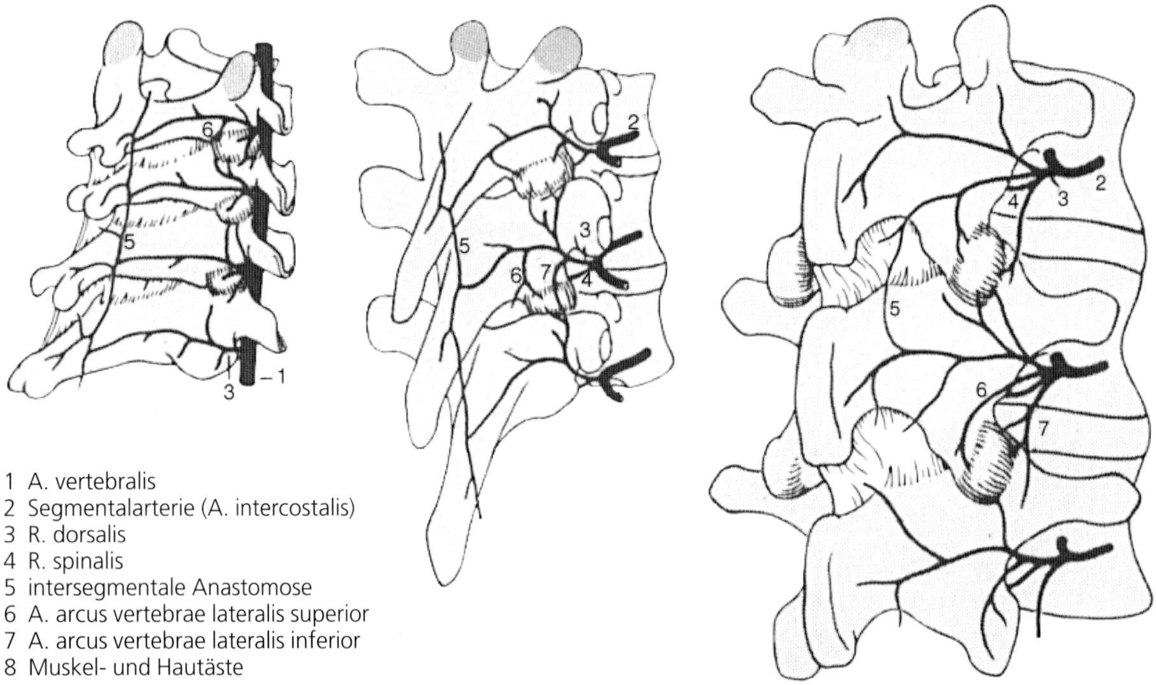

1 A. vertebralis
2 Segmentalarterie (A. intercostalis)
3 R. dorsalis
4 R. spinalis
5 intersegmentale Anastomose
6 A. arcus vertebrae lateralis superior
7 A. arcus vertebrae lateralis inferior
8 Muskel- und Hautäste

Nach Putz, R.: Funktionelle Anatomie der Wirbelgelenke. Thieme, Stuttgart 1981

Verschluß von Spinalarterien

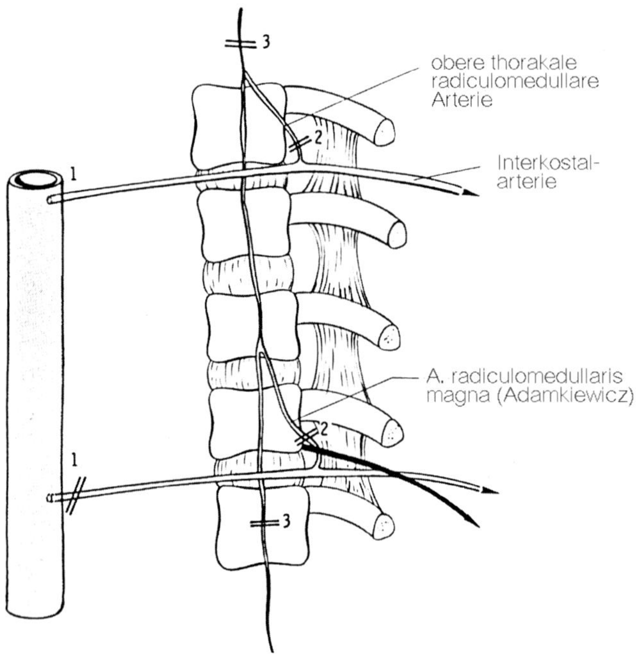

1. Verschluß von Interkostalarterien
2. Verschluß von radikulomedullaren Arterien
3. Verschluß der A. spinalis anterior

Nach Djiandjian, R.: Angiography of spinal column and spinal cord tumors. In: Nadjmi M., U. Piepgras, H. Vogelsang: Neuroradiological atlantes. Thieme, Stuttgart/New York 1981

Arterielle Gefäßversorgung des Rückenmarkes

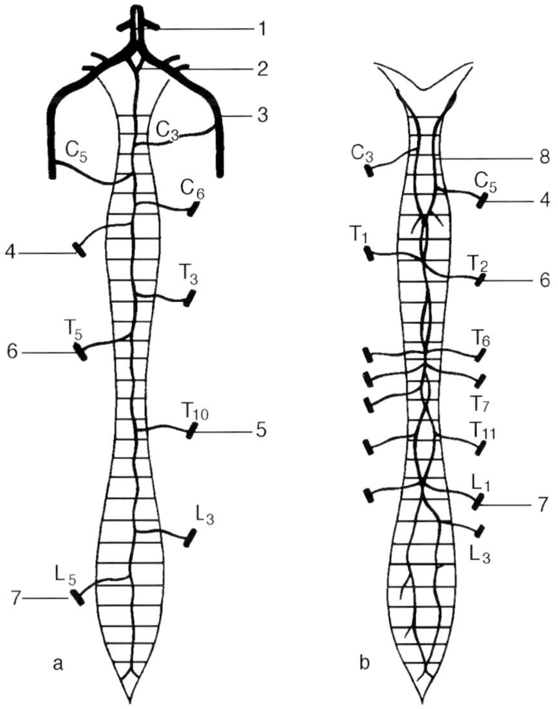

a) Truncus arteriosus anterior

b) Trunci arteriosi posteriores

1 A. basilaris
2 A. spinalis anterior
3 A. vertebralis
4 A. cervicalis ascendens
5 A. radicularis magna
6 A. intercostalis
7 A. lumbalis

Nach Töndury, G.:
Angewandte und topographische Anatomie, 5. Aufl. Thieme, Stuttgart 1981

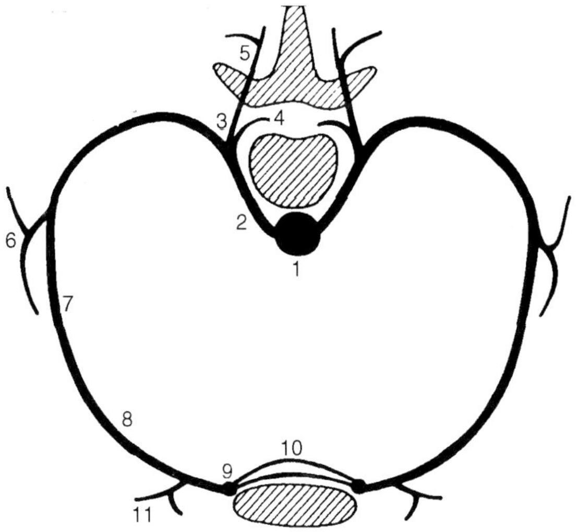

Der Arterienring der Aa. intercostales im mittleren Thoraxdrittel

1 Aorta;
2 A. intercostalis posterior;
3 R. dorsalis;
4 R. spinalis;
5 R. cutaneus medialis et lateralis;
6 R. cutaneus lateralis;
7 R. collateralis;
8 R. intercostalis anterior;
9 A. thoracica interna;
10 Rr. sternales;
11 Rr. perforantes

Nach Luzsa, G.:
Röntgenanatomie des Gefäßsystems. Barth, Frankfurt/M. 1972

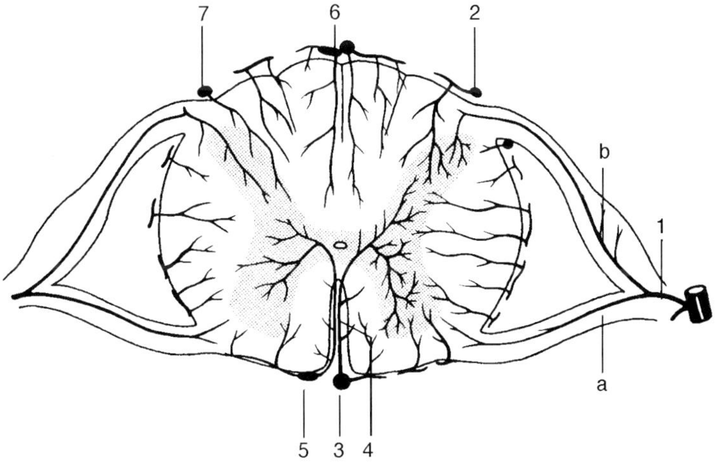

1 R. spinalis
a A. radicularis anterior
b A. radicularis posterior
2 Truncus arteriosus spinalis posterior dexter
3 Truncus arteriosus spinalis anterior
4 A. centralis (sulcocommissuralis)

Die intramedullären Venen haben das gleiche Verteilungsmuster wie die Arterien: Vv. centrales mit Einmündung in die V. longitudinalis mediana anterior (5). An der Oberfläche gelegene Vv. longitudinales mediana et lateralis posteriores (6, 7)
Rechts im Bild Verteilung der Arterien, links Verteilung der Venen. An der Oberfläche: Vasocorona medullaris

Nach Töndury, G.: Angewandte und topographische Anatomie, 5. Aufl. Thieme, Stuttgart 1981

Gefäßversorgung des Rückenmarks

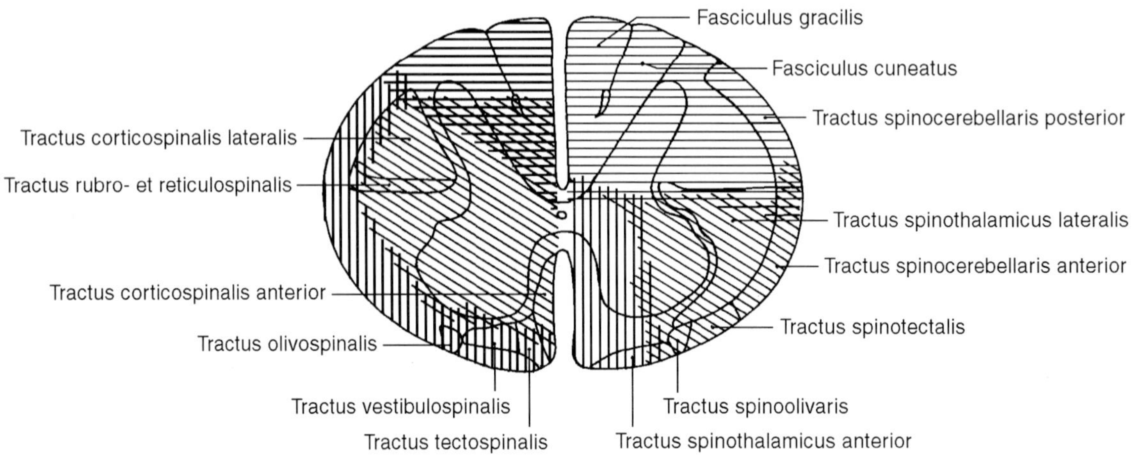

Binnenstromgebiete des Rückenmarks. (Nach Jellinger 1966. Gillilan 1970)

links Arterien

schräg	A. sulci
vertikal	Aa. marginales
horizontal	hintere innere Äste

rechts Venen

schräg	V. spinalis anterolateralis
vertikal	V. spinalis anterior
horizontal	Vv. spinalis posterior et posteriolateralis

Nach Gillian, L. A.: Veins of the spinal cord. Neurology 20 (1976) 860

Richtung des Blutstroms im Bereich der Rückenmarkarterien (Nach Di Chiro)

Möglichkeiten der Richtungsänderung des Blutstroms in den Rückenmarkarterien bei Einengungen oder Verschlüssen an den Rückenmark- bzw. Zubringerarterien.

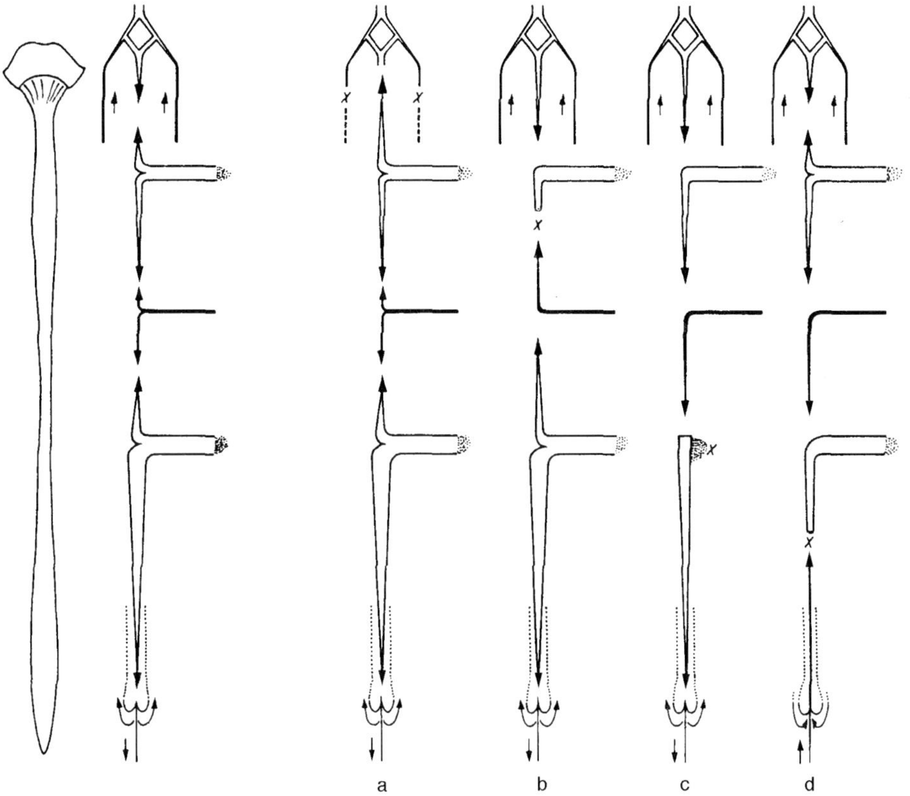

a Verschluß der Vertebralarterien, **b** Verschluß der A. spinalis ant. im Thorakalbereich; **c** Verschluß der A. radicularis magna; **d** Verschluß der A. spinalis ant. kaudal der Einmündung der A. radicularis magna. X. Stelle des Verschlusses. (Nach Di Chiro)

Nach Vogelsang, H.: Angiographische Untersuchungen von Wirbelsäule, Spinalkanal und Rückenmark. In Handbuch der Medizinischen Radiologie XIV/1B. Springer, Berlin 1981

Formvarianten der A. spinalis anterior

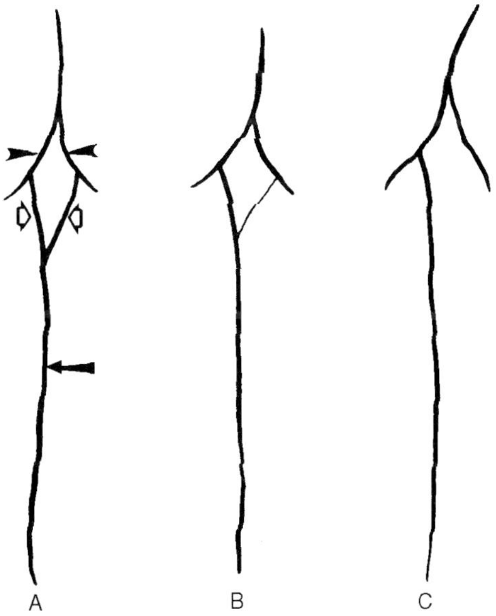

A Etwa seitengleiche Zuführung von beiden Aa. vertebrales
B asymmetrische Zuführung
C einseitige Zuführung

Pfeilspitzen: Aa. vertebrales
hohler Pfeil: Verbindung zwischen den Aa. vertebrales und der A. spinalis anterior (Pfeil)

Nach Sarwar, M., B. Azar-Kia, S. Batnitzky: Basic Neuroradiology. Warren H. Green, St. Louis, Missouri 1983

Spinale Arteriographie

Symbol	Ort der KM-Injektion	Darstellende Zuflüsse zu den eingentl. Rückenmarkgefäßen
a	A. subclavia re. (retr.)	A. vertebralis u. beide Trunci rechts
b	A. subclavia li. (retr.)	A. vertebralis u. beide Trunci links
A	Aortenbogen	Aortenbogen mit allen kranialen Abgängen
0	A. anonyma	(Anflutg. bei d. Brachialisangiogr. re.)
1	A. subclavia rechts	A. vertebralis u. beide Trunci rechts
2	Trunc. thyreocervic. re.	A. cervicalis ascendens rechts
3	A. vertebralis re.	Rr. spinales u. craniocervic. Anastomose
4	Trunc. costocervic. re.	A. cervicalis profunda u. A. intercost. I
5	A. subclavia links	A. vertebralis u. beide Trunci links
6	Tr. thyreocervic. li.	A. cervicalis ascendens links
7	A. vertebralis li.	Rr. spinales u. craniocervic. Anastomose
8	Tr. costocervic. li.	A. cervicalis profunda u. A. intercost. I
B	Aorta descendens	Mitstromaortographie
I	Aa. intercostal. D 10	Diese Arterien kommen als Ursprungsgefäße für die A. radicularis magna
II	Aa. intercostal. D 9	in Frage. Die angegebene Reihenfolge entspricht der statistischen Häufig-
III	Aa. intercostal. D 12	keit. Die A. radicul. magna geht häufiger links als rechts ab!
IV	Aa. lumbales L 1	
V	Aa. intercostal. D 5	(steht symbolisch für fakultative thorakale Zuflüsse)

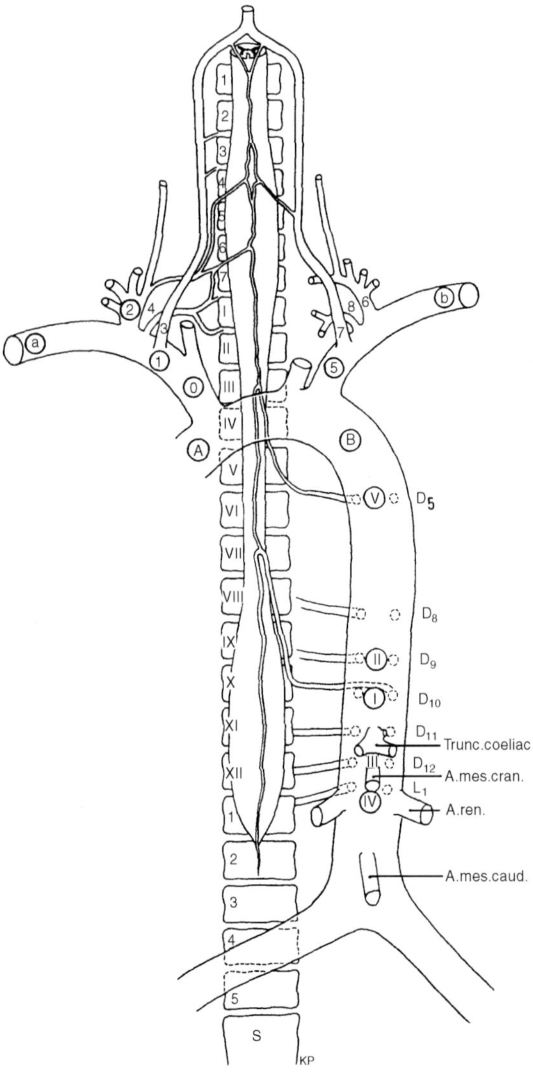

Es sind diejenigen Gefäße bezeichnet, in welche bei Katheter-Angiographien die Katheterspitze eingelegt werden soll (Nach Piscol)

Nach Vogelsang, H.:
Angiographische Untersuchungen von Wirbelsäule, Spinalkanal und Rükkenmark. In Handbuch der Medizinischen Radiologie XIV/1B. Springer, Berlin 1981

Venen

Übersicht über die Venenstämme, welche das Blut aus dem Rücken ableiten

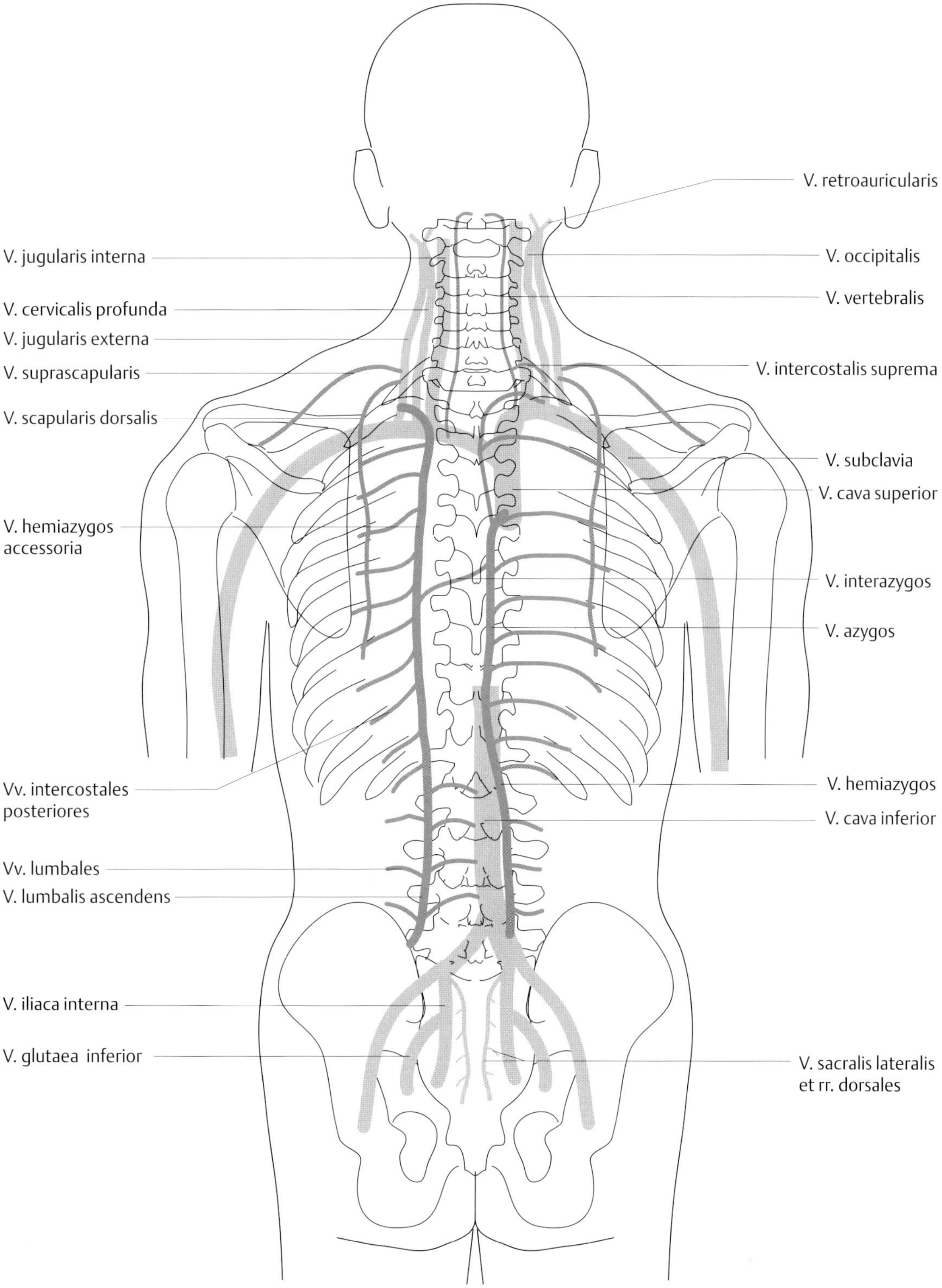

Kollateralen des venösen Abflußes

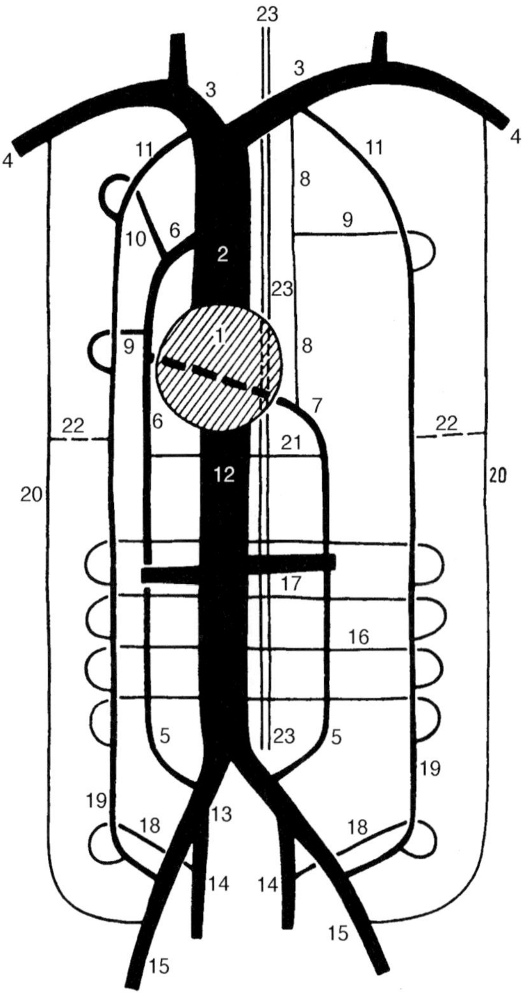

Kollateralen zwischen der V. cava superior und inferior.

1 Atrium dextrum; *2* V. cava superior; *3* Vv. brachiocephalicae; *4* V. axillaris; *5* Vv. lumbales ascendentes; *6* V. azygos; *7* V. hemiazygos; *8* V. hemiazygos accessoria; *9* Vv. intercostales posteriores; *10* V. intercostalis superior dextra; *11* V. thoracica interna; *12* V. cava inferior; *13* V. iliaca communis; *14* V. iliaca interna; *15* V. iliaca externa; *16* Vv. lumbales; *17* V. renalis; *18* V. iliolumbalis; *19* V. epigastrica inferior; *20* V. thoracoepigastrica; *21* Vv. phrenicae inferiores et superiores; *22* Anastomose zwischen V. thoracoepigastrica und V. thoracica interna; *23* Plexus venosi vertebrales

Nach Luzsa, G.: Röntgenanatomie des Gefäßsystems. Barth, Frankfurt/M. 1972

Anastomosen der Vv. azygos und hemiazygos

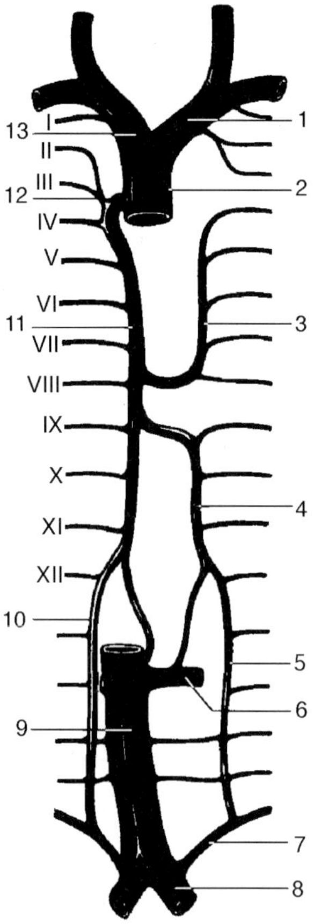

1 V. brachiocephalica sinistra
2 V. cava superior
3 V. hemiazygos accessoria
4 V. hemiazygos
5 V. lumbalis ascendens sinistra
6 V. renalis sinistra
7 V. lumbalis
8 V. iliaca communis sinistra
9 V. cava inferior
10 V. lumbalis ascendens dextra
11 V. azygos
12 V. intercostalis superior dextra
13 V. brachiocephalica sinistra

Römische Zahlen bezeichnen Interkostalvenen

Nach Töndury, G.: Angewandte und topographische Anatomie, 5. Aufl. Thieme, Stuttgart 1981

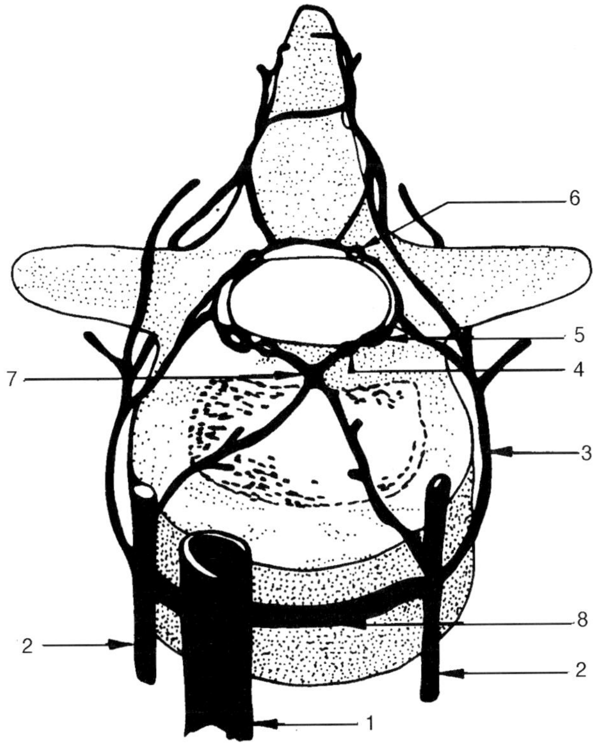

Darstellung des inneren und äußeren Vertebralplexus

1 = V. cava inferior, 2 = V. lumbalis ascendens dextra et sinistra, 3 = R. ventralis venae vertebralis, 4 = V. vertebralis interna medialis anterior, 5 = V. vertebralis interna lateralis anterior, 6 = V. vertebralis interna posterior (häufig doppelt angelegt), 7 = V. basivertebralis, 8 = Ramus ventralis

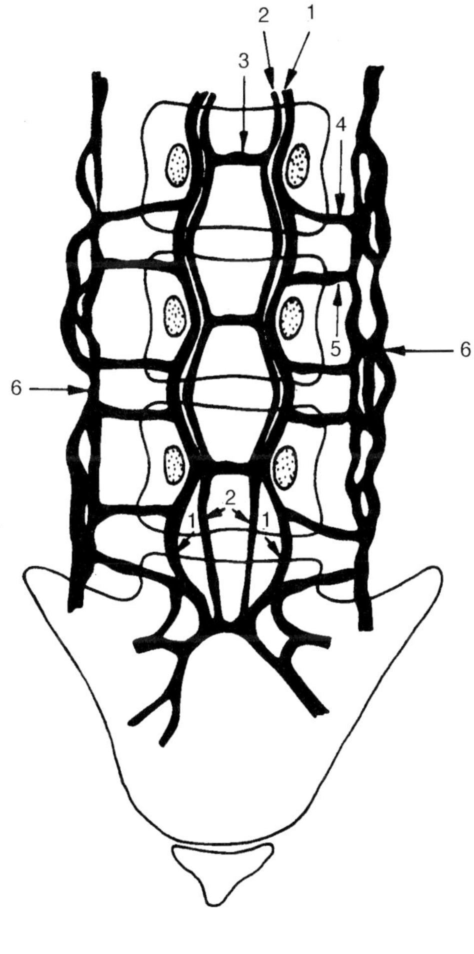

Venendarstellung des lumbalen Spinalphlebogramms

1 = V. vertebralis interna lateralis anterior, 2 = V. vertebralis interna medialis anterior, 3 = V. basivertebralis, 4 und 5 = V. radicularis superior et inferior, 6 = V. lumbalis ascendens sin. et dextra

Nach Müller, J. H. A., P. Scholz:
Methodik und Aussagekraft der Spinalphlebographie beim lumbalen Bandscheibenvorfall. Dtsch. Gesundh.-Wes. 37 (1982) 1212–1215

Wirbelvenenplexus und Verbindungswege in der Hals- (a), Brust- (b) und Lendenregion (c)

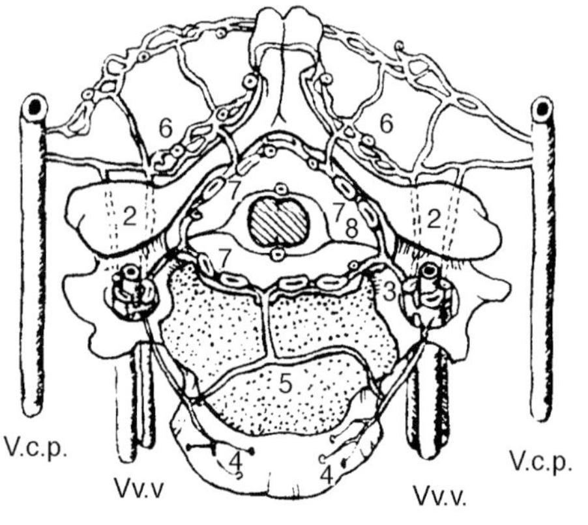

(a)

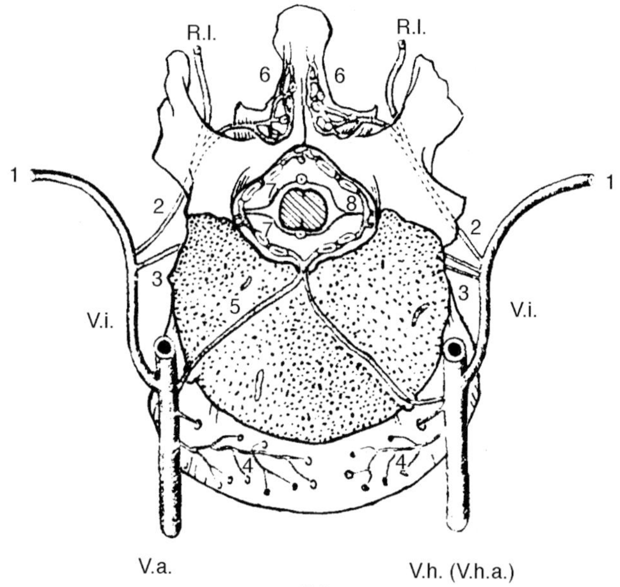

(b)

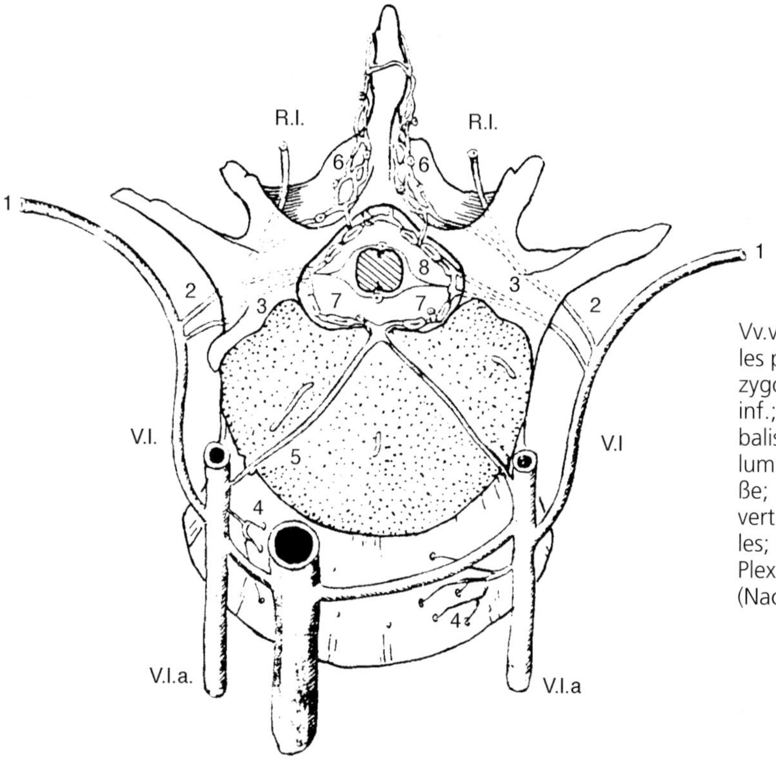

(c)

Vv.v. = Vv. vertebrales; V.c.p. = V cervicales prof.; V.a. = V. azygos; V.h. = V. hemiazygos; V.i. = V. intercostalis; V.c.i. = V. cava inf.; V.l.a. = V. lumbalis asc.; V.l. = V. lumbalis; *1* = R. ventralis v. intercostalis bzw. lumbalis; *2* = R. dorsalis d. Segmentgefäße; *3* = Vv. intervertebralis; *4* = Plexus vert. externus ant.; *5* = Vv. basivertebrales; *6* = Plexus vert. externus post.; *7* = Plexus vert. internus; *8* = Vv. radiculares (Nach Clemens)

Nach Vogelsang, H.: Angiographische Untersuchungen von Wirbelsäule, Spinalkanal und Rückenmark. In Handbuch der Medizinischen Radiologie, Bd. XIV/1B. Springer, Berlin 1981

Plexus vertebrales vv. lumbales

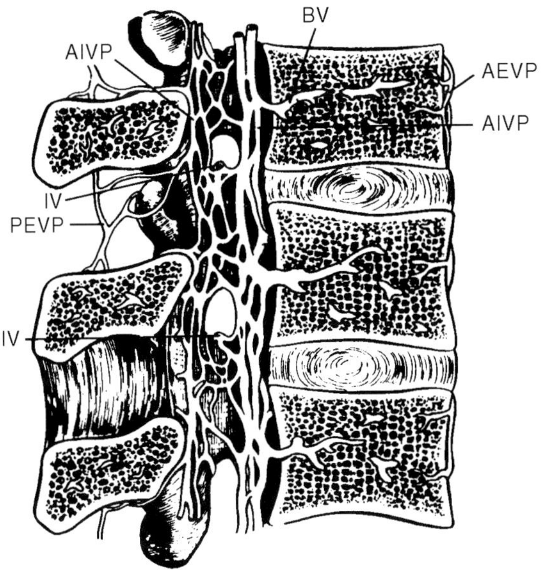

Plexus vertebrales in Höhe der LWS. Die äußeren Plexus setzen sich zusammen aus einem vorderen Anteil, der ventral der Wirbelsäule liegt und aus einem hinteren Anteil, der die Proc. spinosi und transversi umgibt. Die inneren Plexus schließen die duralen und spinalen Venen ein, die longitudinalen Sinus und die Vv. basivertebrales, welche die Wirbelkörper drainieren. Die inneren und äußeren Plexus kommunizieren über die Vv. intervertebrales, welche in die Lumbalvenen fließen. Die Lumbalvenen sind verbunden mit der V. cava inferior und den aufsteigenden Lumbalvenen.

(AEVP) Plexus venosus vertebralis externus anterior, (BV) V. basivertebralis, (IV) V. intervertebralis, (PEVP) Plexus venosus vertebralis externus posterior, (ARV) V. radicularis anterior, (PRV) V. radicularis posterior, (PIVP) Plexus venosus vertebralis internus posterior, (AIVP) Plexus venosus vertebralis anterior, (IVV) V. intervertebralis.

(AIVP) Plexus venosus vertebralis internus anterior, (IV) V. intervertebralis, (PEVP) Plexus venosus vertebralis externus posterior, (BV) V. basivertebralis, (AEVP) Plexus venosus vertebralis externus anterior, (AIVP) Plexus venosus vertebralis internus anterior.

Nach Meschan, I.: Röntgenanatomie. Enke, Stuttgart 1987

Häufigkeit der selbständigen Einmündung und Anastomosenbildung der Interkostalvenen bei 100 Fällen (Nach Adachi 1940)

Segment Th	Rechts selbständig	Rechts Anastomose vor WS	Rechts Anastomose vor Rippe	Rechts Anastomose an beiden Stellen	Links selbständig	Links Anastomose vor WS	Links Anastomose vor Rippe	Links Anastomose an beiden Stellen
3	5	1	1	1	71	–	4	–
4	27	1	3	1	79	–	4	–
5	75	6	4	1	89	2	6	–
6	81	9	7	–	86	6	7	–
7	82	19	9	–	91	5	4	–
8	85	4	11	–	93	2	5	–
9	83	1	16	–	84	1	15	–
10	78	–	22	–	71	3	24	2
11	60	1	38	1	60	5	32	2
12	60	1	30	1	56	3	26	–

Häufigkeit der Einmündung linker Interkostalvenen in die V. azygos an 127–157 Fällen (Nach Adachi 1940)

Linke Interkostalvene Nr.	3	4	5	6	7	8	9	10	11	12
In V. azygos einmündend (%)	0.8	2.1	3.4	7.9	9.1	12.3	7.0	5.2	2.6	5.5

Nach v. Lanz, T., W. Wachsmuth: Praktische Anatomie, Bd. 2/Teil 7, Rücken. Springer, Berlin 1982

Lymphgefäße

Tiefe Lymphabflußwege am Rücken

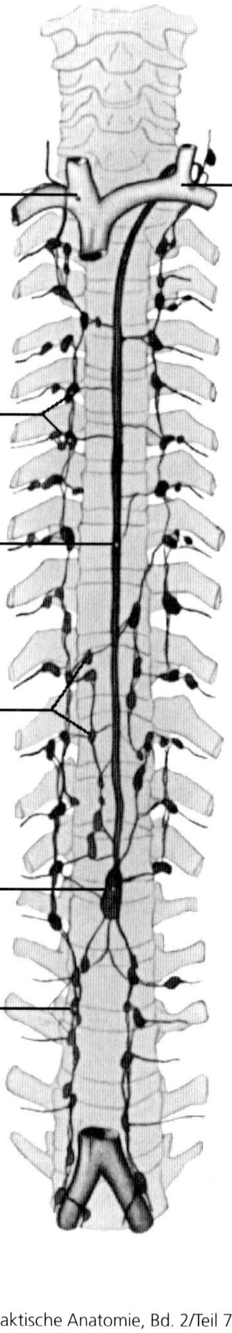

Nach v. Lanz, T., W. Wachsmuth: Praktische Anatomie, Bd. 2/Teil 7, Rücken. Springer, Berlin 1982

Wachstum und Reifung

Zeitablauf der Ossifikation des Achsen-Skelettes

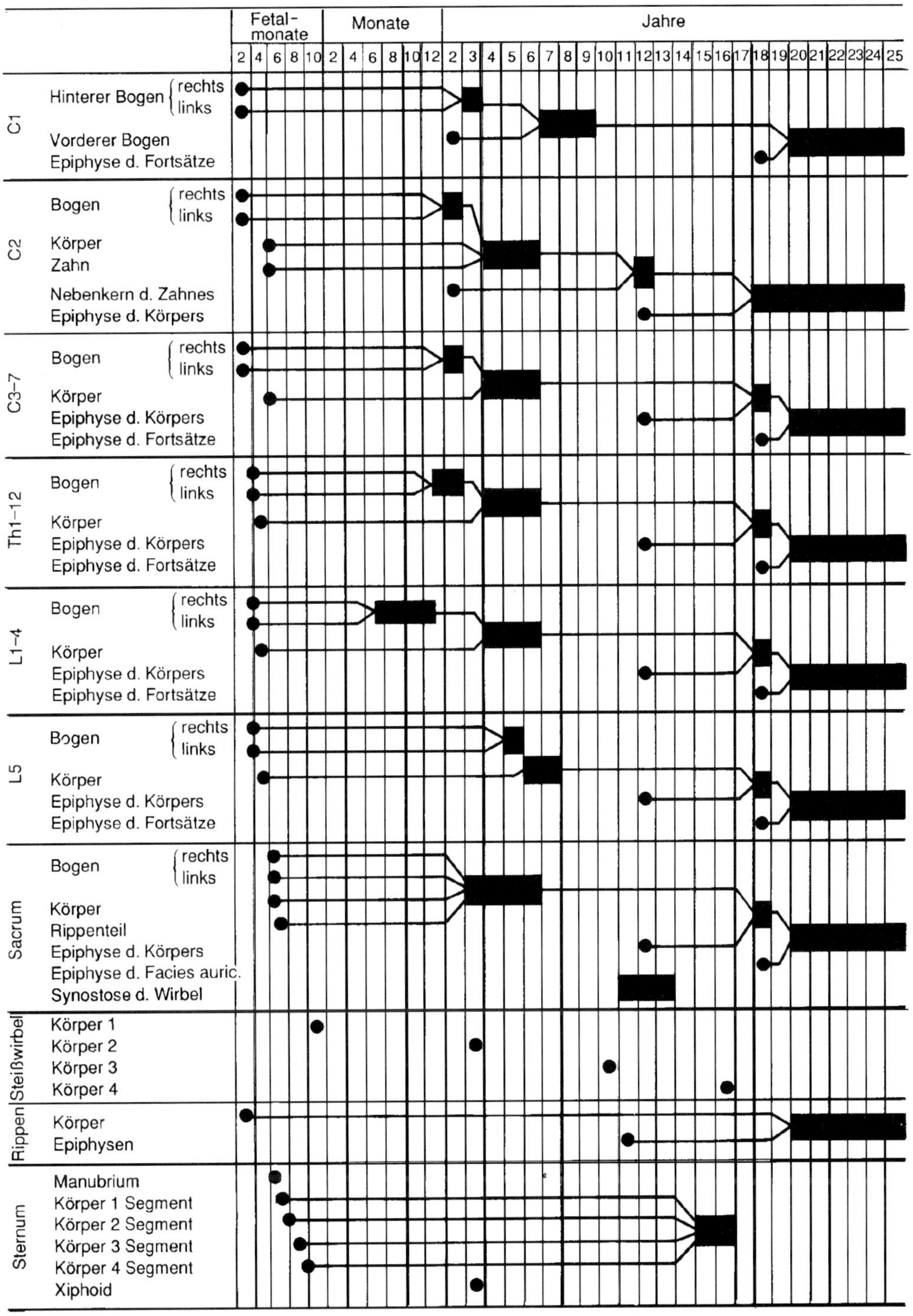

Fetalmonate und das erste Lebensjahr wurden vom weiteren Zeitablauf abgesetzt.
● = Auftreten der Kerne — = Zeit der Ossifikation ■ = Zeit der Synostose

Nach Heuck, F.: Radiologie des gesunden Skelettes. In Schinz: Radiologische Diagnostik in Klinik und Praxis VI/1, 7. Aufl. Thieme, Stuttgart 1989

Embryonale Entwicklung der Wirbelkörper und des Rückenmarks

Wirbelkörper

Entwicklung der Wirbelsäule

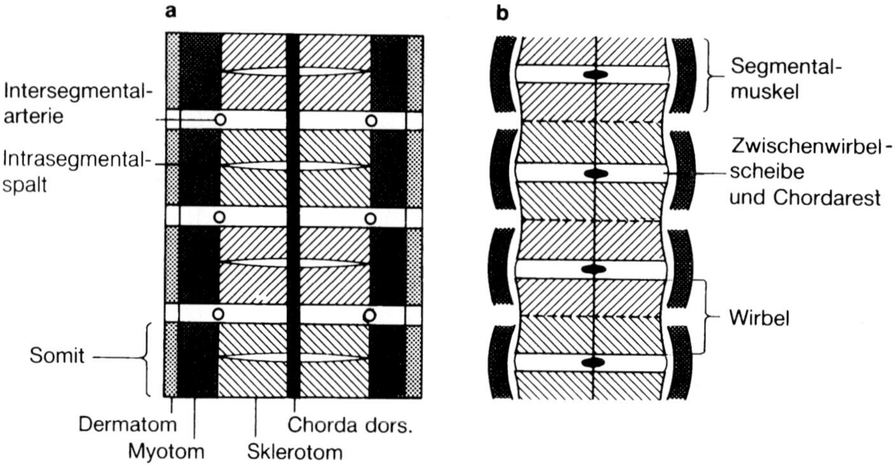

a Primäre Gliederung der Somiten und Zerlegung des Sklerotoms durch den Intersegmentalspalt
b Definitive Gliederung des Achsenskeletts. Jeder Wirbel setzt sich aus dem Baumaterial zweier benachbarter Ursegmente zusammen. Aus dem Intrasegmentalspalt wird der Intervertebralspalt. Infolge dieser Umgliederung überbrücken die Segmentalmuskeln die Wirbelgrenzen. Reste der Chorda dorsalis bleiben im Nucleus pulposus der Zwischenwirbelscheiben erhalten.

Nach Galanski, M.: Röntgenanatomie und Untersuchungstechnik der Wirbelsäule. In Schinz: Radiologische Diagnostik, 7. Aufl., Bd. V/2, Wirbelsäule – Rückenmark. Thieme, Stuttgart 1986

Rückenmark

Normale Neurulation

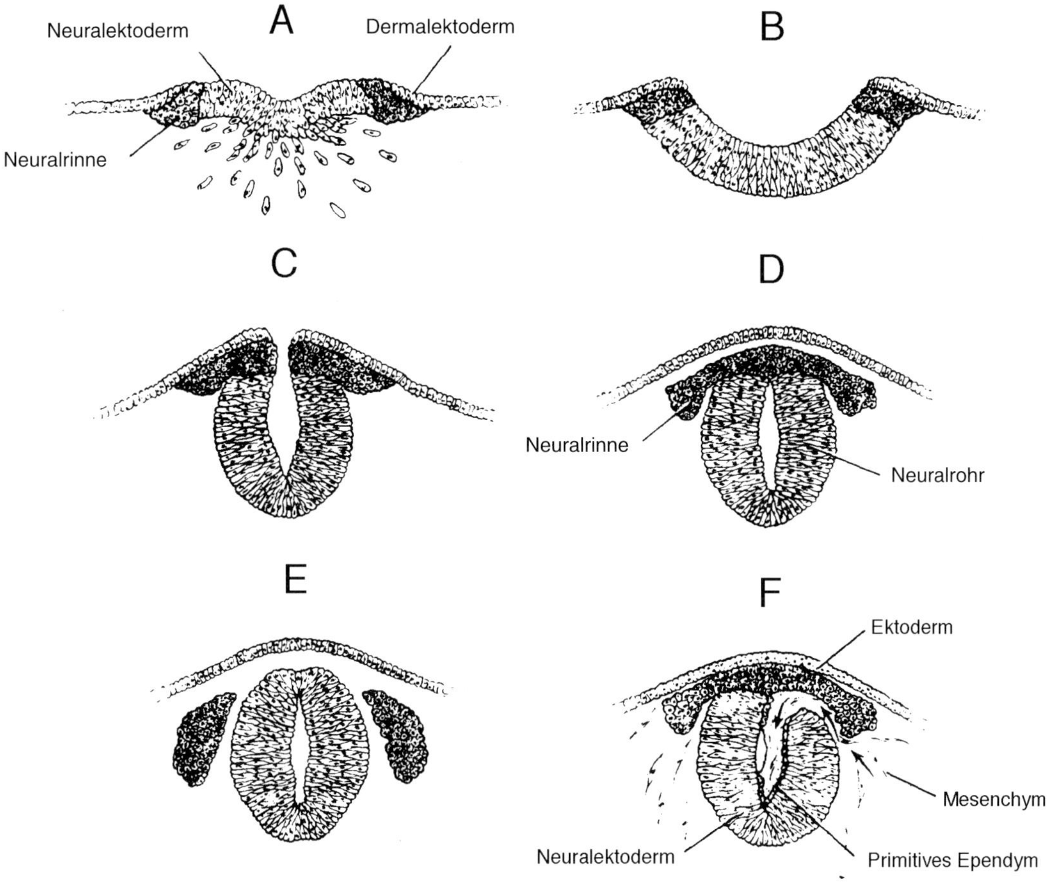

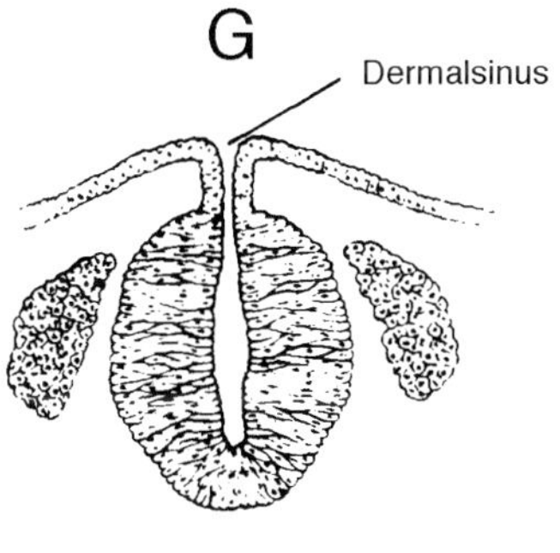

A Die Neuralplatte besteht aus dem neuralen und dem dermalen Ektoderm. Die Zellen dazwischen haben die Potenz, sich in Zellen der Neuralrinne zu differenzieren.

B Etwa am 17. Gestationstag beginnt sich der laterale Anteil der Neuralplatte zu verdicken und die Neuralfalte auszubilden.

C Kontraktile Filamente, die in den neuroepithelialen Zellen enthalten sind, kontrahieren sich, so daß sich die neurale Falte mit ihren Rändern dorsal über der gesamten Länge der Neuroaxis in der Mittellinie annähert.

D Die Neurulation, d.h. der Verschluß des Neuralrohres, beginnt in der oberen zervikalen Region sobald sich die Ränder in der Mittellinie getroffen haben. Während sich das Neuralrohr schließt, formt das Ektoderm eine komplette Bedeckung der neuralen Strukturen aus. In der gleichen Zeit lösen sich die Zellen der Neuralrinne von dem Neuralrohr und bilden eine dorsal gelegene intermediäre eigene Struktur.

E Aus den Zellen der Neuralrinne entwickeln sich schließlich die dorsalen Ganglien und andere Strukturen.

F Nachdem die prämature Trennung von neuralem und kutanem Ektoderm vollzogen ist, wandert das umgebende Mesenchym auf die innere Oberfläche des Neuralrohres. Wenn das Mesenchym mit der primitiven ependymalen Zellschicht in Berührung kommt, wird die Entwicklung von Fettgewebe und damit ein spinales Lipom induziert.

G Die inkomplette Differenzierung von kutanem und neuralem Ektoderm führt zur Entwicklung von Myelomeningozelen. Fokale Fehldifferenzierungen haben persistierende Verbindungen zwischen neuronalen Strukturen und der Haut i.S. von dorsalen dermalen Sinus zur Folge.

Nach Barkovich, A. J.: Pediatric Neuroimaging. Raven Press, New York 1990

Postnatale Entwicklung

Röntgenologisch markante Phasen der postnatalen Wirbelsäulenentwicklung

Primäre Knochenkerne	
Auftreten	pränatal (bei der Geburt vorhanden) Ausnahmen: vorderer Atlasbogen – 1. Lebensjahr Os coccygis – variabel
knöcherner Bogenschluß	1.–2. Lebensjahr (lumbal beginnend, zervikal bis 4. Lebensjahr)
Schluß der Wirbelbogenepiphyse (neurozentrale Synchondrose)	3.–7. Lebensjahr (thorakal beginnend, zuletzt lumbosakral)*
Verschmelzung Dens/Axis	3.–7. Lebensjahr
Verschmelzung der Sakralwirbel	Beginn und Abschluß sind sehr variabel; Verschmelzung kann sich über mehr als 10 Jahre erstrecken
Sekundäre Knochenkerne	
Wirbelkörperrandleiste	
Auftreten	um das 10. Lebensjahr (sehr variabel, erste Knochenkerne können im 7. Lebensjahr oder früher erscheinen)
komplette Randleiste	14.–15. Lebensjahr
Verschmelzung	um das 20. Lebensjahr (lumbal beginnend)
Fortsatzapophysen	
Auftreten	um die Pubertät (bei ♀ eher vor, bei ♂ eher nach Beginn der Pubertät)
Verschmelzung	15.–25. Lebensjahr, etwa 5–10 Jahre nach ihrem Auftreten (Persistieren möglich)
Ossiculum terminale (Dens)	
Auftreten	2.–6. Lebensjahr
Verschmelzung	um das 12. Lebensjahr

* Die Verschmelzung der neurozentralen Synchondrosen muß nicht seitengleich symmetrisch erfolgen; zeitliche Unterschiede zwischen rechts und links von mehreren Monaten sind möglich.

Nach Galanski, M.: Röntgenanatomie und Untersuchungstechnik der Wirbelsäule. In Schinz: Radiologische Diagnostik, Bd. V/2 Wirbelsäule – Rückenmark, 7. Aufl. Thieme, Stuttgart 1986

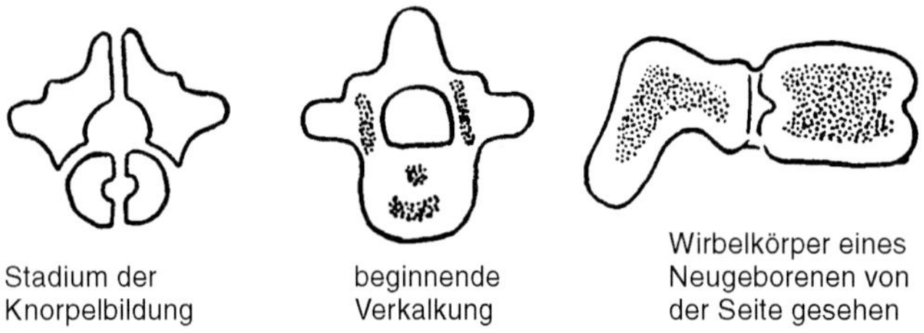

Stadien der Knorpelbildung, der beginnenden Kalzifikation und Ossifikation im Wirbelkörper von der 6. Fetalwoche (a) bis zum Neugeborenen (g)

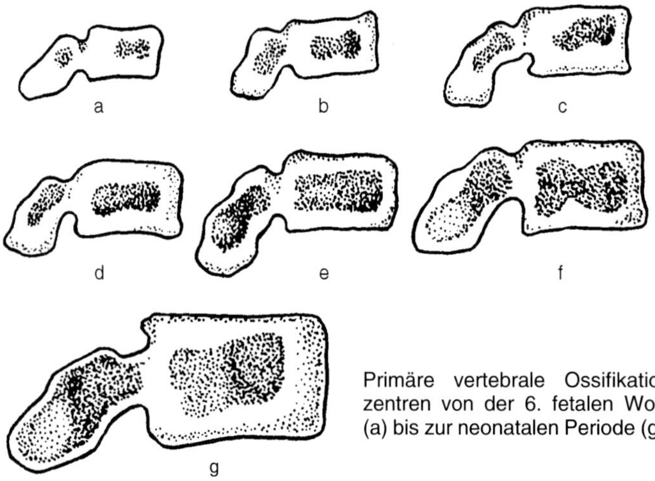

Primäre vertebrale Ossifikationszentren von der 6. fetalen Woche (a) bis zur neonatalen Periode (g)

Nach Meschan, I.: Röntgenanatomie. Enke, Stuttgart 1987

Entwicklung und Wachstum der Wirbelkörper

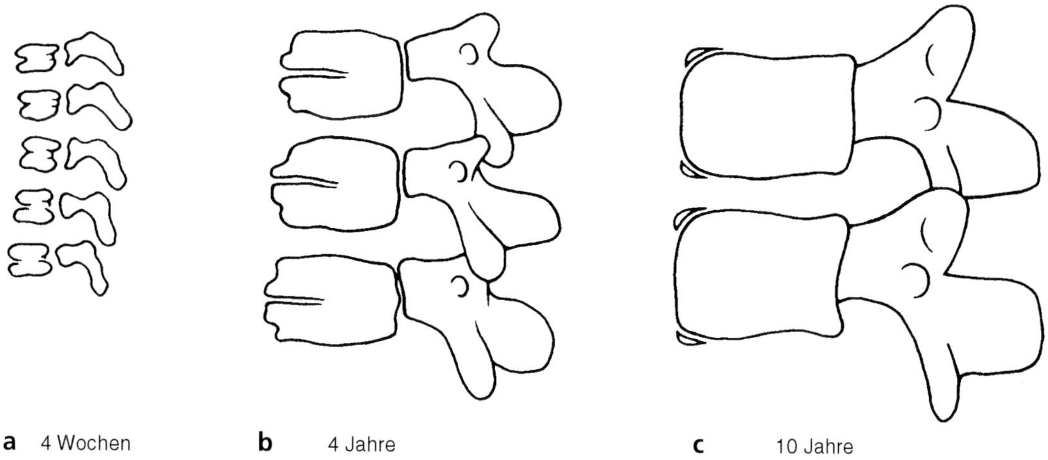

Seitliche Skizzen von Wirbeln in der Entwicklung, zeitlich versetzte Entwicklung von Wirbelbogen und Wirbelkörper (nach R. Grashey u. R. Birkner)

Nach Grashey, R., R. Birkner: Atlas typischer Röntgenbilder vom normalen Menschen. Urban & Schwarzenberg 1964

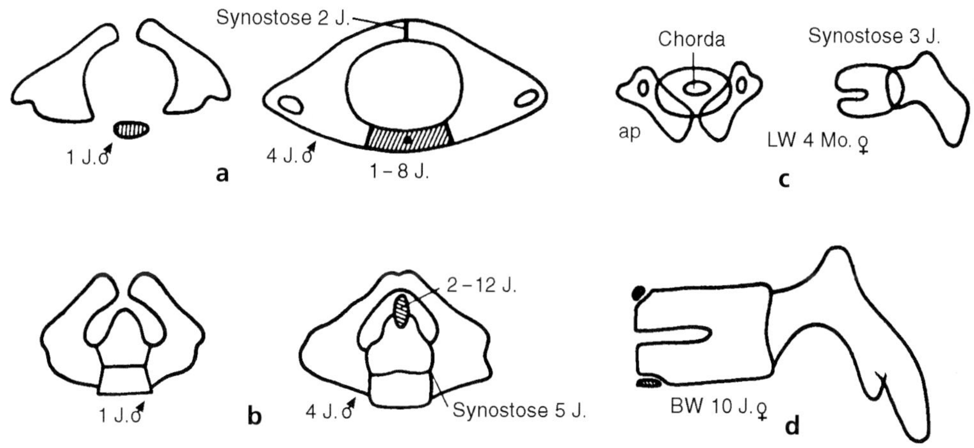

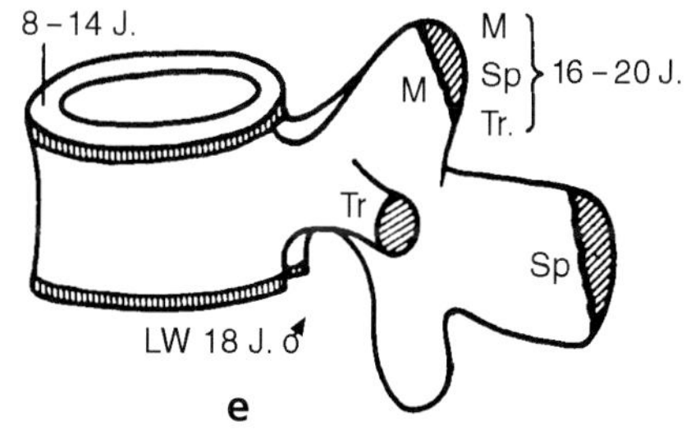

a) Entwicklungsstadien des 1. Wirbels (Atlas), b) Entwicklungsstadien des 2. Wirbels (Epistropheus). Im Dens des Epistropheus besteht vom 2.–12. Lebensjahr ein eigener Knochenkern. c) Ossifikationsstadium eines Lendenwirbels (4 Monate altes Mädchen). Der Venenkanal ist gut sichtbar. d) Brustwirbel eines zehnjährigen Mädchens mit Venenkanal (Hahnsche Spalte) und Randapophysen. e) Auftreten von Apophysenkernen im Lendenwirbel (18j. ♂). Die akzessorischen Knochenkerne der Randleiste, des Processus mamillaris (M), spinalis (Sp) und transversus (Tr) sind schraffiert.

Nach Heuck, F.: In Schinze: Radiologie des gesunden Skelettes. Lehrbuch der Röntgendiagnostik, Bd. II/1, 6. Aufl. Thieme, Stuttgart 1979

Größenentwicklung der Wirbel

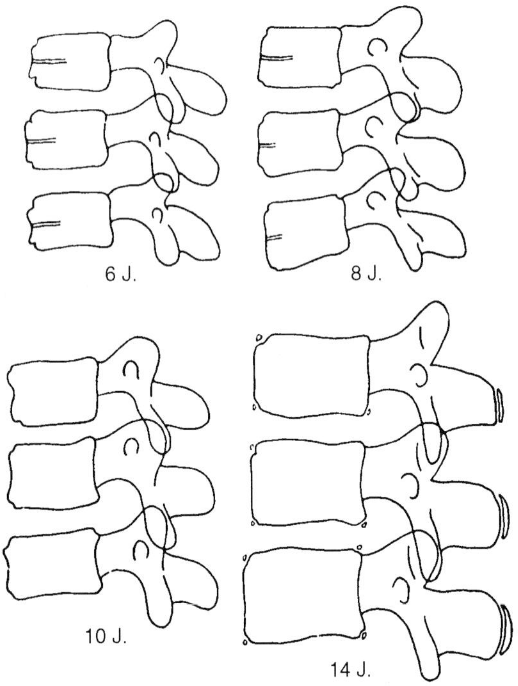

Umrißskizzen eines 6-, 8-, 10- und 14jährigen Menschen (nach Grashey-Birkner)

Nach Otte, P.: Zur Biomechanik der juvenilen Kyphose. In: Die Wirbelsäule in Forschung und Praxis, Bd. 60. Hippokrates, Stuttgart 1973
Nach Grashey, R., R. Birkner: Atlas typischer Röntgenbilder vom normalen Menschen. Urban & Schwarzenberg, München 1964

Herkunft der einzelnen Abschnitte von Hals-, Brust-, Lenden- und Sakralwirbel

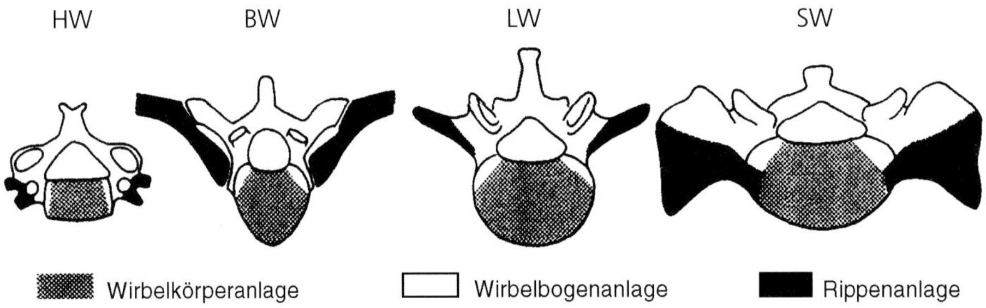

Nach Galanski, M.: Röntgenanatomie und Untersuchungstechnik der Wirbelsäule. In Schinz: Radiologische Diagnostik Bd. V/2 Wirbelsäule – Rückenmark, 7. Aufl. Thieme, Stuttgart 1986

Rippen und Sternum

Apophysen- und Epiphysenossifikation der Rippen und Wirbelquerfortsätze

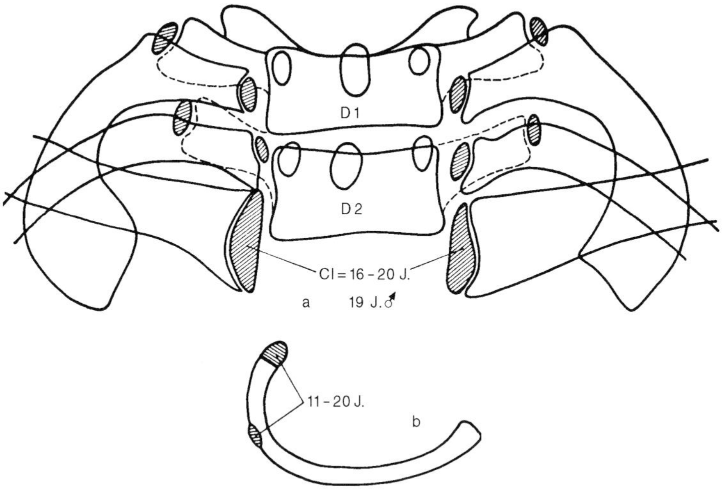

Obere Thoraxapertur (19j. ♂). Die Knochenkerne treten in der Pubertät auf und verschmelzen bis zum 20. Lebensjahr, bei Männern spätestens bis zum 25. Lebensjahr mit dem Hauptknochen. Die Querfortsatzapophysen des 1. Brustwirbels persistieren häufig. Cl = mediale Epiphysen der Klavikula. b) Am Köpfchen der Rippen und am Tuberculum costae tritt ein akzessorischer Knochenkern auf.

Nach Heuck, F.: Radiologie des gesunden Skelettes. In Schinz: Lehrbuch der Röntgendiagnostik Bd. II/1, 6. Aufl. Thieme, Stuttgart 1979

Schematische Darstellung der medianen Knochenverschmelzung

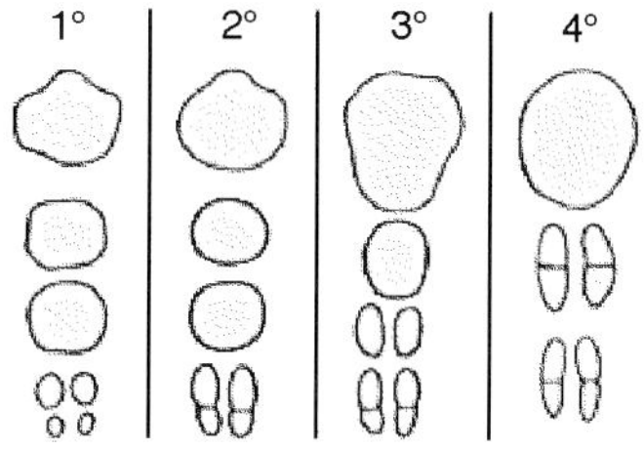

Das Sternum gilt als geeignetes Testobjekt zum Aufdekken von Entwicklungsstörungen des Skeletts. Es werden 4 Schweregrade der verzögerten medialen Kernverschmelzung bei weitergehender vertikaler Ossifikation unterschieden. Der 3. Grad wird bei dystrophischen Kindern beobachtet, der 4. Grad leitet zur Fissura sterni über.

Ossifikation und Verschmelzung der einzelnen Sternalabschnitte

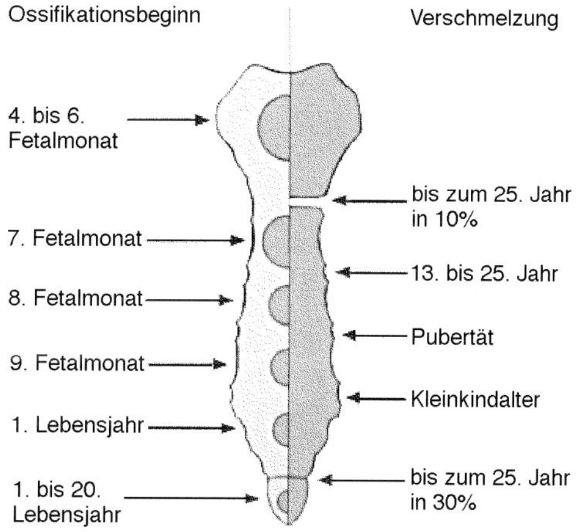

Ossifikation des Sternums

a Neugeborenes mit paarig symmetrisch angelegten unteren Kernen
b Neugeborenes mit asymmetrischen Kernen
c Entwicklung mit 3 Jahren
d Entwicklung mit 13 Jahren, kleiner Kern im Processus ensiformis
e Synostosierung der Kerne des Sternums (16–25 Jahre)

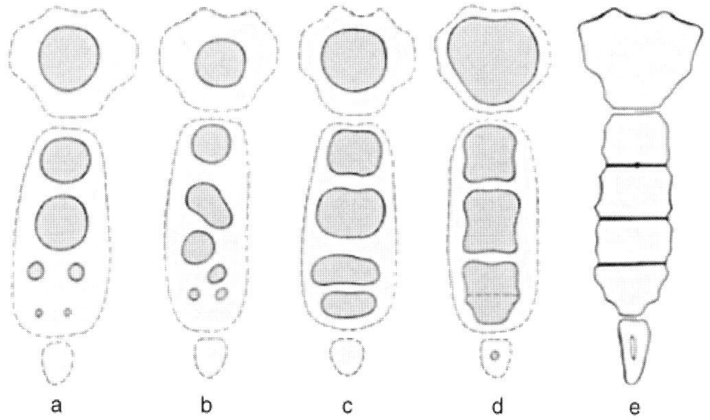

Nach Heuck, F.: Radiologie des gesunden Skelettes. In Schinz: Lehrbuch der Röntgendiagnostik, Bd. II/1, 6. Aufl. Thieme, Stuttgart 1979
Nach Köhler, A., A. E. Zimmer: Grenzen des Normalen und des Pathologischen im Röntgenbild des Skeletts, 13. Aufl. Thieme, Stuttgart 1989

Entwicklungsstörungen und Fehlformen der Wirbelsäule

Formalgenese von Wirbelfehlbildungen

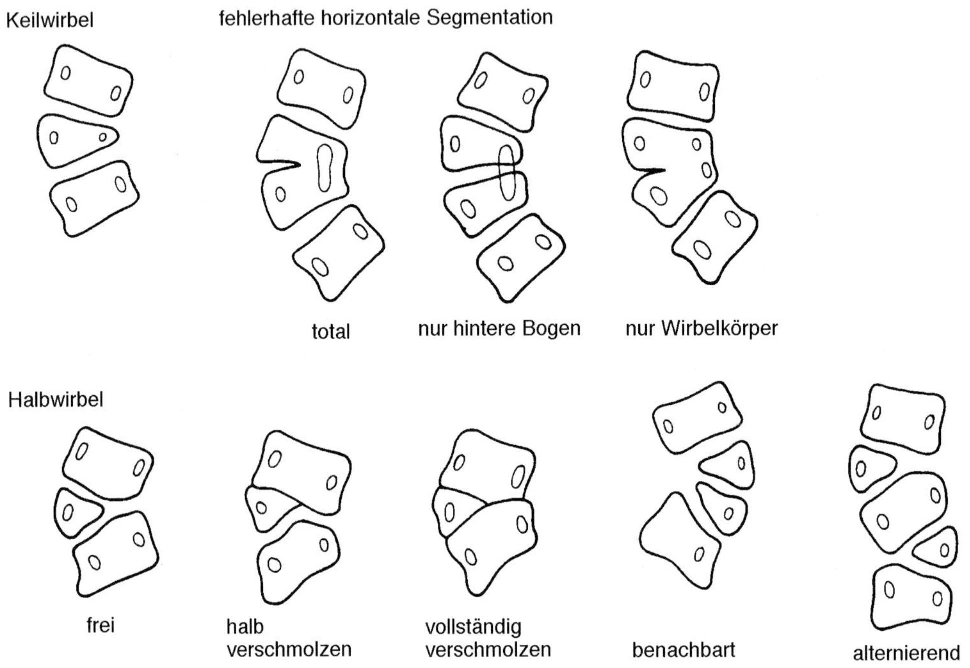

Nach Schmitt, E.: Die Wirbelsäule als Ganzes unter physiologischen und pathologischen Bedingungen. In Schinz: Radiologische Diagnostik, 7. Aufl, Bd. V/2 Wirbelsäule – Rückenmark. Thieme, Stuttgart 1986

Hemimetamere Segmentverschiebung

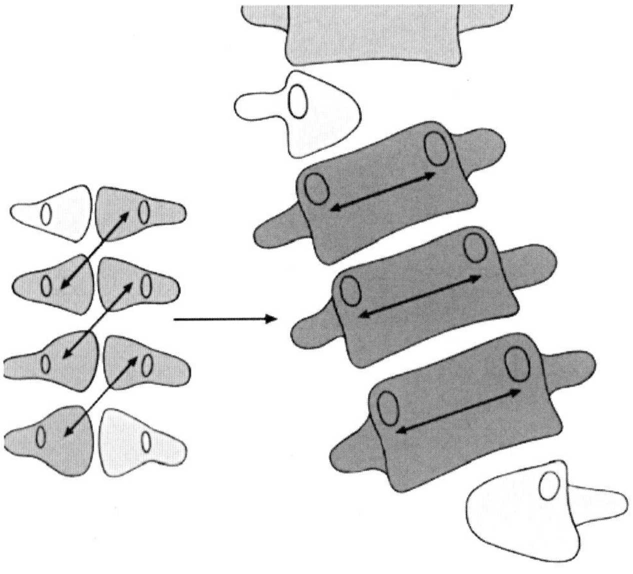

Formale Genese der sog. hemimetameren Segmentverschiebung, bei der die Wirbelanlagehälften segmentüberspringend „falsch" miteinander verwachsen. Oben und unten bleibt je ein seitlicher Halbwirbel übrig, der eine seitliche Keilform annimmt.

Nach Zimmer, E. A.: Grenzen des Normalen und Anfänge des Pathologischen im Röntgenbild des Skeletts. 12. Aufl. Thieme, Stuttgart 1982

Altantookzipitaler Übergang

Aplasien des hinteren Atlasbogens

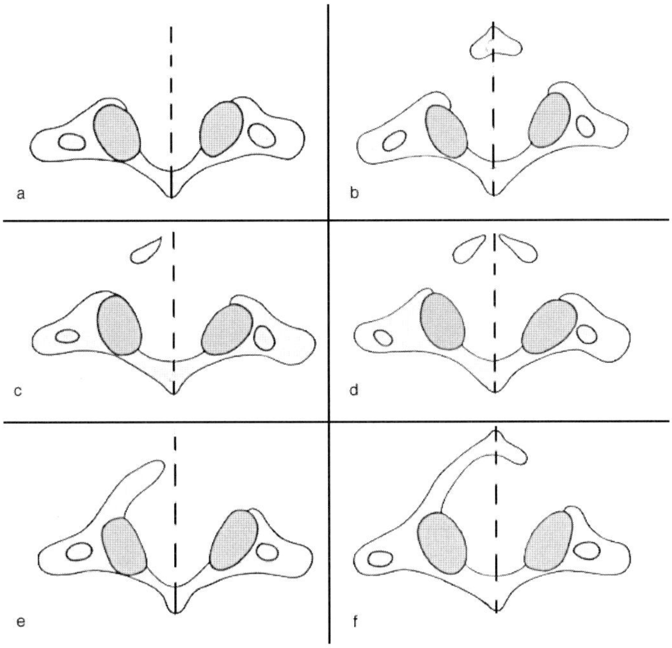

Verschiedene Typen partieller oder vollständiger Aplasie des hinteren Atlasbogens (nach v. Torklus)

a Totalaplasie
b Persistierendes Tuberculum posterius
c Paramedianer, einseitiger Bogenrest
d Doppelseitiger Bogenrest mit Spalt
e Hemiaplasie
f Teilaplasie einer Bogenhälfte

Nach Köhler, A., E. A. Zimmer: Grenzen des Normalen und Anfänge des Pathologischen im Röntgenbild des Skeletts. 12. Aufl. Thieme, Stuttgart 1982

Ursachen der atlantoaxialen Instabilität

Kongenital
- Atlasassimilation
- Denshypoplasie
- Os odontoideum
- Primär ligamentäre Atlasdislokation
- Syndrome: Trisomie 21, Morquio-Syndrom, metatropischer Zwergwuchs, Dysplasie spondyloepiphysaria congenita, Chondrodysplasia punctata (dominanter Typ)

Arthritiden
- Rheumatoide Arthritis des Erwachsenen
- Juvenile chronische Polyarthritis (polyartikulärer Typ)
- Ankylosierende Spondylitis (juvenile und Erwachsenenform)
- Psoriasisarthritis
- Reiter-Syndrom
- Systemischer Lupus erythematodes

Infektionen
- Osteomyelitis (hämatogen)
- Postpharyngeale Infektionen (Grisel-Syndrom)

Tumoren
- Primärtumoren
- Metastasen

Traumatisch
- Ruptur des Lig. transversum (z.B. bei Jefferson-Fraktur)
- Densfraktur
- Denspseudarthrose

Nach Reiser, M., P. E. Peters:
Radiologische Differentialdiagnose der Skeletterkrankungen. Thieme, Stuttgart-New York 1994

Ursachen der Basilarimpressionen

Leichte partielle Basilarimpressionen

1. *Vordere basilare Impression* (2. Kategorie)
   Klivushypoplasie
   Klivusdysplasie
   Nach kranial aufsteigende Ebene des Foramen magnum
   Mit oder ohne Platybasie

2. *Posterolaterale Impression* (3. Kategorie)
   Kondylenhypoplasie
   Hypoplasie des posterolateralen Anteils
   Kondylenhypoplasie und Hypoplasie des posterolateralen Anteils

Die einseitige Basilarimpression (4. Kategorie)
   Immer posterolateral mit oder ohne Kondylenhypoplasie
   Mit bidigastrischer Linie und intervestibularer Senkrechte zu analysieren
   Als transversale Dislokation anzusehen

Die Basilarimpression im Zuge einer weitergehenden Fehlbildung (5. Kategorie) des Schädel-Hals-Überganges (mit Atlasassimilation, Bänderfehlbildung usw.)
Die erworbene (nicht fehlgebildete) Basilarimpression des Paget. Recklinghausen, Jaffe-Lichtenstein usw. (6. nicht fehlgebildete Basilarimpression)

Nach Wackenheim, A.:
Fehlbildungen am Schädel-Hals-Übergang. In Handbuch der Medizinischen Radiologie, Bd. VI/1. Springer, Berlin 1974

Synopsis der Keilwirbel-Genese

kongenital

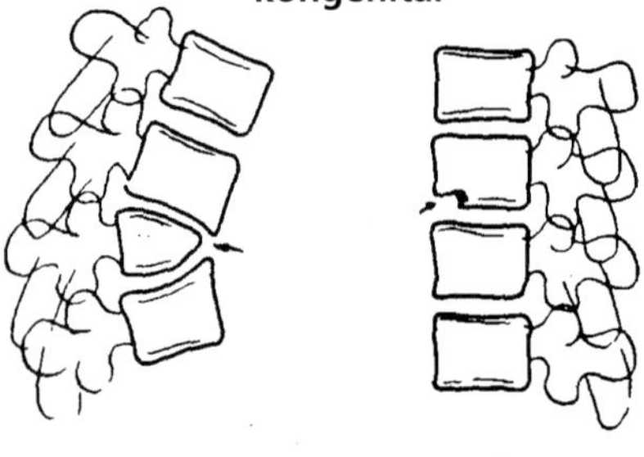

A **B**

A Halbwirbel
1. alle Knochen erscheinen gesund
2. die vordere Hälfte des Wirbels fehlt und ist nicht komprimiert
3. die angrenzenden Wirbel sind vergrößert, um die Deformität auszugleichen
4. keine Vorwölbung nach vorne
5. andere Entwicklungsabnormalitäten (Rippe) können vorhanden sein
6. die Zwischenwirbelräume sind erhalten

B verursacht durch ein persistierendes vorderes *Schmorisches Knötchen* (selten)
1. im allgemeinen ist die untere Fläche betroffen
2. keine Vorwölbung nach vorne
3. scharf begrenzter Deckplattendefekt
4. Zwischenwirbelräume gut erhalten

kongenital metabolisch

Lipochondrodystrophien

zungenähnliche Projektion auf Th 12 oder L1 und die angrenzenden Wirbel, man beachte die Fehlstellung von L1 und den dorsalen Gibbus

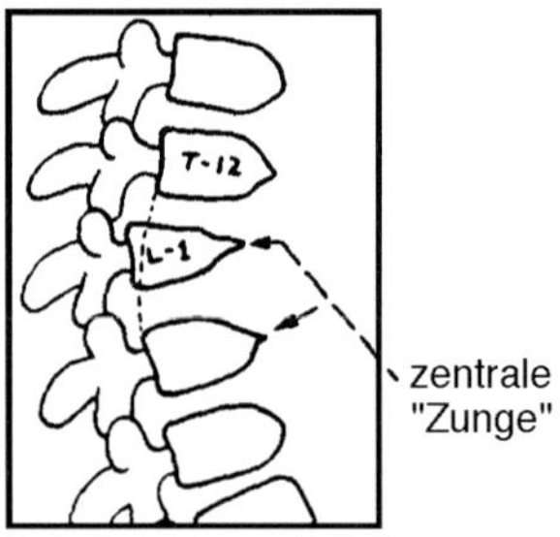

Morquio-Brailsford-Typ

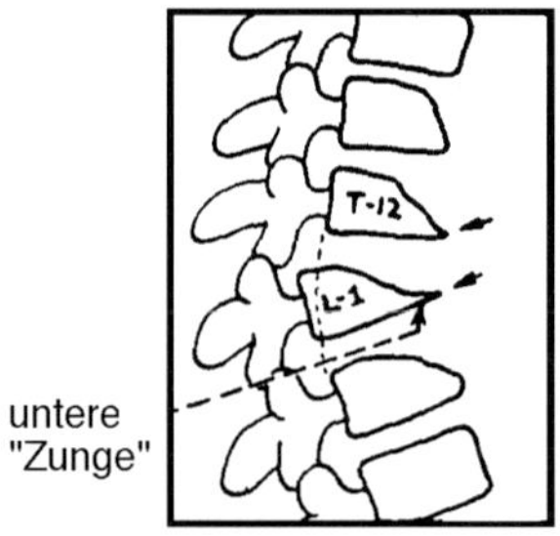

Pfaundler-Hurler-Typ, Gargoylismus

metabolisch

bikonkave Erscheinung von „Fischwirbeln" (Osteomalazie; senile und juvenile Osteoporose); Blutdyskrasie; Hyperparathyreoidismus

Die Deckplatten der Wirbel sind bikonkav und die Wirbelkörper im Mittelteil verschmälert.
Das Knochenmuster ist radiotransparent mit einer relativen Sklerose der Peripherie

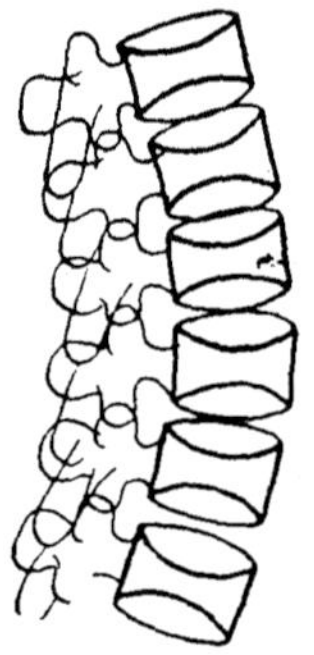

traumatisch

Kompressionsfraktur
1. Frakturlokalisation (nicht krampfinduziert)
   a) untere Hälfte der HWS
   b) untere Hälfte der BWS
   c) überall in der LWS
2. Durch Krämpfe induzierte Frakturen, im allgemeinen in Th3, Th4, Th5, Th6

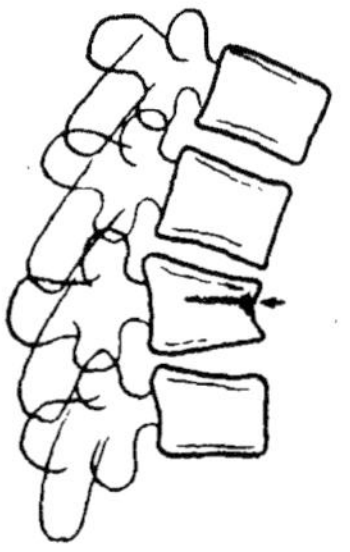

frische Kompressionsfrakturen: ventral besteht eine Diskontinuität, und eine unregelmäßige sklerotische Frakturlinie ist zu sehen: sie verschwindet nach der Heilung

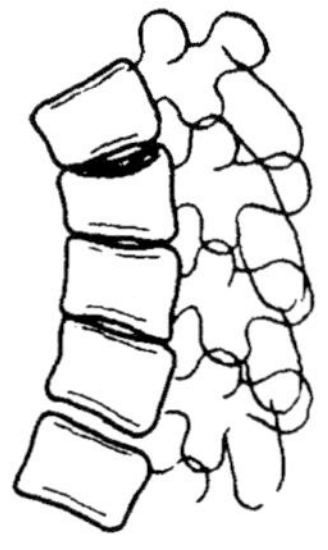

Reihenfolge der Veränderungen, die nach Frakturen (im allgemeinen thorakal) bei Krampfanfällen folgen.
1. obere Deckplattenimpression
2. Deckplattensklerose
3. vordere Keilbildung
4. kyphotische Deformität

Nach Meschan, I., R. M. Farrer-Meschan: Diagnostik mit bildgebenden Verfahren, Bd. III. Enke, Stuttgart 1991

Kongenitale physiologische und pathologische Wirbeldefekte

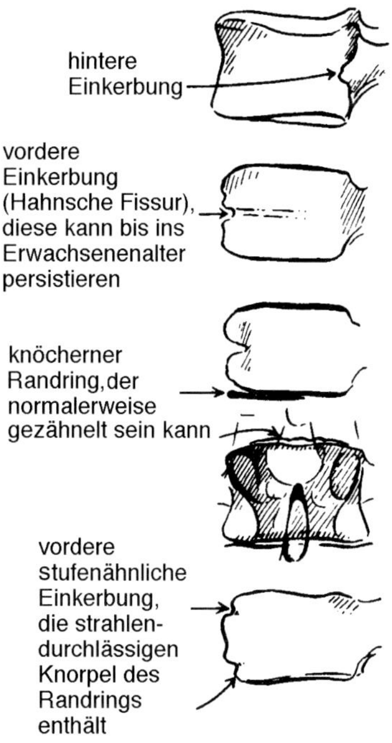

Die normalen Formen von hinteren und vorderen Einkerbungen an den Wirbelkörpern. Die vorne gelegene stufenähnliche Einkerbung verändert ihre Kontur in Abhängigkeit von den knorpeligen Deckplatten der Wirbelkörper.

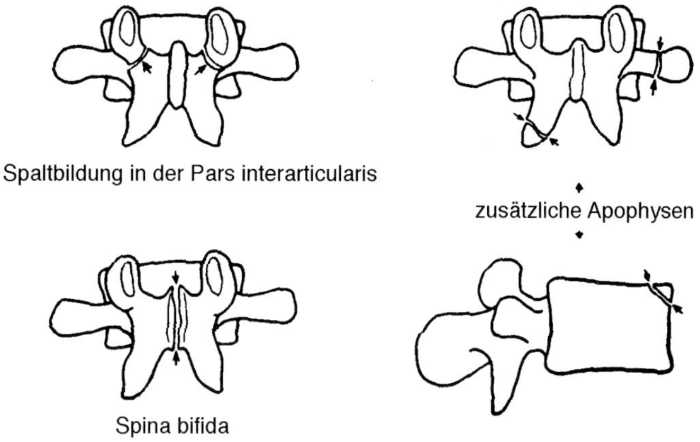

Defekte in der Ossifikation der Wirbel

Nach Meschan, I.: Röntgenanatomie. Enke, Stuttgart 1987

Differentialdiagnostik der angeborenen und erworbenen Blockwirbel

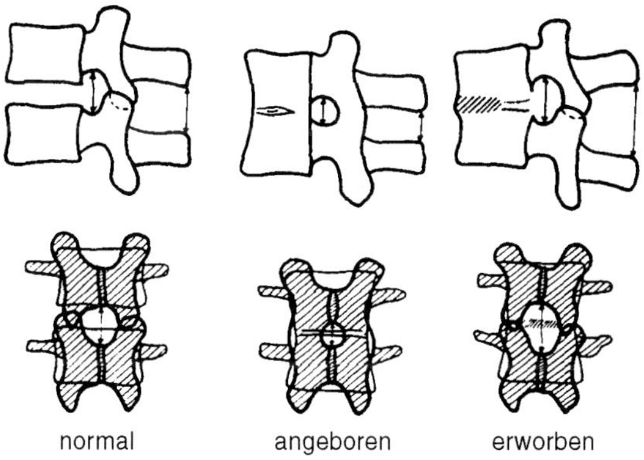

Nach Diethelm, L.: Fehlbildungen der Corpus vertebrae. In Handbuch der Medizinischen Radiologie, Bd. VI/1. Springer, Berlin 1974

Condylus tertius

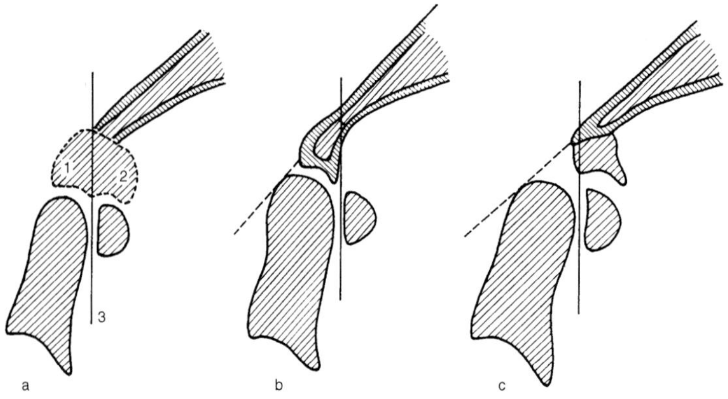

a Entwicklungsgebiet des chordalen Condylus tertius (*1*), Entwicklungsgebiet des hypochordalen Condylus tertius (*2*), Längsachse des odontoatlantischen Gelenks,
b Chordaler Condylus tertius mit Kortikalis-Verbundenheit,
c Hypochordaler Condylus tertius mit Kortikalis-Unterbundenheit

Normvarianten und Apophysen

Isolierte Knochenkerne

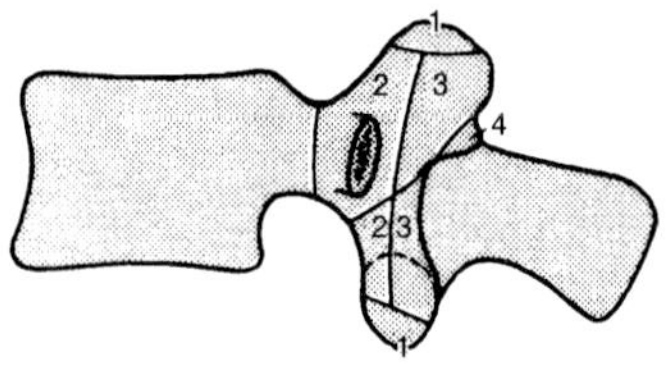

Isoliert auftretende Kerne an den Gelenkfortsätzen sind mit 1–4 bezeichnet, ebenso sind die Spaltlinien eingezeichnet. 4 = Isthmusknöchelchen (Schema nach Oppenheimer)

Nach Köhler, A., E. A. Zimmer: Grenzen des Normalen und Anfänge des Pathologischen im Röntgenbild des Skeletts. 12. Aufl. Thieme, Stuttgart 1982

Die Wachstumszonen in der Wirbelbogenreihe

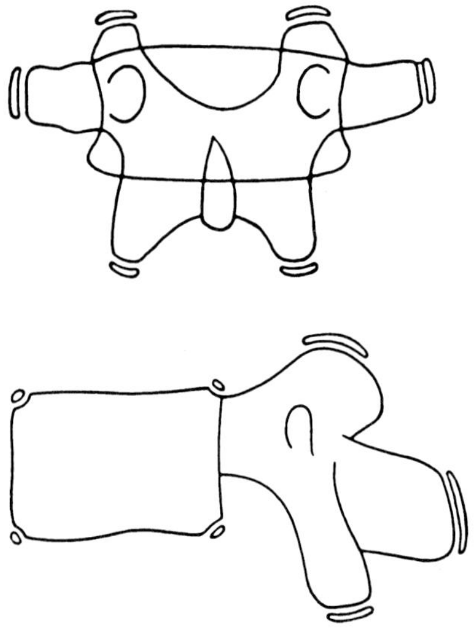

Beachte die **Apophysen** an den oberen und unteren Gelenkfortsätzen

Nach Otte, P.: Zur Biomechanik der juvenilen Kyphose. In Die Wirbelsäule in Forschung und Praxis, Bd. 60. Hippokrates, Stuttgart 1973
Nach Grashey, R., Birkner, R.: Atlas typischer Röntgenbilder vom normalen Menschen. Urban & Schwarzenberg, Berlin 1964

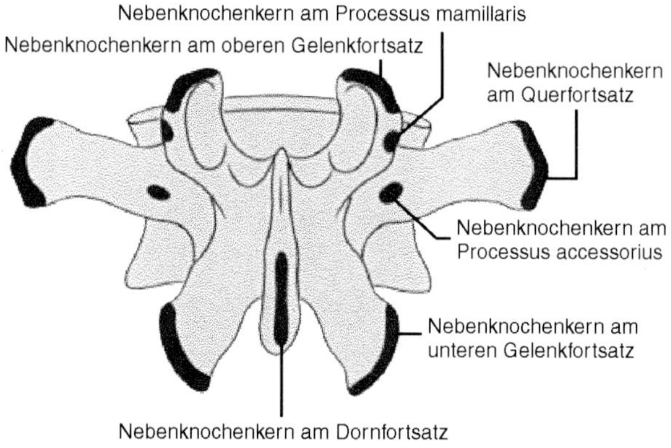

Nebenknochenkerne (Spätapophysen) der Wirbelfortsätze.

Nach Wolters, H., W. Höffken: Fehlbildungen der Wirbelbögen. In Handbuch der medizinischen Radiologie, Bd. 6/1. Springer, Berlin 1974

Normvarianten

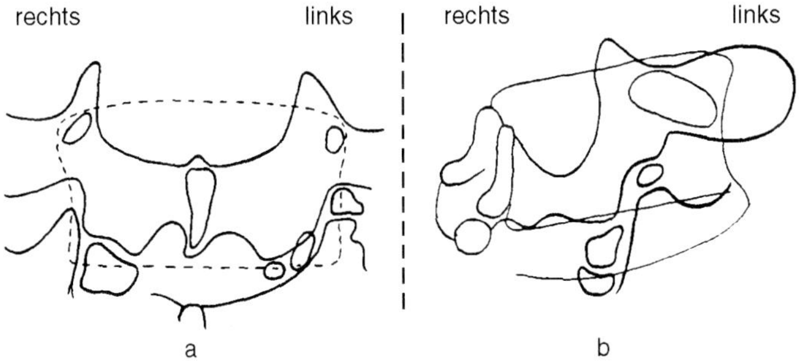

Büscher: Mehrere Knochenkerne an Stelle des Gelenkfortsatzes des letzten Lendenwirbels links (Apophysen?). Isolierter Knochenkern über der Gelenkfortsatzspitze des 1. Kreuzbeinwirbels links. (Trennung des Gelenkfortsatzes des letzten Lendenwirbels rechts durch eine große spaltartige Aufhellung von seiner Basis)

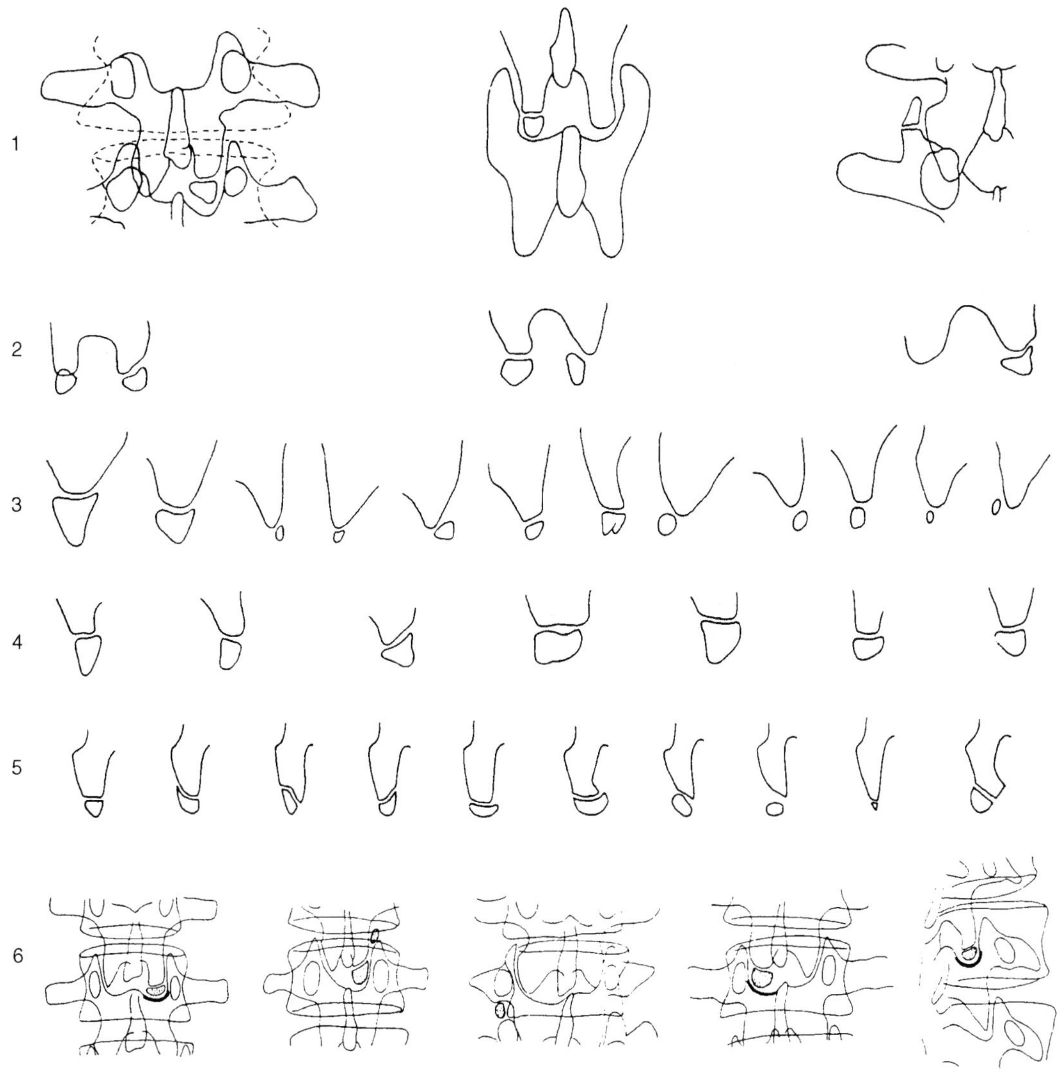

Sagittalaufnahmen: Beispiele persistierender Gelenkfortsatzapophysen
Reihe 1 (von links nach rechts): Müller, Reisner, Litten
Reihe 2 untere Gelenkfortsätze: Lang, Nöller (2mal).
Reihe 3 Regensburger.
Reihe 4: Litten (2mal), Simons (2mal), Junghanns, Müller (1931), Grashey (1931).

Reihe 5 und 6: Boisot, Lagarde und Laurens: kappenförmige, halbmondförmige, ovale, knotenförmige, maulbeerförmige, dreieckige und nierenförmige Apophysen. Man beachte die muldenförmige Dysplasie der Isthmusregion (Zeile 6, Fig. 1, 4 und 5) mit deutlicher Sklerosierung der Kontur „Swayback-Syndrom"

Nach Wolfers, H., W. Hoeffken: Fehlbildungen der Wirbelbögen. In Handbuch der Medizinischen Radiologie, Bd. VI/1. Springer, Berlin 1974

Störungen der Wirbelentwicklung

Schema der normalen Wirbelentwicklung

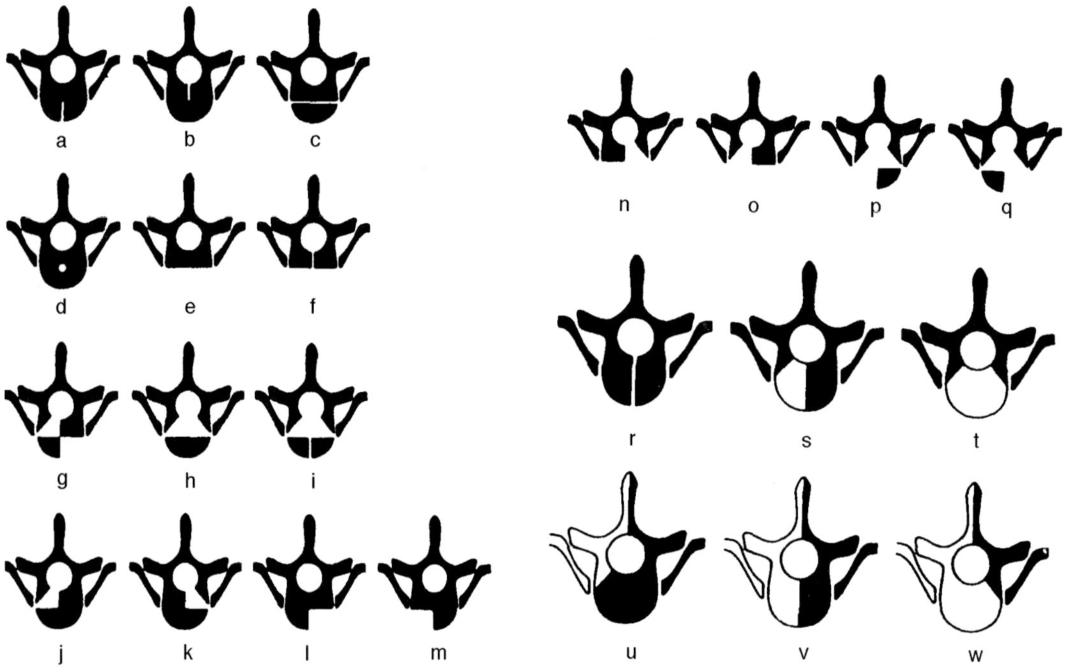

a: partielle ventrale Spalte, b: partielle dorsale Spalte, c: Querspalte, d: persistierende Chorda, e: Hemisoma post., f: Hemisoma post. mit Sagittalspalte, g: diagonale Knochenkerne, h: Hemisoma ant., i: Hemisoma ant. mit Sagittalspalte, j, k. l, m: Dreiviertelwirbel, n, o, p, q: Viertelwirbel, r: Somatoschisis, s: Hemisoma, t: Asoma, u: Dimerospondylus, v: Hemispondylus, w: Epitritospondylus

Nach Lehmann, R., H. P. Molsen: Neuroradiologie des Spinalkanals. Hirzel, Leipzig 1985
Nach Schmorl, G., H. Junghans: Die gesunde und die kranke Wirbelsäule in Röntgenbild und Klinik. Thieme, Stuttgart 1968

Verschiedene Grade der partiellen sagittalen Wirbelkörperspalten

Seitenbild, in Aufsicht und in a.p. Bild ohne Berücksichtigung der Veränderungen an den Nachbarwirbeln

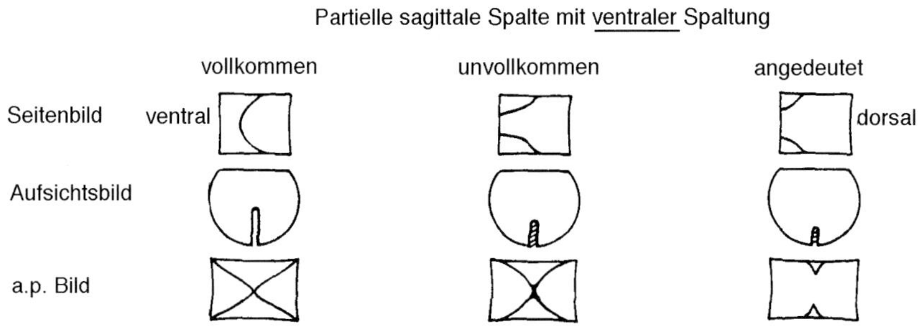

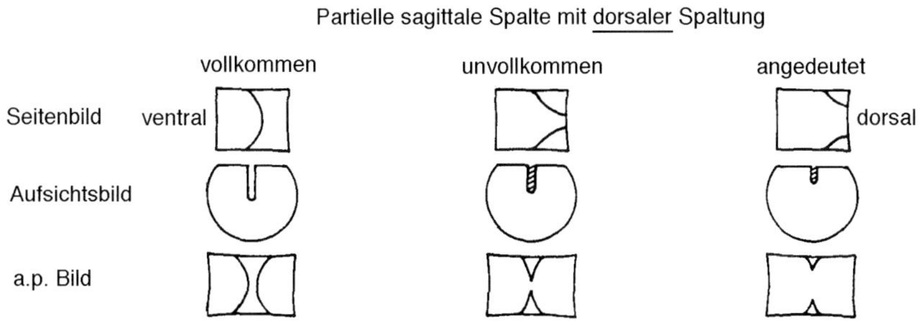

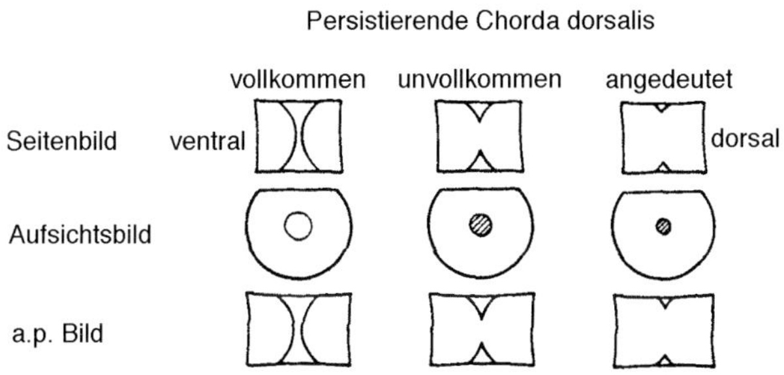

Nach Diethelm, L.: Fehlbildungen der Corpus vertebrae. In Handbuch der Medizinischen Radiologie, Bd. VI/1. Springer, Berlin 1974

Wirbelkörper-Fehlentwicklungen

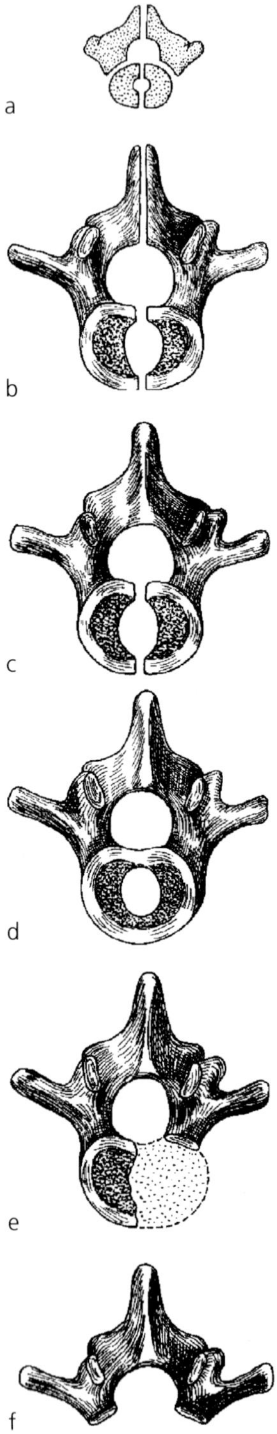

Fehlbildungen, die aus *Störungen im Vorknorpelstadium* resultieren.
a) Vorknorpelstadium, b) komplette Sagittalspalte, c) sagittale Wirbelkörperspalte, d) persistierender Chordakanal, e) seitlicher Halbwirbel, f) Wirbelkörperaplasie

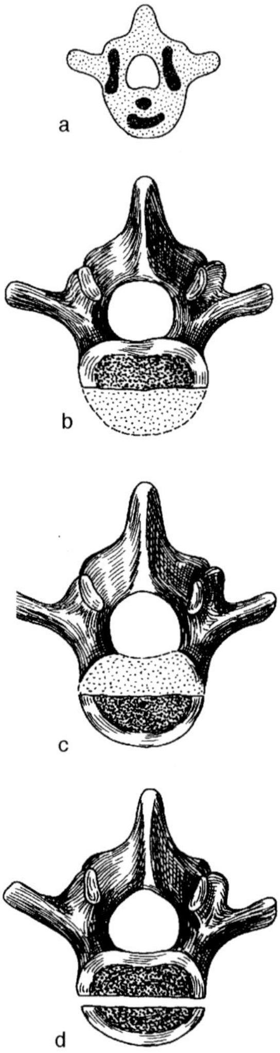

Fehlbildungen, die aus *Störungen beim Einsetzen der Verkalkung* hervorgehen.
a) Beginnende Verkalkung, b) dorsaler Halbwirbel, c) ventraler Halbwirbel, d) frontale Wirbelkörperspalte

Nach Köhler, A., E. A. Zimmer: Grenzen des Normalen und Anfänge des Pathologischen im Röntgenbild des Skeletts. 12. Aufl. Thieme, Stuttgart 1982

Wirbelbogen-Fehlentwicklungen

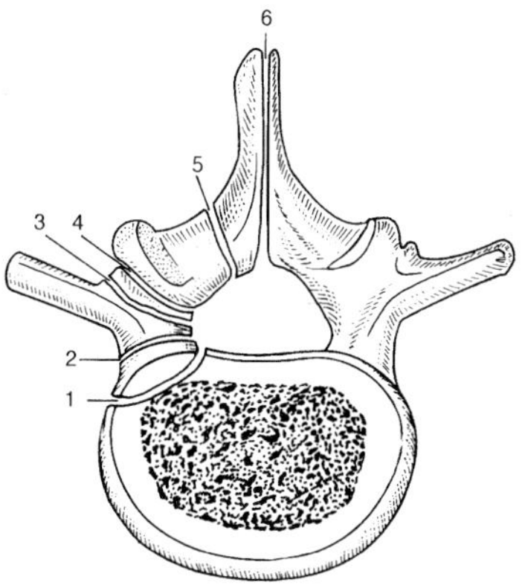

1 u. 2 = retrosomatische (Bogenwirbel-)Spalten
3 u. 4 = Spalten im Zwischenwirbelgelenkstück
5 = retroisthmische Spalte
6 = mediane (evtl. Dornfortsatz-)Spalte

Spalten und Defekte im Wirbelbogen und in seinen Fortsätzen

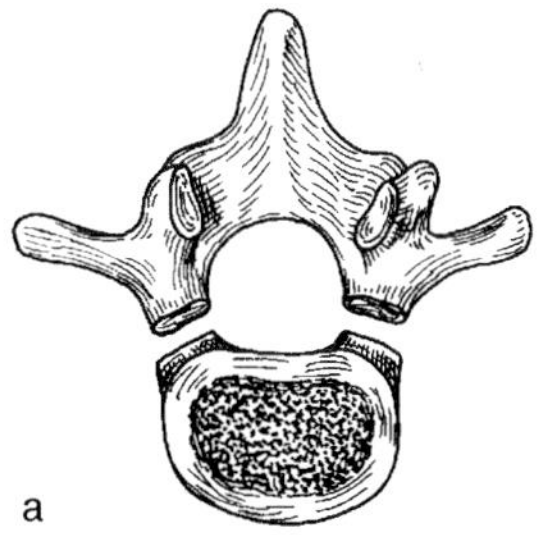

a

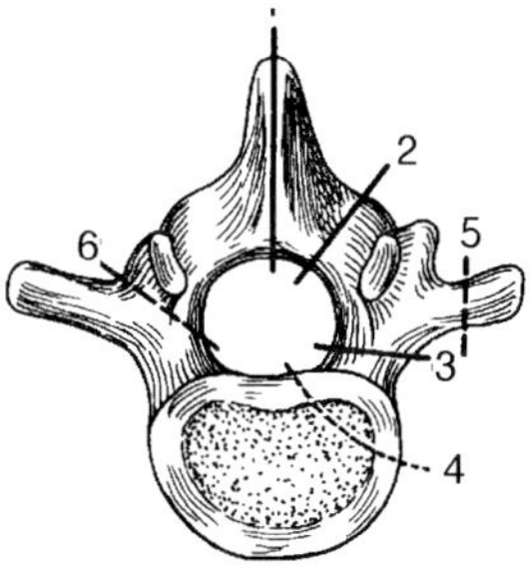

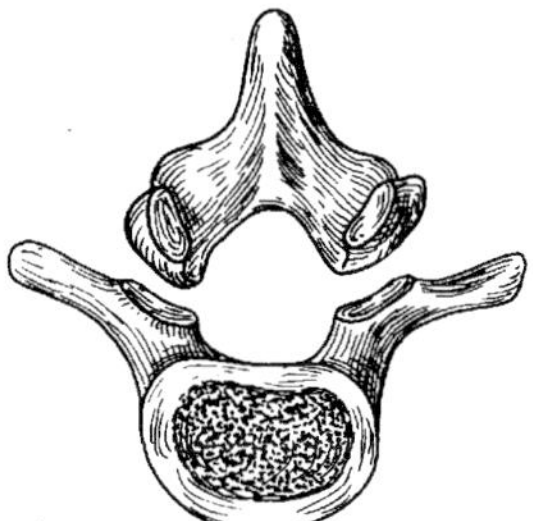

b

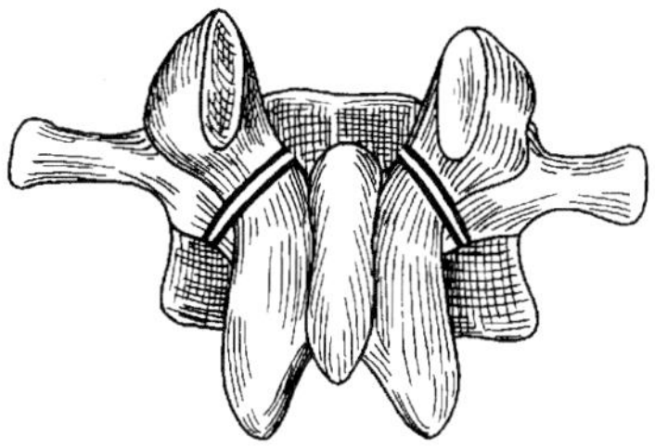

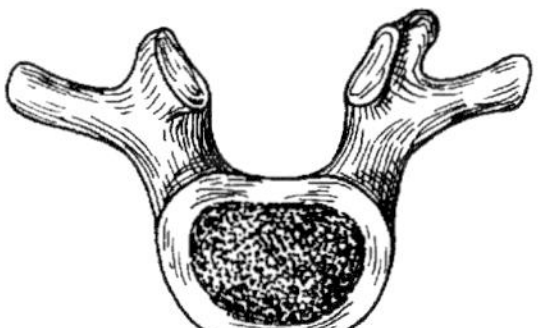

c

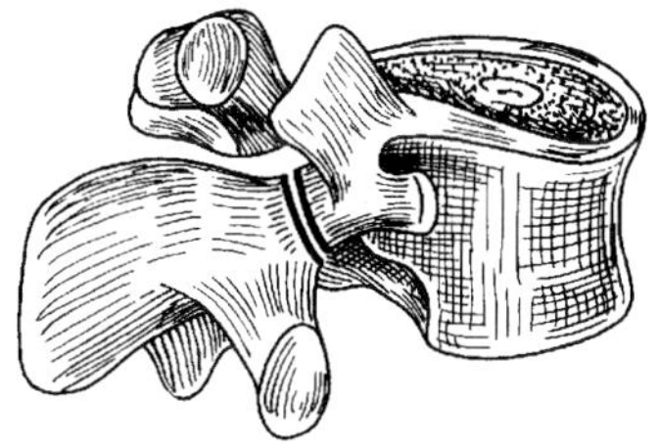

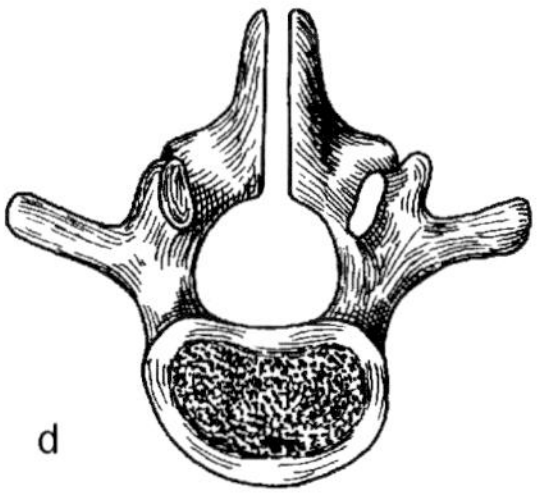

d

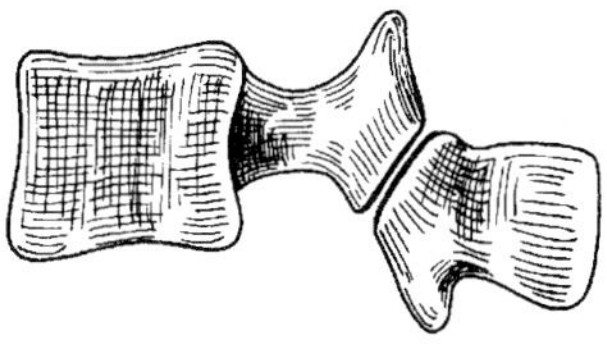

a Bogenwurzelfuge
b Spaltung der Interartikularportion
c hinterer Wirbelbogendefekt
d medianer Wirbelbogendefekt

Nach Köhler, A., E. A. Zimmer: Grenzen des Normalen und Anfänge des Pathologischen im Röntgenbild des Skeletts. 12. Aufl. Thieme, Stuttgart 1982

Nomenklatur der Wirbelbogenspalten

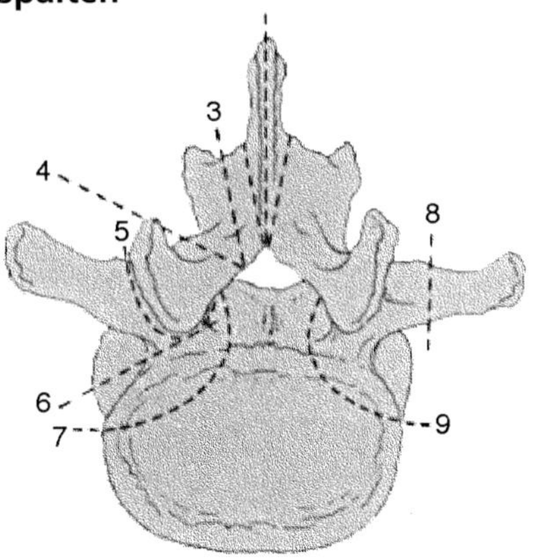

Nomenklatur nach:

Willis	*Taillard*	*Töndury*
1 Zentrale typische Spina bifida	*1* Spina bifida	*1* Spina bifida
3 Azentrische spina bifida	*2* Spina bifida, retroisthmische	*3* retroisthmisch
4 Normale interartikuläre Spaltbildung	*4* Spondylolyse	*4* interartikulär
5 Sitz eines Defektes (Spaltes) an Skelett	*5*	*5*
6 Wie *4*a	*6* Spalte im Bereich der Bogenwurzel (Hammerbeck, Olsson)	*6* retrosomatisch
7 Lokalisation der Verschmelzungslinie zwischen Bogenwurzel und Wirbelkörper	*7* Kontinuitätsunterbrechung an der Nahtstelle zwischen Bogenwurzel und dem Wirbelkörpermassiv (Neugebauer)	*7* Unterbrechung innerhalb der Bogenepiphyse
8 Wie*4*a	*8* Spalte, die den Querfortsatz unterteilt	*8* Unterbrechung am Abgang des Proc. costarius

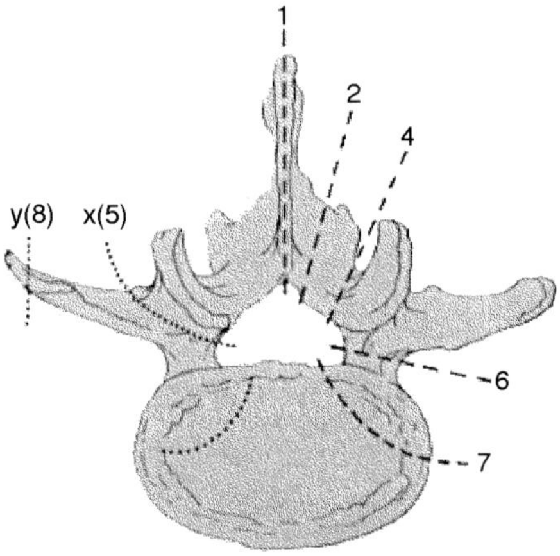

Nomenklatur nach:

Liechti	*Schmorl-Junghanns*
1 Sagittale mediane Dornfortsatzspalte	*1* Sagittale Dornfortsatzfuge
2 Spalte neben dem Dorn	
4 Spalte der Interartikularportion	*4* Fuge im Zwischengelenkstück (Spondylolyse)
x5 Beobachtung von Willis	
6 Spalte in der Wirbelbogenwurzel	*6* Fuge in der Wirbelbogenwurzel
7 Grenze zwischen Wirbelbogenwurzel und Wirbelkörper	
y8 Beobachtung von Willis	

Nach Wolfers, H., W. Hoeffken: Fehlbildungen der Wirbelbögen. In Handbuch der Medizinischen Radiologie, Bd. VI/1. Springer, Berlin 1974

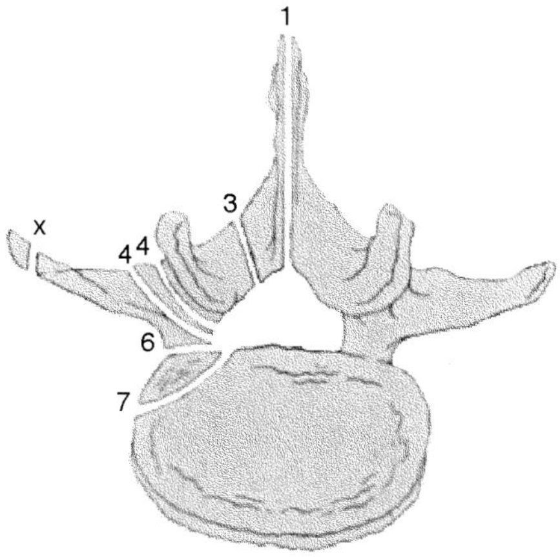

Nomenklatur nach:

Köhler-Zimmer
1 Dornfortsatzspalte
3 Retroistmische Spalte
4 } Spalten im Zwischengelenks-
5 } teil
6 Bogenwurzelspalte
7 Retrosomatische Spalte (!!)
8 Persistierende Querfortsatzapophyse

Exner

3 Retroistmische Spalte
4 } Spalte(n) im Zwischengelenks-
5 } teil
6 Bogenwurzelspalte

Brocher
1 Spina bifida medialis
3 Retroisthmische Spalte
4 } Spalte im Zwischengelenks-
5 } stück, Spondylolyse
6 Retrosomatische Spalte

Unterschiedlich bezeichnete Bogenspalten

Opistho-toxoschisis — Emiopistho-toxon — Anopistho-toxon — Dimero-spondylus — Hemi-spondylus

Nomenklatur nach *Putti*

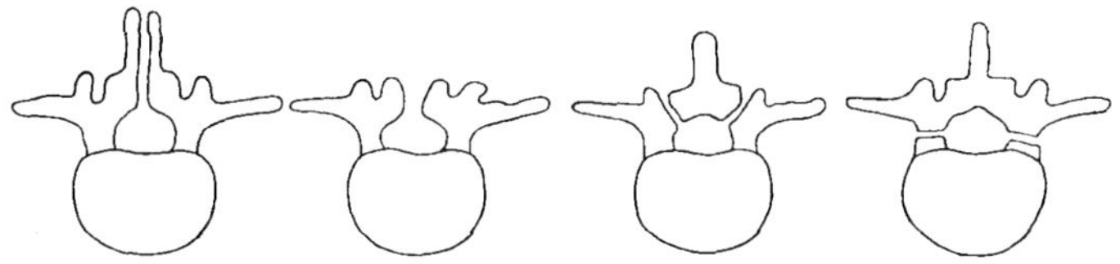

schmaler medianer Spalt — breiter medianer Spalt — Sponylolyse — Spalt in beiden Bogenwurzeln

Nomenklatur nach *Schinz-Baensch-Friedl-Uehlinger*

Nach Wolfers, H., W. Hoeffken: Fehlbildungen der Wirbelbögen. In Handbuch der Medizinischen Radiologie Bd. VI/1. Springer, Berlin 1974

Röntgenbefunde bei verschiedenen Varianten der Spina bifida (Barson 1970)

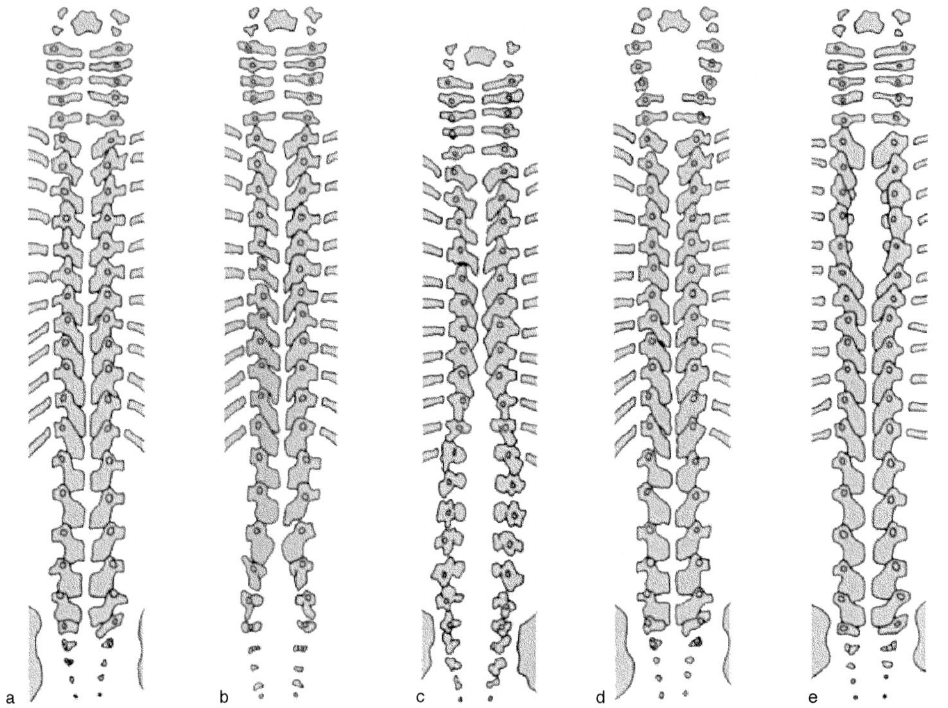

a Normales Neugeborenes

b Lumbosacrale Spina bifida

c Thorakolumbosacrale Spina bifida

d Cervicale Spina bifida

e Obere, thorakale Spina bifida

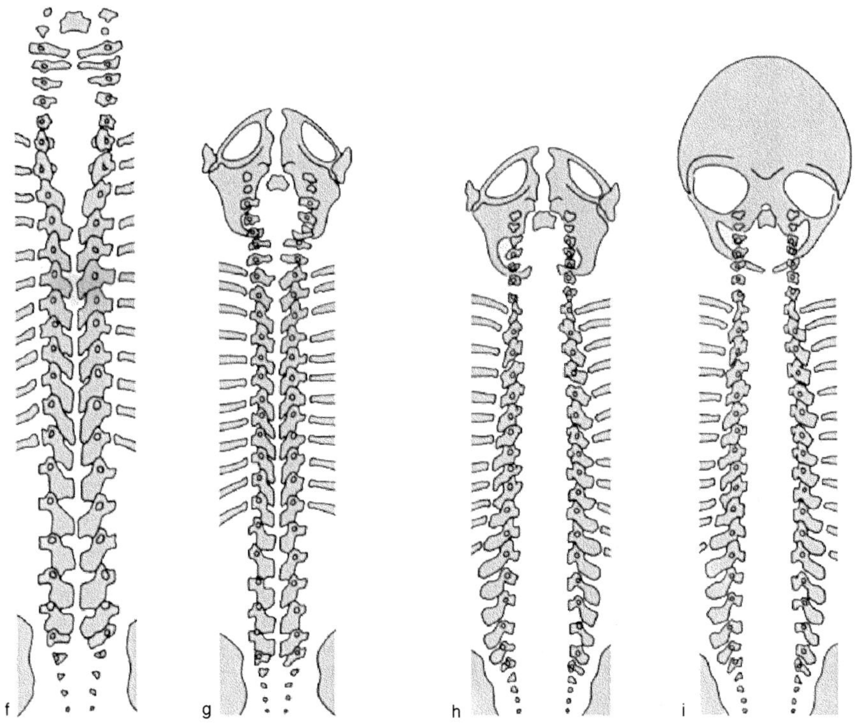

f Cervicothorakale Spina bifida

g Anencephalus mit cervicaler Spina bifida

h Anencephalus mit totaler Spina bifida

i Totale Spina bifida

Nach Barson, A. J.: Spina bifida: The significance of the level and extent of the defect of morphogenesis. Dev. Med. Child. Neurol. 12 (1970) 129

Altersverteilung und Häufigkeit der Spina bifida

Alter (Jahre)	♂		♀	
	n	%	n	%
5– 6	51	68,6	53	60,4
7– 8	51	66,7	50	68,0
9–10	51	76,5	53	60,4

Nach Steingrüber, H.-J., R. D. Schulz: Die Häufigkeit der Spina bifida occulta bei Gesunden und Enuresis-Patienten. Dt. med. Wschr. 96 (1971) 21–27

Spina bifida

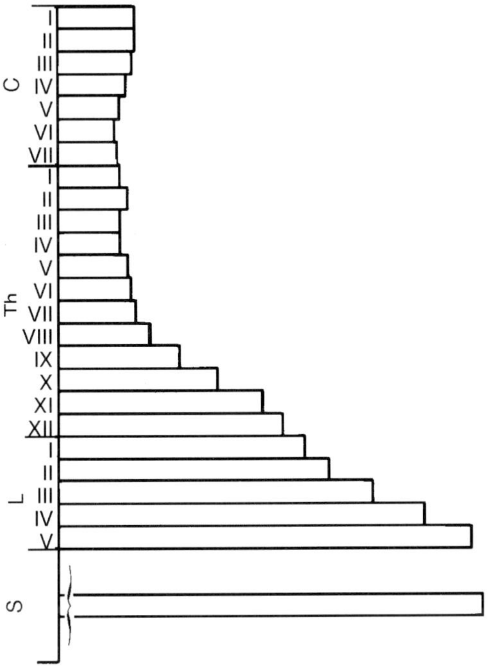

Höhenverteilung der beteiligten Wirbelbögen an der Spina bifida von 510 lebenden Kindern und 90 Totgeburten

Nach Barson, A. J.: Spina bifida: The significance of the level and extent of the defect of morphogenesis. Dev. Med. Child. Neurol. 12 (1970) 129

Zelenbildung bei Spina bifida

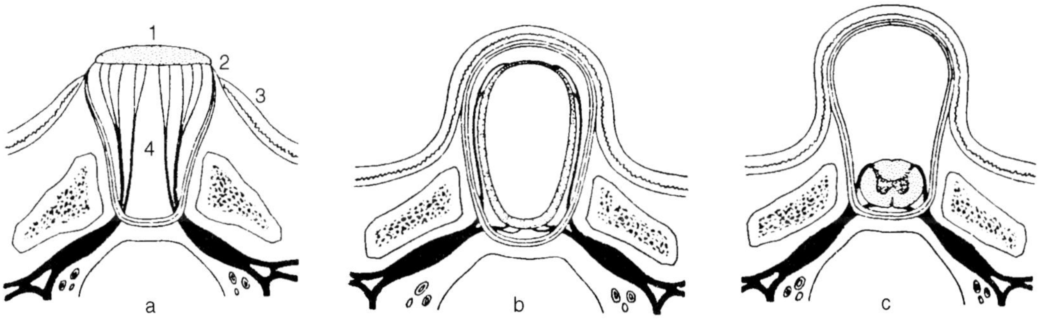

Myelozele im Querschnitt
1 Area medullovasculosa, *2* Zona epithelioserosa, *3* Zona dermatica, *4* Liquoransammlung in den weichen Häuten mit Nervenwurzeln

Überhäutete Myelozystozele

Meningozele

Kreuzbein

Variationen in der Zahl der Sakralwirbel

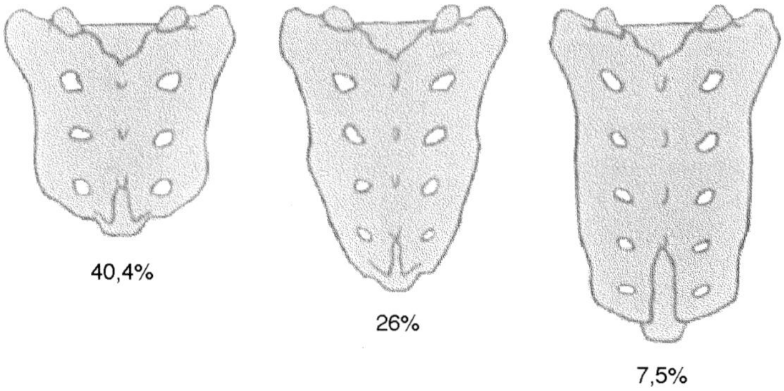

Ein- oder beidseits, ohne Berücksichtigung des Geschlechts. (Nach Angaben von Adolphi 1911 und Fischer 1906)

Ausdehnung der dorsalen Spaltbildung im Kreuzbein

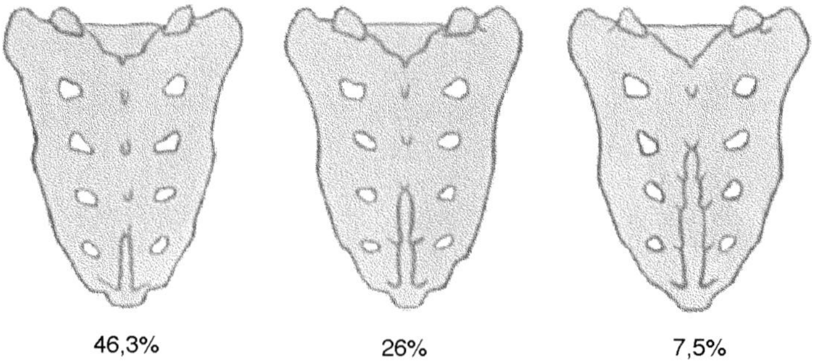

Häufigkeitsverteilung (Nach Adolphi 1911)

Geschlechtsunterschiede

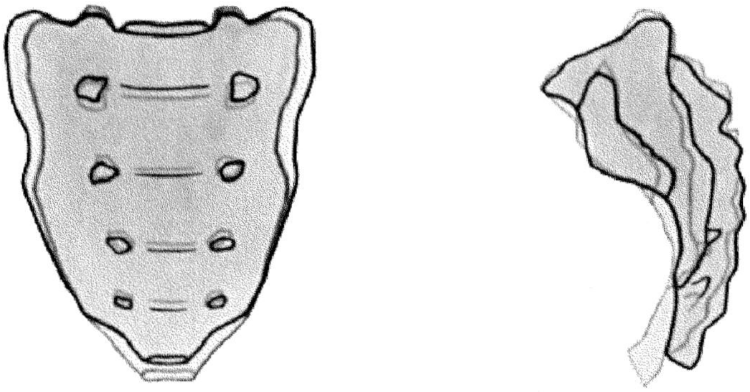

Konturen eines männlichen *(hell)* und eines weiblichen Kreuzbeins *(dunkel)* (Nach Frick et al. 1977)

Nach Adolph, H.: Über den Bau des menschlichen Kreuzbeins. Morphol. Jahrb. 44 (1911) 101
Nach Frick, H., H. Leonhardt, D. Starck: Allgemeine Anatomie. Spezielle Anatomie Bd. I. Thieme, Stuttgart 1987

Verschiedene sagittale Krümmungsformen des Kreuzbeines

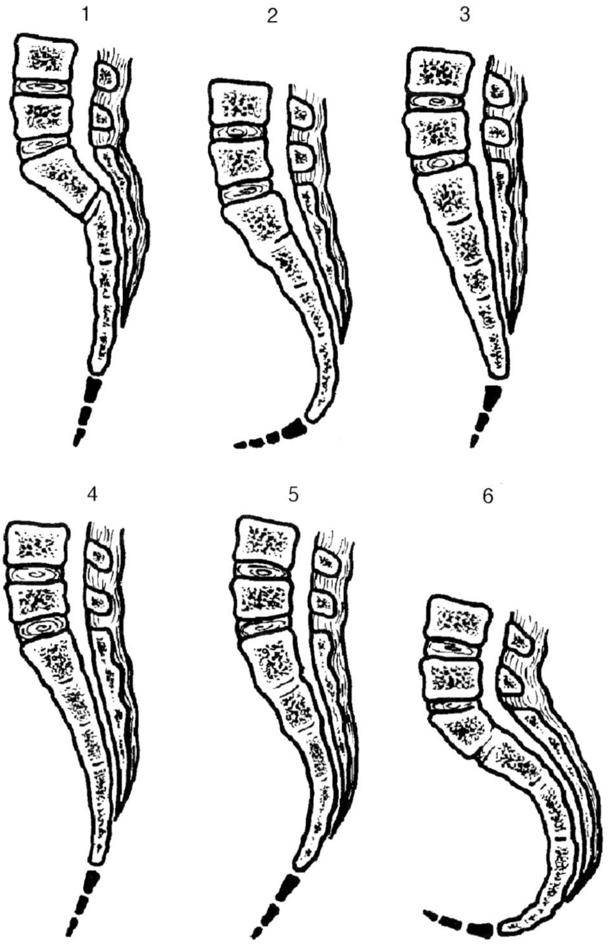

Anlehnung an ein Schema von Roth. *1* Hockeystick = hockeystockförmig; *2* J-förmig; *3* straight = gerade; *4* shallow = flach; *5* average = Zwischenform; *6* sickle = sichelförmig

Messungen im Bereich des Os sacrum

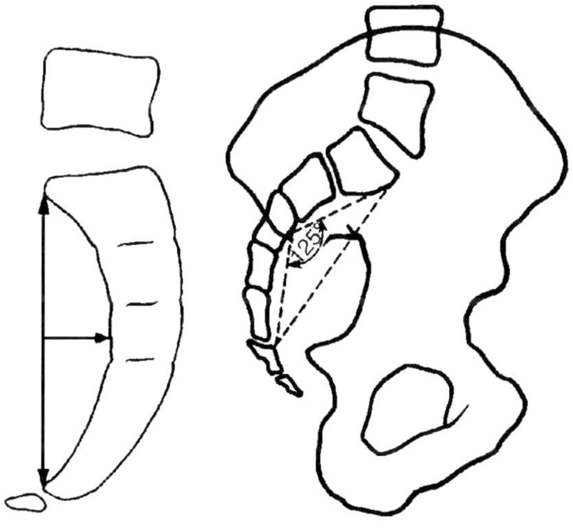

a Bestimmung der größten Tiefe der Kreuzbeinkonkavität
b Dürrscher Winkel zur Charakterisierung der Kreuzbeinexkavation

Nach Reinhardt, K.: Die Lenden-Kreuzbeingegend. In: Handbuch der Medizinischen Radiologie, Bd. VI/1. Springer, Berlin 1974

Verengung des Spinalkanals

Spinale Stenosen im Bereich der Halswirbelsäule

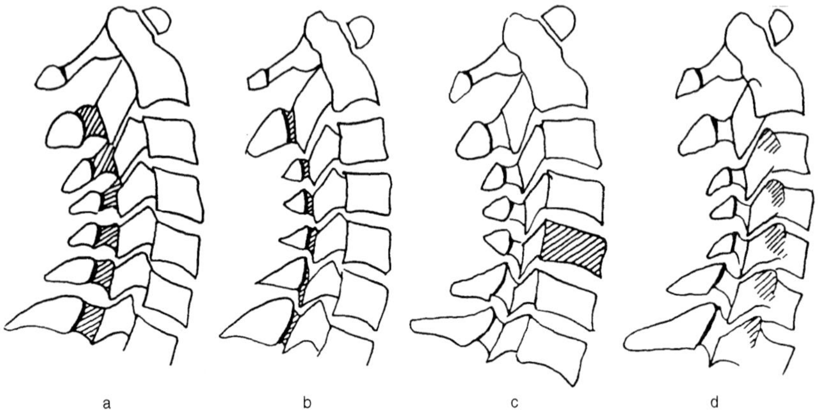

Prinzipielle Unterschiede der angeborenen zervikalen Spinalstenose
a) Normalbefund mit gut erkennbaren Laminae;
b) antero-posteriore Stenose durch Verkürzung der Laminae in der seitlichen Projektion;
c) harmonische Stenosierung des Spinalkanals durch relative Höhenminderung von Wirbelkörpern (Platyspondylie);
d) antero-posteriore Stenose durch Hypoplasie und Verlagerung der Pedikel. Die Massa articularis projiziert sich auf die Wirbelkörper.

Lumbale Spinalstenosen

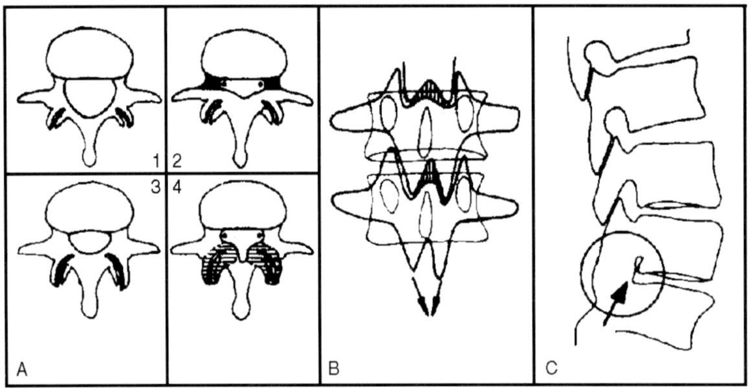

A Formen der Stenose
A1 normale Verhältnisse
A2 a.p.-Stenose mit Verkürzung der Bogenwurzeln
A3 Konzentrische Stenose mit Medialverlagerung und „Sagittalisierung" der Gelenkflächen
A4 Kleeblatt-förmige Stenose
Die Punkte kennzeichnen jeweils den Recessus lateralis

B Veränderungen auf den sagittalen Nativ-Aufnahmen der LWS: medial gestellte, dabei u.U. kaudal konvergierende Gelenkflächen. Verkleinerung des interapophysolaminären Fensters (schraffiert)

C Veränderungen auf den seitlichen Nativ-Aufnahmen der LWS: Verkürzung und Verdickung der Bogenwurzel, Verkleinerung der Foramen intervertebrale (Pfeil), Vergröberung des Gelenkfortsatzes.

Nach Vogel, P.: Die Stenose des lumbalen Spinalkanals. Akt. Neurol. 11 (1984) 1–6

Facettenhypertrophie, Spondylolisthesis

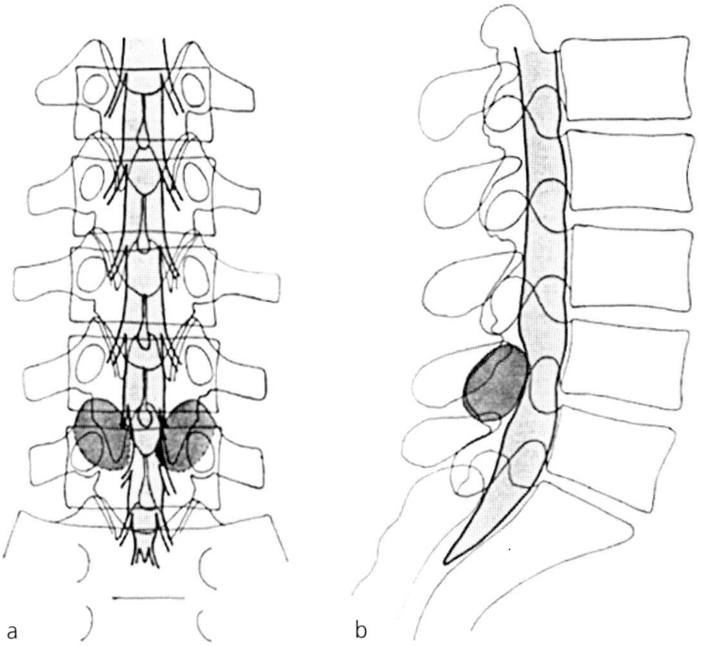

a b

Stenose des Duralsackes bei bilateraler Facettenhypertrophie in sagittaler (a) und lateraler (b) Projektion mit dorsaler Deformierung des Duralsackes

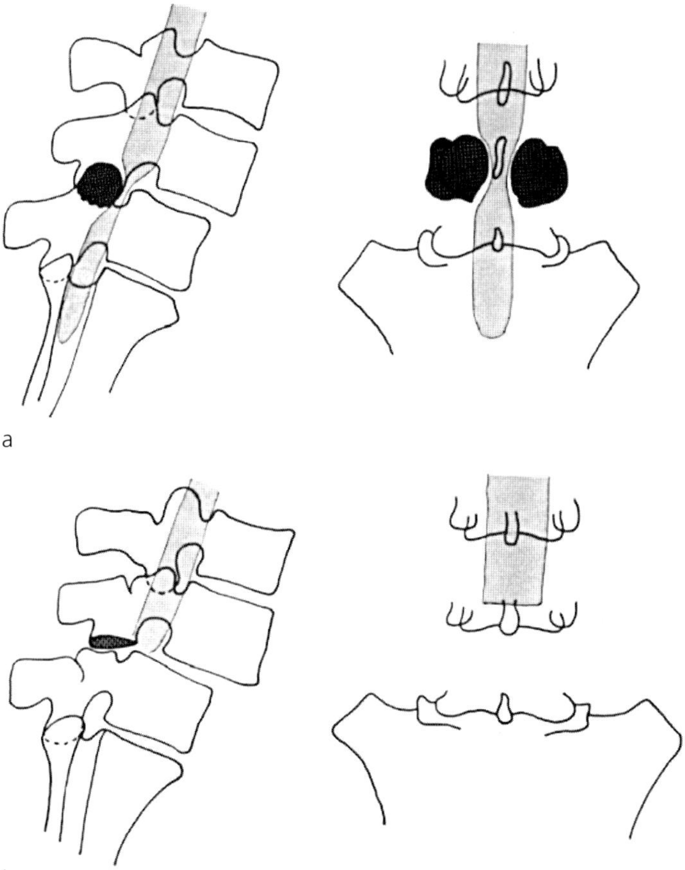

a

b

Spondylolisthesis bei intaktem Wirbelbogen; Demonstration von zwei unterschiedlichen pathophysiologischen Bedingungen im Myelogramm

a) Spondylolisthesis durch bilaterale Facettenhypertrophie
   Die Kombination von Hypertrophie der Facettengelenke und Anterolisthesis bedingt eine konzentrische Einengung des Duralsackes im Myelogramm.
b) Spondylolisthesis durch Facettenhypoplasie
   Die Hypoplasie führt zu einem Wirbelgleiten mit horizontaler Lumeneinengung, d.h. „Stop-Bild" im Myelogramm

Nach Capesius. P., Babin, E.: Radiculosaccography with water-soluble contrast media. Springer, Berlin – Heidelberg – New York, 1978

Spondylolyse und Spondylolisthesis

Häufigkeit: In der weißen Bevölkerung beträgt die *Prävalenz der Spondylolysen* der Interartikularportion 5–7%. Es findet sich eine übernormale Kombination von Spondylolysen und Spina bifida.
Bei Vorliegen einer Spondylolyse kommt es in ca. 2–4% zur Spondylolisthesis.

Alter und Geschlecht: Die Spondylolisthesis ist eine Erkrankung des Kindes- und Jugendalters und entsteht meist aufgrund eines isthmischen Defekts, der auf einen Ermüdungsbruch zurückgeführt wird.
Nur ein kleiner Teil der Spondylolisthesen hängt mit dysplastischen Veränderungen der Wirbelbögen und der Facettengelenke zusammen.
Die Erkrankung ist bei dem männlichen Geschlecht etwa doppelt so häufig wie bei dem weiblichen Geschlecht.

Lokalisation und Verteilung: In ca. 90% ist die Spondylolisthesis in Höhe des 5. Lendenwirbelkörpers und ca. 5% in Höhe des 4. Lendenwirbelkörpers, in 3% in Höhe von L1–L3 und in 2% in Höhe von C5–C7.

Röntgenzeichen: Die Spondyloptose ergibt auf der a.-p. Aufnahme das Bild des „umgekehrten Napoleonhutes" durch die Projektion des nach vorn und unten abgekippten Gleitwirbelkörpers auf den oberen Abschnitt des Kreuzbeins. Die Seitenaufnahme ist entscheidend für die Bestimmung des Ausmaßes des Abgleitens.

Spondylolisthesis und Pseudospondylolisthesis (Dornfortsatz-Zeichen)

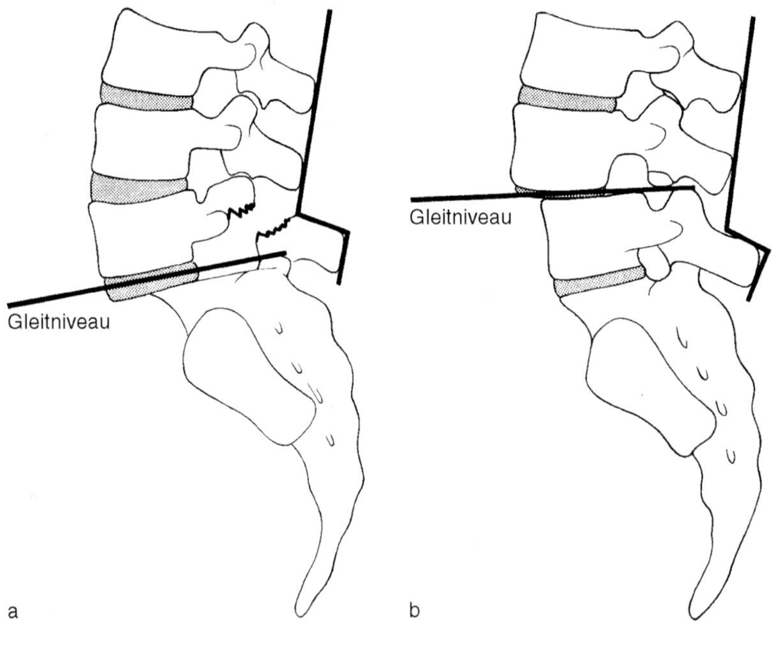

Abwinkelung der Dornfortsätze:
a Obere Schanze bei isthmischer Spondylolisthesis
b Untere Schanze bei degenerativer Spondylolisthesis

Differentialdiagnose: Zur Differenzierung zwischen *echter* Spondylolisthesis und der Pseudospondylolisthesis bzw. degenerativen Spondylolisthesis ist das *Dornfortsatzzeichen* nach Bryk und Rosenkranz (1969) von Nutzen.

Bei der isthmischen Spondylolisthesis liegt das Gleitniveau *unterhalb* der Abwinkelung der Dornfortsätze, bei der degenerativen Spondylolisthesis liegt sie *oberhalb* der Abwinkelung der Dornfortsätze.

Nach Reiser, M., P. E. Peters: Radiologische Differentialdiagnose der Skeletterkrankungen. Thieme, Stuttgart 1994

Fehlbildungen der Wirbelbögen

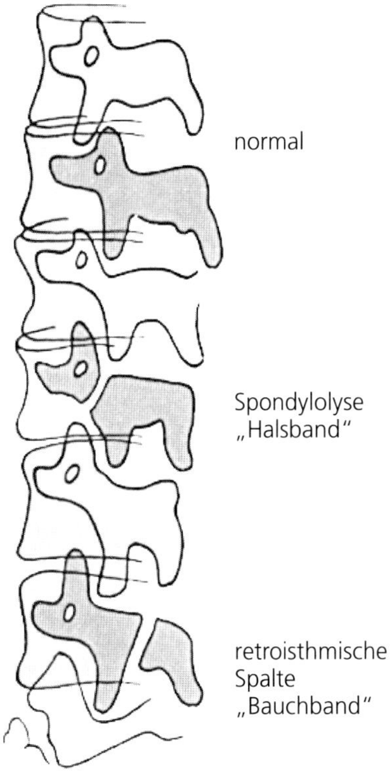

„Hundefiguren" nach Lachapele mit „Halsband" (Spondylolyse) und „Bauchband" (retroisthmischer Spalt)

Nach Wolfers, H., W. Hoeffken: Fehlbildungen der Wirbelbögen. In Handbuch der Medizinischen Radiologie, Bd. VI/1. Springer, Berlin 1974

Die Einteilung der Lumbalstenose

I *Angeborene Stenosen*
  a) Idiopathische Stenosen
  b) Achondroplasie

II *Erworbene Stenosen*
  a) Degenerativ
     Zentraler Teil des Spinalkanals
     Peripherer Teil des Spinalkanals
     (Recessusstenose, Foramenstenose)
  b) Wie bei a) kombiniert mit Bandscheibenkompressionen
  c) Spondylolisthesis
  d) Iatrogen
     Nach Laminektomie
  e) Verschiedene Ursachen
     M. Paget

Radiologische Diagnostik der lumbalen Spinalstenose

Die Untersuchungsmethoden zur Erkennung einer Spinalstenose sind

a Übersichtsbild der Wirbelsäule in zwei Ebenen
b Myelogramm
c Computertomogramm

Kompressionsursachen

Nervale Strukturen bei primär normal weitem und engem Spinalkanal (siehe Tab. links unten)

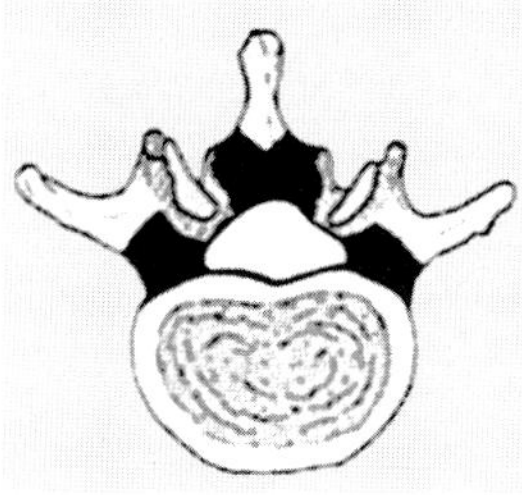

Normalform des Spinalkanals bei L5

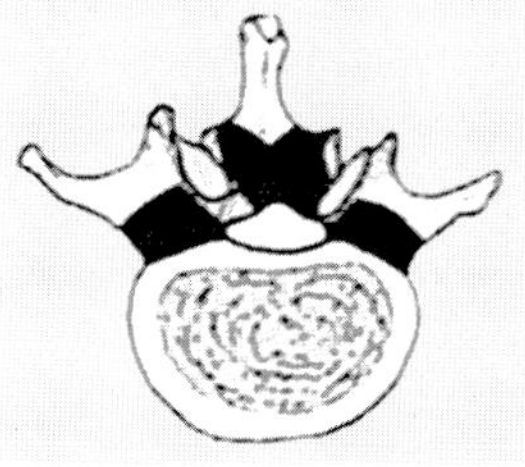

Kongenitale Stenose bei L5

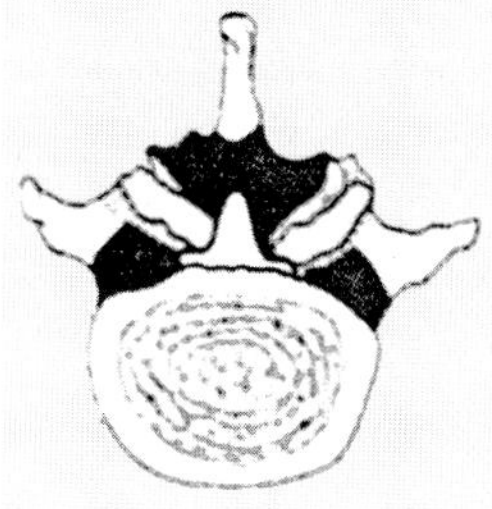

Degenerative Stenose (Facettenhypertrophie, Verdickung der Laminae, dorsale Randosteophyten)

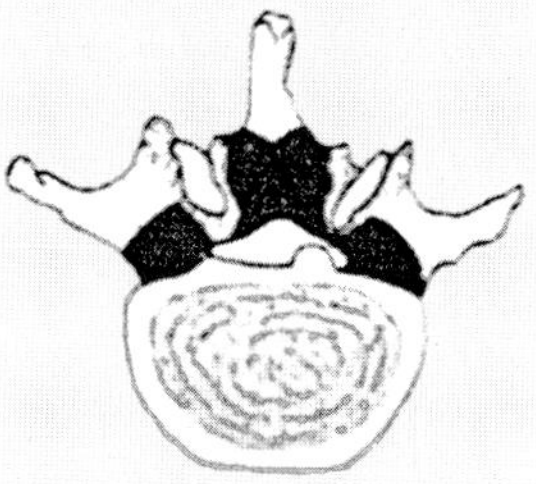

Kongenitale Stenose mit Prolaps

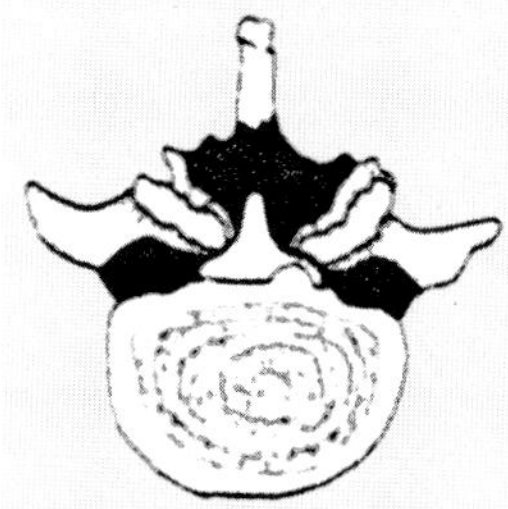

Degenerative Stenose und Prolaps

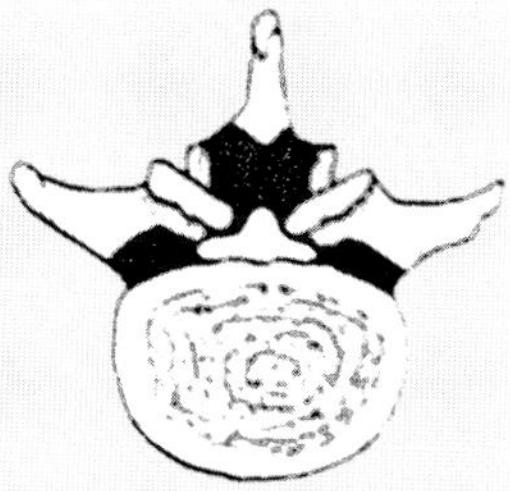

Kongenitale Stenose mit zusätzlicher degenerativer Enge

Nach Arnoldi, C. C., A. E. Brodsky, J. Cauchoix et al.: Lumbar spinal stenosis and nerve root entrapment syndromes. Clin. Orthop. 115 (1976) 4

Wirbelveränderung

Art und Sitz der jeweiligen Wirbelveränderungen bei 220 Fällen. (Hierbei sind die Fälle von Wirbelgleiten und die Träger von Spondylolysen *ohne* Gleitvorgang zusammengefaßt)

	Erwachsene:	Kinder und Jugendliche:	Summe:
I. *Spondylolisthesis*			
C 7	1	–	1
L 2	1	–	1
L 3	3	–	3
L 4	20	3	23
L 5	114	54	168
Zusammen:	139	57	196
II. *Pseudospondylolisthesis*			
L 3 u. L 4	1		
L 4	4		
L 5	2		
Zusammen:	7		7
III. *Artikuläre Spondylolisthesis*	2	–	2
IV. *Luxationsfraktur*	–	1	1
V. *Spondylolyse ohne Gleitvorgang*	10	4	14
Summe:	158	62	220

Nach Taillard, W.: Die Spondylolisthesen. Die Wirbelsäule in Forschung und Praxis, Bd. 11. Hippokrates, Stuttgart 1959

Differential-Diagnose der Spondylolisthesis
Formen des Wirbelgleitens nach ventral

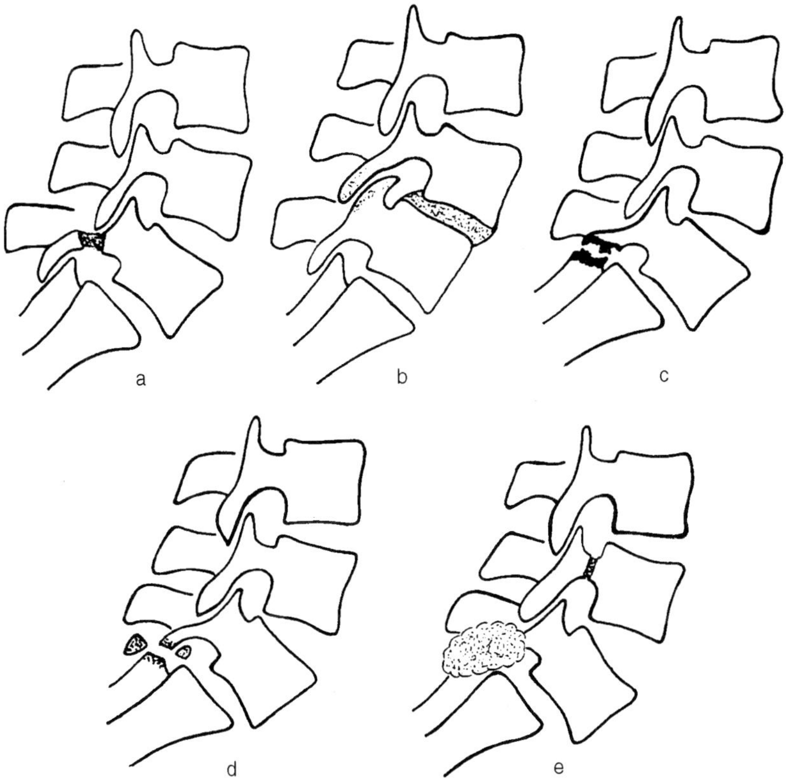

Schema der verschiedenen Formen von Wirbelgleiten nach vorne. a: Echte Spondylolisthesis, b: Pseudospondylolisthesis von Junghanns (Arthrose der Wirbelbogengelenke und Osteochondrose der Bandscheibe), c: Artikuläre Spondylolisthesis, d: Luxationsfraktur, e: Spondylolisthesis als Folge einer infektiösen oder neoplastischen Erkrankung des Wirbelbogens (auf Höhe von L 5) oder auf der Basis einer Spaltbildung, die ventral der beiden Wirbelbogengelenkfortsätze liegt (dargestellt auf Höhe L 4)

a) **Die Spondylolisthesis** („echte Spondylolisthesis" der deutschen Autoren, „Spondylolisthesis vrai" der französischen Autoren) ist ein Vorwärtsgleiten der vorderen Partie des Wirbelknochens, die aus dem Wirbelkörper, den Bogenwurzeln, den Querfortsätzen und Procc. articul. sup. besteht, und geht auf eine Isthmusläsion (Spondylolyse oder Elongation) zurück.

b) **Die Pseudospondylolisthesis** von Junghanns ist ein Vorwärtsgleiten des ganzen Wirbels, im Zusammenhang mit einer Arthrose der Wirbelbogengelenke oder mit einer Osteochondrose der Zwischenwirbelscheibe.

c) **Die artikuläre Spondylolisthesis** ist ein Vorwärtsgleiten des ganzen Wirbels, kombiniert mit einer Mißbildung der Wirbelbogengelenke.

d) **Die Luxationsfraktur** ist das Vorwärtsgleiten entweder eines ganzen Wirbels oder eines Wirbelknochenabschnittes aufgrund eines Knochenbruches, der zumeist an den Wirbelbogengelenken sitzt.

e) **Spondylolisthesen seltener Ätiologie**. Hierunter ordnen wir sowohl die Gleitprozesse nach ventral ein, die auf eine Kontinuitätstrennung im Wirbelbogen ventral des Isthmus zurückgehen (Typus Hammerbeck/Olsson) als auch die Gleitfälle, die auf einer totalen oder partiellen Zerstörung des Wirbelbogens durch einen infektiösen oder geschwulstigen Prozeß beruhen.

Nach Taillard, W.: Die Spondylolisthesen. Die Wirbelsäule in Forschung und Praxis, Bd. 11. Hippokrates, Stuttgart 1959

Sternum und Rippen

Episternalknochen und parasternale Knochenbildung im Knorpel der 1. Rippe

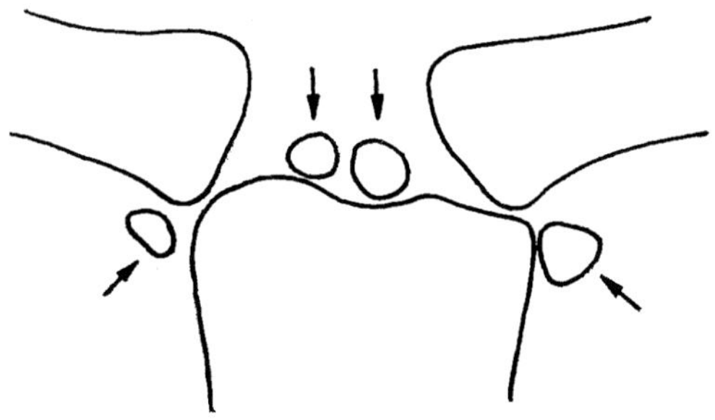

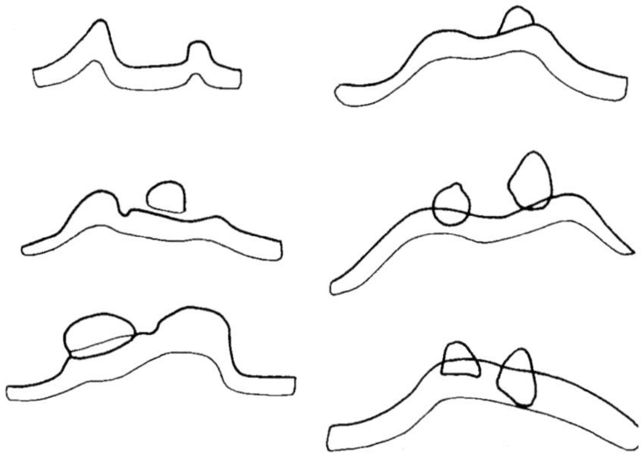

Formvarianten des Processus xiphoideus

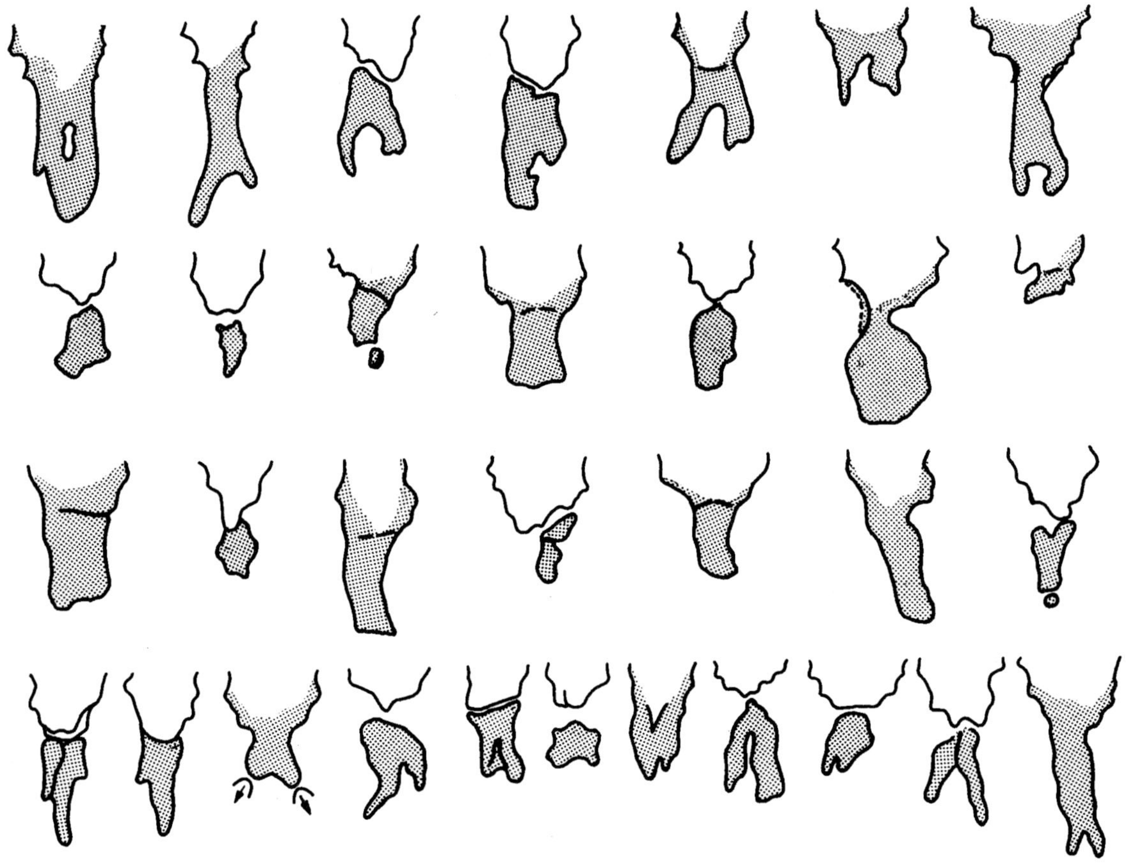

* Die erste Skizze läßt eine Lochbildung erkennen

Nach Köhler, A., A. E. Zimmer: Grenzen des Normalen und Anfänge des Pathologischen im Röntgenbild des Sklettes, 13. Aufl. Thieme, Stuttgart 1989

Verschiedene Manifestationen einer Halsrippe

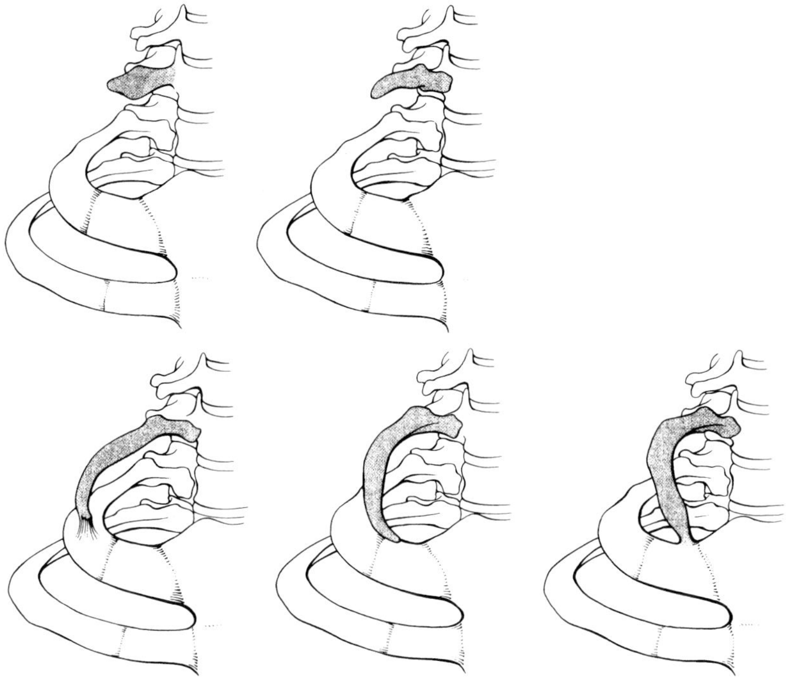

Rippenrudiment

Verbindung der Halsrippe mit der 1. Thorakalrippe oder mit dem Sternum

Nach Rauber/Kopsch: Anatomie des Menschen, Bd. I, Bewegungsapparat. Thieme, Stuttgart 1987

Wirbelsäule mit Kranial- und Kaudalvariation

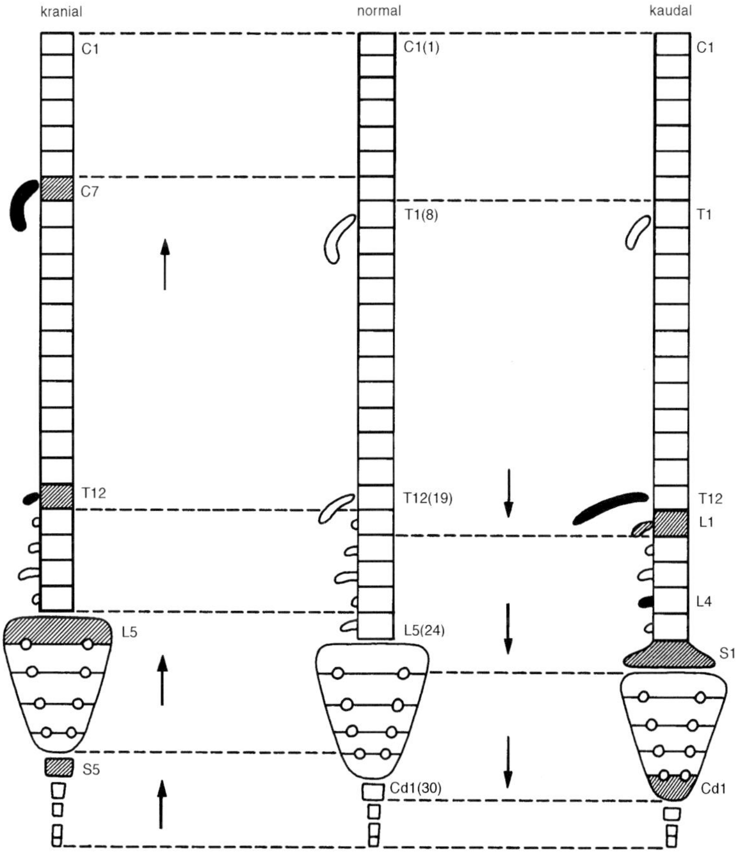

Schwarz = variierende Rippen und variierender Querfortsatz des 4. LWK
Schraffiert = variierende Wirbelkörper
Die Pfeile geben die Richtung an, in der die Regionsgrenzen der Wirbelsäule sich verschieben (Zahl der Segmente, von kranial nach kaudal numeriert).

Nach Schinz, H. R., W. E. Baensch, E. Friedl, E. Uehlinger: Lehrbuch der Röntgendiagnostik, 5. Aufl. Thieme, Stuttgart 1952

Normvarianten und Anomalien der Rippen

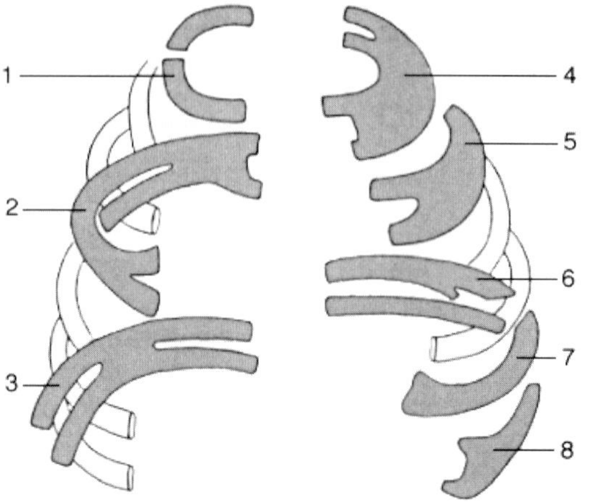

1 = Diskontinuität der 1. Rippe
2 = Brückenbildung dorsal, Gabelrippe ventral
3 = kleine Rippenbrücke
4 = brückenförmige Verschmelzung ventral
5 = Verschmelzung dorsal
6 = angedeutete Rippenbrücke
7 = angedeutete Gabelrippe
8 = Luschkasche Gabelrippe

Srbsche Sternum-Rippen-Anomalie in unterschiedlicher Ausbildung

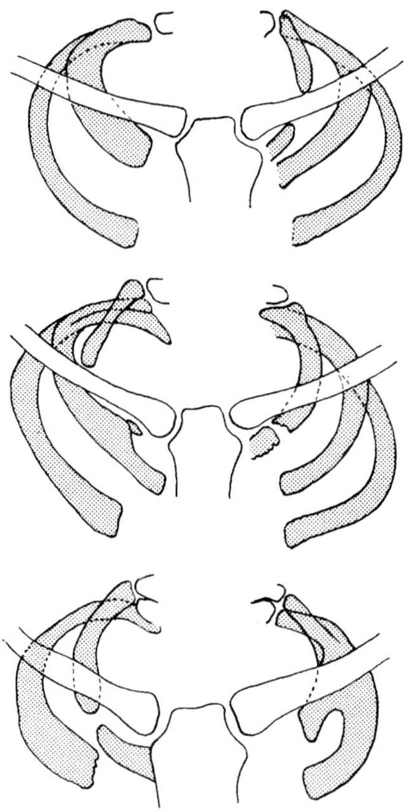

Lenden-Rippen

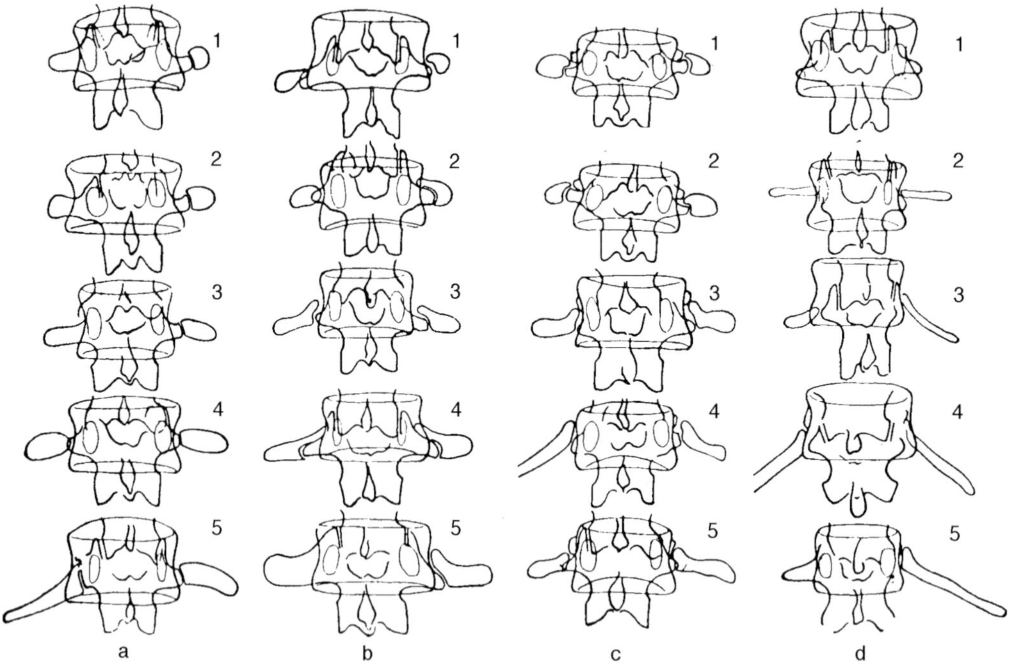

Verschiedene Formen der Lendenrippen (ausführliche Erläuterung bei Schertlein, A.: Fortschr. Röntgenstr. 39 [1929] 482)

Nach Köhler, A., E. A. Zimmer: Grenzen des Normalen und Anfänge des Pathologischen im Röntgenbild des Skelettes. Thieme, Stuttgart 1967

Fehlformen des Rückenmarkes und seiner Häute

Osteoneurale Fehlentwicklungen bei Arnold-Chiari-Krankheit und basaler Impression

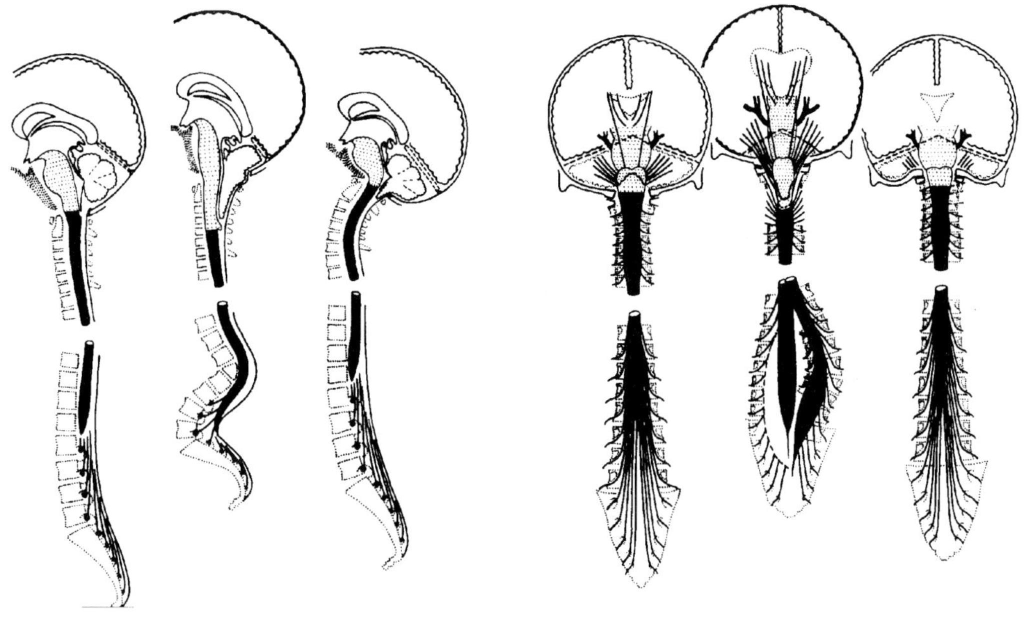

a 1 2 3 **b** 1 2 3

1. Normale Entwicklung
2. Arnold-Chiari-Mißbildung mit kranialen Verlagerungen von Mittelhirnstrukturen und Medulla oblongata, einschließlich der kranialen und der oberen spinalen Nervenwurzeln.
Eine assoziierte Platyspondylie von LWK 2 führt zu einer lumbosakralen Dysraphie als Myelomeningozele oder gedoppeltes Myelon bzw. Conus medullaris (tethering cord), einschließlich einer lumbosakralen Hyperlordose.
3. Basiläre Impression durch ausbleibende postembryonale Verschiebung des Schädelinhaltes nach kranial, so daß die zervikale Wirbelsäule bis zum Klivus aufsteigt. Daraus resultiert eine basiläre Impression in Kombination mit Arnold-Chiari I. Die zervikale Hyperlordose resultiert aus der Differenz zwischen dem Wachstum von Wirbelsäule und Rückenmark.

Nach Roth, M.: Cranio-cervical growth collision: another explanation of the Arnold-Chiari Malformation and of basilar impression. Neuroradiology 28 (1986) 187–194

Häufigkeitsverteilung dorsaler Verschlußstörungen des Zentralnervensystems

Lokalisation von 1061 Spaltbildungen nach Gerlach und Jensen (1969). Fast 80% betreffen den kaudalen Abschnitt der Wirbelsäule

Nach Gerlach, J., H.-P. Hensen: Mißbildungen des Rückenmarks. In Handbuch der Neurochirurgie, Bd. VII/1. Springer, Berlin 1969

Formen und Klinik der Dysraphien

Dysraphien	
Araphie (Rachischisis)	Die Rückenmarkanlage ist im Stadium der Medullarrinne stehen geblieben
Meningozele	Subkutane Ausstülpung von zystisch erweiterten Meningen
Meningomyelozele	Ausstülpung von zystisch erweiterten Meningen und Rückenmarkanteilen
Lipomeningomyelozele	Meningomyelozele mit zusätzlichem intra- und extraspinalem Lipom
Tethered cord	Aszensionshemmung des Myelons
Diastematomyelie	Umschriebene Zweiteilung des Rückenmarks
Intraspinale neurenterische Zyste	Durch Persistenz entodermaler Elemente hervorgerufen, meist extramedulläre intradurale Raumforderung mit möglicher Markkompression
Dermalsinus	Meist sakral gelegenes Hautgrübchen (Lokalisation des kaudalen Neuralpols), häufig durch Bindegewebsstrang (in der MRT signalarm) mit der Dura mater verbunden
Dermalfistel	Sonderform des Dermalsinus mit Fistel zwischen Subarachnoidalraum und der Hauteinsenkung (Gefahr rezidivierender Meningitiden)
Hydromyelie	Erweiterung des Zentralkanals
Chiari-Malformation I	Kleinhirntonsillentiefstand (> 5mm unterhalb des Foramen magnum)
Chiari-Malformation II	Kaudalverlagerung von Kleinhirnunterwurm und -tonsillen. Di- und mesencephale Mißbildung mit Kaudalverlagerung von Tektum, Aquädukt und Hirnschenkeln. Verschlußhydrozephalus und Hypoplasie der hinteren Schädelgrube
Chiari-Malformation III	Chiari-Malformation II mit zervikookzipitaler Meningomyelozele

Nach Kahn, Th., H. Friedburg: Spinalkanal und Wirbelsäule. In Reiser, M., W. Semmler: Magnetresonanztomographie. Springer, Berlin 1992

Offene und geschlossene Formen spinaler Dysraphien (nach Netter)

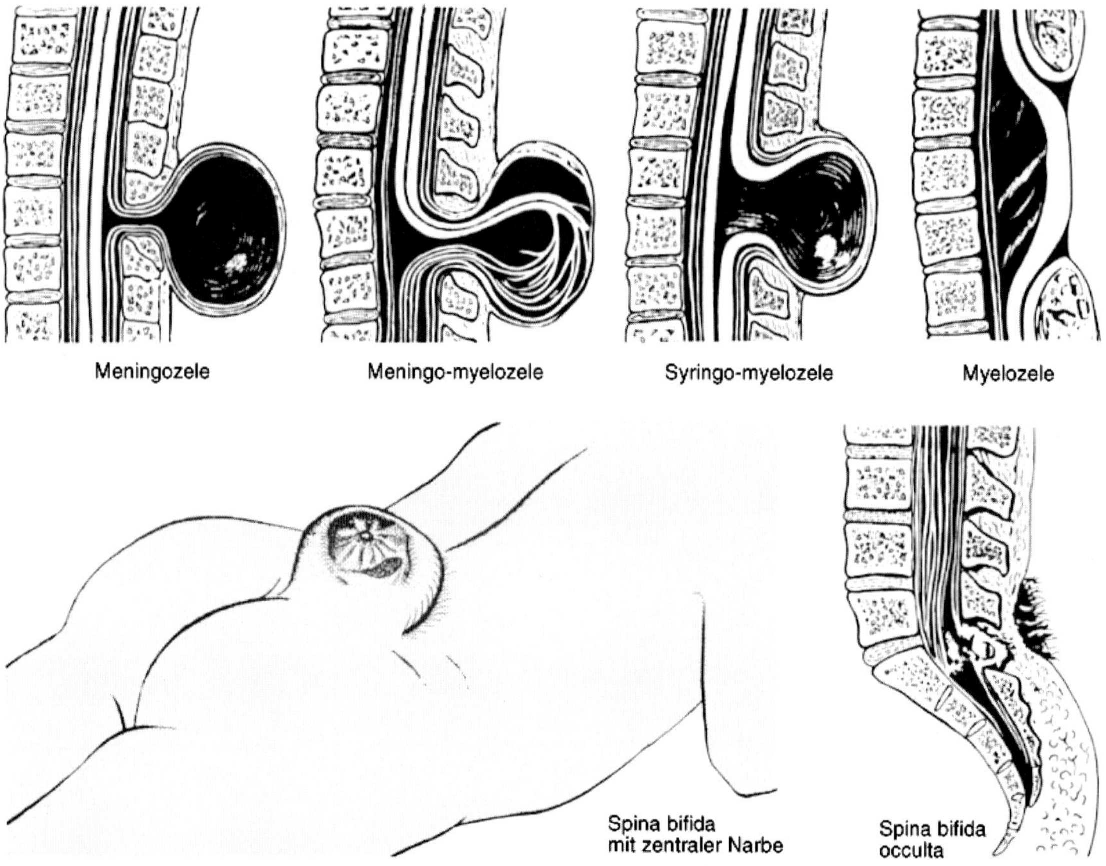

Nach Vogelsang, H.: Erkrankungen am und im Wirbelkanal. In Schinz: Radiologische Diagnostik, 7. Aufl. Bd. V/2 Wirbelsäule-Rückenmark. Thieme, Stuttgart 1986

Normvarianten und Fehlbildungen im lumbalen Abschnitt des Duralsacks

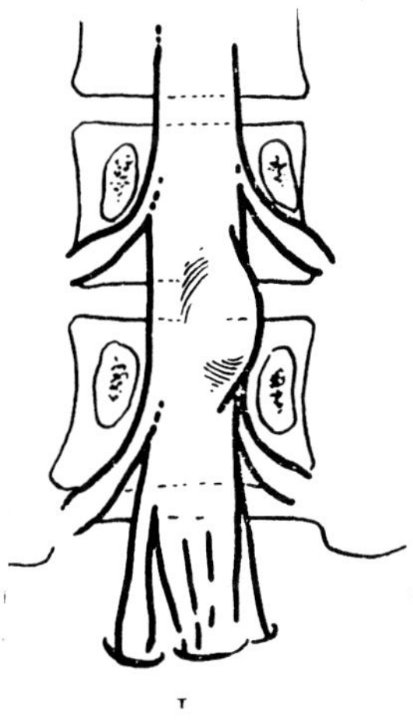

I
Diverticulum durae
abortive Meningozele

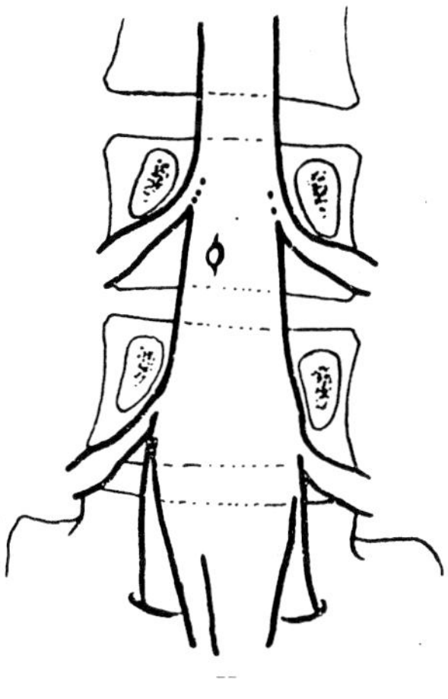

II
Erweiterter Duralsack
mit kleinem Divertikel

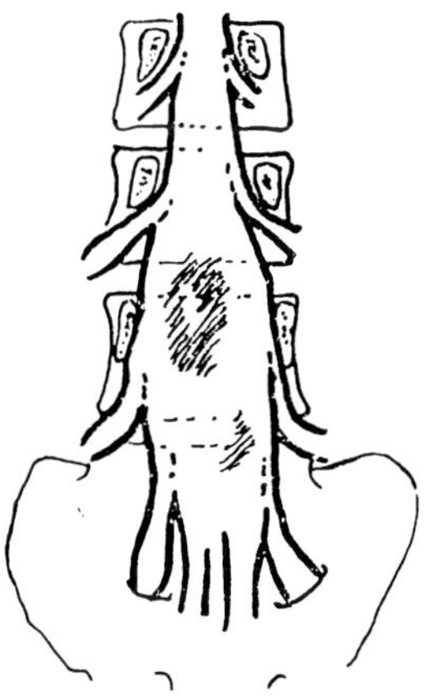

III
Spindelige Erweiterung
des Duralsackes

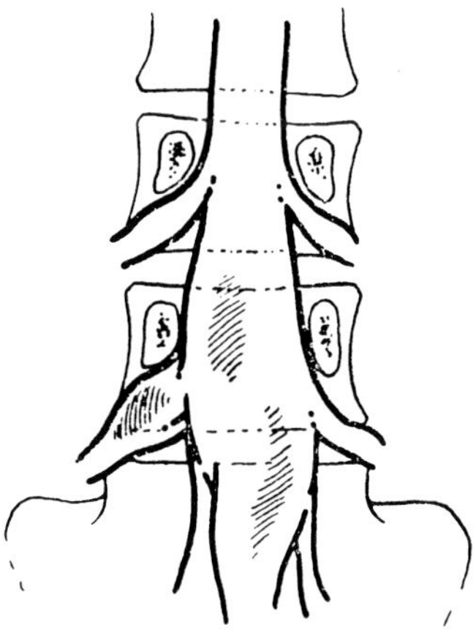

IV
Abnormer Abgang der Nervenwurzeln mit zystischer Erweiterung einer Nervenwurzeltasche

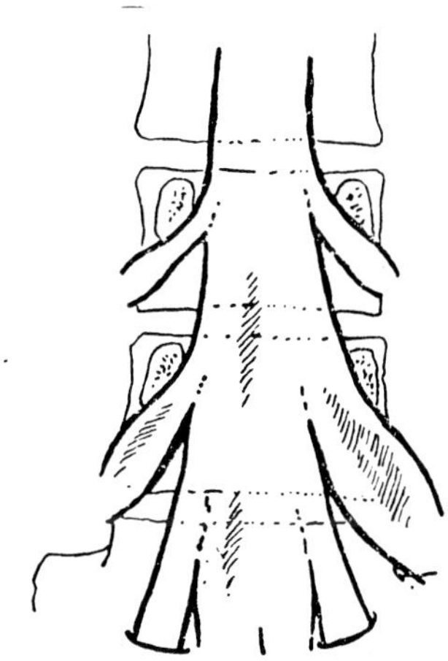

V
Multiple Wurzelzysten

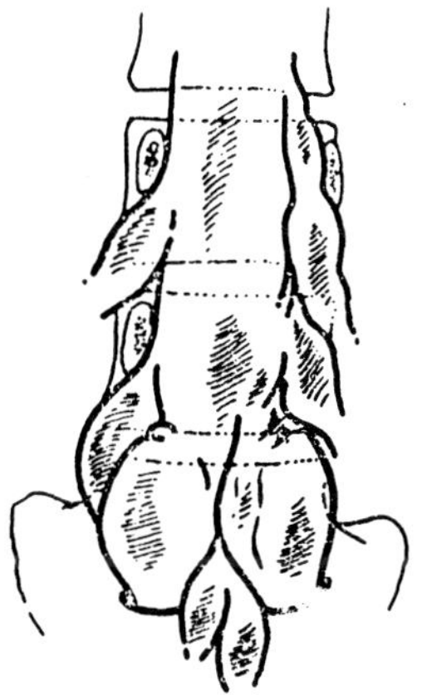

VI
Erweiterter Duralsack mit zystischer Erweiterung der Nervenwurzeln

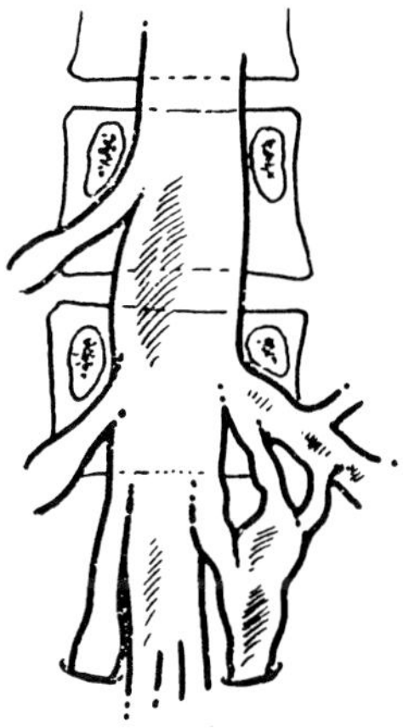

VII
Geflechtartige Verbindung aus dem lumbalen Duralsack austretender Nervenwurzeln untereinander

Nach Hanraets, P. R.: The Degenerative Back and its Differential Diagnosis. Elsevier, New York 1959

Formen der meningealen Narbenbildung im Myelogramm („Arachnoiditis")

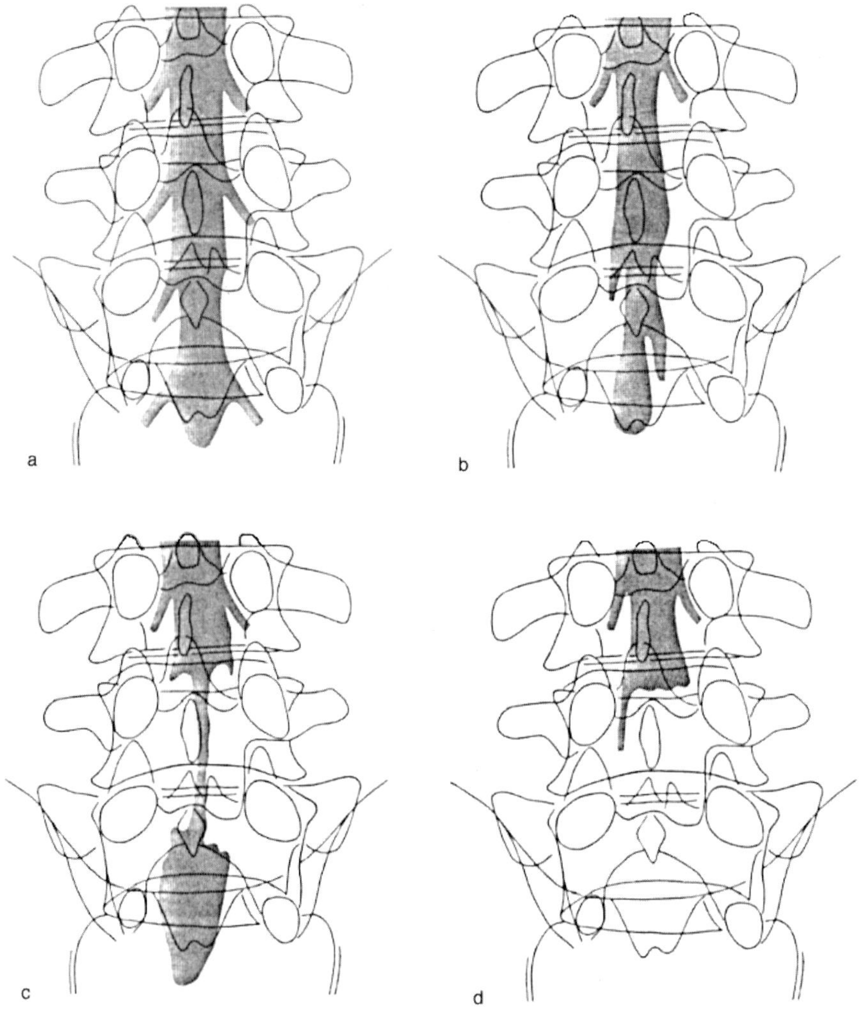

a) Kompletter Füllungsdefekt der Wurzeltasche L5 links (subarachnoidale Narbenbildung)
b) schnürfurchenartige Kontrastmittelaussparungen
c) Filiforme Stenose LWK 4–LWK 5 (extradurale Narbenbildung)
d) Stopp der Kontrastmittelpassage

Nach Langlotz, M.: Lumbale Myelographie mit wasserlöslichen Kontrastmitteln. Thieme, Stuttgart 1981

Zysten im Wirbelkanal

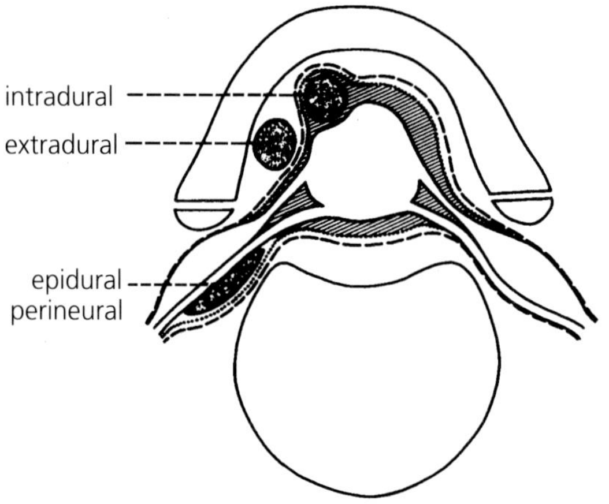

Nach ihrem Sitz werden extradurale, epiduralperineurale und intradurale Zysten unterschieden

Nach Schober, R.: Fortschr. Röntgenstr. 94 (1961) 116

Spinale meningeale Zysten

Typ I – Extradurale, meningeale Zysten ohne spinale Nervenwurzelfasern
IA – Extradurale meningeale Zyste (extradurale Arachnoidalzyste)
IB – Sakrale Meningozele (okulte Sakralmeningozele)
Typ II – Extradurale meningeale Zysten mit spinalen Nervenwurzelfasern
(Tarlov perineurale Zyste, Spinalnervenwurzel-Divertikel)
Typ III – Spinale intradurale meningeale Zysten (intradurale Arachnoidalzyste)

Nach Kricun, R., M. E. Kricun: MRI and CT of the spine. Case study approach. Raven Press, New York 1994

Haltung und Bewegung der Wirbelsäule

Verkrümmungen der Wirbelsäule

Entwicklung der normalen Wirbelsäulenform

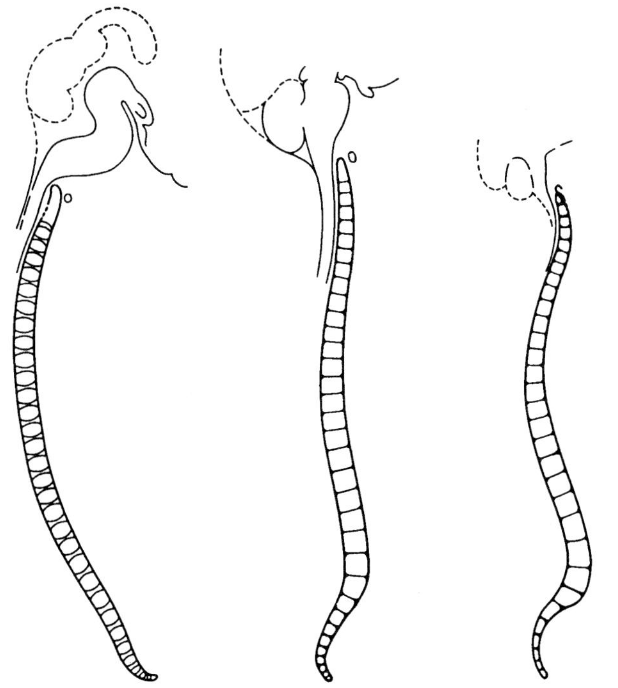

Nach Güntz, E.: Kyphose im Jugendalter. Die Wirbelsäule in Forschung und Praxis, Bd. 2. Hippokrates, Stuttgart 1957

Embryo Neugeborenes Erwachsener

Normale Wirbelsäulenformen auf Grund seitlicher Ganzaufnahme der Wirbelsäule nach Leger

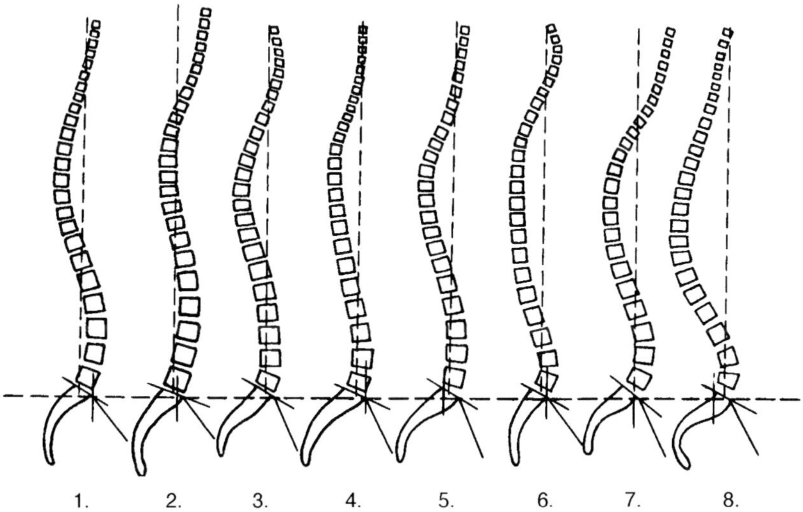

1. Normaler Typ
2. flach-normale WS
3. flach-lordotische WS
4. gestreckte WS
5. mittlerer Rundrücken
6. tiefkyphotische WS
7. allgemeiner Rundrücken
8. tiefer Rundrücken.
   In dem Originalbeitrag werden einzelne Formen weiter differenziert

Nach Leger, W.: Die Bedeutung der WS-Ganzaufnahme für die WS-Diagnostik. Radiol. Clin. (Basel) 28 (1959) 129–138

Stellung der Gelenkfacetten der Wirbelbogengelenke

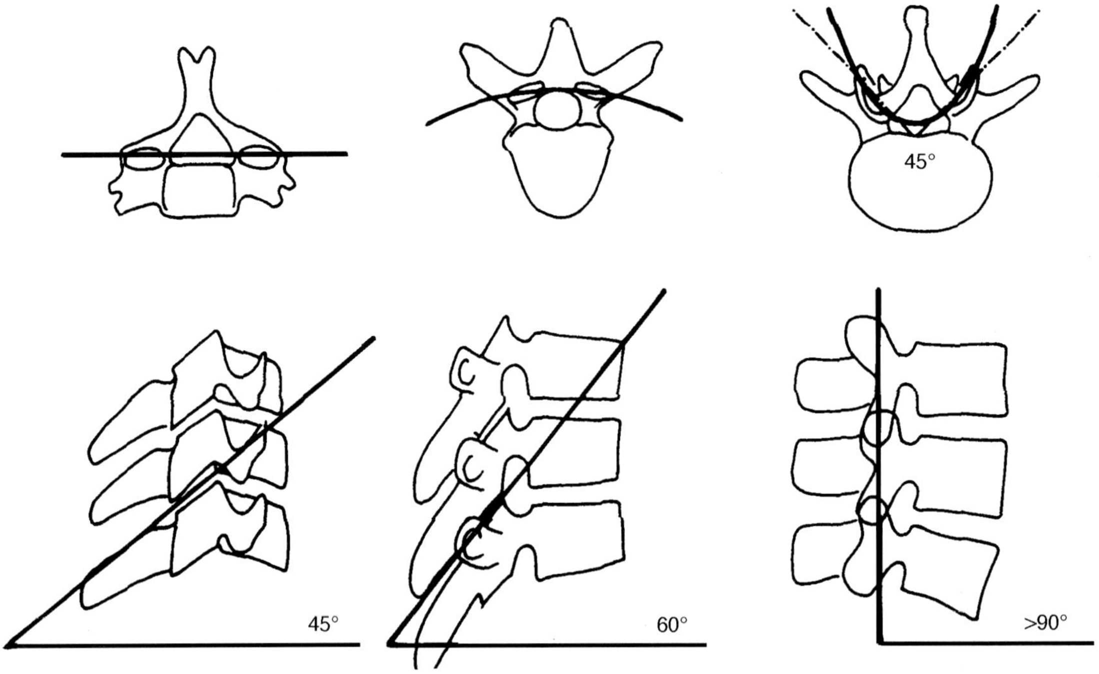

Charakteristische regionale Unterschiede zwischen Hals-, Brust- und Lendenwirbelsäule in der Stellung der Gelenkfacetten der Wirbelbogengelenke. An der LWS kann die Angabe von 45° nur als ganz grobe Orientierung dienen, da die Verhältnisse durch die gekrümmten Gelenkflächen, die Segment- und Seitenunterschiede besonders kompliziert sind.

Nach Galanski, M.: Röntgenanatomie und Untersuchungstechnik der Wirbelsäule. In Schinz: Radiologische Diagnostik, 7. Aufl., Bd. V/2. Wirbelsäule-Rückenmark. Thieme, Stuttgart 1986

Stellung der kleinen Wirbelgelenke

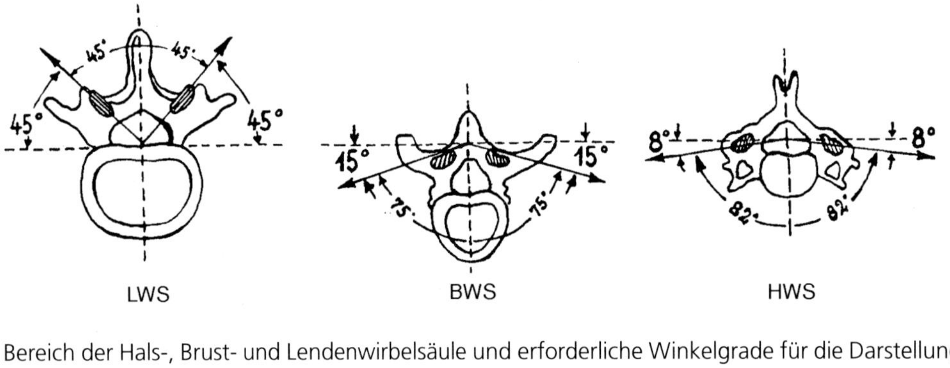

Bereich der Hals-, Brust- und Lendenwirbelsäule und erforderliche Winkelgrade für die Darstellung im Röntgenbild

Nach Hoeffken, W., H. Wolfers: Spondylolisthesis und Pseudospondylolisthesis. In Handbuch der Medizinischen Radiologie Bd. VI/2. Springer, Berlin 1974

Beweglichkeit der einzelnen Wirbelsäulensegmente in den drei Hauptbewegungsrichtungen

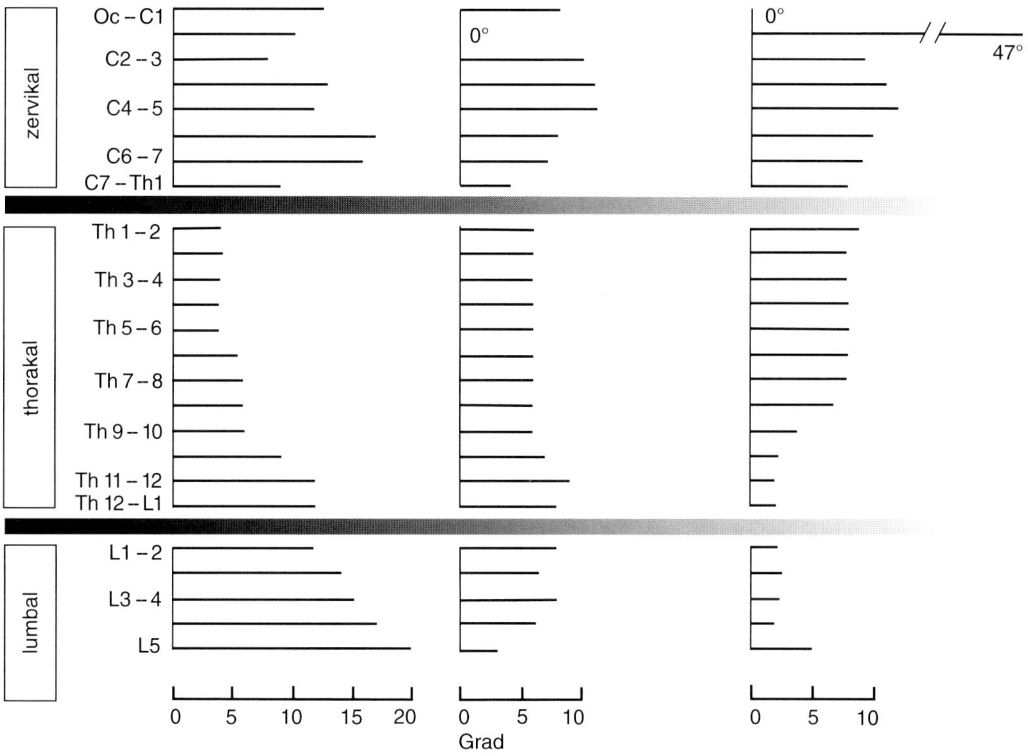

a Flexion-Extension **b** Seitenneigung **c** Rotation

Es handelt sich um repräsentative Werte, wobei die individuelle Schwankungsbreite beträchtlich ist. Die Werte für das Bewegungssegment Th 12/L1 wurden interpoliert. Die Darstellung als Diagramm vermittelt einen guten Eindruck von der Beweglichkeit und den bevorzugten Bewegungsrichtungen in den verschiedenen Abschnitten der Wirbelsäule (aus White, A. A., M. M. Panjabi: Spine 3 [1978] 12)

Nach Galanski, M.: Röntgenanatomie und Untersuchungstechnik der Wirbelsäule. In Schinz: Radiologische Diagnostik, 7. Aufl., Bd. V/2. Wirbelsäule-Rückenmark. Thieme, Stuttgart 1986

Bewegungsmöglichkeiten der normalen Wirbelsäule

Bewegungsausmaß an der *Halswirbelsäule* (Nach De Séze, Djian u. Abdelmoula)

	Hyperflexion	Hyperextension	durchschnittliches Gesamtbewegungsausmaß
C2–C3	5°	8°	13°
C3–C4	5° 5	10°	15° 5
C4–C5	7°	12°	19°
C5–C6	9°	18°	27° 5
C6–C7	6° 5	11°	17° 5
Gesamtbewegungsausmaß	33°	59° 5	92° 5

Nach Reinhardt, K.: Haltungsänderungen, Skoliosen und Kyphosen. In Handbuch der medizinischen Radiologie, Bd. VI/3. Springer, Berlin 1976

Bewegungsmöglichkeiten der normalen Wirbelsäule

Bewegungsausmaß der *Brustwirbelsäule* (Nach Loebl, 1967)

Alter (Jahre)	Gesamtzahl der Individuen		mittleres sagittales Bewegungsausmaß* (Grad)		mittlere maximale Atemexcursion (Grad)	
	männlich	weiblich	männlich	weiblich	männlich	weiblich
15–20	10	9	36	33	6	5
21–30	13	18	32	34	5	5
31–40	12	13	30	28	5	5
41–50	18	20	26	27	4	3
51–60	13	12	25	23	6	2
61–70	11	13	25	23	4	2
über 70	7	7	19	20	3	4

* Flexion-Extension

Dorso-lumbales Bewegungsausmaß (Nach Loebl, 1967)

Alter (Jahre)	Gesamtzahl der Individuen		mittleres sagittales Bewegungsausmaß (Grad)	
	männlich	weiblich	männlich	weiblich
15–20	10	9	26	24
21–30	13	18	20	26
31–40	12	13	18	20
41–50	18	20	16	23
51–60	13	12	14	21
61–70	11	13	18	19
über 70	7	7	18	22

Bewegungsausmaß und Haltung der *Lendenwirbelsäule* (Nach Loebl, 1967)

Alter (Jahre)	Gesamtzahl der Individuen		mittleres sagittales Bewegungsausmaß (Grad)		mittlere Maximalkrümmung in Extension (Grad)	
	männlich	weiblich	männlich	weiblich	männlich	weiblich
15–20	10	9	66	68	38	43
21–30	13	18	65	65	39	42
31–40	12	13	58	70	35	44
41–50	18	20	59	59	35	39
51–60	13	12	56	51	34	36
61–70	11	13	55	51	34	37
über 70	7	7	43	36	32	34

Nach Reinhardt, K.: Krankhafte Haltungsänderungen, Skoliosen und Kyphosen. In Handbuch der Med. Radiologie Bd. VI/3. Springer, Berlin 1976

Haltungsänderungen bei Muskellähmung

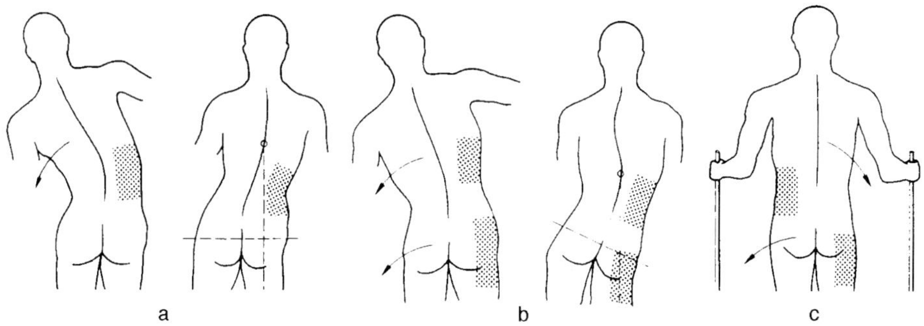

(a) Einseitige Bauchmuskellähmung, (b) Kombinierte, gleichseitige Bauch- und Hüftmuskellähmung, (c) Gekreuzte Lähmungskombination zwischen Rumpf und Hüftmuskeln (Nach Knupfer, 1957)

Nach Reinhardt, K.: Haltungsänderungen, Skoliosen und Kyphosen. In Handbuch der medizinischen Radiologie, Bd. VI/3. Springer, Berlin 1976

Haltungsänderungen bei Amputation

Art der Wirbelsäulenveränderungen nach *Armamputation* (Nach zur Verth)

	Oberarm und Schulter		Unterarm		durchschnittlicher Abstand zwischen Amp.-Untersuchung in Jahren
	Anzahl	%	Anzahl	%	
Verziehung der WS zur amputierten Seite mit typischer Verbiegung	69	55	9	30	19
Verziehung der WS zur amputierten Seite ohne Verbiegung	17	14	4	13	17
Verziehung der WS zur amputierten Seite mit Ganzverbiegung der WS zur amputierten Seite	4	3	1	3	16
Verziehung der WS zur amputierten Seite mit Ganzverbiegung der WS zur nicht amputierten Seite	2	2	–	–	8
Typische Verbiegung ohne Verziehung des Oberkörpers	13	11	7	24	11
Völlig gerader Aufbau der WS	7	6	4	13	13
Verziehung des Oberkörpers zur nicht amputierten Seite	1	1	2	7	11
Keine Auswertung wegen anderer WS-Erkrankungen	9	8	3	10	–
Summe	122	100	30	100	

Nach Reinhardt, K.: Haltungsänderungen, Skoliosen und Kyphosen. In Handbuch der medizinischen Radiologie, Bd. VI/3. Springer, Berlin 1976

Skoliosen

Ursachen der Skoliose

Idiopathische Skoliose
Neuromuskuläre Skoliosen
Kongenitale Skoliosen
Skoliose bei Neurofibromatose
Skoliose bei Marfan-Syndrom
Skoliose bei Zwergwuchs
Skoliose bei Beinlängenunterschieden und Hüftkontrakturen
Iatrogen entstandene Skoliosen

Skoliose-Übersicht

Typ	Alter und Geschlecht	Ursache	Charakteristischer Befund	Bemerkungen
Haltungsbedingte Skoliose	Kinder und Erwachsene	Schlechte Haltung, Beinverkürzung, Diskusprolaps, hysterische Skoliose	gewöhnlich vorübergehend	kann strukturell werden, wenn sie nicht korrigiert wird
Idiopathische infantile Skoliose	Kindheit, etwas häufiger bei Knaben	unbekannt	skoliotische Verbiegung meist nach links, progressiver Verlauf, Spontanrückbildung	
Idiopathische, juvenile und adoleszente Skoliose	Kindheit und Adoleszens, multifaktorieller Vererbungsmodus	unbekannt	4 Typen der Verbiegung: thorakal, lumbal, thorakolumbal und kombiniert thorakal und lumbal	Verschlechterung der Lungenfunktion möglich, Kombination mit kongenitalen Herzfehlern
Kongenitale Skoliose	frühe Kindheit	kongenital	Entwicklungsfehler: Spina bifida, Schmetterlingswirbel, Halbwirbel, Segmentationsfehler: unilaterale Segmentationsfehler, Vergesellschaftung mit Rippenanomalien möglich, Grad und Typ der Skoliose variiert	Spinaler Dysraphismus als Sonderform, Entwicklungsfehler in der Mittellinie der Wirbelsäule in Form eines gefesselten Rückenmarks, Diastematomyelie oder intraspinalen Lipoms; häufig mit kongenitalen Anomalien des Genitaltrakts, des ZNS und des Herz-Kreislauf-Systems sowie mit anderen Skelettanomalien
Skoliose bei zerebraler Kinderlähmung	frühe Kindheit	Muskelschwäche oder Lähmung	skoliotische Verbiegung, anfangs leicht, weit ausschwingend	skoliotische Verbiegung kann schnell fortschreiten
Skoliose mit spinalen oder peripheren neuromuskulären Störungen	meist in Kindheit, bei Erwachsenen abhängig von der Ursache	zahlreiche genetische und erworbene Störungen	2 Haupttypen: weit ausschwingende c-artige Kurve thorakal und lumbal, eine c-förmige Verbiegung der gesamten Wirbelsäule	meist progredient
Schmerzbedingte Skoliose	abhängig von der Ursache, häufig Kinder und junge Erwachsene betroffen	z.B. Osteoidosteom, Osteoblastom, aneurysmatische Knochenzyste, Osteomyelitis, eosinophiles Granulom, Ursache: Muskelspasmen	ursächliche Läsion auf der Konkavseite der Skoliose	Skoliose und lokalisierte Schmerzhaftigkeit der Wirbelsäule
Skoliose in Verbindung mit Erkrankungen des Bindegewebes	im allgemeinen Kleinkinder und Heranwachsende	vielfältig, schließt chromosomale Störungen und verschiedene Skelettdysplasien ein	kann zusätzlich zur Skoliose eine Kyphose aufweisen, Typ der Verbiegung variabel	

Neuromuskuläre Erkrankungen als Ursache einer Skoliose

A Neuropathische Gruppe

1. Störungen des zentralen Motoneurons
a) zerebrale Kinderlähmung
b) spinozerebellare Degeneration wie Morbus Friedrich und Morbus-Charcot-Marie-Tooth
c) Syringomyelie
d) Rückenmarkstumoren
e) Rückenmarksverletzungen

2. Störungen im peripheren Motoneuron
a) Poliomyelitis
b) andere virale Myelitiden
c) posttraumatisch
d) spinale Muskelatrophie, z.B. Morbus Werdnig-Hoffmann oder Morbus Kugelberg Welander
e) Myelomeningozele

B Myopathische Formen

1. Duchenne-Muskeldystrophie
2. Arthrogrypose
3. Kongenitale Hypotonie
4. Myotonia dystrophica

Nach Reiser, M., P. E. Peters: Radiologische Differentialdiagnose der Skeletterkrankungen. Thieme, Stuttgart 1994

Veränderungen an Wirbeln und Rippen

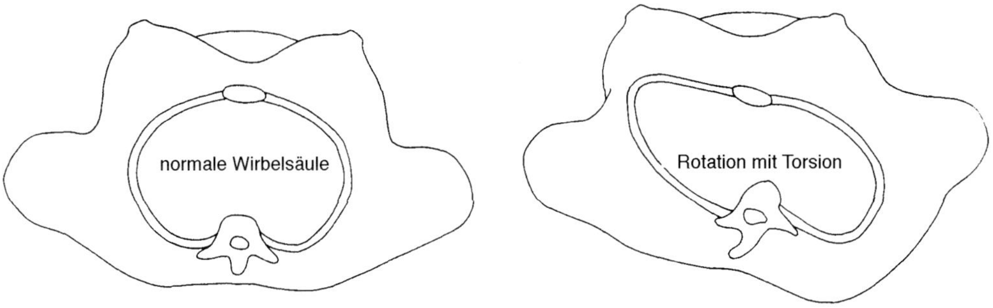

Rotation mit Torsion (rechts) im Vergleich mit der normalen Wirbelsäule (links). Die Veränderungen an den Wirbeln und den Rippen sind deutlich zu sehen. Das Volumen des Thoraxraumes ist verkleinert. Die Rotation und Torsion verursacht hinten einen Rippenbuckel und auch vorn einen Vorsprung der Rippen.

Nach Reinhardt, K.: Haltungsänderungen, Skoliosen und Kyphosen. In Handbuch der medizinischen Radiologie, Bd. VI/3. Springer, Berlin 1976

Verschiedene Skolioseformen unterschieden nach ihrer Lokalisation

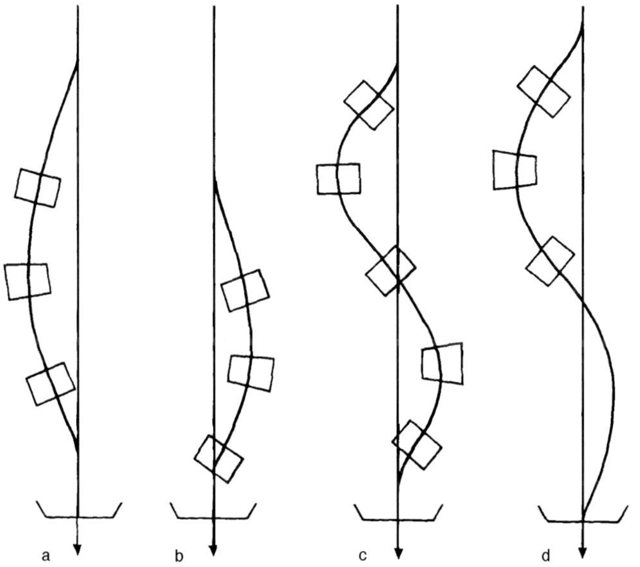

a = thorakolumbale Skoliose,
b = lumbale Skoliose,
c = kombinierte thorakolumbale Skoliose,
d = thorakale Skoliose (aus Debrunner, U.: Orthopädisches Diagnostikum. Thieme, Stuttgart 1973)

Nach Schmitt, E.: Die Wirbelsäule als Ganzes unter physiologischen und pathologischen Bedingungen. In Schinz: Radiologische Diagnostik, 7. Aufl., Bd. V/2. Wirbelsäule-Rückenmark. Thieme, Stuttgart 1986

Relation zwischen Skoliosescheitel und Progredienz (Bei Skoliosen mit zwei Hauptscheiteln wurden zwei Messungen vorgenommen.) (Nach Rathke und Ho Yong Sun)

Bereich	bis 0°	bis 5°	bis 10°	bis 20°	bis 30°	bis 50°	über 50°	Summe
Zervikal	–	3	–	1	–	–	–	4
Oben dorsal	2	4	4	2	1	–	–	13
Unten dorsal	1	5	3	5	1	1	1	17
Oben lumbal	–	1	3	–	1	–	–	5
Unten lumbal und sacral	1	3	2	–	–	–	–	6
Gesamt	4	16	12	8	3	1	1	45

Formveränderungen der Zwischenwirbellöcher bei Verkrümmungen der Wirbelsäule

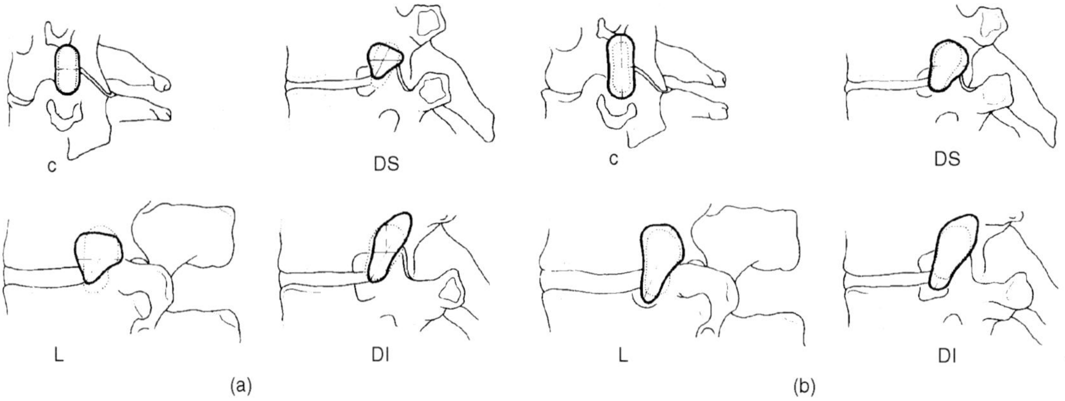

(a) Formveränderungen der Zwischenwirbellöcher bei einer Verstärkung der thorakalen Sagittalkrümmung. Die normale Zwischenwirbellochkontur ist als punktierte Linie eingezeichnet. Man achte auf die typische Deformierung im Bereich des Krümmungsscheitels (*D I*) und auf die Erweiterung im oberen Thorakalbereich (*D S*) und im Lendenbereich (*L*). (Nach Delmas u. Depreux, 1953). *(b)* Formveränderungen der Zwischenwirbellöcher bei einer Verstärkung der Lendenkrümmung. Man beachte die Verlängerung in der Lendenregion und im unteren Brustabschnitt (*D I*) im Vergleich zu den punktiert eingezeichneten normalen Zwischenwirbellöchern

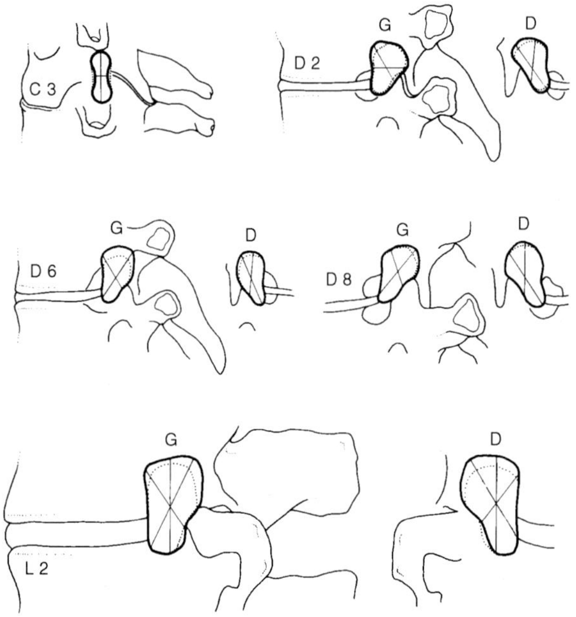

Konvexseitige Formveränderungen der Zwischenwirbellöcher bei seitlicher Verkrümmung der Wirbelsäule. Zwischenwirbellöcher zwischen C3/C4, D2/D3, D6/D7, D8/D9, L2/L3. Man beachte ihre Verlängerung im Vergleich zu den normalen Zwischenwirbellöchern, die punktiert eingezeichnet sind. (Nach Delmas und Depreux)

Nach Reinhardt, K.: Haltungsänderungen, Skoliosen und Kyphosen. In Handbuch der medizinischen Radiologie, Bd. VI/3. Springer, Berlin 1976

Risser-Test

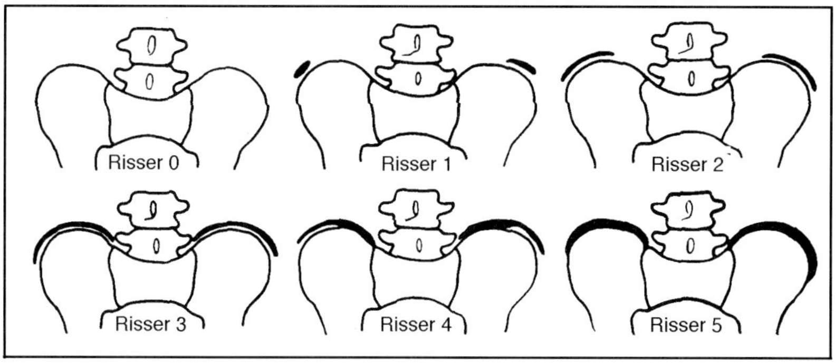

Abschätzung des Knochenalters und damit der Skolioseprogredienz je nach der Entwicklung der Verknöcherung der Apophysen der Darmbeinkämme. (Fauchet, 1973)

Kurven, die den Verlauf der 3 Skoliosetypen wiedergeben

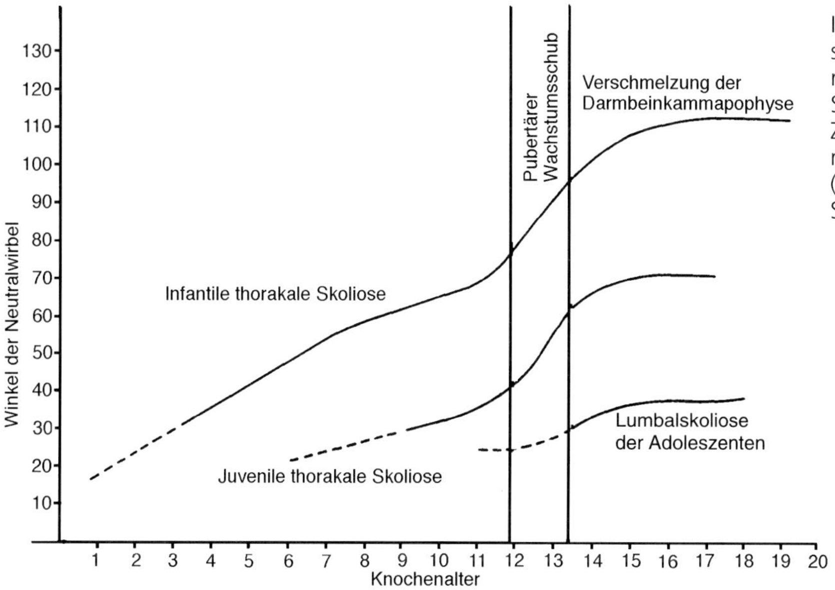

Infantile thorakale Skoliose (sehr schlechte Prognose), juvenile thorakale Skoliose mit pubertärem Schub, adoleszente Skoliose mit Zunahme der Lendenkrümmung nach dem pubertären Schub. (Faucon, Du Peloux, Fauchet und Stagnara)

Altersinzidenz der idiopathischen Skoliosen

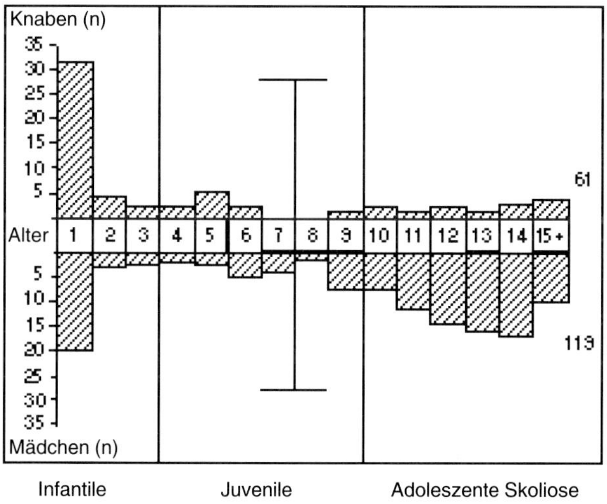

Alter der Patienten zum Zeitpunkt des Auftretens der idiopathischen Skoliose in dem Material von James (Gesamt 180; 61 Knaben, 119 Mädchen)

Nach Reinhardt, K.: Haltungsänderungen, Skoliosen und Kyphosen. In Handbuch der medizinischen Radiologie, Bd. VI/3. Springer, Berlin 1976

Kyphosen

Normale und pathologisch veränderte Wirbelsäulenformen

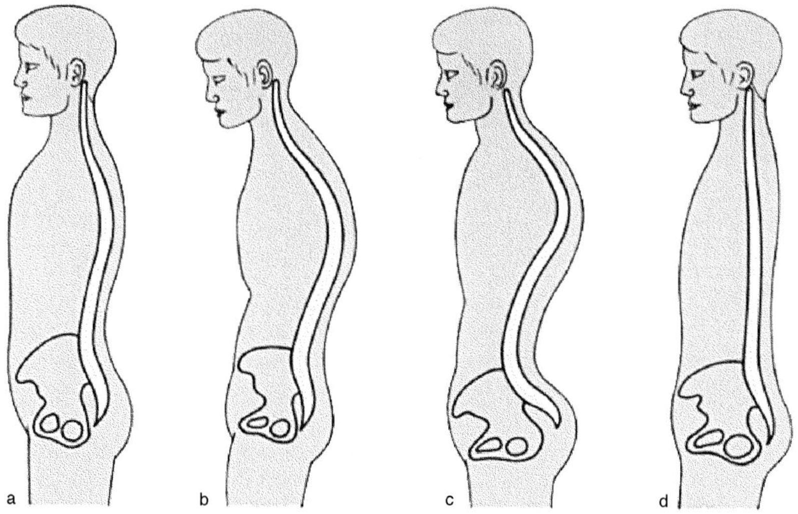

a) normale Form,
b) Rundrücken,
c) hohlrunder Rücken,
d) Flachrücken

Nach Schmitt, E.: Die Wirbelsäule als Ganzes unter physiologischen und pathologischen Bedingungen. In Schinz: Radiologische Diagnostik, 7. Aufl., Bd. V/2. Wirbelsäule-Rückenmark. Thieme, Stuttgart 1986

Ursachen des Rundrückens

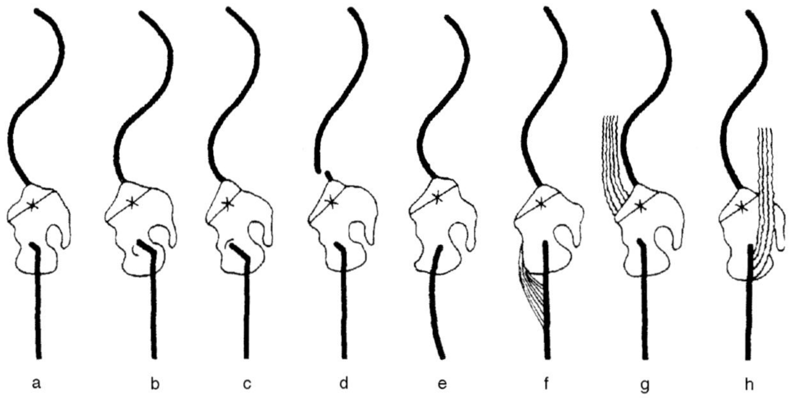

Urachen des *hohlrunden Rückens* nach Ehricht, 1974.

a Verstärkte Beckenkippung,
b rückwärts verlagerte Hüftpfannen.
c Hüftluxation,
d Coxa vara,
e Antekurvation der Femora,
f Beugekontraktur der Hüfte,
g schwache Bauchmuskulatur,
h schwache Streckmuskulatur

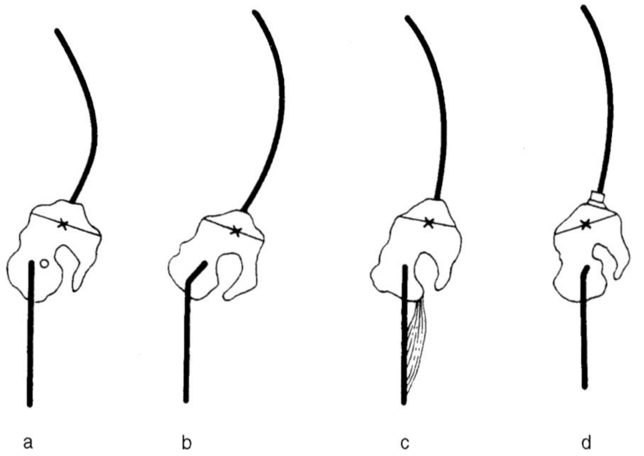

Verursachung des *total runden Rückens* nach Kaiser, entnommen bei Ehricht.

a Ventrale Verlagerung der Hüftpfannen,
b antekurvierte Femora,
c verkürzte Oberschenkelbeuge,
d Verbildung des 5. LWK

Nach Reinhardt, K.: Krankhafte Haltungsänderungen, Skoliosen und Kyphosen. In Handbuch der Med. Radiologie, VI/3. Springer, Berlin 1976

Messungen bei Verkrümmungen der Wirbelsäule

Sagittale Beweglichkeit der einzelnen vertebralen Bewegungssegmente am Lebenden (Daten nach Bakke 1931)

Segment	Ventralflexion (°)		Dorsalflexion (°)		Totalexkursion (°)	
	Mittel	Extremwerte	Mittel	Extremwerte	Mittel	
C_1/C_2	11.7	5–18	0	0	11.7	
C_2/C_3	3.0	(–) 4–9	9.6	5–18	12.6	
C_3/C_4	3.1	(–) 3–7	12.3	9–19	15.4	
C_4/C_5	2.8	1–7	12.3	11–17	15.1	102.4
C_5/C_6	3.8	2–8	16.6	10–19	20.4	
C_6/C_7	3.6	0–8	13.4	8–20	17.0	
C_7/Th_1	4.0	2–6	6.2	3–13	10.2	
Th_1/Th_2	5.0	1–8	4.8	1–10	9.8	
Th_2/Th_3	3.7	1–7	0.8	(–) 1–3	4.5	
Th_3/Th_4	3.5	1–6	0.1	(–) 2–3	3.6	
Th_4/Th_5	4.3	3–5	0.7	(–) 2–2	5.0	
Th_5/Th_6	4.2	2–6	0.4	(–) 2–2	4.6	
Th_6/Th_7	4.2	3–5	0.9	(–) 3–3	5.1	
Th_7/Th_8	4.3	1–6	1.1	(–) 2–6	5.4	64.3
Th_8/Th_9	3.7	1.5–5	1.2	(–) 2–4	4.9	
Th_9/Th_{10}	3.5	0–5	1.6	(–) 1–4	5.1	
Th_{10}/Th_{11}	2.7	0–8	1.5	(–) 1–6	4.2	
Th_{11}/Th_{12}	2.8	(–) 6–6	2.7	0–8	5.5	
Th_{12}/L_1	2.0	(–) 3–6	4.6	2–12	6.6	
L_1/L_2	2.0	(–) 2–6	6.6	3–13	8.6	
L_2/L_3	3.0	(–) 13–7	8.0	4–14	11.0	
L_3/L_4	3.0	(–) 13–8	9.0	5–15	12.0	66.1
L_4/L_5	3.7	(–) 15–7	10.2	5–19	15.9	
L_5/S_1	2.2	(–) 16–5	16.4	10–24	18.6	

Nach v. Lanz, T., W. Wachsmuth: Praktische Anatomie, Bd. 2/7. Rücken. Springer, Berlin 1982

Synopsis von Messungen der Brustwirbelsäule

Skoliosewinkel
1. nach Cobb-Lippmann: 0° = normal (Lot der Neutralwirbelkanten)
2. nach Ferguson: 0° = normal (Winkel zwischen Neutral- und Scheitelwirbel)

Ermittlung des Neutralwirbels (N):
- Kastenform
- am stärksten gegen Horizontale geneigt
- am geringsten rotiert (Festlegung des Mittelpunktes durch Verbindungslinien der WK-Ecken)

Ermittlung des Scheitelwirbels (S):
- stärkste Keilform
- (und/oder) stärkste Rotation (Ermittlung des Mittelpunktes durch Senkrechte auf Kantenhalbierung)

Kyphosewinkel nach Stagnara: Abschlußplatte BWK 3 und BWK 11 = 25°
Form (Th_{12}): Höhe/Breite = 0,84 (0,93 bei Frauen)

Weite der Zwischenwirbelräume:
Th_6–Th_{11}: ca. 4–5 mm
Th_{11}– Th_{12}: ca. 6,5 mm
Th_1 am kleinsten

Weite des Spinalkanals:
Interpedunkulardistanz (a.-p.-Sicht): Th_1 (20–27 mm) $> Th_2 > Th_3 > Th_4 > Th_5 = Th_6$ (15–20 mm) $= Th_7$, $Th_8 < Th_9 < Th_{10} < Th_{11} < Th_{12}$ (19–27 mm)

Paravertebrallinien: unter 40 J. = 6–8 mm
über 40 J. = 6–15 mm
(im Bereich von BWK 4–11, meist nur links sichtbar)

Nach Möller, T. B.: Röntgennormalbefunde. Thieme, Stuttgart 1987

Methode zur Bestimmung der Wirbelrotation mittels der Bogenwurzel (Nach Nash und Moe)

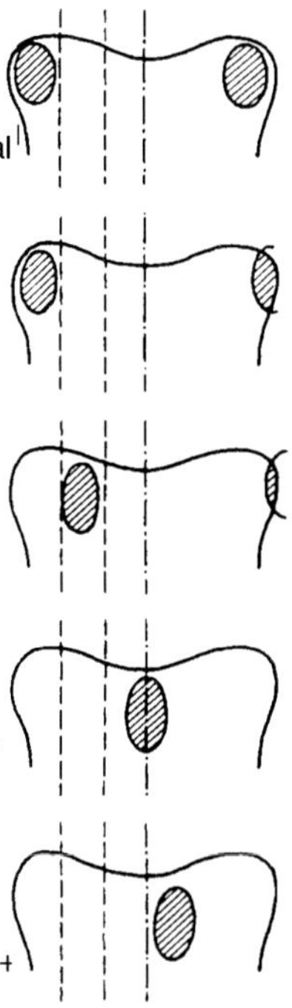

	konvex	konkav
Grad: neutral	keine Asymmetrie	keine Asymmetrie
Grad: +	Auswandern in's 1. Segment, beginnende Distorsion	kann zu verschwinden beginnen
Grad: ++	Auswandern in's 2. Segment	beginnendes Verschwinden
Grad: +++	Auswandern in's mittlere Segment	nicht sichtbar
Grad: ++++	wandert konkavseitig über die Wirbelkörpermitte hinaus	nicht sichtbar

Methode zur Bestimmung der Wirbelsäulenrotation (Nach Cobb)

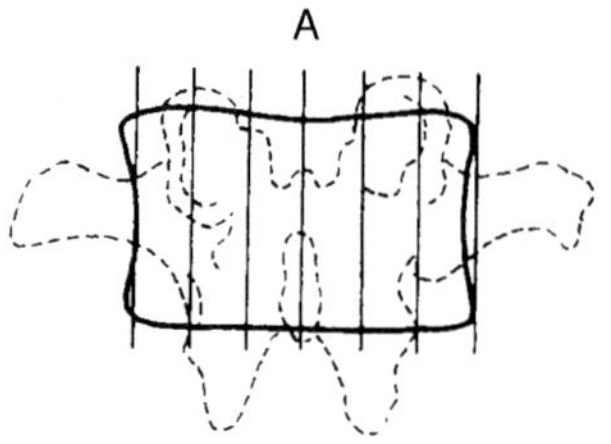

Normalwirbel
Keine Rotation
Dornfortsatz im Zentrum des Wirbelkörpers
Sechsfache Unterteilung der Wirbelkörperbreite

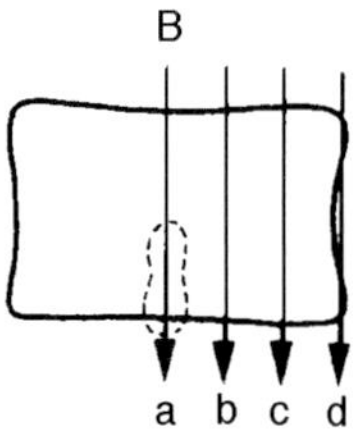

Rotation
Wenn sich der Dornfortsatz
bei b abbildet = + Rotation
bei c = ++ Rotation
bei d = +++ Rotation
jenseits von d = ++++ Rotation

Nach Reinhardt, K.: Krankhafte Haltungsänderungen, Skoliosen und Kyphosen. In: Handbuch der medizinischen Radiologie, Bd. VI/3. Springer, Berlin 1976

Messung der Wirbel-Rotation

Bei den Skoliosen rotieren die Wirbelkörper im Scheitelbereich, als Abweichungsversuch vom stärkeren Druck der konkaven Seite (a). Cobb unterteilt die Breite des Wirbelkörpers in 6 gleiche Teile und bestimmt die Abweichung des Dornfortsatzes gegenüber der Wirbelmitte. Die Tabelle gibt die Schwere der Torsion je nach Verlagerung des Querfortsatzes nach Cobb an.
Einfacher ist es, den Abstand des Querfortsatzes von der seitlichen Begrenzung des Wirbelkörpers zu messen (b). Man gibt dann immer an: den rechten zum linken Abstand. Auf der Abbildung b also a:b. Ist der rechte Abstand größer, handelt es sich um eine Rechts-Torsion, ist der linke größer, um eine Links-Torsion.

Torsions-Schwere-Einteilung nach Cobb

Verschiebung um mehr als	Torsions-Schwere
1/6 der Wirbelbreite	mäßige Torsion
2/6 der Wirbelbreite	starke Torsion
3/6 der Wirbelbreite	sehr starke Torsion

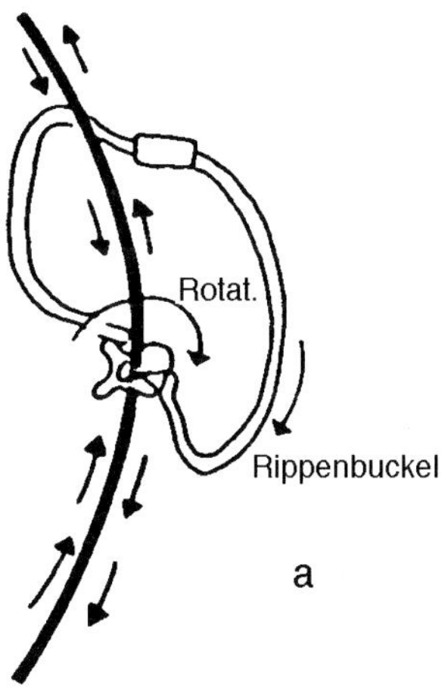

a Verhältnisse bei einer rechtskonvexen Skoliose

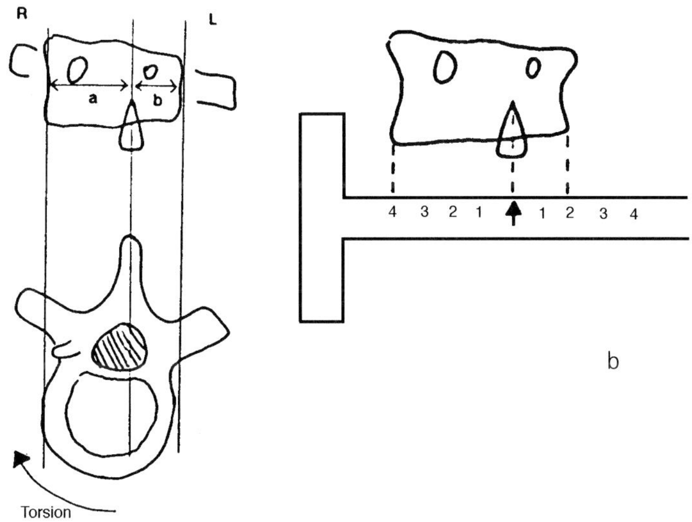

b

b Messung der Torsion durch den Abstand a und b

Nach Orator, O.: „Spezielle Chirurgie", J. A. Barth Verlag, München 1960

Methode nach Ferguson/Hibbs/Risser

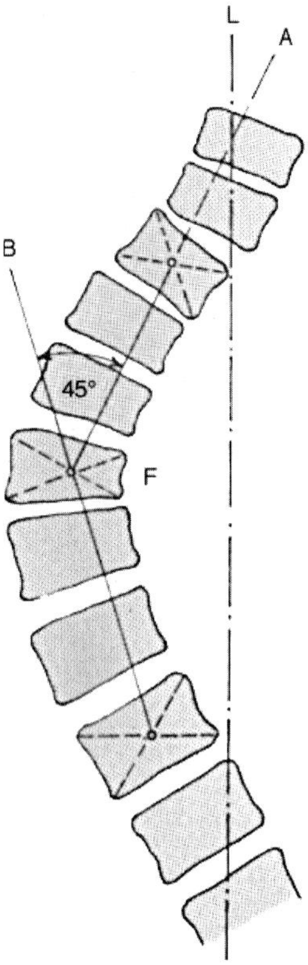

Es werden die Mittelpunkte der beiden Wirbelkörper mit der geringsten Neigung und Torsion (Neutralwirbel) und der sogenannte Scheitelwirbel bestimmt. Verbindung dieser 3 Punkte durch gerade Linien und Messung der Nebenwinkel. Normalerweise beträgt der Winkel 0°.

L = Lot
A = Oberer Neutralwinkel
B = Unterer Neutralwirbel
F = Scheitelwirbel

Methode nach Cobb/Lippmann

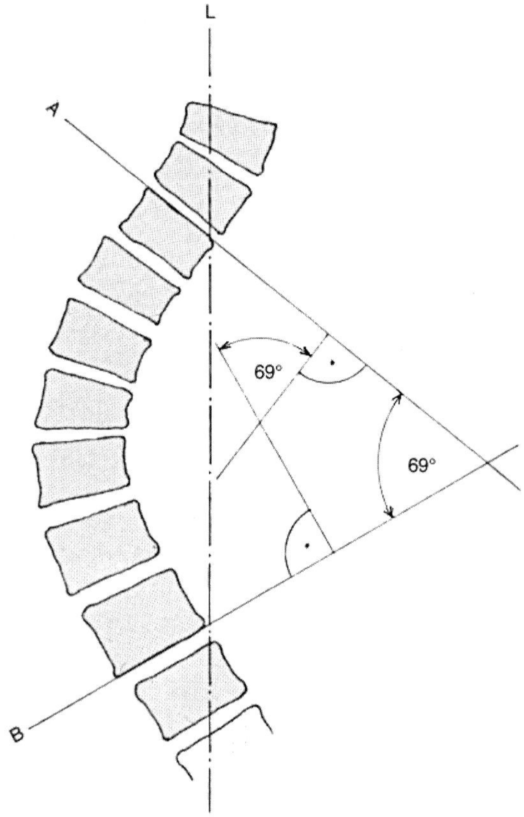

Errichtung des Lotes (L) auf die Deckplatten der beiden Neutralwirbel und Messung des Winkels, der durch die beiden Linien (A und B) als Tangenten der durch das Lot getroffenen Wirbelkörper gebildet wird. Normalerweise beträgt dieser Winkel 0°.

Methode nach Stagnara

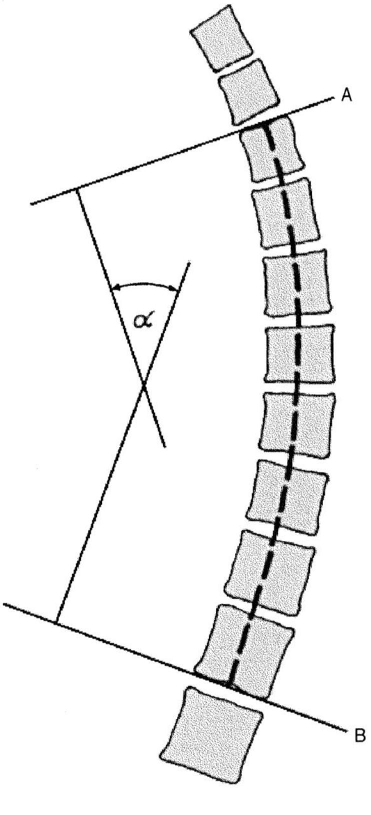

Bestimmung des Winkels, der von den Linien A und B gebildet wird.
A = Linie entlang der Abschlußplatte des 3. BWK.
B = Linie entlang der Abschlußplatte des 11. BWK.
Der Normalwinkel α beträgt 25°

Nach Fochem, K., J. Klumair:
Atlas der röntgenologischen Meßmethoden. Springer, Berlin 1976

Bestimmung des Skoliosewinkels

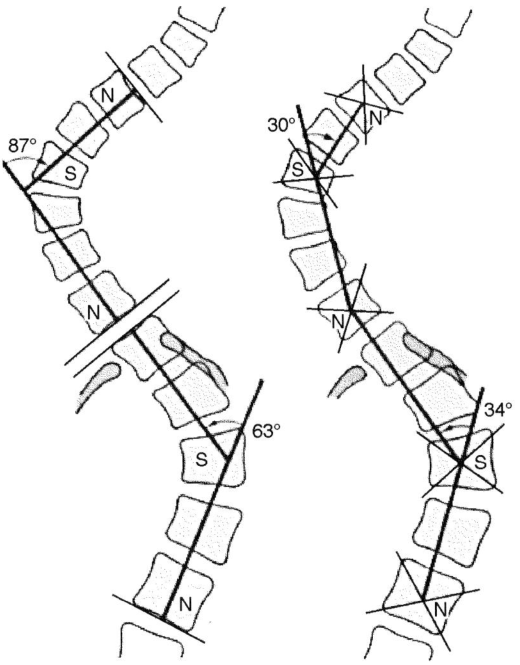

a b

a nach Cobb und **b** nach Ferguson, N = Neutralwinkel, S = Scheitelwinkel

Rotation des Wirbels bei Skoliose

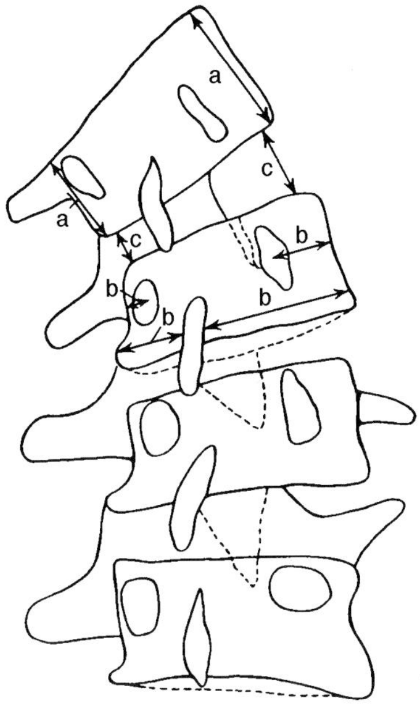

a = Wirbelkörperkante, b = Lage der Bogenwurzeln gegenüber dem Dornfortsatz, c = Höhe des Bandscheibenraumes (aus Scheier, H.: Prognose und Therapie der Skoliose. Thieme, Stuttgart 1967)

Rotationsbestimmungen

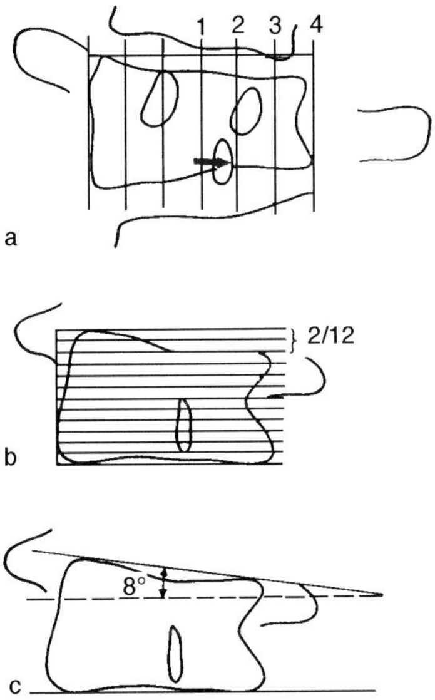

Bestimmung der Rotation nach Cobb und der seitlichen Keilform eines Wirbels. 1–4: Schätzung der Rotation nach der seitlichen Verschiebung des Dornfortsatzes um jeweils –1/6 (aus Debrunner, U.: Orthopädisches Diagnostikum. Thieme, Stuttgart 1973)

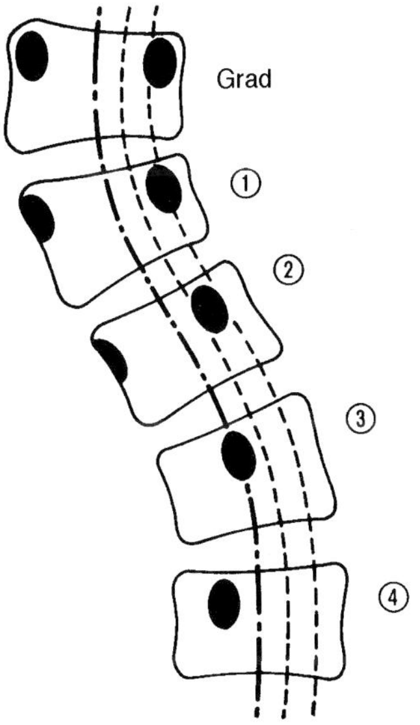

Rotationsbestimmung nach Nash u. Moe, 1969 (aus Bauer, R.: Operative Behandlung der Skoliose. Huber, Bern 1979)

Nach Schmitt, E.: Die Wirbelsäule als Ganzes unter physiologischen und pathologischen Bedingungen. In Schinz: Radiologische Diagnostik, 7. Aufl, Bd. V/2. Wirbelsäule – Rückenmark. Thieme, Stuttgart 1986

Bestimmung der Wirbelrotation nach Metha anhand der Querfortsätze und Bogenwurzeln

Grad der Rotation	Konvexseitige Bogenwurzel	Konvexseitiger Querfortsatz	Konvexseitiges Zwischenwirbelloch
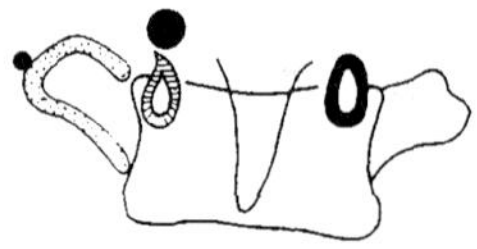 0	Eiförmig, symmetrisch zur konkavseitigen Bogenwurzel	Der ganze Querfortsatz projiziert sich neben dem Wirbelkörper	Nicht sichtbar
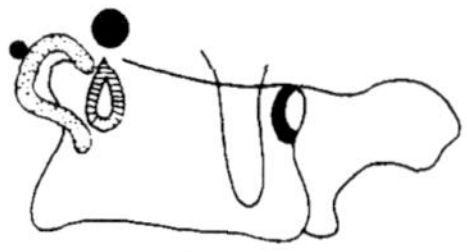 15	Eiförmig, nach medial verlagert, konkavseitige Bogenwurzel halbmondförmig	Nur das Ende ist neben dem Wirbelkörper sichtbar	Nicht sichtbar
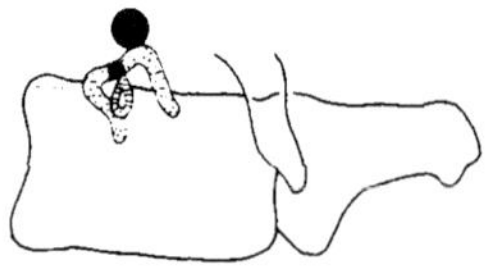 30	Projektion als schmales Oval, weiter nach medial verlagert	Im Wirbelkörper verschwunden, Darstellung vor der konvexseitigen Bogenwurzel oder von ihr überlagert	Nicht sichtbar
 45	Unscharfe Bogenlinie weiter nach medial verlagert	Ende bogenförmig hinter der konvexseitigen Bogenwurzel innerhalb des Wirbelkörpers sichtbar	Klein unterhalb des Querfortsatzes sichtbar
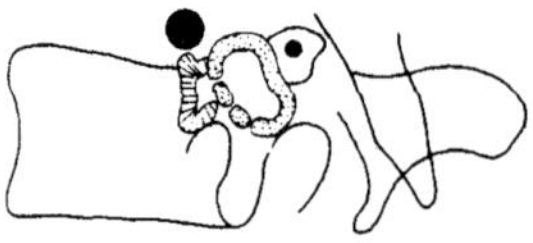 60	Im Profil dargestellt	Als bohnenförmige Linie hinter dem seitlich projizierten Wirbelkörper sichtbar	Groß unterhalb und ventral vom Querfortsatz dargestellt
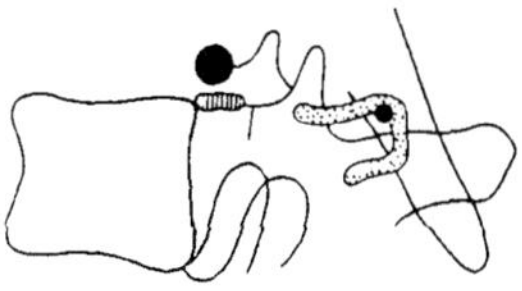 75	Im Profil dargestellt	Nur schwach zu erkennen	Groß. Darstellung beider Seiten als Doppelkontur Darstellung der Wirbelkörper-Rückfläche
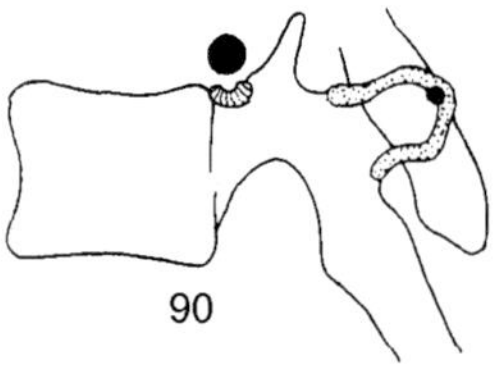 90		Seitliche Projektion	

Nach Reinhardt, K.: Krankhafte Haltungsänderungen, Skoliosen und Kyphosen. In: Handbuch der medizinischen Radiologie, Bd. VI/3. Springer, Berlin 1976

Kyphosemessungen

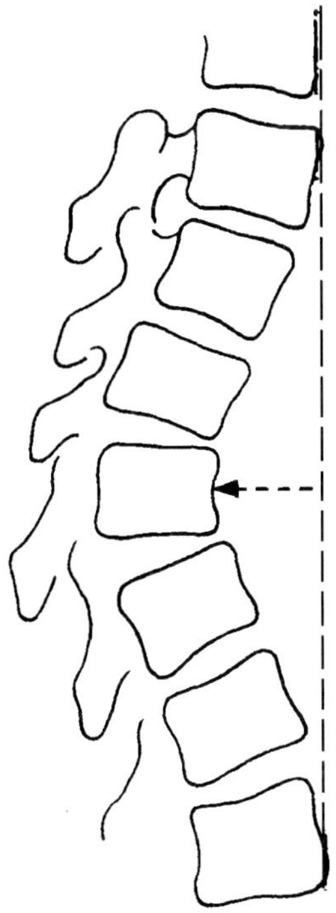

Kyphosemessung. Von der Tangente an den Krümmungsbogen der Kyphose aus mißt man den größten Abstand zur vorderen Begrenzung der Wirbelkörperreihe

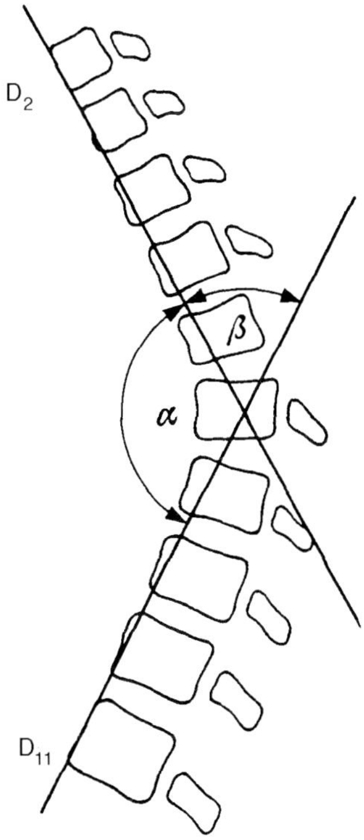

Kyphosemessung nach Halmagyi. An die Vorderkanten des 2. und 11. BW werden Tangenten gezogen, die sich im Scheitelwirbel der Kyphose schneiden. Gemessen wird der Winkel α oder β, den diese Tangenten miteinander bilden

Nach Reinhardt, K.: Krankhafte Haltungsänderungen, Skoliosen und Kyphosen. In: Handbuch der medizinischen Radiologie, Bd. VI/3. Springer, Berlin 1976

Bestimmung des Keilkyphoseindex und Keilwinkels

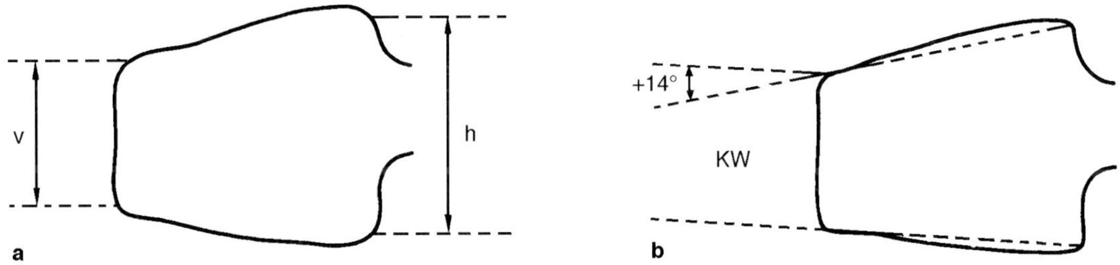

KW = Keilwinkel, h = hintere, v = vordere Wirbelkörperhöhe (aus Debrunner, U.: Orthopädisches Diagnostikum. Thieme, Stuttgart 1973)

Nach Schmitt, E.: Die Wirbelsäule als Ganzes unter physiologischen und pathologischen Bedingungen. In Schinz: Radiologische Diagnostik, 7. Aufl., Bd. V/2. Wirbelsäule – Rückenmark. Thieme, Stuttgart 1986

Lordosemessungen

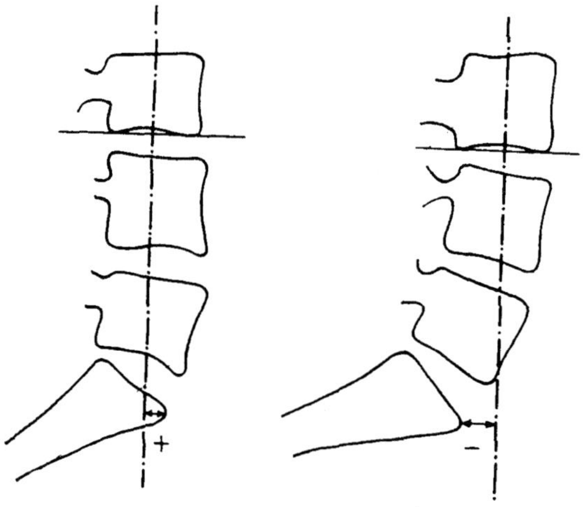

Bestimmung der *Lendenlordose* und des Überhanges nach Pizon

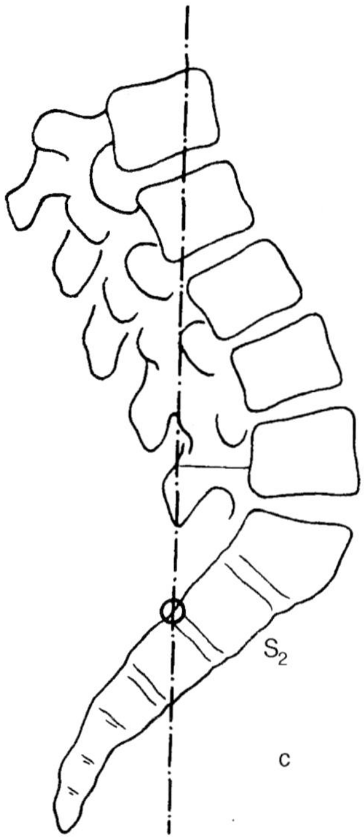

Lordosemessung nach De Sèze. An der Hinterkante des Bandscheibenrudimentes S_2 wird eine Senkrechte errichtet und von ihr aus der größte Abstand zur hinteren Begrenzung der Wirbelkörperreihe gemessen

Messung des sagittalen und frontalen Wirbelkörperquotienten

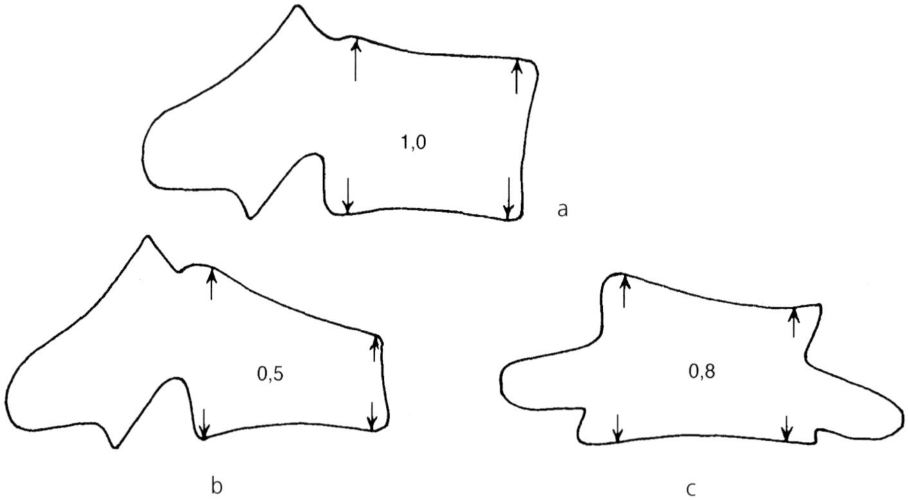

Normalerweise ist mit Ausnahme des 5. Lendenwirbels die Vorder- und Hinterwandhöhe eines Wirbelkörpers annähernd gleich (a). Durch Division der niedrigeren Vorderwand- durch die größere Hinterwandhöhe erhält man den sagittalen Quotienten, in der Abbildung 0,5 (b). Durch Division der niedrigeren Seitenwand durch die höhere erhält man den frontalen Quotienten, in der Abbildung 0,8 (c)

Nach Reinhardt, K.: Krankhafte Haltungsänderungen, Skoliosen und Kyphosen. In: Handbuch der Medizinischen Radiologie, Bd. VI/3. Springer, Berlin 1976

Winkel im Bereich der Lumbosakralregion

Promontoriumwinkel

Autor		Durchschnitt (Grenzwerte) [Grad]
Legler	männl.	132 (120–150)
	weibl.	135 (120–154)
Schlegel u. Dierks		
	männl.	128,5 (112–151)
	weibl.	133,6 (113–153)

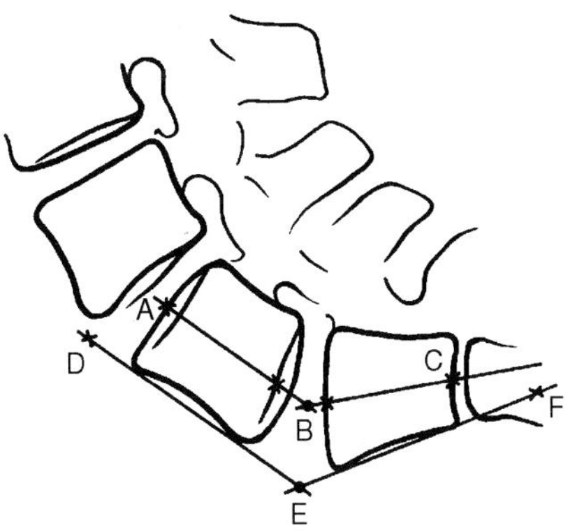

Promontoriumwinkel (DEF) und Lumbosakralwinkel (ABC)

Lumbosakralwinkel

Autor		Durchschnitt (Grenzwerte) [Grad]
Legler (Abb. oben; ABC)		
	(Männer)	139 (127–154)
	(Frauen)	132 (128–158)
v. Lackum (nebenstehende Abb.)		
	(Männer)	117
	(Frauen)	102,4

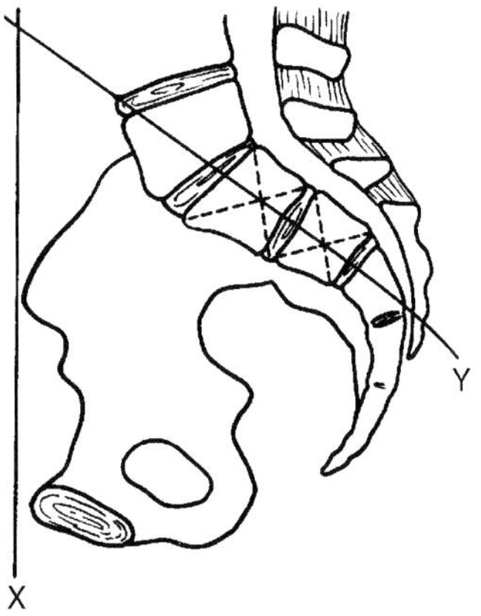

Lumbosakralwinkel nach v. Lackum (zwischen X und Y)

Sakrovertebralwinkel

Autor	Durchschnitt [Grad]
v. Lackum	42,5

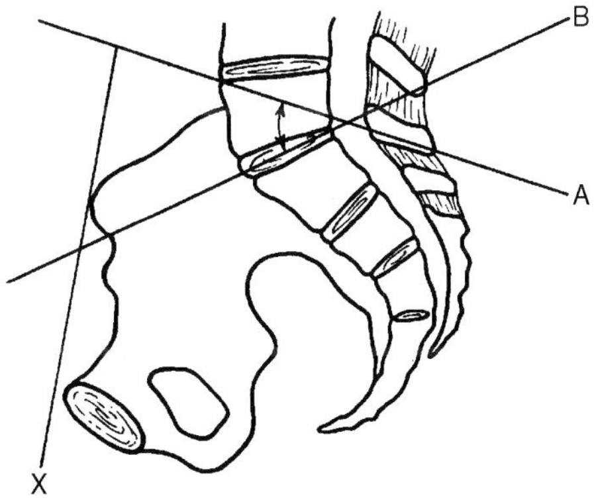

Sakrovertebralwinkel nach v. Lackum (zwischen A und B)

Zusammengefaßt nach Reinhardt, K.: Die Lenden-Kreuzbeingegend. In: Handbuch der Medizinischen Radiologie, Bd. VI/1, Springer, Berlin 1974

Mechanismus und Messungen der Spondylolisthesis

Üblicher Mechanismus der Spondylolisthesis

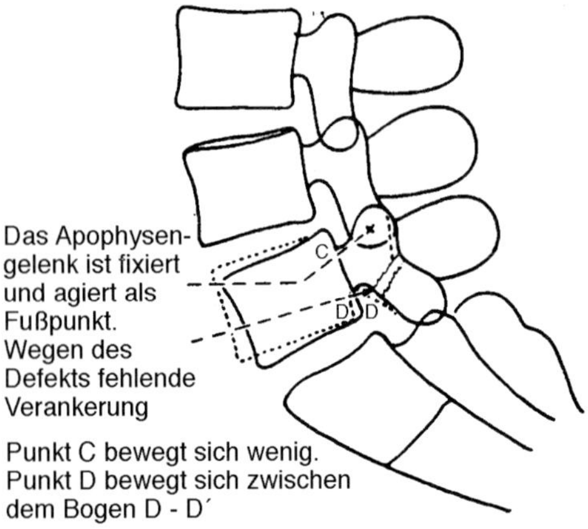

Messung der Instabilität in der Lumbosakralregion in aufrechter Flexion und Extension bei Spondylolisthesis

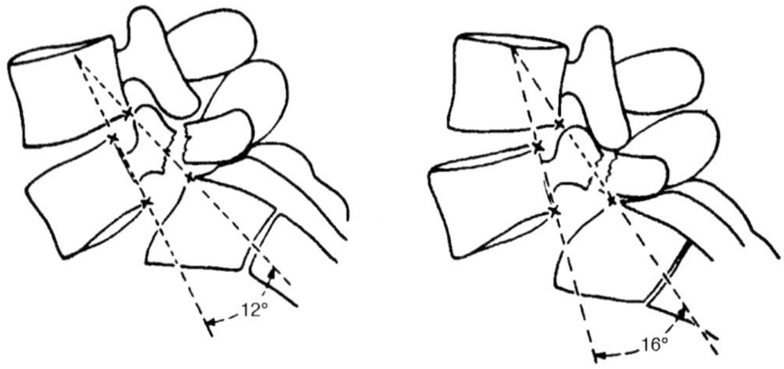

Spondylolisthesis S5/S1: Die Zeichnungen von Röntgenbildern zeigen eine Instabilität von 4 Grad (16 Grad minus 12 Grad);

(A) Schwerpunktlinie in Beugung – den geringsten Grad des Gleitens findet man meist in Flexion.

(B) Schwerpunktlinie in Extension – das Maximum des Gleitens beobachtet man in Extension.

Nach Meschan, I., R. M. Farrer-Meschan: Diagnostik mit bildgebenden Verfahren, Bd. III. Enke, Stuttgart 1991

Zwischenwirbelräume

Verschmälerung der Zwischenwirbelräume mit Erosionen und Sklerose

Destruktive abakterielle Spondylopathie
Sarkoidose der Wirbelsäule
Spondylosclerosis hemisphaerica
Erosive und synostosierende Osteochondrose
Postoperative Veränderungen des Zwischenwirbelraums
Spondylitis in der Heilungsphase

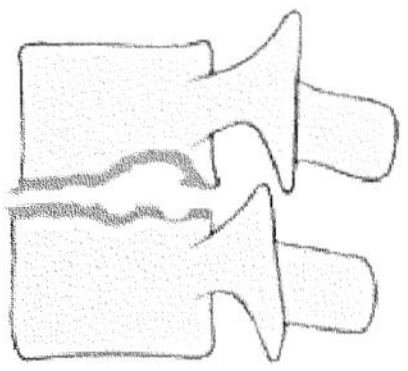

Erosive Osteochondrose

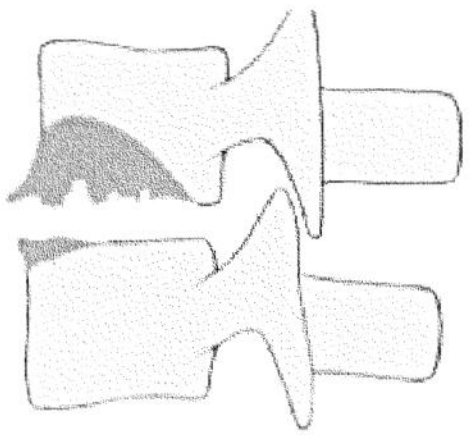

Spondylosclerosis hemisphaerica

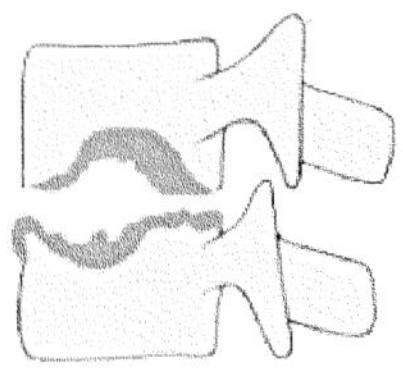

"Entzündlicher" Typ der Anderson-Läsion

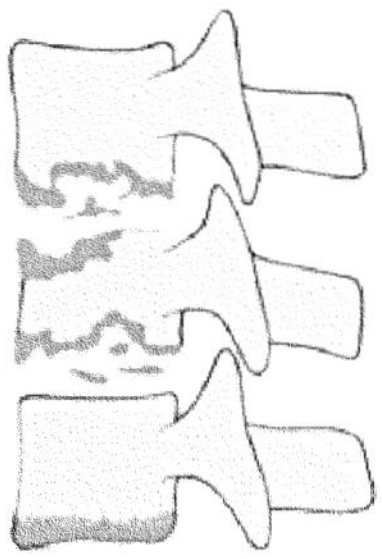

Destruktive Sponylopathie

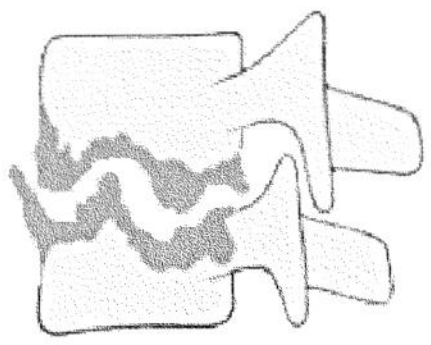

Spondylitis im Verlauf

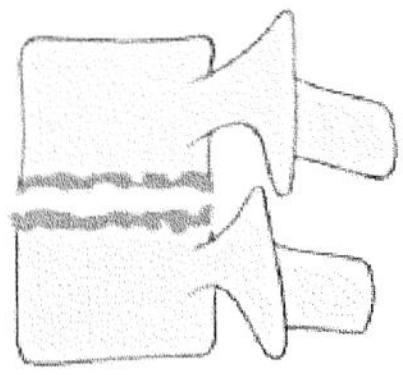

Postoperative Veränderung

Verschmälerung der Zwischenwirbelräume mit Sklerose und Osteophyten

Osteochondrosis intervertebralis
Intervertebrale Bandscheibenverlagerung: intraspongiöser und retromarginaler Prolaps
Morbus Scheuermann
Postentzündlicher Zustand

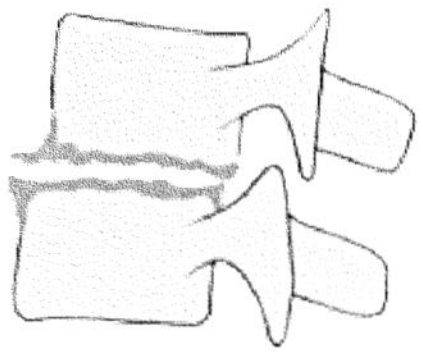

Osteochondrose (mit Spondyloretrolisthesis)

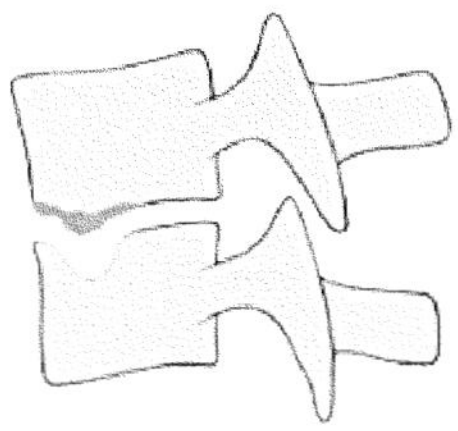

Schmorl-Knötchen (mit Edgren-Vaino-Zeichen)

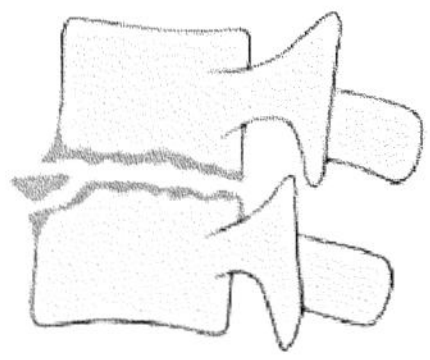

Retromarginaler Prolaps (vordere Kantenabtrennung)

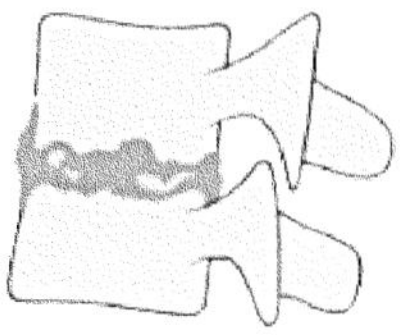

Abgelaufene Spondylitis

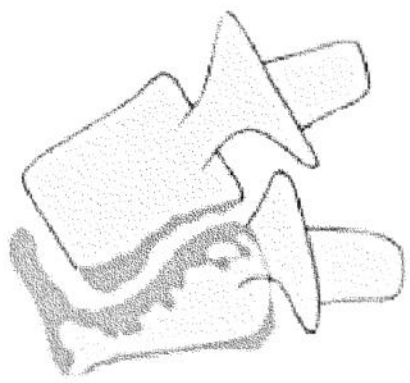

Posttraumatischer Zustand

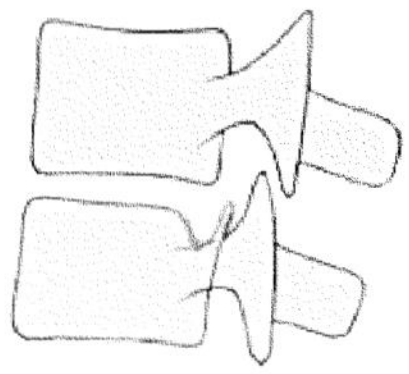

Hinterer retromarginaler Prolaps

Nach Reiser, M., P. E. Peters: Radiologische Differentialdiagnose der Skeletterkrankungen. Thieme, Stuttgart 1994

Erweiterung der Zwischenwirbelräume (Bandscheiben)

Gleichmäßige Erweiterung

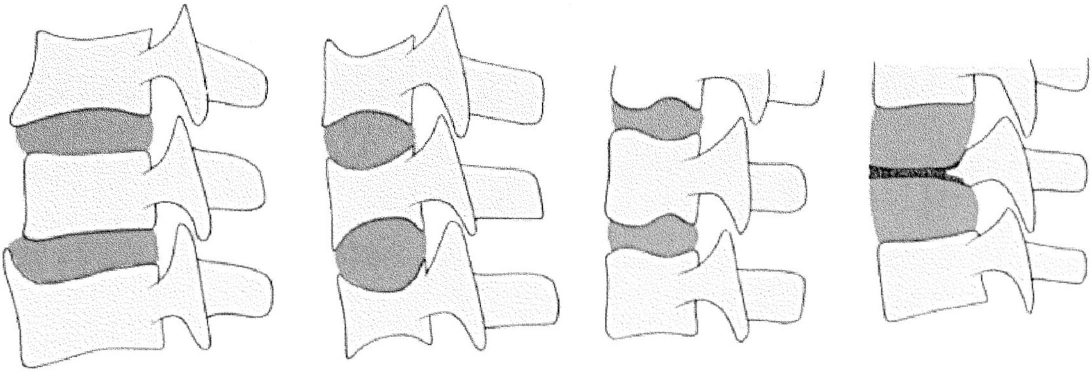

Akromegalie | "Fischwirbel" | Chordapersistenz | Vertebra plana

Ungleichmäßige Erweiterung

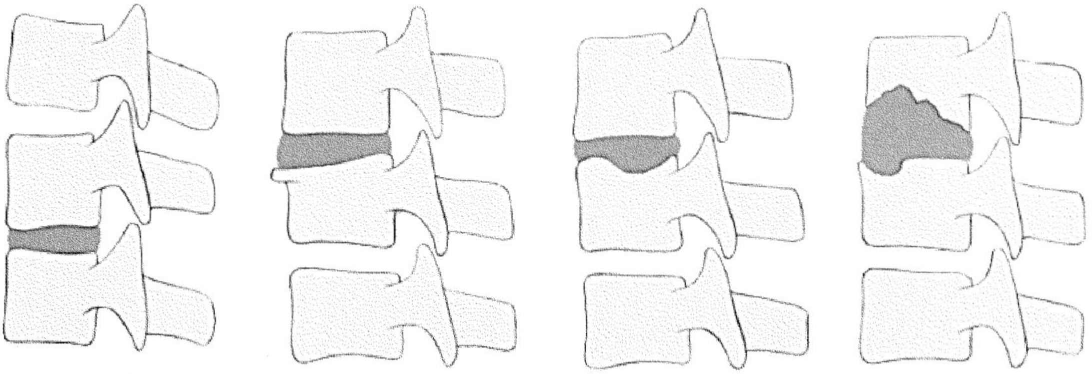

Ligamentäres Trauma | Frischere Wirbelkörperfraktur | Beginnende tumoröse Wirbelerniedrigung | Entzündliche Abschlußplatten-destruktion

Reiser, M., P. E. Peters: Radiologische Differentialdiagnose der Skeletterkrankungen. Thieme, Stuttgart 1994

Juvenile Aufbaustörungen an der Brustwirbelsäule (Morbus Scheuermann)

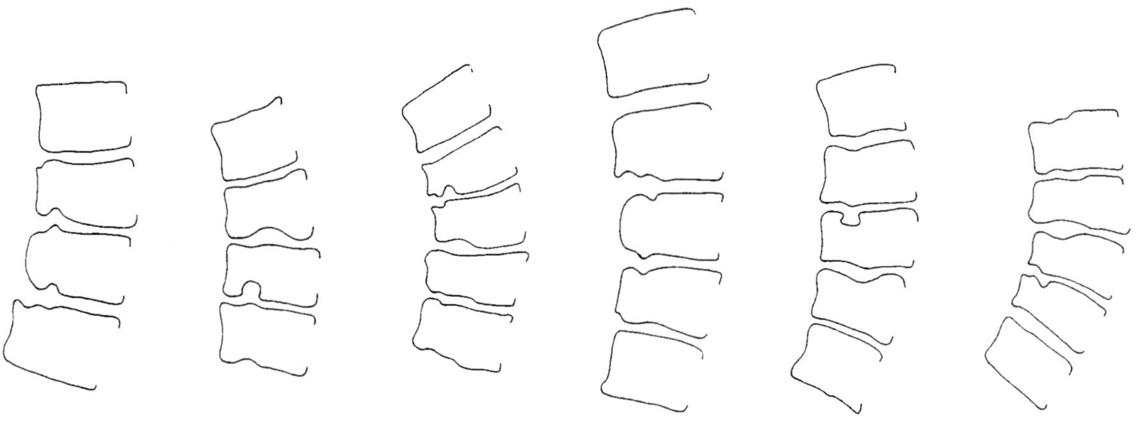

Nach Krämer, J., R. Schieberger, A. Hedtmann: Juvenile Aufbaustörungen der Wirbelsäule – Morbus Scheuermann. In Schinz: Radiologische Diagnostik, 7. Aufl, Bd. V/2. Wirbelsäule-Rückenmark. Thieme, Stuttgart 1986

Häufigkeit des Morbus Scheuermann innerhalb eines Beobachtungsgutes bei operativ bestätigtem dorsalen Nucleus pulposus-Prolaps

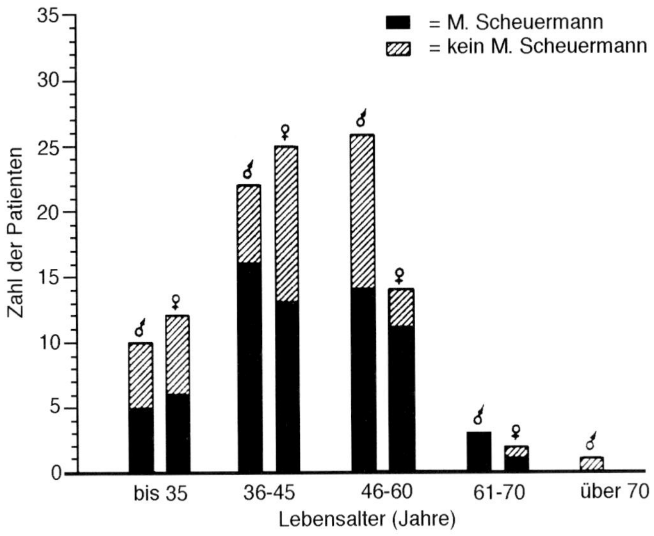

Nach Rübe, W., G. A. Schulte:
Die degenerativen Erkrankungen der Wirbelsäule. In: Handbuch der Medizinischen Radiologie, Bd. VI/2. Springer, Berlin 1974

Differentialdiagnostik spinaler Prozesse mit der Magnet-Resonanz-Tomographie

Differentialdiagnose von Signalveränderungen der Wirbelkörper (*WK*) und der Intervertebralräume (*IV*)

	WK		IV	
	T1w	T2w	T1w	T2w
Normalbefund	+	0	–	+
Maligne Markinfiltration	–	+	–	+
Bandscheibendegeneration	+	0	–	–
Bandscheibendegeneration mit Reaktion der benachbarten Wirbelkörper (Typ I)	–	+	–	–
Bandscheibendegeneration mit Reaktion der benachbarten Wirbelkörper (Typ II)	+	0	–	–
Bandscheibendegeneration mit Reaktion der benachbarten Wirbelkörper (Typ III)	–	–	–	–
Spondylitis	–	+	–	++
Zustand nach Chymopapaininjektion	–(+)	+(0)	–	–

– signalarm, 0 intermediäre Signalintensität, + signalreich, ++ sehr signalreich (bei langem TE).

Nach Kahn, Th., H. Friedburg:
Spinalkanal und Wirbelsäule. In Reiser, M., W. Semmler: Magnetresonanztomographie. Springer, Berlin 1992

Bandscheiben

Normale Anatomie des Discus intervertebralis

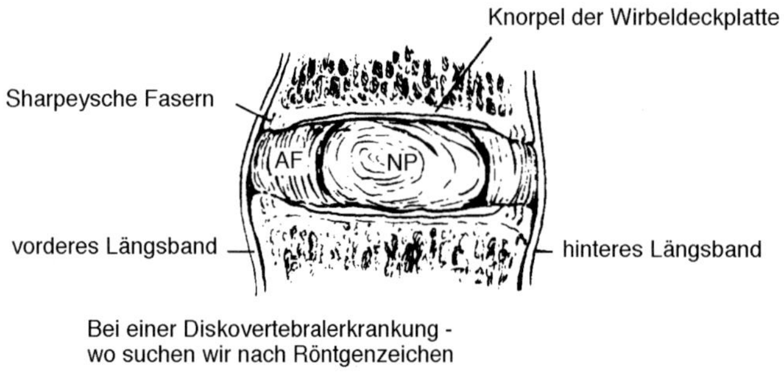

Diagramm des normalen Diskus und der Stellen, an denen bei einer Diskovertebralerkrankung nach Röntgenzeichen gesucht werden muß (NP = Nucleus pulposus; AF = Anulus fibrosus).

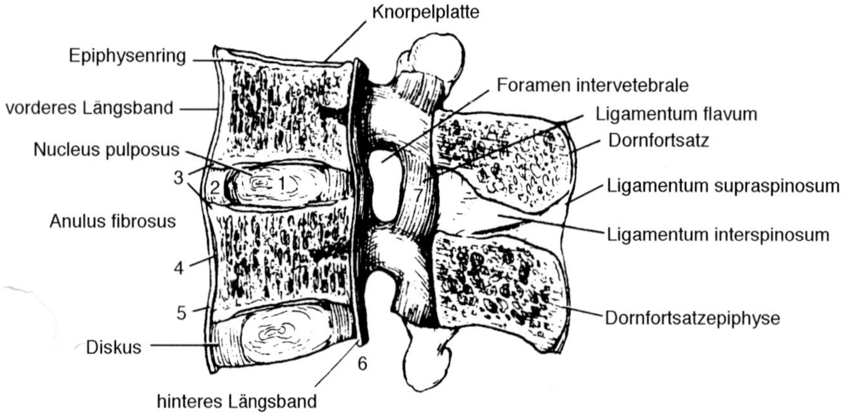

1. führt zu einer Spondylosis deformans
2. degenerative Vorgänge führen zu einer degenerativen Osteochondrose
3. Anfänge der Spondylitis ankylosans
4. psoriatische Spondylitis
5. diffuse idiopathische Skelett-Hyperostose (DISH)
6. Verknöcherung des hinteren Längsbandes
7. das Lig. flavum kann verdickt oder verkalkt sein

Nach Meschan, I., R. M. Farrer-Meschan: Diagnostik mit bildgebenden Verfahren, Bd. III. Enke, Stuttgart 1991

Lokalisation und Häufigkeit von Bandscheibenvorfällen an der Wirbelsäule

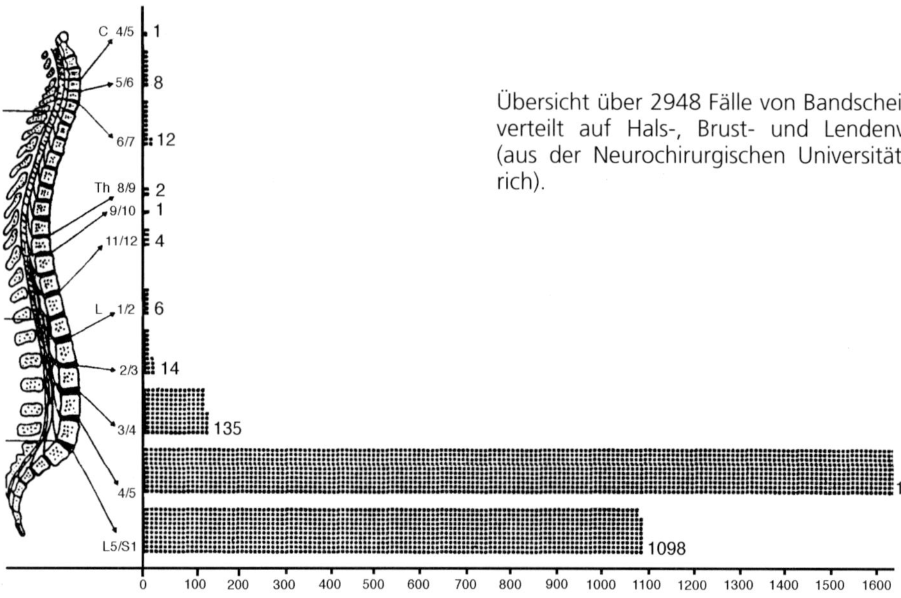

Übersicht über 2948 Fälle von Bandscheibenvorfall, verteilt auf Hals-, Brust- und Lendenwirbelsäule (aus der Neurochirurgischen Universitätsklinik Zürich).

Nach Brügger, A.: Über vertebrale, radikuläre und pseudoradikuläre Syndrome. I. Acta rheumatologica. Documenta Geigy, Basel 1960

Alters- und Geschlechtsverteilung sowie Lokalisation der Bandscheibenvorfälle

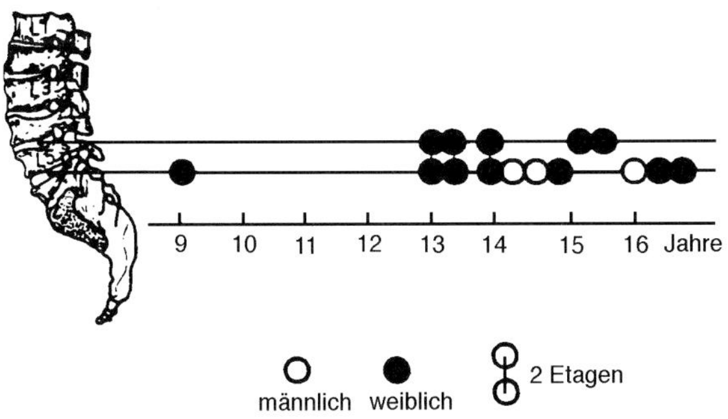

Häufigkeit der Funktionseinschränkung der Wirbelsäule

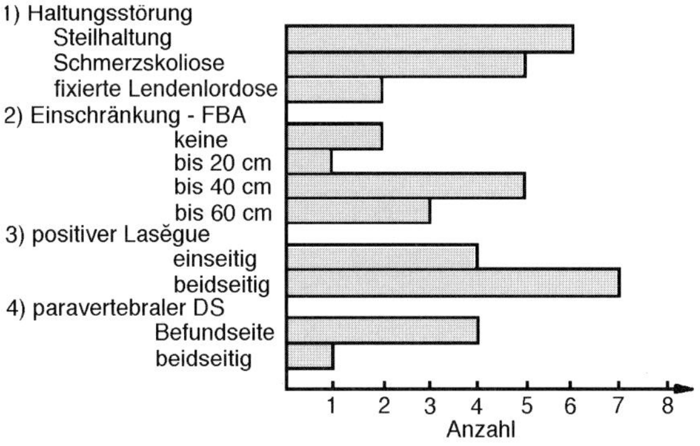

Nach Steube, D. et al.: Bandscheibenvorfälle im Kindes- und Jugendalter. Dt. Gesundh.-Wesen 36 (1981) 871–874

Lokalisationen von Bandscheibenvorfällen

In der schematischen Darstellung wird deutlich, daß nur die lateral liegende Nervenwurzel komprimiert wird.

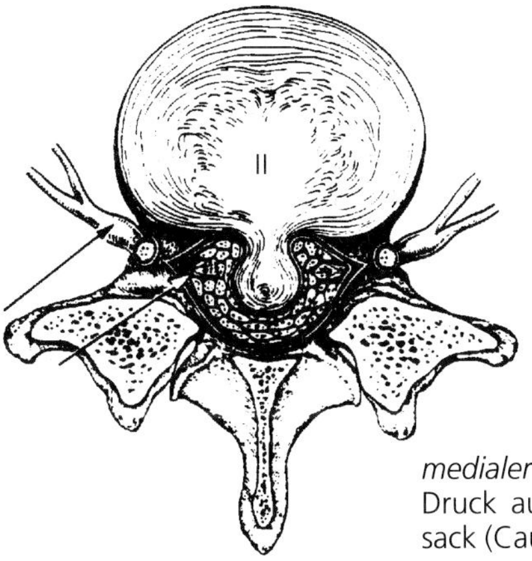

medialer Prolaps:
Druck auf den Duralsack (Cauda equina)

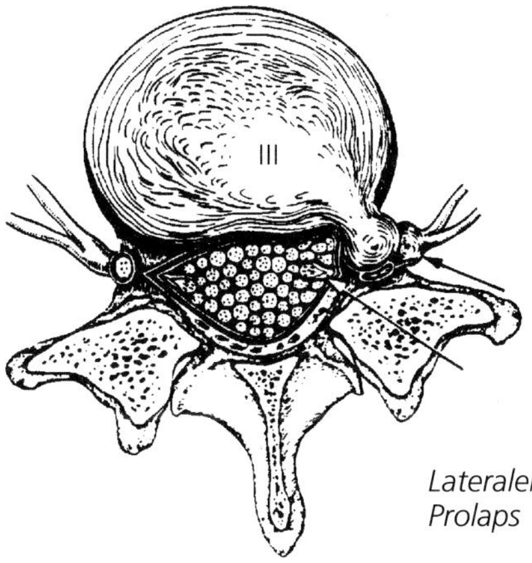

Lateraler (foraminaler) Prolaps

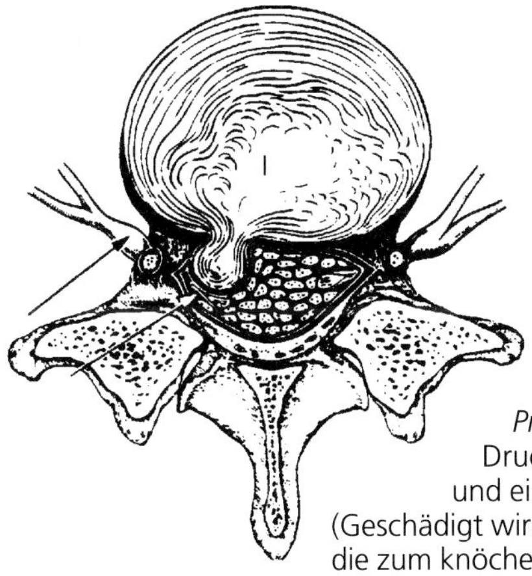

medio-lateraler Prolaps:
Druck auf den Duralsack und eine Nervenwurzel (Geschädigt wird die Nervenwurzel, die zum knöchernen Segment unterhalb der Bandscheibe gehört)

Nach Claussen, C. et al.: Die Diagnostik des lumbalen Bandscheibenvorfalls. Fortschr. Röntgenstr. 136 (1982) 1–8

Bandscheiben-Veränderungen

Normale Bandscheibe (unten)

Vorwölbung der Bandscheibenrückwand bei Protrusion (darunter)

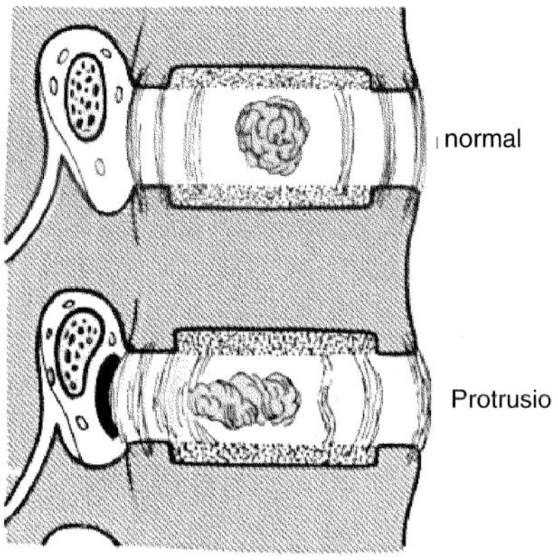

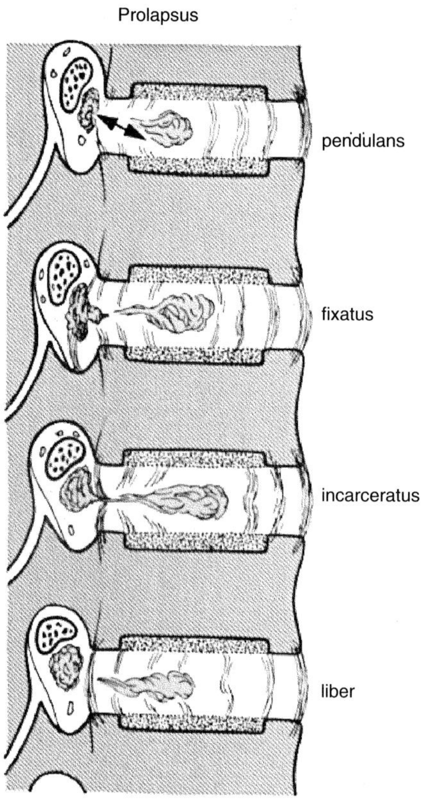

Verschiedene Formen des Bandscheibenvorfalls nach hinten (rechte Abb.): Pendelnder Vorfall, eingeklemmter Vorfall, freier Vorfall = ausgestoßener Bandscheibensequester.

Nach Schmorl, G., H. Junghanns: Die gesunde und die kranke Wirbelsäule in Röntgenbild und Klinik. Thieme, Stuttgart 1953

Topographische Varianten der Nervenwurzelläsion

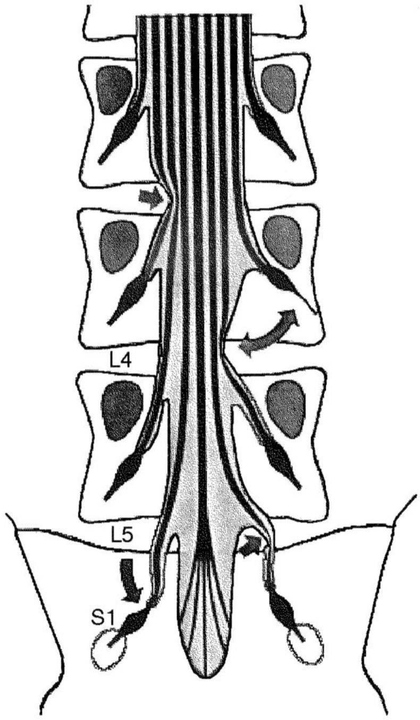

Die Nervenwurzel kann in jedem Abschnitt ihres Verlaufs durch eine Diskushernie tangiert werden:

- im Duralsack (L5 rechts),
- im Bereich des Eintritts in die Wurzeltasche (L4 rechts, L5 links),
- in der Wurzeltasche (S1 links),
- distal der Wurzeltasche (proximal vom Ganglion: L5 rechts, distal vom Ganglion: L4 links).

Die Nervenwurzeln können einzeln (monoradikulär) oder in der Mehrzahl (polyradikulär) betroffen sein. Wird eine Nervenwurzel allein komprimiert, geschieht dies am häufigsten im Bereich oder kurz oberhalb ihres Eintritts in die Wurzeltasche durch die numerische tiefere Bandscheibe (Bandscheibe L3 – Nervenwurzel L4, Bandscheibe L4 – Nervenwurzel L5, Bandscheibe L5 – Nervenwurzel S1). Grundsätzlich kann dieselbe Nervenwurzel jedoch in verschiedenen Niveaus lädiert werden. Dies ist eine der Ursachen dafür, warum die Höhenlokalisation durch die klinische Untersuchung allein nicht sicher angegeben werden kann.

Nach Langlotz, M.:
Lumbale Myelographie mit wasserlöslichen Kontrastmitteln. Thieme, Stuttgart 1981

Extrem laterale und mediolaterale Bandscheibenvorfälle

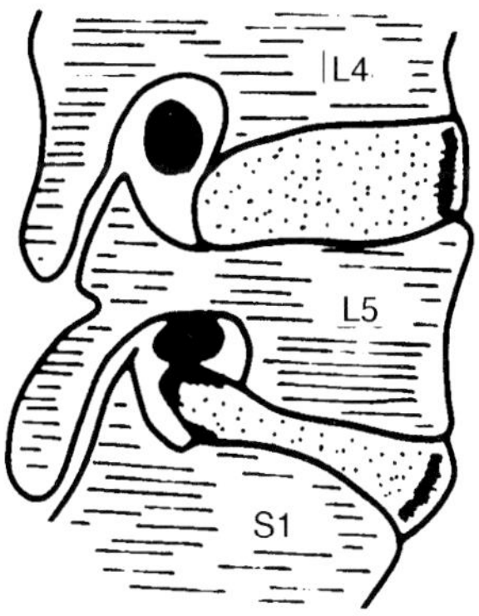

Pathomechanismus der Wurzelkompression im Foramen intervertebrale durch einen *extrem lateralen* Vorfall. Die Nervenwurzel wird durch den Vorfall gegen die dorsale Begrenzung des Foramens – das Intervertebralgelenk – gepreßt und hat keinerlei Ausweichmöglichkeiten. Das epidurale Fettgewebe wird aufgebraucht bzw. verdrängt.

a

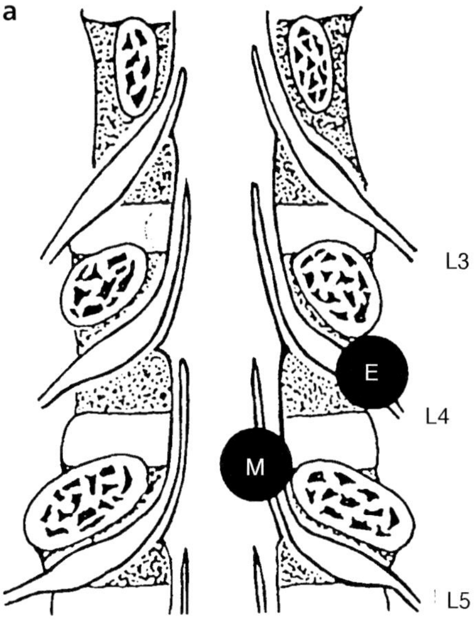

a Ein *mediolateraler* Vorfall (*M*) komprimiert die auf Höhe der Bandscheibe (L4/5) abgehende Nervenwurzel L5. Ein extrem lateraler Vorfall (*E*) komprimiert die Nervenwurzel in ihrem Verlauf durch den Intervertebralkanal oder außerhalb davon. Es handelt sich um die ein Segment höher vom Duralsack abgehende Nervenwurzel L4. **b** axiale Darstellung eines extrem lateralen Vorfalles (*E*) und mediolateralen Vorfalles (*M*).

b

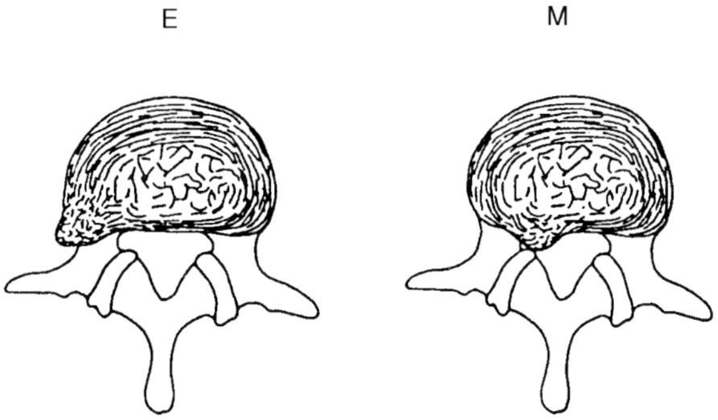

Nach Ebeling, U., H. J. Reulen: Der laterale lumbale Bandscheibenvorfall. Nervenarzt 54 (1983) 521–524

Differentialdiagnostik von Protrusion und Prolaps

Protrusion	Prolaps
1. rundliche Deformierung der vorderen Durasackkonfiguration	1. eher winkelförmige Deformierung der vorderen Durasackkonfiguration bei medianem, in schräger Einstellung besonders auch bei lateralem Prolaps
2. Deformierung üblicherweise bilateral-symmetrisch „uhrglasförmig"	2. Konfiguration bei lateralem Prolaps unilateral
3. Deformierung beschränkt auf die Ebene des Zwischenwirbelraumes	3. Deformierung überschreitet den Zwischenwirbelraum nach oben und unten
4. Betroffene Nervenwurzeln werden oft berührt	4. Betroffene Nervenwurzeln werden berührt und verlagert
5. Betroffene Nervenwurzeln sind nicht erweitert (gestaut)	5. Die betroffene Nervenwurzel ist oberhalb des Prolaps erweitert (gestaut)

Nach Sarwar, M., B. Azar-Kia, S. Batnitzky: Basic Neuroradiology. Warren H. Green, St. Louis, Missouri 1983

Beziehung der Wirbelsäulenkrümmung zur Ischiassymptomatik nach Weigert u. Hipp

Die Zahlen in dem Beckenfeld geben die prozentuale Häufigkeit an.

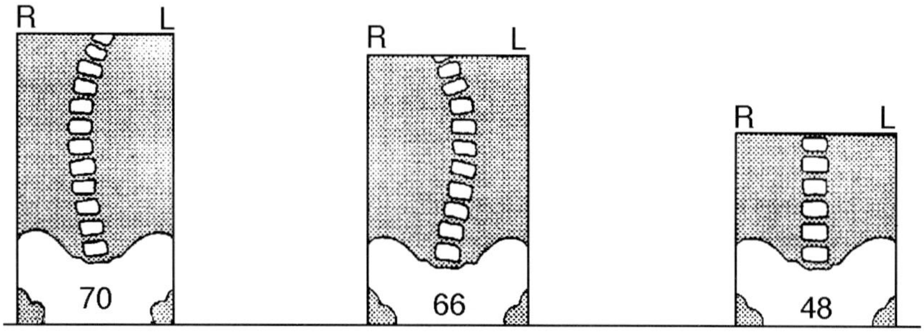

a

a Richtung der Skoliose bei Rechtssymptomatik

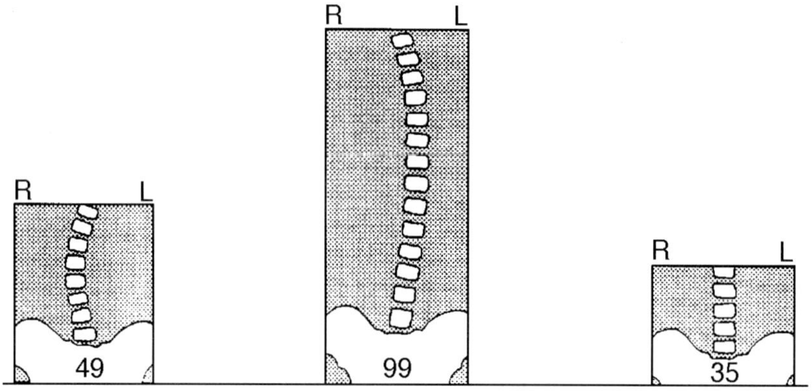

b

b Richtung der Skoliose bei Linkssymptomatik

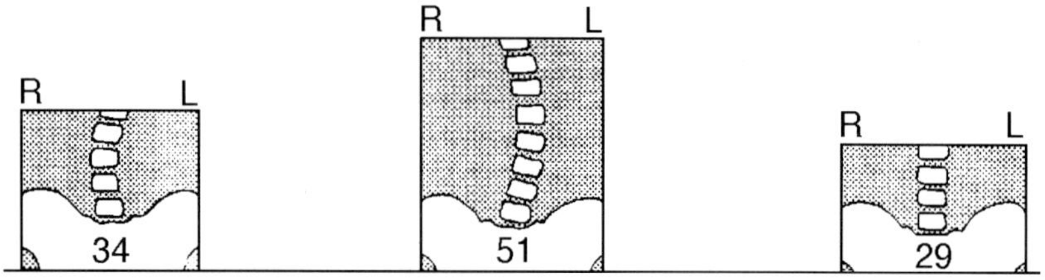

c

c Richtung der Skoliose bei Mediansymptomatik

Nach Reinhardt, K.: Haltungsänderungen, Skoliosen und Kyphosen. In: Handbuch der medizinischen Radiologie, Bd. VI/3. Springer, Berlin 1976

Darstellung der Theorie von Weil über die Ursache der heterologen und homologen Krümmung der Ischiasskoliose

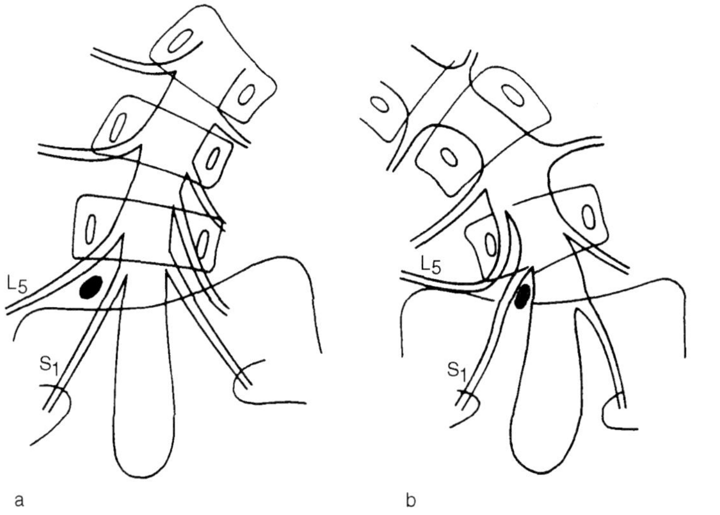

Die Krümmung ist krankseitig konvex (heterolog) mit Überhang des Oberkörpers nach der gesunden Seite, wenn der Prolaps lateral von der Wurzel S_1 liegt. (b) Die Krümmung ist krankseitig konkav (homolog) mit Rumpfüberhang der kranken Seite, wenn der Prolaps medial von der Wurzel S_1 liegt.

Verhalten eines Prolapses bei heterologer und homologer Krümmung, wenn ein breiter, horizontal verlaufender Riß in der dorsalen Faserringzirkumferenz besteht

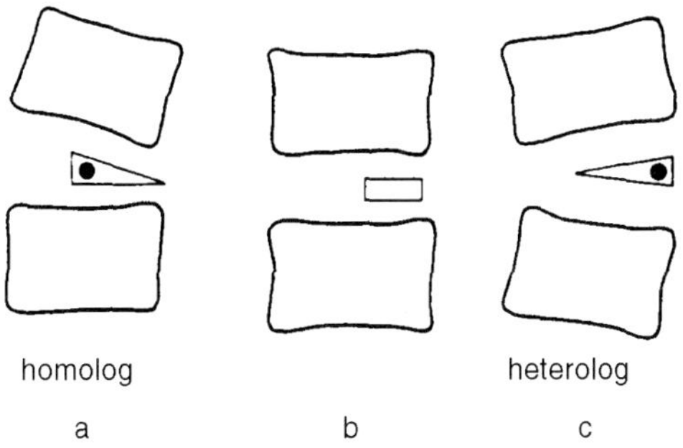

Bei homologer Krümmung (a) verlagert sich der Prolaps nach medial und bei heterologer nach lateral (c). Daß in diesem Fall bei homologer Krümmung auf der Röntgenaufnahme der Zwischenwirbelraum parallele Begrenzung aufwies (b), steht nicht im grundsätzlichem Widerspruch zu diesem Erklärungsversuch

Nach Reinhardt, K.: Haltungsänderungen, Skoliosen und Kyphosen. In: Handbuch der medizinischen Radiologie, Bd. VI/3. Springer, Berlin 1976

Lokalisationen des Bandscheiben-Prolaps (Höhe und Topographie)

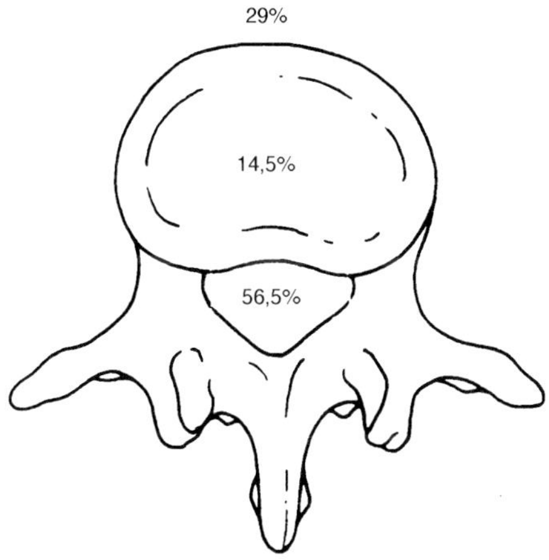

Lokalisation von 236 lumbalen prolabierten Bandscheiben; Dislokation nach ventral in 29%, nach dorsal in 56,5% und axial in 14,5%

Nach Jinkins, J. R.: Pathoanatomic basis of pain in lumbar disc extrusion. MR Decisions (1989) 28–32

Diskographie

Befunde bei der Diskographie

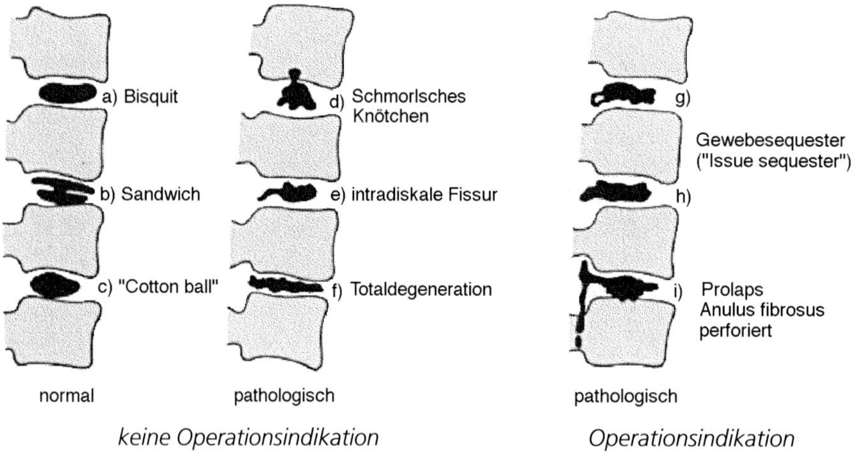

Nach Krämer, J., R. Schieberger, A. Hedtmann: Juvenile Aufbaustörungen der Wirbelsäule – Morbus Scheuermann. In Schinz: Radiologische Diagnostik, 7. Aufl, Bd. V/2. Wirbelsäule-Rückenmark. Thieme, Stuttgart 1986

Topographie

Eine eigene Untersuchung von 142, nur auf einem Niveau operierten Fällen ergab 36 laterale und 73 mediolaterale Diskushernien. Die Korrelation von Höhenlokalisation und Topographie ist in Tab. unten zusammengestellt.

Höhenverteilung und Topographie von 142 operierten Diskushernien

Diskushernie	L2	L3	L4	L5
medial		2	22	9
lateral		1	16	19
mediolateral	2	9	46	16
total	2	12	84	44

L1/2	–	0,005%
L2/3	–	0,2%
L3/4	–	1,8%
L4/5	–	47,4%
L5/S1	–	50,5%

Nach Langlotz, M: Lumbale Myelographie mit wasserlöslichen Konstrastmitteln. Thieme, Stuttgart 1981

Computertomographie nach Diskographie

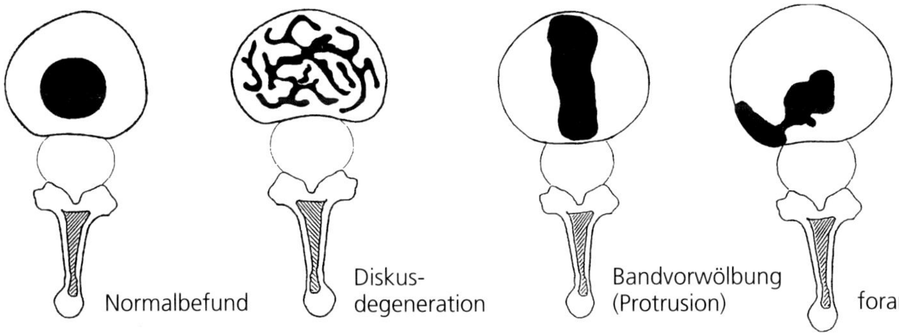

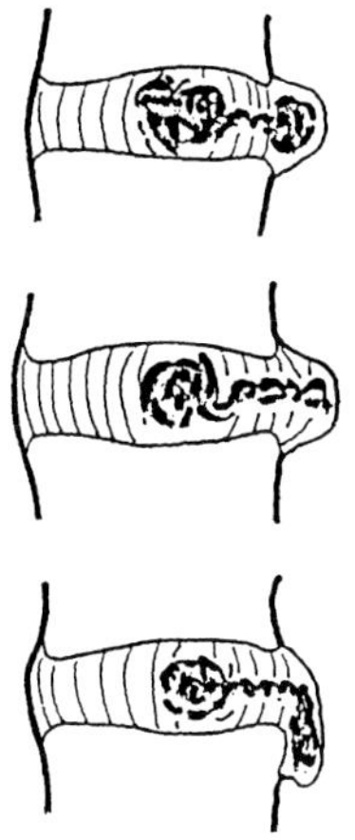

A.: Diskographie; anatomische Varianten des subligamentären Prolaps

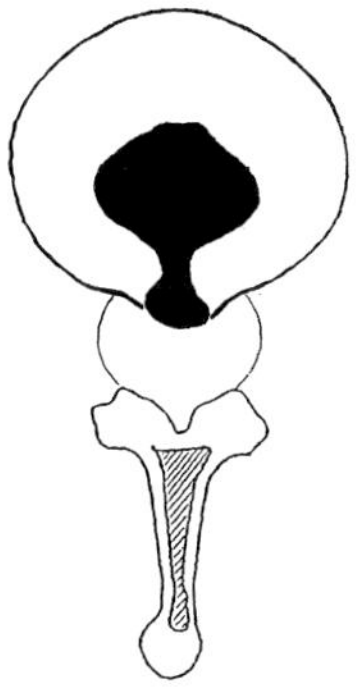

B.: CT-Diskographie; Prolaps, bei dem die Verbindung zum Nucleus pulposus erhalten ist

A.: Diskographie; extraligamentäre Herniation (Prolaps)

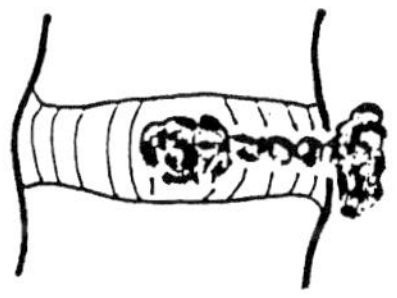

B.: CT-Diskographie; Prolaps in Verbindung zum Nucleus pulposus; Austritt von Kontrastmittel durch ein epidurales Leck

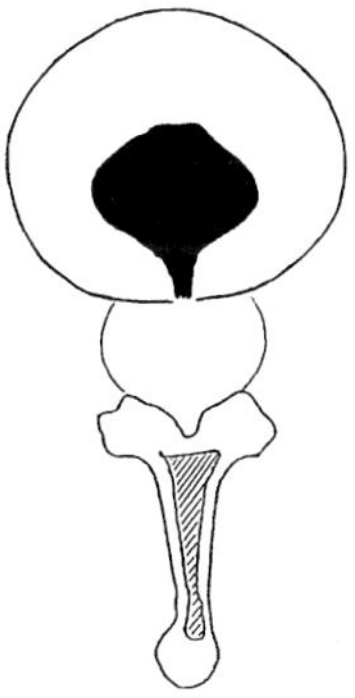

A.: Diskographie; fragmentierter Prolaps

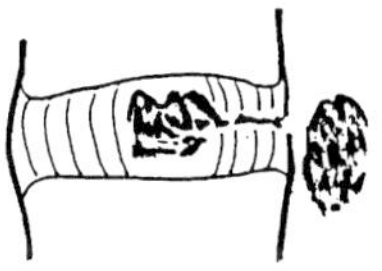

B.: CT-Diskographie; der fragmentierte Prolaps ist herniert, nach caudal oder cranial disloziert und in (dieser!) Bildebene nicht darzustellen

Nach G. Fabris, A. Lavaroni, M. Leonardi: Discography. Edizione del centauro. Udine, 1991

Rezidivprolaps und -narbe – Differentialdiagnostik

Differentialdiagnostische Hinweise Narbengewebe – Rezidivprolaps (nach Teplick u. Haskin)

CT	Narbengewebe	Rezidivprolaps
Form	unregelmäßig; faserig oder kompakte Masse; vielfach um den Duralsack angeordnet	regelmäßig begrenzte Vorwölbung diskusdichten Gewebes; nicht den Konturen des Duralsackes folgend
Lokalisation	vielfach ober- oder unterhalb des ZWR sich ausdehnend	vorwiegend beschränkt auf Höhe des ZWR
Beziehung zum Duralsack	z.T. Retraktion des Duralsackes, z.T. dessen Konturen folgend, selten ihn komprimierend	Kompression oder Deformierung des Duralsackes
Begrenzung zum Wirbelkanal	scharf oder verwaschen	scharf und deutlich
Begrenzung zum ZWR	abgesetzt vom ZWR	zur Zwischenwirbelscheibe gehörig
intravenöses Kontrasten-hancement	+	O (+)
CT-Dichte (Hounsfield-Einheiten)	gewöhnlich geringer als Diskusgewebe (+ 50–75 HE)	immer höher als Narbengewebe (+ 90–120 HE)

Nach Vogelsang, H.: Erkrankungen am und im Wirbelkanal. In Schinz: Radiologische Diagnostik, 7. Aufl, Bd. V/2. Wirbelsäule-Rückenmark. Thieme, Stuttgart 1986

Postoperative Narbenbildung – Epidurale Fibrose

1. Lokalisation Im Bereich des OP-Zugangs meistens nur ipsilateral
   z.T. nach kaudal und kranial reichend
   selten auf der kontralateralen Seite oder hemi- bzw. konzentrisch intraspinal
2. Lagebeziehungen zum Duralsack: Ummauerung
   Verziehung
   Deformation
3. Absorptionswerte 14–50 HE
4. KM-Affinität in den ersten 3–6 Monaten Δ 15–30 HE

Nach Sielecki, S., U. Piepgras: Zur Interpretation des Computertomogramms nach lumbaler Bandscheibenoperation. Röntgenpraxis 39 (1986) 115-121

Narben im Computertomogramm mit Kontrastmittel

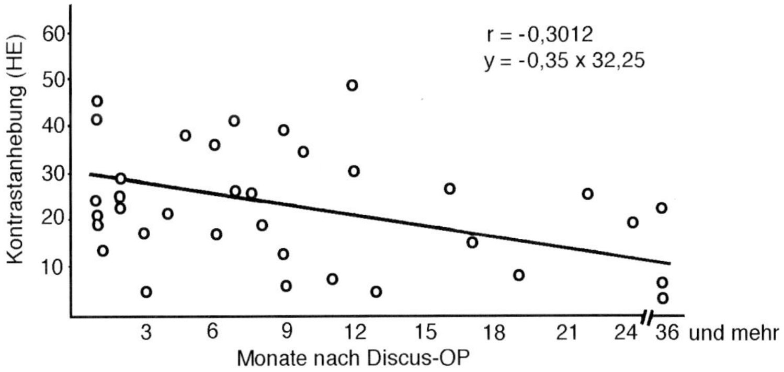

Beziehung zwischen *Kontrastanhebung* narbiger Strukturen und zeitlichem Intervall der lumbalen CT zum Operationstermin.

Ältere Narben zeigen einen Trend zu relativ geringerer Kontrastmittelanreicherung. Die Wertepaare der Regressionsgeraden korrelieren ohne statistische Signifikanz

Nach Weiss, Th. et al.: Intravenöse Kontrastmittelgabe bei der Computertomographie der operierten Lendenwirbelsäule. Fortschr. Röntgenstr. 141 (1984) 30–34

Differentialdiagnostik von Bandscheibenprolaps-Rezidiven und Narben in der Magnet-Resonanz-Tomographie

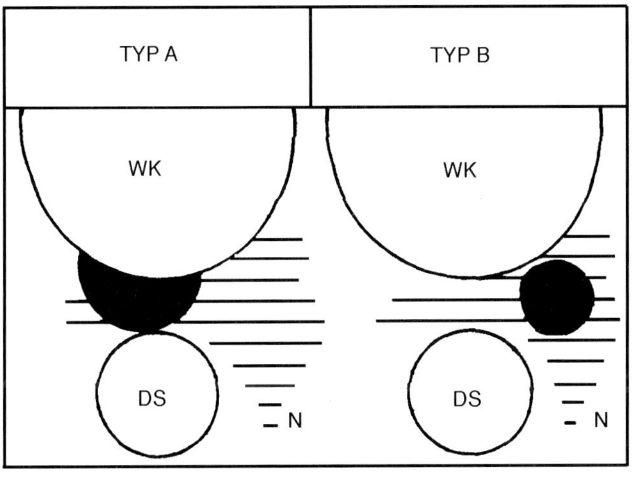

Die beiden Grundtypen eines Rezidivprolapses im kontrastverstärkten MR-Bild. Typ A entspricht einer erneuten Herniation von Nucleus-pulposus-Gewebe aus der Bandscheibenetage, während Typ B durch einen rezidivierenden Sequester, der von Narbe- bzw. Granulationsgewebe umgeben ist, hervorgerufen wird (die Nervenwurzeln wurden der Übersichtlichkeit halber in der Graphik weggelassen (WK = Wirbelkörper, DS = Duralsack, N = Narbe)

Nach Mayewski, A. et al.: Die Kernspintomographie mit Gadolinium – DTPA bei Diskektomie-Syndrom – eine zuverlässige Methode zur Identifizierung eines Rezidivprolapses. Röntgen-Bl. 42 (1989) 499–504

Differentialdiagnostik von Bandscheibenprolaps-Rezidiven und Narbengewebe mit der Magnet-Resonanz-Tomographie

Differenzierung von Narbengewebe und Rezidivprolaps mit dynamischer MRT und Gd-DTPA

	SI-Zunahme	Geschwindigkeit der SI-Erhöhung
Narbengewebe	groß	schnell
Bandscheibengewebe	gering	langsam

Nach Kahn, Th., H. Friedburg: Spinalkanal und Wirbelsäule. In Reiser, M., W. Semmler: Magnetresonanztomographie. Springer, Berlin 1992

Degenerative Veränderungen

Terminologie degenerativer Wirbelsäulenerkrankungen (aus: Dtsch. Ges. f. Orthopädie u. Traumatologie, Mitteilungsblatt 3/1982)

Vorschlag	Alternativen	Erläuterungen	Bemerkungen
Zervikalsyndrom (CS)	HWS-Syndrom	Beschwerden durch degenerative Veränderungen der HWS	
lokales Zervikalsyndrom (LCS)		auf die HWS Region beschränkte Beschwerden beim CS	akut und chronisch
zervikobrachiales Syndrom (CBS)	Schulter-Arm-Syndrom zervikales Wurzelsyndrom Zervikalbrachialgie	Zervikalsyndrom mit Ausstrahlung in den Arm	ggf. mit Segmentangabe z.B. CBS C6 li. auch pseudoradikuläre Beschwerden
zervikozephales Syndrom	Migraine cervicale zervikale Kopfschmerzen zervikaler Schwindel	CS mit Kopfschmerzen Schwindel Hör-Seh-Schluck-Störungen	
zervikomedulläres Syndrom (CMS)		CS mit Rückenmarksymptomen	
posttraumatisches Zervikalsyndrom	Zustand nach Schleudertrauma Distorsion	CS nach Verletzung der HWS	als PT LCS PT CCS PT CBS
akuter Schiefhals	Tortikollis, akutes CS	akutes CS mit betonter Fehlhaltung	
Thorakalsyndrom	BWS-Syndrom	Beschwerden durch degenerative Veränderungen der BWS	
lokales Thorakalsyndrom		auf die BWS beschränkte Beschwerden beim TS	
radikuläres Thorakalsyndrom	Interkostalneuralgie	TS mit Ausstrahlung in die seitliche und vordere Thoraxwand, segmental neurologisch einzuordnen	
pseudoradikuläres Thorakalsyndrom		TS mit Ausstrahlung in die seitliche und vordere Thoraxwand, segmental neurologisch nicht einzuordnen	
Lumbalsyndrom	LWS-Syndrom lumbales Bandscheibensyndrom	Beschwerden durch degenerative Veränderungen der LWS	
lokales Lumbalsyndrom (LLS)	Lumbalgie Kreuzschmerzen	auf die Lumbosakralregion beschränkte Beschwerden beim LS	
Lumbago	akutes LS, Hexenschuß	akute Form der LLS	
pseudoradikuläres Lumbalsyndrom	Facettensyndrom	von den lumbalen Wirbelgelenken und Bändern ins Bein ausstrahlende Schmerzen ohne segmentale Ausstrahlung	

Fortsetzung

Vorschlag	Alternativen	Erläuterungen	Bemerkungen
radikuläres Lumbalsyndrom	lumbales radikuläres Syndrom	LS mit segmentaler Ausstrahlung ins Bein	evtl. mit Segmentangabe, z.B. L5-Syndrom li. auch pseudoradikulär
Ischialgie	Ischias, Lumboischialgie unteres radikuläres Lumbalsyndrom	lumbales Wurzelsyndrom unter Beteiligung der Wurzel L4–S2	
oberes radikuläres Lumbalsyndrom	Femoralisneuralgie	lumbales Wurzelsyndrom unter Beteiligung der Wurzeln L1–L4	
Kaudasyndrom	lumbosakrales Querschnittssyndrom		
Diskotomie	Nukleotomie Prolapsoperation	Operation an der Bandscheibe	
Flavektomie	Fensterung Fenestrotomie	Entfernung des Lig. Flavum zur Eröffnung des Wirbelkanals	
Laminotomie		Entfernen von Teilen des Wirbelbogens	
Hemilaminektomie		Entfernen einer Wirbelbogenhälfte bis zum Gelenk	
Laminektomie		Entfernen des ganzen Wirbelbogens bis zu den Gelenken	
(partielle) Facettektomie	Foraminotomie Wurzeldekompressionsoperation		
Bandscheibenlockerung*	instabilitas intervertebralis	Stabilitätsverlust im Bewegungssegment	degenerativ oder traumatisch
Diskose	Bandscheibendegeneration, regressive Bandscheibenveränderungen, Verschleiß, Chondrosis intervertebralis	alle mit der Bandscheibendegeneration zusammenhängenden biomechanischen und pathologisch anatomischen Veränderungen im Zwischenwirbelabschnitt	entspr. Arthritis, Arthrose, Diskus, Diszitis, Diskose
Osteochondrose		Bandscheibenverschmälerung und Sklerosierung der Wirbelkörperdeckplatten bei der Bandscheibendegeneration	ein röntgenologisches Zeichen, keine Krankheitsbezeichnung
Spondylose		Kantenausziehung am Wirbel, Randzacken, Randwülste bei der Bandscheibendegeneration	ein rein röntgenologisches Zeichen, keine Krankheitsbezeichnung
Bandscheibenprolaps	Bandscheibenvorfall	Vorfall von Bandscheibengewebe mit Perforation des Anulus fibrosus	
Bandscheibenprotrusion	Bandscheibenvorwölbung des Anulus fibrosus	Vorwölbung der Bandscheiben ohne Perforation	

* Der im Deutschen oft benutzten Übersetzung des Nomen anatomicum Discus intervertebralis mit Bandscheibe liegt nicht nur eine etymologische Fehlinterpretation, sondern auch eine Fehleinschätzung des histologischen Diskusaufbaus zugrunde. Trotzdem hat sich dieses Wort weitgehend durchgesetzt.

Nach Krämer, J., R. Schieberger, A. Hedtmann: Juvenile Aufbaustörungen der Wirbelsäule – Morbus Scheuermann. In Schinz: Radiologische Diagnostik, 7. Aufl, Bd. V/2. Wirbelsäule-Rückenmark. Thieme, Stuttgart 1986

Röntgenbefunde bei Spondylosis hyperostotica (Knochenanbau schwarz)

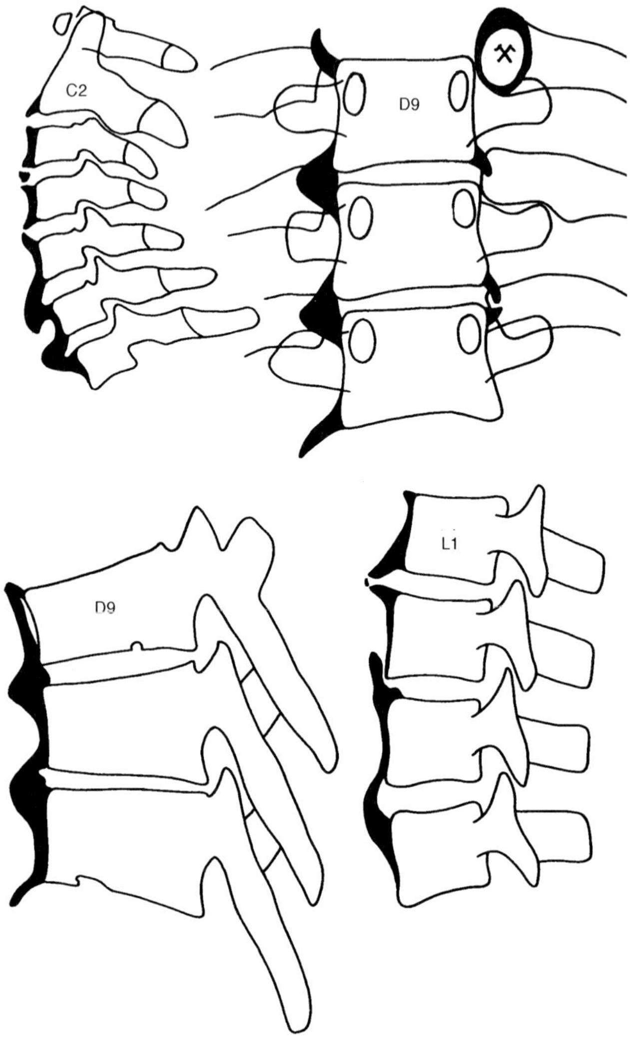

Die Spondylosis hyperostotica ist das wichtigste und konstanteste Merkmal einer den gesamten Körper treffenden, konstitutionell verankerten Neigung zur „überschießenden" Verknöcherung vertebralen und extravertebralen straffen, fibrösen Bindegewebes.
Diese osteoplastische Diathese gibt sich in der überwiegenden Mehrzahl der Fälle erst in der zweiten Lebenshälfte zu erkennen. Sie befällt vor allem die Brustwirbelsäule, seltener die Hals- und Lendenwirbelsäule.
Durch eine überschießende Ossifikation des Bandapparates im Bereich der Kostovertebralgelenke entsteht die Hyperostose der Rippenköpfe (s. x in dieser Abb.). Sie spiegelt ebenfalls eine konstitutionelle Neigung zur „überschießenden" Verknöcherung fibrösen Bindegewebes wider und tritt für sich allein oder gemeinsam mit der Spondylosis hyperostotica auf (Fischer und Stecher 1972).
Als Regel gilt, daß die hyperostotischen Spondylophyten an der mittleren und unteren Brustwirbelsäule vor allem auf der rechten Seite entstehen und gröber geformt sind als links (Ursache: Rechtshändigkeit?, linksseitiger Verlauf der Aorta thoracia, deren Pulsationen das Spondylophytenwachstum hemmen?)
(Shapiro u. Batt 1960).

Nach Dihlmann, W.:
Gelenke – Wirbelverbindungen, 2. Aufl. Thieme, Stuttgart 1982

Syndesmophyten, Bambusstab, Ankylose der Wirbelbogengelenke bei ankylosierender Spondylitis

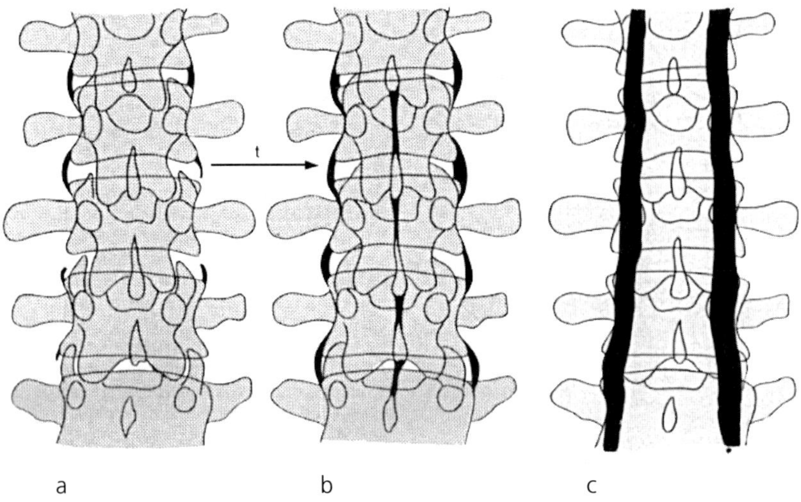

a, b = Verlaufsbeobachtung (t) einer ankylosierenden Spondylitis an der Lendenwirbelsäule. Zunächst (a) nur einzelne Syndesmophyten – an der oberen Lendenwirbelsäule ausgeprägter als an ihrem unteren Teil –, Jahre später (b) sogenannter Bambusstab, Wirbelbogengelenke verknöchert, Supra- und Interspinalbandossifikation. c = Juvenile ankylosierende Spondylitis. 20jähriger Patient, dessen Erkrankung mit 15 Jahren begann. Keine Syndesmophyten, jedoch ausgedehnte Verknöcherung der Wirbelbogengelenke und des Lig. flavum („zweispurige Trambahnschiene"), starke Osteoporose der Wirbel.

Synopsis der Wirbelsäulen-Veränderungen

Pathogenese der diffusen idiopathischen Skelett-Hyperostose (DISH)

Bandscheibe vorne zusammengepreßt

Aufhellung zwischen abgehobenem ossifiziertem Ligament und dem darunter liegenden Wirbel

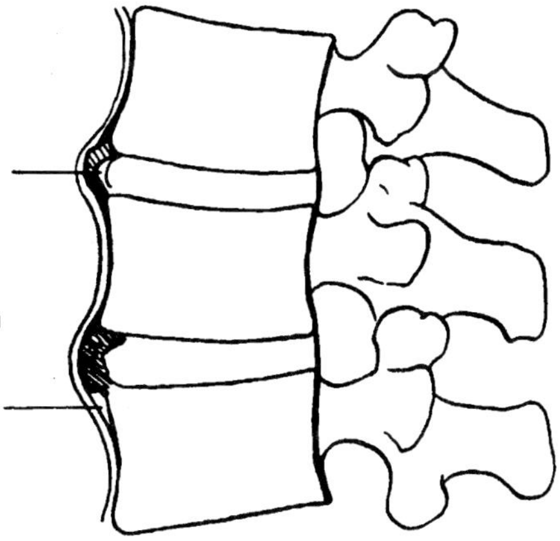

Enteropathische spinale Arthropathie

Syndesmophyten, aber vielleicht etwas dicker als bei der Spondylitis ankylosans

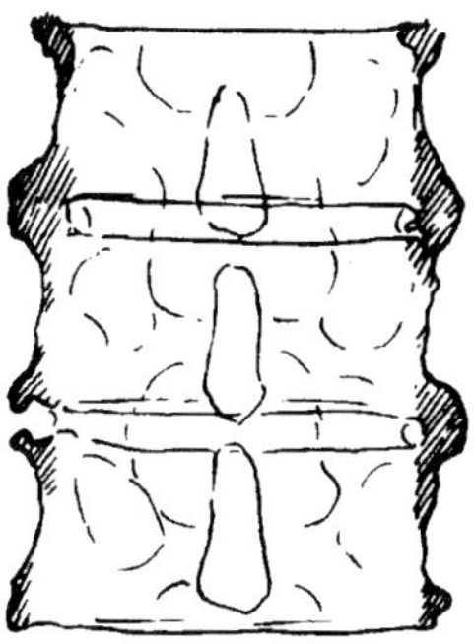

Tritt insbesondere auf bei:
1. Colitis ulcerosa
2. Morbus Crohn
3. intestinaler Bypasschirurgie
4. Morbus Whipple

knöcherne Auswüchse ähneln mehr der Spondylitis ankylosans, allerdings neigen die Sporne dazu, dicker zu sein

ankylosierende Sakroiliitis, ebenfalls relativ symmetrisch

Pathogenese des Morbus Reiter

Neigung, sich über die Bandscheibe auszudehnen mit einem klaren Zwischenraum

kann linear, aufgelockert oder dick sein, aber im allgemeinen nicht marginal

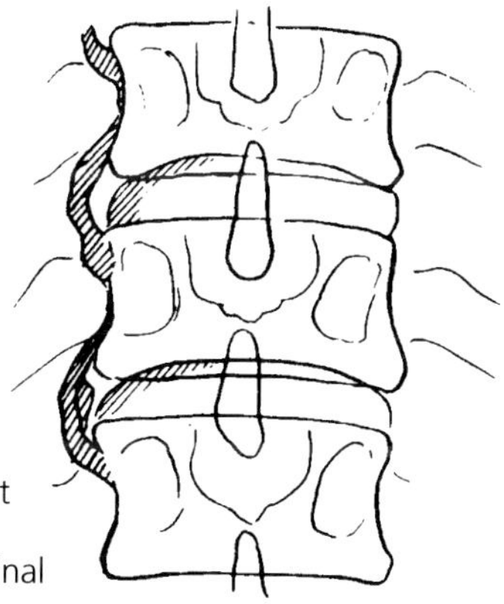

sehr ähnlich dem psoriatischen Typ, aber
1. die Inzidenz ist geringer
2. häufig unterhalb Th3 und oberhalb L3

und

kann den übrigen Symptomen des Morbus Reiter vorausgehen (Urethritis, Konjunktivitis, Arthritis mutilans der Füße)

Einige der Arthritiden im Rahmen eines Morbus Reiter oder einer Psoriasis verhalten sich wie die Spondylitis ankylosans mit Veränderungen der Apophysengelenke und einer ankylosierenden Sakroiliitis

Nach Meschan, I., R. M. Farrer-Meschan: Diagnostik mit bildgebenden Verfahren, Bd. III. Enke, Stuttgart 1991

Pathogenese der Spondylitis ankylosans (Morbus Bechterew)

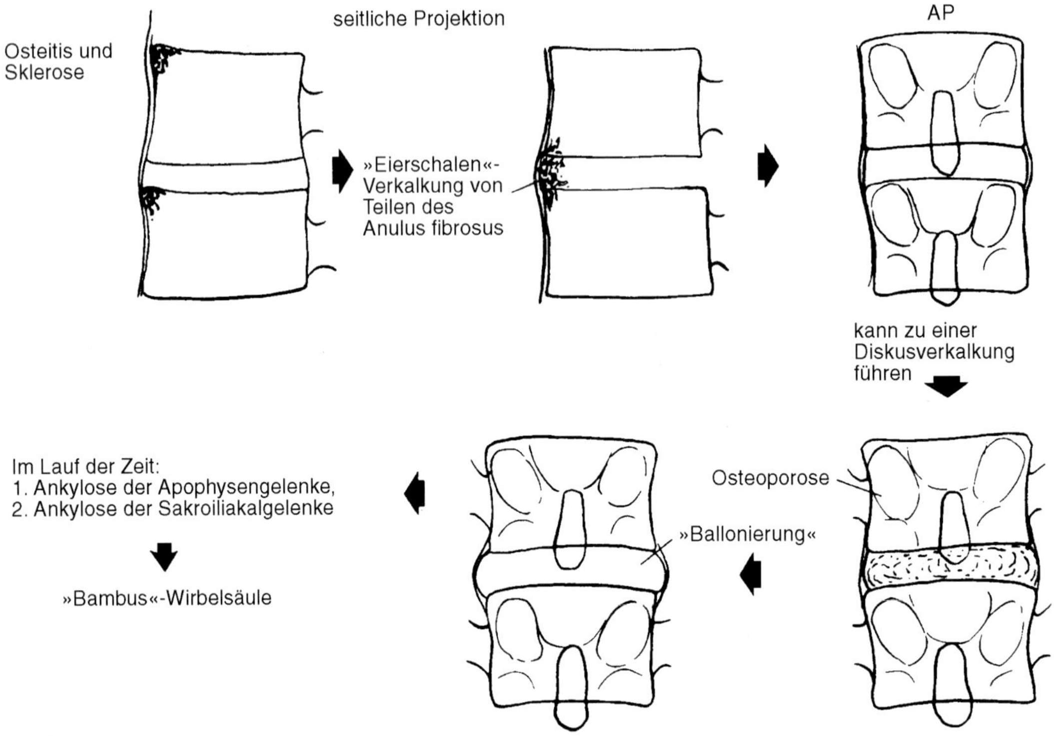

Pathogenese der psoriatischen Spondylitis

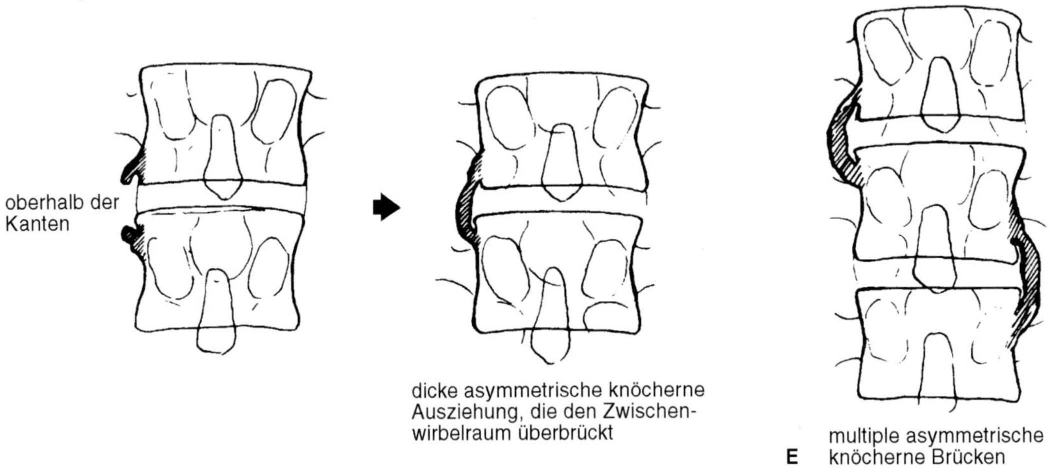

E

Nach Meschan, I., R. M. Farrer-Meschan: Diagnostik mit bildgebenden Verfahren, Bd. III. Enke, Stuttgart 1991

Verkalkungen im Bereich der Wirbelsäule

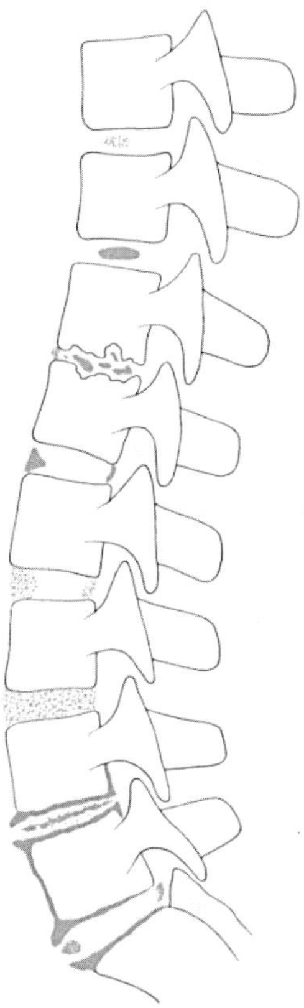

Formen der Ligamentverkalkung (Nach Dihlmann)

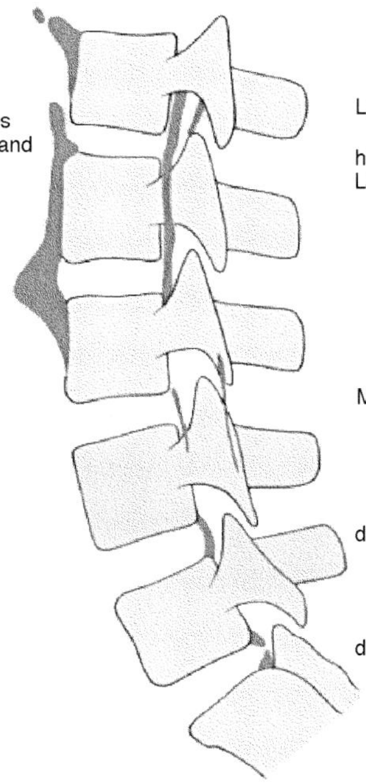

Formen der Diskusverkalkung

Verkalkungen vorwiegend im Nucleus pulposos
Verkalkungen vorwiegend im Anulus fibrosus
Verkalkter Prolaps

Verkalkungen und Verknöcherungen an der Wirbelvorderfläche

Degenerativ
Posttraumatisch
Disseminierte idiopathische Skeletthyperostose (DISH)
Diabetes mellitus
Hyperurikämie
Morbus Scheuermann
Akromegalie
Hypoparathyreoidismus
Hypophosphatasie
Hyperphosphatasie
Ochronose
Fluorose
Retinoidtherapie
Hyperostosis corticalis generalisata (van Buchem)
Osteopathia hyperostotica (Camurati-Engelmann)
Generalisierte Hyperostose mit Pachydermie (Uehlinger)
Fibrodysplasia ossificans progressiva

Verkalkungen und Verknöcherungen an der Wirbelrückfläche

Verkalkter Prolaps

Sporne und Spangen als Reaktion auf älteren Prolaps

Retromarginaler Prolaps, hintere Wirbelkantenabtrennung

Dorsale marginale Osteophyten

Hintere Längsbandverkalkung
- Idiopathisch
- Posttraumatisch
- Spondylosis hyperostotica bzw. DISH
- Spondylitis ankylosans (Spätstadium)
- Fluorose

Osteophytosis maligna

Nach Reiser, M., P. E. Peters: Radiologische Differentialdiagnose der Skeletterkrankungen. Thieme, Stuttgart 1994

Röntgenzeichen der Ursachen von Einengungen oder Erweiterungen des zervikalen Wirbelkanals und der Zwischenwirbellöcher

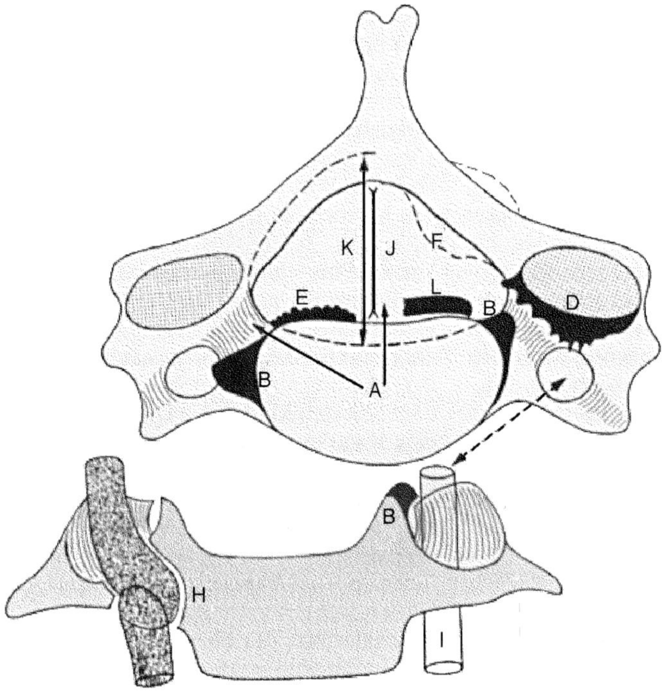

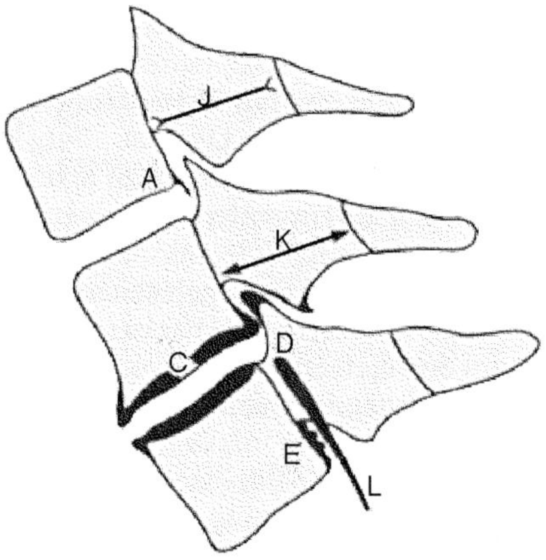

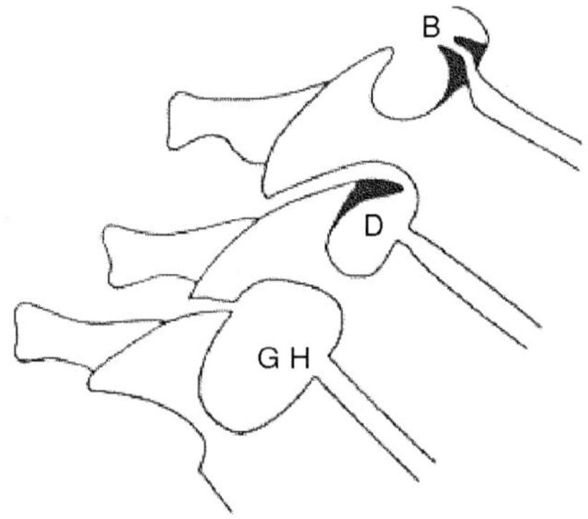

Schrägaufnahme

A = dorsomediane und dorsolaterale Diskusverlagerung (Protrusion, Prolaps).
B = Spondylosis uncovertebralis (sogenannte Unkovertebralarthrose).
C = Osteochondrosis intervertebralis mit Spondyloretrolisthesis und ventralem sowie dorsalem spondylophytärem Anbau.
D = Spondylarthrosis deformans.
E = Osteophytosis maligna, (hier nur an der Wirbelkörperhinterfläche gezeichnet).
F = Auftreibung oder Wulstung des Wirbelbogens (durch die Osteodystrophia deformans Paget nach Frakturen, durch Tumoren, bei Akromegalie und Osteomyelitis)
G = Erweiterung des Foramen intervertebrale (durch eine langsam wachsende Weichteilgeschwulst)
H = Wirbelarrosion, oft mit Erweiterung des Foramen intervertebrale (durch umschriebene Elongation und Torsion oder durch Aneurysma der A. vertebralis)
I = Normalverlauf der A. vertebralis
J = Konstitutionell *verkürzter* Sagittaldurchmesser des Wirbelkanals
K = *Vergrößerter* Sagittaldurchmesser des Wirbelkanals
L = Verknöcherung des hinteren Wirbelsäulenlängsbandes

Nach Dihlmann, W.: Gelenke – Wirbelverbindungen, 2. Aufl. Thieme, Stuttgart 1982

Entstehung einer Baastrupschen Erkrankung

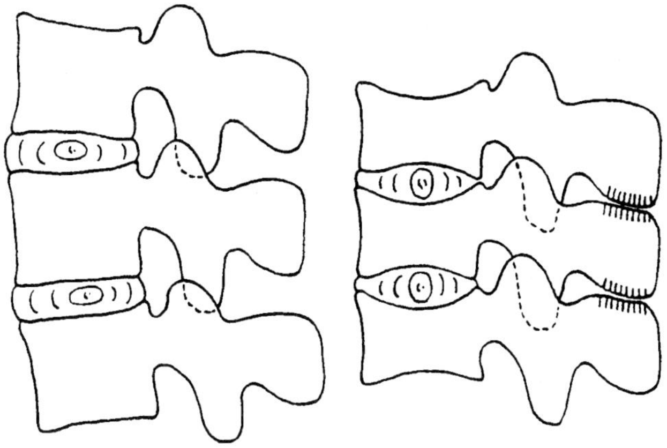

Nearthrose der Dornfortsätze bzw. „kissing spine". Dasselbe kann vor allem bei Hyperlordosen eintreten

Nach Junge, H., W. Pfeiffer: Traumatische Wirbelveränderungen. In Handbuch der Medizinischen Radiologie VI/1. Springer, Berlin 1974

Pathogenese der zentralen und lateralen Spinalstenose

Bewegungssegment-Komplex

Wirbelgelenke
↓
Synovialer Reizzustand
↓
Knorpelschaden
↓
Osteophytenbildung
↓
Kapsellockerung → Instabilität
↓
Subluxation → **Laterale Wurzelverdrängung**
↓
Vergrößerung der Gelenkfortsätze und Laminae → **Monosegmentale Stenose**
→ **Multisegmentale Stenose**

Bandscheibe
↓
Einrisse in Längsrichtrung
↓
Einrisse in Querrichtung → **Bandscheibenvorfall**
↓
Zerrüttung
↓
Resorption → Instabilität
↓
Höhenabnahme → **Laterale Wurzelverdrängung**
↓
Osteophyten an Randleisten → **Monosegmentale Stenose**
→ **Multisegmentale Stenose**

Nach Kirkaldy-Willis, W. H. et al.: Pathology und pathogenesis of spondylosis and stenosis. Spine 3 [1978] 319

Formen der Wirbelosteophyten

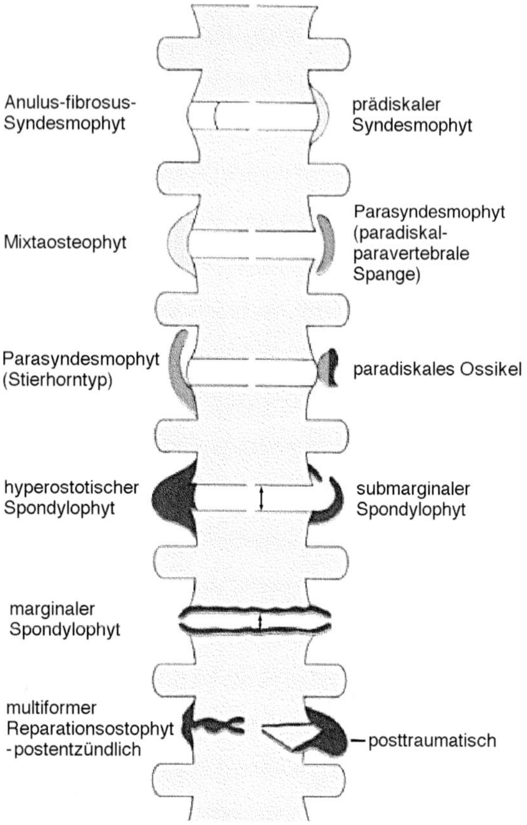

Marginaler Spondylophyt
Submarginaler Spondylophyt
Hyperostotischer Spondylophyt
Syndesmophyt
Mixtaosteophyt
Parasyndesmophyt
Reparationsosteophyt
Spondylosis deformans und hyperostotica

Nach Reiser, M., P. E. Peters:
Radiologische Differentialdiagnose der Skeletterkrankungen. Thieme, Stuttgart 1994

Nervalbedingte Reaktionen bei Affektionen der Wirbelbogengelenke

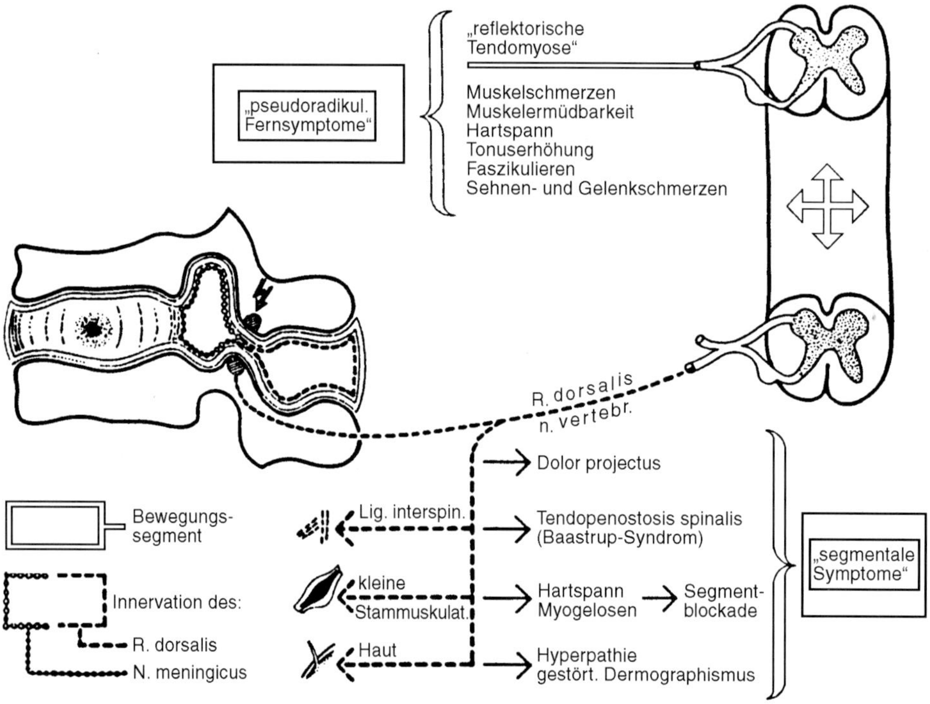

Nach Delank, H. W.: Innervation der Wirbelbogengelenke. In Junghanns, H.: Wirbelsäule in Forschung und Praxis, Band 87. Hippokrates, Stuttgart 1981

Rheumatoide Spondylarthritis

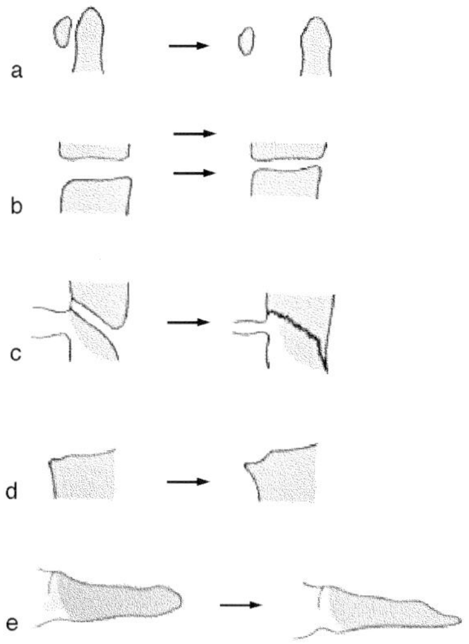

Synoptische Darstellung der entzündlichen Merkmale bei rheumatoider Spondylarthritis

a Atlantoaxiale Dislokation (6mm)
b entzündlicher Bandscheibenschwund ohne osteophytäre Reaktion
c Intervertebralarthritis
d Randleistenarrosion
e zuckerstangenförmige Zuspitzung des Dornfortsatzes C 7

Nach Zimmer, E. A.: Grenzen des Normalen und Anfänge des Pathologischen im Röntgenbild des Skeletts, 12. Aufl. Thieme, Stuttgart 1982

Degenerative Veränderungen der HWS

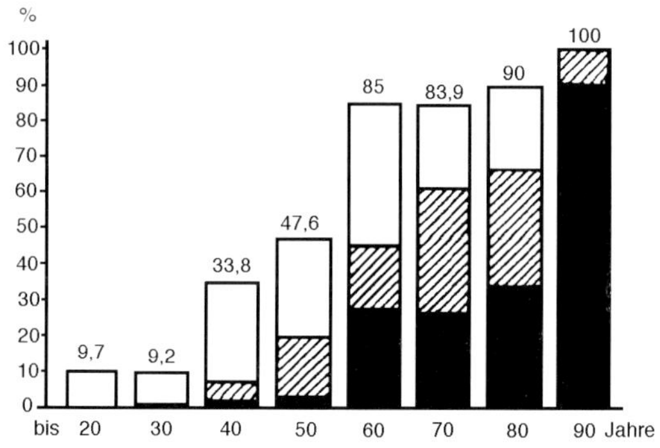

bei Patienten *ohne subjektive Beschwerden* (aus Junge)

schwarz: hochgradige degenerative Veränderungen
schraffiert: mittelgradige degenerative Veränderungen
weiß: leichte degenerative Veränderungen

Altersverteilung der Osteochondrose der HWS

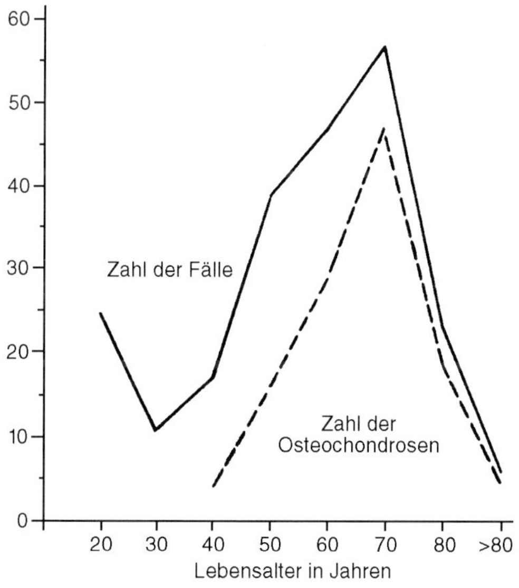

Zahl und Alter der Patienten

0–20 Jahre	= 25 Patienten
21–30 Jahre	= 11 Patienten
31–40 Jahre	= 17 Patienten
41–50 Jahre	= 39 Patienten
51–60 Jahre	= 47 Patienten
61–70 Jahre	= 57 Patienten
71–80 Jahre	= 23 Patienten
über 81 Jahre	= 6 Patienten
	225 Patienten

Nach Rübe, W., G. A. Schulte: Die degenerativen Erkrankungen der Wirbelsäule. In Handbuch der Medizinischen Radiologie, Bd. VI/2. Springer, Berlin 1974

Altersverteilung der Spondylosis deformans

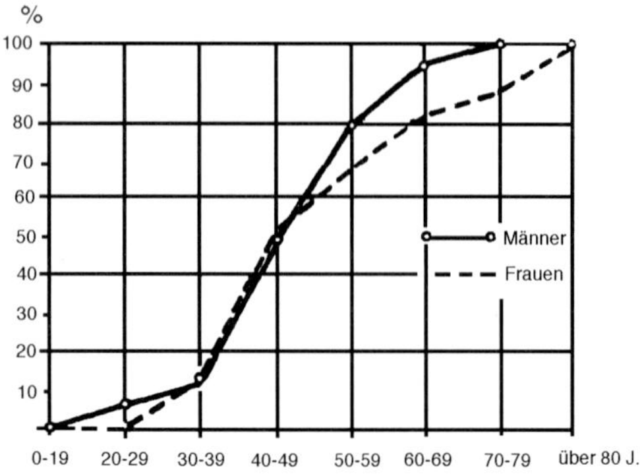

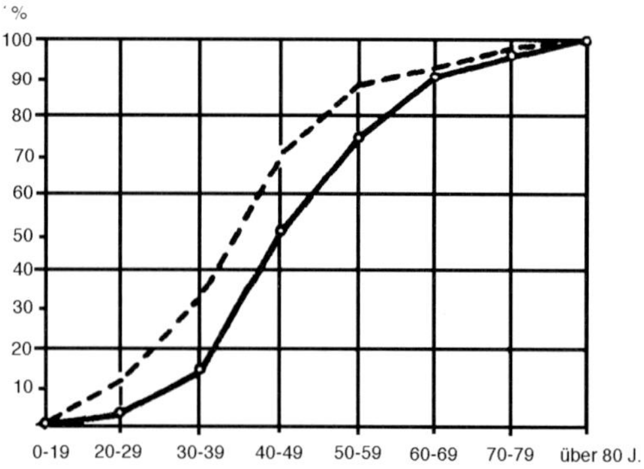

Bei Männern und Frauen Altersverteilung der Spondylosis deformans nach Röntgenuntersuchungen im Vergleich mit den Ergebnissen von Schmorl-Junghanns

Nach Rübe, W., G. A. Schulte:
Die degenerativen Erkrankungen der Wirbelsäule. In Handbuch der Medizinischen Radiologie, Bd. VI/2. Springer, Berlin 1974

Knochenveränderungen der Halswirbelsäule und ihre Beziehung zur A. vertebralis

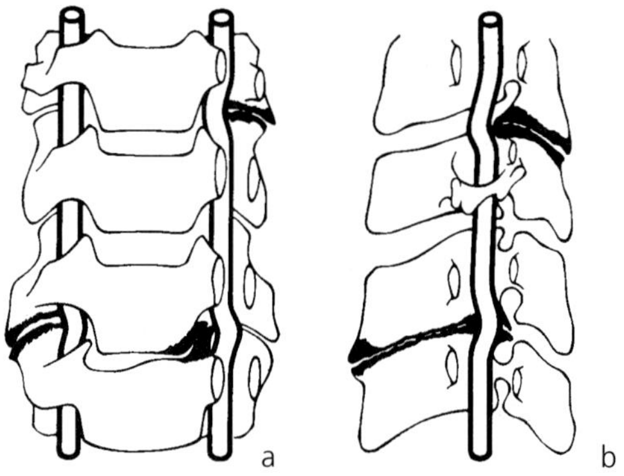

Verlauf der A. vertebralis im Foramen costotransversarium a) von vorn und b) seitlich. Man sieht, wie die Arterie bei Unkodiskarthrose oder hinterer interapophysärer Vertebralarthrose von den Osteophyten zusammengedrückt werden kann (nach de Sèze)

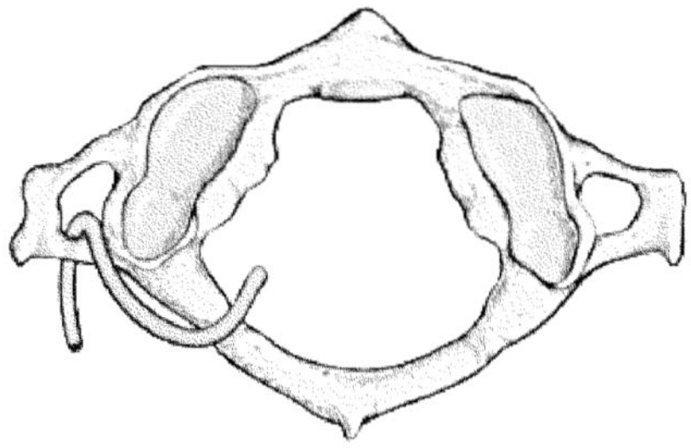

c

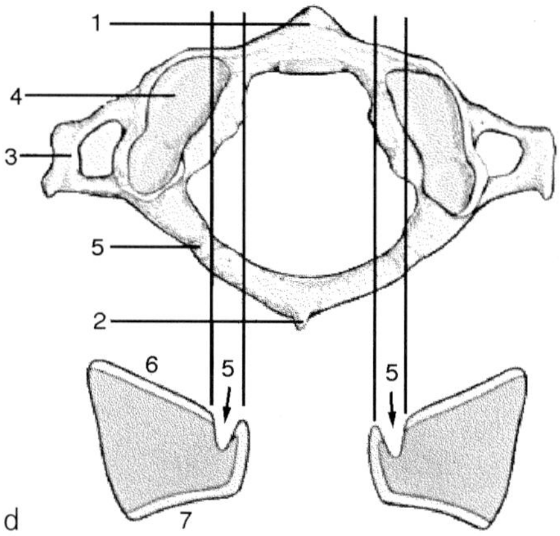

d

c) Verlauf der A. vertebralis von kaudal kommend, durch das Foramen transversarium des Atlas durchziehend, über den Oberrand des hinteren Atlasbogens hinweg.
d) Atlas von vorn mit den typischen Kerben medial, vorgetäuscht durch die Massa lateralis, die sich verschieden tief in den Spinalkanal vorbuchtet.

1 Tuberculum anterius
2 Arcus posterior
3 Processus transversus
4 Fovea articularis superior
5 Sulcus arteriae vertebralis
6 obere Gelenkfläche des Atlas
7 untere Gelenkfläche des Atlas

Nach Zimmer, E. A.: Grenzen des Normalen und Anfänge des Pathologischen im Röntgenbild des Skeletts, 12. Aufl. Thieme, Stuttgart 1982

Trauma – Wirbelsäule und Rücken

Stabilität der Wirbelsäule nach Verletzungen

Bei Verletzungen der Wirbelsäule müssen immer zwei wesentliche Aspekte berücksichtigt werden. Es sind diese einmal die mögliche **Schädigung des Rückenmarkes** und zum anderen **Läsionen der osteodiskoligamentären Strukturen**. Während erstere anhand der klinischen Untersuchung und des Röntgenbildes festgestellt wird, kommt für die osteodiskoligamentäre Läsion im wesentlichen die Standardröntgenaufnahme und die Computertomographie in Frage.
Dabei wird die Wirbelsäule *in drei osteoligamentäre Säulen unterteilt (s. Abb.)*. Die *vordere Säule* wird von den ventralen drei Vierteln des Wirbelkörpers, der Bandscheibe und dem vorderen Längsband (Lig. longitudinale anterius) gebildet, die *mittlere Säule* von den hinteren Anteilen des Wirbelkörpers und der Bandscheibe sowie dem hinteren Längsband (Lig. longitudinale posterius) und schließlich die *hintere Säule*, die aus den Wirbelbögen, den Gelenken, den Dornfortsätzen und den dorsalen Bändern (Lig. flavum, Lig. interspinosum et supraspinale) besteht.
Der Verletzungsmodus bestimmt den Verletzungstypus, wobei der *mittleren Säule die größte Bedeutung zukommt*. Aufgrund der Gewalteinwirkung im Sinne der axialen Kompression der axialen Distraktion sowie einer möglichen Verschiebung in der Transversalebene unterscheiden McAfee et al. (1983) so *6 Verletzungstypen*:
- Impressionskeilbruch
- inkompletter Berstungsbruch
- kompletter Berstungsbruch
- Chance-Fraktur
- Flexionsdistraktionsverletzung
- Translationsverletzung

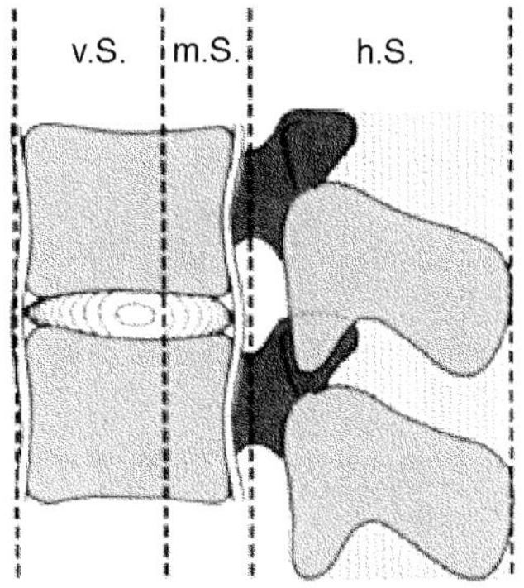

Die osteoligamentären Säulen des Achsenorganes (Wirbelsäule):
v. S. = vordere Säule;
m. S. = mittlere Säule;
h. S. = hintere Säule

Nach Kuner, E., V. Schlosser: Traumatologie, 4. Aufl. Thieme, Stuttgart 1988

Grundzüge der Wirbelsäulenverletzung mit Rückenmarksbeteiligung

Das Problematische der Verletzungen an der Wirbelsäule ist die Tatsache, daß sie mit einem *unvollständigen* oder *vollständigen Querschnittssyndrom* einhergehen können. Die Häufigkeit neurologischer Komplikationen nimmt von der kranialen zur kaudalen Lokalisation der Läsion ab. So findet Magerl (1980) bei Verletzungen der Halswirbelsäule in 37%, der Brustwirbelsäule in 22% und der Lendenwirbelsäule in 8% eindeutige neurologische Komplikationen. Dadurch werden Verletzungen der Wirbelsäule auf eine Ebene gehoben, die einer ganz dringlichen und peniblen diagnostischen Abklärung in klinisch-neurologischer und röntgenologischer Hinsicht bedürfen. Bei der **Aufnahmeuntersuchung** ist nicht nur die neurologische Höhenlokalisation der Schädigung festzustellen, sondern es muß auch die Richtdiagnose – **zervikale, thorakale oder lumbale Läsion** – gestellt werden. Außerdem muß die *sichere Abgrenzung* zwischen **Tetraplegie** und **Paraplegie** sowie zwischen **kompletter** und **inkompletter Lähmung** getroffen werden.

Es werden **3 Schweregrade** der traumatischen Schädigung des Rückenmarks unterschieden:
1. Commotio spinalis
2. Contusio spinalis
3. Compressio spinalis

Radikuläre Symptome
Sie reichen vom alleinigen Schmerz über zusätzliche Sensibilitätsstörungen (Hyperpathie, Hypästhesie, Hypalgesie) bis zu gleichzeitig auftretenden Paresen der segmentalen Muskelgruppen. Handelt es sich um ein reines Schmerzsyndrom, spricht man vom sog. Muskelreizsyndrom, bestehen dagegen neurologische Ausfälle, liegt ein Wurzelkompressionssyndrom vor.

Luxationen

Atlasluxationen

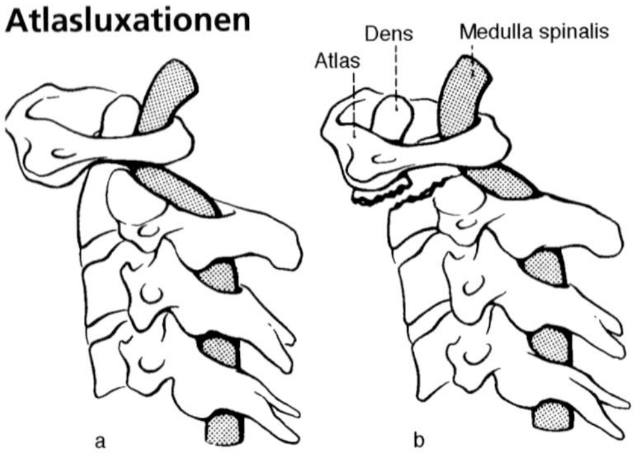

a = *ohne* Densfraktur
b = *mit* Densfraktur

Nach Kretschmer, H.: Neurotraumatologie. Thieme, Stuttgart 1978

Wirbelluxationen

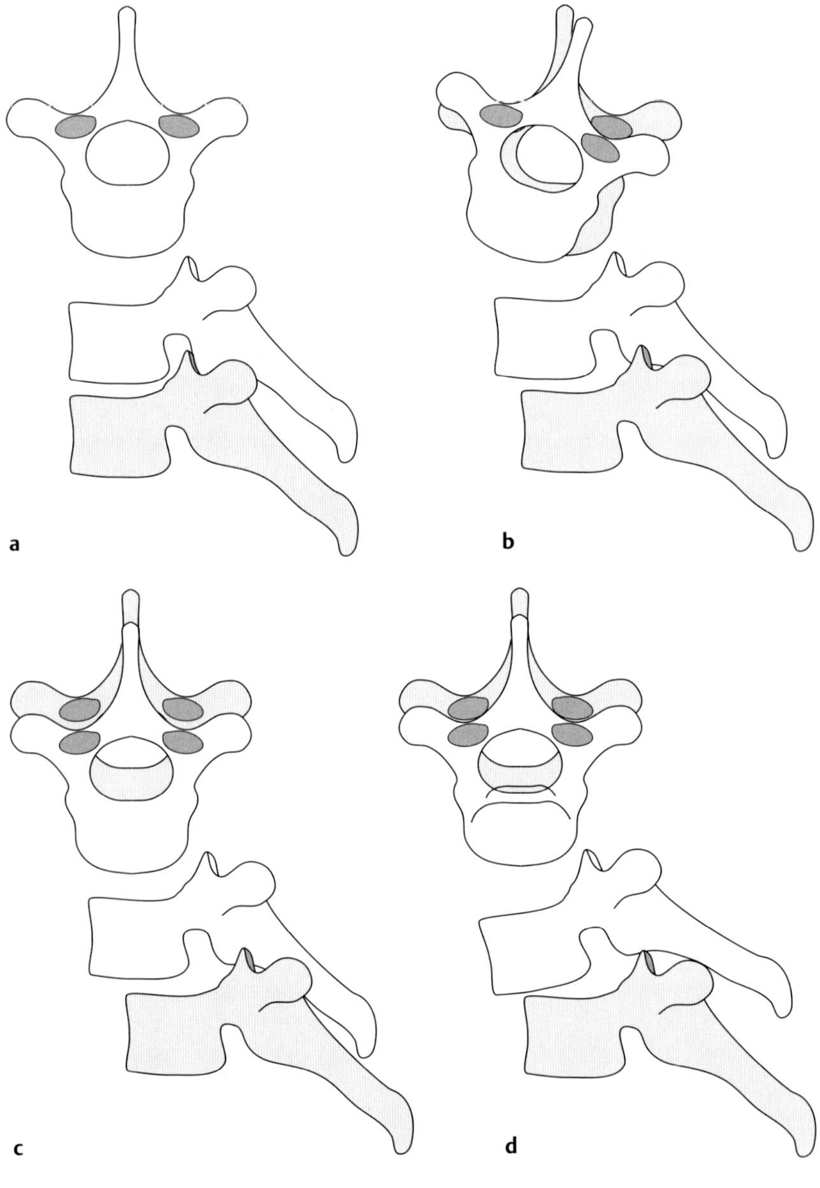

a Normalbefund seitlich und axial
b Einseitige Wirbelluxation. Eine Rotation des Wirbelkörpers und eine geringe asymmetrische Einengung des Wirbelkanals muß beachtet werden. Die Achsenknickung ist unbedeutend
c Doppelseitige Wirbelluxation mit starker Einengung des Wirbelkanals.
d Stärkere Achsenknickung und Einengung des Spinalkanals durch reitende Wirbelluxation

Frakturen

Häufigkeitsverteilung der Wirbelkörperfrakturen

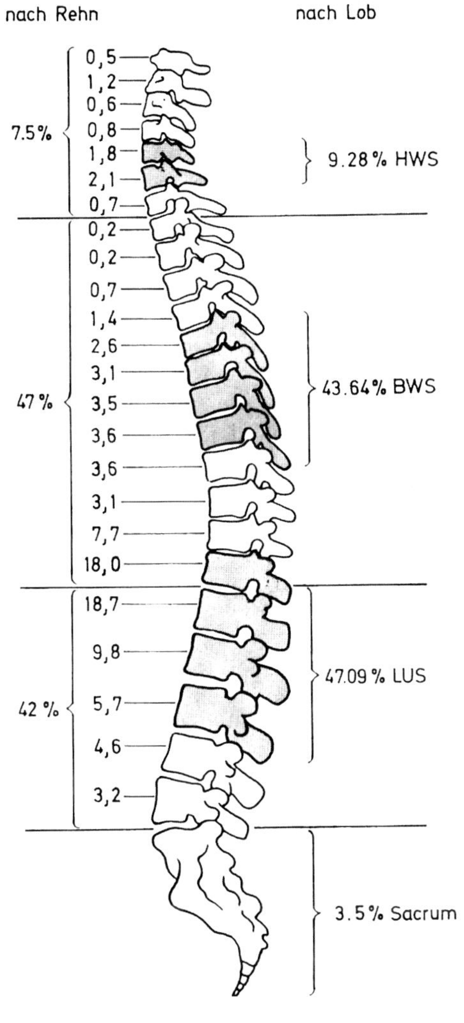

An den 10 grauen Wirbeln (BW 12–LW 3, BW 5–8, HW 5 und 6) finden sich 71%, an den übrigen Wirbeln 29% aller knöchernen Verletzungen. **Rechts:** Statistik von Lob. **Links:** Statistik von Rehn

Nach Junge, H., W. Pfeiffer: Traumatologische Wirbelveränderungen. In Handbuch der medizinischen Radiologie, Bd. VI/1. Springer 1974

Die **Röntgenuntersuchung** des verletzten Wirbelsäulenabschnittes besteht aus Standardaufnahmen a.-p. und exakt seitlich. Bestimmte Kriterien weisen auf eine instabile Wirbelsäule hin:

Standardröntgenaufnahmen:

a.-p.:
- Translation/Luxation
- Fraktur der oberen **und** der unteren Deckplatte
- Abstandvergrößerung der beiden Bogenwurzeln
- Deformierung

seitlich:
- Translation/Luxation
- Keilwirbelbildung > 20°
- Fraktur der oberen **und** der unteren Deckplatte
- Ausbruch der Wirbelkörperhinterwand

Die **Computertomographie** liefert die dritte Ebene und klärt zweifelhafte Fälle sicher auf. Insbesondere können die *Hinterwand des Wirbelkörpers* und *etwaige Fragmentverlagerungen in den Spinalkanal* eindeutig nachgewiesen werden.

Nach Kuner, E., V. Schlosser: Traumatologie, 4. Aufl. Thieme, Stuttgart 1988

Typische Frakturen der Wirbelsäule

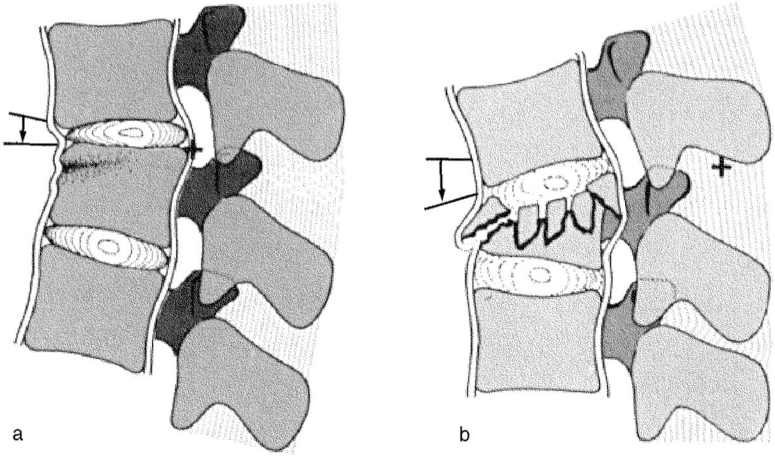

Typ I: Impressionskeilbruch. Isolierte Verletzung der vorderen Säule mit keilförmiger Deformierung. Mittlere und hintere Säule stabil; stabile Frakturform. **b** Typ II: inkompletter Berstungsbruch. Vordere und mittlere Säule sind durch Kompressionskräfte stark verletzt. Hintere Säule weitgehend intakt. Stabilität unsicher.

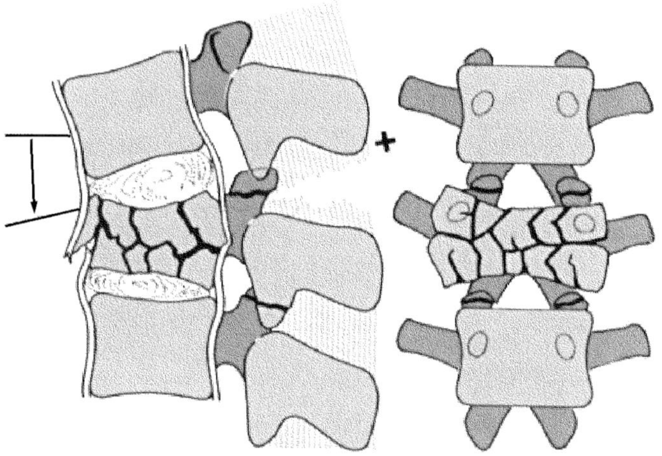

Typ III: kompletter Berstungsbruch. Alle 3 Säulen sind verletzt. Bogenfragmente aus Wirbelkörperhinterwand ausgerissen. Ruptur des vorderen Längsbandes. Fragmentdislokation in den Spinalkanal. Stabilität verloren.

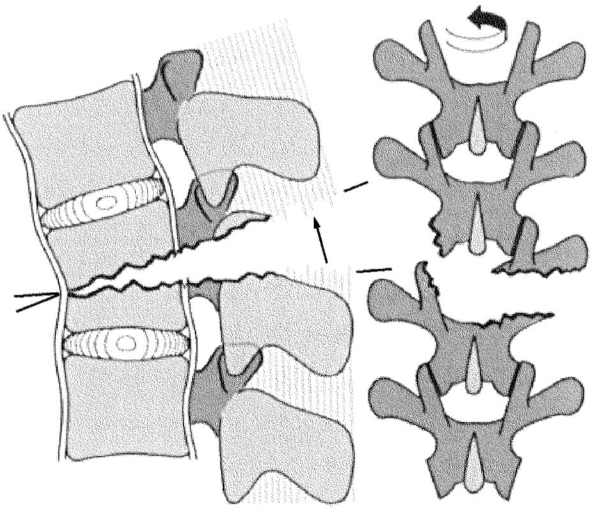

Typ IV: Chance-Fraktur. Die klassische Fraktur verläuft horizontal durch den gesamten Wirbel. Entstehung durch Flexion um eine vor der Wirbelsäule liegenden Achse. Vorkommen z.B. durch reinen Beckengurt („lap belt fracture"). Frakturiert sind vordere und mittlere Säule, kombiniert verletzt ist die hintere Säule. Instabile Fraktur.

Nach Kuner, E., V. Schlosser: Traumatologie, 4. Aufl. Thieme, Stuttgart 1988

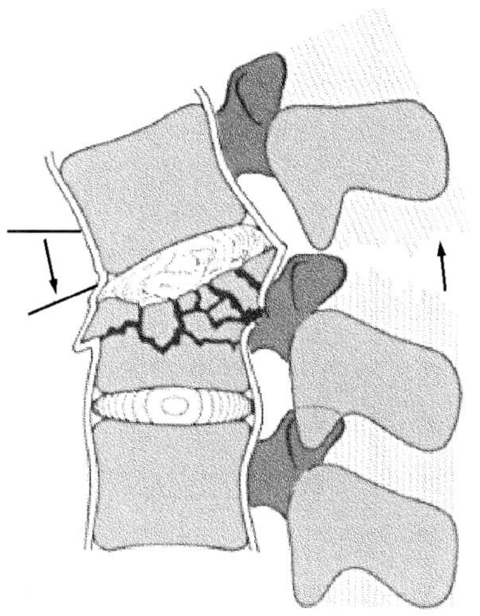

Typ V: Flexionsdistraktionsfraktur. Es sind alle 3 Säulen verletzt. Die vordere ist komprimiert, die mittlere und hintere sind distrahiert (luxiert). Ein Fragment der Hinterwand kann in den Spinalkanal disloziert sein. Völlige Instabilität.

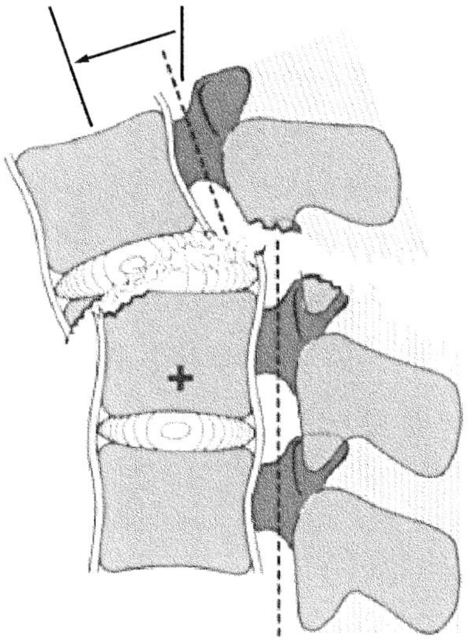

Typ VIa

Typ VI: Translationsverletzung. Luxationsfraktur. Alle 3 Säulen sind verletzt. Die Achse des Spinalkanals ist versetzt. Absolute Instabilität (Querschnittslähmung) (nach Magerl).

Die **Röntgenuntersuchung** des verletzten Wirbelsäulenabschnittes besteht aus Standardaufnahmen a.-p. und exakt seitlich. Bestimmte Kriterien weisen auf eine instabile Wirbelsäule hin:

Standardröntgenaufnahmen:

a.-p.:

- Translation/Luxation
- Fraktur der oberen **und** der unteren Deckplatte
- Abstandvergrößerung der beiden Bogenwurzeln
- Deformierung

seitlich

- Translation/Luxation
- Keilwirbelbildung > 20°
- Fraktur der oberen **und** der unteren Deckplatte
- Ausbruch der Wirbelkörperhinterwand

Nach Kuner, E., V. Schlosser: Traumatologie, 4. Aufl. Thieme, Stuttgart 1988

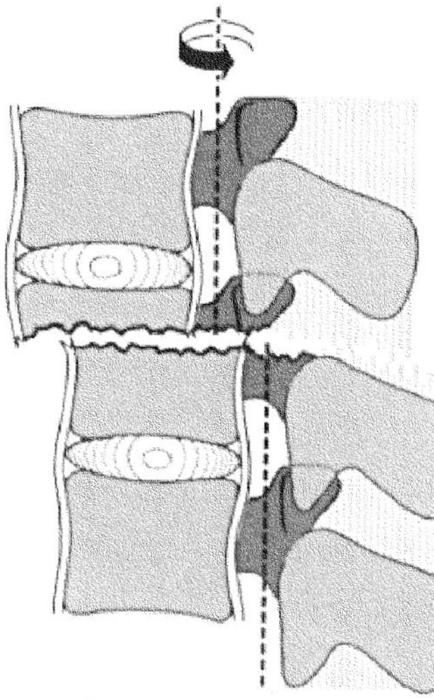

Typ VIb

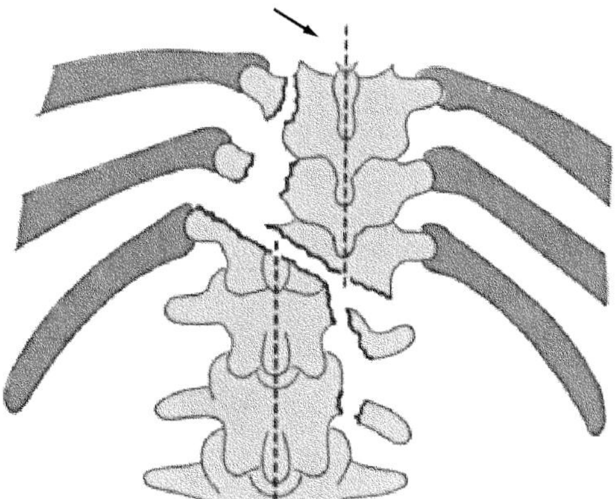

Typ VIc

Die **Computertomographie** liefert die dritte Ebene und klärt zweifelhafte Fälle sicher auf. Insbesondere können die **Hinterwand des Wirbelkörpers** und etwaige **Fragmentverlagerungen in den Spinalkanal** eindeutig nachgewiesen werden.

Halswirbelsäule

Densfraktur (Typisierung nach Anderson)

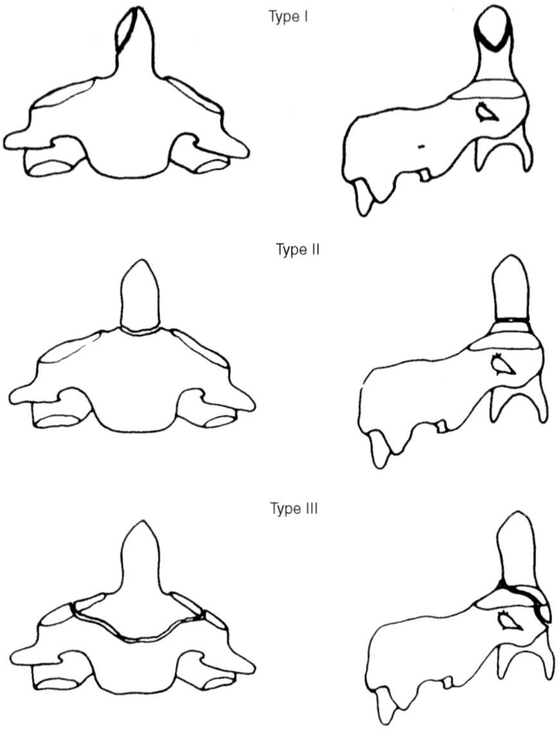

Halswirbelfrakturen

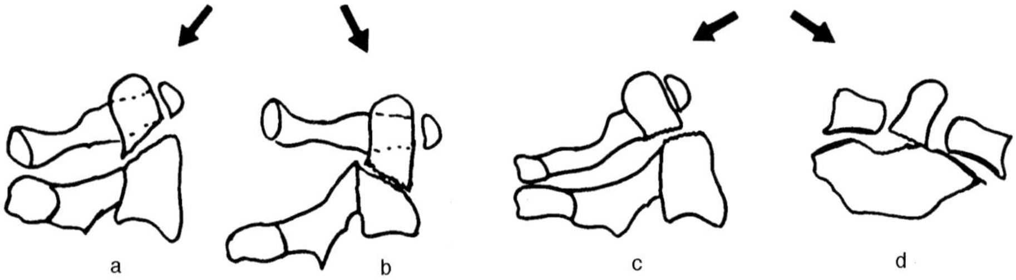

Bruchformen der Densfrakturen
a nach hinten abfallend, **b** nach vorne abfallend, **c** Querbrüche, **d** seitliche Abknickung

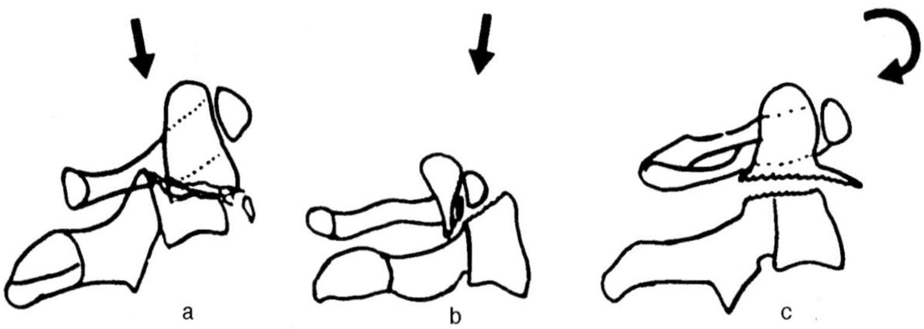

Sonderformen von Densbrüchen, die besonders instabil sind.
a Einstauchung des Dens in den Axiskörper, **b** zusätzliche Abscherung des vorderen Anteils des Dens, **c** Rotationsdislokation des Dens

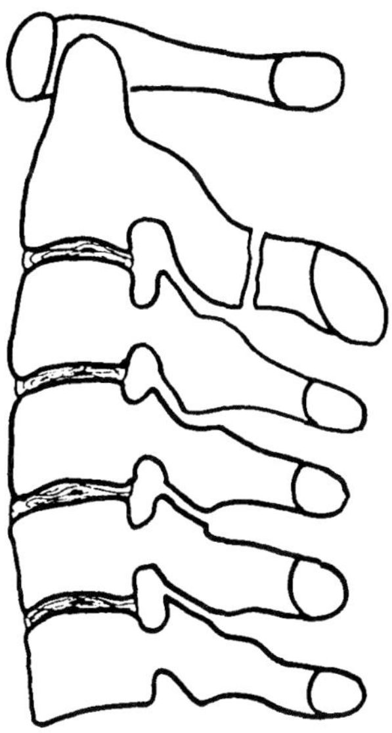

Fraktur des Dornfortsatzes des II. Halswirbels ohne Dislokation

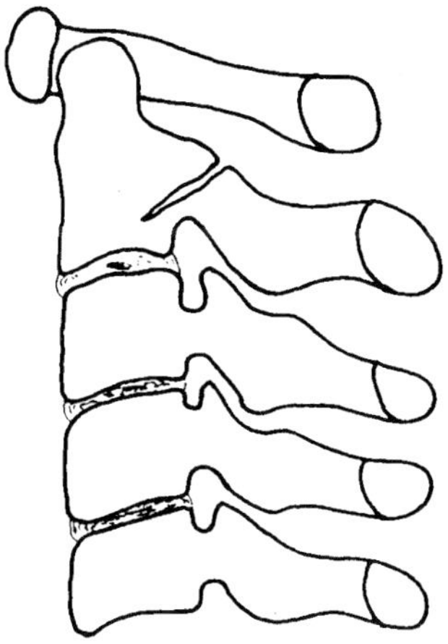

Fraktur am Bogenansatz des II. Halswirbelkörpers ohne Dislokation. Auf der 45° gedrehten Aufnahme ist das Ausmaß der Fraktur besser zu erkennen

Halswirbelsäulentraumafolgen

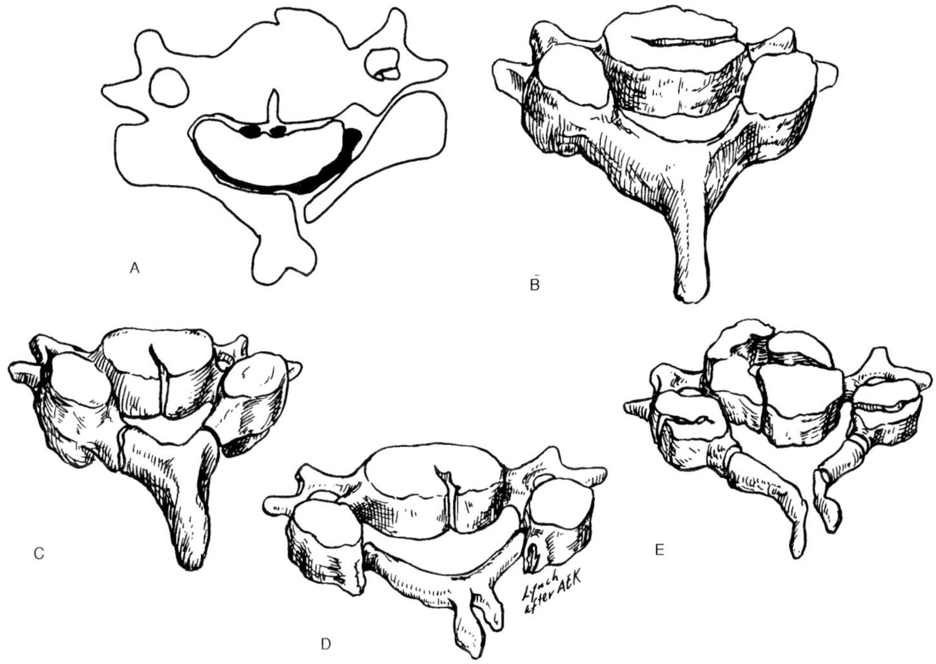

A Akutes epidurales Hämatom (bei C5).
B Querfraktur des Wirbelkörpers ohne Beteiligung des Spinalkanals.
C Beteiligung des Spinalkanals durch Frakturen der umgebenden Skelettstrukturen, allerdings ohne Stenose des Kanals.
D Fraktur, die aufgrund einer Laminafraktur eine Stenose des Kanals verursacht.
E Trümmerfraktur mit Stenose des Spinalkanals.

Nach Meschan, I., R. M. Farrer-Meschan: Diagnostik mit bildgebenden Verfahren, Bd. III. Enke, Stuttgart 1991

Typische Halswirbelsäulentraumen und ihre Folgen

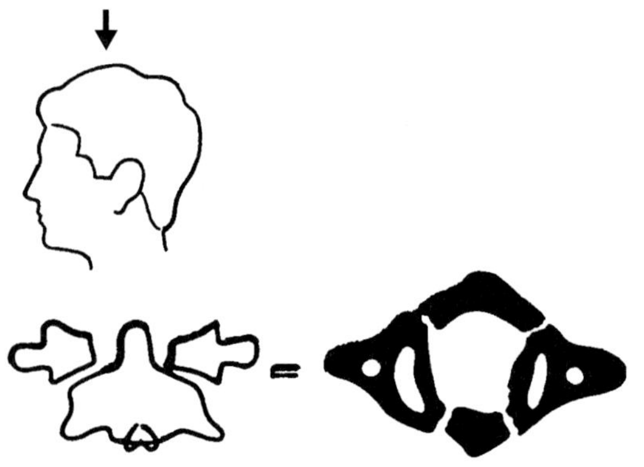

Vierfacher **Atlasberstungsbruch (Jefferson-Fraktur)** nach axial einwirkender Gewalt (Pfeil). Der Patient war in eine tiefe Grube mit den Kopf gestürzt. Beide Gelenkflächen des Atlas sind nach außen verschoben und überragen die Axisgelenkflächen um mehrere Millimeter. Auf der seitlichen Röntgenaufnahme kann eine Basioninterposition (Vorderrand des Foramen magnum) zwischen dem Tuberculum anterius atlantis und dem Dens zu erkennen sein.

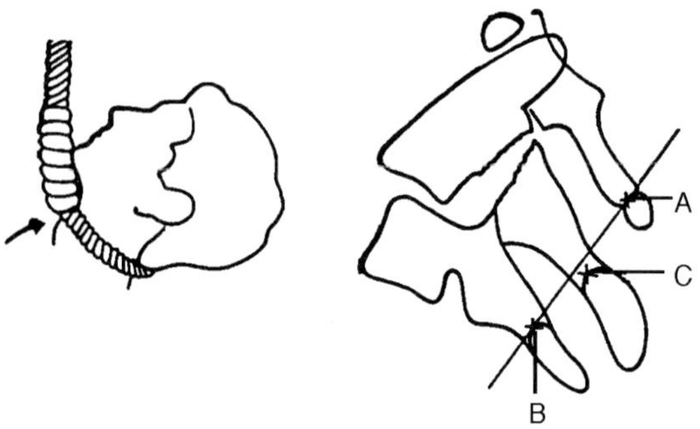

Klassische **„hangman's"-Fraktur** bei exakt submentaler Position des Seilknotens oder durch sonstiges schweres Hyperextensionstrauma des Unterkiefers und Schädels gegenüber der oberen Halswirbelsäule. Dadurch kommt es zur Abrißfraktur beider Axisbogenwurzeln und Luxation des Axiskörpers nach vorne. Bei weniger schwerem Trauma tritt zwar die Abrißfraktur, jedoch keine Luxation ein. Legt man an A und B eine Tangente, und verläuft diese ≥ 2mm vor C, so besteht der Verdacht einer „hangman's"-Fraktur, ob man nun nach einem Trauma **und** erkennbarer Ventraldislokation C2 eine Frakturlinie im Axisbogenbereich erkennt oder nicht. Nächster diagnostischer Schritt: Computertomographie.

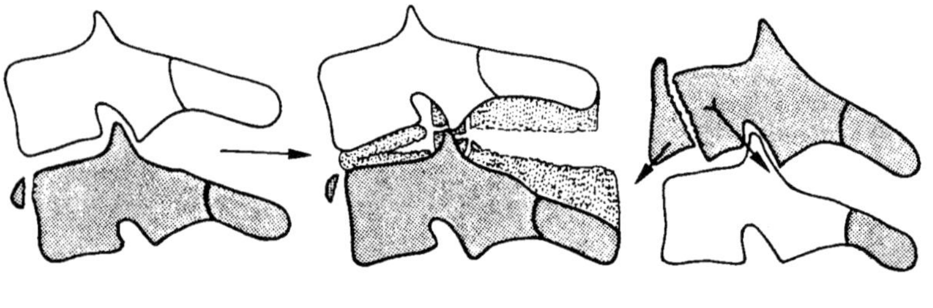

Normalhaltung Anteflexion

„Tear-drop"-Konklusionen:

1. Der Wirbel „weint" über die zerrissenen Weichteile in seinem Bewegungssegment, daher ist
2. eine Anteflexionsröntgenaufnahme (willkürlich oder gehalten) indiziert. Ihr sind Hinweise auf die traumatisch geschädigten Weichteilstrukturen zu entnehmen.
3. Ein abgebrochener Spondylophyt – an der frischen Bruchstelle fehlt die Kortikalis – ist auf einer posttraumatisch angefertigten Röntgenaufnahme das gleiche Warnsignal wie die „Träne" (s. Abb. 2, nächste Seite in der Mitte).
4. Röntgendifferentialdiagnose zwischen „tear drop" und spondylotischem Schaltknochen bei Patienten mit frischer Traumaanamnese stellen.
5. Je größer der Tränentropfen, desto größer ist die Kompressionsgefahr der Medulla spinalis durch die Hinterkante des Wirbelkörpers (s. den geschwänzten Pfeil, der die Dislokationsrichtung angibt).

Nach Dihlmann, W.: Gelenke – Wirbelverbindungen, 3. Aufl. Thieme, Stuttgart 1987

Typische Halswirbelsäulentraumen und ihre Folgen

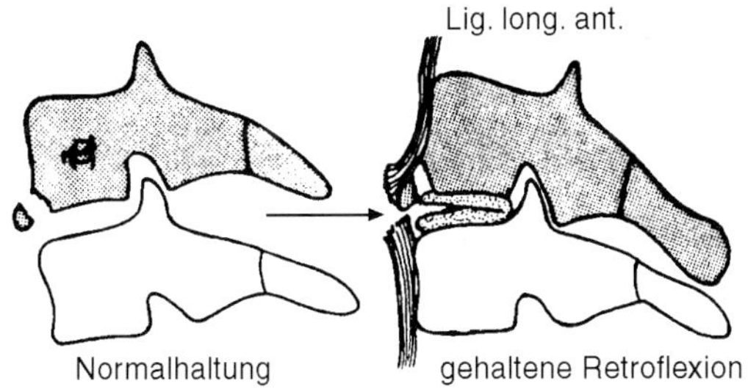

Die „Träne" wurde ursprünglich als Hinweis auf ein zervikales Hyperflexionstrauma beschrieben. Sie **kann** aber auch ein Hyperextensionstrauma anzeigen. In diesem Fall muß die Retroflexionsröntgenaufnahme als (äußerst vorsichtig) gehaltene Aufnahme angefertigt werden. Der frisch traumatisierte Patient kann nämlich die Retroflexion nicht „dosieren", so daß bei ausgedehnten Weichteilzerreißungen dann die Gefahr einer Halsmarkkompression durch starkes Dorsalabgleiten des Wirbels besteht! Beim Verdacht auf Densfraktur dürfen überhaupt keine Funktionsröntgenaufnahmen angefertigt werden, da sonst eine letale Densdislokation droht.

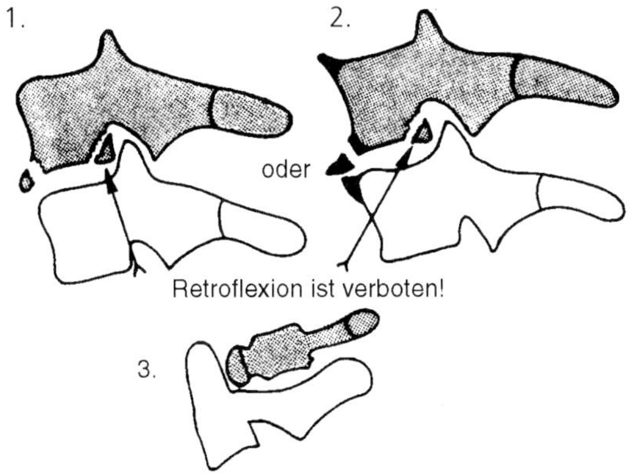

1,2. Eine „Träne" mit Hinterkantenabbruch (geschwänzte Pfeile) weist **eindeutig** auf die Hyperextensionskomponente des Unfalls hin. In diesem Fall keine Retroflexionsaufnahme anfertigen!
3. Dorsalluxation des Atlas **ohne Densabbruch**, auch Ventralluxation C_2 nach Trauma oder Kongenitale Anomalie.

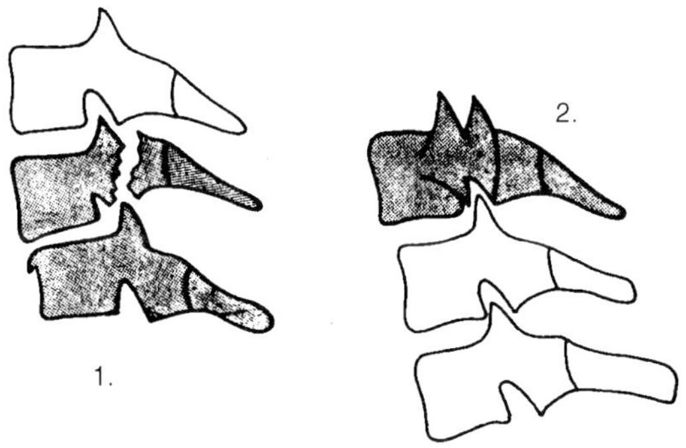

1. **Hyperextensionstrauma**. Fraktur durch die Gelenkfortsätze, dabei Luxation des betroffenen Wirbels nach vorne und vordere Deckplattenstauchung weist darauf hin, daß die traumatisierende Kraft sich mit der Gelenkfortsatzfraktur und Luxation noch nicht erschöpft hatte. Diese Verletzungen treten besonders im mittleren und unteren Halswirbelsäulenabschnitt auf.
2. **Unilaterale Wirbelluxation** durch flektierende und rotierende Gewalteinwirkung. Unterhalb des luxierten Wirbels ist nur 1 Wirbelbogengelenk sichtbar. Am luxierten Wirbel und an den nach oben folgenden Bewegungssegmenten sind je 2 Gelenke (2 Gelenkfortsatzpaare) zu erkennen. Die Vorwärtsluxation des unilateral luxierten Wirbels kann sehr diskret sein. Der Dornfortsatz des unilateral luxierten Wirbels wandert zur Luxationsseite aus.

Nach Dihlmann, W.: Gelenke – Wirbelverbindungen, 3. Aufl. Thieme, Stuttgart 1987

Schleudertrauma

Mechanismus des Schleudertraumas der Halswirbelsäule

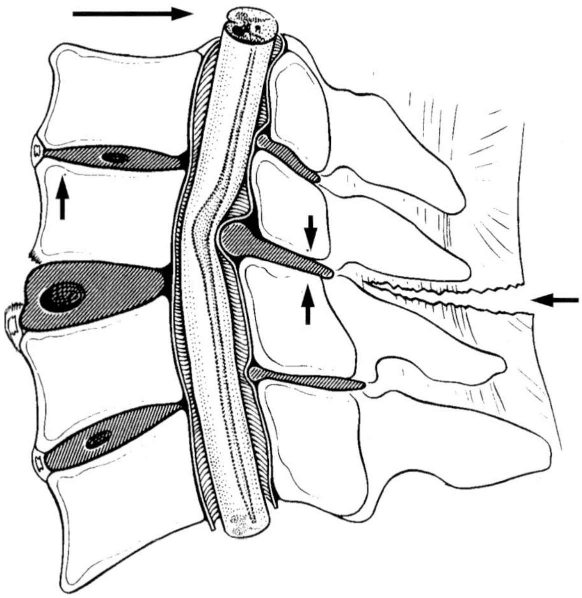

Häufigste Verletzungsursache an der Halswirbelsäule ist eine indirekte Gewalteinwirkung, das Schleudertrauma (Hyperextensionsverletzung, Whiplash injury). Der typische Unfallhergang ist der Auffahrunfall im Straßenverkehr, wobei der Kopf zunächst überstreckt (Hyperextension oder Retroflexion) und anschließend nach vorn geschleudert wird (Hyper- oder Anteflexion). Dabei wird das Lig. flavum zerrissen und die Bandscheibe zerstört. Ein Abriß an der vorderen unteren Wirbelkante weist auf diesen Verletzungsmechanismus hin.

Sog. Hyperextensionsdistorsion

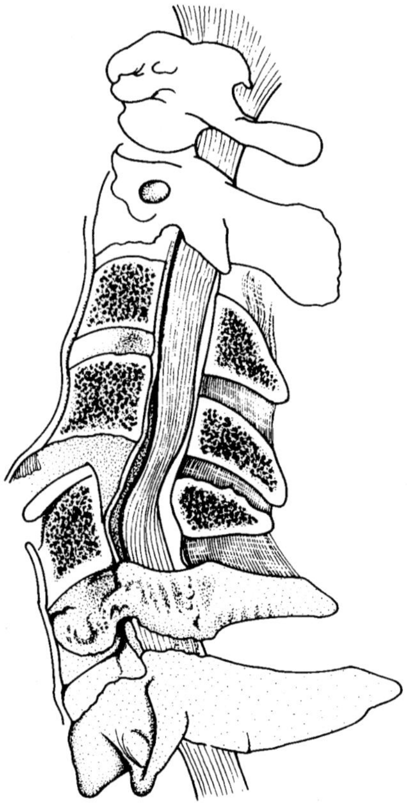

Hyperextension sprain nach Braakman u. Penning. HW 4/5 mit Abrißfraktur der oberen Vorderkante des 5. Halswirbels. Darstellung der Verletzungsfolgen (nach Gehweiler, Osborne u. Becker).

Nach Sartor, K.: Verletzungen der Wirbelsäule. In Schinz: Radiologische Diagnostik, 7. Aufl., Bd. V/2. Wirbelsäule-Rückenmark. Thieme, Stuttgart – New York 1986

Flexion und Extension der Halswirbelsäule beim Schleudertrauma (nach E. Zander)

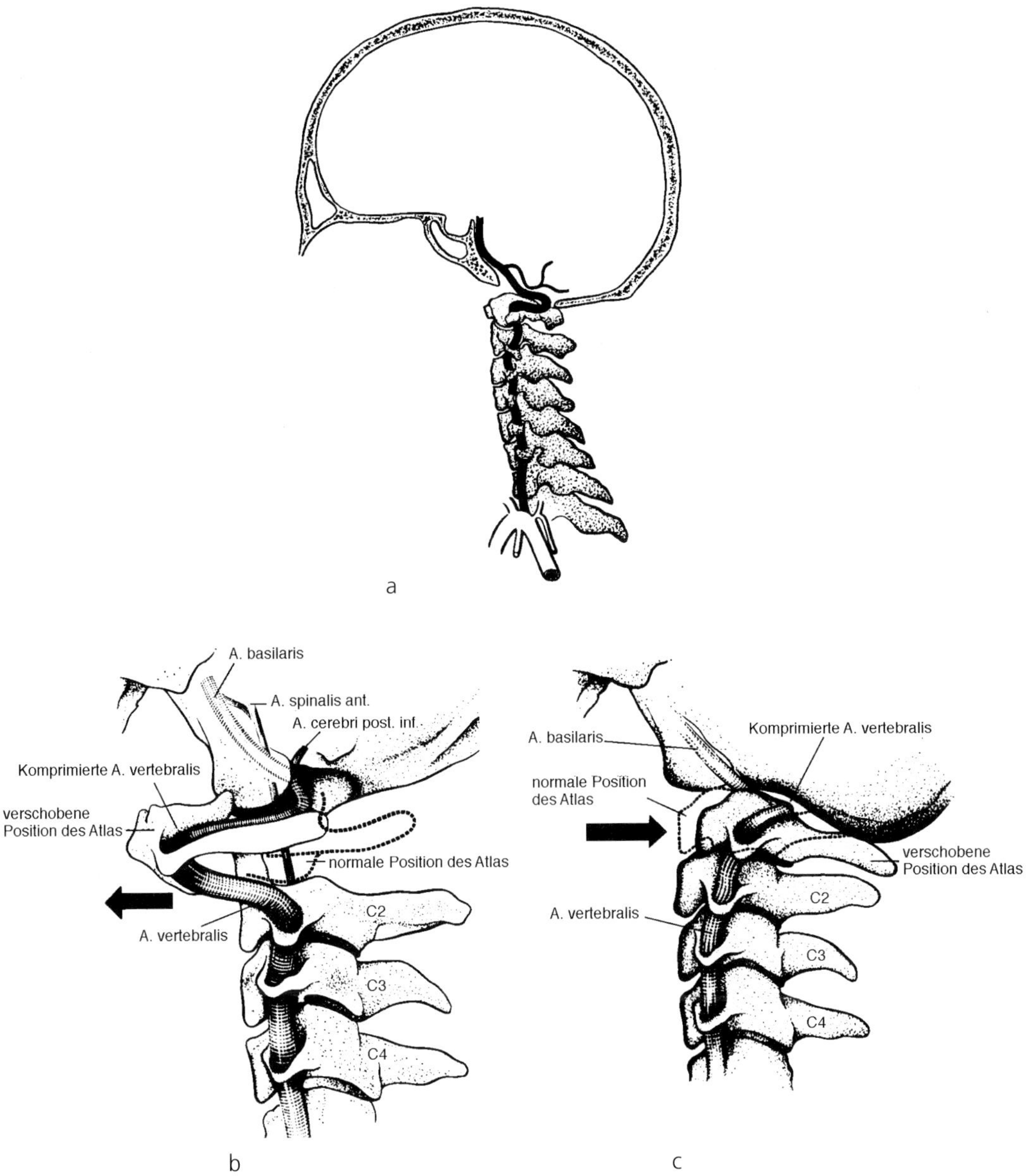

Gezeigt wird hier die Veränderung des Lumens der A. vertebralis. a Normalstellung, b Vorwärtsbeugung, c Rückwärtsbeugung, mit jeweils eingezeichneter (gestrichelt) Normalstellung des Atlas

Nach Junge, H., W. Pfeiffer: Traumatische Wirbelveränderungen. In Handbuch der Medizinischen Radiologie, Bd. VI/1. Springer, Berlin 1974

Brustwirbelsäule und Rippen

Brustwirbelfrakturen

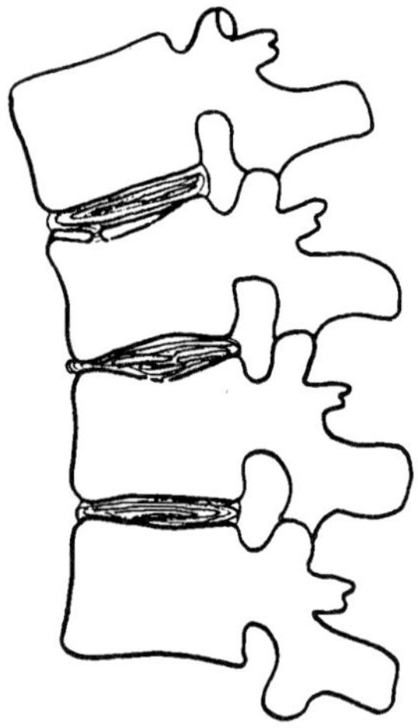

a) Deckplatten-Einbruch am 4. und 5. Brustwirbelkörper mit geringer ventralwärts gerichteter Abkippung

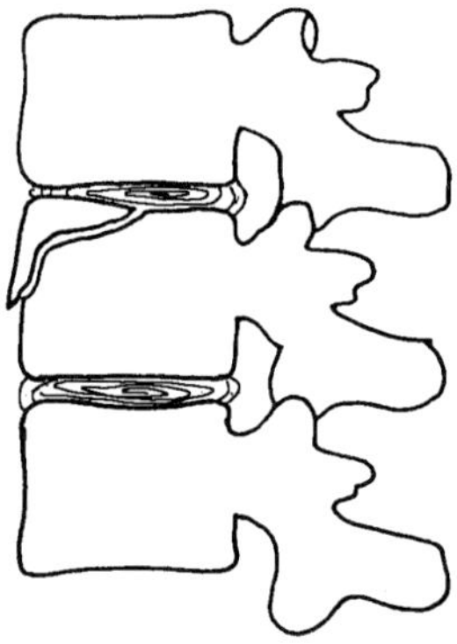

b) Absprengung der vorderen oberen Kante des 12. Brustwirbelkörpers mit geringer Dislokation nach ventral

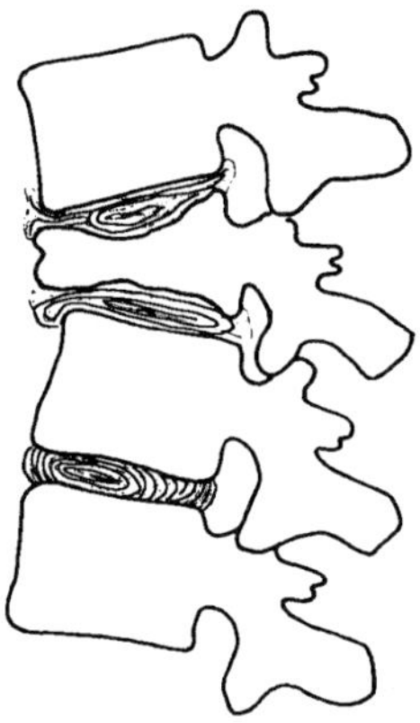

c) Stauchungs-Quetschfraktur des 12. Brustwirbelkörpers mit breiten Einbrüchen der Abschlußplatten und Kompression der Wirbelspongiosa

Sog. Haltegurtverletzungen (seat belt injuries) mit begleitenden Frakturen

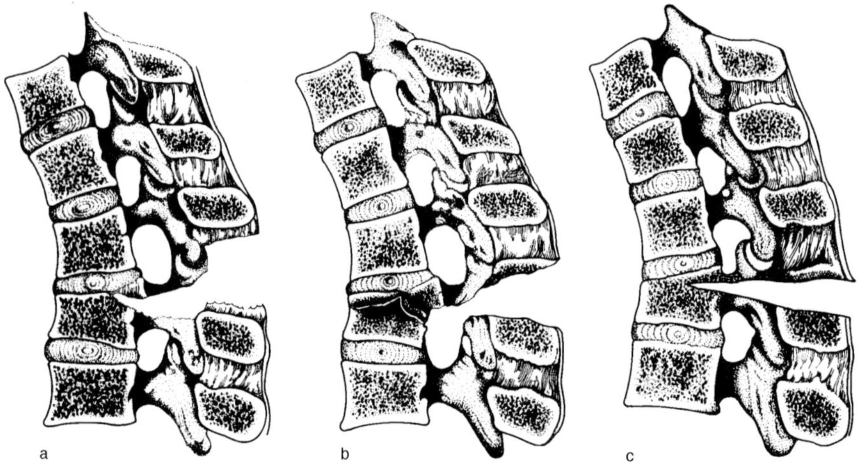

a Fraktur vom Typ Smith, **b** Fraktur vom Typ Chance, **c** Horizontale Spaltung des gesamten Wirbels, (nach Gehweiler, Osborne u. Becker)

Nach Sartor: Verletzungen der Wirbelsäule. In Schinz: Radiologische Diagnostik, 7. Aufl., Bd. V/2. Wirbelsäule-Rückenmark. Thieme, Stuttgart 1986

Rippenfrakturen

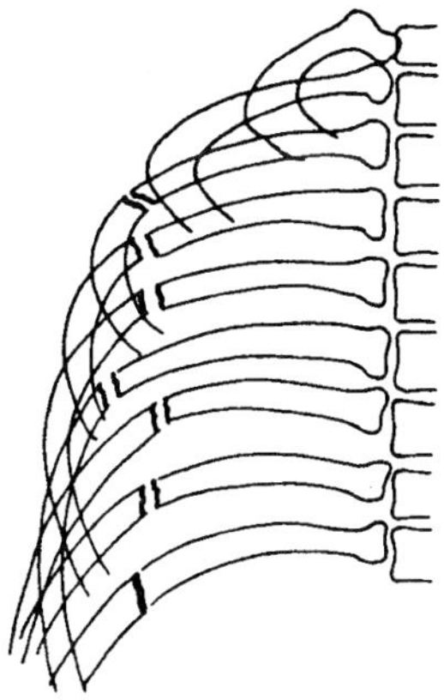

Sagittale Kompression des Thorax. Querfraktur der 3., 4., 5., 6., 7., 8., 9. Rippe in hinterer Axillarlinie

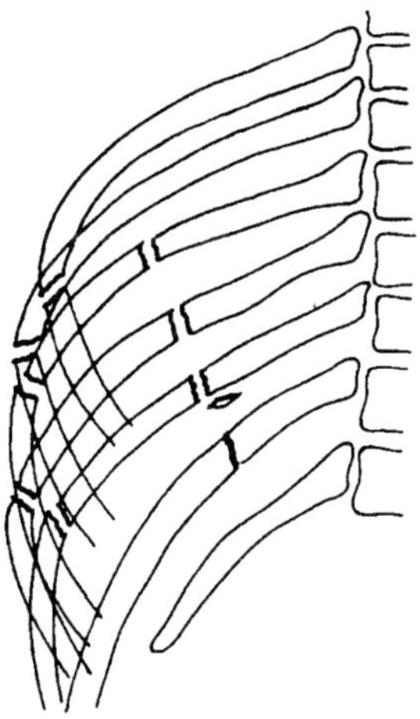

Sagittale Kompression des Thorax. 7., 8., 9. und 10. Rippe in Axillarlinie, 8., 9., 10. und 11. auch paravertebral frakturiert, letztere ohne Fragmentverschiebung

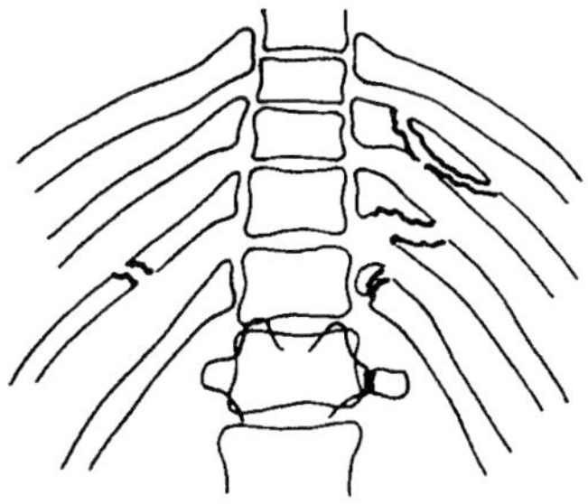

Paravertebrale Frakturen der 10., 11. und 12. Rippe links und der 11. Rippe rechts. Bruch des Querfortsatzes am 1. Lendenwirbel

Fraktur des Sternums

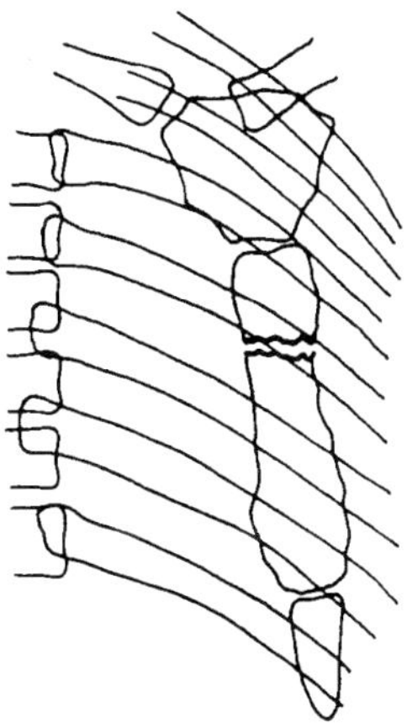

Schrägaufnahme

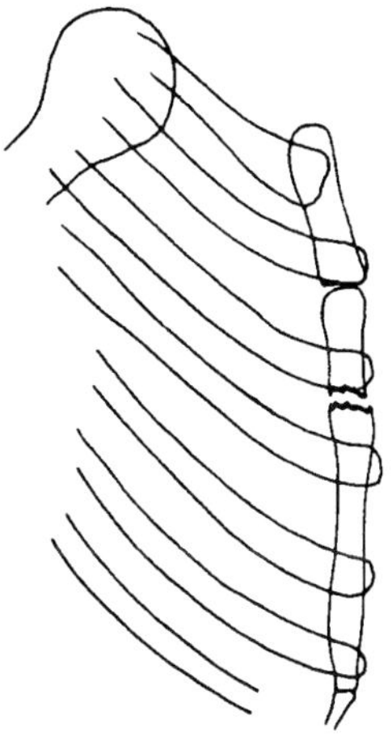

Frontalaufnahme

Querfraktur des Corpus sterni in Höhe des Ansatzes der 3. Rippe. Das distale Fragment ist leicht ventral disloziert.

Nach Maatz, R.: Knochenbruch und Knochenbruchheilung. In Schinz: Lehrbuch der Röntgendiagnostik, Bd. II/1. Thieme, Stuttgart 1979

Lendenwirbelsäule und Kreuzbein

Typische Bruchspaltverläufe bei Wirbelbogenfrakturen des thorakolumbalen Übergangs (nach Smith, Northrop u. Loop)

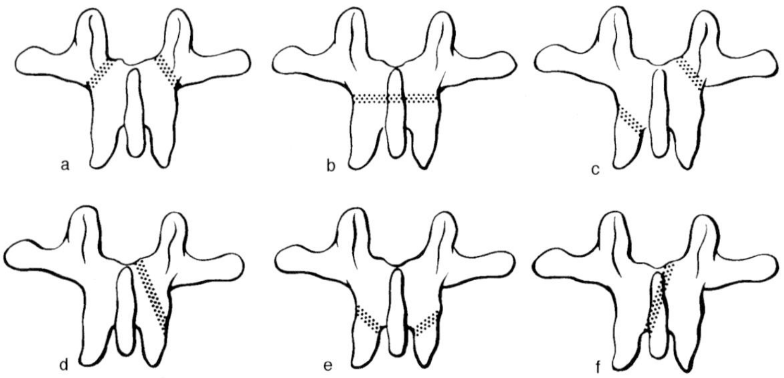

a Doppelseitige Fraktur an der Basis der oberen Gelenkfortsätze, **b** Horizontalfraktur von Laminae und Dornfortsatz, **c** Fraktur an der Basis des oberen Gelenkfortsatzes plus Abriß des unteren Gelenkfortsatzes der Gegenseite, **d** Schrägfraktur der Lamina, **e** doppelseitige Abrißfraktur der unteren Gelenkfortsätze, **f** Vertikalfraktur an der Basis des Dornfortsatzes

Nach Sartor: Verletzungen der Wirbelsäule. In Schinz: Radiologische Diagnostik, 7. Aufl, Bd. V/2. Wirbelsäule-Rückenmark. Thieme, Stuttgart 1986

Lendenwirbel-Frakturen

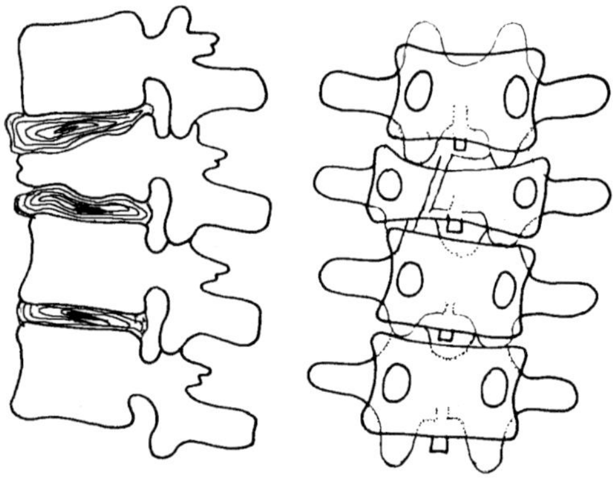

Kompressionsfraktur des 1. Lendenwirbelkörpers mit Fraktur des Wirbelbogens. Der Abstand zwischen den Bogenansätzen ist vergrößert

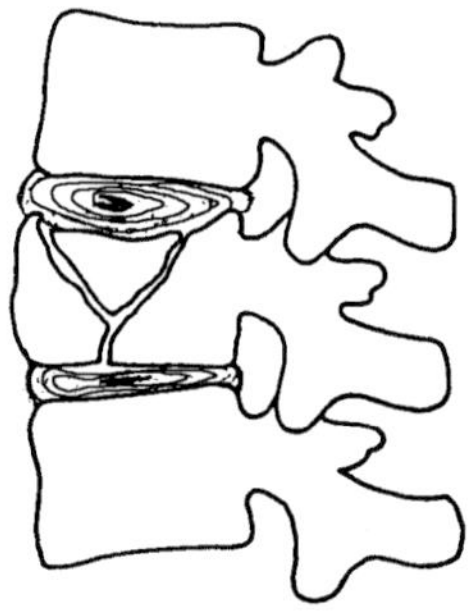

Mehrfragmentfraktur des 3. Lendenwirbelkörpers mit Einbruch eines dreieckförmigen Knochenfragmentes und Auseinanderdrängung der Rahmenfragmente, erhaltener Faserring

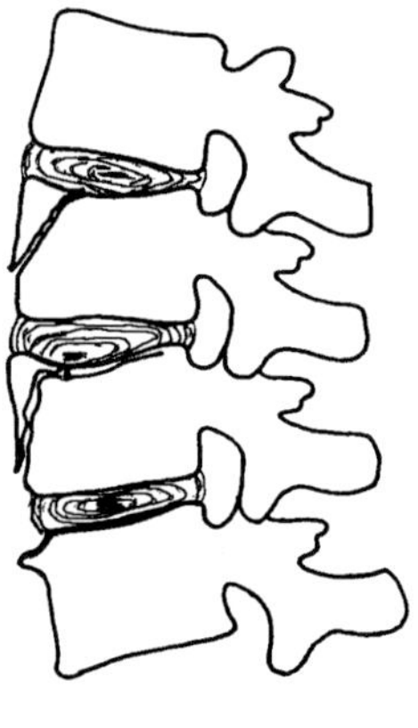

Einbruch der Deckplatten und Absprengung der vorderen Wirbelkörperkante des 3. und 4. Lendenwirbelkörpers, geringer Vorfall des Bandscheibengewebes

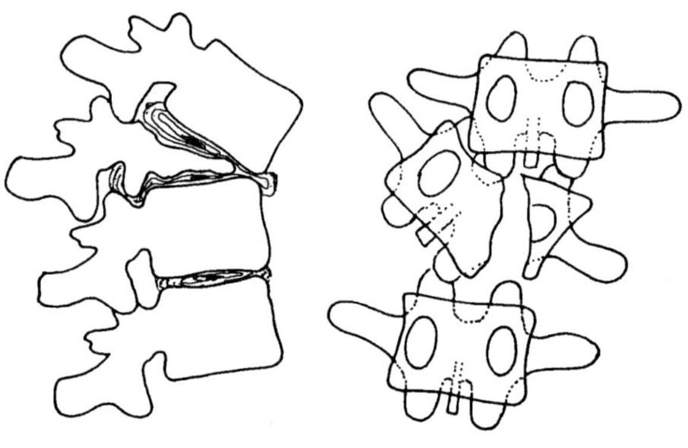

Kompressionsfraktur des 1. Lendenwirbelkörpers mit Bogenbruch, Sprengung des Wirbelkörpers und Luxation nach rechts lateral und dorsal

Frakturen des Kreuzbeines

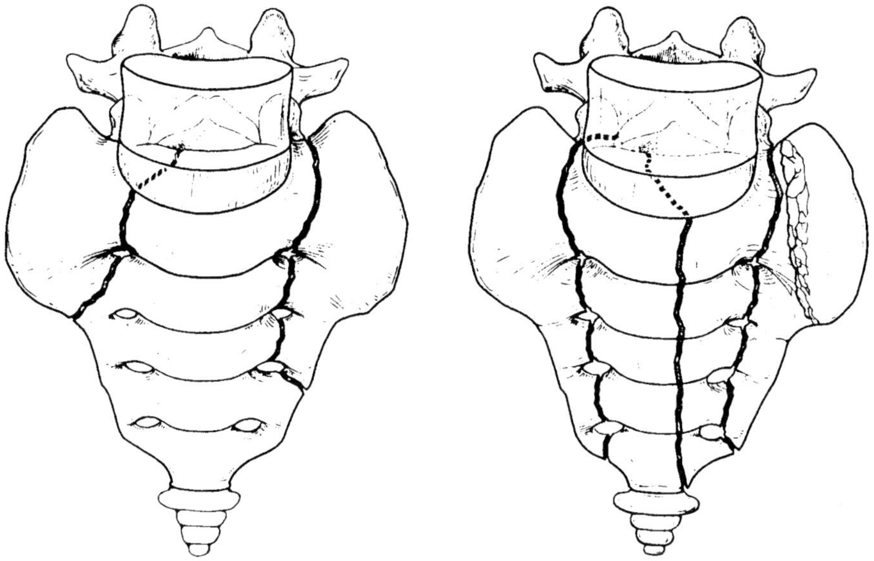

Längsfrakturen des Sakrums

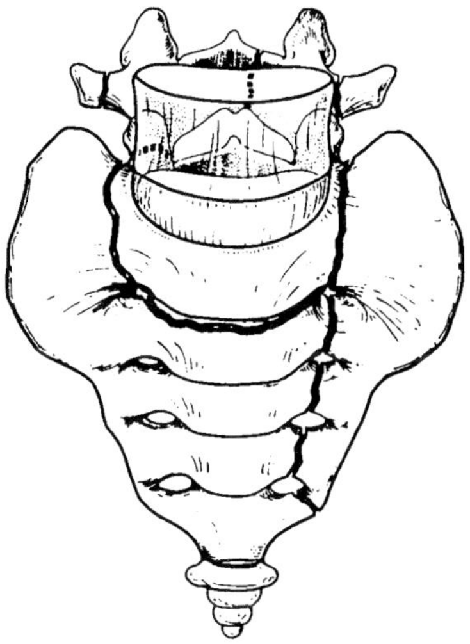

Kombinierte Sakrumfraktur

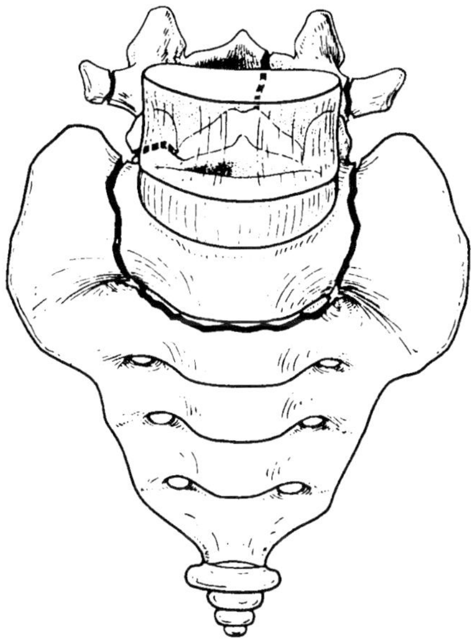

Sakrum-Querfrakturen

Nach Wörsdorfer, O., F. Magerl: Sacrumfrakturen. Hefte zur Unfallheilkunde 149 – Verletzungen der Wirbelsäule. Springer, Berlin 1980

Spinale Verletzungsmechanismen (nach Jellinger)

Traumaform	Läsionen am Stützapparat	Rückenmarksschäden
Flexionstrauma = Anteflexion	Kompressionsfraktur BWS, LWS Luxation Luxationsfraktur	 RM-Kompression Quetschung
Biegungs- u. Scherkräfte	Bogenfraktur HWS	zentrale RM-Nekrose Blutung
	Bandscheibenprotusion Ruptur Lig. int. spin. } ohne Lig. long. dors. } Fraktur	ventrale RM-Kontusion Hinterstrangschädigung
Hyperextensionstrauma = Retroflexion	Ruptur lig. long. ant. } mit Discusruptur } Fraktur ventrale Luxation HWS Luxationsfraktur	zentrale Halsmarknekrose (Quetschung-Kneifzangen-mechanismus) Knickung, Zerrung A. vertebralis
Biegungs-, Zug-, Zerrkräfte	Bogenfraktur	RM-Kompression
Rotationstrauma	Luxationsfraktur BWS, LWS	RM-Kompression
Torsionskräfte	unilaterale Luxation HWS, BWS, LWS	RM-Kontusion evtl. Brown-Séquard
Kompressionstrauma Stauchungskräfte	Wirbelkörper-Berstungsfraktur HWS, LWS	RM-Kompression Quetschung
	Knochenabsplitterung akute Discusretropulsion	evtl. Streckung über Lig. dent.
Kombinierte Formen		
a) Schleudertrauma HWS prim. Retro-, sek. Anteflexion und Biegungskräfte	Luxation Kopfgelenke Atlas-, Epistropheusfraktur Bandrisse mittl./unt. HWS	Halsmark-Kompression, Quetschung, Riß, evtl. zentrale Halsmarknekrose
b) Schleuder+Stauchung, Flexion+Zug+Stauchung (Schwimmunfall, Hechtrolle)	evtl. Schädelbasisfraktur, Luxationsfraktur 5., 6., (7.) HWK Luxation	evtl. Hirnkontusion und Halsmarkkontusion bzw. zentrale Halsmarknekrose
Schädel- und HWS-Trauma	Bogenfraktur evtl. Stauchungsfraktur	Knickung, Zerrung der Art. vertebralis
c) Flexion+Rotation	Luxationsfraktur thor.-lumb. Übergang	RM-Kompression
	unilat. Luxationsfraktur Diskusprolaps	

Nach Junge, H., W. Pfeiffer: Traumatische Wirbelveränderungen. In Handbuch der Medizinischen Radiologie, Bd. VI/1. Springer, Berlin 1974

Querschnittverletzungen bei Wirbelfrakturen

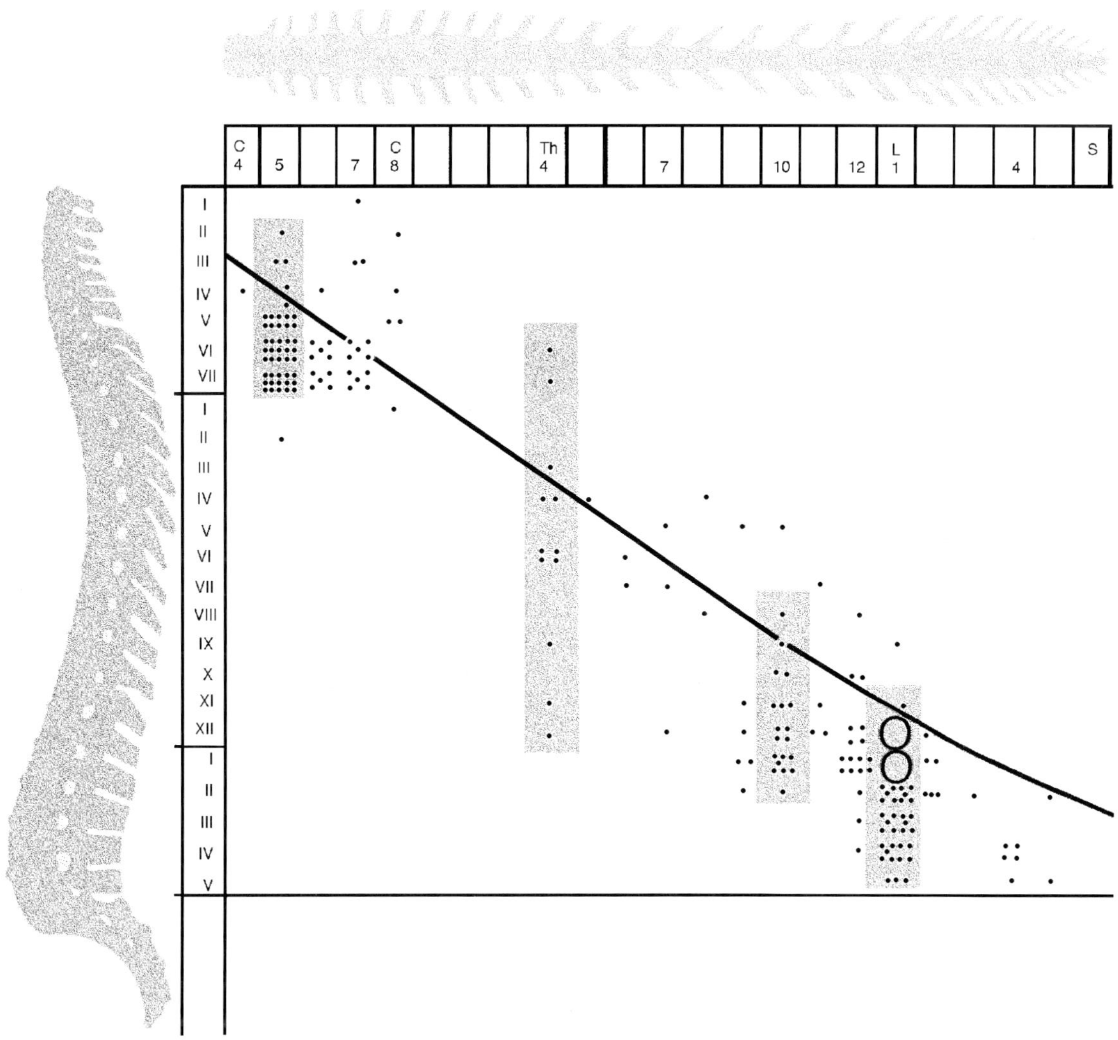

Obere Grenze von *Querschnittverletzungen* bei Wirbelfrakturen

Die Abszisse zeigt die Rückenmarkssegmente, die Ordinate die einzelnen Wirbel. Die schräg verlaufende Linie verbindet die korrespondierenden Rückenmarks- und Wirbelsegmente. Auf ihr sollten theoretisch die oberen Querschnittsgrenzen bei den beobachteten Wirbelfrakturen liegen (als Punkte angegeben). Umrandet sind die Rückenmarkssegmente mit auffallender Häufung von Fällen, die vom theoretischen Niveau abweichen. (Leicht verändert nach Tönnis 1961)

Nach Tönnis, D.: Mangeldurchblutung als Ursache von Rückenmarksschädigungen. Münchner Med. Wschr. 103 (1961) 1338

Umbauvorgänge an Wirbelkanten nach Trauma

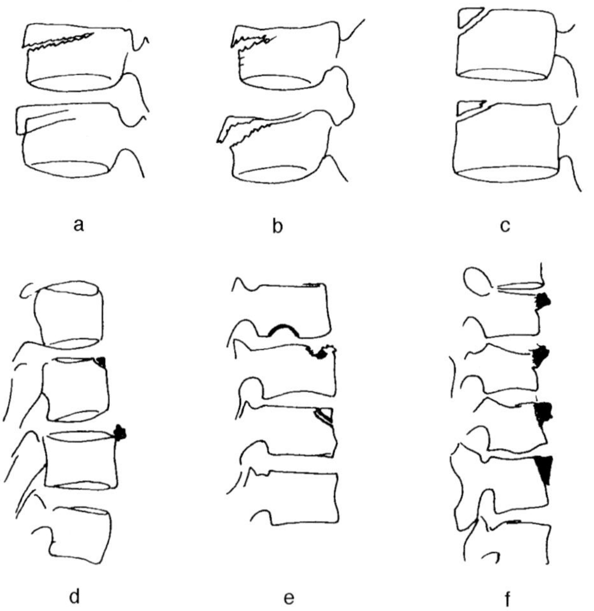

a sofort nach dem Unfall
b 6 Wochen nach dem Unfall Umbauvorgänge in der Nachbarschaft
c Nicht unfallbedingte vordere Abtrennung, die den Wirbelkörper zur normalen Form ergänzt (nach Lob)
d Kleine vordere Epiphysenkerne
e Bei BW 11 sog. kongenitale Chordaeindellungen bei BW 12 vordere sog. retromarginale Impression bei Morbus Scheuermann, bei LW 1 Spezialform dieses Bildes, sog. vordere Abtrennung
f Mehrfache vordere Kantenfrakturen, wie sie bei Katapultverletzungen von Trampolinspringern vorkommen.

Nach Junge, H., W. Pfeiffer: Traumatische Wirbelveränderungen. In Handbuch der Medizinischen Radiologie, Bd. VI/1. Springer, Berlin 1974

Zusammenfassung des pathologsich-anatomisch-röntgenologischen und klinischen Ablaufes der Heilungsvorgänge bei den häufigsten Verletzungsformen der Wirbelsäule (Fortsetzung auf nächster Seite)

	Pathologische Anatomie	Röntgenologische Darstellung	Grundzüge des klinischen Ablaufes	Klinische und röntgenologische Besonderheiten, Abschluß der Heilungsvorgänge
Bandscheibenläsionen (Stich, Excochl) im Tierversuch	Reaktive Zellvorgänge Ende erster Woche, ab 2. Woche knorpeliger Kallus	Ab 4. Woche Beginn, bis 3. Monat weitgehender Abschluß des Umbaus	Ab 3. Monat Verfestigung, Stabilität erreicht	Ab 6. Monat praktisch Endzustand
Isolierte Bandscheibenverletzung	Rißbildung, Turgorverlust	4.-6. Woche beginnende Verschmälerung, 6.–12. Woche knöcherne Reaktion	Stabil 6.–12. Monat. Der sog. traumatische hintere Vorfall kann bis zu 2 Wochen Latenz haben	Abgeschlossen nach 1 Jahr
Reine Luxationen	Wie bei Bandscheibenverletzung	Bandverletzung ab 6. Woche evtl. verknöchert bzw. mit Kalkeinlagerungen, sonst wie oben	Je nach Lokalisation verschieden	Meist im Verlaufe des 2. Jahres. Bleibende Instabilität aber möglich
Isolierte Wirbelkörperfraktur ohne Bandscheibenbeteiligung	Ab 4. Woche endostaler und periostaler Kallus, gewisser Abschluß der knöchernen Heilung ab 3.–6. Monat	Glättung der Bruchflächen, vorderer Kantenabsprengungen nach 1–2 Monaten. Kallusbildung kaum, höchstens ventral an der Kontur zu beobachten, jedoch Umbauvorgänge besonders neben der Einstauchungszone der Spongiosabälkchen	Nach 3–4 Monaten belastbar fest, statischer Umbau der Spongiosastrukur kann bis zu einem Jahr dauern	Nach 12 Monaten abgeschlossen

Fortsetzung

	Pathologische Anatomie	Röntgenologische Darstellung	Grundzüge des klinischen Ablaufes	Klinische und röntgenologische Besonderheiten, Abschluß der Heilungsvorgänge
Wirbelsäulenverletzung mit Bandscheibenbeteiligung sowie voll ausgebildeter Wirbelverletzung	Einsetzen der Heilungsvorgänge Knorpel-Knochen wie bei isolierter Wirbelkörperfraktur	Beginn 3. Monat, ausgeprägt 4.–6. Monat, erhebliche traumatische Spondylosis	Mindestens 6 Monate. Nach Aufrichtung (Böhler) 1 Jahr und mehr	Im Laufe des 2. Jahres „Wirbelkörperpseudarthrosen"
Traumatische Spondylose	Beginn der Entwicklung 4.–8. Woche	2.–10. (bis 12.) Monat	6 Monate und mehr	Abgeschlossen im Laufe des 1. Jahres, evtl. brückenförmige Verblockung durch Randwülste oder Verschmelzen der Wirbelkörper möglich
Nichttraumatische Spondylose	Schicksalsmäßiger Verlauf mit Beginn im 3. Lebensjahrzehnt, langsame Zunahme vom 5. bis 6. Jahrzehnt	Etwa gleiche Darstellbarkeit wie pathologisch-anatomisch. Diffus nicht segmentär lokalisiert. Fortschreiten nach dem 12. posttraumatischen Monat immer unfallunabhängig		
sekundärer Umbau		3–5 Jahre bei Kyphosen und Skoliosen traumatischer Genese, vorzugsweise auf der Seite der Konkavität		
Zahnfortsatzbrüche des 2. HWK		Kaum zu bestimmen	Mindestens 8 Wochen auch bei fehlender Dislokation	Knöcherne Konsolidierung allerfrühestens ab 3. Monat. In 25% Pseudarthrosen
Fortsatzbrüche:	Kallus nach	Schwer zu bestimmen	8 Wochen	
Bogenbrüche	1–2 Monaten	4–6 Wochen		
Dornfortsatzbrüche	4 Wochen	4–6 Wochen	6 Wochen	Pseudarthrosen sind häufig
Querfortsatzbrüche	4 Wochen		4–6 Wochen	

Nach Junge, H., W. Pfeiffer: Traumatische Wirbelveränderungen. In: Handbuch der Medizinischen Radiologie, Bd. VI/1. Springer, Berlin 1974

Spinale Blutungen

Arteriovenöse Mißbildungen (AVM) verglichen mit Tumoren als Auslöser einer Subarachnoidal-Blutung

Subarachnoidalblutungen als Folge einer arteriovenösen Mißbildung (AVM) oder eines Tumors

Subarachnoidalblutung	AVM	Tumor
Häufigkeit (%)	26%	< 1%?
Fallzahlen (n)	43	50
mittleres Alter (Jahre)	20	27 ½
davon männlichen Geschlechts	55%	66%
Veränderungen im konventionellen Röntgenbild	25%	33%
Lokalisation	Zervikal Thorakal Thorakolumbal	Cauda Equina
myelographischer Befund	80%	100%
angiographischer Befund	+++	+

MRT-Befunde bei arteriovenösen Malformationen (AVM):

Intradurale AVM	– Lokalisierte Auftreibung des Myelons bei intramedullärer Lokalisation – Signalarme Darstellung erweiterter Gefäße innerhalb des Nidus – Signalarme Darstellung erweiterter drainierender Venen – Zeichen einer frischen oder älteren Blutung
Durale AVM	– Mehrere Segmente umfassende Auftreibung des Myelons – Mehrere Segmente umfassende homogen hohe Signalintensität des Myelons im T2w-Bild – Verzögerte intramedulläre Kontrastverstärkung nach Gd-DTPA (> 45min p.i.) – Signalarme Darstellung erweiterter drainierender Venen

Nach Kahn, Th., H. Friedburg: Spinalkanal und Wirbelsäule. In Reiser, M., W. Semmler: Magnetresonanztomographie. Springer, Berlin 1992

Klassifikation der arteriovenösen Mißbildungen (AVM)

Typ 1: Intradurale AVMs werden durch die die Medulla versorgenden Arterien gefüllt und durch perimedulläre Venen drainiert. Sie können intra- oder perimedullär liegen.

Typ 2: Durale arteriovenöse Anomalien (oder Fisteln), die durch radikulomeningeale Arterien versorgt werden, sowie durch perimedulläre Venen drainiert werden. Bei den Arterien handelt es sich nicht um versorgende Gefäße des Rückenmarkes.

Typ 3: Extradurale AVMs mit möglicher intraspinaler Ausdehnung, die jedoch ausschließlich von extraduralen Gefäßen versorgt und drainiert werden.

Die vorliegende Klassifikation basiert auf angiographischen, pathogenetischen und therapeutischen Kriterien. Sie ist abhängig von der Morphologie einer AVM, die eine einfache Fistel sein kann oder ein Konglomerat stark erweiterter Gefäßmassen.
Die Typen 1 und 3 können in Untertypen differenziert werden, die metamerische AVMs mit gemischter Versorgung beinhalten. Letztere betreffen Weichteile, Knochen, Dura und Rückenmark.

Nach Thron, K. Armin: Vascular Anatomy of the Spinal Cord. Neuroradiological Investigations and Clinical Syndromes. Springer, Wien 1988

Tumoren als Ursache einer Subarachnoidalblutung

Ependymom	32	(64%)
Neurinom	9	(18%)
andere	9	(18%)
Meningeom		2
Astrozytom		5
Hämangioblastom		1
Meningosarkom		1

Lokalisation der Tumoren bei Subarachnoidalblutung

Cauda equina	44	(88%)
thorakolumbal	3	
thorakal	1	
zervikal	2	

Nach Djiandjian, R.:
Angiography of spinal column and spinal cord tumors. In Nadjmi, M., U. Piepgras, H. Vogelsang, Neuroradiological atlantes. Thieme, Stuttgart 1981

Arteriovenöse Angiome im Wirbelkanal

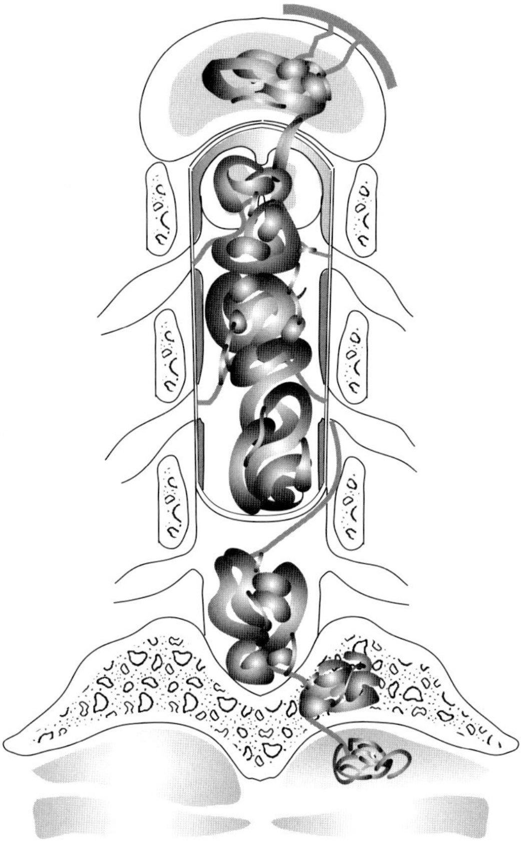

Die Ausdehnung des Angioms reicht über die Wirbelkörper und Wirbelbögen, das Rückenmark, den Subarachnoidalraum und Extraduralraum bis zur Rückenmuskulatur

Typen spinaler arteriovenöser Mißbildungen (AVM) (angiographische und operative Befunde bei Kindern, nach Djindjian, 1976)

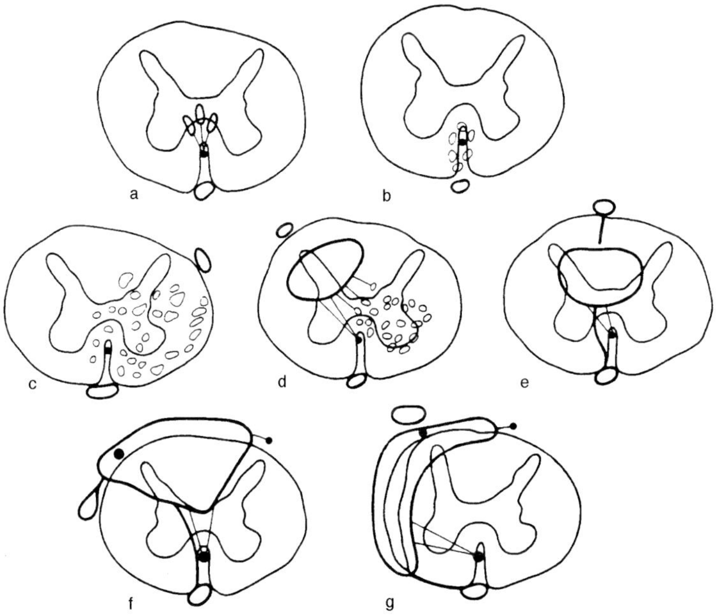

Typ Ia: mediane, kompakte Malformation mit langen sulkokommissuralen Arterien (Bild a)
Typ Ib: mediane, kompakte Malformation mit kurzen sulkokommissuralen Arterien (Bild b)
Typ II: extrem diffuse laterale AVM (Bild c)
Typ III: AVM assoziiert mit intra- oder extramedullären venösen oder arteriellen Gefäßerweiterungen (Bild d–g)

Nach Riche, M. C., J. Modenesi-Freitas, M. Djindjian, J. J. Merland: Arteriovenous Malformation (AVM) of the spinal cord in children. Neuroradiology 22 (1982) 171–180

Spinale Tumoren

Tumoren im Bereich der Wirbelsäule

Rückenmarkstumoren
- Astrozytom
- Ependymom
- Hämangioblastom
- intradurales Lipom
- intramedulläre Rückenmarksmetastasen

Extramedulläre Tumoren
- Meningeom
- Neurinom
- Neurofibromatose
- zentrale Neurofibromatose

Kongenitale Tumoren
- intraspinales Teratom
- sakrokokzygeales Teratom
- Dermoid- und Epidermoidtumoren
- Neuroblastom und Ganglioneuroblastom
- epidurale Lipomatose

Wirbelsäulenmetastasen
- Lymphome und Leukämie
- multiples Myelom
- vertebrale Metastasen
- leptomeningeale Tumoren
- Strahlenschäden

Knochentumoren
- Hämangiome
- Osteochondrom (Exostosen)
- Chondrosarkom
- Osteosarkom

Nach Enzmann, D. R., R. L. DeLaPaz, J. B. Rubin: Magnetic Resonance of the Spine. Mosby-Comp. St. Louis, Baltimore, Philadelphia, Toronto 1990

Verteilung der häufigsten spinalen Tumoren und ihre bevorzugte Lokalisation

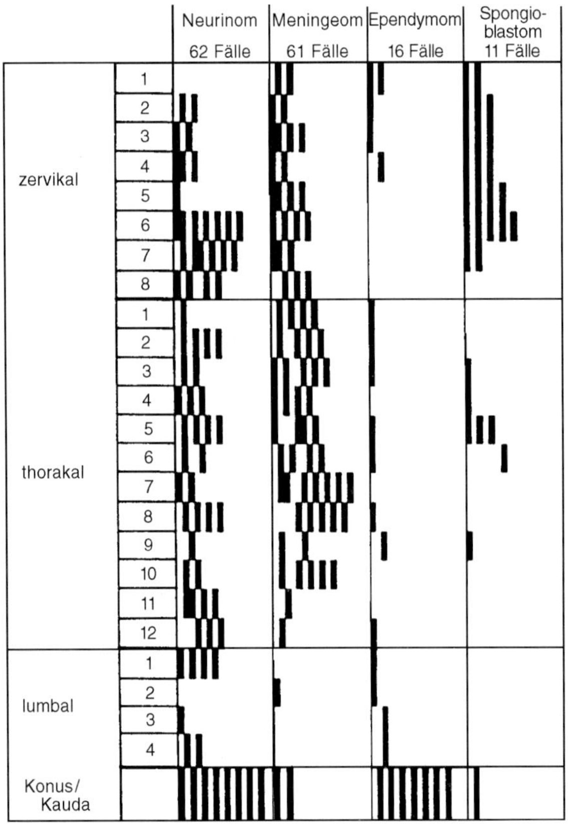

Altersverteilung und Histologie der spinalen Tumoren

Alter in Jahren	Art des Tumors
52	Metastasen
51	Meningeome
45	Angiome
44	—— 400 total
42	andere Tumore
41	Neurinome
35	Ependymome
26	Retothelsarkome
25	Gliome

Häufigkeit intraspinaler Tumoren. Verteilung 400 histologisch gesicherter Tumoren

Meningeome	150	37,5%
Neurinome	80	20%
Gliome	30	7,5%
Metastasen	23	5,7%
Angiome	21	5,2%
Ependymome	20	5%
Retothelsarkome	18	4,5%
Teratome	12	3%
andere Turmore	46	11,5%

Nach Niebeling, H.G., D. Hohrein: 400 intraspinale raumbeengende Prozesse – eine klinische Studie. Zbl. Neurochir. 39 (1978) 241–251

Topographie der spinalen Tumoren

Höhenlokalisation von Tumoren (n = 400)

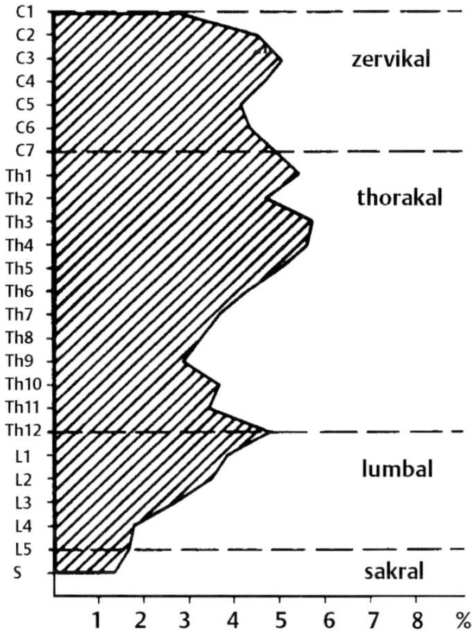

Höhenlokalisation bei Gliomen (n = 30)

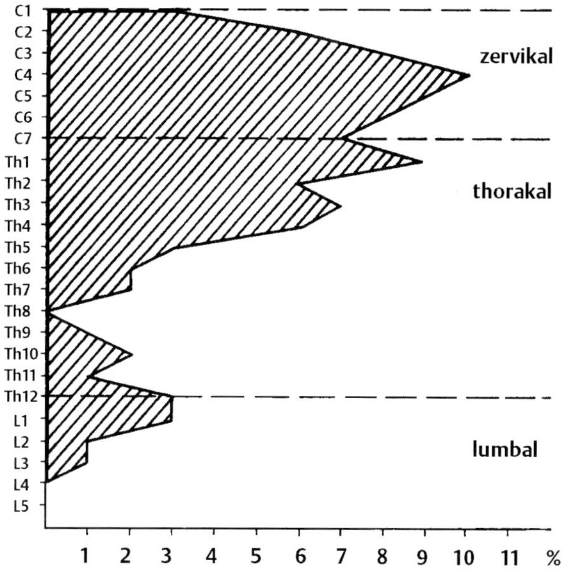

Höhenlokalisation bei Neurinomen (n = 80)

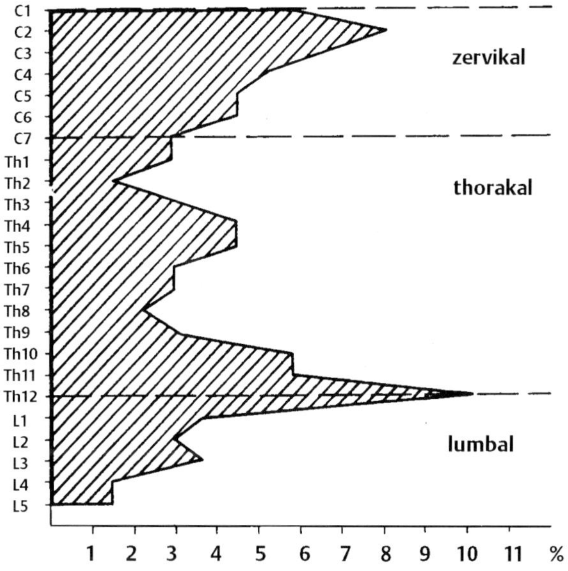

Höhenlokalisation bei Meningeomen (n = 150)

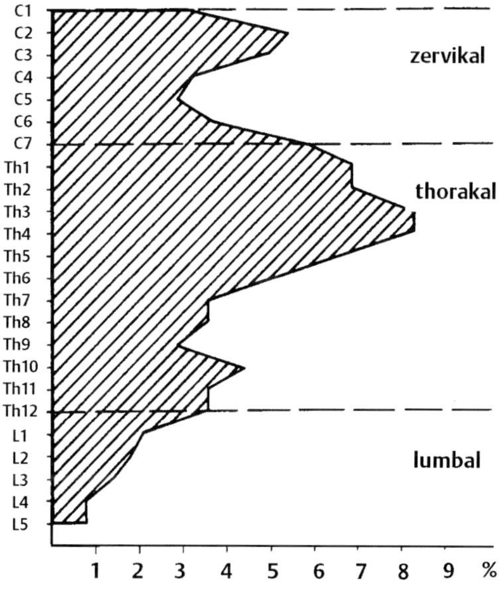

Nach Niebeling, H. G., D. Hohrein: 400 intraspinale raumbeengende Prozesse – eine klinische Studie. ZblNeurochir 39 (1978) 241–251

Spinale Tumoren im Kindesalter – Topographie und Häufigkeit

Topik lumbosakraler Tumoren N = 42

Intradural		57%
intramedullär	45%	
extramedullär	12%	
Extradural		26%
epidural	14%	
ossär	12%	
Intra-/extradural		16%

Häufigkeit intraspinaler Primärtumoren (Angaben in %)

Tumorart	Säuglinge N = 39	Kinder N = 487	Alle Altersstufen N = 1322
Neurinome	2,5	10,8	29,0
Gliome	2,5	25,1	22,0
Meningeome	–	4,7	25,5
Sarkome	10,2	16,1	11,9
Gefäßtumoren	2,5	4,1	6,2
Mißbildungstumoren	58,7	29,6	1,4
Neuroblastome	20,4	5,5	–
übrige Tumoren	2,5	4,9	4,0

Nach Langlotz, M.: Lumbale Myelographie mit wasserlöslichen Kontrastmitteln. Thieme, Stuttgart 1981

Altersverteilung spinaler Tumoren im Konus-Kauda-Bereich

	insgesamt	<20	20–30	31–40	41–50	51–60	61–70	>70
pilozytisches Astrozytom	4	1	2		1			
Ependymom	24	8	5	4	4	2	1	
Neurinom	39	6	5	9	10	5	4	
Meningiom	11		1	2	2	2	4	
Epidermoid, Teratom, Zyste	15	7	1	1	3	2	1	
Lipom	5	2		2			1	
Angiom	9	1	1	1	3	3		
Hämatom	6	1				3	2	
Abszesse	3			2			1	
Granulom	6		1	1	1		2	1
Metastasen	25		2	3	3	8	8	1
Chondrom/Chordom	4			2	1	1		
Osteoblastom	1	1						
Sarkom/Lymphom	13	6	1	2		2	1	1
Neuroblastom	4	4						
Plasmozytom	6			1	2	3		
Insgesamt	175	37	19	30	30	31	25	3

Nach Firsching, R. et al.: Raumforderungen im Conus-Cauda-Bereich – außer Bandscheiben. Nervenarzt 56 (1985) 200–205

Myelographische Befunde spinaler Tumoren

Intraduraler intramedullärer Tumor

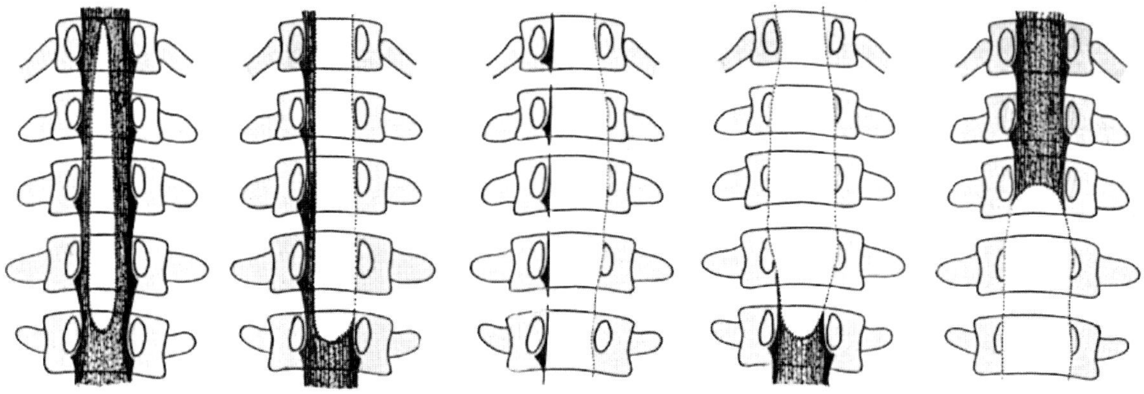

spindelförmige Aussparung | partielle Blockierung | partielle Blockierung (hochgradig) | Totalstopp

Intraduraler extramedullärer Tumor

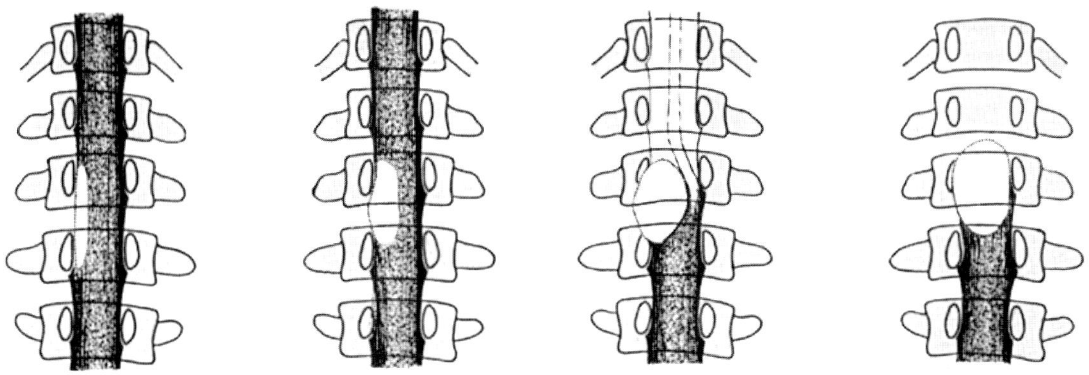

partielle Blockierung | totale Blockierung (Totalstopp)

Extraduraler Tumor

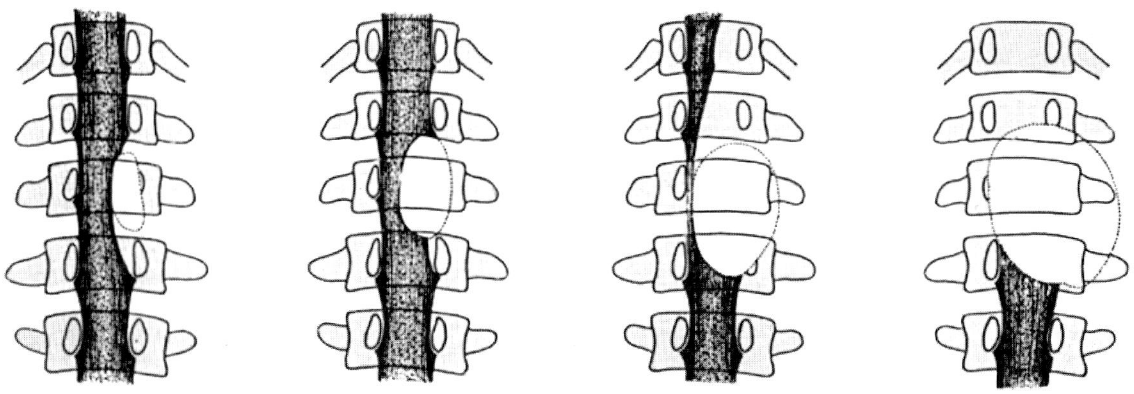

leichte Eindellung | partielle Blockierung | partielle Blockierung (hochgradig) | Totalstopp

Nach Wellner, J.: Die Myelographie mit positiven Kontrastmitteln. Thieme, Stuttgart 1961

Differentialdiagnostik myelographischer Befunde

Differentialdiagnose spinaler Erkrankungen mit typischer Ausprägung im Myelogramm

Myelogramm	Erkrankungen		
Füllungsdefekt:	*Diskushernie*	*Wirbelkanalstenose*	*Tumor*
Form	sphäroid	dysharmonisch	harmonisch
Begrenzung	regelmäßig	unregelmäßig	regelmäßig
Ausdehnung	monosegmental	polysegmental	polysegmental
Höhenlokalisation	untere LWS	untere und mittlere LWS	mittlere und obere LWS
Topik	extradural/ventrolateral	extradural/dorsolateral	intradural

Nach Langlotz, M.: Lumbale Myelographie mit wasserlöslichen Kontrastmitteln. Thieme, Stuttgart 1981

Verschiedene pathologische Myelogramme

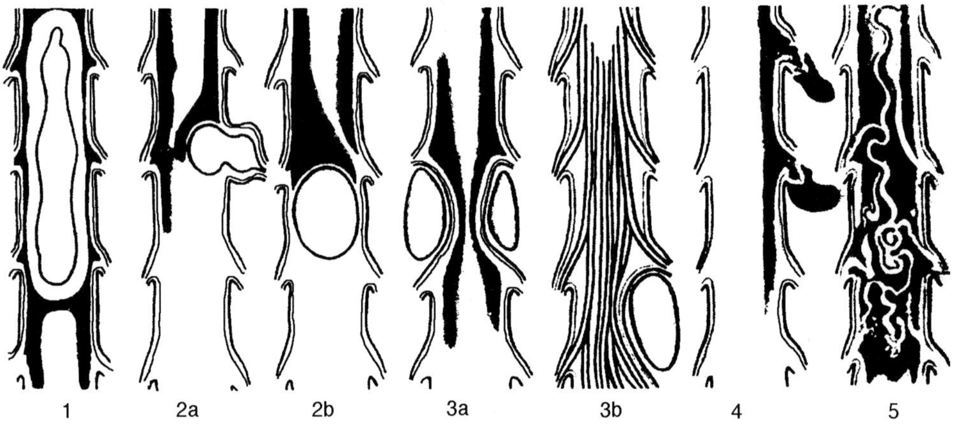

1 intramedullärer Tumor, 2a Sanduhrgeschwulst, 2b intraduraler extramedullärer Tumor mit Stopp, 3a bilaterale extradurale Tumorsituation, 3b einseitiger extraduraler Tumor, 4 Wurzelausriß, 5 Angiom

Nach Lehmann, R., H. P. Molsen: Neuroradiologie des Spinalkanals. Hirzel, Leipzig 1985

MRT – Befunde bei spinalen Tumoren

Magnet-Resonanz-Tomographie – Häufigkeit intramedullärer Tumoren

Häufigkeit intramedullärer Tumoren

Histologische Diagnose	Häufigkeit [%]
Ependymom	60
Astrozytom	30
Hämangioblastom	3
andere	7

MRT-Befunde bei intramedullären Tumoren (Astrozytom, Ependymom, Hämangioblastom)

Sequenz	Darstellung
T1w	– Meist aufgetriebenes, gering hypointenses Myelon mit inhomogener Signalverteilung – Häufig sekundäre Höhlenbildung und/oder zystische Tumoranteile (besonders bei Hämangioblastomen)
T2w	– Signalerhöhung der soliden Tumoranteile und von Kavitäten – Meist ausgedehntes perifokales Ödem
T1w + Gd-DTPA	– Meist intensive Kontrastverstärkung solider Tumoranteile – Verbesserte Differenzierbarkeit Tumor/Ödem und nichtneoplastische Zyste/zystischer Tumor

Magnet-Resonanz-Tomographie – Häufigkeit extramedullärer Tumoren

Häufigkeit intradural extramedullärer Tumoren

Histologische Diagnose	Häufigkeit [%]
Neurinom/Neurofibrom	40
Meningeom	40
Mißbildungstumoren (Dermoid, Epidermoid, Lipom)	4
Abtropfmetastasen	3
andere	13

MRT-Befunde bei intraduralen extramedullären Tumoren

Sequenz	Darstellung
T1w	– Neurinom, Meningeom und Abtropfmetastasen: meist nur geringe Signaldifferenz zum Myelon – Lipom und fetthaltige Anteile von Mißbildungstumoren: hohe Signalintensität
T2w	– Neurinom und Abtropfmetastasen: meist nur geringe Signaldifferenz zum Subarachnoidalraum – Meningeom: variabler Anstieg der Signalintensität – Lipom und fetthaltige Anteile von Mißbildungstumoren: mit Zunahme von TE Abfall der Signalhöhe
T1w + Gd-DTPA	Meist homogene und kräftige Signalverstärkung von Neurinomen, Meningeomen und Abtropfmetastasen

Nach Kahn, Th., H. Friedburg: Spinalkanal und Wirbelsäule. In Reiser, M., W. Semmler: Magnetresonanztomographie. Springer, Berlin 1992

Magnet-Resonanz-Tomographie von Wirbelmetastasen

MRT-Befunde bei Wirbelmetastasen

Sequenz	Darstellung
T1w	– Niedrige Signalintensität – Meist hohe Signaldifferenz zum normalen Knochenmark
T2w	– Hohe Signalintensität (Ausnahme: osteoblastische Metastasen) – Bessere Abgrenzbarkeit der paraossalen Tumorausbreitung
STIR. Fett-Wasser-Bilder	– Hohe Signalintensität im Wasser- und STIR-Bild – Niedrige Signalintensität im Fettbild
T1w + Gd-DTPA	– Bessere Darstellung der paraossalen Tumoranteile – Oft schlechtere Abgrenzbarkeit der intraossären Tumoranteile

Magnet-Resonanz-Tomographie – Indikationen von Gd-DTPA zur Diagnostik spinaler Prozesse

Indikationen zum Einsatz von Gd-DTPA

Pathologische Prozesse	Diagnostischer Gewinn durch Gd-DTPA
Intramedulläre Raumforderung	– Trennung Tumor/Ödem – Abgrenzung nichtneoplastische/neoplastische Syrinx
Extramedullär Intradurale Raumforderung	– Steigerung der Sensitivität – Bessere topographische Zuordnung
Extradurale Raumforderung	Verbesserte Abgrenzbarkeit paraossaler Tumoranteile
Spondylodiszitis	Verbesserte Darstellung von paraossaler Infektausbreitung und von Abszessen
Encephalomyelitis disseminata	Differenzierung frischer von älteren Läsionen
Bandscheibenrezidivvorfall	Differenzierung Narbengewebe/Rezidivprolaps

Magnet-Resonanz-Tomographie der Syringohydromyelie

MRT-Befunde bei Syringohydromyelien

Sequenz	Darstellung
T1w	– Longitudinale intramedulläre Raumforderung – Meist liquorisointens und glatt begrenzt – Auftreibung des Rückenmarks (> 50%) – Multiple Septierungen (ca. 30%)
T2w	– Liquorisointense oder hypointense Signalhöhe der Kavität – Signalreiche intramedulläre Bezirke (ca. 30%) durch Gliose
T1w + Gd-DTPA	– Nichtneoplastische Syrinx: keine Kontrastverstärkung – Neoplastische Syrinx: meist intramedulläre Signalintensitätszunahme

Nach Kahn, Th., H. Friedburg: Spinalkanal und Wirbelsäule. In: Reiser, M., W. Semmler (Hrsg.): Magnetresonanztomographie. Springer, Berlin et al. 1992

Knochenkrankheiten des Stammskeletts

Knochentumoren und tumorähnliche Veränderungen

Primäre Tumoren

WHO-Klassifikation der Knochentumoren (1972) mit geringen Modifikationen von Schajowicz (1981)

I. Knochenbildende Tumoren

A. Benigne
1. Osteom
2. Osteoidosteom, Osteoblastom

B. Maligne
1. Osteosarkom
   zentrales
   peripheres
   periostales
2. juxtakortikales Osteosarkom (parossales Osteosarkom)
3. malignes Osteoblastom

II. Knorpelbildende Tumoren

A. Benigne
1. Chondrom
2. Osteochondrom (kartilaginäre Exostose)
3. Chondroblastom
4. Chondromyxoidfibrom

B. Maligne
1. Chondrosarkom
2. juxtakortikales Chondrosarkom
3. mesenchymales Chondrosarkom
4. Klarzellchondrosarkom

III. Riesenzelltumor (Osteoklastom)

IV. Knochenmarkstumoren
1. Ewing-Sarkom
2. Malignes Lymphom
   Retikulosarkom
   Lymphosarkom
3. Myelom

V. Vaskuläre Tumoren

A. Benigne
1. Hämangiom
2. Lymphangiom
3. Glomustumor (Glomangiom)

B. Intermediär oder unbestimmte Dignität
1. Hämangioendotheliom
2. Hämangioperizytom

C. Maligne
1. Angiosarkom

VI. Andere Bindegewebstumoren

A. Benigne
1. desmoplastisches Fibrom
2. Lipom

B. Maligne
1. Fibrosarkom
2. Liposarkom
3. malignes Mesenchymom
4. malignes fibröses Histiozytom
5. undifferenziertes Sarkom

VII. Andere Tumoren
1. Chordom
2. Adamantinom der langen Röhrenknochen
3. Neurilemmom (Schwannom, Neurinom)
4. Neurofibrom

Nach Freyschmidt, J.: Tumoren der Wirbelsäule und des Sakrums. In Schinz: Radiologische Diagnostik, 7. Aufl., Bd. V/2. Wirbelsäule – Rückenmark Thieme, Stuttgart 1986

Häufigkeit primärer Knochentumoren. Am Schädelskelett (Hirn- und Gesichtsschädel), an der Wirbelsäule, den Rippen und dem Sternum (Zusammenstellung aus dem Krankengut von D. Dahlin (1978); F. Schajowitz (1981): G. W. Dominok und H. G. Knoch (1982)

	Anzahl (gesamt)	*Schädel*	Maxilla	Mandibula	*Wirbelsäule*	Kreuzbein	Rippen	Sternum
Benigne Tumoren								
Osteochondrom	2911	22	–	34	72	5	80	3
Chondrom	1334	48	4	–	56	7	101	17
Chondroblastom	503	7	–	2	1	1	17	8
Chondromyxoidfibrom	451	2	–	6	5	1	19	1
Osteoidosteom	1224	2	10	1	135	1	–	–
Osteoblastom	266	11	13	7	84	19	6	–
Riesenzelltumor	2277	23	176	4	90	47	55	2
Desmoplast. Fibrom	73	–	–	21	1	1	–	–
Hämangiom	693	124	7	75	383	–	21	–
Lipom	40	3	–	7	–	–	6	–
Maligne Tumoren								
Chondrosarkom (prim.)	1771	17	18	56	65	13	246	35
Osteosarkom	4868	79	49	169	63	21	49	16
Fibrosarkom	676	12	36	17	15	11	13	1
Retikulosarkom	738	34	29	22	63	18	48	16
Ewing-Sarkom	1813	28	24	3	47	17	256	4
Myelom (solitär)	666	22	20	33	227	27	88	17
Hämangioendotheliom	117	8	4	–	17	–	9	3
Chordom	913	347	–	–	135	431	–	–

Prädilektionsorte der häufigsten tumorösen und tumorähnlichen Läsionen in der Wirbelsäule und im einzelnen Wirbel. Relative und absolute Häufigkeiten der Läsionen in der Wirbelsäule (nach Dahlin u. Unni sowie Kricun)

Krankheitsentitäten	WK	WB	HWS	BWS	LWS	Sakrum	Prädilektionsalter		Häufigkeiten (%)		Bemerkungen
							Kinder und Heranwachsende	Erwachsene	relative	absolute	
Metastasen	+	+		+ (Mamma, Lunge)	+ (Prostata)	+		+	sehr häufig (Mamma, Lunge, Prostata, Schilddrüsen, Nieren, gastrointestinale Tumoren)		besonders thorakal neurologische Ausfälle durch Kompressionseffekte möglich, WS häufigste Skelettlokalisation
Multiples Myelom	+	(+)	+	+	+			+	38	27	typisch: Befall mehrerer WK, häufig WK-Kollaps, häufigster primärer Knochentumor
Chordom	+		+ (kraniozervikal, Klivus)			+		+	63	22	typisch: zentrale Lage in Sakrum, bis zu 40% Fernmetastasen, neigt zu Lokalrezidiven
Maligne Lymphome	+			+	+			+	14	9	meist lytisch, selten Elfenbeinwirbel, 2/3 Hodkin-Herde multipel
Chondrosarkom	+	(+)	+	+	+	+		+	8	8	kann mehrere Wirbeletagen erfassen
Osteosarkom	+				+			(häufig mit Morbus Paget)	3	5	öfter metastatisch als primär in WS
Ewing-Sarkom	+					+	+		4–8	4	unter Umständen Vertebra plana wie bei eosinophilem Granulom
Hämangiom	+			+ (untere BWS)	+		+	+	25	3 (unterrepräsentiert)	sehr häufig, ca. 10% der Patienten, selten symptomatisch

Fortsetzung

Krankheitsentitäten	WK	WB	HWS	BWS	LWS	Sakrum	Prädilektionsalter		Häufigkeiten (%)		Bemerkungen
							Kinder und Heranwachsende	Erwachsene	relative	absolute	
Eosinophiles Granulom, Histiozytosis X	+			+			+ (Patienten meist jünger als 10 Jahre)		10–15		solitärer und polyostotischer Befall möglich, häufigste Wirbelläsion bei Kindern
Riesenzelltumor	+			+	+	+		meist 3. und 4. Lebensdekade	12	7	typisch: exzentrische Lage im Sakrum. Bei Wirbelbefall mehr als 50% Wirbelbogenbeteiligung
Aneurysmatische Knochenzyste	(+)	+		+	+		+	selten Patienten älter als 30 Jahre	16	15	Tendenz mehrere Wirbel zu befallen
Osteoidosteom		+		+	+			typisch jünger als 25 Jahre	11–25	4	häufigste Ursache: schmerzhafte Skoliose thorakolumbal,
Osteoblastom		+		+	+				40	3	Skoliose bis 63% der Fälle. Meist expansiver Prozeß
Morbus Paget	+				+	+		+	50–76		singuläres und multiples Vorkommen
Osteochondrom		+	+	+	+				3	3	WK Befall meist bei multiplen Osteochondromen, Myelonkompression möglich. Kann mehrere Wirbel erfassen

WK = Wirbelkörper, WS = Wirbelsäule, WB = Wirbelbogen, + = häufig, (+) = weniger häufig. Relative Häufigkeit = Anteil der WS-Lokalisation der Tumorentität, absolute Häufigkeit = Anteil des WS-Befalls aller Wirbeltumoren

Nach Reiser, M., P. E. Peters: Radiologische Differentialdiagnose der Skeletterkrankungen. Thieme, Stuttgart 1994

Primäre Knochentumoren am Achsenskelett

Von 1853 Skelettumoren waren 34 = 1,8% der gutartigen und 158 = 8,5% der bösartigen Tumoren am Achsenskelett lokalisiert

Gutartige Tumoren Gesamt = 34 (1,8%)	Wirbelsäule	Kreuzbein
Osteochondrom	7	1
Chondrom	4	–
Chondroblastom	–	–
Osteoid-Osteom	1	–
Giant-Osteoid-Osteom	7	1
Giant-Zell-Tumor	–	11
Fibrom	–	–
Hämangiom (Hämangiomatose)	2	–
Hämangioperizytom	–	–
Lipom	–	–
Neurilemmom	–	–
	21	**13**

Bösartige Tumoren Gesamt = 158 (8,5%)	Wirbelsäule	Kreuzbein
Myelom (ohne multiple Myelome)	47	8
Retikulumzell-Sarkome	6	–
Prim. Chondrosarkom	13	3
Sek. Chondrosarkom	–	1
Osteogenes Sarkom	6	2
Ewing-Sarkom	3	5
Fibrosarkom	–	4
Chordom	15	43
Hämangioendotheliom	2	–
	92	**66**

Nach Diethelm, L.: Der Radiologe 5 (1965) 477

Lokalisation und prozentuale Häufigkeit von Chordomen

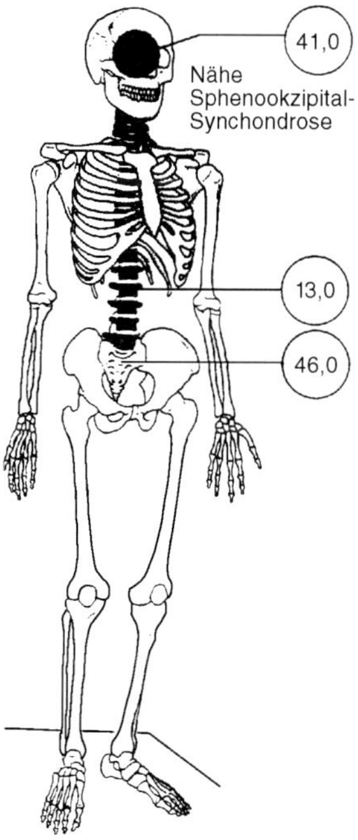

694 Beobachtungen

Lokalisation und prozentuale Häufigkeit von

Plasmozytomen

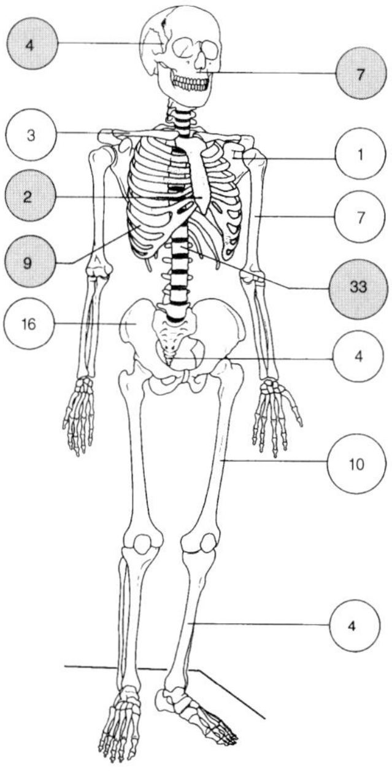

534 Beobachtungen

polyostischen Plasmozytomen

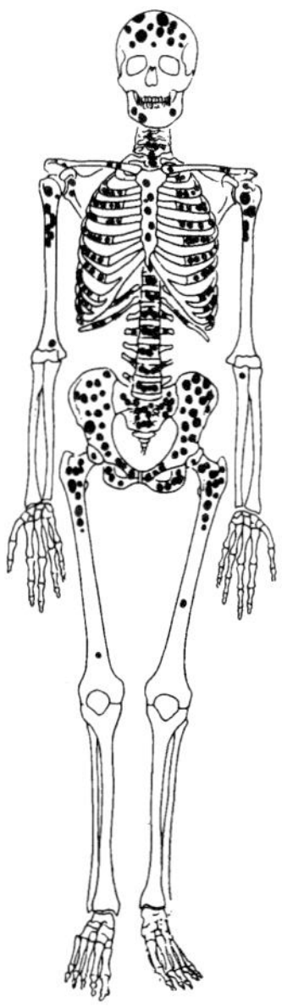

klassischer **zentraler** Typ

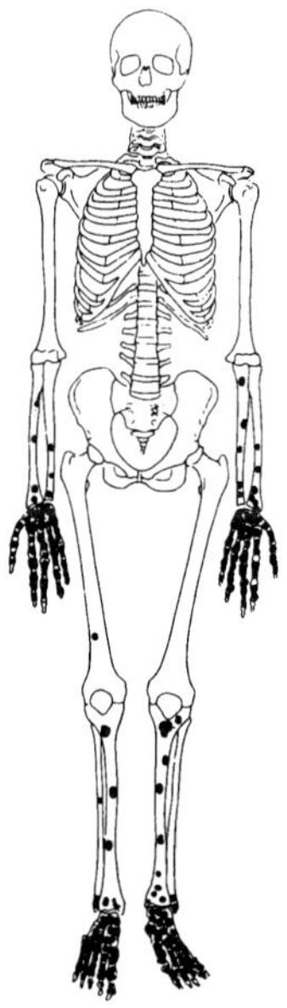

seltener **peripherer** Typ

Nach Freyschmidt, J., J. D. Mulder: Skeletttumoren. In Schinz: Radiologische Diagnostik, Bd. VI/1, 7. Aufl., Thieme, Stuttgart 1989

Knochenmetastasen

Lokalisation und prozentuale Verteilung von Knochenmetastasen (Autopsieergebnisse)

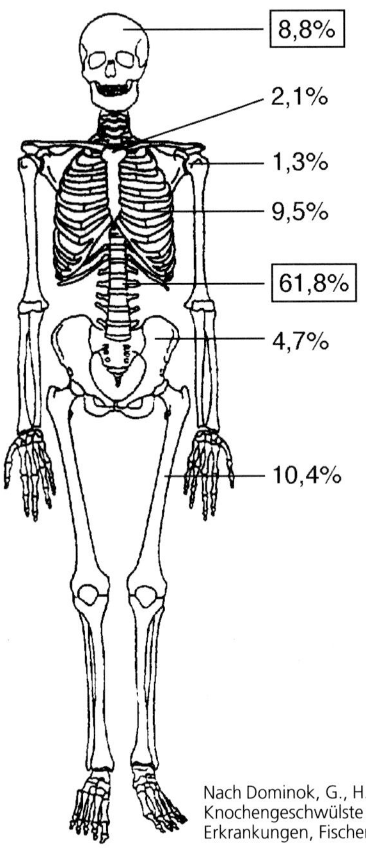

Nach Dominok, G., H. G. Knoch: Knochengeschwülste und geschwulstähnliche Erkrankungen, Fischer, Jena 1977

Häufigkeit von Knochenmetastasen bei Karzinomen

Mammakarzinom	62%
Prostatakarzinom	51%
Lungenkarzinom	34%
Nierenkarzinom	29%
Schilddrüsenkarzinom	17%
Magen-Darmkarzinom	14%

Ergebnisse verschiedener Autoren:
Abrams, Spiro u. Goldstein 1950
Dominok u. Knoch 1977
Lodwick 1971
Petasnick 1977
Spjut, Dorfman, Fechner u. Ackerman 1971

Nach Schubert, G. E.: Pathologie der sekundären malignen Knochentumoren. In Frommhold, W., P. Gerhardt: Knochentumoren. Thieme, Stuttgart 1980

Lokalisation und prozentuale Häufigkeit von Metastasen im Skelett

Wirbelsäulenbefall	80%
Femur	40%
Rippen/Brustbein	25%
Schädel/Becken	20%
Oberarmknochen/ Schultergürtel	7%
übrige Gliedmaßen	1–2%

Nach Uehlinger, E.: Sekundäre Knochengeschwülste. In Schinz, H. R. u. Mitarb.: Lehrbuch der Röntgendiagnostik, Bd. II/2, 6. Aufl., Thieme, Stuttgart 1981

Häufigkeit und Lokalisation der Primärtumoren von Knochenmetastasen (Autopsiefälle)

Primärtumor	Zahl der Sektionsfälle	Zahl der Sektionsfälle mit Metastasen	Knochenmetastasen Zahl der Fälle	Zahl der Fälle in %
Brustdrüse	107	91	48	45
Prostata	68	46	27	40
Schilddrüse	61	53	19	31
Bronchien/Lungen	163	142	48	29
Nieren	49	32	12	27
Haut (Melanome)	27	19	6	22
Hoden	14	13	3	21
Uterus	141	89	15	11
Ovarien	48	32	2	4
Magen	429	299	24	6
Gallenblase und extrahepatische Gallengänge	85	62	5	6
Pankreas	52	37	2	4
Dickdarm	147	68	3	2
Mastdarm	119	48	3	2
Gesamt	**1510**	**1031**	**217**	**14%**

Nach Uehlinger, E.: Sekundäre Knochengeschwülste. In Schinz, H. R. u. Mitarb.: Lehrbuch der Röntgendiagnostik, Bd. II/2, 6. Aufl., Thieme, Stuttgart 1981

Häufigkeit, Lokalisation, Alters- und Geschlechtsverteilung der monostischen fibrösen Dysplasie

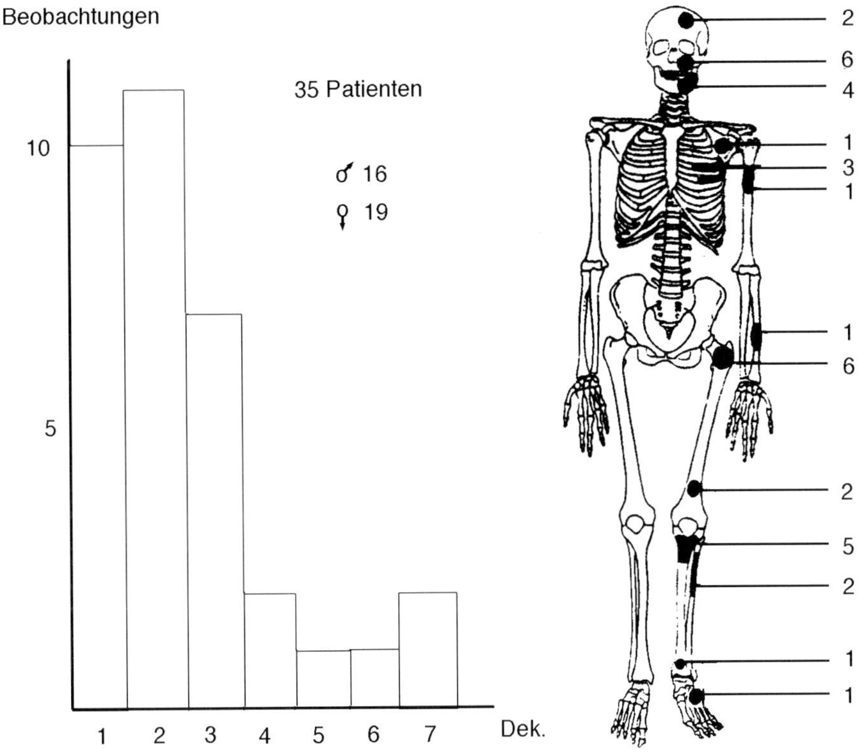

Nach Uehlinger, E.: Fibröse Dysplasie (Jaffé-Lichtenstein); Osteofibrosis deformans juvenilis (Uehlinger); Albrightsches Syndrom. In Schinz, H. R. u. Mitarb.: Lehrbuch der Röntgendiagnostik, Bd. II/1, 6. Aufl. Thieme, Stuttgart 1979

Lokalisation der monostischen fibrösen Dysplasie

Lokalisation	Schlumberger (AFIP) (1946)	Henry (1969)	Frat u. Stutzman (1968)	Total
Rippen	29	8	3	40
Femur	9	9	0	18
Tibia	8	9	1	18
Maxilla	7	6	3	16
Mandibula	2	6	1	9
Humerus	2	4	0	6
Schädelkalotte	5	0	3	8
Fibula	1	2	1	4
Klavikula	0	1	1	2
Radius	0	2	0	2
Ulna	2	0	0	2
Wirbel	1	0	1	2
Fußknochen	0	2	0	2
Becken	1	1	0	2
Total	**67**	**50**	**14**	**131**

131 Beobachtungen verschiedener Autoren

Nach Uehlinger, E.: Fibröse Dysplasie (Jaffé-Lichtenstein); Osteofibrosis deformans juvenilis (Uehlinger); Albrightsches Syndrom. In Schinz, H. R. u. Mitarb.: Lehrbuch der Röntgendiagnostik, Bd. II/1, 6. Aufl. Thieme, Stuttgart 1979

Lokalisationsarten der fibrösen Dysplasie (Osteofibrosis deformans juvenilis Uehlinger)

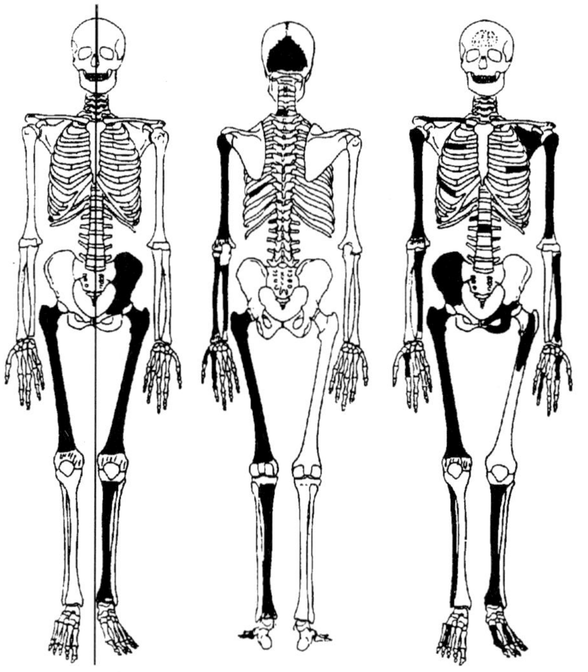

a Diffus monostischer Typ
b Monomeler Typ
c Polyostischer, unilateraler Typ
d Polyostischer, bilateraler Typ

Nach Klümper, A.: Knochenerkrankungen. In Frommhold, W.: Röntgen, wie? wann?, Bd. VIII. Thieme, Stuttgart 1982

Wirbellokalisation von aneurysmatischen Knochenzysten (79 Beobachtungen)

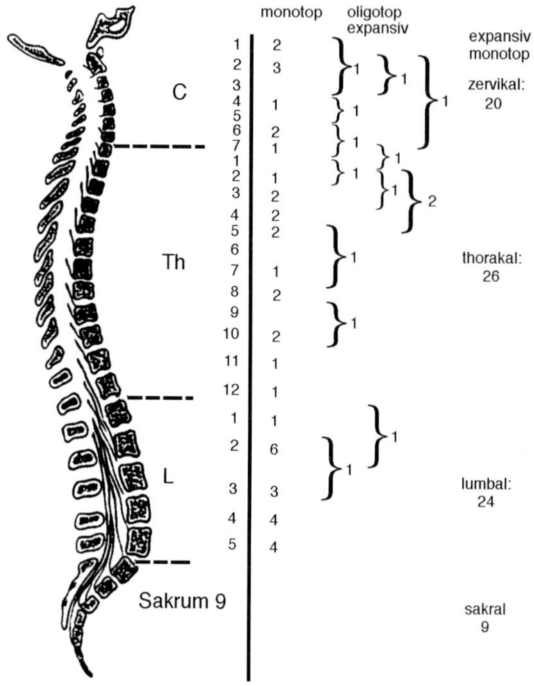

Nach Mulder, J. D., H. Poppe, J. R. von Ronnen: Primäre Knochengeschwülste. In Schinz, H. R. u. Mitarb.: Lehrbuch der Röntgendiagnostik, Bd. II/2. 6. Aufl. Thieme, Stuttgart 1981

Lokalisation der Ostitis deformans Paget (Autopsiebefunde)

nach Schmorl	Zahl der Beobachtungen	%
Kreuzbein	78	56
Wirbelsäule	69	50
davon **LWS**	36	26
BWS	23	17
HWS	10	7
Femur rechts	43	31
Schädel	39	28
Sternum	32	23
Becken	30	22
Femur links	21	15
Klavikula	18	13
Tibia	11	8
Rippen	10	7
Humerus	6	4

nach Collins	Zahl der Beobachtungen	%
WS: lumbosakral	35	76
Schädel	30	65
Becken	22	43
Femur	16	35
Tibia	14	30
Klavikula	5	11
Sternum	3	7
Fibula	2	4

Je 1× befallen:
Skapula, Humerus, Mandibula, Radius, Phalanx, Rippe, Patella

Nach Uehlinger, E.: Ostitis deformans Paget. In Schinz, H. R. u. Mitarb.: Lehrbuch der Röntgendiagnostik, Bd. I/1, 6. Aufl. Thieme, Stuttgart 1979

Entzündungen

Osteomyelitis

Verteilung der akuten Primärosteomyelitis in verschiedenen Skelettbereichen

	nach Looser (1938) 716 Patienten n	%	nach Waldvogel u. Mitarb. (1970) 68 Patienten n	%
Tibia	243	34,0	12	15,0
Femur	208	29,0	28	35,0
Humerus	72	10,0	11	14,0
Fibula	27	3,8	2	2,5
Radius	18	2,5	2	2,5
Ulna	15	2,1		
Röhrenknochen insgesamt	**583**	**81,0**	**55**	**69,0**
Schädel	14	2,0		
Maxilla	2	0,3		
Mandibula	22	3,1		
Schulterblatt	8	1,1		
Sternum und Rippen	9	1,3		
Platte Knochen insgesamt	**55**	**18,2**		
Klavikula	13	1,8	4	4,0
Becken	16	2,2	3	3,7
Fuß	24	3,4	5	6,0
Patella	3	0,4		
Hand	17	2,4	1	1,2
Kurze und kleine Knochen insgesamt	**73**	**10,2**	**13**	**16,0**
Wirbelsäule	5	0,7	12	15,0

Nach Keller, H., A. Breit: Entzündliche Knochenerkrankungen. In Schinz, H. R. et al.: Lehrbuch der Röntgendiagnostik, Bd. II/1, 6. Aufl. Thieme, Stuttgart 1979

Entzündliche Wirbelsäulenveränderungen – Osteomyelitis

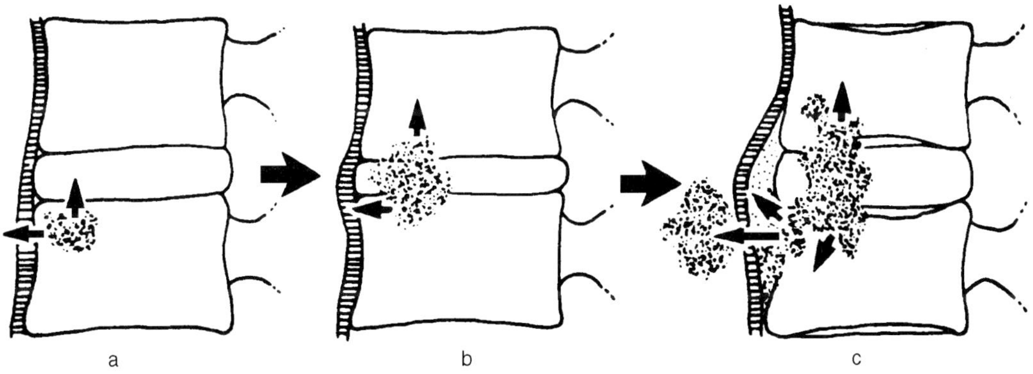

a) lokaler subchondraler entzündlicher Herd

b) Ausdehnung der Entzündung in den Zwischenwirbelraum und den angrenzenden Wirbelkörper

c) Destruktion von Grund- und Deckplatte; Ausbreitung der Entzündung in das paravertebrale Gewebe

Spondylitis bei Brucellose

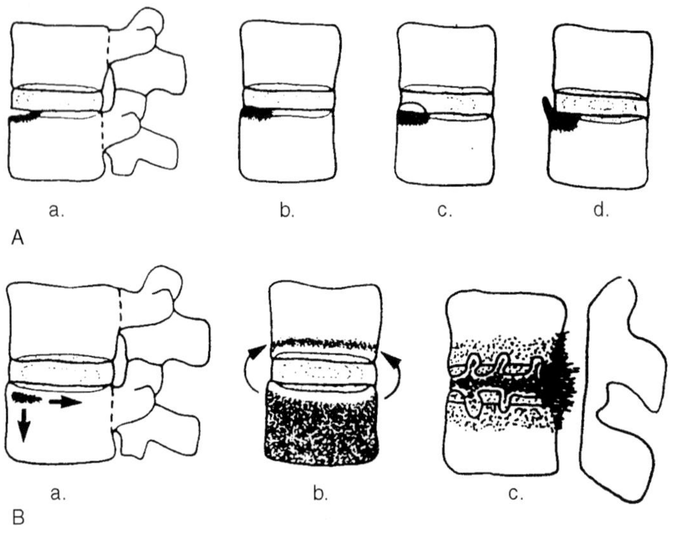

Nach Bloem, J. L., D. J. Sartorius: MRI and CT of the musculoskeletal system. Williams & Wilkins, Baltimore 1992

A. lokalisierte Form ohne Beteiligung von Zwischenwirbelraum und Weichteilgewebe
a. kleine lokale Knochenerosion am diskovertebralen Übergang
b. reaktive Knochensklerose am diskovertebralen Übergang
c. Entwicklung einer kleinen Gasformation zwischen Wirbelkörper-Deckplatte und Discus intervertebralis, wahrscheinlich als Folge der Gewebedestruktion
d. Entwicklung eines vorderen Osteophyten (Parot-Schnabel)

B. diffuse Spondylitis mit Ausdehnung in benachbarte Strukturen
a. Lokalisation nahe der Deckplatte (Pfeile), ähnlich A. a.
b. Ausbreitung der Entzündung innerhalb des Wirbelkörpers und über den Bandapparat und die Gefäße zum Nachbarwirbel (Pfeile)
c. osteomyletische Destruktion des Knochens bzw. der Grund- und Deckplatten mit mechanischer Instabilität und axialer Herniation (Schmorl-Knötchen); Eindringen von Granulationsgewebe in den Epiduralraum

Primäre intraspinale Infektionen

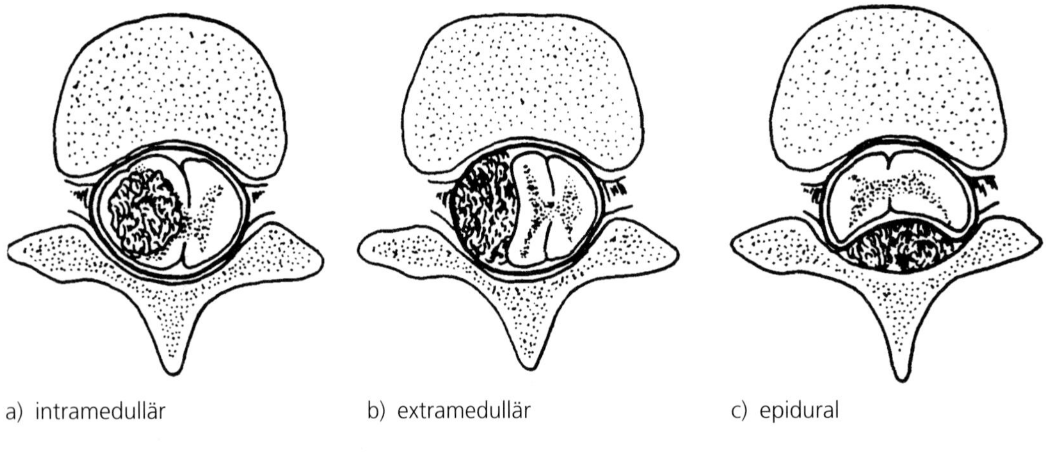

a) intramedullär b) extramedullär c) epidural

Nach McGahan, J. P., A. B. Dublin:
Evaluation of spinal infections by plain radiography, computed tomography, intrathecal metrizamide and CT-guided biopsy. Diagn. Imag. clin. Med. 54 (1985) 11–20

Lokalisationshäufigkeit typhöser Knochen- und Knorpelherde

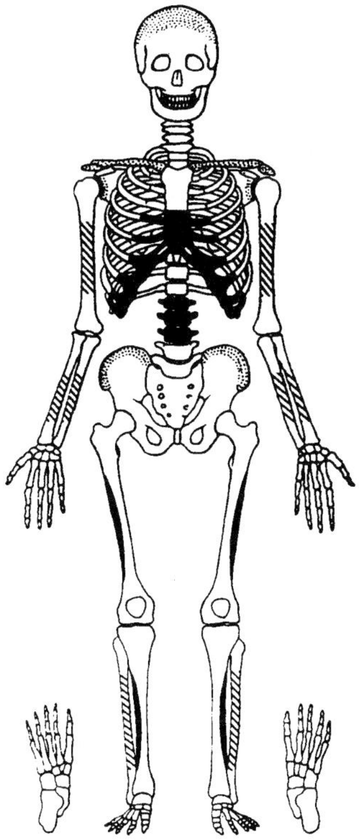

■ häufigste Lokalisation ▧ seltene Lokalisation

░ vereinzelte Lokalisation

Nach Kauffmann, G. W.:
Entzündliche Knochenerkrankungen. In Schinz: Radiologische Diagnostik, Bd. VI/1, 7. Aufl. Thieme, Stuttgart 1989

Verteilung der hämatogenen Osteomyelitis am Skelett

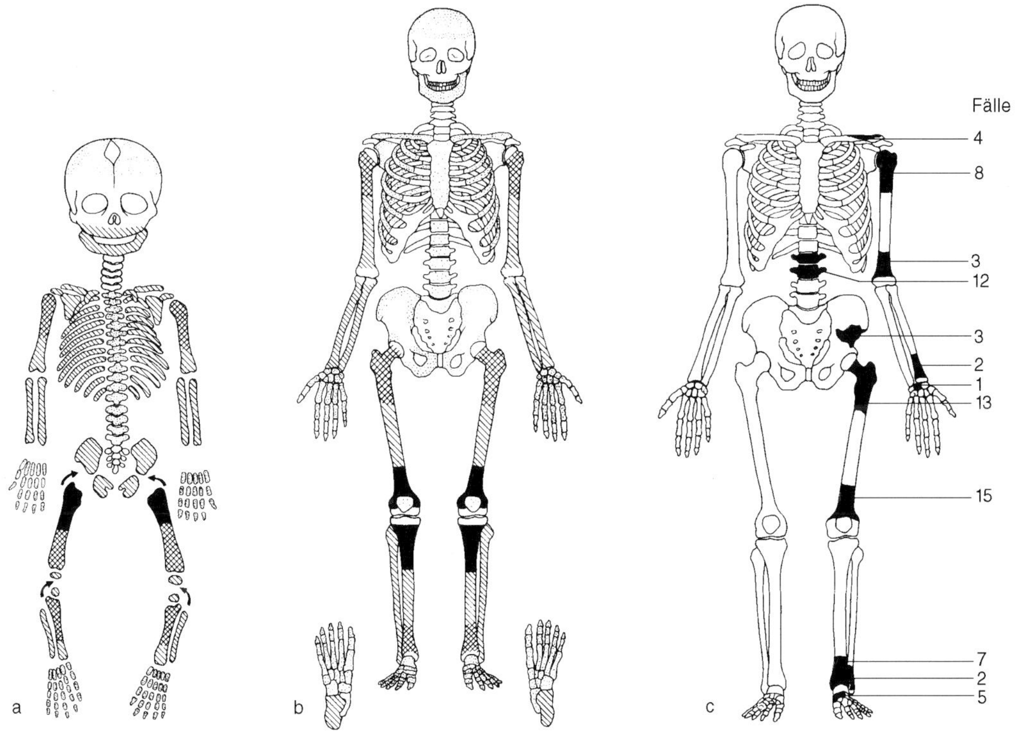

Säuglinge Adoleszenten Erwachsene

■ häufigste Lokalisation ▩ häufige Lokalisation ▧ seltene Lokalisation ░ vereinzelte Lokalisationen

Nach Keiler, H., A. Breit: Entzündliche Knochenerkrankungen. In Schinz, H. R.: Lehrbuch der Röntgendiagnostik, Bd. II/2, 6. Aufl. Thieme, Stuttgart 1979

Computertomographische Befunde bei der hämatogenen Spondylitis

	Prädilektionsstelle	Wirbelkörper	Discus intervertebralis	paraspinales Weichteilgewebe	Epiduralraum
Bakterielle Infektion	untere LWS	fleckige Destruktion geringe Sklerosierung Lokalisation endplattennahe Befall benachbarter Wirbel Wirbelkörperstruktur intakt kein Gibbus	verschmälert	Granulationsgewebe spindelförmig im Segment; fleckige Kontrastmittelaufnahme	inkonstant in Prozess einbezogen; Verhalten wie Granulationsgewebe
Tuberkulose	thorakolumbaler Übergang	schwere Wirbelkörperdestruktion, selten Sklerose, häufig Gibbusbildung und multiple Lokalisation	verschmälert, ggf. in mehreren Segmenten entsprechend dem Befall	ausgedehnte Abszedierung paraspinal, ggf. auch in größerer Entfernung; randständiges Enhancement	häufig mit einbezogen, besonders bei Abszedierung u/o Knochendestruktion
Brucellose	untere LWS	Endplattendestruktion, ähnlich Schmorl-Knötchen Befall benachbarter Wirbel selten multipel, kein Gibbus Wirbelmorphologie intakt	verschmälert, häufig Gasbildung innerhalb des Discus interv.	mäßig Granulationsgewebe, fleckiges Enhancement	seltener einbezogen, Verhalten wie Granulationsgewebe

MRI-Befunde bei der hämatogenen Spondylitis

	Wirbelkörper	Discus intervertebralis	paraspinales Weichteilgewebe	Epiduralraum
Bakterielle Infektion	T1: vermindertes Signal in benachbarten Wirbelkörpern T2: angehobenes Signal Wirbelkörper intakt diffuses KM-Enhancement	T2: starkes Signal, außer „nuclea cleft"; minimales KM-Enhancement	T2: mäßig angehobenes Signal im Granulationsgewebe, kein relevantes KM-Enhancement	T1: verstrichener Epiduralraum meningeales KM-Enhancement
Tuberkulose	T1: vermindertes Signal im befallenen Wirbelkörper T2: diffus angehobenes Signal; Wirbelkörper zerstört; ringförmiges KM-Enhancement intraossärer Abszesse	T2: starkes Signal, außer „nuclea cleft"; minimales KM-Enhancement	T1: Abszesse isointens zu Muskulatur T2: diffus angehobenes Signal durch Abszesse	T1: verstrichener Epiduralraum durch Granulationsgewebe und Knochenfragmente; häufig meningeales KM-Enhancement
Brucellose	T1: vermindertes Signal in benachbarten Wirbelkörpern T2: angehobenes Signal; Sichtbarwerden von Schmorl-Knötchen	wie bakteriell	wie bakteriell	wie bakteriell

Signalmuster der Spondylodiszitis und der gesunden Wirbelsäule im Magnet-Resonanz-Tomogramm

morphologisches Substrat	T_1-betonte SE-Sequenz TR 0,5/TE 30	gering T_2-betonte SE-Sequenz TR 1,6/TE 35	T_2-betonte SE-Sequenz TR 1,6/TE 90
intakte Wirbelkörperspongiosa	→	→	↓
entzündliche Wirbelkörperspongiosa	↓	→	↑
intakte Bandscheibe	→	→	(↑)
horizontaler Diskusstreifen	—	(↓)	↓
entzündete Bandscheibe	↓	→	↑
horizontaler Diskusstreifen	—	–	–
reaktive Spongiosasklerose	↓	→	
Liquor cerebrospinalis	↓	→	(↑)
Rückenmark	→	→	(↑)

Art der Signalintensität: ↑ signalreich, → intermediäres Signal, ↓ signalarm, () mäßiggradig, – nicht dargestellt.
MR-Signalmuster der Spondylodiszitis – Vergleich zur intakten Wirbelsäule

Nach Rodiek, S.-O.: MR-Tomographie der unspezifischen infektiösen Spondylodiszitis. Fortschr. Röntgenstr. 148 (1988) 419–425

Knochentuberkulose

Lokalisation und Häufigkeit der Knochen- und Gelenktuberkulose

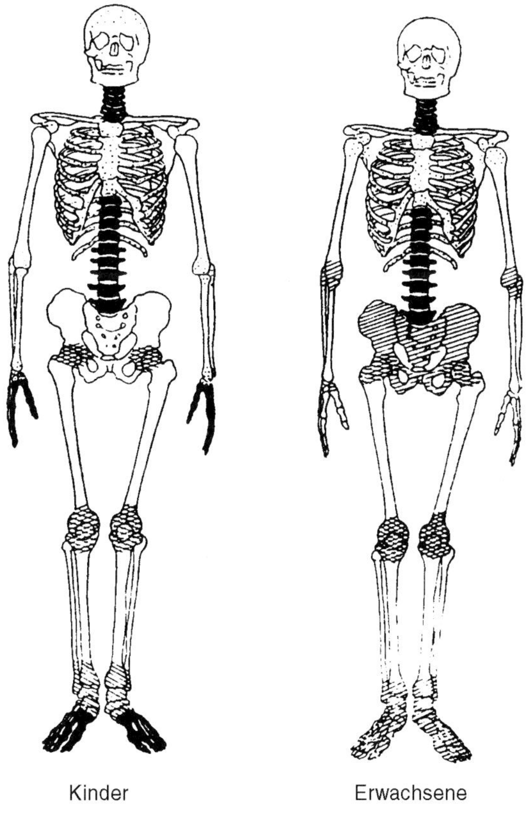

Fall einer 19jährigen Frau mit polyostotischer Skelettuberkulose. Primärherd im rechten Lungenoberlappen, Streuung über tracheobronchiale Lymphknotenkette. Multiple hämatogene Metastasen in Skapula, Klavikula, Sternoklavikular-, Iliosakral- und Kniegelenk.

schwarz über 20%
kariert 10–20%
schraffiert 5–10%
punktiert unter 5% selten

Nach Uehlinger, E.: Tuberkulose der Knochen und Gelenke. In Schinz, H. R. et al.: Lehrbuch der Röntgendiagnostik, Bd. II/1, 6. Aufl. Thieme, Stuttgart 1979

Häufigkeitsverteilung der Wirbelsäulentuberkulose

Das Diagramm enthält Werte aus dem Beitrag von Uehlinger (62 Sektionsfälle, graue Balken) und Reiser und Mohr (schwarze Balken)

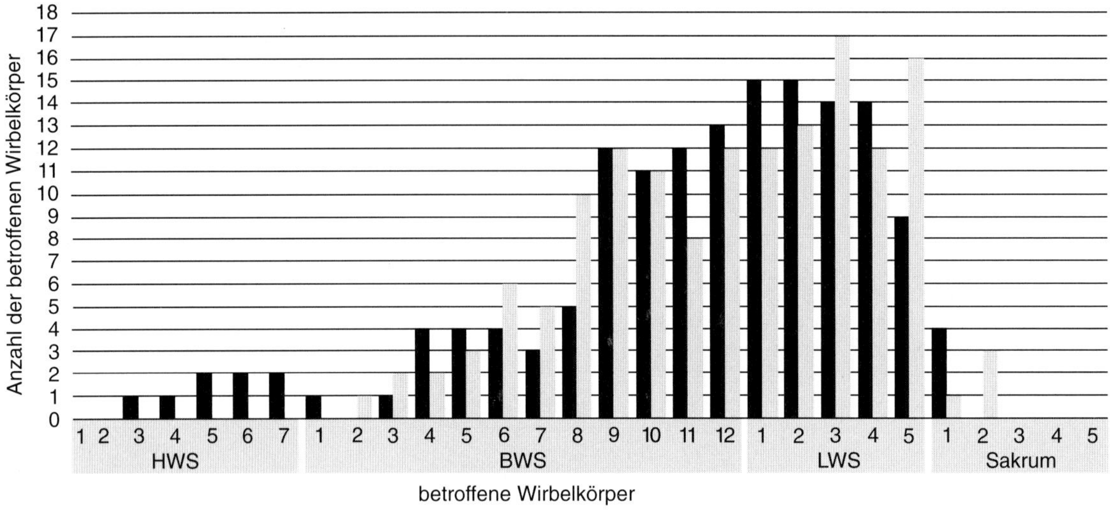

Differentialdiagnose tuberkulös/unspezifische Spondylitis

	Tuberkulöse Spondylitis	Unspezifische Spondylitis
Vorgeschichte	tuberkulöse Primärerkrankung, postspezifische Lungenveränderungen	kurzfristig vorangegangene pyogene Infektion (Tonsillitis, Panaritium, Furunkel), Operation im Bereich von Wirbelsäule oder Retroperitoneum
Alter	bevorzugt 2. Lebenshälfte (kaum je vor dem 14. Lebensjahr)	jedes Lebensalter (vor dem 14. Lebensjahr fast nur unspezifische Spondylitis!)
Latenzzeit	lang (aktuelle Anamnese über 1 Jahr)	kurz (akutelle Anamnese unter 3 Monaten)
Klinik	eher subakut bis chronisch	meist akut mit hohem Fieber
Labor	BSG unter 50mm/h	BSG über 100 mm/h, Tuberkulintest negativ
Lokalisation	überwiegend untere BWS bevorzugt oligosegmental	überwiegend LWS meist monosegmental
Verlauf	Destruktion und Reparation langsam (in Monaten bis Jahren)	Destruktion und Reparation rasch (in Wochen bis Monaten)
Röntgenzeichen	größere Neigung zu Sequestern und paravertebralem Abszeß	anfangs fehlende, im Verlauf aber raschere und ausgeprägtere perifokale Sklerose

Nach Uehlinger, E.: Tuberkulose der Knochen und Gelenke. In Schinz, H. R. et al.: Lehrbuch der Röntgendiagnostik, Bd. II/1, 6. Aufl. Thieme, Stuttgart 1979
Nach Reiser, M., W. Mohr: Skelettuberkulose. In Schinz, H. R.: Radiologische Diagnostik in Klinik und Praxis, Bd. VI/1, 7. Aufl. Thieme, Stuttgart 1989

Lokalisation der Skelettuberkulose (%)

	Ahfer 1892 n = 684]	Uehlinger 1954–1966 n = 195]	ZKH Gauting 1964–1974 n = 280]	Leibe 1970–1980 n = 804]	ZKH Gauting 1980–1984 n = 136]
Schädel	4,5				1,5
Wirbelsäule	**34,9**	**44,1**	**50,7**	**45,7**	**45,6**
Sakroiliakalgelenk		**2,0**			**5,9**
Darmbein	3,9		1,4		0,7
Schambein				0,7	0,7
Hüftgelenk		9,2	17,5	15,5	7,4
Trochanter major	2,0			1,2	2,2
Kniegelenk		23,6	11,1	9,0	13,2
Tibia/Fibula	7,2			0,7	2,2
Sprunggelenk		4,1	5,3	2,2	3,7
Fußwurzel	4,5			2,2	0,7
Schultergelenk		5,1	2,2	2,6	2,9
Sternoklavikulargelenk		1,0	1,8		0,7
Humerus	1,5				0,7
Ellenbogengelenk		4,1	2,5	5,0	2,9
Ulna/Radius	7,0				0,7
Handwurzel	15,9	6,7	5,0	4,0	2,9
Finger	5,5			0,9	1,5
Rippen	**9,8**		**1,4**	**3,1**	**1,5**
Sternum	**3,1**		**1,4**	**3,0**	**1,5**
Sehnenscheiden				3,3	0,7
Sonstiges				0,9	

Nach Reiser, M., W. Mohr: Skelettuberkulose. In Schinz: Radiologische Diagnostik, Bd. VI/1, 7. Aufl. Thieme, Stuttgart 1989

Knochenechinokokkus

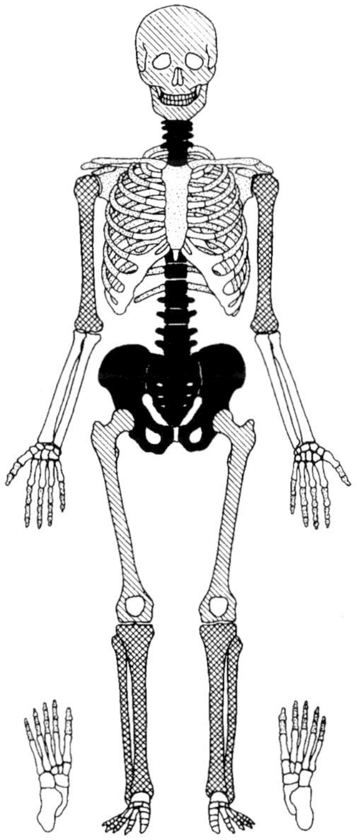

Häufigkeit und Lokalisation des Knochenechinokokkus

Die Häufigkeit der Verteilung im Knochen bei über 100 Patienten ist nach einer Sammelstatistik von Bürgel u. Bierling (1973) zusammengefaßt

Becken	31,0%
Wirbelsäule	**24,9%**
Humerus	12,0%
Unterschenkelknochen	10,4%
Femur	9,8%
Schädel	**6,6%**
Skapula	1,9%
Sternum	**1,7%**
Schlüsselbein	1,0%
Rippen	**1,0%**
Phalangen	0,7%

häufigste Lokalisation · häufige Lokalisation

seltene Lokalisation · vereinzelte Lokalisati

Echinokokkus der Wirbelsäule (halbschematisch nach Grisel-Dévé)

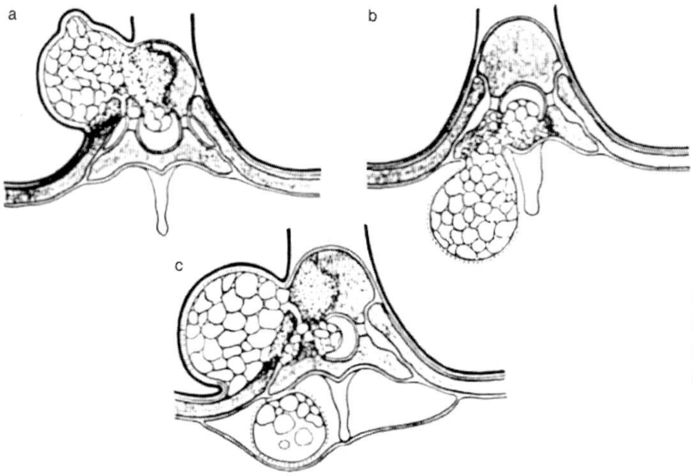

(a–c) Ausdehnungsrichtung der sekundären extravertebralen Echinokokkenansammlungen und Einbruch in den Spinalkanal beim Wirbelechinokokkus

Differentialdiagnostik Tuberkulose, Echinokokkose

Wirbeltuberkulose	Wirbelechinokokkose
Alter	
Häufigkeitsmaximum 2–10 Jahre	Häufigste Frequenz zwischen 20 und 30 Jahren
Veränderungen	
Entzündliche Veränderung: käsige rarefizierende Ostitis	Keine Ostitis. Mikrovesikuläre Infiltration
Ergriffensein von zahlreichen Wirbeln	Gewöhnliche Lokalisation an einem oder zwei Wirbeln
Zerstörung der Zwischenwirbelscheibe	Zwischenwirbelscheibe respektiert
Lokalisation am dorsalen Wirbelbogen ausnahmsweise	Wirbelbogen in mehr als der Hälfte der Fälle beteiligt
Rippen fast immer intakt	Rippen häufig mitbefallen
Gewöhnlicher Sitz dorso-lumbal: von D 11 bis L 2	Gewöhnlicher Sitz mittlere Brustwirbelsäule: Von D 4 bis D 10
Sitz im Kreuzbein sehr selten	Sitz im Kreuzbein häufig
Abszeß vorn mittelständig, die Wirbelsäule einschneidend	Abszeß vorn-seitlich, kugelförmig und vorspringend
Dorsaler Abszeß ausnahmsweise und wenig voluminös	Dorsaler Abszeß in 56% der Fälle, oft enorm
Abszeß im Wirbelkanal selten (10%)	Ansammlung im Wirbelkanal die Regel (80%)
Dreifach-Abszeß ausnahmsweise	Dreifachabszeß häufig
Zwischenwirbelraum verschmälert	Zwischenwirbelraum klar respektiert
Destruktion und Zusammenbruch der Wirbelkörper. Keilförmiger Wirbelkörper	Gewöhnlich Bewahrung der Wirbelkörperform, keilförmiger Wirbel absolut die Ausnahme
Rippenhals unversehrt	Gewöhnlich Erosion der Rippe
Thorakaler Abszeß gibt einen medianen Schatten, in Spindelform, mit gewöhnlich unentschiedenen Konturen	Thorakaler Abszeß mit einem lateralen kugeligen Schatten mit Konturen, die oft durch Verkalkungen sehr präzise sind
Punktion	
Tuberkulöser Eiter mit seinem spezifischen Charakteren (Inokulation, etc.)	Klare Flüssigkeit mit charakteristischen Echinokokkenelementen (scolices, Häkchen)

Nach Diethelm, L, J. Kastert: Die entzündlichen Erkrankungen der Wirbelsäule. In Handbuch der medizinischen Radiologie, Bd. VI/2. Springer, Berlin 1974

Entzündlich-rheumatische Erkrankungen

Pathogenese von Kasten-, Tonnenwirbel und Spondylitis anterior

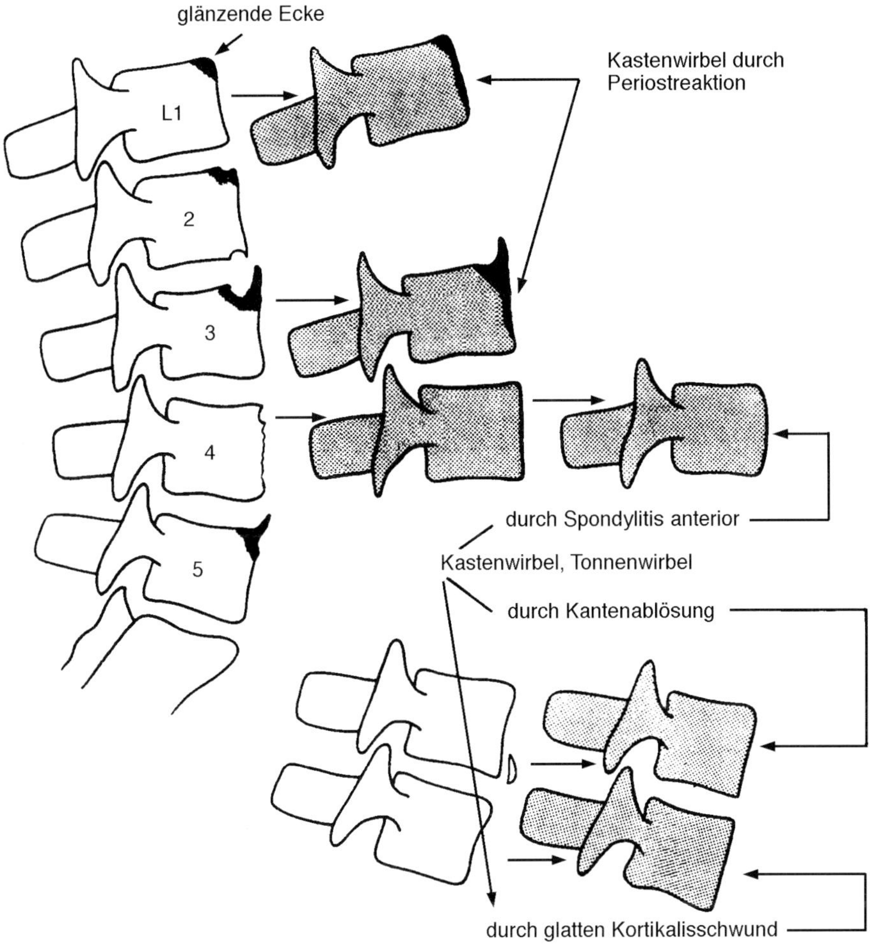

Kastenwirbel: begradigte Vorderkontur

Tonnenwirbel: konvexe Vorderkontur

Spondylitis anterior: Kleiner Konturdefekt an der vorderen (oberen und unteren) Wirbelkörperkante oder Randleiste

Nach Dihlmann, W.: Gelenke – Wirbelverbindungen, 3. Aufl. Thieme, Stuttgart 1987

Röntgenzeichen der Rippenwirbelgelenke bei ankylosierender Spondylitis

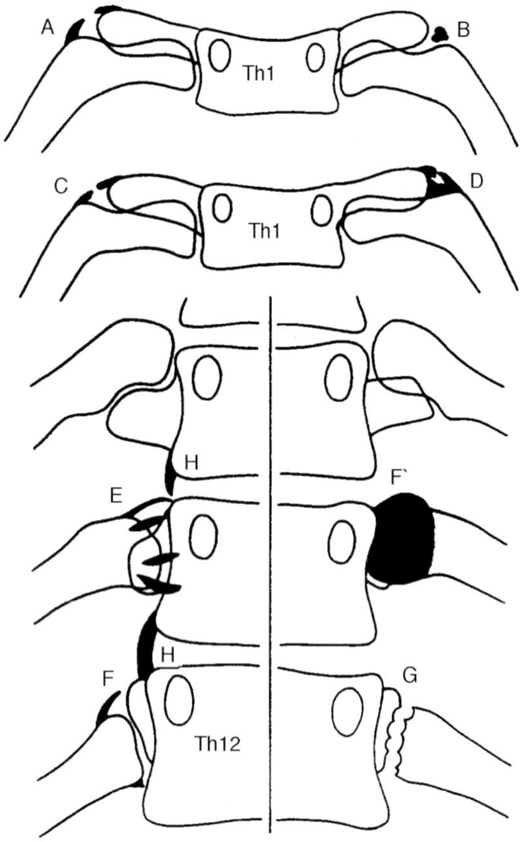

A, B, C = Verknöcherungsvorgänge im Lig. costotransversarium laterale kommen sowohl bei der ankylosierenden Spondylitis, als auch bei degenerativen Gelenkveränderungen und aus unbekannter Ursache (Überlastungsschaden?) vor

D = Ligamentäre und intraartikuläre Verknöcherungsvorgänge

E, F = Spangenförmige Kapselossifikationen sind nur bei gleichzeitigem Syndesmophytennachweis (H) als Röntgenzeichen der ankylosierenden Spondylitis zu bewerten, da sie auch bei der Arthrose und aus unbekannten Gründen (Kapselüberlastungsschaden?) auftreten

F' = Vollständige Kapsel-Gelenk-Ossifikation bei ankylosierender Spondylitis (Totalankylose)

G = Entzündliche Erosion der Gelenkflächen (selten nachweisbarer Befund)

Veränderungen der Wirbelbogengelenke bei ankylosierender Spondylitis

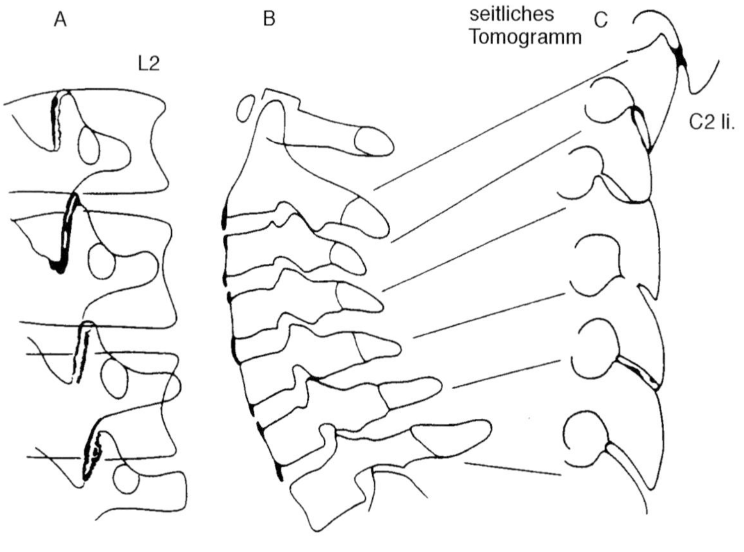

A = Schrägaufnahme der Lendenwirbelsäule. Die periartikulären und intraartikulären Röntgenbefunde ähneln den Röntgenbefunden bei der Spondylarthrosis deformans. Beachte besonders die Kapselossifikationen beider Erkrankungsbilder

B = Langjährig bekannte Spondylitis ankylosans mit zervikalen Syndesmophyten. Die Wirbelbogengelenke sind auf dieser seitlichen Röntgenaufnahme nicht eindeutig auf Krankheitsbefall zu beurteilen. Die Halswirbelsäule ist völlig versteift

C = Seitliches Tomogramm der linken Wirbelbogengelenke. Im Vordergrund stehen Gelenkkapselossifikationen.

Nach Dihlmann, W.: Gelenke – Wirbelverbindungen, 3. Aufl. Thieme, Stuttgart 1987

Zeichen der Destruktion, Sklerose und Ankylose der Sakroiliakalgelenke bei ankylosierender Spondylitis

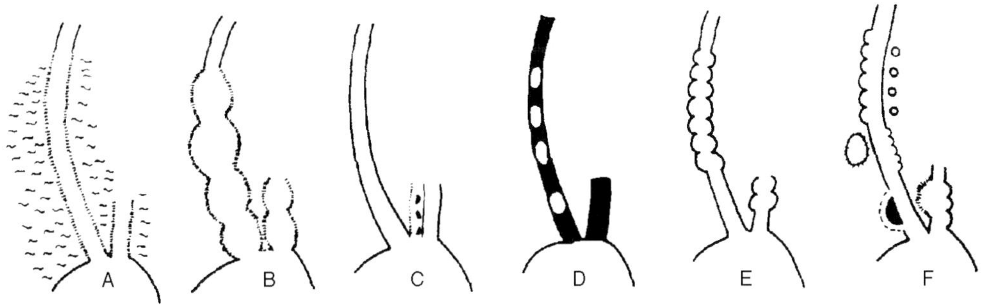

A = Unscharfe („verwaschene") Gelenkkonturen und subchondrale Spongiosastrukturen

B = Girlandenförmige Pseudoerweiterung

C = Pseudoerweiterung bei erhaltener subchondraler Grenzlamelle (gewöhnlich nur im „Ohrläppchenbereich" nachweisbar)

D = Erosionen an der Facies auricularis auf der Sakrum- und Iliumseite, die jedoch noch nicht deren vorderen Gelenkrand erreicht haben, erscheinen als rundlich-ovale Aufhellungen im glatt konturierten röntgenologischen Gelenkspalt

E, F = Erosionen in der Form der „Perlenschnur", des „Rosenkranzes", des „Sägeblatts" oder der „Briefmarkenrandzähnelung"; subchondrale größere oder kleinere kugelige Osteolysen; Dissektion

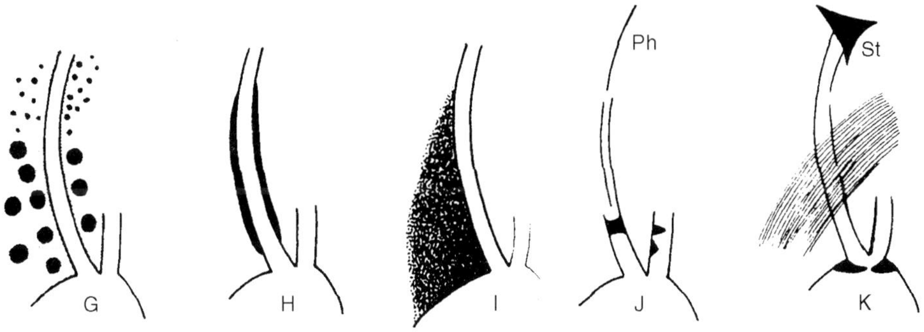

G = Diffuse (amorphe), tüpfelige, kugelige subchondrale Spongiosasklerose

H = Bandförmige subchondrale Spongiosasklerose

I = Dreieckige Sklerosezone im Darmbein

J = Phantomgelenk, gleichmäßige Gelenkspaltverschmälerung, Knochenbrücke zwischen beiden artikulierenden Knochen, Knochenknospen (von oben nach unten aufgezählt)

K = Sternzeichen, sehr dicke Kapsel-Band-Ossifikation (vor dem Sakroiliakalgelenk ziehend), Kapselossifikation am Unterrand des Gelenkes (von oben nach unten aufgezählt)

Merke: Die Sakroiliitis bei der ankylosierenden Spondylitis zeigt im Einzelfall ein **wechselndes Neben- und Nacheinander** sämtlicher sakroiliakaler Reaktionsmöglichkeiten!

Nach Dihlmann, W.: Gelenke – Wirbelverbindungen, 3. Aufl. Thieme, Stuttgart 1987

Präspinale, ligamentäre Ossifikation (gußartiges Verknöcherungsband) im Seitenbild der Brustwirbelsäule bei Spondylosis hyperostotica

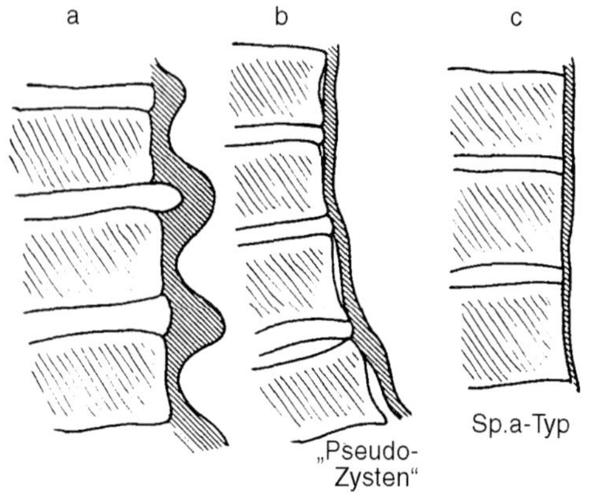

(a) grob und mit prädiskalen Falten; (b) mit prävertebralen Lücken (Pseudozysten); (c) zart subligamentär dem Knochen angeschmiegt (Sp. a.-Typ). Die nach Röntgenvorlagen gezeichnete Darstellung zeigt das Fehlen osteophytischer Reaktionen der Wirbelkörper unter dem Verknöcherungsband

Nach Schilling, F.: Spondylitis ankylopoetica. Die sog. Bechterewsche Krankheit und ihre Differentialdiagnose. In Handbuch der Medizinischen Radiologie, Bd. VI/2. Springer, Berlin 1974

Typen ventraler Syndesmophyten

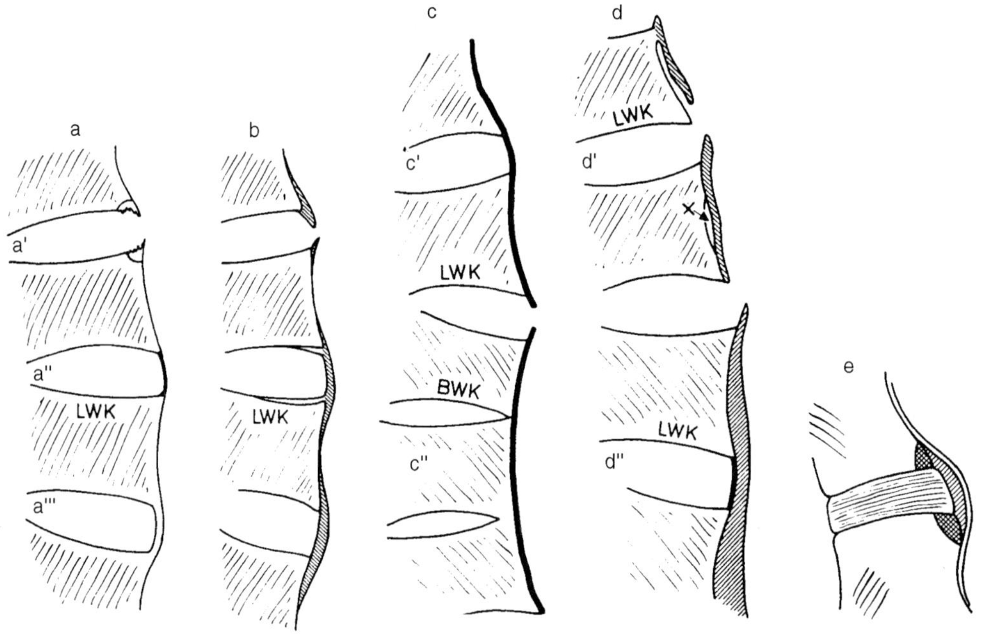

(a) Anulustyp: „Sprossung" aus der Gegend der Randleisten (a'): schmale Verknöcherung äußerer Fasern des Anulus fibrosus der Bandscheibe: Entstehung einer Stegbrükke (a''); Integration (spongiöser Durchbau und Kortikalisierung) in das Wirbelkörperknochengerüst (a'''). – (b) Subligamentärer Typ: Verknöcherung von Bindegewebsschichten, die im prädiskalen Spatium zwischen Randleistenanulus und Längsband den Zwischenwirbelraum überbrücken: Entstehung einer Bogenbrücke. – (c) Subligamentärer Typ: Durchgehende schmale bandförmige Verknöcherung tiefer Schichten des perivertebralen Bindegewebes; bei c'' im Spätstadium mit Abbau des vorderen Wirbelkörperreliefs und mit ventraler Wirbelsynostose (konzentrische Verknöcherung des Diskus). – (d) Ligamentärer (hyperostotischer) Typ: Verknöcherung des vorderen Längsbandes, primär (d') oder im Spätstadium entstanden bei schon vorbestehender Anulusverknöcherung (d''), teilweise mit Abstand von der Wirbelkörperfront (x = „Pseudozyste"). Vgl. die Spondylosis hyperostotica, die hier formell Anschluß gewinnt. – (e) Bandscheibe, Randleisten, Anulus fibrosus, vorderes Längsband u. „prädiskaler Raum" mit den „kurzen Fasern der Perirachis" (Rainer). Dieser erweist sich polarisationsoptisch (Stofft) aber weder als Raum noch von „kurzen" Fasern durchzogen, sondern von der schräg einstrahlenden inneren Faserschicht des perivertebralen Bindegewebes durchzogen.

Nach Schilling, F.: Spondylitis ankylopoetica. Die sog. Bechterewsche Krankheit und ihre Differentialdiagnose. In Handbuch der Medizinischen Radiologie, Bd. VI/2. Springer, Berlin 1974

Typen lateraler Syndesmophyten

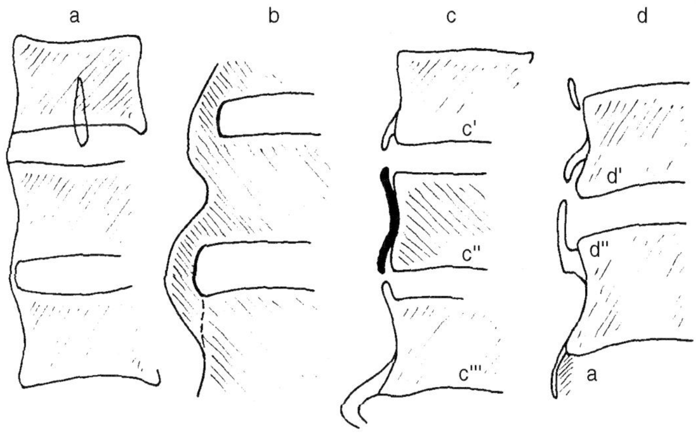

(a) Anulustyp, (b) „Bambustyp" mit breiter Spongiosierung. Durchbau ins Wirbelkörperknochengerüst und innerer und äußerer Kortikalisierung, (c) Subligamentärer Typ mit Entstehung knapp oberhalb der Wirbelkörperkante (c'), dem Wirbelkörper entlang durchziehend (c'') oder spondylotisch modifiziert (c'''), (d) Paraspinale Ossifikationen, verschiedenen Bindegewebsschichten entsprechend: Subligamentäre Desmophyten

Nach Schilling, F.: Spondylitis ankylopoetica. Die sog. Bechterewsche Krankheit und ihre Differentialdiagnose. In Handbuch der Medizinischen Radiologie, Bd. VI/2. Springer, Berlin 1974

Laterale, vertebrale Bindegewebsverknöcherungen

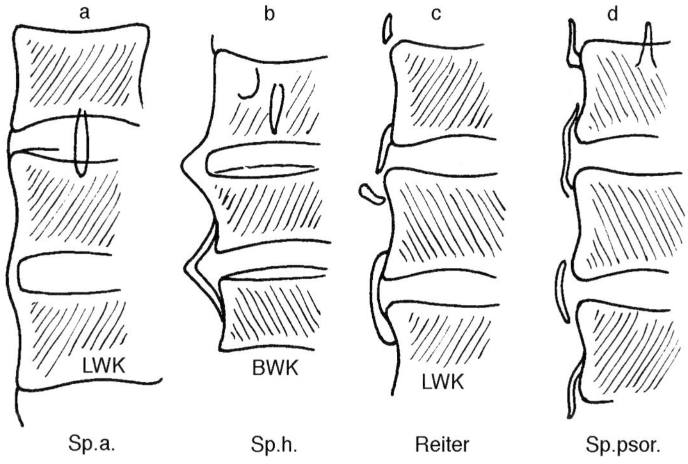

(a) Syndesmophyten der Spondylitis ankylopoetica; (b) Ossifikationen der Spondylosis hyperostotica; (c und d) paraspinale Ossifikationen der atypischen Spondylitis ankylopoetica: Chronisches Reiter-Syndrom (c) und Spondylitis psoriatica (d). Bei a unten ist die Anulusverknöcherung der Spondylitis ankylopoetica und bei b oben auch eine hyperostotische Spange in die knöcherne Wirbelkörperstruktur integriert

Nach Schilling, F.: Spondylitis ankylopoetica. Die sog. Bechterewsche Krankheit und ihre Differentialdiagnose. In Handbuch der Medizinischen Radiologie, Bd. VI/2. Springer, Berlin 1974

Typische Lokalisationen der entzündlichen Enthesopathie, destruierende – ossifizierende Tendoossitis

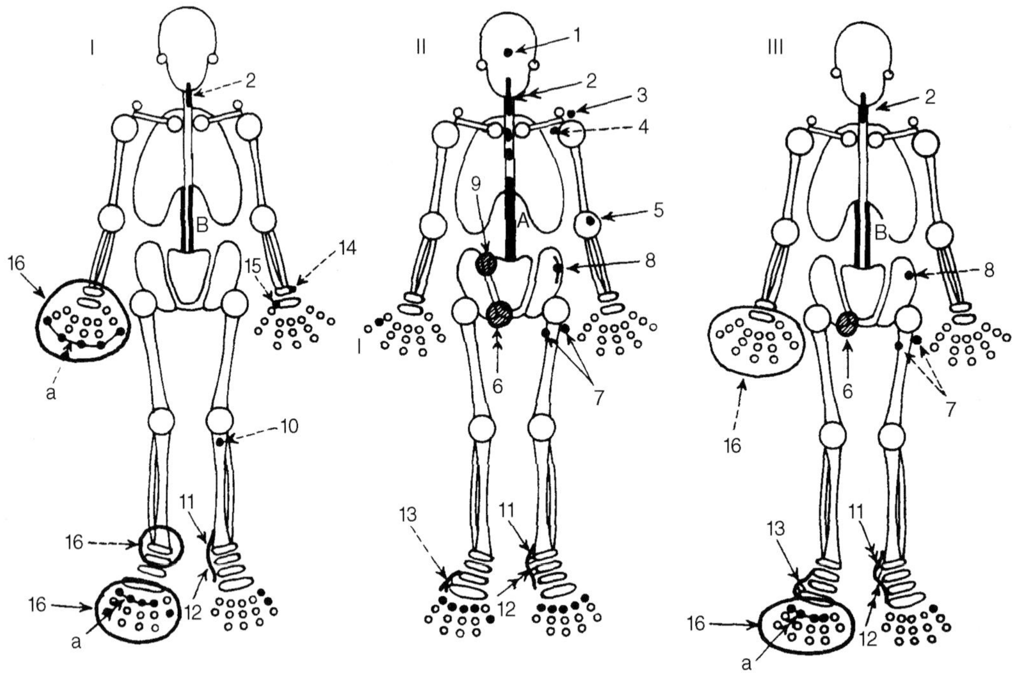

Chronische Polyarthritis psoriatica — Spondylitis ankylosans — Chronisches Reiter-Syndrom

1 Crista occipitalis
2 HWS-Dornfortsätze (ligg. interspinalia)
3 Schulter (Akromion, tuberc. majus, u. a.)
4 Proc. coracoideus (Lig. coraco-clavic.)
5 Olekranon (Trizepssehne)
6 Scham- und Sitzbein (Adduktoren-Mm.)
7 Rollhügel (Mm. glut., psoas)
8 Crista – Spina iliaca ventr.
9 supraartikul. iliosekrale Tendoostitis
10 Tuberositas tibiae (lig. patellae)

Pfeile:
- - - - → selten
——→ häufiger (charakteristisch)
——→→ häufig (sehr typisch)

11 Tendoostitis achillea }
12 Tendoostitis plantaris } Kalkaneopathie
13 Metatarsalbasis V und Kuboid } Lig. calcaneo-cuboideum plant.
14 radiales Styloid
15 Metakarpalbasis V
16 ossifizierende Periostitis (in der eingekreisten Region) und ossifizierende Kapsulitis α) DIP- bzw. MTP-Arthritis

enthesopathische Äquivalente an der WS:
A Spondylitis marginalis, Syndesmophytose
B paraspinale Ossifikationen

Nach Schilling, F.: Spondylitis ankylopoetica. Die sog. Bechterewsche Krankheit und ihre Differentialdiagnose. In Handbuch der Medizinischen Radiologie, Bd. VI/2. Springer, Berlin 1974

Typeneinteilung der Spondylitis ankylopoetica nach klinischen und radiologischen Gesichtspunkten

		Häufigkeit (% aller Fälle)
I. *Ausbreitung* (Lokalisation)		
1. Beschränkung auf die Wirbelsäule (spinaler Erkrankungstyp)		> 30
2. mit extravertebraler Gelenkbeteiligung		60–70
3. mit Organbeteiligung oder Komplikationen		$\sim +\varnothing$
	incl. Auge	> 20
4. Abortiv-Formen und verkürzte Entwicklungen		10–30
II. *Röntgenologisch*		
1. spondylarthritischer Typ		11 (6–20)
2. syndesmophytärer Typ		25 (18–33)
3. integrierender „Mischtyp" (3. und 4. Lebensjahrzehnt)		70
4. paraspinaler Ossifikationstyp		
III. *Alter*		
1. juvenile Spond. ankylop. (bis 17. L`jahr.) mit Sonderformen		8
2. adoleszente Sp. a.-Gruppe (14–18jähr.)		13
3. senile Spond. ankylopoetica		10
a) präsenile Mixta-Form (5. u. 6. L`jahrzent)		
b) hyperostotische Altersform (7. L`jahrzehnt)		
IV. *Geschlecht*		
weibliche Sp. a.		12
a) milde spondylarthritische Verlaufsform		7
b) Iliosakralform		2–?
c) „männliche" Verlaufsform		3
V. *Atypische Spond. ankylopoetica*		5
1. Grenzlinienfälle zur chron. Polyarthritis und zur Spondylosis hyperostotica		
2. Bei Grundleiden		
a) Spondylitis psoriatica		
b) chronisches Reiter-Syndrom		
c) chronische Darmleiden		

Nach Schilling, F.: Spondylitis ankylopoetica. Die sog. Bechterewsche Krankheit und ihre Differentialdiagnose. In Handbuch der Medizinischen Radiologie, Bd. VI/2. Springer, Berlin 1974

Spondylitis ankylopoetica – Röntgenologische Kriterien

1. Iliosakralumbau (-arthritis)
   a) einseitig – bis zweijährige Krankh.-Dauer (6%), vor dem 16. Lebensjahr häufiger
   b) annähernd symmetrische iliakal-kaudale Primärläsionen:
      Scheinerweiterung
      bogige marginale Resorptionen
      klein-zystoide Resorptionsherde
      knöcherne Verdichtungen (Sklereose)
   c) Verschmälerung, Brücken, Synostose
   d) „Sternfigur", „zugeschütteter Graben", Reststreifen („Geistergelenk")

2. Intervertebralgelenkveränderungen (vom Typus abhängg.)
   generalisierte Spondylarthritis } spondylarthr. Typ
   Syndesmophytenarmut } spondylarthr. Typ

3. Wirbelsäule
   a) Osteoporose (Früh-, Spätporose)
   b) Syndesmophyten (dorsolumbal → generalisiert lateral → ventral)
      knöchern integrierter Anulus-Typ
      sublig. und lig. Typ – multipel
      modifizierte Syndesm. (spondylot., paraspin. Ossifik.)
   c) Wirbelkörperumbau (frontale und diskovertebr. Destruktion: Spondyl. ant., Spondylodiszitis) (18%)
      Spondylitis marginalis
   d) Diskopathie

4. Spondylitis cervicalis (33%)
   Atlasluxation (a.-a. Disl.) (6%)
   Osteoresorptionen (dens axis. spondylitis anterior, proc. spinosus C 7)
   ossifizierende Enthesopathie d. Dornfortsätze
   (Hypoplasien = Ausschlußsymptom!)

5. Bandverknöcherungen

6. Symphysitis (über 16%)

7. Extravertebrale Arthritiden
   Koxitis (26%)
   in Adoleszenz
      a) destruierende Form
      b) konstruktive Form – Glockendeformität
      c) synostosierende Form
   Omarthritis (über 9%)
      laterale Kopfusur
   Vorfußarthritis (MTP) (9%)

8. Ossifizierende u. destruierende entzündl. Enthesopathie
   a) Pelvine Osteopathie (74%)
      Sitzbein-Tendoostitis
   b) Kalkaneopathie (über 12%)
      banaler plataner Fersensporn (24%)
      entzündlicher plant. Fersensp. (4%)
      Tendoostitis achillea (12%)
      Bursitis subachillea – Druckusur

Nach Schilling, F.: Spondylitis ankylopoetica. Die sog. Bechterewsche Krankheit und ihre Differentialdiagnose. In Handbuch der Medizinischen Radiologie, Bd. VI/2. Springer, Berlin 1974

Differentialdiagnose der Spondylitis ankylopoetica

1. chronische (rheumatoide) Polyarthritis, besonders die juvenile Form
2. Spondylosis hyperostotica, nach dem 40. Lebensjahr
3. Tuberkulose (Koxitis, Spondylitis, Iliosakralarthritis)
4. chronisches Reiter-Syndrom: Spondylitis psoriatica
5. andere Wirbelsäulen-Syndrome: Chronische Lumbago, Osteoporose des Stammskeletts, Osteomalazie, Hyperparathyreoidismus
6. (selten) Ochronose, Osteomyelosklerose
7. Iliosakralgelenke:
   Tuberkulose, Osteosis condensans. Umbau bei Osteomalazie und bei Endokrinopathien

Nach Schilling, F.: Spondylitis ankylopoetica. Die sog. Bechterewsche Krankheit und ihre Differentialdiagnose. In Handbuch der Medizinischen Radiologie, Bd. VI/2. Springer, Berlin 1974

Differentialdiagnose zwischen Spondylitis ankylopoetica und Spondylosis hyperostotica

	Spondylitis ankylopoetica	Spondylosis hyperostotica
Alter	Gipfel 3. Lebensjahrzehnt	Gipfel 6. Lebensjahrzehnt
Geschlecht	9:1	8:2
Typus (vorwiegend)	leptosom	pyknisch
Schmerz	++	(+)
Wirbelsäulenversteifung	+ bis +++ (LWS > BWS)	(+) bis ++ (BWS > LWS)
systemische Entzündung	++	0
Stoffwechelstörungen	0	++
periphere Gelenkbeteiligung	-itis ++	-ose +
Rö-Wirbelsäule		
Prädilektion	dorsolumbaler Übergang	Brustwirbelsäule
Morphologie	Syndesmophyt	ventrales Verknöcherungsband
Iliosakralarthritis	++	0 (Kapselverknöcherung)

Nach Schilling, F.: Spondylitis ankylopoetica. Die sog. Bechterewsche Krankheit und ihre Differentialdiagnose. In Handbuch der Medizinischen Radiologie, Bd. VI/2. Springer, Berlin 1974

Differentialdiagnostik Wirbelsäule

Platyspondylie bei Neugeborenen

Achondroplasie
Kurze, rechteckige Wirbelkörper, auffallend breite Bandscheiben, ausgeprägte Lendenlordose mit stark abgewinkeltem Kreuzbein. Im a.-p. Bild eingeengter distaler Lumbalkanal.

Hypothyreose
Mäßige Abflachung der Wirbelkörper, hakenförmige Prominenz an der ventralen Unterkante der ersten Lendenwirbelkörper. Relativ dichte Knochenstruktur ist beim Neugeborenen normal.

Thanatophorer Zwergwuchs
Uniforme ausgeprägte Platyspondylie, auf dem a.-p. Bild H-förmige Wirbelkörper. Schwere Skelettdysplasie, typisches Bild des Femurs: „Telefonhörer" (Typ 1).
Schwere letale Dysplasie. Typ II hat gerade Femora.

Achondrogenesis und homozygote Achondroplasie
Mehr oder minder fehlende Ossifikation des Stammskeletts. Beides schwere letale Dysplasien. Makrozephalus.

Metatropische Dysplasie
Uniforme schwere Platyspondylie, breite Lücke zwischen Wirbelkörper und Wirbelbögen, später Kyphoskoliose, HWS weniger betroffen.
Letale Dysplasie. Rhizomeler Zwergwuchs, stark verbreiterte Metaphysen.

Spondyloepiphysäre Dysplasie, kongenitale Form
Birnenförmige Wirbelkörper, mäßiggradige Höhenminderung, Kyphoskoliose.
Zwergwuchs mit kurzem Rumpf, verzögerte Entwicklung der Schambeine. Letale Form mit dysplastischem Thorax und Lungenhypoplasie.

Spondyloepimetaphysäre Dysplasie
Schwere Platyspondylie, Kyphoskoliose.
(In Kombination mit Myotonie = Schwartz-Jampel-Syndrom).

Hypophosphatasie
Bei der letalen neonatalen Manifestation schwere rachitisähnliche Veränderung mit Platyspondylie.

Kongenitales Cushing-Syndrom

Nach Ebel, K.-D., E. Willich, E. Richter: Differentialdiagnostik in der Pädiatrischen Radiologie. Thieme, Stuttgart 1995

Platyspondylie bei älteren Kindern

Diagnose	Befund
Osteogenesis imperfecta, späte Form	Multiple bis generalisierte Platt- oder Fischwirbel, verminderter Mineralgehalt, Kompressionsfrakturen. Multiple Frakturen und deren Folgeerscheinungen, die Verläufe sind sehr unterschiedlich
Osteoporose	Generalisierte Verminderung des Mineralgehalts, multiple pathologische Kompressionsfrakturen. Bei Deformierung in der BWS, Platt- oder Keilwirbel, LWS vorwiegend Fischwirbelbildung. Inaktivität allein führt nicht zur Osteoporose der Wirbelsäule. *Ursachen*: Morbus Cushing, Cushing-Syndrom unter Steroidbehandlung, idiopathische Osteoporose (an allen Skelettabschnitten), Sichelzellanämie, andere chronische Anämien, Homozystinurie, sekundärer Hyperparathyreoidismus, Leukämie.
Morquio-Syndrom (Mukopolysaccharidose Typ IV)	Anteriore zungenförmige „Ausziehung" an den LWK, hypoplastischer Dens. Pectus carinatum. Vermehrt Keratinsulfatausscheidung im Urin.
Mukopolysaccharidosen, mehrere Typen	Untere BWK und obere LWK zeigen ventral unten hakenförmige Ausziehung. Befund ähnlich der Hypothyreose, hier andere ausgeprägte Skelettveränderungen, am stärksten bei Typ I/H = Hurler. Die anderen Formen haben weniger ausgeprägte oder keine Veränderungen der Wirbelsäule.
Spondyloepiphysäre Dysplasie, Tardaform	Vorderer Teil der Wirbelkörper verschmälert, dorsal bikonvex, gelegentlich Bandscheibenverkalkung. Dysplastische Femurepiphysen, frühe Arthrosen.
Spondylometaphysäre Dysplasie (Kozlowski)	Ausgeprägte Platyspondylie. Unregelmäßige Veränderungen an den Metaphysen mit Sklerose, autosomal dominant.

Platyspondylie bei älteren Kindern – Fortsetzung

Diagnose	Befund
Dyggve-Melchior-Clausen-Dysplasie	Wirbelkörper mit ventralem und dorsalem Höcker an Grund- und Deckplatten („Kamelrücken"). Kurze Extremitäten, geistige Retardierung. Gleiche Veränderungen mit normaler geistiger Entwicklung = Smith-McCort-Syndrom.
Pseudoachondroplastische Dysplasie	Bei Neugeborenen noch bikonvex, später verschmälert und ventral keilförmig ausgezogen, Grund- und Deckplatten unregelmäßig. Kyphoskoliose. Kurze Extremitäten, besonders Hände und Füße.
Kniest-Syndrom	Multiple nicht generalisierte Plattwirbel mit unregelmäßign Endplatten. Häufig vertikale Spalte in den Wirbelkörpern, enger Spinalkanal, Kyphoskoliose. Metaepiphysäre Dysplasie mit stark verbreiterten Metaphysen. Steife, dicke Gelenke, Myopie, Taubheit.
Arthroophthalmopathie (Stickler-Syndrom)	Multiple Wirbelverschmälerung mäßigen Grades. Marfanähnlicher Habitus, Myopie. Dysplasie der Epiphysen, frühzeitige Arthrosen.
Dysosteosklerose	Einziges Krankheitsbild mit Platyspondylie und Osteosklerose. Multiple Frakturen.

Nach Ebel, K.-D., E. Willich, E. Richter: Differentialdiagnostik in der Pädiatrischen Radiologie. Thieme, Stuttgart 1995

Pathologische Keilform der Wirbelkörper

Kompressionsfraktur
Einzelne oder mehrere Wirbelkörper betroffen. Struktur und Bandscheibe normal. Auch keilförmige Deformierung auf dem a.-p. Bild.

Spondylitis-Diszitis
Keilförmige Deformierung möglich, dabei Destruktion und Bandscheibenverschmälerung. Bei der seltenen *zentralen Osteomyelitis* eines einzelnen Wirbels nur Keilform mit Destruktion, Bandscheibe normal.

Adoleszentenkyphose (Morbus Scheuermann)
Mindestens 3 benachbarte Wirbelkörper der BWS zeigen keilförmige Deformierung. *Endplatten oft unregelmäßig mit Schmorl-Knötchen.* Die Einbrüche zeigen einen sklerosierten Rand im Gegensatz zu entzündlich bedingten Defekten. Bei *ventralem* Bandscheibenvorfall liegt der Einbruch zwischen Wirbelkörper und Ringapophyse. Deutliche Zunahme der Kyphose in der Pubertät. Familiäres Vorkommen häufig.

Kongenitale Halbwirbel und Segmentanomalien
Dorsaler Halbwirbel: im Seitenbild Dreieckform mit Spitze nach ventral; lateraler Halbwirbel: Dreieckform mit Spitze nach medial im a.-p. Bild.
Je nach Form der Halbwirbelbildung kann eine Kyphose oder eine Skoliose entstehen.

Wirbeldeformierung bei Skoliose
Im a.-p. Bild Verschmälerung der Wirbelkörper auf der konkaven Seite der Skoliose.
Bei *einseitiger Verschmelzung von Wirbelkörpern* zeigt die Skoliose eine rasche Progredienz.

Wachstumsstörung nach Röntgenbestrahlung
Auf der Seite der Bestrahlung (meist eines Nierentumors) zeigen die Wirbelkörper ein vermindertes Höhenwachstum.
Vorkommen bei Dosen über 40 Gy. Die entstehende Skoliose kann in der Pubertät rasch zunehmen.

Ungleichmäßige Kompression von Wirbelkörpern bei Trauma, Infektion, Leukämie oder Tumor
Vordere oder seitliche Keilform, je nach Grundleiden mit oder ohne Destruktion.

Keilförmige Verschmelzung mehrerer Wirbelkörper
Fusion nach Frakturen, Osteomyelitits, Tbc, evtl. auch bei Morbus Scheuermann. Auch *kongenitale Anomalie.*

Achondroplasie
Keilförmige Deformierung mit Gibbusbildung, Bandscheiben erhalten.
Bei älteren Kindern.

Neurofibromatose
Keilförmige Deformierung mit Gibbusbildung eines oder mehrerer Wirbelkörper, Bandscheiben erhalten.
Sehr ähnlich dem angeborenen Keilwirbel. Zahlreiche weitere knöchernen Veränderungen.

Nach Ebel, K.-D., E. Willich, E. Richter: Differentialdiagnostik in der Pädiatrischen Radiologie. Thieme, Stuttgart 1995

Hochwirbel

- Normvariante
- Fehlende Gewichtsbelastung (z.B. unterhalb einer Brustwirbelsäulenspondylitis im Wachstumsalter)
- Neuromuskuläre Erkrankungen, z.B. Poliomyelitis, zerebrale Kinderlähmung, Myelomeningozele
- Skelettdysplasien und -dystosen, akrokraniale Dysostose (besonders LWS), Chromosomenaberrationen, z.B. Trisomie 21, Freeman-Sheldon-Syndrom, Fuhrmann Dysplasie, Melnick-Needles-Syndrom, Prieur-Griscelli-Syndrom
- Juvenile Polyarthritis (besonders HWS)
- Wirbelkörperscalloping (scheinbare Hochwirbel)

Erworbene Flachwirbel (einzelne oder mehrere, auch Plattwirbel: +)

Häufig	Selten
– Fraktur (+)	– Amyloidose
– Osteoporose und Osteomalazie	– Sarkoidose
– Morbus Scheuermann	– Sarkom (Ewing-, Chondro-, Osteosarkom)
– Metastasen (+)	– Morbus Kümmell (+)
– Plasmozytom	
– Eosinophiles Granulom (+)	
– Leukämie (+)	
– Lymphom (+)	
– Hämangiom (+)	
– Spondylitis	
– Morbus Paget (+)	

Nach Reiser, M., P. E. Peters: Radiologische Differentialdiagnose der Skeletterkrankungen. Thieme, Stuttgart 1994

Erweiterter Spinalkanal im Kindesalter

Meningomyelozele
Vorwiegend lumbosakral. Verbreiterter Bogenwurzelabstand im Bereich der Spina bifida.

Syringomyelie, Hydromyelie
Verbreiterung im Bereich der HWS, selten thorakal.

Arnold-Chiari-Syndrom Typ II
Verbreiterung des oberen Zervikalkanals durch Kaudalverlagerung der Kleinhirntonsille, vergrößertes Foramen occipitale magnum.

Diastematomyelie
Knochensporn, Verschmälerung der Bandscheibe, Verbreiterung des Bogenwurzelabstands und andere Mißbildungen.

Intraspinale raumfordernde Prozesse
Intra- und extradural, intra- und extramedullär. Tumoren, Entzündungen, a.-v. Mißbildungen, durale Ektasie, Neurofibromatose. Dorsale Konkavität.

Durale Ektasie
Neurofibromatose. Mukopolysaccharidose. Dorsale Konkavität der Wirbelkörper.

Otopalatodigitales Syndrom, Taybi-Syndrom
Weiter Spinalkanal im unteren Thorakal- und Lumbalbereich.

Arthrogryposis-Syndrom der Eskimos (Kuskokwim-Syndrom)
Zunehmende Verlängerung der Bogenwurzel bei L5 führt zur Spondylolisthesis. Hypoplasie des Dens und des Körpers von C 2. Gelenkkontrakturen.

Nach Ebel, K.-D., E. Willich, E. Richter: Differentialdiagnostik in der Pädiatrischen Radiologie. Thieme, Stuttgart 1995

Dysostosen mit Wirbelsäulen-Verkrümmungen

I. Einteilung der Osteochondrodysplasien nach Kozlowski und Rupprecht

1. Bei Geburt manifeste Osteochondrodysplasien
   Achondrogenesie
   Thanatophorer Zwergwuchs
   Achondroplasie
   Chondrodysplasie punctata
   Metatrophischer Zwergwuchs
   Diastrophischer Zwergwuchs
   Chondro-ektodermale Dysplasie
   (Ellis-van Creveld-Syndrom)
   Asphyxierende Thoraxdysplasie
   Dysplasia spondyloepiphysaria congenita
   Mesomeler Zwergwuchs
   - Typ Langer
   - Typ Nievergelt
   - Typ Reinhardt-Pfeiffer

   Dysplasia cleidocranialis

2. Sich später manifestierende Osteochondrodysplasien
   Hypochondroplasie
   Dyschondrosteose
   Metaphysäre Chondrodysplasien
   - Typ Jansen
   - Typ Schmid
   - Typ McKusick (Knorpel-Haar-Hypoplasie)
   - Metaphysäre Chondrodysplasie mit Malabsorption und Neutropenie
   - Metaphysäre Chondrodysplasie mit Thymolymphopenie
   - Typ Vaandrager-Pena
   - Milder Typ
   - Sonderformen
     a) Idiopathische Coxa vara
     b) Tibia vara (Blountsche Krankheit)
     c) Typ Wiedemann-Spranger

   Spondylo-metaphysäre Dysplasie
   - Dysplasia epiphysealis multiplex (Ribbing)
   - Unklassifizierbare multiple epiphysäre Dysplasien
   - Hereditäre Arthroopthalmopathie

   Pseudoachondroplasie
   Dysplasia spondyloepiphysaria tarda
   Periphere Dysplasien
   - Akrodysplasie
   - Rhinotrichophalangeales Syndrom
   - Thiemannsche Krankheit

   Dysplasia epiphysealis hemimelica
   Multiple kartilaginäre Exostosen
   Enchondromatose (Olliersche Krankheit)
   Enchondromatose mit Haemangiom
   (Maffucci-Syndrom)

II. Mukopolysaccharidosen und Intermediärformen
   Mukopolysaccharidose I (Hurler)
   Mukopolysaccharidose II (Hunter)
   Mukopolysaccharidose III (Sanfilippo)
   Mukopolysaccharidose IV (Morquio)
   Mukopolysaccharidose V (Ullrich-Scheie)
   Mukopolysacchraridose VI (Maroteaux-Lamy)
   Mukolipidose I (Spranger-Wiedemann)
   Mukolipidose II (Leroy)
   Mukolipidose III (Pseudopolydystrophie)
   Fukosidose
   Mannosidose
   Generaliserte GM_1, Gangliosidose
   Sulfatidose mit Mukopolysaccharidurie
   (Austin)
   Typ Winchester

Nach Reinhardt, K.: Haltungsänderungen, Skoliosen und Kyphosen. In Handbuch der medizinischen Radiologie, Bd. VI/3. Springer, Berlin 1976

Wirbelveränderungen bei Osteopathien

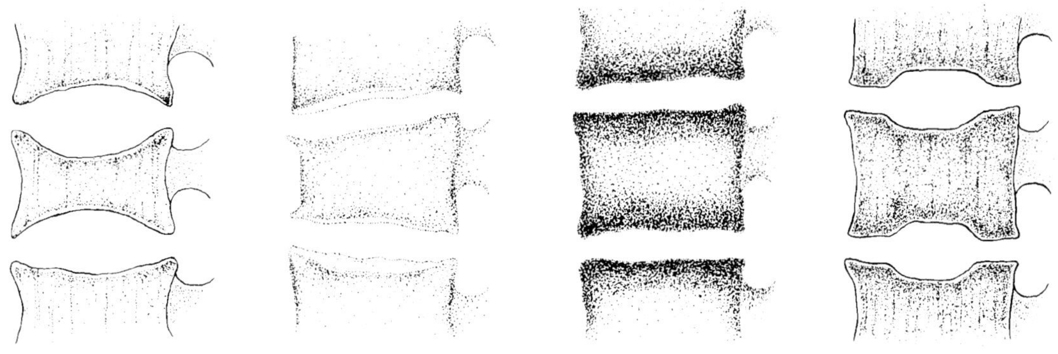

A B C D

(**A**) **Osteoporose.** Rarefizierte, bikonkave oder teilweise eingesunkene Wirbelkörper mit schmalen, aber dicht erscheinenden Endplatten und betonten vertikalen Trabekeln.

(**B**) **Osteomalazie.** Einheitliche Demineralisation mit Verlust der trabekulären Zeichnung („milchglasartiges Aussehen") und Kompressionsfrakturen.

(**C**) **Hyperparathyreoidismus.** „Bandförmige Sklerose" (rugger jersey spine) häufiger bei sekundärem Hyperparathyreoidismus (renale Osteodystrophie), während der primäre Hyperparathyreoidismus oft wie **B** aussieht.

(**D**) **Sichelzellenanämie.** Charakteristisch ist eine ungleichmäßige, auf den Mittelteil der oberen und unteren Endplatten mehrerer aufeinanderfolgender Wirbelkörper beschränkte tassenförmige Vertiefung, deren Ursache vermutlich eine örtliche Ischämie ist, die das Knochenwachstum im Zentrum hemmt. Die Knochendichte kann herabgesetzt oder erhöht sein, und die Trabekelzeichnung ist oft vergröbert.

Nach Burgener, F. A., M. Kormano: Röntgenologische Differentialdiagnostik, 2, Aufl. Thieme, Stuttgart 1993

Krankheiten, die zum Kleinwuchs führen können

Ernährung:
Hungern
Hypervitaminose D

Knochenkrankheiten:
Achondroplasie
Morbus Pfaundler-Hurler
Osteogenesis imperfecta
Rachitis

ZNS-Krankheiten:
Zerebrallähmung
Mikrozephalie
Mongolismus
Porenzephalie
Postenzephalitis

Chronische Infektionen von:
Knochen
Nieren
Lunge

Kongenitale Herzerkrankungen
Endokrine Störungen:
Morbus Addison
Adrenogenital-Syndrom
Kretinismus
Diabetes
Gonaden-Dysgenesie

Nierenerkrankungen
Lebererkranungen:
Gallenwegsatresie

Leberzirrhose
Glykogen-Speicherkrankheit
Galaktosämie

Lungenkrankheiten:
Asthma
Lungenfibrose
Bronchiektasen

Blutkrankheiten:
Schwere Anämie

Intestinale Erkrankungen:
Zöliakie
Fett- oder Stärkeunverträglichkeit
Gastrointestinale Allergie

Krankheiten, die zum Riesenwuchs führen können

Hypophysenüberfunktion
Testikuläre Unterfunktion
Nebennierenrindenadenom oder -karzinom
Genitale Überfunktion
Tumoren der Glandula pinealis
Tumoren des Hypothalamus

Nach Watson, E. H., H. G. Lowrey: Growth and Development of Children. 5th ed. Year Book, Chicago 1967

Wirbelveränderungen bei kongenitalen und/oder systemischen Krankheiten

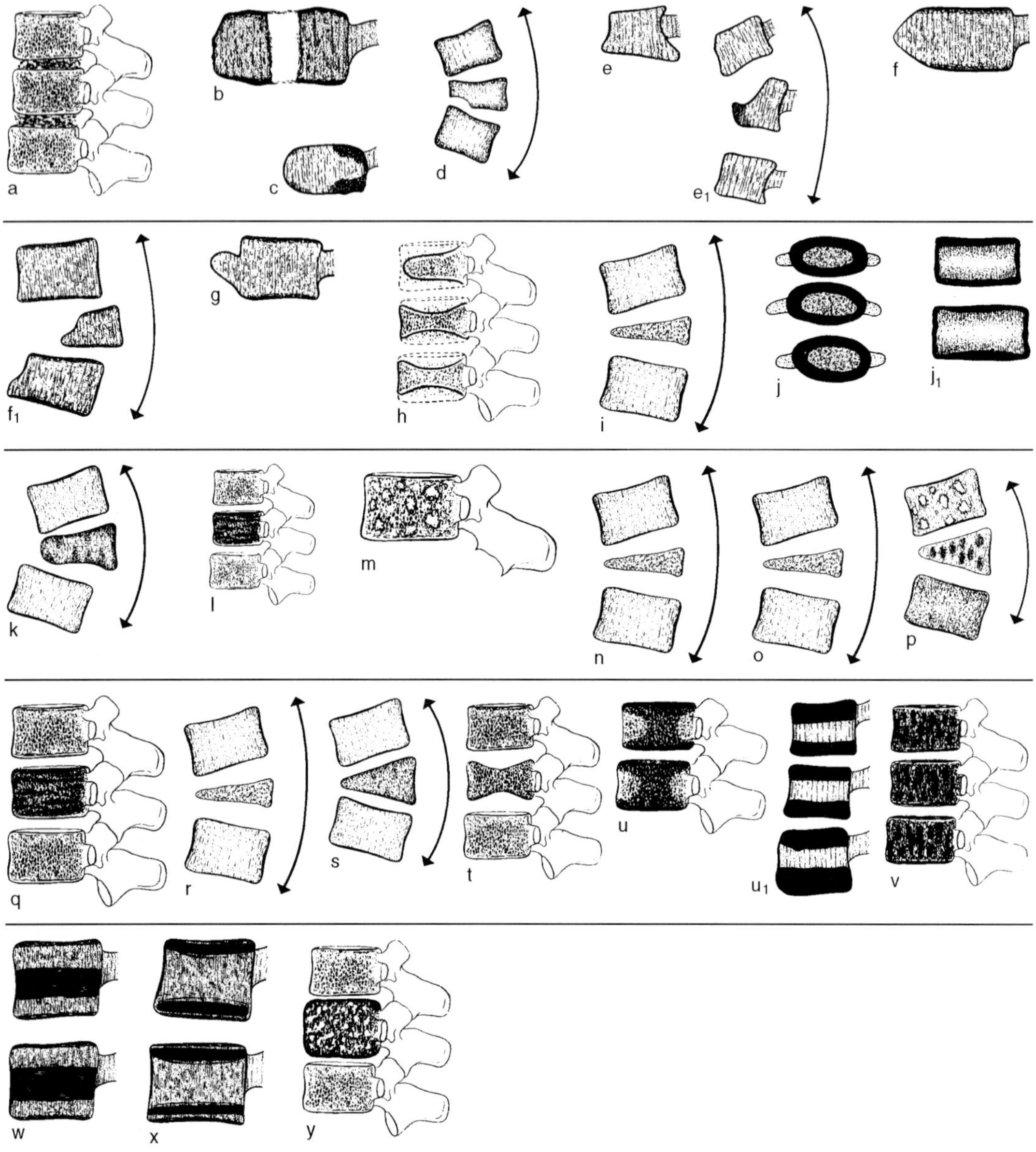

a) Chondrodysplasia punctata Conradi-Hünermann
b) rhizomelischer Typ
c) Dysplasia epiphysealis multiplex
d) Hypothyreose
e) und e_1) Achondroplasie
f) und f_1) Dysostosis multiplex Pfaundler-Hurler
g) Mukopolysaccharidose IV
h) Osteogenesis imperfecta
i) metaphysäre Dysplasie – Pylesche Krankheit
j) und j_1) idiopathische Hyperkalzämie
k) osteolytische Metastasen
l) Osteomyelitis
m) Rundzellsarkom – Ewing-Sarkom
n) eosinophiles Granulom
o) lipoide Retikulose – Hand-Schüller-Christiansche Krankheit
p) Knochenlymphogranulomatose
q) Hämangiome des Knochens
r) Plasmozytom – Myelom – Morbus Kahler
s) Kerasinliporetikulose – Morbus Gaucher
t) Leukämie
u) und u_1) Marmorknochenkrankheit – Albers-Schönbergsche Krankheit
v) endostale Stammosteosklerose durch Fluor
w) hereditäre Hyperostose ohne Pachydermie – Camurati-Engelmannsche Krankheit
x) Hyperostosis generalisata mit Pachydermie Uehlinger
y) Ostitis deformans Paget

Nach Zimmer, E. A.: Grenzen des Normalen und Anfänge des Pathologischen im Röntgenbild des Skeletts, 12. Aufl. Thieme, Stuttgart 1982

Kongenitale Wirbelveränderungen

Blockwirbel

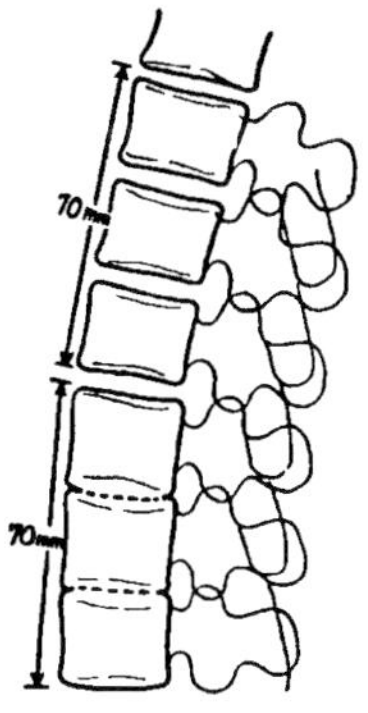

Im allgemeinen entspricht die Höhe des Blockwirbels der Höhe der korrespondierenden Wirbel plus Zwischenwirbelraum

Schmetterlingswirbel

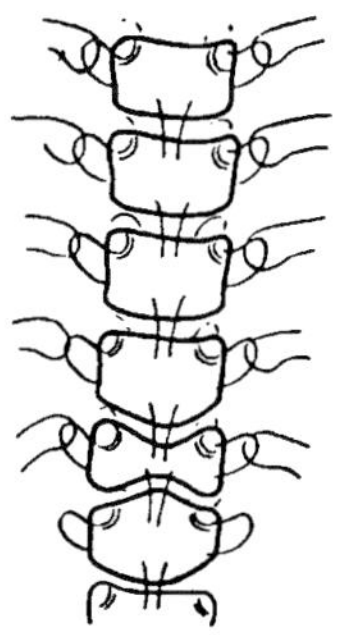

verursacht durch die Persistenz der fetalen Chorda dorsalis

vordere Einkerbung

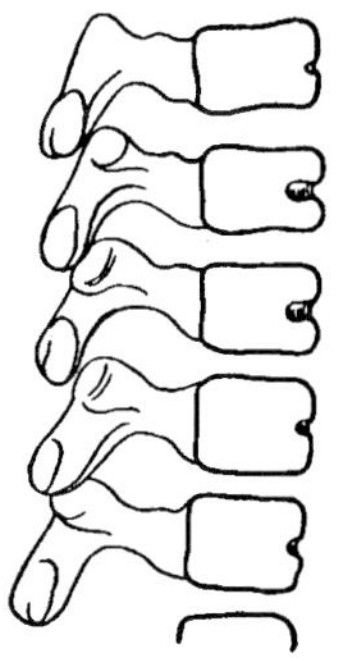

verursacht durch vaskuläre Kanäle

Keilwirbel verschiedener Ursachen

eosinophiles Granulom

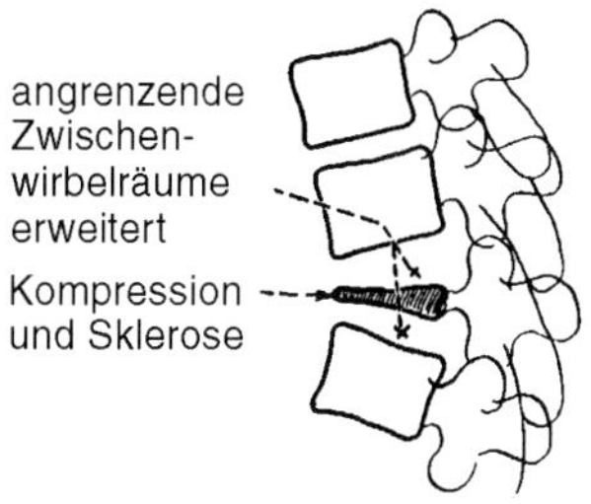

1. Calvés Vertebra plana, betrifft die primären Ossifikationszentren des Wirbelkörpers bei Kindern zwischen 2 und 15 Jahren und ist am häufigsten verursacht durch eine Histiozytose oder ein eosinophiles Granulom

ischämische Nekrose

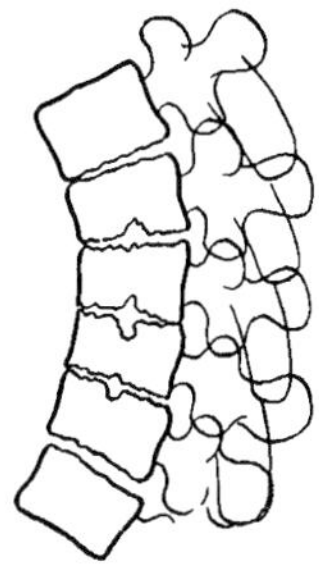

Wirbel keilförmig mit wellenförmigen Endplatten und zahlreichen Schmorlschen Knötchen; sekundäre degenerative Veränderungen erscheinen später

2. Morbus Scheuermann (juvenile Kyphose; Kyphosis dorsalis juvenilis, Osteochondrose)

Nach Meschan, I., R. M. Farrer-Meschan: Diagnostik mit bildgebenden Verfahren, Bd. III. Enke, Stuttgart 1991

Synopsis von Wirbelarrosionen

Unterschiede der Wirbelarrosion bei

1. Aortenaneurysma } meist thorakal
2. Neurofibrom
3. Chordom — am häufigsten lumbosakral oder an der Schädelbasis

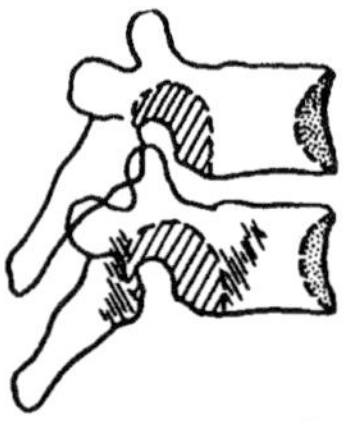

1.
2.
3. unregelmäßige Destruktion

1. Wirbelkörper unauffällig, allerdings beobachtet man einen geschichtet verkalkten Thrombus und ein Aneurysma
2. Arrosion der Bogenwurzeln, gelegentlich Weichteilmasse – nicht verkalkt
3. unregelmäßige Destruktion

Infektion

1. Tuberkulose

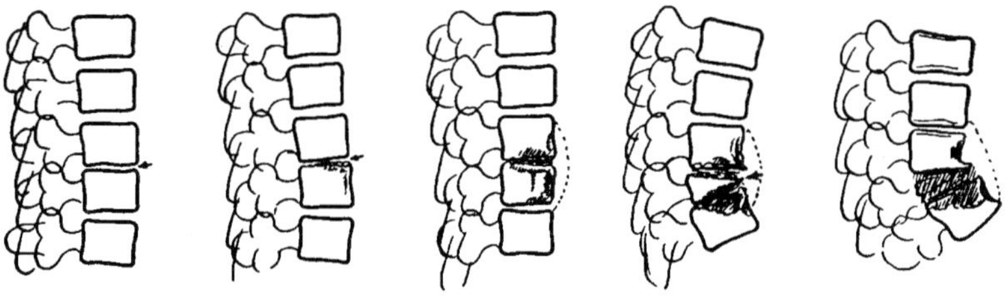

dünner Diskus; Hauptmerkmal der frühen Tuberkulose

dünner Diskus; teilweise destruierte Deckplatten

lokale Kyphose; weitere Destruktionen des Intervertebralknorpels und des angrenzenden Knochens; umgeben von einem ovoiden Weichteilabszeß

meist vollständige Destruktion der angrenzenden Wirbel, der Zwischenwirbelraum verschwindet

2. eitrig

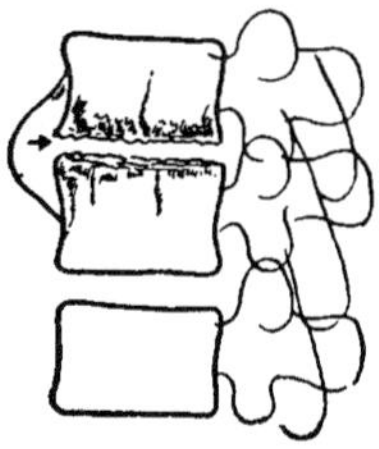

verschmälerter Diskus; unregelmäßige Sklerose und knöchernde Destruktion. Gelegentlich abgehobener Abszeß sichtbar

Tumoren

unregelmäßige Sklerose und Osteoporose (besonders bei Lymphomen)

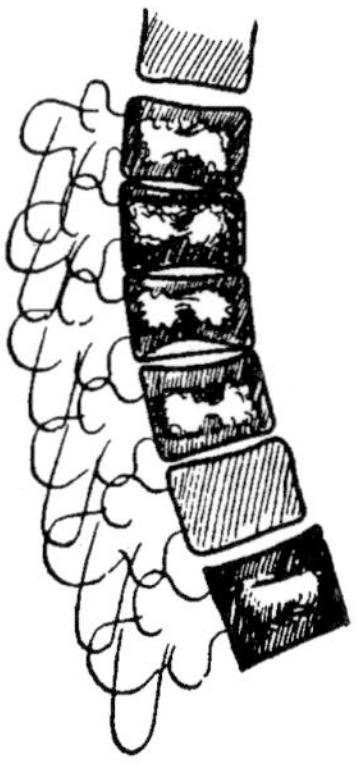

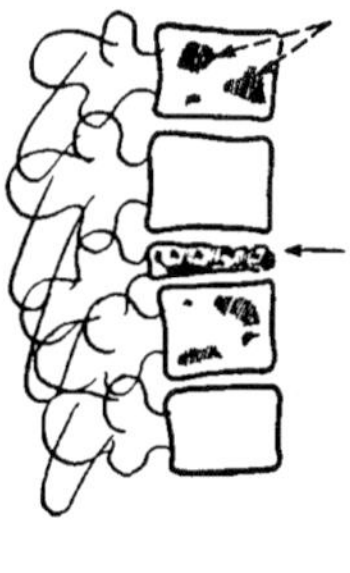

fleckige Regionen knöcherner Destruktion

»Mottenfraß« und vollständiger Kollaps

Metastasen verursachen:

1. Obliteration der Wirbelstrukturdetails
2. keine Extension der Wirbelsubstanz über die Wirbelsäule hinaus, allerdings kann sich das Neoplasma darüber hinaus ausdehnen
3. Dichteverminderung – gelegentlich Sklerose
4. keine Stellungsänderung des Dornfortsatzes
5. Homogene Sklerose, besonders bei Prostatakarzinomen

Nach Meschan, I., R. M. Farrer-Meschan: Diagnostik mit bildgebenden Verfahren, Bd. III. Enke, Stuttgart 1991

Synopsis von Wirbelkörper-Veränderungen

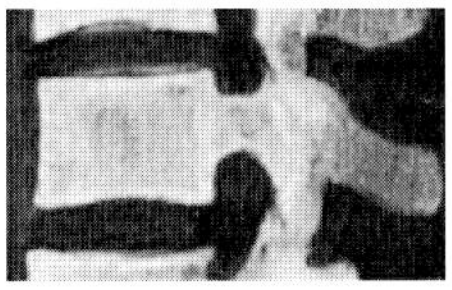
Normal

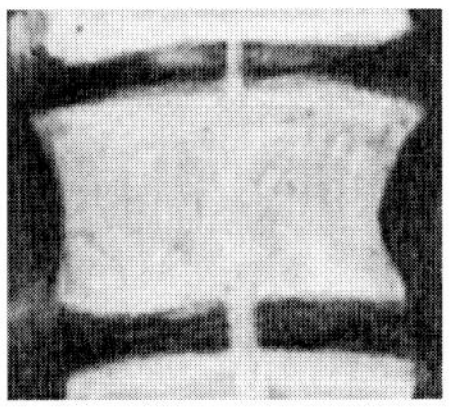
diffus weiß, Osteoporose (Marmorknochenkrankheit)

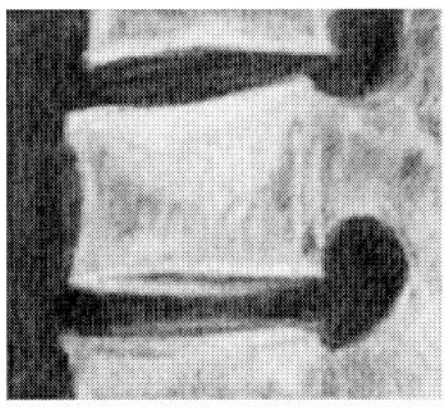
fleckig weiß (malignes Lymphom)

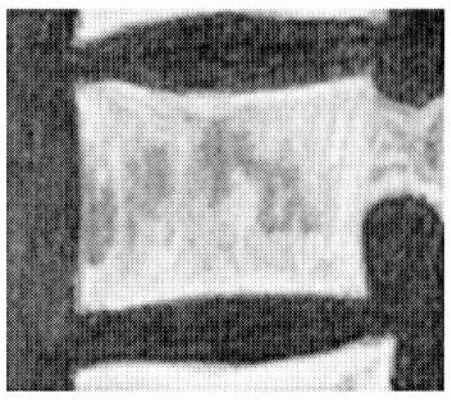
fleckig schwarz lytisch, Metastasen

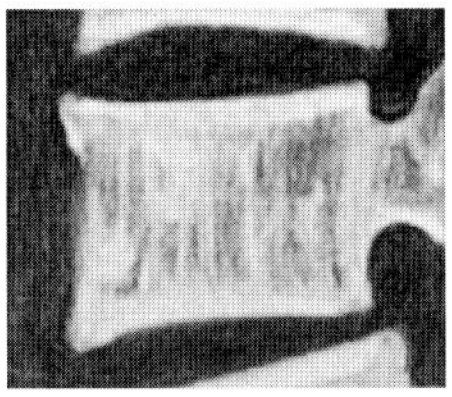
streifig weiß und gefleckt (Metastasen eines Prostatakarzinoms)

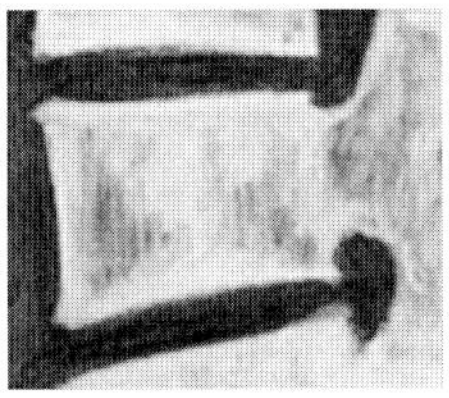
kastenförmige Sklerose (Morbus Paget)

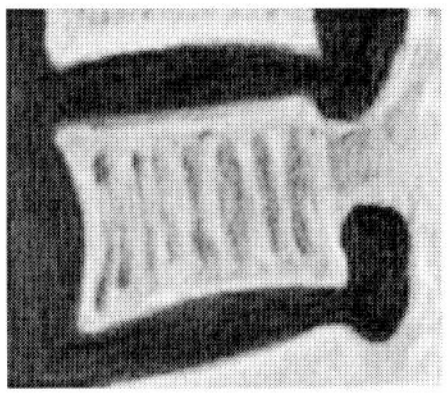
Vergröberung der Trabekel und leichte Expansion (Hämangiom)

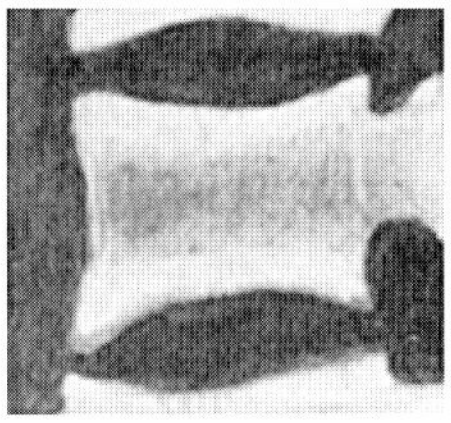
Rugger-Jersey-Spine

Osteoporose ohne Verlust der Form

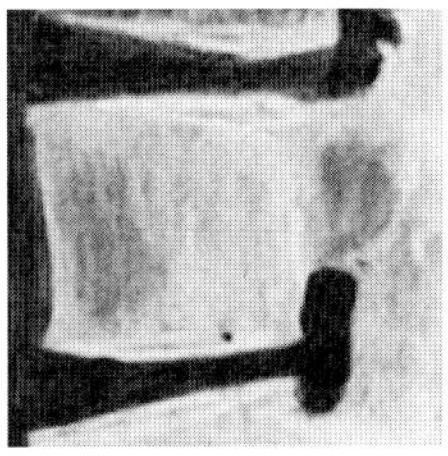
Höhenzunahme (Akromegalie)

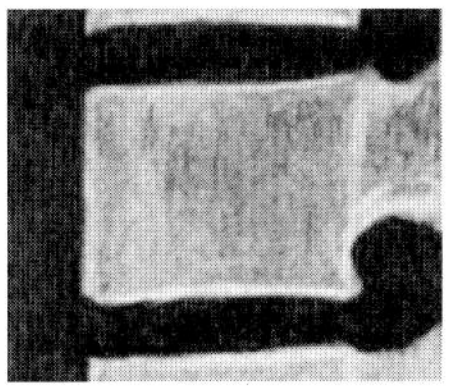
quadratisch (Turner-Syndrom)

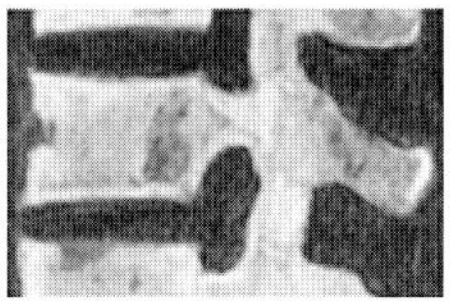
unregelmäßige Transparenz und Sklerose, Metastasen

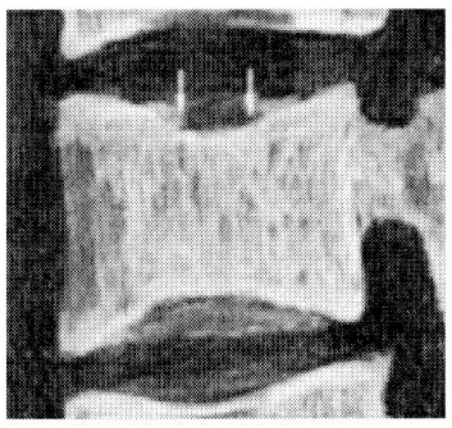
stufenförmige Einkerbungen der Deckplatten (Sichelzellanämie)

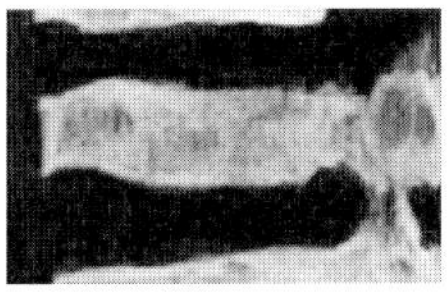
Abflachung, Osteochondrodystrophie

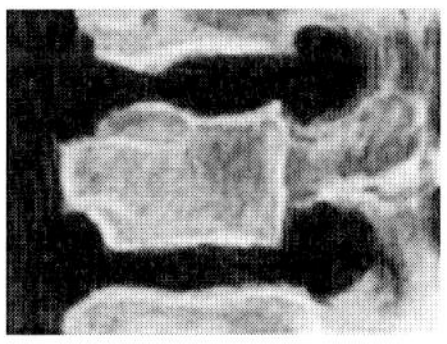
persistierende Epiphysen, vergrößerte Zwischenwirbelräume (Kretinismus, Hypothyreoidismus)

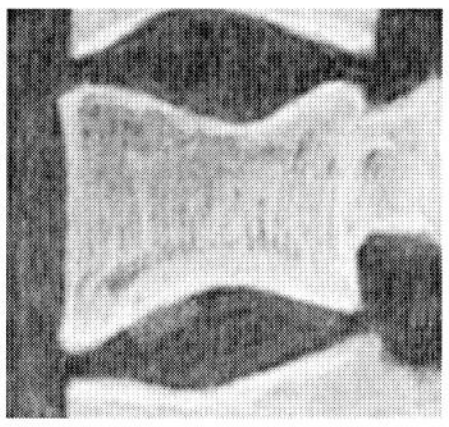
Osteoporose mit bikonkaver Form, Osteomalazie, Hyperparathyreoidismus, Morbus Cushing

Epiphysitis, Morbus Scheuermann

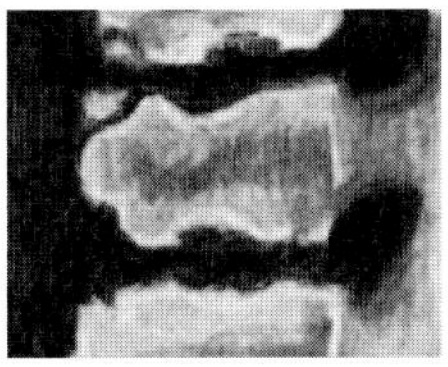
fortgeschrittene Epiphysitis, Keilbildung und wellige Form der Deckplatten (fortgeschrittener Morbus Scheuermann)

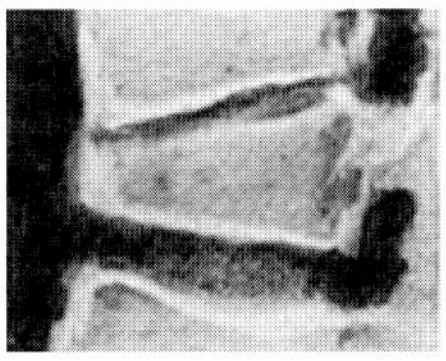
Vertebra plana, Retikuloendotheliose, eosinophiles Granulom

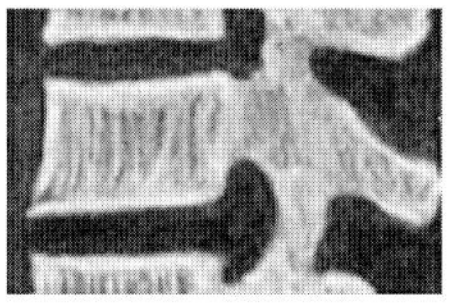
Hämangiom, vertikale Transparenz und Sklerose

Nach Meschan, I., R. M. Farrer-Meschan: Diagnostik mit bildgebenden Verfahren, Bd. III. Enke, Stuttgart 1991

Differentialdiagnose der erworbenen, reaktionslosen Verschmälerung eines Zwischenwirbelraums

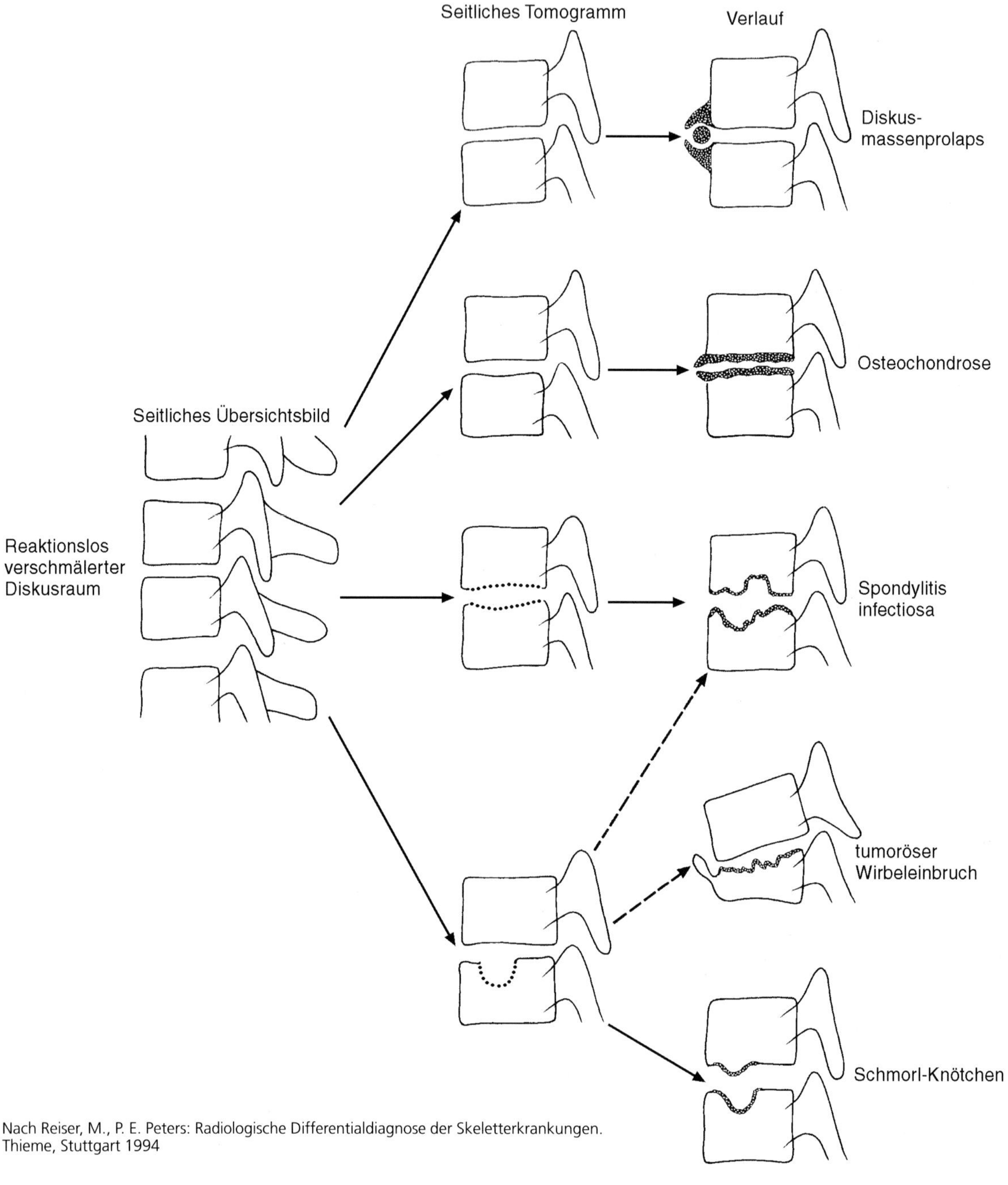

Nach Reiser, M., P. E. Peters: Radiologische Differentialdiagnose der Skeletterkrankungen. Thieme, Stuttgart 1994

Weite Zwischenwirbelräume durch bikonkave Wirbel

Beim Kind
Osteomalazie
Osteogenesis imperfecta
Hereditäre hämolytische Anämien
Hyperphosphatasie
Geroderma osteodysplastica hereditaria
Morbus Gaucher
Morbus Morquio
Homozystinurie

Beim Erwachsenen
Osteoporose
Osteomalazie
Plasmozytom
Metastasierung
Lymphom
primäre Amyloidose

Nach Reiser, M., P. E. Peters: Radiologische Differentialdiagnose der Skeletterkrankungen. Thieme, Stuttgart 1994

Röntgendifferentialdiagnose der Randleistenabtrennung

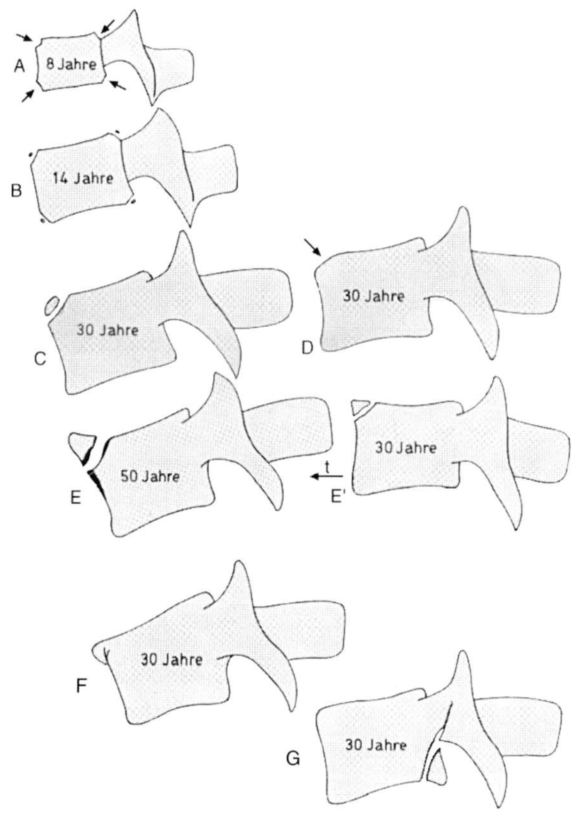

A = Altersmäßig noch nicht eingetretene Ossifikation der Wirbelkörperrandleiste *(Pfeile)*.
B = Physiologische Ossifikationskerne in der Randleiste.
C = Ein persistierender Randleistenkern ist wahrscheinlicher als ein retromarginaler Diskusprolaps (keine Dislokation der Randleiste, glatte Konturen).
D = Randleistendefekt (= Ossifikationsstörung der Randleiste an der oberen Wirbelkörperkante, *Pfeil*). Dieser Befund kommt am häufigsten an der Halswirbelsäule vor, entweder im Rahmen einer Scheuermannschen Krankheit oder als eigenständige Entwicklungsstörung.
E = Typischer Röntgenaspekt einer „älteren" Randleistenabtrennung durch retromarginalen Diskusprolaps (häufig geringfügig nach oben gedreht und meist nach vorne dislozierte Randleiste, „klaffender" Spalt zwischen Wirbelkörper und Randleiste, partiell verdichtete Konturen in diesem Bereich, Periostlamelle, *Pfeil*).
E' = Auch in diesem Fall ist eine leichte Anhebung und Drehung der durch den Prolaps abgetrennten Wirbelkante sichtbar. Der von E'nach E ziehende Pfeil (t = Zeit) soll andeuten, daß im Laufe der Zeit nicht nur Verformungen und Sklerosierungen an der abgetrennten Wirbelkante auftreten können, sondern es manchmal auch zu einer weiteren Verlagerung der abgetrennten Randleiste kommt.
F = (Hyper-)Flexionsfraktur mit typischer „Erkerbildung", keilförmige Wirbelkörperkompression.
G = Hintere untere Wirbelkörperkantenabtrennung. Die Röntgendifferentialdiagnose ist in diesem Falle als Fraktur (Extensionsfraktur nach Sturz auf das Gesäß) zu stellen, da sich der Frakturspalt in den Wirbelbogen fortsetzt. *Ohne* adäquaten, anamnestisch zu schildernden Extensionsmechanismus des Traumas und ohne andere Frakturbefunde (z.B. Ausdehnung der Fraktur auf den Wirbelbogen) ist jedoch in erster Linie ein dorsaler retromarginaler Diskusprolaps oder eine hintere Randleistenpersistenz anzunehmen.

Typische Wirbelsäulenveränderungen bei einigen häufig beobachteten Prozessen

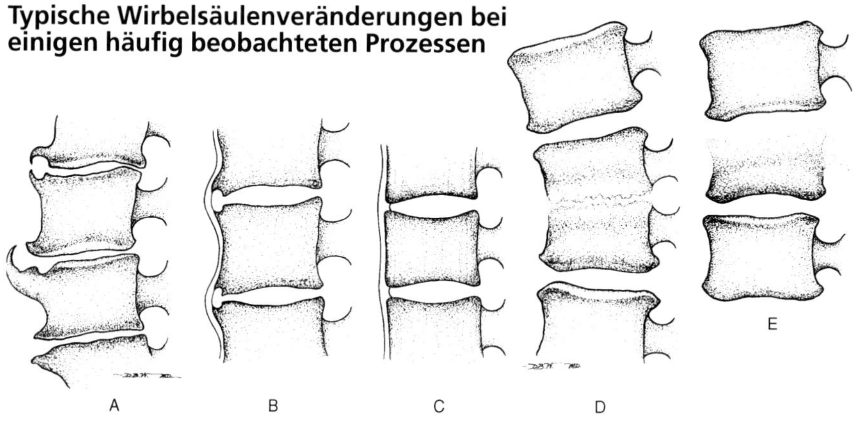

(**A**) Spondylose: enge Zwischenwirbelräume, Osteophyten. (**B**) Hyperostosis ankylosans (Forestier): Knochenbrücken zwischen den Wirbelkörpern im Bereich des Lig. longitudinale anterius mit Osteophyten. (**C**) Spondylitis ankylosans. Kastenwirbel und Syndesmophyten (Knochenbrücken zwischen den Wirbelkörpern). (**D**) Spinale Osteomyelitis. Zerstörung der aneinandergrenzenden Wirbelränder und der Bandscheibe. Abwinkelung der Wirbelsäule. (**E**) Destruktion des Wirbelkörpers und der Wirbelbogenfüße durch Metastasen (zum Vergleich).

Nach Burgener, F. A., M. Kormano: Röntgenologische Differentialdiagnostik. Thieme, Stuttgart 1988

Erkrankungen der Wirbelgelenke – Röntgenzeichen

Röntgenzeichen	Intervertebrale Osteochondrose	Spondylosis deformans	diffuse idiopatische Skelett-hyperostose (DISH)
Weichteilschwellung und Erweiterung des synovialen Gelenkspalts	nicht zu sehen	nicht zu sehen	nicht zu sehen
Subchondrale Osteoporose	fehlend	fehlend	fehlend
Verschmälerung des Gelenkspalts mit marginalen Arrosionen	spätes Aufreten	fehlend	spätes Auftreten
Knöcherne Arrosionen und subchondrale Zysten	fehlend, es sei denn mit Bandscheibenveränderungen	fehlend	fehlend
Deformität, Subluxation, Fragmentation	fehlend	fehlend	fehlend
Knochenresorption	fehlend	fehlend	fehlend
Knöcherne Ankylose	fehlend	fehlend	fehlend
Kalkablagerung	fehlend	kann im Nucleus pulposus vorhanden sein	fehlend
Veränderungen der Sakroiliakalgelenke	Spornbildung, Sklerose, gelegentlich Überbrückung	Osteophyten und Sklerose	paraartikuläre Osteophyten und Sklerose
Beteiligung der diskovertebralen Verbindungen	hypertrophe arthritische Veränderungen	hypertrophe arthritische Veränderungen	hypertrophe arthritische Veränderungen
Lineare knöcherne Brücken	Osteophyten	knöcherne Veränderungen in den Bändern	Osteophytose
Bandscheibenbeteiligung	zunächst Nucleus pulposus; später Herniation (Vakuum Phänomen)	Anulus fibrosus mit Bandscheibenvorwölbung; Asymmetrie ± Kyphose	fehlend
Bevorzugt befallene Wirbelsäulenregion	zervikal und lumbal	zervikal und lumbal, thorakal kann betroffen sein	thorakal (mehr rechts als links); kann lumbal und zervikal auftreten
Spinalstenose	kann Veränderungen hervorrufen	fehlend	prolabierte Bandscheiben können vorhanden sein; hypertrophe Ligamente

Nach Menschan, I., R. M. Farrer-Meschan: Diagnostik mit bildgebenden Verfahren. Bd. III. Enke, Stuttgart 1991

Erkrankungen der Wirbelgelenke – Röntgenzeichen, Fortsetzung 1

Röntgenzeichen	Rheumatoide Arthritis des Erwachsenen	Ankylosierende Spondylitis (seronegativ)	Seropositive juvenile rheumatoide Arthritis	Seronegative juvenile rheumatoide Arthritis (Still-Syndrom)
Weichteilschwellung und Erweiterung des synovialen Gelenkspalts	fakultativ betroffen	nachweisbar (+/- erosive Veränderungen des Dens)	nachweisbar (+/- erosive Veränderungen des Dens)	nachweisbar (+/- erosive Veränderung des Dens)
Subchondrale Osteoporose	+/-	+/-	nachweisbar	nachweisbar
Verschmälerung des Gelenkspalts mit marginalen Arrosionen	früh nicht nachweisbar, allerdings später nachweisbar	nachweisbar	im allgemeinen nachweisbar	nachweisbar
knöcherne Arrosionen und subchondrale Zysten	häufig	häufig	selten	selten
Deformität, Subluxation, Fragmentation	können nachweisbar sein, besonders an der Halswirbelsäule	können auch zusammen mit Frakturen nachweisbar sein	können nachweisbar sein (besonders atlanto-axial)	können nachweisbar sein (besonders atlanto-axial)
Knochenresorption	kann nachweisbar sein	kann nachweisbar sein	nachweisbar	nachweisbar
Knöcherne Ankylose	+/-	insbesondere nachweisbar	+/-	+/-
Kalkablagerungen	nachweisbar	kann nachweisbar sein	nachweisbar	nachweisbar
Veränderungen der Sakroiliakalgelenke	nicht häufig (25–35%); ligamentäre Veränderungen selten	sehr häufig Ankylose; symmetrisch	nicht häufig und ähnlich der rheumatoiden Arthritis des Erwachsenen (8–20%)	nicht häufig und ähnlich der rheumatoiden Arthritis des Erwachsenen
Beteiligung der diskovertebralen Verbindungen	+/- mit Ausnahme des Atlantoaxialgelenks, das in 20–25% betroffen ist	deutlich nachweisbar (kein Befall des Atlantoaxialgelenks)	+/-	+/-
Lineare knöcherne Brücken	+/- allerdings in der HWS nachweisbar	fokal an den Deckplatten, anterolaterale Destruktion; eierschalartige Verkalkung des vorderen Bandscheibenrandes (Syndesmophyten); + Osteoporose, + Bandscheibenverkalkung; + Bandscheiben-„Ballonierung"	zervikal häufiger	zervikal häufiger
Bandscheibenbeteiligung	+/-	kann verkalken	+/-	+/-
Bevorzugt befallene Wirbelsäulenregion	zervikal (60–70% der Fälle)	lumbal und dann die Wirbelsäule aufsteigend (das Sakroiliakalgelenk eingeschlossen)	zervikal	zervikal
Spinalstenose	fehlend	fehlend	fehlend	nachweisbar

Nach Meschan, I., R. M. Farrer-Meschan: Diagnostik mit bildgebenden Verfahren. Bd. III. Enke, Stuttgart 1991

Erkrankungen der Wirbelgelenke – Röntgenzeichen, Fortsetzung 2

Röntgenzeichen	Morbus Reiter (seronegativ)	Psoriasis (seronegativ)	Colitis ulcerosa	Enteropathische Arthropathien Morbus Crohn	Morbus Whipple	enterale Bypass-Chirurgie
Weichteilschwellung und Erweiterung des synovialen Gelenkspalts	nicht sichtbar	nicht sichtbar	nicht sichtbar	nicht sichtbar	nicht sichtbar	nicht sichtbar
Subchondrale Osteoporose	nachweisbar	nachweisbar	nachweisbar	nachweisbar	nachweisbar	nachweisbar
Verschmälerung des Gelenkspalts mit marginalen Arrosionen	asymmetrisch	asymmetrisch	wahrscheinlich vorhanden	+/-	+/-	+/-
Knöcherne Arrosionen und subchondrale Zysten	nicht sicher	im allgemeinen nicht zu beobachten	im allgemeinen nicht zu beobachten	im allgemeinen nicht zu beobachten	im allgemeinen nicht zu beobachten	im allgemeinen nicht zu beobachten
Deformität, Subluxation, Fragmentation	im allgemeinen nachweisbar	im allgemeinen nachweisbar	fehlend	fehlend	fehlend	fehlend
Knochenresorption	fehlend	fehlend	fehlend	fehlend	fehlend	fehlend
Knöcherne Ankylose	+/-	+/-	fehlend	fehlend	fehlend	fehlend
Kalkablagerung	?	?	?	?	?	?
Veränderungen der Sakroiliakalgelenke	häufig asymmetrisch 10–50%; ligamentärer Anteil verwaschen	häufig asymmetrisch; zu Anfang selten; später 40–50%	varriieren beachtlich, ähneln der ankylosierenden Spondylitis, falls vorhanden	weniger häufig als bei der Colitis ulcerosa (3–16%)	Inzidenz unbekannt	Inzidenz unbekannt; variiert mit dem chirurgischen Verfahren
Befall der diskovertebralen Verbindungen	gelegentlich	nicht bekannt				
Lineare knöcherne Brücken	grobe und dicke Syndesmophyten, die sich asymmetrisch anterolateral oberhalb der Deckplatte entwickeln		ähnelt der Spondylitis ankylosans	ähnelt der Spondylitis ankylosans		
	weniger häufig beim Reiter-Syndrom als bei der Psoriasis; häufig HWS; eine atlantoaxiale Subluxation kann auftreten	HWS selten; atlanto-axiale Subluxation selten				
Bandscheibenbeteiligung	fehlend (Ausnahme atlanto-axial und zervikal)	fehlend	fehlend	fehlend	fehlend	fehlend
Bevorzugt befallene Wirbelsäulenregion	lumbal und sakroiliakal, allerdings können andere Regionen ebenfalls betroffen sein, insbesondere die Zervikalregion	jede Region, besonders thorakal und lumbal	ähnlich der Spondylitis ankylosans	ähnlich der Spondylitis ankylosans	ähnlich der Spondylitis ankylosans	ähnlich der Spondylitis ankylosans
Spinalstenose	fehlend	fehlend	fehlend	fehlend	fehlend	fehlend

Nach Meschan, I., R. M. Farrer-Meschan: Diagnostik mit bildgebenden Verfahren. Bd. III. Enke, Stuttgart 1991

Erkrankungen der Wirbelgelenke – Röntgenzeichen, Fortsetzung 3

Röntgenzeichen	Osteoarthritis der kleinen Gelenke, z.B. der Unkovertebralgelenke	Ochronose	senile Kyphose
Weichteilschwellung und Erweiterung des synovialen Gelenkspalts	fehlend	Verschmälerung	fehlend
Subchondrale Osteoporose	fehlend	fehlend	nachweisbar
Verschmälerung des Gelenkspalts mit marginalen Arrosionen	spätes Auftreten	nachweisbar	Verschmälerung des Bandscheibenraums
Knöcherne Arrosionen und subchondrale Zysten	im allgemeinen vorhanden mit Eburnisation des angrenzenden Knochens	fehlend	fehlend
Deformität, Subluxation, Fragmentation	kann nachweisbar sein bei Streckung	fehlend	Kyphose
Knochenresorption		nachweisbar	nachweisbar
Knöcherne Ankylose	fehlend (mit Ausnahme gelegentlich des Sakroiliakalgelenks)	nachweisbar	+/-
Kalkablagerung	?	++++	+/-
Veränderungen der Sakroiliakalgelenke	Spornbildung mit oder ohne Beteiligung des ligamentären Teils	nachweisbar	+/-
Beteiligung der diskovertebralen Verbindungen	nachweisbar	nachweisbar	nachweisbar
Lineare knöcherne Brücken	fehlend	nachweisbar	häufig nachweisbar
Bandscheibenbeteiligung	nachweisbar	Verkalkung	Verschmälerung des Anulus fibrosus und Osteoporose; „Fischwirbel"
Bevorzugt befallene Wirbelsäulenregion	zervikal, thorakal, lumbosakral und sakroiliakal, besonders aber zervikal	gesamte Wirbelsäule	thorakal und lumbal, bei einigen Patienten allerdings auch zervikal
Spinalstenose	kann Veränderungen verursachen	nachweisbar	+/-

Nach Meschan, I., R. M. Farrer-Meschan: Diagnostik mit bildgebenden Verfahren. Bd. III. Enke, Stuttgart 1991

Einige für die Wirbelsäule und das Becken charakteristische radiographische Veränderungen und ihre Differentialdiagnose

Radiologischer Befund — **Liste der Ursachen**

Kyphose, Skoliose oder Kyphoskoliose

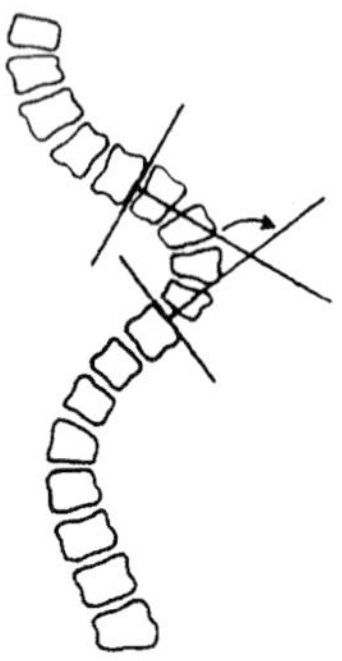

Krankhafte Veränderung der Brustwand (angeborene oder postoperative Rippenveränderung)
Chronische unilaterale Lungenkrankheit
Angeborene Wirbelanomalie (z.B. Wirbelverschmelzung, Wirbelhypoplasie oder Halbwirbel, Dysraphie, Rhachischisis)
Angeborene Syndrome (Achondroplasie, Kretinismus, Mukopolysaccharidose, Neurofibromatose, Osteogenesis imperfecta usw.)
Traumatische oder pathologische Fraktur, Luxation
Idiopathisch oder haltungsbedingt
Infektion (Spondylitis, Tbc)
Neoplastisch (metastatisch, multiples Myelom, Primärtumor)
Neuromuskuläre Störungen
Osteoidosteom der Wirbelsäule
Osteoporose (meist senile oder postklimakterische)
Morbus Paget
Rheumatoide Spondylitis oder Spondylitis ankylosans
Morbus Scheuermann (Adoleszentenkyphose)
Neurotrophische Wirbelsäulenveränderungen (Charcot-Wirbelsäule)
Spasmen als Folge einer abdominalen oder retroperitonealen Erkrankung

Atlantoaxiale Subluxation
(> 3mm)

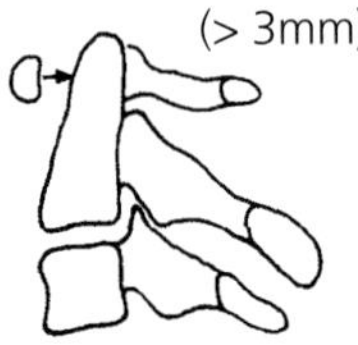

Spondylitis ankylosans und psoriatica
Angeborene zervikobasilare Anomalie
Retropharyngealabszeß beim Kind
Rheumatoide Arthritis (häufig)
Trauma (Fraktur oder Bänderriß)

Größerer Durchmesser eines oder mehrerer Wirbel

Akromegalie
Benigner Knochentumor (Hämangiom, Riesenzelltumor, aneurysmatische Knochenzyste, Osteoblastom)
Schmetterlingswirbel
Kompressionsfraktur
Fibröse Dysplasie
Lymphom
Nierenadenokarzinommetastase
Morbus Paget (Sklerose, Rahmenwirbel)
Morbus Scheuermann (vergrößerter sagittaler Durchmesser); häufig
(Degenerative Bänderverknöcherung)

Größere Höhe eines oder meherer Wirbel

Arachnodaktylie
Kompensatorisches Wachstum (bei fehlender Gewichtsbelastung)
Angeborener Blockwirbel

Bikonkave Wirbelkörper

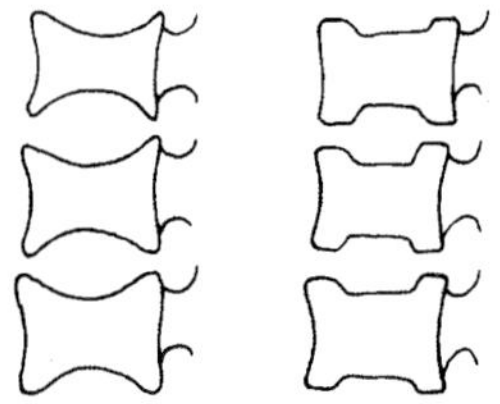

„Fischwirbel" Stufenförmige Endplatteneindellung

Morbus Gaucher (Fischwirbel)
Hereditäre Sphärozytose (Fischwirbel)
Homozystinurie (Fischwirbel)
Osteopenie (Fischwirbel); häufig
Renale Osteodystrophie (Fischwirbel)
Sichelzellenanämie (stufenförmige zentrale Eindellung der Endplatte oder Fischwirbel)
Thalassaemia major (Fischwirbel); selten

Nach Burgener, F. A., M. Kormano: Röntgenologische Differentialdiagostik. Thieme, Stuttgart 1988

Radiologischer Befund | **Liste der Ursachen**

Kastenwirbel

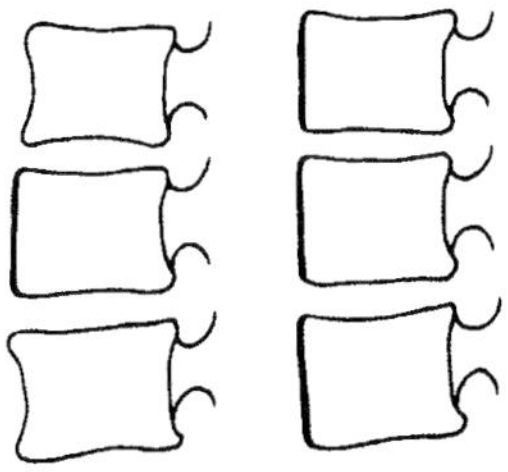

Spondylitis ankylosans (häufig)
Morbus Paget
Arthritis psoriatica
Reiter-Syndrom
Rheumatoide Arthritis

Erhöhte Dichte eines oder mehrerer Wirbel

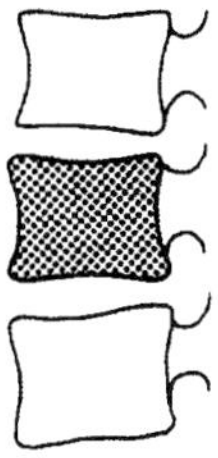

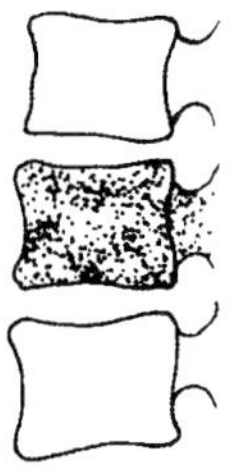

Homogen dicht oder „Elfenbeinwirbel"
Fluorose
Lymphom (speziell Hodgkin)
Myelosklerose
Osteoplastische Metastasen
Osteopetrosis
Morbus Paget

Sklerotisch oder fleckig, inhomogen
Alle oben genannten, plus
Knocheninsel
Fraktur (Kompressions- oder in Heilung begriffene Fraktur)
Hämangiom
Idiopathische Hyperkalzämie
Bandscheibenerkrankung
Mastozytose
Idiopathische, von der Bandscheibe unabhängige Sklerose
Osteoblastom
Osteomyelitis
Renale Osteodystrophie
Strahlentherapie
Sarkoidose
Sarkom (Osteosarkom, Chondrosarkom, Ewing-Sarkom)
Sichelzellenanämie
Tuberöse Sklerose

Zusammenbruch oder Abflachung eines oder mehrerer Wirbel

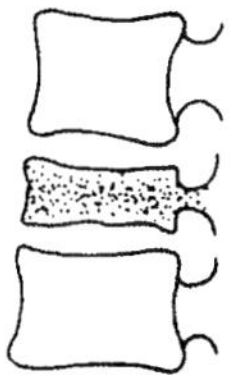

Aseptische Nekrose (Kümmell-Verneuil-Syndrom)
Angeborene Platyspondylie-Syndrome (z.B. Achondroplasie, Mukopolysaccharidose, Osteogenesis imperfecta)
Eosinophiles Granulom
Fraktur (traumatisch oder pathologisch); häufig
Hämangiom
Hyperparathyreoidismus
Lymphom
Metastase (Befall des Bogenfußes häufig)
Myelom, Plasmozytom (Befall des Bogenfußes selten)
Osteomyelitis
Osteoporose
Morbus Paget
Steroidtherapie
Morbus Scheuermann

Anteriore Einbuchtung eines oder mehrerer Wirbelkörper

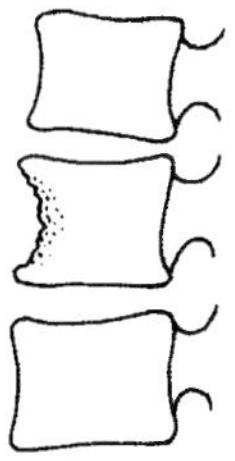

Aortenaneurysma
Entzündliche Lymphadenopathie
Lymphom
Lymphomknotenmetastasen
Tuberkulose (Spondylitis anterior)

Nach Burgener, F. A., M. Kormano: Röntgenologische Differentialdiagnostik. Thieme, Stuttgart 1988

Radiologischer Befund — **Liste der Ursachen**

Posteriore Einbuchtung eines oder mehrerer Wirbelkörper

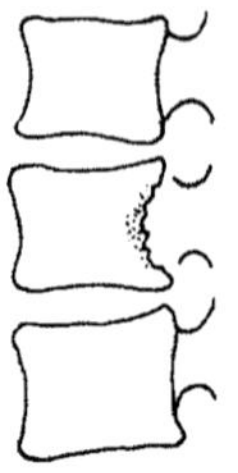

Achondroplasie
Akromegalie
Angeborene Syndrome (Arachnodaktylie, Mukopolysaccharidose usw.)
Intrakraniale Drucksteigerung
Neurofibromatose
Syringomyelie
Tumor im Wirbelkanal

Erweitertes Foramen intervertebrale

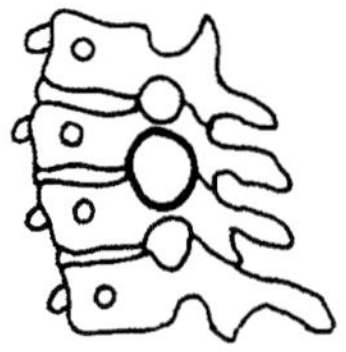

Angeborenes Fehlen des Bogenfußes
Laterale Meningozele
Neurofibrom, Neurinom (häufig)
Selten Tumor (Chordom, Dermoid, Lipom, Lymphom, Meningeom, Neuroblastom)

Arrosion oder Destruktion des Bogenfußes

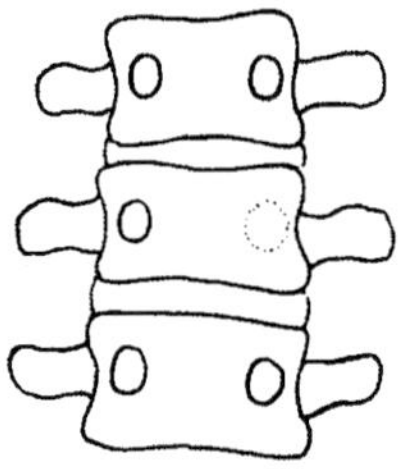

Benigner Knochentumor (aneurysmatische Knochenzyste, Riesenzelltumor, Hämangioperizytom)
Angeborenes Fehlen
Eosinophiles Granulom
Granulomatöse Erkrankung (Tuberkulose, Fungus)
Intraspinales Neoplasma oder Zyste (Neurofibrom, Meningeom)
Metastase (häufig)
Multiples Myelom (selten)
Syringomyelie

Örtliche Vergrößerung des Abstands zwischen den Bogenfüßen

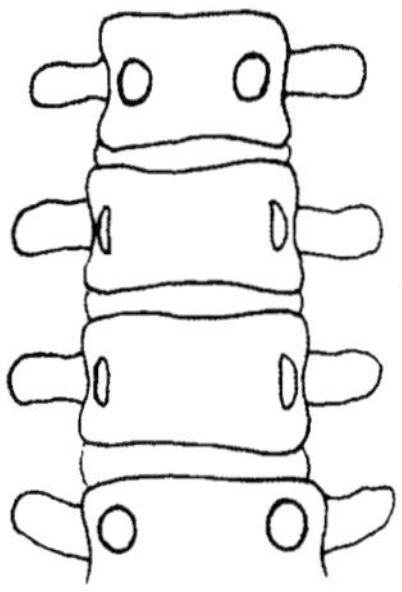

Myeloschisis
Intrathekale Tumoren (z.B. Ependymom)
Myelozele oder Meningomyelozele
Wirbelrotation bei Skoliose (scheinbar größerer Abstand)

Verkalkung einer oder mehrerer Bandscheiben (Anulus fibrosus oder Nucleus pulposus oder beide)

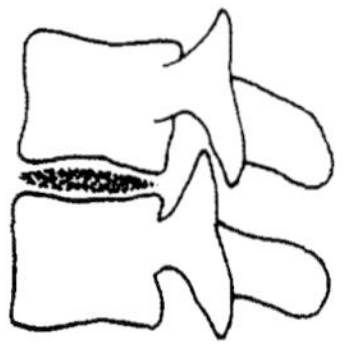

Spondylitis ankylosans
Bandscheibendegeneration
Gicht
Hämochromatose
Hyperparathyreoidismus
D-Hypervitaminose
Idiopathisch
Ochronose
Posttraumatisch
Pseudogicht

Nach Burgener, F. A., M. Kormano: Röntgenologische Differentialdiagnostik. Thieme, Stuttgart 1988

Veränderungen der Bogen-Wurzeln

Sklerosierung einer Bogenwurzel
- Osteoidosteom
- Streßbedingte Sklerosierung
- Osteoblastische Metastase
- Osteosarkom
- Ewing-Sarkom
- Lymphom
- Morbus Paget
- Idiopathisch

Vergrößerte Bogenwurzeln
- Kompensatorische Hypertonie bei kontralateraler Bogenhypoplasie oder -defekt
- Idiopathisch
- Tumorös, z.B. bei Osteoblastom, Hämangiom, Osteochondrom

Fehlen oder Destruktion einer Bogenwurzel
- Osteolytische Metastase
- Leukämie
- Lymphom
- Primärer Knochentumor
- Histiozytose X
- Kongenitales Fehlen

Dysplastische Bogenwurzeln
- Kongenitale Anomalie, z.B. Meningomyelozele, Diastematomyelie, Klippel-Feil-Syndrom, Neurofibromatose

Abgeflachte Bogenwurzeln
- Intraspinale Raumforderung
- Normvariante am thorakolumbalen Übergang

Nach Reiser, M., P. E. Peters:
Radiologische Differentialdiagnose der Skeletterkrankungen. Thieme, Stuttgart 1994

Differentialdiagnose der Affektionen der Iliosakralgelenke (ISG)

Degenerativ:
  Iliosakralarthrose
  Kapselverknöcherung bei Spondylitis hyperostotica (Morbus Forestier)
ISG-Syndrom bei Hypomobilität bzw. Hypermobilität
Entzündlich-rheumatisch: Iliosakralarthritis
  Doppelseitig
  Spondylitis ankylosans (Morbus Bechterew)
  Arthritis psoriatica
  Morbus Reiter
Enteropathien:
  Colitis ulcerosa
  Enterocolitis regionalis Crohn
  Whipple-Lipodystrophie
  Chronische Polyarthritis
  Einseitig
  Arthritis urica
Entzündlich-bakeriell:
  Tuberkulose
  Brucellose u.a.
Osteosis condensans
Osteopathien
  Ossipenisch:
  Osteoporose, Osteomalazie, Hyperparathyreoidismus
  Hypogonadismus
  Produktive:
  Ostitis deformans Paget
Benigne und maligne (primäre und sekundäre) Tumoren
Traumen
Dysplasien

Ursachen des Iliosakralgelenk-Syndroms

Gelenküberlastung bei
  Fehlstellungen des Sakrums
  Beckenschiefstand
  lumbaler Skoliose, lumbaler Hyper-Lordose
  Übergangswirbel
Folge:
  Gelenkarthrose
Lockerung des Gelenks infolge dekompensierter Bandinsuffizienz
  konstitutionell
  hormonell bei Schwangerschaft
  Alter
  Über- und Fehlbelastung infolge Fehlform, Fehlhaltung oder Beckenschiefstand
  Adipositas

Nach v. Lanz, T., W. Wachsmuth:
Praktische Anatomie, Bd. 2/Teil 7. Rücken. Springer, Berlin 1982

Erkrankungen im Bereich der Iliosakralgelenke

Bilateral-symmetrischer, bilateral-asymmetrischer und unilateraler Befall der Sakroiliakalgelenke bei verschiedenen Erkrankungen (Nach Resnick u. Mitarb.)

Erkrankung	Bilateral-symmetrisch	Bilateral-asymmetrisch	Unilateral
degenerative Erkrankungen	+	+	+
Ostitis condensans ilii	+	–	–
ankylosierende Spondylitis	+	–	–
entzündliche Darmerkrankung	+	–	–
Arthritis psoriatica	+	+	+
Reitersche Erkrankung	+	+	+
Infektion	–	–	+
rheumatoide Arthritis	–	+	+
Gicht	+	+	+
Calcium-Phosphat-Dihydrat-Speicherkrankheit	+	+	+
Hyperparathyreoidismus	+	–	–

Nach Zimmer, E. A.: Grenzen des Normalen und Anfänge des Pathologischen im Röntgenbild des Skeletts. 12. Aufl. Thieme, Stuttgart 1982

Messungen an der Wirbelsäule

Allgemeine Messungen

Beurteilung der Wirbelkörperform

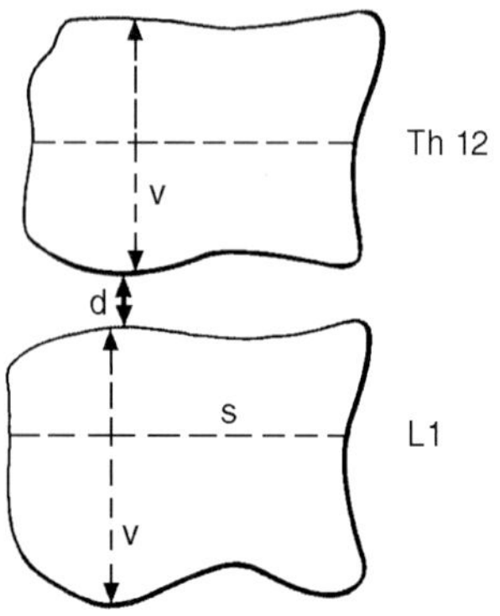

s = Sagittaldurchmesser
v = maximale Höhe des Wirbelkörpers
d = minimale Höhe der Bandscheibe

Beurteilung der Wirbelkörperform (nach Brandner)

Quotient $\frac{\text{maximale Höhe (V)}}{\text{kleinster sagittaler Durchmesser (S)}}$

V/S	Th12	L3
0–1 Monat	0,81	0,95
2–18 Monate	0,91	0,98
19–36 Monate	0,86	0,88
4–12 Jahre	0,86w 0,78m	0,79
ab 13 Jahre	0,93w 0,84m	1,0w 0,87m

Verhältnis Bandscheibenhöhe zu Wirbelkörperhöhe (nach Brandner)

Quotient $\frac{\text{Bandscheibenhöhe (d) Th 12/L1}}{\text{Wirbelkörperhöhe (V)}}$

d/V	Unterer	mittlerer	oberer Wert
0–1 Monat	0,22	0,36	0,53
2 Monate–12 Jahre	0,10	0,27	0,47
13 Jahre	0,09	0,20	0,31

Altersabhängigkeit der Bogenwurzelabstände (konventionelle Radiologie)

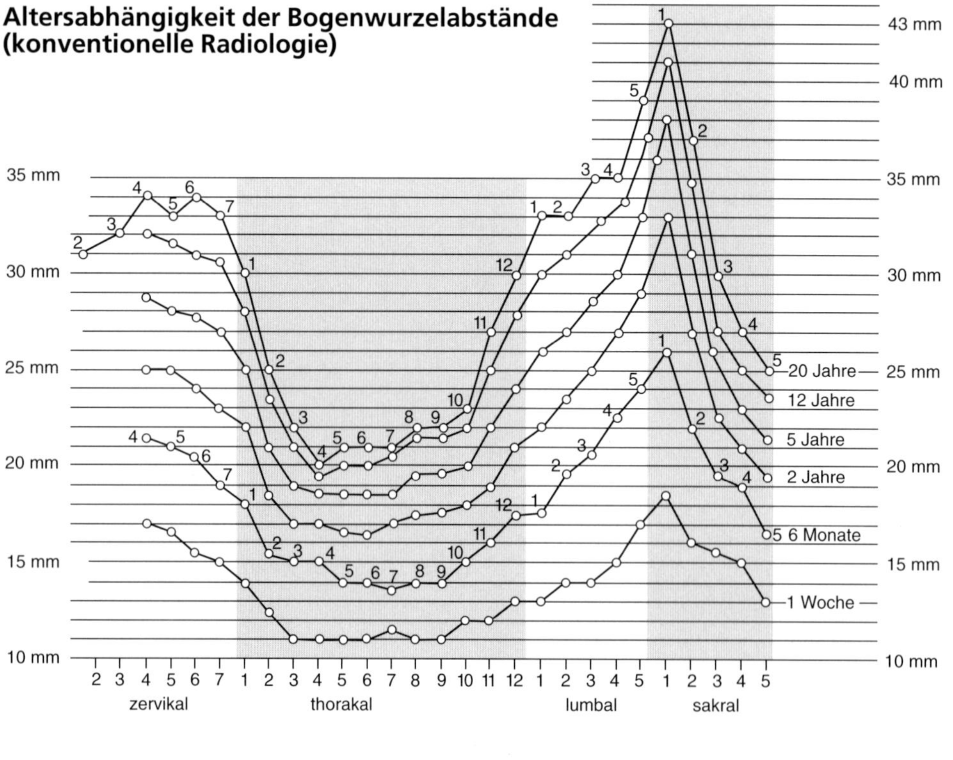

Alle Kurven zeigen die obere Normgrenze der Bogenwurzelabstände, gemessen an einem Normalkollektiv von 200 Patienten.

Morphometrie des lumbalen Spinalkanals mit der Computertomographie

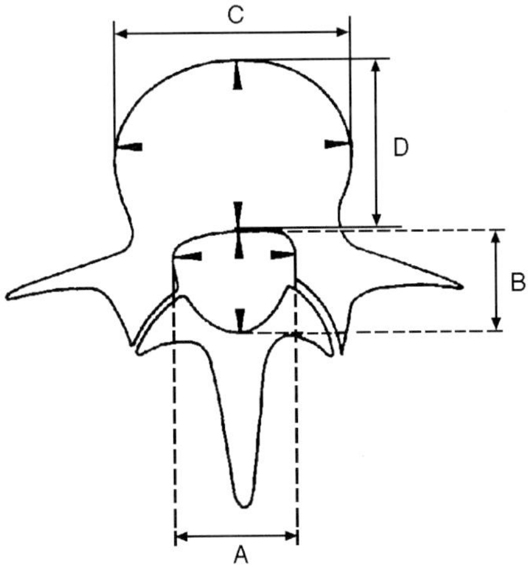

Spinaler Index (Jones-Thomson-Quotient): Der spinale Index gibt ein Maß für die Weite des Spinalkanals relativ zur Größe des Wirbelkörpers, das als diagnostisches Kriterium für die Bewertung einer Stenose gilt.

$$\text{Spinaler Index} = \frac{A \cdot B}{C \cdot D}$$

A = Transversaler Durchmesser des Spinalkanals in Höhe der Pediculi (Interpediculärer Abstand)
B = Sagittaler Durchmesser des Spinalkanals
C = Transversaler Durchmesser des Wirbelkörpers
D = Sagittaler Durchmesser des Wirbelkörpers

Spinaler Index bei Normalpersonen und bei Spinalstenose

Spinaler Index: Normalmaße

	Postacchini et al. (1980)
weiter Spinalkanal	1 : 2,1
enger Spinalkanal	1 : 4,7
N	21

Spinaler Index bei Spinalstenosen

Stenose	Postacchini et al. (1980)	N
kongenital	1 : 5,2 bis 1 : 7,7	8
degenerativ	–	5
kombiniert	1 : 3,7 bis 1 : 6,2	4

Transversaler Durchmesser des Spinalkanals – in Höhe der Pedikuli (IPD): Normalmaße (Angaben in mm)

	Lee et al. (1978)	Forzini et al. (1979)	Postacchini et a. (1980)	Ullrich et al. (1980)	Jend et al. (1982)
L 1	23–27	18,2–24,0		> 20	> 17
L 2		19,2–26,4		> 20	> 18
L 3	24–28	19,2–21,6	19–27	> 20	> 19
L 4		19,2–24,0		> 21	> 20
L 5	21–30	19,2–28,8		> 24	> 21
N	50	80	21	60	77

Transversaler Durchmesser des Spinalkanals – in Höhe der Intervertebralgelenke (IFD): Normalmaße (Angaben in mm)

	Lee et al. (1978)	Forzini et al. (1979)
L 1	15	19,2–33,6
L 2		18,8–33,6
L 3	15–18	21,0–33,6
L 4		21,6–40,2
L 5	21–27	28,8–45,6
N	50	80

Nach Vogel, H.: Maße in der Sonographie und Computertomographie. ecomed-Verlagsgesellschaft, Landsberg 1986

Normalwerte (Minimal- und Maximalwerte) des knöchernen Spinalkanals beim Erwachsenen (Sagittaldurchmesser) in [mm]

HWS (nach Bojsen) mm (nach Kricun)		HWS interpedunkulärer Abstand (nach Hinck u. Mitarb.) mm		BWS (Sagittaldurchmesser des Subarachnoidalraums nach Gellad [nach Keats] CT-Myelographie) mm		BWS (interpedunkulärer Abstand) (nach Hink u. Mitarb.) mm		LWS (nach Hinck u. Mitarb.) mm (nach Keats)		LWS interpedunkulärer Abstand (nach Hinck u. Mitarb.) mm	
C 1	19–32	C 3	25–31	T 1	11–16	T 1	20–27,5	L 1	16–27	L 1	20,5–29
C 2	16–27	C 4	25,5–32	T 2	11–15	T 2	17–24	L 2	16–27	L 2	21–30
C 3	15–25	C 5	26–33	T 3	11–17	T 3	16–22	L 2	17–26	L 3	21–31
C 4	14–24	C 6	26–33	T 4	12–17	T 4	15–21	L 4	17–26	L 4	21–33
C 5	14–23	C 7	24–32	T 5	10–16	T 5	14–21	L 5	16–27	L 5	23–36
C 6	14–23			T 6	10–17	T 6	14–20				
C 7	14–23			T 7	11–17	T 7	14–20				
				T 8	11–16	T 8	14,5–20,5				
				T 9	11–17	T 9	15–21				
				T 10	11–16	T 10	15,5–22				
				T 11	11–17	T 11	17–24				
				T 12	11–18	T 12	19–27				

Nach Reiser, M., P. E. Peters: Radiologische Differentialdiagnose der Skeletterkrankungen. Thieme, Stuttgart 1994

Sagittaler Durchmesser des Spinalkanals (AP): Normalmaße [mm]

	Lee et al. (1978)	Forzini et al. (1979)	Postacchini et al. (1980)	Ullrich et al. (1980)	Jend et al. (1982)
L 1		14,7 ± 2,2	13,8–20,4	> 17,5	> 16
L 2		14,2 ± 1,7		> 16,0	> 17
L 3	> 10	13,6 ± 1,8	13,5–18,5	> 15,0	> 18
L 4		14,5 ± 2,4	–	> 15,5	> 17
L 5		14,0 ± 1,2	13,8–20,4	> 17,0	> 18
N	50	80	21	60	77

Größe des Rezessus lateralis: Normalmaße [mm]

	Forzini et al. (1979)	Lackner et al. (1982		Dorwart et al. (1983)
	Normalmaße	Normalmaße	Patienten m. Ischialgie	Normalmaße
L 3		7 (5–7)	6 (4–10)	
L 4	4,7	6 (4–9)	7 (3–10)	> 3
L 5		8 (4–12)	8 (2–11)	
N	80	100		∅

Nach Vogel, H.: Maße in der Sonographie und Computertomographie. ecomed-Verlagsgesellschaft, Landsberg 1986

Querschnittsfläche des Spinalkanals bei Patienten mit Ischialgien und Normalmaße [mm²]

	Ullrich et al., (1980)	Lackner et al., (1982)	
	Normalmaße	Normalmaße	Patienten mit Ischialgie
L 1	240		
L 2	220		
L 3	210	280 (193–408)	238 (152–374)
L 4	220	308 (218–455)	236 (158–356)
L 5	250	352 (218–575)	278 (164–473)
N	60	64	96

* Dichte < 115 HU

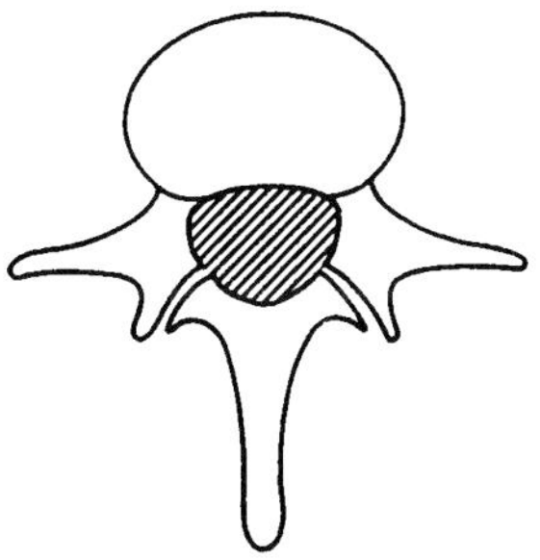

Querschnittsfläche*
des Spinalkanals (Schraffur)

Sagittaler Durchmesser des Spinalkanals, in Höhe der Pedikuli (IPD), bei Patienten mit Ischialgie und Kontrollgruppe [mm]

	Lackner et al., (1982)	
	Patienten mit Ischialgie	Kontrollgruppe
L 3	15 (11–20)	14 (12–19)
L 4	15 (11–20)	16 (11–22)
L 5	16 (11–22)	17 (12–25)
N	100	50

Durchmesser des Spinalkanals bei Stenosen [mm]

	Ciric et al. (1980)	Ullrich et al. (1980)	Verbiest (1981)
sagittaler Durchmesser:		11,5	≦ 12
absolute Sten.			≦ 10
relative Sten.			10–12
interpedikulärer Abstand		< 16	
Rezessus lateralis	< 2		
N	∅	60	∅

Nach Vogel, H.: Maße in der Sonographie und Computertomographie. ecomed-Verlagsgesellschaft, Landsberg 1986

Spezielle Messungen

Kraniozervikaler Übergang, Halswirbelsäule und Halsweichteile

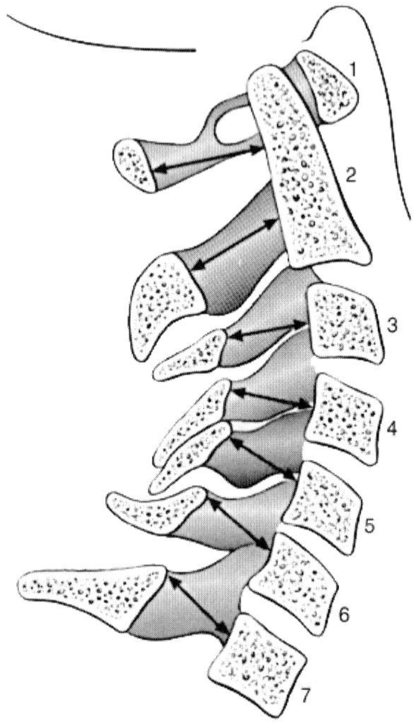

Messung des Sagittaldurchmessers der HWS (nach Hinck)

Normalwerte des Sagittaldurchmessers des Spinalkanals in der HWS

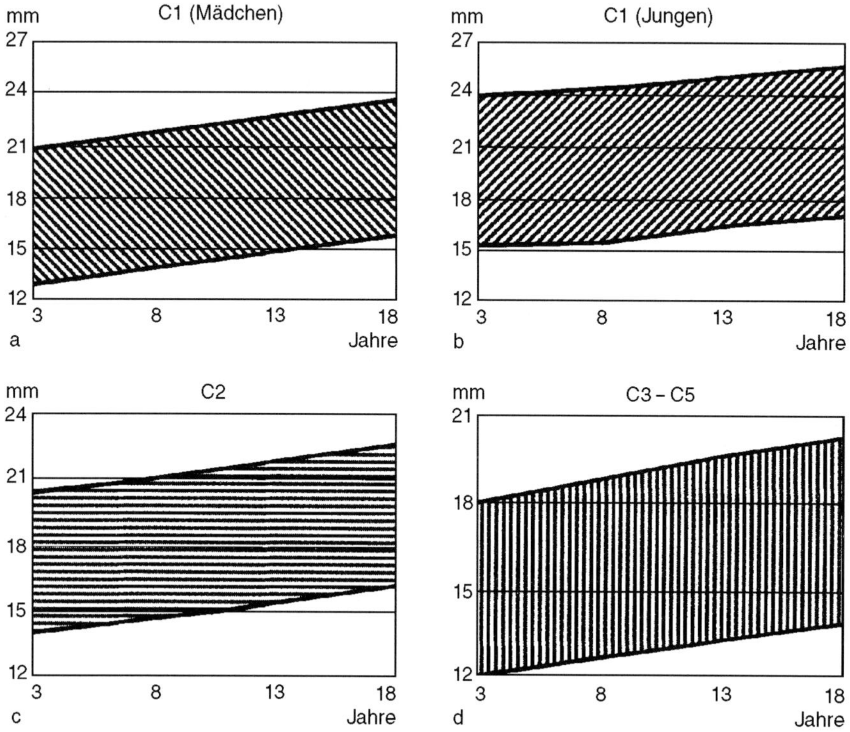

C1–C5 für Jungen und Mädchen. Die schraffierte Zone entspricht dem Bereich der 5. und der 95. Perzentile (nach Hinck)

Nach Hinck, V. C., C. E. Hopkins, B. S. Sarara: Radiology 79 (1962) 97

Maße des Abstandes Atlasbogen-Dens Epistrophei

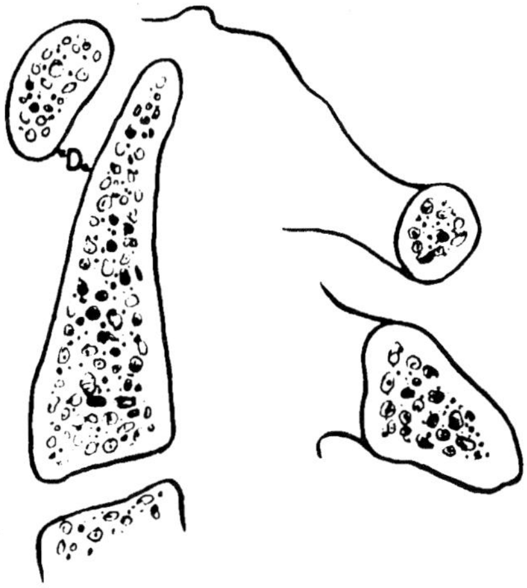

Normalwerte	in mm
Männer (30–80 Jahre)	2,025 - (0,0192 x Alter) ± 1,00
Frauen (20–80 Jahre)	1,238 - (0,0074 x Alter) ± 0,90
Kinder	in Extension 2,0–2,5 mm
	in Flexion 2,0–3,0 mm

Bei Erwachsenen gibt es keine signifikanten Abweichungen, wenn die Aufnahme statt in Normalstellung in Extension gemacht wurde. Wurde die Aufnahme in Flexion gemacht, sind die Abweichungen zu vernachlässigen.

Nach Hinck, V. C., C. E. Hopkins: Amer. J. Roentgenol. 84 (1960) 945
Nach Jackson, H.: Brit. J. Radiol. 23 (1950) 672

Messungen am oberen zervikalen Spinalkanal mit der Computertomographie

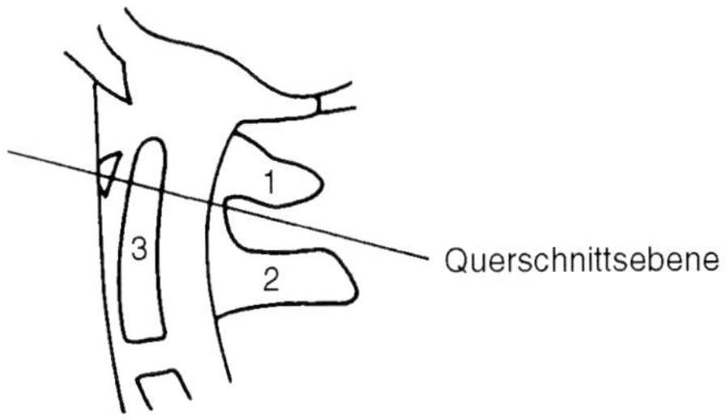

Längsschnitt des Spinalkanals in Höhe des Dens axis

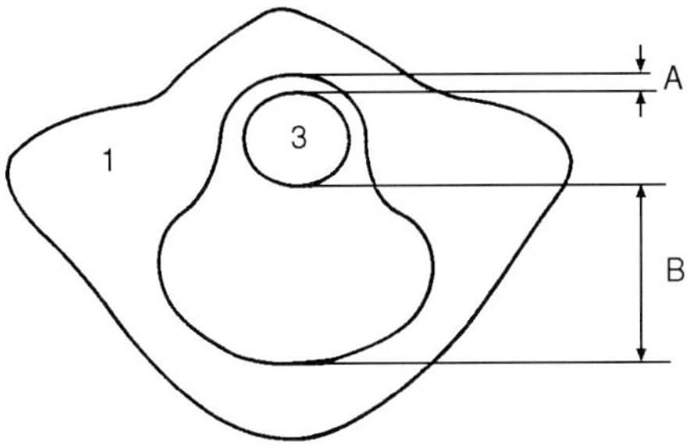

Querschnitt in Höhe des Dens axis
1 = Corpus vertebrae cervicalis I
2 = Corpus vertebrae cervicalis II
3 = Dens axis

A = präodontoider Raum
B = Durchmesser des Spinalkanals in Höhe des Dens axis

Antero-posteriorer Durchmesser des präodontoiden Raumes (Angaben in mm)

	Castor et al. (1983)
Normalgröße	< 2
Rheumatoide Arthritis	2–6,4
N	33

Durchmesser des Spinalkanals in Höhe des Dens axis (Angaben in mm)

	Jend et al. (1982)	Castor et al. (1983)
Normalmaße	≧ 21	
Rheumatoide Arthritis		
Mittel		18
Bereich		11,5–30
N	∅	33

Nach Vogel, H.: Maße in der Sonographie und Computertomographie. ecomed-Verlagsgesellschaft, Landsberg 1986

Kraniometrische Meßlinien und Winkelbestimmungen im Sagittalbild

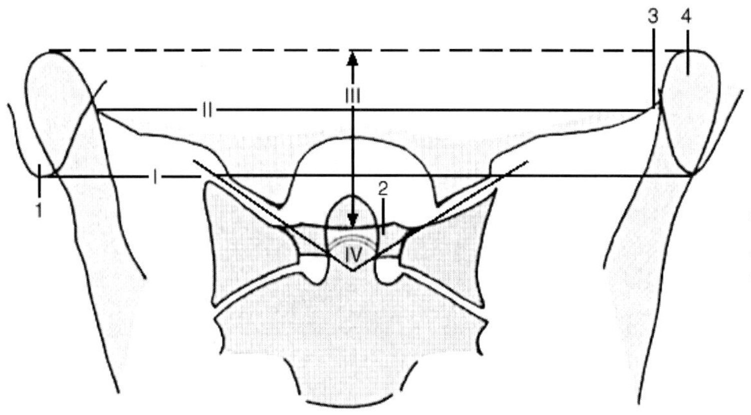

Meßlinien: I = Bimastoidlinie, II = Biventerlinie, III = Kiefergelenk-Atlasbogen-Abstand, IV = atlantookzipitaler Gelenkachsenwinkel, 1 = Spitzen der Processus mastoidei, 2 = vorderer Rand des Atlas, 3 = Incisura mastoidea, 4 = Condylus madibularis

Nomenklatur (Synonyma)	Nr.	Definition	Normale Meßwerte	Literatur
Bimastoidlinie	I	Verbindung der Spitzen der Warzenfortsätze	Densspitze bis maximal 10 mm oberhalb, schneidet zumeist die Mitte der Atlantookzipitalgelenke	Fischgold u. Metzger 1952
Biventerlinie (Linea digastrica)	II	verbindet die Incisurae mastoideae (Ursprungspunkte der Mm. biventres oder digastrici an der medialen Basis der Warzenfortsätze)	wird von der Densspitze nicht überschritten	Fischgold u. Mitarb. (1952); u. Decker u. Mitarb. (1956)
Kiefergelenk-Atlasbogen-Abstand	III	Abstand zwischen der Horziontalen durch die Kiefergelenke und dem oberen Rand des vorderen Atlasbogens	zwischen 22 und 39 mm, im Mittel 30 mm	Fissore 1958, Fischgold 1959
atlantookzipitaler Gelenkachsenwinkel	IV	Schenkel verlaufen durch die Mitte der Atlantookzipitalgelenke etwa parallel zur Kondylengelenkfläche	im Mittel 124–127° (auf Tomogrammen nur in Schichttiefe des Dens axis bestimmbar)	Schmidt u. Fischer 1960

Die römischen Zahlen verweisen auf obige Abb.

Nach Torklus, D., W. Gehle: Die obere Halswirbelsäule. Thieme, Stuttgart 1970

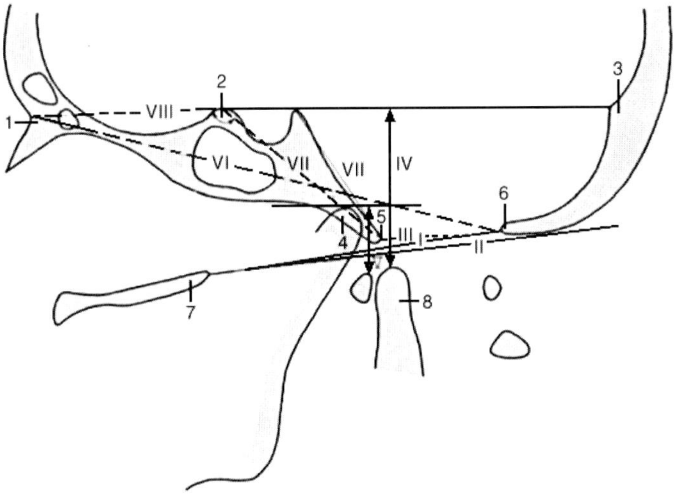

Kraniometrische Meßlinien und Winkelbestimmungen im Seitenbild*

I = Chamberlain-Linie, II = McGregor-Linie, III = McRae-Linie, IV = Höhenindex von Klaus, V = Kiefergelenk-Atlasbogen-Abstand, VI = Boogard-Linie, VII = u. III Boogard-Winkel, VIII = Welcker-Winkel, 1 = Processus nasalis, 2 = Tuberculum Sellae, 3 = Eminentia cruciformis des Os occipitale, 4 = Kiefergelenkköpfchen, 5 = Basis des Clivus, 6 = vorderer Rand des Os occipitale, 7 = Palatum durum, 8 = Densspitze

Nomenklatur (Synonyma)		Definition	Normale Meßwerte	Literatur
Chamberlain-Linie (Palatookzipitallinie)	I	Verbindungslinie vom hinteren Pol des harten Gaumens zum Hinterrand des Foramen magnum (Opisthion)	Im Mittel liegt die Densspitze 1 mm ± 3,6 mm unterhalb dieser Linie	Chamberlain 1938/39 Saunders 1943 McGregor 1948 Goettsch 1957
McGregor-Linie (Basallinie)	II	Verbindungslinie von der oberen Hinterkante des harten Gaumens zum tiefsten Punkt der Hinterhauptschuppe	Densspitze nicht mehr als 5mm oberhalb dieser Linie	McGregor 1948
McRae-Linie (Foramen-magnum-Linie)	III	Verbindung vom Vorderrand (Basion) zum Hinterrand des Foramen magnum (Opisthion)	Densspitze überragt diese Linie nicht	McRae 1953
Höhenindex von Klaus	IV	Abstand der Densspitze von der Linea tuberculocruciata (Verbindung vom Tuberculum sellae zur Eminentia cruciformis der Protuberantia occipitalis interna)	Durchschnittlich 40 bis 41 mm, zwischen 36 bis 30 mm zweifelhaft pathologisch, unter 30 mm Hinweis auf basilare Impression	Klaus 1957, 1962
Kiefergelenk-Atlasbogenabstand	V	Abstand zwischen der Horizontalen durch das Kiefergelenk und dem oberen Rand des vorderen Atlasbogens	Im Mittel 30 mm, variiert zwischen 22 und 39 mm	Fissore 1958 Fischgold u. Mitarb. 1959
Boogaard-Linie	VI	Verbindungslinie zwischen Nasion und Opisthion	Basion unterhalb dieser Linie	Boogaard 1865
Boogaard-Winkel	VII + III	Ebene des Foramen magnum – Clivusebene (Dorsum sellae bis Basion)	Im Mittel 122 Grad, variiert zwischen 119–135 Grad	Boogaardt 1865 Goldhamer u. Schüller 1927 Tänzer 1956 Schmidt u. Fischer 1960
Welcker-Winkel (Basiswinkel)	VIII	Nasion – Tuberculum sellae – Basion	Im Mittel 132 Grad sigma = 6,2 Grad	Welcker 1862, 1866 McRae u. Barnum 1953 Schmidt u. Fischer 1960

* Die römische Zahl entspricht der Kennzeichnung auf der Abbildung.

Nach Torklus, D., W. Gehle: Die obere Halswirbelsäule. Thieme, Stuttgart 1970

Gelenkachsenwinkel der Atlantookzipitalgelenke

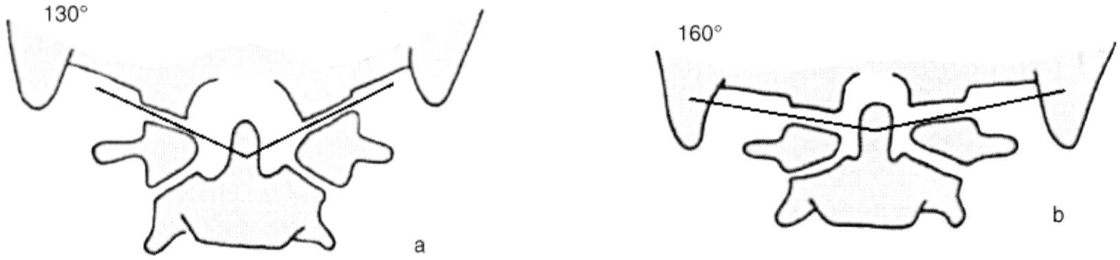

a) Normbereich, b) kondyläre Hypoplasie

Nach Torklus, D., W. Gehle: Die obere Halswirbelsäule. Thieme, Stuttgart 1970

Kraniozervikaler Übergang

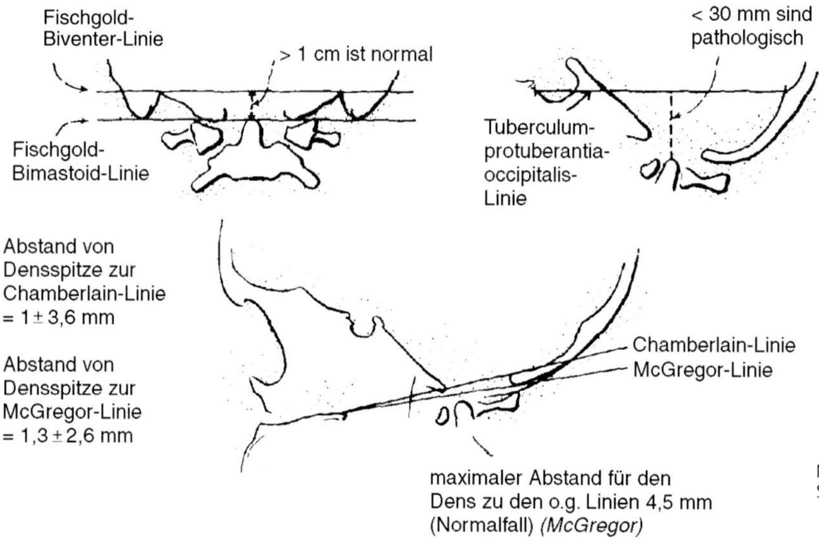

Nach Meschan, I.: Röntgenanatomie. Enke, Stuttgart 1987

Mobilität der Halswirbelsäule

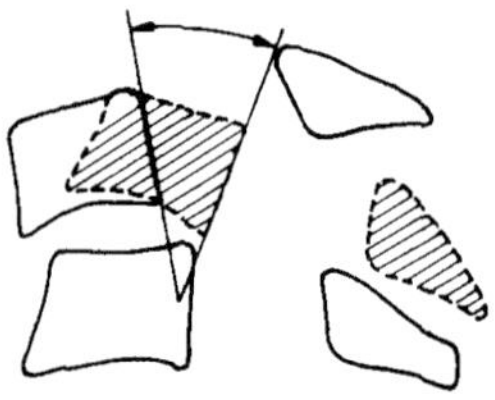

Bestimmung des Bewegungsausmaßes der Halswirbelsäule zwischen maximaler Flexion und maximaler Extension

In der Okzipito-Zervikal-Gegend (CO/C 2) ist das Ausmaß der Sagittalbewegung der Halswirbelsäule weitgehend altersunabhängig, was dem Fehlen von Zwischenwirbelscheiben im Bereich der Kopfgelenke zuzuschreiben sein dürfte. Die Bewegung beträgt rund 30° und verteilt sich zu etwa gleichen Teilen auf das obere und untere Kopfgelenk.

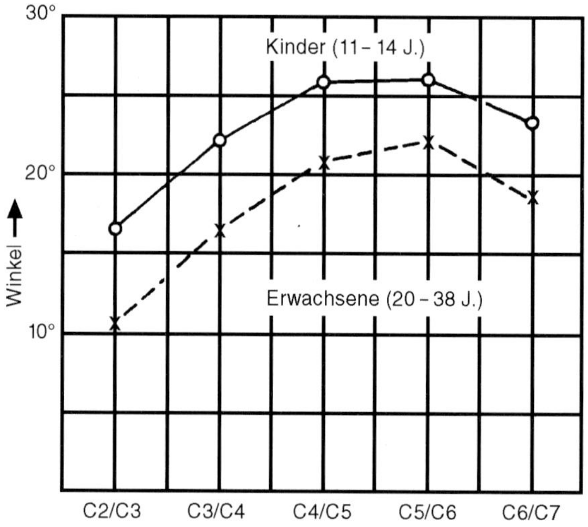

Mittelwerte der Gesamtbeweglichkeit der Halswirbelsäule in Abhängigkeit vom Alter

Nach Markuske, H.: Röntgenmorphologische Halswirbelsäulendiagnostik im Kindesalter. Psychiat. Neurol. med. Psychol. 35 (1983) 257–266

Messung der Ante- und Retroflexion der Halswirbelsäule aus dem Bewegungsdiagramm

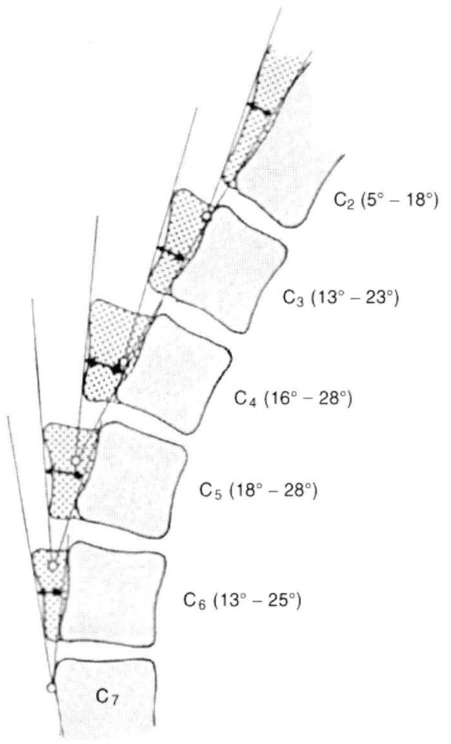

Seitliche Aufnahme der HWS in maximaler Retro- und Anteflexion. Auf Transparentpapier wird von der Anteflexionsaufnahme eine Wirbelkörperpause angefertigt. Dann wird die Pause auf die Retroflexionsaufnahme gelegt, so daß sich die 7. Halswirbelkörper decken. Jetzt zeichnet man den 6. HWK der Retroflexionsaufnahme auf die Pause ein. So wird ein Wirbel nach dem anderen von der Retroflexionsaufnahme auf die Pause der Anteflexionsaufnahme bis zum 2. HWK eingezeichnet. An der Dorsalseite der Wirbelkörper werden senkrechte Tangenten aufgetragen, die einen Winkel zueinander ergeben. Auf der Abbildung sind die Normalwinkel angegeben.

Nach Fochem, K., J. Klumair: Atlas der röntgenologischen Meßmethoden. Springer, Wien 1976
Nach Buetti-Bäuml, C.: Funktionelle Röntgendiagnostik der Halswirbelsäule. Thieme, Stuttgart 1959

Gegenüberstellung von Morphometrie der Halswirbelsäule mit der Computertomographie und der Magnet-Resonanz-Tomographie

Tab. 1 Zusammenfassung des statistischen Vergleichs (Wilcoxon-Vorzeichenrangtest für gepaarte Stichproben) aller gemessenen Wertepaare in Zentimetern (Total, n = 90) für den Durchmesser des Duralsacks („DURA"), des Myelons („MYELON"), des ventralen und dorsalen Subarachnoidalraumes („SAR"). Aufgliederung in die jeweils verwendeten Oberflächenspulen (R 2, n = 49; C 3, n = 17, H 2, n = 24). Die Mittelwerte in CT und MRT sind durch einen Schrägstrich voneinander getrennt. Unterschiedliche Signifikanzniveaus sind durch Umrahmungen ausgewiesen.

Zervikal:	Dura CT/MR	Myelon CT/MR	Ventr. SAR CT/MR	Dors. SAR CT/MR
R 2 (49) 10 x 20 cm	1,06/1,01	0,67/0,67	0,19/0,15	0,20/0,17
C 3 (17) 11 cm zirk.	1,07/1,04	0,61/0,70	0,20/0,19	0,24/0,15
H 2 (24) Kopfspule	0,97/0,94	0,64/0,72	0,17/0,14	0,15/0,08
Total: (90)	1,04/1,00	0,65/0,69	0,18/0,16	0,19/0,14
	p:	< 0,01		< 0,05

Auswertung der weiten zervikalen Segmente („ZERVIKAL +"/Tab. 2)

Tab. 2 Aufgliederung der zu Tab. 1 analogen Wertepaare der Segmente (n = 50), deren Duralsackdurchmesser in der PMCT über dem Mittelwert des Kollektivs von 1,037 cm liegt.

Zervikal +	Dura CT/MR	Mylon CT/MR	Ventr. SAR CT/MR	Dors. SAR CT/MR
R 2 (26) 10 x 20 cm	1,23/1,14	0,71/0,67	0,23/0,22	0,28/0,25
C 3 (12) 11 cm zirk.	1,18/1,14	0,66/0,67	0,23/0,26	0,27/0,26
H 2 (12) Kopfspule	1,12/1,07	0,72/0,76	0,21/0,21	0,18/0,13
Total: (50)	1,19/1,12	0,70/0,69	0,22/0,23	0,26/0,21
	p:	< 0,01		y 0,05

Auswertung der engen zervikalen Segmente („ZERVIKAL -"/Tab. 3)

Tab. 3 Aufgliederung der zur Tab. 1 analogen Wertepaare der Segmente (n = 40), deren Duralsackdurchmesser in der PMCT weniger oder gleich dem Mittelwert des Kollektivs von 1,037 cm ist.

Zervikal -	Dura CT/MR	Myelon CT/MR	Ventr. SAR CT/MR	Dors. SAR CT/MR
R 2 (23) 10 x 20 cm	0,89/0,87	0,63/0,67	0,15/0,09	0,11/0,09
C 3 (5) 11 cm zirk.	0,81/0,78	0,50/0,78	0,14/0,02	0,16/0,00
H 2 (12) Kopfspule	0,78/0,78	0,54/0,68	0,13/0,07	0,10/0,03
Total: (40)	0,85/0,85	0,59/0,69	0,14/0,08	0,11/0,06
	p:	< 0,01		< 0,05

Da die Ergebnisse der Tab. 1 entweder abhängig von der verwendeten Spule oder von der Weite des Spinalkanals offensichtlich differieren, wurde eine getrennte Auswertung enger und weiter Semente durchgeführt. Hierzu wurde anhand des Mittelwertes für den in der PMCT ermittelten Duralsackdurchmesser (= 1,037 cm) dichontomisiert.

Die Aufgliederung der Meßergebnisse nach den verwendeten Spulen zeigt eine Selektion der weiteren Duralsackdurchmesser zur R 2- und C 3-Spule, während Patienten mit engerem Durchmesser überwiegend mit der H 2-Spule untersucht wurden. Bei weiten Durchmessern ergibt sich in der MRT eine Unterschätzung des Duralsackdurchmessers, die bei den 49 Segmenten der R 2-Spule hoch signifikant ist. Das Myelon wird mit der C 3- und H 2-Spule zu dick gemessen, während nur die Tendenz einer Unterschätzung des Duralsackdurchmessers erkennbar ist. Der dorsale Subarachnoidalraum wird sowohl bei Verwendung der C 3- als auch der H 2-Spule in der MRT deutlich unterschätzt.

Nach Warmuth-Metz, M. et a.: Vergleichende Messung des zervikalen Spinalkanals mit der Kernspintomographie und der postmyelographischen CT (MPCT). Klin. Neuroradiol. 2 (1992) 85–91

Weichteile der Zervikalregion – Normalmaße im Computertomogramm

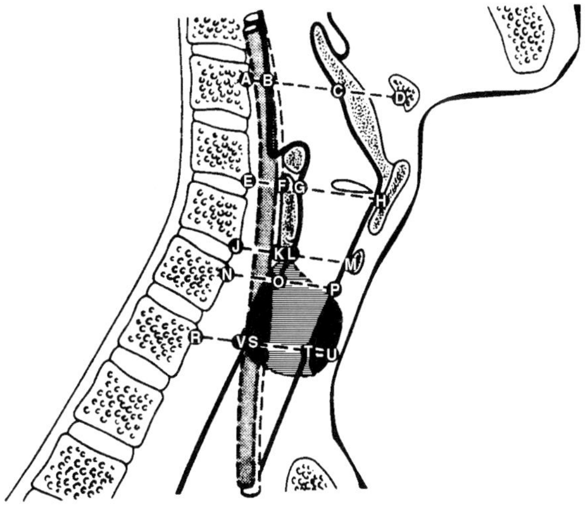

Nach Zaunbauer, W., S. Däpp, M. Haertel: Anatomische Normalmaße im zervikalen Computertomogramm. Radiologe 25 (1985) 521–524

Anatomische Normalmaße im zervikalen Computertomogramm in Normalrespiration (zervikaler Mediosagittalschnitt)

Parameter	Diameter	Mittelwert (mm)
Prävertebrale Weichteile	AB = retropharyngeal	1,7
	EF = retroglottisch	5,7
	JK = retrokrikoidal	6,0
	NO = retrotracheal (Niveau 1. Trachealspange)	8,4
	RS = retrotracheal (Niveau Halswirbelkörper VII)	8,3
Lumen der oberen Luftwege	BC = Larynxeingang (Niveau Hyoid)	18,8
	GH = Glottis	20,7
	LM = Arcus cartilaginis cricoideae	19,4
	OP = Trachea (Niveau 1. Trachealspange)	17,2
Distanzmessung	AD = Wirbelsäulen-Zungenbein	33,2
	AC = Wirbelsäule-Epiglottis	20,5
Glandula thyroidea	TU = Isthmus (Sagittaler Maximaldurchmesser)	5,9
	VU = Lobus dexter (Sagittal)	22,5
	SU = Lobus sinister (Sagittal)	21,3

Prävertebrale Weichteile (medio-sagittal). Anatomische Normalmaße (60 Probanden/20–83 Jahre/m : w = 35 : 25)

Messung	Variationsbreite (mm)	Mittelwerte (mm) m	w	= ∅	Standardabweichung (mm)
Retropharyngeal					
Respiration	1– 4	1,9	1,6	1,7	0,66
Phonation	1– 4	1,8	1,6	1,7	0,78
Retroglottisch					
Respiration	4–10	5,7	5,6	5,7	1,22
Phonation	4– 9	5,6	5,3	5,5	1,18
Retrokrikoidal					
Respiration	4– 9	6,1	5,9	6,0	1,09
Phonation	4– 9	5,5	5,4	5,5	1,19
Retrotracheal					
Niveau 1. Trachealspange	7–12	8,8	7,9	8,4	2,12
Niveau Halswirbelkörper VII	5–11	9,1	7,2	8,3	2,50

Lumina der oberen Luftwege, Anatomische Normalmaße (60 Probanden/20–83 Jahre/m : w = 35 : 25)

Messung	Variationsbreite (mm)	Mittelwerte (mm) m	w	= ∅	Standardabweichung (mm)
Larynxeingang (Niveau Hyoid)					
Sagittal/Respiration	8–24	19,9	17,2	18,8	3,98
Sagittal/Phonation	19–27	26,1	22,5	24,2	2,72
Glottis					
Sagittal/Respiration	16–29	23,0	17,3	20,7	3,54
Sagittal/Phonation	14–26	22,3	17,3	20,2	3,60
Arcus cartilaginis cricoideae					
Sagittal	14–27	21,3	16,5	19,4	3,13
Transversal	12–22	18,1	18,5	17,1	1,77
Trachea (Niveau 1. Trachealspange)					
Sagittal	13–22	18,7	15,2	17,2	2,31
Transversal	13–20	18,6	15,9	17,5	1,83

Größe der Glandula thyroidea (Mix200ldiameter). Anatomische Normalmaße (60 Probanden/20–83 Jahre/m : w = 35 : 25)

Messung	Variationsbreite (mm)	Mittelwerte (mm) m	w	= ∅	Standardabweichung (mm)
Lobus dexter					
Sagittal	15–34	24,0	21,0	22,5	4,82
Transversal	10–21	14,4	11,6	14,5	4,15
Lobus sinister					
Sagittal	14–34	22,8	19,9	21,3	4,80
Transversal	9–21	13,4	12,2	12,8	4,79
Isthmus					
Sagittal	0– 9	5,3	6,6	5,9	4,13

Gefäßkaliber (Niveau Schilddrüse). Anatomische Normalmaße (60 Probanden/20–83 Jahre/m : w = 35 : 25)

Messung	Variationsbreite (mm)	Mittelwerte (mm) m	w	= ∅	Standardabweichung (mm)
Arterien					
A. carotis communis dextra	7–10	8,7	8,0	8,3	1,03
A. carotis communis sinistra	6–10	5,4	7,9	8,2	1,25
Venen					
V. jugularis interna dextra	10–32	15,7	16,1	15,9	5,41
V. jugularis interna sinistra	7–20	15,1	10,2	12,7	3,92

Nach Zaunbauer, W., S. Däpp, M. Haertel: Anatomische Normalmaße im zervikalen Computertomogramm. Radiologe 25 (1985) 521–524

Breite der Plicae aryepiglotticae. Anatomische Normalmaße (60 Probanden/20–83 Jahre/m : w = 35 : 25)

Messung kranial der Glottis (in mm)	Respiration		Phonation	
	dextra	sinistra	dextra	sinistra
4	–	–	4,5	4,4
8	4,4	4,5	3,7	3,6
12	3,9	3,8	3,0	2,7
16	2,8	2,9	2,1	2,0
20	1,9	1,8	1,2	1,2

Zervikale Distanzmessungen. Anatomische Normalmaße (60 Probanden/20–83 Jahre/m : w = 35 : 25)

Messung	Variationsbreite (mm)	Mittelwerte (mm) m	w	= Ø	Standardabweichung (mm)
Wirbelsäule – Zungenbein					
Respiration	28–42	35,8	30,7	33,2	5,28
Phonation	30–43	39,7	34,0	37,2	5,12
Wirbelsäule – Epiglottis (Niveau Hyoid, medio-sagittal)					
Respiration	10–26	21,8	18,8	20,8	4,65
Phonation	21–29	28,0	24,1	25,9	4,61
Aryknorpel – Schildknorpel					
Rechts/Respiration	1– 7	2,4	3,5	2,9	2,00
Rechts/Phonation	2– 7	4,9	5,9	5,3	1,76
Links/Respiration	1– 6	2,2	5,3	2,8	2,05
Links/Phonation	2– 8	4,8	6,1	5,4	2,00
Processus vocalis– Schildknorpel					
Rechts/Respiration	3– 8	5,3	5,1	5,2	1,39
Rechts/Phonation	7–15	9,9	10	9,9	2,25
Links/Respiration	3– 7	5,4	4,9	5,2	1,29
Links/Phonation	8–14	10,1	10,0	10,1	1,85

Nach Zaunbauer, W., S. Däpp, M. Haertel: Anatomische Normalmaße im zervikalen Computertomogramm. Radiologe 25 (1985) 521–524

Vertebralindex zur Trichterbrustvermessung

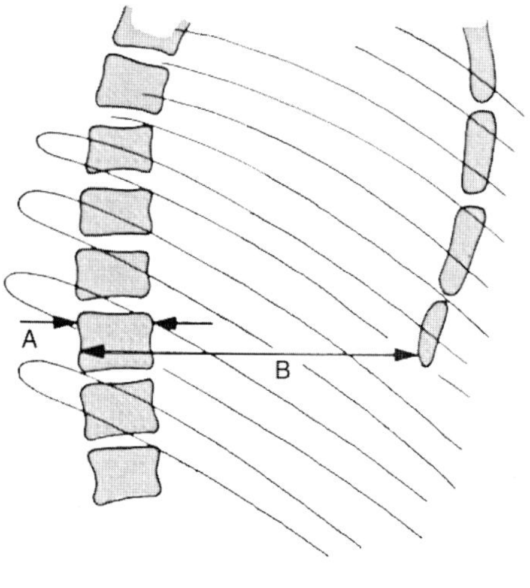

A = sagittaler Wirbelkörperdurchmesser
B = Distanz von dorsaler Wirbelkörperkante zu dorsaler Begrenzung des Manubrium sterni

Technik und Methode. Seitliche Thoraxaufnahme mit Zentralstrahl mitten zwischen dem 9. Brustwirbelkörper und dem Sternum. Gemessen wird der Abstand zwischen dem dorsalsten Punkt des Xiphoids und dem hinteren Rand des auf der Horizontalen gelegenen Brustwirbelkörpers (B) sowie die Tiefe desselben Brustwirbelkörpers (A).
Bewertung. Der Vertebralindex = B/A liegt normal bei Kindern unter 5 Jahren zwischen 2 und 3 sowie bei Kindern über 5 Jahren und Erwachsenen zwischen 3,5 und 5 (Backer u. Mitarb. 1961).

Nach Hellinger, J.: Meßmethoden in der Skelettradiologie. Thieme, Stuttgart 1995

Thorakaler Kyphosewinkel

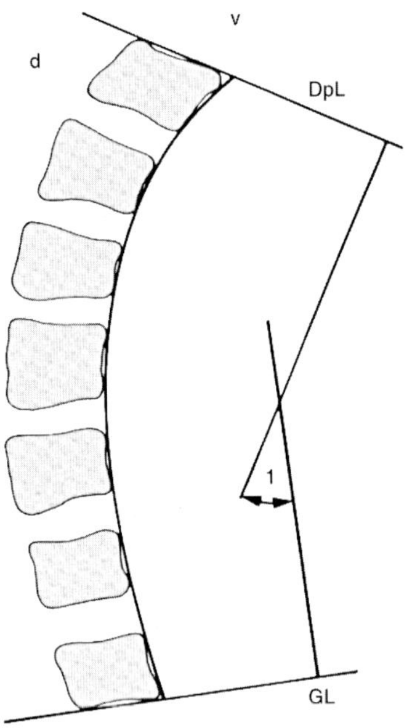

d = dorsal
v = ventral
DpL = Wirbelkörperdeckplattenlinie
GL = Wirbelkörpergrundplattenlinie
I = Kyphosewinkel
Normalwerte: 20°–40°

Diagnostische Bedeutung. Bestimmen des Ausmaßes kyphotischer Verbiegungen der Wirbelsäule. Verlaufskontrolle bei osteoporotischen und posttraumatischen Kyphosen sowie bei Morbus Scheuermann.

Angulärer Kyphosewinkel

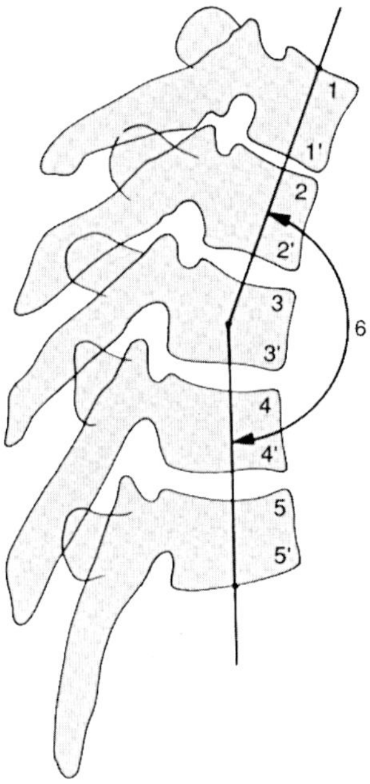

1/1'–5/5' = Halbierungsmarkierungen der Deck- und Grundplatten

6 = nach ventral offener angulärer Kyphosewinkel

Normalwert: 0°

Diagnostische Bedeutung. Erkennen von spitzwinkligen angulären Kyphosen und Verlaufskontrolle.

Oligosegmentaler Kyphosewinkel

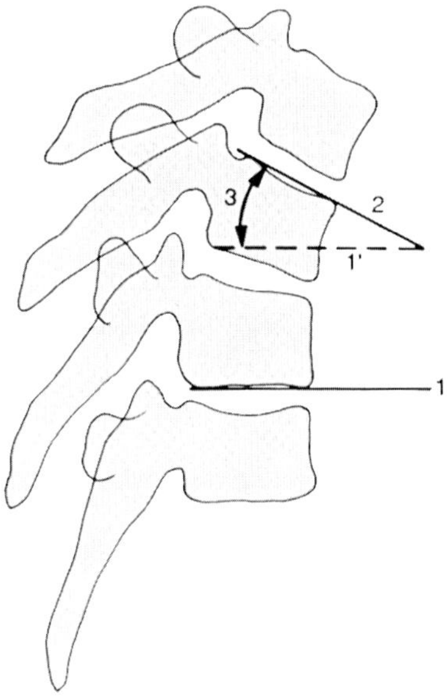

Diagnostische Bedeutung: Zur Quantifizierung oligosegmentaler Kyphosen, besonders nach Frakturen. Normal paralleler Wirbelkörperdeck- und Grundplattenlinienverlauf.

Oligosegmentaler Kyphosewinkel

1 = Wirbelkörpergrundplattenlinie
1' = Meßparallele der Wirbelkörpergrundplattenlinie
2 = Wirbelkörperdeckplattenlinie
3 = Kyphosewinkel

Nach Hellinger, J.: Meßmethoden in der Skelettradiologie. Thieme, Stuttgart 1995

Lendenwirbelsäule und lumbosakraler Übergang

Messung der LWS-Anteflexion und Retroflexion

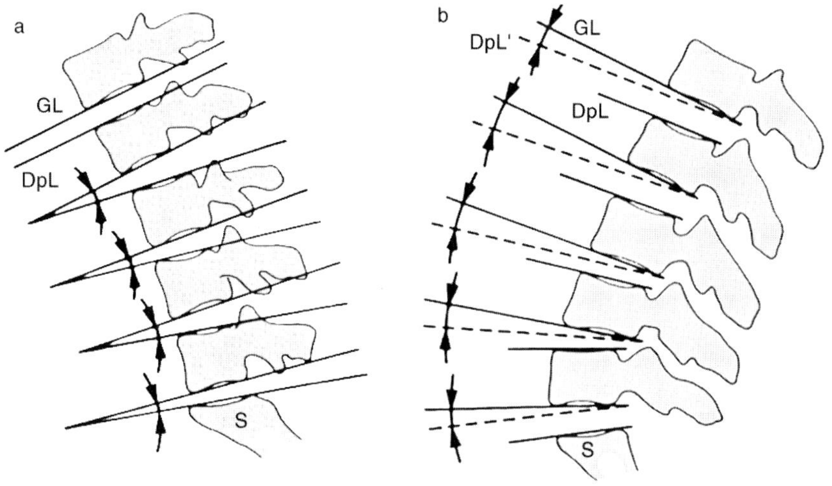

Bedeutung. Erkennen von mono- oder polysegmentalen Einschränkungen oder Aufhebung der Funktionsbewegung in der Sagittalebene. Hinweise auf das betreffende Segment bei Nucleus-pulposus-Prolaps.
Bewertung. Normal Winkelöffnung entgegen der Bewegungsrichtung. Bei dorsalem Diskusprolaps differieren die Winkel in Anteflexion nach vorn, bei Retroflexion ändert sich die Winkelgröße nicht.
In Ante- und Retroflexion ist der Bewegungsausschlag normal L 4/L 5 am größten.

(**a**) Ante- und (**b**) Retroflexion

GL = Wirbelkörpergrundplattenlinie
DpL = Wirbelkörperdeckplattenlinie
DpL' = Parallele zur Wirbelkörperdeckplattenlinie
S = Sakrum

Intervertebrale sagittale Gesamtbeweglichkeit der unteren LWS (Werte nach Korpi und Poussa von Patienten mit wahrscheinlicher initialer Chondrosis intervertebralis)

L 4/L 5	♀	14,5 ± 5,8°
	♂	13,4 ± 6,0°
L 5/S 1	♀	11,5 ± 7,4°
	♂	12,1 ± 7,3°

Sagittale LWS-Beweglichkeit nach Louis

	Flexion	Extension	Total
LWS	52°	30°	83°
L 1/L 2			11°
L 2/L 3			12°
L 3/L 4			18°
L 4/L 5			24°

Messung der LWS-Lateroflexion

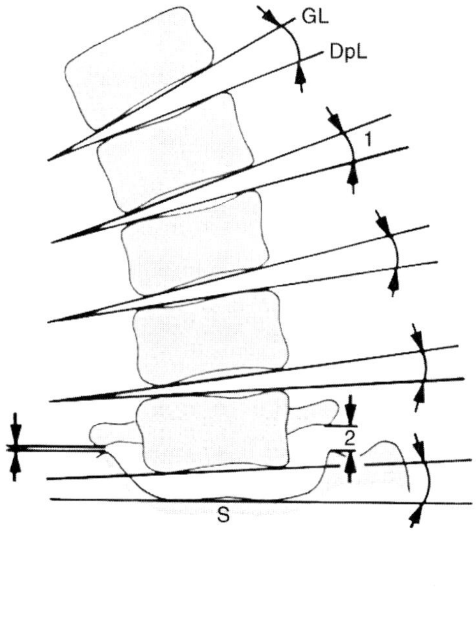

Frontale lumbale intersegmentale Winkel in Lateroflexion.
GL = Wirbelkörpergrundplattenlinie
DpL = Wirbelkörperdeckplattenlinie
1 = frontaler intersegmentaler Winkel
2, 2' = Querfortsatz-Sakrum-Distanz

Die Distanz von den Querfortsätzen L 5 zum Sakrum kann an 2 korrespondierenden Punkten an den Querfortsätzen auf einer Senkrechten zum Bildrand bestimmt werden.
Bedeutung. Erkennen von Beschränkungen oder Aufhebung der lumbalen Lateroflexion.
Bewertung. Normal Bewegungsausschlag im L 5/S 1 am geringsten. Bei dorsolateralem Nucleus-pulposus-Prolaps im befallenen Segment keine Öffnung des Winkels mit 80prozentiger Treffsicherheit, bei dorsomedianem Prolaps gerade umgekehrt. Totalseitneigung 40° (2 × 20°).

Nach Hellinger, J.: Meßmethoden der Skelettradiologie. Thieme, Stuttgart 1995

Synopsis wichtiger morphometrischer Meßwerte der Lendenwirbelsäule

Wichtige Daten

1. Gelenkspaltweite der kleinen Wirbelgelenke: 1,5–2 mm
2. Weite der Zwischenwirbelräume: $L_1/L_2 < L_2/L_3 < L_3/L_4 < L_4/L_5 > L_5/S_1$ (meist eingeschränkt beurteilbar).
3. Gesamtbeweglichkeit der LWS = ca. 64° (–80°) (nach Bakke)
4. Spielraum bei maximaler In- und Reklination der einzelnen WK (nach Burri) = zwischen 8°–18°

Bewegungsausschlag meist von L_1/L_2 bis L_4/L_5 ansteigend
Beweglichkeit meist bei L_4/L_5 am größten
große Variabilität bei L_5/S_1
Bewegungsausschlag bei Seitwärtsbeugung bei L_5/S_1 am geringsten

Nach Langlotz, M.: Lumbale Myelographie mit wasserlöslichen Kontrastmitteln. Thieme, Stuttgart 1981

Lumbosakrale Instabilität

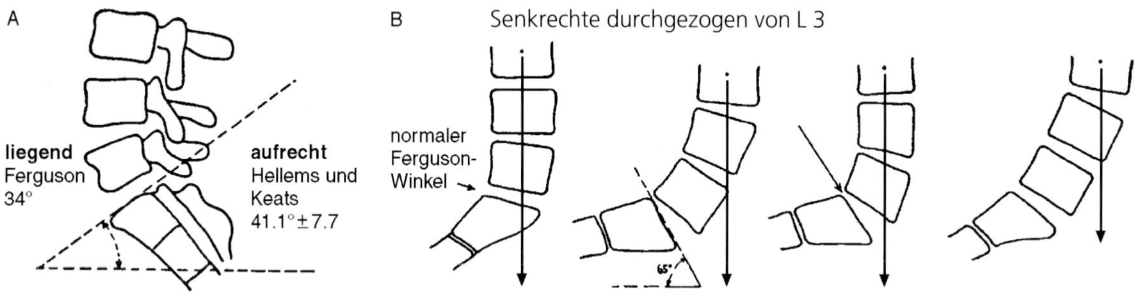

A Fergusons normaler Lumbosakralwinkel
B Analyse der „Schwerpunktlinie"

Die Schwerpunktlinie fällt durch das Os sacrum, was die Stabilität begünstigt.

Die Schwerpunktlinie verläuft weit vor dem Os sacrum und der Ferguson-Winkel ist deutlich vergrößert. Hierdurch ist die Instabilität begünstigt.

Die Schwerpunktlinie verläuft nahe der normalen Grenzlinie, allerdings ist der Ferguson-Winkel vergrößert, was eine Instabilität begünstigt.

Der Ferguson-Winkel ist normal, allerdings verläuft die Schwerpunktlinie vor dem Os sacrum, was eine Instabilität begünstigt.

Nach Meschan, I., R. M. Farrer-Meschan: Diagnostik mit bildgebenden Verfahren. Bd. III. Ferd. Enke, Stuttgart 1991

Messung des Lumbosakralwirbels

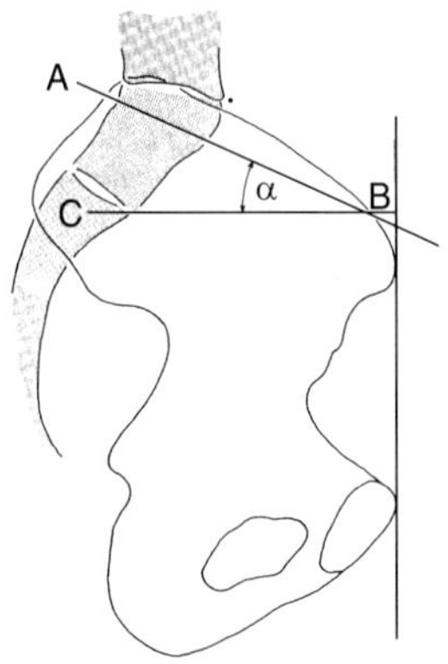

A B = Linie der Neigung des 1. Sakralwirbels
B C = Horizontale dazu, die mit einer Linie von der Vorderseite der Symphyse zur Spina iliaca anterior superior einen rechten Winkel bildet.
α = 34° (Durchschnittswert)

Nach Fochem, K., J. Klumair: Atlas der röntgenologischen Meßmethoden. Springer, Berlin 1976

Messung der Gleitspanne bei Spondylolisthesis

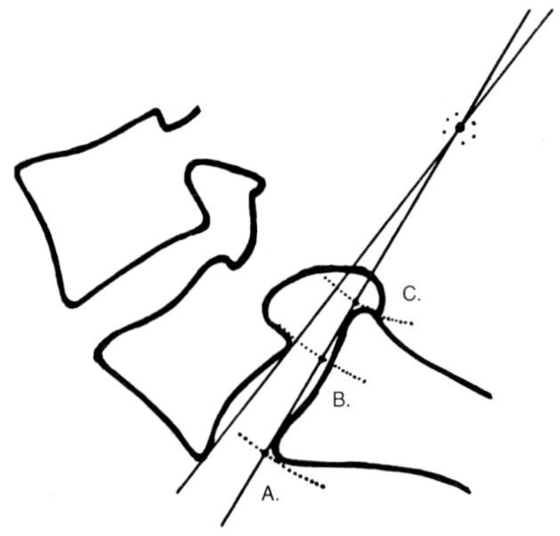

Schema über das Meßverfahren bei Spondylolisthesis (nach Marique). Die Gleitspanne wird ausgedrückt als Prozentwert, bezogen auf den sagittalen Durchmesser der Deckplatte des kaudal folgenden Wirbelkörpers. A–C: Länge der Kreuzbeindeckplatte = 45 mm, B–C: Gleitspanne von L 5 = 16 mm. Dies bedeutet also Spondylolisthesis 35%

Nach Taillard, W.: Die Spondylolisthesen. In: Die Wirbelsäule in Forschung und Praxis, Bd. 11. Hippokrates, Stuttgart 1959
Nach Marique, P.: Surla mobilite' du spondylolisthesis. Rev. orthop. Paris 23 (1936) 635

Pseudospondylolisthesisdiagnostik an der LWS

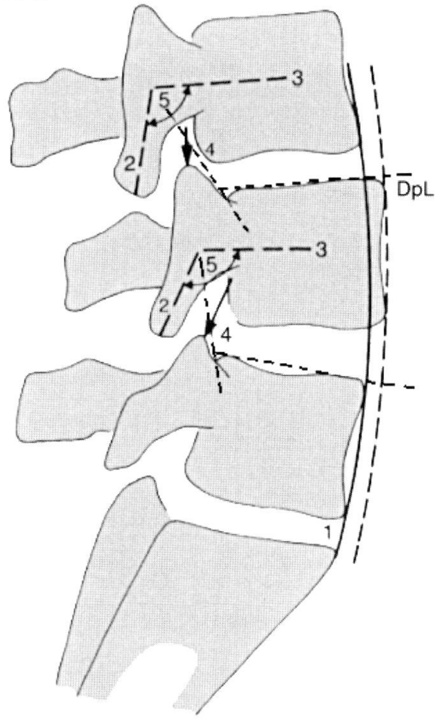

Hilfslinien zur Pseudospondylolisthesisdiagnostik.
1 = vordere Wirbelkörperlinie
2 = kaudale Gelenkfortsatzachse
3 = Parallele zur Wirbelkörperdeckplattenlinie
DpL = Wirbelkörperdeckplattenlinie
4 = Richtung der Gelenkfortsatzachsen
5 = Gelenkachsen-Wirbelkörper-Winkel

Als Hilfslinien werden die ventrale Wirbelkörperlinie, die kaudale Gelenkfortsatzachse und Wirbelkörperdeckplattenlinie vewendet.
Bedeutung: Erkennen leichter Formen der Pseudospondylolisthesis bei Osteochondrosis vertebralis.
Bewertung: Die ventrale Kortikalis des dislozierten Wirbels liegt ventral der vorderen Wirbelkörperlinie (gestrichelte Linie).
Der Gelenkachsen-Wirbelkörper-Winkel ist am dislozierten Wirbel stumpfer.
Die Gelenkfortsatzachsen zeigen in verschiedene Richtungen.

Promontoriumwinkel nach Junghanns

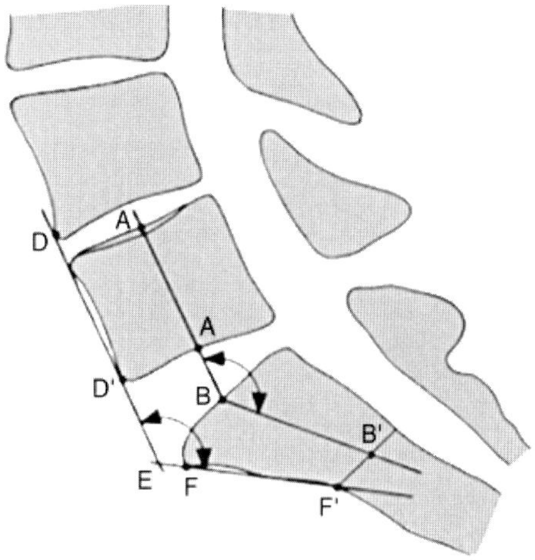

E = Schnittpunkt der Wirbelkörpervorderlinien
D = kaudalster und ventralster Wirbelkörpereckpunkt L 4
D' = kaudalster und ventralster Wirbelkörpereckpunkt L 5
F = ventrokranialster Kortikalispunkt des Sakrums
F' = kaudalster Kortikalispunkt des Sakrums
A = Halbierungsmarkierung der Deckplatte L 5
A' = Halbierungsmarkierung der Grundplatte L 5
B = Halbierungsmarkierung der Deckplatte S 1
B' = Halbierungsmarkierung der Deckplatten-S 1-Parallelen

Einzeichnen des ventrokaudalsten Wirbelkörpereckpunkts L 4 und L 5. Einzeichnen des ventrokaudalsten Sakrumeckpunkts sowie des ventrokaudalsten Sakrumpunkts in der größten Kortikalsvertiefung an der Ventralfläche des Sakrums. Die Verbindungslinien ergeben im Schnittpunkt E den zu messenden Winkel.
Eine zweite Möglichkeit besteht in der Verwendung der Wirbelkörperachsen von L 5 und des Sakrum. Dazu werden die Halbierungsmarkierungen von Deck- und Grundplattenlinien als Bezugspunkte der Verbindungslinien gewählt.

Normalwerte der Promontoriumwinkel nach Junghanns

Winkel	♂ 25 Jahre		♀ 25 Jahre	
DEF	130° (121–150°)	129° (112–151°)	130° (115–153°)	129° (115–156°)
AB	140° (130–156°)	143° (123–157°)	142° (129–155°)	146° (124–164°)

Pathologisch < 145°

Nach Hellinger, J.: Meßmethoden der Skelettradiologie. Thieme, Stuttgart 1995

Retrolisthesisdiagnostik nach Hagelstam

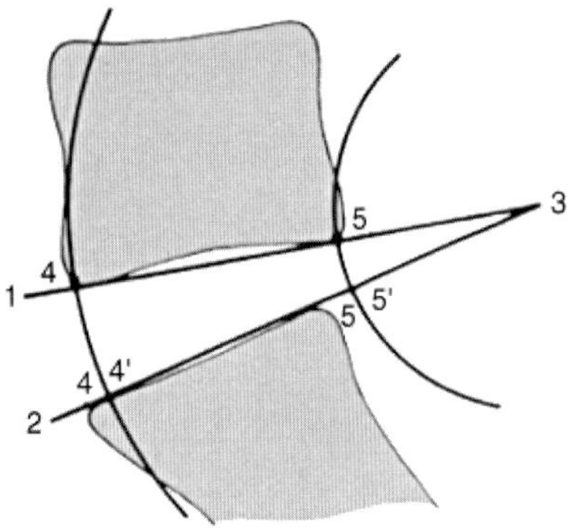

Einzeichnen der Grundplattenlinie des jeweils kranialen Wirbels und der Deckplattenlinie des dazugehörigen kaudalen Wirbels. Vom dorsal gelegenen Schnittpunkt beider Linien aus werden Kreisbogen mit dem Radius zum ventralen und dorsalen kaudalen Wirbelkörpereckpunkt des kranialen Wirbels gezogen.
Bedeutung: Erkennen von Fällen einer Retrolisthesis von Wirbelkörpern bei degenerativen Wirbelsäulenerkrankungen.
Bewertung: Wenn 4' dorsal von 4 und 5' dorsal von 5, dann liegt eine Retrolisthesis vor.

1 = Grundplattenlinie
2 = Deckplattenlinie
3 = dorsaler Schnittpunkt als Kreisbogenmittelpunkt
4 = ventrale Wirbelkörpereckpunkte A
4' = Schnittpunkt der Kreisbogenlinie mit der Wirbelkörperdeckplattenlinie
5 = dorsale Wirbelkörpereckpunkte
5' = Schnittpunkt der Kreisbogenlinie mit der Wirbelkörperdeckplattenlinie

Pseudospondyloretrolisthesismessung nach Dihlmann

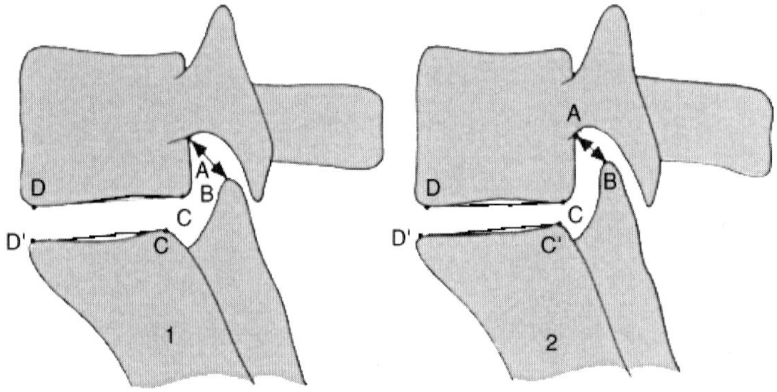

A = dorsaler Meßpunkt an der Wirbelkörperhinterkante
B = Meßpunkt an der Vorderbegrenzung des kaudalen Gelenkfortsatzes des kleinen Wirbelgelenks
C = Meßpunkt als kaudaler Wirbeleckpunkt dorsal L 5
D = Meßpunkte als kaudale Wirbeleckpunkte ventral L 5
C' = Korrespondenzpunkt Sakrum
D' = Korrespondenzpunkt Sakrum

Nach Hellinger, J.: Meßmethoden der Skelettradiologie. Thieme, Stuttgart 1995

Sakrumneigungs- und Sakrumbasiswinkel nach Leger

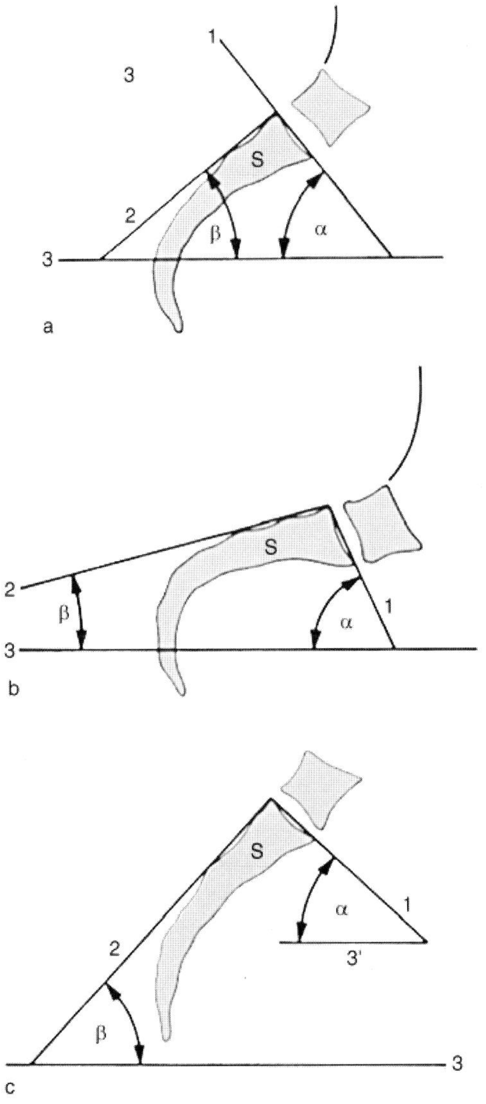

(**a**) Normales Becken, (**b**) horizontales Becken, (**c**) steiles Becken.

1 = kraniale Wirbelkörperdeckplattenlinie S 1
2 = dorsale Sakrumlinie
3, 3' = Parallelen zur horizontalen Filmbasislinie
α = Sakrumbasiswinkel
β = Sakrumneigungswinkel

Es werden die kraniale Wirbelkörperdeckplattenlinie S 1, die dazu winkelbildende parallelverschobene horizontale Basislinie des Films und die sich mit dieser schneidende dorsale Sakrumlinie eingezeichnet.

Bedeutung: Beurteilung der Sakrumstellung mit Rückschlüssen auf die Wirbelsäulenbelastbarkeit (Leger 1959).

Sakrumwinkelwerte und Beckenstellung

Becken	Winkel α	Winkel β
Normalstellung (Neutralstellung)	35–45°	35–45°
Horizontalstellung	45–70°	15–30°
Steilstellung	15–30°	50–70°

Sakrum-Basis-Winkel α

Normal:
♂ 39 (20–52)°
♀ 32 (22–43)°

> 34° = prädestinierte Instabilität

Nach Hellinger, J.: Meßmethoden der Skelettradiologie. Thieme, Stuttgart 1995

Sakrumbogensehnen-Deckplatten-Winkel

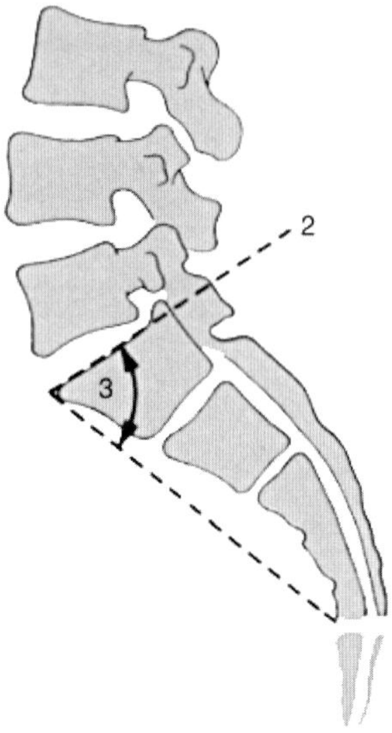

1 = ventrale Sakrumbogensehne
2 = Sakrumdeckplattenlinie
3 = Sakrumbogensehnen-Deckplatten-Winkel

Methode: Einzeichnen der ventralen Sakrumbogensehne und der Sakrumdeckplattenlinie. Messen des nach dorsal offenen Winkels.
Bewertung: Normal 55–95°.

Sakralindex nach Radlauer

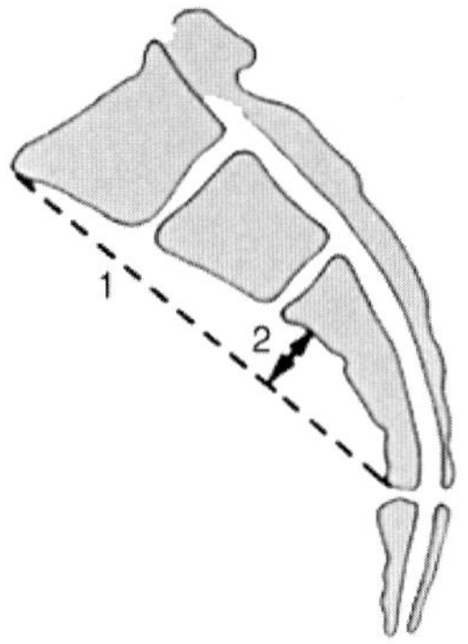

1 = ventrale Bogensehne
2 = größte Sakrumtiefe

Methode: Einzeichnen der ventralsten Punkte des Os sacrum kranial am Promontorium und kaudal am 5. Sakralwirbel. Verbindung dieser beiden Punkte zur vorderen Sakrumsehnenlänge. Aufsuchen des dorsalsten Punkts der Sakrumventralfläche. Von dort Fällen des Lots auf die Bogensehne. Damit sind beide Meßstrecken definiert (Radlauer 1908).

$$\text{Sakralindex} = \frac{\text{größte Bogenhöhe x 100}}{\text{vordere Sehnenlänge}}$$

Bewertung:
- Normal: 23–25,
- nach Schoberth: Typ A < 11,9, Typ B 12–19,9, Typ C 20–20,9, Typ D > 30

Nach Hellinger, J.: Meßmethoden der Skelettradiologie. Thieme, Stuttgart 1995

Röntgenometrie der Spondylolisthesis (Pseudospondylolisthesis) nach Sim (1973)

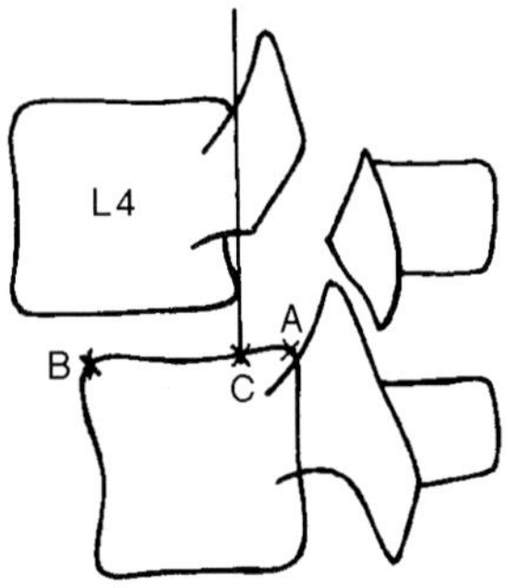

Aus dem Verhältnis AC/AB x 100 ergibt sich das prozentuale Abgleiten des betroffenen Wirbels. Im gezeichneten Fall einer Spondylolisthesis L 4 ist der Wirbel um 21% nach ventral disloziert.

Nach Dihlmann, W.:
Gelenke – Wirbelverbindungen. Thieme, Stuttgart 1982

Röntgenometrie der Spondylolisthesis (Pseudospondylolisthesis) nach Meyerding (1932)

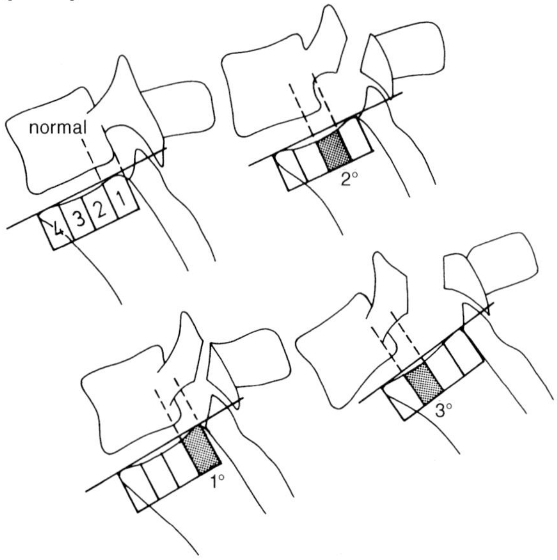

Die Deckplatte S 1 bzw. des unterhalb der ventralen Wirbeldislokation gelegenen Wirbels wird in 4 gleiche Teile zerlegt. Die Lagebeziehung der hinteren untere Ecke des dislozierten Wirbels zu dem 1. bis 4. Viertel der Deckplatte bestimmt den Grad der ventralen Wirbeldislokation – also gibt es eine Spondylolisthesis (Pseudospondylolisthesis) 1. bis 4. Grades.

Spondylolisthesis-Typen

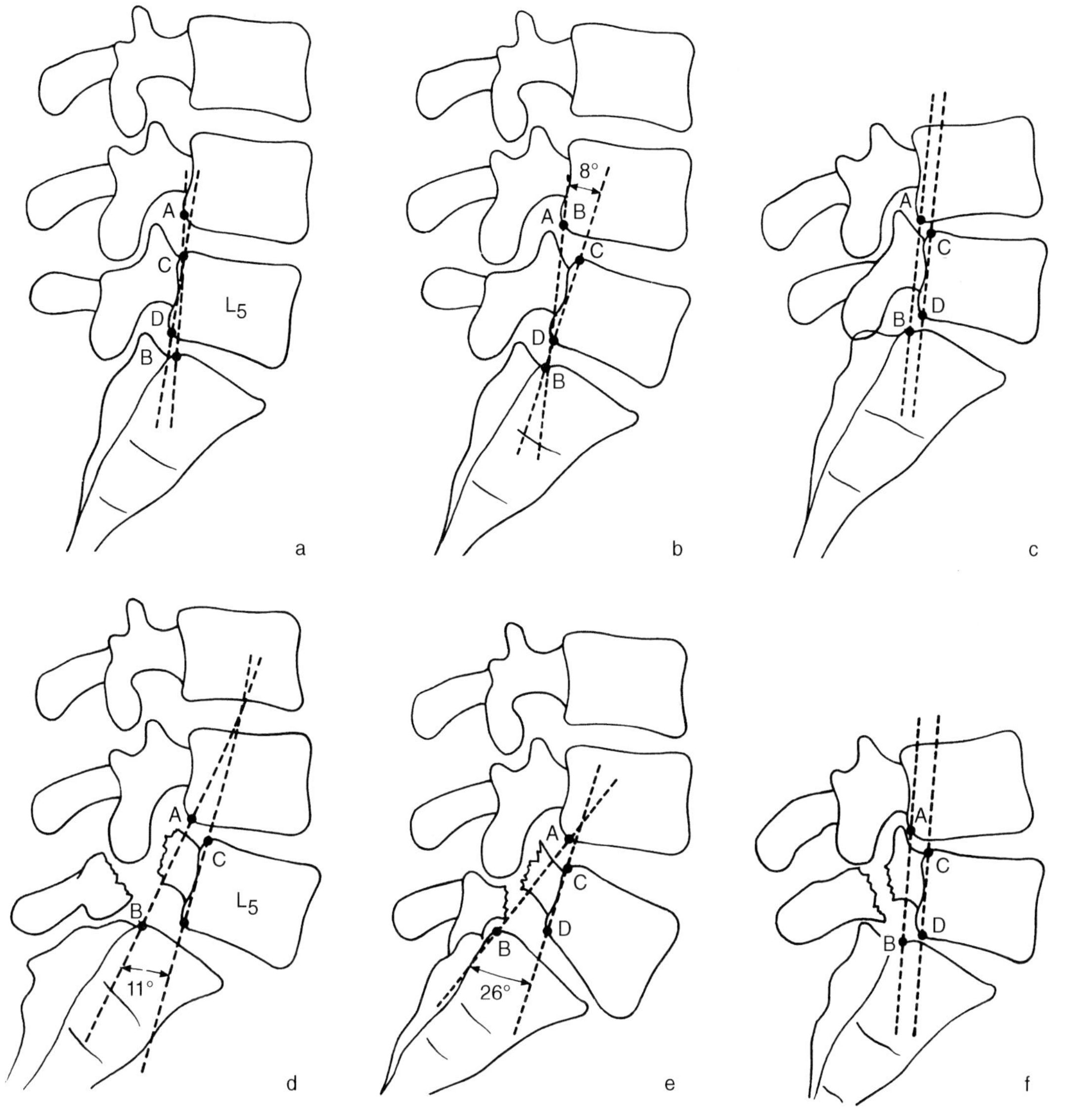

Normaltypen (a–c)

a Die Meßlinien kreuzen sich im spitzen Winkel über L 5
b Der Schnittpunkt der Meßlinien liegt unterhalb von L 5
c Die Meßlinien verlaufen parallel in ca. 2 mm Abstand

Verschiedene Grade der Spondylolisthesis

d Mäßiges Abgleiten von L 4. Der Schnittpunkt der Meßlinien liegt oberhalb von L 5 und beträgt 11 Grad
e Schwere Spondylolisthesis. Der Schnittpunkt der Meßlinien liegt oberhalb von L 5 und beträgt 26 Grad
f Leichtes Abgleiten von L 5 ohne Kippung des Wirbelkörpers. Die Meßlinien verlaufen parallel im Abstand von 9 mm

Nach Dihlmann, W.: Gelenke – Wirbelverbindungen. Thieme, Stuttgart 1982

Synopsis von Meßdaten im Bereich der lumbalen Wirbelsäule

Höhe des Conus terminalis

Das Niveau des Rückenmarkendes kann nach einer anatomischen Studie an insgesamt 100 europäischen und afrikanischen Leichenpräparaten von Erwachsenen wie folgt variieren:

Bandscheibe Th12/Wirbelkörper L 1	12%
Wirbelkörper L 1	26%
Bandscheibe L 1/2	36%
Wirbelkörper L 2	20%
Bandscheibe L 2/3	6%

Normalerweise ist der Aszensus des Rückenmarks im 2. postnatalen Monat abgeschlossen, so daß eine Lokalisation des Konus unterhalb des 3. Lendenwirbelkörpers (LWK) spätestens ab dem 5. Lebensjahr als pathologisch angesehen werden muß.

Höhe des Duralsackendes

Der Duralsack endet mit wenigen Ausnahmen in Höhe des Sakrums. Nur selten wird im Myelogramm sein Ende oberhalb von S 1 angetroffen. Im anatomischen Untersuchungsgut findet sich folgende Verteilung:

Bandscheibe S 1/2	43%
Wirbelkörper S 2	32%
Bandscheibe S 2/3	23%
Bandscheibe S 3/4	2%

Topometrie der lumbalen Wurzeltaschen

Abgang der Wurzeltaschen

Der Abgang der Wurzeltaschen aus dem Duralsack und ihr Verlauf im Wirbelkanal und dem Foramen intervertebrale gestaltet sich weitgehend symmetrisch. Zwischen der Höhe des Conus terminalis und dem Duralsackende sowie der Abgangshöhe der Nervenwurzeltaschen aus dem Duralsack wurden konstante Relationen nachgewiesen. Die beiden häufigsten Konstellationen werden als Typ L 1/S 1 (Conus terminalis oberhalb der Bandscheibe L 1 und Duralsackende oberhalb der Bandscheibe S 1) bezeichnet. Andere Typen sind: L 1/S 2, L 2/S 1 und L 3/S 3. Von diesen topographischen Konstellationen hängt der Abgang der Nervenwurzeltasche ab, so daß aus der Höhe des Duralsacks ihre Beziehung zur jeweiligen Bandscheibe vorausgesagt werden kann. Beim Typ S 1 (Duralsackende) finden sich folgende Abgäng der einzelnen Nervenwurzeltaschen:

L 1	Mitte des 1. LWK
L 2	Oberhalb der Mitte des 2. LWK
L 3	Oberes Drittel des 3. LWK
L 4	Oberes Viertel des 4. LWK
L 5	Oberes Fünftel des 5. LWK
S 1	Oberhalb der Bandscheibe L 5/S 1

Beim Typ S 2 liegen folgende topographische Verhältnisse vor:

L 1	Mitte des 1. LWK
L 2	Mitte des 2. LWK
L 3	Mitte des 3. LWK
L 4	Oberes Drittel des 4. LWK
L 5	Oberes Viertel des 5. LWK
S 1	Unterer Rand der Bandscheibe L 5/S 1

Nach Langlotz, M.: Lumbale Myelographie mit wasserlöslichen Kontrastmitteln. Thieme, Stuttgart 1981

Messungen des Mineralgehalts

Meßergebnisse der quantitativen Röntgen-Computer-Tomographie (QCT) an Lendenwirbeln

Normalwerte bei jungen Menschen bis zum 40. Lebensjahr (Mittelwerte bei beiden Geschlechtern):
175 mg/cm^3 Schwankungsbreite der Norm: 100–220 mg/cm^3

Frauen nach der Menopause (43–59 Jahre)
135 mg/cm^3 SD ± 29,3.

Mineralgehalt (Mittelwert ± SD) der **Wirbelspongiosa** gesunder Männer und Frauen

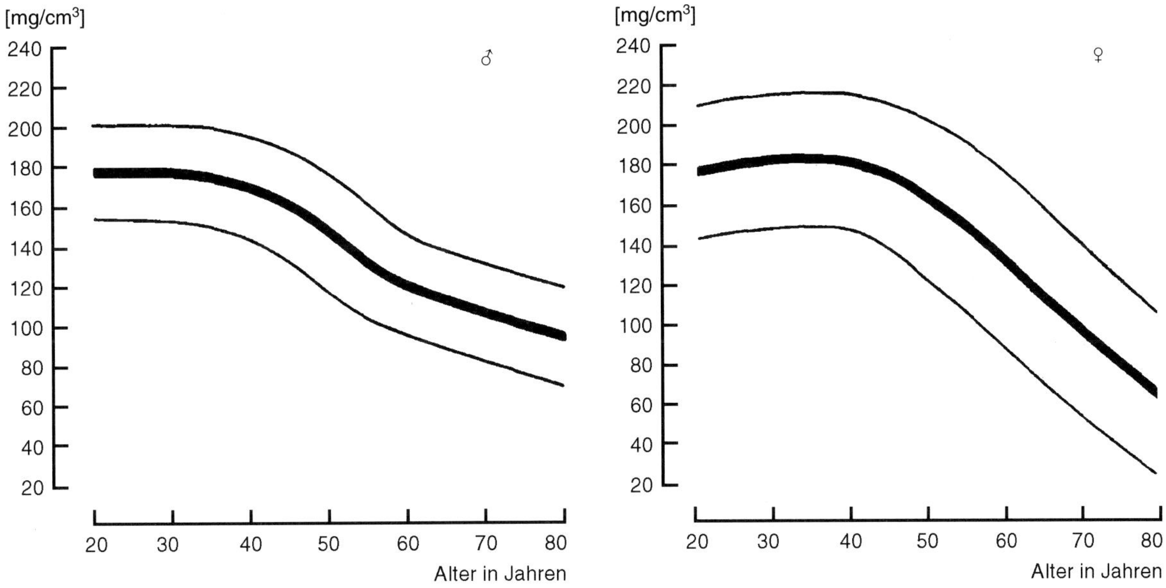

Die Werte wurde mit der Computertomographie und einem Referenzsystem aus K_2HPO_4-Lösung, Alkohol und Glyzerin nach der folgenden Formel ermittelt:

$$C_b = \frac{H_b - H_w}{K_k - H_w} \times C_k$$

C_b = Mineralgehalt des Knochens
H_b = Hounsfield-Einheiten des Knochens
H_w = Hounsfield-Einheiten des Wassers
K_k = Hounsfield-Einheiten des K_2HPO_4
C_k = Eichwert des K_2HPO_4

Nach H. K. Genant, N. Chafetz, C. A. Helms: Computed Tomography of the Lumbar Spine. Univ. of California Printing Dept., San Francisco 1982
Nach Genant, H. K., D. Boyd: Quantitative bone mineral analysis using dual energy computed tomography. Invest. Radiol. 12 (1977) 545
Nach Cann, C. E., H. K. Genant: Cross-sectional studies of vertebral mineral using quantitative computed tomography. J. Comput assist. Tomogr. 6 (1982) 216
Nach Rohloff, R., H. Hitzler, W. Arndt, K. W. Frey: Experimentelle Untersuchung zur Genauigkeit der Mineralgehaltbestimmung spongiöser Knochen mit Hilfe der quantitativen CT (Energiemessung). Fortschr. Röntgenstr. 143 (1985) 692–697
Nach Richardson, M. L. et al.: Assessment of metabolic bone diseases by quantitative computed tomography. Clin. Orthop. 185 (1985) 224–238

Korrelation der Mineralkonzentration vom 1.–3. Lendenwirbelkörper

Gute Korrelation der globalen Mineralkonzentration in der Wirbelspongiosa vom 1.–3. Lendenwirbelkörper, bestimmt mit der quantitativen DE-CT und nach Geschlechtern getrennt dargestellt. Der 1. Lendenwirbelkörper weist den höchsten Mineralwert auf.

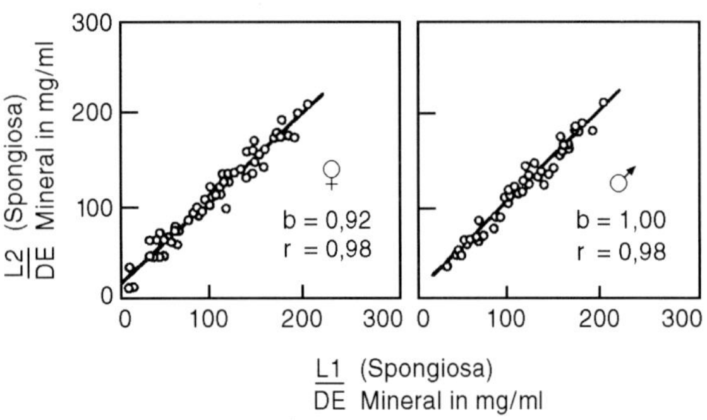

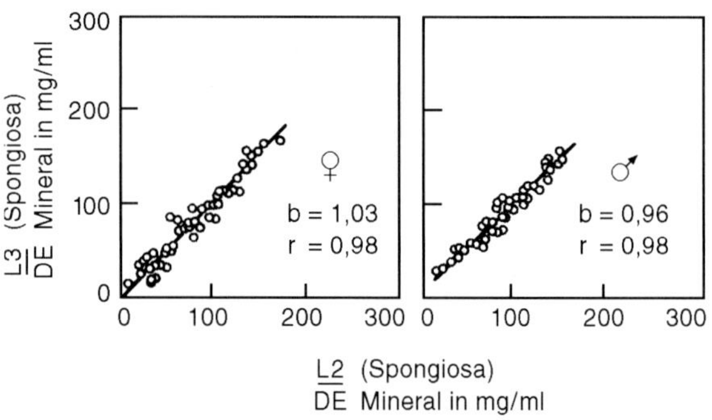

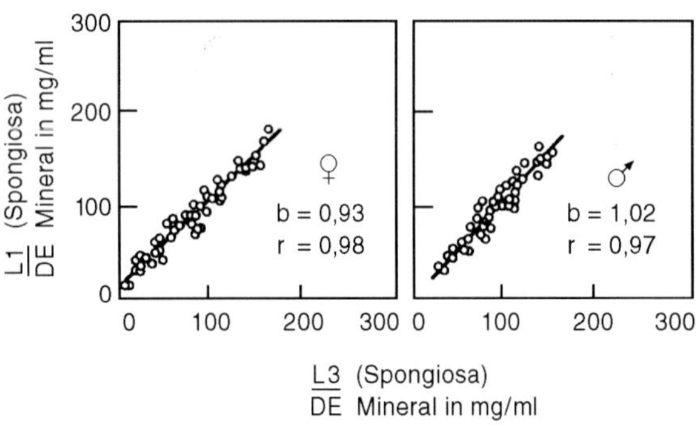

Referenzwerte der Spongiosadichte für SE-CT (125 kvp) und DE-CT (125 kvp und 85 kvp) für 53 Männer und 60 Frauen in den einzelnen Altersdekaden (mg/ml Hydroxylapatit-äquivalente Dichte)

Altersgruppe	**Männer**		**Frauen**	
Jahre	DE-CT	SE-CT	DE-CT	SE-CT
20–29	134 ± 28	173 ± 26	127 ± 33	165 ± 32
30–39	120 ± 30	148 ± 33	129 ± 17	163 ± 17
40–49	97 ± 22	123 ± 26	107 ± 26	137 ± 28
50–59	84 ± 20	104 ± 28	71 ± 23	94 ± 30
60–69	74 ± 20	88 ± 23	62 ± 24	78 ± 26
70–79	63 ± 33	79 ± 43	48 ± 24	60 ± 31
80–89	43 ± 18	44 ± 18	33 ± 10	47 ± 12

Normalwerte der Spongiosadichte der Lendenwirbelkörper dargestellt in Hydroxylapatit-Volumenwerten der verschiedenen Altersdezennien

a mit quantitativer SE-CT bei 125 kvp
b mit quantitativer DE-CT bei 125 kvp und 85 kvp gewonnen

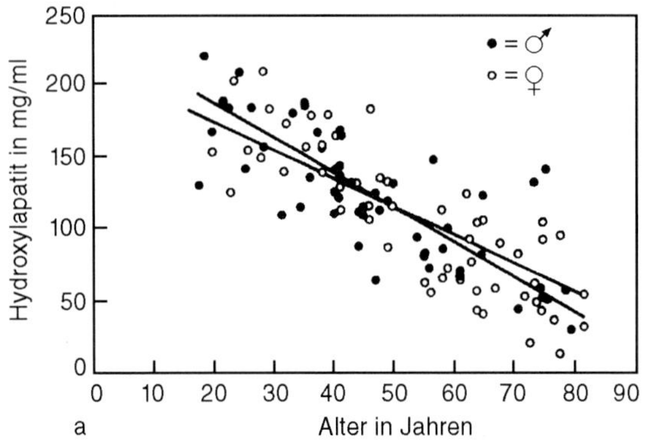

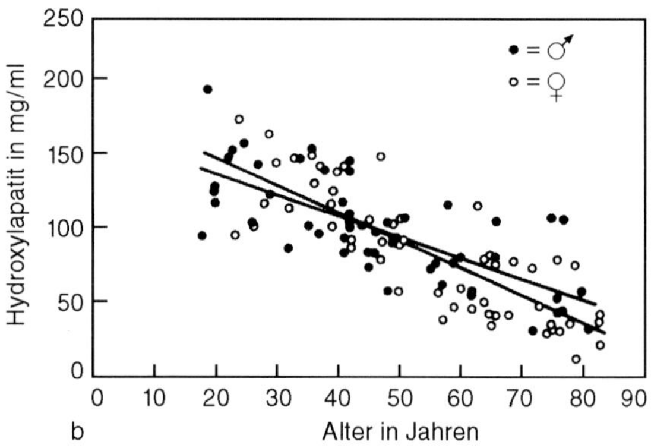

Nach Felsenberg, D.: Radiologie 28 (1988) 166

Anhang

Skelettalter

Bestimmung des Knochenalters (vor und nach der Geburt – nach v. Harnack 1960)

Durchschnittlicher Knochenkerndurchmesser in Millimeter zur Bestimmung des Reifegrades des Skeletts.

Tragzeit vollendete Wochen	23	24	25	26	27	28	29	30	31	32	33	34	35	36	37	38	39	40	41	42	43
Kalkaneus	0	1,2	2,3	3,2	3,9	4,5	5,1	5,6	6,2	6,7	7,2	7,7	8,3	8,8	9,3	9,7	10,1	10,5	10,8	11,0	11,2
Talus				0	0,7	1,2	1,8	2,3	2,9	3,5	4,1	4,6	5,2	5,7	6,2	6,7	7,1	7,4	7,8	8,0	8,2
distale Femurepiphyse											0	0,8	1,6	2,3	3,0	3,6	4,1	4,5	4,9	5,1	5,3
proximale Tibiaepiphyse															0	0,9	1,6	2,2	2,6	3,0	3,3

Nach v. Harnack, H. G.: Das übertragene, untergewichtige Neugeborene. Fortschr. Kinderheilk. 108 (1960) 412

Ossifikationsstadien der Extremitätenknochen (nach Schmid und Halden)

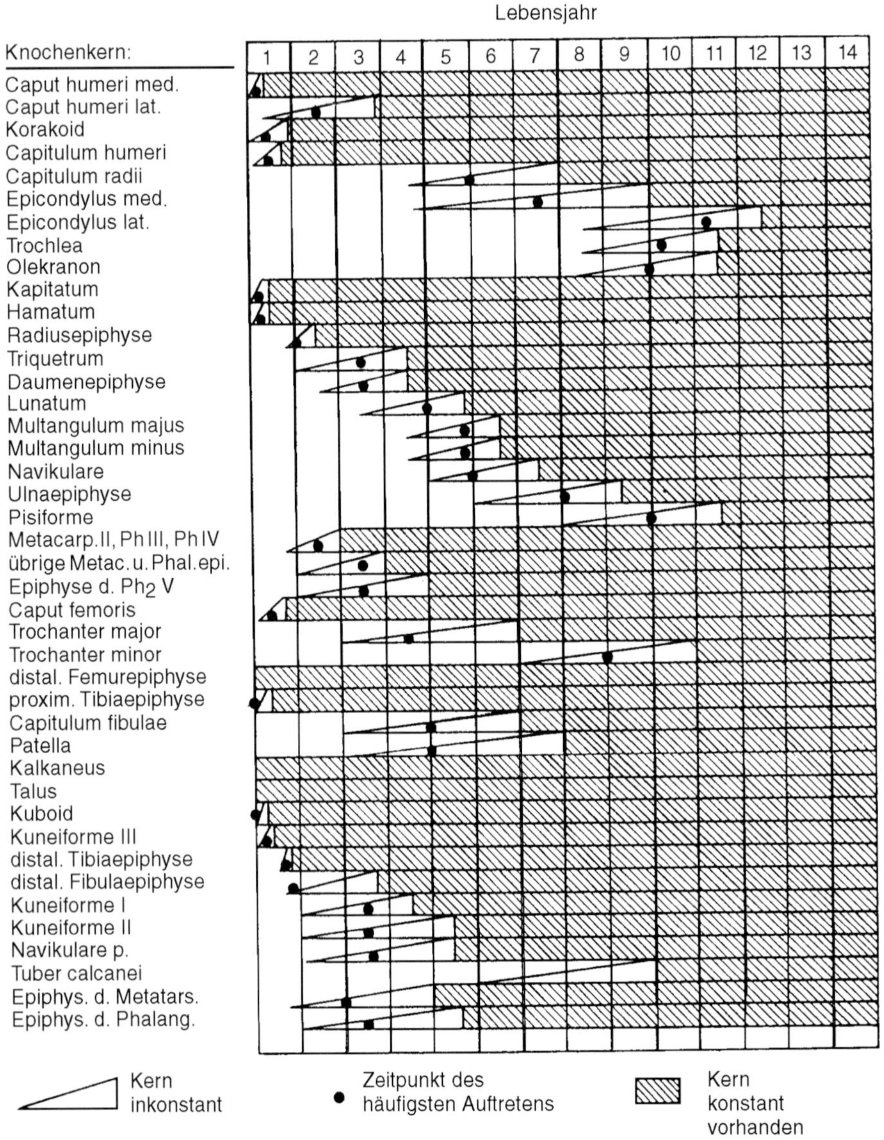

Nach Baudisch, E.: Grundlagen der Medizinischen Radiologie. Volk und Gesundheit, Berlin 1978

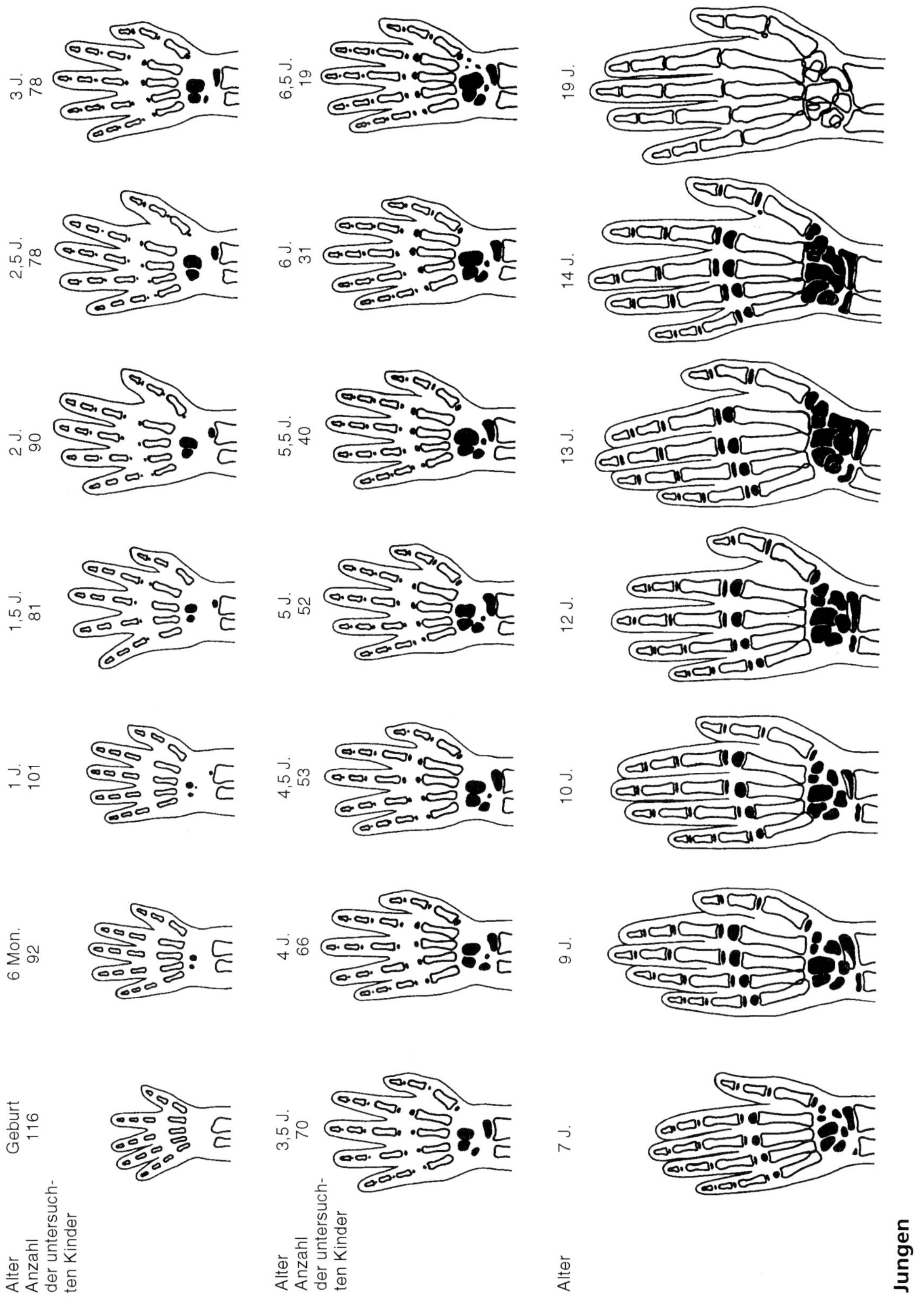

Auftreten der sekundären Ossifikationszentren an der Hand (nach Vogt u. Vickers 1938)

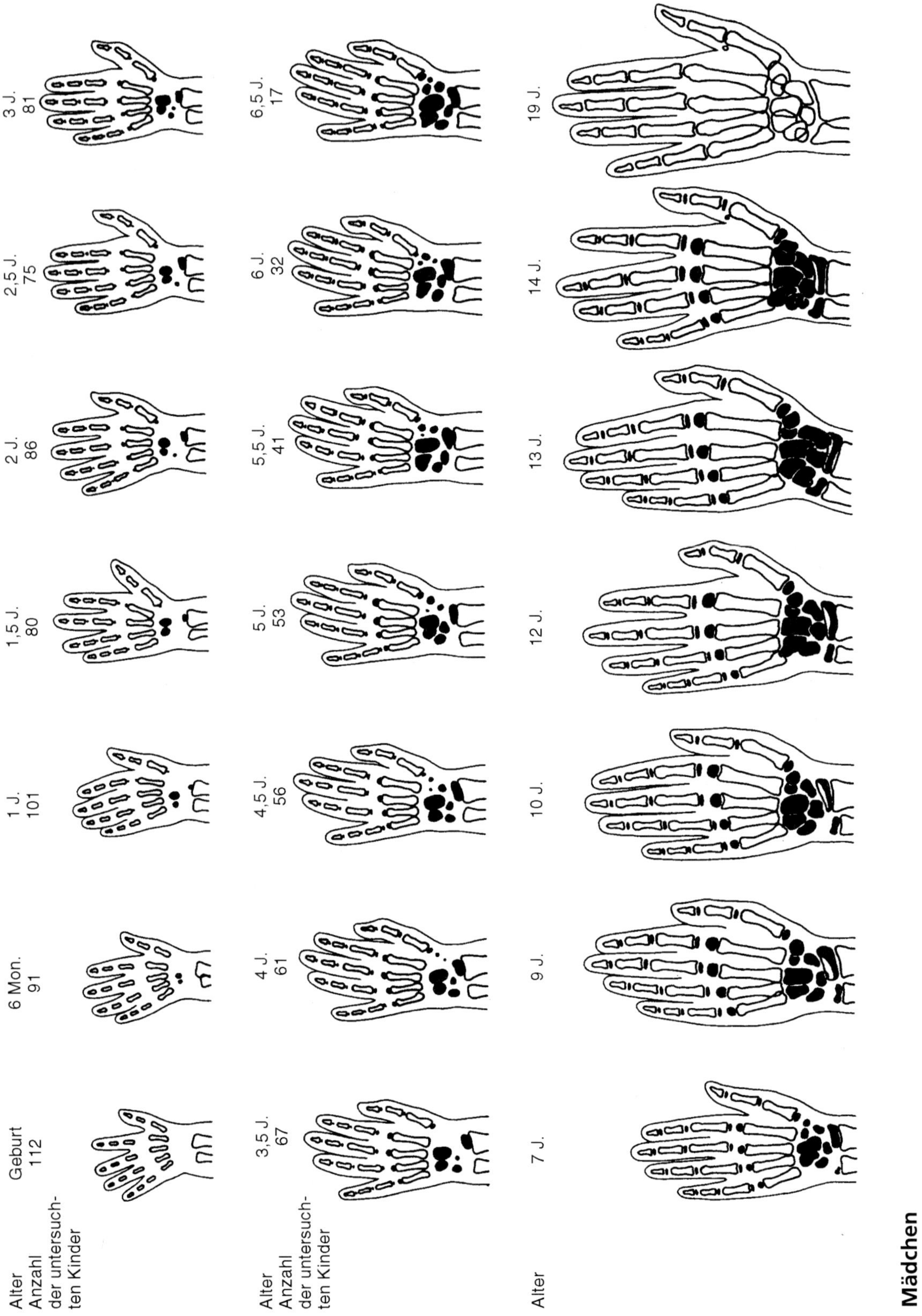

Nach Heuck, F.: Radiologische Diagnostik in Klinik und Praxis, Bd. VI/1, 7. Aufl. Thieme, Stuttgart 1989

Ermittlung des Knochenalters

Fokusfilmabstand 1 m, Aufnahmen ohne Rasterblende, Universalfolie, Dorsovolarer Strahlengang.
Zentralstrahl in Höhe der Köpfchen der Ossa metacarpalia bei gestreckten Fingern und Stellung des Mittelfingers achsengerecht zum Unterarm.
n = 5200, 1977, Ostdeutschland

Die Auswahl der gesunden Kinder erfolgte nach den Größen- und Körpergewichts-Normwerttabellen von Sälzer für 0- bis 3jährige und nach Marcusson und Oemisch für 4- bis 18jährige. Größe und Körpergewicht der Probanden mußten innerhalb der Grenzen der doppelten Standardabweichung der angegebenen Tabellen liegen.

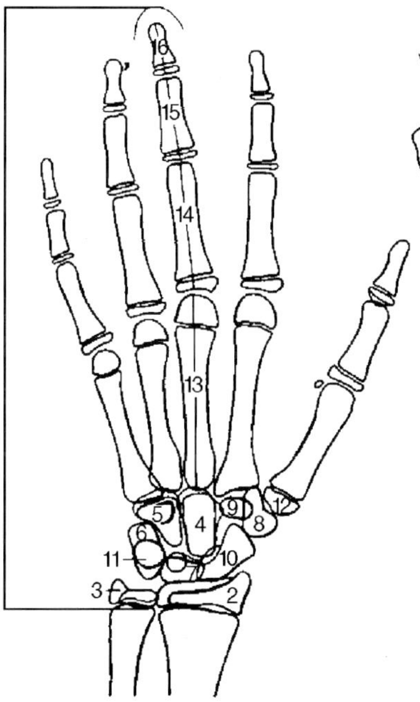

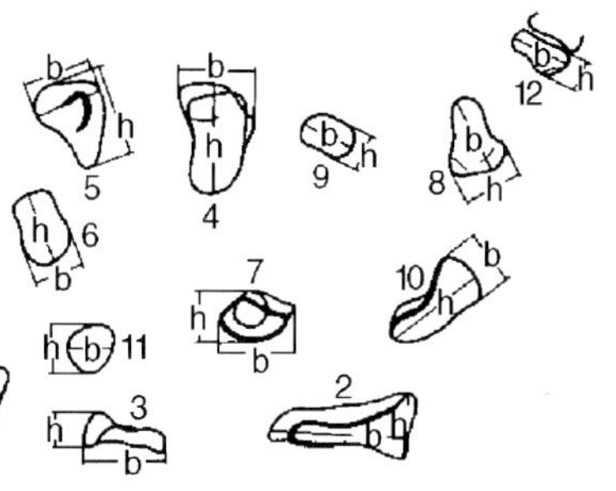

Linke Hand und Knochenelemente der Handwurzel mit Darstellung der Abmessungen, h = Höhe, b = Breite. 1 Handlänge, 2 distale Radiusepiphyse, 3 distale Ulnaepiphyse, 4 Os capitatum, 5 Os hamatum, 6 Os triquetrum, 7 Os lunatum, 8 Os trapezium, 9 Os trapezoideum, 10 Os scaphoideum, 11 Os pisiforme, 12 Epiphyse des Os metacarpale I, 13 Os metacarpale III, 14 Basophalanx III, 15 Mesophalanx III, 16 Telephalanx III

Durchführung der Messungen:
Handlänge sowie Höhe und Breite der Handwurzelknochen und der Epiphysen wurden in Anlehnung an Schmid und Moll gemessen. Meßpunkte für die Handlänge waren die Distanz zwischen der medialen Eckbegrenzung der distalen Ulnametaphyse und dem distalen Rand des Weichteilschattens vom 3. Finger. Die einzelnen Knochenelemente wurden entsprechend den Skizzen ausgemessen. (siehe auch Meßwerte nach Gekle et al., 1980)

Nach Thiemann, H. H., I. Nitz: Röntgenatlas der normalen Hand im Kindesalter. Thieme, Leipzig 1991

Höhe und Breite der Handwurzelknochen in mm bei Mädchen von 1 bis 14 Jahren, linke Hand (Mittelwerte x = obere Zeile, Standardabweichung s = untere Zeile, n = 10 pro Altersgruppe)

Altersgruppen (Jahre)	Capitatum		Hamatum		Rad. Ep.		Triquet.		Daumenep.		Lunat.		M. majus		M. minus		Navicul.		Ulna Ep.		Pisiforme	
	Breite	Höhe	Breite	Höhe	Breite	Höhe	Breite	Höhe	Breite	Höhe	Breite	Höhe	Breite	Höhe	Breite	Höhe	Breite	Höhe	Breite	Höhe	Breite	Höhe
1	5,20	7,00	5,15	5,85	7,81	3,56	1,63	2,38	2,38	1,75												
	0,95	1,41	0,91	1,18	1,44	0,73	0,63	0,48	0,25	0,29												
2	6,80	9,35	6,30	7,55	9,35	4,20	3,05	3,50	3,30	2,15	2,10	1,50										
	0,42	0,67	0,42	0,72	1,42	0,54	0,64	0,67	0,67	0,58	1,56	0,79										
3	7,6	11,2	7,10	8,8	11,55	4,9	3,6	4,2	4,4	2,6	3,56	3,13										
	1,15	0,98	0,61	0,92	1,54	0,57	1,17	1,46	1,02	0,57	1,08	1,38										
4	8,45	13,80	8,30	10,60	14,95	5,55	5,10	6,80	5,85	3,5	5,05	4,45	4,50	3,75	3,67	3,58	3,00	3,75				
	1,28	1,87	0,75	0,80	1,96	0,76	0,99	1,23	0,94	0,82	1,74	1,32	2,07	1,51	1,37	1,63	1,35	1,50				
5	9,00	14,60	8,10	10,90	16,30	6,00	5,75	7,80	6,70	3,95	5,85	5,50	5,30	4,70	4,80	4,40	3,89	5,67	3,50	1,63		
	0,94	1,26	0,57	1,17	1,36	0,47	0,75	1,09	0,95	0,72	1,47	1,39	1,69	1,21	1,03	0,91	1,58	2,52	2,38	0,75		
6	9,35	15,75	9,05	12,05	18,15	6,45	6,15	8,65	7,75	4,35	8,85	6,10	8,00	5,45	6,05	5,45	5,55	7,80	5,06	2,88		
	0,88	1,67	0,85	1,34	2,11	0,76	0,67	1,56	0,86	0,53	1,38	0,70	1,25	1,19	1,32	1,19	1,23	2,08	2,15	1,03		
7	10,20	16,70	9,65	13,20	19,20	6,35	6,40	9,65	8,20	4,50	9,10	6,50	8,60	6,90	8,20	6,15	6,20	9,00	8,07	3,29		
	1,53	1,34	0,88	1,69	1,53	0,75	0,52	0,88	0,82	0,67	1,85	1,18	1,31	1,33	1,31	0,94	0,59	1,65	2,30	0,57		
8	10,85	19,10	10,40	14,75	21,85	7,40	7,65	11,20	9,40	5,00	11,60	6,90	10,30	7,95	8,60	7,60	7,80	11,80	10,20	4,75	3,88	4,15
	0,53	1,20	1,08	1,89	2,01	1,02	0,88	1,42	1,17	0,62	1,47	2,40	1,21	0,93	0,79	0,88	1,75	2,00	2,75	1,11	0,63	2,10
9	4,80	18,70	11,45	15,60	22,95	7,75	8,30	12,35	10,05	5,40	11,85	8,50	11,85	9,35	9,20	8,45	8,55	12,75	10,75	5,20	3,90	5,24
	0,82	3,51	1,09	0,88	1,86	1,06	0,89	0,91	0,76	0,46	2,30	1,49	1,13	1,49	0,98	1,04	0,90	2,51	2,44	1,11	1,76	1,04
10	12,45	20,75	12,15	16,55	24,40	8,40	9,25	13,30	10,70	5,65	13,03	8,85	13,40	11,35	10,80	9,55	10,05	16,10	12,15	6,40	6,05	6,65
	1,04	1,16	0,71	1,82	1,74	0,81	0,82	1,18	0,54	0,53	1,52	0,78	0,91	1,23	0,35	1,09	1,46	1,87	1,23	1,37	1,61	1,92
11	13,35	23,30	13,90	19,60	28,35	11,50	10,30	14,80	12,55	6,40	16,55	10,70	16,35	14,25	12,25	10,35	12,10	20,45	13,95	8,20	8,10	10,15
	1,31	1,03	1,10	1,65	1,47	1,63	0,89	1,43	0,55	0,57	1,07	0,75	1,16	0,85	0,79	0,88	1,22	2,54	1,93	0,98	1,70	1,18
12	14,00	23,45	14,05	20,10	29,80	12,30	10,60	14,80	12,85	6,55	17,10	11,30	16,40	14,60	12,65	11,05	12,20	20,88	13,95	9,20	9,65	10,65
	1,05	1,07	1,40	1,07	3,22	1,70	1,10	1,83	0,71	0,72	3,29	1,11	1,22	0,99	1,58	0,83	0,95	1,47	1,62	1,11	1,92	1,68
13	14,20	24,50	14,70	20,90	30,25	13,75	10,65	15,45	13,15	6,90	18,50	11,05	16,70	15,00	12,60	10,70	12,85	21,05	14,05	11,80	9,40	11,40
	1,81	2,09	2,31	2,07	2,25	2,10	1,36	1,71	1,27	0,91	2,19	1,79	1,44	1,31	1,51	1,06	1,53	2,19	1,07	1,51	0,94	1,63
14	14,45	25,50	15,65	22,35	31,65	15,40	11,30	16,65	13,60	7,15	19,25	11,75	17,00	15,10	13,35	12,40	12,70	22,90	14,80	11,80	9,85	12,15
	1,04	1,29	0,71	1,49	1,08	1,07	0,82	0,58	0,66	0,67	1,53	0,82	1,41	1,15	1,80	1,52	0,71	1,43	3,08	2,29	0,88	1,45

Nach Gekle, D., G. Fuchs, U. Manß: Die Entwicklung der Handwurzelknochen. Radiologische und statistische Untersuchungen zur Acceleration. Der Kinderarzt 11 (1980) 1385–1395

Höhe und Breite der Handwurzelknochen in mm bei Knaben von 1 bis 14 Jahren, linke Hand (Mittelwerte x = obere Zeile, Standardabweichung s = untere Zeile, n = 10 pro Altersgruppe)

Altersgruppen (Jahre)	Capitatum		Hamatum		Rad. Ep.		Triquet.		Daumenep.		Lunat.		M. majus		M. minus		Navicul.		Ulna Ep.		Pisiforme	
	Breite	Höhe	Breite	Höhe	Breite	Höhe	Breite	Höhe	Breite	Höhe	Breite	Höhe	Breite	Höhe	Breite	Höhe	Breite	Höhe	Breite	Höhe	Breite	Höhe
1	5,35	6,95	4,70	5,50	5,92	2,75	2,40	3,30														
	0,71	0,76	0,35	0,53	1,24	0,52	0,42	0,57														
2	6,85	9,60	5,85	7,10	7,40	3,35	3,00	3,65	1,67	1,25	2,58	2,00										
	0,63	0,94	0,47	0,61	2,08	0,97	1,18	1,08	1,21	0,52	1,16	1,05										
3	7,50	11,40	6,85	8,55	10,95	4,80	3,70	4,00	3,25	2,10	2,75	1,58	1,83	1,17								
	0,53	0,91	0,53	0,64	2,51	0,98	0,95	1,62	1,03	0,70	2,25	1,53	0,76	0,76								
4	8,45	13,45	7,90	10,25	14,15	5,40	5,10	6,70	4,70	2,60	6,11	4,44	3,83	3,00								
	0,80	1,12	0,42	0,92	1,65	0,57	0,84	1,09	1,16	0,70	1,45	0,68	0,76	0,50								
5	8,70	13,70	7,80	10,85	15,55	5,80	5,40	7,40	6,10	3,30	6,53	4,88	5,83	4,38	2,88	2,25	2,88	3,63				
	0,71	1,51	0,35	0,86	1,52	0,71	0,52	1,33	0,97	0,63	1,75	1,46	2,21	1,31	2,17	2,18	1,65	1,70				
6	10,25	16,60	9,45	12,90	20,15	7,40	6,90	9,85	8,05	4,65	7,95	5,95	7,56	5,56	6,22	5,89	5,50	7,56	6,00	3,38		
	1,11	1,37	0,93	1,41	1,87	1,02	0,88	1,51	1,21	0,75	2,03	1,48	1,55	1,45	1,23	1,34	1,25	2,32	2,60	1,19		
7	10,70	17,90	10,40	13,75	21,50	7,90	7,55	10,45	8,55	4,60	9.25	6,35	7,78	6,00	7,25	6,05	5,50	7,60	7,29	3,35		
	0,79	0,57	0,57	0,75	1,47	0,88	0,64	0,86	0,55	0,57	0,75	0,71	0,91	0,67	1,78	1,30	1,41	2,38	1,65	1,51		
8	11,2	18,75	10,85	14,6	22,7	7,85	7,5	10,55	8,7	5,0	9,70	7,0	8,85	6,95	8,35	6,80	6,40	9,55	7,50	3,57		
	0,63	0,86	1,08	0,99	0,97	0,91	0,41	1,04	0,54	0,75	0,98	0,71	1,16	1,12	1,25	1,25	1,41	1,94	3,94	1,02		
9	12,35	20,65	11,30	16,25	24,05	8,70	8,15	12,30	10,00	5,40	12,55	8,65	10,05	7,70	9,15	8,15	8,10	12,80	9,40	4,85		
	0,85	1,13	0,86	1,42	1,98	0,75	0,53	1,11	0,82	0,66	1,26	0,71	1,01	0,67	1,27	1,03	0,97	1,89	2,47	1,40		
10	13,05	21,75	12,05	17,60	25,40	9,25	9,20	13,60	10,90	5,80	13,30	8,90	12,00	9,75	10,65	9,35	8,60	13,80	11,35	6,20	4,50	6,67
	0,98	1,14	0,83	1,52	2,10	1,62	0,59	1,15	0,91	0,92	1,48	0,88	1,33	1,36	1,78	1,55	1,39	2,34	2,66	2,00	0,87	1,76
11	13,55	22,30	12,50	17,00	26,15	9,70	9,10	14,15	11,15	5,65	14,35	9,55	12,45	9,70	11,05	9,35	10,20	16,05	12,60	6,85	4,90	7,00
	0,96	1,27	0,85	0,81	0,78	1,06	0,61	1,08	0,71	0,85	0,94	0,76	1,30	0,86	0,99	1,11	0,89	2,45	2,20	1,23	1,92	2,98
12	14,05	23,75	13,60	19,65	28,45	10,90	9,95	14,20	12,30	6,80	16,60	10,90	14,25	11,90	12,25	10,35	10,65	16,15	13,05	7,95	5,80	7,50
	1,14	1,51	1,63	1,76	1,89	1,02	0,90	1,03	0,98	0,89	1,79	1,31	1,75	2,05	1,21	0,78	1,36	1,55	1,26	1,94	1,62	2,09
13	14,35	24,25	13,85	20,65	28,35	11,15	10,05	15,10	12,45	6,50	16,85	11,30	15,40	12,40	12,80	10,75	11,40	19,05	13,65	8,80	6,30	8,40
	1,23	1,11	1,20	1,11	1,97	1,00	0,98	1,07	0,83	0,58	1,38	0,86	1,10	0,88	1,11	0,63	1,58	1,46	1,60	2,49	1,77	2,50
14	15,00	24,20	15,50	20,80	30,10	13,05	10,65	15,20	12,95	6,60	17,45	11,45	15,70	14,40	13,10	11,25	12,05	21,30	14,85	8,85	7,50	9,70
	1,03	1,62	1,49	1,84	1,66	1,75	1,84	1,32	0,69	0,74	1,69	1,48	1,25	1,10	0,84	1,16	0,76	2,07	1,45	1,31	1,53	1,64

Nach Gekle, D., G. Fuchs, U. Manß: Die Entwicklung der Handwurzelknochen. Radiologische und statistische Untersuchungen zur Acceleration. Der Kinderarzt 11 (1980) 1385–1395

Berechnung der zu erwartenden Endgröße

Methode nach Bayley und Pinneau modifiziert

Nach Gekle et al. (S. 580) wird zunächst an Hand der Abbildungen dieses Atlanten das „Knochenalter" bestimmt. Dabei ist vor allem bei dissoziierter Reifung der Knochen der „bone-by-bone-Methode" wegen der größeren Genauigkeit der Vorzug zu geben. Sodann ist aus der Tabelle von Bayley und Pinneau zu entnehmen, wieviel Prozent der Erwachsenengröße der Proband zum Zeitpunkt der Messung bereits erreicht hat. Zu berücksichtigen ist dabei, ob die Knochenreifung normal, akzeleriert oder retardiert ist.

Durch Multiplikation der derzeitigen Größe des Probanden mit 100 und Division durch die aus der Tabelle abgelesene Prozentzahl erhält man die zu erwartende Endgröße.

Beispiel:
Knabe, 11 Jahre, 8 Monate alt (11,7 Jahre), 151 cm groß
Knochenalter 10,2 Jahre
Tabellenwert (retardiertes Knochenalter): 81,6 %

$$\text{Endgröße} = \frac{151 \times 100}{81,6} = 185,05 \text{ cm}$$

Prozentwerte der Körperendgröße nach Bayley und Pinneau

Knochen-alter	Knaben retard.	normal[1)]	akzell.	Mädchen retard.	normal[1)]	akzell.
6,0	68			73,3	72,0	
6,3	69,0			74,2	72,9	
6,6	70,0			75,1	73,8	
6,9	70,9			76,3	75,1	
7,0	71,8	69,5	67,0	77,0	75,7	71,2
7,3	72,8	70,2	67,6	77,9	76,5	72,2
7,6	73,8	70,9	68,3	78,8	77,2	73,2
7,9	74,7	71,6	68,9	79,7	78,2	74,2
8,0	75,6	72,3	69,6	80,4	79,0	75,0
8,3	76,5	73,1	70,3	81,3	80,1	76,0
8,6	77,3	73,9	70,9	82,3	81,0	77,1
8,9	77,9	74,6	71,5	83,6	82,1	78,1
9,0	78,6	75,2	72,0	84,1	82,7	79,0
9,3	79,4	76,1	72,8	85,1	83,6	80,0
9,6	80,0	76,9	73,4	85,8	84,4	80,9
9,9	80,7	77,7	74,1	86,6	85,3	81,9
10,0	81,2	78,4	74,7	87,4	86,2	82,8
10,3	81,6	79,1	75,3	88,4	87,4	84,1
10,6	81,9	79,5	75,8	89,6	88,4	85,6
10,9	82,1	80,0	76,3	90,7	89,6	87,8
11,0	82,3	80,4	76,7	91,8	90,6	88,3
11,3	82,7	81,2	77,6	92,2	91,0	88,7
11,6	83,2	81,8	78,6	92,6	91,4	89,1
11,9	83,9	82,7	80,0	92,9	91,8	89,7
12,0	84,5	83,4	80,9	93,2	92,2	90,1
12,3	85,2	84,3	81,8	93,4	93,2	91,3
12,6	86,6	85,3	82,8	94,9	94,1	92,4
12,9	86,9	86,3	83,9	95,7	95,0	93,5
13,0	88,0	87,6	85,0	96,4	95,8	94,5
13,3		89,0	86,3	97,1	96,7	95,5
13,6		90,2	87,5	97,7	97,4	96,3
13,9		91,4	89,0	98,1	97,8	96,8
14,0		92,7	90,5	98,3	98,0	97,2
14,3		93,8	91,8	98,6	98,3	97,7
14,6		94,8	93,6	98,9	98,6	98,0
14,9		95,8	94,3	99,2	98,8	98,3
15,0		96,8	95,8	99,4	99,0	98,6
15,3		97,3	96,7	99,5	99,1	98,8
15,6		97,6	97,1	99,6	99,3	99,0
15,9		98,0	97,6	99,7	99,4	99,2
16,0		98,2	98,0	99,8	99,6	99,3
16,3		98,5	98,3	99,9	99,6	99,4
16,6		98,7	98,5	99,9	99,7	99,5
16,9		98,9	98,8	99,95	99,8	99,7
17,0		99,1	99,0	100,0	99,9	99,8
17,3		99,3				
17,6		99,4			99,95	99,95
17,9		99,5				
18,0		99,6			100,0	

1) Normal bedeutet: Knochenalter = chronologisches Alter ± 1 Jahr

Nach Thiemann, H. H., I. Nitz: Röntgenatlas der normalen Hand im Kindesalter. Thieme, Leipzig 1991

Strahlenschutz und Sicherheit

Strahlenschutzrelevante Dosisgrößen

Ionendosis I	von ionisierender Strahlung in der Luft erzeugte elektrische Ladung, bezogen auf die Masse Luft (Coulomb/Kilogramm) früher (R)
Energiedosis D	von ionisierender Strahlung auf die Materie übertragene Energie, bezogen auf die Masse (Gy) = (Joule/Kilogramm) früher (rad)
Äquivalentdosis H	Produkt aus Energiedosis für Gewebe und Bewertungsfaktor H = q x D (Sv) früher (rem) *nur* für Strahlenschutzzwecke zu verwendende Angabe

Nach Hentschel, F. et al.:
Zur Strahlenbelastung bei der interventionellen Neuroradiologie am Kopf. Klin. Neuroradiol. 2 (1992) 68–74

Strahlendosis bei der Röntgen-Nativdiagnostik

Exposition		Dosis [mGy]
Schädel	pa	2,0– 5,5
	seitl.	1,1– 2,7
	axial	3,7–14,5
Felsenbeine sag.		3,2–10,0
Stenvers		3,1– 8,2
Rhese		1,8– 4,7
NNH pa		2,4– 9,0
HWS –	HWK 1–3 (oral)	2,0– 5,8
	HWK 4–7 ap	1,9– 6,3
	seitl.	1,5– 6,2
	schräg	1,5– 6,3
BWS	ap	3,1–18,8
	seitl.	2,5–14,0
LWS	ap	1,7–17,0
	seitl.	5,3–42,0

Nach Meiler, J.: Die Strahlenbelastung des Patienten bei Röntgenaufnahmen. Röntgenpraxis 40 (1987) 57–64

Strahlenbelastung risikorelevanter Organe [mGy]

Exposition		Schilddrüse	Ovarien	Testes	rotes Knochenmark	Ges. Körper
Schädel	pa.	0,06	< 0,01	< 0,01	0,1	0,1
	seitl.	0,3	< 0,01	< 0,01	0,07	0,09
HWS		1,75	< 0,01	< 0,01	0,07	0,1
BWS	ap.	0,65	0,003	< 0,01	0,12	0,1
	seitl.	0,08	0,002	< 0,01	0,34	0,3
LWS	ap.	0,002	1,2	0,02	0,2	0,6
	seitl.	< 0,01	1,6	0,03	0,8	1,5

Nach Tautz, M., G.-A. Brandt, N. Achterberg, S. Padelt: Strahlenbelastung bei Erwachsenen und Kindern durch standardisierte Aufnahmen. Moderne Röntgenfotografie 2 (1987) 8–31

Schädel	CT Kopf 15 Schichten 135 kV 45 mGy in der Rot-Achse		Schädel pa 70 kV Einfalldosis 3,8 mGy		1 min Durchleuchtung 70 kV	
	Organdosis (mSv)		Organdosis (mSv)		Organdosis (mSv)	
	♂	♀	♂	♀	♂	♀
Oberfläche	28,8	29,3	4,4 (Eintritt)	4,3	13,2 (Eintritt)	12,9
Augenlinse	29,3	29,3	0,0038	0,038	0,11	0,11
Schilddrüse	1,8	2,3	0,15	0,11	0,45	0,33
Brust	–	< 0,45	–	< 0,038	–	< 0,11
Milz	< 0,45	< 0,45	< 0,038	< 0,038	< 0,11	
Bauchspeicheldrüse	< 0,45	< 0,45	< 0,038		< 0,11	
Ovarien	–	< 0,45	–	< 0,038	–	< 0,11
Uterus	–	< 0,45	–	< 0,038	–	< 0,11
Hoden	< 0,45	–	< 0,038	–	< 0,11	–
Rotes Knochenmark	3,2	3,2	0,11	0,11	0,33	0,33

Nach Grönemeyer, D. H. W., R. M. M. Seibel: Interventionelle Computertomographie. Ueberreuter Wissenschaft. Wien, Berlin 1989

Organdosisbelastung beim Schädel – CT [mGy]

Organ	Schädel 14 Scans	Felsenbein 13 Scans	Hypophyse 12 Scans	Orbita 12 Scans
Thyroidea	1,0–4,0	–	–	–
Mamma	0,3–1,0	–	–	–
Gonaden	0,1–0,2	–	–	–
Haut	59	–	–	–
Linse	62	5,5	7,4	24
Hypophyse	39	35,0	9,0	–
Mittelohr	43	42,0	27,5	15,5
absorbierte Energie	150–360 mJ/kg			

Nach Varna, E., T. Schmidt: Strahlenbelastung der Patienten bei der Computertomographie. Strahlenschutz Forsch. Prax. Bd. XX. Thieme, Stuttgart 1980

Strahlenbelastung bei der Digitale Subtraktionsangiographie [mGy]

Methode	Thyroidea	Augenlinse	Hypophyse	Mittelohr	Haut
i.v. DSA Hals	0,05	0,01	0,06	0,02	3,5
Kopf	0,03	0,12	1,00	0,95	7,0
i.a. DSA Kopf	0,12	0,35	1,80	2,70	16,0
Durchleuchtung [1 min]	0,003	0,01	0,05	0,05	0,5

Dosisbedarf/Einzelbild bei der DSA 0,5–1,5 mGy

Nach Grobovschek, M., H. Rahim, W. Hofmann: Dosisbelastung und Wertigkeit bei der kranialen Angiographie. Fortschr. Röntgenstr. 147 (1987) 676–679

Strahlendosis am Auge [mGy]

Untersuchung	Dosis ± s	Dosis/Exp. ± s
Schädel	1,50 ± 0,4	0,18 ± 0,04
CCT re. Auge	0,83 ± 0,51	0,20 ± 0,10
li. Auge	0,54 ± 0,28	0,13 ± 0,06
CAG li./ li. Auge	4,6 ± 2,8	
re. Auge	6,8 ± 4,3	
CAG re./ li. Auge	5,4 ± 3,4	
re. Auge	7,8 ± 5,6	
CAG bds./ li. Auge	5,9 ± 2,8	
re. Auge	9,7 ± 2,9	

CCT = Kraniale Computertomographie CAG = Karotis-Angiographie

Nach Isherwood, I., I. M. Young, K. W. Bowker, G. K. Bramall: Radiation Dose to the Eyes of the Patient During Neuroradiological Invesitgations. Neuroradiology 10 (1975) 137–141

Strahlenbelastung des Auges bei der Zerebralen Angiographie

Autor		Auge	Dosis [mGy]
Bergström	1972	re	170
Ewen	1975		300
	1979		130
Fiebach	1974		130–220
Teske	1972	re	38–72
Quisling	1974	re	145
		li	104
Siwula et al.	1983	re	90
		li	70
Durchleuchtung [mGy/min] re = li			0,15

Nach Siwula, H., G. Rosenkranz, R. Barke: Die Strahlenbelastung am Auge des Patienten bei Carotisangiographien. Radiol. Diagn. 24 (1983) 825–832

Schwellendosis für Linsenkatarakt

einmalige Exposition	2,0 Gy
protrahiert/fraktioniert	3–8,0 Gy

Nach Krokowski, E.: Strahlengefährdung der Augenlinse. Strahlenschutz. Forsch. Prax. 6 (1966) 185–197

Strahlendosis risikorelevanter Organe bei der zervikalen spinalen Diagnostik [mGy]

		Myelographie 8 Aufn.	spinales CT (HR) 10 Scans
rotes Knochenmark		2,07	5,03
Thyroidea		3,15	1,84
Mamma		0,03	0,06
Lunge		0,11	0,09
Hoden		< 0,001	< 0,001
Ovarien		< 0,001	< 0,001
somatischer	männl.	1,57	2,87
Dosisindex	weibl.	0,76	1,03

Nach John, V., K. Ewen, H. C. Nahser, V. Reinhardt: Radiation exposure in high resolution computed tomography of the spine. Strahlentherapie 160 (1984) 100–103

Strahlendosis risikorelevanter Organe bei der lumbalen spinalen Diagnostik [mGy]

		konv. Tomo. 7 Aufn.	Myelographie 8 Aufn.	spinale CT 16 Scans
rotes Knochenmark		0,32	2,14	3,92
Thyroidea		0,02	0,04	0,005
Mamma		0,02	0,20	0,02
Lunge		0,02	0,31	0,02
Hoden		0,33	0,12	0,07
Ovarien		3,17	0,20	0,55
somatischer	männl.	17,4	1,20	200
Dosisindex	weibl.	6,7	0,48	59

Nach John, V., K. Ewen: Vergleichende Untersuchungen zur Strahlenexposition des Patienten bei der spinalen Dünnschicht-Computertomographie und bei konventionellen radiologischen Untersuchungsverfahren. Strahlentherapie 159 (1983) 180–183

Strahlenbelastung der Patienten bei der interventionellen Neuroradiologie (risikorelevante Organe, [mSv])

Brustdrüse	0,28
rotes Knochenmark	7,47
Lunge	2,14
Schilddrüse	0,27
Knochenoberfläche	1,87
„Restorgan" Knochenmark	18,67
„Restorgan" Gehirn	8,80
Gonaden	0,26
effektive Äquivalentdosis	
„Restorgan" Knochenmark	30,97
„Restorgan" Gehirn	21,10

Nach Hentschel, F. et al.: Zur Strahlenbelastung bei der interventionellen Neuroradiologie am Kopf. Klin. Neuroradiol. 2 (1992) 68–74

Strahlenbelastung des Patienten (kritische Organe) bei Embolisation im Kopfbereich

Organ	Organdosis Patient (TLD)	relevante Dosis
Haut	15 mSv	60.000 mSv
Linse	48 mSv	3.000 mSv
Innenohr	428 mSv	45–150.000 mSv
Hypophyse	279 mSv	50– 60.000 mSv
Großhirn	304 mSv	50– 60.000 mSv
Parotis	524 mSv	50.000 mSv
Gl. submandibularis	465 mSv	50.000 mSv
Gl. sublingualis	389 mSv	50.000 mSv

Nach Hentschel, F. et al.: Röntgenstrahlenexposition von kritischen Organen bei Embolisationen im Kopfbereich. Klin. Neuroradiol. 3 (1993) 124–129

Patienten-Sicherheit bei der Magnet-Resonanz-Tomographie

Sicherheits-Grenzwerte

Variable	UK	USA	D
Maximales Magnetfeld B	2,5 T	2 T	2 T
Maximale Feldvariation	20 T/s	3 T/s	–
Körperstromdichte			3 μA/cm^2
Hochfrequenzabsorption			
– Ganzkörper	0,4 W/kg	0,4 W/kg	1 W/kg
– lokal	4,0 W/kg	2,0 W/kg	5 W/kg

Nach N. N.: Die Anwendung der MR in der Medizin. Material Fa. Philips

Effekte statischer Magnetfelder

Effekt	Prinzip	experimentelle Ergebnisse	Schwellenwert [T]
Zellorientierungsänderungen	Anisotropie diamagnetische Suszeptabilität	Stäbchen d. Retina Sichelzellen Chloroblasten	1,0 0,35 1–2
Potentialänderungen	Induktion durch Blutfluß in großen Leitern	Abnorme Konfiguration der T-Welle im EKG	0,35
Nervenleitgeschwindigkeit	Kraftwirkung auf bewegte Leiter	Reduktion der Nervenleit-geschwindigkeit	24 (!)
Kraftwirkung auf metall. Implantate	Drehmomente Verschiebung	mechanische Beeinflussung (HSM, Clip)	CAVE
Wirkung auf elektromech. Implantate	Induktion in Elektronik	Fehlschaltung (Reed-Relais)	1,7–4,7 [mT]

Nach Vogl, T.: Biologische Effekte und gesundheitliche Risiken. In: Lissner, J., Seiderer, M. (Hrsg.): Klinische Kernspintomographie. Enke, Stuttgart 1987

Wirkungs- und Beeinflussungsschwellen statischer Magnetfelder

Magnetische Flußdichte	Konsequenzen
ab 5 T	Gesundheitliche Schäden werden erwartet
ab 2 T	Ärztliche Überwachung von Risikopatienten
2 T	Oberer Richtwert für kurzzeitige Ganzkörperexposition (WHO, 1987)
50–100 mT	Gefahrenschwelle ferromagnetische Implantate
~ 5 mT	Wahrnehmungsschwelle
1–3 mT	Beeinflussung von Uhren, magnetischen Datenträgern, Rechnern …
0,5 mT	Gefahr für Herzschrittmacher
0,05–0,5 mT	Beeinflussung spezieller technischer Geräte (Bildschirme, Röntgen-BV…)

Nach Bernhardt, J. H.: Biologische Wirkungen statischer Magnetfelder. Dt. Ärztebl. 88 (1991) B-2980-2985

Effekte dynamischer Magnetfelder

Effekt	Prinzip	experimentelle Ergebnisse	Schwellenwert [$\mu A/cm^2$]
Potentialänderung	Induktion von Strömen	Magneto-Phosphene	0,1
		Flimmererscheinungen	0,2–0,5
		Reaktionspotentiale	0,9
		Herzkammerflimmern	80,0
		Knochenbruchheilung	10,0
Wirkung auf el.-mechan. Implantate	direkt: Elektronik indirekt: Antenne	Fehlfunktion	(ab 0,5 T)

Nach Vogl, T.: Biologische Effekte und gesundheitliche Risiken. In Lissner, J., M. Seiderer: Klinische Kernspintomographie. Enke, Stuttgart 1987

Wirkungs- und Beeinflussungsschwelle dynamischer Magnetfelder

Stromdichte [mA/m^2]	Konsequenzen
> 1000	Extrasystolen und Kammerflimmern möglich akute Gesundheitsschäden!
100–1000	Reizwirkung auf erregbare Strukturen Gesundheitsgefahr möglich
10–100	visuelle und nervöse Effekte
1–10	subtile biologische Wirkungen
< 1	keine gesicherten Effekte

Nach Bernhardt, J. H.: Biologische Wirkungen statischer Magnetfelder. Dtsch. Ärztebl. 88 (1991) B-2980-2985

Sachverzeichnis

Die kursiv gesetzten Seitenzahlen verweisen auf Meßwerte

G

H

I

M

Q

R

NOTIZEN